사회과학총서

碧梧叢書 1

행정학의 주요이론

〔제 3 판〕

오 석 홍 편저

法 文 社

머 리 말

　「행정학의 주요이론」은 중요한 행정이론들을 요약하고 해설한 행정학 독본이다. 이 책은 「조직학의 주요이론」「정책학의 주요이론」과 함께 연작으로 기획된 것이다. 「행정학의 주요이론」이 처음 출간된 것은 1992년의 일이다. 그 뒤 1996년과 2000년에 집필자를 늘리고 내용을 수정하는 개정작업을 하였다. 2005년에 들어 다시 증보·수정판을 내게 되었다.

　이 책에 수록한 이론들은 대부분 '미국식' 이론들이다. 소수의 예외가 없는 것은 아니지만 이 책에 수록된 이론들은 대개 미국에서 산출된 것들이다. 미국식 이론의 소개서를 간행하게 된 이유를 초판의 서문에서 다음과 같이 설명하였다. "우리 나라에서도 지난 수십 년 동안 행정학의 미국식 이론이 도입·소개되고 학생들에게 가르쳐져 왔다. 그러한 이론이 한국적 상황에서 얼마나 적실성을 갖느냐에 대해 논란도 많았고 토착화의 필요성에 대한 논의도 많았다. 그럼에도 불구하고 미국식 이론이 그동안 '우리들의' 문제를 해결하는 데 어떤 지혜를 보태온 사실을 시인하지 않을 수 없다. 우리의 문제들 가운데는 미국식 이론으로 설명할 수 있는 것도 있고, 미국식 이론의 적용에서 비롯된 것도 있다. 미국식 이론의 토착화를 시도하거나 또는 새로운 정형의 이론을 발전시키기 위해서도 미국식 이론을 미리 분석하고 이해하는 것이 요긴한 형편이다." 이러한 생각에는 지금도 변함이 없다.

　이 책에 수록한 이론들은 행정학 교과서들에서 흔히 소개되거나 인용되는 것들이다. 그러나 일반 교과서에서는 지면의 제약 때문에 개별적인 이론들이 자세한, 집중적인 조명을 받기가 어렵다. 이런 점을 보완하려는 것이 이 책을 편찬하게 된 또 하나의 의도이다. 선정된 이론을 요약하면서 그 핵심적인 내용을 충분히 설명하도록 하였다. 그리고 이론에 대한 설명자의 평가적 의견을 달아 독자들의 이해를 도우려 하였다.

　여러 사람이 집필하는 책의 편집·출판은 단독저서의 경우에 비해 훨씬 더 번거롭다. 필진이 늘고 소개된 이론의 수가 늘어남에 따라 일은 점점 더 복잡해지고 있다. 편집자의 어려움도 크지만 출판사의 고생도 많다. 출판사 관계자들 특히 편집부 예상현 선생과 영업부 김영훈 차장의 노고를 고맙게 생각한다.

　제2판을 낼 때는 송하중 교수와 박정수 교수가 편집하는 일에 많은 협조를 했다. 이번 제3판의 집필진 확장에는 박천오 교수의 공이 크다. 박천오 교수는 새로운 필진을 위촉하고 원고를 수집하는 데 애를 많이 썼다.

　독자에게 보여줄 글을 쓴다는 것은 시험을 치르는 일이다. 우리 집필진은 독자들의 냉엄한 채점을 받게 될 것이다. 집필자 한 사람 한 사람은 독자들이 주는 평점을 심각하게 받아들여야 한다.

2005년 3월

吳 錫 泓

차   례

제 3 편 관리과정

제4편 예산과정

제5편 정책이론

제 6 편 행정책임과 공직윤리

제 7 편 행정개혁이론

제1편
행정과 행정학

Wallace S. Sayre의
행정학의 기본전제*

I. 머 리 말

현대행정이론의 기본전제들은 초기행정이론의 그것들과는 상당한 차이를 보이고 있다. 이러한 차이는 행정학의 발달 정도를 반영하는 것으로, 결국 기본전제의 변천과정을 고찰하는 것은 행정학의 성격을 이해하는 데 매우 긴요할 뿐만 아니라 행정학 연구의 출발점이 된다고 볼 수 있다.

Wallace S. Sayre는 '주정부 및 지방정부의 행정직 공무원을 위한 교육훈련'에 관한 회의에서 발표한 발제논문 "행정학의 기본전제 : 과거와 미래"(Premises of Public Administration: Past and Emerging)에서 행정학의 기본전제의 변천을 3단계로 구분하여 고찰하고 있다. 그는 먼저 초기의 전통적 행정이론을 구성하고 있는 주요전제들을 정리한 다음, 제2차 세계대전 이후에 나타난 전통적 행정이론에 대한 반발의 주요 요소를 고찰하고, 이를 토대로 새롭게 대두될 기본전제에 대한 예측을 하고 있다.

이 글에서는 Sayre의 논문의 주요내용을 소개하고자 한다.

II. 행정학의 기본전제

1. 초기 행정학의 기본전제

Sayre는 행정학에 대한 최초의 교과서라 할 수 있는 Leonard D. White의 *Introduction to the Study of Public Administration*(MacMillan, 1926)과 W. F. Willoughby의 *Principles of Public Administration*(Johns Hopkins Press, 1927)

---

* 하태권 : 서울산업대학교 행정학과 교수.

에서 전통적 행정이론을 구성하고 있는 기본전제들을 도출하고 있다. 왜냐하면 이 책들은 1920년대 이전의 일련의 행정개혁운동과 연구활동을 통하여 발견된 행정에 대한 기본전제와 개념들을 토대로 하여 쓰여졌기 때문이다. Sayre가 제시하고 있는 전통적 행정이론의 기본전제들은 다음과 같다.

1) 정치－행정 이원론은 자명한 진리이자 바람직한 목표로 인정받고 있었으며, 행정은 독자적인 가치와 규칙과 방법을 지닌 독립된 분야로 인식되고 있었다.

2) 조직이론은 '과학적 관리'(Scientific Management)의 용어로 기술되었다. 즉, 조직이론은 주로 조직기술상의 문제(a problem in organization technology)－에컨대, 계층제의 필요성; 참모조직의 활용; 통솔범위의 제한; 목표, 과정, 장소 혹은 고객 등 소위 '과학적'인 원리에 의한 분업 등－로 인식되었다.

3) 행정부 예산제도(the executive budget)는 합리성의 수단으로, 그리고 조정, 기획 및 통제의 수단으로 강조되었다.

4) 인사행정도 합리성을 향상시키기 위한 수단으로 중시되었다. 직무는 '과학적'으로 묘사되어야 했으며, 공무원은 '과학적 방법'으로 임용되어야 했다.

5) 전문성과 합리성을 보장하기 위하여 '중립적'인 공무원제도가 요구되었다.

6) 행정절차를 규정하기 위하여 행정법이 요구되었다.

7) 국민에 대한 행정기관의 책임(responsibility)이나 대응성(responsiveness)은 당연한 것으로 인식되었으며, 별다른 관심의 대상이 되지 못하였다. 왜냐하면 그 당시에는 정치－행정 이원론에 따라 행정은 정치로부터 위임된 업무를 기계적으로 집행하는 것으로만 인식되고 있었기 때문이다.

1930년대에 발생한 일련의 사건들－대공황, 뉴딜정책, 거대정부(Big Government)의 출현 등－은 초기의 교과서에서 제시되고 있던 기본전제들을 보다 강화시켜 주었다. 특히 행정의 규모와 복잡성 및 재량권의 확대는 행정학이 합리성을 향상시키기 위하여 행정실무자들에게 제공한 여러 가지 수단들이 현실문제를 해결하는 데 보다 적절하며 필요하다는 인식을 증대시켜 주었다.

1937년에 발표된 '행정관리에 관한 대통령위원회의 보고서'와 Gulick과 Urwick이 편집한 *Papers on the Science of Administration*(Columbia University, 1937)은 미국의 전통적 행정이론의 전성기를 대표하고 있다. Gulick과 Urwick의 책에 포함된 11편의 논문들은 모두 행정학에서 구체화되어야 한다고 믿어지던 요소들에 대하여 그 당시에 미국이나 유럽에서 가능했던 고전적 설명이나 주장을 담고 있다. 대통령위원회의 보고서도 초기의 교과서들에서 제시되고 있는 전통적인 처방책들을 강력하게 주장하였다. 이 보고서의 처방에 따라 취해진 일련의 중대한 행정개혁조치들로 인하여 행정학은 교훈적 이론의 집합체(a body of precept)로서 성가를 높이게 되었다.

2. 기본전제에 대한 반발

미국의 전통적 행정이론의 전성기는 제2차 세계대전을 기점으로 막을 내리게 된다. 전쟁 이전의 행정이론의 정통성은 Hoover위원회의 보고서를 비롯하여 전후에 발표된 대부분의 교과서, 논문 및 주정부와 지방정부 차원에서 수행된 연구보고서 등에서 비판을 받게 된다. Sayre는 전통적 행정이론에 대한 전후의 비판을 크게 세 가지 흐름으로 정리하고 있다.

(1) 정치-행정 이원론에 대한 비판
정치-행정 이원론에 대한 비판은 정치학자, 특히 정치이론이나 정치과정에 관심을 갖고 있던 정치학자들에 의하여 제기되었으며, 행정학자들로부터도 강력한 지지를 획득하였다. 정치-행정 이원론에 대하여 반발한 학자들은 모든 행정기관과 관료들이 정책형성, 재량권의 행사, 그리고 일반적인 정치과정에 참여한다는 것을 강조하고, 행정을 정치(politics) 혹은 정책(policy)으로 정의하였다. 이러한 주장을 대표하는 저서로서는 Fritz Morstein Marx가 편집한 *The Elements of Public Administration*(Prentice-Hall, 1946), Paul H. Appleby의 *Policy and Administration*(University of Alabama Press, 1949), 그리고 Harold Stein이 편집한 사례연구집인 *Public Administration and Policy Development* (Harcourt, Brace and Co., 1952) 등을 들 수 있다.

(2) 행정의 원리에 대한 비판
정치-행정 일원론자들은 당연히 과학적 관리법에 주로 의존하고 있던 행정의 원리나 과학성에 대한 신념을 비판하기 시작하였다. 뿐만 아니라, 이들 원리들은 행정이론의 발달을 연구한 학자들에 의해서도 비판을 받았다. 예컨대, Dwight Waldo는 1948년에 발표한 그의 저서 *The Administrative State*(The Ronald Press)에서 전통적 행정이론의 기본전제와 원리들이 얼마나 가치내재적

(value-loaded)이고 문화예속적(culture-bound)이며, 정치적인지를—요약컨대, 얼마나 '비과학적'인지를—묘사하고 있다.

한편, 또 다른 형태의 과학성을 추구한 학자들도 행정의 보편적 원리들에 대한 비판에 가세하였다. 이들 학자 중 가장 대표적인 학자로는 Herbert A. Simon을 들 수 있다. Simon은 그의 저서 *Administrative Behavior*(MacMillan Co., 1947)에서 행정의 전통적 원리들을 단순히 '격언'(proverbs)에 불과하다고 비판하였을 뿐만 아니라, 가치와 사실의 분리를 주장하는 논리실증주의(logical positivism)에 기초한 새로운 행정과학을 주창하였다. 결국 Simon은 전통적인 정치—행정 이원론을 새로운 가치—사실 이원론으로 대치하였다.

행정의 원리에 대한 이리한 비판들은 매우 성공적이었으며, 따라서 과학적인 원리들과 그들의 보편적인 적용 가능성에 대한 주장은 현저히 약화되었다. 그러나 새로운 행정과학에 대한 Simon의 주장은 널리 수용되지는 않았다.

(3) 관료제에 대한 사회학적 연구

전통적 행정이론에 대한 전후(post-war) 비판의 또 다른 흐름은 공공관료제 (public bureaucracies)에 대한 사회학적 연구로부터 제기되었다. 사회학적 연구에서 공공관료제는 본질적으로 정치권의 한 가지 형태를 대표하는 것으로 인식되었다. 따라서 공공관료제에 대한 사회학적 연구 결과들은 1차적으로 직업공무원의 중립성이론에 커다란 충격을 주었다. 예컨대 Philip Selznick은 그의 저서 *TVA and the Grass Roots*(University of California Press, 1948)에서 공공관료제의 창설과 유지가 행정과학의 문제라기보다는 오히려 가치와 정치의 문제임을 보여줌으로써, 직업공무원들이 정치과정에 깊숙이 개입하고 있음을 지적하고 있다.

3. 기본전제의 재구성

전통적 행정이론에 대한 비판은 전후 10여 년간에 걸쳐 지속적으로 제기되고는 있었으나, Sayre가 이 논문을 발표할 때까지 포괄적인 행정이론의 골격을 명확히 제시하지는 못하고 있었다. 그러나 Sayre는 이상의 비판을 토대로 앞으로 새로운 행정이론을 재구성하는 데 있어서 포함되어야 할 주요 구성요소들을 다음과 같이 예측하고 있다.

  1) 행정의 이론과 실제는 필연적으로 문화예속적이다. 그것은 또한 보다 특수한 가치—일반적인 공공이익에 대한 다양한 해석, 특수한 이익집단의 가

치, 혹은 특정한 시점에서의 특정한 행정조직의 가치 등—에 대하여 종속
적이다.

2) 행정은 주요한 정치과정 중의 하나이다. 재량권의 행사, 가치의 선택 등
   은 행정관료의 특성이자 기능이며, 이러한 기능은 점차로 증대되고 있다.
   따라서 행정관료들은 정치에 깊숙이 개입하고 있다.

3) 공공조직이론은 정치전략의 문제이다. 조직의 구조를 결정한다는 것은 곧
   가치선택의 우선순위를 결정하는 것이다.

4) 관리기술과 관리과정은 효과와 비용의 양면성을 동시에 지니고 있다. 새
   로운 형태의 관리기술이나 과정은 고도의 퇴화율(obsolescence rate)을 나
   타내고 있다. 왜냐하면 그것의 전문가나 그것으로부터 혜택을 얻는 집단의
   기득권이 증대될수록 새로운 관리기술이나 과정이 행정의 합리성에 대하여
   공헌하는 정도는 점차 저하되기 때문이다.

5) 행정이론은 궁극적으로는 정치이론의 문제(a problem in political theory)
   이다. 민주주의의 근본적인 문제는 민중통제에 대한 책임성(responsibility)
   이다. 따라서 행정기관에 의한 재량권의 행사가 증가하고 있는 정부에 있어서
   가장 중요한 문제는 국민에 의하여 선출된 공무원(행정수반이나 국회의원
   등)에 대한 행정관료들의 책임성과 반응성이라 할 수 있다.

Ⅲ. 평가적 의견

Sayre는 이 논문에서 행정이론을 구성하는 기본전제들이 2차대전을 전후하
여 어떻게 변화하였는지를 요약, 정리하고 있다. 비록 전통적 행정이론에 대한
비판이 제기된 배경과 비판의 내용에 대한 상세한 설명을 결여하고는 있으나,
Sayre는 이 논문에서 기본전제의 변천을 간단명료하게 정리함으로써 행정학의
발전과정과 기본성격을 이해하는 데 많은 도움을 주고 있다. 더욱이 이 논문의
집필연대를 감안하면 기본전제의 재구성에 대한 Sayre의 통찰력이 매우 예리함
을 알 수 있다. 그가 예측한 새로운 기본전제들은 모두 현대행정이론을 구성하
는 주요 요소로서 아직도 존재하고 있다.

참고문헌

Sayre, Wallace S., "Premises of Public Administration: Past and Emerging," *Public Administration Review*, 18, 2, 1958, p. 105.

Lennart Lundquist의
행정학의 연구경향*

Ⅰ. 머 리 말

최근의 행정학연구는 어느 방향으로 가고 있는가? 이 물음은 행정학을 전공하고 있는 사람에게는 지대한 관심사가 아닐 수 없다. 이에 대한 대답을 듣기 위해서는 최근의 행정학 연구경향을 추적해 볼 필요가 있다. 1970년대 중반에서 1980년대 중반에 이르는 십여 년에 걸친 행정학 연구경향을 잘 정리하고 있는 논문이 Lundquist의 "행정학 연구의 최근동향: 질서에서 혼돈으로"이다. 이 논문은 저자가 코펜하겐 대학 교수이기 때문에 미국인이 아닌 사람이 썼다는 점에서 의미를 갖는다. 행정학연구에 있어서 미국이 지배적인 위치에 있는 것은 사실이지만 영국, 독일, 프랑스, 스칸디나비아 제국도 나름대로 행정학연구에 기여하고 있다. 따라서 이들 나라 학자들의 견해를 간간이 인용하고 있는 본 논문은 언필칭 세계적인 연구추세를 보여주고 있다고 볼 수 있을 것이다.

이 논문에서는 지난 십 년 동안에 있었던 행정학 연구의 몇 가지 현저한 특징들을 제시하고 있다. 그러나 이러한 특징들이 공통된 하나의 행정학 학파를 형성하고 있다고 보지는 않는다. 다만 이러한 연구경향은 정치학을 비롯한 사회과학 전반에 만연되었던 후기행태주의의 영향을 받았다고 본다. 후기행태주의 연구경향의 특징은 투입분석에서 산출분석으로의 변화, 지식을 위한 과학에서 행위를 위한 과학으로의 변화(경험적 연구에서 처방적 연구로의 변화), 정치(형식, 권력, 과정, 갈등)에서 정책(내용)으로의 변화를 그 내용으로 한다. 이것은 신행정론자의 한 사람인 Frederickson이 후기행태주의의 특징을 '총체적'이기보다 더욱 '고객―영향 지향적'이며, '중립적'이기보다 '규범적'이라고 말하는 것과 맥락을 같이한다. 이러한 모든 점들이 강조하고 있는 것은 '적실성'에 대한 요구

----
* 윤영진: 계명대학교 행정학과 교수.

이다. 사회과학연구는 사회문제 해결에 기여할 수 있어야 한다는 점이 기본사상이다. 이러한 학문적 흐름이 지난 1970~1980년대 행정학연구의 근간을 이루고 있으며 여기에 관류하는 기본명제는 사회과학의 변화는 사회변동을 반영한다는 점이다.

II. 행정학의 연구경향

1970년대 이전에는 비교행정과 기획이 행정학연구의 지배적인 주제였으나 1970년대 중반 이후 행정학연구는 다양해졌다. 이러한 행정학 연구경향을 Lundquist는 다음과 같이 8가지로 정리하고 있다.

1. 광의의 접근방법

현대 행정학연구에서 광의의 접근방법으로서 잘 알려진 종합적인 이론은 조직상호간 이론과 정치경제학이다.

조직상호간 이론(interorganizational theory)은 조직간의 관계를 다루거나 한 조직의 내부관계가 외부관계에 영향을 미치는 경우의 내부관계를 분석하는 이론이다. 이러한 연구는 적어도 십 년 정도 조직이론에서 중요한 역할을 하였다. 조직간 분석은 행정의 동일한 또는 상이한 수준에서 행정의 네트워크를 연구하는 데 이용된다. 이것은 특히 독일학자들에 의해서 많이 이용되었다(Politikverflechtung). 이러한 연구는 '협상경제 및 혼합행정', '조직간 정책체계', '코포라티스트적 중간영역', '집행구조' 등의 개념을 만들어냈다. 이것은 기존의 제도적·합리적 접근법에 대응하여 나타난 일반적인 반응이라고 볼 수 있다.

정치경제학(political economy)은 여러 다른 학파를 포괄하는 접근법이다. 조직이론에서도 이러한 접근법이 적용되기 시작하였다. 하나의 학파는 공공선택 (public choice)학파이다. 그들은 경제학에서 자기 이익을 중요시하는 단순가정에 근거하여 모델을 구성한다. 즉 정치가는 투표의 극대화, 관료는 팽창을 열망한다고 보며, 한편으로 정보의 결핍 및 거래비용개념에 의해 행태를 설명하기도 한다. 공공선택론적 관점, 즉 경제학 방법론에 의해 정치 행정현상을 설명한 대표적인 사람은 Anthony Downs, Gordon Tullock 등이다. 또한 Niskanen의 관료제 산출이론도 여기에 속한다. 또 하나의 그룹은 Wamsley와 Zald가 시도한 정치체계(규칙의 구조)와 경제체계(재화와 용역의 생산 및 교환체계)간의 상호관계에 대한 분석이다. 이 모델은 구조와 형성 및 변화를 초래하는 데 정치경제적 변수가 근본적인 결정요인임을 강조하고 있다. 또하나 정치경제적 접근법에서 언급해야 할 학파는 마르크시스트학파이다. 그러나 행정에 대한 마르크시스트적 분석은 숫적으로 그리 많지 않다. 마르크시스트이론은 상부─하부에 의해 결정된다. 따라서 행정체계의 변화는 그에 선행하는 근본적인 사회경제적 변화를 의미한다. 마르크시스트적 분석에서는 경제에서 비롯된 제약요인과 여기에 영향을 미치는 수단이 매우 중요하게 된다. 마르크시스트 행정 및 기획이론가인 Volker Ronge에 의하면 정치·경제적 관점에서 행정은 행정이론의 주제 (theme)가 아니며, 기획은 기획이론의 주제가 아니라고 본다. 행정과 기획은 각각 국가와 행정 그리고 기획과 생산영역을 관련시키는 이론의 주제이다. 국가활동의 변화는 생산과정의 변화를 설명할 수 있다. 그러나 마르크시스트 행정분석은 추상적이고 거시적인 국가수준에서 이루어진 경우가 많다. 물론 미시적 행정분석에 대한 시도도 찾아볼 수 있다. 국가를 협동관계 또는 갈등관계에 있는 조직의 네트워크로 보는 Häussermann의 연구가 그러한 예이다. 이 관점에 의하면 계급모순이 통제불가능한 방향으로 발전하는 것을 방지하는 것을 부르주아국가의 근본적인 정부문제로 본다. 그 외에도 사회구조로부터 행위자 개인의 속성 및 활동에 이르는 분석수준을 도입하는 연구와 마르크스주의와 정책분석의 연계 가능성에 대한 연구도 있다.

2. 정책(내용)지향

행정이론에서 정치 및 정책의 내용은 그 자체로서 중요할 뿐만 아니라 행정의 형성 및 활동에 영향을 미치기 때문에 중요하다고 주장한다. 정책접근법에서는 '누가 지배하느냐'의 문제보다는 '서로 다른 지배자가 어떤 차이를 가져오느냐?'의 문제에 관심을 갖는다. 두번째 질문이 행정연구에 내용을 도입한 것이다. 이 때 정책산출결정 요인에 대한 논쟁이 있었는데 정책산출에 영향을 주는 요인이 사회경제적 요인인지 정치적 요인인지가 중요한 논점이었다. 초기에는 사회경제적 요인에 집중되었지만 후기에는 정치의 영향력을 입증하는 데 노력을 기울였다. 또한 관심이 '무엇이 정책을 야기하는가?'의 문제에서 '정책이 무엇을 야기하는가?'의 문제로 전환되었다.

3. 정책과정의 최종단계에 대한 강조

정치학연구가 투입에서 산출로 전환된 것은 정치과정의 후기단계에 연구가 집중되고 있음을 의미한다. 대표적인 예가 행정과 대중간의 관계 및 평가연구이다.

행정과 대중간의 관계는 다음과 같은 특수한 문제로 나누어 볼 수 있다.

① 관료에 대한 민주적 통제 : 행정이론에서의 근본적인 문제

② 행정으로부터 시민으로의 정보이동 : 지식, 권력, 커뮤니케이션 등 상이한 관점에서 접근가능하며 교육심리학, 사회심리학, 커뮤니케이션 이론 등 행정학 이외의 분야에서 관심을 가짐.

③ 성책형성 및 집행과성에서의 시민참여

④ 관료제와 개별적 고객과의 관계 : 독일의 주민의 생활과 가까운 행정(Bürgernahe), 미국의 일선관료제(Street-level bureaucracy)가 여기에 해당되며 일선관료들의 행태가 국가에 대한 시민의 태도에 영향을 미치기 때문에 중요한 연구대상이 된다.

평가연구(evaluation research)는 산출 및 영향분석과 밀접한 관련이 있다. 이러한 종류의 분석은 관리과학의 발전과 밀접한 관련을 갖는다. 평가연구를 하는 데 활용된 하나의 수단은 사회지표이다. 사회지표의 임무는 사회과학뿐만 아니라 실무행정에도 가치가 있는 사회조건 및 필요성에 대한 계속적인 정보를 제공함으로써 분석을 심화 내지 확대시키는 것이다. 그런데 공공정책은 여러 관점에서 평가될 수 있다. 예컨대 영향분석의 경우 경제적 측면(GNP, 무역수지, 가격수준에 대한 영향), 사회적 측면(이민, 가족구조에 대한 영향), 정치적 측면(지방정부, 행정 및 법적 권리에 대한 영향)에서의 영향분석이 가능하다.

4. 합리성에 대한 광의의 관점

목표-수단 합리성은 Weber의 조직이론에 뿌리를 둔 행정분석에서는 기본적인 요소이다. 그러나 계층제에서 보여주고 있는 조직합리성을 의심하는 접근법이 대두되고 있다. 의사결정이론(decision theory)과 조타이론(steering theory)이 그러한 예이다.

의사결정이론은 전통적으로 조직이론에서 중요한 접근법이며 2차대전 이후 지배적이었던 행위자중심모형(actor-oriented model)의 근본을 이루고 있다. H. Simon의 *Administrative Behavior*(1945) 이후 조직이론은 분석의 기본단위

로서 의사결정을 발전시켜 왔다. 의사결정이론에도 몇 가지 유형이 있는데 여기서는 행태중심모형(behavior oriented model)에 관심을 갖고자 한다. 몇십 년 동안 제한된 합리성(Simon의 '행정인'의 지지자)와 점증주의(Lindblom의 'muddling through의 과학')의 지지자간에 논쟁이 있었다. 이 두 가지 모형은 합리성의 서로 다른 유형의 전형이라고 할 수 있다. 제한된 합리성은 실질적 합리성(substantive rationality)을 의미한다. 즉, 수단은 목표를 충족시키기 위해 사용된다. 점증주의는 정치적 합리성을 이용한다. 즉 수단은 정치적으로 수용할 수 있을 때 선택된다. 나중에 이 두 가지 모형을 결합하는 시도가 이루어졌다. Etzioni의 '혼합주사모형'이 그러한 예이다.

행정학에서 의사결정이론에 대한 논점은 세 가지로 요약할 수 있다.

① 수단의 선택에 있어서 사전에 정해진 목표와 합리성을 지향하고 있다.

② 조직 대신에 개인을 출발점으로 보는 환원주의이다.

③ 적용범위 및 수준에 대하여 분명히 명시하고 있지 않다.

합리성을 가정한 분석은 인간의 일관되고 프로그램화될 수 있고 조직화되고 사변적인 활동에 집중되고 있다. 즉 목표와 관련된 행태를 우선시하며 목표가 어떻게 발전되는지 묻지 않고 목표를 주어진 것으로 가정한다.

개인－집단간의 문제는 의사결정이론에서 뜨거운 논쟁을 일으켰다. Argyris는 의사결정의 본질을 충분히 묘사하고자 한다면 인간의 성격모형, 개인상호관계모형, 그리고 이들 변수를 실제의 의사결정과정에 연결시키는 집단역학모형을 발전시킬 필요가 있다고 주장하였다. Enderud는 개인 또는 집단이 의사결정과정에 참여하는 사상으로부터 발전된 많은 모형을 제시하고 있는데 협상모델이 대표적인 예이다.

집단의 의사결정이론에서 가장 발전된 것은 '쓰레기통 모형'(garbage can model)이다. 이 모형은 문제성이 있는 선호들, 혼란된 기술과 일시적 참여자가 있는 상황으로 특징지어진다. 그리고 수많은 유형의 상황을 도입할 수 있는 점이 특징이다.

행정학적 관점에서의 조타이론은 주로 두 가지 관계와 관련이 있다. 하나는 정치가와 관료의 관계이고 또 하나는 서로 다른 행정수준(예컨대 중앙, 지방)의 단위간의 관계이다. 조타(또는 통제)에 대한 일반적인 논의는 국가와 시민간의 관계에 관한 것이다. 조타이론학파는 사회활동의 중앙조정의 가능성을 믿는 합리주의자이다. 이것은 Mannheim을 위시한 초기의 기획이론에서의 기본 아이디어였다. 그러나 종합적인 기획을 믿지 않는 학자들도 있다. 그들은 지식에 대한 요구가 비현실적이라고 생각하며 중앙조정을 불신한다. 잘 알려진 사람이 Pop-per와 Hayek이다.

최근 몇 년간 거시조타에 관한 연구에는 수많은 조타체계간에 분화가 이루어졌다. Hernes는 체계적 상호관계를 강조하기 위해서 시장, 민주주의, 관료제의 세 가지 체계를 논의하고 있다. 실질적 조타(기획이론에서 주장된 조타)와 형식적 조타(예컨대 시장지지자들이 선호하는 시스템디자인모형)를 결합시키는 행정수준을 목적으로 하는 조타모형도 있다.

5. 동태적 관점

급격한 사회변동의 시대에는 사회과학자들은 변화를 묘사하고 설명할 수 있는 모형을 찾아내지 않으면 안 된다. 이러한 맥락에서 공공조직은 항상 근본적인 딜레마에 직면해 왔다. 즉 안정적인 조직이 급격히 변동하는 동태적인 환경에 반응해야 할 때 수많은 문제와 갈등을 야기한다. 여기에 관한 대표적인 이론이 조직변동과 감축관리 또는 정책종결이다.

조직변동(organizational change)에 관한 연구는 몇 가지 형태로 나타나고 있다. 먼저 조직변동에 관한 지표를 정의하려는 시도가 이루어졌는데 Meyer의 규모, 분업, 감독수준, 통제범위, 공식화, 책임성, 경쟁 등의 분석지표가 그러한 예이다. 또한 변동에 관한 사회학문헌에는 상호관련된 수준에 대한 연구가 많이 있다. 예컨대 개인, 조직, 사회수준 또는 조직, 공동체, 사회수준 등이다. 시관 (時觀)을 강조한 경우도 있다. 즉 단기적으로는 조직의 결정요소 또는 조직의 직접적인 환경이 중요하지만 장기적으로 환경의 보다 근본적인 결정요소가 더 중요하다고 보는 경우이다. 그 외에도 행정변동과 사회변동간의 상관관계를 분석한 경우도 많이 있다.

조직변동에 대한 연구는 광범위한 분석시간을 요구하는데 이것은 방법론적 고찰을 필요로 한다. 조직행태가 개인, 개인간, 구조, 환경 및 역사적 요인 등의 결합으로 형성된다면 하나의 경험적 연구만으로 고도의 인과모형을 발견할 가능성은 희박하기 때문이다. 결론적으로 행정변동에 대한 연구를 공공조직에 국한시키는 것은 현명하지 못하다고 본다.

감축관리(cutback management)는 경제침체가 행정 및 공공활동에 미치는 효과를 연구하는 일종의 변동연구이다. 모든 행정수준에서의 자원의 희소성은 정부로 하여금 프로그램을 축소하게 하고 공공조직을 폐지하도록 하며 공무원을 면직시키도록 만들고 있다. 근본적인 딜레마는 영속적 성장을 위해 체계를 어떻게 재구성하느냐이다. '정책종결', '감축관리', '조직쇠퇴'로 명명된 특수한 접근법이 이 문제를 다루고 유용한 특징들을 제시해 주고 있다. 하나는 기능적 종결과 구조적 종결의 구분이다. 전자는 특정한 사업과 관련된 활동을, 후자는 구조적 배열을 없애는 것이다. 종결문제를 논의할 수 있기 위해서는 동태적 분석모형이 필요하다. Beck Joergensen의 국면모형(phase model)이 그러한 예이다.

6. 참여에 대한 강조

행정학에서의 참여는 민주주의 이론의 관점에서 보는 것이다. Waldo는 두 가지 형태의 참여를 논의하고 있다. 즉,

① 관료제 내부참여(종업원의 작업조건에 대한 요구권한)

② 행정과정에서의 시민참여

관료제 내부참여는 조직이론에서 중요한 분석대상이다. 산업민주주의의 논의가 그것인데 유고슬라비아의 자율관리가 이상형태로 자주 제시된다. 민주주의이론에 대한 관심이 증대한 결과 서로 다른 학문분야가 상호간에 접근하고 있다. 조직이론가들은 거시적 수준에서 민주주의를 연구하고 정치학자들은 조직이론에 관심을 가져왔다. 급진적 진보민주주의자들은 효율성이 아닌 형평, 자유, 평등, 시민권에 관한 조직이론을 원한다.

행정학에서의 산업민주주의는 약간의 특수한 문제를 제기한다. 거시적 민주주의(정치적 민주주의)와 미시적 민주주의(조직민주주의)간에 모순이 존재하는가? 두 가지 수준의 민주주의 관계는 긍정적인 것으로 본다. 개인은 조직 내에서 민주주의를 배우고 그 지식을 정치적 민주주의에 전파한다. 그러나 때로는 두 가지 민주주의 관계가 경쟁적인 경우도 있다. 그 문제는 주 및 지방정부 행정에 공무원 참여를 규정하도록 법률로 정하고 있는 스웨덴이 전형적인 경우이다.

행정과정에서의 시민참여는 시민 개개인 또는 단체대표를 통해서 달성될 수 있다. 전자는 시민 개개인이 행정(정책의 결정 및 집행)에 직접 참여하는 것을 의미한다. 여러 가지 형태의 풀뿌리 민주주의가 지방단위에서의 기획과정과 관련하여 논의되어 왔다.

참여에 대한 분석은 투입지향적인 정치학자들을 행정연구에 끌어들였다. 행정과정에서 강력한 사회 이익집단의 대표자들의 참여에 대한 연구가 시민개인의 참여만큼 연구되었다. 이것은 스칸디나비아 제국에서 흔히 볼 수 있는데 코포라

티즘이라는 용어로 분석하고 있다. 그 개념은 정책결정이 의회에서 이루어지는 것이 아니라 행정부와 기업의 최고 관리층의 담합에 의해서 이루어진 체제를 의미한다.

7. 규범의식

1960년대 이후 규범과 가치문제가 광범위하게 논의된 바 있다. 이러한 논의의 핵심은 가치의 실질적인 이론을 형성하려고 시도하는 것이었다. 행정분석에 적용하려는 중요한 원천이 되었던 것은 1971년에 출판된 Rawls의 *A Theory of Justice*이다. 행정연구에 있어서 규범에 관한 논의는 신행정학을 구성한 1969년에 있었던 미노우부르크회의의 중요한 요소였다. 그러나 규범적인 연구에 관한 것은 만족스러운 상태는 아니었다.

가치가 고도의 추상적 수준에서 제기된 경우가 많다. Lindblom은 자유, 평등, 민주주의, 정책결정에 대한 시민참여의 전통적 가치를 논하고 있다. Golembiewski는 이론구성의 표준목록에 규범을 역시 포함시키고 있다. 즉 그는 '좋은 행정'을 정의해 주는 적절한 가치와 '정의로운 국가'와 그 가치와의 관계를 다루어야 한다고 주장한다. La Porte는 논의의 출발점으로서 근본적인 규범을 논하고 있다. 즉 행정의 목적은 경제적·사회적·심리적 고통을 감소시키는 것이며 조직 내부 및 외부에 있는 사람들을 위한 생활기회를 제고해 주는 것이라는 것이다.

규범은 일반적으로 공공활동에 타당한 것이다. 그러나 행정관료에게 타당한 규범, 즉 윤리규범과 같은 것도 존재한다. 관료가 느끼는 도덕적 딜레마는 서로 다른 방향으로 가도록 만드는 어떤 힘이 존재한다는 것이다. Hart에 의하면 관료들은 그들 조직의 목표나 특정규칙, 직업적인 규율규범 및 시민의 기대에 의해 제약을 받는다고 한다. Warwick은 행정행태문제를 논하면서 두 가지 기준을 제시하고 있다. 행정적 다원주의와 Weber적 이상주의라는 상반된 두 가지 학파가 그것이다. 행정적 다원주의에서는 관료들을 '사익추구자'로 보며, Weber적 이상주의에서는 '상부지시에 대한 동조와 관료의 적절한 행태에 대한 내재화된 이해와의 결합된 모습'으로 본다.

일반적으로 규범적 행정연구는 아직 미발달된 수준이다.

8. 처방적 열망

규범의식과 많은 경험적 결과가 존재하는 상황에서 처방이론을 구성하기 시작한 것은 당연한 일이다. 처방이론은 행정조직, 행정과정 및 행정행위의 실체를 처방해 주는 것이지만 그러한 열망이 행정분석의 혁신으로까지 이르지는 못하였다. 사회과학에서 적실성이 필요한 것으로 자주 제기되었는데 이상적인 상태는 상담학(Beratungs wissenschaft)으로서의 행정연구이다. 그러한 추세는 'Muddling Through'에 대한 대안으로서 정책분석의 예에서 엿볼 수 있다.

처방적 행정이론에 초점을 맞추고 있는 접근방법은 많이 있다. 대표적인 네 가지를 든다면 다음과 같다. 즉 조직발전, 정책과학, 행정개혁론, 관리과학이다. 그 외에도 관료의 윤리, 집행분석 등이 있다.

조직발전(organizational developement)은 광범위한 접근방법이며 수많은 분리된 움직임을 표함하고 있다. 그것은 심리학, 사회심리학을 사용하여 조직구성원의 기준을 향상시킴으로써 조직의 속성 및 결과를 개선하려고 의식적으로 노력한다. 이 접근법의 특성을 보기 위해 지적 근원을 살펴보기로 한다. 개인에 대한 관심은 Maslow의 개인의 자아실현을 돕고자 시도하고 있는 인간심리학의 등장의 결과이다. 집단에 대해서는 인간관계학파에 뿌리를 두고 있다. 조직발전은 과정지향적이다. 그것은 개인간의 능력, 협동, 팀워크, 집단역학 등을 강조한다. 이 접근법은 조직의 내적 역학에 초점을 맞추고 있다. '실험실훈련' '감수성훈련' 등의 다양한 교육방법이 전형적인 특징이다. 조직발전접근법은 열성적인 지지자와 반대자를 동시에 갖고 있다. 문제는 그것이 오래 지속될 수 없는 일시적 유행인 냉소적인 조직이냐, 아니면 중요한 전문영역이냐 하는 것이다.

정책학(policy sciences)은 동명의 Harold Lasswell의 저서로부터 비롯되었다. 1960년대 후반 이후 Y. Dror는 특히 수많은 저서와 논문에서 이 접근법의 필요성을 주장하였다. 그것은 정책결정을 개선하기 위한 학문이며 또한 창의성과 같은 초합리성 및 비합리성을 포함하는 메타정책을 강조하고 있다. Quades는 *Policy Sciences* 창간호에서 '왜 정책학이 필요한가?'라는 물음을 제기하고 공공부문이 관리과학 및 의사결정과학에서 절차, 기법, 도구를 응용하지 못하였다고 대답한다. 기본생각은 행정학이 운영연구, 시뮬레이션, 게임이론 등과 같은 방법을 채택해야 된다는 것이 아니라 행태과학의 지식이 사회에 기여할 수 있는 시스템공학의 틀 속에 놓여져야 한다는 것이다.

행정개혁(administrative reform)은 처방연구영역에서 또 하나의 접근법이다. 행정개혁의 목표는 정부기구에서 의도되고 유도된 변화이며 국가활동의 확대와 복잡성에 보조를 맞추기 위해 정부기구를 현대화하려는 노력이다. 사용방법은 구조, 절차, 기술, 인간의 변화의 네 가지 유형으로 나눌 수 있다. 그러나 가능하고 적절한 변화방법을 규정하는 것만으로는 충분하지 않다. 그것들은 적절하게 집행되어야 한다. 사회발전 및 행정발전은 이 접근법의 배경이며 장기적인 목표는 행정을 국가발전을 위한 동태적 추진력으로 전환하는 것이다.

관리과학(management sciences)은 합리성 및 능률성이라는 이름으로 지난 20년 동안 행정에 도입된 발전된 기법을 포함하고 있다. 이러한 방향으로의 노력은 현대정부의 주요 관심사이며 열망이다. 관리과학이란 무엇인가? Gorpe는 다음과 같이 나누고 있다. 지식추구방법(예측방법, 멜싸이기법, 체제분석, 평가, 사회지표)과 의사결정을 돕는 방법(사회적 비용편익분석, 운영연구, 정책분석), 그리고 조타방법(Steering methods: 프로그램예산, 영기준예산, 목표에 대한 조정, 정보관리체제, 기획 및 기획체제)이다. 관리과학은 수학적 접근법(최적화이론, 확률론, 선형대수학 등)에 그 뿌리를 두고 있다. 문제는 사회과학에서의 행정연구가 관리기법의 발전에 도움이 될 수 있는가이다.

Ⅲ. 평가적 의견

지금까지 1970년대 중반 이후 십여 년 동안의 행정학연구 동향을 개관해 보았다. 이러한 연구추세는 아주 다양한 형태로 전개되었는데 저자는 합리성, 계층제 등으로 특징지어지는 전통적인 Weber류 모델에서 벗어난 하나의 정향이 있다는 점을 지적하고 있다. 그것의 출발점은 다른 사회과학뿐만 아니라 행정학에서 뿌리를 내린 후기 행태주의로 보고 있다. 처방적이고 규범적인 연구추세는 논외로 하더라도 경험적 연구추세에도 Weber의 관료제이론에서 강조되지 않은 수많은 특징이 있음을 밝히고 있다. 그것들은 때로는 Weber의 범주와는 정반대되기도 하는데 정리하면 다음과 같다.

베 버	새로운 특징
합리성	'쓰레기통'
조직내부	조직상호간
계층제	상호관계
집권적 조정(통제)	자율적·분권적 조정(통제)
실질적 조타	형식적 조타
정태적	동태적
관료제	민주주의

　이러한 새로운 특징들은 하나의 이론적 학파를 구성하고 있다고 말할 수는 없지만 후기 베버주의로서의 공통된 관점을 견지하고 있다고 보아야 할 것이다. 그렇다면 새로운 이론이 베버이론을 대체할 수 있을 것인가? 이에 대해서는 저자도 부정적으로 보고 있다.

　새로운 이론이 행정학의 진정한 혁명을 의미하지 않는다면 행정학연구경향의 변천을 어떻게 설명할 것인가? 저자는 이에 대하여 '상황론적 일반론'(conditional generalizations)에 의해 설명하고 있다. 기본적으로 '사회과학의 변화는 사회변동을 반영한다'는 명제를 인정하면서 특정상황 또는 조직유형에 대한 적용가능성의 한계를 규정하는 언명으로 해석해야 한다는 것이다. 즉 '서로 다른 환경은 조직에 서로 다른 필요조건을 요구한다'고 보고 베버모델은 어떤 특정환경에 적합한 반면 후기 베버모델은 다른 환경에 적합하다고 생각할 수 있다는 것이다. 두 가지 유형은 단순히 서로 다른 상황과 관련되며 새로운 분석도구는 기존의 분석도구가 밝힐 수 없는 현실을 묘사하고, 설명하고, 이해하려는 시도를 대변한다는 것이다. 이러한 관점을 견지할 때 우리는 앞으로의 행정학 연구동향을 전망함에 있어서 행정을 둘러싼 사회변동에 의해 많은 영향을 받으리라는 것을 예측할 수 있다.

참고문헌

Lundquist, Lennart, "From Order to Chaos: Recent Trends in the Study of Public Administration," in Jan-Erik Lane, ed., *State and market: The Politics of the Public and the Private*, London: Sage Publications, 1985.

Jacques Chevallier의
단일 사회과학으로서의 행정학*

Ⅰ. 머 리 말

오래전부터 중앙집권적인 행정체제를 갖추어 온 프랑스는 비교적 훌륭한 관료체제를 갖추고 있는 나라로 알려져 있다. 이와는 대조적으로 사회과학으로서의 '행정학'의 발달은 매우 늦은 편에 속하는 나라이다. 오늘날 학자들간에 단일 사회과학으로서 행정학이 가져야 할 성격에 대하여 합의가 이뤄지지 않은 상황에 있다고 봐야하기 때문이다.

유럽에서의 행정연구는 국가형성과 맥을 같이한다. 독일에서는 관방학이 발달하였다면 프랑스에서는 '경찰학(Science de la police)'이 발달하였다. 이 때의 '경찰'이란 오늘날과 같이 치안업무를 담당하는 경찰이라기보다는 '합리적인 정부조직'이라는 넓은 의미를 가지고 있다. 17~18세기부터 발달한 경찰학은 법학에 기초를 두고 있으나 법해석에 그치지 않고 국가행정의 실무적 차원에서 도움이 되는 원리를 제시하려는 경험적인 성격까지 가졌었다.

이후 오늘날까지 프랑스의 행정연구는 이러한 법학적 행정연구가 주류를 이루고 있는 가운데, Henry Fayol로 대표되는 경영학적 행정연구, Michel Crozier로 대표되는 사회학적 행정연구가 가세하여 복잡한 양상을 보이고 있다. 즉, 행정연구의 대상이나 접근법에 대하여 학자들간에 기본적인 합의도 이뤄지지않고 있는 실정이다.

구체적으로 합의가 이뤄지지 않은 내용은 다음과 같다. 첫째, 행정학의 연구대상을 공공행정기구로 한정할 것인가? 일반 사회조직까지 확대할 것인가의 문제, 둘째, 방법론적 측면에서 여러 가지 가능한 접근법은 체쳐 놓고라도 법학적 접근을 할 것인가, 사회학적 접근을 할 것인가라는 문제, 셋째, 이상적인 행정을

* 임도빈: 서울대학교 행정대학원 교수.

지향할 것인가, 실제 행정현상에 대한 비판을 할 것인가 등 행정학 연구의 궁극적 목표가 무엇이냐?라는 문제, 마지막으로 단일과학으로서 행정학이 될 수 있는가, 아니면 행정에 관한 이론들의 복합체인 복수로서 '행정학들'(sciences administratives)로 남아 있어야 하는가의 문제 등이 학자들간에 중요한 이견을 보이는 쟁점들이다.

이러한 복잡한 상황에 있는 행정학의 정체를 규명하려는 노력 중의 하나가 Jacques Chevallier의 '교차로' 행정학론이다.

Chevallier는 프랑스의 엘리트 양성학교인 파리 정치대학(I.E.P. de Paris)에서 행정학을 강의하고 있다. 그는 1990년대 초까지 프랑스 북부에 위치해 있는 아미앵(Amien) 대학에 재직하면서 피카르디 정치행정연구소(Centre Universitaire de Recherches Administratives et Politiques de Picardie)를 이끌면서 행정분야에 경험적인 연구를 수행해 온 대표적인 정치행정학자이다. 여기서는 그의 「행정학」(*Science administrative, Paris: PUF*, 1986)을 중심으로 소개하되, D. Loschak과 공저한 「행정학」(*La Science Administrative, Paris: PUF*, 1980), 그리고 Debbasch의 「행정학」(*Science Administrative, Paris: Dalloz*, 1990)의 내용을 참고하도록 하겠다.

II. 단일 행정과학의 구성

유럽 여러 나라에서 사회과학은 미국의 분과주의와는 대조적으로 통합학문적 성격을 갖고 있다. 따라서 프랑스에서는 많은 사람들이 행정학이라는 독립된 학문분과가 있을 수 있는가에 대하여 회의를 가지고 있는 것은 당연하다. 굳이 행정학이라는 명칭을 사용하지 않아도 다양한 학문분과에 의하여 제각기 행정문제를 연구하면 족하다는 입장이거나, 행정실무에 관한 기법(techniques)들이 학문(science)이 될 수 있느냐는 입장이다.

Chevallier교수는 이러한 회의에 빠지기보다는 오히려 다양한 접근법에 의한 행정연구 단계를 거쳐온 후, 행정에 관한 과학적 탐구의 장이 점차로 형성되어 왔다고 본다. 즉, 행정학은 법학, 정치학, 경제학, 경영학 등 여러 분과 학문이 서로 만나는 교차로에 위치해 있으면서 특정 문제를 중심으로 연구하는 특성을 가지고 있다고 본 것이다. 다만 현재의 행정학이 과학성을 확보하기 위해서는 몇 가지 인식론적 장애물을 뛰어 넘어야 한다는 과제를 안고 있다고 본다. 말하자면 오늘날의 행정학은 '임신중'의 사회과학(une science sociale en gestation) 이라고 할 수 있는 수준에 있다는 것이다. 행정연구가 단일사회과학으로 탄생하기 위해서는 연구대상 중심에서 연구문제 중심으로, 복합과학에서 단일과학으로 바뀌어야 하고, 또한 과학성을 제고하기 위해 몇 가지 지양점에 주의해야 한다 .고 한다.

1. 연구대상 중심에서 문제중심으로

다른 사회과학과는 달리 행정학은 확연히 구분된 연구대상(object)을 갖고 있지 않다. 혹자는 공공행정기관이 유일한 연구대상이라고 보고, 혹자는 사회를 형성하는 모든 조직이 행정연구의 대상이 될 수 있다고 본다. 이러한 의견차이를 따지고 보면 이데올로기적 차원의 문제이다. 정부부처 등 공공행정분야로 연구대상을 제한하는 것은 행정이 다른 종류의 조직화된 사회활동보다 더 우월하다는 본질론적인 전제가 있는 반면, 모든 조직으로 연구대상을 확장하려는 것은 이러한 행정의 유일성을 거부하는 것이기 때문이다. 즉, 후자의 견해는 행정현상은 다른 어떠한 사회활동과 유사하거나 혹은 다른 모든 사회활동에 행정이 침투되어 있다는 것을 전제로 하는 것이다.

사실 사회현상의 일부로서 행정현상은 다음의 양면적 특성을 동시에 가지고 있다. 한편으로 다른 사회조직과 구별되는 공권력이라는 개입방식 때문에 독특한 사회실체라는 것이고, 다른 한편으로 다른 사회집단과 마찬가지의 특성을 가지는 것으로 비교방법을 통하여 연구를 할 수 있는 하나의 사회집단에 불과하다는 것이다.

Chevallier는 연구대상을 어디에 한정해야 하는가에 대한 논의는 모두 그릇된 것이라고 본다. 왜냐하면 이들의 주장은 모두 공공행정조직, 혹은 사회조직이라는 선험적이고 자연발생적인 연구대상 자체가 존재하고 있다는 것을 전제하기 때문이다. 이러한 전제는 행정학뿐만 아니라 대부분의 사회과학이 자연발생적인 연구대상을 갖고 있기보다는 연구자나 일반인의 문제의식에 의하여 형성되었다는 점을 간과하고 있다. 이때 문제의식이란 현실에 대하여 제기하는 일련의 의문을 뜻한다. 다시 말하면 사람들의 관념세계에 있는 문제의식아 곧 어떤 사회과학의 연구대상을 만들어 내는 경우가 대부분이라는 것이다.

따라서 행정학은 사회 속에 존재하는 연구새앙을 가려내는 것보다는 문제의식을 발전시킴으로써 확고한 사회과학으로 자리잡을 수 있다. 이렇게 문제중심으로 형성된 사회과학으로서의 행정학은 단순한 제도분석을 떠나서, 기관의 논리와 실제의 기능분석이 되어야 할 것이다. 이때 다른 조직에 비하여 행정이 갖는 차이점과 유사점이 끊임없이 논의될 수 밖에 없다.

2. 복합과학에서 단일과학으로

행정연구는 모든 나라에서 이질적이고 분열적인 양상을 보이는데 이를 문제중심 접근법으로 변경하면서 단일과학을 형성할 수 있다는 것이 Chevallier의 주장이다. 단일과학으로 발전하는 것은 다(多)학문성(multi-disciplinary)에서 간(間)학문성(inter-disciplinary)으로 승화발전되는 과정을 거침으로써 가능하다.

먼저 다학문성(la multidisciplinarité)이란, 프랑스의 행정학이 법학자들과 사회학자들이 각각 독점적인 연구를 하겠다고 대립함으로써 비롯된다. 법학은 수단적인 의미에서나 상징적인 측면에서 행정을 이해하는 데 핵심적인 역할을 하고 있다. 또한 사회학은 행정의 숨겨지고 비공식적인 관계를 이해하는 데 필수적인 도구가 되고 있다. 이외에도 지리학, 경제학, 언어학, 심리학 등이 행정현상을 이해하는 데 일익을 담당하고 있다. 그러나 다학문성 단계에서는 각 학문분과에서의 연구가 서로 연결되지 못하고 행정지리학, 행정사회학, 행정법학 등의 형태로 수행됨으로써 서로 이질적인 복합과학으로서의 행정학들에 머물도록 할 뿐이다.

복합과학으로서의 행정연구가 단일과학으로 발전하기 위해서는 다학문성 단계에서 여러 분과학문의 연구를 통합하는 과정을 거쳐야 하는데, 그것이 바로 간학문성(L' interdisciplinarité) 단계이다. 간학문성을 가진 행정학에서는 서로 분리된 분과학문이 병렬적으로 연결되기보다는 연구문제를 중심으로 지리학적 접근법, 사회학적 접근법, 법학적 접근법 등이 서로 융합되는 것이 특징이다.

간학문성 단계는 복합과학이 단일과학으로 발전하는 데 필수적으로 거쳐야 할 단계이다. 즉, 전술한 대로 행정학의 연구대상이 조직보다는 문제중심으로 형성되어, 문제의 성격에 따라 여러 가지 학문분과의 접근법으로 학제간 대화를 거쳐 종합적인 이론을 구축하는 것이다. 따라서, 행정학은 필연적으로 법학, 경제학, 사회학, 심리학 등의 여러 학문이 서로 만나는 '교차로'에 위치하여 하나의 사회과학으로 발전하게 되는 것이다.

3. 사회과학성을 확보하기 위해 탈피해야 할 세 가지 명제

그러나 행정연구가 전술한대로 문제중심으로 이뤄지고 단일과학으로 발전된다고 하더라도 저절로 엄밀한 사회과학으로 발전하는 것은 아니다. 인식론적으로 중요한 방향전환이 있어야 한다는 것이 Chevallier 교수의 주장이다.

특히 행정학은 행정실무에 유용한 실제적이고 도구적인 '앎'만을 생산하는 것이 주된 목적이 아니라는 점을 주의해야 한다. 행정학의 목적은 행정현상에 대한 과학적인 지식을 축적하는 것이다. 엄밀한 과학이 되는 데 필요로 하는 과학적 지식은 우리가 편견을 가지고 즉각적으로 감각할 수 있는 세계와 거리를 둠으로써 가능하나. 모든 사회과학은 연구대상인 세상(현실)이 이미 인간들에 의하여 의미가 부여되어 있기 때문에 과학성을 확립하기에 어려움을 겪고 있다. 행정연구도 이미 국가공동체 내외 집단적인 삶이라는 측면에서 조명된 세상을 보는 것이므로 이러한 엄밀과학(science exacte)이 되기에는 어려운 상황에 있다.

나아가서 행정학은 더 심각한 장애물에 봉착되어 있다. 그것은 첫째, 행정이란(개인보다 우월한) 국가가 구현한 실제라는 암묵적 전제를 함으로써 오는 장애, 둘째, 외부에 폐쇄적이라는 행정의 비밀성에서 오는 장애, 셋째, 행정은 국민의 일상생활 어디에나 침투되어 있다는 전능성에서 오는 장애, 넷째, 연구자가 흔히 행정내부에 있다는 점[1]에서 오는 장애 등이다.

행정학이 완전한 사회과학이 되는 것을 방해하는 이러한 요인을 극복하기 위해서는 ① 실용주의에 대한 거부, ② 규범주의에 대한 거부, ③ 이념적 기생충에 대한 거부 등 세 가지 거부가 있어야 한다.

(1) 행정학은 실용적이어야 한다는 생각으로부터 벗어나야 한다.

전 세계에는 행정연구가 행정현실에 적용될 수 있어야 한다는 생각이 확산되어 있다. 물론 행정실무자들이 자기가 지휘하는 행정기관의 운영을 향상시키려고 노력하는 것은 당연한 일이다. 그러나 대학교수나 연구원들도 행정의 역기능의 원인을 발견하여 개선책을 제시하는 것이 마치 전부인 양 착각하고 있는 것은 놀라운 일이다. 애초부터 경찰학 등 응용학문으로 출발한 프랑스 행정연구사를 거슬러 올라가면 이러한 실용주의의 팽배를 이해할 만하지만, 어떻든 행정학의 본질을 오해하고 있는 것이다.

---

1) 프랑스의 행정연구는 현실적인 문제를 해결하기 위하여 고급공무원들에 의하여 이뤄지는 것이 보통이다.

극단적인 실용주의는 다음과 같은 점에서 행정연구가 단일 사회과학으로 비약적 발전을 하는 데 방해가 된다.

우선, 실용주의는 기능의 개선이라는 암묵적 가치가 내재하기 때문에 연구방향을 미리 유도할 뿐만 아니라, 당장 적용이 가능하지 않은 주제는 연구자의 관심영역을 벗어나게 되므로 연구영역을 매우 축소시키게 된다.

또한 기능개선이라는 전제 때문에 후술하는 규범주의에 편승하게 된다. 그리고 실용주의의 가장 치명적인 약점은 과학적 사고에 필수적인 내용인 비판의식을 결여한다는 점이다. 왜냐하면 실용주의란 일단 주어진 체제를 받아들이고 이의 기능개선만을 생각하기 때문이다.

이렇게 볼 때, 사회과학으로서의 행정학은 '정책대안개발'과 혼동하여서는 안 된다. 여기에는 정책연구는 과도하게 현실지향적이고, 행정학은 현실에 무관심한 '순수'과학이라는 식의 가치판단을 가지고 말하는 것은 아니다. 단지 과학적 행위는 실제 정책행위와는 구별되어야 한다는 점을 지적하고 있는 것이다. 행정학자와 행정실무자가 각각 본연의 역할을 충실히 할 때 비로소 행정실무자는 행정학 연구결과를 실무에 활용할 수 있게 되는 것이다. 반대로 행정연구가 학문적 기초가 없이 정책 조언에만 급급한다면 결국 행정학은 행정실무자들로부터 불신임을 자초하는 것일지도 모르는 일이다.

(2) 규범주의를 벗어나야 사회과학으로 발전할 수 있다.

규범주의란 바람직한 행정을 위한 규범적 원리들을 미리 정하여 이들 규범하에 행정에 관한 사고를 전개하려는 것을 의미한다. 즉, 구체적인 현실에서 출발하여 행정을 연구하기보다는 추상적인 규범에서 출발하여 규범의 내용을 어떻게 행정에 적용하는가를 연구하는 것이 문제라는 것이다.

사회과학이 '존재'의 세계를 연구해야 하는데 이렇게 행정연구를 '당위'의 차원으로 오도하는 것은 법학주의와 경영학주의에서 공통적으로 발견되는 것이다. 합법성이라는 지상과제하에서 법조문이라는 색안경을 쓰고 행정을 연구하는 것을 법학적 규범주의라고 할 수 있다. 그리고 능률성 향상이라는 측면에서 모든 행정현상을 보는 것을 경영학적 규범주의라고 할 수 있다. 이들 모두가 행정학이 사회과학으로 비약적 발전을 하는 것을 저해하는 것이다.

구체적으로 규범주의(normativism)가 행정학이 사회과학으로 발전하는 것을 위협하는 이유를 설명하면 다음과 같다.

우선 현실의 세계를 규범의 세계로 축소시킨다는 것이다. 현실은 서로 이해관계가 다른 개인 또는 집단이 얽힌 복잡한 것임에도 불구하고 미리 설정된 기계적이고 스테레오타입적인 규범의 세계로 축소하여 본다는 것이 문제이다. 기껏해야 규범주의는 규범적용 결과에 대한 역기능을 부차적으로 연구할 뿐이다. 그러나 규범이란 현실을 '설명'하기 위해서 만든 것이 아니라 거꾸로 이러한 현상에 적용하기 위한 특정체제를 규정하기 위한 것이라는 데 유념해야 한다.

규범주의가 위험한 두번째 이유는 법학적 합리성을 행정적 합리성으로 착각하게 할 수 있다는 점에서이다. 법(따지고 보면 경영관리도 마찬가지이지만)은 서로 모순되지 않는 일관적인 원칙들의 총체인데, 인간행위인 행정은 복잡하고 서로 모순적인 것이다. 따라서 규범주의는 행정현실에 존재하는 모순점들을 간과하거나 세거해야 할 대상으로만 생각하게 만든다.

(3) 행정학이 이데올로기의 기생충이 되어서는 안 된다.

Chevallier가 사용하는 이데올로기란 공산주의나 자본주의와 같은 정치이념적인 것보다는 훨씬 광의의 것이다. 과학과 이데올로기와의 관계는 복잡하다. 과학은 관찰가능한 사실에 기초하여 성립된 명제들의 질서 있는 배열이라고 할 수 있는 데 반하여, 이데올로기란 최소한도 일관성을 가진 현실을 대표하는 신념들의 배열인 것이다. 과학이 이데올로기에 반대되는 것으로 보이는 이유는 과학이 '진실'에 기초함으로써 신념적인 요소를 제거하려 하기 때문이다. 그러나 이것이 그리 간단한 일은 아니다. 모든 이데올로기는 최소한 그것이 지향하는 사실에 근거하고 있는 데 비하여, 과학은 절대적 진리보다는 '상대적' 진리만을 가지고 있기 때문이다. 과학의 진리성이 상대적인 것이기 때문에 이데올로기가 과학에 간여하는 방법은 수없이 많다. 따라서 자칫 잘못하면 행정학이 특정 이데올로기에 기생충 노릇을 할 가능성이 있다.

과학이 탈이데올로기화하는 방법은 지배적인 이데올로기에 의하여 확산된 모든 합리화와 가치를 배제하고 비판적인 시각을 갖는 것이다. 사회현실을 가치와 사실을 분리하여 사실만을 연구의 대상으로 삼는다는 H. Simon의 주장도 참고할 만하다.

행정연구에 있어서 뛰어 넘어야 할 더 중요한 이데올로기적 장애는 바로 어렸을 때부터 무비판적으로 받아들여 온 국가의 권위이다. 각 개인들의 무의식 속에는 절대적인 국가의 존재가 자리잡고 있기 때문에 그들이 과학적인 행정연구를 할 때 제거하기 힘든 일종의 '타부'를 만나게 된다는 사실을 인식하지 못할 수가 있다. 예컨대 법학적인 접근법이 바로 국가권력을 정당화시키는 이데올로기적 기초 위에 이뤄지고 있는 것이다.

많은 연구자들이 행정현상을 다른 사회현상과 다른 성격을 갖는 것으로 보고 연구한다는 자체가 이미 존재론적으로 국가의 우월성을 암묵적으로 전제하고 있는 것이다. 또한 연구대상으로서의 행정을 분리하는 것은 행정은 정치중립적이고 객관적이라는 전제로 되어 있기 때문이기도 하다.

이러한 관점에서 행정학이 이데올로기의 기생충이 되지 않는 방안은 행정을 다른 사회사실과 비교가능한 것 혹은 유사한 것으로 취급하는 것이다. 행정은 다른 사회적 사실들과의 관계에서 볼 때 단지 정치체계의 중심부에 자리잡고, 성격상 독점성을 가지고 성립된 것이라고 보면 되는 것이다. 만약 행정을 정치가 중심이 되는 체제에 통합된 일부라고 보면 행정학은 정치학의 한 하부학문이 된다. 또한 행정을 다른 사회적 사실과 동일한 것으로 보면 행정학은 사실적 사회 과학의 하부학문이 된다. 어떻든 이렇게 행정의 구별성을 벗어나면 행정학의 사회과학성은 제고시키는 길에 서게 된다. 그러나 계속하여 행정학 연구가 어떤 이데올로기의 기생충이 되지 않을까 경계하는 자세를 늦추어서는 안 된다.

또한 단일 사회과학으로서의 행정학이 나름대로 독창적인 연구 방법론(Mé thodologie)을 확보하지 못했다는 비판이 있을 수 있다. 그러나 오늘날의 추세는 어느 사회과학이 자신들만의 배타적인 방법론을 가지고 있기보다는 여러 가지 방법론을 원용하는 것이다. 이러한 연구 방법론의 보편화추세는 행정학이 독창적인 분석방법을 가지고 있지 못하다는 이유 때문에 단일 사회과학으로서의 지위를 확보하는 데 부적합하다고 주장할 수는 없게 한다.

Ⅲ. 평가적 의견

물론 프랑스는 우리 나라와 다른 상황에 있다. 프랑스는 오래전부터 중앙집권적인 행정국가 체제를 확립하여 왔고 이를 뒷받침하는 행정연구가 뒤따랐다. 법학적인 접근법을 중심으로 하는 자생적인 행정학이 그것이다. 이에 비하여 해방 후 우리 나라는 전통적인 행정 관료제를 하루 아침에 버리고 미국식 행정제도를 도입하였고, 동시에 행정연구도 미국행정학을 도입하였다. 이러한 두 나라 간의 근본적인 차이점에도 불구하고 Chevallier의 행정학의 사회과학화에 관한 주장은 우리에게 매우 시사적이라고 생각한다.

무엇보다도 실용주의, 규범주의, 이데올로기에의 종속성에 관한 Chevallier

교수의 주장을 귀담아 들을 필요가 있다. 바로 이러한 점을 극복하는 것이 한국 행정학의 단일 사회과학화를 앞당기는 지름길이라고 생각된다.

우선 최근 행정학자들이 성급하게 실무정책을 제시하는 데 급급하고 있는 추세를 경계해야 할 것이다. 행정학자와 정책실무자가 하는 역할은 분명히 구분되는 것이다. 행정학자들이 사회과학으로서의 행정이론을 발전시키는 일을 제쳐두고 개인적 '감(感)'에 의한 정책개발에만 급급하면 실무자들은 행정학자들에게 실망을 할 것이다. 결국 행정학이 사회과학으로 발전하기 보다는 기법들의 총체로 전락할 가능성도 없잖아 있다고 하겠다.

규범주의에의 거부라는 측면도 마찬가지이다. 우리 나라의 행정학이 프랑스에 비하여 법학적 접근을 보상할 필요가 있는지도 모른다. 그러나 이 경우에도 법학적 규범주의 위험성을 경계하면서 보완적인 범위에서만 활용해야 할 것이다. 오히려 Chevallier의 규범주의에 대한 논의에서 우리가 주목해야 할 것은 경영학적인 규범주의이다. 능률성이란 가치가 행정연구를 지배하는 논리가 될 수는 없다는 것이다. 최근 행정의 세계화, 신공공관리론 등의 명목하에 경영기법을 도입하려 하고 있고, 행정학자들이 앞다투어 이러한 논리에 편승하여 무비판적으로 관리원칙들을 제시하는 경향은 경계해야 할 것이다.

행정학이 특정 이데올로기에 기생하는 것도 문제이다. 학문의 성격상 정통성이 부족한 정권하에서 행정학은 권력의 지배수단이 된다는 비판이 있다. 문민정부가 들어선 후 이러한 비판은 약해졌다고 볼 수 있으나, 국가와 공권력의 우월성이 우리의 뇌리 속에 자리잡고 있는 것은 마찬가지라고 생각한다. 기능주의적 시각보다는 비판적 시각에 역점을 두어 행정학 연구를 할 필요가 있다.

그러므로 Chevallier 교수의 주장은 바람직한 행정학자들의 학문적 자세를 제시하여 준다는 의미가 강하다. 그의 저서나 논문들은 아직까지 이러한 시각에 맞추어 독특성을 발휘한 대안적 이론을 제시하는 단계까지는 이르지 못하고 있는 실정이기 때문이다. 크게 봐서 그는 프랑스에서 정치학적 행정연구를 하는 대표적인 학자라고 분류할 수 있겠다.

참고문헌

Jacques Chevallier, *Science Administrative*, Paris: PUF, 1986.

_____ & D. Loschak, *La Science Administrative*, Paris: PUF, 1980.

Debbasch, *Charles Science Administrative*, Paris: Dalloz, 1990.

Nicholas Henry의 행정학의 패러다임*

I. 머 리 말

  1960년대를 행정학이 급속한 팽창과 성장을 거듭한 시기라고 한다면, 1970년대는 기존의 행정학을 되돌아보고 새로운 것으로 태어나기 위하여 몸부림치던 시기였다. 즉, 기존의 행정학에서 높게 평가하던 생각들은 1960년대의 '위대한 사회'(The Great Society) 프로그램의 실패, 베트남 전쟁에서의 참패, 워터게이트 사건으로 인한 대통령의 임기중 사임, 주 및 지방정부의 재정난 등으로 인하여 심각한 도전을 받게 되었던 것이다. 따라서 행정학설사적인 견지에서 1960년대는 낙관주의와 실험주의의 시기라고 할 수 있으며, 1970년대는 비관주의와 통합정리의 시기라고 할 수 있을 것이다. 특히 1960년대 말과 1970년대 초에는 일단의 행정학자들이 행정학의 새로운 패러다임을 추구하는 과정에서 신행정학을 대두시킨 시기였다(Frederickson, 1980). Nicholas Henry의 "행정학의 패러다임"은 이러한 상황 전개 속에서 행정학이 나가야 할 방향이 과연 무엇인가를 찾으려 했던 대표적인 시도였다고 볼 수 있다. 이하에 Henry의 글을 발췌 번역하여 그의 주장을 음미하고자 한다.

II. 곤경 속의 행정학 80년

  행정학이 스스로를 다시 되돌아 보고 있다. 행정학 역사의 일천함에 비추어 이러한 자기점검은 행정학이 학문적으로 건강한 징표라 할 수 있다. 비록 자기점검이 자신에 대해 지나치게 화려한 장식으로 끝나는 수도 있긴 하지만, 행정

* 이준형: 인하대학교 사회과학부(행정학 전공) 교수.

학이 어떻게 걸어 왔고 어디를 향해 갈 것인지를 다시 생각하여 본다는 것은 나름대로 가치가 있는 일이라 하겠다.

이 글은 ① 미국행정학의 패러다임을 크게 네 가지로 보아 이들을 기술함으로써 행정학의 발달을 음미하여 보고, ② 어떠한 패러다임이 행정학에서 생성·등장하고 있는가를 생각해 보며, ③ 왜 행정학이 확인할 수 있고, 독특하며, 제도적으로 독립된 교육·연구 및 실천분야를 가지는 하나의 학문이 되지 않으면 안 되었는가를 정당화시켜 보고자 하는 것을 목적으로 삼았다.

여기서 '패러다임'이라는 용어를 사용한 까닭은, 그 용어가 과거에 남용되어 온 면이 없진 않지만, 학문의 자기정체성의 확인과 그러한 자기정체가 역동적으로 변화하여 가는 모습을 제대로 전달할 수 있는 마땅한 용어가 달리 없기 때문이다. 행정학에서 패러다임의 문제는 아주 중요하다. 행정학 분야에서 석사 이상의 학위를 취득한 사람의 약 90% 정도가 공무원으로 취업을 하고 있고, 전체 노동인력의 약 1/6 정도가 정부를 위해서 일하고 있으며, 행정·전문·기술인력의 성장이 미국의 공공부문에서의 인력성장에 있어 주요한 몫을 차지하고 있다는 사실은 행정학이 스스로를 어떻게 정의하는가에 따라 정부가 무엇을 어떻게 하는가에 대해 지대한 영향을 미칠 수 있음을 시사한다. 이런 점에서 행정학이 과연 무엇인가라는 문제를 심사숙고해 볼 필요가 있다.

이렇게 중요한 학문으로서의 행정학의 발전은 그 연구대상(*locus*)과 초점(*focus*)에 따라 대략 네 가지 패러다임이 중첩되어 계승된 것으로 생각할 수 있다 (Golembiewski, 1974).[1] 여기서 연구대상은 행정학이 제도적으로 어떠한 분야 또는 대상을 연구대상으로 하였는가의 문제이다. 예를 들어, 전형적인 연구대상으로 공공관료제를 들 수 있다. 연구초점 또는 분야는 행정학의 구체적인 연구분야를 지칭하는 것이다. 예를 들어, 행정의 원리와 같은 것을 들 수가 있다. 물론 이 두 가지는 행정학의 패러다임 변천과 아울러 변화하여 왔다. 어떤 때는 연구대상기관의 문제가 무시되는 때도 있었고, 어떤 때는 연구초점이 간과되는 때도 있었다. 그러나 행정학의 지적 발달을 음미하는 데에 있어서 이 두 개념은 아주 유용하다고 생각되어 여기서는 이 두 개념을 사용하여 행정학의 학문적 발달을 음미하여 보고자 한다.

---

1) 여기서는 *locus*와 *focus*가 가진 독특한 뉘앙스 때문에 가급적 원어 그대로 사용하고자 한다.

1. 제 1패러다임: 정치 · 행정의 분리 (1900~1926)

행정학이 어느 정도 독자적인 패러다임을 형성하였다고 볼 수 있는 시기는 Frank J. Goodnow와 Leonard D. White가 행정학에 관한 저술을 시작한 때부터라고 할 수 있다. 우선 Goodnow가 1900년에 출간한 *Politics and Administration*은 정부의 두 가지 주요 기능을 주로 다루고 있다. 주요 내용은 행정현상과 정치현상을 분리하고 이에 상응하여 행정학을 정치학에서 분리하는 것이었다. 즉, 정치는 '국가의 정책이나 국가의지의 표명을 다루는' 것인 반면에, 행정은 '이러한 국가정책을 집행하는 것과 관련이 있는' 것으로 구분하였다. 이러한 구분의 밑받침이 된 것은 물론 헌법상 보장된 권력분립이었다. 따라서 제1패러다임의 시기에는 무엇보다도 행정학이 어디에 서 있어야 하는가 하는 *locus*문제에 보다 강조점이 주어졌다. 즉, 행정학은 정부관료제를 중심 대상으로 연구를 하여야 한다는 *locus*중심의 행정학에 대한 개념적 시도가 소위 정치 · 행정 이원론을 낳게 된 것이다. 이 시기에 행정학은 대체로 '공직운동'(public service movement)의 결과이긴 하지만 정치학의 하위분야로서 각 대학교에서 공무원을 훈련하는 적합하고 타당한 전문분야로 각광을 받기 시작하였다.

그 이후 1920년대에 이르러 행정학은 학문으로서의 독자성을 세우기 시작했다. 이와 같은 독자성의 확립은 행정학분야에서 최초의 교과서라고 할 수 있는 Leonard D. White의 *Introduction to the Study of Public Administration*의 출간에 힘입은 바 크다. 그의 저서는 정치는 행정에 간섭하지 말아야 하며, 행정의 연구는 과학성을 추구하여야 하고, 행정학은 스스로 '가치중립적'(value-free)인 학문이 될 가능성이 있으며, 행정의 임무는 경제와 효율이라는 등의 내용을 담고 있었다.

이와 같이 제1패러다임의 시기는 가치와 사실을 구분하던 당시의 풍조에 따라 정치와 행정을 구분하는 것을 주요한 내용으로 하던 시기였다. 따라서 정치학은 행정학을 제외한 모든 것, 심지어는 오늘날 행정학과에서 주로 다루고 있는 '정책형성'까지도 포함되는 것으로 이해되고 있었던 데 반해, 행정학은 사실 중심의 조직이론, 예산론, 인사행정에 그 범위를 한정하였다.

2. 제2패러다임: 행정의 원리 (1927~1937)

이 시기를 연 것은 아마도 F. W. Willoughby의 *Principles of Public Adminis-*

*tration*이라는 교과서의 출간에 의해서라고 할 수 있을 것이다. 이 책은 White의 '입문론'보다 진보된 것으로 미국의 사회이념을 드러낸 교과서이다. 예를 들어, '행정의 원리'는 우리가 발견을 하지 않아서 그렇지 원래부터 그 자리(예를 들면 정부관료제)에 있었다는 것과 행정가들이 이러한 원리를 배운다면 자신들의 업무에 있어서 전문가가 될 수 있다는 대담한 제안을 하였다. 사실 1930년대와 1940년대는 관리지식에 대한 높은 수요로 인해서 행정학이 크게 요구되던 때였다. 따라서 행정학은 자연히 어떤 연구분야를 대상으로 할까 하는 *focus*문제에 보다 많은 관심을 두게 되었다. 이러한 전환은 Willoughby의 저서에서 제시된 바와 같이 행정의 원리는 어느 곳에서나 적용될 수 있다고 믿었기 때문이다. 따라서 *locus*문제는 그리 심각히 고려되지 않았던 것이다. 더욱이 행정학이 실제의 공·사조직 세계에 적용될 수 있는 학문적인 산출을 선도하여야 한다고 생각하였기 때문에 이러한 일반적인 원리의 발견에 혈안이 되었었다. 이렇게 학문의 *focus*가 *locus*를 제압하는 시기는 소위 '정통이론의 한낮'(high noon of ortho-doxy)에 이르러 절정에 달했다. 1937년에 출간된 Luther H. Gulick과 Lyndall Urwick이 공동으로 저술한 *Papers on the Science of Administration*은 이러한 *focus*의 절정기를 상징하는 것이었다.

그러나 1938년에 이르러 이러한 *focus*중심의 행정학은 도전에 직면하였다. Chester I. Barnard가 *The Function of the Executive*를 출간하였던 것이다. 당시에는 이 책이 별다른 반향을 일으킨 것은 아니었으나 후에 Herbert A. Simon 같은 학자들에게 지대한 영향을 주었고 그 결과 *Administrative Behavior*와 같은 저술이 나오게 되었다. 행정의 원리를 발견하려는 패러다임을 '주류행정학' 또는 '정통행정학'이라고 본다면 도전기에 있어서의 '반발행정학'은 대체로 두 가지 관점을 취하는 것이었다. 첫째는 어떤 형태로든 행정과 정치는 분리될 수 없다는 것이고, 둘째는 행정의 원리라는 것은 논리적으로 일관성이 없다는 것이었다. 반발의 기미는 이미 1930년대에 눈에 띄기 시작하였으나, 정치·행정의 이분법적 가정에 대한 의문은 1946년에 Fritz M. Marx가 편집한 *Elements of Public Administration* 속에 집약되어 나타났다. 이러한 변화는 1950년 John M. Gaus 의 "우리 시대에 있어서 행정이론은 동시에 정치이론을 의미한다"라는 주장으로 요약될 수 있다. 전통적인 정치·행정 이원론에 대한 반발과 아울러 제기된 더욱 근본적인 논쟁은 행정에 과연 원리 같은 것이 있을 수 있는가에 관한 것이었다. 1946년과 1947년에 걸쳐서 Robert A. Dahl, Simon, Waldo 등의 학자들이 홍수처럼 쏟아 낸 많은 연구논문들이나 저서들은 행정원리의 가능성에 대해서 여러 각도에서 비판을 제기하였다. 특히 행정원리에 대해 가장 가공스러운 해부는 Simon이 1947년에 출간한 *Administrative Behavior*였다. 그는 소위 행정의 원리라는 것들에 대해 항목별로 반원리(反原理)를 제시함으로써 원리 자체에 대한 논쟁을 가열시켰다. 1950년대에 이르러 행정학을 지탱하고 있던 두 기둥, 즉 정치·행정 이원론과 행정의 원리는 일련의 학자들에 의하여 마침내 무너지고 폐기되기에 이르렀다. 이 시기의 종언은 행정학의 독특한 인식론적 정체를 상실케 하는 결과를 가져왔다.

3. 도전에 대한 반응(1947~1950)

Simon이 그의 저서 *Administrative Behavior*를 통해 행정학의 전통적인 기초를 무참히 파괴하였던 1947년에 그는 *Public Administration Review*에 별로 주목을 끌지 못하였던 논문이라고 할 수 있는 "A Comment on the Science of Public Administration"을 게재함으로써 행정학의 옛 패러다임에 대한 하나의 대안을 제시하였다. Simon이 제시한 행정학을 위한 새로운 패러다임은 조화와 호혜적인 지성적 자극 속에서 일하는 두 종류의 행정연구였다. 즉 '사회심리학의 철저한 바탕' 위에 '순수한 관리과학(管理科學)'을 발전시키는 것에 관심이 있는 행정학자들과 그 당시 시대에 뒤떨어졌다고 생각되었던 분야인 정치경제학을 되살린 '공공정책을 위한 처방'에 관심이 있는 두 부류의 큰 집단들을 의미했다. 그에게 있어 '순수행정과학'과 '공공정책을 위한 처방'의 두 가지 모두는 상보적인 요소였다. 즉, "행정학의 분야에 있어서 이 두 가지의 발전이 왜 나란히 이루어질 수 없는지에 대해 분명히 밝혀진 이유는 없다. 왜냐하면 이 둘은 상호 갈등적이거나 모순적이 아니기 때문이다"라고 주장했던 것이다.

비록 Simon의 이러한 제안이 정교하고 규범적이긴 하였지만 '순수과학'에 대한 요청은 많은 행정학자와 정치학자들을 행정학 분야에서 내몰아 버리기에 충분한 것이었다. 첫째, 사회심리학이 행정행태의 이해를 위한 기초를 제공한다는 Simon의 역설은 많은 행정학자들에게 있어서 이단적(異端的)이고 불쾌한 것으로 여겨졌다. 왜냐하면 대부분의 행정학자들이 사회심리학의 훈련을 받지 않았기 때문이다. 둘째, 과학이라는 것이 '몰가치적(沒價値的)'이거나 '가치중립적'인 것으로 인식되었기 때문에 '관리과학'이라는 것은 논리적으로 과거에 행정학 탐구의 풍부한 원천으로 생각하였던 많은 분야, 예를 들면, 규범적 정치이론, 공익, 인간 가치 등의 분야를 행정학에서는 더 이상 탐구해서는 안 될 분야로 만들어 버렸기 때문이다. 요약하면, 행정학의 공학적(工學的) 정신을 개발하기 위한 노력으로 인하여 정치·사회현실과의 접촉을 단절하게 될지도 모르는 기술지향적인 '순수과학'으로서의 행정학이라는 가능성을 초래하게 되었던 것이다.

행정학을 정치학과 연계시키려는 행정학자들이 Simon의 주장을 무시할 만한 보다 적극적인 논리적 이유도 있었다. 즉, 공공정책의 결정과정에서 드러날 수 있는 행정학과 정치학간의 논리적인 개념적 연계가 그것이다. 행정학은 공공정책 결정 과정을 '검은 상자'(black box)로 간주하였다. 그 '검은 상자'는 다름 아닌 정부관료제 안에서 공공정책을 형성하여 정치체제에 전달하는 상자로 인식하였다. 정치학은 이러한 검은 상자의 '투입과 산출', 즉, 정치·사회적 변화를 초래하는 정치체제 안의 압력을 고려하는 학문으로 인식하였다. 따라서 행정학도들이 행정학의 모체 학문이었던 정치학의 가정과 같은 경계 내에 계속적으로 머물게 했던 데에는 당근과 채찍이 모두 사용되었던 것이다.

반면 정치학자들은 1930년대 중반부터 일찍이 행정학이 점차 정치학으로부터 독립하여 가는 것을 저지하고 행정학의 행동지향성에 대해 의문을 제기하여 왔었다. 정치학자들은 1914년에 그들이 주창했던 것과 같은 공공봉사와 집행적인 준비사업과 같은 것을 들먹이기보다는, Lynton K. Caldwell의 지적과 같이 행정가들에게 있어서 '잘 아는 행정'(knowledgeable action)보다는 집행부의 '이지적 이해'(intellectualized understanding)가 필요하다는 것을 주장하기에 이르렀다. 1952년에 이르러 미국정치학회지인 *American Political Science Review*에 '행정학에 대한 정치학의 계속적인 지배'를 창도하는 논문이 게재된 것은 이러한 분위기를 대변하는 것이었다.[2]

그러나 제2차 세계대전 후에 이르러 정치학자들은 그때까지 가장 많은 지원생과 정부의 연구지원을 받던 세부 분야인 행정학이 정치학으로부터 이탈하는 것을 용인할 수 밖에 없었다. 정치학은 당시에 사회과학의 다른 분야에서 발생한 '행태론적 혁명'에 의하여 심한 개념적 변동이라는 고통 속에 빠져 있었다. 정치학자들은 과거 행정학이 정치학으로부터 탈퇴의 위협을 받았을 뿐 아니라 이제는 다른 세부 분야의 하나였던 국제관계론조차 더 이상 정치학의 경계 내에 가두어 두기가 힘들어졌음을 알게 되었다. 또한 과학과 사회과학의 영역 속에서 정치학은 다른 사회과학자들로부터도 낮은 평가를 받고 있다는 사실이 점차 명백하여졌다.

---

2) 이 논문은 Martin, R., "Political Science and Public Administration—A Note on the State of the Union," *American Political Science Review*, Vol. 46, 1952, p. 665를 의미한다.

4. 제3패러다임: 정치학으로서의 행정학(1950~1970)

어쨌든 그러나 위에서 말한 주류 행정학자들이 가졌던 우려의 결과로 행정학자들은 정치학과에 남아 있게 되었다. 그러한 결과는 행정학의 *locus*-정부관료제-에 대한 정의를 다시 내린 것이라고 볼 수 있으나 그 대가로 얻은 것은 행정학에 있어서 *focus*의 상실이었다. 물론 행정학의 *focus*에 대한 의문은 계속적으로 일어나고 있었다. 즉, 예산과 인사절차의 기교만을 배타적으로 연구하여야만 하는가? 또는 행정학자들은 정치학자들이 '행정 이상주의자'(Administrative Platonists)라고 불렀던 Paul Appleby와 같이 거대한 행정철학의 구도를 고려하여야만 할 것인가? 또는 Simon이 주장한 바와 같이 조직과 의사결정의 분석과 관련된 아주 새로운 탐구영역을 개척하여야만 하는 것인가? 요약하면, 행정학에 대한 세번째의 정의는 대체로 행정학과 정치학에 대한 연계를 재정립하는 시도였다고 해도 과언이 아닐 것이다. 그러나 이러한 시도의 결과는 적어도 분석적인 초점에 있어서는, 즉, 전문적인 입장에서 보았을 때는 기본적으로 행정학이라는 분야를 귀찮다는 듯이 정의해 버린 것이나 마찬가지였다. 그래서 1950년대에 이루어진 행정학의 저술에서는 행정학을 정치학의 한 분야라든가 정치학과 유사한 학문 분야로 이해하였다. 심지어는 행정학이 하나의 독자적인 학문 분야로서 인정될 수 있을 것인가조차도 의심받게 되었다.

이러한 정황은 1950년대 말에 이르러 더욱 악화되었고 바로 그러한 점이 1960년대에 와서 전환의 계기를 마련해 주었다. 1962년에 미국정치학회의 '학문분야로서의 정치과학위원회'(Committee on Political Science as a Discipline)의 보고서에 행정학은 정치학의 한 세부 분야로 포함되지 않았다. 1964년의 정치학자들에 대한 설문조사는 *Public Administration Review*가 다른 전문학술지에 비하여 정치학자들에게 있어서 명성을 잃어가고 있었음을 보여 주었다. 이러한 조사 결과는 정치학 교수들이 행정학에 대한 관심이 저하되었음을 나타내는 것이라고 볼 수 있다. 1967년에 이르러 행정학은 미국정치학회의 연례학술모임 프로그램의 조직대상에서조차 사라졌다. 이러한 변화는 1968년 Waldo가 "실은 정치학자들의 태도는 … 기껏해야 무관심의 하나이며 때로 숨김없는 멸시나 적개심을 드러낸다. 우리 행정학자들은 우리가 자라났던 (정치학이라는) 젊음의 집에서 더 이상 환영받지 못하고 있다"라고 쓴 데서 잘 나타나고 있다. 1972년에는 일반적인 성격의 정치학 전문학술지 다섯 개를 중심으로 조사를 실시한 결과 1960년부터 1970년까지 출간된 모든 학술논문의 오직 4%만이 '관료정치'라는 범주에 포함시킬 수 있었다. 즉, 관료정치만이 행정학과 직접적으로 연계될 수 있는 15개의 분야 중의 유일한 것이었던 것이다.

5. 제4패러다임 : 관리과학으로서의 행정학(1956~1970)

정치학과 일부 교수들의 '숨김없는 멸시' 때문에 일부 행정학자들은 대안을 찾아 나서기에 이르렀다. 그러한 대안은 제4패러다임인 관리과학으로서의 행정학이라고 할 수 있다. 제4패러다임은 대략 제3패러다임과 같은 시기에 출현하였으나 광범한 호응을 얻지 못하였다. 그러함에도 불구하고 관리과학으로서의 행정학(이러나 용어는 조직이론과 경영과학 모두를 포함하는 용어로 쓰였다)이라는 대안은 많은 행정학자들이 채택할 수밖에 없는 대안이었다. 그러나 이 두 가지, 즉 정치학으로서의 행정학과 관리과학으로서의 행정학이라는 패러다임들이 대두하게 된 근본적인 동인은 행정학이 보다 커다란 개념의 영역 안에서 행정학의 정체와 독자성을 상실하고 있었다는 데에 있었다. 관리과학으로서의 행정학이라는 패러다임은 *focus*는 제공하였지만 *locus*는 제공하지 못하였다. 이 패러다임은 전문지식과 특수지식을 요구하는 기술을 제공해 주기는 하지만 어떤 기구나 기관의 어떤 상황에서 적용되어야만 하는지에 대해서는 분명한 지침을 제시해 주지 못한다.

때로 미국 국내의 경영대학(원)에 의해 제기되기도 하지만 여러 가지 사건의 전개는 '50년대 중반에 '행정과학'이라는 대안을 제시하기에 이르른다. 1956년에는 관리를 공·사를 불문하고 모두 동일하다는 가치를 표방하는 '*Administrative Science Quarterly*'라는 계간지가 창간되었다. 특히 Keith M. Henderson은 1960년대 중반에 조직이론은 행정학을 통괄하는 *focus*이며, 또 그래야 한다고 주장하였다. 1960년대에 이르러 '조직발전론'은 관리과학의 한 전문분야로 급격히 부상하였다. 사회심리학과의 연계, 조직을 '열어 보려는' 관심, 조직구성원의 '자아실현' 등으로 인하여 조직 발전론은 많은 젊은 행정학자들에게 관리과학의 범주 내에서 공공관료제에 대한 연구를 수행하는 데에 있어 아주 매혹적인 대안으로 등장하였다. 즉, 민주적 가치가 고려될 수 있고, 규범적인 관심도 내놓을 수 있으며, 지적 엄정성을 추구하고, 고도의 방법론도 사용될 수 있기 때문이었다.

그러나 관리과학의 길을 따르는 데에는 하나의 문제가 있었다. 그것도 아주 실제적인 문제였다. 만약 관리과학을 행정학의 유일한 *focus*로 삼을 때 행정학을 관리과학으로 연구하는 사람들이 계속하여 '행정학'에 대해서 이야기할 수 있는 자격을 갖고 있는 것인가의 문제인 것이다. 왜냐하면 관리과학은 비록 행정에 대한 일반 원리를 주창하지는 않지만 사실상 모든 조직과 조직에 대한 경영의 연구방법론은 그 조직이 무엇이든 공통적인 특성, 유형, 병리를 지니고 있다고 주장하는 것과 같기 때문이다. 만약 관리과학이 자체의 패러다임을 정의한다면 행정학은 기껏해야 정치학과의 한 '중점 분야'의 위치에서 관리과학대학의 한 세부 분야로 바뀌는 것에 지나지 않게 된다. 이것은 현실적으로 경영대학들이 행정학의 영역을 흡수하는 것을 때로 의미한다. 그렇다면 이윤에만 눈이 밝은 경영대학들이 공익과 같은 아주 중대한 가치를 관리과학의 한 년목으로 적절히 평가할지의 여부는 행정학자들에게 있어서 실제적으로 중요한 의문이 된다. 그러나 이 의문에 대한 대답들은 만족스럽지 못하였다.

이러한 개념적 딜레마의 부분적 이유는 (부분적일 뿐이라는 점을 유의하여야 한다) 아마도 미국 사회가 '공적'인 범위와 '사적'인 범위를 전통적으로 구분하여 온 데에 있지 않나 생각한다. 즉, 무엇이 공공 행정이고, 무엇이 남은 것이냐 (즉, 사행정이냐), 그리고 무엇이 이 두 유형의 행정을 가르는 선인가와 같은 질문들은 적절한 대답을 얻는 데 오랫동안 고통을 주어 왔던 고민거리였다.

대부분이 알고 있듯이 '현실 세계'의 현상은 학문적인 논쟁과는 상관없이 경험적으로 정의하기가 점차 힘들어지고 있다. 연구 및 개발 계약, 군산복합체, 규제기관의 역할과 산업체와의 관계, 정부기관의 전문성 등은 고유한 패러다임을 결정한다는 견지에서 보면 공공행정을 포착하기 어려운 실체로 만드는 것이다. 이 딜레마는 아직까지 완전히 해결되지 않았으나 이 딜레마를 통해 관리분야의 다양한 공공성에 대한 혼동을 적어도 이해할 수는 있다. 어떤 학자는 전문기술 사회의 상호연관성 증대로 인해 모든 종류의 경영조직체가 점차 공적이고, 정부와 관련되며, 정치관련적인 일들에 연루되어 가고 있으므로 '공공'행정에 대하여 관심을 기울이기 시작해야 한다고 주장하고 있다.

공공행정학에 있어서 '공공'을 정의하는 데에 있어 주된 고민은 차원문제에서 비롯된다. 전통적으로 이 용어에 대한 정의의 기초는 기관적(機關的)인 것이었다. 예를 들면, 국방부는 학자들에 의해서 행정학 연구의 합당한 *locus*로 인식되었으나, Lockheed회사와 같은 사기업체는 행정학의 적절한 *locus*가 아닌 것으로 여겨졌다. 이러한 차이는 대상기관이 무엇인가에 따른 것이다. 그러나 근자에 이르러 이와 같이 기관적인 차원에 기초하여 정의를 내리는 일은 점차 학자들간에 그 세(勢)를 잃어가고 있으며, 철학적이고 윤리적인 차원에 기초하여 정의를 내리는 일이 점차 세를 얻고 있다. 따라서 '공익'이라든지 '공공문제'와 같은 관심이 행정학의 영역에서 증대되고 있음을 목도할 수가 있다. 개념으로서의 이러한 용어는 묵시적으로 기관적인 결합을 무시한다. 대신 정체(政體)에 유관한 고도의 규범적 쟁점에 대하여 전념하게 되는 것이다. 따라서 국방부를 행정학 연구의 합당한 *locus*로 여기기보다는 국방부와 Lockheed라는 사기업체와의 계약이 공중의 이익과 일에 영향을 주는 경우에 국방부와 Lockheed와의 계약관계에 대해 세밀히 조사하는 것을 행정학의 일부로 여기게 되는 것이다. 요언하면, 규범적 차원은 행정학 *locus*의 정의적(正義的) 기초로서 기관적 차원을 대신하고 있는 것이다. 문제는 행정학의 한 패러다임으로서의 관리과학은 공익의 초월적인 가치를 이해할 수 없다는 데에 있다. 공익에 대한 이해를 결여한 관리과학은 목적이 아무리 민주적인 가치에 반하는 것이라 하더라도 '어떤' 목적을 위해서도 쓰일 수가 있다. 공익을 결정하고 실행한다는 개념은 행정학을 정의하는 데에 있어 기둥 노릇을 한다. 그러나 조직이론이나 경영과학이 정치학 내에서 *focus*로서는 별다른 지지와 관심을 끌지 못하는 것과 마찬가지로 관리과학의 맥락 안에서 공익이라는 개념은 거의 관심을 끌지 못하는 *locus*이다. 따라서 행정학은 행정학 분야를 위한 적절한 *focus*와 *locus*를 동시에 장려하는 새로운 패러다임을 발견하여야만 할 것이다.

6. 등장하는 제5패러다임 : 행정학으로서의 행정학(1970~?)

계속된 지적 혼란에도 불구하고 1947년에 Simon이 제안한 두 가지 행정연구의 방향은 타당성이 있는 것으로 인정되어 왔다. 아직까지는 행정학 영역에 있어서 '관리의 순수과학'형태의 *focus*가 없지만 적어도 조직이론은 지난 25년간 주로 조직이 어떻게·왜 움직이고, 조직 안의 사람들이 어떻게·왜 행동하며, 의사결정이 어떻게·왜 이루어지는지에 대해서 관심을 가져왔다. 또한 경영과학의 응용기술을 보다 세련화하고 새로운 기술을 개발하는 데에도 많은 진전이 있었다. 이러한 진전은 조직분석에 있어서 보다 이론적인 측면의 진전을 반영하는 것이기도 한다.

그러나 행정학 분야에 있어서 *locus*를 묘사하는 것이나 또는 행정학자들에게 이해될 수 있는 공공문제와 '공공정책을 위한 처방'이 무엇을 포괄하여야 하느냐에 대한 문제에서는 진전이 거의 없었다. 그렇다 하더라도 행정학 분야는 행정학의 적절한 *locus*로서 발전된 사회에 독특한 기본적인 사회요인들에 대해 집중적인 노력을 경주하는 것처럼 보이고 있다. 이러한 현상의 선택은 행정학자들에게는 다소 자의적인 것처럼 보일지 모른다. 그러나 이러한 현상은 대학에 있어서 학제적(學際的)인 관심을 생성시켰고, 지적인 잠재력의 합성을 필요로 하였으며, 도시생활, 조직간의 행정적 관계와 기술과 인간 가치간의 경계면 등의 주제, 즉, 공공문제들에 관심을 기울였다는 점에서 학문사회에 일관하고 있는 공통성을 공유하고 있는 것이다. 행정학 분야의 전통적이고 엄격한 '공적 범위'와 '사적 범위'의 구분은 새롭고 융통성 있게 정의된 행정학의 *locus*가 일어남에 따라 희미해지게 되었다. 더욱이 정책과학, 정치경제, 공공정책형성 및 분석, 정책산출의 측정과 같이 상호중첩된 분야들에 대한 행정학자들의 관심이 점차 높아지고 있다. 이러한 국면은 어떤 면에서는 점차 형성되고 있는 행정학의 *locus*와 *focus*간의 연결고리로 볼 수 있다.

7. 제5패러다임의 제도화: 교과과정의 자율적 구성을 향하여

패러다임적 *focus*로서의 조직이론과 경영과학, 패러다임적 *locus*로서의 공익이 공공문제에 연결되어 있는 한, 행정학은 인식론적 독자성의 개발과 관련된 제도적으로 자율적인 교육적 교과과정의 수립을 위한 지적인 준비가 되어 있다고 볼 수 있다. 그러한 교과과정이 어떤 것이냐에 대해서는 여러가지 생각을 할 수 있으나 몇 가지 경향을 쉽게 목도할 수 있다. 그 하나는 행정학 분야가 점차 확대되고 있다는 것이다. 예를 들어, 1970년과 1971년 사이에만 행정학의 학부 입학생은 36%가 증가하였고, 대학원의 경우는 50%가 증가하였다.

두번째의 경향은 기관적인 것이다. 행정학 프로그램은 그러한 경향이 점차 감소되고 있긴 하지만, 아직까지도 미국 내 행정학 프로그램은 통상 정치학과에 속해 있다. 1971~1972년과 1972~1973년의 두 학기 동안에 정치학과에 있는 행정학 프로그램은 48%에서 36%로 감소되었다. 또한 1971년에 13% 정도이긴 하였지만 경영대학원과 연계되어 있는 행정학 프로그램도 점차 감소 추세에 있다. 확실하게 상승 추세에 있는 것은 대학교 내의 자율적인 단위로 기능하는 프로그램들이다. 같은 시기에 행정대학원이나 공공문제대학원과 같이 분리 독립된 학교의 비율은 1971년의 12%에서 1972년에는 24%로 2배 증가하였다. 1972~1973년에 조사된 바에 따르면 총 101개의 프로그램 중에서 23%를 차지하였다.

현실적으로 행정학이 무엇인가는 대학교 내에서 행정학 프로그램이 어떠한 위치를 차지하는가에 따라서 대체로 결정하게 된다. 아직도 정치학과에서는 다양한 행정학 프로그램을 운영하고 있다. 따라서 우리는 정치학이 아직도 행정학을 학문적으로나 기관적으로 지배하고 있다고 추론할 수 있다. 요약하면, 이러한 배합은 Gaus의 말처럼 행정이론은 단순히 정치이론이라고 볼 수 있는 것이다. 불행하게도 행정학 프로그램을 정치학과에 설치하는 것은 그 나름대로 비용이 든다. Eugene P. Dvorin과 Robert H. Simmon이 관찰한 것과 같이 행정학자들에 의한 광범한 실험을 위한 어떤 욕구도 정치학과 동료 교수들의 동의에 달렸기 때문이다. 문제는

(동료 교수들이) 관료적 질서 속의 행정현상에 대해 비반응적이고 무감각하다는 것이다. 이러한 상황하에서 그들 교수들의 의사결정은 프로그램에 대한 책임을 넘어서는 것이다.…이러한 상황하에서 행정학의 문제는 정치학이 가치중립적인 학문성을 지니려는 전통적인 성향에 의해서 더욱 복잡하게 된다. 따라서 정치학의 한 분야가 정치학을 모체로 하는 학문분야의 주요 가정으로부터 급진적으로 이탈하려는 것을 예상하는 것은 어려운 일일 것이다.[3]

한편 관리과학적인 접근방식을 택하여 경영대학(원)의 한 분야로 되어 있는 행정학 프로그램의 경우도 발전을 위한 잠재력은 제약을 받는다. 관리과학은 어떤 불변의 원리들이라는 관념에 기초하여 행정학이 서 있다는 초기의 패러다임을 반영하는 것이다. 이 패러다임은 기본적으로 행정을 기술적으로 정의한다. 따라서 정치, 가치, 규범적 이론과 공익의 역할 같은 것은 행정학을 관리과학으로 보는 패러다임에서는 명백한 관심대상이 될 수 없다. 문제는 이러한 관심대상은 행정학을 정체성 있는 하나의 학문으로 정의하려 할 때 중요한 위치를 차지해야 한다는 데에 있다.

따라서 행정학은 자신들이 사용하는 용어로 정치학에서 공익에 대한 개념을 차용하여 재정의하여야 하고, 관리과학적 방법론과 관리과학에 남아 있는 관료적 *focus*의 개념을 합성하여 행정학 나름대로의 독특한 영역을 확보해야 한다. 전적으로 실천적 목적을 위한 이와 같이 독특하고 합성적인 결합은 정치학과나 경영대학(원) 모두에게 있어서 행정학을 짓누르고 있는 학문적인 짐을 벗어던진 자율적인 학과 단위의 설립에 의해서만 성취될 수가 있다. 다행히 행정학에 있

---

3) E. P. Dvorin & R. H. Simmon, *From Amoral to Humane Bureaucracy*, San Francisco：Canfield, pp. 52-53, 1972.(필자 역)

어서 독립적인 기관형성을 하려는 경향은 공공문제 대학원과 분리된 행정학과를 세우는 방향으로 나가고 있다. 행정학 전문석사(MPA)와 행정학 전문박사 (DPA)는 학생들에게 점차 인기를 얻어가고 있다. 공공정책, 공공문제, 공공관 료제와 연관된 각종의 전문 학술지도 번창하고 급격히 증가하고 있다. 행정학의 독립성이 점차 증가하여 가고 있다는 것을 나타내는 또 하나의 주요한 징후는 대학(교)에 있어서 정부학, 행정학, 도시문제, 각종의 정책에 대한 연구소의 괄 목할 만한 증설이다. 1970년과 1972년의 18개월간에 이러한 연구소들은 무려 300개로 2배나 증가하였기 때문이다.

이제 행정학은 스스로의 자리를 찾을 때이다. 학문적으로 이러한 방향으로 구체적인 진전도 있어 왔다. 행정학사 80년에 있어서 처음으로 행정학이 구체적 으로 '무엇을 전문적으로' '기관적으로 어디서' 연구하는 학문이어야 하는가에 관한 잠정적인 패러다임이 형성되었다. 이러한 학문적 성숙으로 행정학의 새롭 고 활력 있는 패러다임이 형성되었다. 물론 이러한 학문적 성숙이 행정학의 새 롭고 활력 있는 패러다임에 비동조적인 ─ 오히려 반대하는 ─ 기관들 속에서 시들 어지지 않게 하여야 한다. 사회에 대한 행정학의 효용은 명백하며, 고등교육에 대한 입학률이 점차 하강세에 있음에도 불구하고 행정학 프로그램은 오히려 높 은 질의 지원자를 멀리하고 있는 것이다. 요약하면, 행정학의 정체(正體)와 자 율(自律)이 필요한 사회적 · 경제적 · 학문적 · 정치적 이유가 존재한다. 문제는 실행하는 데에 있다.

III. 평가적 의견

행정학의 발달을 *locus*와 *focus*의 결합에 따라 재구성하여 본 Henry의 창의 성은 눈여겨 볼 만한 가치가 있다. 그러나 행정학의 정체성을 확인하고 자율성 을 확보하려 할 때 ① 행정학자들이 취할 수 있는 대안의 종류나 양태라든가, 또는 ② *locus*와 *focus*가 어떠한 관계를 지니고 어떠한 보다 큰 구도 아래 행정 학이 나아가야 하겠는가에 대해서는 논의가 미흡하다고 볼 수 있다. 그 결과 무 엇을 어떻게 실행하여야 하는가에 대한 구체적인 실천방안의 제시 없이 실행 그 자체만을 강조하는 꼴이 되어 버렸다. 물론 이러한 거시적인 문제를 한 학자에 게서 바랄 수는 없는 일인지도 모른다. 또한 아직까지는 무정형(無定型)에 가깝 다고 볼 수 있는 행정학이라는 학문에 있어서 이와 같은 문제의 해결은 무리한 요구일지도 모른다. 그렇다 하더라도 단순히 기관적인 독립만으로는 정체와 자율을 확보할 수는 없다고 본다. 그 이유는 현대의 학문들은 상호보완적인 관계에 놓여 있어 서로 영향을 주고 받는 불가분의 관계를 형성하고 있기 때문이다. 물론 상호연관성이 높다거나 또는 영향을 많이 받는다고 하여 독립적이 아니다라고는 말할 수 없다는 점도 주의하여야 한다. 높은 상호연관성은 상대 학문의 내용을 살찌울 수 있기 때문이다. 이러한 점을 감안할 때 과거 행정학이 걸어온 길을 되돌아 보면 행정학의 특성은 상호연관성이 높은 학문들간의 *focus*와 *locus*를 통합할 수 있는 포용적인 잠재가능성에서 찾을 수 있지 않을까 생각된다. 문제는 그러한 통합이 어떠한 새로운 *focus*와 *locus*를 형성할 수 있겠는가 하는 것이 아닌가 한다. 즉, meta-*focus*와 meta-*locus*의 문제까지 행정학에서 생각하여 보아야 한다는 것이다. 이렇게 보았을 때 Herny의 글은 행정학의 새로운 길을 모색하는 데에 있어서 좋은 출발점이 되는 글이라고 할 수 있겠다.

참고문헌

Frederickson, H. George, *New Public Administration*, University, Alabama: The University of Alabama Press, 1980.

Golembiewski, Robert T., "Public Administration As a Field: Four Developmental Phases," *Georgia Political Science Associational Journal*, 2, Spring, 1974, pp. 24-25.

Henry, Nicholas, "Paradigms of Public Administration," *Public Administration Review* 35, 4, 1975, pp. 378-386.

Shafritz, Jay M. & Albert C. Hyde, eds., *Classics of Public Administration*, 2nd ed., Chicago: The Dorsey Press, 1987.

Waldo, Dwight, "Public Administration in a Time of Revolution," *Public Administration Review* 28, July-August, 1968, pp. 362-368.

Wildavsky, Aaron, "The Self-Evaluating Organization," *Public Administration Review* 32, September-October, 1972, pp. 509-520.

David H. Rosenbloom의
행정에 대한 관리적·정치적·법적 접근방법*

Ⅰ. 머 리 말

우리는 행정이 무엇인지를 알고 있으면서도 그 개념을 정의하기란 쉽지 않다. 그 이유는 행정직이 우주탐사에서 거리청소까지 다양하고, 행정가도 전문가로부터 단순기능공까지 광범위하며, 행정가의 역할 내지 책임도 천차만별이기 때문이다. Robert Parker는 행정의 전문성을 부인하며, Herbert Kaufman이나 James Wilson은 행정이 상호양립할 수 없는 가치의 실현을 추구하는 난관에 봉착했다고 지적한다. 애매하고 정형화되어 있지 않은 개념정의를 아예 시도하지도 말자는 주장도 있다. 그러나 행정의 개념을 정의하는 것은 중요한 일이다. 왜냐하면 개념정의는 행정의 일반적인 범위를 정할 수 있고, 학문상 또는 실무행정의 주요 관심사를 전달하고 일괄성 있게 분석할 수 있게 하기 때문이다.

여기서 소개할 David H. Rosenbloom의 논문 "Public Administrative Theory and the Separation of Power"는 1983년 *PAR*에 실린 글인데, 1989년에 발행된 *Public Administration: Understanding Management, Politics, and Law in the Public Sector*의 제1장이기도 하다. 동 논문에서 Rosenbloom은 행정의 개념에 관한 주요 접근방법을 관리적, 정치적, 그리고 법적 접근방법으로 분류하고 있다. 즉, 어떤 사람들은 행정을 본질적으로 관리행위라고 보았으며, 또 어떤 사람들은 행정의 정치적 속성을 강조하였고, 또 다른 사람들은 행정의 헌법적 구속성과 법적 절차를 중시하였다. 행정에 관한 이 세가지 접근방법은 그 주장의 배경과 기본이념을 달리하고 있으며, 행정조직 개인에 대한 시관, 그리고 인식체계에 차이가 있다.

동 논문은 본론이 될 이 세 가지 접근방법의 내용을 설명하기 전에 행정의

---

* 표시열: 고려대학교 공공행정학부 교수.

개념 및 특징을 지적하고 있다. 특히 행정의 여러 가지 특징들이 일반 사기업체의 관리와 비교·분석되는 데 헌법상의 제한, 공공성, 비시장성, 주권의 신탁과 정치적 대표성이 중요한 차이이다. 이들 행정의 특징은 정치적·법적 접근방법의 논거가 된다. Rosenbloom은 행정을 "규제적이며 봉사적인 기능에 관한 입법부, 집행부, 사법부의 위임사항들은 실현시키기 위한 관리적, 정치적, 그리고 법적이론의 적용"이라고 정의하고 행정에서의 봉사기능과 규제기능의 이중성을 강조하고 있다.

행정공무원들은 국민주권의 실현을 위한 공권력행사를 통하여 개인이나 기업의 행위를 구속하는 규제적 행정행위에도 자주 개입하고 있음을 유의하여야 한다. 이러한 규제행위에 대한 수용가능성이나 합헌성 여부는 자주 법원에 의하여 결정되며, 행정에서 법적 절차를 중요시하여야 하는 이유가 된다.

Rosenbloom 행정에 대한 세 가지 접근방법이 미국 정치문화의 뿌리를 이루고 있는 헌법상의 권력분립원리와 관련이 있음을 지적하고 이 세가지 접근방법의 종합적인 응용을 주장하였다. 다음에 Rosenbloom의 논문 내용을 요약하고 평가적 의견을 보태려 한다.

II. 행정학의 관리적 · 정치적 · 법적 접근방법

행정은 많은 복합적인 관심과 기능에 관련되어 왔으며, 학문적 이론으로서 논리적 일관성 내지 통일성이 없다. 그러나, 행정은 그 다양한 기능에 대한 서로 다른 시관에서 생성되는 상대적으로 구별되는 세 가지 접근방법, 즉 관리적·정치적·법적 접근방법을 모두 포함하고 있는 복합적인 학문이라 할 수 있다. 다음에 이 세 가지 접근방법의 내용을 연원 및 기본가치, 행정구조의 특징, 개인에 대한 시관, 그리고 인식체계를 기준으로 비교 설명한다.

1. 행정에 대한 관리적 접근방법

(1) 연원 및 기본가치

행정을 관리적 관점에서 정의하는 자들은 공행정(公行政)과 사행정(私行政) 구별을 극소화하려 한다. 행정은 본질적으로 대기업과 같으며 사기업의 경영관리 원리나 가치에 따라 운영되어야 한다. 이러한 견해는 미국의 경우 18세기

Civil Service Reform Movement에서 연원을 찾을 수 있다. 개혁운동가들은 당시 팽배한 엽관주의가 부패와 비효율성을 누적시키고 있다고 비난하며, 정부의 관리적 측면은 사기업의 관리방법과 같이 운영되어야 한다고 주장하였다. 사기업의 관리방법과 같이 운영되어야 한다는 것은 공직배분에 있어 정치적 엽관주의를 배제하고, 실적주의와 적재적소원리가 기초를 이뤄야 한다는 것이다.

이 접근방법은 행정가들의 정치적 또는 정책결정의 기능을 부인하고 정치와 행정의 이원론을 주장한다. 이러한 관리적 접근방법은 1880년대의 Woodrow Wilson에 의하여 가장 영향력을 미치게 된다. 그는 행정은 정치영역 밖에 있으며, 오히려 관리영역에 있다고 주장하고 있다. 따라서 행정적 문제는 정치적 문제가 아니며 관리적 문제가 되는 것이다. Wilson은 행정학 연구의 목적은 정부가 무엇을 성공적으로 할 수 있으며, 그 일을 어떻게 최소비용으로 가장 효율적으로 할 수 있는가를 탐색하는 것이라고 강조한다. 요컨대, 관리적 접근방법에서 행정은 효율성 또는 경제성을 극대화하는 것이다.

기업관리와 같이 행정이 운영되어야 한다는 주장은 전통적이고 고전적인 견해가 되었다. 공무원은 정치가가 아닌 관리자로 통제되었으며, 효율성 추구가 행정의 기본가치였다. 비효율로 상징되는 정치인들은 행정관료에서 제외되었다. 더구나, 규제행동이 점증하였는데도 법적인 면이 경시되었다. Leonard White는 1926년 "행정학 입문서"에서 행정학은 법의 근거보다 관리에 근거를 두어야 한다고 주장할 정도였다. 1910년에서 1940년대에는 Frederick Taylor의 '과학적 관리'운동으로 행정의 효율성 강조가 정점에 이른다. 심지어 특정조직의 선악판단 기준의 투입·산출간의 수학적 관계로 표시될 정도였다. 즉, 최소투입으로 최대산출을 하는 조직은 도덕적으로 선한 결과를 가져온다고 여겨졌다.

(2) 행정조직

행정에 대한 관리적 접근방법은 효율성가치를 실현하기 위하여 조직구조를 '관료제'로 발전시킨다. 관료제는 오늘날 그 역기능으로 비효율적인 면도 지적되지만, 기본적으로 투입에 대한 산출의 극대화를 의도한 조직형태이다. 관료제는 분업과 전문화를 강조한다. 전문화는 조직구성원으로 하여금 아무리 사소한 역할이더라도 전문가가 되도록 한다. 전문화는 또한 조정을 필요로 하는데, 계층제를 통하여 이를 해결한다. 계층제(hierarchy)는 전문화원리에 따른 분업화된 작업을 조정하여 프로그램이나 기능의 중복과 갈등을 막는다. 관료제는 공식적인 계통에 따라 조직되므로 모든 구성원의 권한과 책임이 정확히 명기되며, 과학적 원리에 따른 직위분류제가 채택된다.

⑶ 개인에 대한 시관

행정에 대한 관리적 접근방법은 사람에 대한 시관이 몰개인적이다. 이는 Max Weber의 비인간화 개념이며, 관료는 자기들이 아무런 통제력을 갖지 못하는 거대한 조직의 한 톱니바퀴에 지나지 않는다는 것을 뜻한다. 과학적 관리는 개별 근로자를 기계화된 생산수단의 한 부속물로 전락시켰다. 1920년대까지 고용인에 대한 이러한 견해는 정부의 공직분류원리에서도 실현되었다. 사람보다 직위중심의 행정의 관리적 접근방법은 조직 전반에서 개인 근로자의 중요성을 계속적으로 쇠퇴시켰다.

일반고객 역시 효율성이라는 관리적 가치를 증진시키기 위하여 비인간화되며, 개별적인 특성들은 일반화된 사례로 전환된다. 즉 관료들은 고객을 개별적인 인간으로 다루지 않으며, 일반화된 사례로 다룬다. 특히 사회적 희생자들은 인간 이하로 취급되며 정신병원이나 경찰기능에 의하여 물리적 강제도 받게 된다. 인간관계론자들과 현대조직이론가들은 사람에 대한 비인간화는 관료제의 병폐로서 생산성을 떨어뜨린다고 주장하고 있다. 그럼에도 불구하고 사람에 대한 비인간적 시관은 관리적 접근방법에 깊이 스며들어 있으며, 효율성을 극대화하기 위하여 필수적이라고 생각되고 있다.

⑷ 인식체계

관리적 접근방법은 인식체계에 있어 과학적 방법을 강조한다. Woodrow Wilson은 "The Study of Administration"에서 행정은 과학이 될 수 있다는 주장을 한다. 1926년에 Leonard White도 행정이 기술에서 과학으로 전환되었다고 지적하였고, 1917년에 Luther Gulick과 L. Urwick는 "Papers on the Science of Administration"을 출판하게 되었다. 행정을 과학으로 발전시켜야 할 책임은 오늘날 미국 행정연구의 최대과제라 하겠다. 실제로 행정을 과학으로 취급하는 경향은 행정형태에 대한 일반화된 이론을 발전시켰다. 이는 경험적으로 검증할 수 있는 가설을 세우고 자료를 수집하여 통계적 분석을 하는 것이다. 이러한 연구는 기본적으로 연역적 방법을 사용한다.

2. 행정에 대한 정치적 접근방법

(1) 연원 및 기본가치

행정에 대한 정치적 접근방법을 Wallace Sayre는 다음과 같이 요약하고 있다. "행정은 궁극적으로 정치이론의 문제로서, 민주주의의 가장 본질적인 쟁점인 책임성과 행정부 관료들이 선거직 공무원에 대한 반응성을 확보하는 것이다." 이러한 접근방법은 뉴딜정책과 제2차 세계대전 동한 "행정은 정치 없이는 아무것도 아니다"라는 Paul Appleby의 관찰에서 시작되었다.

정치적 접근방법은 관리적 접근방법의 효율성 추구와는 다른 가치를 강조한다. Myers사건(1926)에서 연방대법원 판사 Brandeis는 1787년에 채택된 미국 연방헌법은 효율성을 추구하지 않으며 자의적 권력행사를 막기 위하여 삼권분립 원리를 채택하고 있다고 지적한다. 그는 삼권분립의 목적은 마찰이나 비효율성을 회피하는 것이 아니라 오히려, 부처간의 견제를 통하여 전제정치로부터 국민을 보호하는 것이라고 주장한다. 정치적 접근방법은 시민에 대한 대표성과 정치적 반응성을 강조하는데, 이는 오늘날 행정국가화 추세에 비추어 볼 때 매우 중요한 개념이다. '대표관료주의'(representative brueaucracy)개념에 대한 학계의 활발한 논의, 다양성에 대한 연방공무원의 반응성을 강조한 1978년의 The Federal Civil Service Reform Act, 자문위원의 대표성을 강조한 1971년의 The Federal Advisory Committee Act, 정치적 반응성을 높이기 위한 1960년대의 시민참여 프로그램 등이 대표성 내지 반응성을 중요시한 정치적 접근방법의 예들이다. 대표성 내지 반응성의 강조는 The Federal Senior Executive Service, The Office of Management and Budget 등의 창설을 통하여 정치적 공무원에 대한 행정가의 책무성 확보를 촉진시키었다.

행정에 대한 정치적 접근방법의 기본이념인 대표성, 반응성, 그리고 책무성은 관리적 접근방법의 효율성가치와 자주 충돌하게 된다. 예컨대 정보공개법, 자문위원회와의 협의, 시민참여 등은 시간낭비적이고, 비용이 많이 들며, 행정가로 하여금 가장 효율적일 수 있는 어떤 조치를 적기에 실시하지 못하도록 한다. 고급행정간의 부서간 이동도 관리적 관점에서는 효율성을 제고하지 못한다. 그러나 정치적 관점에서 보면 고급관료들의 부서간 이동은 폭넓은 다양한 경험을 배양시켜 좀 더 포괄적인 의미에서 공공이익을 인식하고 국가의 전반적인 이익에 더 잘 반응할 수 있게 한다고 생각한다. 연방정부관료들은 행정에 대한 의회의 간섭과 여러 이해당사자들과의 끊임없는 협상 때문에 행정의 효율성이 방해받는다고 불평한다.

(2) 행정조직

행정에 대한 관리적 접근방법에서는 기능의 세분화, 계층제, 통일성, 그리고 정치적 중립성에 기초한 직원채용을 강조하였다. 그러나 대표성, 반응성, 그리고 책무성을 기본가치로 하는 정치적 접근방법에서는 관리적 접근방법과는 달리 행정구조 내부의 정치적 다원주의가 갖는 이점을 강조한다. Harold Seidman은 행정부의 구조는 사실 우리 사회의 축소판으로 다원주의 사회에서 발견되는 다양한 가치, 갈등 그리고 경쟁적인 사회제세력을 반영하고 있다고 주장한다. 그는 조화롭고 마찰 없는 조직구조란 하나의 위험한 환상이라고 지적한다. Norton Long도 행정부는 자기들 존속에 영향을 미치는 다양한 집단들을 이끌고 있는데 대부분의 경우에는 이들에게 이끌리고 있다고 지적하고 있다. Roger Davidson은 관리적 접근방법에서 무질서로 보이는 것이 오히려 정치적 장점임을 강조한다. 그는 미국 공무원들이 의회보다도 미국 국민들을 더 광범위하게 대표하고 있다고 지적한다.

행정조직 내의 다원주의란, 행정부가 정부의 정책결정 중심기관이므로 우리 사회에서 발견되는 광범위하고 다양한 조직화된 이익집단들에게 정치적 대표성을 부여하고 집단간의 견제작용을 통하여 전체적인 균형이 이루어지도록 행정부가 구성되어야 한다는 주장이다. 행정조직이 이렇게 구성되면, 그것은 갈등해결을 위한 명백한 우선순위를 정하지 않고 누구에게나 공약을 하는 정당의 강령과 같은 성격을 띤다. 한 부서는 다른 부서와의 역의 관계에 있기도 하고, 갈등해결이 입법부, 행정수반, 부서간조정위원회, 또는 법원으로 넘어가기도 한다. 더욱이 정부부서는 시간이 갈수록 조직된 대표집단의 정치적 수요에 따라 점점 늘어난다. 행정조직에 대한 이러한 접근방법은 너무 비용이 들고, 비효율적이어서 관리를 할 수 없다는 비난도 있다. 그러나 행정조직이란 정치적 가치를 강조하는 정치적 문제로 보아야 한다는 것이 정치적 접근방법의 주장이다.

(3) 개인에 대한 시관

행정에 대한 정치적 접근방법은 개인을 집단의 부분으로 본다. 여기에서는 개개인을 일반화하여 비인간적 취급을 하지 않으며, 오히려 개개인의 이익을 소속집단의 이익과 동일시한다. 예컨대 우대조치(affirmative action)는 흑인이나 여성 같은 특별집단을 목표로 하는데, 이들 집단에 소속하고 있는 경우 개별구성원의 특별한 상황을 따지지 않는다. 또한 같은 지역에서 같은 작물을 키우는 농부는, 비록 개인적 차이가 있어도 같은 취급을 받는다. 이는 정치가들이 흑인 표, 농민표, 노동자표 등과 같이 집단차원으로 생각하는 정치문화와 일치한다. David Truman은 이런 접근방법이 미국 정부의 주요 특징이라고 여기고 있다. Theodore Lowi도 조직화된 이익집단은 동일성을 갖고 정의하기도 쉽다며 미국 공공생활의 중심개념이라고 지적한다. 개인에 대한 이러한 견해는 개성의 존재를 인정하지만 집단차원으로 개념화하고 있다.

⑷ 인식체계

정치적 접근방법에서는 과학을 사실적 지식을 발전시키는 적절한 수단으로 보고 있다. 그렇지만 여기서는 대표성, 반응성, 그리고 책무성에 주요관심을 가지고 있으므로 여론, 이익집단, 언론에 기초하여 의사결정을 한다. 예컨대 여론 조사, 선거주민의 편지내용 분석, 청문회에서 표시된 시민의견의 열람 등이 정보를 얻는 정치적 접근방법의 기술이다. 따라서 행정을 통하여 공공이익에 봉사하는 적절한 방법을 찾는 것은 반드시 전문가나 과학에 의하여 해결되는 문제가 아니다. 오히려 일반 시민이나 이익집단이 무엇이 공공이익인가를 결정하는 데 더 큰 역할을 한다. 이러한 정보를 받은 행정가는 공공선택을 하게 되는데 이는 과학적으로 연역되는 일반원칙과 반드시 일치하는 것은 아니다.

3. 행정에 대한 법적 접근방법

⑴ 연원 및 기본가치

미국에서 행정에 대한 법적 접근방법은 역사적으로 다른 두 접근방법, 특히 관리적 접근방법으로 인하여 빛을 보지 못하였다. 그러나 법적 접근방법도 존중되어야 할 전통이며 행정을 정의하는 데 중요한 역할을 하고 있다. 법적 접근방법은 상호 관련되는 다음 세 가지 발전에 그 연원을 두고 있다. 첫째는 행정법의 등장이다. 1905년에 Frank Goodnow는「미국 행정법의 원리」라는 책을 출판하여 행정이론발전에 선두적 기여를 하였다. 이 책에서 Goodnow는 행정법은 조직을 확정하고 법집행을 위한 권한을 결정하고 권리침해에 대한 개인적 구제를 내용으로 하는 법이라고 정의하여 행정부의 성격과 행정가의 기능을 설명하고 있다.

법적 접근의 두번째 배경은 행정의 사법화(司法化)경향이다. Goodnow도 개인의 권리구제를 언급하였지만, 행정의 사법화경향이 1946년의 미국행정절차법 (The American Administrative Procedure Act) 제정으로 가속화되었다. 이 행정절차법에서는 미국 Civil Service Commission에서 채용하는 청문관이 각 부서에서 파견되어 청문을 주재하게 되었으나, 지금은 부서 내에서 행정심판관을 두어 사법심사와 같은 절차를 행정부서 내에 확장 적용하고 있다. 따라서 정부부서는 법원과 유사하게 운영되고 있으며, 그러한 결과 법적 지식 또는 헌법 가치가 행정가의 행동에서 더 중요한 역할을 하게 되었다.

　　법적 접근의 세번째 배경은 개인에 대한 적극적인 헌법상의 권리 보호이다. 1950년대 이후 연방사법부는 절차적 적법절차, 평등권, 그리고 행정가에 대한 시민의 실체적인 권리개념을 새롭게 정의하고 '있다. 행정가들은 개인의 절차적 적법절차권을 보호하고 그에 따라 행동하도록 되었다. 평등권도 정부의 공개경쟁 채용시험에서부터 학교나 교도소의 운영에까지 광범위하게 운영되고 있다. 행정가에 대한 개인의 헌법상 권리는 두 가지 방법으로 실천되고 있다. 우선, 법원은 공무원의 절대적 면책이론을 파기하여 공무원으로 하여금 개인의 헌법상 권리를 침해하지 않도록 강제하고 있다. 몇 가지 예외적인 경우를 제외하고, 오늘날 미국 공무원들이 그들의 행위가 개인의 헌법상 권리를 침해한다는 것을 알았거나 합리적으로 예측할 수 있었다면 손해에 대하여 배상책임을 져야 한다. 이러한 대법원의 견해는 피해자 보상뿐 아니라 공무원들로 하여금 자기들 행위가 개인의 헌법상 권리를 침해하는지 의심스러운 경우 그러한 행위를 자제하도록 하는 효과도 가져왔다. 또 하나 방법은, 학교, 교도소, 정신병원 등의 공공기관에 대한 소송이 있을 경우 법원은 이들 기관에 대하여 제도적 개혁을 명령하여 왔다. 이는 재판관이 정책집행에 있어 공무원과 동반자 역할을 하게 하였으며, 경우에 따라서는 광범위한 행정행위에 대한 감독자가 되기도 하였다. 이와 같이 헌법상 기본권 침해에 대한 공무원의 법적 배상책임추궁과 행정기관에 대한 법원의 개혁명령은 행정에 대한 법적 접근방법을 더욱 필요하게 하고 있다.

　　행정에 대한 법적 접근방법은 다음의 세 가지 중심가치를 구현하고 있다. 첫째의 가치는 절차적 적법절차(procedural due process)이다. 절차적 적법절차는 고정된 개념이 아니고 신축적으로 운영되고 있다. 절차적 적법절차의 기본적 이념은 자의(恣意)적이거나 위헌적인 정부행위에 대하여 개인을 보호하기 위한 절차적 요구로서, 본질적으로 공정성을 확보하는 개념이다. 두번째의 가치는 미국 연방헌법에서 규정하고 있는 여러 가지 실체적 기본권의 보장이다. 이러한 개인의 기본권을 최대한 보장하는 방향으로 사법심사가 이루어지고 있음이 미국 정치체제의 한 특징이다. 물론 이러한 기본권이 국가의 중대한 이익을 위하여 제한되는 경우도 있으나, 통상 사법부는 정부로 하여금 개인의 기본권을 침해하여야 하는 중요한 국가적 이익이 있다는 것과 다른 덜 제한적인 수단이 없다는 것을 증빙하도록 무거운 거증책임을 부여한다. 셋째의 가치는 형평(equity)이다. 형평개념도 적법절차 개념과 같이 고정된 개념이 아니다. 정부의 자의적 또는 임의적인 조치로 개인의 헌법상의 기본권이 침해받은 경우 다른 법적 구제수단이 없으면 법원은 공정성을 확보하는 방안으로 형평개념을 사용하여 개인에게 적절한 피해구제를 해준다. 법적 접근방법에서 실현하고 있는 이러한 세 가지 가치의 특징은 관리적 접근방법에서 이념으로 하고 있는 비용·효과관계를 등한시한다. 사법부의 재판시 행정비용을 전혀 고려하지 않을 수 없지만, 개인권리의 보호에 초점을 두고 있다.

(2) 행정조직

행정에 대한 법적 접근방법에서 선호하는 행정조직은 상대방에게 법적 시비를 다룰 수 있는 반대변론절차를 최대한 보장하는 것이다. 완전한 재판절차가 이상적이지만, 행정영역에서는 사실발견의 절차가 상당히 신축적으로 운영된다. 배심원은 없으며 청문관 또는 행정재판관이 적극적 역할을 한다.

구체적인 행정구조는 상황에 따라 다르나, 공통요소는 청문관의 독립성 보장과 공평무사(公平無私)한 태도이다. Dimock가 지적한 대로 청문관의 독립성은 관리적 접근방법이 의존하고 있는 계층제를 약화시킨다. 청문관은 무엇을 하여야 하는가에 대하여 명령을 받지만 어떻게 결정하여야 하는가에 대하여서는 명령을 받을 수 없다는 점에서 계층제와 다르다. 더군다나 그들의 결정은 행정기관에 대하여 구속력을 갖는다. 청문관의 법령해석이 계층제하의 행정부서 해석과 다를 수 있으므로 행정조정에 중대한 제한이 된다. 이러한 재결의 행정구조(adjudicatory structure)는 관리적 효율성이나 정치적 대표성 및 책무성에 역행하는 경우도 있지만, 위헌적이고 불공평한 행정조치에 대한 개인의 권리를 최대한 보장하기 위하여 설계된 것이다.

(3) 개인에 대한 시관

절차적 적법절차, 실체적인 기본권, 그리고 형평을 강조하는 법적 접근방법은 개인을 특별한 상황 속에 있는 구체적인 사람으로 고려한다. 여기에서는 개인에게 자기의 특별한 상황, 동기, 그리고 생각 등을 정책결정자에게 설명할 수 있도록 반대변론절차를 보장하고 있다. Lafleur사건(1974)에서 연방대법원은 임신중인 경우 반드시 휴가를 쓰도록 한 학교규정을 배제하고, 특정교사가 임신중이지만 자기 직무를 계속할 수 있다는 의학적 증빙을 인정하여 여교사의 휴가 선택을 개별적인 권리고 인정하였다. Wyatt사건(1971)에서도 연방법원은 공공정신병원에 강제로 수용된 사람 등에게는 개별적인 치료계획이 있어야 한다고 판결하였다. 물론, 집단으로서의 소송이 폭넓은 개혁을 가져올 수 있지만, 구체적 개인에 대한 권리에 관심을 갖고 있는 법적 접근방법도 중요하다.

(4) 인식체계

법적 접근방법은 인식체계의 수단으로 재결을 선호한다. 반대변론절차를 거치고 거증원리에 따라 정보를 검토하면 객관적 사실이 발견된다. 과학이 배제되지는 않지만, 법적 접근에서는 개별적인 사건에 일반원칙을 적용할 경우 매우 신중하다. 재결방법은 통상 귀납적이어서 구체적 요소들에 의존한다. 전반적인 지식탐구는 서로 경쟁관계에 있는 가치들의 선택을 모색하는 규범적 성격을 띤다. 개인의 헌법상 권리는 정치적, 경제적, 사회적의 약자를 정부권력으로부터 보호하기 위한 것이므로 여론이나 선거의 결과가 반드시 재결자에게 직접적으로 중요성을 갖는 것은 아니다.

법적 접근방법은 인종 또는 성별 같은 사회 계층분류의 활용에 있어 그 관심방향이 다른 두 접근방법과 다르다. 관리적 접근방법은 사회과학에 의존하여 인종 또는 성별이라는 범주를 행태분석에 사용한다. 정부의 수익 혹은 부담처분의 경우 분배의 대표성을 중요시하는 정치적 접근방법은 어떤 프로그램이 흑인, 여성, 또는 특수사회집단에 어떤 영향을 미치느냐에 관심을 갖는다. 법적 접근방법에서는 헌법상의 평등권이 위협받고 있다고 가정되는 집단을 의심(suspect)집단으로 분류하여 특별한 우대적인 보호를 한다.

Ⅲ. 평가적 의견

행정에 대한 관리적·정치적·법적 접근방법은 권력분립의 원리와 깊은 관련이 있다. 즉 관리적 접근방법은 법률의 효율적 집행의 중요역할로 하는 집행부와 긴밀히 관련되며, 정치적 접근방법은 국민의 대표성, 반응성 그리고 책무성을 강조하는 입법부와 긴밀히 관련되고, 법적 접근방법은 개인의 권리, 반대변론

절차, 그리고 형평에 관심을 갖고 있는 사법부와 긴밀히 관련된다.

헌법상의 삼권분립원리는 원래 정부기능의 효율적이고 순조로운 운영을 위한 것이 아니라, 국가권력의 집중을 막고 입법부, 행정부, 사법부가 상호견제하여 권력행사의 남용을 막기 위해서 고안된 제도이다.

이러한 고전적인 삼권분립원리는 '행정국가'의 등장으로 크게 약화 내지 붕괴되고 있다. 행정부가 점차 실질적인 입법과 사법기능을 행사하고 있다는 것은 입법부, 사법부, 행정부간의 견제와 균형이라는 미국의 전통적인 정치문화에 대한 심각한 도전이 아닐 수 없다. 이제는 이러한 견제와 균형원리가 행정부 체제 내에서도 적용되어야 한다.

행정에 대한 세 가지 접근방법이 견제와 균형으로 상호공존하면서 하나의 독특한 이론들을 발전시키는 것이 앞으로의 과제라 하겠다.

세 접근 방법에서 강조하는 기본가치인 효율성과 법적 접근방법의 기본가치로 개인의 기본권 보호가 그러하다. Rosenbloom과 Carroll은 최근에 *Toward Constitutional Competence: A Case Book for Public Administrators*에서 행정부의 효율성추구와 개인의 기본권간의 갈등이 어떻게 해결되고 있는가 분석하고 있다. 그들은 개인의 표현의 자유, 적법절차, 평등권이 정부의 조직목적 달성이나 효율성 촉구보다 우선하여 보호되고 있는 미국 연방대법원의 판례들을 소개함으로써 공무원들이 헌법가치를 무시하고는 중요정책을 추진할 수 없음을 지적하고 있다.

Rosenbloom의 행정에 대한 관리적 · 정치적 · 법적 접근방법은 우리로 하여금 행정현상을 단순하게 부분적으로만 보지 말고, 민주주의 기본원리인 권력분립원리를 포함한 정치문화와 관련해서 종합적으로 파악하도록 시사하고 있다. 그 동안 관리적 접근방법과 정치적 접근방법은 많이 주장되어 왔지만, 법적 접근방법을 강조하는 것은 새로운 시도라 하겠다. 상술한 바와 같이 행정국가와 경향에 대하여 권력분립의 원리를 행정부 내에서도 구현하고자 하는 의도에서 그 중요성을 찾을 수 있다.

Rosenbloom은 행정가는 관리인, 정책결정자, 그리고 동시에 헌법해석의 변호사로 불리워야 한다는 점이 행정가의 어려움이라고 지적하고 있다. 행정가는 사실상 이러한 요구를 모두 충족시킬 수 없으므로 늘 비평의 대상이 되기도 한다. 그러나 행정가는 이를 도전으로 알고 국가문제를 해결하고 국민생활의 질을 향상시키는 소명을 다하고 있다는 데 보람을 느껴야 할 것이다.

우리 나라에서 행정에 대한 접근방법은 해방후 행정학이 소개되는 초기에는 주로 법적 접근방법이었고, 1960년대 이후부터 효율성추구의 관리적 접근방법을 그리고 1980년대 이후에 국민의 대표성, 반응성 그리고 책무성을 내용으로 하는 정치적 접근방법을 강조해온 것 같다. 그러나 여기에서 법적 접근방법이란 행정이 법규에 근거하여야 한다는 형식적 의미의 법치주의를 내용으로 하였으므로, Rosenbloom이 말하는 개인의 권리보호를 내용으로 하는 법적 접근방법과는 다르다.

전통적으로 우리 나라 정치체계는 대통령에게 권력이 집중되어 있어 행정부 위주의 정부였다고 할 수 있다. 더욱이 최근에는 입법부와 사법부가 헌법상의 제 기능을 다 해보기도 전에 행정의 전문화로 행정국가화현상이 가속되고 있는 실정이다. 이젠 우리도 행정에 대한 새로운 내용의 법적 접근이 강조되어야 할 시점에 와 있다. 종래처럼 통치수단으로서의 형식적인 법의 구속이 아니라, 민주주의의 핵심내용인 국민의 기본권 보장을 통한 행정부의 권력남용 견제가 그 중심과제가 되어야 한다.

요컨대 해방후 그동안의 한국행정은 국가안보와 경제발전이라는 국가목표를 달성하기 위하여 능률 내지 효과성 지상주의로 행정편의 입장에서 국민을 수단시하였다고 할 수 있다. 이러한 한국행정은 '일사불란의 획일주의', '조급한 목표달성', '형식적 기회균등'을 특색으로 하였다. 그 부작용이 최근의 어처구니없는 대형안전사고, 소외계층의 끔찍한 범죄, 그리고 공직사회의 전반적인 부정부패로 노정(露呈)되고 있다. 국제화시대에 선진국이 되기 위하여 앞으로의 한국행정은 공무원들이 봉사자세로 국민을 목적으로 대하고, 국민은 물론 조직 내 공무원의 이견(異見)을 존중하여 다양성을 인정하며, 이해관계인의 의견을 들어 투명하고 공정한 정책결정을 하고, 동등한 출발을 보장하기 위하여 사회적 약자계층에게 적극적 우대조치를 하는 행정내용의 변화가 있어야겠다. 이러한 변화는 공무원들이 헌법가치를 이해하고 준수할 때 가능하다. 헌법원리를 구현하는 사법부의 적극적인 판결과 행정에 대한 헌법적 접근에 관한 행정 행정학계의 활발한 연구가 그 뒷받침이 되어야 한다.

참고문헌

Rosenbloom, David H. "Public Administrative Theory and the Separation of Power," *PAR*, 43, May/June, 1983, pp. 219-227.

_____, *Public Administration and Law*, Marcel Dekker, 1983, pp. 207-225.

_____, *Public Administration : Understanding Management, Politics, and Law in the Public Sector*, 2nd ed., New York: McGraw-Hill, 1989, pp. 3-31.

_____ & James Carroll, *Toward Constitutional Competence : A Casebook for Public Administrators*, Englewood Cliffs: Prentice Hall, 1990.

Dwight Waldo의 민주행정이론의 발전*

I. 머리말

정치학도가 자신이 개발한 이론을 제시할 경우 대개 이들 이론이 민주적 성질(democratic)을 지닌 것이라고 주장한다. 때로는 동일한 주제를 놓고 서로 상반되거나 양립될 수 없는 주장을 하고 있음에도 불구하고 학자들은 공히 자신의 이론이 민주적이라고 불리어지기를 원한다. 그만큼 민주주의 개념은 포괄적이고 또 다양하게 정의될 수 있다. 예컨대 서구자유주의 체제에 적합한 민주행정의 방향이 있듯이 공산사회에서 정통성을 가질 수 있는 별개의 민주적 행정이 얼마든지 가능하다. 자유(liberty), 평등(equality) 그리고 박애(fraternity) 등 민주주의에 대한 세 가지 가치영역 안에서 각 사회는 그 시대와 그 장소[時空]에 독특하게 적용되는 기준을 합의할 수 있고, 또 그러한 기준에 부합되는 행정논리는 정도의 차이에도 불구하고 '민주적'이라고 할 수 있다. 그런데 대개 민주성이 강화된 행정이론은 민주성이 상대적으로 약했던 과거의 논리를 수정하는 가운데 탄생된다.

이와 같은 맥락에서 Dwight Waldo는 1950년대 미국 행정이론의 민주성 정도가 그 수준에까지 이르는 데 밑거름이 되었던 과거의 이론—당시에 비해 덜 민주적인—들을 주로 당시 기업경영이나 행정개혁과정에서 주장되었던 논거에 비추어 추적하고 있다. 특히 이론적 면에서나 실제 적용면에서 민주성이 능률성(efficiency)이나 권위성(authority) 등의 가치와 관련하여 어떻게 잘못 해석되고 있었으며, 보다 나은 민주적 행정이론 발전을 위해 이들 개념들을 어떻게 새롭게 해석해야 하는가는 살펴보고 있다. 다만, 민주주의의 개념적 포괄성에서 오는 혼돈을 피하기 위하여 본 연구에서는 조직이론, 혹은 행정관리의 측면에 주

---

* 김인철: 한국외국어대학교 행정학과 교수.

안을 두어 논의를 전개한다.

II. 민주행정이론의 발전

1. 공·사 행정과 민주이론

(1) 기업관리의 유산

19세기 말엽 미국사회의 두 가지 특징적 국면인 기계혁명과 도시화는 기업관리에 대한 이론적 개발을 재촉하였다. 기업관리에 대한 이론은 당시 급속히 팽창하는 기업규모에 접해 이를 효율적으로 관리할 수 있는 전략을 모색한다는 입장이었기에 상당히 비민주적 요소가 많은 여건 속에서 형성되었다. 구성원들을 대규모 조직사회의 부속품으로 취급하는 조직관리에 대한 전제(前提)는 비단 Frederick Taylor의 과학적 관리운동에만 해당되는 것은 아니다. 물론 이때에도 관리기준에 맞는 노동을 하면 상응하는 보상이나 권한을 부여하는 등의 민주적 요소가 이론 속에 이입되어 있기도 하였다. 그 후 20세기 중반에 이르기까지 사행정(私行政)의 연구는 주로 구성원을 어떻게 통제·관리하여 목적하는 바대로 순응시키는가에 초점이 모아졌다. 물론 구성원들에 대한 과학적이며 냉정한 대우뿐만 아니라 온정적인 입장(paternalism)에서 편익과 혜택을 베푸는 듯한 관리전략도 연구되었다. 예를 들면 Elton Mayo의 Hawthorne 실험결과를 조직관리의원칙에 적용한 것은 산업조직의 병폐를 개선하기 위해 보다 인간적인 측면에서의 대책을 찾은 것으로 볼 수 있다. 그러나 이와 같은 '조직인본주의' 혹은 '인간관계론'적 연구도 결국 관리를 위한 간섭이나 통제를 위한 방편을 찾는 노력에 불과하다는 해석이 가능하다. 왜냐하면 제시된 개선책이란 상징성과 도덕적 효과는 있으나 조직 내의 구성원에 대한 법률적인 권리확대나 실질적인 개인발전에는 거의 기여하지 못하였기 때문이다. 근본적으로 구성원을 통제·관리한다는 입장에서 정리된 사행정의 관리이론 변화는 자비로운 온정주의(benevolent paternalism)근거하였다 하더라도 그것이 종국적으로 보다 강한 전세적 관리(higher despotism)를 추구하는 것이라면 건전하게 움직이는 민주적 관리체제(healthy functioning democratic system)를 지향하는 것은 아니다. 즉, 사행정 이론이 부드러워졌다 해서 그것이 곧 민주행정이론의 발전을 의미하는 것은 아니었다.

다른 한편 '새로운 민주주의'(new democracy)라 하여 민주행정을 위해 지향해야 할 관리모형이 제시되었다. 특히 이와 같은 민주적 이론에 대한 논의는 Ordway Tead나 Mary Parker Follett처럼 사회과학자이면서 신앙적 관심이 많은 학도를 중심으로 이루어졌다. 즉, 민주주의 혹은 인본주의에 대한 동기에서 교화된 진실한 온정주의(enlightened paternalism)가 주장되어 민주적 행정이론의 발전을 기초하였다. Tead는 좋은 관리(good government)는 곧 자치관리(self-government)와 동일한 성질이라 하여 구성원의 만족, 개성의 개발, 그리고 구성원의 참여를 통한 생각과 사고의 공유야말로 민주관리의 핵심이라고 주장한다. 민주적 관리란 관여하는 구성원들의 조화와 만족 그리고 각 개인발전이 수반되는 조직을 구성해 나가는 것(organizing)인데 이를 위하여 이익의 대표성 원칙(principle of the representation of interests)과 조화의 원리(principle of coordination)가 운영방침에 수용되어야 한다는 것이다. 이 두 기준이 지켜질 때 결국 조직사회의 구성원은 모두가 자유롭고 동시에 모두가 남의 이익에 관심을 가지게 되어 민주주의가 신장된다고 보았다.

유사한 입장에서 Follett는 그녀의 저서 *The New State: Group Organization the Solution of Popular Government*를 통하여 민주의 핵은 제도(institution)에 있는 것이 아니라 완벽하게 아이디어를 서로 공유할 수 있는 조직화(organizing)에 놓여 있음을 지적한다. 민주적 관리란 사람들의 의지를 집결시키는 과학적인 기술로서 개인이 각기 주체성을 가지고 집단심리(group psycology)에 기초하여 집단의 결정과 행위에 기여하도록 유도하는 방식을 말한다. 이때 그룹은 개체의 합이 아니라 개인의 순수한 조합(a genuine union of true individuals)이 된다. 그룹이 응집력을 가질 수 있는 것은 기능(function)이 가지는 권위(authority)—기능은 곧 권위이다—의 원칙과 객관적인 사실의 발견을 통하여 마련된 법칙—상황에 따른 법칙(law of situation)의 존중—이 지켜질 때라는 것이다. 물론 이들의 논의는 미국정치이론에서 주류의 입장에서 논의된 것은 아니나 과거의 통제위주의 권위성이나 기계적 관리원칙 등을 대체하였다는 데 주목된다. 즉 행정관리의 민주화에 대한 새로운 지평을 여는 성숙한 지혜를 제시하였다는 점에서 높이 평가된다.

(2) 행정개혁활동의 유산

초기 행정학도들은 민주주의가 행정개혁의 중심원리인 능률성과 배치되는 것으로 간주하였다. 그들은 마치 민주주의를 더 열렬히 추구하는 것으로 비춰지기를 원했지만 행정개혁정신은 행정과정에서 민주주의에 대한 적실성을 부인하는 데서부터 출발한다. 이러한 양면성은 당시 행정의 특성인 분열, 비능률 및 부패 등 역기능적인 현상을 개선키 위한 고육책이기도 했다. 그들은 권력의 분산이나 견제와 균형—이것이 민주행정의 요체인데도 불구하고—이 낳은 뿌리 깊은 부패와 비능률을 제거하기 위해서는 과학성, 기술성 등이 권위를 가지는 새로이 해석된 민주적 제도화가 필요하다고 주장하였다. 새로운 민주행정의 철학은 Woodrow Wilson이 그의 저서 *The Study of Administration*에서 지적하였듯이 정치와 행정을 구별하여 행정쪽에 권력을 집중(centripetal)시켜야 한다는 논리이다.

Frank Goodnow 등을 포함하여 정치로부터의 행정의 독립과 행정의 집권적 이념을 발전시킨 학자들은 합리성, 계층성, 전문성 등의 개념을 활용하여 능률적 행정 이론을 개발해 나갔는데, 이와 같은 이론들은 앞서 설명한 기업관리의 이론체계에서 원용된 것이 많았다. 이들은 민주주의가 유지되기 위해서는 능률성을 제고할 수 있는 여러 수단들이 강구되어야 한다고 주장하나 사실 이와 같은 논리는 이상적 민주주의에 대해서는 매우 중대한 실책을 자행한 것이나 다름없다. 왜냐하면 이들의 관점은 민주주의가 행정의 저변에 불과한 것으로 보고 있기 때문이다. 즉 행정이 능률적으로 잘 되면 민주주의가 자동신장될 것이라는 미명하에 실제로는 능률행정을 위해 민주성을 희생시킨 것으로 이는 곧 이론적으로 이상적인 원리가 시대적인 적실성이 없다 하여 포기한 것이나 다름없다.

그런데 정치와 행정이 준별된 영역을 가진다는 도그마를 부정하는 입장이 *Public Administration Review*의 대종적 경향을 차지하고 있어 민주행정이론의 발전을 위해 다행이라고 생각된다. 행정연구에 있어 능률성이 지고의 중심개념이라는 점이 비판되고 능률성과 민주성을 도식적으로 동시에 달성하려는 처방전이었던 통합논리가 수정 또는 포기되는 경향도 나타나고 있다. 물론 이와 같은 통합논리가 행정개혁의 논거였고 아직도 타당성을 가지고 있지만 민주주의와 능률이 같이 가기 위해서는 민주성과 여타 개념에 대한 보다 새로운 해석이 뒤따라야 할 것이다.

2. 민주행정이론의 발전

(1) 민주주의와 능률성

보다 발전된 민주이론을 정립하는 데 장애가 되는 것은 능률성이 가치중립의 개념이고 더욱이 이것이 보다 상위개념인 민주주의와 평면적으로 비교되어 서로 상반되는 것으로 생각하는 것이다. 그러나 이와 같은 논리는 실제와 이론면에서 공히 그 타당성이 없다. 우선 실제의 면에서 관료들이 직무를 수행하는 데 있어 민주이념을 충실히 이해한 상태에서 선택이나 판단을 내릴 수 있고 이는 곧 민주주의 신장이라는 목표달성을 위한 능률적 결정일 수 있다는 것이다. David M. Levitan은 그의 논문 "Neutrality of the Public Service"에서 이와 같이 주장하고 목표와 연관 없는 수단의 선택이 능률성 운운할 수 없는 것 같이 능률적 행정기술이 정치·사회적 민주환경과 관련짓지 않고 객관적인 중립성을 유지할 수는 없다는 것이다. Donald Kingsley도 "Political Ends and Administrative Means"에서 추진하는 목표와 상관없는 객관적 성질의 능률성을 거부함으로써 수단 선택을 위한 방편은 항시 추구하는 목표와 관련된 상대적인 성격을 지니고 있다는 것을 지적한다. 우리에게 필요한 것은 이상적인 목표인 민주주의를 추구해 나가기 위해 경험과학적 방법에 입각한 능률성을 개척해 나가는 데 있다. 즉 초기 행정개혁자들이 추구했던 능률성에 대한 객관적 − 맹목적 − 과학주의보다는 민주주의와 병행할 수 있는 경험적 과학주의가 가능하다는 것이다.

이와 같이 실제면·이론면에 비추어 볼 때 수단선택의 능률성이란 민주주의라는 상위목표와 연관하여 상황적 의미(contextual meaning)를 가지므로 민주주의와 능률성이 상반된 개념 혹은 병행될 수 없는 개념으로 보는 오류는 수정되어야 한다.

(2) 민주주의와 권위

권위성(authority)도 민주주의적 행정이론에 등장하는 하나의 중심개념인데 이에 대한 논의는 앞서 설명한 기업관리의 연구결과로부터 원용된 것도 있고 주권개념을 중심으로 한 정치사상연구로부터 빌어온 연구도 많다. 그러나 이와 같은 연구결과에 도전하는 새로운 논의가 사회학적 이론(Sociological Theory)영역에서 나타난다. Reinhard Bendix, Philip, Selzick 등 사회학자들은 민주적 조직의 권위성이 통제, 계층, 원칙고수 등 전통적인 방식에 의해서도 창출되지만 분권·적응적 흡수(co-optation) 및 타협주의 등 새로운 시도에 의해서도 창출된다는 이론적 재평가를 내리고 있다. 유사하게 Max Weber의 '이념형 관료제'나 Robert Michels의 '과두제의 철칙' 등이 가지는 비민주적인 요소에서 비롯된 권위성도 있다. 그러나 이를 대체하는 새로운 조직사회의 형태, 즉 후기관료제(post bureaucracy)적 조직모형에서도 조직사회를 좌우하는 권위성이 존재하고 이는 곧 앞선 두 모델의 비민주성을 치유하는 가운데서 나타날 수 있는 권위라 할 것이다. 민주주의에 대한 열망을 권위에 대한 수요와 조화시키는 문제가 민주행정이론의 중심주제라 할 때 조직사회의 모든 구성원이 결정자(determinator)요, 관리자(administrator)이며 이용자(utilizer)가 될 수 잇는 조직구조를 형성하기 위한 연구노력이 필요하다. 어떠한 형태의 조직사회에서노 권위는 그 사회의 중요한 구성요소로 정통성 있는 역할이 계속 인정될 것이다. 다만 보다 향상된 형태의 사회에서 우리가 추구하는 권위가 더욱 정당화되는 유일한 이유는 그 권위가 민주주의의 가치를 신장시킨다는 것 때문이다. 권위를 통해 민주주의가 향상된다는 논리에 부합되는 경험적 자료가 지속적으로 제시될 때 민주행정이론의 발전은 가속화될 것이다.

Ⅲ. 평가적 의견

Waldo는 능률성 제고를 위한 관리전략측면이 강조된 조직이론이 미국기업관리의 비민주적-상대적으로 덜 민주적-인 형태로부터 나타난 유산이라고 지적한다. 또한 행정개혁을 위한 20세기 초엽의 학문적 혹은 실제적 노력도 보다 정확하게 말하면 민주주의를 희생해서라도 능률성을 추구하는 것이 바람직하다는 잘못된 입장에서 출발하였음을 상기시킨다. 대개 이들 관점의 오류는 능률성 혹은 권위성이 보다 상위개념인 민주성과 평면적으로 비교되어 상반된 것으로 해석한 데서 비롯된다는 것이다. 그러나 지고의 가치인 민주주의와 연계되지 않은 능률성이란 과학적 연구의 차원이나 실제 민주행정의 차원에서나 의미가 없다. 모든 조직사회에서 민주적 혹은 비민주적 권위성이 존재하고 관리적 측면에서는 비민주적 권위와 순기능적인 면도 인정되나 발전의 방향은 민주주의를 신장시키는 권위성만이 정당화되는 쪽이어야 한다는 것이다. 결국 '목표로서의 민주성과 수단개념으로의 능률성의 연계' 그리고 '민주주의를 위한 권위의 인정'이라는 커다른 두 전제야말로 민주행정이론의 발전을 위한 인식의 출발점이 되어야 한다.

참고문헌

Waldo, D., "Development of Theory of Democratic Administration," *American Political Science Review*, 46, 1952, pp. 81-103.

_____, *The Study of Public Administration*, New York : Random House, 1955.

Wilson, W., "The Study of Administration," 1887, J. M. Shafritz & A.C. Hyde, eds., *Classics of Public Administration*, Illinois: Moore Publishing Company, Inc., 1978, pp. 3-17.

Jay D. White의
행정학연구방법론 평가*

Ⅰ. 머리말

1938년에 Robert Hutchines와 William Mosher가 행정학 분야에 있어서의 바람직한 연구방법과 이론개발에 대한 논쟁을 전개한 이후로 행정학의 지적 발전을 위한 여러 대안이 학자 및 실무가들에 의해 제기되어 왔다. 이들의 연구는 주로 두 가지 흐름으로 대별할 수 있는데 그 하나는 행정학을 비롯한 사회과학 연구는 자연과학의 논리와 방법론에 기초한 실증주의에 입각해서 행해져야 한다는 주장이고, 다른 하나는 실증주의의 약점을 지적하며 보다 완벽한 행정학 연구를 위해서는 실증주의 방법론 이외에도 해석학적 방법론이나 사회비판방법론의 적용을 강구하여야 한다는 주장이다.

1960년대 이후 행정관료들이 정책결정과정에 깊이 관여하게 됨에 따라 Wilson식 행정이론은 그 효용성에 많은 도전을 받게 되었다. 특히 정치와 행정, 능률성과 대응성, 사실과 가치, 자율성과 책임성, 이론과 실제 사이의 여러 문제를 어떻게 적절히 조화시켜 나가느냐 하는 것이 행정학도들의 주된 관심사였다. 이런 측면에서, 1986년에 *Public Administration Review*에 게재된 Jay D. White의 "행정학의 지적발전을 위한 소고"라는 논문은 최근의 행정학 전반에 걸친 문제를 다루는 데 있어서 실증주의 이론이 갖는 한계성을 체계적으로 언급하고 있으며 동시에 이의 극복을 위해 후기경험주의 철학자들이 주장하는 해석학적 이론과 사회비판이론이 어떻게 수용되어져야 하는지를 비교적 폭넓게 고찰하고 있다. 아울러 실증주의 이론을 포함한 다른 두 이론적 모형들이 행정학 발전을 위해 어떤 측면에서 기여하고 있는가를 분석하고 있다. 이런 점에서 White의 논문 소개는 앞으로의 행정학 연구방향을 정립하는 데 있어서 일조를 할 것으로 기대된다.

---

* 박광국: 가톨릭대학교 법경학부(행정학 전공) 교수.

II. 행정학 연구방법의 평가

1. 후기경험주의 과학자들의 실증주의 비판

연역적 혹은 귀납적 설명모형, 중립적 관찰언어, 이론간의 우열을 판별해 주는 보편적 법칙의 탐구에 몰두함으로써 과학적 지식을 도출하려고 하는 실증주의 이론을 White는 세 가지 측면에서 비판하고 있다.

⑴ 설명 기능에 대한 비판

May Brodbeck이나 Carl Hempel과 같은 경험주의자들은 연역적 혹은 귀납적 설명(Explanation)모형에 의해 과학적 지식은 획득되어져야 한다고 주장한 반면 Stephen Toulmin이나 Michael Scriven 같은 후기경험주의 철학자들은 과학적 설명은 과학적 현상의 이해에서 비롯되어져야 한다고 주장한다. 후기경험주의자들에 의하면, 연역적 혹은 귀납적 모형은 너무나 일반적이고 추상적이어서 과학적 현상의 복잡성을 충분히 밝혀낼 수 없다고 한다. 한편, 현상을 이해하는 데 있어서 해석(interpertation)의 역할에 관하여 경험주의자들과 후기경험주의자들은 상이한 견해를 보여주고 있다. White에 의하면, 대부분의 경험주의자들에게 있어 해석은 논리적 개념을 결여한 심리적 변수로 취급되는 데 반하여 Charles Taylor와 Theodore Kisiel 같은 후기 경험주의자들에게 있어 해석은 논리적 개념을 가지고 있으며 따라서 가설의 발견 및 과학적 지식의 타당화(validation)나 검증(verification)에 지대한 역할을 할 수 있다고 주장한다.

⑵ 중립적 관찰언어에 대한 비판

일반적으로 경험주의자들은 어떤 명제의 참과 거짓을 밝히기 위해서 부합이론(Correspondence Theory)—이론적 언명(statement)이 상황을 구성하는 여러 사실에 부합되면 그 언명은 참이다—에 의존한다. White에 의하면, 이러한 부합이론은 어떤 현상을 구체적으로 기술하는 관찰언어와 현상들 사이의 관계를 일반적이고 추상적 차원에서 해석하려고 하는 이론언어 사이의 괴리를 좁혀 주는 역할을 수행하고 있다고 한다. 이런 경우 부합이론이 논리적으로 도출되어질 수 있다면 관찰언어는 이론적 명제의 진실성을 검증해 줄 수 있다. 그러나 이에 대해 White는 두 가지 문제점을 지적하고 있는데 그 하나는 적절한 부합이론의

발견이 어렵다는 것이고 다른 하나는 관찰 언어의 순수성 확보가 용이하지 않다
는 것이다. 이 외에도 Herbert Feigl은 이론언어와 관찰언어 사이의 구별 자체
가 모호하다고 주장함으로써 사실에 대한 객관적 기술이 어렵다는 것을 보여주
고 있다.

(3) 이론선택의 실제적 합리성

White는 고전적 경험주의 이론모형은 과학적 탐구의 논리를 충분히 반영하
고 있지 않다고 지적하고 행정학의 지적 발전을 위해서는 이를 보완할 수 있는
다른 형태의 연구방법을 모색하여야 한다고 주장한다. 이를 위해 White는 Karl
Popper, Thomas Kuhn, 그리고 Richard Bernstein에 의해 제기된 이론들을 검
토하고 있다.

먼저 Popper는 과학이론을 추측(conjectures)이나 반박(refutations)의 과
정으로 묘사하고 따라서 과학적 진술의 객관성은 중립적 관찰언어를 가지고 비
교되어지는 것이 아니라 상호주관적으로 검증되어질 수 있는 능력에 달려 있다
고 주장한다. 환언하면, Popper에게 있어서 객관성은 비판의 문제와 직결된다.
한 언명이 많은 비판을 이겨 나가는 힘이 강하면 강할수록 그 언명은 보다 더
과학적이고 타당성을 가지고 있다고 할 수 있다. Popper는 객관성의 기준은 사
실 그 자체에 있는 것이 아니라 비판과 해석에 달려 있다고 주장한다.

Kuhn도 「과학적 혁명의 구조」라는 책에서 이론선택의 실제적 합리성을 추
구하는 데 있어서 해석과 비판이 중요한 역할을 하고 있다고 지적한다. 그에 의
하면 연역적 설명모형과 중립적 관찰언어의 개념은 과학적 지식의 탐구와 발전
에 직접적으로 기여하지 못한다고 주장한다.

마지막으로 Bernstein 역시 이론과 모형의 선택에 있어서 실제적 추론의 궁
극적 역할을 언급하고 있다. 그에 의하면, 이러한 실제적 추론은 철학자들 사이
에 대화를 통한 공유된(communal) 해석과 비판에 입각해 있다고 주장한다.

2. 세 가지 이론에 입각한 행정학 연구방법

실증주의 기법에만 입각한 연구는 행정학의 지적 발전을 위해 불충분하다고
보고 White는 다른 두 가지의 연구방법이 고려되어져야 한다고 주장한다. 각각
의 연구방법에 대한 보다 완벽한 이해를 위해 그는 각 이론들이 표방하고 있는
목표와 논리적 구조를 검토하고 있다.

(1) 실증적 연구방법

White에 의하면, 실증적 연구방법은 자연과학 및 사회과학의 논리와 방법론에 지대한 영향을 미친 논리실증주의에 그 뿌리를 두고 있다고 한다. 일반적으로 실증적 연구는 자연 및 사회현상을 설명하는 이론을 정립하여 이들 제반현상들을 통제하려고 시도한다. 이러한 목적을 위해 실증주의자들은 연역적－일반법칙적(deductive-nomological) 혹은 귀납적－확률적(inductive-probalistic) 예측모형을 사용한다.

그러나 Daniel Bell이나 Albert Hirschman 같은 후기경험주의 학자들은 자연과학에서와는 달리 사회과학에서는 실증주의 과학모형이 추구하는 객관성 확보가 가치문제의 개입때문에 어렵다고 주장한다. Robert Denhardt도 공간과 시간의 변화에 따른 인간행동의 변이성(variability) 때문에 인간행동의 일반에 적용할 수 있는 법칙의 발견에는 많은 어려움이 있다고 지적한다.

(2) 해석학적 연구방법

특정상황에 있어서 행위자의 행동에 대한 완벽한 이해를 목표로 하는 해석학적 조사연구방법은 그 기원을 현상학, 해석학, 혹은 분석 언어철학에서 찾아 볼 수 있다. White에 의하면, 해석학적 연구는 행위자가 사회상황, 그 자신의 행위, 그리고 타인의 행위에 대해 부여하는 의미(meaning)를 이해하려고 노력한다. 일반적으로 해석학적 연구의 논리는 연역적 혹은 귀납적 모형에서처럼 선형적 관계가 아니라 순환적 관계에 입각해 있다. 순환적 관계의 논리성 측면에서 보면 전체는 부분을 규정하며 동시에 부분도 전체를 규정하게 된다. 따라서 해석학적 모형의 궁극적 목표는 보다 더 완벽한 사회관계의 이해와 인간잠재성의 발견에 있다.

(3) 비판적 연구방법

비판적 연구방법은 그 기원을 현상학이나 비판사회이론에서 찾아볼 수 있다. White에 의하면, 비판적 연구는 우리 자신이 추구하는 목표와 사회상황이 우리에게 가하는 제약들 사이에 긴장관계가 내재하고 있다는 것을 인지함과 동시에 우리들로 하여금 이러한 긴장관계를 탈피하여 진정한 자유를 추구할 수 있도록 하는 데 일차적 관심이 있다. 일반적으로 비판적 연구방법의 논리는 자기성찰(self-reflection)에 있다. White는 자기성찰이란 물적 대상이나 사람 혹은 사회적 상황과 관련하여 자기의 사상이나 행동을 반성해 보려고 하는 능력이라고 규정한다. 비판적 연구방법은 실증적 연구방법과는 달리 사실과 가치문제를 동시에 다루는 것에 관심을 갖는다.

3. 행정학적 맥락에서 본 각 연구방법의 중요성

White는 상이한 관점에 입각한 각각의 연구방법이 행정학의 지적 발전을 위해 어떤 측면에서 기여하고 있는지를 구체적으로 고찰하고 있다.

(1) 통제(control)

White는 실증주의 연구방법에 입각한 행정이론가들은 실증주의 이론의 핵심인 설명과 예측수단을 통하여 사회현상이나 개인의 행위를 통제하는 데 관심을 기울인다고 주장한다. 이러한 실증주의에 입각한 노력은 과학적 관리론, 경영과학, 조직행동, 그리고 정책분석 학문 속에 잘 반영되고 있다. 이러한 통제기능의 확보를 위해서는 먼저 조직의 공식적 및 비공식적 조직을 구성하는 공유된 규범, 가치, 규칙의 확립이 선행되어야 한다. 왜냐하면, 이러한 장치에 의해 조직의 관리자는 조직환경 및 조직구성원의 행위를 통제해 나갈 수 있기 때문이다.

White에 의하면, 관료제는 명백한 가치, 일관된 규범, 그리고 공식적으로 기술된 규칙을 가지고 있기 때문에 실증주의 연구방법이 적용될 가능성이 가장 높은 조직모형이라고 한다. 환언하면, 우리 사회에 이상적 형태의 관료제 조직모형이 보다 더 많이 실현되면 될수록 실증주의 조사연구방법이 행정학의 지적 발전에 미치는 영향은 증가된다고 볼 수 있다.

(2) 이해(understanding)

해석은 설명이나 예측에 비해 행정학의 지적 발전을 위해 보다 더 중요한 기능을 가지고 있다고 주장한다. 왜냐하면, 설명이나 예측은 단지 과거나 미래의 사건에 관심을 갖는 데 비하여 해석은 현재 무엇이 왜 일어나고 있는가에 초점을 맞춘다. 보다 더 명료한 분석을 위해 White는 이해 및 해석의 기능을 설명 및 예측의 기능과 비교하고 있다. 실증주의 논리에 입각한 예측은 외부로 표출된 행위에서 규칙성을 발견하여 이것을 일반법칙화하려고 시도한다. 반면에, 해석학적 연구는 개인들간의 상호작용을 규율하는 규범, 가치, 규칙 등에 부여하는 의미에 초점을 맞춘다.

일부 행정이론가들이 사회적 행위를 설명하고 예측하는 것보다 이해하는 것에 관심을 가지는 이유를 White는 다음과 같이 설명한다. 그에 의하면, 행정가들은 행정현상에 대한 이해를 통하여 행정변화에·수동적으로 대응하는 데서 탈피하여 이의 변화를 주도하는 적극적 촉매자로서 활동할 수 있게 된다. 이런 해석학적 연구방법을 활용한 연구로서는 사례연구, 역사, 행정경험의 기술, 조사연구의 보고서 등을 들 수 있다.

(3) 신념과 가치세계의 변화(changes in beliefs and values)

White에 의하면, 행정이론가들은 비판적 연구방법이 참과 거짓, 선가 악 사이의 부조화를 밝혀 주는 데 기여한다고 믿기 때문에 행정학의 지적 발전을 위해 이 방법의 도입이 필요하다고 주장한다. 대체로 행정가들은 자기들이 사용하는 이론적 모형이 가능한 한 현실을 정확하게 묘사해 주기를 원한다. 그렇게 되지 못할 경우, 그들이 선택한 행위가 잘못 될 수도 있고 더 나아가 재앙을 가져올 만큼, 그 피해가 클 수도 있다. 동시에 행정가들은 어떤 목표가 추구되어져야 하고 이의 달성을 위해 어떤 수단이 강구되어져야 하는가에 대해서도 많은 관심을 보인다.

White도 지적했듯이, 비판적 연구방법은 현실에 대한 인식이 올바르게 되어있는가에 대해 끊임없이 의문을 제기하고 문제점이 발견되면 이의 사정을 위해 해석적 혹은 설명적 연구방법을 사용한다. 더 나아가 비판적 연구는 무엇이 좋고 나쁜가에 대한 가치판단 문제에도 관심을 가진다. 즉, 실증적 연구와는 달리 비판적 연구는 행정가들로 하여금 평가적 혹은 규범적 측면에 관심을 가지도록 유도한다. William Dunn에 의하면, 비판적 연구는 정책분석에서 가장 소홀히 했던 문제 구조화(problem structuring) 단계에 초점을 맞춘다.

Ⅲ. 평가적 의견

위에서 소개한 White의 연구는 실증주의이론 일변도에 입각한 연구방법을 비판하고 해석학적 연구와 비판적 연구방법이 행정학의 지적발전을 위해 어떻게 기여할 수 있는가를 체계적으로 고찰하고 있다. 그에 따르면, 주로 계량적 기법에 의존한 지금까지의 행정학 연구는 질적 판단을 위주로 한 연구방법(즉 해석학적 혹은 비판적 연구)과 결부될 때 보다 양질의 연구결과를 얻을 수 있게 된다. 따라서 White는 특정 연구방법을 고수하는 극단적 입장을 지향하고 이들 방법론간의 상호조화를 주장한다. 그러나 Robert Stallings도 지적했듯이, White는 실증주의적·해석학적·비판적 연구의 필요성을 행정 관리자의 업무수행과 같은 차원에서 다루고 있다. 환언하면, White는 행정학의 이론적 연구와 행정분야에서의 직접적 경험의 차이점을 구별하지 못하고 있다. 왜냐하면, 이론적 연구는 복제(replicability)와 반증(falsifiability)을 통해 검증되어질 수 있는 데 반하여 직접적 경험은 극도로 개별적이어서 검증하기가 어렵다. 이런 점에서 행정업무를 통한 행정가들의 직접적 경험이 행정학의 지적 발전에 기여할 수 있다는 White의 주장은 설득력이 없는 것으로 보인다. 이런 몇 가지의 약점에도 불구하고 앞으로의 행정학 분야의 발전에 필요한 새로운 연구방법의 세시는 현대 행정학이 당면하고 있는 방법론상의 문제점을 극복해 주는 데 크게 이바지할 수 있을 것이다.

참고문헌

McCurdy, Howard E. & Robert E. Cleary, "Why Can't We Resolve the Research Issue in Public Administration," *Public Administration Review*, 441, 1984, pp. 49-55.

Mosher, Frederick C., "Research in Public Administration: Some Notes and Suggestions," *Public Administration Review*, 16, 1956, pp. 169-178.

Perry, James L. & Kenneth L. Kraemer, "Research Methodology in the Public Administration Review," 1975-1984, *Public Administration Review*, 46, 3, 1986, pp. 215-226.

Stallings, Robert A., "Doctoral Programs in Public Administration: An Outsider's Perspective," *Public Administration Review*, 48, 1986, pp. 235-240.

White, Jay D., "On the Growth of Knowledge in Public Administration," *Public Administration Review*, 46, 1, 1986, pp. 15-24.

Robert A. Dahl의
과학으로서의 행정학*

I. 머리말

Robert A. Dahl은 행정학의 과학화를 위한 방안을 제시한 바 있다. 여기서 소개하고자 하는 그의 '과학으로서의 행정학: 세 가지 문제'라는 글은 점차 고유한 영역을 확보해 가고 있는 행정학이라는 하나의 학문이 스스로 서자면 어떤 것을 해결하여야 하는가에 대한 처방이다.

그는 행정학이 하나의 학문으로, 특히 과학적인 학문으로서의 입지를 넓히자면 ① 인간형태의 복잡성에 대한 이해, ② 행정현상에 있어서 규범적 가치의 문제 해결, ③ 행정과 사회환경과의 관계에 대한 규명 등이 이루어져야 한다고 주장한다. 특히 행정과 사회환경과의 관계의 규명에 대해 더 많은 강조를 했던 그는 행정학이 비교행정의 기초 위에 서지 않는 한 과학으로서의 행정학은 공허한 것이 될 것이라고 극언한다.

Dahl의 예견과 같이 행정학은 5~60년대에 걸쳐서 비교행정학이라는 전문분야를 개발하였지만 아직도 비교행정을 가르치지 않는 행정학과가 적지 않다. 그는 또한 행정학이 정치학의 일부로 남아 있고자 할 때 겪어야 할 어려움을 예견했었다. 사실 미국에서는 아직까지도 행정학 프로그램은 정치학과나 경영학과에서 하나의 전문영역으로 남아 있는 경우가 적지 않다. 그러나 1970년대에 와서는 행정학 프로그램이 정치학과나 경영학과로부터 떨어져 나와 독립적인 학과로 설치되는 경향이 뚜렷해졌다. 우선 Dahl의 글을 발췌 번역하여 그의 주장을 살펴보고자 한다.

---

* 이준형: 인하대학교 사회과학부(행정학 전공) 교수.

II. 행정학의 세 가지 제약

행정학을 하나의 과학으로 만드려는 노력은 때때로 일반적인 법칙의 형성을 추구하는 것으로 나타난다. 이것은 ① 규범적 가치, ② 교정될 수 없는 개인 심성(心性)에 의해 빚어진 왜곡, ③ 문화적 또는 사회적 환경의 영향 등에서 행정학의 원리나 법칙이 벗어날 수 있게 하려는 시도라고 볼 수 있다. 이와 같은 행정학자들의 시도는 W. F. Willoughby나 L. Urwick의 글에서 대표적으로 찾아볼 수 있다. 그러나 그와 같은 제약으로부터의 이탈은 지난(至難)한 것이다. 물론 태도를 완화하여 제한적인 법칙들을 발견할 수 있다는 주장을 할 수 있다. 그러나 이러한 주장도 ① 가치, ② 개인의 성격, ③ 사회적 환경에 의해서 제약될 수밖에 없다.

1. 행정학과 규범적 가치

행정학을 과학화하려는 노력에서 제일 먼저 부닥치는 어려움은 행정문제에 있어서 규범적 가치를 배제할 수 없다는 데에 있다. 과학은 규범적인 가치를 발견하거나 명확히 규명하는 데에는 관심이 없다. 즉, 과학은 도덕적 가치를 표명할 수 없고, '현실'(is)과 '당위'(ought) 사이의 괴리를 메울 수단을 갖고 있지 못하다. 그러나 암묵적으로 가치의 문제를 사회과학에 도입하기보다는 명시적으로 다루는 것이 사회과학의 발달을 위해서 바람직하다. 행정학자들이 가치들간의 충돌로부터 안전하게 격리되어 있어 자신들은 가치문제에 대해 전혀 관심이 없다고 주장하는 것 그 자체가 가치를 표명하고 있다는 사실을 직시하여야 한다. 대표적인 예로 행정에 있어서 알게 모르게 지배적인 목표로 운위되고 있는 '효율주의'(doctrine of efficiency)를 들 수 있다. 그러나 효율주의는 ① 개념상의 불분명함과 ② 민주적인 사회의 운용에 있어서 효율만이 전부가 아니라는 점에 문제가 있다.

보다 구체적으로 Luther Gulick 같은 행정학자는 목표가 다른 가치에 의해서 제약될 수 있으며 따라서 효율이라는 목표도 다른 가치에 의해서 제약될 수 있다고 보았다. 즉, 효율이라는 개념이 정치나 사회질서에 의해서 변조·완화될 수 있다는 점은 인정하고 있는 것이다. 그렇다고 하더라도 효율이라는 개념을 행정의 연구에서 제거한다는 것은 거의 불가능하다. 즉, 궁극적인 정치적 가치가 효율을 제약함으로써 행정목표로서의 효율에 조건을 씌우고 복잡하게 만들지만 변화시키지는 않는다고 보는 것이다.

이러한 Gulick의 주장에 대해 ① 공행정과 사행정에 있어서 효율이라는 개념을 사용함에 있어서 차이가 있는가, ② 차이가 있다면 민주주의에 있어서 교육적인 장치로서 시민위원회나 작은 지방정부와 같이 아주 비효율적인 제도가 있을 수 있는가, ③ 만약 민주주의의 원칙과 효율이 충돌하는 경우 효율을 포기할 수 있다면 효율은 결코 궁극적인 가치라고 볼 수 없는데, 왜 효율을 행정의 궁극적인 단일 가치로 여기는가, ④ 민주주의의 원칙이 효율을 압도하는 것은 민주주의의 원칙을 신봉하는 세력이 효율을 신봉하는 세력보다 많아서인가 아니면 민주주의 원칙 그 자체가 효율보다 더 높은 가치를 가지고 있기 때문인가, ⑤ 행정가들이나 행정학자들은 효율과 갈등을 일으킬 때 항상 우위에 두어야 할 정도로 전략적인 민주주의의 원칙과 민주주의에 대한 가정에 있어서 근본적으로 부가적이고 비현실적이며 때로 허위로 삽입되는 원칙들을 어떻게 구분지을 것인가, ⑥ 도대체 효율이란 무엇인가, 왜 효율은 행정에 있어서 궁극적인 지침이 되는가, 또 누구의 어떠한 가치척도에 따라 효율이 가장 높은 곳에 놓여졌는가, ⑦ 효율을 숭상하는 것은 그 자체가 하나의 특수한 가치판단의 표현은 아닌가, ⑧ 수단과 목표에 대한 분명한 구분에 저항하는 하나의 사고양식과 특수한 도덕적 가정에서 비롯된 것은 아닌가 하는 의문들이 제기될 수 있다.

바꾸어 말하면, 하나의 학문으로서 또한 하나의 잠재적인 과학으로서의 ‘공공’행정학의 기본적인 문제는 단순한 ‘행정’(또는 관리)의 문제보다 훨씬 광범위하다. 우선 사행정과 비교했을 때, 공공행정에서 필연적으로 조우하게 되는 문제는 윤리적인 문제다. 공무원의 파업권리를 예로 들어 보자. 공무원의 파업권리를 단순히 법적인 관점에서 권리로 생각하는 것은 (그래서 행정학의 관심 대상에서 벗어나게 하는 것은) 문제 자체를 회피하는 것이다. 더욱이 이러한 태도를 취한다면 소위 단일적인 ‘행정과학’의 맥락 속에서 프랑스, 영국, 미국의 파업권리의 다양한 법적·제도적인 측면들을 조화시킨다는 것은 불가능하여진다.

다음으로 행정학의 연구에 있어서 확실히 중심적인 과제의 하나라고 볼 수 있는 ‘책임’이라는 문제를 생각해 보자. 책임의 문제가 일단 제기되면 책임의 문제는 다른 문제군(問題群), 즉, 사회의 목표, 목적, 가치 등의 정의(定義)문제에 궁극적으로 걸리게 된다. 바꾸어 말하면, 민주주의, 사회나 정부에 대한 정의나 가정을 어떻게 하느냐에 따라 책임에 대한 해석도 달리 나올 수 있고 그에 따른 문제해결도 다르게 수행될 수 있다는 것이다.

더욱이 미국과 영국에 있어서 위임입법(委任立法)과 행정판결(行政判決)에 대한 많은 논쟁이 사실은 행정목적 안에 숨겨져 있는 갈등에서 비롯된다는 결론을 피하는 것은 어렵다고 보여진다. 경제적 규제 및 통제를 혐오하는 사람들은 기존의 경제적 특권을 행정부보다는 법원이 더 안전하게 보장할 수 있다는 확신에서 상당한 일관성을 가지고 위임입법의 증가 및 행정재판제도의 확대에 대하여 반대를 하여 왔다. 그러나 이러한 행정 권력이나 기술의 확대를 지지하는 사람들은 보다 많은 경제적 규제 및 통제를 선호한다. 수단간의 갈등이라는 용어로 정리될 수 있는 이러한 논쟁은 사회의 목표에 대한 갈등으로서 보다 적절히 평가될 수 있을 것이다.

물론 이러한 점에 대하여 행정과학의 기능은 목적을 결정하는 것이 아니라 사회정책을 결정하도록 위임된 기관에서 결정된 목적을 실현하기 위한 최선의 수단을 고안해 내는 것이라고 주장할 수도 있다. 그러나 행정과학이 완전히 비규범적이며 일단 목표가 확정되면 행정과학의 정체(正體)가 무엇이든 행정과학이 내세우는 원리나 주의가 동등한 타당성을 가지고 적용될 수 있다고 보는 이러한 주장도 목표 자체가 논쟁의 대상이 된다는 점을 묵과하고 있다. 즉, 어느 사회이든지, 특히 민주사회에 있어서는, 사회적 목표가 명백히 결정되는 경우는 드물기 때문이다. 또한 목표와 수단이 확연히 구분되는 경우도 없다. 그 이유는 목표가 수단을 결정하고 수단은 다시 궁극적으로 목표를 결정하기 때문이다. 따라서 행정학도가 목표 문제를 회피한다는 것은 있을 수 없다. 행정학도가 오히려 피해야 할 것은 그의 주의나 원리 밑에 깔려 있는 목표나 가치를 명백히 표현하지 못하는 것이다. 목표를 명백히 표현하는 일을 행정학이 회피한다는 것은 도덕적인 목적의 영역에서 과학이라는 번문욕례를 범하는 것이나 다름없다.

이렇게 보았을 때, 행정학이 하나의 과학으로서 나가자면 무엇보다도 ① 기본적인 가설을 정립하는 것과 ② 목표를 정직하게 밝히는 것이 필요하다. 여기서 기본적인 가설을 정립해야 하는 이유는 행정학이 하나의 과학으로서 출발하자면 기본적인 가설을 만든 다음에야 가능하다고 생각되기 때문이다. 물론 기본적인 가설에 내재되어 있는 도덕적이거나 형이상학적인 가정에 대해서는 논란이 있을 수 있으나 적어도 모든 규범적인 주장은 그 정도의 수준에까지 도달하지 않으면 아니 된다. 두번째의 목표 문제는 사회나 문화의 차이에 따라 사회 목표가 다를 수 있으므로 소위 일반적인 행정과학은 성립될 수 없다는 것이다. 따라서 이와 같은 차이를 염두에 두고 사회목표를 명백히 밝힐 필요가 있다. 즉, 기본적으로 구체적인 사회의 목표와 목적에 연계된 모든 경우에 있어서 할 수 있는 최선의 방책은 모든 규범적인 가정을 공개하여 드러내는 것이다.

2. 행정학과 인간행태

　행정학을 하나의 과학으로 발전시키는 데에 있어서 직면하게 되는 두번째의 난점은 행정학은 어떻든 간에 인간의 행태를 연구하여야 한다는 사실로부터 나온다는 데에 있다. 물론 회계감사원의 행태유형과는 별 상관없이 회계감사의 문제를 논의할 수 있듯이, 인간행태가 행정학에서 무시될 수 있는 부분이 없는 것은 아니다. 그러나 대부분의 행정문제는 인간을 중심으로 발생한다고 볼 수 있다. 행정학도 기본적으로 있는 그대로의 인간행태와 아울러 어떤 특정한 상황하에서 인간행태가 어떻게 변할 것인가를 기대하여 보고 예측하는 것을 연구하는 학문이라고 볼 수 있다. 다만 인간행태를 다루는 다른 사회과학과 행정학이 다른 것은 행정학이 "정부기관에 의해 행해지는 서비스 영역 안에서의 인간행태"를 주요 관심사로 삼는 데에 있다.

　이와 같은 행정학의 특성은 ① 인간행태를 다루고 있으므로 과학의 근간인 실험적 절차를 사용할 가능성이 낮고, ② 인간행태라는 자료는 균일성이 적어 자료로부터 법칙성을 획득하기가 쉽지 않으며, ③ 인간행태 자체가 다양할 뿐 아니라 방대하고 복잡하여 관찰자가 확대 해석하거나 개별적인 증명의 타당성이 낮고, ④ 인간행동 자체에 대한 이해의 부족 등에 의해서 행정학이 하나의 과학으로 발돋움할 수 있는 잠재가능성은 제약을 받는다. 이와 같은 제약점은 물론 행정학에만 고유한 것이 아니고 모든 사회과학에 공통적으로 적용되는 것이지만, 과학으로서의 행정학에서 주장하는 바가 인간본성에 대해 잘못 만들어진 가정으로부터 출발한다는 데에 문제가 있다.

　예를 들어, 이상적이고 추상적인 조직형태에 대한 지루한 논의 가운데 인간본성이 파묻혀 버리는 결과를 초래하는 조직이론 같은 분야는 이러한 취약점이 극단적으로 표출된 것이다. 생산조직에서 비합리적인 인간의 특성 자체가 무시되고 합리성만 추구하도록 한 것은 사실 자본주의의 영향이라고 볼 수 있다. 현대의 생산조직이 이렇게 될 수 밖에 없는 까닭은 자본주의가 산업적 형태로 전환될 때 기본적으로 생산을 전통적인 노선, 예를 들어, 봉건주의라든지 또는 상업주의의 노선 같은 구래의 제한적인 생산양식을 지양하고 합리적인 노선에 따라 조직하려고 시도했기 때문이다. 이와 같은 변환의 과정에서 자본주의는 급속한 기계화, 일의 반복적 단순화, 노동분화와 같은 것을 통하여 기술적으로 자본주의의 합리적 특성을 증가시켰으며, 더 나아가서는 모든 경제적 과정뿐 아니라 사회 자체의 변화도 초래하였다. 중세기의 수공인(手工人)에게는 자신이 수단이 자 목적이었던 생산과정이 이제 단순한 수단으로 전락하게 되었으며, 생산과정에서 엄격히 요구되는 바에 따라 개인이나 집단의 특성은 자연히 무시되는 결과를 빚었다.

이러한 변화는 Taylor나 Urwick으로 하여금 논리적인 노동의 분배와 분화를 조직의 진정한 기초로 삼아 일반적인 원리로서의 관리이론을 전개하도록 하였다. 이러한 일반이론은 조직의 존재 이유, 생성 목적, 당면 목표, 조직 내의 인간, 조직 생성과 연관이 있는 헌법적·정치적 사회이론과는 상관없이 기술적인 문제를 다룰 수 있는 것으로 인지되었다. 이들이 발견한 어디서나 적용될 수 있는 일반 원리의 집합은 하나의 과학이 될 수 있다는 약속을 주었으며 행정학자들이 이러한 약속을 간과할 리는 만무한 것이었다.

Urwick은 조직의 목적과는 별개로 인간이 기본적으로 합리성을 지니고 있다고 가정한다. 따라서 일단 어떤 논리적인 조직을 수용하는 경우에는 비합리적인 이유로 인하여 조직에 대해 반발하거나 또는 자신들의 성격에 보다 잘 맞는다고 하여 비공식적 조직을 공식적 조직에 앞세우는 일은 하지 않을 것이라고 가정하였다. 그러나 Urwick이 간과한 것은 인간에게 있어서 비합리적인 것이 허다하다면 논리적인 노선에 따라 형성된 조직은 조직 내의 비합리적인 인간들을 좌절시키고, 분노케 하고, 격앙케 하리라는 점이다. 한 걸음 더 나아가 논리적인 조직이 조직의 목적에 조직원들의 개인적 선호를 조화시킬 수 있는 비논리적인 조직보다 더 낮거나 더 효율적이라는 것을 말해 줄 증거가 있는가 하는 질문을 Urwick에게 던질 수 있다. 만약 어떤 조직체제가 다른 조직체제보다 더욱 합리적이어서 보다 나은 산출을 할 수 있다고 주장한다면, 이러한 주장은 ① 개인들이 이성(理性)에 의해서만 통제받으며, ② 개인들이 기술적 공정과정에 철저히 지배되어 자신들의 개인적인 선호가 별 상관없이 무시될 수 있을 때에만 타당성을 지니게 될 것이다.

이와 같은 과학적 행정학의 학문적인 이론의 정치(精緻)함과는 별도로 행정학의 관심 영역이 학교를 벗어나 현실 관료제에 접근해 가면서 Urwick 등이 내세웠던 일반이론은 수그러들게 되었다. 조직의 건전한 원리에 개인적인 특성을 맞추기보다는 개인적인 특성에 조직을 맞추려는 생각은 어리석은 것이라고 보았던 Urwick에게 Hawthorne실험은 기술의 조직보다 인간관계의 조직이 보다 중요하다는 것을 보여줌으로써 누구의 생각이 어리석은가를 가르쳐준 격이 되었다. Lasswell 같은 정치학자도 행정가로서의 성공이 비합리적이고 무의식적인 요소에 의해서 영향을 보다 많이 받을 수 있다는 선구적인 연구를 통하여 Urwick의 일반이론의 타당성에 의문을 제기하였다.

1939년에 이르러 Leonard White는 조직에 인간을 맞추는 것이 장기적으로 보았을 때 보다 합리적인 것이나 사정에 따라서는 그 반대의 경우도 생각할 수 있다는 논지로 후퇴하기에 이르렀다. 1946년에 와서는 행정학의 임무가 인간행 태를 조율하는 기계적인 공식이나 원리를 발견하는 데에 있지 않고 조직의 기능과 인간관계의 체계적인 정돈을 통해 조직의 의사결정이 보다 확실한 단계를 밟아 실천됨으로써 조직전체의 목표가 성취되도록 하는 것을 밝히는 데에 있다고까지 말하게 된다. 이와 같이 인간을 행정현상에서 배제하려 했던 경험은 행정학을 하나의 과학으로 만들려는 노력에 있어서 원리를 형성하거나 발견하는 데에 있어서는 손쉬운 일이었을지 모르나 행정학 연구를 무미건조하고, 보상이 결여되며, 기본적으로 비현실적인 것으로 만들었던 것이다. 물론 행정학 연구에서 인간행태를 고려한다는 것이 행정학자가 심리학자나 사회학자가 되어야 한다는 것을 뜻하는 것은 아니다. 인간행태에 대한 보다 전문적이고 집중적인 연구를 하는 정신분석학을 포함한 심리학자나 사회학자의 연구결과를 이용하는 것이 실질적으로 바람직하다는 것이다. 여기서 사회과학은 상호간에 의존성이 높다는 점을 상기할 필요가 있다.

이렇게 보았을 때, 행정학이 하나의 과학이라고 맹목적으로 주장하는 것은 아무 의미가 없다. 공무원에 의해서 행해지는 행정서비스 영역에 있어서 인간과학의 발달, 즉, 인간에 대한 과학적인 연구결과를 이용함으로써 행정인의 진정한 모습이 무엇인가를 제대로 규명할 수 있을 때 행정학은 과학으로 발돋움할 수 있다고 본다.

3. 행정학과 사회환경

행정인에 대해서 우리가 아는 것이 적다고 하였지만 사회인에 대해서 아는 것은 더욱 적다고 말할 수밖에 없을 것이다. 그렇다고 하여 행정학과 사회환경의 관계를 무시할 수 있다는 이야기는 아니다. 어느 인류학자도 한 문화에서 도출한 사회원리를 수정 없이 다른 문화에 적용시키지는 않을 것이다. 어떤 문화의 독특한 원리는 다른 문화에는 비교조차 불가능한 것이다. 이러한 상황은 정치학의 경우도 예외가 아니다. 예를 들어, 미국식 대통령제가 프랑스나 독일에서 그대로 운용될 수 있으리라는 생각이나, 미국의 연방제도가 다른 나라에서도 같은 성공률을 가지고 적용될 수 있다는 생각은 어리석기 짝이 없는 것이다.

이렇게 보았을 때, 행정의 원리가 모든 국가에서 똑같은 타당성을 가지리라는 것이나, 또는 한 국가에서 성공적으로 이루어진 행정이 사회적·경제적·정치적으로 다른 환경에 놓여 있는 국가에서 필연적으로 성공하리라는 보장이 있다고 가정하기는 힘들다. 한 국가의 행정은 그 국가가 역사적으로 겪어 온 에피소드, 충격, 실패, 성공이 만들어낸 그 국가의 특유한 관례, 사회적 관습, 제도화된 행태 유형, 세계관, 심지어는 국민정서에 의해서 영향을 받기 마련이다. 이러한 특유함이나 고유함의 차이를 연구하는 비교연구는 매우 가치가 있는 것이다. 따라서 이러한 비교연구를 제쳐 놓고 과학으로서의 행정학을 운위한다는 것은 공허한 이야기에 지나지 않는다.

그러함에도 불구하고 일반적으로 행정현상과 사회환경과의 관계가 무시된 채 행정의 원리를 말하고 있어 행정의 원리가 사회적인 환경과는 무관하게 형성될 수 있는 것처럼 보인다. 그러나 특수한 환경으로부터 독립된 행정의 원리가 있을 수 있는가? 예를 들어, 영국에서 행정계급이 형성될 수 있었다고 하여 이에 관한 모든 세부적인 사항을 미국에 그대로 적용시킨다고 하여 미국에 행정계급이 형성될 수 있는 것인가? 비교행정론의 입장에서 이 문제는 어떻게 이해되어야 하는가? 19세기 중엽 영국에서 형성된 행정계급제도를 미국에서 정립할 수 있는가의 여부는 다음과 같은 네 가지 차이를 극복해야 할 것이라고 본다.

첫째, 영국형의 행정계급은 4세기에 걸친 왕정하에서 상·중류 계급의 행정인단과 왕 또는 귀족간의 결합이라는 역사적 경험으로부터 점차 형성되어 온 계서제적(階序制的) 사고가 일반에게 수용되었기 때문에 가능하였다. 따라서 시민 간에 민주성이나 평등성이 강조되는 미국 사회에 이러한 행정계급을 형성한다는 것은 실현가능성이 없다.

둘째, 행정계급이라는 사고는 행정직에 전문행정인(specialists)을 뽑기보다는 모집제도를 통하여 고학력의 일반행정인(generalists)을 선발한다는 생각에 기초하고 있다. 영국의 교육제도는 오랫동안 높은 교양을 갖춘 신사를 키워내는 것을 목표로 삼아 왔다. 물론 영국의 공무원 시험제도는 하나의 패러독스적인 상황을 연출하고 있는데, 고급의 교양교육을 받은 사람으로 하여금 특수 언어나 수학을 시험보도록 하기 때문이다. 반면에 미국은 사회적 효용과 위신이라는 측면에서 전문가 양성을 교육의 목적으로 삼고 있으며, 행정인도 자연히 전문가를 선발하는 것으로 생각하고 있다. 이와 같은 이유로 일반행정인이 선발되어 형성된 영국의 행정계급을 미국에 이식한다는 것은 난망한 일이다.

셋째, 행정계급제도는 업적을 선발의 기준으로 삼는다. 이는 영국에서 효율이라는 개념이 새롭게 사회·정치적 효용을 얻었기 때문이다. 19세기 이전에 공무원 임명권은 장자가 아니어서 상속권이 없는 귀족자제에게 일자리를 주고 왕이나 세력가에게 호의적인 하원을 구성하려는 데에 도움이 되도록 하는 두 가지 긴요한 기능을 가지고 있었다. 이러한 기능을 가진 임명권은 1832년 선거법의 개정으로 입헌군주제로 들어서면서 다른 여러 가지 사회변화와 아울러 그 존재 여부를 상실하게 되어 자연히 업적이 임명에 있어서 주요한 기준이 된 것이다. 그러나 미국과 같이 삼권분립이 되어 있는 국가에서 이러한 엽관제적인 임명권이 그 효능을 상실했는지는 의문이 아닐 수 없다. 더욱이 현재 미국의 사회·정치적인 상황이 19세기의 영국 빅토리아 여왕시대와 같은지도 자못 의심이 아닐 수 없는 것이다.

끝으로, 행정계급이 성공적이자면 이에 속한 집단이 사회적으로 엘리트적인 위신을 가져야 한다. 영국의 경우 적어도 19세기 전반기까지 행정인은 귀족들이 위신을 잃지 않고 귀족계급의 인습을 파괴하지 않으면서 한번 해 볼만한 직업이었다. 이러한 전통은 19세기 후반기나 20세기에 들어와서도 사기업 분야의 다른 직업들과 비교했을 때 가장 높은 자질의 인력을 공무원으로 흡수할 수 있는 직업으로서 그 명맥을 이어왔다. 그러나 미국의 경우 남북전쟁 이후 보다 금전적인 수입을 많이 올리는 직업에 보다 높은 자질의 인력이 몰리어 왔으며, 오늘날도 이러한 경향은 변하지 않고 있다. 따라서 미국에 있어서 직업으로서의 행정직에 경력을 부여한다는 것과 이러한 경력의 부여가 국내의 가장 좋은 자질의 인력을 흡수할 수 있다고 하는 것은 전혀 별개의 문제일 수 있다.

영국의 행정계급 사고를 미국에 이식하려는 시도에 대한 문제를 이와 같이 살펴 보았을 때, ① 한 국가의 환경에서 운용된 행정에서 얻어진 보편적인 원리를 환경이 다른 국가의 일반화하여 그대로 적용한다는 것은 불가능하고, ② 행정의 어떤 면이 국가·사회적인 환경과 진정 상관이 없는가를 결정하기 위하여 행정에 미치는 국가와 사회의 영향에 대한 심도 있는 연구가 행해지지 않는 한, 진정한 의미의 일반적·보편적 행정원리는 있을 수 없다는 것이고, 따라서 ③ 행정학의 연구는 보다 광범위한 학문적 기초 위에서 행해져야 하며 각국의 행정에 각인(刻印)하는 각종의 다양한 상황요인들을 다루는 학문이 되어야 한다고 보는 것이다. 이러한 점에서 보다 많은 비교행정연구가 이루어져야 할 것이다.

따라서 행정학이 하나의 과학이 되자면 행정학의 연구에 있어서 ① 규범적인 가치의 위치가 명백해져야 하고, ② 행정영역에 있어서 인간의 본성이 보다 잘 이해되고 그 행동이 보다 잘 예측될 수 있어야 하며, ③ 국가적인 경제와 특수한 역사적인 경험을 초월하는 일반성과 보편성을 발견할 수 있는 비교연구가 이루어져야 한다.

Ⅲ. 평가적 의견

이상과 같은 Dahl의 주장에 대해서 몇 가지 생각하여 보면 다음과 같다.

첫째 Dahl은 글의 전반에 걸쳐서 행태주의적(行態主義的)인 입장을 견지하고 있다. 그러나 의사결정론적인 측면을 강조하는 Simon과는 달리 행정의 대(對) 사회적인 관계와 행정이론의 일반화를 위한 비교행정의 필요성을 강조함으로써 행태론에서 간과하고 있는 사회적·거시적인 측면의 보완을 시도하고 있다. Dahl은 비교행정에 대한 강조와 아울러 행정의 상황적 접근의 중요성을 강조하고 있다. 그는 비교행정연구의 필연성을 이야기하면서 서로 상이한 현상이나 특성 또는 공통적인 요소를 추출하려는 노력뿐만 아니라 결과적으로는 유사한 현상이나 특성 또는 상이한 요소를 추출하려는 노력을 모두 강조하고 있기 때문이다.

둘째, 규범적인 가치의 위치가 행정학 연구에서 명백해져야 한다는 Dahl의 주장은 그 후 정책과학이나 신행정학의 대두로 현대행정학 내에서 어느 정도 수용되고 있다고 볼 수 있다. 그러나 이러한 Dahl의 주장이 방법론에 있어서 행태론적인 접근을 견지하는 한 내재적인 모순을 지니고 있다. 보다 큰 문제는 규범적인 가치의 연구가 Dahl의 다른 연구에 나타난 것처럼 기존의 가치만을 보존·강화하려는 것을 의미하는 한 Simon 등의 행태론자들이 갖는 보수성과 본질에 있어서 다를 것이 없는 결과를 가져올 것이라는 점이다.

셋째, 행정영역에 있어서 인간의 본성이 보다 잘 이해되고 인간의 행동이 보다 잘 예측될 수 있어야 한다는 그의 주장은 외견상 바람직한 것처럼 보인다. 그러나 문제는 Stevenson(1987)의 견해와 같이 인간의 본성에 대한 어느 견해 또는 관점을 택하느냐의 문제가 대두된다는 것이다. 이러한 문제는 자료와 이론이 서로 독립되어 존재할 수 없다는 방법론적인 고민과 궤(軌)를 같이한다고 볼 수 있다.

참고문헌

Dahl, Robert A., "The Science of Public Administration," *Public Administration Review*, 7, 1, 1947, pp. 1-11.

_____, *Dilemmas of Pluralist Democracy: Autonomy vs. Control*, New Haven and London: Yale University Press, 1982.

_____, *Modern Political Analysis*, 4th ed., Englewood Cliffs, NJ: Prentice-Hall, 1984.

Golembiewski, Robert T., "Toward the Administrative Sciences: Directions for Public Administration," *International Review of Administrative Sciences*, 30, 2, 1964, pp. 114.

_____, "Public Administration As a Field: Four Developmental Phases", *Georgia Political Science Associational Journal*, 2, Spring, 1974, pp. 24-25.

Shafritz, Jay M., & Albert C. Hyed, eds., *Classics of Public Administration*, 2nd ed., Chicago: The Dorsey Press, 1987.

Stevenson, Leslie, *Seven Theories of Human Nature*, 2nd ed., London and New York: Oxford University Press, 1987.

Woodrow Wilson의 행정에 대한 연구*

I. 머리말

1887년에 발표된 Woodrow Wilson의 논문 "The Study of Administration"
은 미국 행정학문헌의 효시로서 우리에게 널리 알려져 있다. 그의 논문은 정치
행정 이원론을 가장 먼저 주장했다는 점에서 지금까지도 많은 사람들의 연구에
서 인용되고 논의의 대상이 되고 있다. 우선 이 논문의 내용으로 요약하고 다음
에 행정이론으로서 지니는 의미를 살펴보고자 한다.

II. 행정에 대한 연구

1. 행정연구의 필요성

논문을 통하여 주장하는 논점은 두 가지다. 하나는 미국에서 행정에 대한 각
별한 관심과 연구가 필요하다는 점이다. 사회가 점점 발달됨에 따라 정부의 기
능도 더욱 복잡해지고 어려워지고 있다고 설명하면서, 정책결정기구인 정치제도
뿐만 아니라 정책의 집행기구인 행정의 중요성도 더하고 있다고 한다. 따라서
행정에 대한 적극적이고 체계적인 연구가 필요하다는 것이다. 두번째 논점은 미
국의 행정은 유럽의 행정체계에 비하여 낙후되어 있고, 미국은 유럽 행정의 선
진적인 면을 받아들여 유럽 행정을 미국화(Americanize)시켜야 한다는 점이다.
즉 유럽의 발달된 행정체계를 도입하여 미국의 정치체계와 어울리게 발전시켜
나가야 한다는 것이다.

그러면 왜 유럽제국의 행정이 미국보다도 더욱 발달해 있나? 미국과 유럽제

---

* 정성호: 경기대학교 사회과학부(행정학 전공) 교수.

국간의 정치발달의 역사적 차이에서 이를 설명하고 있다. 유럽국가들은 시민정부의 출현 이전 절대군주제 아래서 행정체계가 확립되어 행정이 먼저 발전했기 때문이다. 이에 반하여 미국과 영국은 역사적으로 민주주의의 실현에만 신경을 많이 썼으며, 참여와 여론에 의한 민주정치의 발달이 오히려 행정의 발달을 저해했다는 것이다.

그동안 발달시켜온 미국의 민주적 정치체계 속에 유럽국가들의 발전된 행정제도가 도입되어 접목 가능한가? 다시 말해 미국의 민주적 정치와 비민주적인 군주제하에서 발달한 유럽의 행정이 조화될 수 있는가? Wilson의 답은 가능하다는 것이다. 이러한 주장을 뒷받침하기 위해 행정의 개념과 행정의 연구방향을 정치행정 이원론적 입장에서 논의를 전개하고 있다.

2. 정치행정 이원론

민주적 정치와 비민주적 행정이 결합 가능한 것은 정치와 행정이 분리되어질 수 있고 또 분리되어져야 하기 때문이다. 행정은 무엇이고 행정학은 무엇을 연구하는 학문인가? 행정은 정부 속에서 가장 가시적인 부분이다. 즉 정부집행(government in action)부분이며, 행정부(the executive)의 활동이라 정의한다. 그러면 행정부 활동의 성격은 어떠한가? 행정부는 정치, 즉 입법부의 활동과 분명이 구분이 된다. 일종의 사무(business)영역이고, 기술적 영역이며, 정치의 부속품에 불과하다는 것이다. 따라서 행정학은 어떻게 집행을 최소의 비용을 들여서 최대의 결과를 가져오느냐 하는 능률성의 문제를 연구하는 학문이라는 것이다.

행정에 대한 연구는 이러한 기술적 문제를 다루어야 한다는 것이다. 기술로서의 행정적 문제는 어느 나라에서나 공통적으로 제기되고 있고, 정치구조와는 관계가 없다는 것이다. 그래서 정치체계가 달라도 행정에서 좋은 점이 있으면 얼마든지 도입할 수 있다는 것이다. 행정이 정치와 관계가 없는 기술적인 것이라는 점을 칼을 가는 기술로 비유하여 "만약 내가 어느 강도가 칼을 정교하게 가는 것을 본다면, 나는 그가 그 칼을 갖고 살인을 하려는 의도는 제외시킨 채 그의 칼 가는 기술만을 빌려올 수 있다."라고 기술하고 있다.

요컨대 이 논문은 많은 논의를 하고 있지만, 가장 크게 주장하는 점은 미국의 행정은 유럽에 비하여 낙후되어 있고, 민주주의와 정치에 대하여서만 관심을 갖지 말고 행정에 대하여서도 각별한 관심을 갖고 연구하여 미국의 행정을 발전시키자는 것이다. 그 방법으로는 "우리가 우리 자신만을 안다는 것은 우리 자신을 모른다"는 것과 같기 때문에 유럽의 행정체계에 관심을 갖고 발전된 행정체계를 도입해 미국화하자는 점을 강조하고 있다. 여기서 성격상 이질적인 정치와 행정 간의 갈등 여지를 행정을 기술적 능률성의 문제로 규정하고 정치행정 이원론의 논리로서 문제가 되지 않는다고 주장한다. 오히려 민주주의 효율성을 극대화시키는 고도의 관료주의와의 조화 속에서 발전 가능하다고 보고 있다.

Ⅲ. 평가적 의견

Wilson이 주장하는 정치·행정 이원론의 행정학적 의미는 무엇인가? 우리는 Wilson의 이원적 주장을 어떻게 이해해야 하고, 그의 주장이 오늘날의 행정학에 어떠한 의미를 갖는가를 살펴봐야 하겠다. 집행기술로서의 행정이 정치와 분명히 구분될 수 있다는 Wilson의 주장을 어떻게 받아들여야 할지를 생각해 봐야 하겠다.

우선 논문 속에서 주장하는 정치·행정 이원론은 경험적 사실로서보다는 하나의 처방적 규범이론으로서 이해되어야 한다. 다시 말해 실제 현실 속에서 정치와 행정이 구별된다는 것을 주장한다기보다는 현실적 문제를 해결하기 위해서는 정치로부터 중립적이고 능률중심적인 행정의 발전이 필요하다는 것이다. 이러한 시각은 19세기 말 당시 미국사회의 개혁운동인 진보주의자들의 견해를 대변하는 것이다.

19세기 후반의 미국은 급격한 산업화와 도시화로 과거에 느낄 수 없었던 자본주의적 병폐로 사회전반의 위기를 맞고 있었다. 빈부의 격차는 점점 심화되었고, 도시는 이민 온 사람들이 슬럼을 형성하여 값싼 노동력을 제공하였으며, 연소자 노동, 장시간 노동 등으로 노동의 착취가 심하게 이루어졌다. 더욱 심각한 현상은 건국 이후 발달해 온 민주정치가 와해되어지고 있다는 점이었다. New England의 풀뿌리 민주주의는 신화화되어 버렸고, 일반 시민의 정치참여는 도시를 중심으로 조직화된 정치기계에 의해 봉쇄되는 등 민주주의 전반에 일대의 위기를 맞았던 것이다. 여기에 Andrew Jackson 대통령에 의해 1820년대 이후에 대중민주주의와 보통 사람에 의한 행정의 이념에 따라 행하여진 엽관제가 금력으로 관직을 사고 파는 관행으로 타락되어 그 폐해 역시 심각했었다. 관직을 얻는 데 좌절된 사람에 의해 Garfield 대통령이 암살당하는 사건은 문제의 심각성을 보여주는 단적인 예인 것이다.

　이같은 사회전반의 총체적 위기를 극복하기 위하여 일부의 학자, 전문경영자, 변호사, 정치인 등과 같은 지식인들이 중심이 되어 '진보주의운동'(progressive movement)이라는 일종의 개혁운동이 일어났다. Wilson도 이 개혁운동의 적극적인 참여자였다. 진보주의 개혁운동가들이 주장한 민주주의의 위기극복 대안을 단순화시키면, 정치와 행정을 분리하여 정치적으로는 일반 시민의 더 많은 참여를 보장시킬 수 있는 정치제도 개혁이었으며, 행정은 당시 기업경영에서 경험한 능률성 위주의 업무적 전문화를 실현시키는 것이었다. 결국 정치는 민주화하여 일반 시민의 참여를 촉진시키는 반면 행정은 실질적으로 일반 시민의 참여를 제한하는 전문화라는 비민주적 방식을 미국 민주주의 위기 극복의 공식으로 제시했던 것이다. 진보주의 운동의 결과 미국 정치에는 국민투표, 국민소환 등의 직접 민주주의적 제도가 도입되었으며, 행정적으로는 1883년 Pendelton법이라는 공무원법이 제정되어 행정의 정치적 중립이 천명화되고, 전문성 확보를 위해 채용에 있어 시험제도가 실시되었다.

　Wilson의 정치·행정 이원론은 이같은 19세기 후반의 진보주의적 개혁운동의 맥락에서 이해되어야 한다. 정치와 행정은 무관하다는 주장으로 받아들이기보다는 오히려 민주정치를 위해서는 행정의 역할이 중요하다는 전제가 정치·행정 이원론의 논의에서 전제되고 있으며, 민주정치의 실현을 위해서는 행정이 탈정치적이고, 기술적인 모습으로 되어야 한다고 역설하고 있다고 보아야 할 것이다.

　Wilson의 '행정에 관한 연구'가 미국 행정학 문헌의 효시로서 또한 가장 중요한 고전으로 아직까지도 인용되고 있는 이유는 행정학에서 여전히 중요시되고 있는 민주주의와 관료주의와의 관계설정에 관한 문제를 다루고 있기 때문이다. 뿐만 아니라 정치중립적이고 능률중심적 행정을 주장하는 정치·행정 이원론적 처방은 오늘날에도 전문가 중심적인 미국행정의 실제에 반영되고 있다. 그리고 Wilson의 논문은 미국의 행정학 발전에 하나의 선조적 문헌으로 지대한 영향을 끼쳤다. 산업사회에서 민주주의를 위해서는 능률성 위주의 행정이 불가피하다는 Wilson의 주장은 지금도 행정학에서 중요한 찬반의 논점이 되고 있다.

참고문헌

Wilson, Woodrow, "The Study of Administration," Originally published in *Political Science Quarterly*, II, June 1887, Reprinted in *Political Science Quarterly*, 56, December 1941, pp. 486-506.

Herbert A. Simon의
행정원리에 대한 비판*

Ⅰ. 머 리 말

제2차 세계대전이 끝날 무렵, 미국의 행정은 어느 사이에 현대적인 관료제적 국가로 변모하는 데에 필요한 변신을 마쳐 가고 있었다. 그러나 과학적 관리 (scientific management)와 연계되어 주창된 행정의 원리는 점차 현대 정부의 규모나 복잡성이 증대하여 감에 따라 부적합한 것으로 판명되었다. 따라서 전통적 행정이론의 현실적 부적합성에 대한 비판과 반발이 일어나게 된 것은 어쩌면 당연한 결과였다. 행태론자(行態論者)이자 의사결정론자(意思決定論者)인 Herbert A. Simon도 이와 같은 기존의 정치행정 이원론에 반발한 학자 중의 하나였다.

Simon은 1947년에 펴낸 *Administrative Behavior*에서 ① 행정현상의 연구에서 보다 엄정한 과학적 방법을 사용해야 한다는 것, ② 정책결정은 논리적 실증주의에 입각해야 한다는 것, ③ 의사결정을 행정연구의 핵심으로 삼아야 한다는 것 등을 주장하였다. 여기에 간략히 소개하는 '행정의 격언'은 바로 이 책의 일부이다. 이 글은 주로 L. Gulick의 POSDCORB를 비판대상으로 삼아 이 원리의 논리적인 모순성, 원리간의 갈등, 실제 행정상황에서의 부적합성 등을 지적하고자 하였다. 행정에 대한 기존의 원리는 Simon에게 있어 격언에 지나지 않았던 것이다. 이 글의 마지막 부분은 의사결정의 제약을 주로 다루고 있다. 이는 Chester Barnard의 이론적인 토대 위에 후일 Simon이 전개하게 되는 '제한된 합리성'(bounded rationality)이라는 개념으로 발전하게 된다. Simon의 이와 같은 논지는 행정행태의 여러 모습을 포괄적으로 분석하는 데 있어서는 체제적인 접근이 필요함을 역설하는 결과를 가져왔다. Simon은 의사결정에 대한 체제론

* 이준형: 인하대학교 사회과학부(행정학 전공) 교수.

적 접근을 시도한 여러 가지 모형을 30여 년 동안 개발한 공로로 1979년 비경제학자로서는 최초로 노벨 경제학상을 수여받았다. 여기서는 Simon이 1946년에 쓴 '행정의 격언'의 내용을 요약·소개하여 보고자 한다.

II. 행정원리에 대한 비판

1. 몇 가지 행정원리

격언에 대한 일반적인 사실의 하나는, 예를 들어 "뛰기 전에 살펴라"라는 격언과 "지체하는 자는 진다"라는 격언에서 볼 수 있듯이 상호모순적인 경우가 많다는 것이다.[1] 만약에 격언이라는 것이 이미 일어났던 행위에 대해서 합리화를 꾀하는 것이거나 또는 결정된 행동에 대한 정당화를 꾀하는 것이라면 격언은 이상적인 것이라고 할 수 있을 것이다. 왜냐하면 이러한 합리화나 정당화는 설득이나 정치적 논쟁 또는 각종의 웅변에 있어서 대단한 도움이 되기 때문이다.

그러나 만약 격언을 과학적인 이론의 기초로 사용한다면 문제는 달라질 수 있다. 격언은 너무 많은 것을 증명하려 들기 때문이다. 즉, 과학적 이론은 무엇이 진실이고 무엇이 거짓인지를 밝힐 수 있어야 하는데, 격언과 같이 서로 상반적인 사실을 동시에 내포한다면 격언은 과학적 이론의 형성에 전혀 도움이 될 수 없기 때문이다.

행정학의 내용을 구성하고 있는 수많은 원리는 바로 이러한 격언과 다를 바 없다. 따라서 어떤 원리가 어디에 어떻게 적용될 수 있는가 하는 문제에 앞서 원리간의 상호모순성을 지적하지 않으면 안 되는 것이다. 바꾸어 말하면, 어떤 두 원리가 상호모순적인 것으로 드러날 때 실제의 행정에는 과연 어떤 원리를 적용하여야 할지 모르는 상황에 직면하게 된다. 이와 같은 전통적 행정 이론의 비판을 보다 구체적으로 설명하고 위에서 지적한 딜레마를 어떻게 해소할 수 있을 것인가가 본 연구의 주요 목적이다.

우선 행정이론에 있어서 보편적으로 수용되고 있는 원리를 몇 가지 들어 보자. 첫째, 행정효율은 집단구성원간의 작업의 전문화로 증가된다. 둘째, 행정효율은 명확한 권위구조의 계층 속의 집단구성원을 조정할 때 증가된다. 셋째, 행정효율은 계층제 내의 통솔범위를 작게 함으로써 증가된다. 넷째, 행정효율은 근

---

1) Simon은 '격언'(proverb)과 '원리'(principle)라는 두 용어를 같은 의미로 혼용하고 있다.

로자들을 통제할 목적으로 ① 목적, ② 과정, ③ 수혜자, ④ 장소에 따라 묶음
으로써 증가된다. 이러한 원리는 외견상 단순하고 명백하여 행정조직의 구체적
인 문제에 적용하기가 무척 쉬운 것처럼 보일 수 있다. 그러나 실제로는 그렇지
않다. 그러면, 왜 그렇지 않은가를 살펴보자.

(1) 전문화

첫번째 원리는 전문화(specialization)가 행정효율을 증가시키고 있다는 것이
다. 그렇다면 어떤 영역에서의 전문화이든지 간에 전문화가 증가되면 행정효율
이 증가될 것인가 하는 질문이 대두된다. 예를 들어, 장소에 따른 전문화와 기능
에 따른 전문화라는 두 가지의 대안 중 어느 것을 먼저 해야 할지 모른다면 전
문화가 행정효율을 필연적으로 증대시키리라는 가정은 기각되지 않으면 안 된
다. 전문화 원리의 단순성은 기저(基底)에 애매모호함을 감춘 기만적인 단순성
이다. 바꾸어 말하면, 전문화는 효율적 행정의 조건이 아니라 효율과는 상관없는
모든 집단적 노력의 특성이다. 전문화는 두 사람이 같은 일을 같은 장소와 같은
시각에 한다는 것이 물리적으로 불가능하기 때문에 단순히 여러 사람이 여러 일
을 하고 있다는 것을 뜻할 뿐이다.

따라서 행정의 실제 문제는 전문화를 할 것인가의 여부가 아니라 행정효율을
증대시키는 방향으로 어떻게 전문화할 것인가 하는 것이다. 이렇게 보았을 때,
첫번째의 원리는 "행정효율은 보다 높은 효율로 이어지는 방향으로 집단간의 작
업을 전문화함으로써 증가된다"라는 식으로 애매모호하게 표현할 수 있다.

(2) 명령의 통일

두번째의 격언은 명령의 통일(unity of command)을 보존하기 위하여 명확
한 권위계서(權威階序)에 따라 조직구성원을 조정·배치함에 따라 행정효율이
증가된다는 것이다. 이 원리를 이해하기 위해서는 권위가 무엇인가에 대하여 명
확한 이해와 정의가 선행되어야 한다. 어떤 부하가 권위에 복종한다는 것은 다
른 사람에 의해 이루어진 어떤 결정의 장단점에 대해 자신의 판단을 유보한 채
그 결정이 유도하는 바에 따라 행동하는 것을 의미한다.

그러나 '명령의 통일'은 전문화라는 용어만큼이나 애매모호하다. 왜냐하면 한
사람이 두 가지의 상충적인 명령을 동시에 수행한다는 것이 물리적으로 불가능
하기 때문이다. 따라서 행정에서 명령의 통일을 운위하자면 이러한 주장은 명령
의 통일이 갖는 물리적 불가능성 이상의 그 무엇을 나타내지 않으면 안 된다. 물

론 행정에 있어서 명령의 통일은 Gulick이 말하는 바와 같이 어느 조직 구성원을 둘 이상의 상관으로부터 명령을 받는 자리에 임명하지 않는 것을 뜻할 수 있다.

이렇게 명령의 통일을 해석하였을 때 이 원리의 애매모호함은 비난을 피할 수 있을지 모르나 이 원리의 진정한 잘못은 전문화의 원리와 배치(背馳)가 된다는 사실이다. 즉, 어떤 조직에서 권위를 행사한다는 것은 의사결정을 함에 있어서 어떤 조직구성원이 자신이 하는 일에 대해서 혼자 결정하는 것보다 더 낫고 능숙한 의사결정이 내려지도록 하는 것이다. 예를 들어, 어떤 소방수가 진화작업에 5센티미터 굵기의 물호스를 쓸 것인지 또는 소화기를 쓸 것인지의 문제에 부닥쳤다 하지. 이 때 그는 그의 상관으로부터 명령의 형태로 의사결정에 대한 선택을 받아 보다 효과적인 진화작업을 할 수 있을 것이다.

그러나 실제 행정을 하는 데에 있어서 과연 한 가지의 권위 경로에 의해서만 일이 처리될 수 있는 것인가 하는 질문을 던질 필요가 있다. 실제적인 예를 들자면, 교육과에서 교육자를 상관으로 둔 회계사는 재무과로부터 회계에 대한 명령은 받을 수 없는 것인가, 교통국의 국장은 소방용 트럭에 대해서 자동차 장비에 대한 명령을 발할 수 없는 것인가 하는 것들이다. 이와 같은 문제에도 불구하고 명령의 통일은 Gulick에게 있어서 무책임, 비효율 및 혼동을 제거하는 데 있어 긴요한 것으로 이해되었다.

어떤 행정문제에 대하여 의사결정을 내릴 때에는 두 가지 대안에 대한 상대적 장점을 비교·측정할 수 있도록 하는 행정원리가 필요하다. 그러나 명령의 통일과 전문화는 상호모순적인 원리들이다. 따라서 실제 행정문제의 해결에 있어서 이 원리들은 오히려 무책임함과 혼동을 야기하고 있다. 이러한 갈등이 일어났을 때 명령의 통일을 전문화에 우선해야 한다고 말할는지 모른다. 그러나 정반대의 의견도 가능하다는 점을 인식하여야 한다. 또한, Gulick이 이해하는 명령의 통일은 어느 행정조직에서도 사실상 존재하지 않았음에 유의할 필요가 있다. 실제의 행정상황에 있어서 권위는 하나의 대역(帶域)을 지니며 만약 이러한 권위의 범위가 명령의 통일과 상호대치적인 것이 아니라면 권위에 대한 새로운 정의가 필요하다.

따라서 명령의 통일원리는 다음과 같이 좁게 재구성될 때 보다 방어적인 원리가 될 수 있을 것이다. 즉, "두 개의 권위적인 명령이 갈등을 빚을 때, 부하직원이 복종하여야 할 한 명의 상관이 명백히 존재하여야 하며, 권위의 제재(制裁)는 그 부하직원 한 사람에게만 적용되도록 하여야 한다"라고 좁게 재정의하는 것이다. 그러나 이렇게 좁게 서술한다고 하여도 문제는 여전히 해결되지 않는다. 무엇보다도 특정조직 내에서 권위의 대역, 즉 전문화의 양태를 어떻게 결정할 것이며 어떤 경로를 통하여 어떻게 행사할 것인가 하는 문제가 발생한다. 또한 전문화와 명령의 통일이 조직 내에서 갈등을 일으킬 대 조직구성원들은 권위의 공식적 계선(公式的 系線)으로 복귀하게 되고 권위계서에만 나타나는 전문화 유형만이 의사결정에 영향을 준다. 예를 들어, 기능감독관이 자신의 감독사항을 강제할 수 있는 권위를 갖추고 있지 못할 때 갖게 되는 좌절은 이러한 상황을 잘 설명하여 준다.

(3) 통솔의 범위

통솔의 범위라는 세번째의 원리는 행정효율이 상관의 명령을 따라야 하는 부하의 수가 적을 때(예를 들면 여섯 정도일 때) 증가된다는 것이다. 왜 부하의 수가 적어야 하는가는 일반 상식으로도 잘 알 수 있기 때문에 더 이상 언급을 하지 않겠다. 그러나 행정과 연계지었을 때, 이 원리는 다음과 같이도 표현할 수 있음에 유의하여야 한다. 즉, "행정효율은 어떤 일이 시행되기 전에 통과하여야 할 조직계층의 수를 최소화하여야 증가된다"라는 격언으로 동등하게 바꿀 수 있다는 것이다.

이러한 원리의 딜레마는 구성원간의 복잡한 상호접촉이 이루어지는 대단위의 조직에 있어서 구성원간의 접촉이 동일한 상관이 발견될 때까지 계속되어야 하므로 제한된 통솔의 범위(span of control)는 오히려 지나친 관료적 형식주의를 초래할 수 있다는 데에 있다. 그렇다고 하여 계층을 최소한으로 축소할 경우 한 상관이 너무 많은 수의 부하를 감독하여야 하고 이들에 대한 통제가 약해질 우려가 있다. 따라서 통솔 범위의 적정수준이 무엇인지 분명하게 결정될 수는 없는 노릇이다. 이 원리는 결국 조직에 있어서 실제 문제해결에 아무런 도움도 주고 있지 못하다.

(4) 목적, 과정, 수혜자, 장소에 따른 조직화

네번째의 원리는 행정효율이 목적, 과정, 수혜자, 장소에 따라 직원들을 조직화할 때 증가된다는 것이다. 이 원리는 그 자체 내에 모순을 안고 있다. 왜냐하면 목적, 과정, 수혜자, 장소 자체가 조직의 경쟁적인 기초이기 때문이다. 따라서 어느 부서든 간에 하나의 기준을 위하여 다른 세 가지의 기준을 희생하지 않으면 안 된다. 예를 들어, 보건행정의 경우 군청의 보건행정과는 학교보건에 대해서 통제권이 없어 학교보건에 대한 일을 하려 할 경우 군청이 지역교육청과 협상을 하지 않으면 아니 된다.

그러나 더 심각한 문제는 목적, 과정, 수혜자, 장소 등의 용어가 갖는 애매모호함이다. 여기서 목적은 통상 어떤 활동이 지향하는 목표 또는 종국점이라고 이해되고 있으며, 과정은 어떤 목적을 성취하는 데에 있어서의 수단으로 이해되고 있다. 그러나 목적 자체가 어떤 계층제에 따라 정리되지 않으면 안 된다는 데에 문제가 있다. 더욱이 목적과 과정은 때로 확연하게 구분이 안 되고 서로 연결되어 있는 경우가 허다하다. 또한 어떤 조직이 존재하는 이유가 과연 목적에 의한 것인지 수혜자에 의한 것인지가 불분명한 경우도 있다. 예를 들어, 교육과는 교육을 목적으로 하는 조직인지 또는 아동이라는 수혜자를 대상으로 하는 조직인지가 불분명하다. 또한 삼림보존청은 삼림보존이라는 목적을 위한 조직인지, 삼림경영 및 관리를 위한 처리를 위한 조직인지, 국공유림을 이용하려는 벌목업자나 가축업자와 같은 수혜자를 위한 조직인지 또는 국공유림이라는 영역을 관리하기 위하여 설치된 조직인지가 불분명한 것이다.

한 걸음 더 나아가 목적이라는 용어를 생각하여 보았을 때 단일 목적이나 기능을 위한 조직이 존재할 수 없다는 것은 쉽게 알 수 있다. 하나의 목적은 여러 기능을 수행할 수 있고 여러 목적은 한 가지의 기능만을 수행하는 경우도 있다는 점에 유의하여야 한다. 또한 목적간에도 계층이 형성될 수 있음에도 주의할 필요가 있다. 즉, 하나의 목적은 다른 목적을 위한 수단 또는 과정이 될 수 있으며 이 목적은 다른 하위목적을 수단 또는 과정으로 한다는 것이다.

이렇게 보았을 때, 목적과 과정은 기본적인 차이가 있다고 말하기 힘들다. 만약 구분할 수 있다고 하더라도 그것은 아마도 정도의 차이에 지나지 않을 것이다. 즉, 하나의 과정은 그 활동이 수단과 목적의 계층에 있어서 낮은 수준에 위치한 목적으로 이해할 수 있고, 하나의 목적은 그 지향하는 가치나 목표가 수단과 목적의 계층에 있어서 높은 수준에 위치한 활동의 총화라고 볼 수 있다.

조직의 기초로서의 수혜자와 장소도 유사한 문제점을 지니고 있다. 수혜자나 장소는 목적과 분리되어서 생각할 수 있는 것이 아니라 목적의 하위 구성부분으로 이해할 수 있다. 예를 들어, '갑'이라는 시의 소방서의 목적이 그 '갑'시에서 화재로 인한 재산의 손실을 감소시키는 것이라고 하자. 이 경우 화재로 인한 재산의 손실을 감소시키는 것을 통상 목적으로 이해하자면 '갑'시라는 지역 자체도 소방서의 정당한 목적의 한 부분을 이룰 수 있다.

따라서 어느 조직이든 위에서 언급한 네 가지 범주에 따라 분류하는 것은 타당성이 없다. 설령 이러한 네 범주 중의 하나를 들어 조직화를 꾀하는 것이 행정 효율을 증가시키는 것이라고 수긍한다고 하여도 현실적인 행정문제의 해결에 있어서 이와 같은 네 가지의 범주에 따른 조직화는 그 범주 자체의 상호경쟁으로 인하여 행정효율을 증가시킬 수 있는 행동지침을 제시하는 데에 전혀 도움이 되지 않는다고 볼 수 있다. 즉, 네 가지의 범주에 따라 조직화를 하라고 권장하는 것은 외견상의 논리라든지 경험적인 근거 없이 행정의 경쟁적인 원리간에 아무 것이든 하나를 선택하라고 하는 것과 동일한 것이다. 한 가지 예를 들자면, 심각한 정치·행정적인 토론의 대상이 되지 않았다면 하나의 우스꽝스러운 이야기거리에 지나지 않았을 뻔한 문제가 농업교육국을 교육부에 두느냐 또는 농림부에 두느냐 하는 것이었다. 이러한 문제의 행정적인 측면은 새로운 교육방법에 의하여 새로운 영농기술을 가르칠 수 있는 능력을 갖춘 국으로 발전시키는 것이 중요한 것이지 농업교육국을 어디에 설치하는가 하는 문제는 그다지 중요한 것은 아니라고 볼 수 있다. 그렇다고 하여 행정의 원리가 권장하는 대로 이와 같은 행정의 문제가 스스로 해결될 수 있는 것은 아니다. 근자에 이러한 원리간의 경쟁이나 갈등 또는 모순에 대한 관심은 고조되었으나 이론의 배경 없이 논의되어 왔기 때문에 분석은 한쪽에 치우치거나 그러한 논의가 어떠한 틀 안에서 행해져야 하는지가 불분명하였다.

(5) 행정이론의 막다른 골목

이렇게 보았을 때 네 가지 원리는 그 어느 것도 현실적인 행정문제에 있어서 제대로 적용될 수 없다고 볼 수 있다. 더욱이 어떤 행정의 문제에 있어서도 하나 이상의 원리가 서로 갈등적인 또는 경쟁적인 관계에 놓여 있음을 알게 되었다. 이러한 상황은 비단 여기서 그치지 않는다. 예를 들어, 분권화와 집권화의 관계도 그렇다. 어떤 경우에는 의사결정의 집권화가 바람직한 반면, 분권화의 장점도 허다하다고 볼 수 있다. 이와 같이 상호모순적인 격언이 공존할 수 있는 상태에서는 행정이론을 형성하기가 어렵다는 것이다.

그러함에도 불구하고 적지 않은 행정학자들은 행정의 원리를 행정현상을 기술하고 진단함에 유일한 기준으로 사용한다. 이러한 자세는 적지 않은 문제를 야기한다. 행정의 네 가지 원리는 보다 효율적인 행정조직의 설계에 있어서 모두 고려하여야 할 항목이지 이들 중 어느 하나가 행정분석가에게 유일하게 충분한 지침이 도리 수는 없다는 것이다. 즉, 행정조직의 운용설계에 있어서는 전반적인 효율성이 지도적인 기준이 되어야 한다고 생각하며, 상호 배치되는 장점들을 비교형량하여야 할 것이다.

따라서 행정연구에 있어서 타당한 접근은 ① 행정연구에 있어서 적실한 진단의 모든 기준이 확인되고, ② 이러한 기준의 집합에 의하여 각기의 행정 상황이 분석되어야 하며, ③ 이러한 집합 내의 여러 기준이 상호 배치적일 때 그 기준간에 비교형량을 어떻게 할 것인가에 관한 연구가 이루어져야 한다고 본다.

2. 행정이론에 대한 접근

행정이론에 대한 접근에 있어서 처음 할 일은 어떠한 행정현상을 분석의 대상으로 기술하여야 하는가의 문제이다. 다음으로는 여러 기준들을 어떻게 비교형량할 것인가의 문제이다.

(1) 행정현상의 기술

과학의 원리를 개발하기에 앞서 갖추어야 할 것은 개념이다. 예를 들어, 동력법칙을 형성하기 위해서는 가속도와 무게라는 개념이 먼저 정의되어야 한다. 따라서 행정이론을 형성하기 위해서 제일 먼저 할 일은 행정현상의 기술에 있어서 행정이론에 적실한 개념의 집합을 개발하는 것이다. 물론 이러한 개념들이 과학적으로 유용하려면 조작적이어야 한다.

그렇다면 조직에 대해 적실한 기술은 무엇인가? 그것은 가능한 한 조직 내의 조직구성원 개개인이 어떠한 의사결정을 내리며 그러한 의사결정을 내릴 때에 어떠한 영향을 받아 의사결정을 하게 되는가에서 출발할 수 있을 것이다. 대부분의 조직연구는 조직 내에서 구성원이 수행하는 역할과 권위의 공식적 구조에 제한하고 있다. 조직의 영향이라든지 또는 의사소통체제 등에는 거의 관심을 두지 않는다. 그러나 기능이나 권위의 경로 같은 것만 가지고는 적절한 조직분석을 할 수가 없다. 예를 들면, '집권화'를 연구할 때 보다 현실적인 연구가 되려면 조직 내에서 의사결정권의 분배와 하위 계층의 의사결정에 상위 계층이 어떠한 영향을 주는가에 대한 연구를 포함하지 않으면 아니 된다.

따라서 현재의 행정기술은 피상성(皮相性), 과도한 단순화, 현실성의 부족이라는 문제에 봉착하고 있다. 행정기술이 보다 높은 정치화(精緻化)의 수준에 도달하지 못하는 한, 타당한 행정원리의 확인과 증명을 위한 빠른 진전이 이루어질 것이라고 기대할만한 이유는 거의 없다. 바꾸어 말하면 현재로서는 행정조직에 관한 순수 형식적인 기술은 어렵다는 이야기이며, 적어도 행정원리의 적용에 있어서는 내용이 중요한 역할을 한다는 것이다. 따라서 행정원리에 대한 연구도 "조직은 목적에 의해서 만들어져야 한다"라는 식의 언명보다는 "어떠 어떠한 조건하에서 목적에 의한 조직은 바람직하다"라는 식의 언명으로 시작해야 한다.

(2) 행정상황의 진단

행정이론은 조직이 성취하고자 하는 일을 효율적으로 수행하기 위하여 어떻게 구성되고 운영되어야 하는 가를 다룬다. 기본적인 행정원리는 '좋은' 행정의 합리적인 성격을 전제한다면 행정목적을 성취하는 데에 있어서 같은 비용을 가지고 최고의 산출을 얻을 수 있는 대안은 선택하거나 같은 산출을 얻는 데에 있어서 최소 비용이 드는 대안을 선택하는 '효율성의 원리'일 것이다. 여기서 효율성의 원리는 부족한 자원을 사용하여 어떤 목적의 성취를 극대화하려는 합리적 시도라고 볼 수 있는데 '경제적 인간'을 전제한 고전적 경제이론과 그 맥을 같이 한다고 볼 수 있다.

이 효율성의 원리는 사실 원리라기보다는 '좋거나' '옳은' 행정이 무엇을 의미하는가에 대한 정의라고 할 수 있다. 물론 극대화를 성취하는 방법은 이야기하고 있지 않다. 그러나, 행정의 목적이 무엇인가를 말하는 것이므로 행정이론은 어떤 상황하에서 이러한 극대화가 이루어져야 하는가에 대하여 밝히지 않으면 안 된다. 물론 효율의 수준을 결정하는 요인들은 일일이 다 열거할 수는 없다. 다만, 가장 단순한 접근방법은 아마도 조직의 구성원들에게 그들의 양적·질적인 산출을 제약하는 것이 무엇인가를 물어보는 것이다. 여기에는 조직구성원이 업무수행을 하거나 올바른 의사결정을 하는 데에 있어서 능력상의 제약도 포함된다. 따라서, 이러한 제약을 어느 정도 제거할 수 있느냐에 따라 조직이 얼마나 높은 효율성을 성취할 수 있을 것인가가 결정될 것이다.

이렇게 보았을 때, 행정의 원리는 합리성을 제약하는 것이 무엇인지를 다루어야 한다. 이에 대해 몇 가지 생각하여 보면 다음과 같다.

첫째, 개인은 그의 기능, 습관, 그리고 무의식에서 표출되는 반사작용에 의하여 제약받는다. 이에 대해서는 Taylor의 시간과 동작연구가 많은 시사를 하고 있다.

둘째, 개인은 그의 가치(관)과 그의 의사결정에 영향을 주는 목적에 대한 관념에 의해 제약을 받는다. 예를 들어, 어느 조직구성원이 어디에다 충성을 하고 있는가가 그의 의사결정에 지대한 영향을 미칠 것이다.

셋째, 개인은 직무와 관련된 지식의 정도에 의해 제약을 받는다. 여기서 지식

은 직무에 긴요한 기본 지식뿐 아니라 주어진 상황에 필요한 의사결정을 하는
데 있어 요구되는 정보까지를 포함한다. 이러한 지식은 ① 개인이 축적·응용할
수 있는 한계, ② 지식의 응용속도, ③ 지역사회의 직업구조와 전문 행정지식과
의 연계, ④ 의사결정에 필요한 지식 및 정보의 전달체계, ⑤ 전달될 수 있는
지식의 양태, ⑥ 조직 내에서의 전문화 양태에 의해 영향을 받는 정보의 상호교
환에 대한 필요성 등을 고려하여야 한다. 현재로서는 이러한 분야는 행정이론의
미개척지이다.

한 가지 중요한 것은 합리성의 제약이 가변적이라는 것이다. 물론 더욱 중요
한 것은 개인이 자신의 합리성 제약에 대하여 갖는 의식이다. 다음으로 생각하
여 볼 문제는 합리성 또는 합리적 행동은 보다 큰 조직의 목표라는 점에서 평가
되어야 한다.

끝으로 행정이론이 합리적 인간의 비합리적인 제약을 다루고 있으므로 합리
성으로 설명할 수 있는 범위가 넓으면 넓을수록 보다 정교한 조직형태는 그 중
요성은 덜하다. 반면 의사소통, 믿음, 충성 같은 요인이 의사결정에 있어서 긴요
하다면 조직의 어디에서 의사결정이 이루어지는지의 문제는 아주 중요하다.

⑶ 기준들에 대한 교량(較量)

조직을 기술하는 데 있어서 행정이론상 필요한 조작적 개념을 개발하고, 합
리성의 제약에 대한 연구로 행정조직을 평가하는 데에 필요한 완전하고 망라적
인 기준의 열거가 가능해지면, 다음으로 할 일은 이 기준을 사용할 때의 장·단
점과 손익을 계산하여 우선순위를 매기는 일이다. 여기서 필요한 것은 기존의
관념철학적인 연구가 아니라 경험적인 연구와 실험이다. 그러기 위해서는 우선
연구하고자 하는 행정조직의 목적이 보다 구체적으로 정의되어야 한다. 즉, 조직
이 산출하는 것을 목적으로 보아 목적이 정확히 측정될 수 있도록 하여야 한다.
다음으로는 실험의 통제성을 높여 중요한 요인의 독립된 효과가 측정될 수 있도
록 고안하지 않으면 안 된다.

이러한 두 가지 조건은 소위 행정실험의 완전한 것은 아니지만 기본적인 요
건이 될 것이다. 그러나 행정에 대한 기존의 연구는 대부분이 조직산출의 객관
적인 측정이나 통제가 갖는 이점을 고려하지 않은 선험적인 권고, 즉 원리로 가
득한 연구들이었다. 더욱이 원리라는 것은 사실 원리라기보다는 격언에 가까운
것이었다.

여기에 제시한 행정이론의 접근방향은 어찌 보면 현실을 무시한 것처럼 보일

지도 모른다. 그러나 행정실무가든 이론가든 불분명하고 명확하지 못한 분석도구를 가지고는 만족하지 않으리라는 것과 보다 완전하고 정교한 분석도구의 개발이 가능하다는 점을 감안한다면 여기에 제시한 것은 하나의 시안적 제안이라고 할 수 있다. 물론 행정학이 하나의 과학이 될 열망을 품을 수가 없고 하나의 예술에 지나지 않는다는 입장을 가진다면 위에서 개진한 의견에 반대할 수도 있다. 그러나 이러한 반대는 여기서의 논의와는 무관하다고 본다. 행정의 원리가 얼마나 정교하게 만들어질 수 있는가는 오직 경험만이 말해 줄 수 있기 때문이다. 그러나 행정의 원리가 논리적이어야 하느냐에 대해서는 논쟁의 여부가 없다고 본다. 예술도 격언에 기초할 수는 없기 때문이다.

Ⅲ. 평가적 의견

Simon은 연구방법의 과학화로 행정의 모든 문제를 해결할 수 있다고 믿었던 초기의 학자들과는 달리 행정학의 과학화의 필요성과 과학화의 어려움을 충분히 인정하고 있다. '제약된 합리성'이라는 용어 자체가 Simon의 이러한 입장을 잘 설명하고 있다. 그러나 고도의 일반화, 증명, 경험주의, 방법의 신뢰성 주시, 이념성 및 법령의 경시, 한정되고 특정적인 것을 대상으로 삼아 개인이나 소규모의 집단을 연구대상으로 삼을 것을 강조하는 행태론의 입장에서 크게 벗어나고 있지는 못하다. 또한 Simon의 권고를 따를 때에 행정학의 연구는 내부환경, 근무동기, 비공식적 인간관계를 분석의 단위로 삼게 되기 때문에 극단적인 경우 조직이 없는 사람만 연구하게 되는 경향을 띠게 된다.

다음으로는 존재하거나 드러나는 현상의 분석에만 치중하게 되므로 자연히 보수성을 강화하게 된다. 즉, 가치판단적인 것을 배제하고 논리적인 것만 연구하게 되며, 방법의 신뢰성에만 신경을 쓰다 보니 문제의 정치·사회적인 중요성보다 측정의 신뢰성을 바탕으로 해결할 수 있는 문제만 다루게 되는 보수성에 빠지게 된다는 것이다. 이러한 보수성은 '제약된 합리성'이라는 Simon의 인간합리성에 대한 기본적인 가정과 결합되어 새로운 목표나 가능한 대안의 형성을 무시하게 될 우려가 있다. 바꾸어 말하면, 실현가능하지 않은 최적의 대안을 실행하는 것보다 최적은 아니나 실현가능한 대안을 실행하는 것이 낫다고 보는 견해는 극단적인 경우 조직이 이미 시도해서 경험하여 보지 않은 대안은 시도할 필요가 없다는 것으로 확대될 수도 있다. 이러한 방법은 한편으로는 우리가 원하는 것

을 측정할 수 없는 경우 측정할 수 있는 것만 측정하든지 또는 측정하기를 포기
하여야 한다는 것을 시사한다. 따라서 개혁이나 변화와 같은 것은 자연히 무시
되기 쉽다. 이러한 배경에는 만약 예기하지 않았던 일이 발생할 경우 조직이 그
러한 변화에 대해 충분히 적응할 수 있으리라는 가정이 깔려 있다. 이러한 방법
론의 가정 큰 취약점은 우리가 연구하는 조직 자체에 대한 이해나 조직 내에서
구성원 개개인의 의사와 상관없이 이루어질 수 있는 조직과정에 대한 이해에 아
무런 도움도 주지 않을 수 있다는 것이다.

참고문헌

Golembiewski, Robert T., "Toward the Administrative Sciences: Directions for
    Public Administration," *International Review of Administrative Sciences*, 30,
    2, 1964, p. 114.

_____, "Public Adiminstraion As a Field: Four Developmental Phases," *Geor-
    gia Political Science Associational Journal*, 2, Spring, 1974, pp. 24-25.

Shafritz, Jay M. & Albert C. Hyde, eds., *Classics of Public Administration*, 2nd ed.,
    Chicago: The Dorsey Press, 1987.

Simon, Herbert, "The Proverbs of Administration," *Public Administration Review*,
    6, Winter, 1946, pp. 53-67.

Vincent Ostrom과 Elinor Ostrom의 공공선택론*

I. 서 론

James Buchanan은 공공선택론의 창시자로서의 학문적 공로를 인정받아 1986년도에 노벨 경제학상을 수상하였다. 그 이후 사회과학의 여러 분야에서 공공선택론에 대한 관심이 고조되었지만 공공선택론은 아직까지도 많은 사람들에게는 그저 피상적으로만 알려져 있을 뿐이다. 원래 공공선택론은 경제학자들과 수학자들에 의해서 창안되었지만, 그들의 분석 기술은 곧장 정치학, 행정학, 재정학, 사회학 같은 분야에로 파급되었다. 그러나 공공선택론에 관한 연구들은 그것이 지니는 학문적 가치에도 불구하고, 다소간의 경제학이나 수학적인 배경을 전제로 하기 때문에, 상당히 제약된 범주의 사람들만이 접근할 수 있었다. 바로 이런 이유 때문에 많은 사람들이 공공선택론의 중요성에 대해서 언급하면서도 그것에 대한 정확한 실체를 파악하지 못하는 듯하다.

공공선택론은 "비시장적(non-market) 의사결정에 관한 경제학적 연구"라고 간단하게 정의될 수 있다. 1948년도에 출판된 "집합적 의사결정의 원리"라는 D. Black의 논문과 1951년에 출판된 K. Arrow의 「사회적 선택과 개인적 가치」라는 유명한 책이 공공선택론의 시발점이라고 여겨진다. 그렇지만 공공선택론의 정체성은 1957년에 출간된 Downs의 「민주주의의 경제적 이론」(*An Economic Theory of Democracy*)에 의해서 싹트기 시작하여 1962년에 출간된 Buchanan과 Tullock의 「국민합의의 분석」(*The Calculus of Consent*) 및 같은 연도에 조금 늦게 발간된 W. Riker의 「정치적 연합이론」(*The Theory of Political Coalitions*)에 의해서 확립되기 시작하였다.

---

* 전상경: 동아대학교 정치행정학부 교수.

공공선택론을 연구하는 학자군들은 흔히 공공선택론의 버지니아학파, 로체스타학파, 불루밍턴학파라고 구분되기도 한다. 왜냐하면 Buchanan과 Tullock을 중심으로 한 일련의 학자들은 버지니아지역의 대학에서 공공선택이론의 연구와 개발에 노력을 기울여왔지만, Riker를 위시한 다른 일단의 학자들은 로체스타대학에서, 그리고 Vincent Ostrom과 Elinor Ostrom부부 등은 불루밍턴의 인디애나대학에서 각각 이 분야를 개척해 왔기 때문이다. 이들의 접근방법은 모두 공공선택론이라는 큰 울타리 속에 포함될 수 있지만 그들 간에도 각기 그 나름대로의 특색이 있다. 따라서 우리가 공공선택론이라는 동일한 이름하의 문헌을 접할 때에도 어느 부류에 속하는 학자들의 문헌인가에 따라 그 내용이 다소 다를 수 있다. 본 글에서 우리는 행성학도를 위하여 공공선택론을 행정학에 접목하는데 크게 공헌한 Ostrom 교수 부부가 1971년 미국 행정학회지에 발표한 "공공선택론: 행정학 연구를 위한 색다른 접근방법"이라는 논문을 중심으로 하여 살펴보고, 그것이 한국행정학 연구에 어떠한 시사점을 던져주고 있는지를 고찰해 보려고 한다.

II. 공공선택론: 행정학 연구를 위한 색다른 접근방법

1. Ostrom 부부와 공공선택론

Vincent Ostrom과 Elinor Ostrom 부부는 뚜렷이 서로 다른 두 분석 방법인 철학과 경험주의(empiricism)를 결합하려고 노력하였다. 그들은 매우 조용한 가운데서 학문생활을 해 왔기 때문에, 그들이 이룩한 학문적 업적에 비한다면 비교적 덜 알려진 편이다. 즉 두 사람 모두 공공선택학회의 회장을 역임하였을 뿐만 아니라 특히 남편인 Vincent Ostrom은 Buchanan 및 Tullock과 함께 공공선택학회의 창립 멤버였다. 그럼에도 불구하고 그들의 연구 활동 중심지인 인디애나대학의 불루밍턴을 실증이론 혹은 공공선택론의 본산지중의 하나로 간주하고 있는 사람들이 그렇게 많지는 않다.

Vincent Ostrom교수는 Virginia Polytechnique Institute의 Buchanan과 Tullock이 주축이 되어 정치경제학적 관심사를 위해 1963년 11월 버지니아 주의 Charlottesville에서 개최된 학술회의의 결과를 "행정학의 이름 없는 분야"라는 제목으로 미국행정학회지(PAR)에 간략하게 소개하였다. 그 이후 그는 줄곧 이러한 새로운 분야를 행정학과 접목시키기 위하여 노력해왔다. 그의 이러한 노력의 결정체는 부인인 Elinor와 함께 집필하여 1971년도에 *PAR*에 발표한 "공공선택론: 행정학 연구를 위한 색다른 접근방법"이라는 논문으로 나타났고, 1973년에는 그 논문을 확대발전시켜 공공선택론의 시각으로서 「미국행정학의 지적 위기」라는 책을 집필하였다.

불루밍턴학파는 공공서비스의 전달과 연관된 실제적 문제에 관심을 집중하였으며, 선거, 투표, 연합 등과 같은 로체스타학파의 주제들과 버지니아학파들의 전형적인 관심사들은 그렇게 자주 다루지 않았다. 즉 불루밍턴학파의 주관심은 공공선택론의 패러다임과 공공재와 관련된 방법론적 저술들 및 행정학과 공공선택론에 관한 논문들이었다. 특히 Vincent Ostrom은 자신의 동시대인들보다 한 발 앞서서 자연자원과 연관된 경제학에도 깊은 관심을 가졌었다.

불루밍턴학파는 일반적인 규범적 문제, 특히 정책적 문제에 관해서는 버지니아학파에 그 뿌리를 두고 있다. 그렇기 때문에 두 학파는 기본적으로 동일한 논조를 견지한다. 즉 분권화로부터 얻을 수 있는 효율성, 가격기구 및 경쟁시장의 중요성과 효율성에 관해 그 두 학파들은 완전히 같은 생각을 갖고 있다. 그들은 시민들의 수요에 부응하려면 보다 작은 구역의 통제 하에서 이루어지는 공공서비스의 공급이 보다 큰 관할구역 하에서 이루어지는 경우보다 더 효과적이라고 주장한다. 그것에 관한 대표적인 경험적 연구가 경찰서비스의 지방공급에 관한 Ostrom부부의 연구이다.

2. 행정학 연구에서의 공공선택론

Ostrom 교수 부부는 전통적인 Woodrow Wilson류의 행정학, 그러한 전통적 행정학에 대한 Herbert Simon의 반발, 그리고 정치경제학자들의 연구를 요약하고서 행정학 연구를 위한 공공선택론적 시각을 제시하였다.

(1) Wilson, Simon, 그리고 정치경제학자들의 행정관

1) Wilson류의 전통적인 행정학: Woodrow Wilson은 그의 "행정의 연구"라는 논문에서 정치와 행정의 뚜렷한 구분에 바탕을 둔 새로운 행정과학을 주창하였다. 즉 그는 각 정부의 헌법에 반영되어 있는 정치적 원리는 서로 다를 수 있을지라도, 좋은 행정의 원리들은 어떠한 정부체제 하에서도 동일하다고 주장하였다. Wilson이후 반세기동안 행정학이라는 학문은 그가 세운 틀 속에서 발전

되었다. 이와 같은 입장에서 행정의 목적은 '국가목적 실현을 위한 사람과 물건의 관리'로서 이해되었으며, 계층제구조가 조직의 이상적인 유형으로 간주되었다.

2) 전통적 행정학에 대한 Simon의 도전 : Simon은 그의 「행정행태론」을 통하여 지금까지 수용되고 있던 행정원리들간의 논리적 일관성의 결여를 지적하고, 그러한 원리들을 '격언'으로 몰아 붙였다. 그는 전통적인 행정이론을 맹렬히 비난한 후 행정이론을 재구성하기 위한 노력을 시작하였다. 그 첫 단계는 '적절한 용어와 분석틀의 구축'이었고, 그러한 Simon의 노력은 사실과 가치간의 구별로부터 시작되었다. 그 다음 단계로서 Simon은 '이론은 실험과 연구설계에 중요한 지침을 제공하고, 실험적 연구는 이론을 검증하고 수정할 수 있도록' 이론과 실험적 연구를 연결시키려고 노력하였다.

Simon의 중심 과제중의 하나는 행정행위를 평가하기 위한 하나의 규범으로서의 '효율성' 기준의 설정이었는데, 그렇게 하기 위해서는 우선 행정행위의 결과가 정의되고 측정되어야만 한다고 주장하였다. 즉 행정의 산출과 투입에 대한 명백한 개념적인 정의와 측정이 필요하다는 것이다. 그는 계층제상의 완벽한 순서가 반드시 가장 효율적인 조직상의 배열이라고 생각하지 않았고, 대안적인 조직형태들의 상대적인 효율성 평가는 경험적으로 검증되어야한다고 주장하였다.

3) 정치경제학자들의 연구 : 공공투자결정 및 공공지출결정에 관심을 기울이고 있던 일단의 정치경제학자들은 전통적 행정학에 대해 Simon이 도전했던 것과 동일한 지적 문제와 씨름하고 있었다. 이러한 정치경제학 연구는 크게 두 측면으로 나누어볼 수 있다. 그 하나는 편익비용분석 및 기획예산제도(PPB)의 발전이고 다른 하나는 공공선택론의 발전이다.

기획예산분석은 전통적인 행정이론과 똑같은 이론적인 근거에 바탕하고 있다. 왜냐하면 기획예산분석가는 본질적으로 '전지전능한 관찰자'(omniscient observer) 혹은 '자애로운 군주'(benevolent despot)의 방법론적인 관점을 가지며, 따라서 그들은 국가의지를 알 수 있다고 가정하며 그러한 목적실현을 위하여 효율적인 인적 및 물적 자원의 활용을 위한 사업계획을 선정한다고 가정하기 때문이다.

이에 비하여 공공선택론의 전통에 입각하고 있는 정치경제학자들은 행정학연구에 훨씬 더 많은 의미를 준다. 그들은 ① 방법론적 개인주의(methodological individualism)의 입장에서 개인을 분석의 기본단위로 선정하여 전통적인 '경제인'(economic man)을 '의사결정자로서의 인간'(man : the decision maker)으로 대체하며, ② 공공기관의 산출물로서의 공공재의 개념화에 관심을 가져서 이 것을 행정행위의 결과를 정의하고 측정하려는 Simon의 노력과 연계시키고, ③ 상이한 의사결정규칙들 및 상이한 의사결정 장치들이 공공재 또는 공공서비스공 급의 결정에 어떠한 영향을 미치는가에 대해서 관심을 쏟는다. 그래서 이 세 가 지는 공공선택이론을 구성하는 핵심적인 분석변수가 된다.

⑵ 공공선택론의 핵심적인 세가지 분석요소

1) 분석단위 — 의사결정자로서의 개인: 공공선택론은 방법론적 개인주의 입 장을 취하기 때문에 분석단위는 의사결정자로서의 개인이다. 그러므로 일관성 있는 이론의 수립을 위해서 그러한 개인의 행태에 관한 다음과 같은 네 가지 전 제가 필요하다.

첫째, 개인들은 이기적(self-interested)이라고 간주된다. 이것은 '자기중심 적'(selfish)이라는 말과 구별되어야 한다. 이기적이라는 전제가 의미하는 바는 각 개인들이 자기 자신의 선호를 가지며 또한 그러한 선호는 개인마다 다를 수 있다는 것이다. 둘째, 각 개인들은 합리적이라고 간주된다. 이것은 개인이 대안 'A'를 대안 'B'보다 선호하고, 대안 'B'를 대안 'C'보다 선호하면, 필연적으로 대 안 'A'를 대안 'C'보다 선호하게 된다는 선호의 이행성(移行性)을 뜻한다. 셋째, 개인들은 극대화 전략을 택하는 것으로 간주된다. 넷째, 대표적인 개인이 소유하 고 있는 정보의 수준에 관하여 명백한 전제가 언급될 필요가 있으며, 그러한 정 보의 수준은 확실성(certainty), 위험(risk), 불확실성(uncertainty)으로 구분 된다.

2) 공공재와 공공서비스의 성격: 순수 공공재와 순수 공공서비스는 민간재 와는 달리 비배제성과 소비에서의 비경합성을 지니는 재화와 서비스로 정의된 다. 이것에 대한 고전적인 예가 국방이다. 순수 민간재가 시장메커니즘에 의해 효율적으로 공급될 수 있는 것과는 달리, 순수 공공재는 합리적 개인이라면 가 질 수 있는 무임승차(free-riding)의 유혹 때문에 시장메커니즘에 의해서는 효 율적으로 공급되지 못한다. 그러나 상당수의 재화나 서비스는 그러한 양극단적 성격보다도 그 중간적인 성격을 띤다. 그러므로 많은 경우 재화나 서비스의 공 급에 누출효과 또는 외부효과가 심각한 문제를 야기한다. 민간 산업활동에 의한 환경파괴는 부(負)의 외부효과의 예이며, 부의 외부효과비용을 감소하려는 노력 은 공공재로 간주된다. 공공재나 현저한 외부성이 있는 재화의 생산과 소비에는 그것으로 인하여 득을 보는 사람과 손해를 보는 사람들이 있게 마련이고, 그래

서 그러한 사람들간에 갈등이 야기된다. 그러므로 관련 당사자들은 협상, 조정, 통합 등과 같은 여러 방안들을 통하여 그러한 외부성을 내부화시킴으로써 공공서비스 공급의 효율성을 모색한다.

3) 의사결정구조: Mancur Olson은 그의 「집합적 행위의 논리」에서, 공공재가 갖고 있는 불가분성과 비배제성의 원칙 때문에, 특별한 조건이 없다면 개인들은 공익을 위해서 자발적 결사체를 조직할 유인을 갖기 어렵다고 하였다. Olson의 분석은 우리로 하여금 국방, 공원, 교육 등과 같은 공공재와 공공서비스의 공급을 위한 집합적 노력의 시도가 용이하지 않다는 결론을 내리게끔 한다. Garret Hardin은 이러한 상황을 '공유목초지의 비극'(The Tragedy of Commons)으로써 설명하고 있다. 그렇기 때문에 만약 만장일치가 집합적 행위를 결정하기 위하여 개인들이 이용할 수 있는 유일한 의사결정 규칙이라면, 대부분의 공공재는 공급될 수 없게 된다.

Buchanan과 Tullock은 그들의 저서 「국민합의의 분석」에서 장래의 집합적 선택에 필요한 의사결정 규칙의 선택을 뜻하는 헌법상의 선택(constitutional choice)을 논하고 있다. 많은 행정학도들은 헌법상의 의사결정의 논리가 행정학 연구에 직접적으로 미치는 연관성을 곧바로 인식하지 못하였다. 하지만 Ostrom 교수 부부는 그것이 행정학 분야에 색다른 접근방법을 제공하기 위한 하나의 필수적 토대를 형성한다고 믿는다.

Buchanan과 Tullock은 공공재 공급을 위한 조직의 창출을 원하는 어떤 대표적 개인도 외부적 비용과 의사결정비용을 고려해야 한다고 생각한다. 전자(前者)는 한 개인이 자신의 선호와는 다른 대안이 선택됨으로 인하여 입게 되는 비용으로서 정치적 비용을 뜻하며, 후자는 의사결정과정에 소요된 자원, 시간, 노력, 그리고 기회의 소모 등을 뜻한다. 두 가지 비용 모두는 의사결정규칙의 선택에 영향을 받는다.

우리가 상정하고 있는 대표적 개인은 비용최소화 추구자이다. 전술한 두 가지 종류의 비용을 인식한다면 그는 그 두 가지의 비용곡선이 서로 교차하게 되는 지점의 의사결정규칙을 선호할 것이라고 기대할 수 있다. 두 가지의 비용곡선이 대칭적이라면 단순 다수결투표가 합리적인 투표규칙으로 선택될 것이다. 만약 예상되는 외부비용이 예상되는 의사결정비용보다 훨씬 크다면 절대 다수결투표가 합리적인 투표규칙으로 선택될 것이다. 그렇지만 만약 의사결정비용에 내재하는 기회비용이 외부적 비용에 비하여 대단히 커서 신속한 반응을 필요로 하는 극단적 경우라면 한사람의 의사결정에 의한 집합적 행위를 용인해 주는 규칙이 채택될 것이다. 상황이 달라지면 의사결정규칙의 최적 집합도 달라진다. 따라서 모든 종류의 공공재와 공공서비스의 공급에 적용될 하나의 좋은 규칙을 발견하는 것은 처음부터 불가능한 것이다.

공공선택론적 전통에 입각한 학자들은 선호표현의 한 수단으로서의 다수결투표에 특별한 관심을 갖는다. Duncan Black은 그의 「위원회와 선거의 이론」에서 만약 한 사회가 단봉(單峯)형 선호를 갖는다면, 그 사회구성원의 수가 홀수인 한, 단순 다수결투표 하에서는 중위선호를 반영하는 선택이 다른 모든 선택을 지배한다고 주장하였다. Edwin Haefele 같은 학자도 이 해결방안이 선거구민의 지지를 획득하려고 노력하는 그러한 사람들의 전략으로서 재미있는 함의를 지닌다고 지적한다.

Ostrom 교수 부부는 만약 관료제의 근본적인 특질이 위계질서가 잡힌 권한체계라고 한다면, Buchanan과 Tullock식의 비용계산에 의할 때 전적으로 위계질서에 의존하고 있는 헌법체제는 대단히 큰 비용을 수반하게 된다고 주장한다. 왜냐하면 위계질서가 잡힌 일인(一人) 규칙체제는 어떤 의사결정에서 상당한 속도를 발휘할 수 있지만, 잠재적인 박탈감 또는 외부비용의 수준은 대단히 높을 것이기 때문이다. 만약 외부적 비용이 낮은 수준으로 유지될 수 있다면, 관료적 위계질서(bureaucratic ordering)는 상당한 이점을 지닐 수도 있을 것이다.

관료적 위계질서 속에 잠재적으로 내재된 낮은 의사결정 비용의 이점을 살릴 수 있을 정도로 예상되는 외부비용 경감시킬 수 있는 가능성은 오직 다음과 같은 경우뿐이다: ① 헌법적 선택수준에서 실질적으로 완벽한 만장일치(substantial unanimity)가 보장될 수 있는 의사결정 장치가 이용가능해야 하고, ② 상이한 공공재와 공공서비스에 대한 집단 구성원들의 사회적 선호를 반영하기 위한 집합적 선택의 방법이 지속적으로 활용가능해야 한다. Ostrom 교수 부부는 민주사회에서의 관료적 조직의 정당성은 위의 두 가지 조건들이 충족될 때만 유지된다고 주장한다.

(3) 행정학 연구를 위한 새로운 관점: 공공선택론

대체적으로 지금까지 우리들의 연구는 단일 공공재 공급에 관련된 문제에 치중되어 있었다. 만약 우리가 다양한 형식과 모양으로 나타나는 여러 종류의 공공재를 포함하는 복잡한 세계에 산다고 전제한다면, 극대화 전략을 추구하는 이기적 계산자로서의 우리들의 대표적 개인이 상이한 공공재와 공공 서비스의 최적 혼합(optimal mix)을 산출하기 위하여 어떠한 행정체계의 조직을 모색하려고 할 것인가가 관심거리이다.

　우리의 대표적 개인이 한사람의 최고 책임자의 통제와 감독을 받는 단일의 통합적인 관료적 구조에 의존함으로써 최선의 결과를 얻을 것으로 기대하는가? 아니면 다양한 집단의 이익에 부응할 수 있도록 공공서비스의 공급을 많은 다양한 집단들에 의존함으로써 보다 더 나은 결과를 얻으려고 기대하려고 하는가? 만약 첫 번째 질문에 대한 대답이 부정이라면 Wilson류의 전통적 행정학의 원리에 내재하는 전제들은 민주주의 사회에 있어서의 행정이론을 위한 만족스러운 바탕이 될 수 없고, 두 번째 질문에 대한 대답이 긍정이라면 민주주의 사회에 살고 있는 시민들에 적합한 대안적인 행정이론을 개발해야 한다고 Ostrom 교수 부부는 주장한다.

　만약 잠재적 편익 수혜자들만을 해당 구역에 소속하게 할 뿐 아니라 외부효과도 다른 사람에게 미치지 못하게끔 공공재 또는 공공서비스의 공급을 위한 구역설정이 가능하다면, 그리고 어떤 사람이 집단의 강제력을 사용해서 부당하게 다른 사람의 권리나 주장을 박탈하지 못하게끔 보장할 수 있는 적절한 법적 및 정치적 해결방안이 이용가능하다면, 공공조직(public enterprise)은 상당한 자율성을 갖고 운영될 수 있다. 그러나 그러한 조건들이 완벽하게 충족되지 않더라도, 보다 큰 구역은 외부성을 통제하게 하고 그 큰 구역 내에 있는 작은 여러 집단들은 외부성이 비교적 작은 공공재를 공급케 함으로써 그들 스스로의 후생을 증진시키는 방향으로 공공재의 공급메커니즘을 설정한다면 구역의 중첩을 통한 해결책이 고안될 수도 있다.

　전통적인 행정이론에서는 중첩적인 관할 구역의 존재는 가외적(加外的) 노력과 비효율 그리고 낭비의 명백한 증거로 간주되어 왔다. 그러나 만약 우리가 특정한 공공서비스를 공급함에 있어서 상이한 운영수준에는 상이한 규모의 조직들이 적절할 수도 있다는 가능성을 생각한다면, 구역의 중첩을 통한 서비스의 공급으로부터도 상당한 이점을 얻을 수 있을 것이다. 예를 들면, 지방경찰은 주(州)나 전국적 또는 국제적 무대로 활동하는 조직범죄를 다루는 데는 효율적이지 못하다. 이에 반하여 도심지역 내외로의 교통흐름에 대한 통제는 중간범위의 성격을 지니는 경찰활동이 필요할 것이며, 지역거리에서 발생하는 범죄의 경우 지방주민들의 이해관계에 대응적인 지방경찰활동이 필요하게 될 것이다.

　만약 행정이 동일한 권한을 갖는 정부들(concurrent political regimes)로서 조직된 다양한 집합체들의 관계 속에서 조직화될 수 있는 가능성을 생각하는 한, 모든 정부에 다 같이 적용될 수 있는 하나의 좋은 행정규칙이란 없을 수도 있다. 그러므로 공공부문에서는 모든 공공서비스를 조정하는 통합된 단일의 계층제 대신 상호간에 상당히 독립적으로 운영되는 여러 공공기관들로 구성된 공공서비스산업의 성격을 띠는 복합조직장치(multi-organizational arrangement)의 존재를 생각할 수 있다. 즉 계층제적 구조에 의존하지 않고서도 조정이 가능하다는 전제하에서 경찰산업, 교육산업, 수도산업, 그리고 다른 공공산업 등을 검토하기 시작해야만 한다고 Ostrom 교수 부부는 주장한다. 우리가 공공부문에서 복합조직장치간의 질서를 모색하기 시작한다면, 중요한 새로운 전망이 행정학 연구에 적실성을 띠게 될 것이다.

수익자부담, 서비스사용료, 정부간이전금, 그리고 증표제도(voucher system) 등의 조합은 공공서비스 기관들에 다소간의 시장적 장치의 특성을 불어넣을 수 있을 것이다. 또한 법적 합리성도, Max Weber가 주장하였던 계층제 대신 (행정기관의 관할권에 대한 갈등으로부터 야기되는 문제의) 사법적 결정에 의존함으로써 유지될 수 있다. 어떤 행정업무의 지속과 생존에 있어서 정치적 교착이 가져다주는 높은 잠재적 비용 때문에, 합리적이고 이기적인 공무원들은 자기들끼리 의식적으로 협상하려 하고, 정치적 교착상태를 피하려고 하며, 자기 기관들의 정치적 가능성(feasibility)을 견지하기 위하여 그들의 고객으로부터 정치적 지지를 동원하는 것은 자연스러운 현상이라고 Ostrom 교수 부부는 주장한다. 그들은 또한 다양한 복합조직장치로 구성되고 고객들의 지원의 동원에 크게 의존하고 있는 행정체제가 공공후생의 증진을 위하여 더 좋은 성과를 올릴 수 있다고 주장한다.

Ⅲ. 평가적 의견

우리나라는 민주화의 열기와 더불어 거의 30년간 중단되었던 지방자치의 부활로 인하여 정치·행정에의 시민참여의 욕구가 크게 분출되고 있다. 기초자치단체 및 광역자치단체 의회의원의 선거 및 단체장의 주민 직선을 비롯하여 최근 활발하게 움직이고 있는 이른바 '시민단체'의 활동은 이와 같은 시민참여를 위한 제도적 장치의 구축에 획기적인 계기가 되고 있다. 이러한 제도적 장치의 이점이란 그것이 비록 의사결정비용은 증가시킬지 몰라도 정치적 비용을 감소시킬 수 있다는 점이다. 즉 지역주민의 선호에 맞는 행정을 추구함으로써 행정의 민주성과 대응성에 크게 기여할 수 있을 것이다. 이러한 제도적 장치와 환경적 변화로 인하여 우리나라의 행정학의 흐름에 커다란 변화가 수반되리라고 생각된다. 직관적으로 예상되는 것은 ① 지방공공재에 대한 인식의 변화, ② 행정서비스 수준과 세금가격에 대한 주민의 인식증대, ③ 공공서비스의 외부성으로 인한 자치단체간의 구역설정 문제의 대두, ④ 투표극대화 전제에 바탕한 정치인들의 행태변화, ⑤ 주민대표에 의한 행정통제의 강화, ⑥ 그리고 집합적 선호의 통합 절차에 대한 관심증대 등이다.

이러한 여러 가지 예상되는 변화를 공공선택이론의 핵심적인 세 가지 분석변수들(분석 단위로서의 개인, 공공재의 성격, 그리고 집합적 의사결정 규칙)과 연관시켜 생각하면 앞으로의 한국행정학 연구의 방향에 대한 다음과 같은 몇 가지 시사점들을 도출할 수 있다. 첫째, 그동안 꾸준히 추진되었던 우리 사회의 민주화와 지방자치의 실시로 인하여 분석단위로서의 개인에 대한 인식이 상당하게 달라졌다. 그래서 지역주민 개개인을 중심으로 하여 행정수요를 파악하려는 움직임이 많을 것으로 생각된다. 특히 지방자치가 실시된 이후 선거가 자주 시행될 뿐만 아니라 '표의 등가성'에 비추어 볼 때, 당선을 목표로 하는 정치인들의 투표획득 극대화 행태는 유권자로서의 개인에 대한 관심을 더욱 고조시킬 것이다.

둘째, 지방자치실시로 인하여 주민들의 구역에 대한 관심이 제고됨에 따라 '지방공공재'에 대한 인식이 달라지고, 이에 따라 공공서비스의 외부효과처리에 대한 문제가 크게 대두될 것이다. 지금도 쓰레기나 산업폐기물처리와 관련된 NIMBY(Not In My Back Yard) 또는 LULU(Locally Unwanted Land Use)의 기치가 곳곳에서 나타나고 있다. 이와 같은 현상은 앞으로 더욱 가속될 전망이기 때문에 이러한 문제를 해결하기 위한 방안으로서 자치단체간의 협상 또는 특정 서비스의 광역화(廣域化) 공급방안 등은 앞으로의 행정학 연구를 위한 주요한 과제로 대두될 것이다.

셋째, 최근 우리 사회에서는 각종의 '단체' 이름으로 '민주적'이라는 미명하에 많은 집합적 의사결정이 비합리적으로 행해져 왔다. 지금까지는 많은 시민들이 그러한 집합적 의사결정의 논리적 근거에 비교적 무관심하였던 것 같다. 그렇지만 지방자치가 실시되고 민주화가 진척되어 시민의 참여가 커짐에 따라 대표성을 확보하기 위한 목적으로 각종의 선거나 투표가 실시되고 있다. 따라서 합리적인 집합적 의사결정의 규칙에 대한 관심은 지속적으로 고조될 것이다. 아무튼 좋은 의사결정규칙의 선택은 그 사회의 중요한 공공재(public goods)임에 틀림없고, 앞으로 행정학 연구의 주요한 과제로 등장하게 될 것이다.

참고문헌

Buchanan, J. M. & G. Tullock, *The Calculus of Consent: Logical Foundations of Constitutional Democracy*, Ann Arbor: The University of Michigan Press, 1962; 전상경·황수연 공역, 국민합의의 분석: 헌법적 민주주의의 논리적 기초, 서울: 시공아카데미, 1999.

Mueller, Dennis C., *Public Choice*, Cambridge: Cambridge University Press, 1979.

Ostrom, Vincent, "Developments in the "No-Name" Fields of Public Administration," *Public Administration Review*, Vol. 24, No.1, 1964, pp. 62-63.

Ostrom, Vincent & Elinor Ostrom, "Public Choice: A Different Approach to The Study of Public Administration," *Public Administration Review*, Vol. 31, No. 2, 1971, pp. 203-216.

전상경, "공공선택론의 고전들," 정부학연구, 고려대 정부학연구소, 제5권 1호, 서울: 나남출판, 1999, pp. 228-252.

H. George Frederickson의
신행정론*

I. 머리말

H. George Frederickson은 신행정론을 출현시킨 1968년의 Minnowbrook회의를 준비했던 세 위원 중의 한 사람이었다. 그는 회의에서 직접 논문을 발표하지는 않았지만, 발표된 논문들이 1971년에 Frank Marini에 의해 책으로 편찬될 때, '신행정론을 향하여'라는 논문을 첨가하여 신행정론에 대한 자신의 생각을 정리하였으며 다시 1980년에 단행본으로 「신행정론」을 출판하였다.

당초 Minnowbrook회의는 Dwight Waldo에 의해 발의되었으며, Waldo가 회의를 소집한 의도는 젊고 유능한 행정학자들을 초청하여 이들이 가장 중요시하는 행정학의 문제들을 자유롭게 토론케 하는 데 있었다. 따라서 발표된 논문들을 다양한 주제들을 다루고 있었으며 서로간에 연관성도 비교적 약한 편이었다. 그러나 발표된 논문들은 공통적으로 전통적 행정학의 가치중립적 연구에 대한 비판을 담고 있었으며, 적실성(relevance), 규범이론, 철학, 사회적 관심, 실천성과 같은 당시로서는 행정학 분야에서 '새로운' 내용들을 언급하고 있었다.

신행정론의 등장으로 전통적 행정학의 지식체계는 불가피하게 재구성되어야 했으며, 신행정론은 행정기술적 문제보다는 행정연구에 있어서 가치와 윤리, 분권화, 참여, 개인발전, 고객과의 관계, 대응성 등을 강조하면서 행정가치적 문제에 관심을 불러 일으켰다는 점에서 행정학적 의의를 갖고 있다. 이러한 신행정론의 가치들은 Frederickson의 사회적 형평성(social equity)으로 집약될 수 있으며, 신행정론의 내용은 Frederickson의 저서 *New Public Administration*에 충실히 반영되어 있다.

＊유평준: 연세대학교 사회과학부(행정학 전공) 교수.

II. Frederickson의 신행정론

1. 시대적 상황변화

Woodrow Wilson이 1887년에 행정은 정치의 영역 밖에 있다고 주장한 이래 그리고 Leonard D. White가 1926년에 최초의 행정학 교과서를 출판한 이래, 행정과 행정학은 지속적인 성장과 변화를 거듭해 왔다. 인사, 예산, 구매의 제도들이 꾸준히 개선되었으며, 경제공황과 세계대전을 겪으면서 사회복지와 국방의 기능들이 확대되었고, 또한 정부서비스의 급증 및 도시화 현상이 목격되었다. 특히 1960년대 중반 이후 베트남전쟁, 도시소요와 인종분규, 워터게이트 파문과 같은 일련의 위기적 사건들이 터지면서, 이를 계기로 정부에게는 새로운 일거리가 추가되었으며, 또한 행정에 대한 인식과 행정실무에 많은 변화가 일어나게 되었다. 1960년대 중반까지만 해도 대다수의 공무원들은 비행정학분야에서 충원되었으며, 행정의 개념도 좁게 정의되어 주로 예산, 인사, 조직의 관리문제에만 관심을 두게 되고 정책문제들은 거의 주목을 받지 못하였다. 당시 행정은 어떤 사람이든지 쉽게 수행할 수 있는 '부수적 업무'정도로 인식되었다. 그러나 1970년대에 행정실무와 행정 교육에 많은 변화가 일어났다. 공무원의 교육이 강조되었고, 미국행정학회의 질적 및 양적 성장이 있었으며, 정책문제들이 강조되었다. 또한 정부서비스의 윤리성과 도덕성에 관심이 높아졌고, 공무원의 전문화 및 행정관리의 개선이 진행되었다. 이제 현대행정은 새로운 면모를 갖추게 된 것이다.

2. 신행정론의 위치

과거의 행정이론이나 규범들을 전적으로 부인하는 신행정론이란 있을 수 없으며, 또한 신행정론의 가치가 논자에 따라 여러 가지로 상이하므로 단 하나로 합의된 신행정론이란 있을 수 없다. 오히려 신행정론의 내용이 과거 행정을 지배해 온 여러 가치들에서 연유한 것이기 때문에, 신행정론은 전통적 행정학의 발전맥락 안에서 이해되어야 한다.

고전적 관료모형(Classic Bureaucratic Model)에서 강조되는 능률과 절약의 가치도 신행정론에 포함된다. 문제는 이러한 가치들 자체에 있는 것이 아니라 제 가치를 성취하는 방법과 양태의 차이에 있다. 능률과 절약의 가치는 계층제, 관리통제, 권위, 그리고 집권화를 통해서만 성취되는 것이 아니라, 느슨한 통제, 느슨한 관료제, 그리고 탈권위주의적 리더십에 의해서도 실현될 수 있다. 신관료모형(Neobureaucratic Model)에서는 의사결정의 합리성을 강조하고 있는데, 합리성의 가치도 신행정론에 포함된다. 그 밖에도 인간관계모형(Human Relations Model)과 공공선택모형(Public Choice Model)에서 강조하는 근로자만족, 개인성장, 개인적 품위유지, 시민의 선택과 같은 가치들도 신행정론과 연관된다. 결국 이러한 전통적 행정의 가치들은 사회적 형평성과 융합되어 신행정론의 모형을 이루게 된다.

3. 신행정론의 가치들

행정에서 능률, 절약, 생산성은 여전히 지배적인 가치들이며, 신행정론도 어떤 것이든 일련의 가치들에 의해 지배되고 있다. 무엇보다도 신행정론은 가치중립적인 행정인과 행정이론을 배격하고 있다. 그리고 행정가치들이 상호경쟁적이면서도 각기 나름대로 명확한 존재이유를 갖고 있음을 인정하고 있다. 신행정론을 특징짓는 규범 또는 가치로서는 대응성, 근로자와 시민의 참여, 사회적 형평성, 시민의 선택, 그리고 행정책임이 있다. 이들은 미국의 정치와 행정에서 시급히 요구되는 가치이면서 규범적으로나 경험적으로 지지를 확보하고 있다. 신행정론의 가치들은 사회적 형평성이라는 하나의 용어로 집약될 수 있는데, 사회적 형평성은 행정윤리와 도덕을 설파하기 위한 개념이기보다는 행정이론과 실무를 전과 다른 시각에서 접근하려는 개념이다. 신행정론의 가치들을 구체화시킬 수 있는 구조적 수단으로 분권화, 주민통제, 근로자의 정책결정에의 참여, 서비스의 균등배분, 계약, 권한위임 등이 있으며, 관리적 수단으로 직원과 고객과의 상호작용, 교육훈련, 근로자 참여윤리의 수용, 조직발전훈련, 형평성에 입각한 직업윤리헌장 채택, 소수자 보호의 실천, 특성 서비스의 독점 완화, 사회계층별 성과측정 등이 있다.

형평은 현대행정을 이해하는 데 핵심적인 개념이다. 능률, 절약, 생산성과 같이 사회적 형평성도 공무원들의 행태와 의사결정을 평가하고 행정의 효과성을 측정하는 기준이 되어야 한다. 왜냐하면, 중요한 공공정책결정의 대부분에는 윤리적 내용들이 포함되는 데도 불구하고, 공무원의 윤리적 행동기준이 명확히 설정되어 있지 않기 때문이다. 윤리문제에서 유일한 최선의 행동기준이란 존재할 수 없으며, 주어진 재원으로 극대의 효과를 얻으면서 부정적 부수효과를 최소화하는 방향으로 결정이 내려져야 한다. 또한 정치와 행정이 개방적이고 국민지향적이며 참여를 용납할 때, 행정의 도덕성은 최대로 보장될 것이며 행정은 사회적 형평성을 실현할 수 있다.

신행정론에서는 공공서비스를 통해 사회적 형평성이 제고되고 있는지 여부가 중요한 문제이다. 보통 국민들을 동질적 존재로 가정하고 개개인간의 이질성을 인정치 않는 경향이 있는데, 이러한 동질성의 가정은 편리할 수 있지만 논리적으로나 현실적으로 옳지 못하다. 부와 빈곤, 고용과 실업, 건강과 질병, 지식과 무지, 희망과 절망은 도처에서 발견되며, 현대행정은 이러한 이질적 상황을 전제하고 있다. 특히 다원주의적 정부는 기존의 관료제나 특정 소수에게 우호적인 반면에 정치적 및 경제적 자원을 소유하고 있지 못한 소수 집단들에게는 차별적이다. 이러한 불평등은 어느 체제에서나 발견되는데, 행정이 불평등을 해결하지 못한다면 오히려 피박탈자를 억압하는 수단으로 악용되기 쉽기 때문에 신행정론은 바로 형평성을 강조한다.

사회적 형평성은 앞으로 정책결정에서 핵심적 문제가 될 것이다. 공무원들은 형평성의 기준과 측정치를 개발하고 이들의 타당성을 입증해야 할 것이며, 한편 공공서비스가 시민들의 인간적 존엄과 복리에 미치는 영향들을 이해하고 있어야 할 것이다. 공무원 교육은 사회적 형평성의 개념을 이해시켜야 하며, 공무원들은 자기업무의 사회적 결과를 고려하면서 업무를 수행해야 한다. 이를 위해 공무원들은 참여를 허용하고 개발적이어야 하며 선거직 공무원이나 입법부와 일상적으로 상호작용하여 시민들의 요구를 파악하고 있어야 한다. 또한 공무원들은 사회적, 경제적 및 정치적 변화에 대한 행정적 대응책을 강구하고 조정하는 역할을 수행해야 하며, 이들의 리더십은 변화에 대응하여 정부제도를 동원하는 능력으로 정의될 수 있을 것이다. 공무원들은 선거직 공무원이나 입법부와 더불어 변화과정을 체계적으로 계획하고 정부의 적절한 기능과 서비스 수준을 염두에 두면서 합리적으로 업무를 수행해야 한다.

요컨대, 신행정론은 능률과 절약의 전통적 행정가치들을 부인하지 않으며, 단지 능률적이고 절약하는 정부라 할지라도 여전히 빈곤과 불평등과 불의를 갖고 있을 수 있음을 간파하고 있다. 신행정론은 공공서비스의 윤리적 차원에서 사회적 형평성의 중요성을 강조하고 있다.

4. 신행정론의 특징

(1) 변화에의 대응

행정조직은 항상 하나의 딜레마를 안고 있다. 업무를 수행하고 서비스를 제공하기 위해 조직적이고 안정적이며 예측가능해야 하는 동시에 동태적이고 환경변화에 적절히 대응해야 한다. 이러한 딜레마를 해결하기 위해 조직과 조직 내 인간의 변화를 시도해 보았지만, 이러한 시도는 변화에의 대응보다는 안정과 행태에 초점을 두었기 때문에 한계를 보여준다. 1970년대에 발생한 사건들로 인해 행정이론과 실무를 변화에 적응시키는 문제가 주요 관심이 되기는 하였지만, 아직도 변화와 대응성의 개념들이 명확치 않아 행정기관의 대응수단을 적절히 나타내고 있지 못하다. 그러므로 변화와 대응성에 대한 실질적이며 또한 지적인 연구가 필요하다. 변화에의 대응방법으로 조직개편보다는 오히려 효과성의 판단 기준을 개발하고 변화의 절차들을 제도화하는 것이 더 적절하다.

오늘날의 사회변화는 일시적이기보다는 지속적 현상이며, 따라서 중요한 점은 조직이 변화를 효과적으로 관리할 수 있는 능력을 갖추어야 한다는 것이다. 특히 1970년대부터는 발전보다는 감축이 강조되고 있어, 앞으로 행정은 감축과 쇠퇴를 효과적으로 관리할 수 있는 방법을 터득해야 한다. 더욱이 변화를 기술적 또는 과학적 현상으로만 간주하고 접근하는 경향이 있는데, 행정에서의 변화는 대개 정치적이며 관리적인 현상이다. 예를 들어, 수질 및 공기오염을 기술에서 기인한 문제로 보고 기술적 해결방안만을 모색하고 있지만 실상은 기술적용을 결정하는 정치적 및 행정적 수단을 통해 효과적으로 대처할 수 있는 것이다. 따라서 신행정론은 기술과 변화간의 관련성을 계속 주시하면서도 변화에 대한 정치적 및 행정적 접근을 요구한다.

한편 '누구에게의 대응인가'라는 문제가 있다. 전통행정학에서 대응성은 요구와 영향력을 감지하고 이에 효과적으로 적응하는 것을 일컫는데, 문제는 공무원들이 선거민주주의, 대의적 정부형태, 그리고 다원적 권력구조 안에서 기능하고 있기 때문에 무력하고 비조직화된 소수집단들에 대응하지 못한다는 점이다. 신행정론은 시민과 지역주민들의 폭넓은 참여를 허용하며, 이들로 하여금 정책에 영향을 주고 공공기관에 적응하게 한다.

(2) 완충된 합리성

행정실무와 이론에서 가장 기본적인 주제는 합리성이다. 그런데 변화는 행정의 전통적 합리성에 심각한 영향을 줄 것 같다. 경험적으로 볼 때 점증주의 혹은 점감주의는 합리성에 대한 가장 정확한 접근법이기는 하였지만, 반드시 효과적이고 능률적이며 형평한 행정을 보장해 주지는 않는다. 또한 행정적 합리성은 시민들이 원하는 것이 아닐 수도 있으며, 오히려 공무원들이 생각하는 국민을 위한 최선책일 수 있다. 따라서 신행정론에서는 전과는 다른 개념의 합리성을 요구한다. 신행정론에서의 합리성을 '완충된 합리성'(buffered rationality)이라 명명하고자 하는데, '완충된'이란 용어는 합리성의 의미를 그대로 유지하면서 일부의 바람직하지 않은 면들이 제거되었다는 의미에서 붙여졌다.

행정을 통해 교육, 국방 또는 치안유지의 서비스를 제공해야 한다는 식의 막연한 목표설정은 쉽게 합의될 수 있다. 그러나 이러한 목표들을 구체적으로 실현하는 방법에 있어서 의견일치는 결코 용이하지 않다. 따라서 신행정론에서는 무엇을 해야 하는가보다 무엇을 해야 하는가를 결정하는 방법의 발견을 더 중요시한다. 다시 말해, 완충된 합리성에서는 전반적 목표를 달성하기 위해 사리에 맞는 행동을 실행하는 방법을 개발하는 것이 중요하다. 이전에 기획과 정책분석은 전통적 합리성에 근거해서 분석을 통해 무엇을 해야 하는가를 결정하는 활동이었지만, 완충된 합리성에서는 사리에 맞는 행동을 실행하는 방법을 개발하는 과정의 일부분이 되어야 한다. 이때 전문직 및 선거직 공무원뿐만 아니라 시민들도 함께 결정에 참여하여야 한다.

(3) 근로자 및 고객과의 관계 중시

비권위주의적 관리방식, 근로자의 의사결정에의 참여, 그리고 민주적 근무환경의 조성을 통해 생산성과 사기가 진작된다는 경험적 증거가 많이 있다. 행정도 이의 실현을 도모하고 있지만, 이러한 인간관계론적 접근에는 한계가 있다. 예를 들어, 서비스 수혜자의 참여도 없이 그들이 원하는 서비스를 제공할 수 없으며, 특정 관료제를 옹호하면서 일반시민들의 기대를 충족시켜 줄 수 없게 된다. 시민들의 참여가 확대될수록 조직과 고객간의 관계는 중요시되며, 경우에 따라서는 조직과 고객들간에 대결상황이 생길 수 있지만, 이러한 갈등은 바람직하며 일시적 합의에 의해 절충될 수 있다. 신행정론은 조직 내적으로는 관리자와 근로자간의 관계와 조직 외적으로는 행정과 시민간의 관계를 중시하면서, 이들 간의 일상적인 상호작용을 가능케 하는 체계와 절차를 갖추고자 한다.

(4) 구조적 동태성

조직연구의 주요 대상은 구조문제에서부터 구성원의 관리문제에까지 변화되어 왔다. 한편 최근의 한 연구보고에 의하면 도시정부의 공식구조가 변함에 따라 조직산출의 내용이 달라졌다고 하는데, 이는 조직구조의 개편에 따라 조직의 효과성이 향상될 수 있음을 암시하고 있다. 따라서 조직구조에 대해 재삼 관심을 갖지 않을 수 없는데, 그 이유는 다음의 세 가지이다. 첫째는 오늘날의 조직운영에 문제가 있으므로 조직변화를 모색하지 않을 수 없으며, 이는 조직구조에 대한 관심을 고조시키고 있다. 둘째는 현대사회의 복잡성을 효과적으로 수용하기 위해 계층제만으로는 부적절하며 보다 세련된 구조가 필요하다. 셋째는 조직이 점차 고객과 멀어지면서 무관심해지는 경향이 있는데, 조직 내적 효과성보다는 대응성에 더 관심을 기울여야 한다. 이상의 세 가지 이유를 충족시켜 줄 수 있는 조직구조로서 다섯 가지 모형을 제시할 수 있다.

행정분권모형은 하위구성원들의 실질적 책임을 확대시켜서 이들의 성장과 훈련을 도모하고 개인적 유인을 강화하며 충분한 자율권을 주어 고객과 환경으로부터의 요구에 적응하게 한다. 주민통제모형은 경제적 및 사회적 동질성 위에 형성된 주민집단에 정부서비스의 종류와 수준을 결정할 수 있는 권한을 부여함으로써 고객과 조직의 요구를 동시에 해결하려 한다. 매트릭스모형은 프로젝트별 접근을 통해 유동적이고 한시적인 프로젝트에 조직에너지를 집중투입하여 변화에 대한 저항을 완화하고 조직생존을 도모한다. 연합모형은 행정분권모형과 주민통제모형을 모두 내포하는 것으로 대도시지역에 적용된다. 협상모형은 시장의 논리를 공공부문에 적용한 것으로, 일개의 계층적 조직에 의한 서비스 공급보다는 행정기관간의 서비스 교환이나 계약에 의한 서비스의 민간공급 등을 주장한다. 여기에 다섯 가지 모형들은 상호 배타적이지 않으며, 오히려 한 행정구역 내에 동시에 적용될 수 있다. 이 모형들은 조직구조의 고정성이나 계층성을 내포하지 않는다는 의미에서 '구조적 동태성'(structural dynamics)이란 용어로 함축될 수 있다.

(5) 전문적 행정학교육

신행정론의 가치들은 행정실무의 개선과 시민생활의 질적 향상을 도모할 수 있는 무한한 잠재력을 갖고 있으며, 이러한 가치들은 현대 행정학의 교과과정을 통해 교육될 것이다. 지난 10여 년간 행정학 교육기관들은 질적으로 양적으로 성장하여 왔으며 행정학교육의 체계화를 이룩하였다. 신쟁정론에서 행정학교육은 직업적 전문성을 강조하고, 관리에 관한 일반지식뿐만 아니라 서비스 기능의 관리능력도 중시한다. 따라서 이론지향적인 정치학과의 일개 프로그램으로 존재하는 것보다도 행정대학원이나 독립된 행정학과로 존재하는 것이 더 바람직하며, 이 경우 비로소 일반관리자와 정책분석가를 양성하는 과정이 될 것이다. 행정학교육은 풍부한 경험적 및 이론적 내용들을 가질 것이며, 또한 공무원들도 다양한 이론과 개념들을 필요로 할 것이다. 현대 행정학교육은 경험적 기반이 취약한 문제를 안고 있는데, 이를 충실히 하는 방향으로 진전되어야 한다.

Ⅲ. 평가적 의견

결론적으로 Frederickson의 신행정론은 가치중립적이기보다는 규범적이며, 기술적이기보다는 처방적이며, 제도지향적이기보다는 고객지향적인 행정과 행정학을 강조함으로써 전통적인 행정학의 패러다임에 도전하고 있다. 동시에 그의 규범적 정향은 1980년대를 전후하여 등장한 비판행정학이나 행동이론(action theory)과 무관하지 않음을 알 수 있다. 특히 Frederickson은 사회적 형평성이라는 새로운 행정이념을 제시하고 있다.

반면에 Frederickson은 1960년대와 1970년대의 시대상황에 대한 인식에서 출발하여 신행정론을 피력하고 있기 때문에, 당시와 같은 급변적 소요상황이 계속되지 않는 시점에서 그가 주장하는 모든 내용들이 여전히 의미를 갖고 있는지 생각해 보지 않을 수 없다. 또한 신행정론은 완전한 의미에서 '신'행정론이기보다는 행정현상을 전과는 다른 시각에서 접근하고자 하는 노력에 불과함을 알 수 있다. 끝으로 Frederickson을 포함한 신행정론자들이 주장하는 규범적 견해들은 여전히 이상적임을 부인할 수 없다. 대응성이나 시민참여와 같은 가치들은 바람직하지만, 이런 가치들을 현실적으로 구체화시키는 데 많은 난관이 있음을 간과해서는 안 된다.

참고문헌

Frederickson, H. George, *New Public Administration*, Alabama: The University of

Alabama Press, 1980.

Marini, Frank, ed., *Toward a New Public Administration: The Minnowbrook Perspective*, New York: Chandler Publishing, 1971.

Dwight Waldo의
행정의 개념*

Ⅰ. 머리말

"행정이란 무엇인가?" 혹은 "행정학이란 무엇을 연구하는 학문인가?"라는 질문에 대해 행정을 전공하는 학도 또는 실무자는 어떻게 응답하여야 하는가? Dwight Waldo는 행정학연구의 입문단계에 있는 사람에게 체계적이면서도 수월한 내용으로 행정의 개념과 그 의미를 전달하기 위한 기준을 제시하고 있다. 특히 행정의 개념이 단편적인 논의로 정립될 수 없는 이유와 또 논의과정에서 혼돈이 초래될 수 있는 근거를 일목요연하게 정리하고 있다. 즉, 전문가의 입장에서 비전문가를 쉽게 이해시킬 수 있도록 행정의 개념을 설명하고 있다. Waldo의 저서 *The Study of Public Administration*(1955)에 소개된 행정의 정의를 다음에 소개하려 한다.

Waldo는 행정을 정의하기에 앞서 '원자탄 개발사업'의 예를 들어 행정과 행정학의 중요성을 강조하였다. 그의 설명은 이러하다.

핵무기 개발은 맨하탄 공학원(Manhattan Engineer District) 학자들의 거듭된 실험과 연구의 결실이었지만, 동시에 미국 정부가 맨하탄 공학원이라는 특수 행정조직을 구성하여 여러 분야의 석학들이 협동적으로 연구활동을 전개할 수 있도록 관리한 점도 간과될 수 없다. 정확히 말하면 핵무기개발의 성공은 자연과학연구의 결과이면서 동시에 인간관리에 대한 사회과학의 성취로 보아야 할 것이다. 인간이 전쟁을 경험하면서 더욱 강력한 무기가 필요하다는 것을 인식하였다면 이러한 필요는 곧 기술을 발전시키는 원인이 되었다. 그리하여 인간은 자연현상의 원리원칙을 경험적으로 활용하여 축적한 테크놀리지를 인간협동이라는 기술을 관리기술에 적용, 핵무기 제조에 성공하였던 것이다. 그런데 일반적으

---

* 김인철: 한국외국어대학교 행정학과 교수.

로 우리는 자연과학이 매우 발달되어 있다고 인정하는 반면 사회과학은 상대적으로 미진한 상태에 머물러 있는 것으로 이해하는 경우가 많다. 이와 같은 시각은 핵무기 제조의 공(功)을 대부분 자연과학쪽으로 돌리는 시각과 일치한다. 그러나 맨하탄 공학원의 학도들이 고도로 발달된 연구협동체를 유지할 수 있었던 것은 자연과학에 못지 않게 인간공학(human technology)도 고도로 발달되어 일정한 기준이나 법칙들을 제공하였기 때문이다. 가령 인간협업(humna co-operation)이라는 기술도 인간의 경험과 이에 따른 체계적인 사고로 더욱 성숙해져 결국 인간이 지향하는 바 목적들을 성취하는 데 도움을 주는 법칙들로 구성된다.

행정(行政)이란 인간협동이라는 보다 큰 개념 속에 포함되어 있고 따라서 행정학(行政學)이란 바로 이와 같은 인간협업의 한 단편을 연구하는 학문이다. 요컨대 행정이란 인간공학의 한 부류로 이론과 실제에 대한 개념체계가 정리되어 있는 행위 내지 학문영역으로 보아야 할 것이다.

II. 행정의 개념

1. 과학과 기술

"행정이란 국가업무에 적용되는 관리기술이요 과학이다." "행정이란 정부의 목표를 달성하기 위해 인력과 자원을 조직하고 관리하는 것이다." 위와 같은 두 가지 정의에 비추어 제기되는 질문은 과연 행정이 기술(art)이냐 또는 과학(science)이냐 하는 것이다. 행정이 물리학, 공학 등과 같이 과학일 수 있다는 입장과 행정이란 실제 상황에 적용해야 하는 행위요건이기 때문에 과학일 수 없으며, 단지 기술에 불과하다는 상반된 관점이 행정의 정의에 대한 전통적인 논란의 주요 논점이다. 최근에는 과학이니 기술이니 하는 양분론을 지양하고, 행정이란 과학성과 기술성을 동시에 지닌 존재로 학문과 실질의 공동 대상이 되는 것으로 보는 경향이 강하다. 다만 과학성 축적을 위한 연구분야인 '행정학'과 행위영역인 '행정'을 뚜렷이 구분하지 않음으로 해서 나타나는 개념상의 혼돈을 제거하는 연구노력이 계속되어야 한다.

행정학은 지적인 탐구나 학문활동의 영역이며 행정은 공공업무의 과정을 구성하는 행위 그 자체이다. 이 두 가지 개념은 상호 직접적으로 관련되어 있음에도 불구하고 분명히 다른 것인데 이는 마치 유기체(organism)와 유기체를 연구하는 생물학(biology)이 다른 것과 마찬가지이다. 그러나 행정의 경우 주된 활동영역(혹은 관심영역)은 인간 자체와 그들이 구성하는 제도나 관계(institutions and relations)가 중심이 되기 때문에 실제 연구자가 행정에 가담하고 있으면서도 행정학을 연구할 수 있다는 데 개념정립상의 혼동원인이 있다. 예를 들면 "어떻게 하면 보다 효율적으로 부하직원에게 업무를 배분할 수 있을까?" 하는 주제를 놓고 행정인은 행정(업무)을 해 나가는 가운데에 이 주제에 대한 연구를 함으로써 그의 활동은 곧 행정이요 동시에 행정학이 된다.

2. 합리적 행위

주어진 공공목표(public goal)를 달성하기 위해 기회비용을 최소화시키면서 그 목표와 관련된 적정수단을 정확히 선택하는 계산된 행동을 우리는 합리적 행동(rational action)이라 하는데 이러한 합리적 행동이 바로 행정의 요체가 된다. 그런데 합리적인 수단을 선택하는 데에는 그 목표의 성격이 어떤 수준—포괄성과 구체성의 측면에서—에 해당하는 것이냐에 따라서 다양한 방법으로 계산되어진다. 즉, 상하 각 직급의 행정인은 자신의 직책에 맞는 각기 정형화된 성격의 합리적인 선택—예컨대 상위직은 공익성에 초점을 맞춘다면 하위기능직은 수학적 능률성에 기초한—을 하되 이와 같은 개별적 합리성이 모여 종국적으로 총괄적 공공성이 극대화된다는 것이다. 행정학도 역시 공공목표를 극대화하기 위한 수단을 끊임없이 계산해 가는 작업이다. 이 경우에도 공공목표의 개념적 추상성의 수준이라든지 목표와 관련된 사회문제의 크기나 그 심각성 등에 따라 매우 다양하게 연구된다. 특히 학자의 연구활동이 '보다 나은 합리적 행위를 위한 권고안'을 찾기 위한 학문적 노력(이는 곧 행정행위임)이라 할 때 이는 곧 학문으로서의 행정학과 행동으로서의 행정이 합리적 행위라는 개념 속에 혼재되어 있음을 의미한다 하겠다.

3. 행정: 협동적 · 합리적 행위

공공행정에서 공공(公共, public)이라는 형용사를 제거하면 행정(administration)이 보다 포괄적인 성격으로 풀이되어 '고도의 합리성을 수반한 협동적 인간노력의 한 형태'(a type of cooperative human effort that has a high degree of rationality)로 정의된다. 여기에서는 '조직'과 '관리'(organization & management)의 두 개념을 원용함으로써 상대적인 의미에서 고도의 합리성을 수반한 협동적 인간노력으로 정의하기로 한다.

조직이란 구조(structure)를, 관리는 기능(function)을 나타낸다. 마치 생체 구조와 생리현상이 서로 합쳐져 살아 있는 유기체를 구성하듯이 조직과 관리는 행정체제(administration system)의 운영을 설명하는 데 필수적인 두 개념이라 할 것이다. 조직이란 administration을 생체의 구조(anatomy)로 이해하는 것이고 관리한 행정을 생리(physiology)적 차원에서 administration의 유형을 구분하는 개념인 반면 관리는 기능(function)이 차원에서 administration의 운영을 추적하는 개념으로 사용된다.

보다 구체적으로 조직이란 사람들간의 권위관계를 설정해 놓은 구조이다. 명령과 복종, 지시와 순응 등의 관계가 사람간의 힘의 차이에 의해 일상적인 권위를 가지고 받아들여지는 관리체계를 말한다. 그러나 공식적 혹은 명시된 권위관계와 실제로 나타나는 권위관계는 상당히 다를 수 있다. 공식적인 상하관계에도 불구하고 실제에 있어 이를 거부하거나 수정할 수 있는 여러 가지 형태의 권력관계가 나타나는 것이 조직의 본래 모습이기 때문이다. 한편 관리란 '체제 내에서 합리적 협업을 달성하기 위한 의도적 행동'으로 정리할 수 있다. 여기서 말하는 의도적 행동이란 변화의 방향과 통제의 성격을 동시에 띠고 있다. 그런데 의도한 행위라 하여서 반드시 합리적 협업을 이루지 못하는 경우가 있는 반면 의도적인 행위가 아닌 비의도적인 행위가 때에 따라서는 우연히 합리적 협동에 기여할 수 있다. 심리학, 사회학 등에서 연구된 결과를 원용하면 어떠한 관리체제에도 공식적인 행정목표에 반하는 비합리적인 내외환경이 존재하고 있다는 것이다. 따라서 진정으로 합리적이기 위해서는 존재하는 비합리성을 무시하지 말아야 한다. 때에 따라서는 비합리적 요소를 제대로 활용할 경우 보다 높은 합리성을 유지하는 데 도움을 주기 때문이다.

요컨대 조직구조상에 나타난 권위관계와 실제 권위관계가 일치되지 않는다는 점, 과학적으로 계산될 수 없는 비합리성이 관리영역에 존재한다는 점 등은 곧 행정에 의해서 달성될 수 있는 것은 다만 '상대적인 의미에서 고도로 합리적인 인간협업'이라 할 것이다. 또한 administration이 고도의 합리사회를 추구하지만 완벽한 합리사회는 존재할 수 없고 또 존재한다 해서 그것이 바람직한 것도 아니라는 것이다.

4. 공공성의 의미

공공행정이 일반행정과 다른 것은 공공성(public)을 띠고 있기 때문이다. 공공성이란 정부나 국가의 활동을 설명할 때 정통성, 강제성 등의 법적 철학적 성질을 가지는 개념으로 정의될 수 있다. 어떤 기능과 행위가 공공성이 있는지는 그러나 기능이나 행위에 대해 주민들이 어떻게 공공성 여부를 가리는지에 따라 판별할 수 있다. 또는 상식선에서 정부가 수행하는 기능이나 활동을 공공성이 있는 행위로 간주할 수 있을 것이다. 그러나 한 사회 내에서 공공성에 대한 주민들의 의견이 다양하고 또한 정부기능을 수행하는 정부조직의 범주가 명확하지 않은 경우가 많아―예를 들어 기업체나 개인에게 정부가 용역을 주었을 경우 그 활동이 정부행위로 간주되어 공공적이라고 할 수 있을 것인가?―쉽사리 공공성에 대한 정의를 내릴 수가 없다. 이에 사회학과 인류학 분야에서 개발된 '구조기능적 분석방법'과 '문화개념'을 이용하여 공공성을 정의해 보기로 한다.

어느 사회에나 공히 적용되는 일반화된 공행정의 영역이 있지만 각기 다른 문화여건으로 말미암아 그 범주는 사회마다 심대한 차이가 있다는 점을 이해해야 한다. 구조기능적 분석이 인간경험의 반복적인 면을 찾아 이를 일반화시키는 접근방식이라면 문화개념은 인간사회의 다양성에 초점을 맞추어 그 개별성을 설명하는 논거를 제공하게 된다. 따라서 구조기능적 분석과 문화적 시각은 상반된 접근방법이면서 사회현상을 분석하는 데 있어 상호보완적인 역할을 수행한다.

(1) 구조기능적 분석시각

다양한 사회에서 공유되고 있는 현상의 특징적 국면을 추출, 이를 일반화시켰을 때 나타난 공공성의 의미는 다음과 같다. 공공성이란 신성한 성질(sacred aura)를 갖추고 정통성은 행위나 현상이 한 사회에서 독점적인 '강제성'(coercions)과 사회 전반에 미치는 '상징성'(symbolisms)을 띠고 그리고 사회가 통념적으로 승인하는 '격식성'(ceremonies)을 갖추고 있을 때 나타난다는 것이다. 따라서 공무원(개인)이나 정부조직(기관)이 위와 같은 세 가지 요건을 갖춘 행위―재판을 하여 죄수를 투옥하거나, 돈을 주조하거나, 공무원을 충원하거나, 외교관계를 맺는 등―에 관여할 때 이는 곧 공공적 활동에 해당된다는 것이다.

(2) 문화개념에 비친 공공성

문화란 신념체계와 행위방식의 다양성을 설명하기 위해서 사회과학에서 자주 사용되는 개념이다. 따라서 문화란 한 사회의 공공성을 이 사회를 구성하고 있는 모든 여건—신념체계와 행위방식 등—들과 관련하여 정의하게 해준다. 한 사회의 정치구조, 교육제도, 신분제도, 경제수준 등 행정을 둘러싸고 있는 환경과 관련하여 공공성의 영역을 구별하게 해주고 나아가 사회간 혹은 사회 내의 공공행정의 범주에 대한 차이를 이해시켜 준다. 예를 들면 미국의 자유민주체제에서 정의한 공공성이 다른 정치체제에 적용되는 부분도 있겠으나 적용될 수 없는 면도 많아 문화개념이 주로 비교적인 시각을 갖지 않고서는 한 사회에 존재하는 특수한 성격의 공공성을 규명하는 데 많은 어려움을 겪을 것이다. 합리적 협업 행위인 행정도 사회 내, 사회간의 문화적 다양성에 의해 영향을 받기도 하고 또 영향을 주기노 하는 것이다. 공공성의 범주는 곧 다양한 문화와 복잡한 함수관계를 맺고 있는 것이다.

Ⅲ. 평가적 의견

Waldo의 행정에 대한 정의는 근본적으로 논리실증주의를 분석 근간으로 하여 정치와 행정을 준별하고자 하던 당시의 '행정관리설'적 관점에서 크게 벗어나지 않는다. 합리성이라는 행정의 핵심적 개념을 목표와 수단선택의 연쇄반응으로 이해하여 각급 행정단위의 '합리적 선택의 총체적 집합'을 곧 행정체제의 지고의 가치로 파악함으로써 행정을 주어진 목표달성을 위한 조직 및 관리측면에서 정의하고 있다. 공공행정조직이 추구하는 합리성은 곧 기업관리의 주요 이념으로서 사(私)행정영역에서 원용된 가치라면 공(公)행정영역에서 추구되는 공공성 역시 거대화되는 사기업조직의 지도이념으로 정착되고 있는바, 따라서 공·사 거대조직이 가지는 역할과 기능이 더욱 유사해 질 것이라는 Waldo의 예상은 타당하다. 그러나 Waldo 스스로 1969년 신행정학파(New Public Administration School)의 일원이 되면서 지적하였던바, 행정은 주어진 목표를 합리성의 관점에서 이행하는 것에 더해, 보다 적극적으로 정치역학 속에서 행정이 사회의 정의를 선언함으로써 행정의 방향과 목표를 스스로 선택하여야 한다는 점을 1950년대의 Waldo는 지적하지 못하고 있다. 또한 후기 Waldo 스스로 주장하였던바, 행정은 이제 폐쇄된 행정체제 속에서 기계적 합리성을 추구하기보다는 개방된 행정체제 속에서 평등과 자율이라는 행정가치를 추구할 때 행정의 존재가치가 명확해진다는 점도 초기 Waldo는 논의의 대상에서 제외하고 있다.

행정학과 행정행위간에 개념적 혼용은 Waldo가 지적한 바와 같이 점차로 뚜렷한 구분을 하지 않으면 안 된다. 사회과학의 한 분야로서 행정학이 이론개발 (Theory Development)에 치중한다면 행정은 사회기술의 한 분야로서 사회발전 (Social Engineering)에 직접 관여하는 행위양식이다. 기술개발에 진력하는 Engineer의 활동과 이 Engineer가 사용하는 공학적 원리 원칙을 연구하는 공학도가 구별되어야 하듯이 행정이론정립에 전력하는 학도의 연구와 실제행정행위는 구별되어 정의되어야 마땅하다.

참고문헌

Waldo, D., *The study of Public Administration*, New York: Random House, 1955.

_____, "Foreward," *Toward a New Public Administration*, Frank Marini, ed., California: Chandler Publishing Company, 1970, pp. 13-19.

_____, *The Enterprise of Public Administration*, California: Chandler & Sharp Publishers, Inc., 1980.

_____, "What is Public Administration," J. M. Shafrtz & A.C. Hy, eds., *Chassics of Public Administration*, Illinois: Moore Publishing Company, Inc., 1978, pp. 170-182.

Stephen K. Bailey의 행정이론 분류*

I. 머 리 말

행정학은 행정에 관한 이론의 집합체라고 말할 수 있다. 행정이론의 유형론은 행정학의 이해와 행정의 연구에 불가결한 도구이다. 행정이론의 유형화는 실로 허다한 기준에 따라 시도될 수 있는데 Stephen K. Bailey는 그 중 한 기초적인 분류를 보여 주고 있다. 그는 "행정이론의 목적"(*Objectives of the Theory of Public Administration*)이라는 논문에서 행정이론을 네 가지로 분류하는 유형론을 제시하였다.

Bailey는 행정이론의 유형론을 개진하기에 앞서 이론의 의미, 행정이론의 목적 등에 언급하였다. 그는 '무엇인가 중요한 것을 말하는 가장 간명한 방법'이 이론이라고 하는 Elmer Schattschneider의 이론에 관한 정의가 이론의 핵심적 속성을 파악한 것이라고 평가하였다. 그리고 사람들이 잡다한 경험과 관찰의 혼잡 속에서 규칙성과 확률의 유형을 추출해내고 거기에 상징적 표현과 논리적 연관성을 부여하면 이론이 되는 것이라고 하였다.

Bailey는 이론의 유목적성(有目的性)과 효용성을 강조하였다. 이론구성작업 가운데는 순전히 심미적(aesthetic) 목적만 지닌 것도 있을 수 있다는 점은 부인하지 않았다. 즉 이론의 논리적·형식적 아름다움에 도취되어 이론을 만들 뿐이라고 하는 경우도 없지 않을 것이라고 하였다. 그러나 대부분의 이론은 보다 넓은 목적과 효용을 지닌 것이라고 하였다. 대부분의 이론이 지니는 궁극적 목적은 '통제(統制)를 위한 이해(理解)'라고 하였다. 다시 말하면 사람들이 관찰하는 현상을 이해하고 그것을 바람직한 방향으로 통제(유도 또는 개선)하기 위해 이론을 발전시키는 것이라고 한다.

---

* 오석홍: 서울대학교 행정대학원 명예교수.

Bailey는 서구민주국가의 행정을 "정치적으로 정당화된 목적의 합헌적 수단에 의한 집행을 위해 물적 및 인적 자원을 정부를 통해 동원하고 조직화하는 노력"이라고 정의하였다. 그리고 미국에서 정치적으로 정당화된 행정의 목적은 미국독립선언문과 헌법전문의 현대적 해석을 통해 파악해야 한다고 하였다.

행정을 이렇게 정의할 때 민주적인 문화권 내에서의 행정이론이 추구하는 궁극적 목적은 비교적 쉽게 규정될 수 있다고 하였다. Bailey가 말하는 행정이론의 목적은 합헌적인 방법에 의하여 정치적으로 정당화된 목적의 성취를 추구하는 정부의 제 과정을 개선하기 위하여 인문학적(人文學的) 통찰력과 사회과학 및 행태과학의 검증된 명제들을 결집해 활용하는 것이라고 한다.

Bailey는 정부의 제 과정을 개선한다는 목적을 추구하려면 네 가지 범주의 이론이 필요하다고 하였다. 네 가지 범주의 이론은 각기 배타적인 것이 아니라 서로 긴밀히 연관되어 있으며 어느 정도는 서로 겹치는 성격을 가지고 있다고 한다. 다음에 Bailey의 네 가지 이론범주에 대한 설명을 소개하려 한다.

II. 네 가지 이론유형

행정이론의 목적을 추구하는 데는 네 가지 범주의 이론이 필요하다. 이론의 네 가지 유형 또는 범주란 기술적·설명적 이론, 규범적 이론, 전제적 이론, 그리고 수단적 이론을 말한다.

1. 기술적·설명적 이론

기술적·설명적 이론(記述的·說明的 理論: descriptive-explanatory theory)은 복잡한 현상을 연구자의 목적에 따라 간추려 포착하는 데 필요한 길잡이, 즉 타당하고 설명적인 가치가 있는 모형을 만들어 놓은 것이다. 여러 가지 법률, 제도, 그리고 행태가 복잡하게 얽혀 있는 행정현실에 대한 타당하고 설명력 있는 모형으로 쓰일 수 있도록 일련의 명제를 추출해 놓은 것을 기술적·설명적 이론이라 한다. 복잡한 행정현상을 포착하여 기술할 때에는 일정한 목적에 따라 필요한 것을 추출하여 기술할 수밖에 없기 때문에 그러한 추상(抽象) 또는 선택의 길잡이가 될 기술적·설명적 이론이 있어야 하는 것이다.

행정에 관한 기술적·설명적 이론의 고전적인 예는 피라미드형의 계서제에 관한 이론이다. Bertram Gross는 이러한 단일계서적 모형이 너무 단순하다고 비판하면서 관리자를 구심점으로 하는 다원적 계서제의 교호작용에 관한 기술적·설명적 이론을 제시한 바 있다. 행정현상의 비교·설명에 쓰이는 유형론들도 기술적·설명적 이론의 좋은 예이다. 근래에는 행정학의 기술적·설명적 이론들이 체제이론의 영향을 많이 받고 있다. 체제개념을 명시적으로 또는 묵시적으로 사용하는 기술적·설명적 이론의 예는 너무나 많다.

행정학에서 기술적·설명적 이론을 발전시키는 것은 다른 학문분야의 경우에서와 마찬가지로 어려운 일이다. 그러나 행정의 발전을 추구하는 행정학의 목적을 위해 기술적·설명적 이론을 개발 또는 수정하는 노력을 지속적으로 경주해야 한다. 우리가 기술하지도 설명하지도 못하는 현상을 개선하겠다고 나설 수는 없기 때문이다.

2. 규범적 이론

규범적 이론(規範的 理論: normative theory)은 장래의 상태를 처방적으로 설정하는 것을 목적으로 하는 이론이다. 다시 말하면 바람직한 행정의 상태는 장차 어떻게 되어야 한다는 것을 처방하는 이론인 것이다. 규범적 이론은 능률성, 감응성(대응성), 책임성, 경제성, 직원의 사기앙양, 분권화, 성실성, 쇄신, 참여적 민주주의, 관리가능한 통솔범위, 원활한 조직 내적 의사전달과 같은 상당히 모호한 가치 또는 목적을 최대화할 수 있는 규범들을 설정하려 한다.

규범적 이론이 추구하는 가치들은 흔히 상충되고 논란의 대상이 되고 있다. 이것은 행정학의 규범적 이론을 혼란에 빠뜨리는 요인이다. 높은 과세와 낮은 과세, 지방자치와 중앙집권, 민영화와 국유화, 정치적 통제와 전문가적 통제 등 대립적 요청들을 둘러싼 논란에서 보는 바와 같은 정치체제 내의 가치갈등 내지 가치논쟁이 행정기관들의 규범형성에 대한 조건을 설정한다. 행정의 기초적인 가치들은 파생적(derivative)인 것이라고 말할 수 있다. 왜냐하면 그러한 기초적 가치들은 정치체제 전반에 실재하는 여러 가지 경쟁적 가치들의 교묘한 혼합체에 의존하는 것이기 때문이다.

행정기관이 추구해야 하는 가치들은 모호하며 그러한 가치들 가운데는 서로 대립되는 것들이 많을 뿐만 아니라 개별 가치들의 중요도와 위상은 시간의 흐름에 따라 변한다. 어느 한 시점에서 지배적인 위치를 점하던 가치가 부작용을 낳게 되면 뒤의 시점에서는 그에 반대되는 가치의 적실성이 높아지게 된다. 그런데 조직의 관성 때문에 적실성을 잃은 가치들이 계속 고수되는 경우가 많다.

어떤 한정된 가치가 규범적 이론을 보편적으로 지배할 수는 없다. 고전적인 행정의 원리에서 보는 바와 같은 단일가치기준적인 규범적 이론들도 있지만 그 적실성은 상황에 따라 달라질 수밖에 없다. 오늘날 연구인들은 규범적 이론을 조건부적(conditional)이며 상대적인 것으로 파악한다. 그리고 병리현상에 대한 그때 그때의 임상적 진단을 통해 장래의 처방적 상태를 설정하려 한다.

행정학의 규범적 이론은 만족할 만한 수준의 발전을 이룩하고 있지 못하다. 행정적 병리의 유형에 대한 진단도 부실하고 치료법의 개발도 불완전하다. 그러나 행정이론의 지상과제가 행정의 개선에 있다고 한다면 규범적 이론은 불가결한 것이다. 가치전제 또는 목표가 없이 무엇을 개선한다는 것은 불가능하기 때문이다.

3. 전제적 이론

전제적 이론(前提的 理論: assumptive theory)은 인간의 본질이나 조직의 성격에 관한 근가정(根假定) 또는 기본적 가정(基本的 假定: root-assumptions)을 밝히는 이론이다. 행정현상을 정확히 이해하고 또 그에 대한 개선처방을 하려면 그 근저에 있는 보다 근본적인 문제, 즉 인간의 본성과 조직의 본질에 대한 올바른 이해가 있어야 한다.

기술적·설명적 이론과 규범적 이론이 있더라도 그것만으로는 행정을 개선하기 어렵다. 전제적 이론이 또한 있어야 한다. 좋은 전제적 이론이 없이 좋은 기술적·설명적 이론이나 규범적 이론이 나오기는 어렵다. 그런데 행정이론에서는 인간의 본성과 조직의 본질에 관한 근가정을 밝히는 '전제적' 명제를 설정하는 데 아주 게을렀다. 그런 가운데 천진한 이상주의자들(Utopians)은 장래에 예견되는 병적 울혈상태(stasis)를 천국과 같은 상태로 착각하는 일이 흔했을 뿐만 아니라 인간본성의 유연성(적응성)을 반성 없이 전제하는 잘못을 저지르는 일도 많았다. 철없는 이상주의자들의 영광은 그들이 역사를 극복할 수 있다고 스스로 믿는 것이며, 이상주의자들의 비극은 그들이 역사를 이해하지 못하고 있다는 사실이다.

행태과학분야에서 동기이론 및 쇄신확산이론과 관련하여 경험적 기초가 있는 전제적 이론을 발전시키는 데 약간의 진척을 보이고 있다. 그리고 인간의 본성에 관한 격언이나 신학적 지식은 아주 많다. 행정학자들은 프로이트 심리학

(Freudian psychology)과 인간의 동물적 충동에 관한 근래의 연구를 참고할 수도 있다. 조직의 관성과 변화에 관한 소수의 역사학적 및 사회학적 연구들이 유용한 전제적 이론의 편린을 보여주는 바도 있다. 문학의 세계는 전제적 이론을 도출할 수 있는 자료들을 풍부하게 가지고 있다.

그러나 대부분의 행정이론은 전제적 이론의 주의 깊은 평가와 명료화에 바탕을 두고 있지 않다. 인간의 본성과 조직의 관성에 관한 현실적 전제에 기초하지 않은 기술적 이론이나 규범적 이론은 현실적합성을 가질 수 없다. 건실한 전제적 이론이 없는 가운데 인간을 너무 낮게 평가하고 조직에 관해 너무 현실타협적인 견해를 가지게 되면 개혁의 시도는 어리석은 일이거나 불가능한 일로 생각될 것이다. 인간을 너무 높게 평가하고 조직의 변동 가능성에 대해 너무 이상적으로 생각하면 좌절과 고통을 겪게 될 것이다. 행정을 이끌어가는 사람들은 대부분의 기술적·설명적 이론에서 논리적으로 도출할 수 있는 수준 이상으로 인간과 조직에 기대를 건다. 그리고 유토피아적 규범으로부터 도출할 수 있는 수준보다는 낮은 기대를 건다.

모든 행정가들은 인간과 조직에 관한 '실천적 가정'(operating assumptions)을 가지고 있다. 그러나 자기의 기본적 가정들을 정밀화하고 명료화한 행정이론가들은 아주 드물다. 행정이론가들은 전제적 이론의 발전에 주력하여 행정을 개선하려는 노력에 이바지해야 할 것이다. 행정개혁의 성공여부는 인간의 개인적 및 제도적 내지 조직 상의 능력에 관한 일관되고 초점이 맞는 이미지를 구성해내는 이론가들의 능력에 달려 있다고 해도 과언은 아니다.

4. 수단적 이론

수단적 이론(手段的 理論: instrumental theory)은 행정개혁의 구체적인 수단에 관한 이론이다. 즉 규범적 이론에 의하여 처방된 보다 바람직한 상태를 언제 어떻게 실현할 것인가에 관한 이론이다. 기술적·설명적 이론이 '무엇'(what)과 '왜'(why)에 관한 것이고, 규범적 이론은 '해야 하는 것'(should)과 '좋은 것'(good)에 관한 것이며, 전제적 이론은 '전제조건'(preconditions)과 '가능성'(possibilities)에 관한 것이라고 한다면 수단적 이론은 '어떻게'(how)와 '언제'(when)에 관한 것이라 할 수 있다. 수단적 이론은 행정개혁을 하려면 어떤 기술과 수단을 써야 하며 개혁추진의 시간조정을 어떻게 해야 할 것인가에 대한 답을 제공하려는 것이다.

아직까지 체계적인 수단적 이론은 별로 없는 형편이다. 쓸모 있는 수단적 이론의 개발이 영영 안 될지도 모른다. 행정의 변동이 상황조건적이며, 리더십에 의존하는 바 크고, 말로 설명하기 어려운 조직의 분위기와 스타일에 연관된 바가 또한 크기 때문에 변동의 수단에 관하여 유용한 보편적 명제를 창출하기가 어렵다.

그러나 비관적으로만 생각할 것은 아니다. 우리 주변에는 단편적이지만 행정가들에게 도움이 될 만한 수단적 이론들을 담고 있는 문헌이 많으며 수단적 이론으로 다듬어질 수 있는 자료들도 많다. 앞으로 이러한 기존 자료와 이론들을 갈고 다듬어 정치화(精緻化)하는 데 주력해야 할 것이다.

여하간 수단적 이론은 필수적인 것이다. 수단적 이론은 '결정적인' 또는 '실제적 성과를 가져오는' 이론('pay-off' theories)인 것이다. 다른 이론들은 현학적(衒學的)인 것들이라 할 수 있다. 사람들이 정확한 현실인식을 가지고 있고 그에 대해 무엇을 해야 할 것인지를 잘 알고 있으며 인간본성과 조직의 본질에 관해 심오한 이해를 하고 있다 하더라도 수단적 지혜, 즉 도구, 기술, 시간조정 등에 관한 실용적 이론이 없다면 실제로는 아무것도 할 수 없다.

우리가 온전한 수단적 이론을 발전시키는 데는 여러 가지 애로가 있다. 고려하여야 할 변수와 교란요인이 너무 많기 때문이다. 수단적 이론의 불완전성은 고도로 기술적이고 상호의존적인 세계에 사는 인류가 누리는 자유와 존엄성의 궁극적 한계를 반영하는 것일 수 있다. 그러나 다소간의 불완전성을 언제나 전제하지 않을 수 없다고 하더라도 그것이 수단적 이론의 유용성을 전혀 배척한다고 생각할 일은 아니다. 우리는 실천적으로 쓸모 있는 중범위이론을 개발할 수 있다. 그것이 전혀 불가능한 것이라고 믿을 만한 본질적인 이유는 없다. 실제로 게임이론이나 쇄신확산이론의 분야에서 상당히 성공적인 시도를 보이고 있다.

위의 논의에서 우리는 행정이론의 목표를 합헌적인 방법에 의하여 정치적으로 정당화된 목적의 성취를 추구하는 정부의 제 과정을 개선하기 위하여 인문학적 통찰력과 사회과학 및 행태과학의 검증된 명제들을 결집하여 활용하는 것이라고 규정하였다. 그리고 이 목적을 달성하려면 네 가지 유형의 상호연관된 이론체계가 필요하다고 하였다. 즉 행정이론은 현실을 기술하고, 개선방안을 처방하고, 인간과 조직에 관한 세련된 가정을 발전시키고, 민주정부의 목표와 수단을 개선하는 데 사용할 수 있는 실천적인 수단을 개발하여야 한다고 하였다. 행정의 개선은 이 네 가지 이론체계들을 어떻게 잘 연관 짓느냐에 달려있다고 말할 수 있다.

Ⅲ. 평가적 의견

행정이론을 분류한 Bailey의 유형론은 그 나름대로 유용성을 가진 것이다. 그의 유형론은 행정학을 공부하고 행정이론을 발전시키려는 사람들에게 어떤 준거를 제공할 수 있을 것이다. 그러나 그의 행정이론분류가 아주 만족스러운 것만은 아니다. 여러 가지 논리적 차질과 관념적 모호성 내지 혼란을 내포하고 있다. 그의 이론이 유용하다는 것은 그와 같은 결함에도 불구하고 쓸모가 있다는 뜻이지 이론이 완벽하다는 뜻은 아니다.

Bailey는 그의 글에서 "행정이론개발의 어려움이 있어도 그 일이 전혀 불가능한 것은 아니며, 이론이 불완전해도 어느 정도의 쓸모는 있다"는 말을 한 바 있다. 그의 '이론에 관한 이론'(행정이론유형론)에 대해서도 우리는 같은 평가를 해 줄 수 있을 것 같다.

Bailey의 이론유형 네 가지는 그 내용이 서로 얽히고 다소 중복 되더라도 각기 구별될 수 있는 범주들이라고 볼 수 있는 면이 분명히 있다. 그러나 시각의 여하에 따라서는 한 이론유형이 다른 이론유형과 완전히 겹치는 것으로 볼 수 있는 면이 또한 있다. 그리고 네 가지 유형의 이론이 모두 대등한 차원의 이론범주라고 보기 어려운 점도 있다.

예컨대 전제적 이론이 인간과 조직의 특성은 무엇이고 인간과 조직은 무엇을 할 수 있는가에 대한 기술이라 한다면 그것은 다름 아닌 기술적 이론이라 할 수도 있다. 전제적 이론이 다른 이론의 전제로 쓰일 때만 그것은 전제적 이론이며, 그렇지 않을 때는 기술적 이론이라 해야 마땅할지도 모른다. 수단적 이론의 경우에도 비슷한 문제가 있다. 어떤 목적을 달성하는 때 어떤 방법이 적합한가를 서술하는 수단적 이론은 자연적 또는 사회적 관계들을 기술하는 것이기 때문에 일종의 기술적 이론이라 할 수도 있다. 여하간 전제적 이론이나 수단적 이론은 다른 두 가지 유형의 이론과 동열 또는 대등한 차원에 있는 것이라 하기 어렵다.

Bailey의 논문은 이론분류의 준거가 될 행정이론의 목적을 상당히 강조하고 있다. 그러나 행정이 무엇이며 행정이론의 목적이 무엇인가를 논의한 데에서는 모호한 관념 또는 논리적 혼란이 산견된다. 우선 행정과 정부, 행정과 정책의 관계를 명쾌하게 설명하지 못한다. '정치적으로 정당화된 목적'이 행정인들의 세계에 외재적으로 주어지는 조건인지 아니면 정치적 목적설정에 행정인들도 참여하는 것인지에 대해 답을 제시하기보다는 질문만을 남기고 있다. '합헌적 방법'에 따르는 것만이 행정이라 한다면 헌법질서를 파괴한 혁명정권의 행정은 행정이라 볼 수 없는가를 묻는 질문에도 답하는 바가 없다.

각 유형의 행정이론이 어느 수준에 와 있는가에 대한 논의도 반드시 적절한 것만은 아니다. 각 분야의 이론발전을 전반적으로 너무 과소평가한 것으로 생각된다. 세월이 흐르고 행정이론의 발전이 거듭되면 1960년대 후반에 내린 Bailey의 이론평가는 더 많은 비판을 받을 수 있다.

참고문헌

Bailey, Stephen K., "Objectives of the Theory of Public Administration," in James C. Charlesworth, ed., *Theory and Practice of Public Administration: Scope, Objectives, and Methods*, American Academy of Political and Social Science, 1968, pp. 128-139.

Barry Bozeman의
공공성에 대한 연구*

Ⅰ. 머리말

Bozeman은 기존의 공·사조직 비교의 방법론인 일반론적 접근방법(generic approach) 또는 이분법적 접근방법(binary approach) 등에 대해 문제를 제기하고 새로운 접근방법을 제시함으로써 공·사조직의 비교연구에 있어서 새로운 지평선을 펼쳐보였다. 그는 공·사영역에 있어서의 혼재 경향이 공공조직의 이론발전을 저해하는 중요한 요인이라고 지적하고 있다. Bozeman은 공공성/기업성의 상대적인 비교를 가능하게 하는 차원적 접근방법(dimensional approach)을 개척하였다. 그가 제시한 차원적 접근방법은 조직에 있어 공공성(publicness)문제를 현실적으로 다룰 수 있는 방안의 탐색이라고 볼 수 있다. 그는 이러한 차원적 접근방법이 공·사영역을 혼돈하는 조직이론가들의 잘못을 바로 잡을 수 있다고 믿는다.

Ⅱ. Bozeman의 공공성

앞에서 언급한 바와 같이 Bozeman(1984)은 그의 연구에서 중요하고 유용한 개념인 공공성(publicness)이라는 개념을 도입하였다. 이 개념은 순수정부조직을 뛰어넘어 적용이 가능하며, 이 공공성 개념을 활용함으로써 영역의 귀속에 관계없이 주어진 조직의 상대적인 공공성의 정도를 알 수 있다고 본다. Bozeman은 이 접근방법을 차원적 접근방법(dimensicnal approach)이라고 부르고 있다.

Bozeman은 공사조직의 비교연구에서는 공조직의 정의에 대한 합의가 없기

---

* 김성태: 성균관대학교 사회과학부(행정학 전공) 교수.

때문에 많은 문제가 야기되었다고 보며, 공공성의 문제는 이 분야의 연구에 있어 중요한 장애가 되었다고 지적한다. 그는 행정이론가들은 아직도 공·사조직에 있어서 혼돈의 영역과 유사조직의 증대 문제를 해결짓지 못하고 있다고 믿고 있다.

Bozeman이 그의 연구에서 적용하고 있는 차원적 접근방법의 주요 가정은 정치·경제모형과 자원종속접근방법에서 유래하였으며 그 주요 내용은 다음과 같다.

1) 조직의 공공성(publicness)은 절대적 성질이 아니라 정도의 문제이다.
2) 대다수의 조직형태는 합리적 선택모형에 의해서 설명되기 어렵고 외부동 인에 의한 제약에 의해 잘 설명될 수 있다.
3) 많은 외부 영향력이 조직을 제약하지만, 이러한 영향력은 조직의 공공성 을 설명하는 요소로부터 유래한다.
4) 조직의 공공성이라는 측면에서 볼 때 조직의 효과성이라는 개념은 내재적 인 합리적 목표의 성취라기보다는 다양한 내·외부에서 고객들에게 봉사 하는 실체로서 생각할 수 있도록 재정의되어야 한다.

1. 조직의 주요 과정에 대한 공공성

Bozeman은 조직을 다음과 같이 정의하고 있다. "조직은 형식적으로 만들어진 사회적 집합체이며 이것은 환경으로부터 자원을 획득하고, 조직의 목표수행에 적절하게 방향을 제시하여 이러한 자원을 사용함으로써 조직의 목적을 달성한다." 이러한 조직의 정의로부터 조직형태에 있어 다음과 같은 주요과정을 추출할 수 있다: 조직의 확립과 유지, 조직의 구조화, 자원의 습득과 관리, 목적의 설정과 추구.

이러한 기본적인 과정은 다양한 조직행태(organization behaviors)를 포함하고 있으며, 많은 내·외적 요인들이 조직의 형태를 제약하고 있다.

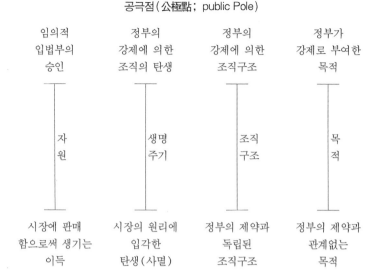

[그림 1-1] 조직의 주요관점에 대한 공공성(publicness)의 차원들

Bozeman은 그의 연구에서, 정부의 행위자에 의해 가해지는 한 범주의 제약에 초점을 맞추고 있다. 그는 [그림 1-1]를 통하여 여러 차원의 공공성(publicness)을 설명하고 있으며 정반대의 양극의 가치를 확립하고 있다.

여러 경우에 있어 양극의 값보다 중간의 어느 값을 택하는 것이 더욱 용이할 수 있다고 Bozeman은 설명한다. 예를 들면, 생명주기 차원에서 볼 때 어떤 조직은 정부에 의해서 강제적으로 만들어지나 어떤 공기업은 시장경제의 제약에 의해 탄생하는 경우도 있다. 그러나, 정부가 형식적으로는 조직의 생성과정에 책임지지 않았지만 어느 정도 정부의 제약을 받고 있는 경우의 조직은 시장경제의 진입에 대한 규제에서 나타나는 바와 같이 때로는 정부의 역할이 핵심적인 주요한 영향을 미칠 수가 있다. 그러나, 정부가 형식적으로는 조직의 생성과정에 책임지지 않았지만 어느 정도 정부의 제약을 받고 있는 경우의 조직은 시장경제의 진입에 대한 규제에서 나타나는 바와 같이 때로는 정부의 역할이 핵심적인 주요한 영향을 미칠 수가 있다. 그러나, 어떤 경우는 새로운 회사 설립시에 조세감면 조치 등으로 정부의 제약이 간접적이며 덜 중요할 수도 있다.

조직의 주요과정에 대한 공공성(publicness)의 차원들은 Bozeman은 다음과 같이 설명한다.

(1) 자원의 공공성

조직은 정부의 제약 정도에 따라 다양한 출처로부터 재원을 조달받고 있기 때문에 조직의 자원 확보과정은 대단히 복잡하다. 예를 들면 미국의 항공산업에 있어 재원의 출처는 대단히 복잡한데 이러한 차원적 접근방법을 응용함으로써 보다 세분화된 조직의 관점을 보여줄 수 있다.

자원의 공공성이 주는 주요한 이론적 시사점은 상호 갈등을 일으킬 수 있는 자율성과 안정성이라는 가치들과 관계된다. 조직자원 획득과정에 있어서의 공공성(publicness)은 경영전략과 조직환경의 성격과 관련하여 판단되는 변수이며 주관적 가치판단의 준거가 아닌 것이 확실하다.

(2) 생명주기과정의 공공성

모든 조직은 탄생하면 사멸하는 생명주기의 과정 속에 존재한다. 생명주기의 한쪽 끝인 공극점은 조직의 존재가 완전히 정부의 통제 속에 놓여 있음을 의미하고 또 다른 한쪽 끝인 사극점은 조직의 존재가 정부의 제약으로부터 완전히 독립해 있음을 의미한다.

외부의 법적 제약은 생명주기의 의존성에 있어서 가장 중요한 역할을 한다. 시장에 대한 정부의 규제와 세제 유인책은 조직의 설립에 있어 가장 중요한 역할을 한다. 록히드의 사례는 정부의 제약이 생명주기 양상에 있어 정부조직과 기업조직에 있어 비슷하게 양분되는 것을 잘 보여준다.

조직의 크기, 자원, 생산성 등의 생명주기의 결정요인들이 존재하지만 이러한 것들은 정부의 외적 제약과는 직접적인 연관성을 가지지는 않는다. 이러한 공공성에 대한 차원적 접근방법이 조직의 생명주기를 이해하는 데 기여할 수 있다.

(3) 조직구조/관리과정의 공공성

조직이 구조변화를 꾀할 수 있는 정도에 따라 정부조직과 기업조직은 크게 다르다. 정부조직에서는 비록 부처수준에서는 과(課) 조직을 변경할 수 있는 재량을 많이 갖고 있지만, 획일적으로 주요 재조직 계획을 수립할 수 있는 권한은 거의 없다. 그러나 기업조직에 있어 일반적으로 조직구조를 변경할 수 있는 재량권은 많다.

항공산업 역시 구조와 관리 실제면에 있어 공공성 차원에 대한 좋은 예가 된다. 즉, 정부의 계약과 회계과정이 항공기업들에 있어 재정 구조와 재정관리 실무에 미치는 영향력은 아주 좋은 예가 된다. 또 다른 예는 설비관리에서 찾을 수 있다. 1944년에 연방정부는 실제로 90%의 항공산업설비를 소유하였다. 즉 어떻게 하면 산업을 붕괴시키지 아니하고 수억 달러어치의 잉여장비를 처분하느냐가 문제였다. 이러한 전후 잉여설비문제의 예는 기업조직의 구조, 관리실무에 있어 정부에 대한 의존성을 높인 결과 공공성이 증대되었음을 보여준다. 이러한 전후의 예가 아니라도 현재 항공산업은 설비와 장비면에서 정부에 대한 의존도가 높다. 더욱이 항공산업만이 계약과 조달, 설비관리, 회계과정, 그리고 인사실무에 있어 정부의 제약에 민감한 것이 아니다.

⑷ 목표달성 과정과 공공성

Mohr의 분류를 따르면, 목적은 이행적 목적(transitive goals)과 역행적 목적(reflexive goals)으로 나눌 수 있다. 이행적 목적은 조직의 환경에 대한 의도적 효과를 의미하여, 반대로 역행적 목적은 내부적으로 치중하며 체제유지와 관련하여 구성원들이 조직에 헌신할 수 있는 방향을 유도한다. 형식적인 이행적 목적은 조직의 행태를 설명하는 데 있어서 별 쓸모가 없지만 행태에 대한 기대와 관련하여 중요한 관계를 가지고 있다.

정보와 기업조직과의 중요한 차이점은 이행적 목적을 얼마나 포함하느냐 하는 것이다. 만약 정부조직의 목적달성이 보다 광범위한 다른 조직의 행위자에 공유하는 공공정책의 목적(예를 들어 보다 중요한 이행적 목적)을 손상시킨다면 이행적 목적이든 역행적 목적이든 정부기관에 있어서는 그 목적을 달성하는 것만이 중요한 것이 아니다. 만약 조직의 성공이 보다 중요한 정책목표(예: 범죄예방, 기술혁신, 완전고용 등)를 희생시킨다면 그 기관은 좁은 개념으로만 효과적이라고 할 수 있다. 정부조직에서의 조직의 효과성은 정책의 효과성보다 하위에 위치한다. 기업의 목적에 있어서는 심지어 동일한 산업이라 할지라도 비슷하게 연결되어 있는 경우는 드물다.

2. 공조직 이론과 오류의 감축

공공성에 대한 접근방법은 많고 다양하지만 몇 개의 표준형 분류를 통하여 대부분의 접근방법을 포함시킬 수 있다고 Bozeman은 보고 있으며, 그는 이 접근방법을 통합적 접근방법(aggregate approach), 이분법적 접근방법(binary approach), 비교론적 접근방법(comparative approach)으로 부르고 있으며 이들의 차이점을 다음과 같이 비교하고 있다.

1) 통합적 접근방법의 연구와 이론은 광범위한 일반화에 대한 시도와 조직이
   론을 망라하여 발전시키는 데 더 큰 관심이 있다. 이 접근방법은 공공성이
   중요하지 않다는 것이 확실하다는 가정하에서만 적합하다.
2) 이분법적 접근방법에서는 일반적으로 정부조직으로 정의된 공공조직은 유일
   하며 그 정부조직의 형태는 일반적 모형에 의하여 설명될 수 없다고 보고 있
   다. 이 접근방법은 공공성의 우월성이 확실하다는 가정하에서만 적합하다.
3) 비교론적 접근방법은 공공성이 조직형태와 공·사조직의 실제 차이를 경
   험적으로 결정지을 수 있다고 가정한다. 적당한 공공성의 개념을 발전시킬
   수 있음을 생각할 때 이 접근방법은 생산적이라고 할 수 있다.

Bozeman은 공공조직이론의 가장 중요한 과업은 공공성의 중요성에 대한 가
정에 있어 오류를 제거하는 것이라고 생각하고 있다. 즉 Type A오류와 Type
B오류를 제거해야 하는데 전자(통합적 접근방법)는 공공성이 조직형태를 결정
짓는 데 있어 중요하지 않다고 잘못 가정하는 확률이며 후자(이분법적 접근방
법)는 공공성을 중요한 결정요인으로 잘못 가정하는 확률이라고 본다.

이러한 맥락에서 그는 공공성의 문제를 가장 근접해서 해결할 수 있는 접근
방법은 비교론적 접근방법이라고 주장하는 것이다([그림 1-2] 참조).

[그림 1-2] 오류의 감축과 공공성에의 접근방법

3. 이론과 연구에 있어서의 의제

Bozeman은 차원적 접근방법이 제시하는 안건은 관리기술과 혁신의 이전 가
능성이라고 보고 있다. 예를 들면 정부기관이 공공성 차원에서 보다 낮으며 따
라서 사적인 성격이 강하면 공공성이 높은 기관보다 기업의 관리 기술에 대한
수용성이 보다 높을 수 있다는 것이다.

차원적 접근방법의 또 다른 문제는 공공책무성과 시민들의 만족성 정도와 관련되어 있다고 Bozeman은 강조한다. 예를 들면 기업체에 있어서 공공성이 강하면 그렇지 않은 기업보다 책임성이 더 강조되어야 한다는 것이다.

이러한 것은 공공성에 대한 차원적 접근방법을 적용함으로써 제기될 수 있는 이론적 연구과제로 그는 보고 있는 것이다. 가장 중요한 핵심은 공공성의 개념에 있어 법적·형식적 구분을 능가하는 접근방법을 추구하는 것이라고 Bozeman은 결론지으면서 이 연구는 공공성 접근 방법에 대한 차원적 접근방법의 첫걸음이 될 것이라고 강조하고 있다.

Ⅲ. 평가적 의견

Bozeman의 차원적 접근방법은 Murray(1975)가 취하고 있는 일반론적 접근방법(generic approach)과 Rainey 등(1876)이 취하고 있는 이분법적 접근방법(binary approach)의 결점을 보완할 수 있는 우수한 것이라고 볼 수 있을 것이다. 이러한 차원적 접근방법은 공공성(publicness)을 분석함으로써 공공성이 강한 사기업에 대한 공공책임을 강조할 수 있으며 사조직으로부터 공조직으로의 효과적인 경영전략과 기술의 성공적인 이전 가능성을 높이는 데 기여할 수 있는 것이다.

Golembiewsky(1986)가 지적한 바와 같이 공공영역과 사기업 영역의 차이보다도 같은 영역 내의 하부조직에서 조직문화적 차이가 더 클 수 있다. 이러한 사실은 일원론적 접근방법이나 이분법적 접근방법의 한계를 잘 설명하여 준다 하겠다. 그러나, Bozeman의 차원적 접근방법의 약점은 문화적 또는 환경적 차원의 공공성과 기능적 차원의 공공성을 설정하지 못함으로써 그의 모형의 활용가능성을 감소시키고 있다는 점이다. Whorton과 Worthley(1981)가 지적한 바와 같이 정부에 있어 관리의 능률성 증진에 주요한 장애가 되어온 점은 조직의 공공관리 문화를 제대로 이해하지 못했다는 사실이다.

[그림 1-3]은 유사공공조직이나 사조직에 있어서 조직의 공공책임성을 강조할 수 있는 정도를 판단하기 위한 기준을 설정할 때 필요한 방법을 보여주고 있다. 즉 조직목적의 공공성 정도와 자원의 공공성 정도를 X축, Y축에 배열하여 그 벡터의 합을 파악함으로써 그 조직과 조직의 구성원에 대한 대(對) 국민책임성의 강조 정도를 파악할 수 있고, 이를 구성원의 충원과 연수 등에도 반영할 수

있는 것이다.

사조직으로부터 공조직으로의 관리기술과 혁신의 이전 가능성을 잘 파악하고 높이기 위해서는 공·사조직에 있어서 그 하부조직들의 문화와 기능의 유사성 정도가 잘 파악되어야 할 것이다. [그림 1-4]를 통하여 이것에 대한 이해를 보다 명확히 할 수 있다. 즉 조직하위부서의 문화적 측면의 공공성 정도를 일차원적 평면에 X축, Y축으로 삼아서 각 하위조직을 두 가지 성격의 공공성 측면에서 볼 때 가장 인접한 하위조직들(②, ③)을 확인하여 두 하위조직 사이에 기술이전이나 관리전략의 이전을 시도함으로써 두 조직 사이에서 그러한 이전의 성공가능성을 높일 수 있을 것이다.

이러한 위의 두 가지 접근방법을 통하여 조직의 능률성과 공공책임성을 동시에 조화롭게 제고시킬 수 있는 가능성을 찾을 수 있다.

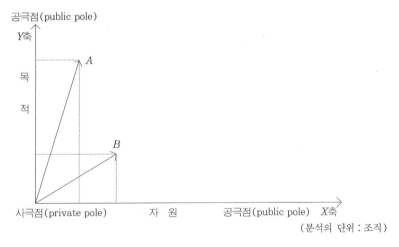

[그림 1-3] 조직의 공공책임성 강조의 정도 결정을 위한 기준설정 방안

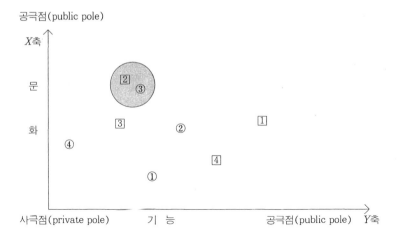

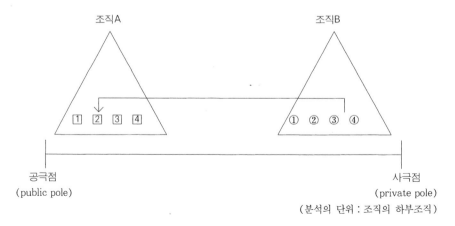

[그림 1-4] 역의 소재가 다른 조직의 하부조직 사이에 관리기술과 혁신의 이전가능성을
높이기 위한 방안

참고문헌

Bozeman, Barry, "Dimensions of 'publicness'; An Approach to Public Organization Theory," in *New Directions in Public Administration* edited by Barry Bozeman and Jeffery strausman, Montery, California: Brooks/Cole Publishing Company, 1984, pp. 46-62.

Golembiewsky, Robery T., "Similarity and Differences between Private Sector and Public Sector Consultation," Paper prepared for delivery at the 50th Annual Meetiona, Academy of Management, Chicago, August, 11, 1986, pp. 11-13.

Murray, Michael A., "Commparing Public and Private Management: An Exploratory Essay," *Public Administration Review,* Vol. 35, July/August, 1975, pp. 364-371.

Rainey, Hal G., H. Backoff & Charles H. Leving, "Commparing Public and Private Organizations," *Public Administration Review,* Vol. 36, March/April, 1976, pp. 233-371.

Whorton, Joseph W. & John A. Worthley, "A Perspective on the Challenge of Public Management: Environmental Paradox and Organizational Culture," *Academy of Management Review,* Vol. 6, July 1981, pp. 357-361.

Jeff Weintraub의
공 · 사 개념의 구분 모형*

I. 머리말

공(公, public)과 사(私, private)의 구분은 사회와 정치의 분석, 도덕과 정치의 논쟁, 일상 삶의 질서에서 주요 논쟁의 출발점이 되어 왔다. 최근에만도 H. Arendt나 J. Habermas의 공공영역(公論의 場, public sphere)의 담론이론, 공공선택이론, 공공재 이론, 여성학의 성차별 이론 등과 같이 정치·경제·사회·여성 분야에 걸친 여러 학문분야와 연구에서 공·사 이원론은 새롭게 주목받고 있다.

그런데 공·사 개념은 서로 반대되는 한 쌍의 고정된 의미로 규정하기보다는, 서로 중첩되고 맞물려 다양하게 변하는 복합적인 의미의 개념이다. 그렇기 때문에, 학자들이 다양한 주제와 쟁점에 공·사 개념을 적용할 때 먼저 그 다양하고 모호하기 쉬운 개념을 명확히 하고 시작해야 하는데, 그렇지 않고 그 함축적 의미를 다르게 사용함으로써 혼란을 야기하고 있기도 하다.

이러한 때 Jeff Weintraub은 Krishan Kumar와 공동 편집한 책 *Public and Private in Thought and Practice: Perspectives on a Grand Dichotomy*(1997) 중 제1장 'The Theory and Politics of the Public/Private Distinction'란 그의 논문에서 다양한 분야의 학문연구에서 사용되고 있고, 서양사상의 거대 이원론의 하나(one of the grand dichotomies of Western thought)로 여겨지고 있는 공·사 개념을 검토하고, 개념사용의 혼란을 줄이기 위하여 공·사 개념의 구분을 조직화해 줄 수 있는 네 가지 주요 유형(four major organizing types of public/private distinction)을 도출하여 그 이론적 이미지(심상, imagery)와 전제를 설명하고 있다. 이러한 공·사 개념의 구분 모형은

---

* 박정택: 대전대학교 행정학부 교수.

행정학이 주로 자신의 대상과 범위 등의 정체성을 '공공＝국가 또는 정부'의 등식에 따라 '정부행정'으로 규정하면서도 각종 공공문제를 해결하는 과정에서는 다른 공공 개념을 적용함으로써 자주 혼란을 겪고 있는 행정학도들에게 행정학의 대상과 범위 및 방법론에 대하여 새롭게 성찰하는 계기와 통찰력을 제공해 줄 수 있다고 판단된다. 이에 Weintraub의 논문을 다음에서 요약 소개하기로 하겠다.

II. Weintraub의 공·사 개념의 네 가지 구분 모형

공·사를 구분하는 유형의 심층적·일반적인 밑바탕에는 '공'과 '사'를 근본적으로 대비시키고 있는 두 종류의 기본 기준이 놓여 있다. 하나는 숨겨져 있거나 드러내지 않고 물러나 있는 것 대(對) 공개되거나 드러내 있거나 접근할 수 있는 것(what is hidden or withdrawn versus what is open, revealed, or accessible)을 대비하는 '가시성'(visibility)의 기준이다. 다른 하나는 개인적이거나 한 개인에게만 관계되는 것 대(對) 집합적이거나 개인들의 집합체의 이해관계에 영향을 주는 것(what is individual, or pertains only to an individual, versus what is collective, or affects the interests of a collectivity of individuals)을 대비하는 '집합성'(collectivity)의 기준이다. 후자 개인적/집합적 구분은 사회집합체의 경우 부분과 전체(part and whole)의 구분에 해당한다.

가시성과 집합성의 기준은 특정한 경우에 서로 겹쳐져 다양한 방법으로 혼합될 수도 있으나, 원칙적으로 그 차이는 명확하다. 예컨대, 어떤 개인이 공익보다는 사익(집단의 경우 '특수이익')을 추구할 때 꼭 비밀리에 하지는 않는다. 여기서 사적인 것의 기준은 특수한 것을 말하므로, 가시성의 기준이 아니라 집합성의 기준이 적용된다. 그렇지만, 시장교환 행위는 자기이익을 추구하고 비정부적(nongovernmental)이며 집합적 결과에는 관심이 없기 때문에 '사적인' 행동이지만, 그것이 '공개적으로' 행해질 때는 단지 사적인 것으로 그치지 않는 것처럼 집합성과 가시성 사이에 서로 관련이 없다고도 할 수 없다. 이처럼 가시성과 집합성의 기준이 내포된 공·사 구분의 예는 수없이 많은데, '공'의 관념이 꼭 집합성의 기준을 함축하는 '정치적인 것'의 관념과 필연적 연관성을 맺고 있지는 않다는 점에 유의해야 한다.

공·사 개념은 서로 다른 종류의 인간행위, 그리고 더 나아가 그런 인간행위가 발생하는 서로 다른 사회생활영역이나 서로 다른 자연적·사회적 공간을 구별하기 위하여 서술적으로(기술적으로, descriptively), 그리고(또는) 규범적으로(normatively) 사용된다. 그리하여 전부 망라한 것은 아니지만, 현재 사회 및 정치의 분석에 공·사 개념을 구분하여 사용하고 있는 방법으로서 다음과 같이 네 가지 주요 모형을 도출할 수 있다.

첫째, 자유주의 경제학적 모형(the liberal-economistic model)으로서, 주로 국가행정(state administration)과 시장경제 사이의 구분이란 측면에서 공·사 개념을 구분하는 모형이다. 이는 '공공정책'의 분석과 일상의 법적·정치적 논쟁에서 지배적인 구분 방법으로 사용되고 있다.

둘째, 공화주의적 모형(the republican model 또는 the republican-virtue model)으로서, 분석적으로는 '공'은 국가정치공동체 및 시민의 영역, '사'는 시장과 국가행정의 영역으로 뚜렷하게 구분해 볼 수 있는 모형이다.

셋째, 사회성 모형(the sociability model)으로서, 사회사적·인류학적 분석 목적으로 '공'은 가정(家庭) 밖의 낯선 사람들과 어울리는 유동적이고 다양한 형태의 사회적 교류의 영역, '사'는 가정 내 개인생활의 영역으로 구별하는 모형이다.

넷째, 페미니스트 모형(the feminist model)으로서, '공'은 경제적이고 정치적인 활동영역, '사'는 가정 내 가사활동으로 구분하여 여성을 가정에 묶어두는 전통에 대하여 여성주의학자들이 반기를 들고 비판하는 구분 모형이다.

각 모형을 요약하면 다음과 같다.

1. 자유주의: 시장과 국가

이 모형에서 공·사 구분은 대체로 '공공부문'(public sector)과 '사부문'(private sector)의 용어가 들어맞는 구분의 틀이고, 주로 정부가 시장에 개입하는 '공공정책'(public policy)을 둘러싸고 벌어지는 논쟁의 틀이다. 이 구분은 사회 현실을 특징적으로 묘사하는, 서로 대비되는 두 가지 이미지에 근거하고 있다. 자기이익을 효율적(합리적)으로 추구하는 개인이 자발적 관계, 특히 계약 관계를 맺어 재화나 서비스를 교환하는 '시장'과, 강제력(coercive force)의 뒷받침을 받는 규제를 통하여 그에 개입하는 '정부'가 그것이다. 그래서 공·사 구분은 정부(governmental)·비정부(nongovernmental)의 구분과 같다.

여기서 공·사의 문제는 특정 활동이나 서비스에 대하여 자발적인 '사적' 개인 사이의 문제이기 때문에 시장에 맡겨야 하는가, 아니면 '공적' 권위(public authority)를 갖는 국가(정부)가 개입하여 규제해야 하는가에 관한 '관할'(소관, jurisdiction) 논쟁과 관련하여 중요하고, 어떻게 그 균형을 맞출 것인가가 과제이다. 이는 사회질서(social order)의 문제에 대하여 공리적 자유주의(utilitarian liberalism)의 고전적인 두 가지 답변을 반복하는 것에 불과하다. 즉 이기적인 이익의 '자연스런' 조화의 시장이론을 주장하는 존 로크(J. Locke)와 아담 스미스(A. Smith)의 답변이 하나이고, 개인의 합리적 이익추구에 대하여 사회 위에서 상벌체제를 적용하여 사회질서를 유지하는—홉스의 Leviathan이란 괴물과 같은—강제적 권력기관이 필요하다는 홉스(T. Hobbes)와 벤담(J. Bentham)의 답변이 다른 하나이다. 시장의 '보이지 않는 손'과 행정규제의 '보이는 손'이 사회질서유지의 주 해결책으로 재현되고 있는 셈이다. 이러한 이원적 모형은 국가 대신 사기업의 '사적 정부'(private government)를 '보이는 손'의 위치에 대입하여 보는 방식으로도 적용되고 있는데, Oliver Williamson의 영향력 있는 책 *Markets and Hierarchies*(1975)의 제목처럼 '시장과 계층제'로 표현되기도 한다.

　이 모형의 영향력은 신고전파 경제학을 넘어서고 있다. 그 일반화 노력의 대표적인 예는 A. Downs의 *An Economic Theory of Democracy*(1957), Peter Blau의 교환이론(exchange theory), 그리고 합리적 선택이론(rational choice theory)과 같은 사회과학의 이론 등이다. 그러나 이 모형의 한계는 영향력 있는 두 학자로부터 내부에서 제기되고 있다. 하나는 Mancur Olson이 *The Logic of Collective Action*(1965, 1971)에서 '합리적' 행위자들은 '무임승차 문제' 때문에 강제력과 '선택적 유인책'이 없으면 결코 집합적 행동에 관여하지 않는다는 주장이다. 노동자가 노조의 강제에 복종하는 이유는 홉스가 말하는 자연상태의 개인이 주권자에 복종하는 이유와 동일하다는 것이다. 그것이 개인이—집합적으로는 추구할 수 없는—이기적 이익을 추구하거나 보호하는 유일한 방법이다. Olson이 보여주고자 한 것은 앞의 시장과 정부의 이원적 전제로는 많은 집합적 행동, 특히 집합적 자기결정을 이해할 수 없는 만큼, 그 전제는 너무 협소하고 너무 제한적이라는 점이다.

　이 모형의 한계를 보여준 다른 예는 Albert Hirschman의 *Exit, Voice, and Loyalty*(1970)이다. '자발적 사퇴'(포기, 퇴장)는 기업, 조직, 국가의 운영에 대한 간접적 압력의 행사인데, 자유주의이론의 '합리적' 개인이 선택할 수 있는 유일한 수단이다. 그러나 그것은 세상의 운행원리를 억제하는 메커니즘으로서는 부적절하다. 그래서 공동관심사에 대한 결정을 내리거나 최소한 영향을 주는 데 참여하는 것을 의미하는 '발언'(주장)의 역할이 있다. 그런데 발언이 효과를 보기 위해서는 일정 정도의 '충성'이 있어야 한다. Hirschman의 발언과 충성은 '시민'에 초점을 맞추는 다음 관점의 문제제기의 방법을 지적하고 있다.

2. 시민권: 도시국가에서 '공공영역'으로

이 모형에서 '공'의 영역은 시민권(시민의 지위나 자격, citizenship)에 기반을 둔 정치공동체의 영역이다. 근본적인 연대와 평등의 틀 안에서 집합적 의사결정에 적극 참여하는 과정이 '공적' 생활의 핵심에 자리잡고 있다. 앞의 모형이나 이 모형에서 '공'은 '정치적'(political)을 의미하지만 '정치적'의 의미는 아주 다르다. 앞의 모형에서 '정치적'이나 '공적' 권위는 '보이는' 국가행정이지만, 이 모형에서 그것은 토론, 논쟁, 심의, 집합적 의사결정, 협동행동의 세계를 의미하는 '보이지 않는' 영역이다. 이 모형의 정치적이란 개념은, 정치철학자 Hannah Arendt가 인간이 공동으로 행동하고 논의할 때마다 나타나는 독특한 행동의 장의 의미로 '공공영역'(public space, public realm)이란 영향력 있는 개념을 사용했는데, 바로 그 개념을 통하여 이해할 수 있다. 그 역사적 뿌리와 사회적 맥락을 이해하면 그것을 더 잘 이해할 수 있다.

'공'과 '사'의 단어는 원래 로마어이고, 그 개념은 그리스어와 로마어에서 나왔다. 로마제국은 로마공화국의 정치적 언어들을 대부분 계승했으나, 그 과정에서 그 의미는 다소 달라졌다. 그래서 바로 정치에 관한 사고의 모호함도 이 전통 유산에서 비롯되었다. 오늘날 서양의 사회적·정치적·도덕적 담론의 수많은 개념용어는 서로 연결되면서도 구별되는 두 가지 유산인 고대 로마 공화주의(republicanism)와 로마제국(the Roman empire)에서 사용했던 의미를 계승하여 형성된 것이다. 특히 로마제국의 법적 용어들은 그 로마법(Roman law)의 강력한 영향을 받아 법학뿐만 아니라 천년 이상의 서양 사회철학과 정치철학의 용어에 영향을 끼쳤다.

그래서 고대부터 두 가지 '공'의 모형이 있었다. 하나는 자치적인 도시국가(polis)나 공화국에서 나온 '시민권으로서의 정치'(politics as citizenship)의 관념이다. 즉 여기서 '공'은 개인들이 시민의 자격(지위)으로 집합적인 자기결정(자결, self-determination)의 과정에 참여함을 의미한다. 다른 하나는 로마제국에서 나온, 사회보다 위에 위치하며 법의 제정과 시행을 통하여 사회를 통치하

는 중앙집권적·통일적이고 전지전능한 통치기구인 '주권'(sovereignty)의 관념
이다. 주권자의 '공'권력은 주권자에 의하여 부여되고 그에 의하여 보장된 권리
를 갖는 '사적'이고 정치적으로 소극적인 개인들의 사회보다 우월한 지위에서,
원칙적으로 그들을 위하여 통치(지배)한다. 이 공·사 개념의 구분은 로마제국
의 법(로마법)의 기반이었다.

대체로 서양이나 다른 문명에서 정치적 사유는 공통적으로 '군주제'를 주된
준거기준으로 삼아, '주권'을 중심으로, 그 지배자(rulership)나 지배(domina-
tion)의 성격·정당성·한계 등의 문제에 초점을 맞추는 식이었다. 이런 정치적
이론에서는 지배자와 피지배자를 분리하는 것을 당연시한다. 그러나 고전적 도
덕 및 정치철학은 공동체에서—비록 그 자격이 제한되고 배타적이었지만—시민
의 집단(a body of citizens)이 취하는, 앞서와 근본적으로 다르고 예외적인,
집합적 결정의 정치과정이나 정치모형에 초점을 맞추었다. 여기서 '정치적' 행동
의 주된 이미지는 지배와 복종(또는 저항)이 아니라, 아리스토텔레스처럼 집합
적 자기결정에 참여(participation)하는 것이다. 아리스토텔레스는 시민을 정의
하기를, 지배하고 지배를 받는, 둘 다 할 수 있는 사람이라고 하였다. 이 시민권
이론은 연대감과 공화주의적 미덕(republican virtue)으로 유지되고 있는 의사
결정공동체에서 평등한 시민이 직접적이건 간접적이건 적극적으로 공공문제의
심의와 해결에 참여하는 것이 시민으로서의 실천적 미덕이라고 본 것이었다.

그러나 개인적인 종속적 관계의 망으로 지탱되고 뚜렷한 공·사 권위의 구분
도 없는 봉건지배체제의 중세시대에 이르자, 시민권의 관념과 주권의 관념은 둘
다 사그라졌다. 그러나 근대에 접어들어 점차 다시 이들 관념이 재발견되고, 이
를 실현하고 제도화하며 혼합하려는 노력이 대두된다. 그 과정에는 세 개의 거
대한 역사적 전환이 있었다.

첫째, 자유주의의 온상인 '근대시민사회의 발달'이다. 시민사회란 근대 초기
서양사상가들이 인식하기 시작한 '시장'을 중심으로, 자기이익 추구의 개인, 경
쟁, 비개인성(impersonality), 계약적 관계의 특성이 존재하는 사회세계를 말한
다. 자유주의는 시민사회의 철학이자 대변 이념으로서, 사회를 시민사회로 환원
하는 경향을 띠었다. 둘째, 원자적 자유주의 개인의 관념을 보완하기 위한 '주권
관념의 재발견'이다. 주권의 재발견은 초기에는 왕권의 재강조, 그에 부수하는
로마법의 재발견, 그리고 특히 절대주의시대와 관련이 있었다. 이에 따라 공·
사를 구분하는 자유주의 개념은 근본적으로 국가행정과 시민사회를 분리하는 것
으로 나타나게 되었다. 셋째, 시민권 관념의 재발견이다. 이는 중세 후기에 자치

도시의 등장과 시민의식의 재탄생으로 시작됐다. 이 관점에서 '공적' 영역은 무엇보다도 평등한 시민 간 참여적 자기결정, 심의 및 의식적 협동의 영역이고, 그 논리는 시민사회와 국가행정과도 모두 다른 것이었다.

이 모형에서 '공' 또는 '정치적' 영역은 적극적 시민권의 영역이다. 이 사회생활영역의 특징에 대하여 이론화하려는 중요한 노력의 예는 Tocqueville의 '정치사회'(political society), Arendt의 '공공영역'(public realm), Habermas의 '공공영역'(공론장, public sphere)의 개념이다. 상호간 중요한 차이점에도 불구하고, 위 학자들의 노력이 시사하는 중요한 점 하나는, 사회생활의 전체적 유형을 앞의 국가 대 국가 밖의 사회와 같이, 하나의 공·사 구분만으로 재단하는 것은 항상 중요한 현상을 누락시키는 오도의 위험이 있다는 것이다. 그것은 "부르주아 공공영역(공론장)은 무엇보다도 (공동 관심사를 토론하고 논의하기 위하여 국가 밖, 그리고 심지어 국가에 대항하여) 하나의 공중으로 결집한 사적 사람들의 영역"으로서, Habermas가 의도적으로 공·사를 뒤섞여 쓴 역설적 명제가 말해준다. 시민사회와 국가와 공존하지만 그 어느 것으로도 환원되지 않는 Tocqueville의 '정치사회'도 동일한 역설적 관찰에 토대를 두고 있다. 그는 중앙집권적이고 관료화한 프랑스국가가 신격화를 달성하자 '정치생활'(political life)은 질식되고 억압되었다는 것이 그의 '구체제'(*The Old Regime*)란 저서의 중심 주장이었다.

이처럼 앞의 국가와 시민권의 두 모형은 정치와 사회를 아주 다르게 보는 이미지에 근거하고 있는데, 근대사상은 그 두 관념·관점 사이의 긴장을 반영하고 있다.

3. 사회성으로서의 '공적' 생활

이 모형에서 '공'은 국가와 관계가 없는 것은 말할 것도 없고, 집합적 의사결정과도 관계가 없다. 여기서 중요한 것은 연대감이나 의무가 아니라, 문화인류학과 사회학이 관심을 갖는 사회성(사교성, sociability)이다. 이는 문화인류학자 필립 아리에(Philippe Ariés)가 그의 '아동의 세기'(*Centuries of Childhood*, 1960)에서 구체제(앙상레짐)사회의 "생활(삶)은 공적으로 영위되었다"라고 말할 때 그 '공적'인 것에 해당한다. 그는 구체제에서 근대로 넘어가면서 가족과 그보다 더 넓은 공동체적 관계의 망, 즉 사회성 사이의 관련성이 변한 것을 통하여 서구사회의 구조가 일대 전환을 겪게 되었다고 주장하였다. 구체제 사회에서 공적 삶이 점차 쇠퇴하고, 사생활(프라이버시)과 친밀성의 섬(island)으로서의 근대 가족이 등장하게 되었다는 것이다.

이 모형에서 '사적' 영역은 개인생활(개인적 삶), 무엇보다도 가정생활(domesticity)의 영역이다. 가족은 애착, 애정, 의무의 특별한 관계로 구성된 집합적 단위이다. 그런데 근대 가족은 고립적인 개인들의 영역이나 개인주의의 영역이라기보다는, 오히려 자기이익 추구적인 개인주의와 친밀성이 없는 시민사회를 회피하여 안식을 구할 수 있는 피난처로 이해되고 있다. 이에 비하여 '공적' 영역은, 물리적으로는 가깝게 교류하면서도 다양성과 일정한 사회적 거리가 유지되게끔 하는 관습에 의하여 조정된, 사회성의 영역이다. Ariés가 역사적으로 복원한 바는, 지금 북미와 북서유럽의 중산층이 경험하는 세계보다는 더 무질서해 보이지만 더 안정돼 있고, 덜 친밀하면서도 더 개인적으로 관계하는 세계의 모습이다. 지체 높은 자나 낮은 자, 부자나 가난한 자가 오늘날보다 더 자연스럽고 구별 없이 함께 어울렸던 세계이다.

이 사회성의 '공적' 세계를 묘사하고 그 전환을 추적하는 연구는 비단 Ariés 뿐만 아니라, 가족에 관한 역사사회학과 사회사(社會史), 해석인류학, 아날학파 역사학 등의 수많은 학자들에 의해서도 수행되었다. 이들 서로 다른 노선의 연구는 공통적으로 근대 서양에서 사생활과 규율이 승리하고, 그 옛날의 다양한 형태의 사회성의 공적 영역이 붕괴했다는 점을 지적하고 있다. 그리고 시장, 근대국가, 관료조직과 같은 비개인적인 공적 영역과, 근대가족, 낭만적 사랑 등과 같은 친밀성과 정감성의 사적 영역이 다 같이 증가하면서, 그 공·사 영역 사이의 사회생활이 날카롭게 양극화하고 있다는 점을 강조하고 있다.

요컨대, 이 모형은 근대적 삶을 크게 가족·우정·일차집단의 개인적이고 감정적으로 강하며 친밀한 사적 영역과, 시장·관료적으로 관리되는 공식 조직의 비개인적이고 아주 도구적인 이익사회(Tönnies의 Gesellschaft)의 공적 영역으로 구분하는 것이다. 그리고 양자의 분리가 더 뚜렷할수록 아주 다양한 형태의 '사적' 관계가 등장하고, 가족이 중요해질수록 그리고 사회성이 퇴조할수록 '근대성'(modernity)의 특징이 부각되고 있다고 본다. 이제 일터와 삶터로 공간이 분리되는 것은 삶이 공공부문과 사부문으로 구분되는 것에 해당한다. 그러한 상황에서 도시가 쇠퇴하여 활력을 잃을 때 가정의 역할은 이상비대(異常肥大) 하듯 확대된다. 그런데도 오늘날 가정이 위기를 겪고 있다고 하는 말은 현실을 정확히 묘사하는 것이 아니다. 우리는 오히려 수행되어야 할 그 많은 기능들을 완수하지 못하는 가정의 무능력, Ariés의 말로는 정서적 기대의 무게를 감당할 수 없는 개인생활의 영역을 목격하고 있다.

이 모형이 함축하는 것은 '사적' 생활의 특수한 친밀성과 이익사회의 극단적인 비개인성 및 도구주의를 조화시킬 수 있는, 따라서 이를 위해서는 사회성의 의미에서 공적 생활을 활성화하는 공·사 복합화의 처방이 중요하다는 것이다. 물리적으로는 길거리, 공원, 광장, 이웃관계, 주점, 카페와 같은 공적 공간에서 겪는 일상생활과 활동을 활기차게 촉진하고 부드럽게 교류하게 하며, 문화적으로는 도시 공간에서 신뢰, 안전, 예측성, 공통관습의 공유감을 갖고 고상하며 품격있고 평화롭게 생활하게 만드는 것을 포함한다. 그러한 공적 공간에서 요구되는 특징적인 미덕은 규약과 관습의 문제인 시민적 교양(civility)이다.

4. 페미니즘: 시민사회·가정으로서의 공·사

공·사 이원론은 거의 두 세기 동안의 페미니스트 저술과 정치적 투쟁의 중심을 차지하고 결국 페미니스트운동의 모든 것이라고 Carole Pateman이 말한 바와 같이, 공·사 생활의 분리는 지난 수 십년간 페미니스트 학자와 논쟁의 중심주제였다. 대체로 페미니스트 학자의 특징적 경향은 '가정'을 '사적' 영역으로 취급하고, 서로 교환적으로 쓸 정도의 동의어로 보는 패러다임을 갖고 논의를 전개하는 것이다. 이는 앞의 사회성 모형과 비슷한데, '공적' 영역의 개념은 흔히 아주 다름을 유의해야 한다. 그리고 앞의 자유주의 및 시민권 모형이 '공적' 영역을 먼저 정의하고 '사적' 영역은 나머지 잔존 영역으로 취급했다면, 이 페미니스트 모형은 그 반대로 가정이란 '사적' 영역이 출발점이고 '공적' 영역이 그 뒤에 정의되는 식이다. 사회성 모형은 자유주의 및 시민권 모형과 페미니스트 모형의 중간쯤에 놓인다.

이 모형은 처음 페미니즘 인류학과 사회주의 페미니즘 계열의 학자들에 의하여 제기되었다. 그중 하나인 인류학자 Michelle Zimbalist Rosaldo는 가정 밖 경제적·정치적 활동의 '공적' 영역과 '사적' 또는 '가정 내적'(domestic) 영역을 상호 대칭적으로 규정하는 방식에 대하여 반대하였다. 그녀의 주장의 요지는 성별 측면에서 볼 때 모든(일부는 '대부분'이라고도 함) 사회에서 이러한 사회적 구분이 비대칭적(asymmetric)이었고, '가정 내' 영역은 불균형적으로 '여자의 영역'(woman's sphere)으로 규정되었다는 것이다. 앞의 공·사 구분 모형이 남녀를 구분하지 않았으나, 페미니스트들은 사회구조와 이데올로기 측면에서 공·사 구분은 '성 관련성'(gender-linked)이 있다고 강조하게 되었다.

  페미니스트들은 서로 중첩되지만, 정확하게 동일하지는 않은 다음 세 가지를 주장하는 경향이 있다. 첫째, 많은 사회이론·정치이론의 개념적 정향은 가정 내 영역을 무시하거나 사소하게 취급해 왔다. 둘째, 공·사 구분 자체가 흔히 깊은 성 관련성을 가지고, 그것도 거의 획일적으로 여성 비하(卑下)식이다. 아주 흔히 그것은 남녀를 '타고난' 특성에 근거하여 서로 다른 사회생활영역에 배정함으로써, 여성을 열등한 지위에 가두어 두고자 의도하는 이데올로기의 역할을 한다. 셋째, 가정과 같은 제도를 '사적'이라고 분류함으로써―표면상으로는 성 중립적으로 분류될 때마저도―공·사 구분은 흔히 가정 내부의 여성 인권유린과 남성 지배에 대하여 정치적 감시나 법적 시정의 기회를 막아버리게 된다.

  이 모형의 설명은 곧 바로 아주 논리적으로 필연적이고, 분명히 보편적이며, 고도로 미묘한 의미를 함축하기 때문에 다양한 페미니스트들을 강타하였다. 이제 페미니스트들은 공·사 구분을 여성의 억압을 이해하는 본질적인 열쇠로 취급하고, 어떤 경우 다른 중요한 공·사 구분은 잊어버리는 경향도 보였다. 1980년대부터는 여성의 '사적' 영역 국한론(局限論)을 수용하는 것은 곧 남성 지배 이데올로기를 비판하는 것이라기보다는 반복하는 것이라거나, 현실은 더 복잡하다는 주장 등 좀더 논쟁적이고 모호한 주장도 나왔다. 어떻든 페미니스트모형은 '사적인 것'을 시장이나 고립된 개인보다는 가정과 연관시킴으로써 통찰력을 제공해 준다. 서양의 사회 및 정치이론이 시작돼 2500년이 지속된 여성 차별적 관점은 이제 페미니스트 관점에 의해 재조명되고 대치되고 있다. 예컨대, 아리스토텔레스는 근본적으로―노예를 포함하는―가구(家口, household, the *oikos*)와 정치공동체를 공·사로 구분하였다. 여기서 아동과 노예와 마찬가지로 여자는 '본래 타고나면서부터' 그리고 전적으로 사적 생활에 소속되었으므로 가구는 특수한 관계와 '타고난' 불평등의 영역이고, '공적' 영역은 광범위한 참여와 근본적인 평등의 남성 위주의 시민권의 실천영역으로 간주되었다.

  그런데 많은 페미니스트 학자와 운동가는 지적 형성과정에서 마르크스주의와 씨름하게 되었는데, 가구(그 속의 여자)를 한낱 부차적 역할밖에 하지 않는 것으로 격하시킨 '생산양식'에 관한 이론 때문에 고민하였지만, 바로 '가정 내적·공적'인 구분을 통하여 그 경직된 이론에서 해방되었다. 또 하나 가정(그리하여 여성)과 나머지 사회생활을 공·사로 구분하는 성차별적·여성 비하적인 '주류'의 사회·정치이론을 재고하여 여성해방의 과제를 실현하는 것이 꼭 필요하다고 보는 것이 페미니스트의 관점이다.

  마르크스주의 페미니스트(Marxist-feminist)는 자본주의 상품생산의 승리의 효과 중 하나는 '일'(work)과 가정(home)의 제도적 분리를 강화하는 것이라고 비판한다. 그리하여 시장경제에서 (주로 남자에 의한) 교환가치의 생산만이 진정한 '일'로 간주되고, 가정에서는 (주로 여자에 의해) 사용가치의 생산과 정서적 관리가 이루어지는데, 그 과정에서 가사부문은 여성화하고 사회적으로 경시된다고 본다. 그리고 Engels의 관점에 따르면 자본주의경제에서는 '여성의 사적 가사노동'과 '공적 임금노동'을 구분한다. 그렇게 보면, 근대 사회에서 '공적' 영역은 본질적으로 시장경제가 되고, 이로써 시장은 자유주의모형에서 '사부문'의 핵심이었는데 페미니스트모형에서는 '공공부문'의 핵심이 된다.

그러나 페미니스트모형이 공·사 구분에 대하여 가장 예리한 비판을 제기하였지만, 그것이 완전히 적절하다고만 할 수는 없다. 그것은 과거와 현재의 사회의 복잡성을 설명해 준 것을 제외하면, 행동의 지침으로는 아주 오도하는 측면도 지니고 있다. 이 모형은 이론적으로 잘 보이지 않은 곳에서 가정을 구해냈지만, 시장경제의 의미에서 '공적'인 것과 그것과는 아주 다른 정치적 의미에서의 '공적'인 것을 뒤섞어 놓음으로써 거기서 시민적 '공공영역'(the civic public realm)을 철저하게 빠뜨리고 말았기 때문이다. 그런 단순화의 충동과 포스트모던 해체의 영향을 받아, 일부 급진 페미니스트는 어떤 공·사 분리도 배격하자고 요구하는 지나친 경향도 보여준다. 여기에서도 어느 하나의 관점으로 복잡한 근대사회의 생활 전반을 설명하고자 하는 시도는 항상 이론적으로나 규범적으로 부적절하다는 것을 증명해 주고 있다.

5. 대분수계(大分水界) ─ 그리고 그 한계

이상 공·사 구분의 역사적·규범적 복잡성을 정리하고, 여러 가지 공·사 구분의 방법 중 중요한 것의 개요를 설명하며, 그 함축적 의미를 도출하고자 하였다. 네 가지 관점의 '뿌리'는 이론적이고 이데올로기적일 뿐만 아니라, 사회사적(社會史的)인데, 공·사 구분의 복잡성을 설명해 주는 데에는 사회사적인 것이 가장 중요하므로 이를 중심으로 간단히 표로 정리하면 다음과 같다.

⟨표 1-1⟩ 공·사 구분

	사 적	공 적	사회사적 준거기준
아리스토텔레스	가구(household)	정치적 공동체	도시국가(polis)
아리에	가정생활	사회성	구체제
마르크스주의 페미니즘	가족	시장경제	자본주의
주류 경제학	시장경제	정부(행정개입)	자본주의

아리스토텔레스에게 가구는 생산과 분배를 담당하는 주된 제도이기 때문에, 가구 영역은 가정과 '경제적'생활 모두를 포함한다. 그렇지만 '시장'경제가 중심이 되고 시장을 중심으로 계약적 사회관계가 이루어지면서, 가정과 '경제'를 동일한 '사적'생활의 범주로 통합하는 것은 그 타당성이 떨어진다. 사실 큰 규모와 비개인적인 상호의존의 체제로서의 시장경제는 특수하고 모호한 의미에서만 '사적'이라고 할 수 있고, 따라서 다른 관점에서는 '공적'영역으로 취급되는 이유도 거기에 있다. 아렌트는 공·사 구분에 '사회적'영역(social realm)을 덧붙여 근대사회의 삼원모형(tripartite model)을 제시함으로써 이 난관을 극복하고자 한다. 그녀의 사회적 영역은 근대 시민사회의 특징을 말하는데, Hegel의 가정, 시민사회, 국가의 삼원 틀과 유사하다. 이는 근대 사회와 근대 시민사회를 공·사 이원적 틀에만 맞추려는 것이 어려운 것과 그 중간적인 범주를 생각할 수 있는 것을 시사하고 있다. 이는 또한 지금까지 공·사 구분의 모호성과 미해결 문제를 단번에 해결해 줄 어떤 새로운 종합적 유형을 기대해서는 안 되는 이유를 설명해 주고 있기도 하다. 그러나 네 가지 공·사 구분 모형은 근본적으로 두 가지 종류의 주요한 제도적 구분을 내포하고 있음이 분명하다.

첫째, 공·사 구분은 어떻게 하든 정치적·비정치적인 구분과 상응한다는 점이다. 여기서 비정치적인 '사적'인 영역은 명시적인 계약, 합리적 교환, 비개인성, 개별적 이득의 도구적 계산과 같은 특징을 지닌 시장과 (또는) 시장에 토대를 둔 시민사회이다. 다음으로 정치적인 공적 영역은 아주 모호한데, 국가행정의 측면에서 본다면 그것은 집합적 결과를 창출하기 위한 합법적 강제와 권위적 지시의 특징을 갖는 영역이다. 그렇지만 좀더 '시민적'관점에서 본다면 그것은 연대, 공공정신, 적극적 시민의식과 집합적 자기결정 과정의 참여와 관련된 공공영역을 말하게 된다.

둘째, 보편적인 적용보다는 사회사적 측면에 초점을 둔 공·사 구분에서 '공적'영역은 사회성 영역이거나, 비개인성, 공식적 제도, 도구적 관계에 기초한 대규모 이익사회적 질서의 영역이다. 이에 비하여 '사적' 영역은 무엇보다도 친밀성, 가정생활, 사생활로 묶여진 개인적 관계의 세계를 말한다는 점이다. 여기서 시장은 '공적' 영역이다.

이 두 종류의 구분은 거대한 공·사 이원론을 적절하게 설명해 주는 대분수계(大分水界, a great divide)의 역할을 하기는 하지만, 그 한계도 지니고 있다. 첫째, 그 양극적 구분은 확정된 결과(accomplished outcomes)라기보다는 '경향'(tendencies)에 불과하다. 두 끝 사이의 사회적 중간 영역은 사라지지 않는 것이다. 둘째, 그 두 구분은 하나의 거대한 공·사 구분으로 합쳐질 수 없음이 분명하다. 그렇다고 그 문제가 공공성(publicness)이니 사사성(privateness)의 정도를 계량적 척도로 나타낸다고 해서 해결될 문제도 아니다. 무엇보다도 그 기준이 분명하지 않기 때문이다. 공·사 구분이 내재적으로 문제점을 내포하고 있고, 신뢰하기 어려우며, 자주 혼란스럽고, 잠재적으로는 오도하기도 하지만, 적당한 주의와 개념적 자각을 가지고 접근한다면, 사회분석과 도덕적 성찰을 위한 강력한 도구임에 틀림없다. 그것은 피할 수 없는 근대사회의 제도적·문화적 모습일 뿐만 아니라 이론적 전문용어의 반영이다. 결국 그것은 편의적으로 단순화하거나 쉽게 회피할 수 없다. 공·사 구분의 가변성, 모호성, 곤란성과 함께 그 거대한 이원론의 풍요성과 불가피성도 인정하고 맞닥뜨릴 필요가 있는 것이다.

Ⅲ. 평가적 의견

이상 Weintraub의 네 가지 공·사 모형은 Stanley I. Benn과 Gerald F. Gaus가 *Public and Private in Social Life*(1983)에서 공·사 개념에 대하여 분석한 것과 더불어, 학제적(interdisciplinary)인 측면에서 가장 광범위하게 공·사 개념을 분석하고 정리해 낸 역작이다. 그런데 Benn과 Gaus가 다소 공·사 개념의 '미시적 속성 측면'을 중심으로 종합적 분석을 시도했다면, Weintraub은 그 개념의 '거시적 정의 측면'을 중심으로 종합적 분석을 시도하고, 현재 학문적·이론적으로 사용되고 있는 의미와 맥락을 네 가지 모형으로 정리해내고 있다고 하겠다.

우선 가장 일차적인 의미의 공공 개념은 '공동체구성원이나 공동체구성원에 공동으로 딸리거나 관련됨'을 의미한다고 볼 수 있다. 그런데 Weintraub은 정치학, 경제학, 사회학, 인류학, 여성학 등 다양한 학문 분야에서 사용하는 공·사 개념의 의미와 맥락을 네 가지 공·사 모형으로 정리하여 제시하고 있다. 따라서 그의 공·사 개념에서 가장 기본적이고 일차적인 의미와 맥락의 성격을 띠는 개념은 '공화주의적 모형에 의한 공·사 개념'이라고 할 수 있다. 즉 그것은 공동체의 구성원이 공동문제를 해결하기 위하여 자유롭게 의견·요구를 제기하고 토론하여 조정과 합의에 의하여 집합적 의사결정을 하는 의미의 '공공' 개념과, 개인의 의사에 따라 개인적인 문제를 해결하는 의미의 '사사' 개념을 말한다. 다만 그러한 의미의 공공 개념을 주관하는 실체는 역사적·현실적으로 직접 공동체구성원 자신들보다는 강제력을 담보한 공적 권위의 실체인 '국가', 더 구체적으로는 그 기관적 실체(간접적 대의기관)인 '정부'일 수밖에 없으므로 국가중심적(state-centered public) 공공 개념이 가장 중요시돼 왔고, 그렇게 국가(정부)에 대비하여 개인의 사사 영역도 규정되었다고 할 수 있다. 이 국가중심적 공·사 개념은 Weintraub의 '자유주의 경제학적 모형'에 해당한다. 또 그의 '사회성 모형'이나 '페미니스트 모형'도 공화주의적 공공 영역에서 개인생활이나 가정의 사적 생활에 비교되는 공동체구성원으로서의 공적 생활의 개념을 말하기 때문에 사실상 공화주의적인 일차적 공·사 개념에 부수되는 것을 부각시킨 것이라 할 수 있다. 이와 같이, Weintraub이 일차적 공·사 개념을 소홀히 하고 각 모형의 비중을 차별 없이 평면적으로 동일하게 취급하고 있는 데 대하여 비판할 수 있지만, Benn과 Gaus의 분석과 보완적으로 종합 검토하면 공·사 개념의 본질에 대하여 좀더 우리의 이해를 도와줄 수 있는 것만은 틀림없다.

Weintraub의 네 가지 공·사 모형은 행정학의 대상·범위·방법론과 관련하여 중요한 함의를 갖고 있다. 행정학은 국가주의적인 공공 개념과 불가분리의 관계를 맺고 있지만, 그 개념에만 매몰될 경우 중대한 한계를 보여왔다고 할 수 있다. 따라서 행정학은 이제 그런 한계를 타파하고 진정한 민주주의 행정학을 지향하기 위하여 공화주의적인 공공 개념과 같은 기본적·일차적인 공공 개념으로 돌아가서 국가주의적인 공공 개념과 조화를 이루는 방안을 모색하고 실천해야 할 것이다. 간접적인 대의적 정부에서 직접적인 국민참여적 행정이나 거버넌스(governance)가 얼마나 효율적으로 이루어질 수 있는가에 관한 최근의 화두도 그런 예의 하나라고 하겠다. 이처럼 공화주의적 공공 개념과 국가주의적 공공 개념의 상호 보완에 의한 좋은 행정, 좋은 거버넌스의 길이 무엇인가와 관련하여, Benn과 Gaus의 공·사 개념의 분석, 그리고 Weintraub의 공·사 모형은 행정학도들에게 유용하고 풍부한 통찰력을 제공해 줄 수 있을 것으로 판단된다.

참고문헌

Benn, Stanley I. and Gerald F. Gaus(eds.), *Public and Private in Social Life,* London: Croom Helm, 1983.

Bozeman, Barry, *All Organizations Are Public: Bridging Public and Private Organizational Theories,* San Francisco: Jossey-Bass Publishers, 1987.

Frederickson, H. George, "Toward A Theory of The Public for Public Administration", *Administration & Society,* Vol. 22 No. 4, February 1991, pp. 395-417.

Ku, Agnes S., "Revisiting the Notion of 'Public' in Habermas's Theory", *Sociological Theory,* 18:2 July, 2000, pp. 216-240.

Weintraub, Jeff, "The Theory and Politics of the Public/Private Distinction", in Jeff Weintraub & Krishan Kumar(eds.), *Public and Private in Thought and Practice: Perspectives on a Grand Dichotomy,* Chicago, The University of Chicago Press, 1997, pp. 1-42.

Stanley I. Benn과 Gerald F. Gaus의 공·사의 개념*

Ⅰ. 머 리 말

'공공'행정을 연구의 대상과 범위로 삼고 있는 학문이 행정학이라면, 행정학은 그 기본 속성상 공(公, public)과 사(私, private)의 개념에 대하여 많은 관심을 갖고 연구하는 것이 당연하다. 그런데 지금까지 행정학은 대체로 '국가 또는 정부와 동일시한 공공 개념'에 의하여, '정부학' 또는 '정부행정학'이라는 정체성을 중심으로 학문적·이론적 대상과 범위 그리고 방법론을 규정하고 적용해 왔다고 할 수 있다. 그리하여 행정학도들 사이에서는 이러한 학문적 정체성을 옹호하거나 비판하는 것과 관련된 연구와 논쟁이 계속돼 왔다. 공·사 행정에 관한 비교와 같은 전통적인 관심과 연구가 그 대표적인 예라고 하겠다.

또 '공공＝국가 또는 정부'의 단순 등식을 비판하고, '국가 중심적인' 혹은 '국가주의적인' 공공 개념을 탈피하여, 정치적 권위와 경제적 권위의 다차원적 측면에서 공·사 조직에 내재한 공통적인 '공공성'(publicness)을 분석한 Barry Bozeman의 노력도 그런 예의 하나다. 또한 행정학의 인적 대상인 '국민'(공중, the public)을 유권자, 소비자, 이익집단, 고객, 시민 등과 같이 규정하는 사회과학의 여러 가지 이론적 관점을 분석하고, 공직자의 효과적인 업무수행과 행정의 올바른 이해를 위하여 헌법적 가치, 시민의식, 반응성, 박애와 사랑을 강조한 H. George Frederickson의 연구도 마찬가지의 관심의 발로라고 하겠다.

그리고 최근에는 정부의 일정 업무의 민영화의 문제, 시장의 자율적 작동에 대한 정부의 규제의 문제 등과 같은 신자유주의적인 공·사 개념의 적용 문제에 대하여 뜨거운 논쟁이 전개되고 있다. 이러한 관심과 연구와 논쟁의 밑바탕에는

---

*박정택: 대전대학교 행정학부 교수.

항상 '공·사' 개념의 규정 문제가 도사리고 있다고 일반화해도 큰 무리가 없을 정도이다. 그 만큼 행정학은 물론, 학문 일반에서 공·사 개념의 본질에 대한 심층적인 이해는 필수적이고 본질적이다. 따라서 행정학도는 행정학의 기본 개념 중의 기본 개념에 속하는 공·사 '개념 자체'의 본질에 대하여 진지한 관심을 기울이고 탐구하며 이해하려는 인식과 노력이 필수 불가결하다고 하겠다.

그러한 관점에서 볼 때, Stanley I. Benn과 Gerald F. Gaus가 어느 특정 학문만이 아니라 학문 일반에서 채택하고 있는 공·사 개념의 의미와 맥락을 분석하고 있는 데 주목할 필요가 있다. 그들은 사회생활에서의 공·사 '개념 자체'에 대하여 그들 자신과 다양한 분야의 학자들이 집필한 논문을 모아 *Public and Private in Social Life*(1983)란 단행본을 편집·발간한 바 있다. 이러한 공·사 개념 자체의 본질적인 논의에 접함으로써 행정학도들은 '공공행정'에서 '공공'의 의미와 맥락을 좀더 분명하게 이해하고 통찰력을 얻어 행정학에도 발전적으로 응용할 수 있을 것이다. 이에 여기에서는 Benn과 Gaus가 공·사 개념을 여러 수준·차원·관점에서 체계적·종합적으로 분석하여 설명하고 있는 상기 단행본 제1장 'The Public and The Private: Concepts and Action'과 제2장 'The Liberal Conception of the Public and the Private'를 요약 소개하기로 하겠다.

II. Benn과 Gaus의 공·사 또는 공공성·사사성 개념의 분석

'공공'(public) 또는 '공공성'(publicness) — 따라서 그에 상응하는 '사사'(私私, private) 또는 '사사성'(私私性, privateness) — 은 '복잡한 구조의 개념'(a complex-structured concept)이다. 왜냐하면 공·사 개념의 의미의 연속성을 설명해 주는 원칙이나 전제가 문화·언어·이념·신념 속에 내재해 있다고 보기 때문이다. 그래서 예컨대 문화에 따라 그 개념은 달라지므로, 그 개념의 설명은 그에 관한 특정 문화의 언어학적 의미론(semantic theory)을 검토하는 일에 해당한다. 그래서 우리가 공적인 것과 사적인 것을 구별함으로써 사회세계를 파악하기 때문에, 어떻게 공·사 개념을 구분하는가는 곧 필연적으로 사람들에게 무엇을 말하고 무엇을 할 것인가, 자신의 행동에 대하여 다른 사람의 어떤 반응을 기대할 수 있는가, 혹은 다른 사람의 행동을 어떻게 평가할 것인가 등에 관한 정보를 알려주게 된다. 그렇다면 공·사 구분은, 근본적으로 사회적 존재(social beings)·의지적 행위자로서의 인간이 세계를 경험할 때 동원하고 언어를 습득할 때 획득하고 사용법을 배우는 개념적 장비(conceptual equipment)처럼, 한 사회의 제도·관행·활동·열망을 규율하는 방법에 관한 이론이고, 사회환경 속에서 행동을 틀 지워주는 실천적 구분이며, 사회의 필요에 따라 창조하고 개혁하는 개념적 틀(conceptual framework)이자 사회재산(social endowment)의 일부이다.

공·사 개념은 '복잡한 구조의 개념'이기 때문에, 사회행동의 틀 역할을 하는 그런 공·사의 구분도 복잡한 것은 필연적이다. 그렇지만 어떤 문화든 사람들의 관계와 활동을 조직하는 어떤 방법인가는 필요하기 마련이다. 바로 공·사 구분이 어떤 정보나 자원 등에 '접근'할 수 있게 지정해주고, '행위자'에게 그런 접근이 가능하도록 자격을 부여해 주며, 그리하여 행위자의 접근이 누구의 '이익'을 위한 것인가에 대하여 인지하고 논의하며 설명하거나 정당화해 준다. 그런 의미에서 공공성·사사성의 차원을 구성하는 세 가지 유형, 즉 접근(access), 행위(agency), 이익(interest)을 중심으로 공·사 개념을 분석하고 설명할 수 있다.

1. 공공성 · 사사성의 차원으로서의 접근, 행위, 이익

첫째, '접근 차원'은 공간에 대한 신체적 접근, 활동과 교제에 대한 접근, 정보에 대한 접근, 자원에 대한 접근 등의 네 가지 하위 차원으로 나뉘어진다. 누구에게나 (신체적으로) 출입할 수 있는 자격이 부여돼 개방되어 있는 곳은 '공적인' 장소와 공간이 된다. 그 반대로 타인에 대하여 그런 접근을 허용하거나 거부할 수 있는 선택권이 유보돼 있는 곳은 그 선택권을 갖는 사람의 '사적인' 장소와 공간이 된다. 공공집회, 공청회, 대화의 장 등과 같은 활동이나 교제에 대한 접근도 이와 마찬가지이다. 정보접근은 자신에 관한 정보배포의 통제권을 의미하는 사생활(프라이버시)과 관련되는데, 그 통제권이 있으면 사적이고, 그렇지 않고 누구에게나 접근이 가능하게 개방돼 있으면 공적인 것이다. 또 의도한 일을 발생하게 하기 위하여 자기 환경의 어떤 요소를 조작할 수 있으면 그에게는 자원에 대한 접근이 가능하다고 일컬어진다.

둘째, '행위 차원'은 구체적으로 '행위자의 지위' 문제와 관련이 있다. 곧 자기 뜻대로 행동할 수 있으면 '사적' 행위이고, 도시, 지역사회, 공동체, 국가 등의 담당자로서 행동하면 '공적' 행위이다. 또한 행위 차원에는 행위자의 행동과 결정이 타인의 지위에 어떤 의미를 가지는가의 '타인에 대한 행위의 의미' 문제가 있다. 공적인 보장과 승인에 따른 공무원의 행동은 타인에 대하여 합법적인, 즉 공적인 의미를 갖는 것이 그 예이다. 그리하여 공적 행위자(public agent)는 공적 담당자의 지위 이외에도 자신만의 양심을 갖는 사적 개인(사인)의 지위를 갖기도 하는데, 이에 직무상의 공적 의무가 사적 도덕성의 요구와 상충할 때 그에게 딜레마를 야기하기도 한다.

셋째, '이익 차원'은 대상 문제 때문에 사람들에게 더 유리해지는가 더 불리해지는가의 사람들의 지위와 관련이 있다. 사기업은 그 이익의 수혜자가 사적인 지위를 갖기 때문에 사적인 것이고, 공기업은 공적인 지위를 갖는 공중의 이익에 봉사하게 되어 있기 때문에 공적인 것이다. 고전적 자유주의 경제학자들은 적절하게 작동되고 있는 시장에서 각 개인의 사적 이익 추구가 공적인 이익 추구의 결과를 가져온다고 보고 있다.

이상과 같이, 서술적(기술적)이고 규범적이며 처방적인 방법과 기능을 통해서 공·사 구분이 접근, 행위, 이익에 관한 사회생활을 구조화해(틀 지워) 준다. 편지에 '비밀'이라고 표시하면(서술적), 타인의 접근을 제한하고자 한 사적인 의도를 표현한 것이다. 그리고 그것은 편지의 수신자나 송신자의 허락 없이 편지를 읽는 것은 사생활 침해가 되는 사회규범을 전제하는 바와 같이(규범적), 필연적으로 특정 규범과 관련되어 있다(그런 규범이 없는 문화에서는 사생활 침해의 관념은 없다). 또 사적인 편지를 허락 없이 읽지 않아야 한다는 것과 같이, 처방적인 기능은 대체로 규범과 밀접한 관련을 맺고 있다.

2. 공·사 이원적 구분에 대한 자유주의의 경향

공·사 개념을 서술적·처방적인 기능으로 사용하는 것은 공·사 구분을 이분법적(이원적, dichotomous)으로 보는가 연속적(continuous)으로 보는가, 또 공·사만의 양극적(bi-polar)으로 보는가 그 이외의 중간 개념을 인정하는 다극적(multi-polar)으로 보는가에 따라 차이가 있는 만큼, 다음 설명과 같이 서술적·처방적 기능은 서로 직접적인 관련이 있는 문제이다.

(1) 이원적 성격 대(對) 연속적 성격

공·사의 문제가 연속선(continuum) 상의 양끝이 아닌 어느 위치에 놓여,

좀더 많거나 적은 공·사적인 성격을 띠게 되면, 그 경우 공·사적인 것의 구분은 '정도의 문제'로서 연속적이다. 어떤 사람이 좋아하는 외딴 해변은 다른 사람들이 알게되면서 사적인 성격이 줄어드는데, 그렇다고 고속도로가 개설되어 많은 수영객들이 쉽게 접근하기 전까지는 완전히 공적인 장소라고도 할 수 없는 것이 그 예이다. 공·사 간 결정하기 어려운 불확실성이 있는 경우는 이 연속적 성격 때문이다.

이에 비하여 공·사를 명백하게 양분하여 공·사 간 어느 한 범주로 지정할 수 있게 되면, 그 경우 공·사적인 것의 구분은 '가부(可否, yes-or-no)의 문제'로서 이원적이다. 사무실이 공적·사적 사무실인가의 여부, 담당자가 공무원·사무원인가의 여부가 그 예이다. 그런데 공·사 개념 간 이원적 구분은 가능한데, 그 구분을 위한 충분한 지식·정보·기준이 부족하여 이원적 구분이 불확정적일 수는 있다. 반관반민(半官半民)의 기관이 그 예이다. 이런 이원적 구분의 불확정성(indeterminacy)은 기준의 모호성·다원성·다차원성 때문이기도 하다. 그리고 그것은 사기업이 공적 성격의 시내버스를 운영하는 것과 같이, 공·사 개념 자체가 다차원적 개념인 때문인 경우도 있다. 결국 어떤 대상을 공·사로 규정하는 것은 그것에 결부된 특정 이익에 비추어 그 사회적 영역의 어떤 차원을 부각시켜 보는가에 달려 있는 문제일 수도 있다.

(2) 양극성 대(對) 다극성

공·사 구분은 때로는 이원적이기보다는 연속적일 수 있는 것을 인정하면서도, 우리들은 당연히 그 연속선이 양극적일 것이라고 생각하고 있다. 그러나 그런 당연한 양극적 생각은 가끔 무너지고 만다. 특정 담당자만 사용할 수 있게 제한된 어떤 공장의 재봉틀은 공적인 것은 아니지만, 그렇다고 자기 집의 재봉틀은 아니기 때문에 사적인 것도 아닌 것이 그 예이다. 이는 접근, 행위, 이익의 세 차원으로 나눠 검토할 수 있다.

'접근 차원'의 경우, 어떤 특정 관점에서 보면 사적인 맥락 안에 있는데, 더 나아가 그 안에서 사적인 것과 그렇지 않은 것—그렇지만 딱히 공적이라고 할 수 없는 것—의 구분이 있을 수 있다. 어떤 토지의 접근에 제한이 없다면 그것은 공적인 토지이지만, 그렇다고 특정 허가자를 제외한 거의 모든 사람에게 접근이 제한된 방위시설이 사적인 시설은 아니다. 또 일반인의 출입이 자유롭게 개방된 회사의 '공적 지역'이 있는가 하면, 회사 중역이 사용하는 '사적 사무실'이 있고, 또 전체 직원이 함께 사용하는 '일반 사무실'이 있다. 또한 '행위 차원'

의 경우도 논리가 동일하다. 장관이 휴가차 숙박할 집을 빌리는 것과 같이, 자신의 행동을 자신의 뜻대로 하는 것은 사적인 행위이다. 그렇다고 사적인 것이 아닌 행동이 모두 공적인 행위는 아니다. 그렇게 공적인 것과 사적인 것의 구분은 아주 이데올로기적인 쟁점이다.

특히 '이익 차원'의 경우 이데올로기의 중요성이 분명하다. 자유주의 사고방식으로 볼 때, 사적 이익은 가장 일반적인, 정당한 행동의 동기로 작용한다. 공공이익이 사익보다 앞서지만, 공익이 어떻게 동기로서 작용하고 개인의 사익에 어떻게 관련되는가는 자유주의의 해묵은 논쟁거리이다. 자유주의는 사회생활의 공·사 구분에 있어서 양극적 관점에 편향된 강한 이론적 압력을 보여주고 있다. 이 때문에 Carole Pateman과 같은 페미니스트는, 남성은 공적 생활을 담당하고 여성은 가정내 사적 생활을 담당하는 방식의 허위의식으로 공·사를 양극화한 자유주의 관점을 강하게 비판하기도 한다.

그러나 Hannah Arendt 같은 정치철학자는 자유주의 사회관은 공·사 양극적이 아니라, 거기에 '사회적인'(social) 것을 덧붙여 삼극적(tripartite)인 것을 제시한다. 그녀가 말하는 '사회적인 것'은 과거 사적이었던 경제적·상업적 활동이 점차 공적 영역으로 전환됨으로써, 공·사 구분의 본래 의미를 침식하면서 공적 영역이었던 것도 재정의(redefinition)하게 만들고 있는 공·사 중간적인 것을 지칭한다. 그러나 그녀가 새로운 관점을 제공하기는 하였지만, 사회적인 것은 공·사와 같은 정도로 분명하지 않으므로 실제로 사용되지는 않는다. 이는 기본적인 공·사 두 범주의 내용이 시간이 흐르면서 변하고, 따라서 기본적인 양극성도 재정의되고 있음을 깨우쳐주는 예라고 하겠다.

(3) 교차적 구분(intersecting distinctions) ― 공/사, 세속적인 것/정신적인 것

모든 사람의 사회생활의 구조를 공·사 이외의 다른 어떤 것으로도 나눌 수는 없다는 자유주의적 주장은 중세 기독교도들에게는 수용될 수도 이해될 수도 없는 일이었다. 왜냐 하면, 모든 남녀가 정치체의 공적 생활과 가정의 사적 생활 이외에 그 당시 보편적 종교적 영적 공동체인 교회에 참석하게 돼 있었기 때문이다. 서양 중세시대에는 성 아우구스티누스의 말대로 세속적 도시와 신의 도시의 구분이 있었고, 독자적인 법체계와 재판을 담당하는 황제의 세속적 권위와 교황의 정신적 권위가 구분되었다. 그러나 그런 것은 종교개혁과 더불어 변하고, 종교도 공적인 것이 되었다. 그러다가 20세기초에는 종교가 정치와 분리되고, 다른 사생활 영역과 마찬가지로 종교도 하나의 사적인 영역(종교의 사사화,

privatisation of religion)이 되기에 이르렀다.

그런데 이슬람교는 법과 윤리를 연속적인 세계로 인식하고 있지만, 공개된 공적 행동과 공개되지 않은 사적 행동에 대한 법원의 관할을 구분한다. 예컨대, 신을 두려워하는 공동체를 유지하는 것이 정치적 권위의 임무이기 때문에, 공개된 곳에서 라마단 금식의 준수 여부를 확인하는 것은 경찰의 책무이다. 그러나 자신의 집 안에서 행한 것에 대하여는 신에게만 책임을 지면 된다. 마찬가지로 간음죄는 성인 남자 이슬람교도 네 명의 현장 목격자가 있을 때만 성립하고 혹독한 처벌을 받게 되지만, 집 안에서 그런 요건을 충족시키지 않은 간음은 법규상 간음죄에 해당할 망정 법원의 관할 밖에 놓이게 된다.

이상 사회인류학에서와 같은 문화간 비교는 각 문화마다 접근, 행위, 이익의 조직화 방법이 다르고 따라서 공·사 개념의 구분도 달라지기 때문에 방법론상의 문제를 야기한다. 그렇다고 사회생활을 조직화하는 데 공·사의 개념이 필요하지 않은 문화를 상상하기도 어려운 일이다. 단지 각 문화권마다 사회생활에서 접근, 행위, 이익의 차원의 조직화 방법이 다소 다르고, 신념과 가치관의 차이 때문에 공·사 개념의 기능도 차이가 나타나는데, 그런 만큼 모든 문화에서 공·사 개념이 동일한 의미와 기능을 하는 개념이라고 규정할 수 있는 확립된 기준이 없을 뿐이다. 그렇다면 공공성·사사성의 개념도 문화적 특수성을 반영한 개념이다. 그리고 각 개인은 국가의 법적 틀 내에서 서로 관계를 맺는 만큼 내재적으로 이데올로기적이기도 한 것이 분명하다.

3. 공·사의 서구 자유주의적 개념

자유주의사회의 정치적 의제는 공·사 간 범위, 즉 생활상의 공·사 영역의 적정 균형에 관한 논쟁으로 점철돼 있다. 어떤 정보가 사적인 정보인가? 그리고 어떤 정보를 일반 공중이 접근할 수 없도록 규제하는 것은 잘못인가? 국가는 공중도덕을 보호하기 위하여 음란물을 규제해야 하는가? 차별이 어느 때 사적인 문제이고, 어느 때 공공의 관심사가 되는가? 어느 정도로 공공정책은 사적 권리의 제약을 받아야 하는가? 무엇이 공공부문이나 사부문에 속한 것인가? 이것이 대표적인 논쟁의 예이다.

우리의 주장의 요점은 '자유주의적 공·사 개념은 이론적으로나 실천적으로 복잡한 공공성·사사성의 구조에 대하여 체계적이고 내부적으로 일관된 설명을 제공해 줄 수 있는 서로 다른 두 모형에 의존하고 있다'는 것이다. 그 두 모형이란 사회 내 아주 다른, 아마도 양립할 수 없는 '개인'에 관한 개념에 기초하고 있는데, 하나는 전통적이고 지배적인 이론과 담론 모형인 '개체주의 공·사 모형'(an individualist model of publicness and privateness)이고, 다른 하나는 '유기체 공·사 모형'(an organic model of publicness and privateness)이다.

⑴ 개체주의 모형

방법론적 개체주의(개인주의) 모형에서 공·사 구분은 다음 네 수준(level)에서 이루어질 수 있다.

첫째 수준은 '특정인과 불특정인'의 구분이다. 이 수준에서 공·사의 '기본적인 구별원칙'(the basic principle of differentiation)은 전체의 구성원의 지위로서가 아니라 고유하게 지칭되는 어떤 특정인에 관계되는 것인가(私), 아니면 전체의 구성원의 지위로서의 불특정한 한 사람에 관계되는 것인가(公)의 구분이다. Bentham식으로 말하면, 이름이나 어떤 특징으로 이런 저런 사람이라고 규정할 수 있는 '지정 가능한 개인'(지정 개인, assignable individual)과 그렇지 못한 '비지정 개인'(non-assignable)의 구분이다. 또 Cornewall Lewis의 '특정인'(specified 또는 specific person)과 '공동체의 일반 구성원(구성원들)의 지위를 갖는 한 모두 동등한 불특정인'(unspecified 또는 non-specific person)의 구분이기도 하다. George Cornewall Lewis 경(卿)은 'public'을 "어떤 특정한(specified) 사람(사람들)이 아니라 공동체의 구성원(구성원들)의 지위를 갖는 사람에게 차별 없이 직접 관련되는 것"이라고 정의하기 때문이다.

자신이 누구라는 것을 아는 자의식(自意識)의 '지정 개인'이 가장 기본적이고 논리적으로 가장 원초적인 '사사성'(privateness)의 주체이고, 공·사 구분은 그 개인이란 논리적·이념적 바탕을 토대로 집단과 기관에도 확장 적용된다. 따라서 가장 기본적인 의미로 '공공성'(publicness)은 따로따로 개별적이지만, 차별 없고 특정되지 않은 것으로 여겨지는 개인의 집합, 즉 '어떤 사람'(anybody, any person, anyone)을 지칭한다. 이 모형의 '방법론적 원칙'은 논리적으로 정확히 '개인'에게 일차성(logical primacy)을 부여하고 있는 것이다. 그리하여 이 기본적인 구분은 개체주의 모형의 다른 세 수준으로 옮겨가는 전이원칙(transition principles)의 토대가 된다.

둘째 수준은 '특정인 집단과 모든 사람의 집단'의 구분이다. 이는 '집합'(aggregation) 개념을 통하여 첫째 수준의 배분적(distributive) 차원이 집합적(aggregative) 차원으로 옮겨간 것이다. 그리하여 둘째 수준의 구분은 첫째 수준의 특정인의 집합인가(私), 아니면 불특정 어떤 사람(anyone) 모두의 집합인 '모든 사람'(everybody) 즉 공중(the public)인가(公)의 구분이다. 여기서 특정인이나 모든 사람은 어떤 범위의 경계(boundary)를 갖는다. 그리고 '모든 사람'(공중)은 절대적이라기보다는, 어떤 문제에 대하여 하나로 취급될 수 있는 정도의 많은 개인들이어서, 그렇지 않은 예외의 경우들은 합리적으로 무시할 수 있는 정도의 상대적인 의미를 갖는다. 그리하여 이 수준에서 모든 사람의 집단인 공중(公)과 분파적인 기득권적 이익집단(私)은 다르므로 구별된다.

셋째 수준은 '공·사 기관화'(institutionalisation)에 의한 구분이다. 이는 둘째 수준의 '집단'을 행동·결정·책임이 귀속되는 실체를 갖추고 있는 것으로 유추할 수 있는 '기관'으로 옮긴 것이다. 그리하여 법인·기업·부분적 결사체와 같이 사적 기관화한 주체인가, 아니면 '국가'기관화한 공적 주체인가의 구분이다. 곧 '공공'은 '국가'와 관련해 정의되는데, 최근 행정학도들은 공·사로 분류되는 기관에 많은 관심을 보이고 있다. 그리하여 행정학도들은 국가기능의 일부를 수행하면서 공적 자금을 사용하고 정부에 책임도 지는 비법정(非法定) 사적 기관이나, 정부부처형태는 아니지만 사기업 경영기준에 의하여 운영되면서 공익을 위하고 입법부에 책임도 지는 공사(公社) 같은 법정 국가기관에 대하여 특별한 관심을 쏟고 있다. 이런 기이한 기관에 대하여 준정부조직(QUAGO; Quasi-Governmental Organisation)과 준자율적 비정부조직(QUANGO; Quasi-Autonomous-Non-Governmental Organisation)의 용어가 붙여졌는데, 이들은 국가 관념의 다차원성 때문에 분명하게 이분법적으로 공·사 어느 한 편으로 분류하기 곤란한 것을 대변한다. 또 이 수준의 개체주의는 국가가 대표하는 '모든 사람의 집단'의 범위를 분명하게 말해 주기는 어렵다.

넷째 수준은 '일반화된 추상적 개념'에 의한 구분이다. 특정할 수 있는 개인과 결사체(association)의 관념에서 자연스럽게 사적 관계망(network)의 개념이 나오고, 그런 사적인 특정성(specificity)에서 사기업, 사부문, 시장경제, 특히 시민사회 등과 같은 수많은 사적 측면의 추상적 관념이 나온다. 이에 비하여 시민사회에 상응하는 공적 측면의 추상적 관념에 해당하는 것이 바로─Cornewall Lewis나 Bentham이 말하는─'공동체'(the community) 또는 '전체 공동체'이다. 그리하여 'public'은 '공동체'와 연계되는데, 흔히 지리적·공간적 경계를 기준으로 한 '국가의 영토적 속성'(state's territoriality)과 동등한 것으로 받아들여진다. Locke식 계약이론에 의하면, 개인들 간 사회경제적인 교류가 집중된 시민사회를 중심으로, 그 교류관계를 유지·조정·증진·통제하기 위하여 강제력이 뒷받침된 권위적 결정권을 행사하는 일정한 영역의 국가 정치체 (polity)의 계약이 성립되고 그것이 이행되게 되었다. 곧 공적 정치체인 국가는 사적 시민사회를 위하여 존재한다. 최근의 정책논의는 이런 국가 대(對) 시민사회, 정치 대 경제의 구도 대신에 공공부문 대 사부문의 구분을 더 선호한다. 그리하여 오늘날 국가기관이 수행하는 활동은 — 그중 상당히 많은 부분은 경제적인 활동인데 — 공공부문에 속하고, 그 나머지는 사부문에 속한 것으로 분류된다. 산업을 국유화하고 복지서비스를 사회화하여 확대한 것은 사적 활동이었던 것을 공적 영역으로 바꾼 것이다. 그렇지만 국가에 대하여 시민사회를 점차 침식해 들어가는 괴물이라고 보는 견해는 분명 잘못된 견해이다. 국가는 노조, 내기업과 더불어 많은 권력 중추 중의 하나이고, 사회계약의 한 당사자이기 때문이다.

이상 개체주의 모형은 두 가지 결함을 지니고 있다. 하나는 일관성이 없거나 중요성이 없는 명제에 기초하고 있다는 점이다. 셋째와 넷째의 수준에서 경계의 조건을 충족시키기 위하여 '공동체'의 관념을 도입했는데, 공동체는 방법론적으로 개체주의 모형과는 맞지 않는다는 것이 그 예이다. 다른 하나는 사회의 실상이 그 모형 속에 통합되지 않으면 그 모형은 불충분하다고 밖에 할 수 없다는 점이다. 특히 자유주의이론과 담론에서 중요한 공익의 도덕적 주장과 공적 생활의 참여가치 측면에서, 개체주의 모형은 이를 담아내지 못한다.

좀더 구체적으로 보면, 공익이 모든 사람의 이익이라는 Bentham식의 — 앞의 '모든 사람'이란 둘째 수준의 — 개체주의에서는, 상당히 많은 개인이익이 공익에 반한다는 것은 논리적으로 성립하지 않는다. 이런 '모든 사람의 순이익'(the net interest of everyone — 여기서는 'the' public interest이고, 'net interest' conception이라고 함) 대신 오히려 '모든 사람의 공통되거나 공유하는 이익의 하나' (an interest common to, or shared by, everyone — 여기서는 'a' public interest이고, 'shared interests' 또는 'one of the interests' conception이라고 함)의 정의가 정치적 담론에 더 유용하고 개체주의에 더 적합하다. 그러나 후자의 경우 그 도덕적 주장의 강도는 훨씬 약해진다는 단점이 있다. 이에 Brian Barry는 두 정의를 절충하여 중요한 소수가 반대할 수 있으면서도 도덕적 주장의 강도를 유지할 수 있는 'the public interest'의 정의로서, '공동체 구성원 자격으로서의 모든 사람의 이익'(the interests of everyone in his capacity as a member of the public)을 제시한다. 그것은 어떤 사람의 순이익과 그의 여러 자격·역할에 관한 이익을 구분한 것이 특징이다. 그러나 여기에도 공동체구성원의 자격·역할을 분명하게 도출할 수 있는가의 문제가 있다. 이에 마지막으로

'어떤 특수이익도 가지지 않는 표준적이거나 대표적인 시민의 이익'(the interest of the typical or representative citizen who has no special interest at stake)의 정의가 있으나, 여기에도 정당하고 정당하지 못한 특수이익의 구별이 어렵다는 문제가 있다.

한편, 공적 생활의 참여는 공직자로서 직접 공무를 맡거나 국가의 결정에 직간접적으로 영향을 주는 활동을 말한다. 그런데 개체주의 모형은 그런 활동과정에서 왜 개인이익을 추구하거나 공익을 추구하고, 그것이 무엇을 의미하는가에 대하여 분명하게 설명해 주지 못한다는 점에서 결함이 있다.

⑵ 유기체 모형

Hobbes, Locke, Bentham의 주장이 개체주의 모형에 속한다면, Rousseau와 Hegel의 주장은 유기체 모형에 속한다. 사회나 국가는 개인의 단순한 집합과는 다른 특징적인 통일성을 지니고 있다는 것이 유기체 모형의 관점이다. 개체주의 모형은 '개인'(individual person)을 논리적으로 가장 원초적인 관념으로 여긴다면, 유기체 모형은 '사회집단'(social group)을 그렇게 여기면서 '전체는 부분의 합 이상의 어떤 것이다'는 관념을 밑바탕에 깔고 있다. 여기에서도 공·사 구분을 다음 네 양식(mode)으로서 구별할 수 있는데, 개체주의 모형과는 다르게 공·사가 규정되기도 한다.

첫째 양식은 '집합(aggregations)의 사사성 대 전체(wholes)의 공공성'의 구분이다. 이는 대중(大衆)·개인들의 집합체와 같은 단순한 집합(a mere aggregation) 대(對) 국민·민족·유기체와 같은 유기적 통일성(an organic unity)을 지닌 전체의 구분이다. 단순한 집합은 사적이거나 특수한 사람의 합계일 뿐, 거기에 공적이거나 진정한 일반적 측면이 없다. 이에 비하여 유기적 통일성에는 그러한 일반성(generality)과 공통성(commonality), 그리하여 공공성이 들어있다. 그리하여 이 모형에서 공·사의 '기본적인 구별원칙'(the basic principle of differentiation)은 일반적인 전체인가(公), 아니면 특수성(particularity)을 지닌 집단과 개인인가(私)이다. 이는 개체주의 모형에서 특정성·불특정성의 구분과 다르다. 그래서 유기체 모형에서 '특수한'(particular)은 '특정한'(specified)이 아니라, 전체의 한 구성원으로서의 특징과 동떨어진(apart from) 어떤 사람이나 모든 사람이다. 마찬가지로 '일반적'(general)은 '불특정한'(unspecified)이 아니라, 하나의 전체로서 조직된 단체(the organised body as a whole)를 일컫는다.

둘째 양식은 '시민사회의 사사성 대 국가의 공공성'의 구분이다. 정치적 결사체, 그리고 더 구체적으로 '국가'는 전체를 통합하고 조직한 기관적 구조이다. 따라서 국가는 첫째 양식의 유기체적 전체라는 추상적 관념이 기관적 실현(an institutional realisation)이라는 구체적 공적 관념으로 옮겨진 것이다. 국가는 최소한 두 가지 이유에서 공공의 실현에 필요한 것으로 여겨지고 있다. 하나는 국가가 언어 · 종교 · 기타 문화적 가치와 같은 기준보다도 더 확연하게 '하나의 국민'(a people) 곧 '공중'(the public)이라는 경계를 제공하는 데 도움을 준다는 점이다. 다른 하나는 '하나의 민족이 그 의지를 실현하는 데에는 국가가 필요하다'고 19세기 이태리 자유주의 민족주의자 Mazzini가 강조한 것처럼, 국가, 더 정확하게는 '정부'는 행위의 자격과 집합적 목표를 추구할 수 있는 자격을 부여해 주는 데 필요하다는 점이다. 마찬가지로 경쟁과 협력의 필요에 의하여 사회적으로 결집한 개인들이 특수한 사적 목적을 추구하는 기관적 틀은 '시민사회'와 '가족'이다. 시민사회는 자기 자신의 이익을 추구하는 것이 목적인 사적 개인들로 구성된 사적 체제이기 때문에, 궁극적으로는 국가가 법률을 통하여 사적 주장을 효과적으로 조정해 주어야 한다.

셋째 양식은 '공 · 사적 생활'의 구분이다. 이는 개인이나 가정의 사적 생활영역과─꼭 정부가 아니더라도─공동체의 공적인 일에 참여하는 공적 생활영역을 구분한 것인데, 실제적 실현(practical realisation)으로 옮겨진 것이다. J. S. Mill과 F. A. Hayek 같은 확고한 자유주의자는 많은 공적 활동이 비정치적(non-political)인 자발적 결사체에 의해서 수행돼야 한다는 생각을 가지고 있다. Mill처럼 Hayek는 '정말 자유로운 사회에서 공적인 일은 정부(중앙정부는 말할 것도 없고)의 일에만 국한되지 않고, 공공정신은 정부에 대한 관심으로 그쳐서도 안 된다'고 말한다. 따라서 이 양식에서 공적 활동은 정치적인 의미가 아니라 시민적(civic) 의미이다. 또 J. K. Galbraith과 Charles Lindblom 같은 자유주의자는 생산자 · 소비자의 결정도 공익에 중요한 영향을 미친다고 본다. 대형 자동차회사는 자사의 정책선택에 의하여 전체 국가경제를 파멸시키지는 않더라도 흔들 수는 있고, 정부의 정책결정자들도 이를 잘 알고 있다. 그래서 기업인도 일종의 공직자(public official)가 되고, 그 역할의 넓은 의미로 볼 때 공적 기능을 수행하고 있으므로 그 사회적 책임의 확보가 중요해지고 있다.

한편, 일반성과 특수성에 관한 상대성(relativity)의 관점에서 볼 때, 가정은 더 큰 공동체와는 특수성의 사적 관계를 맺고 있지만, 하나의 작은 유기체적 결사체이기도 하다. 그래서 가족의 한 구성원은 다른 가족구성원과의 관계에서 자신만의 사적인 관심사항을 가지고 있으면서도, 전체적으로 내부 가족 구성원의 가정생활은 경험과 관심을 공유하는 일종의 공적 생활이다. 거기에서 가족은 일종의 작은 공중이며, 더 큰 공동체의 유기체적 생활에 참여하여 공동생활과 공동목표에 헌신하는 것을 처음 배우는 학습의 터전이다.

넷째 양식은 '개인의 공·사적 측면'의 구분이다. 사회생활을 공·사적 영역으로 구분하는 것은 양 영역에 참여하는 모든 개인이 공·사적 측면을 지니고 있다는 것을 말해준다. 시민사회, 경제, 가정생활에 참여하는 자는 그 자신의 특수한 목표와 이익을 추구한다. 그렇지만 다른 시민과 함께 공동 관심사와 이익을 공유하는 공동생활을 영위하는 유기체적 전체의 한 구성원으로서, 그는 공적 성격도 지니게 된다. 시민 각자는—J. Dewey의 용어로는—'이중 자격'(dual capacity)을 갖는다. 시민은 공동 한계 내에서 자유롭게 자신의 목적을 추구하는 사적 개인(사인)이자, 동시에 정치체의 행위자 또는 공적 행위자이다. 그래서 이 양식은 공·사의 개인화된 실현(individualised realisation)이라고 할 수 있는데, 실제로는 항상 그 말 그대로는 실현되지 않았다. 역사적으로 여성은 거의 또는 전적으로 어떤 공적 측면도 가질 수 없었던 것이 그 예이다. 20세기초까지만 해도 대부분의 여성에게 투표권이 금지됐을 뿐만 아니라, 여성이 공공사항에 대하여 발언하는 것조차 흔히 부적절하다고 여겨졌다. 여성은 그런 범위 내에서 가사 영역이란 사적 영역, 특수이익에 한정되었다. 이처럼 가족이 유기체적 전체가 아니라 특수한 의지에 지배되는 '집합'에 불과하고, 거기에서 여성도 가정 내 공동생활마저 박탈당하는 사적 개인에 불과하였다.

이상 유기체 모형은 개체주의 모형에서 나타난 자유주의 이론과 실제상의 난점(難點)을 어느 정도 설명해 줄 수 있다. 즉 유기체 모형은 공적 생활의 참여에 대하여 정당하게 평가해 주고, 공공의 개념과 동일시하는 데에도 문제가 없다. 이는 공익 개념에 대해서도 마찬가지이다. 유용하면서도 도덕적으로 강력한 공익 개념을 탐색하는 데에도 개체주의 모형에서와 같은 큰 문제는 없다. 즉 유기체 모형의 공공 개념에서는 자연스럽게 공익이 '사회 전체의 일반이익'이라고 정의할 수 있고, 여러 가지 특수이익에 반대된다고 할 수 있게 된다.

그러나 자유주의자들은 최소한 서로 관련된 두 가지의 유기체적 분석에 대하여 마음이 편치 못하다. 하나는 사회집단이 논리적으로 가장 원초적이라는 유기체 모형의 방법론적 원칙이다. 존재론적으로 집단보다 개인이 우선한다는 원칙을 훼손하는 유기체 모형은 불가피하게 개인의 윤리적 우선성(ethical priority)도 훼손하게 된다고 보기 때문이다. 이는—사회의 선을 위하여 개인을 희생하고

자 하는—Hegel 철학에 대한 비난과 동일하다. 유기체 모형은 자기 자신을 아는 개인의 중심적 경험을 분명한 의식의 중심에 놓지 않고 시작하기 때문에, 자유주의에서의 사적 생활과 프라이버시의 중요성을 포착하지 못하고 있다(이 점에서는 사적인 정신생활을 하는 자기 의식적인 개인을 논리적·이념적 출발점으로 삼는 개체주의 모형이 아주 잘 어울린다. 즉 사사 개념은 본질적이고 가치 있음이 분명하다). 유기체주의자에게 사회집단의 참여는 일차적인 현상학적 사실이다. 무엇보다도 특수한 결사체와 활동에 참여하는 것이 사적 생활의 첫째이고 으뜸이라는 것이다.

좀더 근본적인 다른 하나의 결함은 유기체 모형이 함축하는 사적 생활과 개성(personality)의 관념이 전통적인 자유주의 입장과는 동떨어진다는 점이다. 자유주의 '사'의 개념은 가족, 클럽, 회사 등 집단의 일원으로서의 역할과 경험이 아니라, 그 정반대로 밑에 깔려 있는 자아(the underlying self)의 생활에 집중한다. 개인의 프라이버시가 없는 세계에서는 어떤 개성의 여지도 없다는 점에 대하여 자유주의자는 염려하고 있는 것이다.

(3) 자유주의와 두 모형

자유주의는 공·사에 관하여 서로 다른 두 개의 모형에 기초하고 있다. 하나는 지배적인 개체주의 모형과 다른 하나는 부차적인 유기체 모형이다. 그래서 어느 하나만으로는 자유주의 이론과 실천에 있어서 공·사의 모든 측면을 일관되게 설명해 줄 수는 없다. 물론 모든 것을 포괄하는 하나의 모형이 존재할 수도 있지만, 우리는 다음과 같이 자유주의 사상 속의 긴장을 더 심층적으로 이해할 수 있는 두 모형 이론(two-model theory)을 선호하지 않을 수 없다.

첫째, 자유주의는 분파적 이익(sectional interests)의 역할에 대하여 모호하게 설명할 수밖에 없다. 모든 이익은 존중되어야 한다는 것이 개체주의 모형의 주장이다. 그렇지만 그것은 시민 일부 분파의 정당하지 못한 기득권적 이익과 정당한 이익을 적절하게 구분하여 설명하지 못한다. 그런데 일부 계급이나 분파의 이익이 국가의 공적 성격을 위협하고 의심스러울 수 있다고 보는 것은 유기체 모형이다. 결국 두 모형이 합쳐져야만 '모든 이익은 존중되어야 하지만, 그 중 일부 이익은 위험하고 의심스러우므로 그대로 존중되어서는 안 된다'고 자유주의의 분파적 이익을 적절하게 설명할 수 있다.

둘째, 자유주의는 모든 개인은 시민적 권리, 즉 사적 행동의 권리와 정치적 권리, 즉 공적 행동의 권리란 두 권리를 가지고 있다고 보는데, 두 모형은 두 권리를 적절하게 포괄할 수 있다. 고전적 자유주의는 개체주의자의 입장에서 무엇보다도 사적 개인을 중시하고, 사적 권리(사권)를 확보해 주는 것이 국가와 정치적 권리(공권)의 진정한 가치라고 믿는다. 이에 비하여 유기체주의자는 정치적 권리와 정치참여는 개인으로 하여금 자신의 권리유지에만 급급하게 하지 않고, 전체 국가의 일과 이익을 고려하게 해 준다고 믿는다. 결국 두 모형이 공·사적 권리를 균형있게 고려하게 해 준다.

셋째, 공익의 주장과 관련하여 자유주의는 갈등을 내포하고 있는데, 두 모형은 갈등을 포착하여 설명할 수 있다. 개체주의 모형은 사익을 중시한 공익을 인정하므로, 어떤 결정이 사익보다 우선하여 공익을 위한 것이라는 확정적인 주장을 하기 어렵다. 어떤 때에는 일정한 공익의 주장이 다른 반대 주장과 맞서야 하기도 하고, 다른 어떤 때에는 사익에 의하여 무시될 수도 있기 때문이다. 그런데 유기체 모형에 의하면 사익에 우선하는 확정적인 공익을 설득력 있게 주장할 수 있게 된다. 결국 두 모형은 공익의 주장에 관한 자유주의의 갈등을 잘 포착하게 해 준다.

넷째, 좀 더 넓게 보면 두 모형은 자유주의의 두 가지 인간관을 올바로 파악하게 해 준다. 사회는 개인의 집합이므로 개인이 기본이라는 주장이 개체주의 모형이다. 이에 비하여 유기체주의 모형은 하나의 전체로서의 사회를 중시하고 개인은 한 구성원에 불과하다고 본다. 그러나 개인과 사회의 관계 및 인간의 진면목과 관련, 인간은 다른 사람과 구별되는 독립적 행위자이면서 동시에 사회 전체와 밀접한 관계를 맺고 공동생활을 공유하는 하나의 구성원이라고 할 수 있다.

III. 평가적 의견

Benn과 Gaus의 두 논문은 사회생활에서 나타나는 공·사의 개념적 기초와 공·사 구분의 다양한 변용을 체계적으로 분석한 것으로서, 공·사 개념 자체의 분석에 관한 한 Jeff Weintraub의 공·사 구분 모형과 함께, 가장 깊이 있는 분석을 보여주고 있다. 그들은 서양 자유주의에 입각한 공·사 개념을 중심으로 분석한다고 하고 있지만, 그들의 분석은 서양에만 적용할 수 있는 것이 아니라 거의 대부분을 동양에도 적용할 수 있을 정도의 보편성을 띠고 있다. 그들은 우리 생활에서 사용되고 있는 공·사 개념에 대하여 접근, 행위, 이익의 차원에서 세부적으로 분석하고, 공·사의 구분이 이분법적인 의미를 갖는 경우도 있지만 연속적인 의미의 구분일 수 있음을 논증하고 있다.

또 그들은 공·사 개념의 본질규명을 위하여 방법론적 개체주의의 관점이나 방법론적 전체주의의 관점에서 따로따로 분석하는 방법을 채택하고, 결론적으로 방법론적 개체주의의 관점을 주(主)로 하고 방법론적 전체주의(신비주의, 유기체주의)를 종(從)으로 하는 보완적 적용을 주장하였다. 또한 가정이나 기업과 같은 사부문 내에 공공영역이 존재할 수 있는 바와 같이, 공·사 차원이 단일적인 것이 아니라 여러 층에 걸쳐 뒤섞여 있는 다차원적·중층적(重層的) 측면을 갖고 있음을─적절하게 강조한 것은 아닐지라도─올바로 언급하고 있다. 이리한 그들의 노력은 공·사 개념을 좀더 깊이 있게 이해하는 데 기여하고 있다고 하겠다.

그러나, Benn과 Gaus는, Jeff Weintraub이 비판한 바와 같이, 다기적(多岐的)이고 상충되기까지 한 서양의 사회·정치사상인 '자유주의'(liberalism)의 범주를 너무 광범위하고 포괄적으로 설정하고 동질화함으로써, 자유주의의 표제 내에 존재하는 다양한 차이점을 흐려놓으면서 사실상 '근대'(근대성, modernity)와 동의어로 쓰고 있는 흠을 노출하고 있다. 또 그들은 공·사 개념 자체를 세부적으로 분석하고 있으나, 그것이 오히려 공·사의 개념을 너무 복잡하게 만들면서 일반인이나 전문학도의 명쾌한 이해를 방해하고 있다. 그러므로 공·사 개념을 균형 있게 파악하고 이해하며 적용하기 위해서는 공·사 개념을 좀더 간명하게 부각시켜 설명하고 있는 Jeff Weintraub의 네 가지 공·사 구분 모형도 반드시 함께 검토할 필요가 있다고 하겠다.

참고문헌

Benn, Stanley I. and Gerald F. Gaus, "The Public and The Private: Concepts and Action(Chapter 1)" and "The Liberal Conception of the Public and the Private(Chapter 2)", in Stanley I. Benn and Gerald F. Gaus(eds.), *Public and Private in Social Life,* London: Croom Helm, 1983, pp. 3-65.

Bozeman, Barry, *All Organizations Are Public: Bridging Public and Private Organizational Theories,* San Francisco: Jossey-Bass Publishers, 1987.

Frederickson, H. George, "Toward A Theory of The Public for Public

Administration", *Administration & Society,* Vol. 22 No. 4, February 1991, 395-417.

Ku, Agnes S., "Revisiting the Notion of 'Public' in Habermas's Theory", *Sociological Theory,* 18:2 July, 2000, pp. 216-240.

Weintraub, Jeff, "The Theory and Politics of the Public/Private Distinction", in Jeff Weintraub & Krishan Kumar(eds.), *Public and Private in Thought and Practice: Perspectives on a Grand Dichotomy,* Chicago, The University of Chicago Press, 1997, pp. 1-42.

M. Shamsul Haque의
공공서비스의 공공성 감소*

I. 머 리 말

행정학도들은 오랫동안 공공부문과 민간부문을 구별하는 문제와 양자의 관계를 설정하는 문제에 관심을 가져왔다. 행정학에서 행정 또는 공공서비스와 기업활동을 구별하는 문제, 공공서비스에 고유한 공공적 특성을 규명하는 문제는 줄곧 쟁점이 되어 왔다.

이런 문제들에 대한 행정학계의 일반적 논조는 시대상황에 따라 달라지는 경향을 보여왔다. 공·사 부문의 유사성을 강조하거나 공공부문에 기업적·시장적 방식을 도입하자는 주장이 우세한 때도 있었고, 공·사 부문의 구별을 강조하고 공공부문의 특성인 공공성을 중요시하는 주장이 우세한 때도 있었다. 어느 한 편이 우세한 때에도 그러한 경향을 비판하는 목소리는 없지 않았다.

M. Shamsul Haque는 그의 논문 "현재의 거버넌스 모드 하에서 줄어드는 공공서비스의 공공성"(The Diminishing Publicness of Public Service under Current Mode of Governance)에서 근래의 시장지향적 개혁들이 공공서비스의 공공성을 약화시키고 있다고 비판하였다. 1980년대 이래 정부 개혁에 대한 시장지향적·기업친화적 처방이 압도적인 세력을 떨쳐왔는데, Haque는 그로 인한 폐단 즉 공공서비스의 공공성 위축을 비판하고 나선 것이다. 그는 근래에 진행된 시장지향적 개혁(market-led, promarket, businesslike reforms)의 전제, 원리, 결과 등이 공공서비스에 고유한 양태와 기준에 위협이 되었다고 말하였다.

Hanque는 거버넌스에 대한 시장지향적 개혁들이 공공서비스의 제도적·규범적 정체성, 서비스 대상자의 구성, 사회경제적 역할의 양태, 책임성의 수준, 국민신뢰의 수준에 비추어 평가할 수 있는 공공성을 어떻게 위축시킬 수 있었는

* 오석홍: 서울대학교 행정대학원 명예교수.

가를 설명하였다. 그리고 공공서비스의 공공성에 대한 도전에 대항할 수 있는 학문적·실천적 방안들을 제안하였다.

이러한 논의를 위해 Haque는 공공성의 지표 내지 결정 기준을 먼저 설정하였다. 그의 연구는 선행연구, 경험적 사실 조사, 그리고 정부에서의 경험을 바탕으로 한 것이다.

Haque의 논의를 요약하면 다음과 같다.

II. 공공서비스의 공공성 위축

1. 공공성 손상의 원인

국가정책과 행정개혁의 시장지향적·기업지향적 방향전환이 공공서비스의 공공성을 어떻게 잠식하였는가를 체계적으로 논의하려면 공공성(公共性: publicness)의 기준 또는 척도를 먼저 규정해야 한다.

필자는 공공서비스의 공공성을 결정하는 기준으로 다섯 가지를 선정하였다. 다섯 가지 기준이란 i) 민간부문과 구별되는 정도, ii) 서비스 대상자(수령자·수혜자: service recipients)의 구성과 범위, iii) 사회경제적 역할의 크기와 강도(intensity), iv) 국민에 대한 책임(public accountability)의 수준, 그리고 v) 국민에 의한 신뢰의 수준을 말한다.

이러한 기준에 비추어 오늘날의 시장지향적 개혁들이 공공서비스의 공공성을 어떻게 침식할 수 있는가를 설명하려 한다. 공공서비스의 공공성 위축이라는 문제를 설명하기 위해 공공성의 다섯 가지 기준에 나타나는 부정적인 경향을 검토하려는 것이다.

(1) 공·사 구별의 침식

공공부문과 민간부분의 구별은 공공서비스의 결정기준으로 오래 쓰여 왔다. 공공서비스의 공공성은 민간부분의 경우와 구별되는 서비스 규범(예컨대 불편부당성, 공개성), 원리(예컨대 평등성, 대표성), 독점성, 복잡성, 장기적이고 광범한 사회적 영향 등의 특성에 관련하여 파악해 왔다.

근래의 시장지향적 개혁풍조는 공·사부문 구별을 흐려놓았다. 경쟁성, 능률성, 생산성, 수익성과 같은 기업적 규범이 강조되었기 때문에 선진 민주국가들에서 발전된 시티즌십, 대표성, 책임성, 평등성, 불편부당성, 공개성, 대응성, 정의 등 공공부문에 특유한 서비스 규범과 기준들이 소홀히 취급되고 있다. 공공부문에서도 내부시장, 공동사업, 사용자부담금, 파트너십, 용역계약 등 기업의 용어들이 널리 쓰이고 있다.

기업적 규범의 강조는 관리자들의 태도와 행동에도 변화를 야기하였다. 그들은 시민의 갈망과 필요에 대응하기보다 미리 정해진 생산목표에 더 많은 주의를 기울이게 되었다.

요컨대 기업관리의 규범, 원리, 태도에 접근해 가는 공공서비스의 변화는 공·사간의 구별을 흐리게 하고, 공공서비스의 규범적·행태적 정체성을 침식하고 따라서 공공성을 위축시킬 가능성이 크다.

(2) 서비스 대상집단의 협소화

공공서비스의 공공성은 서비스 대상자들의 구성에도 달려있다. 서비스 대상자의 수가 많거나 그 범위가 넓으면 공공서비스의 공공성은 높은 것이다. 서비스 대상자의 구성은 공적 소유(public ownership)의 범위와 시티즌십의 특성에 연관된 것이다. 공적 소유의 범위가 넓은 것은 보다 큰 공공성을 시사한다. 공공서비스를 받을 시민의 권리가 클수록 공공서비스의 공공성은 커진다고 말할 수 있다.

공공서비스의 공공성을 유지하기 위해서는 공공서비스가 선택된 계층이나 집단의 특수이익을 넘어 국민 전체를 구성하는 모든 집단과 계층의 필요와 요구에 대응하는 봉사를 하도록 해야 한다. 공공서비스의 목적은 공동의 공공복리 또는 모든 시민의 복리를 추구하는 것이라야 한다.

2차 세계대전후 대부분의 선진자본주의 국가들은 그러한 공공서비스의 목표를 추구하기 시작하였다. 공공서비스에 대한 시민의 권리를 크게 확대해 나간 것이다.

그러나 1980년대 이후 공공서비스의 주된 목표가 달라졌다. 시민적 권리의 구현이라는 목표는 능률과 경쟁에 기초한 경제적 성취라는 목표로 대치되었다.

그런데 전문가들이 심사하고 주장한 경제적 목표는 국민 다수에게 이익을 주는 것이 아닐 수도 있다.

공공서비스의 초점이 시민중심적인 것으로부터 능률지향적인 것으로 전환된 현상은 거의 모든 산업화 국가에서 발견할 수 있다. 발전도상국들에서도 유사한 일이 벌어지고 있다. 오늘날의 이러한 추세는 공공부문이 제공하는 서비스를 받는 사람들의 범위가 축소되고 있음을 말해준다. 지금 공공부문은 시장이 견인하는 경제성장에 더 많은 주의를 기울이고 보통 시민들의 전반적인 복지 향상은 소홀히 하고 있다. 공공부문 자원의 배분구조는 혜택받지 못한 시민들을 정부 서비스의 수혜대상에서 배제하는 방향으로 개편되고 있다. 저소득층 인구를 위한 프로그램들은 축소되고 있다.

근래의 개혁과정에서 공공부문 서비스의 대상자에 대한 정의 자체가 달라졌다. 전통적으로 정부 서비스의 수혜자를 정의할 때 시티즌십이라는 개념과 시민적 권리에 관한 원리가 주된 기준으로 쓰여왔다. 그러나 신공공관리의 기업적 문화에서는 서비스 수혜자를 '고객'이라고 재정의하고 있다.

서비스 수혜자를 고객이라고 정의하는 고객지향적 모형은 사는 사람과 파는 사람 사이의 '돈벌이를 목적으로 하는 교환관계'(mercenary exchange relationship)를 전제하는 것이다. 이 모형은 사람들이 보다 넓은 사회적·공공적 이익을 희생시켜서라도 편협한 자기이익을 추구하게 만들 수 있다. 이 모형은 지불능력에 따라 부자와 가난한 자를 차별하는 경향이 있다.

관념적으로나 실천적으로나 서비스 대상을 축소하는 경향은 공공서비스의 공공성을 위축시키다. 시민은 정부의 고객이 아니라 소유자라는 사실을 간과한 고객지향적 모형은 국가를 기업체 같은 조직들로 분할하고 국민을 고객, 사용자 등으로 분산시킨다. 이것은 공공영역의 존재의미를 손상하고 공익을 약화시킨다.

(3) 공공부문의 역할 약화

공공서비스가 사회에서 수행하는 역할의 특성도 그 공공성을 결정하는 중요 기준이다. 공공재의 주된 특성 가운데 하나는 그 사회적 영향 또는 외부효과가 아주 광범하다는 것이다. 공공서비스의 역할이 광범하고 강력하다는 것은 사회적 영향의 광범성을 말해 주는 것이다. 공공서비스의 광범한 영향력은 그 공공성이 높다는 것을 의미한다. 반면 좁고 약한 역할은 제한적인 사회적 영향과 낮은 공공성을 시사한다.

공공서비스는 사회적 요구에 부응하고, 공익을 추구하고, 공공의 리더십에 관한 이미지를 구축하기 위해 적극적 역할을 수행해야 한다. 2차대전후 공공서비스는 그러한 주도적 역할을 수행해 왔다. 선진자본주의 국가들에서도 그랬고 경제사회적 발전을 추구한 신생국가들 또는 발전도상국들에서도 그러했다.

그러나 1980년대 초부터 공공서비스의 역할에 현저한 변화가 일어났다. 공공서비스의 역할이 다양한 사회경제적 활동에 적극적으로 간여하는 역할에서 민간부문주도의 활동을 촉진하는 간접적·지원적 역할로 전환되었다. 이러한 역할전환은 선진국들에서나 발전도상국들에서나 비슷하게 일어났다.

공공서비스의 역할전환은 민간부문이 재화·용역 공급의 역할을 더 많이 맡게 한 반면 국민의 필요에 부응하고 기초적 서비스를 공급하는 공공부문의 역할은 위축시킨다. 공공서비스의 역할이 약해지고 간접적인 것으로 변해 가는 경향은 사회경제적 활동이나 그 변동에 대한 공공서비스의 개입이 줄어든다는 것, 사회와 국민에게 미치는 공공서비스의 영향이 축소된다는 것, 그리고 공공서비스의 공공성이 저하된다는 것을 시사한다.

근래의 시장지향적 개혁에 의한 재정적 및 인적 자원의 구조조정은 실제로 적극적·선도적으로 사회경제적 역할을 수행할 공공서비스의 역량을 약화시켰다. 재정적 자원의 차원에서는 민간화에 의해 많은 공적 자산을 민간부문에 이전하였기 때문에 공공서비스의 역량이 약화되었다. 인적 자원에 관련해서는 공무원 수를 동결하거나 감축했기 때문에 공공서비스의 역량이 약화되었다. 재정적·인적 역량 감퇴는 기초적 서비스에 대한 시민의 필요와 요구에 공공서비스가 대응하기 어렵게 한다. 이것은 공공서비스의 공공성을 저하시킨다.

(4) 공공서비스의 책임성 약화

국민에 대한 책임성도 공공서비스의 공공성을 결정하는 기준으로 널리 받아들여지고 있다. 공청회, 고충처리절차, 정보공개법, 옴부즈만, 의회의 국정조사, 사법적 통제, 공무원의 행동규범, 여론조사, 이익집단의 감시, 언론매체의 감시 등은 자유민주주의체제 하에서 활용할 수 있는 공적 책임확보의 수단들이다. 그러나 이러한 수단적 제도들의 존재만으로는 불충분하다. 그런 제도들이 실제 효율적으로 작동해야 한다.

행정책임에 관한 전통적인 문제들이 아직 없어지지 않고 있다. 행정책임에 관한 전통적 문제들이란 관료적 권력, 기능적 복잡성, 사회적 고립, 비밀주의, 언론통제, 정치적 억압 등이 빚어낸 문제들이다. 이러한 전통적 문제들이 잔존하는 가운데 책임성을 좀먹는 새로운 문제들이 생겨나고 있다. 새로운 문제들이란 오늘날의 시장지향적 거버넌스 개혁에서 연유하는 문제들이다. 기업을 본뜨려는 정부재창조운동은 민주적 책임성의 전통에 대한 강력한 공격이라고 할 수 있다.

첫째 공·사간의 파트너십(public-private partnership)이 공공서비스의 책임성에 도전하고 있다. 근래의 시장친화적 거버넌스 개혁들에 의해 팽창된 민간기업들과의 긴밀한 파트너십 또는 제휴가 공공서비스의 책임성에 새로운 문제를

로운 방안을 도입해야 한다. 반부패기구들은 새로이 설립된 자율관리기관들에 대한 감시를 강화해야 한다. 공무원들로 하여금 그들의 재산, 수입원, 사기업 참여 등을 공개하게 해야 한다.

다섯째, 정치지도자들은 공공부문 개혁 또는 재창조가 국민의 반정부 정서를 완화하고 정부에 대한 국민의 신뢰를 회복시켜 줄 것이라고 주장하였다. 그러나 거버넌스에 대한 국민의 불신 또는 냉소주의는 커져 왔다.

국민의 불신을 해소해 나가려면 시장지향적 개혁으로 시민들이 입은 피해를 보상하고, 필요한 모든 시민에게 기초적 서비스를 제공하고, 공공책임 확보수단을 강화해야 한다. 그리고 국민들에게 공공서비스에 대한 객관적 평가와 해석을 제공하도록 노력해야 한다. 정치적으로 편향된 사람들의 정부관료제 매도는 국민이 정부에 대해 갖는 이미지에 나쁜 영향을 미칠 수 있다.

여섯째, 시장지향적인 공공부문 개혁의 입안과 시행에서는 정치적·경제적 조건 등 상황적 요인을 고려해야 한다. 시장지향적 개혁에 대한 상황론적 접근은 개혁조치들의 집행을 보다 효율적이고 성공적인 것으로 만들뿐만 아니라 개혁이 미치는 사회 경제적 역효과를 감소시킬 것이다.

일곱째, 현재와 장래의 정책결정자들은 공공부문에 전례 없는 시장지향적 개혁을 몰고 온 국내적·국제적 요인과 세력이 무엇이었는지를 면밀히 검토해 보아야 한다. 나라마다의 경제적 난국이 그러한 개혁을 입안하게 했을 것이다. 그밖에도 이념적·정치적 신념과 기득권 보호의 필요 등이 시장지향적 개혁의 동인이 되었을 것이다.

현재와 미래의 정책결정자들은 근래의 공공부문 개혁을 강화한 요인들을 분석하고 바람직하지 않은 또는 타당하지 않은 영향력의 개입을 저지해야 한다. 이념적·정치적·경제적 신념이나 기득권이 아니라 실제적인 필요, 상황, 그리고 목표에 따라 장래의 개혁정책을 수립해야 한다. 새로운 개혁조치를 입안할 때에는 보다 더 조심스럽고 합리적인 접근을 해야 하며 공공서비스의 공공성을 해친 기업지향적 개혁의 일정부분은 역전시켜야 한다.

Ⅲ. 평가적 의견

민간부문과 구별되는 공공부문의 특성이 자산이기보다 부채이며 폐단으로 인식되면서, 정부가 민간과 시장을 닮게 하려는 개혁운동이 홍수를 이루었다. 시장지향적 개혁들은 민간의 영역을 넓히고 공·사 간의 협력을 강화했을 뿐만 아니라 공·사 간의 구별을 흐리게 하였다. Haque는 이러한 추세의 정당화 근거에 반론을 제기하였다. 그는 흐려져가는 공공서비스의 공공성 복원을 주장하였다.

Haque의 논문은 시장지향적 공공개혁의 지나침을 반성하게 한다. 이 점에서 그의 공로는 충분히 인정받아야 한다. 공공부문의 시장지향적 개혁은 그것을 필요로 하는 시대적 조건이 촉발시켰고 적지 않은 성공을 거두었다. 그러나 시장지향적 개혁은 정당화 근거를 제공한 기초이론, 그리고 계획과 시행에서 적지 않은 문제들을 노정하였다. 이를 지적하는 연구들은 새로운 개혁의 구상에 많은 도움을 줄 것이다.

Haque는 공공서비스의 공공적 특성을 강화하고 정부의 역할을 확대하도록 처방한다. 이러한 그의 주장에도 경계해야 할 문제들이 내포되어 있다. 민간부문과 구별되는 공공부문의 특성을 바람직한 가치로만 규정하는 것이라든지, 정부의 역할이 넓고 강해야 좋다는 점을 시사한 것이라든지 하는 것은 하나의 편향된 시각을 반영하는 것이다. 지나친 시장주의와 정부감축원리가 하나의 편향이라 한다면 지나친 국가개입주의와 정부확장원리 또한 하나의 편향인 것이다. Haque는 시장친화적 공공개혁의 바람직한 성과는 과소평가하거나 간과하고 실책과 부작용만 부각시켰다는 비판을 면하기 어려울 것이다.

참고문헌

Haque, M. Shamsul, "The Diminishing Publicness of Public Service under the Current Mode of Governance," *Public Administration Review*, Vol. 61, No. 1, January/February 2001, pp. 65-82.

제2편

정부관료제

William A. Niskanen의
관료제모형*

Ⅰ. 서 론

관료제는 일반적으로 법적 권위를 갖춘 대규모 조직을 뜻한다. 그래서 그것
은 반드시 행정조직만을 뜻하지 않고 다른 공공조직이나 민간의 대규모 조직도
포함한다. 그렇지만 행정학과의 교과목에는 '조직이론'도 있고 '관료제론'도 있
는 경우가 많다. 이 때 '관료제론'은 아무래도 정부조직과 관련된 것에 한정되
는 듯하고, 실제로 '관료제'라고 명명된 책이나 논문들을 보면 정부행정기관을
대상으로 한 것들이 대부분이다. 그 반면 '조직론'이라는 제목하의 책들은 거의
가 조직의 일반이론에 치중하는 듯하여 경영학에서 다루는 조직론과 별반 차이
가 없고, 서점에도 행정학자의 '조직론' 저서들이 경영학 분야의 진열대에 놓여
있는 경우가 많다. 아무튼 양자 모두 사회학, 사회심리학, 산업심리학 등으로부
터 큰 영향을 받아 왔음은 사실이다.

한편, 그와 같은 전통적인 방법과는 달리 경제학적 시각으로 공공부문관료제
를 분석하기 시작한 역사는 그렇게 오래되지 않았다. A. Downs 와 J. Buchan-
an 및 G. Tullock 등의 개척자적인 연구로부터 시작된 '새로운 정치경제학'
(new political economy)은 수요측면에 관심을 집중하였으며, 1960년대 초반
에는 경제학자들의 극대화 접근방법이 유권자, 정치인, 그리고 압력집단 등의 행
태분석에 적용되었다. 이와 같은 분석틀 속에서 주요 관심은 수요표출 체계인
투표메커니즘에 쏠렸으며, 유권자들은 투표메커니즘을 통하여 공적(公的)으로
공급되는 재화와 서비스에 대한 그들의 수요를 표출하였다. 그와 같은 수요모형
에서, 공공 부문의 산출과 공급을 담당하는 공공부문 관료제는 유권자들의 수요
에 중립적이고 효율적인 방법으로 대처하는 수동적인 대리인(passive agent)으

＊전상경: 동아대학교 정치행정학부 교수.

로 간주될 수밖에 없었다. 즉 관료들은 '공익'(公益)에 봉사하는 냉철하고 원숙한 사람으로 생각되었다.

그러나, 그러한 관료관은 일상적 관찰(casual empiricism)로부터도 지지될 수 없었고, 또한 다른 분야의 문헌 특히 관료들의 활동을 민주주의 기능의 위협으로 바라보는 문헌들과 조화될 수 없었다. 특히 경제학적 관점에서 생각하면 그같은 중립적 관료는 고전적인 규범적 행정이론, 예를 들면 M. Weber나 W. Wilson 등의 이론으로부터 도출된 허구(虛構)에 지나지 않았다. 관료행태에 대한 이와 같은 비현실적 전제에 대응하여 많은 경제학자들은 관료적 의사결정을 모형화하기 시작하였다. 즉 그들은 소비자, 생산자, 유권자와 정치인을 모형화하였듯이 관료들을 극대화 수체로 모형화하였나. 이같은 접근방법의 신구자는 A. Downs와 G. Tullock이며, 이들의 연구는 A. Breton과 W. Niskanen 등의 연구를 위한 훌륭한 토대가 되었다.

여기서는 경제학자들의 극대화 모형을 원용하여 관료들의 행태를 전술한 수요모형이 아닌 공급모형의 관점에서 설명하고 있는 Niskanen의 관료제 모형을 소개하고, 그 모형의 제약점과 한국행정학 연구에서의 시사점들을 중심으로 살펴보려고 한다. 왜냐하면 이러한 모형은 관료행태를 이해하기 위한 또 다른 접근방법이기 때문에 관료제에 대한 이해의 폭을 넓혀줄 수 있기 때문이다.

II. 경제학적 관점에서의 관료제 : Niskanen의 관료제 모형

1. 공공부문 공급원(供給源)으로서의 관료제

조직은 그 재원조달방법에 의하여 영리조직과 비영리조직으로 구분되며, 공공부문의 비영리조직은 민간부문의 비영리조직과 다르다. 왜냐하면 공공부문의 비영리조직은 민간부문의 그것과는 달리 대부분 조세수입으로부터 그 재원을 조달하기 때문이다. 공공부문 관료제는 그들 산출물의 상당 부분이 시장에서 거래되지 않을 뿐만 아니라 또한 조세수입이 그들의 주요한 재원조달원이 되는 그러한 비영리조직들이다.

특히 Niskanen은 공공부문의 관료제를 정기적 예산지출이나 보조금으로부터 그 재원의 전부나 일부를 조달받는 비영리 독점공급자로 생각한다. 그래서 관료제 연구에서 Niskanen의 주 관심은 관료들이 어떻게 자원배분의 효율성에 영향

을 미치고, 관료제가 효율성의 관점에서 완전경쟁 또는 독점의 시장구조와 같은
다른 형태의 경제조직과 어떻게 비교될 수 있는가를 밝히는 것이었다.

2. Niskanen의 출발점

Niskanen의 출발점은 관료들이 갖는 개인적 선호의 적실성에 대한 인식이
다. 그는 "관료들의 개인적 선호를 고려하지 않는 어떠한 관료행태이론도 오직
대단히 엄격한 전제주의적 환경에서만 적실성이 있을 것이다"라고 주장한다. 그
래서 "관료들은 무엇을 극대화시키려고 애쓰는가?"라는 의문을 제기하면서, 그
들도 다른 경제주체들과 마찬가지로 자기의 개인적인 효용극대화를 추구할 것이
라고 가정하였다. 이것은 별로 대수롭지 않게 들릴 수도 있을 것이다. 그렇지만
이 가정이 근본적으로 나타내고자 하는 바는 관료들이 Wilson이나 다른 고전적
행정학자들이 생각했던 것처럼 반드시 국가이익이나 사회 전체의 후생증진만을
위하여 일하는 것이 아니라, 오히려 공익이 아닌 다른 요인들도 관료의 효용함
수에 포함될 수 있을 것이라는 점이다.

Niskanen에 의하면 이러한 관료의 효용함수는 봉급, 역득(perquisites), 대
중적인 명성, 권력, 후원(patronage), 부서관리의 용이성, 그리고 변화의 용이
성 등과 같은 많은 변수를 포함한다. 그러나 Niskanen은 그렇게 복잡하게 설정
된 관료효용함수를 이용하기보다도 관료효용함수에 있는 모든 변수들을 그 부서
전체 예산의 정적(正的)인 단조증가함수라는 전제로 단순화시킨 후, 관료들은
예산극대화를 통해서 자신들의 효용을 극대화시킨다고 가정하였다.

관료들도 다른 극대화주체들과 마찬가지로 여러 가지 제약조건하에서 행동한
다. 관료들의 예산극대화 행태를 제약하는 것은 무엇인가? 이 문제에 답하기 위
해서는 부서(bureau)와 부서의 후원조직, 즉 부서에 자금을 공급하는 기관간의
관계를 고려할 필요가 있다. 공공부문의 부서에 자금을 공급하는 후원조직은 세
금, 차입 또는 화폐창출로써 재원을 조달하는 단일의 집합적 조직이다. 후원자의
대표적인 예로는 입법부를 들 수 있고, 재무부는 특별한 종류의 부서로서 자금
을 다른 부서로 배정하는 중개자로서의 역할을 할 뿐만 아니라 또한 통제관계
속에서 다른 부서들과 부닥치기도 한다. 자금배정의 결정은 입법부에 있는 국회
의원들에 의해서 이루어지며, 부서는 후원자가 공급하는 것 이외의 다른 대안적
재원을 갖지 않는 것으로 생각된다.

이같은 쌍방적 의존관계가 주어졌을 때, 후원자와 부서 사이의 관계는 일종

의 쌍방독점으로써 가장 잘 묘사된다. 쌍방독점관계는 하나의 교환관계인데, 부서는 일련의 활동과 이러한 활동이 가져다 줄 예상되는 결과를 후원자에게 제공하고, 이것에 대한 대가로서 후원자로부터 예산을 얻는다. 어떠한 쌍방독점 관계에서도 최종 결과는 불확실하다. 왜냐하면 그것은 양측의 상대적 권력과 협상력에 달려 있기 때문이다. 그러나 Downs, A. Wildavsky, 그리고 Niskanen 등은 후원자와 부서간의 쌍방독점관계의 게임에서 부서가 더 유리하다는 입장을 취하고 있다.

3. Niskanen의 관료제 모형

Niskanen모형의 주요 구성요소는 관료들의 목적함수와 그러한 목적함수의 실현을 제약하는 제약조건이다.

⑴ 관료들의 목적함수

Niskanen은 관료들의 효용을 증가시키리라고 생각되는 모든 요인들을 모든 부서(bureau)가 수령하는 예산이라는 변수로 환원시켜, 관료의 효용함수를 예산의 단조증가함수로 표시한다. 그러한 효용함수는 다음과 같은 간단한 이차함수로 표시될 수 있다.

$$B(Q) = aQ - bQ^2; \ 0 \leq Q < (a/2b) \cdots\cdots\cdots\cdots(1)$$

여기서 B는 예상되는 산출물 수준 Q에서 후원자가 부서에 기꺼이 지원하고자 하는 최대의 예산을 나타내며, 이 효용함수를 일차미분함으로써 아래의 식 (2)와 같은 한계가치함수를 구할 수 있다.

$$dB/dQ = V = a - 2bQ, \ \leq 0 < Q < (a/2b) \ \cdots\cdots(2)$$

이러한 한계가치함수는 전통적인 수요개념과 일치되는데, V는 후원자가 기꺼이 지불하려고 하는 단위 산출물당 최대한의 '가격'이다. 관리를 담당하고 있는 정치인들(governing politicians) — 즉, 후원자들 — 의 선호는 모든 시민/유권자들의 선호를 정확하게 반영한다고 가정한다. 그렇기 때문에 한계가치곡선은 부서 서비스에 대한 시민들의 한계가치의 총합을 나타내는 것으로 생각할 수 있다.

(2) 관료들의 제약조건

관료들의 예산극대화행태는 공공서비스 공급의 기술적 조건으로 제약된다. 이러한 제약은 기술수준이 주어졌다는 가정 하에 식 (3)과 같은 이차식의 비용함수로 나타낼 수 있다.

$$C(Q) = cQ + dQ^2, 0 \leq Q \quad \cdots\cdots\cdots\cdots\cdots\cdots\cdots(3)$$

$C(Q)$는 특정 기간 동안 투입요소에 지불되는 최소한의 전체 금액(비용)이다. 식 (3)을 Q에 대해 미분한 것이 한계비용곡선이며 산출물을 한 단위 더 생산하는데 따르는 전체비용에 대한 추가적 비용으로서 방정식 (4)와 같다.

$$dC/dQ = c + 2dQ, 0 \leq Q \quad \cdots\cdots\cdots\cdots\cdots\cdots\cdots(4)$$

관료들은 균형 산출물 수준에서 최소한으로 요구되는 전체 비용보다 예산이 크거나 또는 동일해야 한다는 제약조건하에서 자기 부서의 효용함수(부서의 전체예산함수)를 극대화하려고 하므로 식 (5)가 충족되어야 한다.

$$B \geq C \quad \cdots\cdots\cdots\cdots\cdots\cdots\cdots\cdots\cdots\cdots\cdots(5)$$

(3) 모형의 분석

조건 (5)하에서 효용함수 (1)의 극대화는 (i) $B>C$와 (ii) $B=C$의 두 가지 경우로 나누어 생각할 수 있다. $B>C$일 경우에는 $dB/dQ=0$ 으로부터 $Q=(a/2b)$가 도출되는데 이것은 수요제약 영역하의 균형 산출량을 나타낸다. 한편 B=C일 경우에는 식 (1)과 (3)에서 $aQ-bQ^2 = cQ+dQ^2$ 로부터 $Q=(a-c)/(b+d)$가 도출되는데 이것은 예산제약 영역하의 산출량이다.

그러므로, 경쟁시장에서 요소를 구입하는 기초 부서(elementary bureau)의 입장에서는 균형수준 Q가 다음의 두 값 사이에 위치한다.

$$Q = (a-c)/(b+d) \text{ for } a < (2bc)/(b-d),$$
$$Q = a/(2b) \text{ for } a \geq (2bc)/(b-d).$$

Niskanen에 의하면 $B > C$와 같은 수요제약 영역 하에 있든 $B = C$와 같은 예산제약 영역 하에 있든 양자의 산출량은 모두 사회적 최적 산출량보다도 더 높은 수준에 있게 된다. 그러나 관료들은 언제나 입법부로부터 예산승인을 받고 산출물을 공급하기 때문에, 여기서는 예산제약 영역 하의 경우를 택하여 분석하려고 한다.

아래의 그림에서 곡선 *V*는 후원자의 한계가치곡선(즉, 수요곡선)을 나타내며, 곡선 *MC*는 한계비용곡선을 나타낸다. 부서의 균형은 점 *h*, 즉 *B* = *C*이고, *Q* = (*a* - *c*)/(*b* + *d*)인 점에서 일어난다.

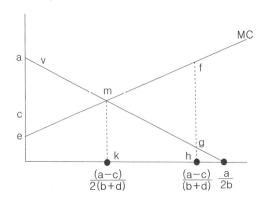

[그림 2-1] 균형 산출수준

부서의 산출물은 '예산제약'영역에 있고, 이 점에서는 면적 *eagh*와 *ecfh*가 같다. 이것은 수령된 예산은 전체비용과 같다는 것을 의미한다. 이 예산에는 '군살'(fat)이 없으며, 어떠한 비용효과분석을 동원해도 비효율을 찾아낼 수는 없을 것이다.

그렇지만, 이러한 산출물 수준은 사회적 최적 수준보다 더 크다. 사회적 최적 수준의 산출물 수준은 한계가치와 한계비용이 일치되는 점 *k*에서 일어나며, 식 (2)와 식(4)로부터 다음과 같이 구해진다.

$$dB/dQ = a - 2bQ = c + 2dQ = dC/dQ \cdots\cdots\cdots(6)$$

즉 식 (6)으로부터 사회적 최적 수준의 *Q*는 *Q*=(1/2)×(*a*-*c*)/(*b*+*d*)가 된다.

이러한 분석은 우리로 하여금 효율성과 최적성을 구분하게끔 한다. *h*점에서는 부서가 최소한의 가능한 비용으로 산출물을 생산하므로, 어떠한 비용효과분석을 동원하더라도 비효율성이 발견되지는 않는다. 그러므로 예산제약 하의 균형에서 부서의 행태는 효율적이라고 할 수 있다.

그렇지만, 이 점에서 균형 산출물 생산에 드는 한계비용은 그것의 한계가치를 초과한다. 그렇기 때문에 부서의 행태가 최적(optimal)이라고 할 수는 없다. 소비자잉여 △*cam*은 산출물을 *h*까지 확대하는데 사용된다(△*acm* = △*mfg*).

Niskanen의 분석이 보여주는 것은 부서가 사회적 최적 수준보다도 2배까지 산출물을 증가시킬 수 있다는 것이다. 이러한 결론의 핵심은 관료의 비효율성은 투입의 낭비와 같은 기술적 비효율이 아니라 본질적으로 산출물 규모의 적정성에 관련된 경제적 비효율이라는 점이다. 따라서 모든 부서들이 똑같은 방식으로 행동할 것으로 전제되기 때문에 공공 부문의 크기, 즉 조세금액은 사회적인 최적 수준보다 두 배 가까이에 이르게 된다는 결론이 나온다.

이상의 Niskanen 모형으로부터 얻을 수 있는 시사점은 다음과 같다. 즉, ① 관료들은 예산이 클수록 더 큰 효용을 얻고, ② 관료들은 재량권도 갖고 또한 독점권도 가지며, 그래서 ③ 부서의 산출물은 사회적인 최적 산출물보다 더 크다. 즉 부서는 과대생산을 하게 된다.

III. 평가적 의견

1. Niskanen 모형의 비판

"총수입이 총비용을 감당하기만 하면 관료들은 자유롭게 산출물 수준을 선택한다"는 Niskanen모형으로부터 도출된 기본 결론은 보다 더 자세하게 검토되어야만 한다. 이 결론은 관료들이 고객이익의 수탁자(trustees)로서 행동하는 후원자에 비하여 상대적으로 더 나은 협상능력을 갖는다는 주장으로부터 도출된다. 여기서 보다 나은 협상력이란 관료들의 기술적인 정보우위성에서 나온다.

쌍방독점관계에서 지배적인 가격 및 산출물을 선택할 수 있는 사람을 결정하는 것은 무엇인가? 그 대답은 양자의 상대적인 권력의 크기인데, 이것은 또한 의사결정권한의 배분에 달려 있다. 부서는 단일의 후원자와 거래해야 하지만, 후원기관은 많은 수의 부서들과 거래해야만 한다. 그래서 후원기관의 상대적 비용은 클 것이지만, 그러한 비용은 후원자의 권력과 비교되어야만 한다. 여기서 말하는 후원자의 권력이란 자신의 요구에 부응하기를 거절하는 어떤 관료도 교체할 수 있는 권한 및 예산규모를 원하는 수준으로 고정시킬 수 있는 권한을 뜻한다.

후원자는 예산규모를 고정시킬 수 있는 반면, 부서는 의도적으로 산출물의 생산비를 왜곡시킴으로써 산출물의 양(量)과 질(質)을 조정할 수 있다. 그러나 이같은 상황은 오직 후원자가 부서의 생산함수 및 비용함수에 관한 정보를 거의 갖지 못할 때만 생긴다. 이것은 경험적 문제로서, 많은 민주국가의 경우 입법부 내에 여러 분야의 관료활동을 감시하고 비용검토 등을 실시하는 사정위원회(review committee)가 있으나, 그 활동의 성과에는 한계가 있는 듯하다. 아무튼 Niskanen은 부서들이 직면하는 제약요인의 성격을 충분하게 염두에 두지 않은 채 너무 많은 권력을 부서에 부여했다는 비판을 면할 수 없다.

Niskanen모형에서, 관료들에게는 대단한 힘이 부여되지만 후원자는 상대적으로 권력을 거의 갖지 못하는 것으로 가정된다. 이러한 접근방법은, 분석으로부터 정치를 배제할 뿐 아니라 정책(즉 산출물)선택에 관한 이익집단의 영향력등도 제외하려는 경향이 있다. 그러나, 실제로 후원자들인 정치인들은 각종의 관련 이해집단으로부터 정책변화, 서비스개선 및 조세경감을 실현하라는 끊임없는 압력을 받고 있다. 이같은 결정들이 정치인들(politicians)에 의해서 이루어지는가 혹은 관료들에 의해서 이루어지는가? Niskanen모형은 이 문제를 성급하게 판단하는 경향이 있다.

즉, Niskanen은 수요측면은 무시하고 공급측면만을 강조하였기 때문에 자기 이론의 균형을 잃었다고 할 수 있다. 왜냐하면 만약 수요측면에도 관심을 갖고 입법부가 관료에 대해서 갖는 통제권을 생각한다면, 부서가 사회적인 최적 산출물의 수준보다 두 배나 생산하고 있기 때문에 소비자인 유권자(consumer voter)는 불만을 품을 것이며 따라서 그들은 자신들이 선출한 대표들을 통해서 예산변화를 일으키기 위한 압력을 행사할 것이라는 것은 짐작할 수 있기 때문이다.

특히, 그러한 행동 때문에 얻을 수 있는 한계편익이 그것에 소요되는 한계비용을 초과하는 한 그와 같은 행동은 일어나게 될 것이다. 자신의 재선(再選)에 관심을 갖는 정치인들은 적은 예산을 선호하는 이러한 요구에 관심을 기울여야만 한다. 이것은 Niskanen모형에서 관료의 독점력을 감소시켜 주고, 정치인들 및 관료들과 같은 행동주체들이 갖는 권력의 상대적 크기 및 정치인들에게 이용 가능한 통제수단에 주의를 기울이게끔 한다.

Niskanen이 강조하였던 변수들은 관료들이 요구하는 예산의 팽창에 도움되는 변수들이었다. 그렇지만, 관료효용함수에는 예산의 크기와 역(逆)의 관계를 나타내는 다른 항목들도 존재한다는 사실을 명심해야만 한다. 예를 들면, 관리의 용이성과 '직무상의 여가'(on the job leisure)의 양(量) 등이 그런 부류에 속한다. 이와 같은 요인들은 예산규모가 클 경우보다 예산의 규모가 작을 경우 더 잘 증진될 수 있다. 또한, Niskanen은 자기가 원하는 결과, 즉 부서는 과대생산을 하는 경향이 있다는 것을 나타내기 위하여 그 주제를 너무 성급하게 판단하는 경향이 있다. 그러므로, 그 결과는 일반적이지 못하고 (다른 무엇보다도) 관료효용함수에 있는 변수들의 상충관계에 의존된다.

만약 관료들이 직면하는 유인과 제약에 관심을 집중한다면, 우리는 Niskanen 분석이 나타내는 자기민족중심적 경향(ethnocentricity)을 인식할 수 있을 것이다. 그의 모형은 특정 시점에서 어떤 특정한 제도적 환경과 특정한 문화 속에서 활동하는 한 관료로서의 자기 자신의 내성(內省; introspection) 및 경험으로부터 우러나온 것이다. 그렇기 때문에 시점(時點)의 변화와 더불어 문화적, 제도적 환경의 변화는 다른 결과를 나타내 줄 수도 있다.

몇몇 정치학자들, 특히 영국적인 전통을 지닌 정치학자들은 Niskanen분석에서 구체화된 것과 같은 관료행태에 관한 경제학자의 모형에 비판적이다. 그들의 비판은 다음과 같이 요약될 수 있다. ① 경제학자의 모형은 경험적으로 수용될 수 없는 가정들을 갖는다. ② 경제학자의 단순한 행태모형에서는 복잡한 조직유형이 생략된다. 그것은 조직형태에 영향을 미치는 비경제적 요소, 예를 들면 가치, 기술, 조직구조 등을 무시한다. ③ 영국의 고위직 공무원들은 미국의 고위직 공무원들과는 달리 임명이나 승진에 있어서 정치인들에게 크게 의존하지 않는다. ④ 경제적 동기는 관료행태의 이해에 부차적이다. 예산극대화가 영국의 관료들을 움직이게 하지는 않는다. 영국공무원들은 경력 쌓기에 관심을 두는데, 이것은 곧 재무부 또는 내각(Cabinet Office) 고위직에로 승진을 목표로 하는 것을 뜻한다. 즉, 그들은 '팽창보다도 통제'가 윤리로 통하는 부서에서 일하는 것을 목표로 한다.

그렇지만, 이러한 비판에도 주의를 요할 점이 있다. 즉 많은 정치학자들이 관료제 분석에 대한 경제학자들의 접근방법을 비판할 때, 그들은 그러한 분석이 답하려고 추구하는 질문이나 주제들을 충분하게 이해하지도 않은 채 현실성의 결여 등을 이유로 균형패러다임을 공격하는 잘못을 범한다. Niskanen의 분석은 대안적인 조직형태의 균형산출물을 비교하기 위한 것이지 관료제의 행태적 모형을 제시하기 위하여 출발한 것은 아니었다. 이러한 특정 목적을 염두에 두고 진행된 그의 연구는 우리들에게 올바른 방향은 제시하였으나, 부분 균형적인 분석틀 때문에 우리들을 충분하게 만족시키지는 못하고 있다.

한편, '예산극대화'로 귀결되는 Niskanen의 모형은 관료들의 극대화대상(maximand)에 대해 여러 가지 논쟁을 불러 일으켰다. 특히 Migué Bélanger는 관료들의 (총 예산과 예상되는 산출물 생산의 최소비용간의 차이로 정의되는) 재량적 예산(discretionary budget) 및 산출물을 극대화대상으로 고려하여야 한다고 주장하였다. 또한 Niskanen 자신도 그러한 비판을 수용하여 1991년에 '관료제와 대의제적 정부의 회고'라는 논문에서 관료들의 예산극대화 전제가

'재량적 예산극대화' 전제로 바꾸어야 한다는 점을 인정하지만, 자신의 관료제 모형은 여전히 상당한 시사점을 줄 수 있다고 주장한다.

2. 한국행정학 연구에의 시사점

우리나라 행정학에서 조직이론이 차지하는 비중은 상당히 크다. 그러나 대부분의 기존 조직이론 교과서들을 공공 부문의 특수성을 감안한 조직이론이라기보다도 오히려 조직의 일반이론을 소개하는 경향이 강하다. 그렇기 때문에 이것은 행정학도로 하여금 조직연구의 적실성에 의문을 가지게 할 우려가 있다.

경제학자의 효용극대화 모형에 바탕한 Niskanen의 관료세 모형은 비영리조직(특히 정부조직)을 염두에 두고 있다. 또한 이 모형은 우리나라 행정학 교과서에 흔히 채택되고 있는 전통적인 사회학적 또는 사회심리학적 접근방법과는 다른 새로운 접근방법(경제적 접근방법)을 채택함으로써 정부조직(관료제)연구에 대한 이해의 폭을 넓게 해줄 것으로 기대된다.

특히 우리나라는 고도성장 과정에서 정부 부문이 커다란 역할을 해왔고, 앞으로도 복지사회 건설을 위해 공공 부문의 역할은 계속 증대될 것이다. 따라서, 공공 자원의 상당한 부문이 관료제를 통한 비시장적 수단에 의해 배분되고 분배될 것이다. 그러므로 '희소자원의 효율적 활용'에 관한 학문인 경제학이 그러한 희소자원의 배분과 분배에 큰 역할을 담당하고 있는 관료제 연구에 중요한 시사점을 주리라는 것은 당연하다. 이런 점에서 볼 때 Niskanen의 관료제 모형은 관료제에 대한 이해의 폭을 넓히는데 유용한 길잡이가 되리라고 생각한다

참고문헌

Jackson, Peter M., *The Political Economy of Bureaucracy*, 1983; 전상경・홍완식 공역, 관료제의 정치경제학, 서울: 대영문화사, 1991.

Niskanen, W.A., *Bureaucracy and Representative Government*, Chicago: Aldine, 1971.

_____, "Reflections on Bureaucracy and Representative Government," in Blais and Dion, eds., *The Budget-Maximizing Bureaucracy: Appraisals and Evidence*, Pittsburgh: University of Pittsburgh Press, 1991.

Michael Lipsky의
일선행정관료체제에 관한 연구*

I. 머 리 말

공공정책의 수행과정에 있어서 일선행정관료들이 차지하고 있는 비중에 비해 행정학에서의 그들에 관한 연구는 쉽게 찾아보기 어렵다. 행정학이나 유사 사회 과학에서는 일선행정관료들을 일반관료체제의 하부조직으로만 평가하고, 공공정책의 결과에 미치는 영향에 대해서는 개별적인 연구를 미루어 왔다고 해도 과언이 아니다.

가령 왜 일선행정관료들이 어떤 특정 고객집단을 선호하는지, 왜 어떤 때는 그들이 조직의 목표와 규정에 배치되는 행동을 하는지 알지 못한다. Michael Lipsky의 연구는 공공정책 수행에서의 일선행정관료들의 역할, 그들의 업무환경, 그리고 그들이 직면한 불확실성과 압력에 대응하기 위해 개발해 놓은 업무관행을 분석함으로써 일선행정관료체제를 새롭게 조명하고 나아가서 일선행정관료체제를 개혁할 수 있는 대안을 제시하려는 노력으로 해석될 수 있다.

II. 일선행정관료체제

1. 일선행정관료의 중요성

일선행정관료는 일반 시민과 직접적으로 접촉하고 직무수행에 있어서 상당한 재량권을 가진 관료라고 정의된다. 일선행정관료들이 미국 사회에서 차지하는 중요성은 언급할 필요가 없을 정도이다. 우선 인원수나 그들의 인건비가 공공예산에서 점유하는 비중을 생각하면 그들의 중요성을 짐작할 수 있다. 그들이 중

---

*조일홍: 전 중앙대학교 행정학과 교수.

요한 연구대상이 되어야 하는 실질적인 이유는 그들이 일반시민과 일 대 일로 얼굴을 마주대고 접하며, 일반시민들의 일생활에 중대한 영향을 미치기 때문이다. 공공서비스에 대한 의존도가 높은 서민층일수록, 또 복지 행정이 발전할수록 그들의 역할은 증대된다.

두번째로 일선행정관료가 중요한 이유는 그들이 가지고 있는 재량권을 어떻게 행사하느냐에 따라서 실질적으로 그들이 공공정책을 만든다는 사실이다. 그들의 개인적인 의사결정이 모여서 그들이 속한 행정관서의 정책이 된다는 것이다. 민간조직의 하위관리와는 달리 일선행정관료는 그들이 제공하는 서비스의 성격, 양, 질에 관하여 상당한 재량권을 가지고 있다.

그들이 상당한 재량권을 가질 수밖에 없는 이유는 다음과 같다.

1) 일선행정관료들이 처한 업무상황들은 일률적으로 정형화시키기에는 너무 다양하고 복잡하다.

2) 일선행정관료들의 업무는 기계적이기보다는 인간적인 차원에서 대처해야 할 상황이 많다.

3) 재량권은 일선행정관료들이 고객들의 복지에 아주 중요한 역할을 하고 있다고 믿게 하고 싶은 그들의 욕망을 충족시켜 줌으로써 그들의 자부심을 높여준다.

세번째 이유로는 일선행정관료의 재량권과 관련해서 상위관리자들이 조직의 목표를 극대화하기 위해 그들의 재량권을 제한하는 경우에도 뚜렷한 한계가 있다는 점이다. 상위관리자들의 최고 우선수위가 조직의 생산성과 효과성을 높이는 것에 있다면 일선행정관료들은 그들의 직무에 있어서 위험부담과 불편함을 최소화하고 그들의 소득과 개인적인 민족감을 최대화하는 데에 최고 우선 순위가 부여된다고 보아야 할 것이다.

다시 말해서 일선행정관료들은 그들에게 일단 주어진 자율권을 유지하고 더 나아가서는 최대한도로 확대하고 싶어한다. 상위관리자들은 확실한 결과를 보장하기 위해 재량권을 제한하고 싶어하지만, 그러한 제한이 일선행정관료들의 눈에는 불합리하고 부당한 것으로 비쳐지기 쉬우며 종종 그들은 이러한 제한에 성공적으로 저항하곤 한다. 그들이 성공적으로 저항할 수 있는 것은 두 가지 이유 때문이다. 첫째, 일선행정관료들은 노동조합을 이용하여 집단행동권을 행사할 수 있다. 또 인사관계규칙이나 노사협약조항이 상위관리자로 하여금 좋은 성과를 유도하기 위해 일선행정관료들에게 돌아가는 혜택이나 벌칙을 조정하기 어렵게 되어 있다. 둘째, 어떤 조직에서는 일선행정관료들이 조직 내에서 아주 중요한 역할을 담당하고 있다. 그 조직의 구조상 일선행정관료들이 중요한 정보와 업무에 대한 전문지식을 독점하고 있으며 그때 일선행정관료들은 없어서는 안 될 필수적인 요소로 부각된다.

2. 작업환경

일선행정관료들은 일반 시민들로부터 그들의 요구에 민감하고 적절한 서비스를 제공하지 못한다고 끊임없는 비판을 받아왔다. 그들의 행동양식은 그들이 가지고 있는 재량권과 그들이 처해 있는 작업환경의 영향을 받는다고 볼 수 있다. 그들이 처해 있는 작업환경은 대략 다음과 같이 요약할 수 있다.

일선행정관료들이 수행해야 하는 업무량에 비해 그들에게 제공되는 자원들은 만성적으로 부족하다. 그들은 수행해야 하는 직무성역에 비해 과중한 양의 case를 해결해야만 한다. 업무량이 많기 때문에 자연히 업무수행에 꼭 필요한 자료를 수집하거나 의사결정 준비를 위한 시간이 절대적으로 부족하다. 일선행정관료들은 또한 인적 자원의 부족으로 시달리기도 한다. 인적자원의 부족은 단순한 수(數)의 개념이 아니라 능숙한 일선행정관료가 되기 위해서 상당히 긴 기간 동안 비공식적인 훈련을 받아야 한다는 시간의 개념으로 이해되어져야 한다.

일선행정관료들이 제공하는 서비스에 대한 수요는 공급능력에 비해 항상 앞서서 증가한다. 이 수요와 공급의 격차는 일선행정관료들을 평범이 최선이라는 함정에 빠뜨리곤 한다. 서비스가 질적으로 훌륭하고 고객의 요구와 필요에 민감할수록 수요는 폭발적으로 증가한다. 이러한 초과수요 현상은 일선행정관료들로 하여금 인위적으로 수요를 제한하거나 고객들에게 보이지 않는 대가를 지불하게 만들어야 할 필요를 느끼게 한다. 대개 보이지 않는 대가라는 것은 열등한 서비스라든지 서비스를 받기 어렵게 만든다든지 하는 형태로 나타나는데, 결국 이 과정을 거치면서 고객들의 필요에 둔감한 형태의 서비스로 돌아가 수요와 공급의 균형을 이루게 된다.

일선행정관료들이 일하는 부서 자체의 목표들이 모호하거나 이율배반적인 경우가 많다. 일선행정관서의 목표가 모호할 수밖에 없는 것은 대개 목표가 너무 이상적인 차원에서 정의되어 있는 경우와 프로그램이 설립될 때에 있었던 이해의 충돌을 숨기기 위해서 의도적으로 모호하게 만든 경우로 나누어 볼 수 있다. 프로그램의 목표들이 서로 배치되는 경우에는 양립할 수 없는 목표들의 대립이 내재되어 있기 때문이다. 고객들을 중심으로 한 목표와 사회전체가 바라는 목표의 충돌, 고객들을 중심으로 한 목표와 조직을 위한 목표의 충돌, 특정 프로그램을 평가하는 경로가 여러 가지 통로로 나누어져 있기 때문에 발생되는 충돌 등이 그 대표적인 경우라 할 수 있다.

일선행정관료들의 업무수행을 목표와 연계시켜서 평가할 만한 객관적인 기준을 정하기가 어렵다. 성과측정의 어려움은 일반공공관료체제에서 공통적으로 발견되지만 일선행정관료체제에서 더욱더 뚜렷이 나타난다. 가장 큰 이유 중의 하나는 그들이 성취해야 할 목표가 명분상 뚜렷해 보이지만 실제 평가에 적용할 수 있는 구체적이고 가시적인 목표의 정의가 어렵다는 점이다. 가령 의무감 있는 시민층의 양성이라든지 공공의 안녕과 같은 목표는 덧없는 구호의 성격을 벗어나지 못한다. 또 하나의 이유는 효과적인 평가기준을 마련하기 위해서는 너무 많은 변수를 고려해야 한다는 점이다. 가장 치명적인 이유로는, 설령 일선행정관료들의 행동양식에 영향을 미칠 수 있는 평가제도를 개발한다 하더라도 대부분 그들의 강력한 반발에 부딪혀 성공적으로 적용되지 못하는 경우가 많다는 점이다.

일선행정관료들이 대하는 고객집단이 대개 그 기관이나 관료들의 성과를 평가할 만한 위치에 있지도 않고 능력도 없는 경우가 대부분이다. 그들의 고객집단이 대개 가난하거나 다른 선택의 여지가 없어서 공공서비스를 찾는 경우가 많기 때문에 고객집단이 일선행정관료들을 강력하게 그것도 노골적으로 비판하는 것은 상상하기 어렵다. 결국 고객들을 만족시키지 못한다고 해서 일선행정관료들이 두려워할 것은 아무것도 없는 셈이 된다. 고객집단의 불평·불만이 집단행동으로 이어지지 않는 한 그들의 행동양식을 바꾸지는 않는다. 때로는 그들의 고객집단에 대해 인격적인 우월감까지 느끼는 경우도 적지 않다. 흔히 일선행정관료들은 고객집단을 교육시켜 그들의 편의를 위해 그들이 정한 행동규범을 따르게 하기도 한다.

3. 업무관행

일선행정관료들이 직면하고 있는 문제는 다음과 같이 정리할 수 있을 것 같다. 일선행정관료들도 그들이 처한 상황하에서 훌륭한 직무수행을 하려고 한다. 그러나, 그들에게 주어진 직무를 이상적으로 수행하기란 거의 불가능하다. 그들이 처한 업무환경, 즉 부족한 인적·물적자원, 효과적인 통제의 부재, 모호한 목표, 사기를 저하시키는 주변환경 등이 이상적인 업무수행을 거의 불가능하게 한다.

일선행정관료들은 과다한 업무량과 직무의 복잡성에 대처하기 위해 업무의 단순화, 정형화, 관례화를 꾀한다. 일선행정관서 수준에서도 이미 결정과정의 정형화와 업무의 단순화를 위한 제반조치들이 마련되어 있는 경우가 많다. 그러나, 일선행정관료들은 그러한 공적인 제반조치가 그들의 신속한 업무처리를 위해서 불충분하다고 느껴질 때나 그들의 선호에 대치될 때는 그들 나름대로의 단순화·정형화방식을 개발한다. 일선행정관료들의 이러한 단순화·정형화조치는 그 자체로는 별 의미가 없으나, 그 구조가 업무처리상황을 규정지을 수 있기 때문에 주목할 필요가 있다. 앞서 지적한 바와 같이 일선행정관료들의 이러한 개별적이고 작은 결정방식의 단순화·관례화방식이 모여져서 공공재화와 서비스를 어떻게 배분하느냐 하는 공공정책이 된다는 관점에서 더욱 큰 의미를 갖는다.

업무처리의 관례화는 다음 세 가지 이유에서 그 중요성을 더한다. 첫째, 이것은 행정관료와 시민 사이의 상호작용의 관례화라는 점이다. 즉, 이러한 관례화는 더 나아가서 시민들로 하여금 관례화된 반응을 요구한다. 둘째, 효율적인 기능발휘를 위한 최소한의 관례화 정도와 최대한으로 가능한 관례화 정도에는 큰 차이가 있다는 점이다. 어느 정도 이상의 관례화는 조직의 임무수행에 있어서 역기능적으로 영향을 미칠 수 있기 때문이다. 셋째, 업무처리의 단순화·관례화된 결정양식이 관료의 직업적·개인적인 편견의 영향을 자연스럽게 받게 된다. 따라서 과연 관례화가 업무부서의 목적을 극대화하기 위한 것인지 또는 관료들이 업무환경을 통제하기 위한 것인지 면밀히 검토할 필요가 있다.

단순화·관례화와 함께 일선행정관료들이 가장 애호하는 행동양식으로 서비스에 대한 수요를 제한하기 위한 할당배급방식을 들 수 있다. 이론적으로 공공재화의 수요를 제한한다는 것은 불가능하다. 그래서 일선행정관서나 관료들은 제한된 양의 공공재화 서비스를 할당배급하는 방법들을 개발하게 된다. 대개 다섯 가지 정도의 방법이 개발되어 있다.

1) 공공프로그램이 고객들로 하여금 간접적으로 금전적인 부담을 갖도록 하여 서비스에 대한 수요를 제한한다. 가령 다른 관서로부터 제 증명을 떼어오게 하는 방법은 고객들로 하여금 그들이 원하는 서비스에 비해 상대적으로 큰 비용을 부담시킬 수 있다.

2) 서비스를 받기 위해 오랫동안 여행을 해야 한다든지 기다리게 함으로써 고객들로 하여금 시간적인 대가를 지불하게 해서 수요를 제한한다.

3) 어떤 제한된 고객집단에게만 유용한 정보를 제공함으로써 다른 집단들은

효율적으로 특정 서비스에 접근할 수 없도록 하여 수요를 제한한다.

4) 고객들에게 정신적인 대가를 지불하게 함으로써 수요를 제한하는 방법도 있다. 대개 이 정신적인 압력은 은근한 방법으로 가해진다. 서비스의 제 공과정에서 성적인 선호, 교우관계 등 사적인 질문을 한다든지 거짓과 불 성실을 전제로 한 질문을 던진다든지 하는 방법으로 고객들로 하여금 인 간적인 굴욕감을 느끼게 하여 수요를 제한하는 방법이다.

5) 서비스를 받기 위해 긴 대기행렬을 통과하게 함으로써 수요를 제한한다. 외견상 먼저 온 고객에게 먼저 서비스를 제공한다는 원칙은 공평하게 보 이기 때문에 별 문제가 없어 보이나 많은 고객들 특히 그 서비스가 아주 긴요한 고객들로 하여금 포기하게 만드는 경우가 많다. 더욱이 서비스를 포기하는 고객집단이 사회·경제적으로 하층계급에 속할 때 형평성에 문 제가 제기된다.

4. 일선행정관료체제의 미래

책임행정은 관료주의와 민주주의를 연결시켜 주는 고리라고 볼 수 있다. 현 대 민주주의의 성패는 채택된 정책을 수행하는 관료체제의 책임성에 전적으로 의지한다고 해도 과언은 아니다. 일선행정관료들이 누구에겐가 책임을 지고 그 들의 행동을 설명해야 한다는 인식과 정통성이 있는 권위나 영향력의 요구에 민 감하게 반응하여 그들의 행동양식을 개선한다는 실제 행동이 합치될 때 책임행 정은 이루어질 수 있다.

그러나 상당한 재량권을 행사하는 일선행정관료들을 대상으로 책임행정을 추 궁하는 것이 불가능하지는 않지만 무척 어려운 난제임을 부인할 수 없다. 상위 관리자들은 이용가능한 동기부여 수단의 조정이라든지 작업구조의 변경을 통하 여 끊임없이 책임행정의 구현을 위하여 부단한 노력을 경주하지만 많은 경우에 그 노력은 비효과적일 뿐만 아니라 오히려 서비스의 질을 저하시키는 결과를 초 래하는 것을 관찰하게 된다.

책임행정의 구현을 위한 노력은 일선행정관료들의 재량권을 제한하고 그들이 가지고 있는 선택권의 범위를 좁힘으로써, 또 효과적인 업무성과 측정방법을 개 발함으로써 그들을 좀더 책임감 있는 행정관료로 만들려는 노력으로 대별될 수 있을 것이다. 재량권을 제한하고 선택권의 범위를 좁히는 방법은 일선행정관료 들이 업무상황을 평가할 수 있는 정보의 독점자라는 사실과 많은 행정관서의 서비스 공급체계가 전적으로 일선행정관료들에게 의존하고 있다는 사실 때문에 성공적으로 적용되지 못해 왔으며, 효과적인 업무성과 측정방법의 개발은 그 자체의 어려움은 차치하더라도 일선행정관료들이 측정방법을 우회해서 그들이 선호하는 행동양식을 유지할 수 있고 또 본래으 취지를 백지화할 수 있기 때문에 상위관리계층에 개혁을 원하는 식자들로 하여금 무력감에 빠지게까지 한다.

이상과 같은 비관적인 고찰에도 불구하고 개선을 위한 여지가 전혀 없는 것은 아니다. 어떠한 체제가 타성에 빠져 있다고 해서 개혁 불가능이라고는 단정할 수 없기 때문이다. 민주사회의 시민으로서 고객집단이 원하는 것은 적절하고, 공평하며, 존중받는 그런 서비스라는 가정하에 다음과 같은 세 가지의 길이 일선행정관료체제의 개혁을 위한 지침을 제공할 수 있을 것이다.

1) 고객집단이 좀더 자율적이고, 강력한 영향력을 행사할 수 있도록 유도하여야 한다.
2) 현재의 일선행정관료의 서비스 공급체계를 개선하여야 한다.
3) 일선행정관료들로 하여금 자신들의 개혁을 위한 적극적인 주창자가 될 수 있도록 독려하여야 한다.

고객집단의 자율성과 영향력을 높일 수 있는 방법으로는 정부와 시민 사이에 완충제(buffer)로서 역할하는 일선행정관료체제의 관여를 줄이거나 없애는 방법이 있다. 그 대표적인 것이 시민들에게 서비스 공급증명(voucher)을 발급하는 방식이다. 시민들에게 서비스 공급을 보장하고 어떤 agency를 이용할 것인가에 대해서는 선택권을 부여함으로써 일선행정기관들을 고객들의 기호에 좀더 민감하게 만들 수 있을 것이라는 가정에서 나온 발상이다. 서비스 공급증명 발급은 이 방식이 소비자의 수요에 따라 상품이 개발되는 자유경쟁시장의 원리가 적용될 수 있다는 점에서 아주 매력적이다.

일선행정관료들과 고객들 사이에 새로운 힘의 균형을 이루기 위해 다음과 같은 방법이 강구되어야 할 것이다. 어떠한 방법이든지 일선행정관료체제나 그들이 하는 업무에 대한 신비 또는 무지를 깨뜨려야 한다. 일선관료들은 반드시 그들이 대하는 고객들과 일상용어로 의사소통을 하도록 훈련받아야 하고, 고개들은 그들이 알아들을 수 있는 설명을 요구할 수 있도록 교육받아야 한다. 고객집단을 대표할 수 있는 조직이 형성되어 고객들을 대표하여 의문도 제기하고 수정도 요구할 수 있어야 한다. 이러한 조직이 있으므로 해서 고객들은 일선행정관료들에게 받는 위압감을 훨씬 감소시킬 수도 있다. 고객들로서 당연히 갖는 권리와 일선행정서비스 공급체계에 대한 자세한 안내서도 개발되어야 한다. 더 나아가서 일선행정관서는 전문가적인 관여가 없어도 이해되고 사용될 수 있도록 행정절차를 간소화하기 위한 노력을 경주하여야 한다.

고객집단이 그 자신들을 조직화하고, 서비스 공급체계에 대한 그들의 영향력을 증대시키려는 노력은 적극적으로 후원되어야 한다. 고객들이 행정관서의 통제에 차며할 수 있다면, 일선행정관료들의 역할을 규정하는 데에 고객들의 투입(input)을 보장할 수 있다는 면에서 큰 도움이 될 것이다. 서비스 공급체계의 분산화로 서비스의 성격을 정의하는 데 있어서도 고객집단의 주도권을 극대화할 수 있어야 한다.

일선행정관료의 업무관행을 개선하기 위해서는 그들이 가지고 있는 지유·재량권들을 면밀히 재검토하여 업무수행에 필수적인가 아니면 불공정하고 부적절한 서비스 제공의 원인으로 남용될 수 있는가를 철저히 가려서 후자의 경우라면 과감히 제거하여야 한다. 물론 이러한 결정은 매우 어렵고, 정당한 결정이라고 하여도 성공하리라는 보장은 없다. 재량권이, 일선행정관료들 자신이 개혁의 적극적인 주창자가 되기 위해서 그들의 직업의식을 최대한으로 고무시켜, 그들 자신이 그들의 업무성과를 평가하고 개선책을 찾을 수 있는 분위기를 만들어 줘야 한다. 이러한 면에서 일선행정관료가 되기 위해 정규교육 프로그램을 이수하여야 한다든지 하는 Entry Level에서의 통제가 필수적이다. 제도적인 측면에서 일선행정관료들의 보수체계를 상향조정하는 것은 틀림없이 유능한 인재들의 유입을 촉진시킬 수 있을 것이다. 최소한의 기준(standard)을 유지하기 위해서 직종에 따라 전문 직종조합의 테스트를 통한 자격증서의 교부도 바람직한 방법이다.

이러한 제안들은 재정적인 후원, 효과적인 업무수행에 대한 확실한 보상, 고객집단의 영향력 유지, 개혁에 대한 최고관리층의 열정과 지도력, 끊임없이 일선행정관료체제에 던져지는 건설적인 비판고 관심이 따라 줄 때에만 실효를 거둘 수 있고 유지될 수 있을 것이다. 개혁을 위한 노력은 상위관리층, 일선행정관료체제, 그리고 고객집단이 하나가 되어 서비스 비용과 효과에 대한 관심을 높이고, 고객집단의 관여를 존중하며, 업무환경 개선의 필요성에 대한 인식을 같이할 때에만 결실을 맺을 수 있을 것이다.

III. 평가적 의견

공공정책의 최종집행자로서 일선행정관료의 중요성은 그들에 대한 독립적이고 개별적인 연구를 정당화한다. 관료체제에 관한 일반이론으로는 일선행정관료체제를 이해하는 데 절대적으로 부족하고 경우에 따라서는 심한 오류를 범할 수 있다는 인식에서 출발했다고 볼 수 있다. 행정학도들이 막연히 알고 있는 일선행정관료들이 처하고 있는 업무환경과 그들의 업무수행 형태를 체계적으로 설명해주고 있다는 점에서 학문적인 기여를 평가할 수 있을 것 같다. 또한 일선 행정관료체제의 개선을 위한 방향을 제시해 줌으로써 개혁을 원하는 일반시민이나 상위 관리층에서 앞으로의 정책방향을 모색할 수 있는 지침을 제공해 주었다는 점에서 연구의 의의를 찾을 수 있겠다.

그러나 그의 연구는 일선행정관료체제에 관한 연구의 출발점으로 인식되어야 한다. 왜냐하면 그의 분석자체가 종래의 일반관료체제에 관한 이론을 그대로 원용한 부분이 많고 경험적 검증없이 많은 명제들이 제시되었기 때문이다. 그가 제시한 가설들을 검증하여 일선행정관료체제에 관한 이론으로 발전시키는 것이 그의 연구에 자극을 받은 행정학도들의 과제라고 생각한다.

참고문헌

Lipsky, Michael, *Street-Level Bureaucracy*, New York: Russel Sage Foundation, 1980.

Nigro, F. & Nigro., L., *The New Public Personnel Administration*, Ithaca, IL: Peacock Publishers, 1982.

Hal G. Rainey, Robert W. Backoff 그리고 Charles H. Leviene의 공(公)·사(私)조직 비교*

I. 머리말

행정이론에 있어서 공·사조직의 비교에 관한 연구가 차지하는 중요성은 이 주제에 대한 여러 학자들의 지속적인 연구에서 잘 나타나고 있다(Murray, 1975; Rainey, 1976; Fottler, 1981; Allison, 1984; Bozeman, 1984; Perry & Rainney, 1988 등). 행정이론사에 있어서 두 가지의 중요한 관점인 정치·행정 이원론에 바탕을 둔 일반론적인 접근방법(generic approach)을 취하느냐, 정치·행정 일원론에 근거를 둔 이분법적 접근방법(binary approach)을 취하느냐에 따라 공·사조직에 대한 학자들의 연구결과는 판이한 차이를 보이고 있다.

예를 들면 Michel Murray(1975)는 일반론적 접근 방법(generic approach)에서 모든 조직이 관찰되어야 한다고 믿고, 따라서 공·사조직은 유사점들이 많고 비슷한 한계점을 가지며 공통적인 도전을 받는다고 강조한다. 이에 Rainey 등(1976)은 이분법적 접근방법을 취하며 Murray가 제기하는 문제를 연장하여 다루고 있다. Rainey 등은 그들의 연구에서 기존의 공·사조직 비교에 관한 연구들을 망라하여 정리함으로써 공조직과 사조직의 중요한 차이점을 포괄적이고 종합적으로 정리하고 있다. 이러한 연구결과를 바탕으로, 그들은 이 분야의 연구와 인력훈련, 그리고 행정실무에 영향을 미칠 수 있는 시사적 결론을 내리고 있다.

* 김성태: 성균관대학교 사회과학부(행정학 전공) 교수.

II. 공·사조직 비교

공(public)과 사(private)의 명확한 정의를 내리는 것은 매우 어렵기 때문에 여러 가지 접근방법—일반 상식적 접근방법(Common sense approaches), 실용적 정의 접근방법(practical definition approaches), 외연적 접근방법(denotive approaches), 분석적 접근방법(analytic approaches)-을 사용한 기존의 연구들은 공·사 두 영역간의 확실한 구분을 내리는 데 성공적이지 못하고 있다. Rainey 등은 이러한 공·사조직의 혼재상황은 두 가지 현상과 관계된다고 분석한다. 첫째, 정부와 비정부조직의 행위가 서로 뒤섞여서 행해지고 있다는 사실이다. 이러한 것은 정부의 여러 규제행위에서 관찰되며, 정부 서비스 영역에서의 공기업과 일반 사기업과 계약을 통한 혼합적 형태의 업무 수행에서 찾아볼 수 있다. 둘째, 공조직·사조직을 막론하고 조직의 기능, 환경, 그리고 역할면에서 점점 더 유사성을 띠고 있다는 점이다.

이러한 공·사조직의 혼재현상(blurring)은 두 영역간의 구분을 어렵게 하지만, 보다 중요한 점은 얼마나 그러한 내용을 잘 이해하느냐 하는 데 있다고 그들은 보고 있다.

1. 공조직과 사조직의 차이점

Rainey 등은 방대한 문헌을 바탕으로 체계적인 분석을 함으로써 공조직과 사조직의 차이점을 다음의 세 가지 범주로 나누어 설명하고 있다. 세 가지 범주란 ① 환경적 요인, ② 조직과 환경과의 교류, 그리고 ③ 내부의 구조와 과정을 말한다.

(1) 환경적 요인

이 요인은 조직의 외생변수이며 전적으로 조직의 통제 밖에 있다. 이 요인들은 조직의 내적 구조와 과정과의 관계를 기준으로 다음과 같은 세 가지의 하위 범주로 나눌 수 있다.

1) 시장에 대한 노출정도: 공조직은 시장에 대한 노출 정도가 낮으며 이로 인한 비용절감, 효율성 제고 등에 대한 유인수단이 떨어진다. 또한 서비스 수요에 대한 적절한 공급을 하기 어려우며 시장정보의 습득면에서 불리하다.

2) 법적 · 형식적 제약: 사조직에 비해 공조직은 법적 · 형식적 제약을 많이 받으며 이 요인들은 공조직에 있어서 관리자의 조직운영에 대한 재량성 여부를 제약하는 경향이 있다.

3) 조직운용에 대한 정치적 영향: 사조직에 비해 공조직은 정책결정에 있어, 여론, 이익집단의 활동 등으로부터 다양하고 강력한 영향을 받게 되며, 또한 유권자집단의 지지를 획득하기 위한 활동이 필요하다.

(2) 조직과 환경 사이의 교류

조직과 그것의 환경 사이를 특징짓는 다섯 가지 요소를 공 · 사조직을 구별하는 기준으로 들 수 있다.

1) 독점성: 사기업에 비해 정부행위와 서비스가 강제력이 크며 비자발성과 독점적 성격이 강하다.

2) 정책영향의 성격: 정부의 결정은 일반기업의 결정보다 중요하며 공익에 대한 영향력이 크다.

3) 공공감독: 사기업에 비해 정부기관과 그 관련자들에 의한 행위에 대해서는 대중적 관심이 크다.

4) 공공기대: 공조직은 국가와 일반시민의 소유로 인식되기 때문에 형평성, 책임감, 정직성 등에 있어서 사조직의 구성원들에 비해 공무원들에 대한 일반시민의 기대는 지대하다.

5) 서비스, 재화의 성격: 일반적으로 정부가 창출하는 서비스나 재화의 성격은 공공재의 성격을 가진다. 즉 그것은 비분할성, 비사유성, 비경쟁성과 비배제성 등의 특징을 가진다.

(3) 조직내부 구조와 과정

이 요인은 다섯 가지 준거로 설명된다.

1) 조직의 목적과 평가에 대한 준거: 이 기준은 가장 빈번히 인용되는 공 · 사조직의 차이에 대한 준거이다. 공 · 사 두 영역은 목표의 성격과 성과에 대한 측정면에서 차이가 나는데 이 차이는 다양성, 추상성, 목적의 상충 등 세 가지 차원으로 나눌 수 있다. 즉 공조직은 사조직보다 목적과 평가준거가 다양하며 더욱 추상적이고 목적들간에 상충이 일어난다.

2) 수직적 권위체계와 행정관료의 역할: 수직적 권위체계는 정부가 기업체보다 약한데 그 이유는 정부기관의 하위 구성원들은 다른 공식조직이나 정

치적 유권자들에게 호소함으로써 상관의 권위를 우회할 수 있기 때문이다. 또한, 행정관료들은 기업경영자들과 비교하여 볼 때 그들 자신이 결정을 내리는 데 있어 독립성이나 재량권이 제한되어 있어 다양한 법적·제도적·과정적 통제는 이러한 제한의 원인이 된다. 예를 들면, 정부조직에 있어 실적주의 원칙, 명백한 목적설정과 성과측정의 어려움, 계량적 기준의 부재와 운용방법 선택상의 제약 등이 그러한 요인들이 될 수 있다.

3) 성과측면: 많은 경우에 정부조직은 성과를 달성하는 과정의 측면에서 사기업보다 역기능이 많은 것으로 간주된다. 즉, 문서주의, 책임전가, 경직성 및 혁신의 부족 등이 과정상의 특징으로 나타난다고 보고 있다.

4) 동기유발: 공·사조직에서는 피고용자들에 대한 동기유인구조가 다르다. 앞에서 언급한 바와 같이 정부조직에서는 사조직에 비해 목적이 불분명하고 성과평가기준 설정이 어렵기 때문에 효과적인 성과제도를 위한 유인제도를 고안하기가 어렵다.

5) 조직구성원의 개인적 성격의 차이: 경험적 연구에 의하면 위의 유인구조면뿐만 아니라 구성원의 개인적 행태와 개성면에서도 차이가 난다. 즉 일반기업체에 취업할 계획을 하는 학생에 비해 정부에 취업할 계획을 하는 학생은 학교생활에 있어 변화의 매개자 역할을 자처하는 경향이 높으며 경제적 부에 대해 중요성을 덜 두는 경향을 보인다.

2. 시사점

앞에서 살펴본 바와 같이 공·사조직 비교에 관한 방대한 경험적 연구들을 통한 분석결과를 바탕으로 Rainey 등은 공·사조직을 비교하는 것은 충분한 가치가 있으며, 공·사조직의 관리에 있어서 의미 있는 차이가 존재함을 보여주고 있다. 또한 이것은 두 영역 사이에 관리를 위한 연수내용과 방법에 대한 설계에 있어서도 많은 시사점(示唆點)을 줄 수 있다고 그들은 주장한다. 그들이 정리하고 있는 시사점들은 다음과 같다.

1) 연구에 대한 시사: 본 연구가 도출한 강한 규범적 내용은 앞으로의 연구의 준거들에 대한 합의도출의 필요성과 공·사조직의 비교연구가 더욱더 많은 관심의 대상이 되어야 함을 역설하고 있다.

2) 관리에 대한 시사: 본 연구의 분석결과에 나타난 바와 같이 공조직과 사조직의 관리에 있어서는 많은 차이점이 존재하고 있으며, 이것은 Murray

가 두 영역 사이의 관리가 공통적이라고 지적한 것이 오류임을 말해 준다. 관리는 항상 목표설정, 기획, 관리자의 충원, 구성원들의 동기유인과 통제 그리고 성과측정과 관련되어 있다. 이러한 점들은 본 연구의 분석결과에서 공·사조직 사이에 큰 차이가 있는 것으로 밝혀진 것들이다.

3) 구성원의 교육 및 연수에 대한 시사: 공조직의 구성에 대한 교육 및 연수에 있어서도 일반론적 접근방법에 의한 관리보다는 정치기구, 공공정책 분석, 행정법 등에 보다 강조점을 두어야 할 것이다.

Rainey 등은 공조직과 사조직의 관리에 대한 비교연구는 계속되어야 하며 그 연구는 두 영역의 관리에 있어 이해증진에 방해가 되어서는 안되며, 오히려 그것을 보완할 수 있어야 할 것이라고 결론을 내리고 있다.

III. 평가적 의견

공·사조직의 비교연구에 있어서 일반론적 접근방법(generic approach)과 이분법적 접근방법(binary approach) 모두 여러 문제점을 내포하고 있다. 특히, 일반론적 접근방법을 통해 내린 결론과 그로부터 도출되는 여러 시사점들은 행정실무 및 연수, 교육, 인사 등에 적용하는 과정에서 많은 오류를 범하게 될 가능성을 내포한다.

Rainey의 이분법적 접근방법은 이러한 공조직과 사조직의 확연한 차이점을 밝힘으로써 일반론적 접근방법의 오류를 방지할 수 있도록 하는 데 기여하였다. 그러나 이 접근방법은 현실적으로 사조직으로부터 공조직으로의 필요한 분야의 관리기술이전과 활용가능성을 희박하게 만듦으로써 공조직에 있어서 능률성을 제고하기 위한 노력을 감소시킬 수 있다. 또한, 이 이분법적 접근방법으로는 공공성이 강한 사조직에 대한 공공책임을 강조할 수 있는 기준과 명분을 마련하지 못할 가능성도 많다. 공조직뿐만 아니라 공공성이 강한 사조직에서는, 비록 그 직무가 특별한 기술만을 요하는 것일지라도 공공윤리, 국민에 대한 책임감, 그리고 정치에 대한 맥락의 이해 등이 더욱 강조되어야 한다.

이러한 관점에서 Rainey 등이 취하고 있는 접근방법은 한계를 가지고 있으며 공·사조직 비교연구에서 새로운 접근방법이 요구된 것이다.

참고문헌

Allison, Graham T. Jr., "Blurred Boundaries of the Poublic Sector," in *New Directions of Public Administration*, Barry Bozeman & Jeffery Strausman, ed., Montery, California: Brooks/Cole Publishing Company, 1984, pp. 32—45.

Bozeman, Barry, "Dimensions of 'Publicness': An Approach to Public Organization Theory," in *New Directions in Public Administration* Barry Bozeman and Jeffery Strasman, ed., Monterey, California: Brooks/Cole Publishing Company, 1984, pp. 46-62.

Fottler, Myron D., "Is Management Really Generic?" *Academy of Management Review*, Vol. 6, No. 1, 1981, pp. 1-12.

Murray, Michael A., "Comparing Public and Private Management: An Exploratory Essay," *Public Administration Review*, Vol. 35, July/August, 1975, pp. 364-371.

Perry, James L. & Hal G. Rainey, "The Public-Private Distinction in Organization Theory: A Critique and Research Strategy," *Academy of Management Review*, Vol. 13, No. 2, April, 1988, pp. 182-201.

Raiey, Hal G., H. Backoff & Charles H. Levine, "Comparing Public and Private Organizations," *Public Administration Review*, Vol. 36, March/April, 1976, pp. 233-371.

Laurence J. O'Toole의
행정국가와 권력분립*

I. 머리말

　Laurence J. O'Toole의 논문 "Doctrines and Developments: Separation of Powers, the Politics—Administration dichotomy, and the Rise of the Administrative State"는 미국 행정부가 권력분립의 원칙이라는 지상의 정치원리하에서 어떻게 현재와 같은 지위를 가질 수 있었는가에 대한 역사적 고찰이라 할 수 있다. 특히 19세기 말부터 현재에 이르기까지의 과정을 미국 행정국가의 완성시기로 보면서 어떤 사건과 사상들이 이에 영향을 주었는가를 분석하고 있다. 좀더 구체적으로 말하면 정치와 행정과의 분리사상, 팬들턴법, 예산회계법, 해치법, 그리고 정부기업 통제법 등이 미국의 행정국가화에 기여한 것으로 저자는 보고 있다. 아울러 저자는 미국의 행정국가화는 권력분립의 원칙을 저해하기보다는 오히려 그것과의 조화 속에서 이루어졌다고 주장하고 있다. 다음은 이 논문에 대한 간단한 요약이다.

II. 행정국가와 권력분립

　지난 세기 동안 미국 정치에는 두 가지 중요한 사상이 대립이 있었다. 그것은 권력분립(separation of powers)과 행정국가(administrative state)의 등장이다. 권력분립은 미국 건국 아버지의 민주주의 사상을 대표하는 헌법적 원리를 의미하며 행정국가는 헌법 어디에도 언급되지 않는 행정(public administration)의 비대현상을 의미한다.

---

* 전영평: 대구대학교 도시행정학과 교수.

미국에서의 행정국가화 현상은 의회의 권한을 약화·축소시키면서 진행된 것은 아니며, 오히려 의회의 배려로 인하여 조작·촉진된 감조차 있다. 19세기 말에 있었던 개혁운동은 정치와 행정을 분리하고자 하는 관심으로부터 출발하였는데 이의 저변에는 정치와 행정을 분리시킴으로서 행정으로 하여금 전문적인 능력을 가지고 낭비 없이 많은 사회적 문제를 해결하도록 한다는 사상이 깔려 있었다. 초기의 정치·행정분리는 '정치=결정, 행정=집행'이라는 간단한 도식에 근거하였다. 권력분립의 원리가 행정서비스의 전달에 곤란을 주고 있을 때 이러한 정치·행정 이분법은 혁신적이고 희망 있는 발전을 가져다 줄 것 같았다. 다시 말해서 대중민주주의와 조악한 당파주의 그리고 정치적 내분에 의해 정부가 시달리고 있을 때 행정부가 전통적으로 가치있는 목적을 달성할 수 있는 수단이 될 것이라는 기대를 받게 되었다. 이론적 측면에서도 Goodnow는 행정의 많은 부분이 정치와 구분될 수 있다고 하였으며, Willoughby도 행정은 여타 다른 정치적 기능과 구분될 수 있으며, 행정을 합리화, 비정치화시키는 개혁은 의미있는 일이라고 하였다.

삼권분립의 원리와 행정간의 조화, 갈등문제는 1883년의 펜들턴법(The Pendleton Act)에서 극명해진다. 펜들턴법 이전에도 행정의 정치적 오염을 방지코자 하는 노력이 없었던 것은 아니었다. 그러나 펜들턴법은 대통령과 의회의 권력갈등 문제를 교묘히 조정시켜 줄 수 있는 장점을 갖고 있었다. 다시 말하면, Allen Schick의 지적대로 펜들턴법은 공무원 임용을 둘러싼 대통령과 의회간의 충돌을 인사제도의 개혁을 통해 줄여 나가면서 엽관적 요소를 제거할 수 있게 하였다. 이 법은 최초로 대통령을 행정부의 실제 수반으로 인정함과 동시에 권력분립의 원칙을 수호할 수 있는 절충안 같은 것이었다.

따라서 이 법은 정치로부터 공무원의 인사와 제반 행정적 측면의 분리를 가능케 함으로써 정치와 행정의 구분에 크게 기여하였다. 이 법은 실적에 의하여 임명된 공무원들을 위해 직업공무원(lifetime government careers) 제도를 확립하지는 못하였으나, 정치적 임명직과 경쟁시험에 의해 임용되는 행정직 공무원을 구별하는 데에는 성공하였다. 또한 이후의 대통령으로 하여금 공무원의 정치적 활동을 금지할 수 있게 하였다. 결론적으로 이 법은 대통령의 권한강화, 공무원의 중립적 능력, 그리고 권력분립 추구라는 세 가지 가치를 추구할 수 있게 하였다(H. Kaufman, 1969).

1921년의 예산회계법(The Budget and Accounting Act of 1921) 또한 권력분립과 행정의 독자성에 결정적으로 영향을 미쳤다. 이 법은 19세기 말 이후 적자로 치닫던 미국의 재정을 개혁하고 공공재정을 현대화시키기 위한 입법이다. 19세기 말까지만 하더라도 예산편성의 주도권은 의회에 있었다. 따라서 정부 각 기관의 예산은 행정수반에 의한 조정이나 변경 없이 그대로 의회에 상정되었다. 한편, 지방정부의 부패를 시정코자 하는 욕구는 전 국가적인 수준에서 재정개혁의 움직임을 야기시켰다. 특히 시의 행정부를 강화함으로써 부패를 없애 보고자 하는 노력은 '능률과 절약에 관한 Taft위원회'의 국가 전반적 수준에서의 행정부 주도적 예산편성권 제안을 통해 장점에 이르게 된다. 물론 의회에서 이에 대한 반발이 없었던 것은 아니었지만 Willoughby 등의 노력에 의해 계속 강력하게 추진되어 Harding 대통령에 이르러 행정부 예산권을 확립하게 된다.

예산회계법은 대통령이 의회에 십행예산을 세안하도록 하며, 회계감시원 (General Accounting Office)으로 하여금 정부기관을 감사하게 되었다. 이러한 변화는 대통령의 권한과 권력분립의 원칙이 타협된 것이라 할 수 있다.

또 하나의 중요한 사건은 해치법(The Hatch Acts, 1939)의 탄생이다. 1883 년의 펜들턴법이 공무원의 중립성을 보장한다는 의미에서 대통령에게 공무원의 정치적 활동을 금지할 수 있게 한 것은 당파적 이해가 행정부를 오염시키지 않도록 하는 데 있었다. 그리고 이것은 정치·행정 이분법을 낳게 하였다. 그런데 1930년대에 들어-특히 뉴딜 정책 이후-많은 보고서들은 당파적 권리남용이 현격히 줄고 있다는 보고를 하였다. 하지만 의회내의 반뉴딜 감정은 많은 연방 공무원으로 하여금 특정한 당파적 정치활동에 참여하지 못하게 함과 동시에, 정치지도자들로 하여금 관료제로부터 당파적 지원을 유인하거나 강제하지 못하도록 하는 해치법을 탄생시켰다. 1970년대 들어 의회는 이 법을 심각하게 약화시키는 안을 승인하였으나 정치화된 공무원제도를 우려한 Gerald Ford대통령의 거부권 행사로 그 노력은 좌절되고 말았다. 공무원 노조와 조직들은 해치법의 이러한 권리제약에 대해 헌법적으로 보장된 언론자유의 억압이라고 분개하기도 하였다. 이러한 반대에도 불구하고 해치법은 정치와 행정의 이분법하에서 중립성이라는 목표를 수용해 온 미국의 노력을 반영해 주고 있다.

20세기에 들어 미국의 행정국가화를 촉진시킨 중요하 정책 중 하나는 정부기업통제법(The Government Cooperation Control Acts of 1945)이다. 뉴딜 이후 미국에서는 많은 수의 정부기업이 생겨나게 되는데, 이는 정부기업이 특수한 문제를 해결하는 데 효과적이라는 사상에 기인하는 바 크다. 그런데 정부기업의 증가는 정부기업의 책임성 문제를 야기시켰다. 정부기업은 의회의 승인 없이 설립될 수 있었으며 대통령의 감독으로부터도 벗어날 수 있는 힘과 자율성을 갖고 있었으므로 브라운로우 위원회(The Brownlow Committee)의 제1차 후버위원회에서 공기업의 자율성 문제를 비판하게 되었다. 정부기업이 정치적 감독에서 면제된 것은 당파적 이해개입을 배제하기 위해서였다. 그러나 정부기업은 의회와 대통령 모두에게 책임지고 있지 않았다. 심지어 대법원마저 정부기업의 행정부와 의회로부터 독립은 정당성이 있다고 판결하였다. 이에 따라 의회는 공기업의 책임성을 확보하기 위한 조치를 강구하지 않을 수 없었고, 그 결론은 1945년의 정부기업통제법의 상정이었다. 이 법은 정부기업의 기업성을 둔화시키지 않고도 행정부의 통제를 가능케 하였다. 이 법에 의하여 기업은 연간 예산계획을 의회에 제출하여 정상적인 세출인준과정을 거쳐 자금을 확보해야 하였다. 또한 GAO(회계감사원)는 기업적 회계감사를 1년 단위로 하게 되었고, 재무성은 정부기업의 자금관리를 감독할 수 있게 되었다.

이상과 같은 개혁적 입법들은 미국의 행정국가화 현상이 권력분립의 원칙과 어떻게 관련되면서 확대되는가를 설명하는 좋은 예이다. 미국의 초기 행정개혁자들은 정치와 행정의 분리를 주장하며 권력분립의 기본틀에 의지하거나 의회의 도움에 힘입은 바 크다. 행정국가화 현상과 더불어 정치·행정 이분법은 이미 붕괴되고 말았으며, 종래의 전통적 권력분립형태는 새로운 것으로 바뀌어야 한다는 의견도 생겨나고 있다. 그러나 초기의 이 두 사상(권력분립과 정치·행정 이원론)은 행정의 관행에 엄청난 영향을 미친 것이 사실이다. 추후의 문제는 보다 향상된 행정 관행을 어떻게 이론적인 발전과 병행시키느냐 하는 것이다. 그러기 위해서 우리는 행정국가의 역사적·이론적 뿌리를 헌법의 발전과의 연계속에서 재고해 보아야 할 것이다.

Ⅲ. 평가적 의견

미국 행정부의 역할 강화에 이러한 역사적 고찰이 갖는 타당성 있는 설명에도 불구하고 몇 가지 연구의 한계를 지적하지 않을 수 없다. 먼저 행정국가화를 촉진시킨 입법사례를 선택하는 기준에 대한 의문을 제기할 수 있다. 저자는 어떤 기준에서 이러한 입법들이 중요한 것으로 선택되었는가를 밝히지 않고 있다. 예를들어 1978년에 있었던 공무원 인사개혁입법은 대통령의 공무원임명권을 확대시키고 있는데 왜 이런 입법은 논의대상에서 제외되는지를 밝히고 있지 않다. 둘째, 저자는 주로 행정부와 의회와의 관계에 초점을 맞추어 권력분립 현상을 설명하고 있다. 그러나 행정부의 확대는 의회뿐만 아니라 법원의 행정개입에도 분명히 영향을 주었다. 그런데 저자는 행정부의 역할확장과 법원과의 관계를 권력분립의 틀에 넣어 설명하지 않는다. 셋째, 저자는 입법사례만을 통해 행정국가와 권력분립관계를 파악한다. 그러나 입법사례 이외에도 중요한 정치·경제·사회적 사건들(예: 인종폭동, 월남전, 뉴딜정책 등등)은 행정국가화에 지대한 영향을 주었다고 볼 수 있다. 그러나, 저자는 이러한 사건을 언급하지 않은 이유에 대해서도 밝히지 않고 있다.

참고문헌

O'Toole, Jr., L. J., "Doctrines and Developments: Separation of Powers, the Politics-Administration Dichotomy and the Rise of the Administrative State," *Public Administration Review*, Vol. 47, No. 1, 1987, pp. 17-25.

Robert K. Merton의
목표대치이론*

I. 머리말

Robert K. Merton은 관료제의 역기능 연구에 기여한 사회학자이다. 1940년
에 발표된 그의 논문 "Bureaucratic Structure and Personality"는 관료적 구
조의 순기능적 측면만을 분석하던 당시까지의 일반적 연구경향에 비판을 가하
고, 그러한 구조에 내포된 현실적인 역기능 문제를 깊이 있게 다룸으로써, 관료
제 연구에 새로운 장을 펼친 것으로 평가받고 있다. 특히 이 논문에서 다루어진
'목표대치' 현상은 관료제를 경험세계의 현실에 보다 부합되게 수정 · 보완하려
는 후학들의 연구노력에 하나의 출발점이 되었다. Merton은 이 논문에서 관료
제의 역기능 내지 병리(bureaucratic pathology)문제에 논의의 초점을 맞추고
는 있지만 조직방법으로서의 관료제의 우수성을 부인하려는 의도는 아니었던 것
같다. 관료적 역기능을 다루기에 앞서 관료적 구조가 지닌 장점에 관한 논의를
먼저 개진한 사실은 이러한 맥락에서 이해될 수 있다. 그는 관료제를 배척의 대
상으로 지목하기보다는 그것이 극복하여야 할 문제점을 지적하고자 했던 것으로
보인다. 이하에서는 그의 논문 "Bureaucratic Structure and Personality"에 담
겨진 목표대치이론을 간략히 소개한다.

II. 관료제와 목표대치

Max Weber의 순수형 관료제는 권한 및 관할범위의 한정, 계서제적 구조,
임무수행의 비개인성(impersonality), 조직원의 전문화와 전임화 등의 특성을

---

* 박천오: 명지대학교 행정학과 교수.

내포하고 있다. Merton에 의하면 관료제의 이같은 특성들은 모두가 조직원들의 활동 하나하나가 빠짐없이 조직 목표에 기능적으로 연결되게끔 체계적으로 설계된 행동규칙에, 조직원들이 보다 충실하도록 만드는 장치라고 한다. 관료제하에서 조직원들의 공식적인 활동은 보통 이처럼 조직에 의해 미리 정해진 규칙의 틀(the framework of preexisting rules) 내에서 이루어진다는 것이다. Merton에 따르면 이들 규칙들은 조직원 각자에게 자신의 임무를 수행하는 방식과 자신이 행사할 수 있는 권한의 범위를 공식적으로 명확하게 확정지어줌으로써 업무수행에 있어서, ① 개인적 관계(personalized relationships), 적대감, 열정 등의 비합리적인 고려(nonrational considerations)를 제거하여 행위의 객관성을 높이고, ② 조직원늘간에 서로의 행위에 대한 예측싱(calculabilty)과 기대성(expectation)을 증대시켜 불필요한 마찰과 갈등을 감소시키며, ③ 순간적인 충동이 행위로 급전환(quick passage of impulse into action)하는 위험을 방지하는 기능을 수행한다고 한다.

따라서 조직원들이 정해진 활동규칙을 엄수할 경우 관료제는 정확성, 예측성(predictability), 신뢰성(reliability), 신속성, 전문성(expert control), 계속성 등에 있어서 타조직보다 우위에 있게 되고 그로부터 관료제의 최대 강점인 기술적 능률성(technical efficiency)이 도출된다는 것이 Merton의 설명이다. Merton은 이같은 이유로 관료제에는 조직원들이 규칙에 순응하도록 만드는 압력 장치가 적지 않으며 이와 관련된 훈련(discipline)은 군대나 종교단체에 못지 않게 강력하다고 한다. 그리고 이러한 압력장치나 훈련은 적절한 태도(attitudes)와 감정(sentiments)이 조직원들 사이에 형성되어 있는 경우 더욱 효과적일 수 있으므로, 관료제에는 규칙의 준수를 중시하는 태도와 감정을 조직원들에 주입·보강시키기 위한 장치 또한 잘 다듬어져 있다고 한다.

Merton에 의하면 관료제가 조직원들에게 장려하는 이러한 규칙엄수의 태도나 감정은 흔히 업무수행에 기술적으로 요구되는 수준 이상의 강력한 것이 되기 쉬우며, 이로 인해 조직원들은 조직목표보다 규칙이 요구하는 행위의 세밀한 부분에 더 큰 관심을 가지게 된다고 한다. 이것이 곧 규칙의 내면화 현상이며, 이 때문에 이른바 '목표대치'(goal displacement)의 현상이 나타나게 된다고 한다. 원래 수단으로서 고안되었던 규칙이 그에 대한 조직원들의 지나친 집착으로 그 자체가 목적화되는 현상, 다시 말해서 도구적 가치(instrumental value)가 궁극적 가치(terminal value)로 변형되는 현상을 Merton은 목표대치라고 칭한다. Merton에 따르면 규칙이 구체적 목적을 달성하기 위한 수단으로서가 아니라 조직생활에 필요한 당장의 가치(immediate value)로서 인식되는 목표대치 현상은 업무수행에 있어서 상황에 따른 적응을 어렵게 만든다고 한다. 규칙에 대한 지나친 집착으로 사고와 행동이 경직화되어 새로운 대안의 탐색과 같은 신축성이 발휘될 여지가 없게 되기 때문이라는 것이다.

그에 의하면 공식화된 절차의 엄수는 형식주의(formalism)와 의식주의(ritualism)를 낳게 되고, 이로 인해 조직목표의 추구는 저해받게 된다고 한다. 특히 공공관료제에 있어서 관료들은 모든 활동에서 앞서의 기록된 권위(written authority)를 찾으려고 노력할 뿐 아니라, 그들의 활동을 제약할 수 있는 규칙들을 빠짐없이 들추어 보는 소위 관료적 거장(the bureaucratic virtuso)으로 변하기 쉽다는 것이다. 그들은 무조건 규칙에 따를 뿐, 그러한 규칙이 조직목적에 대해 지니는 의미를 묻지 않게 되고, 따라서 규칙을 이유로 활동을 회피하는 경우가 많아진다고 한다. 그리고 그 결과로 일반국민과 고객에 대한 봉사라는 공공관료제의 원래 목표는 도외시되고 만다는 것이다. Merton은 이 모두를 목표대치현상으로 보며 이를 관료제의 역기능이라고 부른다.

Merton은 조직원들의 규칙에 대한 과잉동조(overcomformity)에 기인된 이러한 역기능 현상을 Veblen의 '훈련된 무능'(trained incapacity) 또는 Dewey의 '직업적 정신병'(occupational psychosis)과 본질적으로 유사한 것으로 이해한다. Merton에 따르면 Veblen의 '훈련된 무능'이란 한 사람의 능력(abilities)이 주어진 상황에 부적절하게 기능하거나 맹점(blind spots)이 되는 현상을 말한다. 즉 과거에는 성공적으로 적용되었던 훈련(training)과 기술(skills)에 기초한 활동이 변화된 여건하에서는 부적합한 반응(responses)이 되어 버리는 현상으로서 주로 기술적용에 있어서의 융통성 결여에서 기인된다고 한다. 이는 마치 Burke의 병아리 사례에서 종소리가 먹이 공급의 신호인 것으로 훈련받은 병아리들이 동일한 종이 그들을 죽음의 장소로 모이게 하기 위해서도 울려질 수 있다는 사실을 모르는 것과 마찬가지라고 한다. 일반적으로 사람들도 스스로가 받은 과거의 훈련을 계속 지키려고 노력하나, 심각하게 달라진 환경 속에서는 바로 그처럼 훈련에 충실하다는 사실 자체가 업무처리를 그릇되게 만드는 원인이 된다는 것이다. 이래서 결국 훈련이 곧 무능력으로 전환되는 결과를 초래한다고 한다. Merton은 Dewey의 '직업적 정신병' 또한 마찬가지의 관찰결과를 반영하고 있다고 한다. '직업적 정신병'이란 매일매일 유사한 업무를 반복하는 결과로서 사람들은 나름대로의 독특한 선호(preferences), 반감(antipathy), 식별력(discriminations), 중요성(emphases) 등을 발전시킴을 가리킨다. 여기서 정신병이란 용어는 이같은 뚜렷한 마음의 특징을 나타내는 것이다. 이러한 '직업적 정신병'은 조직이 구성원들에게 부과하는 직업상의 역할(occupational role)에 관한 제 요구를 통해 발전된다고 한다.

Merton은 지금까지 논의된 목표대치나 훈련된 무능의 발생과정을 다음과 같이 요약하여 설명한다.

1) 효과적인 관료제는 조직원들에게 반응의 신뢰성(reliability of response)과 규칙의 엄수를 요구한다.

2) 규칙에 대한 엄수요구는 조직원들로 하여금 규칙을 절대적인 것으로 받아들이게 만든다. 그 결과 조직원들은 규칙을 조직목표에 연관된 것으로 생각하지 않게 된다.

3) 이로 인해 조직원들은 규칙(general rules)을 만든 사람들이 미처 예견치 못했던 새로운 상황에는 적응하기 어렵게 된다.

4) 이 때문에 일반적으로는 능률에 기여하는 요인(elements)인 규칙이 특수한 상황에서는 비능률을 낳게 된다.

Merton은 목표대치와 같은 역기능이 발생되는 근본원인을 관료제의 구조적 특징에서 찾고 있다. 그는 공공관료제를 중심으로 목표대치현상의 발생을 부추기는 관료적 구조의 특징을 다음 몇 가지로 나누어 설명한다.

첫째, 관료제의 경력체제를 든다. 즉 선임순위(seniority)에 의한 승진, 연금제도, 점증적 보수제도(incremental salaries) 등은 모두 훈련된 행동(disciplined action)과 공식적 규칙의 준수를 유도하는 유인이 되고 있으며, 관료들은 이같은 경력전망(the prospect of career)과 유인에 그들의 사고와 행위를 맞춘다는 것이다. 이러한 경력체제야말로 관료들을 소심성, 보수성, 기술만능(technicism)과 같은 심리상태에 빠뜨려 규칙위주의 형태를 유발시키는 원천이 된다고 한다.

둘째, 승진 등이 선임순위에 따라 이루어지는 관계로 관료들 간에 경쟁이 불필요해지고 상호공격 또한 최소화되는데, 이같은 상황에서 형성되기 쉬운 단체정신(esprit de corps)은 관료들로 하여금 고객이나 정치적 상관에 대한 봉사보다는 이미 익숙해진 규칙을 고수함으로써 그들 스스로의 공동이익과 기득권 보호에 열중하게 만든다고 한다. 관료들은 그들의 기존이익을 불확실하게 만드는 어떠한 새로운 변화에도 반대하게 되며, 변화에 대한 이러한 관료적 저항(bureaucratic resistance)은 관료들이 조직생활에서 나름대로 정서적(affective)인 일체감을 느끼는데서 비롯된다고 한다. 그들은 스스로의 기술(craft)에 긍지를

느끼는 까닭에 그들에 의해 이미 확립된 작업과정(established routines)을 변화
시키려는 어떠한 기도에도 저항하게 된다는 것이다. 변화의 기도가 조직외부로
부터 오는 경우에는 특히 그렇다고 한다. 관료들은 자격(competence)과 권위
(authority)에 감정(affetion)을 연루시킴으로써 그것들을 도덕적 정당성이 수
반된 특권(prerogatives)으로 인식하며, 이러한 특권은 행정목적의 달성을 위한
수단으로서가 아니라 그 자체가 가치로 받아들여지게 된다는 것이다. 원래 기술
적 이유로 도입되었던 관료적 규범(bureaucratic norms)이 신성화되는 과정이
바로 이것이라고 한다.

셋째, 관료적 구조의 또 하나의 특징인 비개인적 대인관계(depersonalization
of relationships)의 강조 역시 목표대치와 훈련된 무능의 발생을 부추긴다고 한
다. 이러한 비개인적 규범의 강조는 일반적·추상적 규칙의 존재와 더불어 관료들
로 하여금 유형화의 성향(categorizing tendency)을 지니게끔 부추기며, 이것이
관료들과 고객들 사이에서 유발되는 갈등의 원인이 된다는 것이다. 관료들은 업
무 수행에 있어서 사적 관계(personal relations)를 최소화하고 유형화(cate-
gorization)에 의존하는 까닭에 개개의 사안들(cases)이 내포하고 있는 특수성
에는 관심을 두지 않게 되는 반면, 자신이 안고 있는 문제의 특수성을 믿고 있는
고객은 그러한 유형별 취급에 반발하게 된다는 것이다. 이렇게 비개인적 대인관
계의 규범에 얽매인 규격화된 관료들의 행위(stereotyped behavior)는 개별사안
의 특수 사정에 제대로 적응하지 못하게 되고 따라서 고객들로부터 건방지다거
나 도도하다는 비난을 면치 못하게 된다는 것이다.

넷째, 관료는 그의 권한범위 내에서 이루어지는 고객과의 접촉관계에 있어서
관료제 전체의 권력과 위신(prestige)을 대표하는데, 이것 역시 목표대치와 훈
련된 무능을 조성시킨다고 한다. 관료는 그의 역할 수행에 관한 한 조직으로부
터 명확한 권위를 부여받고 있는 관계로 고객에 대해 고압적 태도로 규칙을 앞
세울 수 있게 되며, 고객들이 이에 항의하더라도 상호 감싸고 비호하는 관료들
의 단체정신 때문에 효과를 보기 어렵다고 한다. 이 때문에 시장경제에서 처럼
다른 곳으로 거래처를 옮길 수도 없는 고객들은 속수무책의 상태에 빠진다는 것
이다. 한편, 관료들은 조직 내적인 업무처리에 있어서도 규칙에 접착하게 되는데
이는 관료제 내의 또 다른 요인 때문이라고 한다. 관료제란 원래 이차적이고 공
식적인 집단인 까닭에 관료들은 비개인적인 이차적 규범에 익숙하며 그것에 정
서적 일체감을 지니고 있다는 것이다. 따라서 그러한 이차적 규범을 위반하는
행위는 정서적인 반감을 불러 일으킨다고 한다. 비개인적인 처리를 개인적인 처

리로 대체시키는 관료의 행위가 다른 관료들로부터 수회(graft), 정실(favorit-ism), 아부(apple-polishing) 등으로 표현되는 비난을 받는 것도 이 때문이라고 한다. 제도적으로 요구되는 이차집단적 태도(secondary group attitudes)를 지니고 있는 대부분의 관료들은 일차집단적인 태도(primary group attitudes)가 침투하는 것을 용납하지 않는다는 것이다.

이상에서 살펴본 Merton의 목표대치이론의 요지는 다음과 같은 정리될 수 있다. 즉 관료적 구조의 특성은 규칙을 지나치게 중시하는 퍼스낼리티를 조직원들 가운데 심어줌으로써 그들로 하여금 업무수행에 있어서 환경의 변화에 대한 적응력은 물론 조직목표에 관한 거시적 시각마저 상실하게 만들며, 그 결과 조직원들은 자신들의 행위의 실체적 측면(substantive aspects)보다 질차직 측면에 우선 순위를 두게 되어 조직 전체의 효과성이 저해받는다는 것이다. 이렇게 볼 때 조직인의 상을 인간관계론자들이 우정과 정서적 안정(emotional securi-ty)의 추구자로, Simon이 문제 해결자(problem-solver) 내지 의사 결정자(deci-sion-maker)로, 그리고 Crozier가 자신의 이익을 추구하는 정치적 존재(politi-cal man) 보았다면, Merton은 관료제하의 조직인을 규칙에 대한 집착으로 스스로의 자율성을 상실한 살아있는 도구(an animated instrument)로 인식했던 것으로 여겨진다.

III. 평가적 의견

Merton의 목표대치이론은 제도화된 관행이 원래 의도되지 않았던 역기능을 초래하는 경우가 많음을 밝히고 있을 뿐 아니라, 조직의 원래 목표(original purpose)만으로는 조직원들간의 상호작용의 성격이나 그들 사이에 실제로 통용되고 있는 목표(current goals)를 설명하기 어렵다는 사실을 간파한 통찰력을 내포하고 있다. 그러나 Merton의 이러한 목표대치이론에 대한 비판 또한 만만치 않다. 예를 들면 Michel Crozier는 수단을 목표로 받아들이고 규칙을 문자 그대로 준수하는 관료들의 행동경향이 Merton이 주장하는 것처럼 관료적 구조의 영향으로 인해 그들의 퍼스낼리티가 진정 그런 식으로 변했기 때문으로 생각하지 않는다. Crozier는 그것을 스스로의 독립성을 확인하고 권력적 위치를 공고히 하려는 관료들의 전략(strategies)에 지나지 않는 것으로 이해한다. 규칙에 대한 지식과 해석 능력은 관료들에게 안정을 제공하며 때에 따라서는 조직화된 권력(organized power)의 기반이 되기도 하는 관계로, 관료들은 규칙에 집착하는 반면 변화에는 저항하게 된다는 것이 Crozier의 주장이다. 한편 Victor A. Thompson도 현대 대중민주주의에는 법의 지배가 필수적임을 전제로 주관적 감정에 의한 규칙의 확대해석은 자칫 법의 지배를 사람의 지배로 대체시키는 결과를 초래할 위험이 있다고 하고 이 때문에 목표대치나 과잉동조가 반드시 역기능적인 것만은 아니라고 한다. Dwight Waldo 역시 Thompson과 유사한 견해를 보인 바 있다. 그는 사회에 있어서 공공관료제의 필수불가결한 기능으로서 예측성, 안정성, 계속성 등을 들면서 이것이 없으면 사회는 불균형과 혼란에 빠지게 된다고 한다. 이러한 관점에서 본다면 관료들이 그들의 업무수행에 있어서 느리고 신중하고 고지식하다는 것은 곧 스스로의 기능을 다하고 있음을 의미한다는 것이다. 미시적 차원의 역기능이 사회전체적 차원에서는 순기능이 되는 경우가 적지 않다는 것이 Waldo의 지적이다.

참고문헌

Crozier, Michel, *Bureaucratic Phenomenon*, The University of Chicago Press, 1964.

Merton, Robert K., "Bureaucratic Struture and Personality," in Walter E. Natemeyer, ed., *Classics of Organizational* Behavior, Moore Publishing Company, Inc., 1978, pp. 244–253.

Mouzelis, Nicos P., *Organization and Bureaucracy*, Aldine Publishing Company, 1976.

Thompson, Victor A., *Without Sympathy or Enthusiasm*, Alabame: The University of Alabama Press, 1979.

Waldo, Dwight, *The Enterprise of Public Administration*, Chander and Sharp Publishers, Inc., 1981.

Emanuel S. Savas의
민간화이론*

I. 머 리 말

　1980년대는 많은 나라에서 사회에 필요한 재화와 서비스를 제공하는 데 정부부문의 역할을 줄이고 민간부문의 역할을 늘리려고 하였던 시대라 표현하여도 과언이 아니다. 정부가 이미 너무 비대하고 비능률적이며 국민들의 사생활에 너무 깊이 간여한다는 비판이 높아짐에 따라, 많은 나라에서 정부부문을 축소시키려는 노력이 여러 형태로 나타났다. 영국이나 프랑스 등에서 국영기업의 민영화 (denationalization), 미국에서 민간과의 계약에 의한 공공서비스 제공(contracting-out), 그리고 일본에서의 민간자본활용(民活) 등이 그 예이다.

　Emanuel S. Savas의 2권의 저서들(Savas, 1982; 1987)은 이러한 시대의 흐름을 잘 반영하고 있는 것으로 생각된다. 이 책들은 민간화의 필요성에 대한 인식을 고취하게 하였을 뿐만 아니라 민간화 지지자들을 고무하였으리라 생각된다. 그러나 이 책들은 단순히 민간화만을 주장하는 것은 아니다. 현대 사회의 가장 근본적인 문제인 재화와 서비스 공급체계에 대한 체계적인 분석에 바탕하여 민간부문과 정부부문간의 적정한 역할의 분담에 대하여 심도 있게 분석하고 있다.

　Savas의 1987년 저서는 1982년의 것을 증보한 것으로 판단된다(저자는 이 것을 분명히 밝히고 있지 않다). 따라서 여기서는 최근의 책을 중심으로 그 내용을 간단히 소개하고자 한다. 이 책은 4편으로 구성되어 있다. 제1편의 2개의 장은 민간화가 필요하게 된 배경을 설명하고 있고, 제2편의 3개의 장에서는 민간화의 이론적 배경을 다루고 있다. 그리고 제3편의 2개의 장은 미국에서 이루어진 민간화의 실제에 대한 연구를 검토하고 있으며 제4편의 3개의 장에서는 민

＊김석태: 경북대학교 행정학과 교수.

간화가 성공하기 위한 조건들과 민간화 실행에 따르는 어려움을 분석한 다음 이 책을 마무리짓고 있다.

II. 민간화의 이론과 실제

1. 민간화의 개념과 배경

민간화(privatization)란 "공공서비스의 제공이나 이를 위한 재산의 소유에 서 정부의 영역을 줄이고 민간의 영역을 늘리는 것"이다(privatization이란 용 어는 이 책의 저자가 1969년에 처음 사용한 것이고 1983년 사전에 처음으로 나 타났다고 한다). 즉 민간화란 정부가 그 기능을 잘 수행할 수 없는 영역을—특 히 재화와 서비스의 생산 영역을—민간에게 맡김으로써 정부의 부담을 줄이는 것이다.

민간화요구에 대한 주장의 근거는 다음 4가지 경우로 나누어 볼 수 있다. 첫 째는 실용적인 견지에서의 주장으로, 신중하게 실시된 민간화를 통하여 공공서 비스 제공에 있어서 절약과 능률을 기할 수 있기 때문에 민간화가 보다 좋은 정 부 실현에 기여한다는 것이다. 두번째는 작은 정부를 주장하는 이데올로기적인 입장이다. 정부는 이미 너무 비대하고 강력하여 국민들의 사생활을 침해할 우려 가 있어 민주주의 실현에 방해가 되고, 정부의 결정은 원초적으로 정치적인 것 이어서 개인들간의 평등한 관계에서 이루어지는 결정보다 진실성이 적다고 보는 입장이다.

세번째의 주장은 상업주의적인 입장인데 정부의 영역을 줄임으로써 민간이 보다 많은 기업경영을 할 수 있다는 것이다. 네번째는 보다 나은 사회를 이룩한 다는 견지에서 주민주의자(populist)의 주장이다. 이들은 주민들이 공공서비스 결정에 있어서도 보다 넓은 결정권을 가져야 한다고 주장한다. 즉 많은 공공서 비스가 정부관료제에 의하여 공급되는 것보다 주민들과 가까이 있는 가족, 자선 기관 등과 같은 지역사회 기관들에 의하여 공급되는 것이 바람직하다고 보는 입 장이다.

민주화는 수단인 동시에 목적이 된다. 보다 좋은 정부를 원하는 실용주의자 와 보다 나은 사회를 원하는 주민주의자에게는 민간화는 하나의 수단이다. 그리 고 보다 작은 정부와 민간의 보다 많은 기업활동을 원하는 사람에게는 민간화 그 자체가 목적이 된다.

2. 민간화의 이론

(1) 재화와 서비스의 유형

Savas는 재화와 서비스의 특성을 소비에서의 배제가능성(exclusion)과 분할가능성(divisibility)에 따라 분류하고 있다. 배제와 분할이 모두 가능한 재화와 서비스를 민간재(private goods)라 하고, 이것들이 모두 어려운 것을 집합재(collective goods)라 하며, 배제는 어렵지만 분할이 쉬운 것은 공유재(common pool goods)라고 한다(배제와 분할의 문제는 기술적인 문제보다 이에 따르는 비용의 문제로 파악할 수 있다).

이러한 유형에 따라 재화와 서비스의 제공방법도 달라지게 된다. 민간재는 배제와 분할이 가능하기 때문에 소비자들은 스스로 그 대가를 지불하고 그 재화와 서비스를 획득하려 한다. 따라서 시장을 통한 생산과 소비가 원활히 이루어진다. 요금재도 배제가 가능하기 때문에 스스로 대가를 지불하는 소비자만이 시장기구를 통하여 이것의 배분을 받을 수 있다.

반면 공유재는 배제가 어렵기 때문에 시장기구를 통한 공급이 어렵다. 사실 공유재는 공기, 물, 자연경관 등고 같이 자연적으로 주어진 것들이 많기 때문에 이들의 소비는 가격기구를 통하여 제한하기 어렵다. 따라서 공유재는 과다 소비의 문제(the tragedy of commons)가 생긴다. 집합재는 배제 및 분할이 어렵기 때문에 소비자들이 스스로 그 대가를 지불하려는 성향이 낮다(free riders problem). 따라서 시장 기구를 통한 공급이 어려워 집합적 의사결정과정을 통하여 공유재의 공급이 이루어지는 것이 통상적이다.

어떤 유형의 재화와 서비스는 민간재나 요금재와 마찬가지로 시장기구를 통하여 공급될 수도 있지만 이런 재화와 서비스의 '얼마만큼'의 소비는 사회적으로 바람직하다는 견지에서 집합적 의사결정과정을 통하여 그 소비가 보완되기도 한다. 이런 외부성이 있는 재화와 서비스를 가치재(worthy goods)라고 하는데 교육, 식품, 주택, 대중교통 등의 '필수적인 소비'가 이에 해당한다. 사실 현대국가에서 정부부문이 비대해지는 가장 큰 언인은 이런 가치재의 중대에 따라 정부가 이것을 제공하는 책임을 맡은 데 있다.

⑵ 재화와 서비스의 공급방법

Savas는 재화와 서비스의 공급 주선자(arranger)의 생산자(producer)가 반드시 일치하지는 않을 수 있다는 점에서 이들을 구분하고, 또 소비자(consumer)와 비용 부담자(payer)도 다를 수 있다는 견지에서 따로 구분한다. 이런 주선자, 생산자, 소비자, 비용 부담자의 여러 다른 형태에 따라 Savas는 재화와 서비스 제공유형을 다음의 10가지로 나누고 있다.

① 정부서비스(government service): 정부가 공급계약을 하고 정부가 직접 기관, 인력, 경비로 서비스를 생산하는 형태이다. 가장 전통적인 공공서비스 제공의 형태이다.

② 정부간 협약(intergovernmental agreement): (지방)정부간 협의를 통하여 공공서비스가 제공되는 것으로 어떤 정부가 공급 주선자가 되고 다른 정부는 생산자가 된다.

③ 정부판매(government vending): 민간이 생산 주선자가 되고 정부가 생산자가 되어 소비자에게 서비스를 판매하는 것이다.

④ 민간과의 계약(contract): 정부가 공급 주선자로서 민간기업과 생산계약을 통하여 소비자에게 서비스를 제공하는 것이다.

⑤ 생산보조금(grant): 정부가 민간기업에 보조금을 주어서 서비스를 생산하도록 하는 것이다.

⑥ 구매권(vouchers): 정부가 특정한 재화의 소비를 장려할 목적으로 특정한 소비자에게 보조금 성격의 구매권을 주는 형태로서, 가치재의 소비는 이런 방식으로 이루어지는 경우가 많다.

⑦ 독점생산권(franchise): 정부가 공급 주선자로서 민간기업에 특권을 주어서 서비스를 생산하도록 하여 소비자들이 그 서비스를 구매할 수 있도록 하는 것이다.

⑧ 시장(market): 소비자들의 구매의사에 따라 민간기업들이 재화와 서비스를 제공하는 것이다.

⑨ 자발적 서비스(voluntary service): 자선기관들이 스스로 서비스 공급을 계획하고 또 생산하는 형태이다.

⑩ 자기생산(self-service): 소비자가 자신의 소비에 스스로 서비스 공급을 계획하고 또 생산하는 형태이다.

위의 여러 가지 서비스 제공방법들은 민간화의 정도가 낮은 것부터 높은 것의 순서로 나열될 수 있다. 시장, 자발적 서비스, 자기생산은 민간화의 정도가 가장 높은 것들이고, 독점생산, 구매권, 생산보조금, 민간과의 계약, 정부판매, 정부간 협약이 순서대로 그 다음이며, 정부서비스는 그 정도가 가장 낮다. 민간화는 민간화의 정도가 낮은 서비스의 제공방법에서 그 정도가 높은 방법으로 서비스의 제공형태를 바꾸는 것이라 할 수도 있다.

(3) 재화와 서비스의 유형별 공급방법

위에서 설명한 재화와 서비스의 유형과 공급기관들을 바탕으로 하여 재화와 서비스의 유형별 공급방법을 정리하면 다음 〈표 2-1〉와 같다.

정부서비스, 정부간 협약, 민간과의 계약, 자발적 서비스의 방법으로는 4개 유형의 재화와 서비스 모두를 제공할 수 있으며, 정부판매와 독점생산권으로는 민간재와 요금재를, 생산보조금과 구매권으로는 민간재, 요금재, 공유재를, 그리고 자기생산으로는 민간재를 공급할 수 있다. 그리고 한 가지 서비스에 대하여 여러 가지 공급방법이 사용될 수 있다는 것도 다음 표에서 보면 분명하다.

각각의 방법으로 어떤 재화와 용역을 제공할 것인가는 다음 여러 조건에 따라 좌우된다. ① 서비스의 내용을 명확하게 정할 수 있는지의 여부; 민간과의 계약에서는 이것이 매우 중요하다. ② 다수의 생산자의 존재 여부, ③ 생산기관들의 효율성, ④ 규모의 경제, ⑤ 직접적인 반대급부의 징수가능성, ⑥ 소비자들의 요구에 대한 반응성, ⑦ 생산자의 부정직한 행동에 대한 제재 가능성, ⑧ 경제적 형평성, ⑨ 정부의 공급기관들에 대한 통제 가능성, 그리고 ⑩ 정부의 크기 정도 등이다.

〈표 2-1〉 재화와 서비스의 유형별 제공방법

제 공 방 법	민 간 재	요 금 재	집 합 재	공 유 재
정 부 서 비 스	×	×	×	×
정 부 간 협 약	×	×	×	×
정 부 판 매	×	×	○	○
민 간 과 의 계 약	×	×	×	×
생 산 보 조 금	×	×	○	○
구 매 권	×	×	○	×
독 점 생 산 권	×	×	○	×
시 장	×	×	○	○
자 발 적 서 비 스	×	×	×	×
자 기 생 산	×	○	○	○

어떤 방법으로 재화와 용역을 제공할 것인가에 대한 유일한 해답은 없지만 각각의 제공방법과 재화와 서비스 조합의 장단점은 있다. 이런 장단점에 따라 새로운 서비스의 제공방법을 정하거나 기존의 서비스 제공방법을 바꾸어야 할 것이다. 일반적으로 민간화의 방법으로는 민간재나 요금재의 경우 시장이나 구매권의 방식으로 제공되는 것이 바람직하고, 공유재의 경우는 자발적 서비스(자연보호단체)나 구매권(공해배출허가권)의 방식이 바람직하고, 집합재의 경우는 계약이나 자발적 서비스의 방식이 이상적이다.

3. 민간화의 실제

Savas는 미국에서의 민간화의 실제에 대한 경험적 연구 결과들을 검토한 후 다음과 같은 결론을 내리고 있다.

첫째, 위생·청소·교통 등의 물리적 서비스와 전기나 물의 공급과 같은 상업적 서비스 분야에서는 상호경쟁에 길들여진 민간부문이 공공서비스 제공에 독점적인 정부부문보다 더 효율적이고 효과적이다. 둘째, 치안·국방 등의 보호적인 서비스와 건강·주택 및 도시개발·사회복지·교육 등의 사회적 서비스의 경우에도 경험적 연구가 미흡하기는 하지만 민간부문이 정부부문보다 더 효율적이고 효과적으로 서비스를 공급하고 있다.

4. 민간화의 방법과 문제

(1) 민간화의 방법

민간화의 방법은 매우 다양하나, Savas는 여기에서 공동부담(load shedding), 정부의 관여를 줄이는 것(limited-government arrangements), 사용료징수(user charges), 경쟁의 도입(competition) 등의 방법을 논하고 있다. 이런 방법들은 서로 밀접히 연결되어 있고 또 민간화의 목적 달성에 상호 상승적인 작용을 한다.

공동부담은 말 그대로 정부와 민간이 역할을 분담하는 것이다. 한 가지 예로 정부는 현재 제공하고 있는 많은 재화와 서비스를 만족스럽게 제공하지 않음으로써 주민 스스로 시장가구나 자발적 기관들을 통하여 만족할 만한 서비스를 얻도록 할 수 있다. 이것은 종래의 공공서비스 제공에 있어서 정부의 전적인 책임이던 것을 부분적으로, 혹은 전적으로 민간부문의 책임으로 이전하는 것이다. 여러 방법들이 이런 목적에 기여할 수 있는데 국유기업들의 매각도 매우 중요한 공동부담의 한 가지 형태이다.

어떤 재화와 서비스의 제공에 정부의 관여가 계속 필요하다고 판단되는 경우에도 정부는 구매권, 독점생산, 계약 등의 방법으로 관여를 줄일 수 있다. 또 재화와 서비스의 제공도 상급정부보다도 주민들과 가까운 하급정부에 의하여 재원이 조달되고 관리되게 하는 것이 민간화를 실현하는 데 기여할 것이다.

사용료를 가능한 한 많이 징수하는 것도 민간화 실현에 도움이 된다. 이것은 정부서비스 중 조세로 재원이 조달되는 것과 사용료로 재원이 조달되는 것과의 비용의 비교를 가능하게 하는데, 이런 비교는 공공서비스 제공에 필요한 진정한 비용을 보다 분명하게 알게 하는 데 도움이 된다.

경쟁은 능률적이고 효과적으로 공공서비스를 제공하는 관건이 되며 민간화의 가장 큰 이점은 경쟁을 통하여 나타난다. 따라서 경쟁은 가능한 한 도입되어야 하고 또 장려되어야 하며 정부독점은 와해되어야 한다. 이런 경쟁을 도입하기 위한 방법으로는 계약이나 구매권의 방식이 바람직하고, 규제의 완화도 경쟁을 도입하는 데 매우 유용하다.

민간화를 실현하기 위해서는 장기적이고 점진적인 전략이 필요하다. 민간화를 위한 연구와 홍보가 필요하고, 민간화를 유인하기 위한 세제 개혁과 법의 개정이 있어야 하고, 민간화를 지지하는 자들의 힘을 모을 수 있어야 한다. 또 민간화 반대자들의 반대를 줄일 수 있는 방법이 강구되어야 한다. 민간화는 관리적 차원의 문제라기보다 정치적 차원의 문제라는 것을 명심할 필요가 있다.

(2) 민간화와 관련된 제 문제

민간화와 관련된 문제 중 첫번째는 민간화라는 용어와 관련된 오해이다. 흔히 민간화는 약육강식의 완전한 시장경제로 복귀하려는 주장으로 오해되고 있고, 또 정부와 정부에 종사하는 자 및 정부가 하는 일을 욕하는 말로 오해되고도 있으며, 어떤 사람들에게는 그들의 이상에 배치되는 말로 오해되고 있다. 이런 오해를 줄이기 위해 민간화란 용어 대신에 생산성 향상(productivity enchancement)이나 서비스 공급체제(alternative service delivery)라는 말이 사용되기도 하였다.

두번째는 성공적인 민간화 실현의 여건을 갖추는 것이다. 계약이 성공적이기 위한 조건으로는 다수의 생산자가 있어야 하고 또 서비스의 내용을 명확히 정할 수 있어야 한다. 구매권제도가 성공하기 위하여서도 다수의 생산자가 있어야 하고 소비자에게 재화와 서비스에 대한 충분한 정보가 있어야 한다. 이런 여건을 갖추는 것은 선진국보다 후진국에서 더욱 어려운 문제가 된다.

세번째는 실행상의 장애이다. 민간화는 정치적으로 매력적이지 못한 경우가 많아 정치인들이 이에 적극적이지 못한 경우가 많다. 관료들이나 민간화 대상이 되는 서비스산업 종사자들의 저항도 여러 기술적 어려움과 더불어 민간화의 장애요인이다.

(3) 결론: 민간화의 확대

Savas는 민간화를 지지하는 입장에서 이 책을 마무리하고 있다. 우리 사회에서 얼마간의 공공서비스는 집단적 의사결정과정을 통하여야만 공급되어질 수 있지만 많은 서비스는 이런 과정을 거치지 않고도 제공될 수 있다. 대규모의 서비스 공급은 정부를 통해서만 이루어질 수 있지만 소규모는 자발적 기관을 통해서도 이루어질 수 있다. 정부의 영역확대는 이런 자발적 공공서비스 공급을 저해한다. 경쟁의 원리에 기초하지 않은 정부의 공공재 생산은 민간부문보다 열등하다. 정부의 영역을 줄이고 유인(incentive)과 경쟁에 기초한 민간부문의 역할을 늘리는 것이 보다 나은 사회를 위하여 바람직하다.

III. 평가적 의견

사실 20세기 초중반에 많은 나라에서 공공부문이 크게 확대되었는데 이것은 공공부문에 대한 막연한 신뢰에서 비롯된 것인지도 모른다. 근래 정부실패(government failure) 등의 논의에서 지적되고 있듯이 정부가 항상 공익을 지향하고, 또 그 서비스를 능률적으로 제공한다고 보기는 어렵다. 이런 차제에 정부에 대치할 수 있는 여러 공공서비스 공급방법들을 체계적으로 검토하는 것은 매우 의미있는 일이라 생각된다.

Savas의 저서들은 우리 사회에 필요한 재화와 서비스의 성격과 여러 가지 공급방법들을 체계적으로 분석하고 이들을 연관시킴으로써 공공서비스 제공체계에 이론적 바탕을 제시하고 있다. 나아가 이 책은 미국의 실제에 대한 연구들을 자세히 검토하고 민간화의 방법과 문제점을 지적한 면에서 이론과 경험적 연구, 그리고 정책대안을 고루 겸비한 책이라 할 수 있다. 이 책에는 민간화의 확대라는 현실지향적인 면이 강조되고 있고, Savas는 열렬히 민간화를 지지하는 자의 입장에서 이 책을 서술하고 있지만, 이 책은 우리 사회에서 정부부문과 민간부문의 역할 부담 문제를 다시 생각하게 하는 저서이다.

참고문헌

Savas, Emanuel S., *Privatizing The Public Sector: How to Shrink Government*, New Jersey: Chatham House Publishers,s Inc., 1982.

_____, *Privatization: The Key to Better Government*, New Jersey: Chatham House Publishers, Inc., 1987.

Robert B. Denhart의
공공조직에 관한 비판적 이론*

Ⅰ. 머 리 말

행정분야에 위기의식이 존재한다면 그것은 정체성의 위기상황, 즉 행정학 연구결과에 관한 역사적·철학적 기초를 확신하지 못하는 상황이라고 설명될 수 있는 것이다. 우리가 행정학의 '뿌리'를 여러 방향에서 추적할 때에 선대학자들 간에는 심각한 갈등이 있었음을 발견하게 된다. 예컨대, 행정을 과학적 연구의 대상으로 삼으려는 관점을 발견하게 된다. 예컨대, 행정을 과학적 연구의 대상으로 삼으려는 관점은 민주적 관리방식과 연관된 규범적 원리들을 확장시키고자 하는 관점과 서로 갈등을 빚어왔다. 또한 공공조직의 이론을 발전시키는 데 관한 관심과 행정의 실제를 개선코자 하는 희망을 조화시킴에 있어 우리는 자주 어려움에 직면해 왔다.

이러한 문제를 해결하기 위해, 어떻게 하면 근대사회의 공공관료제에 관한 적절하고 통합된 이해를 이룩할 수 있겠는가에 대해 끊임없이 탐구하지 않으면 안 된다.

여기서는 그러한 노력의 일환이라고 생각되는 Rober B. Denhart의 비판이론 탐색을 소개하려 한다. Denhart는 J. Habermans의 연구를 중심으로 철학적 실천적 이론인 '비판적'이론이 어떻게 전개되어 왔으며 어떻게 전통적 이론으로부터 스스로를 분화시켜 왔는가에 대해 먼저 고찰하고 거기서 얻은 통찰력을 공공행정의 이론과 실제에 적용할 수 있는 가능성을 탐색하였다.

다음에 Denhart의 논문 "Toward a Critical Theory of Public Organization"을 요약하여 소개하고 평가하려 한다.

＊ 여윤환: 선문대학교 행정학과 교수.

II. 공공조직에 관한 비판적 이론

1. 비판이론의 성격

오늘날 비판이론으로 널리 알려진 것은 Hegel 사관에서부터 연원한 것으로 이해되고 있다. 그리고 이른바 프랑크푸르트학파에 의해 그에 관한 심도 있는 연구가 이루어졌다.

오늘날 사회과학에서 관심을 보이고 있는 비판적 관점은 우리의 노력과 사회적 조건이 우리에게 부과한 제약(비록 막연히 알고 있다 할지라도) 사이에는 어떤 긴장이 존재한다는 것을 인식한다. 이러한 모순(긴장)을 밝히는 것이 이론의 역할이며, 그럼으로써 우리는 스스로의 자유를 추구할 수 있다는 것이다.

공공조직연구에 관련된 비판적 접근방법의 가능성을 탐색하려면 다음 세 가지 주제에 대한 비판이론가들의 논의를 먼저 이해하여야 한다.

세 가지 주제란 ① 도구적 이성의 비판, ② 정치적 생활의 과학화와 공공영역의 축소, 그리고 ③ 지식과 인간적 관심사간의 관계이다.

프랑크푸르트학파는 현대생활에 있어서 사회적 지배의 근원을 밝힘으로써 이성을 통한 자유의 종국적 실현을 위한 길을 열고자 시도하였다. 이 시도관정에서 그들은 사회적 합리성의 기초를 재정의할 필요에 직면하였다.

Horkheimer는 도구적 형태의 이성을 비판하였으며, Marcuse는 Weber를 비판하면서 이성에 관한 현대적 설명의 한계성을 지적하였다. 즉, 사전에 전제된 목적을 달성키 위하여 수단이 개발되는 방식과 관련된 Weber의 합리성 개념은 다양한 사회적 관심사를 논의에서 제외시킬 뿐 아니라, 기술적 통제유형(조직적·과학적·계산적 통제유형)을 심화시키고 있다는 것이다.

Habermas나 Marcuse는, Weber가 합리성에 관한 기술적 정의에 의존하는 것은 궁극적으로 지배의 확장에 대한 이데올로기적 정당화를 뜻한다는 데 동의하며, 특히 Weber가 그러한 결과를 '불가피한'것으로 표현하는 데에 더 관심을 집중하고 있다. 한편 그들은 인간의 제도는 사회적으로 만들어졌으므로 의식 있는 선택과 효과적인 행동에 의해 재구성될 수 있다고 가정할 때 대체안으로서의 시나리오가 개발될 수 있다고 주장한다. Marcuse는 Weber가 표현한 지배조건을 새로운 방식의 과학과 기술로서 변경가능하다고 본 데 비해, Habermas는 현대의 과학과 기술세계는 불가피하게 목적지향적, 합리적 행동과 연관되어 있으며 이것은 우리가 해방에의 희망을 실현하기에 앞서 극복하지 않으면 안 된다고 주장한다. 이 극복노력은 사회의 확대된 합리화에 대한 대안으로서, Habermas에 의하면 상징적이고 교신적(交信的)인 '상호작용'의 구조를 적절한 수준까지 회복하는 것을 뜻한다. 즉, 구속력 있는 '합리된 규범'이 지배하는 사회구조가 형성되어야 하며, 그 규범의 행동에 대한 상호간의 기대를 명확히 하고 상호작용하는 주체들간에 분명히 이해되고 인지되어야 한다는 것이다.

전통사회로부터 합리화된 자본주의 사회로의 전환은 사회적 정당성의 기초에 있어서의 변화로 특징지어진다고 Habermas는 주장한다. 전통사회에 있어서 목적지향적 합리적 행동은 문화적 전통을 위협하지 않고 그 사회의 규범적 구조에 깊이 뿌리내리고 있으나, 자본주의 사회에서의 그 행동은 자기 유지적이 된다. 전통적 구조는 점차 수단적 또는 전략적 합리성, 즉 노동 및 거래조직, 교통망, 정보, 커뮤니케이션, 사법상(私法上)의 제도, 재무행정의 운용, 국가관료제 등의 조건에 종속하게 된다. 이때 상징적 또는 교신적 상호작용(交信的 相互作用)의 영역은 결국 새로이 대두되는 목적지향적 행동영역에 뿌리내리게 되고, 이는 사회권력 구조의 정당성의 새로운 기초가 될 가능성이 생기는 것이다. 분명, 이러한 발전은 정치체제에 있어서 중요한 함축적 의미를 가질 것이다.

초기 논문에서 Habermas는 공공영역이란 사회의 다양한 이익중추들이 사회의 규범적 의제정립과 관련된 대화에 참여하는 무대라고 묘사하였다. 근래에는 목소리내는 이익이란 기업, 노동조합, 전문직 등의 상층부에 국한되는 경향이 있다는 점에서 공공영역은 상당히 좁아져 왔으며, 또한 대중매체에 의해 조정되고 관리되고 있다. 이러한 조건하에서 정치의 영역은 이미 '행복한 생활'에의 사회적 관계 등과 같은 사회의 규범적 구조에 관심을 가질 필요가 없어지게 된다. 정부활동은 행정적으로 해결가능한 기술적 문제에 국한되며, 그 결과 실제적 문제(단순히 실용적 문제가 아니라 사회적 실천을 인도하는 문제)는 증발하고 만다.

분명, 기술적 문제를 해결하는 정부라는 선입관은 민주적 시민개념에 특별한 함축적 의미를 갖게 한다. 왜냐하면, 기술적 문제를 해결하기 위해서는 공개적 논의는 필요치 않으며, 실제로 대중의 관여는 역기능적일 수도 있기 때문이다. 이와 같은 공공영역의 축소는 일반적으로 시민의 비정치화를 초래케 한다. 시민의 역할은 이미 사회적 방향의 선택에 있어 조력자가 아니고, 사회적 방향은 행정직원들의 대안집합들 가운데서 우연히 선택되어진 하나의 대안이다.

그러한 현상은 사회의 자기이해를 교신적 행동이라는 준거틀로부터 그리고 상징적 상호작용개념으로부터 분리시키고 대신 과학적 모형으로 대치시킨 이데올로기의 유일한 산물인 것이다. 그 결과는 세계를 기술의 관점에서 보는 하나의 새로운 의식일 뿐이다.

중요한 점은 이 새로운 의식은 필연적으로 어떤 '인식적 관점'에 묶여 있다는 것이다.「지식과 인간의 관심」이라는 저서의 부록에서, Habermas는 사실 탐구의 다양한 과정과 그것이 나타내는 인식적 관심간의 관계를 알아보고 있다. 과학활동의 논리실증주의적 설명에 기초를 둔 경험적・분석적 과학은 하나의 기술적 관심을 나타내게 되며, 이것은 목적지향적・합리적 행동의 영역에 적절한 사실탐구의 형식이 된다고 Habermas는 말한다. 논리실증주의 모델에 있어서 이론은 설명과 예측 및 '통제'의 목적을 위하여 정치화(情緻化)되며, 이때 통제의 질은 사건 및 행동의 규제에 관한 기술적・'합리적' 관심과 가장 밀접히 연관된다. 인간과 과정의 객관화를 통하여(행정적 법령에 복종케 함으로써) 경험적・분석적 과학은 사회생활의 보다 큰 합리화에 기여한다.

Habermas가 역사적・해석학적 과학으로 명명한 과학활동은 상징적・교신적 상호작용의 영역에 보다 밀접히 연관된다. 현재적(顯在的) 행동의 '객관적' 관찰에 기초한 추상적 이론을 정립하는 대신, 역사적・해석학적 과학은 인간적 의미를 직접적으로 이해하는 것에 관심을 갖는다. 그러한 과학의 과제는 우리가 사회적 실제로서 무엇을 택하느냐는 것을 포함해서, 간주관적(間主觀的)으로 (여러 사람의 주관 사이에서 일치점을 발견할 수 있다는 뜻임) 구성된 의미구조 (意味構造)를 결정하는 것이다. 이 노력에서도 불분명한 것은 규범적 전통을 고려하지 않고 합의의 획득이 가능하겠느냐는 점이다.

경험적・분석적 과학은 작업의 영역에 관련되고 역사적・해석적 과학은 상호작용의 영역에 관련되는 반면, 비판적 사회과학은 제3의 의문, 즉 사회권력과 관계된 것이라고 Habermas는 주장한다. 사회에 있어서 지배와 의존성의 조건은 지배받고 의존하고 있는 당사자들로부터는 숨겨져 있음을 인식하면서, Habermas는 우리를 구속하는 '그릇된 의식'을 밝힘으로써 해방에의 이해를 가능케 하고자 비판적 접근을 추구하고 있다. 우리에게 인과관계로 보이는 것이 자연적이고 영구불변의 '법칙'이라기보다는, 우리의 특별한 역사적 조건의 표현이기 때문에 그것은 우리쪽의 자율적이고 책임 있는 행동에 의해 변화될 필요가 있으며, 그 과정은 비판활동으로부터 출발한다는 것이다.

Habermas는 하나의 비판원리로서 Freud의 정신분석과정, 즉 비판적 자기성찰을 통하여 이론과 실천간의 관계를 재설정하고자 한다. 그는 정신분석에서의 중심개념인 억압을, 어떤 상징을 공개적 커뮤니케이션으로부터 ego에 접근할 수 없는 장소로의 철회라고 설명한다. 결과로서 나타나는 '권력투쟁' 또는 내부적 교란은 개인에게 어떤 방식으로든 영향을 준다. 분석의 과제는 정신질환자의 숨겨진 생애역사의 한부분을 회복시킴으로서 효과적인 개인 내부적 커뮤니케이션을 재설정하는 것이다. 정신분석에서의 사실탐구는 엄격히 개인적이며 자아를 재발견함을 목표로 하고 있고 환자 자신에 의해서만이 그 설명의 진실성이 확인되기 때문에, 실증주의적 접근방법과는 전혀 다르다. 이러한 자기성찰과정을 통하여 사실탐구(지식)와 자율성(책임)은 합일된다.

개인이든 사회든 발전의 핵심은 왜곡되지 않은 커뮤니케이션의 회복이라고 Habermas는 주장한다. 그는 최근 연구에서 커뮤니케이션 능력이론 혹은 '보편적 어용론(語用論)'을 구체화하고자 시도해 왔다. 그는 발화행위(發話行爲) 자체는 바로 자율적 존재의 재구성의 기초를 제공한다고 주장한다. 자율과 책임에 관한 인간적 관심이 단순한 공상이 아닌것은 그것이 '선험적으로' 이해될 수 있기 때문이다. 우리를 자연으로부터 구분짓는 것은 바로 언어이다. 언어의 구조를 통하여 자율과 책임은 사실로 가정된다.

자유로운 합의에 도달하고자 하는 우리의 시도를 가장 빈번히 왜곡시키는 '지배'를 위시하여 커뮤니케이션에 관한 제약을 제거함으로써만이 진정한 합리적 행동은 발생할 수 있다. 커뮤니케이션 유형이 비대칭적(非對稱的)인 데에서, 즉 커뮤니케이션의 일방이 타방에 대해 권력을 가질 때 개인의 마음속에서와 마찬가지로 사회생활에서 불가피한 왜곡 현상이 발생하며, 이러한 왜곡들은 어떤 해방과정에 앞서서 밝혀져야만 한다. 목적지향적·합리적 행동의 하위체계개발에 대한 사회·문화적 반향이란 관점에서 적절하고 바람직한 행동 지향적 원리 및 규범을 지배와는 무관하게 공개적이고 제약 없이 논의하게 될 때, 그리고 정치적 및 비정치적 의사결정과정의 모든 수준에 있어서 그러한 커뮤니케이션이 이루어질 때, 비로소 진정한 합리화가 가능한 것이다. 일반화된 비판적 자기성찰의 과정을 통하여 우리는 계몽된 인간행동을 위해 필요한 이론과 실천간의 친밀성을 회복할 수 있을 것이다.

2. 공공조직에 대한 적용

비판적 분석을 공공조직에 적용하려는 명백한 시도는 찾아볼 수 없다. 하지만 Habermas는 Weber와 마찬가지로 공공관료제에서 기술적 합리성이 가능하고 있음을 설명하는바, 그 까닭은 사회에 점차, 확산되고 있는 기술과 능률성에 대한 관심의 전형을 정부행정영역에서 볼 수 있기 때문이다. 사회권력의 양이 공공관료제에 집중되고 있는 데다가 그것이 기본적으로 기술적 관심에 의존하는 경향이 있기 때문에 공공관료제의 역할재정의가 요청되고 있다. 따라서 비판적 관점으로부터 문제가 제기된다. 즉, 공공서비스의 정당성문제이다.

오늘날 공무원집단의 존재자체가 어떤 시민들에 대한 불신이나 공공연한 적개심을 야기하게 되며, 적어도 관료의 이익과 공중의 이익간에 지각상의 일치결여를 뜻하는 상황을 초래케 된다. 이러한 상황하에서, 지각된 이익의 상충은 다양한 집단간의 체계적으로 왜곡된 커뮤니케이션에 기초하고 있다. 이러한 커뮤니케이션 실제에 있어서의 구조적 한계성의 분석은 유용한 출발점이 될 것 같다.

구체적으로 공공조직에 관한 비판적 이론은 ① 관료제적 지배의 기술직 기초와 이에 관한 이데올로기적 정당성을 검토·비판하며 ② 공공관료제의 고객집단들은 그들의 행동에 부과된 결과적 한계성을 어떤 방식을 통하여 보다 잘 이해할 수 있을 것인가, 바꾸어 말해 행정적 실천의 새로운 방식은 무엇인가를 묻는다.

공공조직 내 관리의 구조 및 유형은 다양할지라도 과업의 성격은 본질상 기술적 영역으로 보여지고 있다. 관료제가 사용하는 기술은 우선적으로 예측가능한 산출을 확보하고자 인적·물적 자원을 조작하는 것에 기초하고 있다. 따라서, 그러한 의도는 고객의 객관화로 나타나고 능률의 관심에는 기여하지만, 외부의 '객관적' 세계에 몰두함으로써 행정과정을 비인간화하고 경직화하는 역할을 한다. 그러한 생각은 사람들을 조작가능한 자료로 혹은 상부지시를 수령하는 부하로 다룸으로써 통제가 이루어질 수 있다는 생각인 것 같다. 그 결과 사람들은 서로간에 분리되고 비인간적 객체로 취급되며, 관리자들은 자기 생각으로부터 괴리된다는 것이다. 그것은 증대하는 '객관성'과 감소하는 '사고성'의 결합인바, 곧 관료제 내에서의 소외와 관료제로부터의 소외라는 두 가지 소외의 기초가 된다.

오늘날 행정이론이 표명한 관심은 기술적 합리성에 관한 관심이라는 것은 근래 연구의 기저에 놓여 있는 인식론적 가정으로부터 연유한다. D. Waldo는 오늘날 복잡한 조직연구의 기초적인 '상호지지적 개념들'은 '과학성, 합리성, 효과성, 능률성 그리고 생산성'을 포함한다고 지적하였다. 과학활동의 실증주의적 설명에 기초를 두고 행정과학을 발전시키려는 노력에 대한 오늘날의 관심이 수십년전보다 덜 한것도 아니고, 경영학에 비해 행정학이 덜 관련된 것도 아니다.

행정학주류의 실증주의적 가정은 특히 정책분석에 있어서의 근래의 연구에서 분명해진다. 분석가들이 관료제 스스로 제시한 문제들만 연구하는 한, 그러한 연구는 현 사회적 메커니즘에 있어서 피상적인 조정에만 국한될 수 있다. 중요한 점은 자신의 기술적 합리성의 전통에 묶여 있는 관료체제는 정책과정을 커뮤니케이션과 대화를 통한 합리적 결정을 획득하는 과정이 아니라, 목전의 문제해결에 기술적 규칙을 적용하는 과정으로 취급할 가능성도 있다는 점이다. 이러한 상황하에서 공공의사결정의 기초로서 기술적 관심이 정치적·윤리적 관심을 대신할지도 모르며 따라서 규범적 문제를 기술적 문제로 변형시킬지도 모른다.

게다가 정책분석은 '가치중립적' 기술에만 오로지 의존하며, 그 결과 현재의 통제유형을 포함하여 정치적·행정적 생활의 현존 '사실들'을 지지할 뿐만 아니라 사실들간의 관계를 정치화(情緻化)하게 된다. 그들의 계획이란 것도 창조성이나 상상력이 빠진 단순한 선행 사건들의 추론에 기초한 것들이다. 공공정책이 '측정가능한 사실' 혹은 조직행위자들의 '현재적 행위'(顯在的 行爲)의 검토에만 국한함으로써 우리는 그러한 사실과 행위들을 만들어 낸 사회적 조건들을 잠재적으로 지지하는 것이다. 소위 객관적 분석가는 현상유지를 위하여 일하고 있는 하나의 정치적 배우가 된다. 측정될 수 없는 정책은 결코 채택되지 않는다고 볼 때, 근대관료제는 사회전반에 기술의식을 확산하기 위하여 행동하며 행정이론은 그 행동을 암묵적으로 지지하는 것임이 틀림없다는 것이다.

앞서 공공조직이론은 비판이론의 도움을 받음으로써 그 정체성의 위기를 극복할 수 있음을 시사한 바 있다. 비판적 접근은 먼저 공공문제들을 그 문제가 처하고 있는 보다 넓은 역사적·규범적 맥락에 둠으로써 가치비판적 기초 위에서 공공정책의 공식화 및 집행에 관한 이해를 구축할 것이다. 그것은 보다 큰 자율성과 책임성의 기초를 관료제 내부와 대외적 상호작용 양쪽에 함께 두고자 시도할 것이다. 또한 지배과정에 대한 개인의 이해 및 기여를 제약하는 관료주의적 이론 및 실제적 제측면을 부각시킬 것을 주장할 것이다. 관료제 내부에서 볼 수 있는 구속적 관계 그리고 관료제 외부인들에 대한 지나치게 비인간화된 취급과는 대조적으로, 비판적 접근은 한편으로는 개인적 자기성찰과 사회적 자기성찰 간에 그리고 다른 한편으로는 개인적 발전과 '조직학습'을 포함한 사회적 발전간에 긴밀한 연관성이 있음을 본다.

주된 행정학 문헌에서 발견하는 명령과 규제에 대한 강조와는 대조적으로, 비판적 접근은 조직생활을 특징짓고 있는 권력 및 의존성의 조건들과 그 조건들이 예고하고 있는 갈등 및 무질서의 가능성을 강조할 것이다. 또한 조직변화문제를 기능하고 있는 경쟁적 세력작용의 결과라는 변증법적 용어로 재개념화함으로써 조직생활의 보다 동태적 이해를 가능케 할 것이다. 나아가 비판이론은 현

계층제적 조직이 갖고 있는 어떤 모순들, 즉 권력 및 의존성의 현재관계가 소외 및 반목을 초래케 하는 방식을 비판함으로써 조직생활의 질을 개선코자 하는 보다 직접적인 시도를 제시하는 것이다.

그 한 가지 방법은 공공조직의 내적·외적 관계 모두를 특징짓고 있는 손상된 커뮤니케이션 패턴에 초점을 두는 것이다. 현재 우리의 상호작용을 편협한 계층제적 교환으로 제한하는 언어학적 패턴을 분석하고 재조정하는 것은 민주적인 공공서비스를 구축하는 데 필요하면서도 지금까지 억압되어 온 가치의 표현을 허용할 것이다. 이를 테면, 비판적 접근은 '관리'의 대안적 유형을 제시할 수도 있는바, 개인들(성원하는 고객)의 발전 필요성을 발견하고 추구함에 있어서 그들에 대한 통제 대신 그들을 도와주고자 노력하는 것이다. 그러나 이때 관료제의 지배적 가치와 사회의 지배적 가치가 때로는 상충될 수도 있음을 인식해야 한다. B. Fay가 사실탐구의 '교육적' 방식으로 언급한 것을 보면 "사람들은 그들의 필요와 그들의 사회적 관계의 성격에 대해 체계적이고 분명하게 인식하지 못하기 때문에 억압적이고 좌절감을 주는 사회적 조건들이 적어도 부분적으로는 존재한다"고 가정한다. 교육적 접근은 사람들이 그들의 진정한 필요를 결정하는 것과 아울러 그들 필요의 달성을 방해하는 사회적 조건들을 결정하는 데 도움을 주려고 노력한다. 자기성찰을 통하여 사람들은 그들의 왜곡된 생활조건들에 대해 새로운 명료성을 얻게 될 것이며 나아가 그 조건들을 변경하기 위하여 행동하도록 할 것이다. 요컨대 관리의 교육적 유형은 개인들이 그들의 필요와 관심을 발견하고 추구하는 데 도움을 주고자 노력하며, 이는 개방되고 보다 넓은 커뮤니케이션 공간과 조직성원들간의 규범적 대화를 포함하는 것이다.

관료와 그 고객들간 관계의 변증법적 이해는 관료들이 고객에 대해 권력을 행사하는 방식, 고객들을 경직되고 비인간화된 절차에 복종시키는 방식, 적응적 흡수(cooptation) 등의 장치를 통하여 고객들이 공공조직 운영에 이바지할 수 있는 공헌을 제한하는 방식 등을 밝혀 줄 것이다. 그렇다고 그러한 행동이 반드시 개개인 관료들에 대한 악의를 갖고 발생하는 게 아니라 구조적 결함의 결과로서 발생함을 인식케 한다. 이러한 비판적 관점에 의하여 시민으로서의 고객은 정부서비스의 단순한 소비자가 아니라 생산자임과 동시에 서비스 수령인이라고 이해해야만 한다는 것이다.

관료와 고객집단 모두의 발전필요성을 강조하는 것은 모든 유형의 사회적 관계의 민주화에 대한 신뢰를 재확인하는 것이며, 개인들의 진정한 필요가 조직화된 사회적·정치적 활동을 통해 표현되는 것을 방해해 온 왜곡들에 대한 관심을 모으자는 것이다. 공공영역이 집단이익들간의 경쟁의 영역으로 형성되어 왔던 시대에, 공공관료제를 포함한 그들 집단의 내부적 민주화는 민주적 과정에의 신뢰를 유지하는 하나의 가능한 방법을 제공한다. Habermas는 내부적 민주화를 "억압성의 감소(퍼스낼리티 구조에 있어 이것은 역할갈등에 직면하여 모호성에 대한 평균적 내성을 증가시킴), 경직성의 감소(이것은 일상적 상호작용에 있어서 개인적으로 안정적인 자기표현의 기회를 증가시킴), 잘 내면화되어 있고 자기성찰에 접근케 할 수 있는 역할간 거리 및 규범의 신축적 적용을 허용하는 행동통제유형에의 근접" 등으로 특징지어진다고 했다. 게다가 민주화된 구조는 목적지향적－합리적 상호작용과 교신적(交信的) 상호작용간의 적절한 관계를 어느 정도 회복하면서, 현재 공공적 대화에 관여하고 있는 것보다 더 다수 시민의 이익과 가치를 나타낼 것이다. 그러한 조건하에서 공공관료제는 전체사회의 자기성찰 및 비판을 위한 가장 중요한 수단이 될 것이다.

비판적 접근은 관료제 내의 변화하는 관계유형은 물론, 민주적 사회에 있어서 공공조직의 역할에 관한 대안적 개념을 제시하고 있다. 그것은 공공행정의 '이론'과 '실천'은 국가의 발전 및 사회적 가치의 할당에 있어 불가결한 것이며 따라서 기술적 관심사 이상의 것을 포용해야만 한다. 개인들이 자율성 및 책임성의 조건들을 찾고자 노력하기 때문에 성찰과 평가, 성찰과 목적지향적 행동간에 단절이 없다. 과도한 지배의 조건에 대한 비판에 참여함에 의해서 우리는 보다 효과적인 공적 행동에의 새로운 가능성, 즉 스스로를 적나라하게 나타낼 가능성에 이를 수 있다. H. Kariel은 그것을 "우리는 폐쇄된 제도들을 활성화된 과정으로 바꾸고자 하는 거창한 계획보다, 우리들이 행동하는 힘(權力)을 갖는 쪽으로 구체적인 이행을 할 필요성이 있다"고 지적하고 있다. 우리는 개인적으로 보다 많은 규제보다는 보다 많은 선택의 방향으로 우리 자신 및 우리 조직에 이행시키기 위해 행동할 때, 우리는 주관과 객관, 이론과 실천간의 간격을 메우기 시작할 것이다. 그렇게 함으로써 우리는 계몽된 인간행동에 기초한 조직실천의 새로운 개념에 이르게 될 것이다.

Ⅲ. 평가적 의견

소위 프랑크푸르트학파의 '비판이론'들이 우리에게 소개된 지는 오래되었고 그 해설서도 자주 접해 왔지만 공공조직에 대해 그 비판적 접근을 시도한 글을

Denhart의 이 논문이 처음이 아닌가 싶다. 자연을 통제하기 위한 과학과 기술 (도구적 이성의 표현)이 인간을 통제하기 위한 지배이데올로기로 변질된 사실을 개탄하고, '개인'으로서의 시민적 자유를 어떻게 확보해야 할 것인가가 비판이론 가들의 당면과제였다. 흔히 Neo-Marxist로 알려져 있지만 사실 그들의 활동은 Marxism의 비판으로부터 출발했다. 즉 마르크스는 인간의 자기 창조 행위를 하부구조로서의 노동활동에만 국한시킴으로써 상부구조인 성찰의 차원과 그에 따른 이데올로기와 지배의 배후에 숨어있는 인간상호간의 커뮤니케이션 행동을 소홀히 하였다는 것이다. 인간소외를 초래케 한 후기자본주의 사회와 관료적 국가기관에 의한 공사주의체제는 다같이 그들의 비판의 표적이었다.

확실히 오늘날 '도구적 합리성'에 지나치게 의존해 온 관료체제가 대성원관계와 대고객관계에서 당면하고 있는 비인간화 현상은 민주사회가 지향하는 규범적 정당성을 스스로 포기하는 결과마저 빚고 있음은 사실이며, 따라서 공공조직이 스스로의 역할을 재정의하고 방향을 재설정할 요청에 직면하고 있다고 지적한 것은 적절하다고 본다. Denhart는 그 대안을 기존의 실증적 과학이나 역사적·해석학적 과학만으로는 부족하고 제3의 과학이라 할 수 있는 비판이론의 도움을 받아야 한다고 하면서 주로 Habermas의 틀을 원용하고 있다. 즉 지배의 사회적 조건에 따라 관료조직의 내적·외적으로 왜곡된 커뮤니케이션 패턴을 회복하기 위한, Freud의 정신분석과정인 비판적 자아성찰개념을 원용한 담화나 관리의 교육적 유형 등의 방식을 통하여 사회의 '합의된 규범'을 창출하고 나아가 자율성과 책임성을 갖는 계몽된 인간행동에 기초한 조직실천에 이를 수 있다고 주장한다. 요컨대 Habermas는 언어, 작업(노동), 지배 등의 세 요소간의 변증법적 관계에 관한 이론을 정립시킴으로써, 즉 유물론과 관념론의 양시각을 어떤 긴장관계 속에서 결합시킴으로써, 정체성의 위기를 극복코자 시도하고 있는바 그 균형감각은 공공조직의 통합적·포괄적 이해를 구축하는 데 있어 유력한 시사점을 제공하는 바가 있다고 생각한다. 하지만 개인적 자기성찰이 어떻게 사회적 자기성찰로 이어져서 전체사회의 합의된 규범이 도출되며, 그 실천적 이성에 따라 행동할 만한 능력을 소유한 계몽되고 성숙된 시민, 즉 '해방'에 이를 수 있겠는가 하는 구체적인 실천방법의 제시는 미흡하다고 본다. 그리고 과연 지배관계가 존재하지 않는 커뮤니케이션을 통해 합의를 획득한다는 것이 어느 정도 실현 가능할지, 나아가 합의를 통해 획득한 결과가 어느 정도 진리에 가까울지는 의문이다. 또 이 비판적 이론의 대해 실증주의자들이 가하는 비판으로서, 이 이론의 지나친 사변적(思辨的) 성격은 경험적 검토의 측면에서 통제할 수 없는 행동주

의에의 감염 또는 자칫 비판을 위한 비판이 남발될 소지도 있다는 점은 염두에
두어야 할 것이다.

참고문헌

Denhart, Robert D., "Toward a Critical Theory of Public Organization," *Public Administration Review*, Vol. 41, No. 6, 1981, pp. 628-635.

Deil Wright의
정부간관계론*

I. 머 리 말

기존의 행정학이론들이 최근에 접근시각(perspectives), 연구주제(subject-matters) 및 연구방법(research methods) 등에서 많은 변화를 보이고 있는 가운데, 한 가지 추가해야 할 행정학의 새로운 추세가 있다면 그것은 바로 행정현상의 '발생장소'(*locus*)에 대한 조목이다. 즉, 전통적 행정이론들이 주로 중앙정부(central government)의 조직과 구성, 인사와 재무, 정책결정 과정과 집행 등의 현상에 관심을 기울여 왔다면, 최근의 행정학은 그 동안 도외시되어 온 광역 및 지방정부(regional and local government) 문제에 좀더 관심을 보이고 있고, 그 접근방향에 있어서도, 지방정부를 그 자체로 연구할 뿐 아니라 중앙정부와 지방정부간의 관계(relationships)라는 시각에서 연구가 수행되고 있다.

이와 같은 맥락에서, 서로 다른 수준의 정부들(different levels of government)간의 관계를 체계적으로 설명할 수 있는 분석틀(analytic framework)을 수립하고자 하는 그리 많지 않은 노력들 가운데 하나가 바로 Deil Wright의 정부간관계론(Inter-Governmental Relations: 통칭 IGR이라 부름)이다. 이는 연방제(federal system)형태의 미국 정부체제가 지니는 구조와 기능의 본질과 운영상의 특성을 설명하기 위한 개념틀로서 종래의 연방주의론(federalism)과는 여러 측면에서 차이를 보이고 있다. 하지만 역시 연방제 국가형태를 지닌 나라가 아닐 경우 이론의 적용가능성(applicability)이 매우 줄어들며, 그 내용상의 정교함(sophistication)에 있어서도 여러 군데서 문제점이 발견되고 있다.

* 김익식: 경기대학교 사회과학부(행정학 전공) 교수.

II. 정부간 관계론

1. 구 성

Wright의 「정부간관계론의 이해」는 크게 4부로 구성되어 있는데, 1부에서는 정부간관계론의 개념과 기원, 주요 특징, 연방주의론과 정부관계론의 차이점, 정부간관계론의 3가지 모형 및 정부간관계론의 역사적 발전과정 등이 기술되어 있다. 2부에서는 정부간관계론의 재정적 측면을 다루고 있는데, 각 정부 형태별 수입형태 및 추세, 지방정부 수입의 추세 및 패턴, 정부 형태별 재정지출 및 연방정부 보조금의 형태 및 추세, 각 정부단위의 공무원 태도 및 보조금 효과 등을 다루고 있다. 3부는 최신판인 3판에서 추가한 내용으로서 정부간관계론의 정책지향(policy orientation)적인 시각을 반영하고 있는데, 크게 4가지의 정책과제로서 관할구역의 문제, 배분적 문제, 규제적 문제 및 재분배적 문제를 설명하고 있다. 마지막으로, 4부에서는 정부간관계론을 역사적으로 회고하면서 앞으로의 발전 전망을 갈등과 협력, 변화와 연속성의 틀 속에서 언급하고 있다.

2. 정부간 관계론(IGR)의 내용

'정부간관계론'의 개념을 정의하기 위해, Wright는 먼저 정부간 관계의 주요한 행위자(players)들인 대통령, 주정부 공무원, 지방정부 공무원 및 일반시민들의 정부간 관계에 대해 견해를 기술한 뒤, 정부간관계론의 4가지 구성요소로서 행위자(Who), 장소(Where), 시간(When), 및 과제(What)를 들고 있다. 즉, '정부간관계로'이란 '미국의 연방체제 내 모든 형태와 수준의 정부들간에 일어나는 일체의 중요한 활동과 상호작용들을 연구하는 분야'로서, 이의 연구에는 모든 형태와 수준의 정부 단위들뿐만 아니라 각급 공무원과 시민들도 포함되며, 정부간관계론의 연구대상이 되는 현상들은 정치·행정체제의 모든 곳(every-where)에서 발생되는 과거, 현재 및 미래의 활동들이라는 것이다.

정부간관계론의 기원은 1930년대 대공황하에서 뉴딜정책의 대두와 같이 하는바, 그 당시의 진보적이고 개혁적이며 적극적인 정부의 역할과 밀접하게 관련이 있었다. 그 후 오늘에 이르기까지 정부간관계에 대한 관심은 시민에 대한 보다 효과적인 공공서비스의 제공과 그 궤를 같이 해 왔다. '정부간관계론'이란 용어를 처음 쓴 학자는 1930년대 후반 Clyde Snider이며, 같은 시대에 William Anderson이 이 분야 연구에 크게 기여한 바 있으나, 정확히 이 용어가 어디로 부터 유래했는지는 분명치 않다.

정부간관계론의 주요 특징으로서 Wright는 4가지 요소를 들고 있는데, 이는 법적 요소(legal element), 인적 요소(human element), 규칙적 상호관계(regular interactions) 및 정책과제(policy questions)를 말한다. 먼저, 법적 요소는 각종 형태와 수준의 정부 단위를 지칭하는바, 미국의 경우 이에는 연방정부, 주정부, 군정부(conties), 시정부(municipalities), 학교구역정부(school districts), 특별구역정부(special districts) 등이 포함된다. 두번째로 인적 요소에는 모든 선거직 및 임명직 공무원들이 포함되며 이들의 행동과 태도, 나아가 인지행위 등이 연구대상이 된다. 세번째 요소인 정부간의 규칙적 상호작용에는 매일매일의 인적 접촉뿐만 아니라 실질적인 업무관계 및 행위유형의 연속성 등이 연구의 과제이다. 끝으로 정책과제로서는 정책내용면에 있어 분배정책, 규제정책 및 재분배정책과제 등이 다루어지고, 정책과정상의 형성 및 집행의 문제가 연구된다. 아울러, 재정상의 세입과 세출과 관련된 여러 쟁점들이 다루어지게 된다.

정부간관계론의 성격을 보다 분명히 하기 위하여 Wright는 정부간관계론과 연방주의론과의 차이를 기술하고 있다. 그에 의하면, 정부간관계론(IGR)은 연방주의론(federalism)을 단순히 대체하는 용어가 아니라 연방주의론 속에 포함되지 않은 일련의 현상과 행위들을 다루고 있다. 즉, 연방주의론과는 달리 정부간관계론은 연방정부와 주정부간의 관계만을 중요시하지 않으며, 법적인 접근방법을 뛰어넘고, 각 정부간의 계층적 관계를 전제로 하지 않는다. 아울러, 정부간관계론에서는 광범위한 정책관련 과제들이 취급되며 연방주의론보다는 정부관계론이 훨씬 더 중립적인 개념이라는 것이다.

양자의 차이를 보다 구체적으로 살펴보면,

첫째, 연방주의론은 역사적으로 연방정부-주정부의 관계를 강조한 반면, 정부간관계론에서는 모든 형태와 수준의 정부들간에 일어나는 각종 상호작용(interactions)을 분석한다.

둘째, 연방주의론은 법적 권한이나 공식적 행위 등 법적인 접근방법에 주로 의존하지만, 정부간관계론은 법적인 초점을 뛰어 넘어 비공식적이고 보이지 않는 행위나 활동들과 행위자들의 인지에 보다 관심을 갖는다.

셋째, 연방주의론은 계층제적인 권한관계를 전제로 하나, 정부간관계론에서는 각종 정부들간의 그와 같은 상하관계를 가정하지 않는다.

넷째, 연방주의론은 정책문제에 커다란 비중을 두지 않는 반면, 정부간관계론에서는 정부들간에 정책이 형성되고 집행되는 방식과 그 결과가 중요한 관심사가 된다.

끝으로, 연방주의론이 오랫동안 서로 다른 정치적 목적을 지닌 사용자들에 의해 오용되어 그 분석적 효용이 감소한 개념인 반면, 정부간관계론은 보다 제한되고 엄격한 의미를 지닌 개념으로서 중립적(neutral)성격을 지니며 어떠한 감정적 의미도 내포하지 않는다.

미국의 연방―주―지방정부간의 관계를 분석하기 위한 분석틀(analytic framework)로서 Wright는 3가지 모형(model)을 제시하고 있는바, 대등모형(coordinate model), 중첩모형(overlapping model) 및 내포모형(inclusive model)이 그것이다.

이들 모형의 기본 특성은 다음과 같다.

	대등모형 (coordinate model)	중첩모형 (overlapping model)	내포모형 (inclusive model)
정부간 관계	독립적	상호의존적	의존적
행 동 패 턴	자 율	협 상	계 층

(1) 대등모형(Coordinate-Authority Model)

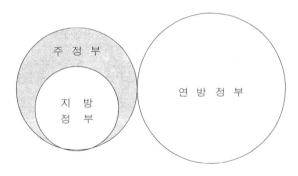

이 모형은 연방정부와 주정부간의 명백하고도 확실한 경계를 설정하나, 지방정부는 주정부 내에 포함되거나 주정부에 의존하는 것을 상정한다. 연방정부와 주정부는 상호 독립되어 있으며 자율적이다. 각각은 상호 권한 영역 내에서만 통치할 뿐 양자의 관계는 그리 긴밀하지 않다. 연방과 주정부간의 충돌이 일어날 경우 그 중재자는 대법원(Supreme Court)이 된다. 이 모형에서 주정부와 지방정부간의 관계는 딜론의 규칙(Dillon's Rule)에 따르는 바, 이에 의하면 지방정부는 주정부의 피조물로서 명백히 부여된 자치권만을 행사하게 되며 주정부는 지방정부를 폐지시킬 수 있다. 이 모형은 전통적인 연방주의론에서의 이원연방제(dual federalism)와 매우 흡사하다.

⑵ 내포모형(Inclusive-Authority Model)

이 모형은 3가지 사항을 전제로 하는바, 첫째 주정부와 지방정부는 연방정부나 강력한 경제집단에 의해 수립된 전국적 범위의 결정에 완전히 의존하며, 둘째 주지사나 주의원 및 시장 등 지역단위 정치지도자들의 역할은 대단히 미미하며, 셋째 과거 이들이 수행하던 기능들은 집권적이고 계층적인 정부체제 내로 흡수되었다는 것이다. 이 모형은 본질적으로 상관—부하형태의 계층적인 권한관계를 상정하며, 연방—주—지방 정부간의 의존관계는 대등모형에서의 주—지방관계와 유사하다. 즉, 주 및 지방정부는 연방정부의 단순한 부하에 불과하므로 미국의 정치와 정책에 커다란 영향을 주지 못한다. 이 모형에 따르면 "누가 통치하는가?"에 대한 명백한 대답은 바로 연방정부가 통치한다는 것이다. 주정부와 지방정부는 단순히 명목상의 통치주체이므로 연방주의론에서는 이를 국가적 연방제(national federalism) 또는 명목적 연방제(nominal federalism) 또는 집권적 연방제(centralized federalism)라 부르고 있다.

⑶ **중첩모형**(Overlapping-Authority Model)

이 모형의 3가지 전제는, 첫째 상당한 규모의 정부활동과 기능들은 연방정부 및 주정부와 지방정부를 동시에 포함하며, 둘째 특정수준의 정부가 지니는 자치영역 내지 재량권은 상대적으로 협소할 뿐 아니라, 셋째 특정 수준의 정부가 행사할 수 있는 권한 또는 영향력은 매우 제한되어 있어 각 정부들간에는 협상(bargaining)이 이루어진다는 것이다.

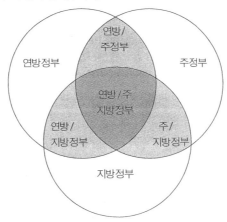

협상은 교환(exchange)과 합의(agreement)로 이루어지는바, 교환을 통해 각 정부들간에는 자원과 권한이 이전됨으로써 상호관계의 변동이 가능해진다. 각 정부들이 지니는 권한은 넓게 분산되어 있으며, 상호간에 배타적으로 경쟁적이거나 협동적인 관계를 가정하지 않는다. 단지, 이 모형에서는 관계의 유형이 협력적인지 아니면 갈등적인지의 여부를 경험적 조사의 대상으로 남겨두고 있다. 그림에서 보듯이 각 정부들에 고유한 영역은 그리 크지 않으며 많은 부문에서 서로 중첩되기 때문에 상호의존성(interdependence)이 주요한 특징이 된다.

이 모형의 특성으로서는 제한적이고 분산된 권한, 크지 않으며 불확실한 자치영역, 상당히 높은 수준의 실제적(또는 잠재적) 상호의존성, 동시적인 경쟁과 협동관계 및 동의에 도달하기 위한 전략으로서의 협상 등을 들 수 있다.

Wright는 미국의 정부간 관계가 역사적으로 변천되어온 과정을 크게 7개 단계로 구분하고 있는바, 1930년대 이전까지를 갈등(conflict) 단계, 1930년대에서 '50년대까지를 협력(cooperative) 단계, 1940년대에서 '60년대까지를 집권(concentrated) 단계, 1950년대에서 '60년대까지를 창조(creative) 단계, 1960년대에서 '70년대까지를 경쟁(competitive) 단계, 1970년대에서 '80년대까지를 타산(calculative) 단계, 1980년대에서 '90년대까지를 위축(contractive) 단계로 파악하고 있다.

Ⅲ. 비판적 고찰

서두에서 언급한 바와 같이 Wright의 정부간관계론(IGR)의 핵심은 1부에서 그 개념과 특징 및 3가지 모형을 다루면서 대부분 소개되었다. 나머지 2, 3, 4부는 각론적 내용으로서 미국의 상황하에서 정부간관계론의 재정적 측면과 정책적 측면을 분석·기술하고 있다. 지면의 제약상 각론 부분은 소개하지 못하고 아래에서는 그의 이론체계를 비판적으로 검토하고자 한다.

먼저, 그가 정의한 '정부간관계론'의 개념이 불충분(incomplete)하고 불명확(ambiguous)하다는 것이다. 그가 정의한 바대로 '정부간관계론'이 '모든 형태와 수준의 정부들간에 일어나는 일체의 중요한 활동과 상호작용을 연구하는 분야'라고 할 때, 개념의 외연(boundary)은 무제한적일 수 있으며 어떤 활동 및 상호작용(subject-matters)을 어떻게(method) 연구할 것인가?도 대단히 불투명하다.

	연방주의론(FED)	정부간관계론(IGR)	정부간관리론(IGM)
분 석 단 위	·연방-주 ·주정부간	·연방-주-지방 ·주-지방 ·연방-지방 ·지방정부간	·IGR 분석단위 ·정치와 행정의 연속체 ·공·사혼합부문
권 한 관 계	연방우월 (부수적 계층제)	비대칭적 경향 (인지적 계층제)	행렬관리 〔비대칭적 망(網)〕
권 한 관 계	법, 법원, 선거	시장, 게임, 연합	협상, 협의, 대항
가 치 (목표)	의도(사명)	시각(정책과 행정)	산출(결과)
정 치 쟁 점	고도의 정치적 이슈(High politics)	정책결정 (조 정)	집 행 (문제해결)
주 요 행 위 자	선출된 정치가들	일반행정가들	전문관리인들

이 같은 문제점을 의식한 Wright는 그의 최근 논문에서 '정부간관계론'의 개념정의를 비교론적 시각에서 다시 시도하고 있다. 즉 그는 정부간관리론(Inter-

Governmental Management)을 분석4단위, 권한관계, 갈등해결 방법, 목표(가치), 정치쟁점(political quotients) 및 주요 행위자의 6가지 차원에서 비교, 정의하고 있다.

위에서 볼 때 Wright는 정부간관리론(IGM)을 가장 넓은 개념으로 보고 그다음에 정부간관계론(IGR) 및 연방주의론(FED)의 순으로 이해하고 있음을 알수 있다. 비록 그의 저서에서 정의할 때보다는 개념이 상대적으로 명확해졌으나 3개의 상호 밀접히 관련된 개념을 지나치게 의도적으로 구분하고 있음을 엿볼수 있다. 예컨대, 주요 행위자의 경우 정부간관계론에 있어서도 일반 행정가인 공무원들뿐만 아니라 전문직공무원 및 선거로 선출된 지방의회의원들의 형태나 상호관계가 주요한 연구대상이 되어야 할 것이다. 이렇듯, 정부간관계론의 개념규정에 있어 상호충돌과 다양한 해석 문제점을 Walker는 '비결정성의 문제'(problem of indeterminacy)라고 부르고 있다.

Wright의 정부간관계론이 이론체계로서의 의미를 지닐 수 있는 측면은 정부간관계를 구성하는 주요 요소를 4가지로 식별하고 있는 점과 3가지의 대표적인 분석모형을 제시하고 있다는 점이다. 먼저, 연방정부-주정부-지방정부간의 관계에 영향을 미치는 주요한 요소들로서 법적 요소, 인적 요소, 규칙적 상호관계 및 정책과제를 들고 있는 바, 중요한 재정적 요소가 배제되어 있다는 사실과 법적 요소 및 인적 요소와 상호관계 및 정책과제는 동일한 차원의 구성요소가 될 수 없다는 문제점이 있다. 오히려, 법적 요소, 인적 요소 및 재정적 요소를 3대 차원으로 파악하고 요소들간의 상호작용 및 발생되는 정책적 과제를 연결고리로서 이해하는 것이 분석틀로서보다 설명력이 있지 않을까 한다.

두번째로, Wright가 제시한 연방체제 내 각 수준의 정부들간 관계를 분석·설명할 수 있는 3가지 모형은 그 정교함(sophistication)에 있어 대단히 초보적(elementary)이다. 각 모형의 전제 및 가정들과 주요 특징들을 기술하고 있으나 모형을 경험적으로 테스트할 수 있는 구체적인 방법은 제시되고 있지 않다. 더구나, 세 가지 모형 가운데 대등모형과 내포모형은 이미 그 설명력을 상실했음이 주지의 사실이며, 연방주의론(federalism)에서도 최근에 와서는 중첩모형이 시사하는 바를 받아들이고 있는 형편이다. 따라서, Wright의 정부간관계론은 중첩모형을 구체적으로 검증해 볼 수 있는 방법을 제시해야 하는 것이 중요한 과제이다.

전체적으로 볼 때, Wright의 정부간관계론은 이론체계를 수립하기 보다는, 미연방체제 내의 각 정부들간의 실제적으로 일어나는 운용적 양상(operational

aspects)의 분석과 기술에 보다 중점이 두어졌기 때문에, 분석틀로서의 가치보
다는 정부간관계론에서 탐구되어야 할 여러 주제(themes)들을 제시하고 있다는
데서 그 의의가 부여될 수 있을 것이다. 이와 아울러, 연방제의 정부형태를 가지
고 있는 국가들에 그 적용이 국한된다는 근본적 제약이 있으므로, 단원제(uni-
tary system)국가들의 정부간관계를 설명할 수 있는 분석틀이 따로 요구되고 있
음을 지적하고자 한다.

참고문헌

Wright Deil S., *Understanding Intergovernmental Relations*, 3rd ed., Pacific Grove,
    California: Brooks/Cole Publishing Co., 1983.

_____, "Federalism, Intergovernmental Relations and Intergovernmental Man-
    agement: Histiorical Reflections and Conceptual Comparisons," *Public
    Administration Review*, Vol. 50, No. 2, March/April, 1990.

Walker, D. B., "*How Fares Federalism in the Midseventies?,*" *The Annals*, No. 416,
    November, 1974.

Rob Rhodes의
권력의존모형*

Ⅰ. 머 리 말

Deil Wright의 정부간관계론(Intergovernmental Relations)이 미국과 같은 연방제(federal system)의 정부형태에서 정부들간의 관계를 설명하고자 하는 분석틀인 반면, 영국과 같은 단원제(unitary system)국가의 중앙정부와 지방정부 사이의 관계를 설명하고자 하는 개념모형이 바로 Rob Rhodes의 권력의존모형 (Power Dependence Model)이다. 일명 '로즈의 분석틀'(Rhodes' Framework) 이라고도 불리우는 이 모형은 정부간 관계를 설명하는 이론체계로서 Wright의 정부간관계론보다 훨씬 더 정교하며 학자들간에도 더 많이 알려져 있다.

Rhodes는 정부관계론(IGR)과 중앙―지방정부관계론(Central-Local Relations: 약칭 CLR)을 개념상으로 구분하고 있는바, 정부간관계론이 보다 광의의 개념으로서 중앙―지방정부론(CLR)은 단지 정부간관계론의 한 측면이라고 이해하고 있다. 즉, '중앙―지방정부론'은 단지 중앙의 각 부처들(central departments)과 지방행정기관들(local authorities) 사이의 연계(links)에만 관심을 갖는 반면, '정부간관계론'은 제 정부들간의 모든 관계―중앙정부와 모든 하위정부들(subnational govenments)간의 연계, 하위정부들 상호간의 연계 등―를 연구의 대상으로 한다는 것이다. 따라서 엄격히 말해 Rhodes의 권력의존모형은 정부간관계론(IGR)의 분석모형이라기보다는 중앙―지방정부론(CLR)의 분석모형이라고 할 수 있다.

* 김익식: 경기대학교 사회과학부(행정학 전공) 교수.

II. 권력의존모형

1. 구 성

Rhodes는 우선, 제 정부간 관계의 맥락(context)으로서 현대사회의 특징을 다룬 3가지의 거시적 이론(macro theory)들을 언급하면서 이들 이론이 정부간 관계의 모형정립에 기여할 수 있는지 여부를 고찰하고 있는바, 이들 모형의 통치불능성(ungovernability) 내지 과부하(過負荷, overload)명제, 조합주의론(corporatism) 및 후기산업사회이론(theory of post-industrial society)이다. Rhodes의 견해에 따르면 이들 이론은 선진산업사회의 변화를 설명하려 하고 있으나, 정부간 관계에서 발생되는 변화를 분석하는 데 그리 큰 도움을 주지 못한다는 것이다.

두번째로, Rhodes는 정부간관계론에 있어 소위 전통적 견해(conventional wisdom)라 할 수 있는 대리인 모형(agent model)과 협력자 모형(partner model)양자를 비판한 뒤, 정부간관계론에서 그 동안 소홀히 해 왔던 문제들(issues)을 5가지로 정리하고 있는바, 이는 이론정립의 필요성, 지방자치(local autonomy)와 지방재량권(local discretion)의 구분, 제 정부간에 발생하는 관계의 복합성(complexity), 정치적 요인들구분, 제 정부간에 발생하는 관계의 복합성(complexity), 정치적 요인들에 의한 영양 및 전문가들의 역할을 의미한다. 이 가운데, 지방자치(local autonomy)는 광의의 개념으로서 지역사회(local community)가 갖고 있는 자율권(autonomy)을 의미하는 반면, 지방재량권(local discretion)은 지방자치의 한 요소로서 지방정부(local government)가 행사할 수 있는 재량권(discretion)의 범위를 뜻한다. 따라서 중앙－지방정부론(CLR)의 정립에 필요한 개념은 협의의 '지방재량권'이라는 것이다.

세번째로, 중앙－지방정부론의 정립에 도움을 받기 위하여 Rhodes는 '조직간 이론'(Interorganizational Theory)을 원용하고 있는바, 조직간 이론은 제 조직간의 상호작용의 토대(bases of interaction)로서 권력(power)의 개념을 중요시하고 있다는 것이다. 구체적으로, Michel Crozier의 게임이론(game approach), F.W. Scharpf의 구조주의 이론(theory of non-decision)을 비판적으로 분석하고 있다.

네번째로, Rhodes는 그 동안 수립된 정부간 관계의 제 이론들은 제 정부간의 상호작용과정(process of interaction)의 분석에 초점을 두어왔다고 주장하면서 구체적으로는 R.J. May의 협상이론(bargaining thesis), R. Simeon의 외교이론 (diplomacy thesis), D.S. Wright의 3가지 모형 등을 검토하고 있다.

2. 권력의존모형의 내용

일종의 분석틀(a framework for analysis)로서 '권력의존모형'의 기본적 시각은 신다원론(neo-pluralism)에 입각하고 있는바, 그 구체적 내용은 크게 미시적 분석(micro-level analysis)과 거시적 분석(macro-level analysis)의 두 부분으로 나뉜다. 미시적 분석은 제 정부간 관계의 양상(patterns)을 5가지로 일반 명제화하고 있으며, 거시적 분석은 제 정부간 관계의 맥락(context)으로서 권력과 가치의 배분문제를 다루고 있다. 흥미로운 것은, 전체적으로는 신다원주의적인 시각에 입각하고 있으나, 미시적 분석은 다원주의적인 접근방법을, 거시적 분석을 조합주의적인 접근방법을 택하고 있는 점이다.

(1) 미시적 분석

먼저, 중앙정부와 지방정부간의 상호작용이 지방재량권(local discretion)에 미치는 효과는 미시적으로 분석한 뒤, Rhodes는 5가지의 일반명제(general propositions)를 제시하고 있다. 구체적으로 이야기하면

첫째, 어떤 조직(정부)이든 자원(resources)획득을 위해 타조직(정부)에 의존적이다.

둘째, 각 조직(정부)은 목표달성을 위해 자원을 교환(exchange)해야만 한다.

셋째, 각 조직(정부)의 의사결정권한은 타조직(정부)에 의해 제한받으나, 지배적 연합세력(dominant coalition)은 어느 정도의 재량권을 보유할 수 있다. 지배적 연합세력의 감시체계(appreciative system)는 어떤 관계가 문제점이 있고, 어떤 자원이 획득되어야 하는지에 관하여 영향을 미친다.

넷째, 주요 연합세력은 교환과정(process of exchange)을 조정하기 위하여 알려진 게임규칙(rules of game) 내에서 전략(strategies)을 구사한다.

다섯째, 재량권의 차이는 상호관계를 맺는 조직(정부)들의 목표 및 상대적 잠재권한(power potential)과 함수관계이다. 아울러 조직(정부)들의 상대적 잠재권한은 각 조직(정부)의 자원, 게임규칙 및 조직간의 교환과정과 함수관계에 있다.

여기서 중요한 것은 권력의존(power-dependence) 개념이다. 전통적인 권력개념은 권력의 배분을 제로섬(zero-sum)현상으로 파악하기 때문에 중앙정부의 권력의존개념은 두 개의 상호의존적(interdependent)인 조직(정부)이 그들의 권한을 동시에 증대시킬 수 있음을 시사한다. 즉, 권력의존개념은 조직간 권력관계의 상호서(reciprocity)을 강조하는 의미로서, 이에 따르면 지방정부는 그가 필요로 하는 자원을 중앙정부가 통제함으로써 다른 곳에서는 획득할 수 없는 만큼만 중앙정부에 의존한다. 이와 아울러 중앙정부의 지방정부에 대한 권한이 아무리 크다하더라도, 그 역시 지방정부에 어느 정도는 의존적이라는 것이다. 다시 말해, 중앙정부와 지방정부는 다른 상황에서(indifferent circumstances), 다른 정도만큼(to different degrees) 상호의존직이라는 것이다.

조직(정부)간 상호의존적 권력관계의 토대(bases)는 바로 자원(resources)이다. 여기서, '자원'이란 잠재적 권력(power potential)으로서, 조직(정부)이 필요로 하는 것을 공급해 줄 수 있는 모든 수단(means)을 의미한다. Rhodes는 크게 5가지 종류의 자원을 식별하고 있는바, 헌법 및 법률적(constitutional-legal) 자원, 행정계층적(hierarchical) 자원, 재정적(financial)자원, 정치적(political) 자원 및 정보(informational)자원이 그것이다. 물론, 이 밖에도 기술적(technological) 자원이나 물리적(physical) 자원 등이 추가될 수 있으며, 자원의 범위는 제한적이지 않다는 것이다.

여기서 Rhodes가 시사하는 것은, 중앙정부와 지방정부간의 상호작용 방식은 권력의존관계에 따르는바, 이같은 관계의 토대로 자원들로서, 상대적 잠재권력인 자원들은 대단히 많은 종류가 있을 수 있다는 것이다. 이 경우, 지방재량권(local discretion)은 다차원적(multi-dimensional) 개념으로 파악되어야 하며, 한 가지 차원(또는 자원)에 있어 의존적인 지방정부가 다른 차원(자원)에 있어서는 반드시 의존적이지 않을 수도 있다. 뿐만 아니라 자원들간에는 대체성(substitutability)이 있어 한 가지 자원이 결핍되어 있을 경우 다른 자원으로 대체할 수도 있다.

중앙정부와 지방정부간의 관계는 자원(resources)뿐만 아니라 참여자들의 감식체계(appreciative system)에 의존해서도 영향을 받는다. '감식체계'란 참여자들의 사실판단과 가치판단의 결합체로서, 이는 이해관계(interests), 기대(ex-pectations) 및 가치(values)의 3가지 요소로 구성된다.

중앙정부와 지방정부의 상대적 권한은 각자가 보유하고 있는 자원이 효과적으로 운용되지 않을 경우 단지 잠재적 권한일 수밖에 없다. 자원의 효과적 운용은 양 정부 사이의 게임규칙(rule of game)과 교환과정(process of exchange)에 의해 영향을 받는다. '게임규칙'이란 비공식적인 집단규범으로서 역사적 전통에 의해 성립되는 바, 예컨대 영국의 경우 월권규칙(rule of *ultra vires*)이나 상의 규칙(rule of consultation) 등을 들 수 있다. '교환과정'의 대표적 형태는 협상(bargaining)이며, 이 밖에도 연합(coalition)이나 흡수(co-optation) 등 다양한 전략들(strategies)에 의해 형성된다.

권력의존모형의 미시적 분석에서 주장된 내용의 요점은, 각 수준의 정부가 지니게 되는 재량권은 각자의 목표와 상대적 잠재권한에 달려 있는 바, 상대적 잠재권한은 자원과 게임규칙 및 교환과정과 함수관계에 있으며, 교환과정은 참여자들의 자원 및 전략에 의해 영향을 받는다는 것이다.

(2) 거시적 분석

미시적 분석은 중앙정부와 지방정부간의 상호작용(interactions)분석에 초점을 두었으나, 그 같은 상호작용의 토대(ground)에 관한 분석이 필요하다. 즉, 미시적 분석에서는 게임규칙의 기원(origin)이 설명되고 있지 않으며, 자원의 배분을 주어진 것으로 받아들이는 한편, 참여자들의 가치나 이해관계 등도 조직 내적 현상으로 간주하고 있다. 따라서 미시적 분석으로는 정부간상호작용패턴의 변화(change)가 설명되지 않으므로 중앙-지방정부 관계의 토대에 관한 거시적 분석을 미시적 분석과 연계시키는 것이 필요하다.

권력의존모형의 거시적 분석을 위해 Rhodes는 조합주의(corporatism)이론을 원용하고 있다. 즉, Rhodes는 조합주의 이론상의 몇 가지 기본 가정들을 채택하고 있는바, 이는

첫째, 어떤 수준의 정부이든 한 네트워크(network)의 구성원으로서 그 형태는 자신의 특성과 네트워크의 특성 양자의 산출물(product)이다.

둘째, 네트워크는 정책공동체들(policy communities)로 이루어진다.

셋째, 상호작용은 분열된 형태로서가 아니라 정책공동체에 토대를 두고 구조화(structured)되어 있다.

넷째, 정책공동체는 폐쇄적(closed)이며, 그 지도자와 구성원간의 접촉은 제한되어 있다.

다섯째, 정책공동체는 매개자(intermediary)로서 중앙정부와 지방정부 사이에 위치하며 그 자체의 이해관계(interests)를 가지고 있다.

여섯째, 정책공동체의 국지적(sectional) 이해는 보다 광범위한 공익(public

interests)에 우선한다.

Ⅲ. 평가적 의견

Rhodes의 권력의존모형이 중앙-지방정부론(CLR)의 분석틀로서 발표된 이후 많은 주목과 함께 여러 학자들에 의한 비판이 뒤따랐다.

우선, Bulpitt는 중앙-지방정부론(CLR)이 정부간관계론(IGR)보다 좁게 정의됨으로써 지방자치(local autonomy)와 관련된 많은 문제들이 다루어질 수 없음을 지적하고, 중앙-지방정부론 대신 보다 광의의 '영토정치론'(territorial politics)의 개념을 사용할 것을 주장하고 있다.

page는 권력의존모형의 핵심요소인 중앙-지방간의 상호의존성(interdependence)은 중앙정부가 가지고 이는 헌법상의 우월성(constitutional superiority)을 지나치게 간과하고 있다고 주장한다. 즉, 권력의존모형은 상호의존관계 속에 근본적인 불평등(inequality)이 존재함을 인식하고 있지 못하다는 것이다. 그의 견해에 따르면, 중앙정부와 지방정부간의 관계는 다양하고 서로 다른 형태의 관계가 아니라 헌법상의 상관과 부하와의 관계라는 것이다. 따라서, 상호의존관계는 항상 비대칭적(asymmetrical)이며, 중앙정부는 일반적인 지도력(unilateral leadersip)을 행사한다는 것이다.

Cyford와 James는 Rhodes의 '자원'(resources)개념이 매우 주관적이며, 시간경과와 문제에 따라 달라질 수 있음을 지적하고 있다. 즉, Rhodes는 자원개념의 유동성(variability)과 변형가능성(transmutability)을 강조하는 데 실패했으며, 따라서 필요한 것은 상품(prize)으로서의 자원과 무기(weapon)로서의 자원을 구별하는 일이라고 주장한다. 다시 말해, 협상목표로서의 자원과 협상수단으로서의 자원은 항상 같지 않으며, 어떤 자원은 항상 협상목표가 될 뿐 협상수단으로서 이용될 수 없다는 것이다.

Barrett와 Fudege는 Rhodes의 권력의존모형이 협상(negotiation)의 중요성은 인식하고 있으나, 그것을 분석하지는 않는다고 보고 있다. 즉, Rhodes의 미시적 분석에 있어 협상에 초점은 두고 있으나, 그것은 전후관계가 결여(contextless)되어 있다는 것이다. 다시 말해, Rhodes는 협상을 둘러싼 정치와 권력관계의 실상(hard realities)을 무시하고 있고, 아울러 협상을 구조적으로 제약하는 요인들을 간과하고 있다는 것이다.

Rhodes의 권력의존모형에 가장 비판적인 사람은 Patrick Dunleavy이다. Dunleavy는 Rhodes의 모형이 신다원론에 입각해 왔으나, 그 설명력이 매우 제한되어 있다고 보고 있다. 왜냐하면, Rhodes의 모형은 서로 다른 정책분야(policy areas)간의 다양성이나 사회적 갈등(social conflict)을 설명하지 못하며, 규범적으로는 '이데올로기의 종언'(end of ideology)적인 입장을 취하고 있기 때문이라는 것이다. 아울러, Rhodes의 모형은 조직간의 관계를 지나치게 강조하고 있기 때문에, 그것이 실질적인 이론이 되기 위해서는 중앙과 지방정부의 관계가 정책내용(policy content)에 미치는 효과 및 배분적 결과가 분석되어야 한다고 주장하고 있다.

권력의존모형에 대한 여러 학자들의 견해를 종합해 모형의 결점을 정리해 보면 다음과 같다.

첫째, 권력의존모형은 미시(micro), 중시(meso) 및 거시(macro)분석의 3가지 분석수준을 구별하고 있지 않으며, 그 결과 이들 분석 수준들간의 관계도 적절히 설명되고 있지 않다.

둘째, 미시분석수준에 있어, 모형은 조직 내의 정치적 과정과 그것이 조직간의 정치과정에 연계되는 방식에 관하여 적절히 설명하고 있지 못하다.

셋째, 자원(resources)에 대한 개념정의에 있어, 상품(prize)으로서의 자원과 무기(weapon)로서의 자원을 식별하고 있지 않으며, 아울러 자원이 가지는 주관적이고, 일시적이며, 변동적인 성질을 간과하고 있다.

넷째, 중앙-지방정부론의 토대(ground)로서 조합주의이론(corporatism)의 원용에 있어 국가형태(form of state)으로서 조합주의-즉, 중시분석(meso-level)-와 국가이론(theory of the state)으로서의 조합주의-즉, 거시분석(macro-level)-를 구별하는데 실패하였다.

다섯째, 중앙정부의 역할에 대한 이해에 있어, 중앙정부가 가지고 있는 지배적 권력(hegemonic power)을 충분히 반영하지 못한다.

여섯째, 거시분석에 있어, 정부역할의 변화에 관한 설명은 암시적(implicit)이고 모호(ambiguous)하다.

일곱째, 모형은 역사적 시각(historical dimension)이 결여되어 있다.

여덟째, 모형은 정책분야(policy areas)간의 다양성 또는 차이를 설명하는 데 실패하였다.

이와 같은 결함에도 불구하고 Rhodes의 권력의존모형은 중앙정부와 지방정부간의 관계를 설명해 주는 분석틀로서 다른 어떤 모형보다도 정교하며 설득력이 강하다. 특히, 우리 나라와 같이 단원제(unitary system) 국가형태를 취하고 있는 경우 모형의 적합성(relevance)이 Deil Wright의 정부간관계론(IGR)보다 훨씬 크다고 볼 수 있다. 단, 모형의 토대로서 원용된 조합주의이론은 우리의 실정과 동떨어진 점이 많으므로, 우리에 맞는 모형을 수립하기 위해서는 오늘의 한국사회를 전체적으로 설명할 수 있는 거시이론이 무엇인가?에 대한 탐구부터 행해져야 한다.

최근 Rhodes는 '권력의존모형'의 결함을 보완하면서 보다 설명력이 강한 '정부간이론'(Intergovernmental Theory)을 수립하기 위한 시도를 행하고 있는 바, Peter Saunders의 이원국가(dual state)론의 주요 주장들이 많이 반영되고 있다.

참고문헌

Barrett, S. & C. Fudge, *Policy and Action*, London: Methuen, 1981.

Bulpitt, J. G., *Territory and Power in the United Kingdom*, Manchester: Manchester University Press, 1983.

Dunleavy, P., *Urban political Analysis*, London: Macmillan, 1980.

Gyord & James, *National Parties and Local Politics*, London: Allen and Unwin, 1983.

Page, E., *Central Government Instruments of Influence on Local Authorities* Strathclyde: Stracthclyde University, 1982.

Rhodes, R. A. W., *Control and Power in Central-Local Government Relations*, London: Social Sciences Research Council, 1981.

_____, "Power Dependence: Theories of Central-Local Relations," in M. Goldsmith, ed., *New Reseach in Central-Local Relations*, London: Gower, 1986.

Patrick J. Dunleavy의 중앙과 지방관계론*

I. 머 리 말

Patrick J. Dunleavy는 주로 지방정부 및 도시정책을 연구하고 있는 영국학자인데 그의 논문 "Social and Political Theory and the Issues in Central-Local Relations"에서는 중앙정부와 지방정부간의 관계를 정치·사회학적 틀로써 조명하고 있다. 중앙정부와 지방정부의 관계에 대해서는 일반적으로 다원주의와 엘리트주의 시각을 통하여 조명하는 거시적 관점과 분권·집권론이나 기능배분론에 따른 미시적 접근이 행정학계에 소개되어 왔었다.

정부 내부의 기능과 역할을 어떠한 원칙에 의하여 분담할 것인가에 대해서 다양한 기준이 제시되어 왔다. 중앙과 지방간의 관계가 연방제국가(federal state)와 단방제국가(unitary state)에서 어떻게 달라지는 것인가에 대해서는 법학분야에서 원칙론이 제시되었다. 그리고 행정학이나 정치학에서도 다양한 기능분담 모델이 제시되기도 하였다.

그리고 경제학에서는 재정연방론(fiscal federalism)에 따라서 연방제를 택하는 나라의 재정적인 기능분담을 이론적으로 정립하고 있다. 정치적·행정적 기능분배에 대해서도 의미 있는 논의를 재정동원 및 지출과 관련된 분야에서 전개하고 있다. 연방제 국가의 각급 정부의 기능을 재정의 경제적 기능을 최적화하는 측면에서 개발한 이론으로 단방제 국가의 중앙, 광역, 지방정부 간의 관계에도 어느 정도 적용가능한 장점이 있다. 이러한 경제적인 이론을 중시할 경우, 기능과 업무의 경제적인 성격이 어떠한가에 따라서 개별업무가 중앙정부, 광역지방정부, 그리고 기초지방정부에 소속될 수 있다.

이 논문에서 저자는 정치·사회학분야에서 발전되어온 네 가지 이론모형을

---

* 이달곤: 서울대학교 행정대학원 교수.

중앙정부와 지방정부간의 관계를 이해하는 데 어떻게 활용할 것인가에 대하여 자신의 견해를 피력하고 있다. 저자가 새로운 이론을 개발하는 것이 아니고 이미 보편화된 시각으로 정부간 관계를 조명하면서 여러 가지 이슈를 제기하고 본인이 제기된 이슈에 대하여 자신의 견해를 밝히는 것이 이 논문의 특색이다. 저자가 원용한 이론들은 다원론, 엘리트론, 신다원론, 그리고 막스이론이다. 이 이론은 널리 소개되어 있으므로 구체적인 내용을 다시 언급함이 없이 중앙 과 지방간의 관계가 국한하여 이 이론들이 주는 시사점을 중심으로 정리하고자 한다.

II. 정부관계를 보는 네 가지의 시각

1. 다원론

다원론(pluralism)에서 정부는 사회 내의 갈등을 중립적·자율적으로 조정하는 역할을 담당한다고 본다. 시민의 투입기능을 중시하며 정부는 시민의 요구에 높은 대응성을 가진다고 보는 것이다. 이러한 논리를 그대로 연장하면 중앙정부와 지방정부간의 관계에 대해서도 다양한 지방정부의 존재가 시민들의 참여기회를 증진시키는 데 크게 기여하며, 지방정부의 활동이 시민을 민주적으로 훈련시키는 데 필요한 것이 된다. 즉, 다원론은 참여적 의사결정을 중시하는 문화와 시민의 투입과정을 활성화하는데 중앙과 지방의 분권적 관계가 중요하다고 본다.

중앙정부는 지방정부로부터 보내어지는 시민들의 요구에 부응하여 정책을 개발하고 시행하는 것이 필요하다. 중앙정부의 정통성도 올바른 중앙과 지방간의 관계를 유지할 때 강화되는 것이며 중앙정부와 지방정부는 민주적이며 개방적인 관계를 유지하려고 노력해야 한다. 지방에 거주하는 주민의 특수한 행정서비스에 대한 선호가 지방정부에 의하여 가능한 한 상세하게 파악되고 충족되어져야 한다. 다양한 시민의 욕구를 충족시키면서 국가의 일체성을 보장하고 의사결정 비용을 줄이기 위한 방법으로 중앙과 지방간의 유기적 연계를 발전시켜야 한다는 것이 이 이론의 시각이다.

행정서비스공급에 있어서 지방의 특수성 요구와 전국적 최저기준(national minimum)을 조화시킬 수 있는 방향에서 기능 및 업무배분이 추진되어야 한다. 이러한 원칙은 실제로 지역간의 균형발전이 미진한 국가에서는 좋은 기준으로 수용될 수 있지만 후진국에서 전국적 기준을 모든 지방에 요구하는 데에 어려움도 적지 않다. 대체로 국제적 환경이 악화되거나 지방정부간의 갈등이 커지는 시기에 중앙정부의 관여가 확대되었다.

이러한 시각에서 중앙과 지방간의 관계를 보는 데 있어서 몇 가지 경우에는 문제가 있다. 첫번째는 지방정부에 대한 주민의 참여가 중앙정부에 대한 참여보다 높은 상태에 있지만 많은 나라에서 그 참여도가 상당히 저조하고 중앙정부가 지방정부의 정책과정에 깊이 관여하고 간섭한다. 지방정부의 재정자립도가 낮은 경우 중앙정부의 통제가 강화되어 지방주민의 참여의욕을 절감시키게 되는데 이러한 상태에서는 다원주의자들이 기대하는 주민요구의 투입은 물론 주민의 민주주의 교육도 제대로 이루어지기 어렵다.

두번째는 중앙정부와 지방정부를 구성하는 공직자들의 정치적 노선이나 정당 배경이 달라지는 경우 둘 이상의 선거에 의한 통제장치(electoral chains of command)가 들어서게 되어 갈등이 증폭되고 정치적 정당성이 문제시 될 수 있다. 이러한 문제는 중앙과 지방간의 관계를 대리인(agency) 모형으로 보는 경우 논리적 모순이 되며 협조체제(partnership) 모형으로 보는 경우에도 이론의 소지는 남아 있다. 이러한 비판은 복지국가로 접어들면서 재분배정책이 필요성이 강조되고 권한이 중앙으로 집중되는 과정에서 나온 것으로 주로 집권론자들에 의해서 제기되었다.

세번째는 중앙정부와 지방정부간에 민주주의 관행의 질(democratic quality)에 있어서 차이가 있는 경우이다. 특히 지방정부의 구성에 있어서 지역적인 사안(local factor)의 중요성이 아주 작아서 중앙정치의 변화에 직접적이고 민감한 영향을 받는 경우 다원론은 장점을 잃게 된다.

2. 엘리트론

다원론의 반대편에 서 있는 이론이 엘리트론(elite theory)인데 정치적 영향력이 대중에게 분산되어 있지 않고 일군의 응집력 있는 지배집단에 집중되어 있다는 것이 논거의 출발점이다. 엘리트들이란 공식적인 선출직이거나 공직자에 국한되지 않고 정부 밖의 인사도 포함되며, 그들은 친밀한 사회적 망을 구성하여 지속적인 상호작용을 전개한다. 그들은 수동적인 관찰자나 간헐적인 참여자들인 대중들과는 동떨어져 그들의 가치를 구현하고자 정책과정에 지속적인 영향을 미친다.

이러한 시각을 중앙정부와 지방간의 관계에 대입시키면 중앙정부를 움직이는 엘리트들은 지방의 주민들과는 상당히 유리된 관계를 가지며 심지어 지방정부의 엘리트들에 대해서도 선별적인 개방(selective openness)만을 허용함으로써 정책과정에서 지방엘리트의 영향력을 배제하려고 한다. 그들은 지방선거나 정책변화에 대한 참여를 주변적인 시안으로 취급하려는 경향을 갖고 있다. 지방의회의 행정에 대한 감독이나 관료들의 자원배분에 대한 권한을 경시하고 엘리트들로 연계된 이익집단의 활동을 오히려 중시하는 경향이 있다. 시민자율단체, 정당, 그리고 심지어 노동단체도 과두제적인 구조로 이루어져 있어서 조직기반인 대중의 이익과는 무관하고 이들 조직의 엘리트들의 이익이 일치하며 이들은 사회전반의 중요한 결정에 영향을 미친다는 시각이다. 여기서 한 걸음 더 나아가면 조합주의 이론에 이른다.

전국적 엘리트와 지방 엘리트간의 관계가 이렇다면 중앙과 지방간의 정치적 관계는 말할 것도 없고, 정책·행정적인 관계도 상당히 종속적인 측면을 보일 것이다. 따라서 중앙의 정책방향에서 벗어난 정책을 지방정부에서 채택하려고 할 때는 말할 것도 없고 지방에서 창의적인 정책을 개발하는 것도 중앙엘리트의 눈치를 보아야 할 것이다. 그리고 중앙의 정치나 행정이 민주화되지 않았다면 지방의 정치나 행정도 마찬가지로 비민주적인 특징을 나타낼 것이다. 따라서 공식적인 지방자치제도는 형식화되고 파벌적이며 잠행적인 권력관계에 의하여 지방정치가 이루어질 가능성이 큰 것이다.

3. 신다원론

신다원론(neo-pluralist theory)은 전통적인 다원주의 이론이 산업사회에서 그 적용의 한계를 보임에 따라서 엘리트 이론의 핵심적인 요소 중 일부를 다원론적인 위치에 통합시켜서 개발한 것이다. 여기서는 종래 대의제 정체(representative polity)에서 논의되는 의견투입에 관한 설명은 국가부문이 강성해지는 경우에는 적절성에 한계가 있으며, 여론 투입기제나 이해집단의 영향력 행사 그리고 의회의 협상과정 등이 존재하는 것은 사실이지만 이러한 상호작용 절차는 주로 중간 수준정도의 세력다툼에 한정된다는 견해를 수용하는 입장이다. 여기서는 사회과정으로서의 기획(planning)의 중요성을 인정하며, 사회발전과정에서 기술적 혹은 사회적 변화 관리를 중시한다.

지식에 기초한 직업의 중요성이 부각되고 있음을 반영하며 전문지식인들이 공익을 설정하고 실현시킬 수 있다는 점을 강조한다. 그리고 전문기술은 일반대중에 대해서는 전문가 윤리(professional ethics)를 확보함으로써 책임질 수 있다고 본다. 정치·행정적인 권력이 대의제적 기관으로부터 자율성을 갖는 것을 심각한 위협이라고 볼 수 없는 것은 바로 이 전문가 윤리를 가진 전문가 집단이 공정하고 효율적으로 공공의 업무를 처리하기 때문이다. 다양한 전문직업 조직이 약화되고 있는 대의제적 기관에 대한 안전한 방파제가 되며 국가권력으로부터 시민을 보호한다는 것이다.

그 다음으로 중시한 것이 분권화 현상이다. 자유민주주의적인 대의제 기관들이 증폭되고 있는 정치적 이슈를 다루기에는 많은 한계가 있다. 따라서 광범위한 관료조직을 이용하기도 하고 민주적으로 선거된 지방정부에 기능을 위임하기도 해야 한다. 증대되는 국가의 개입으로 거대하여진 권력이 이렇게 분권화된 행정망을 통하여 분산되는 것을 정당화하는 것이 이 이론의 특징이다. 거대 권력이 있다고 하더라도 행정조직이나 관련단체가 복잡하고 다양하게 영역을 나누어서 작동하면 매우 좁은 범위의 영향력밖에 가질 수 없게 된다고 본다.

이상의 전문직업주의(professionalism)와 분권화(decentralization)가 이론의 핵심적인 개념인데, 이 양자는 개방적이며 참여적 정치문화 속에서 시민들의 욕구가 표출될 수 있는 조직적인 역량이 뒷받침되기만 하면, 국가권력이 합리적인 토론과 행정적 틀을 통하여 행사될 수 있는 경지에 도달할 수 있게 한다고 본다. 산업사회에서 대의제 기제가 잘 작동하지 않는 데도 불구하고 일반 시민의 욕구가 효율적으로 충족될 수 있는 것은 바로 이러한 양자의 기능이 발휘되기 때문이라고 본다. 비합리적이고 불안정한 정치적인 흥정으로부터 행정과정을 어느정도 분립시키는 것은 분파적인 이익이 침투하는 것을 막고 합리성의 결핍을 차단하려는 노력에서 정당화된다고 주장한다.

대부분의 국가에서 중앙과 지방간의 관계에서 전문직업주의와 분권화라는 요소를 발견할 수 있다. 분권화란 책임과 기능이 다양한 다수의 기관으로 분산되는 것을 의미한다. 특히 공간적인 분권화(spatial decentralization)는 지역기반의 기관과 하위조직의 융성을 의미한다. 물론 중앙정부의 개입과 지방정부 자율간의 이데올로기적인 대립만을 강조할 때에는 그 의미가 축소될 수도 있다. 그러나 그것보다는 오히려 국가와 민간부문과의 관계에서, 중앙정부 부처 내에서, 그리고 중앙정부와 지방정부간이나 나아가서는 준정부기관(quasi-governmental organization)과 지방정부간에 기능과 권한이 전문성을 살려서 적절하게 배분되는 것이 공익을 증진시키고 시민에게 보다 나은 서비스를 제공할 수 있게 한다.

4. 막스이론가의 분석(Marxist analysis)

막스이론가들은 위에서 설명된 세 가지 이론과는 전혀 다른 각도에서 이 문제를 접근한다. 먼저 그들은 다원론이나 신다원론에서 인정하는 국가의 잠재적 중립성이나 독립성을 수용하지 않는다. 또 국가와 계급지배의 고리가 개인적이거나 기관적인 수준에서 형성된다고 보지 않는다. 그들은 국가의 경제적 번영과 국가기제의 자본 축적을 위하여 국가와 자본가사회가 결탁한다고 보고 있다. 국가정책도 특정계급의 성격과 결부되어 있어 사회·경제적으로 지배계급을 위하여 노동자계급을 착취하는 데 이용된다고 인식한다.

물론 이상의 초기 도구적인 개념은 최근 약간 수정되기도 히였다. 구조주의자들은 단기적인 자본가의 이해에 반하는 개입의 빈도를 강조하기도 하고 기능수행상 국가의 상대적 자율성을 강조하기도 한다. 이들의 시각에 의하면 자본가의 장기적인 이해를 증진시키려는 목적으로 국가가 개입하여 사회불안을 해소하고 사회갈등을 완화시키기도 한다. 외양상으로나마 국가가 정치적 중립성을 지닌다는 것은 대단히 중요하다. 국가정책이 노골적으로 지배계급의 이익만을 위하여 활용될 때 자본주의 국가에서도 광범한 동의와 정치적 안정을 얻기가 어려워지기 때문이다.

그러나 막스이론가들은 개체수준의 해석(individual level of explanation)을 거부하기 때문에 제도적으로나 기관의 관점에서 개념화된 문제데 대해서는 적절하게 활용되기 어렵다. 따라서 이 시각을 가지고 중앙과 지방과의 관계와 같은 문제에 대해서는 상세한 분석을 시도하기가 곤란하다. 진정한 사회관계를 파악하기 위해서는 제도라는 외양상의 껍질을 벗기고 본질적인 문제로 침투하여야 한다는 것이다. 이렇게 생각하면 정부의 모든 제도의 기관은 무차별적으로 처리되고 여기에는 중앙과 지방이라는 관계마저 함몰되어 오직 단일체의 국가만이 있을 뿐이다. 그러면 국가를 일반이론으로 분석하는 방식 속에서는 지방정부라는 것이 국가의 단순한 한 구성요소이거나 아니면 지방국가(local state)로 처리되어 소우주를 구성하는 하나의 사례에 해당하게 된다. 정리하면 제도나 기관적인 입장에서 고려되는 중앙과 지방간의 관계는 막스주의의 이론세계에서는 부적절하거나 의미 없는 것이 된다.

그럼에도 불구하고 중앙과 지방간의 관계는 사회적 변화나 국가의 개입문제를 다루는 과정에서 하나의 구체적인 관계라는 맥락에서 설명되어질 수 있다. 산업화 과정에 있는 자본주의 국가가 지역적으로 지배계급에 필요한 국가서비스를 배분하는 과정을 지방정부체제가 조절하는 기능을 수행한다고 본다. 부르주아계급의 지역적인 국가서비스의 배분은 바로 이들에 의해서 직접 통제되는 지방정부를 통하여 가능할 수 있다. 그런데 지방서비스의 전국적인 표준화가 진행되는 경우 부르주아 계급은 더 이상 지방정부의 운영을 통제할 필요도 또한 참여할 필요도 없게 되며 이러한 추세가 진전되는 국가가 늘어나고 있다는 것이다. 유럽에서는 서비스의 민간화와 지방정부의 부패와 무능에 대한 공격을 통하여 사회당계열의 정당들이 지방에 진출할 수 있었고 지방정부가 노동자계급의 활동 무대가 된 곳도 늘어났다. 지방정부가 지배적인 다수정당이 아닌 소수정당에 의해서 장악되거나 소수자본에 의해서 영향을 받게 되는 경우 지방정부는 소외되었고 중앙정부 위주의 집권화는 더욱 강력하게 진전되었다.

Ⅲ. 평가적 의견

이상에서 중앙과 지방간의 관계를 정치 · 사회학적 관점에서 나누어서 요약하여 보았다. 네 가지의 시각은 각각 고유한 착안점이 있기 때문에 행정학에서 논의하는 중앙정부와 지방정부간의 기능과 역할 관계를 분석하려고 할 때 주요한 맥락을 제공한다고 볼 수 있다. 특히 신다원론에서 전문가와 분권화를 강조하고 이들이 공익을 신장시키는 데 기여할 수 있다고 보는 점은 행정학도에게 시사하는 바가 크다.

집권적인 전통을 가지고 있으면서 동시에 행정관료의 우수한 에너지를 바탕으로 발전하고 있는 우리 나라가 분권화를 추진하는 과정에서 신다원론은 중요한 방향을 암시하기도 한다. 규범적으로 지방분권이나 지방자치제를 논의하면서 강조되어온 것은 다원론이지만 그것에는 현실적으로 상당한 문제도 있다는 점도 이해하여야 할 것이다.

엘리트론은 우리의 현실을 가장 잘 서술하는 논리이지만 정치의 세계에서 다원론과 항상 갈등관계에 놓일 것이다. 만일 지방의 정치엘리트들이 지방자치와 분권화의 진정한 의미를 새기지 못하고 또 하나의 벼슬아치로 성장하는 경우 막스주의적인 경고도 상당한 의미가 있을 것이다. 한 나라의 중앙과 지방간의 관계는 정도의 차이는 있으나 이상의 네 가지 시각이 주장하려는 바를 대부분 포함하고 있다. 그리고 시대에 따라서 중앙과 지방간의 관계는 이상의 네 가지 영역의 경계를 넘나들기도 한다.

참고문헌

Dunleavy, P., "Social and Political Theory and the Issues in Central-Local Relations," in G. Jones, *New Approaches to the Study of Central-Local Government Relationship*, London: SSRC, 1980.

Anderson, P., *Considerations on Western Marxism*, London: New Left Books, 1976.

Castells, M., *Urban Plitical Analysis*, London: Macmillan, 1980.

Nichollas, D., *Decentralist Trends in Western Democracies*, London: Sage, 1979.

이달곤, 지방정부론, 서울: 박영사, 2004.

Terry Moe의
공공조직의 정치경제학 :
관료제의 대리인이론 및 조직경제학적 접근*

I. 머 리 말

전통적 경제학의 기업이론에서는 기업조직을 주어진 black box로 보고 시장의 형태와 경쟁의 양상에 따른 기업의 형태와 성과에 주로 초점을 맞추었다. 1970년대에 들어서는 정보경제학(information economics)과 계약적 접근론(contractual approach)의 발전에 힘입어, 기업조직의 내부를 경제학적으로 분석하여 구성원들의 형태나 조직의 구조가 조직의 형태나 성과에 미치는 영향을 경제학적 모형으로 이론화하려는 조직경제학(economics of organization) 또는 조직의 경제학적 분석이 발전하게 되었다. 이러한 새로운 시도는 불확실성과 불완전한 정보가 존재하는 현실적 제약 아래 조직을 여러 계약이나 거래들의 집합체로 보고, 각기 다른 형태로 계약을 조직화할 때 자신의 효용을 극대화하려는 합리적인 조직구성원들의 인센티브와 조직의 효율성 등과의 관계를 분석하는 데 많은 기여를 하고 있다.

이 글에서는 조직경제학의 접근법 중 가장 널리 적용되는 대리인 이론을 간략하게 고찰하고, Terry Moe(1984, 1990, 1994)가 시도한 조직경제학의 공공조직에의 응용과 공공조직이 처한 정치적 환경의 한계성을 살펴보고자 한다.

조직의 경제학적 분석에서 가장 흥미로운 두 가지 이론은 Coase와 Williamson 등에 의해 발전된 거래비용이론(Transaction-Cost Theory)과 Mirrlees, Ross, Holmstrom 등에 의해 발전되어 온 대리인 이론(Principal-Agent Theory)이다. 거래비용이론은 주로 "경제활동에 있어서 시장(market)에서의 거래 대신 왜 조직(hierarchy or organization)이 필요하고 존재하는가?"라는 물음을 중심

* 권순만: 서울대학교 보건대학원 교수.

으로, 경제주체 사이의 제반자원의 거래에 소요되는 비용을 최소화할 수 있는 형태로 경제활동이나 거래가 조직되어야 한다고 주장한다. 이는 여러 거래나 계약의 집합체의 조직에서 거래에 필요한 자산이나 투자의 특수성(specificity), 거래의 빈도와 복잡성, 불확실성 그리고 거래성과 측정의 난이도 등과 같은 거래의 특성들이 어떻게 거래비용에 영향을 미치고 따라서 그러한 상황하에서 어떠한 형태의 조직구조가 거래비용을 최소화할 수 있을 것인가를 고찰한다. 이 이론은 생산비용만을 고려해 온 종래의 기업이론에 거래비용의 중요성을 부각시킴으로써 특히 경영관리 및 전략분야에서 많이 응용되고 있다. 하지만 정부가 제공하는 대부분의 재화와 용역에 있어서는 적절한 시장이 존재하지 않음을 감안할 때, 거래비용절감이라는 합리성에 근거해 시장을 대신하여 공공조직이 생성되었다는 논리는 시장의 실패와 같은 원인에 비해 한계가 있을 수밖에 없다. 따라서 민간업자와의 계약(contracting-out) 등과 같은 경우를 제외하면 거래비용이론이 공공분야에서 적용되는 것은 비교적 제한적이다.

II. 공공조직에 대한 정치경제학적 접근

1. 대리인이론

현대사회에서는 업무의 복잡성, 전문화된 지식이나 기술의 필요에 의해 업무의 위임(delegation)을 피할 수 없는 경우가 많다. 이 경우, 위임자(principal)는 능력 있는 대리인과 계약을 체결하고 업무를 위임받은 대리인(agent)이 위임자가 원하는 바대로 효율적으로 업무를 수행해 주기를 바라지만, 대리인은 위임자의 효용이 아닌 자신의 효용을 극대화하려고 하므로 계약의 두 당사자간에는 이해가 상충된다. 이러한 이해의 상충관계 속에서 위임자는 대리인이 업무를 잘 수행하도록 인센티브를 제공함으로써 자신의 효용을 극대화하려 한다. 위임계약에서 대리인에게 지급하는 금전적 보상을 제외한 잔여이익은 위임자에게 돌아가므로 대리인의 업무수행이나 계약이 결과는 궁극적으로 위임자에게 귀속되는 것이다(the principal as the residual claimant).

이러한 인센티브체계의 제공에 있어서 두 가지의 중요한 현실적 제약 때문에 위임자는 대리인으로 하여금 전적으로 위임자의 이익을 증진시키도록 업무를 수행하게 만들기 힘들다. 첫째는 위임자와 대리인 사이에 존재하는 정보의 비대칭성(information asymmetry)이다. 비대칭적 정보는 두 가지 문제를 발생시킨다. 대리인의 유형(자질, 능력)에 관한 정보의 비대칭으로 인하여 대리인의 실제능력보다 더 많은 보수를 지급하거나, 기대수준 이하의 자질을 지닌 대리인과 계약을 체결할 확률이 높아진다. 이렇듯 계약체결시 대리인이 위임자에 비해 스스로의 능력이나 자질을 더 잘 알고 있음으로써 생기는 문제를 역선택(adverse selection)이라고 한다. 위임계약이 체결된 후에는 위임자는 대리인이 실제로 업무를 수행하는 과정에서의 노력이나 형태를 관찰/통제하기 힘들기 때문에, 대리인은 위임자가 원하는 수준 이하의 노력을 기울일(예: shirking) 인센티브를 갖게 된다. 이렇듯 위임자가 대리인의 업무수행시의 노력을 제대로 평가하고 통제할 수 없기 때문에 생기는 문제를 도덕적 위해(moral hazard)라고 한다.

정보의 비대칭성과 함께 또 다른 제약조건은 불확실성(uncertainty)과 그에 따른 효율적인 위험분담(risk sharing)의 문제이다. 위임자와 대리인 사이에 비대칭적 정보가 존재할 때 위임자가 대리인에 대한 보수를 100% 성과급으로 지급한다면, 대린인이 업무수행결과를 전적으로 책임지게 됨으로써 대리인이 열심히 일할 인센티브를 갖게 된다. 하지만 불확실성이 존재하는 현실에서는 대리인의 업무수행성과는 대리인의 노력 이외에 여러 가지 환경적 요소에 의해서도 영향을 받는다. 업무성과 중 얼마만큼이 대리인의 노력이나 능력에 의한 것이며 얼마만큼이 환경의 영향에 의한 것인지를 구분하기 힘들 때, 전적인 성과급지급은 위험분산능력이 제한된 그리고 위험회피적인(risk-averse) 대리인에게 과도한 재정적 위험을 안겨주는 것이 된다.

따라서 대리인에게 열심히 일할 인센티브를 제공함과 동시에 지나친 위험부담을 주지 않기 위해서 어느 수준의 재정적 위험을 부과시킬 것인가(대리인에 대한 보수를 어느 정도 업무성과에 관련시킬 것인가)하는 것이 위임자의 주된 의사결정의 대상이며 최적 인센티브 시스템 개발의 핵심이다. 이는 곧 대리인이 부담한 위험을 제외한 잔여위험분을 위임자가 부담하는 것이므로 위임자와 대리인 사이의 효율적인 위험분담의 문제로 귀결된다(대리인 이론에 대한 더 자세한 논의는 권순만, 김난도, 1995 참조).

2. 공공조직의 조직경제학적 접근에 관한 Moe의 논점들

이 장에서는, 조직경제학의 공공관료조직에의 응용가능성과 한계를 논의하면서 공공조직의 정치경제학적 분석을 시도한 Moe(1984, 1990, 1994)의 몇 가지 주요 논점들을 논의하고자 한다: 왜 관료조직이 존재하는가? 관료조직 내에서 상급자는 하급자를 어떻게 통제하는가? 의회는 어떻게 관료조직을 통제하는가? 관료조직을 정치경제학적 분석의 틀에서 어떻게 재조명할 것인가?

(1) 관료조직의 필요성

거래비용이론에 의하면 거래비용을 최소화할 수 있는 계약의 형태로서 조직이 시장보다 더 효율적인 경우에 조직이 생성·발전하게 되었다. 정부의 개입이 필요한 경우 중의 하나가 시장의 실패(부재)라는 점을 고려할 땐, 정부가 국민이 필요로 하는 재화나 용역을 받을 수 있게 하기 위해서는 정부자체의 전담(관료)조직을 만들거나 혹은 민간부문과 계약을 체결(contracting out)해야 한다. 이러한 의사결정에 있어서 정부는 해당 재화나 용역의 특성과 관련하여 비대칭적 정보로 인해 야기되는 여러 가지 문제들을 고려해야만 한다. 역선택으로 인한 문제에서처럼 과연 민간업자의 유형(필요한 재화나 용역을 국민들에게 효율적으로 제공할 능력이 있는지의 여부)을 잘 파악할 수 있어서 생산성이 높은 민간업자를 고를 수 있는지가 중요한 조건이 된다. 또한 업무성과의 측정이 용이한지 또는 민간업자의 업무수행을 잘 통제할 수 있는지 등의 도덕적 위해와 관련된 요인들도 고려해야 한다. 예를 들어 쓰레기 수거와 치안업무를 비교할 때, 정보의 비대칭성이 심각하여 용역계약 체결시 민간업자의 통제가 매우 힘든 치안업무의 경우에는 정부 내 경찰조직을 설립하여 국민에게 서비스를 직접 제공하는 편이 도덕적 위해나 역선택의 문제를 더 효율적으로 경감시킬 수 있다. 쓰레기 수거의 경우처럼 재화의 특성상 민간업자와 계약을 체결하는 편이 상대적으로 더 효율적인 경우에도 위임자－대리인의 관계에서 야기되는 여러 문제들이 존재하기 때문에, 정부(위임자)는 효과적인 통제 및 인센티브시스템을 통하여 생산성이 높은 민간업자(대리인)로 하여금 효율적으로 쓰레기 수거업무를 수행함으로써 국민의 복지를 증진시키도록 하여야 한다. 따라서 이러한 조직경제학의 관점은 우리에게 여러 다른 상황에서 어떤 형태로 계약이나 조직을 구성하는 것이 효율적인가에 관한 유용한 사고의 틀을 제공해 준다.

하지만 민간기업조직을 대상으로 발전된 조직경제학을 공공부문에 적용하는 데는 한계가 있다. 조직경제학에 있어서 의사결정의 궁극적인 기준이 되는 효율성이 과연 공공부문에서도 가장 중요한 기준으로 채택될 수 있는가 하는 것이다. 선거구민에 의해 선출되는 정치인이 공공재화나 용역의 제공방법을 결정할 때, 효율성의 기준보다는 선거구민(특히 영향력 있는 선거구민)의 현시적인 요구가 더 중요한 역할을 할 수도 있다. 선거구민을 위임자로 보고 정치인을 대리인으로 볼 때, 다수의 선거구민은 특정 이해집단(interest group)들에 비해 대리인을 효율적으로 통제할 수 있는 능력이 부족하기 때문에 다수 선거구민의 수요를 충족시키기보다는 소수의 이해집단이 원하는 형태로 공공재화나 용역이 제공될 수 있다. 또 의제의 조작(agenda control)을 통해 선거구민들의 선호가 왜곡되고 변질될 수 있다. 나아가 대상 재화나 용역에 대한 시장이 존재하지 않는 경우에 공공부문에서 어떻게 효율성을 정의하고 측정할 것인가의 문제까지 고려한다면 공공조직에서 효율성의 논의가 결코 쉬운 것이 아님을 알 수 있다.

(2) 관료조직 내의 통제

위임자와 대리인간의 계약에 있어서, 위임자는 업무수행의 결과(예: 기업의 이익)의 일정분을 대리인에게 지급하고 그 잔여분(residual)을 취한다. 따라서 위임자는 대리인의 생산성이 높을수록 더 많은 잔여분을 취하기 때문에 그 잔여분을 극대화하기 위해 대리인이 더욱 효율적으로 업무를 수행하도록 통제할 매우 큰 인센티브를 가진다. 그렇다면 공공조직 내에서 상급자를 위임자로, 하급자를 대리인으로 볼 때 과연 상급자는 하급자를 잘 통제하고 열심히 일하도록 할 인센티브를 가질까?

민간기업에서 경영자에 대한 보수가 기업전체의 경영성과와 밀접한 관련을 가지므로 경영자는 기업이윤의 극대화를 추구한다고 가정할 수 있다. 그러나 현실적으로 공공조직에서는 상급자인 위임자에게 하급자인 대리인의 업무수행의 결과로서 경제적(즉, 금전적인) 보상이 존재하지 않는 것이 보통이다. 그렇다면 관료조직의 상급자가 추구하는(극대화하려는) 목표는 무엇일까? 가정해 볼 수 있는 것으로서 배당된 예산과 실제지출의 차이인 잉여분(slack)을 들 수 있다. 잉여분을 증가시킴으로써 자신의 통제 아래 있는 자원의 양을 증가시키고 따라서 하급자에 대한 잠재적 영향력을 키울 수 있다는 것인데, 이는 기업조직의 경영자가 금전적 보상 이외에 부수적으로 개인의 만족을 증가시키는 다른 요소들(여가, 고급가구 등의 perquisite)을 극대화하려 한다는(Jensen and Meckling, 1976) 것과 유사하다고도 볼 수 있다.

상급자가 잉여분을 증가시킬 수 있는 방법 중의 하나는 주어진 예산하에서 하급자들이 업무수행시 실제비용을 절감하는 것이다. 따라서 상급자는 자신에게 귀속되는 잉여분을 증가시키기 위해 하급자들로 하여금 효율적으로 업무를 수행하도록 하지만 아이러니칼하게도 조직 전체차원에서는 잉여분이 증가함으로써

효율성이 저하된다. 효율과 비효율이 동시에 존재하는 상황이 보여주듯 관료조
직 상급자의 효용함수를 정의하고 또 그것을 기초로 상급자의 통제행태를 정형
화하기는 결코 쉽지 않다. 또 다른 중요한 요인은 상급자임명의 성격(예: 정치
적 임명직인지 직업공무원인지)에 따라 상급자의 동기나 행태가 다를 수 있다는
점이다.

민간부문의 경영자와 공공조직의 관리자 사이의 차이가 위에서 살펴본 것처
럼 추구하는 목적함수를 정의하기 힘들다는 점에만 있는 것은 아니다. 민간부문
에 비해 공공조직은 인사관리, 자원의 배분, 조직 내의 제반 의사결정에 있어서
여러 가지 법률적 제약을 받는다. 따라서 설령 상급자가 공공조직의 효율성 제
고를 목표로 한다 하더라도, 더 많은 제약조건하에서 관료제 내의 상급자가 하
급자를 통제할 수 있는 능력은 민간부문의 경영자에 비해 훨씬 더 제한적일 수
밖에 없다.

(3) 정치적 통제: 의회와 관료조직의 관계

의회가 국민을 대표하고 국민을 위해 행정부를 통제한다고 할 때 국민과 의
회 사이에 또 의회와 정부관료 사이에는 위임자－대리인 관계가 성립한다. 의회
와 정부관료 사이의 대리인관계에 초점을 맞출 때, 정보의 비대칭성이 존재하는
상황에서 의회는 역선택과 도덕적 위해의 문제를 감소시키기 위해 적절한 통제
와 인센티브를 제공해야만 한다. 이러한 의회와 정부관료 사이의 대리인 관계는
소유와 경영의 분리로 대표되는 현대 기업조직에서의 주주와 경영자의 대리인관
계와 비슷하지만 몇 가지 점에서 차이가 난다.

첫째는 기업에서의 이윤극대화와 같이 모든 사람이 합의하고 또 객관적으로
측정할 수 있는 목표를 공공분야에서는 쉽게 찾을 수 없다는 것이다. 나아가 의
회의 행정부 통제의 목표가 반드시 관료제의 전반적인 효율성 제고라기보다는
국회의원 지역구나 여타 다른 정치적 이해와 관련되는 특정부문의 관료제 행태
나 업무성과일 가능성이 높다(선택적 통제). 따라서 효율성제고(예: 이윤극대
화)라는 객관적인 목표에 의해 설명될 수 있는 기업주주의 경영자 통제를 의회
와 관료제 사이의 정치적 통제에 쉽게 적용하기 힘들다. 또한 기업조직의 위임
자인 주주는 기업활동의 성과인 이윤의 일부를 경영자에게 금전적 보상으로 제
공함으로써 경영자의 업무활동에 직접적인 영향을 미칠 수 있다. 하지만 공공분
야에서는 관료조직의 상급자가 추구한다고 가정할 수 있는 잉여분(slack)을 의
회가 쉽게 측정, 통제하기 힘들므로 관료들의 행태를 변화시키는 데 한계가 있다.

둘째는 시장이 존재하지 않는 공공분야에서는, 민간기업부문에서 경영통제시 의존하는 기업성과의 척도로서 주가(자본시장에서의 주식평가), 노동시장에서의 경영자들의 성과평가, 기업합병의 위협 등과 같은 통제수단이 존재하지 않는다는 것이다. 물론 장기간에 걸쳐 관료들의 업무성과를 관찰, 평가함으로써 형성되는 관료들의 능력에 관한 명성, 그리고 (특히 대민 관련업무는) 국회의원의 당선에 중요한 역할을 하는 선거구민들이 평가나 민원, 그리고 피드백(이른바 decibel meters) 등을 통해서 관료들의 업무수행에 관한 정보를 얻고 이를 통제나 인센티브제공에 이용할 수는 있지만, 민간부문에 비해 이러한 수단들이 상대적으로 덜 효율적이고 제한적일 수밖에 없다.

셋째는 공공조직의 목표, 구조나 의사결정 등의 과정에 때로는 의회에서 수정하기 힘들거나 또는 수정하는 데 많은 시간이 소요되는 여러 법률적 절차들에 의해 제한을 받고 있으므로 의회가 관료들의 행태에 영향을 미치는 데 한계가 있다. 이러한 법률적 또는 절차적 장치들은 어쩌면 정치가들 스스로 만들어 놓은 것인지도 모른다. 현재의 집권여당이 장래에도 계속 권력을 확보하리라고 보장할 수 없는 상황에서, 미래에 권력을 다른 정당이 장악하였을 때를 대비해 의회가 관료조직에 쉽게 영향을 미치지 못하도록 의도적으로 제반 절차적인 제한들을 만들었을 수도 있다. 나아가 의회뿐만 아니라 대통령도 관료조직의 위임자임을 감안할 때 위임자간에 서로 관료조직을 통제하려는 경쟁이 생길 때 공공조직의 통제는 더욱 어려워진다. 일반적으로 대통령은 의회에 비해 특정 이해집단의 영향력에 덜 민감하며 관료조직 전체의 효율성 향상에 더 관심을 가지고 있으므로 의회와는 다른 형태로 관료조직을 통제하고자 시도할 것이다. 의회나 대통령 또한 다수의 관료조직을 통제해야 하므로 공공조직의 정치적 통제는 다수의 위임자와 다수의 대린인이 상호 영향을 미치는 복잡한 모형으로만 설명이 가능하다.

(4) 관료제의 정치경제학적 재조명

경제학적 분석대상으로서의 조직은 이해당사자간에 자발적 거래나 계약을 통해 경제적인 이해를 도모하므로 영향력이나 권한 또한 경제적 계약에 수반되어 자발적 거래의 대상이 된다. 하지만 공공부문의 권한(public authority)이나 정치적 재산권(political property right)은 경제적 재산권(economic property right)과는 달리 자발적 교환의 대상이 될 수 없기에 이것을 확보하기 위해 자발적 거래 이상의 노력이나 경쟁(혹은 투쟁)이 필요하게 된다. 공공조직은 이러한 권한의 확장을 꾀하는 제반활동의 중심인 정치적 환경으로부터 자유로울 수 없고, 민간기업과는 달리 필연적으로 기존에 주어진(자발적 거래의 대상이 아닌) 공공권한의 구조를 전제로 체계화될 수밖에 없다.

공공분야에서 민간부문기업과 유사하게 비교될 수 있는 것은 정치적 기업 (political firm)으로서의 관료조직이다. 의회와 관료조직은 위임자와 대리인의 관계로 볼 수 있으나, 민간기업에서의 소유와 경영의 분리와는 달리 정치인(위임자)들에게 직접적으로 그리고 강력한 영향을 행사하는 또 다른 위임자로서 이해관계집단(interest group)이 존재한다는 점이 특징적이다. 이러한 이해관계집단은 정치인들에게 영향력을 행사함으로써 관료조직의 형성에서부터 조직구조나 운영에까지 깊이 개입할 가능성이 있다. 1970년대 말과 1980년대 초, 기업들의 대대적인 로비에 의해 미국 의회가 연방(공정)거래위원회(FTC: Federal Trade Commission)의 예산승인을 거부함으로써 이 위원회가 규제정책을 크게 완화시킨 것은 유명한 예이다(Walters, 1993).

관료조직의 또 다른 특징은 정치적 불확실성(political uncertainty)과 정치적 타협(political compromise)과 관련이 깊다. 선거에 의해 집권정당 권력이 바뀌고 또 미래의 선거에서 승리하리라 보장할 수 없을 때, 다른 정당이 권력을 장악했을 경우 관료조직에 영향력을 행사하기 힘들도록 공공조직을 체계화할 수도 있다는 것이다. 나아가 정치적 타협이 불가피한 경우가 많음을 고려할 때 공공조직 구조나 업무수행 역시 그러한 정치적 타협의 산물이 될 가능성이 높다.

이러한 몇 가지 점에서 관료조직은 일반 민간기업과 다른 특성들을 가지고 있으며(정부의 역할이 효율성의 제고에 국한되지 않음을 감안하더라도) 많은 경우 그러한 특수성들이 공공조직의 효율적인 업무수행에 장애로 작용하는 것이 사실이다. 대리인이론을 적용할 때에는 공공조직이 처한 이러한 정치적 한계를 고려해야 하고, 공공분야에서의 효율적인 인센티브시스템 개발이나 최근 활발하게 논의되고 있는 'Reinventing Government'에 있어서도 이러한 정치적 환경의 영향이 함께 고려되어야 할 것이다(Kwon, 1996; Kwon & Tang, 1998).

III. 평가적 의견

이해당사자들의 선호(효용함수)를 쉽게 바꿀 수 없는 상황에서 정보불균형과 불확실성, 그리고 인센티브의 역할을 강조하는 조직경제학은 조직구성원의 행동과 조직의 행태를 이해하는 데 큰 도움을 준다. 특히 이기적으로 자신의 효용을 극대화한다는 현실적인 가정을 전제로 이해당사자의 행위를 이해, 예측하여 이해당사자의 이기적인 최적의사결정이 조직의 효율성을 제고하는 방향으로 이루어지도록 인센티브를 부여한다는 것(이른바 인센티브의 조화: incentive compatibility)은 대리인모형의 근본적인 구성요소이다. Moe는 이러한 조직경제학의 요소에 공공조직이 처한 정치적 환경을 고려함으로써 이론을 더 현실화하고 있다. 공공조직을 둘러싸고 있는 정치적 환경, 조직 내부 그리고 조직과 조직간의 통제 및 인센티브의 논점들을 경제학적 관점으로 분석한 Moe의 논문들은 전통적으로 공공조직을 연구하면서도 정교한 연역적인 모형과 경제학적 분석을 활발히 시도하지 못한 행정학계에 매우 큰 의미를 갖는다.

1980년대에 들어서도 조직경제학 특히 대리인이론은 많은 발전을 거듭해 왔다(Milgrom & Roberts, 1992 참조). 예를 들어 다수의 위임자가 존재하거나 다수의 대리인이 존재하는 경우의 문제 등이 분석되었으며 또 대리인이론을 응용한 규제정책의 분석과 설계분야에서 많은 이론적 연구가 이루어졌다. 따라서 의회와 대통령 또 다수의 공공조직과의 관계를, 다수의 위임자와 다수의 대리인이 존재할 때의 모형을 응용하여 분석함으로써 공공조직의 정치적 통제에 관한 좀 더 의미있는 이론을 정립할 수 있으리라 믿는다. 또 Moe의 분석이 정치환경과 공공(관료)조직에 주로 초점을 맞추었으나, 대리인이론은 민영화, 분권화, 정부ー민간간의 계약, 조직 내의 인력관리, 그리고 규제정책 등에 더할 수 없이 유용한 분석의 틀을 제공한다.

특히 규제정책의 형성, 규제기관의 행태, 이익집단의 영향력과 같은 제반 규제정책의 성과분석은 정치학, 경제학, 그리고 조직이론의 통합모형을 정립함으로써 매우 효과적으로 논의될 수 있을 것이다. 민영화, 분권화, 정부ー민간계약 등에서도 적절한 구조의 인센티브와 통제시스템을 통하여 어떻게 재량의 부여와 함께 결과에의 책임을 조화시킬 것인가에 대해 대리인 이론으로부터 중요한 시사점을 얻을 수 있다. 조직(혹은 계약)구조가 인센티브와 통제시스템의 형태를 결정함을 감안할 때 조직이 처한 환경과 이해당사자의 특성에 따라 어떤 형태의 조직구조가 가장 효율적인가를 분석할 수 있는 것이다.

조직경제학을 공공분야에 적용하는 데 있어서 향후 중요한 과제는 이론과 모형들을 어떻게 실증적으로 검증할 것인가 하는 것이다. 조직경제학의 발전을 주도해 온 이론경제학의 영향으로 이 분야가 주로 실증적 분석이 많지 않은 것이 사실이다. 공공분야에의 적용에 있어서는 과연 이론적 모형들이 현실을 잘 예측하는가[예를 들어 의회의 관료조직에 대한 정치적 통제에 있어서 대리인이론과 Niskanene의 쌍방독점이론(1975) 중 어떤 모형이 현실 상황을 더 잘 설명할 수 있는가]? 여러 다른 상황에서 어떤 형태의 인센티브와 통제시스템이 어떤 유형의 공공조직에서 어떻게 체계화되는가? 그리고 여러 형태의 인센티브와 통제시스템이 공공조직의 효율성에 어떤 영향을 미쳤는가에 대한 자료의 수집과 실증적 분석이 필요하다 하겠다.

참고문헌

권순만 · 김난도, 행정의 조직경제학적 접근: 대리인이론의 행정학적 함의를 중심으로, 한국행정학보, 29, 1, 1995, pp. 77-95.

Jensen, Michael & William Meckling, "Theory of the Firm: Managerial Behavior, Agency Costs and Ownership Structure," *Journal of Financial Economics* 3, 1976, pp. 305-360.

Kwon, Soonman, "Efficiency and Incentive Systems in the Public Sector: Political Economy and the Economics of Organization," 한국정책학회보, 5, 2, 1996, pp. 31-48.

_____ & Shui Yan Tang, "Reinventing Government: A Critique from an Institutional Perspective," *International Journal of Public Administration*, 21, 10, 1998, pp. 1449-1471.

Milgrom, Paul & John Roberts, *Economics, Organization, and Management*, Englewood Cliff: Prentice-Hall, 1992.

Moe, Terry, "The New Economics of Organization," *American Journal of Political Science*, vol. 28, 1984, pp. 739-777.

_____, "The Politics of Structural Choice: Toward a Theory of Public Bureaucracy," in Oliver Williamson, ed., *Organization Theroy: From Chester Barnard to the Present and Beyond*, Oxford University Press, 1990, pp. 116-152.

_____, "Integrating Politics and Organizations: Positive Theory and Public Administration," *Journal of Public Administration Research and Theory*, 4, 1, 1994, pp. 17-25.

Niskanen, William, "Bureaucrats and Politicians," *Journal of Law and Economics*, 18, 1975, pp. 617-643.

Walters, Stephen, *Enterprise, Government, and the Public*, New York: McGraw Hill, 1993.

Donald F. Kettl의
대리정부이론*

I. 머리말

1960년대와 1970년대를 거치면서 미국이나 독일과 같은 연방제국가들의 행정에 중요한 변화들이 일어났다. 그러한 변화 가운데 하나가 '제3자 정부'(third party government) 또는 '대리정부'(government by proxy)라는 간접통치방식의 부각이다. 대리정부는 전통적인 계서적 통제방식을 지양하고 다양한 행정수요를 충족하고 복잡한 정책을 성공적으로 수행하기 위해 개발된 것이다. 대리정부는 중앙정부 또는 연방정부의 분권화를 촉진하고 정부서비스의 효율성을 높이는 방안으로 인식되면서 그 중요성이 날로 커지고 있다.

미국 위스콘신 대학교의 Donald Kettl 교수는 대리정부의 의미를 규정하고 대리정부화에 따르는 문제들을 지적한 다음 그에 대한 현대정부의 대응방안들을 제시하였다. Kettl 교수는 1984년에 출간된 「미국 연방제의 규제」(*The Regulation of American Federalism*)에서 지방정부나 다른 대리정부에 대해 통제를 강화하는 중앙정부의 전략은 중앙집권적 정부로 회귀하는 것을 유도한다고 진단한 바 있다. 1988년에 출간된 「대리정부」(*Government by Proxy*)에서는 중앙정부가 분권화의 일환으로 추진하고 있는 대리정부화의 성격, 문제점, 대응방안 등을 자세하게 논의하고 있다.

여기서는 Kettl 교수가 그의 저서 「대리정부」에서 설명하고 있는 대리정부의 실태와 이론적 배경을 살펴보려 한다. 그리고 대리정부화의 경향이 우리 나라 행정개혁에 미치는 시사점을 생각해보려 한다.

---

* 조경호: 국민대학교 사회과학부(행정학 전공) 교수.

II. 대리정부론

1. 현대행정에서의 대리정부화 실태

미국과 같은 순수한 연방제하에서 중앙정부의 정책이나 프로그램들이 다른 하위정부단위들이나 시중은행, 비공익단체, 병원 등을 포함한 '제3자 정부'에 의해 수행되는 현상을 대리정부화라고 부른다(Kettl, 1988). 대리정부화 현상은 공공서비스의 공급에 있어서 정부 이외의 다른 대안을 통한 모든 방식(예컨대, 민관공동출자를 통한 민관협력방식과 민간위탁방식 ; contracting-out)을 포함하는 매우 포괄적인 것으로, 중앙정부의 재정적 뒷받침을 토대로 특정 정책의 수행을 제3자 정부가 담당하는 것을 의미한다. 즉 대리정부화는 단순히 중앙정부가 특정 정책이나 프로그램의 집행권을 외부주체(예: 민간기업, 공사 등)에게 이전하거나 외부주체로부터 재화나 서비스를 구입하는 수준을 넘어서서, 중앙정부로부터 대리정부들이 이전받은 정책이나 프로그램의 수행에 따르는 재원사용권과 공적 권력의 사용까지도 포함하는 매우 포괄적인 분권화 현상을 의미한다.

미국의 경우, 1990년 현재 약 10억 달러에서 15억 달러의 예산이 노동성의 고용과 훈련프로그램의 수행을 위하여 배정되었는데, 그 중에서 90퍼센트 이상이 노동성의 통제와는 무관한 약 500여 개의 '일차적 대리주체'(prime sponsors)에게로 이전되었다. 다시 말하면, 미국의 노동성은 공무원 고용과 훈련에 관련된 업무의 집행과 감독권의 행사에서 연방정부 이외의 정부가 제공하는 공공서비스에 크게 의존하고 있는 실정이다. 이들 대리정부들은 중앙정부가 제공하는 재화나 서비스의 질과 상응하는 서비스를 제공할 책임과 국민에 대해 높은 대응성(responsiveness)을 발휘해야 하는 책임을 지게 된다(Kettl, 1988).

미국에서의 가장 전형적인 대리정부화 유형으로 '지방교부금'(grant-in-aid)을 들 수 있는데, 19세기부터 시작한 미국의 지방교부금제도는 현재 정부간 관계(Intergovernmental Relation: IGR)에서 매우 중요한 매개고리(예: 통제와 협조 등)가 되고 있다. 1980년도에 이미 미국의 연방정부는 국내 사무의 집행 목적으로 지출하는 경비의 약 50퍼센트를 지방교부금 형태로 연방정부 이외의 정부(non-federal governments)나 준정부 조직(quasi-governmental entities)으로 유입시켰다. 이때 막대한 양의 지방교부금을 배정함과 동시에 그 사용에 관련된 재량권까지 비연방 정부주체에게 이전되는데, 대리정부화의 주요 분야로

Kettl 교수는 다음과 같은 것들을 예시하고 있다: 지역개발교부금(grants for community development), 조세지출(tax expenditures), 대출프로그램(loan programs), 규제(regulation), 민간위탁(contracting-out), 조달정책(procurement)(Kettl, 1988, pp. 49-139). 중앙정부의 대출보증 프로그램의 예를 들면, 대출에 관련된 핵심적인 결정(예: 대출신청에서부터 실제 대출과 신용연장에 이르기까지)은 시중은행에서 담당하고, 중앙정부는 사후보증하는 것으로 된다. 미국의 군사관련 조달업무도 대부분 민간계약자(private contractors)들이 담당한다. 이들 군사물자 조달관계에 있는 민간계약자들은 특정 군사장비의 생산과 공급은 물론이고, 복잡하고 거대한 전반적인 무기체계의 개발과 설계까지도 담당하게 된다.

　Kettl 교수는 이러한 대리정부화가 미국에서는 당연시되고 있으며, 단순한 연방정부의 분권화전략이 아닌, 주정부와 지방정부에까지도 대리정부전략이 채택되고 있는 등 국가통치의 중요한 수단이 되고 있다고 역설하고 있다.

2. 대리정부론의 이론적 근거

(1) 분권화이론 및 자치정부이론

　미국에서의 대리정부는 미국 시민들의 연방정부에 대한 분권화 요구와 주정부 및 지방정부들의 자치정부화 요구에 대응하여 발생하였다. 대리정부론은 중앙정부 고유의 정책이나 프로그램을 가능한 한 많이 주정부와 지방정부는 물론 민간업자 및 시민단체에게 양도하여 궁극적으로는 작은 정부를 추구하는 것을 골자로 하고 있다.

　Kettl 교수에 따르면, 분권화(decentralization)에는 행정분권화와 정치분권화라는 두 가지가 있는데, 대리정부는 이 두 가지 종류의 분권화 사이에 존재하는 중간적 분권화 형태를 띠게 된다고 주장한다. 대리정부는 기본적으로 행정분권화(예: 공공경비의 사용권과 공적 권력의 사용) 이상의 것을 의미하나, 정치적으로는 상대적으로 덜 분권화된 상태의 것을 의미한다. 다시 말하면 대리정부들에 대하여 중앙정부는 정책결정에 관한 전권을 부여하지 않고 있다.

　미국의 전통적인 자치정부론(self-government theory)은 미국 헌정사에 지대한 영향을 준 Jefferson의 낭만주의적 전통을 대변하고 있으며, 이러한 전통은 대리정부의 대두를 설명하는 데 중요한 역사적 근거를 제공하고 있으며, 권한과 책임이 분산된 대리정부의 관리에 중요한 이론적 틀이 되고 있다. 자치정부론은 시민을 포함한 비정부주체들의 국가운영 참여를 확대하기 위한 시민교육과 계몽을 중시한다. 대리정부화는 중앙정부의 역할과 기능을 '제한된 기능주의'로 전환시키고자 하는 자치정부적 경향을 대변하고 있다.

(2) 공공선택이론

대리정부화 현상을 설명하는 또 다른 이론으로 공공선택이론을 들 수 있다. 공공선택이론(public choice theory)은 정부가 의사결정 상황에서 어떻게 여러 가지 대안들 중에서 선택을 하느냐 하는 데 초점을 맞춘다. 공공선택론자들은 인간의 행위가 합리적이고 예측가능하며, 자기에게 중요한 일에 대해서는 자기 이익을 극대화하는 방향으로 행동한다고 가정한다. 이러한 의사결정의 기능적 합리성과 이기주의는 공무원들로 하여금 그들의 직업안정욕구를 상승시키며, 자기 부서의 예산만 증가시키게 된다고 한다. Gordon Tullock이 *The Politics of Bureaucracy*(관료제의 정치, 1965)에서 주장하듯, 관료의 자기 이익극대화는 비효율적이며 비공익 추구라는 비합리성을 노출하게 된다고 한다. 이러한 공무원들의 비합리적 행동에 대응한 공공선택론자들의 주장은 정책의 결정은 정부가 하되 집행은 민간의 주체가 담당한다는 작은 정부 개념과 생산적 정부론을 포함하고 있다(*to provide services without producing them*).

공공선택이론은 대리정부화의 기틀을 제공하였으며, 정부관료제의 과도한 팽창을 억제하고 정부예산의 절감을 통한 경쟁적 정부개혁 추진에 중요한 이론적 토대를 마련하였다. Kettl 교수는 이러한 대리정부화를 전통적 행정의 핵심인 계층제와 권위체제를 무너뜨리는 중요한 변혁으로 보고 있다. 즉, 정책의 결정은 중앙정부에서 하지만, 그 정책의 집행과 서비스를 제공하는 데 따르는 책임은 종종 정부 외부에 있기 때문이다. 이때 중앙정부의 대리정부 통제와 책임성 확보는 매우 중요한 과제로 남아 있게 된다. Kettl 교수는 그의 저서(1988)에서 Reagan 행정부의 'New Federalism'(신연방주의)하에서 나타났던 여러 가지 사례들(예: Connecticut NIS, NASA와 Thiokol, Guaranteed Student Loans 등)을 제시하면서 대리정부화에 따르는 문제점을 지적하고 그 대응방안을 논의하고 있다.

3. 대리정부의 문제점과 대응전략

대리정부화는 연방정부를 포함한 국가의 모든 부문에 속하는 조직이 가지고 있는 전략과 자원을 가장 효율적으로 이용할 수 있다는 점에서 매우 유익하고 교육적이며, 동시에 국가적 정책을 국지적인 상황(local situations)에 맞게 집행할 수 있다는 장점을 가지고 있다. 하지만 대리정부화가 내세우고 있는 분권화 전략은 자원의 낭비와 남용을 가져오는 병폐를 낳게 되었다. 즉, 중앙정부로부터 대리정부가 이관 받은 임무를 성공적으로 수행하지 못할 경우 생기는 오류를 교정하는 비용이 추가로 들게 될 수도 있으며, 복잡하게 얽혀 있기 마련인 대리정부에 대한 재규제(re-regulation)는 새로운 중앙집권을 유발시킬 수도 있기 때문이다.

대리정부화의 또 다른 문제점으로 대리정부하에서 발생할 수 있는 정책에 관련된 정보의 왜곡현상을 들 수 있다. Kettl 교수는 1986년 1월 26일에 발생한 NASA의 챌린저(Challenger)우주선 폭발 사례를 제시하면서 정부와 대리정부 간의 정보교환 과정에서 나타나는 왜곡현상이 얼마나 심각할 수 있는가를 설명하고 있다. 대리정부이론은 기존의 전통행정이론을 무너뜨린다. 왜냐하면 서비스를 공급하는 데 책임 있는 자는 종종 정부관료제 외부에 있기 때문이다. 챌린저 우주선 사례에 따르면, 로켓 발사에 관한 대부분의 중요한 정보가 연방정부 외부에 있었으며, 수많은 '충성스러운'(gun-ho) 계약자들과 지방관료들에 의하여 연방정부에게 '희소식'(good news)만이 제공되었으며 '나쁜 소식'(bed news)은 발사시간을 정확하게 맞추기 위하여 철저히 통제되었다. 이러한 대리정부와 중앙정부간의 정보 교환의 왜곡현상은 최종 서비스의 질을 현격히 저하시킨다.

대리정부 방식에 내포되어 있는 또 다른 역기능으로 Kettl 교수는 대리정부하에서의 중앙정부의 규제적/재집권화 현상(the regulatory/recentralization reflex)을 들고 있다. 계약, 조세지출, 각종 정부보증 대출프로그램들은 연방서비스의 대리공급을 위하여 지방정부, 기업 및 시민에게 서비스 제공에 필요한 책임을 양도하게 되는데, 이 과정에서 '오류교정비용'이나 '정보왜곡방지비용'에 드는 예산은 폭증할 위험이 있으며, 더 철저한 감사 더 세련된 회계시스템의 구축, 그리고 프로그램의 결과에 대한 더 체계적인 평가에 드는 비용까지 합산하면 행정을 효율화하고 강화시키기보다는 비효율로 흐르게 할 위험이 있다. 대리정부하에서 나타날 수 있는 낭비, 부패, 남용 등의 파행은 연방정부가 재집권화의 노선을 추구하는 데 빌미를 만들어 주게 되며, 때때로 기존 연방프로그램의 수행에 막대한 지연이나 처리불능사태를 초래하기도 한다.

Kettl 교수는 여러 가지 사례들을 제시하면서 대리정부하의 문제점을 분석함과 동시에 그에 대응할 수 있는 방안을 다각도로 제시하고 있다. Kettl 교수의

대리정부 전략의 요체는 중앙정부와 대리정부간의 긴밀한 상호의존에 있다. 예
컨대, 정부가 기업에 더 많은 공공서비스 공급권을 양도하면 할수록 공공부문과
기업부문의 경계는 모호해지며, 공공서비스의 책임성은 저하된다. 이러한 현상은
중앙정부와 대리정부간의 목표의 상호조정(coalignment)과 책임 있는 환류
(feedback)전략을 통하여 보완할 수 있다는 것이다.

목표의 상호조정은 중앙정부와 대리정부간 계약에 각종 유인전략(incentive
strategies)을 포함시키는 간접적 방식에 의존하게 된다. 대리정부의 성과에 대
한 환류는 중앙정부의 고유한 관료체계에 의하거나 다양한 정치체계를 이요한
간접적인 정보에 의존한다. 중앙정부와 대리정부간의 계약의 경우 각 대리정부
들의 성과는 기존의 관료체계를 통하여 감시할 수 있으나, 정부보증 대출프로그
램과 같은 것은 정부가 대출금의 사용에 관련된 정확한 정보를 입수하기 어렵게
한다. 많은 대출프로그램들은 수많은 은행가들의 손에서 결정되기 때문에 그 프
로그램의 평가에 어려움이 많아지게 된다. 이때는 기존의 관료통제보다는 다양
한 정치권의 압력과 감시가 더욱 효율적이고 바람직한 환류통로가 될 수 있다고
Kettl 교수는 지적하고 있다.

Kettl 교수는 효과적으로 대리정부의 문제들에 대응할 수 있는 전략으로 '전
문가적 리더'의 필요성을 들고 있다. 대리정부의 형태는 매우 다양하며 그 성공
전략도 매우 모호한 것이 태반이다. 따라서 하나의 전략으로 모든 문제를 해결
할 수는 없는 것이다. 이러한 사정은 행정관리자의 전문적 리더십을 중요한 것
으로 부각시킨다. Kettl 교수에 따르면, 행정관리자는 전문적인 리더가 되어야
한다. 계약관계를 예로 들면, 행정관리자는 실제로 계약에 관련된 사항들을 주지
하고 그 계약의 장래 변동사항까지도 미리 예측할 수 있어야 한다. 정부보증 대
출프로그램의 경우, 행정관리자는 대출에 관련된 장래의 사업수익성을 예측할
수 있는 능력을 갖추어야 한다. 장래의 경제변동을 고려한 대출프로그램의 설정
은 전문가적 리더의 필요성을 더해 준다.

Kettl 교수는 마지막으로 대리정부 전략의 성패는 그 무엇보다도 투철한 시민
의식에 달려 있다고 한다. 시민 개개인의 행동이 정부정책의 성과를 결정짓는
다는 논리다. 하지만 '공익'이라는 중요한 요체를 상실하지 않은 채, 중앙정부의
목표와 가치가 대리정부의 목표와 가치에 동일화될 수 있는가 하는 문제는 행정
학에 있어서 중요한 과제로 남게 된다고 Kettl 교수는 글을 맺고 있다.

Ⅲ. 평가적 의견

Lester Salamon(1981, pp. 260-262)에 따르면, 정부관료들은 항상 그들이 통제할 수 없는 정책이나 프로그램에까지 책임을 져야 하는 딜레마에 빠져 있다고한다. 우리는 항상 정부가 반드시 해야 할 것에 대한 과도한 기대와 함께 그것의수행능력에 대한 회의감을 함께 가지고 있는 것이 사실이다. 우리들의 이러한행정에 대한 태도와 의식이 대리정부화를 확산시켰다고 볼 수 있다. Kettle의저서 「대리정부」는 이러한 현상에 대응하여, 대리정부가 노출한 행정적·정치적 과제를 제시하고 있기 때문에 시사하는 바가 크다. Kettl의 대리정부이론을통하여 우리는 그 실태와 문제점을 이해하는 데 많은 도움을 받을 수 있으며, 대응할 수 있는 전략까지도 생각할 수 있는 기회를 갖게 되었다.

특히 Kettl 교수의 대리정부이론은 대리정부가 초래하는 막대한 행정관리상의 문제들과 민주적 책임성의 문제들을 잘 지적하고 있다. 이러한 지적들로 미루어 현대행정에 대하여 우리가 제기하는 많은 문제점들은 정부관료 자신의 문제 또는 병폐라기보다는 의심스러운 방법으로 그들을 작동케 하는 '시스템'상의문제일 가능성이 높다는 것을 시사한다. 최근 들어 우리는 21세기형 차세대 행정서비스의 구현을 위한 다양한 행정시스템에 대한 이야기를 하고 있다. 대리정부에 관한 논의는 그러한 차세대 행정체계의 한 방안이 됨과 동시에 행정실무가들이나 학자들에게 새로운 많은 관제들을 부여할 것임에 틀림없다. 아울러 대리정부화는 또 다른 딜레마적 행정상황을 노정할 것임에도 틀림없다. 한편으로 대리정부를 통한 경비절감의 문제와 다른 한편으로 공공서비스의 질과 책임성 확보라는 문제 사이의 딜레마는 그 중 대표적인 것이 될 것이다. 이러한 모든 과제들은 공공서비스 공급체계의 개혁과 시장기능의 행정에의 과감한 도입을 통한서비스 공급의 경쟁체제의 구축을 우리에게 요구하고 있다.

참고문헌

Kettl, Donald F., *The Regulatin of American Federalism*, Baton Rouge: Louisiana State University Press, 1984.

_____, *Government by Proxy: (Mis?)Managing federal Programs*, D.C.: Congressional Quarterly Press, 1988.

Salamon, Lester M., "Rethinking public management: Third-party government and the changing forms of government action," *Public Policy*, 20, 1981.

Tullock, Gordon, *The Politics of Bureaucracy*, D.C.: Public Affairs Press, 1965.

Patrick J. Dunleavy의
관청형성모형*

Ⅰ. 머 리 말

Dunleavy는 공공선택론의 분석방법을 사용하여 정책과정을 연구하는 영국의 대표적인 학자 중의 한 사람이다. 그의 주된 문제의식은 기존의 주요 공공선택 이론들(예를 들어, Downs의 정당간 선거경쟁론, Olson의 이익집단 이론, Niskanen의 관료제 이론 등)이 공공선택론의 기본가정과 방법을 적절하게 사용했다고 보기 어렵다는 것이다. 따라서 그는 유권자·이익단체·정당·관료기구 등 정책과정의 주된 참여자에 관한 공공선택 이론을 재구성하는 것을 자신의 연구과제로 삼고 있다. 여기서 소개하고자 하는 관청형성 모형도 이러한 노력의 일환이라 하겠다.

관청형성 모형이 주된 공격대상으로 삼고 있는 이론은 Niskanen의 예산극대화 모형(budget-maximizing model)이다. 예산극대화 모형에 따르면 관료들은 자신의 사적인 이익만을 추구하는 전형적인 신고전주의적 경제인들이며, 그들은 필연적으로 그 소속기관의 예산을 극대화시켜서 궁극적으로 사회적 낭비를 초래하게 된다. 이에 대해 Dunleavy는 관료들이 공적인 결정을 내림에 있어서 자신의 사적 이익을 극대화하고자 한다는 가정을 받아들이지만, 예산극대화 모형이 ① 각 부서(bureau)가 최고위직 관료에 의해서 일률적으로 운영되는 것으로 지나치게 단순화시켜서 보고 있으며, ② 관료의 효용함수에서 편의성(convenience)이 지니는 중요성을 무시하고 있고, ③ 부서들간의 차이점(variations)을 전혀 고려하지 않고 있으며, ④ 부서들간의 구조와 관계를 무시함으로써 예산의 어떤 부분이 극대화된다는 것인지를 다루지 못한다고 지적한다.

Dunleavy에 따르면, 예산극대화 모형에서와는 달리, 합리적인 고위직 관료

---

* 주재현: 명지대학교 행정학과 교수.

들은 예산극대화를 추구할 동기를 별로 갖지 않는다. 그 이유로서 그는 첫째, 관료제 내에 집합행동의 문제(collective action problems)가 존재하며, 둘째, 예산증가와 관련된 관료의 효용 정도가 예산의 구성과 기관(부서)의 유형에 따라 몹시 다르며, 셋째, 고위직 관료들은 금전적인 효용보다는 업무와 관련된 효용을 더 추구한다는 점 등을 들고 있다. 아래에서 Dunleavy가 예산극대화 모형을 논박하며 자신의 관청형성 모형을 어떻게 정립해 나가는지를 좀 더 구체적으로 살펴보도록 한다.

II. 관청형성 모형의 소개

1. 관료제 내에서의 집합행동의 문제

한 개별관료는 자신의 후생을 증진시키는 데 있어서 개인적인 전략과 집단적인 전략을 지닌다. 그 다양한 전략들을 개인적인 것으로부터 집단적인 것으로 나열해 보면 다음과 같다: 수직적인 승진추구; 업무평가에서 높은 점수를 추구; 작업량의 감소 또는 재설계; 개인적인 목적으로의 자원전용; 작업환경의 개선; 조직의 재설계; 유관범주 동료들과 함께 하는 봉급인상; 예산극대화. 여기 나타난 바와 같이 예산극대화 전략은 개인적인 전략이라기보다는 집단적인 전략에 속한다고 할 수 있다. 따라서 합리적인 개별관료는 예산증대가 자신에게 직접적인 의미를 주지 않으므로 개인적인 전략을 먼저 채택하여 시도해본 후 그것이 여의치 않을 때 집단적인 전략을 채택할 것이다.

한편, 예산극대화에 논의를 한정해서 보면, 합리적인 관료 개인의 입장에서 볼 때, 자신의 개인적인 노력을 통해 예산증대를 이루어 낼 수 있는 확률은 몹시 낮다. 따라서 예산증대를 통해서 자신에게 돌아오는 편익(B)에 자신의 노력이 예산증대를 끌어내는 데 결정적으로 기여할 확률(P)을 곱하여 나온 값에서 개인적 노력에 들어가는 비용(C)을 뺀 것이 대안적인 노력을 통해서 얻게 될 후생(A)보다 낮을 가능성이 높으며, 이에 개별 관료는 '무임승차'하고자 하는 욕구를 갖게 된다.

$$(B \times P) - C < A$$

그런데 이 때 고려되어야 할 사항은 한 부서를 단일적인 행위자로 보기는 힘들며 최소한 고위·중위·하위직간의 구분이 필요하다는 점이다. 따라서 고위·

중위·하위직 관료에 따라 위에 든 각 변인별로 차이를 보이게 된다. 먼저 '예산 증가에 따른 효용의 증대'면에서는 '하위-중위-고위' 순으로 차이를 보인다. 즉, 고용직·비상근직 등의 하위직의 경우 직업안정성이 현격히 증대되는 반면, 중· 상위직은 이 점에서 예산증대가 별다른 차이를 내지 못한다. 다음으로 '개인수준 에서의 노력으로 예산증대를 이끌어낼 수 있는 확률' 면에서는 '고위－중위－하 위' 순으로 차이를 보인다. 즉 고위직 관료가 예산증대에 기여할 확률이 가장 높 다고 볼 수 있다. '예산증대를 주창함에 따른 비용'면에서도 '고위－중위－하위' 순을 보인다. 즉 고위직 관료는 문서작성, 어려운 회의에의 참석, 외부지원자의 육성 및 접촉, 평가 및 비판에 대한 답변, 그리고 예산증가의 정당화 등의 부담 을 지는 반면, 하위직 관료들은 공공지출의 증대를 요구하는 노동운동 수준 정 도에 그치게 된다. 마지막으로 '대안적인 노력으로부터 얻을 수 있는 효용' 면에 서는 '고위－중위－하위' 순을 보인다. 고위직 관료는 하위직보다 여러 대안적 인 전략에서 보다 높은 효용을 얻어낼 가능성이 많다. 특히 고위직 관료는 하위 직 관료보다 개인적인 전략을 통해서 자신의 후생을 증진시킬 능력이 더 크다고 할 수 있다. 이러한 차이의 결과는 예산극대화를 추구함에 있어 상당한 정도의 집합행동의 문제로 나타날 수 있다. 즉 하위직 관료의 경우 예산증대로 인해 가 장 큰 이득을 얻지만 낮은 기여가능성으로 인해 예산극대화에 소극적이 된다. 반면, 고위직 관료는 예산증대에의 기여가능성은 높지만 그것으로부터 얻는 것 은 별로 없으며, 대안적인 전략을 채택함으로써 자신의 효용을 높일 기회가 더 많으므로 예산극대화에 소극적이 된다는 것이다.

2. 예산의 유형, 기관의 유형에 따른 예산극대화 분석

Dunleavy는 예산극대화 모형에서 고려되지 않은 예산과 기관의 유형을 분류 해냄으로써, 합리적인 관료라면 부서 예산의 어떤 부분을 늘리려고 노력할 것인 지에 대해 분석하였으며, 또한 예산극대화 노력이 부서의 유형에 의해서도 영향 을 받을 수 있음을 밝히고 있다.

(1) 예산의 유형

관청형성 모형에서는 먼저 예산을 ① 핵심예산(core budget), ② 관청예산 (bureau budget), ③ 사업예산(program budget), ④ 초사업예산(super-pro- gram budget)의 네 가지로 구분한다. 핵심예산은 기관자체의 운영비(봉급, 기관의 기본적인 기능에 직접적으로 소요되는 장비·물자에 대한 비용, 사무실 임대료 등)를 의미한다. 관청예산은 해당기관이 민간부문에 지불하는 지출액(민간기업과의 계약에 따른 지불, 개인이나 기업에 대한 이전지출, 자본적 부채에 대한 이자의 직접적 지출 등)에 핵심예산을 더한 금액을 말한다. 사업예산은 해당기관이 공공부문에 다른 기관이 사용하도록 이전하는 모든 지출(다른 공공기관에 의해 최종집행이 이루어지지만 의회와 중앙예산기관에 대한 최종 책임은 해당기관이 지며, 따라서 이전을 받는 조직에 대한 어떤 형태의 감독이 수반됨)에 관청예산을 합한 금액을 의미한다. 초사업예산은 타기관이 자체적으로 확보한 예산이지만 그럼에도 불구하고 해당기관이 어떤 정책책임을 묻거나 기획상의 영향력을 행사할 수 있는 지출에 사업예산을 더한 금액을 말한다.

(2) 기관의 유형

다음으로 기능적으로 규정된 기관의 유형을 다음과 같은 다섯 개의 기본형과 세 개의 부가적 유형으로 구분한다.

1) 전달기관(delivery agency): 전형적인 고전적 계선 관료제조직으로서 산출물을 직접 생산하거나 시민·기업에게 서비스를 직접 전달하는 등 자체 고용인력을 사용하여 대부분의 정책집행을 직접 담당한다. 부여된 예산의 거의 전액을 대규모의 인력고용과 기타 운영비 충당에 사용하므로 핵심예산이 사업예산의 큰 몫을 차지하며, 사업예산이 증가하면 핵심 및 관청예산도 이에 따라 안정적으로 증가한다(우리 나라의 예: 경찰청, 검찰청, 법무부, 통일부).

2) 규제기관(regulatory agency): 개인·기업 또는 여타 공공부문 기관의 행동을 제한하는 역할을 한다. 서류이동 및 검찰조직이기 때문에 전달기관과 유사하게 핵심예산이 관청 및 사업예산의 큰 몫을 차지한다. 그러나 순응비용의 외부화를 통해 전달기관에 비해 훨씬 적은 인원을 고용하며 상대적으로 훨씬 적은 사업예산을 사용한다(예: 특허청, 감사원).

3) 이전기관(transfer agency): 민간부문에 대해 보조금 또는 사회보장 형태의 지불을 취급하는 자금이동 조직이다. 지급되는 이전지출이나 보조금 규모에 비해 행정관리에 들어가는 비용이 훨씬 적으므로 핵심예산은 관청예산의 극히 일부분을 차지한다. 타공공부문 기관에로의 자금이전은 거의 없고 따라서 관청예산이 사업예산의 대부분을 차지한다. 일단 기본 행정기구가 갖추어지면 관청 및 사업예산의 증가가 기관운영비에 영향을 미치지 않으므로, 핵심예산이 사업예산 증대와 더불어 증가하지 않는다(예: 보건복지부, 농림부, 노동부).

4) 계약기관(contracts agency): 입찰시킬 용역의 명세서나 자본사업 등을 계획·개발한 다음 민간기업이나 영리적 공공조직과 계약을 체결하는 일을 담당한다. 기관구성원들은 연구개발 프로젝트를 개발하며 시설이나 용역의 내역을 정리하고 피계약자와의 연락·계약·순응 등을 관리하는 반면 프로젝트나 용역의 실제 집행, 공장이나 물자의 관리, 필요 인력의 고용, 그리고 최종산출물의 생산 등은 모두 피계약자가 수행한다. 이전기관과 유사하게 핵심예산이 관청예산에서 차지하는 비중이 낮고 관청예산이 사업예산의 대부분을 차지하며 초사업예산증분은 없다(예: 건설교통부, 해양수산부, 조달청).

5) 통제기관(control agnecy): 교부금 또는 정부간 이전의 형태로 다른 공공부문 기관에게 자금을 전달한 다음 이들 타 공공조직들의 예산사용 및 정책집행 방식을 감독하는 일을 담당한다. 일단 기본 행정기구가 갖추어지면 핵심예산 규모에는 별 영향을 끼치지 않고도 대규모 사업예산의 증가가 이루어질 수 있다. 타 공공부문 기관에 대한 교부금은 관청예산에서 제외되므로 관청예산도 핵심예산과 유사한 변화형태를 보인다. 대개 지방정부 또는 하위수준 기관들을 감독하므로 사업예산의 증가에 따라 대규모 초사업예산 증분을 갖는 것이 보통이다(예: 교육부, 행정자치부, 재정경제부).

6) 조세기관(taxing agency): 정부재정을 확보하는 일을 한다. 규제기관과 마찬가지로 행정비용을 납세자에게 외부화시킬 수 있으며, 노동집약적이고 서류 이동적인 조직으로서 핵심예산이 관청 및 사업예산의 거의 모든 부분을 차지한다. 그러나 규제기관에 비해서 훨씬 더 큰 인력과 핵심예산을 소유한다(예: 국세청, 관세청).

7) 거래기관(trading agency): 시장에서 완전(혹은 준) 영리활동을 직접 수행한다. 통상 다른 정책책임 없이 단일 업무만을 수행한다. 핵심예산이 관청예산의 많은 부분을 차지하며 관청예산은 사업예산과 거의 일치한다(예: 철도청).

8) 봉사기관(servicing agency): 정부의 모든 타조직에 시설이나 용역을 제공하는 일을 담당한다(예: 통계청).

⑶ 예산극대화의 조건

관료들이 자기 부서의 예산극대화를 추구할지의 여부는 그들의 지위 및 예산의 유형, 기관의 유형, 그리고 시간의 전개에 따라 다르게 나타날 수 있다.

1) 예산 유형에 따른 변이: 하위 및 중위직 관료들은 주로 핵심예산의 증대로부터 이득(직업안정성 개선, 경력축적기회 확대, 승진촉진 등)을 얻는 반면,

고위직 관료들은 주로(핵심예산을 제외한) 관청예산의 증대로부터 이득(부서의 위신상승, 고객과의 관계개선, 비상시 사용할 여유재원 창출 등)을 얻는다. 그러나 (관청예산을 제외한) 사업예산 부분은 여타 기관으로 넘어가게 되므로 이것의 증대는 고위관료에게 있어서도 그리 큰 이득을 가져다주지 않는다. 반면 예산증대를 위한 주창에 들어가는 비용에 있어서는 사업예산 부문이 가장 크다. 왜냐하면 의회나 시민이 특정 정책영역에 있어서의 적절한 정부지출 수준에 대한 판단을 내리는 것은 바로 사업예산의 집행에 따른 성과여부에 집중되어 있기 때문이다. 나아가 정부지출을 제한하려는 분위기하에서는 (관청예산을 제외한) 사업예산 부분의 증대가 자칫 핵심예산을 포함한 관청예산의 증대기회를 줄일 수도 있게 된다. 위의 분석이 보여주는 바는 모든 합리적 관료가 무조건적으로 예산극대화를 추구하지는 않을 것이라는 점이다.

2) 기관 유형에 따른 변이: 합리적인 관료가 자신의 핵심 및 관청예산 부분을 극대화하는 데 주로 관심이 있는 한에 있어서, 이러한 동기는 핵심·관청·사업예산간에 밀접한 상관성이 있는 조직에서 가장 클 것이다. 이 점에 있어서는 전달기관이 대표적이며 규제·조세·거래·봉사기관도 이와 같은 패턴을 보인다. 한편 계약기관과 이전기관의 경우 반대급부를 제공할 수 있을 만큼 잘 조직화된 대규모 고객(예: 대기업, 주요 이익단체)을 다루는 기관의 고위관료들은 관청예산을 극대화할 동기를 갖게 된다. 그러나 다수의 분절화된 고객(예: 몹시 경쟁적인 시장에서의 소기업들, 국가복지 수혜자들)을 취급하는 계약·이전기관의 경우에는 예산을 극대화할 필요를 별로 느끼지 못한다. 따라서 실제에 있어 복지부 고위관료가 예산을 더 많이 추구하는 행태를 보인다면, 이는 이타주의 등 공공선택론의 기본가정에서 벗어난 동기로 설명해야 할 것이다. 통제기관의 경우 예산이 증가할수록 하위기관의 성과에 의존해야 될 필요성이 더 증가할 뿐 관료들(특히 고위관료)에게는 별 실질적인 이득이 없으므로 여기서도 예산극대화의 동기를 찾기 힘들다. 위의 분석이 보여주는 바도 역시 모든 합리적 관료가 무조건적으로 예산극대화를 추구하지는 않을 것이라는 점이다.

3) 시간의 전개에 따른 변이: 현실적으로 예산이 증대되는 데 있어서는 어떤 한계가 존재한다. 즉 지나치게 팽창된 조직은 그 기능 중의 일부를 여타 부서에 넘겨 주게 될 수 있다. 따라서 예산극대화를 추구하는 합리적인 고위관료라면 그런 위험한 영역 이상으로 부서의 팽창을 가져올 사업예산 증대를 시도하지 않아야 한다. 한편, 사업예산 중 타기관으로 이전되는 부분이 줄어들 때 오히려 핵심 및 관청예산이 증가하는 경우도 있다. 이는 통제기관이 하부기관들로부터

권한과 기능을 재집권화하든지 또는 계약기관이 종전에 외부전문가에게 주었던 내부기능들을 되돌려 받는 상황을 말한다. 이 경우 계약 또는 통제기관의 관료들이 그들의 효용증대와 관련이 있는 관청예산을 증대시키는 수단으로서 사업예산의 일부 삭감을 환영하는 기간이 존재할 수 있게 된다.

3. 관료의 동기와 관청형성 전략

이상 살펴본 바와 같이 예산극대화 모형은 이론적·실제적으로 상당한 문제점을 지니고 있다. 이에 대한 대안으로서 제시되는 관청형성 모형은 관료가 추구하는 바가 무엇인지에 대해 보다 정확하고 그럴듯하며 포괄성을 지닌 견해를 제시하고자 한다.

관청형성 모형에 따르면 고위직 관료는 금전적 편익보다는 수행하는 업무의 성격과 업무환경에서 오는 효용을 증진시키는 데 더 큰 관심을 갖는다. 그 근거로서 다음 세 가지를 들 수 있다. 첫째, 고위직 관료는 하위직 관료와는 달리 수입이나 직업안정보다는 지위·위신·후원자로서의 풍모·영향력·자기 업무의 중요성 등 비금전적인 효용을 더 강조한다. 둘째, 공직자는 자신의 금전적인 효용을 증진시키는 데 있어 대개의 경우 심한 제약을 받고 있다. 셋째, 공직이 부여하는 비금전적인 효용의 가치가 상당하다고 볼 때 사익을 추구하는 관료는 자신이 속하고 싶은 유형의 기관에서 자신이 하고 싶은 업무를 하는 것을 몹시 선호하게 된다.

이러한 조건들에 비춰볼 때 합리적인 고위관료들은 반복적이고 일상적이며 자율성이 낮고 시민의 눈에 잘 노출되어 있는 계선기능보다는 창의성을 요하고 자율성이 높으며 시민의 눈에 잘 띄지 않는 참모기능을 더 선호한다고 할 수 있다. 그들은 또한 대규모의 계층제적이고 강제를 수반하며 갈등적인 인간관계를 기반으로 하는 업무환경보다는 소규모의 엘리트 위주로 구성되고 협동적인 업무패턴을 기반으로 하는 업무환경을 더 선호한다. 나아가 그들은 정치인이나 상류사회 인사와의 접촉이 거의 없는 변방에 위치해 있는 것보다는 그런 기회가 많은 중앙에 위치해 있는 것을 더 선호한다. 요컨대 합리적인 고위관료는 소규모의 엘리트 중심적이고 정치권력의 중심에 접근해 있는 동료적(collegial) 성격을 지닌 부서에서 참모기능을 수행하기를 원하는데, 그들은 먼저 개인수준에서 이것을 추구하다가 그것이 한계에 부딪히면 집합적인 전략을 찾게 된다. 이에 합리적인 고위관료들은 그들의 부서를 참모기능에 근접하고 중앙에 위치해 있는 기관의 형태로 변화시키고자 하는 관청형성(bureau-shaping) 전략을 채택하게 된다. 만약 이러한 전략이 성공하게 된다면, 전달기관이 시간이 지남에 따라 통제나 이전 또는 계약기관 등으로 변형될 것이라 예측할 수 있다. 이상의 논의가 의미하는 바는 고위관료의 사적인 이익이 반드시 예산이나 부서의 크기를 통해서 표출될 필요는 없으며, 그것은 관청의 '형성'을 통해서 나타날 수 있다는 것이다.

관청형성 전략을 추구하는 데는 다음의 다섯 가지 수단이 존재한다. ① 내부 재조직화를 통해 정책결정 수준은 강화하는 반면 일상적인 기능은 따로 떼어 내고 고위관료는 가능한 한 후자에는 개입하지 않는다. ② 내부 업무실행의 변화를 통해 보다 세련된 관리 및 정책분석 체계로 기관의 형태를 변화시키고, 인원 구성도 전문적인 참모형으로 변화시키며, 자동화·전산화로 단순 사무업무를 축소한다. ③ 외부 파트너(하부 공공기관, 계약업자, 피규제인, 고객 이익집단 등)와의 관계 재정의를 통해 일상적인 업무부담은 줄이고 정책통제는 극대화한다. ④ 여타 부서와의 업무영역 경쟁을 성공적으로 수행하여 골치 아픈 업무 또는 단순업무를 다른 부서에 넘긴다. ⑤ 민영화·분봉(hiving-off)·계약(contracting out) 등을 통해 고위관료의 선호에 맞지 않는 기능에 대한 책임을 지방정부나 준정부기관(quasi-government agencies)으로 넘긴다.

III. 평가적 의견

1980~1990년대 동안 구미 제국에서 진행된 공공부문 축소노력과 변화에 직면하여 Niskanen의 예산극대화 모형이 어려움을 겪은 반면, 고위관료가 자기 부서의 예산과 인원의 규모를 확대하는 데 있어 필연적인 이익을 지니는 것은 아니며 그들이 관청의 형태를 자신의 선호에 맞는 것으로 변화시킬 수 있음을 제시한 Dunleavy의 관청형성 모형은 뛰어난 현실설명과 예측력을 보였다. 나아가 Dunleavy는 그 동안 경험적 사례연구 차원에서 행해지던 예산극대화 모형에 대한 비판을 이론적이고 체계적인 차원으로 끌어 올렸으며, 그 과정에서 제도론적 요소를 가미한 예산 및 기관의 유형론을 제시하는 이론적 성과를 올렸다. 또한 지난 20여 년 동안 행해진 공공부문 개혁이 대략 중·하위직 관료들의 희생을 기반으로 해서 고위직 관료들의 이익을 지키는 쪽으로 움직여왔다는 분석을 해냄으로써 공공선택론이 신우익(the New Right)론자들의 전유물이 아니며 급

진적인 관점에서도 얼마든지 공공선택론의 가정과 방법을 사용하여 정책 및 행정현상을 분석해낼 수 있음을 보였다.

이러한 성과와 기여에도 불구하고 관청형성 모형의 약점에 대한 지적들이 존재한다. 먼저 Christopher Hood는 다음과 같은 질문을 던짐으로써 관청형성 모형의 설명력에 도전하고 있다: "호주는 1980년대 동안 정책기관으로부터 집행기관을 분리하는 추세를 받아들이지 않았다. 그렇다면 관청형성 모형의 설명력은 단지 영국과 뉴질랜드에만 한정되는가? 왜 하위관료에 주로 이익이 되는 대형관료제를 고위관료들이 그렇게 오랫동안 허용했던가? 그들이 비합리적이었나? 또는 이타주의적이었나? 왜 그렇게 오랜 시간이 흐르고 나서야 그들이 자신의 진정한 이익을 알게 되었나? 왜 '신공공관리'가 1980년대에 들어서야 나타나게 되었는가?"(Hood, 1994, p. 137) 또한 Dunleavy의 제자 중의 한 사람인 Oliver James는 고위직 관료들이 정치인들로부터 상당한 제약을 받고 있으며, 따라서 관료들이 주도권을 휘두르며 마음대로 부서의 형태를 좌우할 수는 없다고 지적한다. 정치인들은 고위관료들이 정책기능보다는 오히려 부서의 관리에 치중하기를 강요할 수 있다는 것이다. 실제로 영국에 있어서, 정치인들의 그러한 요구에 대해서 고위직 관료들이 자신의 이익을 지키고자 하는 방어적인 차원에서 정책기능 강화를 꾀하게 됐고 이것이 왜 Next Steps에 대해 고위직 관료들이 호의적인 태도를 보였으며 이를 신속히 추진했는지를 설명해 준다고 주장한다 (James, 1995). 이에 대해서 Keith Dowding도 관료의 동기에 대한 Dunleavy의 주장에 이의를 제기한다. 즉 개별관료가 얼마나 자기 부서의 핵심예산상의 감소를 받아들이면서 참모기능을 수행하는 부서를 추구할 자세를 갖추고 있는지에 대해서 Dunleavy의 모형은 충분히 다루고 있지 않다는 것이다. 또한 그는 관청형성 모형이 많은 변수를 동원함으로써 예산극대화 모형보다 그 기술적인 정확도를 높이기는 했지만 이는 간결성(persimony)을 희생하여 얻어진 것이라는 뼈아픈 지적을 하고 있다(Dowding, 1995). Christopher Hood가 지적한 대로, 관청형성 모형은 그것이 설명할 수 있는 것만큼이나 많은 새로운 질문들을 야기한다. 모든 이론이 그렇듯 관청형성 모형 역시 완벽하지는 못하며 더욱 세련될 필요성이 존재한다. 그러나 도전성과 창의성, 그리고 새로운 연구의 지평을 열어 주는 선진성 등의 측면에서 관청형성 모형은 관료와 관료제 연구에 주목할 만한 기여를 하였다고 평가할 수 있다.

참고문헌

Dowing, Keith, *The Civil Service*, London: Routledge, 1995.

Dunleavy, Patrick, *Democracy, Bureaucracy and Public Choice: Economic Explanations in Political Science*, Hemel Hempstead: Harvester Wheatsheaf, 1991.

Hood, Christopher, *Explaining Economic Policy Reversals*, Buckingham: Open University Press, 1994.

James, Oliver, "Explaining the Next Steps in the Department of Social Security: the Bureau-Shaping Model of Central State Reorganization," *Political Studies* 43, 4, 1995, pp. 614-629.

정용덕, "관청형성 모형," 정용덕 외, 합리적 선택과 신제도주의, 서울: 대영문화사, 1999.

Jane E. Fountain의
가상국가 및 정보기반 관료제이론*

I. 머리말

지금 우리가 겪는 변화의 전모를 파악하는 것은 결코 쉽지 않은 일이다. 변화의 물살을 체감할 수는 있을지 몰라도 그 흐름의 방향과 목적지를 알기는 어렵다. 많은 사람들이 정보혁명의 충격과 그것이 수반하는 전례 없는 변화의 폭과 속도를 이야기하였다. 그러나 이 거대한 물결의 조감도는 발견되지 않는다. 우리는 과연 어디로 가고 있는 것일까? 무엇보다도 우리는 정보혁명이 정치와 행정, 국가와 가버넌스에 어떤 변화를 가져 왔는지, 앞으로 또 어떤 영향을 미칠지 알고 싶다. 정보시대에 우리는 과연 어떤 나라와 정부, 어떤 정치와 행정을 마주치게 될 것인가?

하버드대학교 케네디 정부학대학원(John F. Kennedy School of Government)에서 공공정책을 담당하는 제인 파운틴(Jane E. Fountain)은 정보사회의 가상국가 및 관료제에 관한 주목할만한 이론적 접근을 시도한다. 파운틴은 전통적 관료제와 조직 이론, 특히 그 핵심개념인 명령과 통제(command and control)야 말로 정보기반 관료제이론(theory of information-based bureaucracy)의 유용한 출발점이 될 수 있다고 주장한다. 파운틴은 인터넷의 잠재적 혜택과 폐해는, 그 혁명적 힘에도 불구하고 정부의 현행 조직 및 제도들에 의해 큰 영향을 받게 될 것이라고 지적한다. 왜냐하면 이들 구조적 체제들에 의해 부과된 제약 하에서 비로소 정부의 행위자들에 의한 의사결정과 월드와이드웹을 형성하기 위해 접속해야 하는 정보네트워크들의 설계, 개발 및 이용이 이루어지기 때문이다. 인터넷등 정보기술의 채용으로 관료제에서 일어나고 있는 구조적 변화는 정부의 책임성(accountability), 업무전문화(task specialization) 및 관할(jurisdiction) 등과 같은 가버넌스의 중심개념들에 영향을 미치고 있기 때문에

---

* 홍준형: 서울대학교 행정대학원 교수.

이러한 변화를 설명하기 위하여 정보기반 관료제 이론(theory of information-based bureaucracy)을 발전시켜야 하며, 그 출발점은 다름 아닌 막스 베버에 의해 발전된 기존의 관료제이론에 두어야 한다는 것이다.

II. 정보기반 관료제 이론을 향하여

파운틴은 인터넷의 관료제를 현대화하기 위한 노력들을 이해하기 위해서는 정보처리의 성격에 관한 일련의 기본전제들을 변경해야 한다고 지적하면서, 현재 상황에서 예측이론(predictive theory)을 발전시키는 것은 중요하지 않고, 오히려 그동안 정부학에서 소홀히 취급되었던 핵심 독립변수들을 식별해내고 거기에 초점을 맞출 필요가 있다고 주장한다. 이러한 배경에서 그녀는 특히 막스 베버가 발전시킨 관료제에 주목하고 있다. 베버의 관료제는 말할 나위도 없이 근대국가의 기초라 할 수 있다. 그런데 그 주된 속성인 공식적 관할구분, 위계제, "문서"에 의한 관리, 그리고 일반화된 규칙들과 같은 요소들이 정보혁명에 의해 다양하고 복합적인 방식으로 영향을 받고 있다는 것이다. 물론 관료제가 이미 시대에 낙후된 것이라고 주장하는 것은 불충분하고 사실 부정확하다. 변화하는 정보기술에 의해 중대한 변화를 겪었을지라도 관료제의 제 요소들은 여전히 중심적인 요소로 남아 있다. 정부학을 공부하는 학생들 가운데 관료제란 말을 종종 공공서비스(civil service)와 동의어로 여기는 사람들이 많다. 정보시대의 관료들은 과거와는 판이하게 다른 기능과 전문성을 필요로 하며, 정보기술의 변화에 따른 간접적 영향으로 공무원 경력 및 인사이동의 구조가 이미 변경되었다. 마찬가지로 태스크포스, 기관간 작업반, 위원회 등 관료제 내의 핵심그룹들의 유인구조와 행태 역시 되돌릴 수 없을 정도로 변화하여 정책과 정치에 시사점을 던져 주고 있다. 조직간 수준에서의 분석 및 기술변화의 함의들에 대한 관심은 핵심적인 의미를 지니는 현상들을 조명해 준다. 기관이 채용할 수 있는 계약의 수준은 복수의 관할들의 조정을 위하여 사용할 수 있는 기술적 수단들과 직접 연관되어 있다. 최근 강조되어 온 파트너십 또한 현재와 같은 정보기술이 마련되어 있지 않으면 사용이 불가능했었을 조정 형태에 해당한다. 신공공관리는 조직의 경제학을 강조하지만 파트너십과 네트워크의 폭발적 성장을 설명하기 위하여 정보의 경제학에 더 많은 관심을 기울일 필요가 있다는 것이다.

파운틴은 미국의 국가성과심사와 같은 정부개혁의 노력에 대한 비판론에 대하여 기술변화와 그것이 정부기관의 능력과 통제에 대해 미치는 영향을 이해하지 못하면 권능부여(empowerment), 피용자 재량(discretion)의 확대 및 고객서비스 등과 같은 인간관계 변화의 수사(rhetoric)이나 현실을 이해할 수 없다고 한다. 하드웨어와 소프트웨어에 내장된 규칙들은 종이 기반 시스템에서는 상상도 할 수 없는 통제체계를 형성한다. 내장된 규칙 체계에서 재량은 고도의 제약을 받게 된다. 이와 같이 정보기술은 생산, 조정 및 통제에 영향을 미치는, 다시 말해 정부의 신경체계라는 것이다. 그러나 파운틴에 따르면, 이론이나 실무 공히 이들이 품고 있는 함의의 폭과 중요성을 제대로 평가하지 못하고 있다고 한다. 그리하여 그녀는 정치학자들에게 새로운 정보통신기술의 효과와 채택을 설명해주는 정보의 정치경제이론을 개척할 것을 주문한다. 또 정보기반 관료제이론은 현대국가를 뒷받침해주는 조직의 형태변화뿐만 아니라 그 안정성까지 설명할 수 있어야 한다고 요구한다. 모든 이론과 마찬가지로 관료제이론이 계속적인 이론정교화의 결과를 융합하듯이 관료제의 정보처리능력의 막대한 변화를 설명해 줄 이론도 반드시 다음 몇 십 년 동안 계속 진화과정을 걷게 될 것이라고 전망하면서 파운틴은 정보기술과 관료제의 양상들이 관료제이론을 다음 세기로 가져가기 위한 연구의 토대가 된다고 지적한다.

Ⅲ. 가상국가와 가버넌스 이론

위에서 소개한 파운틴의 논문은 실은 2001년에 출간된 "가상국가 만들기 — 정보기술과 제도변화"(Building the Virtual State-Information Technology and Institutional Change)에서 비롯된 것이다. 그녀는 이 책에서 조직이론과 현대국가에 의한 인터넷기술의 채택의 상호연관을 예리하게 분석하고 있다. "가상국가"(virtual state)란 파운틴의 정의에 따르면, 점점 더 많은 부분이 인터넷과 웹에 구조와 성능을 의존하는 가상기관(virtual agency), 범기관적(cross-agency) 네트워크 및 공—사 네트워크들로 조직되어 있는 정부를 말한다. 다시 말해 그것은 관료제기관들보다는 네크워크로 연결된 컴퓨터 정보시스템과 조직 간 네트워크들이 점점 더 큰 비중을 차지하게 되는 정부라 할 수 있다. 이 책은 정치학, 조직 및 경제사회학, 기술 및 조직 연구에 근원을 둔 세 가지 조류의 이론 및 조사연구들을 바탕으로 하여 이들 이론적 자원들을 집약시킨 7가지 명확하고 현명하며 창발적인 공식들을 제시하고 있다.

먼저 그 이론적 배경을 살펴보면, 첫 번째 조류는 가버넌스 연구이다. 가버넌스는, 로버트 달(Robert Dahl)이 '한 정치체제의 성격과 그것을 구성하는 시민들의 질이 서로 일정한 연관을 맺고 있다는 것은 그리스 이래 정치철학의 통념이었다'고 지적했듯이, 고래로부터 제도의 문제와 불가분하게 연결된 문제로 인식되어 왔다. 19세기 중반 국민국가들이 앞 다투어 헌법제정을 추진하였을 때, 존 스튜어트 밀(John Stuart Mill)은 개인의 권리와 이익을 보호해 줄 대의제 정부의 제도적 구조와 과정을 고안하려고 시도하였고, 최근에도 제도에 대한 관심은 민주제도, 정치 및 사회적 자본(social capital)의 관계에 대한 이해를 진전시킨 로버트 퍼트남(Robert D. Putnam)의 연구라든가 합리적 선택과 제한적 합리성을 지닌 정치의 조직적 기초들을 규명함으로써 제도적 사고를 한 걸음 진전시키는데 기여한 마치(James March)와 올슨(Johan Olsen)의 연구들에서 볼 수 있듯이 정부제도들에 대한 역사적 비교연구들, 특히 국가의 자율성, 능력 및 발전을 대상으로 한 연구들은 역사와 문화의 발전 및 구조적 관성에 대한 강한 영향을 위시하여 제도의 변화와 발전에 잠재되어 있는 정치적 갈등과 협상의 중요성을 강조해왔다. 또 다른 정치학자들과 사회학자들은 정책결정과정에 있어 개인과 조직의 관계 및 행태를 검토하기 위하여 제도의 렌즈를 사용해 왔고, 형식적인 입법활동 또는 이익집단의 행태보다는 개인과 조직의 행위자들에 의해 정책결정이 이루어지는 과정에 초점을 맞춰왔다. 조직적이고 보다 구조적인 이 연구방식으로 가장 적합한 유형을 들자면 정책결정을 공공조직, 사조직 그리고 비영리조직들로 구성된 성좌(constellation) 또는 네트워크의 관점에서 보는 라우만(Edward Laumann)과 크노우크(David Knoke)의 "조직국가"(The Organizational State)를 들 수 있다. 두 번째 조류는 조직이론과 사회학에서 나온 신제도론(new institutionalism)인데, 20세기초 사회학의 창시자인 뒤르껭(Emile Durkheim)은 사회학을 제도에 대한 학문, 제도의 발생과 기능에 관한 학문으로 정의한 바 있고, 디마지오(Paul DiMaggio)와 파월(Walter Powell)은 조직형태의 유사성과 조직분야내에서의 실무를 합리적 선택의 결과가 아니라 제도적 동형화(isomorphism), 즉 주어진 분야에서 조직이 규범적 영향에 순응하고 다른 기관을 모방하거나 강력한 행위자들에 의하여 자신들의 환경에서 그러한 실무사례들을 채택하도록 강요를 받는 과정의 산물인 경우가 훨씬 빈번하다고 설명하였다. 그라노베터(Mark Granovetter)는 1985년에 출간된 논문에서 경제행위는 진행중인 사회구조와 사회관계 안에 내장되어 있으며(embedded) 이러한 내장성(Embeddedness)은 개인의 행위와 제도 양자에 영향을 미친다고 주장함으로써 경제사회학에서 오랫동안 잠자고 있던 연구유파에 새로운 활력을 불어넣었다. 세 번째 조류는 정보기술과 조직의 관계를 고려하는 것이다. 막스 베버(Max Weber)는 19세기 관료제의 급속한 발전을 산업혁명에 대응하기 위한 변화과정으로 인식하였다. 분산되고 복잡한 작업들을 통제하고 철도운송을 조정하기 위하여 관료제가 필요하게 되었다는 것이다. 그는 관료제를 정보의 사례 및 경로에로의 구조화(sturcturing of information into cases and channels), 비인격적인(impersonal) 관계에 대한 철저한 의존, 그리고 필연적인 합리화지향을 통한 통제의 기술(technology of control)이라고 설명하였다. 최근에 나온 연구로는 정보혁명을 한 세기 이상 진행된 물자처리의 속도와 통제를 개선시키기 위한 노력의 소산으로 설명한 베나이저(James R. Beniger)의 연구라든가 정보기술과 작업의 조직간의 관계를 탐구한 바알리(Stephen R. Barley)의 연구 등을 들 수 있고, 그 밖에도 개인과 조직들이 새로운 정보기술을 사용하게 되는 사회적, 구조적 메카니즘에 초점을 맞추거나 정보기술이 조직 및 작업의 설계에 미치는 영향에 관심을 쏟는 연구들이 나오고 있다.

극히 소수의 예외를 제외하고는 정부의 조직과 제도들에 있어 이 내장성과 네크워크의 역할에 관한 상세한 조사연구는 거의 행해지지 않았다고 반성하면서, 파운틴은 이 세 가지 조류들을 통합하여 더욱 정교한 이론으로 발전시키려고 시도한다. 로렌스 오툴(Laurence J. O'Toole Jr.)은 공공관리가 "점점 더 네트워크로 서로 연결된 행위자들의 배경 아래 행해지고 있으나, …… 대부분의 행정가들이 업무성과의 개선을 위한 자문을 기대하는 표준적 문헌들은 이러한 환경에서 효과적으로 행동하는 문제에 대해서는 비교적 희박한 관심만을 기울이고 있을 뿐"이라고 지적한 바 있다. 네트워크로 연결된 정부의 시스템들은 점점 증가할 가능성이 크다. 미국 연방정부의 예산에서 단일기관 사업이 차지하는 비중은 극히 낮고 거의 모든 주요 연방정책들이 공공조직, 사조직 및 비영리조직의 배합을 요구하고 있다고 한다. 연구자들 가운데는 정부의 업무가 점점 사적 영역과 비영리영역에서 이루어지고 있다는 점을 지칭하기 위하여 "공허한 국가"(hollow state)라는 용어를 사용하는 사람들이 많다.

제도이론들은 제도가 행위에 부과하는 제약들을 설명해 준다. 이들 이론은 집단행동과 개인의 행위에 있어 안정성과 일관성을 설명하지만 본질적이고 시급한 문제들—가령 제도는 어떻게 변화하는가, 제도가 행위를 제약한다면 어떻게 그리고 어째서 특정한 행위자들이나 조직들만이 그에 순응하는 것인가, 기술은 어떻게 하나의 변수로 제도이론에 의하여 포섭되는가, 어떤 메카니즘에 의하여 제도들이 그 정보처리 및 통신의 근본적 변화들로부터 영향을 받게 되는가, 끝으로 정보기술의 채택(enactment)은 제도에 의해 부과된 제약들을 강화하는가 아니면 약화하는가 등—을 미해결상태로 방치하는 경향이 있다고 파운틴은 지적한다. 이러한 물음들에 대한 해답을 모색하기 위하여 그녀가 제시하는 분석의 틀은 기술채택(technology enactment)이란 개념을 중심으로 하여 구성된다. 여기서 기술채택의 개념은 하드웨어, 소프트웨어, 텔레코뮤니케이션 또는 디지털장치들의 성능과 기능의 측면에서 파악된 '대상으로서의 (정보)기술'(objective technology)과 구별된다. 이들 정보기술의 물질적 요소들은 개인이나 조직에게 있어 지식을 갖춘 요원이 그들을 사용하기 전까지는 거의 실제적 가치가 없는 잠재적 능력을 의미할 뿐이다. 조직들은 막 인터넷과 웹을 그들의 업무 및 구조에 병합시키는 설계와 이용방법을 만들어 내기 시작하였다. 조직들이 그들의 정보시스템이 지닌 능력을 백퍼센트 모두 사용하는 경우는 드물고 그 전략적 잠재력을 가동시키지 않는 경우도 빈번하다고 한다. 사실 조직행위자들이 그들이 보유한 기술시스템의 잠재력을 거의 모르는 경우가 많다는 것이다. 그러므로 유사한 조직들이 동일한 정보시스템을 전혀 상이한 방법으로 사용한다고 해도 전혀 놀랄 일은 아니다. 정보시스템의 능력과 잠재력은 그 시스템의 이용자에 의해 '채택될'(enacted) 때 비로소 구체화된다. 즉, 개인과 조직들은 그들의 해석과 설계, 실행 그리고 그들의 조직 및 네트워크에서의 용도에 의해 정보기술을 채택하는 것이다. 웹과 관련정보기술의 유연성, 분해가능성(decomposability) 및 기능성은 한 시스템의 객관적 특성들이 실제로 사용되는 그것들과 실질적으로 상이할 수 있다는 점을 의미한다. 그런 뜻에서 기술채택은 인식론적, 문화적, 구조적 그리고 정치적 내장성의 소산이라 할 수 있다. '채택'(Enactment)이란 "상황의 정의" 또는 상황 자체보다는 행위자의 상황인식과 제한된 합리적 추론을 반영한 어떤 문제에 대한 주관적 표상(subjective representation)에 가까운 개념이며, 채택된 기술이란 위의 '대상으로서의 기술'에 대한 인식, 설계 및 그 이용을 말한다.

파운틴은 이러한 분석틀을 사용하여 초국가적 수준, 연방정부, 주정부 또는 지방정부 수준에서 다양한 정책네트워크를 분석하는데 사용될 수 있다고 한다. 그녀는 이 기술채택의 틀을 사용하여 미국에서 시행된 국제무역정보시스템(International Trade Data System)의 구축 및 시행, 중소기업을 위한 기관간 웹사이트 구축사업, 미육군 제9경보병사단의 기동작전통제시스템(Maneuver Control System: MCS2) 등의 사례를 분석하였다.

파운틴은 이 같은 기술채택의 틀을 토대로 기술, 조직, 제도 및 개인들 사이

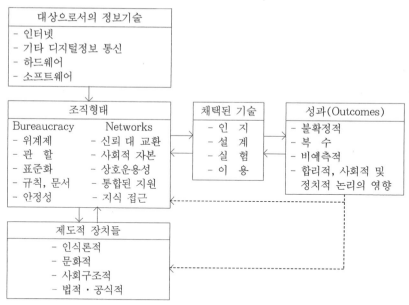

Building the Virtual State, p. 91에서 전재.

의 상호작용을 위한 지침으로 활용할 수 있는 7가지 공식들을 제시하고 이들을 위의 사례들을 분석하면서 설명적 방식에 의하여 검증하고 있다:

1) 정부기관들은 획기적으로 효율성을 제고할 수 있는 잠재적 가능성이 있더라도 극 효율성의 제고가 해당 기관으로서는 자원(예산, 인사)의 상실로 받아들여진다면 그 가능성에 대해 저항할.것이다.

2) 연방정부의 공식적 제도들이 기관중심적 활동들은 보상해 주는 반면 범기관적 활동들은 억제하기 때문에, 연방 기관간 네크워크들을 구축하거나 유지하기 어려울 것이다.

3) 기관들은 정보기술을 습득하는데 필요한 자원들을 결여하고 있다.

4) 정부간 네트워크와 공―사 네트워크들은, 범기관적(cross―agency) 연방네트워크보다 자신들을 더 쉽사리 우대하는 제도적 맥락 때문에 범기관적 정보기술기반 네트워크들을 무색하게 만들 것이다.

5) 기관들은 개혁을 위한 노력의 촛점을 예산할당과정에서 잠재적 또는 현실적으로 전략적 제휴를 맺게 될 선거권자 또는 "고객"들에게 맞추기 쉽다.

6) 네트워크를 발전시키는데 필요한 변화의 성질여하에 따라 그 노력의 성공 확률이 영향을 받을 것이다.

7) 문화, 역사, 정신적 모델들, 그리고 정책도메인이나 기관의 표준적 실무관

행들은 기술채택, 즉 한 기관이 인터넷을 이용하는지 여부와 이용양상에
영향을 미칠 것이다.

첫 번째 공식은 아마도 경영학이나 행정학에서 가장 빈번히 발견할 수 있는
진리를 표현하고 있다. 이에 대하여, 파운틴은 정부기관들은 인터넷의 채택으로
예산과 인력을 상실할 가능성이 매우 크며, 기술진보와 합리화의 논리가 관료정
치의 논리와 충돌한다는 점을 근거로 들고 있다. 반면, 두 번째 공식의 근거로
그녀는 행위경로나, 업무처리방법 조견표, 각종 모델, 규칙체계 등과 같이 범기
관적 활동을 평가하거나 진전시킬 수 있는 절차가 거의 마련되어 있지 않기 때
문이라고 한다. 정부기관에 있어 정보기술 습득에 필요한 자원의 결핍에 관한
세 번째 공식은 다음과 같이 설명된다. 우선, 현재 연방정부를 감싸고 있는 비용
삭감의 환경(cost-cutting environment)은 정보기술 지출을 줄여 즉각적으로
비용절감을 단행하도록 요구하기 때문에 기관들이 프로토타입을 발전시키고 새
로운 정보시스템을 시험하는 것을 어렵게 만든다. 어떤 새로운 이니셔티브에서
도 정부의 관리자들이 등반해야 할 학습의 곡선은 조직재설계의 비용만큼이나
매우 가파르다. 그러나 기관학습(agency learning)의 요구들은 일부 정보기술
예산들을 이를 지출보다는 투자로 보아야 하며, 예산과정에서 다른 부류의 지출
들과 상쇄가능한 것으로 다루어서는 안 된다는 것을 시사해 주고 있다. 개혁과
정에서 나타나는 선별적 수혜 현상에 관한 다섯 번째 공식은 대규모 기관간 이
니셔티브들이 재분배효과를 발생한다는 점, 다시 말해 웹기반 기관간 네트워크
의 채택여하에 따라 일부 유권자들이 다른 사람들보다 더 혜택을 받을 가능성이
높다는 점에 의해 설명된다. 공익실현을 위한 이러한 편의(偏倚)는 정부에 있어
고객서비스규범들이 초래하는 예기치 못한 결과라 할 수 있다. 정치적 영향력을
결여한 고객들은 정부구조의 재설계가 진전되더라도 그로부터 인터넷의 혜택을
덜 받을 가능성이 크다. 네트워크를 발전시키기 위해 필요한 변화의 내용이 그
노력의 성공확률에 영향을 미친다는 여섯 번째 공식은 당연한 것처럼 보이기도
하지만 매우 의미심장한 교훈을 시사한다. 실제로 데이터의 표준화를 필요로 하
는 범기관적 정보기술노력이 기관의 구조적 변화 또는 네트워크 연계를 성공조
건으로 요구하는 프로젝트들보다 성공할 확률이 더 높다는 사실이 그 점을 보여
준다. 이 명제는 조직 및 제도의 논리뿐만 아니라 기술의 분석으로부터 도출된
다. 끝으로 일곱 번째 공식, 즉 조직문화 및 업무관행 등의 배경이 기술채택에
영향을 미친다는 명제는 전자정부의 구축과정에서 우선순위를 설정함에 있어 반
드시 고려해야 할 교훈이 된다. 이 명제는 과학과 기술 관련 활동에 관련된 기관

들은 과학, 기술, 컴퓨터사용 또는 범 관할 행정협조에 덜 노출되는 기관들보다
네트워크 체제에 관여할 가능성이 더 크다는 사실에 의해 뒷받침될 수 있다. 이
러한 명제는 내장성(embeddedness)의 요소들로서 문화, 역사 및 직업적 실무관
행에 대한 토론으로부터 나온다.

Ⅳ. 평가적 의견

파운틴의 "가상국가 만들기 ─ 정보기술과 제도변화"(Building the Virtual
State-Information Technology and Institutional Change)는 미국의 공공부문
이 디지털 가버넌스의 가능성을 충분히 활용하기 위하여 어떻게 진화하고 대처
해 가야 하는지를 설명하려는 실천적 관심을 바탕으로 정보기술이 어떻게 정부
기관에 통합되는가를 설명하고 있다. 파운틴의 관심은, 그녀 스스로 책의 서문에
서 천명하였듯이 다분히 이론적이다. 즉 막스 베버에 의해 발전된 기존의 관료
제이론에서 출발하여 정보기반 관료제 이론(theory of information-based bu-
reaucracy)을 개척하겠다는 것이다. 일부 이론가들과 미래학자들은 네트워크,
시장 그리고 자기조직시스템까지 포함하여 관료제가 대체될 것이라고 시사했었
고, 약 10년 전쯤 인터넷이 널리 이용되기 시작했을 때, 국민국가(nation-
state) 자체가 다양한 국가내적, 국가상위적 그리고 초국가적 형태의 가버넌스로
대체될 것이라는 전망이 나오기도 했다. 파운틴은, 그러나 예측가능한 미래에,
적어도 향후 25년 내에 관료제가 다른 형태의 조직으로 대체될 것 같지는 않다
고 단언한다. 더욱이 국민국가들이 그 중요성을 유지할 뿐만 아니라 세계화의
진전에 따라 새로운 역할을 부여받게 될 것임을 뒷받침하는 증거들이 늘어나고
있다는 것이다. 그리고 설상 관료제를 대체할 새로운 지배형태가 생성된다 하더
라도 그것이 무엇인지는 분명하지 않다고 한다.

그러한 이론적 관심을 통해 파운틴이 성취한 가장 주된 성과는 정부조직에서
정보기술이 채택되는 과정에서 조직환경의 역할을 구명하였다는데 있다. 정보기
술은 정부의 행위자들 가운데 정보와 행위의 통합을 증진시키고 정보의 관료기
구들과 시민들간의 관계를 근본적으로 변화시킴으로써 정부혁신의 가능성을 제
공해 준다. 그러나 파운틴이 이미 여러 곳에서 적절히 설명한 바와 같이 기술적
으로 가능한 것이 항상 실무상 또는 제도적으로 가능한 것은 아니다. 이 책을 통
해 얻을 수 있는 가장 귀중한 통찰도 바로 거기에 있다. 기술은 그것이 투입되는

제도에 의해 형성되며, 그 결과가 항상 기대한 결과로 나타나는 것은 아니다. '공공관리자들은 네크워크환경에서 국가의 중심적인 기술채택의 주체들'(enactors of technology)이며 '그들은 더 이상 기술문제를 기술직에게만 맡겨놓을 수 있는 사치를 누릴 수 여유가 없다.' 이러한 통찰력의 예봉은 파운틴의 정보기반 관료제이론의 핵심개념인 기술채택(technology enactment)의 개념에서 발견된다. 기술채택의 틀은 기술과 구조 사이에 놓인 인과관계의 화살표를 거꾸로 뒤집어 정부의 행위자들이 인식론적, 문화적, 사회적 그리고 제도적 구조에 삽입되어 어떻게 인터넷과 관련정보기술의 설계, 인지, 그리고 이용에 영향을 미치는지를 보여준다. 그것은 인터넷이 네트워크사회, 네트워크정부와 웹구조(webbed structure)를 창출한다고 암시하는 "인터넷이 모든 것을 바꾼다"는 식의 상투적 명제를 넘어서 조직환경이나 구조가 기술채택에 어떠한 영향을 미치는지를 탐구할 수 있도록 해준다. 그런 뜻에서 기술채택의 틀은 암묵리에 의사결정에 잘못된 정보를 제공하고 토론의 명확성을 저해해 온 기술결정론(technological determinism)의 여러 허구들―합리적 행위자 관점, 점증주의, 시스템분석론, 개인·집단 관점 등 다양한 명칭으로 불리는 관점들―을 타개하는 튼튼한 거점이 된다. 반면 가상국가의 구축에 있어 기술채택의 타당성을 정보문맹에 대한 배려, 소수자보호, 정보통신 산업정책상 경쟁력과 형평에 대한 정책적 균형 등의 측면에서 적절히 통제할 수 있는 민주적 가버넌스의 제도화가 궁극적 과제로 남는다.

참고문헌

Kim, Joonhan, Robert O. Wyatt, and Elihu Katz, Deliberative Democracy and the Public Sphere: On the Interactions of News Media, Interpersonal Communication, Opinion Formation, and Participation, *Political Communication*, 15(2), 1998, pp. 278-280.

Bilakovics, Steven, Madisonian Representation and Deliberation, http://www.la.utexas.edu/depts/gov/papers/steven.pdf, 2002.

Dryzek, J., *Discursive democracy: Politics, policy, and political science.* New York: Cambridge University Press, 1994.

Habermas, J., *The theory of communicative action: Reason and the rationalization of society*, Vol. 1, T. McCarthy, Trans. Boston: Beacon Press,

1984.

Levine, Peter, THE INTERNET AND CIVIL SOCIETY, *Report from the Institute for Philosophy and Public Policy* Fall 2000, Vol. 20 No. 4, 2000.

Fountain, Jane, "8. 21세기 연방관료제이론을 향하여", Elaine Ciulla Kamarck Ed., et.al., Governance.Com: Democracy in the Information Age, Brookings Institution Press, 2002.

가상기관은 비즈니스 개념을 정부에 확대적용하는 '웹포탈'(web portal) 모델에 따라 학생, 노인, 중소기업주 또는 재향군인들과 같은 의뢰인들에 의하여 구성되고, 일주일×24시간×365일(7×24×365) 내내 정부 외부의 관계기관들로의 링크뿐만 아니라 모든 정부서비스와 행정기관들의 정보를 제공하는 가상공간의 행정기관을 말한다. 가상기관들은 국가와 시민의 관계를 보다 단순하고 쌍방향적이며 더욱 효율적으로 재구성해 준다.

Bowling Alone: The Collapse and Revival of American Community, Simon and Schuster, 2000.

Rediscovering Institutions: The Organizational Basis of Politics, Free Press, 1989.

"Economic Action and Social Structure: The Problem of Embeddedness," *American Journal of Sociology*, Vol. 91, No. 3 1985, pp. 481-510.

The Control Revolution: Technological and Economic Origins of the Information Society, Harvard University Press, 1986.

"Technology as an Occasion for Structuring: Evidence from Observations of CT Scanners and the Social Order of Radiology Departments," *Administrative Science Quarterly*, Vol. 21, No. 1 1986, p. 81.

"Treating Networks Seriously: Practical and Research-Based Agendas in Public Administration," *Public Administration Review*, Vol. 57, No. 1 1997, p. 45.

Fountain, Building the virtual state, p. 89.

Fountain, Building the virtual state, p. 98.

기술결정론은 기술이 독자적으로 개인과 사회체제, 제도에 영향을 미친다고 주장한다. 기술과 그 효과를 물화(reify)함으로써 연구자들은 개인에게 가용한 행위의 범위와 기술, 내장성 및 행태간의 복잡한 상호작용을 그들 연구의 범위에서 배제시킨다. 그러나 조직의 구조적 대응조치 없이 신기술 자체만으로도 생산성 향상이라는 경제적 성과를 얻을 수 있다는 가능성을 암시한 연구들이 수행되었으나 소기의 생산성제고효과는 달성되지 않았다는 결과가 반복적으로 보고되었다 (Building the Virtual State, p. 84).

B. Guy Peters의
네 가지 정부모형*

I. 머 리 말

지난 수십 년 동안 세계 여러 나라에서 광범위하게 추진된 공공부문의 개혁은 정부 안팎에서 전례를 찾기 어려울 정도의 대규모 변화를 초래하였지만, 학자들로부터 이론적·실제적 양 차원에서 일관성이 떨어진다는 비판을 받고 있다. 이는 개혁의 기본 가정이 불분명하거나 상반된 논리의 개혁이 혼합적으로 추구되는 경우가 많았기 때문이다.

Peters는 다소 혼란스럽게 비쳐지는 근래의 정부혁신 내지 행정개혁을 네 가지 정부모형에 입각하여 설명한다. Peters가 제시하는 네 가지 정부모형은 현재 각국의 국정관리에서 나타나고 있는 변화유형의 이론적 기초와 모순점을 이해하고, 미래의 변화방향을 모색케 하는 유익한 틀이라고 할 수 있다.

구체적으로 이들 모형은 전통적인 공공행정에 대한 대안적인 성격을 띤 것으로서, 공히 국정관리체제의 기능향상을 목적으로 한다. 이들 각 모형의 특성 가운데 일부는 이미 각 국의 개혁에 실제로 반영된 것이고, 일부는 국정관리의 가능한 미래를 보여주는 것이다.

Peters의 네 가지 정부 모형은 모두 상호 구별되는 이론적 토대를 가지고 있으며, 각기 국가와 정부관료제의 기능과 역할 등과 관련하여 나름대로의 변화를 제안한다. 이들 모형이 변화시키고자 하는 종속변수는 동일하다. 즉 행정과 정치 간의 명백한 역할구분, 계층적 구조, 상설 조직과 경력직 공무원, 정치적 수단을 통한 책임구현 등을 특징으로 하는 전통적 국정관리 내지 행정모형을 변화의 핵심대상으로 삼는다.

네 가지 정부모형 간의 특징적 차이는 전통모형의 실패를 수정하는 전략의

---

* 박천오: 명지대학교 행정학과 교수.

차이라고 할 수 있다. 이들 모형은 상충되는 내용을 적지 않게 내포한다. 때문에 논리적으로는 어느 한 모형을 선택한다는 것은 나머지 모형을 모두 배제함을 의미하게 된다.

Peters는 네 가지 정부모형의 특징을 대비시킴에 있어서, 국정관리의 변화와 관련된 다음 몇 가지 함의와 처방에 초점을 맞춘다. 첫번째는 구조로, 공공부문이 어떻게 조직화 되어야 하는가의 문제이다. 두번째는 인사에 관한 것으로, 공공부문의 구성원은 어떻게 충원되고, 동기부여 되고, 관리되어야 하는가의 문제이다. 세번째는 정책과정으로서, 정책과정에서 경력직 공무원들의 역할은 어떠해야 하는가의 문제이다. 네번째는 공익에 대한 것으로서, 공익이 어떤 식으로 구현될 수 있는가의 문제이다. Peters가 제시하는 네 가지 정부모형은 다음과 같다.

II. 시장적 정부모형

행정의 전통적 모형에 대한 대안으로서 가장 잘 알려져진 것은 이른바 시장적 정부모형(market model)이다. 이 모형은 몇 가지 지적인 뿌리를 가지고 있다. 첫째, Niskanen, Tullóck 등 공공선택론자들에 의한 전통적 관료제의 실패에 대한 분석이다. 이들 학자는 조직구성원들의 자기이익 추구로 인해, 공공관료제가 지나치게 팽창되고 서비스 생산비용이 불필요하게 증대된다고 주장한다. 또한 관료들의 영속성(permanence)과 정보 독점은 의회의 통제력을 무력화시킨다고 한다.

두번째 지적 뿌리는 일반관리론(generic management)과 그 아류인 신공공관리론(new public management)이다. 이들 이론에 따르면, 관리는 어디까지나 관리인 까닭에 사람들을 조직화하고 동기부여 하는 방법과 도구는 공공부문과 사부문에 공통적으로 적용될 수 있게 되고, 따라서 사부문에서의 관리 처방(management recommendation)을 공공부문에도 적용할 수 있게 된다. 이러한 접근은 주인-대리인 관계의 보편성 등에 근거하고 있으나, 공공부문 관리의 특수성을 주장하는 학자들과 실무자들에 의해 비판받고 있다.

1. 구 조

시장적 정부모형은 공공부문의 전통적 구조의 가장 큰 결함을 외부 환경으로 부터 통제받지 않는 대규모의 독점적인 조직에 의존하는데 있는 것으로 본다. 또한 정부기관의 대규모성과 복잡성, 그것이 전달하는 가격 책정이 어려운 재화와 서비스의 성격과 같은 특성을 정부가 표출하는 비효율성과 비효과성의 뿌리로 간주한다. 또한 정부의 비효과성 문제는 공조직 내부의 활동이 시장의 신호나 개인의 기업가적 정신에 의존하기보다 공식적 규칙과 권위에 의거하는 까닭에 더욱 커진다고 본다.

시장적 정부모형의 이러한 진단은 정책과 집행에 관한 결정권한의 분권화라는 처방을 내린다. 분권화는 대규모 행정기관을 작은 기관들로 분할하고, 하위수준의 정부로 기능을 양도하며, 공공서비스 전달에 있어서 민간조직이나 준민간조직을 활용하는 방식으로 추진될 수 있다.

시장적 정부모형은 문제의 재화나 서비스가 시장성(marketable)이 있을 때 특히 적용성이 높다. 이 모형의 가장 극단적인 버전은 민간부문에서와 같은 경쟁적인 메커니즘이 공공부문에서도 작동할 수 있다는 기대 하에, 동일한 재화와 서비스를 생산하는 복수의 경쟁적 조직들을 창설하는 것이다.

시장적 정부모형은 조직 전체의 거시적 수준에서만이 아니라 조직 내 미시적수준에서도 구조적인 변화를 요구한다. 즉 기업가적 활동과 개인적 책임을 강조함으로써 전통적 공조직에서 의사결정의 일관성 유지 등을 위해 필요로 했던 계층의 수를 훨씬 감소시킨 보다 수평적인 형태의 조직을 요구한다. 이러한 형태의 조직에서는 일선 공무원들뿐만 아니라 관리층도 외부환경에 한층 더 효과적으로 대응하게 될 것으로 가정한다.

2. 관 리

시장적 정부모형의 관리적 함의는 명백하다. 공공부문의 근무자들이 사부문의 근무자들과 본질적으로 같다면, 양 부문에 동일한 관리기법을 적용하여야 한다는 것이다. 이는 곧 정부부문 인사행정 전통의 일부에 수정을 가한다는 의미이며, 이 같은 변화는 상당 부분 인사행정의 여러 영역에서 이미 진행 중이다.

예컨대 그 동안 같은 등급의 공무원들은 전통적으로 같은 금액의 보수를 지불받았지만, 이제 각자 수행하는 업적과 성과에 따라 보수에 차이가 나는 실적 원리(a merit principle) 에 의한 보수지급방식으로 대체되고 있다. 또한 업무성과에 따라 보상에 차이를 두는 제도가, 규모는 상대적으로 작지만 자치권이 강한 책임운영기관 등의 최고관리자들에게 적용되고 있다. 이들 최고관리자들은 구체적인 성과표준을 포함한 계약에 의해 고용되고 있으며, 해당 표준을 충족시키면 약속된 보수를 전부 지불받는 것은 물론 보너스까지 받을 수 있지만, 그렇지 못할 경우는 보수를 삭감당하거나 해고될 수 있다.

이 같은 차별적 보상체계는 조직구성원과 행정기관의 성과를 측정할 수 있어야 효과적으로 작동할 수 있는데 반해, 많은 연구들은 정부가 그러한 능력을 갖추기 어렵다고 본다. 기존 연구들에 의하면 성과측정이 단순한 활동 수준 (activity level)이 아니라 산출 수준(output level) 내지 영향 수준(impact level)에서 이루어질 때, 어려움은 더욱 가중된다. 또한 관리적이거나 서비스 전달적인 기능에 비해 정책조언 기능(policy advisory function)은 성과측정이 더욱 어려워진다. 이 같은 문제는 성과계약과 관리주의(managerialism)가 현재로서는 제한적으로 적용될 수밖에 없음을 시사한다.

3. 정책결정

정책결정에 있어서의 경력직 공무원들의 역할과 관련된 시장적 정부모형의 가정은 다소 모순적이다. 한편으로는 책임운영기관과 같은 기업적인 성격의 기관들을 다수 설치함으로써, 이들 기관이 관료적 연대(bureaucratic bonds)에서 벗어나 시장의 신호나 기업가적 리더십 판단을 근거로 보다 모험적이고 혁신적으로 기능 할 것을 주창한다. 그러나 다른 한편으로는 책임운영기관과 같은 준자치적인 조직들이 상부로부터의 정책이나 이념적 지시에 순응할 것을 기대한다. 이는 정책은 정치인들이 책임져야 한다는 전통적 시각을 재확인하는 것으로서, Reagan, Thatcher, Mulroney 정부 등에서 공통적으로 나타난 현상이다.

외관상 시장적 정부모형이 공무원들의 권력을 강화시키는 것으로 보이지만, 이는 공무원들의 정책결정자 내지 정책조언자로서의 역할이 아니라 관리적 역할에 국한된 것이라고 할 수 있다. 실제로 시장적 정부모형은 정치지도자에게 권력을 집중시키고, 기업가적 행위자들의 자치성을 제약하는 결과를 가져왔다.

시장적 정부모형에서는 조정과 통제의 어려움이라는 정반대의 문제가 발생될 수도 있다. 자치적인 기관들에게 정책결정 권한이 급진적으로 분권화될 경우 관련 정책들 간의 일관성이 훼손되고 해당 기관들 간에 소모적인 경쟁이 야기될

우려가 있는 데 반해, 최고위층 관료들이나 정치인들의 정책조정 기회는 축소될
수 있기 때문이다.

한편, 시장적 정부모형은 정부프로그램의 수혜자나 시민(the public)을 소비
자로 개념화한다. 이러한 개념화는 시민에게 힘을 부여하는 동시에, 그들의 품위
를 떨어뜨리는 결과가 된다. 시장모델에 의하면 영국의 시민헌장이나 캐나다의
PS 2000에서 엿볼 수 있듯이, 시민들은 이제 행정기관에 대해 민간회사에서와
같은 서비스 기대를 가질 수 있지만, 동시에 단순한 소비자로 전락하게 되어 국
가에 대한 권리와 법적 위상이 위축되게 되고 정치이론에서 차지하는 중요성도
감소될 수 있다.

4. 공 익

시장적 정부모형에 의하면 정부의 건전성은 공공서비스를 얼마나 저렴하게
전달하느냐를 토대로 평가되어야 한다. 이러한 목표달성을 위해 정부는 복수의
경쟁하는 서비스 공급자들을 만들어 내는 등 비전통적인 방식을 통해 활동을 수
행하여야 한다.

시장적 정부모형에서는 시민들을 납세자로서뿐만 아니라 소비자로도 간주하
므로, 공익은 시민들에게 시장에서와 같은 서비스의 자유선택을 보장함으로써
달성될 수 있다고 가정한다. 예를 들면 교육 등에 있어서 바우쳐(vouchers)를
제공하는 등의 방식으로 시민들의 소비자 선택을 확장시킬 수 있다고 본다. 서
비스 선택에 관한 정보 제공을 확대하는 것 역시 시민들의 선택을 확장시키는
한 방식으로 본다.

Ⅲ. 참여적 정부모형

참여적 정부모형(participatory model)은 정치적·이념적 측면에서 시장모
형과 거의 정반대 쪽에 위치하면서도, 제시하는 분석과 처방은 상당 부분 시장
적 정부모형의 그것과 흡사하다. 참여적 정부모형에서는 기존의 계층적 모형 하
에서 배제되었던 집단들을 조직의 의사결정 과정 등에 참여 또는 관여(involve)
시킬 것을 주창한다. 또한 시장적 정부모형에서처럼 공공부문의 계층적·규칙
위주의 조직관리를 심각한 문제로 받아들인다. 참여적 정부모형은 조직 상층부

의 관리계층에 초점을 맞추지 않고, 조직의 하층부 구성원들과 고객들에게 관심의 초점을 맞추는 것이 시장적 정부모형과의 차이라고 할 수 있다.

참여적 정부모형은 계층제의 하층부나 고객들이 공조직에 유익한 에너지와 재능, 정보를 많이 보유하고 있으므로, 이를 활용하는 것이 정부의 기능을 제고시키는 길이라고 가정한다.

참여적 정부모형의 지적인 뿌리는 상당히 다양하다. 하층부 구성원들의 관여나 참여를 보장하는 것이 그들을 동기부여시킬 수 있는 최선의 방법임을 주장하는 문헌, 공조직의 효과성이 일선관료들을 비롯한 공조직 하층부 사람들의 업무수행에 달려있음을 강조하는 문헌, 담론 민주주의(discursive democracy) 실현을 위해서는 조직 내 문제의 확인과 해결에 고객과 하위층 관료들이 참여하여야한다고 주장하는 문헌 등이 그것이다.

1. 구 조

참여적 정부모형의 구조적 함의는 다소 불분명하다. 이는 이 모형이 구조 자체보다는 구조 속에서 진행되는 과정을 더 중시하기 때문이라고 할 수 있다. 실제로 굳이 공식적 구조를 통하지 않고서도 조직하층부 구성원들이나 고객들의 의사결정 참여 기회를 확대시킬 수 있는 것이 사실이지만 참여를 보다 안정적이고 용이하게 하기 위해서는 구조개혁이 요구된다.

참여적 정부모형이 내포하는 구조와 관련된 가장 중요한 함의는 공조직이 보다 수평적으로 전환됨으로써 조직의 고위층과 최하위층간에 계층의 수가 많지 않아야 한다는 것이다. 만약 조직의 하층부 구성원들이 의사결정에 유익한 정보를 많이 보유하고 있고 열심히 일하고자 동기 부여된 사람들이라면, 이들을 통제하기 위한 계층들은 조직의 효율적 작동에 장애가 될 뿐이라는 것이다. 이와 상반된 또 다른 함의는 고객과 하층부 구성원들을 의사결정에 상당 수준으로 관여시키려면, 이들이 법과 재정적 제약들을 충실히 지키도록 하기 위한 위로부터의 통제가 함께 요구된다는 것이다.

한편, 참여적 정부모형은 참여 채널의 다양화가 요구되며 이를 위해서는 자문위원회 등 여러 구조가 필요하다고 본다. 흥미로운 것은 이는 시민 참여권이라고 표현한 것 외에는 내용 면에서 시장적 정부모형에서의 소비자 권리와 유사하다는 것이다.

2. 관 리

참여적 정부모형은 구조적인 측면보다 관리적인 측면과 관련하여 명백한 함의를 지닌다. 기본적인 전제는 하층부 구성원들과 고객들이 관리에 관한 결정(managerial decision)에 참여 할수록 조직이 효과적으로 기능한다는 것이다. 참여를 강조하는 데는, 참여가 전체의 사회적 국정관리(societal governance)에 도움이 될 것이라는 기대도 작용하지만, 그보다는 이념적인 차원에서의 중요성이 더 큰 의미를 지닌다. 시장적 정부모형이 시민의 역할을 경시하는 반면, 참여적 정부모형은 시민의 역할을 고양시키고 투표와 구분되는 또 다른 수단으로서 민주적 참여를 유인하고자 한다.

3. 정책결정

참여적 정부모형은 정부가 집권화된 패턴으로 정책결정을 하고 법과 엄격한 계층제를 통해 집행할 경우, 국정관리가 제대로 이루지지 않는다고 보고 분권화되고 상향적인(bottom up) 의사결정 유형을 제시한다. 분권화는 조직의 하층부 구성원들이 의사결정에 상당한 영향력을 행사하여야 한다는 의미이자, 조직이 독자적 의사결정권을 보다 많이 보유하여야 한다는 의미이기도 이다. 분권화의 이 같은 강조는 시장적 정부모형의 처방과 일치한다.

참여적 정부모형은 통상 의사결정 수준(level)이라고 할 수 있는 조직상위층 구성원들에 대해서는 거의 침묵한다. 다만 조직 내의 의사소통이 원활하다면, 하위층 구성원들이 정책에 영향을 미칠 수 있는 메시지를 계층제를 통해 상층부에 전달할 수 있어야 할 것으로 본다. 참여적 정부모형에 있어서는 그 동안 의사결정에서 배제 되어 왔던 사람들이 의사결정에 영향력을 행사할 수 있는 방법이 무엇이냐가 문제의 핵심이나, 이에 대해서는 단순한 대답이 존재하지 않는다.

한편, 참여적 정부모형은 정부의 결정은 대부분 정치지도자들의 몫이 아니라 매일 수많은 특정 사안들을 다루는 하위계층 관료들이나 일선관료들의 몫으로 본다. 하층부 관료들이나 일선관료들이 구체적인 사안과 관련하여 내리는 결정이야말로 시민들의 요구에 대응하는 실질적인 결정이라는 것이다.

대부분의 시민들에게 있어서 정부란 그들이 직접 접촉하는 경찰관이나 세무서 공무원 그리고 안전검사원들이라는 것이다. 이들 일선공무원들이 시민들에게 보여주는 행태나 의식은 시민들이 정부를 평가하는 토대가 된다. 따라서 국정관

리에 있어서 참여의 강조는 정부의 서비스 전달을 더 효과적으로 만들지는 못할
지언정, 정부를 보다 인기 있는 존재로 바꾸어 놓을 수 있다고 본다.

4. 공 익

참여적 정부모형은 조직 하부구성원들과 시민들이 공조직의 의사결정에 참여
하고 연루될수록 공익이 구현된다고 가정한다. 이들의 참여와 연루는 적어도 세
가지 방식으로 가능하다고 한다. 첫째, 권력을 하층부나 일선관료들에게 이양하
고 상향식 의사결정 방식을 취하는 것이다. 환경과 근거리에 위치한 구성원들이
보유한 구체적 지식을 충실히 반영함으로써 정부결정의 질이 객관적으로 향상될
수 있다는 것이다. 둘째, 시민들이 정책에 더 큰 영향을 행사할 수 있는 담론과
정(dialogical process)을 활성화하는 것이다. 공익은 시민들이 스스로 원하는
것을 표현하고 정책에 관해 상이한 관점을 가진 다른 시민들과 직접 협상하는
권리를 행사함으로써 구현될 수 있다는 입장이다. 셋째, 시민들의 정책에 대한
선택권과 프로그램에 대한 통제권을 강화하는 것이다. 정책에 대한 국민투표 등
이 그 예가 될 수 있다. 이는 소비자 선택과 유사하지만 정치적인 성격이 한층
강하다고 할 수 있다.

전체적으로 참여적 정부모형과 시장적 정부모형은 조직 내 인간행태에 대한
가정 등 출발점이 상이하지만, 분권화와 조직의 하층부나 고객에게 권력이양을
처방하는 등 처방의 설계는 유사한 경우가 많다. 하지만 처방에 부여된 의미는
매우 다르다. 예컨대 참여적 정부모형에서 주창하는 분권화는 서비스 제공자들
간에 경쟁을 유발시켜 시장이 작동하게 하기 위한 수단으로서가 아니라, 하위층
관료들과 고객들에게 통제권을 넘기기 위한 의도를 내포한다.

Ⅳ. 신축적 정부모형

신축적 정부모형(flexible government)은 공공부문의 영속성(permanence)
문제와 관련성이 깊다. 정부조직에 임용되는 것은 흔히 평생고용으로 간주되었
다. 또한 정부조직은 설사 그 설립목적이 일시적인 것이었다고 할지라도 항구적
인 존재로 남는 것으로 여겨졌다. 다소 과장된 측면이 없는 것은 아니지만, 이것
이 공공부문의 형성과 관리에 관한 기본적 사고였다.

신축적 정부모형은 구성원들과 조직의 이러한 영속성에서 빚어지는 다양한 역기능을 시정하고자 한다. 근래 들어 항구적 조직구조와 인력임용은 일부 장점에도 불구하고 효과적이고 능률적인 정부를 구축하는 데 심각한 장애요인이 되는 것으로 여겨지고 있다. 즉 영속성은 정책에 관한 지나친 보수주의의 원천이자, 조직구성원들이 조직의 업무나 정책보다 조직 자체의 팽창 등에 더 몰입하게 만드는 요인으로 인식되고 있다. 신축적 정부모형은 구성원들과 조직의 이러한 영속성에서 빚어지는 다양한 역기능을 시정하고자 한다.

최근 국정관리 문제의 성격변화는 공조직의 비영속성을 촉진시키는 변수가 되고 있다. 예를 들면 미국의 경우 마약전담 기관으로 Drug Enforcement Agency가 있음에도 불구하고, Costal Guard, Department of Defence, Customs Bureau, FBI 등이 모두 마약과의 전쟁에 연루되어 있고, 이것은 다시 기존 조직들과 정책들을 조정하고 통제하기 위한 새로운 기관을 등장시키는 현상 등이 그것이다.

정부조직의 비영속성을 부추기는 또 하나의 압력은, 산업화된 사회의 노동시장에서 전일제(full time)와 항구적 고용이 줄어드는 대신 시간제(part time)와 임시고용이 증대되고 있는 현상이다. 공공부문도 이미 노동시장에서의 이러한 변화에 영향 받고 있다. 조직의 신축성을 고양시키고 경비를 절감하기 위한 방안으로서 시간제 고용을 증대시키고 있는 것 등이 그것이다. 공공부문에서 구성원들이 점차 임시직으로 바뀌는 경향이 나타나는 이러한 현상은 정부고용의 전통에서 벗어난 것으로 많은 관리적 · 정책적 함의를 내포한다.

1. 구 조

신축적 정부모형은 특정한 정책영역에 항구적인 관할권을 지닌 전통적인 형태의 조직에 의존하기보다, 기존 조직의 신축성을 증대시키거나 때로는 기존 조직을 소멸시키는 것이 바람직한 결과를 낳게 됨을 강조한다. 이는 항구적 조직의 화석화(ossification)를 방지하고, 조직이 변화하는 사회적 · 경제적 여건에 보다 신속하게 대응하게 하기 위한 것이다. 예컨대 신축적 정부모형은 조직 창설시 해당 조직이 특정 과업의 완성과 더불어 소멸될 것임을 확실히 해 둔다면, 특수한 상황을 처리하기 위한 조직의 창설과 소멸이 수월해 질 것으로 본다. 신축적 정부모형에서 주창하는 조직은 구조적으로 비영속적일 뿐만 아니라, 전일제 구성원의 비중도 낮다. 그러나 이러한 고용형태는 비용을 절감하는 효과를 거둘 수는 있겠지만, 공무원체제의 책임성이나 안정성과 같은 보수적인 가치를 훼손할 위험이 크다.

2. 관 리

신축적 정부모형은 변화하는 수요에 부합되게 조직구성원들을 탄력적으로 활용할 수 있는 관리자의 능력을 강조한다. 특히 이 모형이 취하는 임시적 접근(temporary approach)은 정부의 예산을 절감하고 정부조직의 팽창을 저지하는 데 매우 효과적일 수 있다. 또한 위기 상황이나 빠르게 증대되는 서비스 요구에 신속하게 대응할 수 있다. 그러나 공공부문의 많은 자리를 잠정적인 자리나 시간제 자리로 전환하는 접근은 구성원들의 조직과 업무에 대한 몰입도를 낮추거나 공공서비스의 윤리나 가치에 대한 위협이 될 수 있다. 임시직 공무원들이 조직에 대해 진정한 관심이나 흥미를 가지기는 어려울 것이고, 이들에게 정직성이나 책임성과 같은 공직사회의 가치를 강요하는 것도 비현실적일 것이기 때문이다. 이는 경비 절감을 위해 희생되는 측면이라고 할 수 있다.

3. 정책결정

신축적 정부모형은 정책결정에 있어서의 공무원의 역할과 직접적인 관련성이 적다. 하지만 논리적으로 유추할 수 있는 함의는 모순적으로 보인다. 신축적 정부모형은 공공서비스의 역할 증대를 주장하는 듯 하면서도, 다른 한편으로는 정책에 대한 선출직 정치인들의 지배와 공무원들의 복종이라는 과거의 지혜를 재확인하는 것으로 보이기 때문이다.

신축적 정부모형은 공조직의 소멸 가능성을 강조함으로써, 조직 권력의 전통적 원천과 기존 정책에 대한 몰입을 감소시킨다. 기존의 관료적 조직은 안정된 인력과 정책에서 비롯되는 장점과 단점을 가진다. 항구적 인력은 정책에 대한 방향을 제시하고 새로운 정책 결정을 위한 경험적 지식의 토대가 되는 장점을 지니지만, 정치지도자들의 혁신적인 비전 추구에 장애가 될 수 있다. 정치인들은 과거로부터 단절될 때 정책변화를 보다 강력히 추진할 수 있다.

4. 공 익

신축적 정부모형에 있어서 공익은 정부활동의 비용절감이다. 비영속적인 조직과 구성원들로 말미암아 시민들이 정부서비스에 만족하지 못하는 경우가 발생된다고 할지라도, 비영속성이 가져다주는 비용절감의 효과가 더 크다고 본다. 정부에 대한 표준화된 불평 가운데 하나는 공익을 대표해야할 공조직들이 스스로의 보전과 영역확대에 더 힘쓴다는 것인데, 조직인력의 변화는 이러한 부작용을 방지함으로써 비용절감의 기회를 증대시킬 수 있다는 것이다. 신축적 정부모형에서는 시민들이 자기중심적인 경향에서 벗어난 혁신적이고 변화하는 공조직으로부터 더 큰 혜택을 얻을 수 있다고 본다.

V. 탈규제적 정부모형

탈규제 정부모형(deregulated government)은 정부관료제의 활동에 대한 제약을 제거할 때 정부가 보다 효과적으로 기능할 수 있다고 가정한다. 탈규제적 정부는 정부활동을 되도록 줄이고 남아있는 정부활동을 강력히 통제하고자 하였던 1980년대의 정치(politics)와 정반대의 입장을 취한다. 1980년대의 정치는 정부관료제에 대한 혐오와 불신을 토대로 정책에 대한 관료제의 권력을 축소시키고자 하였다.

1. 구 조

탈규제적 정부모형의 구조적 함의는 적다. 조직과 그 구성원들에 대한 통제문제와 관련하여 구조보다 절차를 더 중시하기 때문이다. 또한 탈규제적 정부모형은 정부의 능력향상에 관심이 있는 만큼, 지금처럼 관료적 구조가 본질적으로 바람직하지 못하다는 전제가 보편화된 분위기 속에서도, 관료적 구조도 수용할 수 있고 상황에 따라서는 바람직하기까지 하다는 입장을 취한다.

탈규제적 정부모형이 내포하는 또 하나의 구조적 함의는 정부의 중심부 정치지도자들이 발전시켜 온 통제기관들(control agencies)의 역할이 기대만큼 긍정적이지 못하며, 오히려 집권화된 통제가 감소될 경우 각 조직은 스스로의 가치를 개발하고 집행할 수 있게 된다는 점이다.

탈규제적 정부모형의 또 다른 구조적 함의는 시장적 정부모형의 그것과 크게 다르지 않다. 탈규제적 정부모형은 관료적 조직을 크게 부정적으로 평가하지 않는 반면, 시장적 모델에 의해 제시된 기업가적 기관들(entrepreneurial agencies)을─예컨대 영국의 책임운영기관─보다 바람직한 조직형태로 받아들인다. 탈규제적 정부의 관심사는 정부목표 달성을 위해 공조직의 기술과 에너지를 최대한 활용하려는 것이다.

2. 관 리

탈규제적 정부모형에게 있어서 관리는 주된 관심사항이 아니나, 나름대로 두 개의 상반된 관리적 함의를 내포한다. 하나는 전통적인 구조와 관리방식을 무조건 부정적으로 인식하지 않고, 계층적 관리도 수용가능하고 경우에 따라서는 바람직하기까지 하다고 본다. 계층제의 최상위에 위치한 정책기업가들(policy entrepreneurs)이 조직 전반을 장악할 수 있다는 것이 그 이유이다.

이와 반대되는 또 하나의 관리적 함의는 참여적 정부모형의 주장과 비슷하다. 즉 만약 정부관료제가 창의적 권력(creative powers)을 행사하여야 한다면, 이는 조직의 모든 계층을 이에 관여시킴으로써 전체 인적 자원의 몰입을 유도하여야 한다는 것이다. 탈규제적 정부모형도 참여적 정부모형과 마찬가지로 신축적 정부모형과 반대 입장에 선다. 신축적 정부모형은 공조직 구성원들의 관여에 중요성을 부여하지 않는다.

3. 정책결정

전통적 관점은 정책결정을 정치지도자들의 특권으로 간주하지만, 탈규제적 정부 모형은 정책결정에 있어서 관료제의 역할을 상대적으로 더 강조한다. 정부 조직들은 정책관련 아이디어와 경험의 주된 저장소이므로, 여기에 더 많은 결정 권한이 허용되어야 한다는 논리이다. 특히 조직의 하층부 사람들은 환경과 근거리에 접근해 있고 전문성도 갖추고 있으므로 정책결정에 어느 정도 영향력을 가져야 한다고 주장한다. 이 같은 주장은 참여적 정부모형에서의 주장과도 유사하다.

참여적 정부모형은 정부관료제가 보다 적극적인 역할을 맡게 된다면, 비록 민주적인 측면에서는 아닐지라도 적어도 실제적 측면(on the substantial grounds)에서는 정책이 개선될 것으로 전제한다.

4. 공 익

탈규제적 정부모형에서는 보다 활동적이고 법적 책임에 덜 구속받는 정부관료제를 통해 공익이 달성될 수 있다고 가정한다. 구조와 절차를 활용해 정부관료제를 통제하려는 기존의 시도에는, 만약 통제장치가 없다면 관료제가 권력을 남용하거나 아니면 아무 일도 하지 않을 것이라는 모순된 가설이 내포되어 있다. 이와 반대로 탈규제적 정부모형은 정부관료제가 시민에 봉사하기 위해 직무에 최선을 다하려는 희생적이고도 재능 있는 사람들로 구성된 것으로 가정한다. 이러한 입장 차이는 유명한 Friedrich/Finer간의 책임에 관한 논쟁의 재판이라고도 할 수 있다.

탈규제적 정부모형은 정부의 역할에 관해서도 1980년대의 정치지도자들과 입장을 달리한다. 즉 정부가 보다 적극적이고 개입주의적이 될수록 공익이 구현된다고 본다. 이는 큰 정부를 주장하는 것이라기보다 사회가 당면한 많은 문제들이 집합적으로 해결될 수 있다는 인식에서 비롯된 것이며, 정부관료제가 집합적 활동의 주된 주체임을 함의한다.

Ⅵ. 평가적 의견

Peters는 국정관리의 전통적 모형에 대한 대안으로 4개의 정부모형을 제시하면서, 나라마다 각기 다른 정부모형에서 도출된 상호 모순된 성격의 개혁방안을 혼합하여 적용함으로써 일관성을 결하는 경우가 많다고 지적한다.

그러나 Peters는 체계적이고 일체성 있는 개혁이 보다 효과적일 것으로 보면서도, 자신이 소개한 네 개의 정부모형을 상호 배타적인 것으로 간주하기 어렵다는 점을 인정한다. 이는 정부의 특정 과업에 따라 각 모형의 유용성에 차이가 있기 때문이라고 한다. 예컨대 시장적 정부모형은 시장성 있는 서비스 제공에는 적합하지만, 교육과 같은 사회서비스(social service)에 있어서는 그렇지 못한 경우가 많다는 것이다. 마찬가지로 참여적 정부모형은 도시계획이나 환경문제의 해결에는 적합하지만, 범죄 등의 문제에는 적합성이 떨어진다는 것이다. 또한 신축적 정부모형에 입각한 잠정적 조직은 마약통제와 같은 복잡한 문제나 재난구조와 같은 일시적인 관심사를 처리하는데 상대적으로 효과일 수 있다는 것이다.

따라서 Peters가 네 개의 정부모형을 제시한 것은 이들 모형 가운데 어느 하나를 선택할 것을 제안하기 위해서라기보다, 선택 가능한 국정관리 대안들을 보다 명백히 하려는 데 그 목적이 있는 것으로 보인다. 각 정부모형은 나름대로의 장점을 내포하는 동시에 비용을 수반하므로, 어떤 모형의 선택도 모든 상황에서 동일하게 최적의 방안이 될 수 없다는 것이다.

더구나 국정관리의 새로운 모형들이 전통적 정부모형에서 비롯되는 문제점들을 해결하는 데 일정한 효과를 거둘 수 있겠지만, 전통적 정부모형을 탈피하는 결과로서 그 동안 전통적 정부모형에 의해 제어되고 있던 문제들이 재현되거나 심지어 새로운 문제가 야기될 수도 있다는 것이다.

요컨대 국정관리와 관련된 새로운 정부모형의 평가에 있어서는 특정 모형의 선택으로 무엇을 얻을 수 있고 무엇을 희생하게 될 것인지를 보다 분명히 알고 있어야 한다는 것이다. 이는 현재의 정부모형을 새로운 모형으로 전환시키는 과정에서 초래될 잠재비용을 간과한 채, 변화 자체에 지나치게 심취되지 않아야 한다는 지적도 될 수 있다. 실제로 Peters는 4가지 대안적 정부모형이 기존의 정부모형에 비해 반드시 우월한 것은 아니라고 평가한다. 대안적 정부모형들에 대한 검토를 통해, 기존 정부모형의 역기능에 대해서는 확신이 강해진 반면, 대안적 정부모형들의 장점에 대한 신뢰는 오히려 약해졌다는 것이 그의 자평이다.

참고문헌

Peters, B. Guy, *The Future of Governing: Four Emerging Models*, University Press of Kansas, 1996.

Peters, B. Guy, The Public Service, the Changing State, and Governance. in B. Guy Peters and Donald J. Savoie eds., Governance *in a Changing Environment*, Montrial & Kingston: McGill-Queen's University Press, 1995, pp. 288-320.

제 **3** 편

관리과정

Martin Landau와 Russell Stout, Jr.의 행정관리이론*

I. 머 리 말

M. Landau와 R. Stout, Jr.가 관리이론을 쓰게 된 동기는 '관리'라는 개념과 '통제'라는 개념은 서로 혼합될 수 없다는 점을 밝히는 데 있다. 특히 관리과학이 발달하면서, PPB(Planning Programming Budget), PERT(Project Evaluation and Review Technique), CPM(Critical Path Methods), MBO(Management by Objectives), 지시와 통제, 그밖에 모든 형태의 정보체계를 '관리－통제체계'라는 이름으로 부르고 있다. 이 개념적 혼동은 토론을 진전시킬 수 없을 뿐 아니라, 조직운영을 잘못된 방향으로 이끌고 갈 가능성을 크게 한다. 사실상 '관리－통제체계'를 옹호하는 주장은 이론이기보다는 이념에 가깝고, 과학이기보다는 독단에 가깝다. 이러한 이론적 정체를 밝힘으로써 틀린 이론을 맞는 이론으로 잘못 받아들이는 제2종 오차를 막아보려는 것이 이 저자들의 의도로 보인다. 그들이 제시하는 통제의 개념과 관리의 개념은 뚜렷이 구분된다. 그들의 논점을 다음에 간추려 소개한다.

II. 통제에 의한 행정

통제라는 어휘는 다양한 의미를 갖지만, 그 의미의 공통적 속성은 어떤 종류의 사건이나 상태를 결정하는 능력과 연관되어 있다. 원인적 요소의 어떤 변화가 종속변수의 예정된 변화를 가져오도록 만들면 통제가 이루어진 것이다. 이것

---

* 김영평: 고려대학교 행정학과 교수.

은 분명히 인과관계의 논리구조에 해당한다. 따라서 통제는 지식의 함수이다.

만일 완벽한 통제가 가능한 조직체계를 얻을 수 있다면, 재량권을 행사할 여지가 없어진다. 왜냐하면 예상을 빗나가는 경우가 없기 때문에 재량권이 필요없다. 이러한 체계는 완벽하게 프로그램화되어 있다. 이 체계에서는 처방에 따라어떤 반응이 나올 것인가를 알아서 운영한다. 처방이 되지 않은 행동은 금지된다. 자유재량을 행사하는 기계는 고장난 기계로서 수리해야 한다. 거기에는 바라는 목표와 그것의 성취를 충분히 보장해 주는 효과적인 절차가 있을 뿐이다. 그절차는 통제 루틴(routine)이나 프로그램으로 손쉽게 변화될 수 있다. 이렇게되면 조직결정은 조직설계에 따라 절차를 적용하는 것이다.

1. 통제활동의 성공조건

조직이 설계된 대로 운영되려면, 조직설계가 완벽하다 하더라도, 외부로부터교란요인이 작용하는 것을 막아야 한다. 그것은 완전한 폐쇄체계를 의미한다. 통제가 완성되려면 명령은 틀림없이 복종되어야 한다. 명령을 이탈하는 행동이 있어서는 안 된다. 이것을 위해서 조직의 규칙과 규제가 모호하지 않게 작성되어야 하고, 지시사항이 오해 없이 전달될 수 있도록 의사소통이 완전해야 하며, 과업성취의 객관적 측정이 가능해야 하는 등 여러 가지 조건이 마련되어 있어야한다. 통제가 틀림없이 이루어지기 위해서는 조직이 기계로 전환되어야 한다. 여기서 자유재량은 오차와 같다. 오차를 없애려면 자유재량을 제거해야 한다. 통제의 성공은 명령수행의 정도에 의존하고, 명령수행은 복종의 정도에 따라서 측정된다. 그러나 명령과 복종으로 이루어진 체계는 동조과잉과 경직성이라는 비용을 지불해야 한다.

아무리 강력한 통제체계도 한정적인 생명력을 가질 뿐이다. 모든 설계와 루틴은 일정한 범위 내에서만 유용성을 가진다. 상황이 변화하고 과업환경이 소용돌이치면 새로운 문제상황이 전개된다. 새로운 문제들은 기존의 통제절차를 무의미하게 만든다. 완벽한 폐쇄체계를 구성하려는 어떠한 시도로 성공한 적이 없다. 이것을 A. Downs는 불완전 통제의 법칙(The Law of Incomplete Control)이라고 일반화시키고 있다. 조직이 크면 클수록 통제력의 행사는 더 약해진다.

2. 통제위주로 운영되는 조직의 귀결

통제위주로 운영되는 조직에서는 규칙위반에 대한 방어장치는 마련되어 있지만, 오차에 대비할 장치를 마련하지 못한다. 규칙은 과도하게 규정되어 있고 과업은 지나치게 세밀한 부분까지 설정되어 있다. 그래서 이 체계는 상례적인 일만 하는 사람, 즉 규칙추종자의 온상이 된다. 부하들은 윗사람의 말에 도전하기를 싫어한다. 관리자는 아부하는 사람들에 둘러싸여 자기기만을 제도화하게 된다. 이러한 조직에서는 결정의 타당성에 대해서 질문하거나 비판하거나 검증하려는 사람이 비싼 대가를 치르게 된다. 그러므로 '잘못'된 결정도 철저하게 수행하도록 설계되어 있는 셈이다.

규칙동조가 업적평가의 기준임을 아는 사람이면 재량권을 행사하려 들지 않을 것이다. 이러한 조직에서 부하가 취할 수 있는 방도는 자기호신을 위하여 더 엄격하게 규칙을 지키는 일이다. 자유재량은 감소하고, 오차는 감추어지고, 약점은 무시된다. 조직구성원들은 목소리를 내기보다 묵종을 택한다. 복종은 정보가치를 생성하지 못한다. 통제위주의 조직은 비싼 대가를 치르게 된다. 복종은 위험을 감수하려는 노력을 배제시킨다. 자유재량의 축소는 강력한 대응방안의 개발을 위축시킨다. 규칙의 준수는 주의력의 범위를 한정시킨다. 오차의 은폐는 문제의 정확한 진단을 곤란하게 만든다.

조직활동에서 통제가 적절하게 쓰일 수 있으려면 적용범위가 분명하고 과업환경이 안정적이어야 한다. 그러므로 통제기법은 일정한 문제의 범주에 한정적으로 개발되어야 한다. 그렇더라도 통제기법의 성공여부에 확실성은 없다. 확실한 것은 오직 모든 기법에 어느 정도 객관적 불확실성이 따라다닌다는 점이다. 인간에게 알려진 어떠한 체계도 틀림없이 작동하는 것은 없다.

III. 관리에 의한 행정

관리란 통제가 불가능한 상황에서 제기된다. 관리의 필요성은 통제의 능력에 반비례한다. 관리는 불충분한 정보를 가지고 정책을 선택하는 예술이다.

만일 어떤 행정가에게 현재로선 해결책이 알려지지 않은 문제가 제기되어 있다면, 전통적 관리이론의 통설은 이럴 때에 "좋은 행정가는 결단력이 있어야 한다"고 가르치고 있다. 행정가는 행동하고, 통솔하고(좌지우지하고), 선택하며,

명령을 말하고, 통제력을 행사해야 한다고 설파한다. 보증된 해결책을 모르면서 통제의 순서에 따라 부하들에게 순종을 요구했다고 한다면, 수단을 목표로 전환한 것에 불과하다. 이런 현상이 일어나는 과정을 '설익은 프로그램 작성'(premature programming)이라고 부를 수 있다. 그러나 선택이 잘못될 수 있다고 상정해 보자. 혹은 그것이 부적절하다고 상정해 보자. 이러한 상황에서 현명한 행정가는 통제보다는 관리에 의존하여 문제를 해결할 것이다.

어떤 행정가도 광범위한 가능성 중에서 어느 한 가지 '행동노선'을 선택할 수밖에 없다. 관리가 통제와 다른 점은 선택한 행동노선을 하나의 가설로 다루는 것이다. 그 선택은 무엇인가를 해야한다는 필요를 만족시킨다. 그러나 그것이 가설적인 지위를 유지하는 한, 치유불가능한 피해의 결과를 지속하지 않을 것이다. "관리한다"는 말은 자신의 선택을 실험적으로 다룬다는 뜻이다. 그것이 최종적인 선택이 아니라는 것을 일깨워 준다. 실험적 선택은 시험적이고 잠정적 위험을 수반하게 되므로 오차를 예상한다. 만일 오차를 방지할 길이 있다면, 그 행동은 더 이상 실험적이지 않다. 실험적 행동은 학습을 위해서 필수적이다. 그것이 없이는 학습도 없기 때문이다. 관리는 학습을 통한 선택의 예술이다.

1. 관리기능의 출현조건

사회과학적 연구결과는 현실세계의 관료제에서는 인위적으로 축조된 체계와 자연적으로 발전된 체계가 융합되어 있다는 것을 가르쳐 주고 있다. 실제의 조직에는 공식적 속성과 함께 비공식적 관계가 작동하고 있다. 이 비공식적 관계들이 관리−통제체계의 틀 속에 들어가는 일은 거의 없다. 비공식조직은 공식조직에 의해 정해진 가치의 우선순위를 위협한다.

비공식적 가치들은 종종 공식적 목표와 상충하고, 때로는 공식적 정책의 수행을 방해하기도 한다. 행정가들은 이런 일들을 막아보려고 공권력과 강제력을 동원해보지만, 비공식조직의 대응은 더욱 교묘하고 은밀해진다. 결국 통제체계는 더 강압적으로 변해야 하는 악순환이 일어나게 된다. 따라서 복종에 의존하려는 노력은 종종 실용적인 관리전략으로 대체된다.

그 대안이 협상이다. 관료제 안에서 협상이 일어난다는 사실은 집권적 강제로서 조직성원들을 통제할 수 없다는 증거이다. 통제에 의한 조직운영이 불가능하다면 조직을 가동할 수 있는 방안은 연합 세력을 형성하는 것이다. 이 외에 달리 조직을 관리할 수 있는 방안은 없다.

학자들마다 용어를 다르게 쓰고 있지만, 여러 조직이론가들은 현재로선 해결책이 알려지지 않은 문제가 조직 전반에 걸쳐 가혹하게 나타난다는 점은 강조하고 있다. Selznick는 '위기일발의'(critical) 결정이라고 부르며, Simon은 '프로그램화되지 않은'(non-programmed)이라는 표현을 쓰고, James Thompson은 '판단적'(judgemental) 결정이라고 부르고 있다. Braybrooke과 Lindblom은 이러한 경우에 가역적(또는 되돌릴 수 있는) '점진적' 선택을 할 것을 추천하고 있다. 이러한 상황이 관리가 필요한 상황이다. 관리전략은 조직이 통제할 수 없는 중요한 상황에 직면했을 때에 제기된다.

2. 관리위주로 운영되는 조직의 귀결

관리가 실험적 선택에서 해답을 발견하려는 노력이라면, 관리에 의존하여 운영되는 조직에서는 선택된 정책을 실험적으로 다룬다. 조직에서 선택이 실험적이려면, 조직의 구성이 분권화되어 있어야 한다. 각 부서에서 자발적으로 독자적인 아이디어를 검토하는 것은 결과적으로 조직에서 다양한 실험을 하는 것과 같다. 다양한 실험은 창의성의 근원이다. 새로운 해결방법은 새로운 발상을 실험해 봄으로써만 얻을 수 있다.

문제의 해결책이 주문하는 대로 나오는 것은 아니다. 해결책은 발견되는 것이다. 그것은 상상력, 분석, 실험, 비판 등의 기초 위에서 발견된다. 관료제의 정통성이 지식에 기초한 통제에 있다면, 행정가의 정통성은 조직의 규칙과 규제들이 충분한 경험적 기초 위에서 수립되도록 하는 노력에서 찾아야 할 것이다. 이러한 시각에서 관리는 해답을 얻으려는 노력이나 과정이고, 통제는 그 노력의 결과로 얻어진 지식의 실체이다. 관리위주의 조직에서는 해답을 얻으려는 노력으로서 토론과 비판을 유도하고, 규칙의 적용을 신축적으로 한다.

진정한 과학적 관리법이란 지식에 의존한 관리일 것이다. 그것은 설익은 프로그램 작성으로 얻어지는 것이 아니라 검증을 통하여 성취된다. 관리의 주목적은 충분한 지식을 획득하여 당황스러운 경우를 감소시키는 것이다. 관리활동은 지식획득이라는 의미에서 과학활동과 크게 다르지 않다. Simon이 지적하듯이, 과학은 "탐험이고, 놀음이며, 모험이어서, 그것에는 말쑥한 청사진과 세밀한 지도와 중앙 계획이 쓸모가 없다." 관리도 기회를 엿볼 수 있고, 탐색의 가능성이 열려 있는 상상력과 사고력을 필요로 한다. 통제는 문제가 해결되었을 때에만이 쓸 수 있다. 그러므로 문제해결단계와 생산단계는 구분이 뚜렷해진다. 아직도 미

지의 문제를 해결해야 하거나 생소한 사업을 개발해야 하는 경우에는 관리에 의
존해야 한다. 해결해야 할 문제가 많은 조직일수록 관리에 의존해야 할 필요성
은 커진다.

Ⅳ. 평가적 의견

　　Landau와 Stout이 쓴 이 논문은 개념의 혼동이 낳을 수 있는 피해를 경고하
고 있다. 그리고 관리와 통제는 서로 연결될 수 없음을 보여주고 있다. 통제가
쓰여야 할 영역과 관리가 쓰여야 할 영역은 뚜렷이 구분된다. 개념의 세련화는
우리 주변에 종종 제기되는 '절충이론'에 대한 효용성과 논리성의 결핍을 예증하고
있다. 개념이 적용될 조건에 대하여 심각하게 검토해야 할 준칙을 제시하고 있다.

　　우습게도 지금까지의 관리이론은 대부분 관리기능을 없애려 하지 않았다면,
최소화하려는 처방을 주는 것들이었다. 민주주의 행정에서도 행정통제를 중시하
였다. 정부의 활동은 법의 규정에 의해서만 허용되고, 합법적인 행동만이 허용되
며, 그 행동은 법적 책임을 지게 되어 있다. 조직의 관리자는 대통령을 필두로
자기 부하들의 불법적 행위에 대하여 법적·정치적 책임을 지게 되어 있다. 법
적 제재를 떠나서도, 언론, 야당, 이익집단, 재야세력들로부터 부당한 정부의 행
동에 대하여 질책을 받게 되어 있다. 이러한 위험은 행정가들에게 정치적 위험
을 감소시킬 수 있는 방어적 노력을 기울이도록 유도하였다. 따라서 통제가 조
직운영의 기본골격을 이루게 되었다.

　　그러나 오늘날 관료제에서 해결해야 하는 문제들은 대부분 정확한 공식도 없
고, 신뢰할 만한 과정법칙도 없으며, 보증할 만한 해결책도 없는 영역의 문제들
이다. 이러한 문제들에서는 예상하지 못한 귀결이 종종 나타난다. 그래서 의외의
일이 벌어졌을 때 미리 정해진 방식으로만 대응하지 않도록 주의해야 한다. 예
상대로 결과가 나타나지 않음은 그 통제체제의 기반이 되는 지식체계가 불완전
함을 말해준다. 기대와 결과 사이에 불일치가 일어나면 규칙이 잘못될 수 있음
을 인식하는 것이 현명한 관리의 시작이다. 규칙의 수정은 더 좋은 해결책을 찾
는 방편이 된다.

　　이러한 의미에서 Landau와 Stout이 제시하는 통제와 관리의 개념적 구분은
조직의 이해에 필수적일 뿐만 아니라, 조직의 문제해결에 중요한 실마리를 제공
하고 있다.

참고문헌

Braybrooke, D. & C. E. Lindblom, *A Strategy of Decision*, New York: The Free Press, 1963.

Downs, A., *Inside Bureaucracy*, Boston: Little, Brown & Co., 1967.

Hirschman, Albert O. & Charles E. Lindblom, "Economic Development, Research and Development Policy Making: Some Converging Views," *Behavioral Science*, 8, 1962, pp. 221-222.

Landau, M. & Russell Stout Jr., "To Management Is Not to Control: Or the Folly of Type Ⅱ Errors," *Public Administration Review*, 39, Mar./Apr., 1979, pp. 149-156.

Selznick, P., *TVA and the Grass Roots*, Berkeley: University of Califormia Press, 1949.

Simon, H. A., *The New Science of Management Decision*, New York: Harper, 1960.

_____, "Approaching the Theory of Management," in H. Koontz, ed., *Toward a Unified Theory of Management*, New York: McGraw Hill, 1964.

Thompson, James D., *Organizations in Action*, New York: McGraw Hill, 1967.

Thompson, Victior A., *Organizations as Systems*, New York: General Learning Press, 1973.

W. Edwards Deming의
총체적 품질관리이론*

I. 머리말

　조직은 "공통의 목적을 추구하기 위해 의식적으로 함께 일하는 사람들의 집단, 즉 사회적 체제"라고 정의된다. 조직관리의 역할은 구성원들간의 협력을 증진시켜 조직목표를 달성하도록 하는 데 있다고 하겠다. 조직관리이론의 변천과정을 살펴보면 작금의 조직개혁과 예산관리개혁에 관련하여 논의되고 있는 대부분의 아이디어를 이론사에서 발견할 수 있다. 이 점에서 우리는 행정학의 학제적인 상호충실화 현상을 다시 한 번 확인할 수 있다.

　고전적인 행정관리이론이라 할 수 있는 품목별·점증적 예산관리제도(line-item incremental management)에서부터 시작하여 1940년대 Hoover 위원회의 성과주의 예산제도(performance budgeting), 1960년대 Johnson 행정부의 계획예산제도(PPBS), 1970년대 Nixon 행정부의 목표관리제도(MBO: management by objective), 1980년대 Carter 행정부의 영기준예산제도(ZBB: zero-base budgeting)까지 발전한 행정관리 및 예산관리이론과 제도의 변천은 결국 조직개혁의 결과인 것이다. 일반적으로 조직개혁의 목표로 들어지는 가치기준으로는 효율성, 사회적인 능률, 적응성, 쇄신성, 효과성, 생존능력, 환경으로부터의 지지, 독자성, 합리성, 생산성, 경쟁력 등을 생각해 볼 수 있다. 1980년대 후반에 들어와서 조직환경의 변화는 결국 경쟁의 극심화에 따른 조직의 위기감, 조직구성원의 참여에 의한 생산성 및 경쟁력제고의 필요성, 그리고 소비자에 대한 서비스의 중요성 강조 등으로 요약되고 있다. 이와 같은 환경변화에 대응하기 위한 관리기법으로 등장한 것이 총체적인 품질관리이론(Total Quality Management, 이하 TQM이라 한다)이다. TQM은 다른 관리기법과 마찬가지로 기

＊박정수: 서울시립대학교 행정학과 교수.

업경영부문에서 먼저 도입되었으며 특히 일본 기업에 본격적으로 도입되어 그 효과를 입증한 바 있다. 이후 미국 기업에서도 적극적으로 TQM을 수용하게 되었으며 품질관리가 제조업뿐만 아니라 서비스 분야에서도 중요하다는 인식이 확대되면서 정부조직에의 적용도 활발해지고 있다. 더욱이 Bush 대통령에 의한 미국정부의 TQM에 의한 지속적인 개혁이 천명된 이래 미국의 지방정부와 주정부를 비롯하여 연방정부에서도 TQM을 활용하고 있다.[1] 이 글에서는 W. Edwards Deming의 저서 「위기로부터의 탈출」에서 서술한 TQM이론을 소개하고 그것이 정부조직개혁에 활용될 수 있으려면 어떠한 적응과정을 거쳐야 하는가에 관한 여러 학자의 논쟁을 살펴보고자 한다.

II. TQM의 주요원리

TQM은 복잡한 조직의 문화를 개혁하는 제도로, 이를 간략하게 설명하는 것이 쉬운 작업은 아니다. 무엇을 TQM이라고 하는가 하는 개념정의 작업부터 어려운 것이 사실이다. 여기서는 TQM에서 가장 중요시하는 명제를 일곱 가지 기본적인 원리 내지 근가정으로 나누어 설명함으로써 정의를 대신하려 한다.

1. TQM의 근가정

TQM의 근가정(根假定) 중에서 첫번째, 그리고 가장 중요한 것은 제품이나 서비스의 소비자가 종국적인 품질의 평가자라는 것이다. 생산물의 형태가 어떠하든지 모든 조직의 생산성에 대한 측정은 수요자의 평가로 이루어지는 것이다. 만일 소비자에게 그들이 원하는 것을 제공하지 못한다면 — 만일, 그것이 복잡하거나, 비싸거나, 흥미롭지 못한다면 — 품질테스트(quality test)는 실패한 것이며 결국 경쟁에서 탈락하고 만다.

둘째, 품질은 생산과정에 있어 마지막 단계에 검사되는(downstream) 것보다는 생산과정의 초기단계(upstream)에 의해 결정되어진다. 대부분의 생산품과 서비스는 설계, 생산검사, 재가공 단계(quality circles)를 거치게 되는바 초기 디자인과 생산에 있어서의 초기단계가 수요자의 만족에 결정적으로 영향을 미친

---

1) Mani, Bonnie G. "Old Wine in New Bottles Tastes Better: A Case Study of TQM Implementation in the IRS", *Public Administration Review*, 55, 1995, pp. 147-158.

다. 상품 혹은 서비스가 생산하기 쉽게 설계되고 그러한 생산에 일정한 고품질을 유지하기 위한 훈련과 유인(incentive)이 주어진다면, 하위단계의 제품검사, 재가공 그리고 소비자의 불만(appeal)에 대한 대응 등은 불필요하게 되거나 최소화할 수 있다. 이것은 예산의 절약차원만이 아니라 수요자로 하여금 조직을 신뢰할 수 있도록 하는 데 매우 중요한 것이다. 따라서 TQM은 일반적으로 산출물에 대한 방대한 제품검사를 반대한다. 왜냐하면 이와 같은 검사는 초기단계의 설계자와 생산자로 하여금 품질의 책임을 회피할 수 있는 핑계거리(safety net)를 제공하는 데 그칠 위험이 크기 때문이다.

셋째, 조직의 산출에 있어 일관성을 유지하는 것이야말로 고품질을 조장하는 관건이 된다. 품질의 결함(slippage)은 생산물과 서비스의 과다한 변이(variation)로부터 발생한다. 생산품과 서비스가 바람직한 기준에서 벗어나게 되면 조직에 대한 고객의 신뢰성도 급격하게 떨어진다. 따라서 산출에 있어서 일관성을 유지하는 것이 TQM이 가장 중요한 전략이며 과정통제계획(process control charts)과 통계적 과정통계(statistical process controls)와 같은 계량화된 통제수단의 활용이 필수적이다. 이러한 수단을 통해 프로그램을 모니터하고 비정상적인 흐름을 조기에 발견하고자 하는 것이다.

넷째, 품질은 조직 내의 사람들에 의한 체계적인 작업의 결과이지 개인들의 개별적 노력에 의해 결정되는 것은 아니다. 품질이 떨어지고 수요자의 불만이 높아지는 근본적인 원인은 대부분 조직(system)에 문제가 있는 것이지 개인들에게 잘못이 있는 것은 아니다. 결과물을 산출하는 데 있어 결정적인 영향을 미치는 것은 조직전체의 생산체제이기 때문이다. 대개의 경우 특정 개인이 다른 사람들보다 더 성과가 높다는 것은 장기적인 관점에서 볼 경우 그 차이가 단지 확률적인 변수(random variable)로 간주된다. 따라서 오늘의 뛰어난 조직구성원이 내일의 평균적인 성과를 낼 수도 있다고 가정한다. 왜냐하면 조직구조를 체계적으로 잘 설계하고 운영하게 되면 구성원의 성장욕구 중심의 본질적인 동기부여를 통해 모든 조직원이 목표달성에 흔쾌히 참여하기 때문이다. 따라서 능력급과 기타 성과급에 근거한 개인적인 보수차별은 결국 잘못된 결과를 초래할 가능성이 많다. 목표관리(TQM)제도가 처방하고 있는 개인적인 성과측정은 객관적으로 이루어지기도 어려울 뿐만 아니라 관리의 방향을 잘못 인도하게 되는 경우가 많다.

다섯째, 좋은 품질의 유지에는 투입물과 공정의 끊임없는 개선이 요구된다. 품질은 고정된 성격의 것이 아니며 고객의 기호를 반영하는 것이기 때문에 항상 목표의 변화가 있게 마련이다. 고객의 기대가 증가하는 것처럼, 생산의 품질도 향상되어야 한다. 오늘의 고품질의 상품은 내일의 고품질의 상품이 아닐 수 있다. 이와 같이 끊임없는 진보는 산출물(output)이 아니라 관리자가 직접적으로 통제할 수 있는 투입물(input)과 생산과정(throughput)에 의해서 관리되어져야 한다. 관리자는 단기적인 이윤에 초점을 맞추기보다는 TQM에 따른 품질향상을 위한 조직적인 생산과정과 투입물 향상에 중점을 두어야 한다. 품질향상은 소비자의 신뢰를 구축하게 되고 장기적으로 이윤은 당연히 따라오는 것으로 보고 있다.

이러한 원리는 직접적으로 모든 최근의 행정관리 개혁의 처방과 원리에 근본적으로 상치되는 것이다. 목표관리(MBO), 계획예산(PPBS), 그리고 영기준예산(ZBB) 등은 모두 결과에 행정관리의 초점을 두는 개혁시도였다. 반면에 TQM은 관리자에게 정반대의 방향으로 움직일 것을 제안하고 있다.

여섯째, 품질의 향상은 조직구성원의 자발적인 노력과 동참(voluntary commitment)을 필요로 한다. 조직 산출물의 품질은 산출에 참여하는 조직구성원의 노동을 비롯한 투입과 생산과정에 의존하기 때문에 품질향상을 위한 구성원의 노력이 매우 중요하다. 관리자와 구성원이 의구심 없이 함께 일하는 분위기를 조성하는 것이 선행되어야 하는 것이다. 이를 위해서는 계서제와 직무상 의사전달(communication) 문제와 조직구조적인 갈등을 해결하는 조직구조의 설계와 조직발전(organizational development)의 행태변화기법 등을 활용할 필요가 있다. 구체적으로 조직구조를 사다리꼴이 아니라 평평한 매트릭스형으로 설계하거나 실험실 훈련, 과정상담, 품질순환과 같은 주요기법의 도입이 중요한다.

일곱째, 품질은 총체적 조직의 노력을 필요로 한다. 산출물의 품질과 고객에 대한 만족을 추구하는 조직 문화를 창조할 수 있을 때 TQM의 목표는 달성되는 것이다. 만일 이러한 총체적 노력이 시들해진다면 품질은 급격하게 떨어질 것이고, 그 조직은 필연적으로 경쟁에서 탈락하고 말 것이다.

2. 정부조직에의 적용

위에서 열거한 TQM의 근가정을 내용 그대로 정부조직에 적용하는 것은 다음과 같은 점에서 문제가 있을 수 있다. 첫째, 정부조직의 경우 산출물이 법규의 해석이나 집행과 같이 명료하지 않은 경우가 많다. 둘째, 정부가 제공하는 서비스에 대한 직접적인 소비자의 개념규정 또한 논란의 여지가 많다. 셋째, 정부조의 목표달성을 위한 투입과 과정이 기업조직에 비해 투명한 정도가 매우 낮다.

마지막으로 TQM에서 주장하는 품질향상을 위한 조직문화의 형성은 전통적인 관료주의(bureaucratic routines)와 변화를 꺼려하는 정부조직의 문화와 괴리가 있는 것이 사실이다.

(1) 서비스와 상품

TQM은 원래 제조업과 같은 기계적 순서가 있는 과정(routine process)을 기초로 하여 고안된 것이었다. 그러나 대부분의 정부기관은 상품 대신 서비스를 공급하고 있다. 서비스는 노동집약적이며, 생산되는 동시에 소비되는 경우가 많기 때문에 일관성 있는 공급이 어렵고, 고객은 결과물뿐만 아니라 시비스의 태도와 심지어 공무원의 외양까지도 서비스의 질을 평가하는 데 영향을 미치는 경우가 있다. 따라서 서비스에 대한 품질 측정은 매우 복잡하다. 소비자의 서비스에 대한 전반적인 품질평가에 영향을 미치는 구성요인으로는 근접성(access), 의사전달(communication), 능력(competence), 친절(courtesy), 창조성(creativity), 신뢰성(reliability), 책임성(responsiveness), 보안성(security), 객관성(tangibles)과 이해성(understanding) 등이 지적되고 있다.[2]

(2) 고객의 정의

TQM의 가장 중요한 원리 중 하나인 고객(顧客)에 대한 만족의 추구에 있어 정부조직의 경우 누가 소비자인가 하는 질문에 답하는 것이 그리 쉬운 일이 아니다. 기업조직의 경우 상품이나 서비스를 필요로 하는 공간적인 의미에서 시장(market niche)을 정할 수 있으며 이에 따라서 잠재적인 소비자가 결정된다. 그러나 대부분의 정부조직이 공급하는 공공재와 서비스에 대해서는 고객의 정의가 모호하고 따라서 정치적인 논쟁의 대상이 되는 경우가 많다.

정부의 역할이 시장 실패가 있는 경우 이를 보완하는 것이라고 할 때 이와 같은 딜레마는 오히려 당연한 것이라고 볼 수 있다. 따라서 정부의 기능을 국방과 치안, 일반행정, 경제개발, 사회개발로 나누든지 혹은 규제정책, 분배정책, 재분배정책으로 구분하든 간에 정책에 따라 고객의 정의가 다양해질 수밖에 없다. 정부정책이나 계획의 직접적 이해당사자들과 일반납세자의 양극단 사이에서 어느 수준을 택하느냐에 따라 고객의 대상이 구체적으로 정해지는 상황적응적인 접근(contingency approach)이 바람직할 것이다. 정부의 공공재 및 서비스의

---

2) James E. Swiss, "Adapting Total Quality Management(TQM) to Government", *Public Administration Review*, 52, 1992, pp. 356-382.

공급에는 비용이 수반되므로 고객을 만족시키는 품질과 납세자의 부담이 되는 비용간의 적절한 수준을 선택하여야 한다. 이와 같은 균형의 유지가 특히 어려운 기능으로는 사회복지 및 보건, 교육, 또는 환경과 같은 분야를 들 수 있을 것이다. 최근 공공선택학파(public choice school)에서 주장하는 정부정책결정과정에 있어서의 담합(log-rolling)이나 이익집단의 지대(rent)추구적인 행태에 의해 진정한 균형점이 아니라 일부 고객만의 이익을 위해 정부정책이 결정되는 사례가 많이 지적되고 있다.[3]

(3) 투입과 과정의 강조

정부조직은 전통적으로 그리고 정치적인 이유로 인하여 산출물에 대해 상대적으로 관심을 적게 기울여 왔다. 과거에는 행정관리라는 것이 투입물에 대한 통제(line-itme control)에만 집중되어 온 측면이 있었다. 그러나 최근 들어 행정관리기법과 제도의 개혁을 통해 결과물을 통제하는 제도가 도입되어 활용되고 있는 상황이다. 이와 같이 성과를 측정하고 통제하는 제도에서는 결과만을 중요시하지, 투입과 과정을 면밀히 분석하지 않고 있다.

물론 투입(投入)과 과정(過程)을 중시하는 경우 정부서비스를 공급하는 조직에 있어 관료주의에 의한 목표대치(goal displacement)행태가 나타날 우려가 있는 것이 사실이다. 서비스를 공급하는 목적보다도 납세자의 비용만을 생각하거나 형식주의(red-tape)와 같은 절차와 규정만을 고집하는 부작용도 예상이 되어진다. 그렇지 않아도 목표대치성향이 농후한 관료조직에 있어 투입과 과정의 강조는 결과물에 대한 중요성을 경시할 위험이 있는 것이다.

그러나 TQM이 정부조직의 목표대치성향을 부추기는 것으로 판단하는 것은 부적절한 것으로 생각된다. 조직의 목표달성을 측정하고 통제하는 것도 물론 중요하지만 이것만으로는 불충분하며 어떻게 조직의 성과, 즉 품질을 향상시킬 것인가 하는 구체적인 방법론이 마련되어야 한다. 목표(benchmark)에 미달한 조직의 경우 성과를 향상시키기 위해서는 서비스의 투입과 과정을 미시적으로 분석하여 개선할 부분을 발견하고 이를 시정하는 조치가 뒤따라야 한다. 이 경우 체계적인 점검이 이루어지기 위해서는 과정관리에 대한 과정통제지표(process control indicatiors)와 같은 TQM의 수단들이 필요하게 되는 것이다.

---

3) Robert D. Tollison, "Gordon Tullock's Contributions to the theory of Public Choice", *Economic Inquiry*, 33, 1995, pp. 355-364.

(4) 정부조직문화

전통적 TQM은 품질향상에 총제적인 노력을 다하는 매우 강력한 조직문화에 의존한다. 이와 같은 조직문화를 형성하기 위해 최고관리자들은 지속적으로 관리개선을 추구하고 이에 대한 강력한 의지를 표명해야 한다. 그러나 민간부문과는 달리 정부조직에 있어 환경적인 여건이 장애 또는 제약요인이 될 수 있다. 첫째, 정치적으로 복잡한 과정을 거쳐야 하므로 TQM도입결정이 어렵기도 하거니와 예산상의 규제로 인해 적극적인 추진이 곤란하다. 둘째, 최고관리층의 교체가 지나치게 빠르게 일어난다. 우리 나라의 경우 각 부처 장관의 평균재임기간이 1년 미만이라는 점에서 TQM도입의 한계를 분명히 느낄 수 있다. 조직개혁에 대한 최고관리층의 전폭적인 지지와 방향제시가 있더라도, 리더십이 일관성을 유지하기 어려운 상황에서는 품질을 향상시키려는 조직구성원의 지속적인 동기부여가 곤란하다. 셋째, 정부조직은 여론과 정치적인 통제에 민감하기 때문에 과정통제자료가 왜곡되거나 사장될 위험이 크다. 보안 및 기밀의 유지를 강조하는 분위기는 개방적으로 문제를 해결하려는 TQM의 성향과 배치된다. 넷째, 정치적 제약, 법령상의 제약, 절차의 경직성, 권한중심의 지위체제 등 정부관료제의 특성은 전례답습의 점증주의적 접근을 강조하므로 고객중심의 창의적인 직무수행을 촉진하려는 TQM의 노력을 제약한다. 마지막으로 주인과 고객이 분명한 기업조직과는 달리 정부조직의 경우 행정관리에 대한 관심의 정도가 크게 뒤떨어질 수밖에 없다. 물론 지방자치단체와 같이 일선행정업무(street level administration)가 주가 되는 경우는 이의 필요를 피부로 느끼는 정도가 중앙정부와는 다르겠지만 놀랍게도 정부조직의 타성은 심각한 수준이다. 급속하게 국제화·개방화되고 있는 국내외 경제환경의 변화 속에서 언제까지 정부조직의 현재와 같은 복지부동 형태가 지속될 수는 없다는 지적이 많다.

Ⅲ. 평가적 의견

정부조직에 있어 전통적인 TQM제도의 전격적인 도입은 일반대중과 같이 가장 중요한 고객들에 대한 고려보다는 직접적인 이해당사자의 특정수요에 초점을 두는 것을 지향할 수 있기 때문에 오히려 해가 될 수 있다. 전통적 TQM은 또한 분명한 산출목표와 통제결과를 중시하는 MBO, 계획예산제도, 성과통제체제와 같은 제도들을 무시하거나 폐지할 것을 주장하기도 한다. 전통적 TQM은 산출물의 일관성유지를 강조하고 정부조직의 속성에 반하는 강력하고 지속적인 조직문화를 형성하고자 한다. 이와 같은 제반 문제점에도 불구하고 필자는 TQM제도를 보완하여 활용할 가치가 충분하다고 생각한다. ① 고객으로부터의 환류, ② 성과의 과정적 접근, ③ 지속적인 개선과 ④ 조직구성원 전체의 참여를 통해 조직 개혁의 미시적인 방법론을 제공하고 있다는 점에서 TQM의 진정한 의의를 찾을 수 있다고 본다.

1. 고객으로부터의 환류

정부의 일방적인 의사결정이 아니라 고객들의 반응이 중요하며 고객이 만족할 수 있는 서비스를 제공하는 정부경영만이 경쟁력을 유지할 수 있는 것이다. 정부의 권력적인 행위보다는 민주적인 경영이 필요한 1990년대의 행정관리에 있어서 정부정책에 대한 고객의 평가를 중요시하여야 한다는 TQM의 원리는 매우 가치 있는 것으로 판단된다.

2. 성과의 과정적 접근

TQM은 수(number)의 미신에서 탈피하여야 한다고 주장하며 숫자로써 구성원의 성과를 통제하는 것에 대해 강도 높게 비판하는 다른 한편에 TQM의 주요 구성요소 중 하나인 통제표(control charts)와 여타 계량적인 수단을 통한 품질의 양적인 통제를 제안하고 있다는 점에서 상호 모순되는 것처럼 보이는 부분이 있다. 그러나, 이와 같이 과정을 계량적으로 통제하는 TQM을 정착화시킨 다음 이를 기초로 하여 결과와 성과를 통제하는 계획예산제도, 목표관리제도 등을 함께 활용한다면 미시적인 관점과 거시적인 관점을 조화시킬 수 있을 것으로 판단된다. 다시 말해서 TQM, MBO, PPBS는 상호 대치되는 개념이나 제도가 아니라 상호 보완적인 체제로의 운영이 가능하다는 것이다.

3. 지속적인 개선

조직개혁에는 이로 인해서 신분이나 경제적인 보상 등이 위협받게 되는 계층이 생기고 따라서 저항이 명시적이거나 암묵적으로 뒤따르는 것이 일반적이다. 그리고 지금까지 조직개혁의 실패사례들을 살펴보게 되면 주된 원인이 최고관리층의 지지와 리더십이 개혁초기를 제외하고는 중단되기 때문인 것으로 판단되는 경우가 많다.[4] 강력한 최고관리층의 지속적인 관심이 없는 경우 조직적인 저항이 힘을 얻어 다시 개혁이전의 상태로 회귀되기 쉬운 것이다. 물론 Lewin의 개혁과정단계이론에서 잘 나타나 있는 바와 마찬가지로 '해빙－변동야기－재결빙'의 순환과정이 반드시 필요하기는 하나 TQM이론에서는 이러한 순환과정이 미시적으로 지속되어야 하다는 점을 강조하고 있다. 최근 민간부문에서 유행처럼 번지고 있는 리사이징, 리인벤팅, 리엔지니어링운동 역시 이의 일환으로 파악할 수 있다. 정부부문의 경쟁력제고를 위해서는 TQM을 적극적으로 받아들여 서비스의 품질향상에 지속적인 노력을 경주하여야 할 것이나. TQM에서 강조하는 조직구성원의 참여와 조직전체적인 동참(commitment)이야말로 조직을 살아있는 유기체로서 발전하는 데 원동력이 된다는 점은 이미 조직개혁에 관한 많은 문헌에서 지적하고 있는 바와 궤를 같이하고 있다.[5] 요컨대 공급자위주의 행정관리에서 수요자위주의 경영전략으로 전환하여 고객만족을 추구하는 생산적인 정부를 만드는 데 TQM은 필수적인 관리제도인 것이다.

TQM은 1940년대 이래 논의되었던 조직개혁과 행정관리의 개선에 관한 이론들과는 발상을 달리하여 생산하는 재화와 서비스의 품질을 향상시키려는 관리기법이다. 고객중심의 품질관리(quality control)와 과정 위주의 미시적인 분석, 그리고 조직구성원의 총체적인 참여와 사명의식을 강조하는 TQM이 물론 기업조직에 더 적합한 것은 사실이다. 그러나 본고에 소개된 바와 같은 조정을 통하여 정부조직－특히 일선관서와 지방자치단체와 같이 기업조직과 유사하게 경영될 수 있는 경우－에 도입하여 지속적으로 일관성 있게 집행한다면 정부조직의 생산성과 경쟁력제고에 크게 기여할 수 있을 것으로 기대된다. 과거의 관리개선기법들과 마찬가지로 TQM의 발상은 이미 조직발전론 등에서 많이 논의되고 있었던 것이라도 새로운 포장(relabeling old ideas)을 통해 체계적으로 관리원칙을 정립하였다는 점에서 행정관리이론에 있어 TQM의 기여도를 충분히 인정할 수 있는 것으로 사료된다.

---

4) 대표적인 사례로는 정책집행을 본격적으로 연구하는 데 시발점이 된 것으로 여겨지는 Jaffrey L. Pressman & Aaron Wildavsky, *Implementation*, University of California Press, 1973를 들 수 있다.

5) 조직개혁과 행정개혁에 관해서는 오석홍, 행정개혁론, 서울: 박영사, 1995 참조.

참고문헌

Deming, W. Edwards, *Out of the Crisis*, Cambridge: MIT Press, 1986.

Swiss, James E., "Adaptating Total Quality Management(TQM) to Government", *Public Administration Review*, 52, 1992, pp. 356-362.

Rago, William V., "Adaptating Total Quality Management(TQM) to Government: Another Point of View", *Public Administration Review*, 54, 1994, pp. 61-64.

Bowman, James S., "At Last, an Alternative to Performance Appraisal: Total Quality Management", *Public Administration Review*, 54, 1994, pp. 129-136.

Wilson, Laura A., & Robert F. Durant, "Evaluating TQM: The Case for a Theory -Driven Approach", *Public Administration Review*, 54, 1994, pp. 137-146.

Bonnie, G. Mani, "Old Wine in New Bottles Tastes Better: A Case Study of TQM Implementation in the IRS", *Public Administration Review*, 55, 1995, pp. 147 -158.

Martin Landau의 가외성이론*

I. 머리말

M. Landau의 가외성(redundancy)이론은 행정학의 기본적 발상을 전환하는 것이다. 잘 알려진 바와 같이, 고전적인 행정학에서는 능률성(efficiency)을 기본선(基本善)으로 보았다. 행정학은 공공조직에서 능률성을 증진시킬 수 있는 이론을 탐구하는 학문으로 받아들여졌다. 우리 나라의 행정학 교과서에서는 지금도 능률성을 행정이념의 하나로 제시하고 있다. 이러한 학문풍토에서 능률성의 반대개념인 가외성의 합리성을 제창한 일은 가히 코페르니쿠스적 전환이라고 말할 수 있다.

II. 가외성이론

1. 가외성의 합리성

능률성의 반대개념을 가외성(加外性)이라고 불러보자. 가외성은 무엇이 여벌로 있음을 말한다. 그것은 얼핏 보아 낭비적이다. 낭비적인 것은 비능률적이다. 정상적인 것보다 더 많은 초과분을 가지고 있는 것이 가외성이다. 여벌의 부분이 반복적으로 여러 개 있으면 중복성(duplication)이고, 서로 비슷한 기능이 여러 부분에 겹쳐 있으면 중첩성(overlap)이다. 가외성이 영인 경우가 가장 능률적이다.

가외적이고 낭비적인 요소가 합리성을 얻을 수 있다면, 그 조건은 체계를 구성하고 있는 부품의 불완전성이다. 부품이 완전하지 않으면, 그 불완전성을 보완

* 김영평: 고려대학교 행정학과 교수.

하기 위하여 여벌을 준비해 두는 현명이 가외성의 합리성이다. 부품에 고장날 확률이 없다면 가외성은 틀림없이 낭비적이다. 그러나 인간이 만든 장치가, 기계적 장치이건 제도적 장치이건, 완벽한 것은 없다. 고장날 확률을 가진 장치이면 가외성이 필요하다. 완전한 장치가 없다면, 가외성은 보편적으로 필요하다.

(1) 가외성의 신뢰성 증진조건

가외성은 불완전한 부품들로 구성된 장치를 좀더 신뢰할 만한 전체로 만든다. 예컨대, 비행기 엔진이 하나인 경우에 비행중 고장이 나면 추락하게 된다. 엔진이 고장날 확률을 편의상 1/10이라고 하자. 보조엔진이 하나 추가되어 있으면 비행중 추락할 확률은 1/100로 줄어든다. 만일 가외적 엔진이 두 개이면 비행기가 추락할 확률은 1/1,000로 줄어든다. 엔진을 하나씩 더 장치하는 데 드는 비용은 개략적으로 두 배, 세 배로 증가하지만, 비행기의 신뢰성은 기하급수로 증가한다. 불완전한 부품이지만 동시에 고장날 확률은 기하급수적으로 줄어들기 때문에, 기계장치가 전체적으로 고장날 확률을 줄일 수 있다.

그러나 가외적인 부품들이 신뢰성을 증대시킬 수 있는 조건이 충족되어야 한다. 그것은 가외적 부품들이 독립적으로 작동되어야 한다는 것이다. 아무리 완벽하게 설계된 기계나 제도일지라도 그 부품들이 한번쯤 고장날 가능성을 배제할 수 없다. 그 부품들이 긴밀하게 연결되어 있으면, 한 부품의 고장이 전체의 고장으로 이어진다. 라디오의 진공관이 하나 떨어지면 라디오는 소리가 나지 않는다. 한 부품의 고장이 전체의 고장으로 파급되는 것을 방지하는 방법은 각 부분이 반독립적으로 작동하게 하는 것이다. 일사불란한 조직일수록 한 부분의 실패가 조직전체의 실패가 된다. 느슨하게 구성된 조직은 엉성해 보이지만, 외부의 충격과 소용돌이에도 적응한다.

(2) 가외성의 적정수준

기계적 장치나 제도적 장치에서 신뢰성을 증진하기 위하여 가외적인 요소들을 도입해야 하지만, 무한한 중복이나 중첩을 허용할 수는 없다. 가외성도 비용을 증대시킨다. 그러므로 가외성에도 적정수준이 있다.

가외성의 적정수준은 장치에 실패가 일어나는 것을 참을 수 있는 한도와 관련되어 있다. 사회에서는 교통사고로 인한 어느 정도의 인명손실을 감수하고 있다. 그러나 원자력발전으로 인한 인명손실은 아직도 보고된 바 없는데도, 사회에서는 원자력발전의 작은 고장도 참을 수 없는 것으로 다루는 경향이 있다. 고도의 신뢰성을 확보할수록 가외성의 정도는 커져야 한다. 앞에서 살펴본 바와 같이, 가외성을 한 단위 추가하는 데 드는 비용은 산술급수적으로 증가한다. 가외성이 증가하면서 장치가 고장날 확률은 기하습수적으로 감소한다. 한번의 고장으로 입어야 할 손해가 일정하다면, C<P·D인 경우에 가외적 장치가 정당화된다(C는 한계가외성비용; P는 장치된 가외성의 고장날 확률: D는 허용할 수 있는 고장으로 인한 손해). 작은 고장으로도 심각한 손해를 입게 되는 경우에는 가외적 장치를 늘려야 한다. 그러나 고장으로 인한 손해가 심각하지 않다면, 약간의 가외성의 증가로 인한 비용증대는 가외성에서 얻은 신뢰성의 이익을 상회할 것이다.

이론적으로 가외성의 적정수준을 설명하기는 간단하지만, 현실적으로 가외성을 장치하려면 여러 가지 다른 국면들을 동시에 고려하여야 한다. 우선 가외성의 구성형태가 변화하면 기능적으로 서로 다른 부분의 신뢰성을 증진한다. 그러므로 어떠한 종류의 실패를 줄이기 위하여 어떤 형태의 가외성을 구성해야 하는가를 검토해야 한다. 그보다 더 어려운 고려는 체제가 허용할 수 있는 실패의 정도이다. 이것은 만족할 만한 과업성취의 정도를 말한다. 그리고 각 부품의 고장날 확률을 확인할 수 있어야 가외성의 적정수준을 계산할 수 있다. 그러나 대부분의 제도적 장치의 부품인 인간은 독자적 판단력을 가지고 있기 때문에 부품의 동질성을 보장하기 어렵다. 인간의 활동에서는 사회성과 지도력 효과를 배제하기 어렵기 때문에, 부품의 독립적 작동을 설계하기도 곤란하다. 이러한 맥락에서 사회적 제도에 있어서 가외성의 적정수준은 계측치이기보다는 함축적이고 암시적인 기준에 불과하다.

2. 능률성의 행정학에 대한 반성

Landau의 가외성이론은 능률성의 행정학에 대한 반성을 촉구한다. 능률성의 맹목적 탐구는 여러 가지 의미에서 행정학을 왜곡시켰다. 그것은 행정문제의 해결을 도와주기보다 오히려 가로막는 경우도 있었고, 지엽적인 문제를 강조함으로써 시각의 균형을 흐리게 하였다. 중복적인 것은 낭비적인 것으로 제거되고, 모호한 것은 불가치적인 것으로 무시되고, 불확실한 것은 불가능한 것으로 배제되었다. 따라서 행정학에서 다루어야 할 문제의 범위는 축소되고, 탐구를 위한 모험은 한정되었다.

(1) 능률성의 적용요건

능률성은 다양한 의미를 내포하고 있다. 그러나 학문적으로 토론 가능한 능률성의 개념은 "이용가능한 자원에서 얻을 수 있는 최대효과와 그 자원에서 실제로 얻은 효과의 비율"을 말한다. 능률성이 현실적인 문제해결의 기준으로 쓰일 수 있으려면, 다음과 같은 요건을 충족하여야 한다.

첫째, 능률성은 특정 목표나 가치에 비추어서만 이야기할 수 있다. 목표가 주어져야 한다. 조직에서는 누구의 목표가 조직의 목표인가를 밝혀야 한다. 그리고 그 목표는 분명하고 측정가능해야 한다. 능률성으로 조직의 운영을 측정하려면, 최상의 목표를 하위목표로 나누고, 그들이 목표-수단의 사슬을 따라 체계적으로 연결되어야 한다.

둘째, 목표들간의 전환율을 계산할 수 있어야 한다. 인간의 활동이 하나의 목표만을 추구하는 경우는 희소하다. 조직의 목표는 다양하다. 서로 다른 가치들을 공동계산치로 환산할 수 있어야 능률성을 확인할 수 있다. 확인할 수 없는 능률성은 아무런 의미도 없다.

셋째, 목표가 주어졌다 하더라도, 그 목표를 성취할 수 있는 수단을 알고 있어야 한다. 즉 목표와 수단을 연결하는 적절한 인과관계의 지식을 확보해야 한다. 수단과 연결되지 않은 목표의 능률은 근거 없는 계산치에 불과하다.

끝으로, 목표를 추구하는 상황으로서 과업환경이 안정적이어야 한다. 평이하게 말하자면, 현재 바람직한 목표가 성취된 다음에도 바람직한 것으로 받아들여질 수 있어야 한다. 과업환경이 불안정적이어서 추구하는 목표가 변화하면, 능률성의 계산기준이 바뀌어 버린다. 결국 이미 목표가 아닌 이전의 목표는 성취하였더라도 능률성에 전혀 도움을 줄 수 없다. 오히려 낭비적인 요소로 인정될 것이다. 목표가 고정되지 않으면 능률성에 대한 토론은 거의 의미가 없다. 그러나 환경과 무관하게 설정된 목표가 의미있는 목표일 수 없고, 과업환경이 변화하면 목표도 변화한다.

(2) 능률성 위주의 행정

이러한 능률성의 요건을 충족시킬 수 있는 행정활동은 굉장히 제한된다. 한 마디로 과업환경이 안정적이고, 인과관계의 지식이 충분히 갖추어져 있고, 시장가격으로라도 상호 비교가능한 활동이어야 한다. 그러나 행정영역에서 이러한 범주에 들어오는 활동은 오히려 희소하다. 그런데도 초기의 고전적 행정학에서 능률성을 기본선으로 보았기 때문에, 능률성을 추구하는 것은 모두 좋은 것으로 오인하였다. 능률을 우선시하는 풍토는 행정운영에 여러 가지 부수적 효과를 낳았다.

능률성을 측정할 수 있어야 합리적 문제해결을 도모할 수 있다고 보면, 적절한 목표의 설정보다 측정가능한 목표를 더 선호하게 된다. 설정된 목표는 목표－수단의 사슬에 따라 일관성 있게 구성되어야 한다. 이러한 목표를 가진 조직에서는 계층적 목표에 따라 자원이 우선적 집중적으로 배분된다. 일관성 있고 통일적인 목표체계 밖의 활동은 낭비적인 것이므로 가능한 한 배제하여야 한다. 따라서 조직의 목표는 협소화된다. 목표의 협소화는 해결해야 할 문제를 해결하기보다 해결할 수 있는 문제만을 해결하게 만든다. 능률적인 문제해결 방안을 알고 있다면, 그 방안을 충실히 수행할 때에 최선의 결과를 얻을 것이다. 만일 차질이 있으면 원래의 계획대로 운영되도록 통제해야 한다. 능률적인 방안을 알고 있다면 부하들의 자유재량을 가능한 만큼 축소해야 한다. 그러므로 능률성을 중시하는 조직에서는 통제위주의 운영을 하게 된다. 통제위주의 행정은 최선의 방안이 하나의 권위를 통하여 나오게 되어 있으므로 집권적 조직이 된다. 집권적 조직은 하위부서들에게 규칙준수를 강요하고 그들의 창의성을 무시하게 된다.

능률성은 결국 인과지식의 함수이다. 아직 인과관계가 밝혀져 있지 않은 행정활동을 능률화하려면 자기배반의 논리를 경험하게 된다. 불완전한 지식가정에 따라 문제를 해결하려 하면 예상하지 못한 결과가 나타난다. 이러한 상황은 불확실성을 인정하거나, 아니면 통제에 의존하여 일사불란하게 과업을 추진해야 한다. 불확실성을 인정하면서 능률성을 증진하는 것은 불가능하다. 그것은 위에서 본 능률성의 적용요건을 배반한다. 불확실성은 안정적 과업환경을 보장하지 못한다. 인과지식의 결여는 목표와 수단을 연결하지 못한다. 통제에 의존한 능률성의 추구는 틀린 문제해결을 능률적으로 수행할 가능성을 내포하고 있다. 능률성 위주의 행정에 대한 신념이 강할수록, 그리고 정책의 타당성에 대한 신념이 강할수록 선택된 정책을 충실히 수행하도록 통제할 것이다. 그러나 현대행정이 다루어야 하는 대부분의 정책들은 인과관계가 불분명한 복잡한 문제들이다. 통제할수록 능률적 결과를 파괴할 가능성이 큰 과업들이다.

과업을 능률적으로 수행해야 한다고 주장하려면, 선택된 정책이 최선의 방안이라고 믿어야 한다. 그러므로 실패가 나타나면, 선택에 잘못이 있다고 믿지 않고 과업수행이 비능률적이라고 믿게 된다. 실패가 통제의 대상이면, 실패에서 교훈을 얻기가 어렵다. 능률주의 행정의 가장 치명적인 약점은 경험으로부터 교훈을 얻는 능력을 키울 수 없다는 것이다. 오차의 수정이 곤란하기 때문에 하위부서들간의 조정·통합이 어렵고, 업무를 개선하려는 자발적 노력을 증진하기 어렵다.

(3) 능률성 중심의 행정학

능률주의 행정의 논리적 약점은 그것이 과거지향적 문제해결방법이라는 것이다. 어떤 활동의 능률성은 현재의 목표나 가치와 기술수준에 의존하여 판단한다. 그러나 그 목표, 가치, 기술은 과거에 형성된 것들이다. 다시 말하면 과거의 시점에서 중요하다고 선택된 것들이다. 과거에 중요한 것들이 미래에도 중요하다는 보장은 없다. 오늘날과 같이 급변하는 사회에서 행정활동이 미래의 상태와 적절히 연결되지 못한다면 거의 의미 없는 활동일 것이다. 능률주의 행정에서는 현재의 목표가 관심의 초점이기 때문에, 변동하는 상황에서 미래의 목표를 추정하고 그것과 연결되는 활동의 탐색에 적절한 이론을 제공하지 못한다.

지금까지 능률개념을 주축으로 하는 행정학의 탐구는 조직을 체계적이고 일사불란하게 운영할 수 있는 기술들을 주로 탐구하였다. 가장 대표적인 것들로 체계분석(Systems Analysis), 목적에 의한 관리(Management by Objectives), 기획예산(Planning Programming Budget), 영기준예산(Zero Base Budget) 등을 들 수 있다. 이러한 노력들은 대부분 조직을 거대화, 단선화, 집권화시킬 것을 추천하고 있다. 이러한 이론에 따라서 지금까지 각국에서 이루어진 행정개혁의 중요 내용도, 능률향상을 기치로 내세우면서, 기관의 통합을 통한 최고관리층의 권한강화, 불요불급한 기관과 활동의 삭제를 통한 낭비 감소, 전문화를 위하여 분산되어 있는 동일기능의 집중화, 그리고 권한의 중복과 기능의 중첩을 정비하기 위한 행정활동의 체계화 등에 편중되었다. 능률주의 행정학은 결과적으로 정태적이고 안정적인 과업환경을 전제로 비교적 단순한 업무를 연구대상으로 한정하였다. 따라서, 의도적인 것은 아닐지라도 행정의 동태성, 불확실성, 복잡성, 그리고 불완전성을 소홀히 다루었다. 능률주의 행정학이론들은 수많은 조건을 달지 않으면 현실적 행정문제의 해결에 적용하는 데 뚜렷한 한계를 보였다.

III. 평가적 의견

가외성은 불확실성을 가정한다. 독자적으로 판단할 수 있는 단위의 존재를 상정한다. 둘 이상의 기관이 경쟁적으로 동일한 기능을 하는 상황을 인정한다.

명령통일의 원칙도 계층제의 원리도 여기서는 무시된다. 대규모 단일 조직보다는 소규모의 다수 조직이 독자적이고 다양하게 활동하는 것을 조장한다. 최고관리자 한 사람만이 정책을 결정할 권한을 가졌다고 상정하기보다는 다양한 의견을 가진 각계각층의 사람들이 토론을 통하여 결정을 도출하는 과정을 더 중시한다. 가외성의 행정학은 앞으로 전개될 변화를 전제로 논의를 진행한다. 참여자의 불완전성을 가정한다. 이러한 토론은 능률성의 행정학에서는 거의 찾아보기 어렵다. 가외성의 행정학에서는 새로운 주제를 새로운 접근방법에 의존하여 토론하고 있다.

현대사회는 급격한 변화를 경험하고 있다. 산업의 발전과 학문과 기술의 진보는 지식인들마저도 어리둥절하게 만들고 있다. 정보화사회의 진전은 지식의 확산을 지원하면서도, 새로운 정보에 대비하도록 개인들을 긴장시키고 있다. 급속한 변화와 정보의 확장은 심리적인 불확실성을 확대한다. 행정의 과업환경은 불안정적이고 이질적인 특성을 보이고 있다. 정책의 목표들은 불분명하고, 정책대상집단의 선호는 유동적이다. 변화하는 여건에서는 인과관계의 지식마저 낡은 정보가 되기 쉽다. 정책의 선택에 어느 것 하나 믿고 따를 만한 준거와 기준을 찾기 어렵다.

이러한 불확실성의 정황에서 제기되는 행정문제들을 능률성에 기초하여 해결하는 것은 거의 비현실적인 기대이다. 문제의 복잡성 때문에 옳은 해결방안이 무엇인지 알 수 없는 상황에서 능률성을 탐구하는 것은 실패를 탐구하는 것과 크게 차이가 없다. 이러한 상황에서는 오히려 "틀림없이 틀린" 방안을 회피하는 현명이 필요하다. 자기의 선택을 가설적으로 다루어야 한다. 가설적 선택을 실험할 수 있어야 한다. 독단은 금물이다. 다원성과 다양성은 창의성과 독창성의 전제조건이다. 각 부문들이 독자적으로 선택하고 시험함으로써, 사회전체적으로 경험의 총량을 확장할 수 있다. 가외성의 사회적 구성방법은 이러한 개념들을 제도적으로 장치하는 것이다.

가외적 장치들은 질서정연하지 못하다. 시장기구는 가외성의 극치이다. 그러므로 그것은 질서정연하지 못하다. 갈등과 논쟁이 정상적이고, 견제와 쟁송이 다반사이다. 공식적이고 법규적인 활동만이 허용되는 것이 아니고, 비공식적이고 자연발생적인 사회관계들도 존중된다. 합리적인 설계에 따라서만 거래가 진행되지 않고, 관습적이고 토속적인 양식과 함께 운행된다. 모순적으로 보이는 과정과 전략과 관행이 혼재하고 있다. 그러나 그들은 가외성의 논리로 신뢰성을 증진한다.

가외성의 행정학은 설계된 세계, 이해할 수 있는 세계, 통제할 수 있는 세계에 관심을 한정하지 아니한다. 그것에서는 이해하지 못하는 대상을 불필요한 것으로 치부하지 않고, 반대하는 대상을 나쁜 것으로 매도하지 않고, 통제할 수 없는 대상을 불합리한 것으로 배제하지 않는다. 유일한 최상의 방책을 구하던 노력은 능률성의 행정학에서 볼 수 있는 전형적 발상이다. 그러나 가외성의 행정학은 발상의 전환을 요구한다. 발상의 전환으로 행정학 연구의 지평을 새롭게 확장하고 있다. 그것은 불합리성의 합리성을 탐구하고 있다.

참고문헌

Bendor, Jonathan B., *Parallel Systems: Redundancy in Government*, Berkeley: University of California Press, 1985.

Chisholm, Donald, *Coordination without Hierarchy*, Berkeley: University of California Press, 1989.

Felsenthal, Dan S., "Applying the Redundancy Concept to Administrative Organization," *Public Administration Review*, May/June, 1980, pp. 247-252.

Jantsch, Erich, *The Self-Organizing Universe*, Oxford: Pergamon Press, 1980.

Landau, Martin, "Redundancy, Rationality, and the Problem of Duplication and Overlap," *Public Administration Review*, 1969, pp. 346-358.

March, J. & Olsen J., *Ambiguity and Choice in Organizations*, Oslo: Universitets Folaget, 1976.

Ostrom, Elinor, *Governing the Commons: The Evolution of Institutions for Collective Action*, Cambridge: Cambridge University Press, 1990.

Peters, Thomas J. & Robert H. Waterman, Jr., *In Search of Excellence*, New York: Warner Books, 1982.

Radnitzky, Gerard & Walter W. Bartley, III, eds., *Epistemology, Rationality, and the Sociology of Knowledge*, La Salle, IL: Open Court, 1987.

Simon, Herbert A., *Reason in Human Affairs*, Stanford: Stanford University Press, 1983.

Thompson, James D., *Organizations in Action*, New York: McGraw Hill, 1967.

Weick, Karl E., *The Social Psychology of Organizing*, 2nd ed., Reading, Ma.: Addison-Wesley, 1979.

Herbert A. Simon의
행정행태론*

I. 머리말

사회과학의 진전에서 Herbert A. Simon은 뚜렷한 자리를 차지하고 있다. 그의 방대한 저술은 행정학뿐만 아니라 경제학, 심리학, 컴퓨터과학, 관리과학, 그리고 철학에까지 걸쳐 있다. 방대한 그의 관심을 한마디로 줄인다면 '문제해결'에 대한 탐구였다. 그리고 그의 문제해결에 대한 탐구의 출발점을 최초의 저서인 「행정행태론」(*Administrative Behavior*)이라고 보아도 무리는 아닐 것이다. 그는 이 책에서 새로운 접근방법을 제시하였다. 지금은 그 접근법을 의사결정접근법이라고 칭하고 있다. 이 책이 처음 세상에 소개되었던 당시에(1945) '논리실증주의'를 선언하면서 의사결정의 과정을 통하여 조직을 이해하여야 한다는 그의 주장은 상당히 충격적이었다.

II. 행정행태론

1. 행정행태론의 소개

행정행태론은 그 제목이 말해 주듯이 행정조직의 문제해결에 관한 저술이다. 이 책에서 Simon은 조직의 문제해결에 대한 이해를 두 가지 단계로 나누어 제시하고 있다. 첫째 단계는 조직을 구성하는 개인들의 결정들이 결합되어 조직의 문제해결로 전환되는 과정을 설명하고 있다. 이 책은 판을 거듭하면서 초판이 출판된 이후에 발표된 그의 논문을 증보하여 제4판에 이르고 있다. 그러나 그의 주장의 핵심은 거의 원형을 유지하고 있다. 이 책에 포함되어 있지 않는 그의 논

*김영평: 고려대학교 행정학과 교수.

문과 저술들도 행정행태론에서 제시하고 있는 이론을 세련화하고 확장하는 노력이었다고 말할 수 있다.

행정행태론의 초반부에서는 '인간선택이론' 또는 '의사결정이론'이라고 부를 수 있는 그 당시로서의 전혀 새로운 이론을 제시하고 있다. 이것이 그 유명한 '한정적 합리성이론' 또는 '만족모형'이라고 불리는 것이다. 그때까지 인간의 선택이론은 경제학에서 주장하는 '경제적 인간'의 합리적 선택이론이 지배적이었다. 경제적 인간의 합리적 선택에서는 다음과 같은 가정을 받아들인다. ① 사람들은 자기가 무엇을 원하는지를 안다. 여러 가지 가치들간의 우선순위를 안다. ② 사람들은 자기가 원하는 가치를 구현할 수 있는 수단인 다양한 대안들을 안다. 그리고 가치에 비추어 대안들을 비교할 수 있는 적절한 기준을 안다. ③ 합리적 선택을 위하여서는 각 대안에서 예상되는 귀결을 알아야 한다. 즉 선택의 귀결에 대한 완벽한 지식이 있어야 합리적 선택이 가능하다. 그리고 가능한 모든 대안을 비교해야 합리적 선택이 가능하다. 이러한 경제적 인간의 선택에서는 가치의 극대화를 합리적인 것으로 정의한다. Simon은 이러한 합리적 선택이 인간으로서는 불가능하다는 점을 지적하면서, 새로운 선택이론을 제시하고 있다.

2. 한정적 합리성이론

Simon에 따르면, 인간은 의도에 있어서(intendedly) 합리적이고자 할지는 모르지만, 실제에 있어서 극대화의 합리성은 실현불가능하다. ① 합리적 선택을 위하여 필요불가결한 대안의 귀결에 대한 인간의 지식은 거의 언제나 불완전하다. ② 미래의 귀결에 대한 가치부여가 불완전하기 때문에, 인간의 가치와 목표의 선택에 있어서도 경험이 늘어가면서 평가가 달라질 수 있다. ③ 모든 가능한 대안들 가운데서 단지 몇 개의 대안만 고려할 수 있는 것이 실제적 선택상황이다. 현실세계의 선택에서 필요한 지식은 단편적일 뿐이고, 한정된 지식을 활용하는 실용적 절차를 따라 지식을 활용할 뿐이다. 그러므로 고려하는 변수의 수도 한정되지만, 고려하는 귀결의 범위도 제한된다. 선택당시에 예상한 귀결과 현실적으로 나타난 귀결이 불일치한다는 사실이 평범한 경험이듯이, 귀결을 예상할 때의 가치부여와 그것이 현실로 나타날 때의 가치부여가 일치하지 않는 것도 희소한 경험이 아니다. 물론 인간의 지식체계는 단순한 시행착오에만 의존하지 않고, 실험적 방법의 활용, 의사전달을 통한 지식의 전파, 이론에 의존한 귀결의 예측 등 다른 동물에서는 볼 수 없는 학습능력을 가지고 있다. 그러므로 비교적 얼마 안 되는 경험을 광범위한 결정의 밑천으로 활용할 수 있다. 그 결과 상당한 정도의 지식활용이 이루어지고 있다. 그러나 인간의 선택에 중요한 역할을 하는 기억력, 그것과 밀접한 관계를 가지고 있는 습관, 그리고(선택상황에서 추구하는 가치나 목표와 일치할 수 있는) 일정한 방향으로 생각을 한정시키는 주의력 등이 제한되어 있기 때문에 만족하는 수준에서 선택이 이루어진다. 만족수준에서 이루어진 결정의 합리성은 한정적(bounded)이다.

(1) 현실적 결정과정에 대한 묘사

모든 결정은(개인수준에서나 조직수준에서나) 가치의 구현에 관련된 내용적 합리성과 설정된 가치의 실현을 위하여 필요한 정보와 지식을 유통시키고 주의력을 인도하는 방법의 선택에 관련된 절차적 합리성의 두 가지 차원을 내포하고 있다. 현실에 있어서의 결정은 한 단계에서 보다 일반적인 수준의 결정이 주어지면, 다음 단계에서 보다 구체적인 수준의 결정이 이루어질 수 있는 환경을 마련하게 된다. 높은 단계에서 광범위하고 모호한 선택이 만들어지고, 낮은 단계에서는 일반적인 결정요소들에 대한 좀더 세밀하고 자세한 사항을 결정하게 된다. 이러한 결정의 계층제를 하나로 묶어 결정과정이라고 한다. 그러나 높은 단계의 결정과 낮은 단계의 결정은 논리적인 구분에 불과한 것이지, 실제적 결정이 계층제를 따라 이루어지는 것은 아니다.

오히려 실제세계에서의 결정에서는 현재(또는 과거)의 선택이 미래의 선택에 영향을 줄 수 있을 뿐이다. 현재의 선택이 미래의 선택에 영향을 줄 가능성은 두 가지가 있다. 현재의 선택이 미래의 선택범위를 한정하는 경우와 미래의 선택이 현재의 선택에 어느 정도 인도되는 경우가 그것이다. 어떤 결정이 이후의 결정에 영향을 주려면, ① 이후의 결정들을 위한 기준으로서 특별한 가치로 선택되었거나, ② 이후의 결정에 적절한 경험적 지식으로 선택되었거나, ③ 이후의 선택에서 꼭 고려할 필요가 있는 대안으로 선택되어야 한다.

(2) 개인의 결정과 조직의 합리성

여러 단계의 결정들이 통합되어 인간의 선택이 이루어진다. Simon은 현재의 결정이 미래의 결정에 영향을 줄 수 있고 자기의 결정뿐 아니라 타인의 결정에 의하여 영향을 주고 받을 수 있기 때문에, 문제해결기구의 하나로서 조직 또는 사회제도를 이해할 수 있다고 본다. 조직에서는 규칙, 업무명세, 기준설정 등 선행결정들에 의하여 미래의 선택의 틀이 갖추어져 있다. 이 선택의 틀은 각 구성원에게 어떤 구성원이 어떤 구체적 정황에서 어떤 선택을 할 것이라는 안정적 기대를 가지게 한다. 이 안정적 기대는 행동의 귀결에 관하여 합리적인 고려를 할 수 있는 선행조건이 된다. 그리고 그 선택의 틀은 조직 구성원들에게 일정하게 행동하도록 자극하는 요소로 작용한다. 일정하게 조직화된(조직에서 일하는) 개인들의 선택이 유형화되어 있으면, 한정적 합리성을 가진 개인들의 결정들을 결합하여 한 단계 더 높은 합리성을 성취할 수 있게 된다.

Simon이 지적하는 바에 따르면, 조직은 개인 구성원들의 결정에 영향을 미치는 방도로 다음과 같은 수단을 구비하고 있다.

① 조직은 구성원들 간에 일을 나누어 한다. 각자에게 성취해야 할 특별한 과업을 줌으로써 그 사람의 주의력을 그 과업에만 집중하게 만든다.

② 조직에서는 일정한 업무를 일정한 방식으로 수행해야 한다는 표준적 실행방법을 제시한다.

③ 조직구성원들의 업무에 관한 결정은 권위와 영향력의 체계에 따라 다른 구성원들에게(전후, 좌우, 상하로) 전달된다. 결정의 내용을 비롯한 정보의 원활한 흐름을 위하여 조직에서는 의사소통망이 구성되어 있다. 그리고 이러한 영향력이 받아들여질 수 있도록 구성원들은 교화된다. 구성원들은 일정한 지식, 기술, 충성심, 소속감 등을 구비하여 조직에서 필요한 결정을 적절히 작성할 수 있도록 교화된다.

(3) Simon의 조직관

기존의 이론에서는 많은 사람들이 조직을 조직도표나 직무명세서 쯤으로 생각하여 질서정연하고 논리적으로 움직이는 추상체로 보았다. 그러나 Simon은 조직을 인간집단에 있어서의 의사소통과 관계들의 복잡한 유형으로 보고 있다. 즉 조직은 각 집단성원에게 일정한 정보와 지향(또는 태도)을 부여할 뿐만 아니라, 다른 성원들이 무엇을 할 것이며 자기의 결정에 어떻게 반응할 것이라는 종합적이고 안정적인 기대의 집합인 역할을 부여한다. 그는 조직을 하나의 역할체계로 보고 있다. 그리고 그는 이 역할체계 속에서 각 구성원들의 개별적인 결정들이 결합되어 조직의 결정으로 전환되는 신비를 이 책에서 보여주려 하고 있다. 조직의 복잡한 결정은 거대한 강과 같아서 수많은 지천(枝川)에 해당하는 (규칙, 기준, 선행결정, 목표 등에서 도출되는) 전제들과 연결되어 있다고 비유하고 있다. 그는 조직의 신비를 벗기기 위하여 주로 업무의 배분으로서 조직구조, 권위와 의사소통을 통한 조정기제, 결정의 위치확인으로서 집권과 분권, 정

보선택과 주의력의 배분, 결정에서의 목표와 기술의 활용, 그리고 조직업적의 척
도로서 능률성의 의미 등을 논구하고 있다.

Ⅲ. 평가적 의견

Simon의 행정행태론은 그 명성만큼이나 비판도 많다. R.V. Bartlett의 보고
에 의하면, 이 책에 관한 논평과 비판은 논문으로는 두 달에 한 번꼴로 그리고 책으
로는 두 해에 한 권 정도 출판되고 있다. 그 많은 논평을 여기에 균형 있게 소개하
기는 불가능하거니와 이 글의 목적도 아니다. 이 책에 대한 비판의 대부분은 그
의 논리실증주의에 대한 입장표면에 집중되고 있다. 그 비판의 하나는 이 책의
이론이 철학적으로 의심스러운 기반 위에 세워져 있기 때문에 숙명적으로 타당
성을 확보할 수 없는 것이므로 기각되어야 한다는 주장이다. 다른 하나의 비판
은 논리실증주의에 의한 가치중립적 행정행태이론이 규범적으로 잘못 해석되고
응용되고 있으므로 부적절한 이론이며, 따라서 중요한 이론으로 받아들여서는
안 된다는 주장이다. 그러나 이러한 비판에 대하여서는 재음미할 필요가 있다.

1. 실증주의적 이론에 대한 논평

정통적 논리실증주의가 실제적 과학활동의 모형이라는 주장이 신용을 잃었다
는 사실을 받아들인다 해도, 그것이 곧 실증주의자나 경험주의자는 좋은 과학자
가 될 수 없다는 의미는 아니다. 그것은 또한 실증주의나 경험주의가 현상의 연
구와 이론의 발견을 위한 탐지적(heuristic) 가치를 갖지 못한다는 의미도 아니
다. 논리실증주의의 철학적 파산이 행정행태론에서 Simon이 주장하고 있는 이
론의 타당성을 실추시키지는 못한다. 그의 이론이 영향력을 갖는 것은, 그의 실
증주의 인식방법론 때문이 아니고, 주장하는 내용의 적절성 때문이다. 어떤 이론
이 쓸 만한 것인가 여부의 시험은 그것을 주장한 사람의 다른 생각과의 일관성
에 의존하지 않는다. 그것은 오히려 다른 이론(또는 아이디어)을 쌓아 올리는
데 도움이 되며, 연구자들의 공동체가 합의를 향하여 나아가는 데 도움을 주는
가 여부에 따라서 판단된다. 이러한 기준에서 한정적 합리성 이론은, K.
Boulding의 말대로 이 시대의 가장 정교한 사회과학이론일 수 있다. 어떤 이론
의 타당성은 이론을 주장한 사람의 인식론적 기반에 의하여 결정되지 않고 사실

과의 일치여부에 의하여 점차적이고 누적적으로 확인되어진다. 그러므로 이론의 성패는 장기적 경쟁에서 자연선택적으로 결정된다.

실제로 H. Simon이 논리실증주의자인가도 의문이다. 최근의 그의 저술에 나타난 인식론은 K. Popper의 그것과 아주 유사하다. 진화적 합리성을 인정하고 있으며, 논쟁과 비판에 의한 결정의 우월성을 인정하고, 학문적 다원주의를 받아들이고 있다. 오히려 행정행태론에서 자신을 실증주의자라고 선언하는 Simon이 실수를 저지르고 있음을 지적할 수 있다. 이 책을 저술하던 시기의 소장학자였던 Simon은, 논리실증주의에 대한 비판을 접하기 전에, 논리실증주의를 과학주의와 동일시하였던 것으로 보인다. 과학이론이 변화와 진보를 거치듯이, 과학자 개인도 인식론적으로 뿐만 아니라 이론의 내용에서도 수정을 거듭한다. 젊은날 자신의 인식론적 기반을 선언해버리는 일은 조금도 조급한 판단의 결과이거나 자기 과신의 소산이지만, 젊었을 때에 누구나 저지르기 쉬운 실수이다. 젊은날 당대에 유행하던 인식론을 자신의 학문적 기반으로 공표했다는 이유 때문에, 한 학자가 일생동안 그 인식론에 얽매여야 하는 것은 아니다. 만일 어떤 학자가 자신의 인식론적 기반을 수정하였을 때, 공표 없이 새로운 인식론에 기초하여 새로운 주장을 전개한다면, 그 학자의 이론이 자기모순에 빠졌다는 이유로 모두 무위로 돌아가는 것도 아니다. 거의 모든 학자들의 일생동안의 연구들은 서로 인식론적 일관성을 유지하기가 더 힘들다. 그렇다면 Simon의 논리실증주의도 그의 이론을 파기해야 하는 치명적인 이유는 아니다.

2. 가치중립적 이론에 대한 논평

H. Simon에 대한 가장 부당한 비판은 그가 다루지 않은 무엇에 대한 비판이다. 그는 방대한 양의 저술을 남기고 있지만, 그가 다루지 않은 주제는 더 많다. 그가 다루지 않은 주제들은 다른 사람들이 자유로이 탐구할 수 있는 영역으로 남겨져 있을 뿐이다. 그가 다루지 않은 주제에 대한 비판 중에서 가장 강력한 것은 가치나 목표를 평가하는 원리로서 합리성을 정의하지 않았다는 지적이다. 주로 Horkheimer나 Habermas의 추종자들이 Simon과 그 밖의 논리실증주의자들을 비판할 때에, 가치중립적 인과지식은 사회적 정의의 목적에 쓰이지 못하였고 기득권자 계층의 지위를 공고하게 만드는 데 사용되었다고 지적한다.

그러나 지식의 생산자가 사용자의 행동까지 책임질 수는 없다. 부엌칼을 만들어 파는 풀무장이가 그 칼을 가지고 장난하다 손가락을 다친 어린이의 부상까지 책임질 수 없는 것과 같다. 일단 만들어진 지식은 인류의 공유자산이다. 그것이 유용한 것이면 다른 사람들에 의하여 활용될 것이고, 그렇지 못하면 무시될 것이다. Simon의 주장들이 가치중립적 인과지식이라면 기득권자 계층뿐만 아니라 비기득권자 계층에 의해서도 활용될 수 있다. 특정계층의 활용을 배제하는 지식이란 타당성이 없는 지식이다. 만일 사회정의에 관심을 둔 학자라면 Simon의 조직이론을 이용하여 소외계층을 지원하는 조직을 구성하고 관리하여 볼 일이다. 그러나 Simon이 직접 그 일을 하지 않았다는 사실이 비판할 대상은 못된다. 어느 학자에 대해서도 그가 무엇을 탐구하지 않았다는 것을 비판함은 온당한 대우가 아니다.

3. 행정행태론의 학문적 위치

대부분의 Simon에 대한 비판이 타당하지 못하다는 말은 그의 이론에 결함이 없다거나 비판을 초월한 대상이라는 뜻은 아니다. 그의 행정행태론은, 저자의 표현을 그대로 빌리자면, 조직현상을 '듬성듬성'(spottily) 연구한 것이다. 어떤 주장은 건실한 반면, 약점투성이인 주장도 있다. 이 책에서 주장한 대부분의 이론들은 계속적으로 본인과 다른 학자들에 의하여 수정되어 왔다. 그리고 아직도 주목 받지 못하는 주장이 더러 있다. 그러함에도 불구하고, 이 책이 주목을 받는 이유는 토론의 중요한 기반을 마련하여 주었기 때문이다. 그의 한정적 합리성 이론은 사회과학의 이론에 전혀 새로운 지평을 마련하였다. 그의 관심은 문제해결기구로서의 조직이 어떻게 작동하는가를 해명하는 것이었다. 그의 이러한 관심은 현재로서 조직연구의 주류를 이루고 있다고 하여도 과언이 아니다. 물론 조직현상은 복잡하기 때문에 Simon식의 관심만으로 그것의 모든 국면들을 이해할 수 없는 것은 거의 분명하다. 그렇기 때문에 다른 접근법도 시도되어야 한다는 학문적 당위를 부정할 수 없다. 그러나 이러한 당위가 그의 학문적 공적을 폄척(貶斥)하지 못할 것이다.

참고문헌

Argyris, Chris, "Some Limits of Rational Man Organizational Theory," *Public Adminstration Review*, 33, May/June, 1973, pp. 253-267.

Bartlett, Robert V., "Rationality in Administrative Behavior: Simon, Science, and Public Administration," *Public Administration Quarterly*, 12, Fall, 1988, pp. 301-314.

Boulding, Kenneth, "Foreword," in Geoffrey Vickers, ed., *The Art of Judgement*, 2nd ed., London: Harper and Row, 1983.

Denhardt, Robert B., *Theories of Public Organization*, Monterey, CA: Brooks/Cole, 1984.

Habermas, Jurgen, *Knowledge and Human Interests*, Boston: Beacon, 1970.

Harmon, Michael M., *Action Theory for Public Administration*, New York: Longman, 1981.

Horkheimer, Max, *Eclipse of Reason*, New York: Seabury Press, 1974.

Ladd, John, "Morality and the Ideal of Rationality in Formal Organizations," *Monist*, 54, Oct. 1970, pp. 488-516.

Popper, Karl R., *Conjectures and Reputations*, New York: Basic Books, 1965.

_____, *Objective Knowledge: An Evolutionary Approach*, Oxford: Oxford University Press, 1972.

Simon, Herbert A., *Administrative Behavior*, 3rd ed., New York: The Free Press, 1976.

_____, *The Science of the Artificial*, Cambridge, MA.: MIT Press, 1969.

_____, *Reason in Human Affairs*, Stanford: Stanford University Press, 1983.

Herbert A. Simon의
조직과 시장*

Ⅰ. 머 리 말

Herbert Simon은 우리에게 정책 결정 이론에 있어서 만족모형(satisficing model)과 제한된 합리성(bounded rationality)이론으로 잘 알려져 있으며, 1947년에 쓴 그의 고전서인 *Administrative Behavior* 등을 통해 조직행태론적인 시각에서 행정학 이론 정립에 많은 공헌을 한 바 있다. 그는 비교적 최근인 1990년에 또 다시 "Organizations and Markets"라는 논문을 통해 그간 회사 조직 및 조직형태를 분석하는 데 중심적인 패러다임이었던 신고전파 경제학(neoclassical economics)의 시장중심적 접근이론을 조목조목 비판하면서, 그동안의 조직이론을 새롭게 구성하여 체계화를 시도하고 있다.

이 논문에서 저자는 고전주의 및 신고전주의 경제학에서 항상 중심적인 분석 단위가 되어온 ─ 그리고 누구나 그것을 당연시하여 받아 들였던 ─ '시장'(market)과 '시장의 역할'에 대해 그것이 과연 핵심적인 분석단위(unit of analysis)인가 하는 비판적인 의문을 제기하고 있다. 또한, 경제학은 사람과 사람 사이에 이루어지는 물건, 자본 및 서비스 거래에 대해 분석하고 있으나, 막상 이러한 거래의 당사자이자 행위자인 기관 및 조직들에 대해서는 침묵을 지키고 있는가 하는 의문을 제기하고, 사회과학이 사회현상을 좀 더 설명력 있게 다룰 수 있으려면, 도대체 왜 회사(firms)나 조직(organizations)이 존재하는 것인가 하는 근본적인 물음에서부터 출발해야 한다고 주장하고 있다. 더 나아가, 회사나 생산자는 MR＝MC가 되는 시점까지 생산함으로써 이윤을 극대화한다는 단순논리에 그칠 것이 아니라, 왜 회사의 종업원들은 회사의 이윤극대화를 위해 노동하는 동기부여가 생긴 것일까, 또는 그들은 왜 효용감소를 가져오는 노동에 대해 적

* 권기헌: 경희대학교 사회과학부(행정학 전공) 교수.

극적일 수 있으며, 어떤 경우는 경영자보다도 더 창의적이고 조직에 대한 열정을 가지고 조직행위를 하는 것일까? 하는 질문들에 대해서도 답할 수 있어야 한다고 주장한다. 이러한 맥락에서 그는 그간 경제학이론에서 제외되어온 조직의 동기여부(motivation), 권위(authority), 조직에 대한 충성(loyalty), 그리고 조직 내 업무의 조정(coordination) 등의 문제들을 사회심리학적·인식론적인 시각에서 새롭게 재구성하고 있다.

II. 조직과 시장에 관한 이론

1. 조직의 분출 및 두드러진 조직현상

Simon은 조직과 시장이라는 단위의 중요성을 비교하면서 다음과 같이 논술하고 있다.

> 한 우주인이 외계로부터 지구에 접근하고 있다고 상상해 보라. 물리·지리현상이 아니라 사회구조 및 현상들을 관찰할 수 있는 망원경을 보면서… 회사조직들의 경계는 진하고 뚜렷한 녹색의 윤곽점(그 안의 여러 부서나 과단위들은 희미한 윤곽선으로 나타나고)으로 보이는 반면, 회사와 회사, 조직과 조직 사이를 연결하는 거래(transactions)들은 녹색점들을 연결하는 붉은 선들처럼 보여 마치 사회 전체가 네트워크를 구성하는 것처럼 보이게 되리라. 좀더 자세히 살펴보면 그 녹색의 굵은 점들은 자회사의 작은 녹색점들을 잉태하기도 하고 다른 녹색점들이 달려들어 집어 삼키는 모습들도 보게 될 것이다. 이 외계인이 미국으로 도착하든, 소련으로 도착하든, 유럽으로 도착하든, 그가 관찰하는 하늘의 대부분은 녹색점들임에 틀림없다. 즉, 광경의 가장 두드러진 현상은 조직들인 것이다. 그가 본국에 보내는 보고메시지에는 아마도 "지구의 하늘은 붉은 실선들로 연결되어 있는 녹색의 굵은 점들이 매우 인상적"이라는 내용이 담길 것이다. "녹색점들을 연결하는 붉은 실선들"이라기보다는… 우리의 이 방문객이 녹색의 윤곽점들이 조직을 나타내는 경계선이고 붉은 실선들은 조직간의 거래를 표시하는 것이라는 것을 알고 나면, 이러한 사회구조를 '조직경제'(Organizational Economy)라고 부르지 않고 왜 '시장경제'(Market Economy)라고 부르는 것일까 하고 의아하게 생각하게 될 것이다.

Simon은 이어 "무엇으로 부르든 상관 있는가?"라고 자문한 뒤, 명칭자체가 매우 큰 의미를 지닌다고 답하고 있다. 그것은 우리가 묘사·설명하고자 하는 기관, 조직현상들에 있어 중요도의 우선순위를 부여하게 되며, 우리의 이론구성에서 선택하게 되는 변수선정에 결정적인 영향을 주게 되기 때문이다.

'조직'중심 시각에서 볼 때 시장경제이론의 가정들 중 현상과 부합하지 않는 점들은 다음과 같다.

① 대부분의 생산자들은 기업이나 기업주가 아니라 조직구성원들인 노동자들이다.

(ⅰ) 고전적인 경제이론에 따르면 회사조직이 기업주에 의해 조종된다는 사실 말고는 왜 회사조직 및 그 구성원들이 이윤극대화를 추구하는지에 대한 설명이 없다.

(ⅱ) 근본적인 의미에서 영리를 추구하는 회사조직이나 비영리조직 및 관료조직간의 차이는 없다. 이들은 모두 조직구성원들에게 동기를 부여해서 조직목표달성을 위해 노력을 경주케 한다.

② 조직과 시장 사이의 경계는 매우 모호하고 가변적이다.

Simon은 이상을 요약해서, 현대 사회과학자들은 왜 현대경제사회의 많은 행위가 조직들에 의해서 이루어지고 있는지, 시장은 이러한 조직 사이를 연결시키는 데 어떤 역할을 하고 있는지에 대해 설명할 수 있어야 하며, 이러한 질문들이 설명되어지지 않는다면 조직이 어떤 소유형태나 통제형태(집권화와 분권화의 문제)를 갖출 때 더 효율적으로 되는가에 대한 결론을 내릴 수가 없다고 하고 있다.

2. 동기부여와 조직에 있어서의 효율성

조직이론에서는 공조직, 사조직의 구분을 떠나 조직의 구성원들은 어떻게 조직목표를 향해 일하도록 동기부여를 받게 되며, 구성원들간의 결속력을 강화시키는 요인들은 무엇인가에 대해 관심을 갖는다.

경제이론에서는 회사조직이 소유주·관리자에 의해서 통제·운영되며 그들의 효용함수는 이윤극대화를 추구하기 때문에, 회사조직은 이윤극대화를 향해 움직인다고 단순하게 설명한다. 그러나 Adolf Berle와 Gardiner Means가 그들의 저서, *The Modern Corporation and Private Property*에서 밝힌 바와 같이, 현대기업조직에서 소유와 경영은 분리되고 있으며, 기업경영자들은 이윤극대화가 아닌 다른 유인, 예를 들면, 자기자신의 경력, 권력 및 부 등을 추구한다. 그렇다면, 어떻게 기업조직은 이윤극대화라는 조직목표를 추구할 수 있을까? 또한, 기업을 소유하거나 경영에 참여하지 못하는 대부분의 조직구성원들은 어떻게 조직목표를 향해 열정적으로 움직일 수 있을까?(때로는 그 행위들이 그들 자신의 효용함수에 반하는 것임에도 불구하고)

Simon은 이러한 질문들에 대해 경제이론은 설명을 제대로 하지 못하고 있다고 지적하고, 이러한 동기부여를 설명하는 주요변수로서 권위(authority), 보상체계(rewards)와 동일체의식(identification), 그리고 조정(coordination)을 들고 있다. 이들은 연역적으로 타당성 있는 요소들이라고 생각되며, 조직인 효용함수의 주요 인자가 된다고 볼 수 있다.

(1) 권위(authority)

조직구성원들이 효율적으로 조직목표를 향해 움직이도록 하는 데에는 조직의 권위가 필요하다. 고용인들에게 내린 명령만으로 일이 효율적으로 달성되는 것은 아니다. 명령은 행동을 결정짓지 않으며, 무엇을 하라는 명령에는 목적을 달성하는 방법과 수단까지 포함되어 있지는 않다. 조직의 과제를 수행하는 데에는 노동자들 역시도 많은 의사결정을 하게 된다. 따라서, 조직을 효율적으로 운영하기 위해서는 조직관리 차원에서 조직이 행해야 할 많은 대안들을 평가하고 선택할 수 있도록 해야 하며, 결정된 방향 및 조직 목표들을 행동해야 할 조직의 과제로 제시해 줌으로써 조직이 총력을 경주할 수 있도록 해야 한다.

또한, 이를 위해서는 올바른 정보(information)를 적시에 공급하고 조직의 정책원칙(policy rules)들을 명료히 밝혀 주어야 한다. 권위는 단순한 조직관리자의 명령에서 생기는 것이 아니다. 조직구성원들이 조직목표 및 방향을 이해하고 수긍할 수 있는 분위기를 만드는 가운데, 조직구성원들에게 동기 및 유인책을 부여하여 조직인들이 창의력을 가지고 조직목표에 솔선수범하여 봉사할 수 있도록 하고, 개개인이 보유하고 있는 지식 및 기술들을 조직목표에 적용케 할 수 있게 해야 한다.

(2) 보상체계(rewards)

경제적 보상, 승진, 훌륭한 성과에 대한 인정 등에 의한 동기부여는 필수적이다. 이때 주의해야 할 것은 보상체계를 조직목표에 유기적으로 연계시키는 일이다. 이를 위해서는 보상체계 및 방법이 조직인의 특정성과와 설득력이 있도록 연계되어야 한다. 조직인의 특정행위가 정확히 파악되고 평가되지 않은 채 보상이 이루어진다면 그것은 매우 비효율적이며 심하게는 부작용까지 가져올 수 있다. 일반적으로 조직 내 하위체계간의 상호의존성이 높아질수록 조직성과를 개개의 부서로 나누어서 정확하게 평가하기가 더욱 어려워질 것이다. 그러나 또한, 바로 이러한 상호의존성의 증가 때문에 조직의 운영은 시장원리에 맡겨 둬서는 안 되고, 유효한 방법을 동원하여 조직력을 결집시켜야 하는 것이다.

경제적 보상이 중요한 동기부여의 요인이 되는 것은 사실이나, 그 효과성은 매우 제한적이며 이러한 보상수단만을 이용하는 조직은 매우 비효율적이다. 왜냐하면 더욱 강력한 동기부여는 경제적 보상이 아니라 조직에의 일체감―조직목표를 그들의 개인적인 가치추구와 일치하도록 하는 심리작용―에서 오기 때문이다.

(3) 충성심(loyalty): 조직목표와의 일체성(identification)

조직구성원들은 조직에서 그들이 수행하는 일과 그들이 속한 조직의 성과에 대해 자부심을 느낀다. 물론 조직 내 무임승차(free riding)의 문제점이 없는 것은 아니지만, 대부분의 경우에 조직구성원들은 그들에게 요구되는 최소한의 몫보다 더 많은 노력을 하고 있다. 왜 그럴까? 왜 조직인들은 많은 경우 조직목표와 일체감을 가질까?

① 순종성

Simon은 인간의 조직 및 사회에 대한 수용성(responsiveness) 및 순종성(docility)을 들고 있다. 인간의 유전인자 속에는 사회환경 및 조직목표를 수용하는 성향이 포함되어 있으며, 그들은 이러한 사회규범을 학습하고 적응하려는 경향이 있으며, 이는 많은 경험적 연구에 의해 밝혀진 바 있다. 이것은 조직상황에서는 조직과의 일체감으로 작용하여 조직목표를 향해 적극적으로 일하게 하는 동기부여로서 작용하는 것이다. 물론 일체감만이 독자적으로 동기부여의 근원이 되는 것은 아니고, 물질적 보상과 함께 작용하는 경우가 대부분이지만 현대조직의 운영 및 효과성을 설명하는 데 있어서 일체감의 중요성을 간과해서는 안 된다.

② 인식능력의 제약

조직충성심을 모두 인간의 내재적인 순종성에만 돌릴 수는 없으며, 인지능력적인 측면도 무시할 수 없다. 인간의 제한된 합리성(bounded rationality)은 조직 내에서 처한 복잡한 상황 중에서 특정한 전략적 측면만 부각시켜서 파악하게 만들며, 인지된 상황에 대해 상황을 보통 모형적으로 파악·이해하게 만든다. 예컨대, 조직이 처한 가장 심각한 문제점을 질문하면 자기가 속한 부서의 과제를 중심으로 열거하게 된다(제조부서는 제조문제를 판매부서는 판매문제를). 즉, 많은 경우 조직인들은 자기가 속한 부서의 목표 내지는 자기 조직의 목표에 한정하여 주의를 집중시키는 경향이 있으며, 이러한 경향은 조직충성심에 도움이 된다.

(4) 조정(coordination)

조직은 권위라는 체계를 통해 (시장원리에 맡겨서는 이루어지기 어려운) 조직내 그룹 및 개인간의 업무를 조정해 주는 역할을 한다. 조직에서의 권위는 업무의 표준화 혹은 업무수행의 방향제시를 통해 효과적으로 사용될 수 있는바, 이러한 방향제시는 조직환경에서 직면하게 되는 조직의 불확실성을 많이 감소시켜 줌으로써 조직행위가 "합리적 기대(rational expectations)"수준에 도달할 수 있게끔 한다.

요약컨대, 이상의 순종성과 인지능력은 조직구성원들이 조직 내에서 자기가 맡은 책임을 수용하려는 경향을 키워주며, 이러한 책임에의 수용성은 조직성과의 핵심적인 결정요인 중의 하나이다. 아울러, 책임에의 수용성 및 조직에의 일체성은 조직에서의 권위와 함께, 어떻게 물질적 보상이 약한 경우에도 조직구성원들이 조직목표를 위해 열심히 일하는 가하는 의문을 해소시켜 주고 있다. 조직에서의 권위는 조직에의 일체감과 함께 조직행위를 잘 조정시켜 주게 되는데, 이러한 조직에서의 특성들은 시장기능에 맡겼을 때보다 훨씬 더 불확실성을 감소시켜 준다.

Ⅲ. 평가적 의견

Herbert Simon은 이 논문을 통해 현대자본주의 사회에서 왜 조직이론이 필요한가를 설득력 있게 보여주고 있으며, 1947년에 쓴 그의 고전서, *The Administrative Behavior*에서 제시한 '제한된 합리성', '조직에서의 충성 및 권위' 등의 개념에 대해 현대적인 시각으로 새롭게 재조명하고 있다. 또한, 현대경제사회 조직을 설명하는 데 왜 고전적인 경제이론이 한계를 가지는가를 보여주면서, 그가 제시하는 조직이론이라는 프리즘으로써 이를 보완해야 한다고 주장하고 있다. 특히, 조직에서의 충성 및 일체감을 순종성과 인간 인지능력의 제한이라는 사회심리이론적인 측면에서 설명하고 있으며, 이러한 조직에서의 일체감은 조직에서의 권위를 제공하며, 이는 다시 조직에서의 조정이라는 역할을 통해 시장기능에서 수반되기 마련인 불확실성을 줄이게 된다고 주장한다.

그의 이러한 조직이론은 인과적인 관계를 토대로 간결하고 일관성 있게 구성되어 있다고 평가된다. 경제학 및 경영학에서 간과하기 쉬운 조직에서의 동기부여의 문제를 권위, 일체성 및 조정이라는 세 가지 핵심적인 변수로서 설명하고 있어 함축적인 이론(parsimonious theory)을 형성하고 있다.

행정조직이론의 측면에서도 그의 조직이론은 공사조직의 구분이 없이 설명될 수 있다는 점에서 많은 의의를 가진다고 볼 수 있다. 특히, 조직에서의 권위 및 동기부여의 문제는 Simon 자신의 초기업적과 M.P. Follet, Chester I. Barnard의 권위 및 수용영역(zone of acceptance)의 개념들을 한차원 더 발전시킨 것이라고 볼 수 있다.

다만, 그의 이러한 주장과 모델들은 연역적인 이론구성으로서 몇 가지 사례인용을 통해서 논의가 전개되고 있어, 아직 모델의 논증이 체계적으로 된 상태는 아니며, 이런 의미에서 Simon 조직이론의 실증적인 분석과 설명력 검증은 과제로 남아있다고 하겠다.

그럼에도 불구하고, 사전적인(a priori) 이론구성에 있어 그의 조심스런 논리전개는 매우 설득력 있게 전개되고 있어 매우 구성이 잘 된 논문이라고 생각되며, 조직이론가 및 행정학도들의 관심있는 후속연구가 있어야 할 것으로 본다.

참고문헌

Simon, Herbert, "Organizations and Markets," *Journal of Economic Perspectives*, vol. 20, 1990.

_____, *Administrative Behavior*, 2nd ed., New York: Free press, 1976.

_____, "A Behavioral Theory of Rational Choice," in M. Alexis and C. Wilson, ed., *Organizational Decision Making* Englewood Cliff, NJ: Prentice-Hall, 1967.

Bernard, Chester I, *The Functions of The Executive*, Mass.: Harvard University Press, 1938.

Frederick C. Mosher의
실적주의의 변천*

I. 머 리 말

오늘날 실적주의의 본질과 내용은 초기 실적주의의 그것과는 상당한 차이를 보이고 있다. 실적주의의 본질과 내용의 변화는 사회사조나 사회현상의 변화를 반영하는 것으로, 결국 인사행정이 단순히 기술적 성격만을 지니는 것이 아니라 정치적 성격도 함께 지니고 있음을 보여준다.

이 글에서는 Frederick C. Mosher의 저서인「민주주의와 공공관료제」의 내용 중 실적주의의 변화를 다룬 부분만을 발췌, 소개하고자 한다. Mosher는 여기에서 미국에서 실적주의가 대두하게 된 요인들을 고찰한 후 전문가주의(professionalism), 직업공무원제도, 공무원 단체 및 평등주의사상 등의 발달이 실적주의의 본질과 내용에 어떠한 변화를 초래하고 있는지를 검토하고, 그러한 변화가 제기하고 있는 기본적인 문제 및 그에 대한 논쟁을 소개하고 있다.

II. 실적주의의 변천

1. 실적주의의 발달과 변화

실적주의는 미국에서 공무원제도와 민주주의를 연계시켜 주는 하나의 이념으로서 발달하였다. 실적(merit)은 민주정부의 행정적 표현이자 기초로 인식되었으며, 실적주의는 본질적으로 민주적인 것으로 간주되었다. 따라서 인사행정의 개선을 통하여 민주주의를 강화하고자 했던 미국의 모든 정부들은 실적주의를 인사행정의 기본원리로 채택하였다.

---

* 하태권: 서울산업대학교 행정학과 교수.

　미국에서 실적주의가 대두하게 된 원인은 매우 다양하다. 그러나 Mosher는 그 중에서 가장 중요한 원인으로 청교도적 윤리(the Protestant Ethic)를 들고 있다. 청교도적 윤리에 의하면 일(work)이란 현실적으로 필요한 것일 뿐만 아니라 상당히 높은 수준의 도덕적 명령(moral imperative)이다. 이러한 청교도적 윤리를 임용에 적용할 경우, Mosher에 의하면 실적은 두 가지 의미를 내포하게 된다. 실적의 첫번째 함의(connotation)는 보상을 받을 만한 가치가 있으며(sense of deserving), 과거의 업적(예컨대, 경쟁시험에서의 성적)에 따라 보상한다는 감정(sense of rewarding)이다. 일이란 본질적으로 바람직하고 가치 있는 것이며, 그에 대한 보상은 직무나 승진으로 주어진다.

　실적의 두번째 함의는 고려(consideration)와 판단의 기초나 기준에 관한 것이다. 이 경우 실적은 내재적(intrinsic)이며 적절한 가치를 고려한다는 적극적 측면과, 외재적(extrinsic)이며 부적절한 것들을 제거한다는 소극적 측면을 동시에 지닌다. 실적주의 개혁의 초기단계에서는 적극적 측면보다는 소극적 측면, 즉 부적절성의 제거에 보다 많은 관심을 기울였다. 이 시기에 있어서 제거하여야 할 1차적인 외재적 요소는 정치와 정실(patronage)이었다. 그러나 펜들튼법(Pendleton Act)이 제정되기 이전은 물론 제정된 이후에도 실적 이외의 다양한 요소들이 인사행정에서 고려되어 왔으며, 이러한 현상으로 인하여 실적주의는 변형된 형태로 존속될 수밖에 없었다. 실적 이외에 고려된 외재적 요소들 중 주요한 것으로는 군복무(제대군인의 우대), 지역적 대표성, 성별, 인종, 연령, 신체적 장애, 시민권, 국적, 전과 여부, 교육수준, 각종 자격증 또는 경력, 가족관계, 개인적 친분관계(amicism), 성격, 용모 등을 들 수 있다.

　직무의 전문화와 더불어 직무분석기법과 적성검사기법이 발달함에 따라, 실적의 적극적 함의도 직무수행능력과 관련하여 구체적인 형태로 표현되기 시작하였다. 그러나 실적주의의 지속적인 발전에도 불구하고 실적은 언제나 경쟁적인 다양한 외재적 요소들에 대한 고려를 포함하여 왔다. 실적주의가 실제적으로는 물론 법률적으로도 순수하게 규정되거나 적용되었던 적은 한 번도 없었다. 더욱이 Mosher는, 비록 우리가 실적을 순수하게 정의하고 측정할 수 있는 기술과 지식을 가지고 있다고 하더라도, 실적을 순수한 형태로 적용하여서는 아니 될 것이라고 주장하며, 다음과 같은 질문을 제기하고 있다: 공직이 국가에의 봉사에 대한 보상의 수단(예: 제대군인의 우대)으로, 혹은 소외된 계층에게 소득을 제공하거나 정부 내에서의 대표성을 부여하는 수단(예: 소수집단 우대정책)으로 이용되어야 하는가? 혹은 직무수행의 능률성이나 효과성과는 무관한 다른 목적을 위하여 사용되어야 하는가?

Mosher는 청교도적 윤리 외에 실적에 대한 미국적인 이상의 독특한 성격형성에 기여한 요소들 중 주요한 것들로 다음의 5가지 요소를 지적하고 있다.

① 개인주의(individualism): 다른 사람들과의 경쟁 속에서 그 자신의 실력에 따라 평가된 개인

② 평등주의(equalitarianism): 사회경제적 배경의 차이에도 불구하고 모든 사람들에 대한 동등한 취급(비록 묵시적인 제한의 범위 내이기는 하지만)

③ 과학주의(scientism): 모든 인간문제에는 객관적으로 그리고 과학적으로 발견할 수 있는 올바른 해결책이 존재한다는 신념

④ 분리주의(seperatism): 비정치적인 실적과 과학주의에 의거한 독립적인 인사업무의 수행

⑤ 일방주의(unilateralism): 최고 통치자로서의 정부가 정당한 절차를 거쳐 결정하였을 경우 최종적인 것으로서의 정부의 정책

그러나 2차대전 이후 실적주의의 의미와 내용에 대하여 회의와 혼돈이 야기되기 시작했다. Mosher는 특히 전문가주의(professionalism), 직업공무원제도(career system) 및 단체협상(collective bargaining) 등이 실적주의 수립에 공헌한 요인들에 대하여 강력하게 도전하고 있다고 지적한다. 청교도적 윤리는 일에 대하여 종전만큼 지배적인 권위를 갖지 못하고 있다. 뿐만 아니라 종래에 오랫동안 실적에 외재적인 것들로 인식되어 왔던 요소들 중의 몇몇은 실적의 주요 구성요소가 되고 있다. 이러한 요소들로는 학업성적, 전문직업 단체에의 소속, 적절한 조직에의 소속, 임용기관에 대한 정치적 동조, 개인적 적격성(suitability) 등을 들 수 있다.

직업공무원제도와 노동조합은 개인주의와 평등주의를 위협하고 있다. 즉, 직업공무원제도와 노동조합은 외부인사와의 승진경쟁 속에서 그들의 구성원들을 보호하고자 노력하며, 실적을 위한 구성원들간의 경쟁을 감소시키기 위하여 승진의 기준을 논쟁의 여지가 많은 실적보다는 객관적인 근무 연수로 대체하려는 경향이 있다. 또한 직업공무원제도로 인하여 오늘날 대부분의 미국 공무원들은 경력지향적(career-oriented)으로 되었다. 이는 공무원제도가 개방적이라기보다는 근본적으로 폐쇄적이라는 것을 의미한다. 이와 같이 직업공무원제도와 노동조합은 기회균등의 원칙에 입각한 개인간의 경쟁이라는 실적주의의 기본원칙을 침해하고 있다.

오늘날 대부분의 지식분야에서는 과학적 운동(scientific drive)이 상당한 성과를 거두고 있다. 그러나 인사행정분야에서는 과학적 운동이 이제 겨우 기초를 제공하고 있는 중이며, 따라서 과학주의에 대한 신념에 대하여 강한 의문이 제기되고 있다.

노동조합은 인사위원회의 전통적인 독립성을 침해함으로써 인사행정의 과학적·독립적 수행이라는 분리주의를 위협하고 있다. 또한 노동조합은 전문가주의와 더불어 정부의 정책결정에 대하여 그들 조직의 영향력 증대를 요구함으로써 일방주의의 개념에 직접적으로 도전하고 있다.

이와 같이 직업공무원제도, 노동조합, 그리고 전문가주의 등의 발딜은 실적주의의 기본원칙에 상당히 위협적인 요소로 작용하여 왔으며, 실제로 많은 변화를 초래하고 있다. 따라서 Mosher는 실적주의가 현대사회에서 지속적으로 살아 남기 위하여는 앞으로 보다 많이 변화하여야만 한다고 주장한다.

2. 실적주의와 평등주의

실적주의제도는 공직에의 임용에서 차별적인 대우를 받아온 소수인종(주로 흑인과 스페인계 인종)과 여성들로부터 거센 도전을 받고 있다. 임용에 있어서의 인종적 차별을 철폐하기 위한 연방정부의 노력은 1941년 Roosevelt대통령에 의하여 시작된 이래 계속 확대되어 왔으며, 1964년에 제정된 시민권법(The Civil Right Act)에 의하여 고용평등에 대한 규제는 연방정부와 지방정부를 포함한 모든 고용기관에 적용되고 있다. 임용상의 차별철폐에 대한 요구와 규제의 확산에는 사법부의 판결을 통한 지원도 커다란 공헌을 하여 왔다.

그러나 연방정부의 지속적인 노력에도 불구하고, 아직도 실제로는 신규채용은 물론 승진이나 보직, 보수 등에서 백인 남자들에게 혜택을 부여하는 광범위한 차별이 존재하고 있다. 임용상의 차별은 3세기 이상에 걸친 역사적 전통과 교육수준의 차이 및 고용 분야의 차별화 등에 기인된 것으로, 전사회적인 인식의 전환과 공동노력에 의하여 점진적으로 해결하여야 할 성질의 문제이기 때문이다.

임용상의 차별을 시정하기 위한 고용기회평등의 문제는 인사행정 분야뿐만 아니라 미국사회 전체에 커다란 문제를 야기시켰다. 특히 인사행정 분야에 있어서 고용기회평등(equal employment opportunity)을 보장하기 위한 소수집단 우대정책(Affirmative Action)은 실적주의의 기본원칙과 충돌하는 경우가 자주 있어 심각한 갈등을 야기시키고 있다. 기회균등의 원칙에 입각한 자유경쟁을 기본원리로 하는 실적주의와 평등한 고용기회를 보장하기 위한 소수집단 우대정책은 내용상 서로 일치하는 것처럼 보인다. 그러나 실적의 개념에 대한 수정이 없이는 고용기회의 평등은 사실상 달성할 수가 없다. 왜냐하면 경쟁자들 중의 일부가 교육수준, 사회적 경험, 가족배경, 심지어는 언어에 있어서까지 불리한 입장에 놓여 있을 경우에는 단순히 시험에 응시할 수 있는 기회를 동일하게 부여했다고 해서 고용기회가 평등하다고 할 수는 없기 때문이다. 따라서 고용기회의 실질적인 평등을 보다 빠른 시일 내에 달성하기 위하여 보다 적극적인 조치, 즉 소수집단 우대정책이 요구되고 있다.

소수집단 우대정책은 소수인종 및 여성들의 취업과 승진을 적극적으로 돕기 위한 일련의 계획들로 구성된다. 소수집단 우대정책은 고용기관에 따라 매우 다양한 형태로 시도되고 있는데, 그 대표적인 유형은 다음과 같다.

① 고용기회의 확대: 모집기반의 확대, 차별적 대우를 받는 집단(소수인종과 여성)의 후보자들에 대한 적극적 모집, 불필요한 자격요건의 완화 또는 철폐

② 직무수행에 실제로 필요한 지식과 기술을 측정할 수 있는 시험방법의 개발

③ 최저자격요건을 갖춘 응시자의 임용과 승진을 가능하게 하기 위한 직무와 자격요건의 재설계

④ 최저수준의 능력을 지닌 사람들에 대한 교육훈련기회의 제공

⑤ 신규임용직급 제한, 특히 여성에 대한 직급제한의 완화

⑥ 제대군인 우대의 축소 혹은 폐지

⑦ 승진과 신분보장(감원의 경우)에 있어서 근무경력의 비중 축소

⑧ 소수인종과 여성인력에 대한 고용계획 및 목표량의 설정

이상의 소수집단 우대정책은 매우 광범위하게 사용되고 있으나, 소수인종과 여성의 고용증대에 뚜렷한 성과를 보이지는 못하고 있다. 그러므로 소수집단 우대정책의 열렬한 지지자들은 다음과 같은 보다 적극적인 조치들을 취할 것을 주장하고 있다.

① 최초임용시험의 면제 혹은 경쟁시험을 자격시험으로 대체

② 소수인종과 여성의 임용을 위한 목표량의 책정 및 시행

③ 소수인종과 여성에게 유리한 신규채용 및 승진방법의 시행

그러나 위에서 제시된 조치들은 대부분 실적주의의 전통적인 원칙들을 직접적으로 침해하고 있으며, 따라서 실적주의 옹호자들로부터 강력한 반발을 초래

하고 있다. 더욱이 위의 조치 중 몇몇은 백인 남성들에 대한 명백한 역차별(reverse discrimination)을 초래하고 있다. Mosher는 이러한 조치들이 현대 미국사회에 두 개의 서로 관련된 심각한 문제를 제기하고 있다고 한다.

① 비록 행정의 능률성과 효과성을 희생시키더라도 미국사회의 불평등을 시정하기 위하여 소수집단 우대정책을 계속하여야만 하는가?

② 역사적으로 유래된(따라서 현 세대는 최소한의 책임밖에는 없는) 불평등을 시정하기 위하여 소수집단 우대정책을 이용하여야만 하는가? 혹은 지금부터 임용에서의 평등을 보장하는 것이 바람직한가?

실적주의 옹호자들은 소수집단 우대정책이 실적주의원칙에 위배될 뿐만 아니라, 사회적 목적을 위하여 실적주의 원칙을 변형시킨다는 이유로 위의 문제에 대하여 부정적인 입장을 취하고 있다. 반면 소수집단 우대정책을 지지하는 사람들은 소수집단 우대정책으로 인한 역차별에도 불구하고 인사행정을 과거의 잘못을 시정하기 위한 수단, 즉 보상적 임용(compensatory employment)의 수단으로 사용할 것을 주장하고 있다.

위의 논쟁에 대하여 미국의 사법부도 판결을 통하여 개입하고 있으며, 특히 자격요건의 적절성, 시험 및 승진기준의 타당성, 직위 분류제 등에 많은 영향을 미치고 있다. 사법부가 인사행정에 영향을 끼친 사례 중 가장 중요한 것으로는 전문직 및 행정직 임용시험(Professional and Administrative Career Examination: PACE)의 철폐를 들 수 있다. PACE는 흑인과 스페인계 인종에게 불리하며, 직무와 관련이 없는 문제를 포함하고 있다는 이유로 소수인종의 대표자들에 의하여 소송이 제기되었다.

균등한 고용기회를 보장하기 위한 이상의 노력들은 인사행정에 많은 영향을 미치고 있다. 위의 조치들은 직무분석과 자격요건에 대한 관심을 증대시켰으며, 시험의 타당성과 승진기준의 합리성을 제고하기 위한 노력을 증가시키고 있다. 또한 그것들은 임용에 있어서의 명백한 차별행위를 감소시키고 있다. 결국 위에서 논의한 일련의 노력들은 인사행정에 있어서 공정성을 높이는 데 상당한 긍정적 효과를 미치고 있다.

그러나 위의 조치들은 종래의 차별적 임용을 시정하기 위하여, 혹은 차별적 임용에 대한 보상으로서, 소수인종이나 여성을 우선적으로 임용함으로써, 결과적으로 백인과 남성에 대한 역차별을 야기하고 있다는 비판을 받고 있다. 또한 그것들은 인사행정을 인사관리적 측면이나 공익적 측면의 고려보다는 관리적 책임을 맡아 본 경험이 전혀 없는 판사들의 의견에 따르도록 함으로써 인사행정의 발전에 역행하고 있다는 비판도 제기되고 있다.

Ⅲ. 평가적 의견

Mosher는 이 글에서 인사행정의 환경유관론적인 성격을 보여주고 있다. 즉 실적주의의 본질과 내용이 사회사조나 사회적·정치적·행정적 상황의 변화에 따라 어떻게 변화하고 있는가를 분석함으로써, 인사행정이 기술적인 성격만을 지니는 것이 아님을 보여주고 있다. 또한 Mosher는 순수한 형태의 실적주의가 반드시 바람직한 것이 아니라는 점을 지적하면서, 실적주의가 행정능률성 이외의 사회적 가치(예: 사회적 형평성)를 실현하기 위한 수단으로서 활용되어야 하는가 하는 문제를 제기함으로써 인사행정의 정치적·가치갈등적 성격을 명확히 제시하고 있다.

그러나 Mosher는 이 글에서 그가 제기하고 있는 기본적인 문제들에 대하여 그 자신의 견해를 분명하게 밝히지는 않고 있다. 즉, Mosher는 실적주의는 앞으로도 계속 변화하여야 한다고 주장하고 있으나, 변화의 방향에 대한 자신의 입장에 대하여는 언급하지 않고 있다. 사회적 목적의 달성을 위한 인사행정의 활용여부에 대한 문제에 대하여도 Mosher는 자신의 견해를 명확히 제시하지 않고 있다.

참고문헌

Mosher, Frederick C., *Democracy and the Public Service*, 2nd ed., New York: Oxford University Press, 1982, pp. 217-229.

Harry Kranz의
대표성관료제와 실적제*

Ⅰ. 머 리 말

여러 계층의 국민이 인종, 성별, 지역 등 출신배경에 따른 차별대우를 받지
않고 출신그룹의 인구분포에 알맞도록 골고루 공직에 진출할 수 있어야 한다는
것이 대표성관료제 또는 대표관료제(representative bureaucracy)의 원리이다.
반면, 개개인의 능력에 따라 실력 있는 사람이 우선적으로 임용되어야 한다는
것이 실적제(merit system or meritocracy)의 원리이다. 이 두 가지 원리 또는
제도의 장단점과 양립가능성에 관하여는 여러 학자들에 의하여 상당히 많은 논
의가 있어 왔다. 인사행정을 연구하는 학자나 인사제도를 기획하는 관료들이 이
두 가지 원리에 대하여 어떤 관점을 갖느냐 하는 것이 매우 중요한 문제로서 공
무원 인사제도의 근간을 형성하는 데 중대한 영향을 미칠 수 있다. 이 두 가지
제도 사이의 갈등과 조화의 문제는 인사행정에 있어서의 제 가치 또는 지도이념
사이의 대립과 조정의 문제를 그대로 함축하고 있다. 여기에 소개하는 Harry
Kranz의 실적과 형평성의 양립가능성에 대한 논문 *Are Merit and Equity Com-
patible?* (1974)은 주로 대표성관료제의 중요성을 강조한 것이긴 하나 대표성관
료제와 실적제 사이의 갈등문제를 잘 정리하고 있는 것으로서 공무원 인사제도
의 기초원리를 이해하는 데 상당한 도움을 주리라고 생각된다. 다음에 그의 논
문 요지를 소개하려 한다.

---

* 하미승: 건국대학교 행정학과 교수,

Ⅱ. 대표성관료제와 실적제

1. 대표성관료제의 본질

Harry Kranz에 의하면 소위 '형평'(equity)과 '실적'(merit) 사이에 존재하는 것으로 추정되어온 갈등은 다음 두 가지 신화(myths)에서 비롯된다. 그 하나는 관료제가 국민을 위한 '서비스'기능(servics function)을 제대로 수행할 수 있다는 전제이고, 또 다른 하나는 가장 우수한(most qualified) 공무원을 선발하려는 실적주의가 현실적으로 실현가능하다는 믿음이다. 그러나 현실을 주의 깊게 분석해 보면 두 가지 전제가 모두 인정되기 어렵다는 사실을 발견하게 된다. 과거 75년 동안 미국에 있어서 관료제에 관한 대부분의 논의는 관료제의 '서비스'기능, 즉 관료들의 의사결정과 행동이 국민의 이익을 위하여 제대로 수행되고 있는가 하는 데에 초점을 두어 왔다. 이러한 '서비스'기능에 대한 강조는 관료제의 다른 두 가지 중요한 기능을 경시하는 경향을 낳았는바, 첫째로 국민의 고용과 경제생활의 증진에 기여하는 원천으로서의 역할을 수행해야 한다는 점, 둘째로 민주주의 사회에 있어서 다양한 시민집단의 대표성을 실현하는 방편이 되어야 한다는 점이 그것이다.

정부고용(government employment)은 그 규모, 질 그리고 영향의 정도에 비추어 볼 때 이제 더 이상 간과될 수 없는 거대한 고용영역이 되었다고 볼 수 있다. 미국의 경우 정부의 고용규모는 1,600만 명으로서 총인력의 19퍼센트를 차지하고 있으며, 민간부문에 비하여 더 높은 보수가 지급되고, 여성·흑인 등 민간고용에서 제외된 그룹이 공공부문에서는 다수 채용되고 있다. 특히 '불리한'(disadvantaged) 그룹에 속하는 인력의 고용을 확대하기 위한 연방재정지원(federal subsidy) 프로그램이 도입된 이래로 많은 수의 소수자집단(minority group) 출신자들이 공공부문에 고용되어 왔다.

과거에는 관료제의 대표성 문제가 별로 관심을 끌지 못하였다. 소위 '대표(representation)하는 기능은 선거에 의하여 뽑힌 의원들이 선거구민을 위하여 행하는 발언이나 표결 또는 입법활동 등에 한정된 것으로 보았다. 그러나 관료들도 공공의 역할을 수행함에 있어서 출신배경의 특성과 시각을 반영하는 간접적이고 무의식적이며 상징적인 대표기능을 발휘한다고 볼 수 있다. 문제는 오늘날 모든 인종그룹 그리고 여성들이 대표되고 있다고 할 수 있는가 하는 점이다.

'대표성을 가진'(representative) 관료제라고 할 때 그것은 특정 정부기관의 총 직원수 중에서 소수자그룹이 차지하는 비율과 그 기관 관할구역 내 총인구 중에 서 소수자그룹 인구가 차지하는 비율이 대등하게 되는 경우에 있어서의 관료제 라고 할 수 있다. 그리고 이는 하위직에서 뿐만 아니라 모든 직급 수준에서의 균 등한 배분을 포함하는 개념이 되어야 한다. 이러한 개념에서 볼 때 여성과 소수 민족 그룹은 대부분의 연방, 주, 지방기관에 있어서, 특히 상위전문직에 있어서 결코 대등한 수준으로 대표되고 있다고 볼 수는 없다. 즉, 현 관료제는 그 구성 에 있어서 대표성의 문제를 내포하고 있다고 하겠다.

2. 대표성관료제는 바람직한가?

대표성관료제는 정치적, 경제적, 그리고 사회적인 측면에서 바람직하다고 하 는 것이 Kranz의 주장이다. 이러한 관료제는 소수자 그룹에게 있어서나 일반 소비자 또는 고객에서 있어서나, 그리고 관료조직과 정부측에 대하여도 여러 가 지 긍정적인 효과가 있는 것으로 보고 있다.

먼저, 소수자 집단과 여성들 자신에 대한 정부고용의 효과만 보더라도 이들 의 소득과 직업안정성, 그리고 생활수준이 향상될 뿐만 아니라, 정부의 정책결정 과정(policy-making process)에 있어서 참여기회(participation)와 영향력 (power)의 증대를 가져옴으로써 정치·경제·사회적인 지위(political, economic and social status)의 향상을 가져오게 된다.

둘째, 보다 폭넓은 대표성관료제는 종래에는 제대로 대표되지 못하던 집단의 욕구와 뜻을 보다 잘 반영하고 정부의 정책결정과 정책서비스의 질을 높이게 되 므로 정부의 고객에 대한 대응성(responsiveness)과 혜택(benefits)를 높이는 결과가 된다고 한다. 공직의 대표성과 정책결정·서비스 사이에 실제로 직접적 인 인과관계가 있는지는 밝혀지지 않았지만, 민주제(democracy)가 과두제(oli-garchy)보다는 더 나을(better) 것이라는 주관적인 믿음 때문에 대표성관료제 에 의한 정책결정과 서비스가 보다 좋을 것이라고 생각하게 되는 것이다.

셋째, 대표성관료제는 관료조직(bureaucratic organizations) 자체를 위해서 도 유익하다고 한다. 보다 폭넓게 인구집단을 교차시키면서 이들에게 보다 많은 의사결정(decision-making) 참여기회를 부여한다면 대표성이 약한 소수 엘리트 가 차지하고 있는 재량권과 영향력을 어느 정도 완화시킬 수 있게 될 것이다. 새 로운 혈액의 주입을 통하여 다양성과 평등주의, 갈등과 변화를 자극함으로써 조

직의 내부적 민주화(internal democracy)를 기할 수도 있을 것이다. 또한 인간
적 요소(human factors)에 보다 크게 의존토록 함으로써 관료적 병리현상을 감
소시키는 효과를 가져올 수도 있을 것으로 보고 있다.

마지막으로 관료제의 대표성을 높이는 일은 '선거에 의하여 구성되지 아니한'
관료제의 대표성을 높이는 일은 '선거에 의하여 구성되지 아니한' 관료제조직으
로 하여금 다양한 집단을 그 속에 포용하도록 함으로써 정부전체 시스템의 제도
적 정당성(institutional legitimacy)을 높이는 결과가 된다고 한다. 보다 대표적
인 정부로부터 나오는 정책이나 결정일수록 국민의 요구, 특히 소수자집단의 요
구에 대한 대응성(responsiveness)이 보다 높을 것이며 또 보다 쉽게 그 정당성
을 인정받을 수 있다는 것이다. '배제 또는 독점'(exclusion)은 도덕적·윤리적
으로 잘못된 것이다. 평등한 기회의 부여는 법적인 요구(legal requirement)일
뿐만 아니라 사회적인 정의(social justice)에 속하는 것이다. 대표성관료제는 국
가인력의 효율적(efficient)인 사용뿐만 아니라 정당한(Just) 사용을 가져오게
하는 정책이며, 소수자집단의 소외·아노미(anomie)·냉담 그리고 반사회적인
행위를 감소시킴으로써 사회의 안정과 화합(social stability and tranquility)을
실현하게 하는 제도라는 것이다.

그러나, 대표성관료제의 효과에 관한 Kranz의 긍정적인 시각과는 달리 부정
적인 견해도 다수 존재하고 있음을 인식할 필요가 있다. 첫째, 공무원을 능력 위
주가 아닌 인구비례 위주로 선발하는 것은 행정의 능률과 생산성을 저하시키고
공공서비스 전달의 효과성을 감소시킴으로써 오히려 국민 다수에게 이롭지 못할
수도 있다는 것이다. 둘째, 대표성관료제는 그 실현과정에 있어서 특정 집단에게
성적과는 관계없는 특혜를 부여하게 되기 때문에 결국은 보다 우수한 다수의 지
원자가 자신의 귀책사유 없이 탈락되는 소위 '역차별'(reverse discrimination)
현상이 발생하게 되며, 이것이 새로운 불평등의 문제로 등장하게 된다는 것이다.
셋째, 정부가 인위적인 특혜를 부여하는 것은 자신들의 사회경제적인 역할과 지
위를 향상시키려고 스스로 노력하고 있는 소수자집단이나 여성들에게는 그들의
이미지를 훼손시키는 일이 되며, 또 정부보호를 영속화함으로써 이들의 노력과
의지를 심리적으로 위축시키는 결과가 될 수도 있다는 것이다.

3. '실적'이라는 신화(The Merit Myth)

형평(equity)과 실적(merit) 사이의 인위적인 갈등을 만들어낸 주요 신화의

하나는 모든 공무원이 실제로 능력에 기초하여(on the basis of merit)—주로 공정한 필기시험에 의하여—선발된다는 믿음이다. 그러나 미국의 경우 1880년대 공무원개혁(civil service reforms)의 전후를 막론하고 실제로 구체적인 직무수행능력이 '지배적인 또는 유일한'(dominant or exclusive) 선발방법으로서의 우월한 위치를 차지하지는 못하였다. 원래 실적제원리(the merit principle)는 정실적(情實的) 요소를 배제하고 최소한의 직무수행능력을 갖춘 자를 가리기 위하여 제안된 것이었으나, 곧 직업분류·인성검사 등 인사분야에 있어서의 과학적 관리수단(scientific management tools)의 형태로 변색되었으며, 뉴딜시대 이후에는 행정업무의 다양화·전문화로 인하여 그러한 선발방법은 직무내용과의 관련성이 약하게 되었던 것이다.

많은 사람들이 믿고 있는 것과는 달리 오늘날 미국의 대부분의 공무원은 실적제의 원리에 따라 선발되지 않고 있다. 연방, 주 및 지방정부 전체 공무원의 21퍼센트만이 믿을 만한 실직제를 적용받고 있을 뿐이다. 나머지는 단체교섭, 정치적 임명, 또는 전문적 임용의 형태로 채용되고 있다. 그리고 비실적제적인 선발요인으로 인종, 종교, 성별, 가족관계, 친구, 인격적 요소 등이 작용하고 있다. 전역자에 대한 특혜조항(preferential provisions), 장애자에 대한 고려, 지역적 대표성, 특정 이해관계 집단 등 여러 가지 요소들이 실적제 개념을 희석시켜 왔다고 하겠다.

4. 새로운 법적 의무(New Mandates)

실적(merit)과 형평(equity)의 양립을 위한 열쇠가 되는 역사적인 판결이 1971년에 내려졌다. 바로 미 연방대법원의 Griggs판결이다. 이 판결은 채용과 승진에 있어서 '직무수행과 무관한'(non-performance-related) 시험과 학력요건의 부과를 무효한 것으로 판정하였다. 이 판결이 시사하는 내용은 소수자집단(인종, 종교, 국적, 성별)이 특정기관의 특정직군에 있어서 충분히 대표되지 못하고 있는 경우 이는 '사실상의 차별'(de facto discrimination)이라고 하는 것이다. 또한 선발과정에서 적용되는 시험방식이나 요건 등은 직무수행능력의 측정을 위한 합당한 방법이라는 사실을 고용기관이 입증해야 한다는 것이다. 그리고 그 측정의 대상은 '특정직무수행에 관련된 특정인의 능력'인 것이지 '추상적으로 특정인 그 전체'가 아니라는 것이다.

Griggs판결이 있은 지 1년 후 또 하나의 중요한 법적 의무가 부과되었는바,

그것은 고용기회평등법(1972)으로서 시민권법(1964)의 적용범위를 연방, 주, 그리고 지방정부에 채용된 피용자들에게까지 확대한다는 것이었다. 시민권법의 고용평등규정은 고용에 있어서의 차별대우를 금지하는 동시에 그러한 차별의 관행을 종결짓기 위한 조치(소위 Affirmative Action)를 적극적으로 취할 것을 의무화하고 있다.

5. 변화를 위한 정책

소수자집단과 여성들의 고용을 확대하기 위하여는 여러 가지 선발방법들이 제시될 수 있다. 변화가 필요한 세 가지 주요 분야는 ① 공무원 인사제도 담당기관의 정책과 조직구조, ② 임용자격요건과 모집방법, 그리고 ③ 선발방법, 특히 필기시험 등이다.

변화를 위한 정책의 하나는 제대로 대표되지 못하고 있는 소수자 집단에 대하여 당해 행정기관 관할구역의 인구에 비례하는 정도의 대표성을 가질 수 있도록 직급별·보수등급별 채용 및 승진계획을 설정·집행하도록 하는 것이다. 이 계획은 '목표량과 시행일정'(goals and timetables)을 포함하는 것이다. 이 목표라는 것은 '인구비례 강제할당'(quotas)을 의미하는 것은 아니지만, 강제할당수준에 버금하는 대표성을 실현할 수 있도록 하기 위한 보다 엄격한 집행전략이 필요하다는 것이다. 여기에는 다음의 네 가지 집행수단이 요구된다고 보고 있다.

① 고용형평실적에 따라 임용권자를 보상 또는 처벌하는 장치의 도입
② 평균을 초과하는 대표수준을 누리고 있는 집단에 대한 임용의 제한
③ 일정한 교육훈련과정을 이수한 소수자집단에게 자동승진기회 부여
④ 고용평등을 목적으로 하는 채용·훈련과정에 대한 연방 재정교부금지원 (federal subsidy)

변화를 요하는 두번째 영역은 제한적인 모집공고와 자의적인 자격요건의 부과를 통하여 소수자집단을 걸러내는 모집과정이라고 할 수 있다. 충분한 공지를 통한 공개모집장법의 채택, 그리고 직무수행과 관련되지 않는(nonperformance-related) 각종 자격요건의 철폐가 필요하다는 점에 공감할 수 있을 것이다.

세번째는 대표성관료제 실현에 있어서 가장 심각한 장애요인이라고 할 수 있는 불공평한 선발시험이 제거되어야 한다는 것이다. 성공적인 직무수행과의 관련성이 입증되지 않은 시험, 특히 필기시험을 통하여 소수자집단을 제외시켜온

지금까지의 선발방법은 주의깊은 직무분석(job analysis)에 토대를 두고 직무수행능력을 타당성 있게 평가할수 있는 새로운 시험방법으로 전환되어야 한다는 것이다. 그러한 시험방법으로는 직무표본(a sample of the job)에 대한 수행능력검정, 자필이력서를 통한 직무관련 경험 및 훈련경력의 평가, 잘 짜여진 구술시험 등이 활용될 수 있으며, 소수자집단에 대해서는 일정한 업무에 대한 수행능력 유무만을 가리는 'pass-fail tests'를 치르게 하거나 가점(extra points)을 주는 등 특혜를 주는 방법이 있다.

그러나 이러한 특혜(preference) 제도는 아무런 귀책사유도 없는 유능한 비소수자집단(majority group)을 임용에서 탈락시키는 소위 '역차별'(reverse discrimination)의 문제를 가져올 수 있다는 주장이 있다. 이에 대하여 Kranaz는 지금까지 오랫동안 차별대우를 받아온 소수자집단에 대하여는 그러한 불평등을 제도적으로 보상함으로써 사회적 정의(social justice)를 실현해야 한다고 보고 있으며, 비소수자집단은 여전히 유리한 고용기회를 가지고 있을 뿐만 아니라, 직무수행에 필요한 능력요건과 그 평가방법이 정확하게 선택되지 않은 상황에서는 누가 '더 유능하다' 또는 '덜 유능하다'고 주장할 수 없다는 것이다.

6. 실적과 형평은 양립 가능한가?

Kranz는 "실적제의 원리와 형평성의 원리는 확실히 양립될 수 있다"고 결론 짓고 있다. 모든 선발방법은 반드시 특정업무와 관련된 개인의 직무수행능력만을 구체적으로 측정하는 것이 되도록 함으로써 실적제를 추구하는 인사관련법규의 입법취지와 전문적인 능력테스트의 일반적인 기준, 그리고 시민권관련법규에서 요구하는 조건에나 기준들을 철폐하고, 제대로 대표되고 있지 못한 소수자집단이나 여성들에 대한 사회적 형평을 실현할 수 있는 새로운 방식을 고안함으로써 '모든 국민에 의한'(by all the people) 서비스를 추구하는 행정이 될 수 있다고 역설하고 있다.

Ⅲ. 평가적 의견

대표성관료제의 개념을 우리 나라의 상황에 적용하려고 할 때 그것은 주로 공직 특히 상위직의 성별, 출신지역별 분포를 의미하는 것이 될 것이다. 그러나 이러한 대표성의 문제가 존재하고 있는지의 여부를 검토함에 있어서는 단순히 인구비례에 의한 분포만으로 공직의 대표성 여하를 가리기는 어렵다고 할 것이다. 대표성의 문제를 분석함에 있어서는 직종별·직급별 지망자의 출신분포도가 먼저 고려되어야 하며, 특정그룹을 제외시키는 의도적이거나 비의도적인 도구 (instruments) 또는 장애요인(barriers)이 존재하는지의 여부에 대한 객관적인 판단이 동시에 수반되어야만 할 것이다. 우리 나라 관료제의 대표성에 관한 하태권 교수의 실증적 연구에 의하면 1987년 이전 상위직 임용이나 승진에 있어서 전반적으로 성별, 출신지역별 격차는 뚜렷하지 않은 것으로 나타나고 있으나, 일부지역의 대표성이 약간 낮게 나타나고 특정분야의 상위직급에 있어서의 여성의 승진속도는 오히려 남성보다 빠른 현상을 보였다.

실적제와 대표성관료제의 관계에 관하여는 실적과 형평의 개념을 어떻게 규정하느냐에 따라 Kranz의 견해와는 상당히 다른 관점에서 파악할 수도 있을 것이다. Kranz가 상정하고 있는 실적의 개념은 '구체적인 업무수행에 필요한 최소한의 직무수행능력'을 의미하고 있기 때문에 최저한의 능력요건을 갖춘 지원자라면 출신집단별 비례대표제의 원리에 따라 선발하더라도 실적제의 정신을 유지할 수 있는 것으로 보게 되는 것이다. 그러나 단순집행분야가 아닌 대부분의 행정영역은 그 업무의 내용이 다양하고 가변적이기 때문에 '구체적인' 업수행능력만으로는 실적개념을 구성하는 것은 무리가 있으며, 또한 행정 서비스는 일정한 수준만을 제한적으로 요구하는 것이 아니라 복잡한 정책문제의 해결, 급변하는 국내외 행정환경에의 대응 등 무제한적인 능력을 요구하는 것이 현실이므로 '필요한 최저한의 능력'만으로 실적개념을 규정하는 것은 재고의 여지가 있다고 하겠다. 따라서 적어도 관리계층 공무원에 대한 능력평가는 경쟁의 원리에 따른 상대적 평가가 될 수밖에 없으며, 그 평가의 내용도 구체적인 특정분야에 한정된 것이기보다는 어느 정도 광범한 분야를 포괄하는 것이 되어야 할 것이다. 이렇게 본다면 구체적인 업무수행에 필요한 최저한의 능력을 한계로 하는 출신집단별 비례대표제의 원리는 행정의 효율성과 서비스의 질이라는 측면에서 다소의 부정적인 요소를 내포하고 있다고 하겠다.

또한 형평의 개념을 규정함에 있어서도 출신집단별 인구비례적 대표성만을 위주로 할 수 있는 것인가 하는 문제가 제기된다. 먼저 실질적 형평은 '능력과 실적에 따른' 합리적 차별이 인정되는 상태라고 하는 의식이 우리 사회에 많이 깔려 있다. 또한 우리 나라의 경우 누구나 동등하게 참여할 수 있는 자유경쟁시험에 의한 선발장식이 가장 공정하다고 생각하는 사람들이 대부분이다. 이러한 사회적 풍토하에서는 출신집단별 공직배분방식이 오히려 균등한 경쟁의 기회를 약화시키는 제도로 인식될 가능성도 상당히 크다고 하겠다. 뿐만 아니라 정치권력 엘리트가 아닌 일반 행정관료들이 과연 자기 출신집단의 요구와 이익을 현실적으로 얼마나 반영할 수 있겠는가 하는 점을 감안할 때, 출신 집단별 비례대표방식이 정책의 대응성과 형평성 제고에 크게 기여할 수 있는 것이라는 기대 자체가 과대평가 될 소지도 있지 않은가 생각된다.

참고문헌

Kranz, Harry, "Are Merit and Equity Compatible?," *Public Administration Review,* 34, 5, 1974, pp. 434-440.

_____, *The Participatory Bureaucracy*, Lexington, MA : D.C. Heath and Compa-ny, 1976.

Ha, Tae-Kwon, "Test of Three Selection Models: The Case of the Korean Senior Civil Service," DPA dissertation: University of Georgia, 1988.

Gary Becker의
인적자본론과 공공인력의 관리방안*

I. 머리말

최근에 진행되는 지방화, 민영화, 대외 개방화 등 행정 환경 변화는 정부의 인력 관리 방향에 대한 근본적 검토를 요구하고 있다. 특히 시장 부문의 상대적 발전은 공직의 매력을 감소시키면서도, 동시에 복잡한 사회 문제를 해결하기 위한 정부 인력의 전문성도 요구하고 있다. 이에 따라 정부도 왕조 시대의 수요독점적인 폐쇄관료제 원리에서 벗어나 공무원의 생산성을 향상시키기 위한 지식과 기술, 문제 해결 능력 등 인적 자본을 유지 향상시키는 방향으로 인사 관리를 도모할 필요가 있다.

여기서 새로운 환경 변화에 부합되는 방향으로 인사 관리를 도모하는 데 필요한 이론 모형으로서 정통 노동 경제학의 핵심 이론인 인적 자본론을 소개한다. 인적 자본론은 Gary Becker, Theodore Schultz, Jacob Mincer 등 소위 시카고 학파(Chicago School)가 1960년대부터 본격적으로 개발한 이론이다. 여기서는 G. Becker의 업적을 중심으로 소개한다. 그는 노동 경제학과 일반 경제 이론뿐 아니라, 결혼과 가족, 사회 복지, 보건, 범죄, 사회적 차별 등 인간이 생애를 살아가는 동안 겪게 되는 여러 문제들을 명쾌한 경제 논리로 설명하고 있다. 그의 대표적 저서로는 *Human Capital*(University of Chicago, 초판 1964, 개정판 1975), *The Economics of Discrimination*(The University of Chicago Press, 1957), *The Economic Approach to Human Behavior*(The University of Chicago Press, 1976), *A Treatise on the Family*(Harvard University Press, 1981)등이 있는데, *Human Capital*에서 설명하고 있는 주된 내용을 소개하면 다음과 같다.

* 송희준: 이화여자대학교 사회과학부(행정학 전공)교수.

II. 인적 자본론

1. 인적 자본의 개념

인적 자본론은 물적 자본(physical capital)에 대칭되는 개념으로서 인간의 생산 활동에 있어서 생산성 향상을 통하여 소득 증대를 유발하는 데 활용되는, 자신에게 내재된 기술(embodied skills)을 의미한다. 따라서 인적 자본은 교육훈련이나 직무경력 등으로부터 나오는 생산성을 의미하기 때문에, 노동(labor)이나 인력(manpower), 특히 인적 자원(human resources)등과는 개념적으로 다르다.

Becker는 고전 이론의 노동의 동질성(labor homogeneity) 가정으로부터 벗어나 생산 활동에 참가하는 개인들의 기술과 생산성의 차이와 그에 따른 임금 차등 지급 제도를 인정하고 있다. 각 개인의 경제적 이윤동기에 따라 기술의 획득과 개발에 시간과 비용을 투자함으로써 자신의 생애주기(life cycle)의 소득을 극대화하는 방향으로 의사 결정을 내린다. 즉 개인은 현재 받거나 또는 받을 수 있는 현재 소득보다는 전 생애주기 동안에 축적되는 금전적·비금전적 수입에 더 많은 관심을 가지고 그것의 현재 가치를 극대화하는 방향으로 다양한 형태의 의사결정을 내린다. 따라서 지식과 기술 획득을 위하여 교육 훈련에 투입되는 시간과 비용은 소비가 아닌 투자 행위이다. 인적 자본론은 생애 소득의 현재 가치의 극대화에 관심을 가진다는 점에서 어느 특정 시점에서의 소득을 분석 대상으로 삼는 정태적 신고전 이론보다 훨씬 동태적이다. 또한 이 이론을 확대시켜 극대화 대상을 금전적 소득뿐만 아니라 비금전적 소득(non-pecuniary earn-ings)—예컨대 명예나 사회적 지위, 권력 행사, 또는 A. Maslow가 주장하는 다섯 가지 욕구의 합계—에 대하여도 적용이 가능하다.

인적 자본론은 노동 수요 입장에서 근로자 훈련에 대한 투자 동기와 이직과의 관계에 대한 설명에서처럼 노동 수요 측면에 대한 분석이 가능하다. 또한 인적 자본 획득을 위한 노동 공급자 개인의 동기나 의사결정에 대한 공급적 측면의 분석도 가능하다. 이 이론은 생애소득의 극대화를 위하여 정규 교육(특히 대학 교육)과 직업 훈련, 전공 선택, 인력 이동과 이직·전직, 건강 보호, 직업 탐색 및 취업 준비, 정보 검색, 가족 계획, 그리고 결혼과 자녀 양육 등에 대하여 내리는 의사 결정 형태에 대하여 적절히 설명할 수 있다. 또한 정부의 공무원 인사관리의 주된 패러다임으로 신규 채용, 교육, 훈련, 승진, 국가 보건 제도, 그리고 인력 정책과 두뇌 유출(brain drain) 등에 대한 정책적 대안을 제시하는 이론적 준거가 된다.

인적 자본론은 생산자가 다른 물적 자본투자에 대한 의사 결정과 동일한 합리적 기초 위에서 훈련 투자에 대한 의사 결정을 내린다는 점뿐만 아니라, 경험적으로 검증 가능한 이론을 추구하여 온 점에서 크게 각광을 받는다. 또한 인간이 현재 받고 있는 임금 수준에 만족하는 현실 안주보다는 장기적인 인생 설계에 따라 교육 훈련 투자, 직장 선택, 결혼과 자녀 양육 등에 대한 계획을 수립하는 미래 지향적인 존재에 대한 설명 체계를 제시한다. 인적 자본의 높은 소득을 보장하는 것은 인적 자본과 물적 자본의 보완관계를 강화하거나 자본과 노동의 구별을 모호하게 하는 것으로 해석된다. 왜냐하면 인적 자본론에서는 개인의 부를 물적, 유형적인 것으로부터 인적, 유형적인 것으로까지 확대하여 경제적 가치가 있으면 모두 포함하는 것으로 간주하고, Marxism의 노동과 자본간의 양분법적 구분을 정면으로 부정하고 있기 때문이다. 현실적으로 노동자는 누구나 자본가이며, 다만 차이점은 각자가 소유한 인적 및 물적 자본의 구성비의 차이일 뿐이다. 이와 같이 인적 자본론은 다음과 같은 채용, 교육훈련, 그리고 생애 주기 동안의 투자형태와 관련하여 매우 중요한 정책적 의미를 내표하고 있다.

2. 교육 훈련에 대한 개인과 조직의 투자유인가 비용부담 원리

일반적으로 인적 자본 투자의 주된 분석 대상이 되는 교육 훈련은 훈련 결과 획득되는 기술이 특정 직장 또는 산업에서만 활용되는 고유한 것인가, 또는 다른 직장에서도 활용가능한 일반적인 것인가, 즉 훈련 지식의 직장 또는 산업간 이전가능서(transferability)에 따라 고유 훈련(specific training)과 일반 훈련(general training)으로 유형화된다. 예를 들면, 교양 교육이나 워드 프로세싱은 어느 직장 또는 산업에서나 활용 가능한 일반 기술인 반면, 정부 고유 업무 담당자 훈련은 정부의 고유 업무를 수행하는 데 필요한 정부 고유 기능에 대한 훈련이다.[1] 물론 여기서 일반 훈련과 일반 지식은 부문간 이전가능성 기준에 따른 것으로서 전문성과 숙련성에 초점을 두지 않기 때문에, 고도의 전문적인 기술도 조직 또는 산업간 이전가능성이 있으면 일반 기술에 속한다. 두 가지의 훈련 유

---

1) 예를 들면, 민법은 정부나 민간 부문 모두에 필요한 지식이겠으나, 행정법은 민간 부문보다는 정부에 고유하게 필요한 지식 체계라고 할 수 있다.

형과 관련하여 어떠한 지식과 기술도 직장간에 이전 가능하다는 주장과 어느 특정 직장을 위하여 습득된 지식은 다른 직장에서 완전히 활용될 수 없는 고유한 측면이 있다는 주장이 대립하고 있다.[2] 그러나 실제로는 대부분의 지식과 기술은 이 양극단의 연속선상에 위치하고 있다고 본다.

　교육 훈련과 생애 소득과의 관계는 미훈련자, 일반훈련자, 그리고 특수(고유)훈련자로 구별하여 다음과 같이 설명할 수 있다. 이같은 유형화와 동일한 논리로 고등학교 졸업자, 대학 졸업자, 그리고 직장 훈련 수료자로 구별하여 설명이 가능하다. 노동 공급자는 취업 및 교육 훈련에 대한 의사 결정에 당면하여 세 가지의 생애 소득 곡선을 상정하게 된다. [그림 3-1]의 AA′A와 BB′B, 그리고 CC′C는 각각 교육 훈련을 받지 않고 취업한 미숙련자, 일반 훈련을 받은 일반 훈련자, 그리고 직장 고유 훈련을 받은 고유 훈련자의 생애 소득의 흐름들이다. 직장에서 필요로 하는 지식과 기술에 대한 훈련이 없는 미숙련자는 취업과 동시에 소득이 발생하지만, 생애 주기 동안 소득 증가가 거의 없이 최전성 생애 주기(소득곡선의 정점)가 비교적 빨리 오고, 그 이후부터는 수입이 급속히 감소하는 소득 흐름(AA′A곡선)을 갖는다. 반면 일반 훈련자는 훈련기간 동안 등록금을 포함한 직접 비용과 기회 비용(훈련 기간 동안 포기한 취업에서 획득하였을 소득: foregone earnings)을 지불하는 대가로 훈련 완료 후의 전 생애 주기 동안의 총편익이 현저히 증가할 뿐만 아니라 최전성기가 비교적 늦게 오고, 또한 그 이후의 소득도 비교적 완만하게 감소하는 숙련 인력의 생애 소득 흐름(BB′B곡선)을 보여준다.

　고유 훈련 노동자의 소득 흐름(CC′C곡선)은 앞의 두 소득 흐름과는 다른 의미를 지니고 있다. 일반 훈련을 통하여 획득한 기술은 이전가능성이 높기 때문에 직장에서는 일반 훈련 비용을 부담하려 하지 않는다. 그 대신 직장은 일반 훈련 종료 후에는 일반 훈련자에게 생산성 향상으로 인하여 증가된 임금을 지불한다. 그러나 고유 훈련은 특정 조직 고유의 기술에 대한 훈련이므로, 훈련 소요 비용과 훈련 후 생애 주기의 총편익을 모두 피훈련자와 직장 중 일방에게만 귀속시키면 문제가 발생한다. 고유훈련은 특정 직장 업무 수행에 필요한 훈련이므로 원칙적으로 직장이 모든 훈련 비용을 부담하고 그 대신 특정 훈련의 결과 생산성 증가로부터 얻는 모든 수익도 조직에서 회수하여야 한다. 그러나 고유 훈

　2) 전자의 주장으로 L. Thurow, *Generating Inequality: Mechanisms of Distribution in the U.S. Economy*(NY: Basic, 1975)가 있고, 후자의 주장으로는 J. Behrman, N. Hrubec, P. Taubman & T. Wales, Socioeconomic Success(Amsterdam, North-Holland, 1980)이 있다.

련이 종료될 때 피훈련자가 이직하면 고용주의 투자는 소용 없게 된다. 반면 피훈련자가 모든 특정 훈련 비용을 자기 부담하되 훈련 종료 후의 생산성 향상에서 얻는 모든 수익을 보장받지 못하고 훈련 종료 후에 만약 해고된다면 그 훈련 기술은 다른 직장에 이전되지 못한다는 점에서 피훈련자는 투자 비용을 회수할 수 없게 된다. 따라서 노동자와 고용주는 각각이 안고 있는 잠재적 위험을 회피하는 차원(risk averse)에서 직장 고유 훈련에 대한 훈련 비용과 훈련 종료 후의 생애 편익을 공유(benefit/cost sharing)하는 것이 바람직하다. 이와 같은 공유 전략을 채택하여 고유 훈련을 시키는 직장의 경우보다는 일반 훈련자에게만 의존하는 직장에서의 이직율이 더 높다고 볼 수 있다.[3] 이 점에서 고유 훈련자의 소득 정점은 미훈련자나 일반 훈련자보다 생애 주기상에 더 늦은 시점에 위치하게 된다.

이상으로 훈련 유형에 따라 생애 소득 흐름이 다른 이유는 생애 소득에 대한 노동공급자의 기대가 훈련 비용의 부담 문제와 관련되기 때문임을 알 수 있다. 생애 주기 전반에 걸친 소득 총액의 극대화 관심을 가진 개인은 세 가지 소득 곡선의 총편익과 총비용을 비교하여 훈련 여부에 대한 의사결정을 내린다. 마찬가지로 고용주도 어떤 유형의 훈련 인력을 충원할 것인가에 대한 결정을 직장에 유리한 방향으로 내리게 된다.

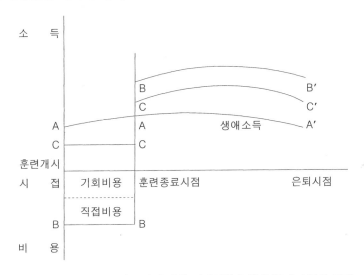

[그림 3-1] 교육 훈련 투자에 대한 의사결정과 생애 주기 소득의 관계

3) D. Parsons, "Models of Labor Market Turnover: A Theoretical and Empirical Survey," in Ehrenberg, ed., *Research in Labor Economics*, Vol. 1, 1997, pp. 185-223.

3. 정규교육 이후의 재직훈련과 생애 주기 투자

취직 전의 교육 훈련 유형과 상관없이 일단 직장에 근무하기 시작한 이후의 생산성 증가와 이에 따른 생애 주기 소득이 어떻게 변화하는가를 살펴보는 것이 생애 주기 관리측면에서 매우 중요하다. 일반적으로 생애 주기 소득 유형은 훈련 종료 후부터 일정 기간 동안 상승하다가 생애 중반기(예컨대 40대 후반)를 정점으로 하강하는 오목형 소득 흐름(concave earnings stream)을 가정하고 있다. 그 이유는 다음과 같다. 우선 훈련 기간 중 근로자의 모든 잠재 소득 능력이 인적 자본 축적에 발휘되므로 훈련기간 중에 획득 가능한 모든 소득은 포기된다. 훈련 종료 후에도 그는 소득 능력의 일부를 포기하여 인적 자본을 축적함으로써 생애주기상의 노년기의 소득을 향상시키려고 한다. 그러나 은퇴 시점에 다가올수록 투자 비용의 회수 기간이 단축되면서 감가상각비를 상쇄할 수 없게 되므로 인적 자본 투자는 점차 감소하고, 이에 따라 소득능력도 감소하여 실제 소득의 감소를 가져온다. 그리고 훈련에 대한 감가상각비 요인 외에도 노령화에 따른 건강 악화 가능성이나 이직시 타 직장에의 취직상의 난점 등도 인적 자본 투자자의 기대 생애 소득을 낮추는 요인으로 작용한다. 이를 통하여 경험칙상 많은 사람들이 은퇴기에 가까이 갈수록 교육 훈련 투자가 감소하는 현상을 이해할 수 있다.

특히 생애 소득에서 잠재 소득 능력이나 명목 소득보다는 가처분 소득(disposable income)이 투자자의 중요한 결정 지표이다. 세 유형 훈련자의 가처분소득은 [그림 3-1]에서 생산성 또는 소득 능력과 일치하는 명목 소득 흐름보다는 낮은 수준, 즉 AA′A, BB′B, CC′C보다는 각각 낮은 수준에 위치할 것이다. 그리고 노동공급자는 이러한 생애 주기 동안의 예측된 가처분소득을 기준으로 교육 훈련 수료, 생애 주기 시간(여가활동 등), 상품 구매와 가계 저축, 그리고 자녀 양육과 교육 등의 계획을 수립한다.

Ⅲ. 평가적 의견

인간 자본론은 신 고전이론의 노동 공급측면에 대한 분석상의 미비점에 착안하여 노동 공급측면의 차이가 소득의 차이를 설명하는 데 충분하다고 보는 한계가 엿보인다. 왜냐하면 개인이 자신의 생산성에 대한 투자를 계속하면 임금은 계속 상승할 수 있다고 보기 때문이다. 그러나 생산성을 노동공급자 개인적인 기술 문제로만 환원시켜 보는 것은 너무 단순하며, 그 결과 미래의 결과를 미리 예상하여 개인차원에서 내리는 모든 현재 시점의 결정이 정당화될 수 있다는 점에서 방법론적 개인주의(methodological individualism)로 비판받기도 한다.[4]

정보 경제학적 관점에서는 교육 훈련은 직무 수행 능력과 같은 생산성을 향상시켜 주기보다는 잠재 능력(preexistion talents)을 확인시켜 줄 뿐이다. 예를 들면, 공무원 시험은 시험 준비와 대학 전공 교육을 통한 인적 자본 축적보다는 합격자가 소유한 기존 재능을 불합격자와 차별화하는 선별 기능(screening or filtering)또는 하나의 신호 기능(signals)만을 수행할 뿐이다.

또한 현실 세계에 대한 설득력 있는 설명 체계의 관점에서 보더라도, 소득 흐름과 관련하여 생애 주기상에서는 오목형 소득 흐름보다는 직급 상승이나 연령 증가에 따른 체증형 소득 흐름이 계층적 조직론 또는 내부 노동 시장론에서는 보다 일반적인 현상으로 볼 수 있다. 이에 따라 인적자본론에서 설명 및 예측하는 형태를 수정 보완하는 새로운 해석으로서 생애 소득 흐름에 대하여 내부 노동 시장론적 설명을 가미하고 있다. 예를 들면, 선임 근로자의 직장 경험 자체가 생산성을 직접 향상시키지는 않더라도 선임 근로자에 대한 높은 임금 지급은 나머지 근로자들의 작업 인센티브를 향상시키기 때문에 임금과 연령 또는 직장 경력과의 정의 상관 관계를 부여한다거나, 또는 근로자 개인은 그의 한계생산물에 해당되는 금전적 가치만큼 지급받기보다는 개인들의 성과 순위(performance rank-order)에 따라 미리 할당된 임금을 지급 받는다는 해설들이 그것이다.[5]

이와같은 수정·보완론이나 비판적 이론에도 불구하고, 인적자본론은 개인의 근로 동기와 생애 주기상의 의사결정 형태, 그리고 조직의 인사 관리 전략을 설명하는 가장 강력한 이론 체계로서 자리잡고 있다.

참고문헌

Becker, Gary, *Human Capital*, 2nd ed., Chicago: University of Chicago Press, 1975.

---

4) Mark Blaug, "Human Capital Theory: A Slightly Jaundiced Survey," *Journal of Economic Literature*, 14, September 1976, pp. 827-855.

5) E. Lazear & S. Rosen, "Rank-Order Tournaments as Optimum Labor Contracts." *Journal of Political Economy*, 89, 1981, pp. 841-864.

Frank J. Sorauf의
정실주의의 퇴조*

I. 머 리 말

정실주의(patronage)란 공직에의 임용이 개인이 지니고 있는 능력·자격·성적을 기준으로 하여 행해지는 것이 아니라, 당파성이나 지연·혈연 등 개인의 귀속적 친분성(ascriptive affinity)을 기준으로 행해지는 원칙을 의미한다. 공무원의 선발이나 임용을 둘러싸고 제기되는 문제는 소위 '민주성과 능률성'이라는 두 가지의 이념적 갈등에 관한 것으로 평등의 민주사상을 정실주의(엽관주의) 인사제도를, 능률성의 추구라는 실적에 토대를 둔 인사정책을 실적주의(merit system)라는 인사제도를 형성·정착하게 하였다.

물론 정식주의와 엽관주의를 엄격히 구분해서 생각할 수도 있다. 정실주의는 영국에서 주로 행해졌던 인사제도로 유력한 정치인에 의한 정치적 정실주의와 국왕에 의한 은혜적 정실주의로 대분된다. 엽관주의는 미국에서 행해졌던 인사제도로서 선거에서 승리한 정당이 공직을 점유하여 자기 정당의 당원을 집권당의 임기 동안 공무원으로 임용할 수 있는 인사제도를 말한다. 그러나 두 제도 모두 개인의 능력·자격·성적이 아닌 정당에 대한 충성도나 유력정치인에 대한 충성도 및 국왕의 총애라는 '귀속적 친분성'을 기초로 하여 공직에 임용하는 제도라는 점에서는 커다란 차이가 없다.

Sorauf는 이 논문에서 정실주의와 엽과주의를 구분하지 않고 엽관주의를 광의의 정실주의 개념 속에 포함하여 논의를 전개하고 있으나, 주로 미국 정당에 의한 공무원 임용제도를 정실주의로 이해하고 있다. 이 논문에서 Sorauf는 정실주의가 미국 정치체제에서 서서히 퇴조하고 있으며, 단순히 정실주의의 변형이 아닌 새로운 인사제도로 변화되어 간다고 주장하고 있다. 이러한 그의 견해는

* 강성철: 부산대학교 행정학과 교수.

"정실주의의 고요한 변혁"(The Silent Revolution in Patronage)이라는 그의 논문제목에서도 시사되고 있다.

Sorauf의 "정실주의의 고요한 변혁"은 정실주의의 유용성과 그 유용성의 감소, 그리고 정당과 정치체제의 변화 및 정실주의의 퇴조가 정당운영에 미치는 영향 등의 네 부문으로 구성되어 있다. 물론 Sorauf의 논문은 1960년에 발표된 것으로 현재의 미국 인사정책의 모습을 제대로 반영해 주지는 못하고 있다. 그러나 이 글은 1883년에 실적제가 공식적으로 인사행정의 기본원리로 채택된 이후 미국 사회에서 뿌리 깊은 인사관행으로 행해졌던 정실주의의 쇠잔하는 모습을 그려 볼 수 있다는 점에서 우리에게 주는 교훈은 매우 크다고 할 것이다.

II. 정실주의의 변혁

미국의 정당과 정치체제 속에서 오랫동안 지속되어온 정실주의는 실적주의 제도에 의하여 서서히 잠식되어 가고 있다. 전통적인 정당의 정치간부들(Political machines)이 정부의 주요 직위에서 물러나고 연방공무원의 자리는 실적주의적 임명을 통하여 채워지고 있다. 물론 정실주의의 퇴조가 정당과 정치체제에 미치는 부작용에 대한 우려의 목소리가 없는 것은 아니지만, 정실주의는 그것으로 인한 폐해을 극복하고자 하는 공무원제도 개혁가들의 캠페인에 의해서가 아니라 정실주의 인사제도가 지닌 자체의 요인으로 인하여 소멸해 가고 있다.

50년 전 혹은 20년 전까지만 하더라도 정실주의는 정당운영에 매우 필요하였지만, 오늘날에는 거의 필요 없게 되었다. 이는 미국의 정치체제와 기능뿐만 아니라 시민의식의 앙양과 민간부문 등의 발전으로 정실주의가 정치적 혹은 사회적으로도 불필요해졌기 때문이다. 따라서 현대에 있어서는 정실주의의 특성과 유용성조차도 변하였다고 할 수 있다. Sorauf는 정실주의의 변화를 위와 같이 설명하면서 우선 정실주의의 기능 내지 유용성을 다음과 같이 제시하고 있다.

1. 정실주의의 유용성

(1) 적극적 정당조직의 유지

정실주의는 정당조직의 활동을 적극화하는 데 필요하다. 정실주의는 정당구성원을 공직에 임용하는 제도이지만, 실제로는 정당조직이 선거운동을 적극적으로 하여 선거에서 승리하도록 하기 위한 것이다.

(2) 정당 내부의 응집력 강화

유능한 정치지도자는 정당의 계층제를 통하여 당원을 통제하며 정당 내의 상이한 집단을 통합된 전체로서 결합시키는 데 정실주의를 활용한다. 그 한 예로 Eisenhower는 1952년 Taft 상원의원의 지지자를 공무원으로 임용하겠다는 약속을 Taft 상원의원과 함으로써 공화당의 응집력을 강화하였고, 이로 말미암아 1953년 대통령에 당선되었다.

(3) 유권자와 지지자의 유인

정실임용자는 자신을 임용해 준 정당지도자에게 감사의 표시로 평생 헌신적으로 봉사하게 된다. 뿐만 아니라 그의 가족과 친구들까지도 임용 정당의 적극적 지지자가 된다. 일반 유권자와 지지자도 정실임용을 기대하며 정당에 대하여 적극적으로 참여하고 활동한다. 인종, 민족, 혹은 종교집단과 같은 특정집단의 유권자 대표를 공직에 임용하는 것도 그 집단의 구성원들을 정당으로 끌어 들이기 위한 이유에서이다.

(4) 정당과 후보자에 대한 재정적 지원

정실주의는 본래 정당과 후보자에 대한 재정적 지원을 확보하기 위한 수단으로 이용되었다. 동일 정당 당원으로서의 동류집단의식을 이용해서 정치자금을 모으고 그것을 정당과 후보자의 정치자금으로 활용하였다. 또한 미국에서 정실주의가 전성할 때 정실임용자는 자기가 받은 보수의 5%를 정실임용의 대가로 정당에 기부하는 것을 당연한 것으로 여겼다. 그리하여 정실주의는 미래의 정실임용이라는 유인뿐만 아니라 과거의 정실임용에 대한 보상을 받음으로써 정당의 재정수입의 주요수단으로 활용되었다.

(5) 호의적 정부활동의 확보

정실주의의 모호한 윤리성과 합법성에서 불구하고, 정실주의의 정당과 그 추종자들에게 호의적인 정책이나 행정활동을 확보하는 데 이용되었다. 정당은 그들에 의하여 임용된 정실임용자가 정당에 의존하는 경향을 이용해서 정책결정과정에 쉽게 접근할 수 있었고, 이것을 통하여 정당에게 유리한 정부활동을 확보할 수 있었다.

⑹ 정책결정에 있어서 당기확립을 통한 정당지원체제의 창출

마지막으로 정실주의는 대통령이나 주지사들이 정당의 당기확립을 통하여 자신들에 대한 정당의 지원체제를 강화하는 데 활용되었다.

이러한 당기확립을 통한 정당의 지원체제 강화는 대통령이나 주지사의 대(對) 의회 활동을 위하여 행하여졌다. Franklin Roosevelt 같은 대통령과 주지사들은 자신의 대(對) 의회 활동을 위하여 정당원의 정치적 임용, 즉 정실주의를 활용하였다.

이러한 기능과 유용성을 가졌음에도 불구하고 정실주의는 정당과 정치체제에 많은 역기능적 영향을 미쳤다. 즉 공식적 정당조직과 양립하고 경쟁하는 인사청탁체제와 그에 대한 추종자가 생겨나고, 정당의 인사에 대하여 새로운 불만과 적대심이 유발되고, 정당 내에 많은 알력이 생겨나게 되었다. 그리고 정실주의의 하나의 기능 내지 유용성이 다른 기능 내지 유용성을 상쇄시키는 등의 부작용이 나타나게 되었다.

따라서 많은 사람들은 정실주의가 정당조직을 활성화하고 유권자의 지지를 이끌어 내지만 그 외의 기능—정당과 후보자에 대한 정치자금의 지원, 정당 내부의 응집력 강화, 호의적 정부활동의 확보 등—을 수행하는 데는 효율성이 의심스럽다고 주장하고 있다.

2. 정실주의 유용성의 감소

과거 정실주의의 유용성에도 불구하고 오늘날 정실주의는 급격한 변화를 겪으면서 매우 위축되어 있다. 연방정부, 주정부, 시정부 등에 있어서 정실임용은 전반적으로 줄어들고 있다. 아직도 실적주의가 정착되지 않은 몇몇 주들이 남아 있기는 하지만 이러한 경우에도 정실주의는 정치적 통화(political currency)로서의 가치를 잃어버렸기 때문에 정당에서 활용할 수 있는 정치적 목적을 위한 정부의 직위는 줄어들고 있다.

반면에 실적주의는 전문성이나 교육훈련이 크게 요구되는 전문화된 직위에 도입되고 있다. 경제적으로 발전되고 고용수준이 향상됨에 따라 정실임용의 직위는 보수가 많지 않아 매력도 낮다. 정실주의는 낮은 보수와 만성적인 직위의 불안정 때문에 많은 사람들의 관심에서 멀어지는 반면, 사적 부문의 고용은 높은 임금수준과 노동조합의 보호와 직업적 안정, 실업보상, 연금제도, 그리고 부가혜택 등으로 점차 매력을 더 얻게 되었다. 따라서 대부분의 미국인들은 정실

주의에 의한 임용을 단기적인 응급대처수단으로 간주하고 정실주의는 이제 정치적 인센티브로서의 가치가 없어졌다고 생각한다.

한편, 정실주의 자체의 명분도 상실되고 있다. 정실주의가 정치적 대가를 제공하는 데 대하여 그것이 당연하고 적절한 것이라고 생각하는 사람들도 거의 없다. 일반 대중들은 선거 후 정당에 대하여 분노하고 격노하며 또 정실주의를 추구하는 정당노선에 반발하였다. 그리고 정당에 대한 충성심으로 정치적 범인(凡人)이 공직을 맡는 것을 그들은 더 이상 용인해 주지 않았다. 오히려 일반 대중은 이기적 정당원보다는 공공의식을 지닌 교육받은 시민이 공직에 임명되기를 바란다.

또한 심지어 식장을 구하려는 일반시민들마저 과거 한때 그랬던 것처럼 정당에 대하여 충성을 바치려 하지 않는다. 사적 부문의 발달과 시민의식의 고양 등으로 정부의 직위에 대한 일반시민들의 매력은 전에 없이 저하되고 정실주의의 윤리성과 도덕성에 대하여도 많은 시민들이 의구심을 가지게 됨에 따라, 정치적 보상을 추구하는 정실주의는 일반대중들의 인기를 상실해 버리고 말았다. 그 결과 정당에 대한 정실주의의 유용성은 감소되었다.

3. 정당과 정치체제의 변화

미국 정치형태의 새로운 변화는 정치적 보스와 정치적 중개장치간의 유착이 사라지는 것이다. 미국생활에 익숙하지 않은 이주집단이나 소수민족집단, 그리고 가난하고 불안정하며 미국의 정치적 전통에 동화되지 못한 사람들을 수용해 주고 그들을 통하여 자신들의 사적 이익을 도모하던, 한때 도시지역에서 특히 융성하였던 기구정치체제(machine politics system)가 서서히 무너져가고 있다. 번영의 정도가 높아지고 교육수준이 높아지며 동화되지 않은 집단의 수가 줄어들고 가난한 사람들에 대한 정부의 관심이 높아짐에 따라, 정치적 보스와 기구정치체제 그리고 그들이 의지해온 정실주의는 사라질 것이다. 더구나 정당간의 경쟁 때문에 1930년대 이래로 사회경제적 요구는 과거 어느 때보다도 훨씬 더 많이 반영되고 있다. 미국의 사회경제적 요구는 유럽 정치운동의 이념적 열기까지 미치지 못하였지만, 미국의 정치는 이슈(issue)를 중심으로 행하여지고 쟁점이 되지도 않는 정실주의, 호의, 인사발탁 등은 이제 미국의 주요한 정치적 관심사가 되지 않는다.

정치운동 역시 호별방문, 지방유세, 그리고 투표의 집단(bloc)화로부터 대중매체나 광고회사로 옮겨지고 있다. 거물급의 인기 있는 후보자들은 전국적으로 정치운동의 중핵으로 활동하게 되어 전국적인 정당조직의 중요성이 증대되었다. 정부권력의 중심이 주나 지방정부로부터 연방정부로 옮겨진 것처럼 정당의 권력도 지방단위에서 중앙으로 옮겨지고 있다.

이와 같이 정당과 정치체제의 변화에 따라 Sorauf는 정당에 대한 일반대중의 관심 내지 정당참여의 동기가 어떻게 달라졌으며, 이로 말미암아 정당은 어떠한 당원을 필요로 하는지에 대하여 다음과 같이 논의하고 있다.

첫째, 정당에 관심을 갖는 새로운 정당원의 참여동기는 과거와 같은 정실임용을 기대하지 않을 뿐 아니라, 정당의 위계질서에 의존하지 않고 자발적이거나 임시적인 정치단체를 만들어서 정당의 활동을 돕는다는 것이다. 정당활동을 하는 새로운 사람들은 인기 있는 후보자에 대한 신뢰와 충성심, 시민적 의무감, 혹은 사회적으로 운동가다운 열정으로 말미암아 과거의 정당원들보다 동기가 더 부여되고 있다. 그들은 정당을 통한 정치활동을 직업이 아닌 부업(avocation)으로 생각한다. 교육받고 안정된 근로자나 정당원들은 정치적 임용을 대단한 것으로 여기지 않는다. 또한 정당은 조직화된 이익집단으로부터 새로운 정치적 자원을 구하게 되었다. 그리하여 오늘날의 후보자들은 유권자 개개인을 만나 한 표 한 표를 부탁하는 것이 아니라 지방의 노동조합이나 상공단체와 접촉하거나 그들과의 의사소통채널을 갖는 것을 귀중하게 여긴다. 그리고 기업이나 노동조합이 정당자금의 주요한 원천이 되고 개인의 기부금은 이제 더 이상 재원으로서 충분하지도 않다. 새로운 스타일의 정치지도자들은 전통적 보스와는 달리 유권자 개개인이 아닌 지역사회의 이익집단과 보다 밀접한 유대를 갖고 있다.

둘째, 정실주의의 유용성이 감소되고 또 그것에 대한 사회윤리적 도덕적 비판의 소리가 높아짐에 따라 정당은 적은 수의 잘 훈련되고 교육받은 경험 있는 능력가를 요구하게 되었다. 그러나 정실로 임용할 수 있는 대다수의 직위는 보수가 적기 때문에 정당에서 필요로 하는 유능하고 성취감 있는 남녀들은 그러한 직위에 대하여 별 매력을 느끼지 않는다. 반대로 민간부문에서의 직장보다 정실주의에 의한 직위에 더 큰 매력을 느끼는 당원들은 그러한 직무수행에 필요한 관리적·행정적 능력이 부족하다. 따라서 공무원으로서의 필수적인 능력과 임용 가능성을 가진 사람들은 보수가 많고 직업적 안정성이 높은 사기업 분야로 나아가게 되고, 정당은 이러한 능력 있는 사람을 구하기 어렵게 되었다.

위에서 논의한 바와 같은 미국 사회의 변화하는 성격과 새로운 정치문제와 정치적 가치 때문에 정당은 정실주의가 아닌 새로운 제도와 운영방식을 선택하지 않으면 안 되게 되었다.

4. 정실주의의 퇴조로 인한 정당운영의 변화

Sorauf는 정실주의가 퇴조한다고 해서 정당의 본질이 변화되거나, 정당체제의 붕괴를 가져 올 것이라고 주장하지는 않는다. 그러나 Sorauf는 궁극적으로 정실주의는 계속해서 위축 내지 퇴조할 것이며, 이에 따른 정당의 변화는 촉진될 것이라고 한다.

Sorauf는 정실주의의 퇴조가 정당운영의 변화 내지 정당운영에 미치는 몇 가지 부정적 영향을 다음과 같이 제시하고 있다.

첫째, 정실주의는 주로 지방수준에서 지속되어 왔고 집권화된 정당과 정부체제하에서 지방의 정당조직의 보루(bulwark)로 남아 있다. 정실임용이 이루어지는 곳은 주와 지방 정당의 조직이다. 지방에 이러한 정실임용이 집중되면 지방의 정당이 강화되고 그리하여 지방의 정당은 중앙 정당의 당규율이나 집권화에 저항할 수 있게 된다. 지방의 정당을 강화했을 때 분권화된 정치권력은 지방의 회에서 정당의 응집력과 책임성을 확보해 준다.

그러나 정당이 중앙집권화됨에 따라 지방단위의 정당은 주요 정책을 결정하는 데 있어서 역동성과 역할을 상실하게 되었다. 따라서 지방의 정당은 정실임용을 그의 정치적 목표로 삼음으로써 정실임용의 중개자로서의 단순한 역할밖에 하지 못하고 있다.

둘째, 정실주의의 퇴조는 공화당보다는 민주당을 더 약화시킨다는 것이다. 정실주의는 민주당을 지지하는 대부분의 인구학적 집단들, 즉 저소득층, 비숙련 또는 반숙련 노동자들, 도시거주자들, 그리고 소수민족들에게 더 인기가 있다. 유인체제로서의 정실주의는 미국의 중산층보다는 오히려 사회경제적 지위가 낮은 사람들에게 흔히 나타날 수 있는 약탈적 정치관(exploitative view of politics)과 일치한다. 민주당 역시 정실주의를 대체할 대안을 찾고 재계로부터 인적 지원이나 재정지원을 받으려고 매우 고심하나 그것도 그렇게 쉽게 되지 않는다. 따라서 현대의 시민적 미덕과 정치 철학에 기초한 정당의 형성은 공화당 쪽으로 기우는 것 같다.

셋째, 정실주의의 매력은 주로 경제적인 것이기 때문에, 정실주의의 정치적 가치와 유용성은 실업자가 많고 경제가 어려움에 처할 때 가장 큰 것 같다. 실업과 경제적 어려움이 심할 때는 민간부문의 고용은 정실임용보다 더 나은 기회를 제공해 줄 수 없기 때문이다. 경제적으로 어렵고 실업이 전국에 다시 확산된다면 정실주의는 아마 정치적 유인으로서 다시 각광을 받게 될지도 모른다.

마지막으로, 정실주의는 입법부와 행정부를 대항관계에 휩싸이게 한다. 의회는 '상원동의의 관례'(senatorial courtesy: 대통령이 임명한 자에 대한 비준을 해당 지역구 의원의 동의가 있어야만 통과시키는 상원의 관계)등 여러 가지 수단을 통하여 정실임용을 통제하기 때문에 미국의 대통령들은 여러 가지 곤혹을 겪는다. 그러나 주지사는 통제하기 어려운 주 의회에 대해 자신이 갖고 있는 몇 안 되는 무기 중의 하나인 정실임용을 포기하려 하지 않는다. 정실주의를 폐지하면 연방정부보다 주 정부가 더 큰 영향을 받기 때문에 주지사들은 정실주의를 지키려고 매우 노력하다.

Ⅲ. 평가적 의견

이상과 같이 Sorauf는 정실주의의 유용성과 그 유용성의 감소 및 미국 정당과 정치체제의 변화 그리고 정실주의의 퇴조로 인한 정당의 단기적 조정 내지 정당운영에의 영향에 대하여 체계적으로 논의를 전개하고 있다. 앞에서 언급한 바와 같이 Sorauf는 정실주의가 실적주의에 의하여 대체되어 가고 있지만, 정실주의가 일시에 폐지되거나 사라지지 않고 서서히 위축 내지 퇴조되어 감을 그의 논문제목에서도 보여주고 있다. 또한 Sorauf는 정실주의의 명분과 정당성은 정치적 특권인 정치적 자리(positions)를 배분하는 데 있는 것이 아니라 미국 정치과정상의 민주적 평등이라는 것에 있기 때문에 민주화된 현대의 평등사회에서는 정실주의가 서서히 위축 내지 사라질 것이라고 하고 있다. 그러나 Sorauf는 정실주의의 유용성이 저하되고 이로 인하여 미국의 정당과 정치체제가 변화하여 감에 따라 결국에는 정실주의가 그 자체의 허점과 낡음으로 인해 저절로 사라지게 될 것이라고 보고 있다. 물론 미국의 정실주의는 지방정당의 활동을 적극화하고 응집력을 강화시켜 주며, 경제적으로 어려운 지역이나 시기에는 정실주의가 그 나름의 유용성을 발휘할 수 있음도 Sorauf는 지적하고 있다.

Sorauf의 이 글은 1960년대에 발표된 것으로서 그 당시 정실주의의 쇠잔하는 모습을 그려 볼 수 있게 한다는 점에서 우리에게 주는 시사점은 많으나, 이 글이 지니고 있는 한계 또한 적지 않다.

첫째, 이 글은 반엽관주의적 인사행정이 물러나고 적극적인 인사행정과 과정에 있는 오늘날의 미국 인사행정의 모습을 반영하는 데는 한계를 지니고 있다고 할 수 있다. 특히 인사행정의 적극화를 위한 공무원개혁법(Civil Service Reform Act of 1978)이 1978년에 통과된 후 대통령의 정치적 임용이 늘어나고 있는 추세를 이 글은 전혀 반영하지 못하고 있다.

둘째, Sorauf는 정당과 관련하여 정실주의의 유용성을 논의하고 있으나 정실주의가 정부의 공식적 인사정책으로 채택된 배경에 대해서는 지면을 거의 할애하지 않고 있다. 즉 미국의 엽관주의 제도는 범인(凡人)으로도 공무수행이 가능했던 시기의 한 산물이며, 공무원의 빈번한 교체는 정부관료의 독점화나 귀속화를 막아줌으로써 평등이라는 민주주의 정치사상에 부합되는 Andrew Jackson 주의적 인식의 산물이라는 점을 소홀히 하고 있다. 또한 정실주의의 유용성 감소 이유에 대하여 이 글은 사기업의 발달, 시민의식의 앙양, 정실주의에 대한 사회·윤리적 비난 등을 언급하고 있으나 정실주의로 인한 정부행정에의 피해, 즉 공무원의 빈번한 교체로 행정경험이 부족한 사람이 등용되고 이것이 야기하는 행정능률의 저하, 공무원의 빈번한 교체로 인한 행정의 안정성·계속성의 결여, 위인설관과 그로 인한 예산의 낭비, 정당에의 의존으로 인한 공익실현의 무책임성 등등은 깊이 있게 다루고 있지 않다.

마지막으로, 이 글은 정실주의와 엽관주의를 엄격하게 구분하여 설명하고 있지 않다. Sorauf는 주로 미국의 정당과 정치체제, 특히 정당에 의한 정치적 임용에 대하여 언급하고 있으면서도 엽관제도(spoils system)라는 말을 사용하지 않고 시종 정실주의라는 말을 사용하고 있어 자칫 엽관제도와 정실주의를 동일한 인사제도로 혼동할 가능성을 주고 있다는 것이다. 물론 두 제도가 실적 이외의 귀속적 친근성에 의하여 공무원을 임용한다는 면에서는 동일하다. 그러나, 일반적으로 정당에의 기여도에 의하여 임용되어 정당의 집권기간 동안만 근무하는 인사제도를 엽관제도라 하고, 당파성이나 유력정치인과의 개인적 친근성에 의하여 임용되는 인사제도를 정실주의라 할 때, 정실주의와 엽관주의를 구분하여 사용하였더라면 더 좋았을 것이다. 이 글이 영국의 정당과 정치체제에도 그대로 적용될 수 있는지를 생각해 보면 이러한 의문은 당연한 것으로 여겨진다.

참고문헌

Sorauf, Frank J., "The Silent Revolution in Patronage," *Public Administration Review*, 20, 1, 1960, pp. 28-34.

Jeffrey L. Brudney와
Robert E. England와
협동생산의 개념과 유형*

I. 머리말

Jeffrey L. Brudney와 Robert E. England는 "Toward a Definition of the Coproduction Concept"(1983)에서 행정부에 의한 일방적 도식을 탈피하여 행정부와 국민과의 협동을 통한 새로운 생산모형을 제시하고 있다. Brudney와 England는 이러한 협동생산(coproduction)은 서비스의 전달과 같은 정책의 집행분야의 경우에 큰 효과를 나타낼 것으로 보고 있다. 이들은 협동생산을 여러가지 유형으로 분류한 후, 부정적·수동적 협동생산은 논의에서 제외해야 하며 개인적·집단적 협동생산보다는 집합적 협동생산이 효과성과 재분배의 측면에서 가장 유효한 것이라고 주장하고 있다. 이들의 논점을 다음에 요약하여 소개하기로 한다.

II. 협동생산의 유형

정부가 재정압박을 받을 때마다 손쉽게 생각해 내는 방법은 기존사업을 폐지·축소하거나 요율을 인상하는 것이 보통이다. 그러나 만일 정북가 폐지·축소하고자 하는 사업이 시민생활의 질을 위협하거나, 요율의 인상이 시민생활에 압박을 주게 된다면 정부의 그러한 대책은 결코 바람직한 것이라 할 수 없을 것이다. 그러면 국민에 대한 행정서비스의 양과 질을 희생시키지 않고도 현재의 예산범위 내에서 정부를 운영하는 방법이 있을 수 있는가? 이 글은 '협동생산'(copro-

---

* 전영평: 대구대학교 도시행정학과 교수.

duction)이라는 개념을 통해 이러한 딜레마(서비스 요구의 증가와 예산의 제약)를 해결하려 한다.

'협동생산'이란 종래에는 정부만이 담당하던 서비스 제공업무에 전문가인 공무원과 민간인이 공동으로 참여한다는 구상이다. 이의 예로는 자원경찰제도, 자원소방관제도, 혹은 자원청소대원제도 같은 것이 있다.

'협동생산'을 주장하는 이들은 정부를 지역주민의 반영이라 정의하고 주민들의 '자기봉사'(self-service)를 토대로 한 행정을 시도함으로써 종래의 서비스제도 체계의 개념을 수정하고자 한다.

기존 문헌에 따르면 두 가지 유형의 '협동생산'에 대한 정의가 존재한다. 그 하나는 행정서비스의 배분에 시민이 참여하는 것에 기초한다. Whitaker와 Sharp가 바로 이러한 정의를 취하는 학자들이다. Whitaker는 시민들에 대한 지원의 요구, 지원의 배분(예: 서비스 기관과의 협조) 및 서비스 직원과의 상호적응과 같은 것을 '협동생산'으로 생각하며, Sharp는 이에 덧붙여 사회적 · 물리적 여건의 조성(예: 정해진 곳에 쓰레기를 버린다든지 제자리에 주차를 한다든지 하는 일)까지를 이에 포함시키고 있다. 한마디로 여기서의 '협동생산'이란 시민과 공무원 양자간의 공동생산을 의미한다.

'협동생산'에 대한 다른 하나의 정의는 경제학적 관점에 기초한다. 이러한 정의의 옹호자들은 소비자와 생산자의 구분을 서비스 전달체계에 적용하기는 쉽지 않다고 한다. 이들은 생산을 '정규생산'과 '소비형생산'으로 나누면서 '협동생산'이란 정규생산자나 소비생산자들의 생산적 노력을 혼합시킨 것이라고 한다. 여기서 정규생산자는 종래의 서비스 제공기관이 되고, 소비자는 고객, 시민, 주민 집단들이 된다.

이에 따라 구분된 전통적 서비스 전달체제와 '협동생산'과 서비스 전달체계를 도식으로 모형화하면 다음과 같다.

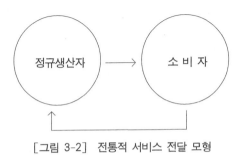

[그림 3-2] 전통적 서비스 전달 모형

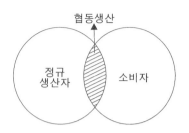

[그림 3-3] 협동생산 : 정규생산자와 소비자 부분이 중첩되는 정도

전통적 서비스 모형에서는 서비스와 용역을 생산하는 정부기관이 정규생산자로 고정되며 소비자는 정부 서비스의 피동적 수혜대상, 즉 고객, 시민, 이익집단이 된다. 소비자는 그들이 소비한 서비스나 재화에 대한 반응을 환류시키며 정규생산자는 이를 통해 생산행위를 수정한다. 그러나 '협동생산' 모형에서는 이러한 환류가 서비스 전달 체계 내에서 일어나며, 중복된 부분에서는 '협동생산'이 일어나게 된다는 것을 보여준다.

그러나 정부 서비스의 어떤 영역에서 '협동생산'이 일어날 수 있는지에 대하여서는 통일된 의견이 없다. 그래서 우리는 '협동생산'의 의의를 한정시켜야 할 필요를 느끼게 된다.

'협동 생산'의 성격을 어떻게 규정할 것인가에 대해서는 여러 가지 기준을 적용해 볼 수 있다. 먼저 '협동생산'에 시민과 더불어 공무원의 반응성까지를 포함시킬 것인가 하는 문제를 생각해 볼 때, 지나치게 반응적인 정부 관료제는 특정집단에 대한 편파성을 가져올 수도 있기 때문에 공무원의 반응성은 필요조건은 아니라고 할 수 있을 것이다. 따라서 '협동생산'은 서비스 전달체계에 있어 기존의 시민 참여를 의미하는 것으로 한정된다. 또한 '협동생산'에는 부정적 협동 생산, 즉 지역사회에 해를 끼치는 시민협동(예 : 약탈, 쓰레기 방치)과 긍정적 협동생산, 즉 지역사회에 이익을 주는 시민활동이 있는데 '협동생산'에는 서비스의 생산에 공헌하는 활동만을 포함시켜야 한다. '협동생산'에 협동적 행위만을 포함시킬 것이냐, 복종적 행위도 포함시킬 것이냐 하는 것에는 논란이 있다. Sharp는 복종이란 시민으로 하여금 '서비스 여건'을 조성하게 하는 하나의 수단이 된다는 이유로 복종을 '협동생산'에 포함시키고 있다. 그러나 법규나 명령에 대한 복종의 강요는 그것에 대한 불복종을 '부정적 협동생산'으로 간주하는 결과를 남기기 때문에 문제가 있다. 따라서 '협동생산'은 '긍정적인 것'이 되기 위해 자발적이고 협동적인 활동만을 대상으로 하여야 한다. '협동생산'은 서비스의 질을 증진시키고자 하는 '능동적인 행동'을 그 요소로 하며 시민의 '수동적 반응'은 포함하지 아니한다. 또한 서비스 전달을 돕고자 하는 개인적 행위는 '협동생산'에 도움을 주기는 하지만 '집단적'인 협동활동이 서비스 수혜자에게 보다 큰 영향을 준다는 점에서 '협동생산'의 개념에 더욱 부합된다.

이러한 '협동생산'에 대한 다차원적인 이해를 통해 논자들은 '협동생산'의 유형을 다시 세 가지 차원으로—개인(individual), 집단(group), 집합(collective)—분류한다. 그 첫째는 '개별적 협동생산'(individual coproduction)이다. '개별적 협동생산'은 개인 자신이 서비스 수혜자이기 때문에 참여할 수 밖에는 별다른 도리가 없는 경우(즉 학령기 아동을 학교에 보낸다거나, 복지 서비스에 참여한다든지 하는 일)와 능동적ㆍ자발적으로 지역사회를 위해 참여하는 경우(화재신고를 한다든지, 인근 쓰레기를 치운다든지, 교통위반을 신고한다든지)가 있다. 이 두 가지 경우, 비록 시민참여가 적극적으로 이루어지고는 있으나 협동생산을 위한 조직과 조정 메커니즘이 없음으로 인하여 활동이 최소한에 그칠 것이기 때문에 이러한 형태의 협동행위는 최하위 계층의 '협동생산'에 속하게 된다. 둘째는 '집단 협동생산'(group coproduction)이다. '집단 협동생산'이란 다수의 시민에 의한 능동적ㆍ자발적 참여로서 서비스 기관과 시민집단간의 공식적 조정 메커니즘을 필요로 하게 된다. 이러한 사례로는 주민감시 집단(neighborhood watch group)이나 주민연합(neighborhood association)등이 있다. 분명히 이러한 집단들은 '협동생산'을 통해 그들에 대한 서비스를 증진시킬 수 있으나 여기에는 몇 가지 문제가 뒤따른다. 공무원은 비전문가인 시민과 파트너가 되어 일하려 들지 않는 경향이 있고, 공무원 노조는 구성원의 생계에 위협이 되는 '협동생산'을 거부할 수도 있으며, 집단 중심의 '협동생산'은 선택된 소수의 부유한 집단에게만 혜택을 주는 경향이 있다는 것이다. '집합적 협동생산'(collective coproduction)은 '집단 협동생산'을 극복할 수 있는 방안으로 각광을 받고 있다. '집합적 협동생산' 활동은 전체 공동체가 향유할 수 있는 집합적 재화를 창출한다. 집단적 접근법은 전통적인 정부(공급자)와 민간(수혜자)의 도식을 거부하고 서비스 전달체계 내에 직접적인 시민참여를 제도화시키려 한다. 이러한 '집합적 협동생산'의 저변에는 시민들의 참여도에 관계없이 혜택이 공통적으로 돌아가게 한다는 '재분배'적 사고가 깔려 있다.

결론적으로 상술한 세 가지 형태의 '협동생산' 계획(개인, 집단, 집합)은 분명히 행정서비스의 질과 양을 증진시키며, 지역정부는 협동생산을 통해 재정적 압박 속에서도 서비스를 유지, 증진시켜 나아갈 수 있는 활로를 모색할 수 있게 된다. 따라서 지역주민의 '협동생산' 계획에의 참여는 향후의 성공적 서비스 전달 체계의 중요한 열쇠라 할 수 있다.

Ⅲ. 평가적 의견

정부와 시민들의 협동을 통해 서비스의 질과 양을 상승적으로 증진시킬 수 있다는 점을 인식시켜 준 이 논문의 기여에도 불구하고 우리는 다음과 같은 한계점을 발견하게 된다. 첫째, 이 논문은 협동생산의 개념을 새로운 칭조물처럼 생각하는 듯하나, 이미 여러 가지 형태의 협동생산이 과거부터 있어 왔다는 점을 지적하지 않을 수 없다. 예컨대 수해복구 지원이나 환경보전에 있어서의 관민협동 등이 바로 그것이다. 따라서 협동생산이란 새로운 현상의 창조가 아니라 단지 행정적으로 유용한 기존현상의 재정리라고 보아야 한다. 둘째, 이 논문은 협동생산의 초점을 정책의 집행, 즉 서비스 전달부분에 주로 한정하고 있기 때문에 그것이 정책결정의 상황에서도 발생할 수 있다는 사실에는 관심을 쏟고 있지 못하다. 그러나 행정부의 정책결정에 있어서 자발적인 시민 또는 외부 전문가집단과의 협동은 빈번히 일어날 뿐만 아니라 바람직하기도 한 일이다. 셋째, 협동생산의 개념을 도입하여 민간 또는 자발적 집단을 행정과정에 참여시켰을 때 책임의 소재가 모호해질 수도 있고, 행정의 무작위를 초래할 수도 있으며, 정부의 무능력을 정당화시키는 계기를 마련해 줄 수도 있다는 점을 유의해야 한다.

참고문헌

Brudney, J. L. & R. E. England, "Toward a Definition of the Coproduction Concept," *Public Administration Review*, 43, 1, 1983, pp. 59-65

Hiroshi Shiono의
행정지도론*

I. 머리말

행정에는 공식적인 것이 있는가 하면 비공식적인 것이 있고, 법적으로 엄격히 기속되는 것이 있는가 하면 실제적·사실적으로 일어나는 것이 있다. 행정의 실제에서 비공식적·사실적 활동의 폭이나 비중이 법적·공식적인 활동의 경우보다 월등히 더 크리라는 것은 의심할 바 못된다. 행정지도(行政指導)는 사실적이고 비교적 비공식성이 높은 영역에 속하는 행정활동 가운데 하나이다. 행정지도가 행정활동 전체에서 차지하는 비중은 매우 크다.

우리 행정현실에서 사실상 행정지도라고 지칭되면서 널리 행해지고 있는 행정력행사를 행정학이 전혀 외면해 왔다고 말할 수는 없다. 그러나 우리 나라에서 특별한 문제성을 안고 광범하게 행해져 온 행정지도라는 현상을 통합적으로 연구하는 데 필요한 관념적 틀을 행정학에서 발전시키지 못했다. 행정지도의 연구는 행정법학에서 주도해 왔다.

독일의 행정법학에서 행정지도에 대한 관심을 보인 바 있기는 하지만 행정지도에 관한 법적 이론을 본격적으로 개척한 것은 일본의 행정법학이라고 평가되고 있다. 우리 나라의 행정법학도 일본 행정법학의 영향으로 행정지도에 대한 논의를 활발히 전개하고 있다. 우리 나라나 일본의 행정법학은 전통적으로 행정의 공법관계를 연구하는 데 집착하여 왔다. 행정활동 가운데서 공법관계의 요건에 해당하는 이른바 행정행위의 법적·제도적 연구에 골몰하던 행정법학도들이 행정의 실제에서 '사실행위(事實行爲)가 더 큰 비중을 차지한다는 사실을 확인하면서 그에 관하여 행정법학이 어떤 대응을 해야 한다는 압박감에 쫓기게 된 것 같다. 그리하여 법외적 현상(法外的 現象)이며 행정행위의 부존재(不存在)

---

* 오석홍: 서울대학교 행정대학원 명예교수.

라 하여 홀대하였던 사실행위의 연구에 박차를 가하게 되었다. 사실행위 가운데서도 행정지도에 관한 연구가 가장 활발히 진행된 듯하다.

행정지도에 관한 행정법학적 연구가 행정학도들에게 만족스러운 것은 아니다. 그럼에도 불구하고 행정법학의 행정지도이론을 행정학에서 도입하여 발전적으로 수용하는 것은 현재의 형편으로 보아 필요하고 바람직한 일이라고 생각한다. 다만 법학적 연구의 한계를 극복하고 행정지도현상의 보다 온전한 이해에 도움이 되도록 법학적 이론을 수정하는 노력을 게을리하지 말아야 할 것이다.

1982년 일본 동경대학의 Hiroshi Shiono 교수가 영문으로 쓴 일본의 행정지도(Gyosei Shido)에 관한 논문을 다음에 요약하여 소개하려 한다. 그의 논리는 근본적으로 행정법학적 시각에 입각해 있음을 독자들은 유념하여야 한다.

II. 일본의 행정지도

1. 행정지도의 의미와 유형

일본에서 행정지도를 법률로 정의한 바는 없다. 약 1세기 전쯤 일본에 근대적 행정법체계가 도입될 당시에는 행정지도라는 말이 쓰이고 있지 않았다. 그러나 오늘날 우리가 행정지도라 부르는 행정현상에 해당하는 것은 오랫동안 있어 왔을 것이다. 1960년대에 들어서 행정지도라는 현상이 여러 대중매체를 통해 광범하게 보도되기에 이르렀으며 결국 행정법학도들이 그에 대해 관심을 갖고 연구하기 시작하였다.

행정지도는 비교적 새로운 개념이지만 행정지도의 기본적 정의에 대해서는 학자들 사이에 어느 정도 합의가 형성되어 있다. 구체적인 내용에 관해서 사소한 의견차이들이 있음을 부인하는 것은 물론 아니다.

행정지도라는 행정현상을 우리는 다음과 같이 정의해 볼 수 있다. 즉 "행정지도는 행정기관이 행정목표의 달성을 위해 법적 기속력은 없지만 상대방의 특정한 행위(작위 또는 부작위)를 기대하여 행하는 행정활동"이다.

여기서 행정지도의 상대방은 민간인에 국한되는 것이 아니다. 실제로 중앙정부는 지방정부에 대해 자주 행정지도를 하고 있다. 그러나 이 글에서는 민간인에 대한 행정지도를 원칙적인 준거로 삼아 논의를 전개하려 한다.

행정지도는 행정목표의 달성을 추구한다는 점에서 정당화된다. 그리고 행정지도에 담긴 행정기관의 의도는 상대방의 자발적인 결정에 의하여 그 수용여부가 좌우된다. 행정지도는 상대방의 합의와 협력을 얻을 수 있을 때에만 집행될 수 있다.

행정지도는 여러 가지 기준에 의해 분류될 수 있다. 예컨대 법적 권한의 유무를 기준으로 할 수도 있고 행정지도의 상대방을 기준으로 할 수도 있다. 그러나 일본에서는 행정지도와 그에 따라 상대방이 취하는 행동 사이의 관계를 기준으로 삼는 유형론이 주류를 이루고 있다. 이러한 유형론은 대체로 세 가지 종류의 행정지도를 구분한다. 세 가지 종류의 행정지도란 ① 규제적 행정지도(regulatory administrative guidance), ② 조정적 행정지도(reconciliatory administrative guidance), 그리고 ③ 조성적 또는 권고적 행정지도(promotional or advisory administrative guidance)를 말한다.

규제적 행정지도는 상대방의 행위에 제약을 가하려는 목적을 가진 것이다. 그러나 이러한 행정지도가 가하는 제약 또는 규제는 법적인 것이 아니다. 다시 말하면 법적 기속력이 없는 것이다. 규제적 행정지도는 다시 두 가지로 나누어진다. 그 첫째는 법적인 규제권한이 있는 행정기관이 법적 강제 대신 규제적 행정지도를 하는 경우이다. 즉 법적 강제를 할 수 있는 사안에 대해 부드러운 행정지도로 임하는 경우를 말한다. 둘째 양태는 직접적인 법적 강제권을 가지고 있지는 않지만 공익을 위해 규제적 행정지도를 하는 경우이다.

조정적 행정지도는 이해당사자들의 상충되는 이익을 조정하려는 행정지도이다. 조성적 행정지도는 상대방의 편익을 위해 지도·권고하는 것이다. 상대방 (민간인)의 이익을 증진시키는 것이 공공의 목적성취에 기여한다고 판단할 때 행정기관은 조성적 또는 권고적 행정지도를 한다. 예컨대 중소기업근대화촉진법은 중소기업의 근대화를 위한 계획을 수립하도록 규정하고 있는데 그와 같은 계획에 의한 행정지도는 조성적 또는 권고적 행동지도에 해당한다.

위의 세 가지 행정지도유형이 물론 완전히 상호배타적인 범주들은 아니다. 서로 겹치는 영역도 있고 서로 보완적인 영역도 있다. 그러나 세 가지 유형을 관념적으로 구분하는 것은 분명히 가능할 뿐만 아니라 그러한 구분은 행정지도의 연구에 요긴한 것이다. 세 가지 행정지도유형 가운데서 문제성이 가장 크고 또 연구인들의 관심을 집중시키고 있는 것은 규제적 행정지도이다. 이것은 개인자유의 보장문제와 가장 긴밀히 연관되어 있기 때문이다. 이 글에서도 규제적 행정지도를 주된 준거로 삼을 것이다.

2. 행정지도의 기능적 효용 그리고 확산의 이유

일본에서는 행정지도가 행정의 모든 영역에 확산되어 있으며 또 아주 빈번히 행해지고 있다. 행정지도가 일본에서 많이 쓰이는 이유를 일본문화의 탓으로 돌리는 사람들이 많다. 물론 일본에 특유한 문화적 조건 때문인 점도 있다. 그러나 어느 나라에서든지 공통적으로 찾아 볼 수 있는 행정지도의 기능적 효용도 또한 있는 것이다. 행정지도의 기능적 효용성 그리고 행정지도의 확산 조건에는 일본에 고유한 측면과 어느 나라에나 공통되는 보편적 측면이 함께 내포되어 있다.

먼저 보편적인 측면을 보기로 한다. 어느 나라에서나 숙달된 행정인들은 법적 강제조치에 앞서 상대방이 불법을 저지르지 못하도록 하는 경고적・권고적 조치를 할 때가 많다. 그리고 행정수요는 끊임없이 변하는데 입법조치가 적시성 있게 취해지지 못하는 일이 허다하기 때문에 어느 나라에서나 행정지도와 같은 현상이 불가결할 뿐만 아니라 기능적으로 효율적일 수 있다.

특히 행정수요가 임시적 내지 잠정적인 경우 법적 대응보다는 행정지도가 더 효과적일 수 있다. 어떤 경우에는 법이 제정되기 전에 과도적인 조치로 행정지도가 활용되기도 한다. 또 경우에 따라서는 행정지도를 통해서 어떤 행정조치나 제도를 실험적으로 시행하기도 한다. 행정기관이 일정한 사안에 대해 법적 강제력을 가졌다 하더라도 특수한 상황 또는 지역에 따라 구구한 조건에 적응적으로 대응하기 위해서 법적 강제 대신 행정지도를 하기도 한다.

위와 같은 이유와 조건 때문에 행정지도에 해당하는 현상은 어느 나라에나 있을 수밖에 없다. 다만 행정지도라는 개념이 쓰이고 있느냐 아니냐 하는 것은 별개의 문제이다.

다음에는 일본에 특유한 측면을 보기로 한다. 일본에서는 다른 나라의 경우에 비해 더 광범하고 빈번하게 행정지도가 쓰이고 있는 것으로 판단된다. 일본에서 행정의 '분위기'는 행정지도의 확산에 유리한 것이라고 볼 수 있다. 일본에서는 행정기관에 의한 규제적 권력의 공식적이고 엄격한 행사가 선호되지 않는다. 그 점에 관한 한 정부 내외의 분위기가 마찬가지이다. 일본에서 선호되고 있는 접근방법은 비공식적인 협상과정을 통해 행정기관이나 그 상대방이 다같이 받아들일 수 있는 상황을 조성하는 것이다.

그리고 일본에서는 입법기관이 불성실한 것은 아니지만 입법절차가 대단히 느리기 때문에 법령제정에 시간이 많이 걸린다. 행정기관들이 의회의 까다로운 심의과정에 많은 시간을 투입하기를 꺼려하는 경우가 흔히 있다. 그런 경우 행정기관들은 행정지도에 의존하는 편이 일을 효율적으로 처리하는 길이라고 생각하게 된다.

다음에는 왜 일본에서 행정지도가 효율적으로 기능할 수 있는가, 다시 말하면 행정지도가 왜 잘 수용되고 있는가 하는 문제를 생각해 보기로 하자.

일본에서는 행정의 권위가 높이 평가되고 있기 때문에 일본 사람들은 공무원들의 권고가 강제적인 것이 아니더라도 그에 잘 따른다는 설명이 있다. 그리고 일본에서는 정부·기업의 관계가 서구제국의 경우에 비해 훨씬 가깝기 때문에 비공식적인 행정지도로 정책을 집행해 나가기가 쉽다는 설명도 있다. 이러한 주장들에는 모두 일리가 있다.

그러나 일본에서의 행정지도가 전적으로 행정기관의 권위에만 달려있다고 결론짓는 것은 잘못이다. 기업체들은 그들의 활동이 일정한 행정규제의 대상으로 된다는 것을 알지만 경직된 법적 규제를 원치 않는다. 그들은 법적 구속보다는 덜 엄격한 행정지도에 순응할 용의를 가지고 있다. 그들의 이익을 증진시키는 데 행정지도가 더 효과적이라는 점을 기업인이나 공무원이 함께 수긍하고 있다.

기업이나 민간인이 행정지도를 능동적으로 요구하는 경우도 있다. 기업간에 또는 기업과 개인간에 이익의 충돌이 일어났을 때 당사자들이 행정기관의 중재적 역할을 요구하는 일이 흔히 있다. 이러한 경향은 두 가지 사실에 긴밀히 연관된 것이다. 그 첫째는 일본에서 근대국가가 형성된 이래 행정이 국민생활에 깊숙이 삼투되어 왔다는 사실이다. 그 둘째는 국민이 행정의 역할에 크게 의지한다는 사실이다.

3. 행정지도의 법적 한계

법률에서 행정지도의 구체적인 권한을 부여하고 있는 경우도 있다. 그러나 대부분의 경우 행정지도는 직접적인 법적 권한에 기초를 두고 있는 것이 아니다. 행정지도는 상대방의 자유를 법적으로 구속하는 것이 아니기 때문에 그에 관한 법적 권한을 필요로 하지 않는다고 많은 행정법학도들이 생각하고 있다. 법적 권한이 없더라도 행정기관이 행정지도를 할 수 있고 또 해야 하는 경우를 명시하는 법원의 판결들도 있다. 그런가 하면 상대방의 자발적 행동을 기대할 수 없는 경우에는 법률에서 정한 법적 권한에 호소할 수밖에 없다고 생각하는 연구인들도 있다.

국민이 행정지도에 복종할 법적 의무는 없다. 그리고 행정지도의 실제에 있어서 상대방이 행정지도에 순응할 의사를 가지고 있지 않은 경우도 많다. 그러나 행정지도의 의도는 빈번하게 실현되고 있다. 상대방이 행정지도의 내용에 동의하지 않는 경우에도 행정지도가 집행되는 예 또한 흔히 있다.

행정지도에 상대방이 복종해야 한다는 법적 의무가 없는데도 불구하고, 심지어는 상대방이 행정지도에 대해 내심 반대하는데도 불구하고 행정지도가 받아들여지는 까닭은 여러 가지로 생각할 수 있다. 행정지도의 상대방은 행정기관과의 관계를 악화시키지 않으려고 행정지도에 순응할 때가 있다. 관할행정기관과 사이가 나빠지면 각종 통제를 심히 받을 수 있다. 정부로부터 보조금을 받고 있는 경우에는 정부가 그러한 보조금을 삭감당할 수도 있다. 이러한 불이익의 위협은 행정지도 상대방의 순응 또는 굴복을 유도하게 된다.

행정지도의 실효성을 담보하기 위한 행정조치들도 여러 가지가 있다. 우선 행정지도를 따르지 않는 상대방의 명단을 공개하는 방법이 있다. 행정지도를 받아들이지 않는 상대방에 대해서 허가·면허 등을 발급하지 않거나 이미 부여한 허가·면허 등을 취소하는 방법도 있다. 행정지도를 어긴 시설물에 대해 단전·단수 등의 조치를 취할 수도 있다.

행정기관들이 행정지도에 관한 넓은 재량권을 가지고 있는 것은 사실이다. 그러나 행정기관들은 행정지도의 결과 상대방이 법률위반 행위를 하도록 유도할 수는 없다. 각 행정기관이 자기 관할 범위 내의 사안에 대해 행정지도로써 일정한 행정목적을 달성하려 할 때 그것이 상대방으로 하여금 다른 영역의 법률을 위반하도록 해서는 안 된다는 법적 한계가 분명히 있다고 보아야 한다.

4. 행정지도의 개혁방향

행정지도는 불가피하고 또 그 유용성도 크다. 그리고 행정지도는 증가되어가는 추세에 있다. 그러나 행정지도의 폐단과 문제들도 적지 않다. 그러한 폐단 또는 문제점들을 보면 다음과 같다.

첫째, 행정지도의 책임소재가 불분명한 경우가 많다. 행정지도의 권한이 있는 관청 또는 공무원을 법률에서 특정하지 않는 것이 보통이다. 따라서 행정계서의 모든 계층에서 행정지도를 할 수 있으며 그러한 행정지도의 궁극적인 책임소재는 불문명하다. 행정지도의 절차와 방법에 법적으로 정해진 표준이 있는 것도 아니다. 그러므로 상대방에서 볼 때 행정지도의 안정성이나 예측가능성은 아주 낮다고 하지 않을 수 없다. 행정지도는 법적 행위가 아니기 때문에 그릇된 행정지도의 상대방이 소송을 제기하기도 어렵다. 소송을 제기하는 경우에도 행정지도와 그 상대방이 입은 손실 사이의 명확한 인과관계를 입증하지 못하는 한 국가로부터 손해보상을 받지 못한다.

둘째, 행정지도가 행정절차상 공정성을 결여하는 때가 있다. 행정지도는 서면으로뿐만 아니라 구두로도 할 수 있다. 행정지도는 흔히 행정기관과 상대방 사이에 은밀히 이루어진다. 이 경우 제3자는 그 내용을 알 수 없다. 서면으로 하는 행정지도의 경우도 그것이 공고되지 않으면 행정지도의 내용을 제3자가 알 수 없다. 말로 하는 행정지도의 경우에는 더욱 그러하다. 따라서 당사자 아닌 사람들은 행정기관과 상대방 사이에 이른바 관재유착이나 부당한 거래가 있을 것이라는 의혹을 갖게 된다.

셋째, 행정기관은 행정지도의 실효성을 확보하기 위해 여러 가지 수단을 동원한다. 따라서 행정지도가 법적 권한에 의한 것이 아님에도 불구하고 마치 규제적 권한에 기초한 것처럼 운영되고 있다.

넷째, 행정지도는 국민의 행정의존도가 아주 높다는 사실에 기초를 둔 것이다. 그러나 행정에 대한 의존도를 높이면 민간부문의 창의적 활동을 위축시킨다. 그리고 결국 민간부문에 대한 정부의 지나친 간섭을 초래한다.

행정지도의 결함을 지적하는 사람들 가운데 행정지도를 완전히 폐지해야 한다고 주장하는 사람은 거의 없다. 여러 가지 결함과 불완전성을 시정해 가면서 행정지도를 활용해야 한다는 것이 지배적인 견해이다. 행정지도의 개선방향을 우리는 다음과 같이 처방할 수 있다.

첫째, 가장 일반적으로 공공부문에 의한 지나친 간섭의 경향, 그리고 민간부문에 의한 지나친 행정의존경향은 시정되어야 한다. 민간부문과 정부부문은 각자의 활동을 스스로 통제할 수 있도록 노력하고 상대방의 영역을 침범하지 않도록 주의해야 한다. 특히 민간부문의 자율적 발전을 촉진해야 한다.

둘째, 편견에서 비롯되거나 부당한 동기에서 비롯되는 행정지도를 억제해야 한다. 행정책임을 확보하기 위해 행정지도가 헌법정신에 위배되지 않도록 감시하여야 한다. 행정지도에 관한 권한의 범위를 법적으로 한정하는 방안도 강구해야 한다.

셋째, 공정성을 확보하기 위해 행정지도의 일시와 장소 그리고 상대방에 관한 기록을 남기도록 해야 한다. 그러한 기록은 공개되어야 한다. 비공식적인 구두지도가 효과적일 수도 있다는 점을 부인하는 것은 아니지만 행정지도의 은밀성은 그 득보다 실이 많은 것이라고 하지 않을 수 없다. 밀실행정의 의혹을 씻고 행정기관의 책임회피를 막기 위해서는 행정지도의 내용을 원칙적으로 공개하여야 한다.

넷째, 행정절차제도(due process)를 도입하여 행정지도의 공정성을 높이고 불만야기의 가능성을 줄여야 한다.

다섯째, 행정지도는 상대방의 권익을 침해하고 손실을 입힐 수도 있는데 현재 그에 대한 구제방법이 불비한 형편이다. 행정쟁송의 보다 간편한 방법을 고안하여 피해자들의 권리구제를 촉진하여야 한다.

여섯째, 경고적인 행정지도에 이어서 법적 강제조치를 해야 할 필요가 있을 때에는 그러한 강제조치를 적시성 있게 시행하여 공익을 보호해야 한다.

일곱째, 일본에서의 행정지도는 가부장적 내지 온정적 인간관계에 의해 양성되어 왔다. 그러한 인간관계가 행정지도의 공도 키우고 과도 키워온 셈이다. 이러한 분위기 때문에 행정지도가 성공적일 때는 당사자들의 감성적 이해까지 겹쳐 바람직한 교호작용을 더욱 촉진하지만 행정지도가 잘못되었을 때에는 당사자들 사이의 관계를 더욱 심하게 악화시킨다. 행정기관들은 합리적이고, 당사자들이 다 같이 받아들일 수 있는 행정지도를 할 수 있도록 각별한 노력을 경주해야 한다.

Ⅲ. 평가적 의견

행정법학에서 발전시킨 행정지도이론에는 법학 특유의 접근방법 때문에 여러 가지 한계와 편향이 내포되어 있다. 행정법학도들이 법외적 수단(法外的 手段)으로 간주했었던 행정지도현상에 관심을 갖기 시작한 이래 행정지도의 법적 성격을 규명하고 거기에 법적 지위를 부여하는 문제에 집착하여 법적 정의, 이른바 권력적 행위와의 관계, 법적 근거 내지 권한의 규정, 법적 규제 등을 연구하는 데 치중해 왔다. 행정법학에서는 행정지도를 비권력적 사실행위라고 정의하기 때문에 미묘하게 얽힌 여러 가지 권력관계를 체계적으로 설명하지 못한다.

Shiono 교수의 연구 역시 근본적으로 그러한 한계를 벗어나지 못하는 것이다. 그의 논의도 행정지도를 비권력적 사실행위로 규정하는 이론적 틀에서부터 출발하고 있다. 그러나 그의 이론은 몇 가지 점에서 행정학의 필요에 기여할 수 있는 현실인식을 담고 있다. 그는 행정지도에 대한 문화사적 해석을 시도하고 행정지도의 실제적 사례들을 검토함으로써 법적 세계의 형식논리에 안주하지 않고 행정의 현실에 보다 가깝게 접근하려는 노력을 보이고 있다. 그리고 행정지도가 법적으로는 비권력적 사실행위로 간주되지만 사실상 그 수용을 강제하는 조건들이 많다는 점을 또한 강조하고 있다. 이러한 현실이해는 행정지도를 둘러싼 복잡한 권력현상을 체계적으로 분석할 수 있는 관념적 틀을 발전시키는 출발점이 될 수 있다.

Shiono교수는 일본의 행정지도를 설명하면서 보편적인 것으로 생각되는 요인과 특유한 것으로 생각되는 요인을 분간하고 있다. 이런 점에서 그의 논의는 행정지도의 비교연구에 좋은 자료를 제공하는 것이라고 할 수 있다.

참고문헌

Shiono, Hiroshi, "Administrative Guidance in Japan(Gyosei-Shido)," in *International Review of Administrative Sciences*, No. 2, 1982, pp. 239-246.

Barry Bozeman과
Stuart Bretschneider의
행정정보체계이론*

I. 머리말

정보화는 오늘날의 행정환경을 특징짓는 가장 보편적 용어 중의 하나가 되었다. 그렇지만 공공조직의 정보관리체계에 학술적 관심을 기울인 것은 그리 오래된 일이 아니다. 민간조직에서는 이미 20세기 중반부터 컴퓨터를 비롯한 정보통신기술을 조직관리에 광범위하게 적용하고 이에 대한 연구도 활발하여 일찌감치 MIS라는 하나의 독립적 학문분과를 이루었던 데에 반해, 행정분야에서는 현상의 엄존에도 불구하고 공공조직에 적용가능한 적실성 있는 이론을 개발하려는 노력이 상대적으로 적었던 것이 사실이다. 그러다가 1986년에 이르러서야 *PAR*에 행정정보체계(PMIS)라는 제목으로 특별호가 발행되었고 이러한 행정학자들의 집합적 노력은 행정학에서 정보체계 연구가 중요한 학문분과로 자리잡게 하는 데에 크게 기여하였다. Bozeman과 Bretschneider는 이 특별호의 발행에 주도적 역할을 담당하였고 특별호의 가장 처음에 이들의 논문이 실렸다.

저자들에 있어 가장 중요한 연구문제는 민간조직을 전제로 발전된 정보체계이론들이 공공조직의 관리자들에게도 마찬가지의 유용한 지침과 교훈을 주지 못하는 원인이 어디에 있느냐를 규명하는 것이었다. 과연 어떤 점이 적용가능하고 어떤 점이 그렇지 않은지를 찾아내는 일은 공사조직을 둘러싼 환경상의 차이를 규명하는 것부터 시작하는 것이 옳을 것이다. 이 글의 목적은 공사부문의 환경상의 차이에 초점을 두어 PMIS를 위한 통합적 이론틀을 제시하고 이를 사용해서 PMIS를 위한 처방적 명제들을 제안하는 것이다. 공공성에 대한 네 가지 모델, 즉 ① 경제적 권위, ② 정치적 권위, ③ 작업환경, ④ 인력체계 등을 통해

---

* 김현성: 서울시립대학교 행정학과 교수.

공사조직을 구분할 수 있는 구체적 변수들을 분석하였고, 그럼으로써 공공조직을 둘러싼 환경이 행정정보체계의 성과에 어떠한 영향을 미치는지를 확인하고자 하였으며, 마지막으로는 네 가지 공공성 모델과 행정정보체계를 연계시켜 각각에 적용되는 지침들을 실제 사례와 함께 제시하였다.

II. MIS 이론의 공공부문 적용

정보통신기술을 활용하여 조직의 성과를 높이고자 시도하였던 MIS는 민간조직을 중심으로 광범위한 효과를 보이면서 활발한 연구가 진행되어 왔다. 그러나 공공조직에 MIS를 적용하기 위해서는 공공조직에 적합하도록 이론의 준거틀을 수정하지 않으면 기대했던 목적을 달성하기가 쉽지 않을 것이다. 공공부문에의 적용을 전제로 하여 기존의 MIS연구들의 문제점을 살펴보면 다음과 같다. MIS에 관한 기준연구들의 변수들은 조직의 자원과 제약조건들을 다룬 환경변수, 성과특정을 위한 과정변수, 그리고 정보시스템 자체에 관한 정보체계변수 등 세 가지로 구분될 수 있다. 그러나 실제로 대부분의 MIS 연구들은 환경변수는 도외시한 채 조직내부 혹은 개인수준에만 치중하여 온 점을 지적할 수 있다.

또한 연구대상의 각 분석단위를 연계시키지 못하고 있다는 것도 문제이다. 대부분의 연구들이 조직을 분석단위로 하고 있음에도 불구하고, 실제로는 조직 내 개인들을 대상으로 하는 설문지나 구조화된 면접방법에 크게 의존하면서 이 결과를 바탕으로 정보시스템이나 조직을 특징짓는 데에 유추하고 있다. 가장 지배적인 유형은 MIS가 의사결정에 어떠한 영향에 미치는가를 소집단 실험조사를 통해 밝히는 것인데, 사실 의사결정의 맥락은 조직 전체를 파악해야 하는 것임에도 불구하고 과도하게 개인수준의 인지과정에만 주안하고 있다. 인지과정연구들은 너무 많은 상이한 측정도구와 타당성의 결여라는 문제로 말미암아 통합적인 MIS 이론형성에는 유용하게 공헌하기 힘들다. 공공부문의 정보체계는 민간조직과는 다른 환경요인을 갖고 있기 때문에 PMIS 연구에 있어 별도의 분석틀이 필요하다. 기존의 MIS 개념틀은 공공부문에의 적용을 염두에 두고 만들어진 것이 아니기 때문이다. 그렇다고 사회적, 환경적 맥락을 좀더 강조하는 선에서 일부분을 약간 수정하는 것만으로는 충분치 않다.

정보체계의 성과에 영향을 미치는 독립변수를 외부환경, 조직적 맥락, 개인의 속성으로 나누어 보면, 조직수준에서는 MIS의 총체적 활용정도와 응용의 다양성, 개인수준에서는 비용, 적시성, 수익성 등이 측정기준이 된다. PMIS는 조직의 내부 특성보다는 외부 환경을 중시하게 되는데 이는 공공부문과 민간부문이 외부환경에 의해 상이하게 영향을 받기 때문이다. PMIS를 위한 이론적 준거틀이란 단순히 외부환경을 일별하여 열거하는 데에 그치는 것이 아니라 환경상의 차이가 어떻게 정보체계의 관리형태에 영향을 미치는가를 밝히는 데 도움을 줄 수 있는 것이라야 한다. 이를 위해서는 공공부문의 특성에 적합한 정보체계관리 이론모형 개발이 필요하다.

Ⅲ. 공공성 모델과 PMIS

Bozeman과 Bretschneider는 공공성에 관한 네 가지 모델, 즉, 경제적 권위, 정치적 권위, 작업환경, 인력체계 모델을 제시하면서 이를 기초로 하여 PMIS 준거틀 설정을 시도하였다. 외부환경을 조직과의 거리에 따라 원거리환경과 근거리환경으로 구분한다면, 네 모델 중 처음 두 모델은 원거리환경으로서 영향범위가 넓고 일률적 효과를 주는 1차적 환경이고, 뒤의 두 모델은 절대적이라기보다는 상대적인 영향을 주고 특정조직의 유형에 좌우되며 원거리환경의 요인들에 의해 영향을 받는다는 점에서 근거리환경으로 이해될 수 있다. 공사조직을 구분하는 네 모델을 하나씩 살펴보면 다음과 같다.

⑴ 경제적 권위 모델

경제적 권위 모델(economic authority)에서는 공급되는 재화와 서비스의 차이에 의해 공사부문이 나뉜다고 본다. 시장이란 가장 효율적인 자원배분 메커니즘인데 시장이 실패할 때 정부의 개입이 정당화된다. 시장실패의 원인은 불완전 경쟁, 불완전 정보, 공공재 및 외부효과 등으로 설명될 수 있다. 정보의 경우 수요가 있다고 해도 이를 배제시키기가 어렵기 때문에 공공재적인 성격을 가져, 종종 효율적인 자원분재가 이루어지지 않는다. 뿐만 아니라 정보비용과 같은 거래비용이 대두되기도 한다. 공사부문을 구분짓는 또다른 이론은 사유재산권이론이다. 정부조직이란 어느 개인에게서 다른 개인으로 소유권이 이전될 수 있는 것이 아니다. 소유권이란 위험을 감수하면서 관리활동을 조직화하는 기능을 하는데 공공조직에서는 자본리스크가 거의 존재하지 않을 정도로 분산된다. 공공조직의 경우, 노력의 투입과 보상과의 사이에 강력한 연계가 없어 결국 생산성이 저하되는 결과를 빚기도 하며 관료적 규제나 부적절한 통제체제로 인해 비효율성이 증가되기도 한다. 그리고 정치권력적 속성에 의해 예산과 인원을 확대함으로써 얻을 수 있는 경제외적인 부가적 보상에 의해 강하게 동기부여된다. 이렇게 되는 원인은 정부 관리자들에게는 민간기업과 달리 경제적 이유 이외에 더욱 다양한 논리가 부가되기 때문이다.

(2) 정치적 권위 모델

정치적 권위 모델(political authority)은 궁극적으로 기본적인 가치나 개인의 정부에 대한 심리적인 몰입에 의해 영향을 받게 된다. 민간기업이 이윤이나 안정적 성장 등 주로 내부적 목표에 의해 주도되는 데에 반해, 공공조직은 개별조직의 이기적 속성 및 그 밖의 외부요인에 의해서 조직목표가 전이되기도 한다. 참여주체간의 상호의존성도 공사부문간에 다르게 이해된다. 민간부분에서의 경쟁이란 사회적으로 바람직한 것으로 여겨지지만, 공공조직의 경쟁은 그렇지만은 않아서 공공기관간에 상충되는 목적이 존재할 때, 종종 비효과적인 것으로 여겨지게 마련이다. 아울러 정치인들은 가시적 성과에 집착하는데 공공관리자들은 정치인들의 이러한 성향에 영향을 받을 수밖에 없다. 정치적 권위의 사회심리학적 기초는 법적 기초만큼이나 중요하다. 즉, 헌법에 그렇게 쓰여 있다기보다는 일반 시민들이 그렇게 여기고 있다는 점에 주목해야 한다. 일반 시민들은 공공조직에 대해 공익에 더 가치를 두어야 한다고 여기고 있다. 이러한 기대는 결국 공무원들로 하여금 민간조직과는 상이한 형태를 갖게 하여 조직의 패턴을 변화시키게 된다.

(3) 작업환경 모델

작업환경 모델(work context)은 공사구분의 광범위한 구조적 결정요인보다는 행태위주의 근거리환경에 더 많은 초점을 둔다. 위의 두 모델이 오랜 기간의 실증조사와 이론적 전통에 뿌리를 두고 있는 데에 반해, 작업환경 모델은 각 부문의 고위관리자의 종업원, 그리고 양부문에 걸쳐 있는 경계활동자들에 대한 행태를 관찰함으로써 주도되었다. 가장 대표적인 차이는 시간개념과 관계된 사항이다. 공공부문은 언론과 이익집단의 감시를 받고 정부의 정치일정주기가 정해진 임기에 의해 제한되어 있다는 점에서 대체로 단기적인 시간프레임을 갖고 있다. 예산은 1년주기로 편성되고 공직자의 잦은 교체로 인해 재선을 희구하는 공직자들은 단기간의 가시적 성과에 몰두하게 된다. 또한 공공부문은 정치상황 변화에 따라 위기에 대해 민감하게 반응한다. 공공부문은 언론을 비롯한 공공의 감시와 조사에 크게 노출되어 있어 정보공개, 견제와 균형 등의 요구에 자유롭지 못하다. 이러한 공공부문의 위기지향성은 때때로 정책의 조정을 어렵게 하기도 한다.

⑷ 인력체계 모델(personnel and personnel systems)

공사조직원들은 자기의 직무에 대해 각각 상이한 태도와 동기유인구조를 가지고 있다. 성과가 보상으로 직접 연결되는 민간조직의 경우 상대적으로 직무만족이나 조직몰입도가 높을 수 있다. 그것은 보수, 승진, 신분보장에 있어 민간조직이 공공조직보다 훨씬 탄력적이기 때문이다. 공공부문의 종사자들은 추가의 노력을 투입하는 것이 그로 인한 보상으로 연결되지 않는다는 것을 자기선택의 과정을 통해 알고 있기 때문에 그러한 노력을 기울이려 하지 않을 것이다. 그러므로 공공조직에서는 형식주의와 레드테이프가 만연될 소지가 상존한다.

공공성에 대한 4가지 모델은 상호 연견되어 있어 통합된 모델의 구축이 가능하다. 통합모델은 PMIS의 성과에 영향을 주는 환경요인들을 포괄적으로 고려할 수 있게 해 주기 때문에 PMIS이론을 구성하고 처방을 제시하는 데 도움을 줄 수 있다. 원거리환경으로서의 경제·정치적 권위 모델은 근거리환경에 영향을 미쳐 작업환경의 맥락에 따라 인사행정과 조직행태에서의 차이를 낳는다. PMIS 성과측정에는 우선 운영수준에서 H/W·S/W·데이터와 관련된 효율성과 신뢰성, 관리수준에서 응용의 다양성, 수익성과 책임성, 환경수준에서 고객에 대한 공평한 대응, 적법절차와 같은 권익보호의 기준들이 사용될 수 있을 것이다. 공공관리자는 조직외부의 개인이나 조직에 책임지는 경향이 있어 상대적으로 책임성이 중요하고 특정 사안에 대해 시급성을 가지고 수집, 분석, 보고하게 되는 경우가 많아 적시성이 크게 부각되기도 한다. 공공사업은 투입대비 산출의 양을 측정하는 생산성보다는 종종 예산규모로 평가되기도 하며 때로는 비용에 대한 통제보다 산출 자체에 중점을 두기도 한다.

이렇듯 MIS와 PMIS간 차이의 대부분은 원거리환경의 차이에서 온다고 보는 것이 옳을 것이다. 일반 시민들은 PMIS에 대한 투입에 있어 제한된 영향력을 갖고 있지만 공공서비스 및 재화의 최종 사용자이자 최종 평가자라는 점에서 매우 중요한 역할을 한다. 아울러 공공데이터에 대한 외부의 접근요청에 대해 어떻게 반응하느냐 또한 공공부문 정보체계관리의 과제이다. 민간조직의 경우 외부에 자발적으로 제공하거나 시장원리에 의해 교환하기도 하지만 공공조직은 이와 달라서 고위직이나 일반 시민, 유관기관으로부터의 정보요청에 어떤 형태로든지 대응하여야만 한다. 이러한 정보공유는 공동활용으로 인한 중복투자 방지 등을 이유로 점점 그 중요성이 증가하고 있는데, 이는 정보체계관리에 있어 긍정적 측면과 함께 정보보안이나 정보의 관리책임의 문제와 같은 부정적 측면을 동시에 내포하고 있다.

IV. PMIS 기획의 전략

Bozeman과 Bretschneider는 공사조직 구분의 분석들과 PMIS의 특성을 고려하여 다음과 같은 10가지 지침을 제시하였다. 이 지침들은 4가지 공공성 모델에 상응하여 구성되었는데 저자들이 밝힌 바와 마찬가지로 불변의 명제라기보다는 상황변화에 따라 좌우되는 향후 연구문제로 보아야 할 것이다.

(1) 경제적 능률성은 PMIS 효과성을 평가하는 많은 기준 가운데 하나에 불과하다.

공공조직에서의 성과측정은 비가시성으로 인해 객관성을 유지하기 힘들 뿐만 아니라 공익을 중시하다보면 효율성의 희생이 불가피할 경우가 많다. 실제로 사회보장수혜의 사기를 막기 위해 개인의 은행구좌를 조회할 수 있게 하거나 경찰들의 방범순찰계획을 컴퓨터로 짜게 하였던 시책들이 경제적 효율성에도 불구하고 궁극적으로는 성공하지 못했던 사례가 있다.

(2) PMIS를 개인적 보상이나 부가적 수당의 개념으로 사용해서는 안된다.

PMIS의 도입으로 공공조직은 비용을 절감하고 이를 동기유인으로써 보상구조와 연결시킬 수도 있으나, 이는 결코 건설적인 결과를 낳지 못할 것이다. 오히려 중요한 정책정보를 개인적으로 사용하거나 개인정보를 누출하는 등 남용에 따른 부작용이 크다. 뿐만 아니라 개별적 PMIS 개발이나 조달은 호환성 결여와 같이 추후 조정상의 어려움을 남길 수도 있다.

⑶ PMIS 기획은 총체적·합리적 접근보다는 점진적·상황적 접근이어야
한다.

민간조직의 MIS 기획은 포괄적, 전체적이어야 하지만 정부조직에서는 그렇
지 않다. '80년대 미국 정부에서는 자동화된 데이터처리를 OMB(정책결정),
NBS(기준설정), GSA(조달) 등 다수의 기관으로 하여금 운용하게 한 사례도
있다. 정부조직에서는 예산과정의 특수성으로 인해 장기계획이 곤란할 때가 많다.

⑷ PMIS 기획과 설계는 가능한 한 조직외부의 수평적·수직적 연계를 상정
하여야 한다.

MIS는 대체로 내부용이지만 PMIS는 상위자, 감시자 등 외부인에게도 데이
터에 대한 접근권을 주어야 하는 경우가 많으므로 이를 고려하여야 한다. 이 경
우 DB의 중복구축을 방지하면 다수의 부처가 관계되는 업무를 처리할 때 큰 효
과를 볼 수 있다. 자동차등록관련 기관과 경찰이 연계를 맺고 FBI와 지역경찰이
협조하는 등의 시스템 운용은 좋은 성과를 본 예이다.

⑸ PMIS 의 장은 공공조직의 최고위층에 소속되도록 해서는 안 된다.

이 전략은 민간조직에서 제시되는 지침과는 명확하게 반대될 뿐만 아니라 보
편적인 정보체계 성공요인과도 배치되는 내용을 담고 있다. 이 주장의 근거는
공공조직의 최상위직이 대개 선출직이나 정치적 임명직인 경우가 많기 때문에
한정된 임기 동안에 빠른 결과를 보고자 하는 이들의 개인적 목표와 PMIS가 추
구하는 조직의 목표가 배치될 수도 있음을 경계하는 것이라 볼 수 있다.

⑹ 조달정책의 경우 리스와 PMIS 자원의 공유에 큰 강조점을 두어야 한다.

공공부문의 경우 정보시스템에 대한 투자는 세금감면 혜택이나 노후시 시장
가격에 의해 처분하는 것이 불가능하기 때문에 장비를 대여하는 리스와 정보기
기의 공유를 적극적으로 고려해 볼 만하다. 급격한 정치변화나 자원제약 때문에
기획과정이 불안정한 상태라면 더욱 이러한 대안들이 효과를 볼 수 있을 것이
다. 또한 전산기술의 급격한 환경변화에도 쉽게 대응할 수 있다.

⑺ 신규시스템을 도입할 때에는 상당기간의 테스트와 시범운영이 필요하다.

민간조직과 정부조직은 사업시행으로 인한 파급효과에 있어 그 규모와 영향
기간이 크게 다르기 때문에 공공조직에서의 한 번의 오류는 매우 심각한 사회문

제를 야기할 수도 있다. 그러므로 새로운 관리기법이나 시스템을 도입할 때에는 그 의사결정에 있어 매우 신중해야 할 것인데 시범부서나 시범지역의 시험작동 결과를 면밀하게 검토하여야 한다.

(8) PMIS를 관리목적의 통제를 증진시키려는 수단으로 사용하여서는 안 된다.

초기의 MIS에서는 최고관리자들로 하여금 조직과 조직원에 대한 장악력을 높이는 데 매력적이기도 하였지만 정부조직에서의 이러한 용도로의 PMIS사용 은 조직 내의 큰 저항에 부딪히게 될 확률이 높다. 여러 실증조사에 의하면 컴퓨터기반의 정보체계를 도입하였다고 해서 반드시 하위부서에 대한 통제, 문제확인, 직원들의 성과측정에 현저한 도움을 주는 것은 아니라고 지적된 바 있다.

(9) PMIS는 노동력을 절감한다는 면에서 이론적 합리성을 찾아 정당화되면 안 된다.

물론 정보시스템의 도입으로 인력을 감축시킬 수 있는 효과가 없는 것은 아니지만 이를 PMIS도입으로 인한 유일한 편익이라고 생각한다면 큰 부작용에 직면할 수 있다. 공직이란 정치적 중립을 위해 신분이 보장되어 있다. 그리고 공공부문에서의 고용이 줄어든다는 것을 단지 생산성의 향상이라는 측면에서 이해하여서는 곤란하다.

(10) PMIS 노동시장은 비탄력적이므로 PMIS 기획시 이를 충분히 고려하여야 한다.

공공부문의 인력충원은 필요할 때마다 노동시장에서 이루어지는 것이 아니기 때문에 이를 충분히 인식하고 설계 및 개발을 추진하여야 한다. 그렇다고 직무 교육훈련이 적절하게 이루어지고 있지도 않아 인력이 남기도 하고 모자라기도 하는 기이한 현상이 존재한다. 그러므로 장기적 시각의 인력관리계획과 신축적인 인력운용을 가능하게 하는 제도개선에 힘써야 한다.

V. 평가적 의견

이 논문이 게재된 *PRA* 46권 특별호는 행정학에 정보체계 연구를 접목시킨 선구자적 노력으로서 그 가치가 평가되고 있다. 저자들은 이 논문을 통해 공사부문 정보체계 관리의 차이점을 분명히 명시함으로써 PMIS의 개념틀 및 연구방향을 제시하였으며, 독립된 학문분과로서 연구할 가치가 있음을 주장하여 이후 활발한 후속연구가 촉발되는 계기가 되었다. 그러나 이 논문은 대부분의 시론적 연구가 가지는 한계를 벗어나지 못한 채 다음의 몇 가지 점에서 비판을 받고 있다. 이 논문의 가장 주요한 주장은 PMIS 연구에 있어서 외부환경에 대한 고려가 필수적이라는 것인데, 이는 공공부문의 정보체계가 외부환경에 수동적으로 영향을 받기만 하는 존재인 것처럼 오해를 주어 정보체계와 환경과의 역동적 관계를 등한시하게 하는 결과를 낳았다. 특히 경제적 권위 모델의 경우 정보시장이 실패하게 되는 불가피한 제약을 열거하느라 정보화사회의 근간을 이루는 정보인프라 구축 등에 공공부문이 주도적 역할을 하고 있음을 충분히 제시하지 못하였다. 정보기술적 문제 및 효율성의 가치를 과도하게 평가절하시키면서 마치 PMIS를 이론적으로 완성도 높은 MIS를 공공부문에 적용하게 될 때 희생할 수밖에 없는 차선적 대안인 것처럼 보여지게 하였다. 즉, 정보관리의 부문간 차이를 지나치게 강조한 나머지 정보화사회에서 행정조직이 추구해야 하는 정보체계 관리에 대한 보편원리 개발은 민간부문 MIS 연구의 배타적 몫인 것으로 여겨, 향후 PMIS 연구가 부문연구에 집착하도록 스스로 연구대상의 범위를 한정시키고 말았다. 공사조직의 정보관리 체계는 수요, 집행, 응용상에 있어 상이성과 유사성을 동시에 갖고 있기 때문에, PMIS는 양자 모두에 관심을 가져야 한다.

본 논문의 핵심은 10가지 PMIS 지침 제시에 있다. 비록 규범적 연구를 통해 얻은 결론이지만 공공성 모델과의 결합을 통해 이론적 근거를 확보하여 공공부문 정보체계 관리자에게 실천적인 전략으로 활용되었다. 그러나 이 지침들은 저자들이 지적한 바와 마찬가지로 환경변화에 따라 논쟁이 될 수 있는 연구문제인 것이지 절대불변의 10계명으로 이해되어서는 안 된다. 지침들과는 상응하지 않지만, PMIS에서 효율성은 여전히 중요한 기준이고, 정보화능력이 인사고과에 고려되면, 행정정보화가 주요한 행정개혁의 수단으로 여겨지기도 한다. CIO의 역할 증대, 개발 및 시험기간의 단축 요구, 표준화와 정보공동활용 추진을 위한 중앙집권화, BPR과 정보화의 연계, outsourcing의 일반화 등은 저자들의 지침과는 반대되지만 현재 중요시되고 있는 쟁점들이다. 그리고 10가지 지침 속에 나타난 PMIS의 모습은 지나치게 협소한 개념으로 보여지는데, PMIS는 행정조직내에서 정보기술을 이용한 업무전산화 정도에 그치는 것이 결코 아니라 정보에 대한 행정체계와 행정에 대한 정보체계를 동시에 포괄하는 종합적 개념이다.

PMIS는 행정학의 다른 어떤 분야보다도 공학과 사회과학의 종합학문적 성격을 강하게 가지고 있는 분야이다. 그러므로 PMIS 이론정립에는 부문연구를 넘어서는 다양한 접근방법이 필요하다. 즉 환경과의 교호작용을 강조하는 체계접근법이나 기술적 합리성과 정치적 합리성을 동시에 고려한 상황적 접근법 등이 활용될 수 있을 것이다.

이 논문은 공공성을 통해 외부환경을 강조하면서 분석체계를 단순화하여 새로이 대두되는 연구주제에 관해 이해를 높이고 후속연구를 촉진하는 데에 기여하였다. 향후의 PMIS 연구는 공공부문의 한계만을 논의하는 데에서 벗어나 정보와 관련된 정책과 조직관리, 기술이 어우러지는 새로운 행정패러다임으로 발전되어야 한다. 고객지향성, 조직구조개혁, 행정문화혁신 등의 차원에서 정보체계이론이 형성되어야 하고 이를 위해서는 다양한 연구방법론을 통해 행정(정책측면), 정보(조직관리측면), 시스템(기술측면)에 대한 종합적인 연구노력이 지속되어야 할 것이다.

참고문헌

Bozeman, Barry & Stuart Bretschneider, "Public Management Information Systems: Theory and Prescription." *Pulic Administration Review*, Vol. 46, Special Issue, 1986, pp. 475-487.

Valarie A. Zeithaml과 Mary Jo Bitner의 서비스품질 격차모형*

Ⅰ. 머리말

Zeithaml은 두 가지 서비스 격차이론을 창안하는 데 관여하였다. 1980년대의 기간 동안에는 Parasuraman 및 Berry와 함께 서비스 만족수준 척도인 SERVQUAL(service quality의 약칭)척도를 개발하여 *Journal of Marketing*에 세 차례 게재함으로써 완성하였다. 또 1998년에는 *Service Marketing*을 저술하였는데 이 책은 서비스 품질 격차모형(the gap model of service quality)을 도입하여 서비스의 전 과정을 이 모형으로 설명하고 있다.

만약 어떤 시민이 받은 서비스의 지각수준(perceived level)이 기대수준(expected level)과 일치하면 그 시민은 만족할 것이다. 서비스를 받은 시민의 만족은 지각수준과 기대수준 간에 아무런 격차가 없을 때 일어나기 때문이다. 반대로 불만족은 두 수준 간에 격차가 있을 때 일어난다. 행정서비스 공급자는 이 격차를 줄임으로써 서비스 수혜자인 시민을 만족시킬 수 있을 것이다. 말하자면 공직자가 하는 일이란 어디에선가 발생할지도 모르는 격차를 발견하고 이를 해소하려고 노력하는 것이라고 표현할 수도 있다. 본고는 서비스 품질 격차모형을 소개하고자 한다.

* 오세윤: 호남대학교 공무원학부(행정학 전공) 교수.

II. 서비스 품질의 격차

1. 고객 격차와 공급자 격차

이상적으로는 기대와 지각이 동일할 수 있다.

말하자면 고객이 받을 수 있고 또 받아야 한다고 생각하는 것을 받았다고 지각할 수도 있는 것이다. 그러나 현실에서 고객의 기대와 지각 간에는 어느 정도 차이가 날 수 밖에 없는 것이다. 서비스 공급자(marketer)의 목표는 이러한 격차를 메우거나 줄이는 것이라고 할 수 있다. 이와 같은 논리를 바탕으로 Zeithaml은 격차(gaps)를 서비스 수혜자가 느끼는 격차(customer gaps)와 서비스 공급자가 느끼는 격차(company gaps)로 구분하였다. 소위 고객격차와 공급자격차가 그것이다.[1]

Zeithaml은 고객격차를 메우는 과정을 양질의 서비스 제공을 방해하는 조직 내의 괴리인 네 가지 공급자 격차로 나누어 설명한다. 네 격차는 다음과 같다.

공급자 '격차1': 고객의 기대를 모른다.
공급자 '격차2': 적절한 서비스 표준을 정하지 못한다.
공급자 '격차3': 서비스 표준대로 서비스를 제공하지 못한다.
공급자 '격차4': 서비스가 약속에 미치지 못한다.

네 격차의 논리는, 만약 서비스 공급자가 고객의 기대를 조사한 후 이에 근거하여 적절한 서비스 표준을 정하여 이를 고객에게 알리고 서비스 표준대로 서비스를 제공한다면, 고객이 만족한다는 것이다. 네 가지 격차를 간략하게 살펴보기로 한다.

2. 격차1(gap 1): 고객의 기대를 모름

'고객이 기대하는 것을 모르면(not knowing what customers expect) 그들이 원하는 서비스를 제공할 수 없다.'는 것이 격차1이 주목하는 바이다. 격차1은 서비스에 대한 고객의 기대와 이러한 기대에 대한 공급자 지각의 차이이다.

---

1) 동일한 서비스를 대상으로 하면서도 SERVQUAL척도는 고객격차를 줄임으로써 고객만족을 지향하고, 반대로 공급자 격차를 사용하는 접근방법은 공급자격차를 해소함으로써 고객만족을 지향한다.

여기서 공급자란 서비스의 정책, 절차, 표준을 설계하거나 변경할 권한과 책임을 가진 모든 사람을 지칭하는 것으로 조직의 최고경영자, 중간관리자, 감독자, 담당 팀 등이 여기에 포함된다.

그러면 왜 격차1이 발생하는가? 많은 이유가 있을 것이다. 고객과의 직접적인 상호작용이 없다든지, 고객의 기대를 알아 볼 의지가 없다든지, 고객의 기대에 응할 준비가 안 된 경우 등이다. 우선순위를 부여할 권한과 책임을 가진 사람이 고객 기대를 잘 이해하지 못하는 경우, 자원배분을 부분 최적화함으로써 질 낮은 서비스를 제공하게 된다. 우선순위가 잘못 부여된 한 예는 도시의 교외지역이나 농촌 주민들이 유기농법으로 농사를 지으려 해도 이를 도와줄 전문기술과 지식을 가진 공무원이 기초자치단체에 없거나 부족한 경우이다.

격차1에 대한 책임은 관리자로부터 서비스 정책과 절차에 영향을 미칠 권한을 가진 조직 내 모든 구성원에게 있다. 격차1을 줄이기 위해서는 고객기대에 관한 정보를 획득할 공식적·비공식적 조사방법을 개발·활용할 필요가 있다. 조직이 그들이 봉사하는 시민과 강한 유대관계를 유지한다면 격차1이 생겨날 가능성은 줄어들게 될 것이다.

3. 격차2(gap 2): 적절한 서비스 표준을 정하지 못함

고객기대를 정확히 지각하더라도 이것이 고품질의 행정서비스로 이어지기까지에는 아직도 어려움이 남아있다. 고객기대를 정확하게 반영한 서비스 설계와 성과표준을 마련할 필요가 있다. 서비스 현장에서의 어려움은 고객기대에 대한 지각을 서비스 품질명세로 전환시키는 일이다.

격차2는 고객기대에 대한 공급자의 이해와 고객 중심적 서비스 설계 및 표준 간의 차이이다. 고객 중심적 표준은 기업 중심적 표준과 반대인 것으로 능률성이나 효율성과 같은 공급자의 관심사에 맞추는 것이 아니라 고객기대나 고객 우선주의에 의하여 마련되는 표준이다.

격차2가 생기는 이유는 다양하다. 표준설정권한을 가진 관리자들은 고객기대가 비논리적이고 비현실적이라고 생각한다. 그들은 또 서비스의 다양성으로 인하여 표준화가 불가능하기 때문에 표준을 설정하는 것이 무의미하다고 생각한다. 서비스 수요를 예측하기가 어려워 서비스 제공방식을 바꿀 경우 어떻게 될지 알 수 없기 때문에 기존 방식을 변경하기 어렵다고 주장하기도 한다. 그러나 이러한 주장은 탁월한 서비스 제공을 위한 서비스 표준설정에 요구되는 과제를 해내기 싫어하는 관리자들의 변명에 불과할 따름이다. 이러한 격차가 생기는 중요한 이유는 서비스 품질에 대한 관리자의 몰입부족이라고 보는 것이 타당하다.

서비스 표준은 서비스 접점에 있는 공무원들에게 경영층이 우선시하는 요소가 무엇이고 실제 인사고과에 반영하는 성과유형이 무엇인지를 알리는 신호(signal)이다. 서비스 표준이 없거나 또는 현재의 서비스 표준이 고객기대를 반영하고 있지 않다면, 고객이 지각하는 서비스 품질은 매우 낮을 것이다. 반대로 고객의 기대가 서비스 표준에 반영되어 있다면 고객이 지각하는 서비스 품질은 향상될 것이다. 따라서 최고관리자는 고객 중심적 관점에서 성과표준을 설정하고 강력한 리더십과 몰입을 보임으로써 격차2를 메워나가야 한다.

서비스 표준을 설계할 때 따라야 할 몇 가지 원칙이 있다.

· 고객 서비스가 성공의 열쇠이다.
· 안락함과 편의성을 고려하라.
· 원스톱 서비스를 제공하라.
· 고객화하라.
· 시민은 맨 위, 경영자가 맨 아래에 오도록 조직도를 그려라.
· 일선공무원에게 권한을 부여하라.
· 관리자는 시민과 일선공무원에 대한 하인이라 생각하고 리더십을 발휘하라.
· 시민의 요구가 옳다고 생각하라.

각종 측정 시스템에 고객만족과 지각서비스 척도를 포함시킬 필요가 있다.

4. 격차3(gap 3): 서비스를 서비스 표준대로 제공하지 못함

격차3은 서비스 표준과 일선공무원이 제공한 서비스 성과 간의 차이를 말한다. 서비스 표준이 있고 또 시민고객을 적절히 다룬다고 해서 높은 서비스 품질이 달성되는 것은 아니다. 서비스 표준을 달성하려면 적절한 자원(사람, 시스템, 기술)의 뒷받침이 있어야 하는 것은 물론이고 공무원에 대한 효과적인 지원(즉 공무원은 설정된 서비스 표준과 일치한 성과에 기초하여 측정·보상받아야 한다)이 뒤따라야 한다.

서비스 표준은 고객기대를 정확하게 반영하고 있더라도, 조직이 이러한 표준이 달성되도록 지원(서비스 표준이 달성되도록 요구·격려)하지 않으면, 그 표준은 소용이 없다. 격차3을 줄이기 위해서는 서비스 표준을 달성하기 위한 모든 자원이 적절히 지원되어야 한다.

격차3을 줄이는 데 장애가 되는 요인에는 여러 가지가 있다. 서비스 접점 공무원이 조직 내에서 자신이 수행할 역할을 명확히 이해하지 못하는 것, 시민고객과 경영자들 사이에 존재하는 갈등, 부적합하게 고용된 공무원, 부적합한 기술, 부적합한 보상과 인정, 권한 위임과 팀워크의 부족 등이 장애요인으로 주목되고 있다. 이런 요인들은 채용, 교육, 피드백, 직무설계, 동기부여, 조직구조 등과 같은 인적자원관리와 관련이 있다. 격차3을 메우려면 조직의 여러 기능부서들이 이런 쟁점들을 해결해야 한다.

공공 서비스 조직 예컨대 기초자치단체인 시·군·구청은 서비스 대상인 시민 이외의 다양한 내부고객(시민을 대하는 정부의 입장에서)과 업무적으로 연관되어 있다. 서비스 전달 기능부서 공무원의 업무는 중앙정부, 국회, 법원, 광역단체, 인근 기초자치단체, 또 구(시·군)청 내부의 기능부서 등과 연관되어 있다. 이들 타부서가 내부고객인 서비스 접점의 일선공무원을 위해 효과적인 역할을 해주면, 접점 공무원은 외부고객을 위한 업무를 효과적으로 수행할 수 있을 것이다. 내부고객의 중요성을 인식하지 못하면 타부서는 서비스 향상과는 거리가 있는 목표, 인센티브, 동기 등을 갖게 마련이다(Cahill, 996).

전달과정에서 서비스 품질에 영향을 미치는 것으로서 통제하기 어려운 하나의 요소는 서비스를 받는 고객(시민)이다. 제품과 달리 서비스란 공급자가 단독으로 생산하는 것이 아니고 고객과 함께 생산한다. 고품질 서비스를 생산하려면 서비스 전달 일선공무원과 시민(고객)이 꼭 같이 자기들의 역할을 잘 수행해야 한다. 공공서비스 수혜자로서 시민들이 자기 역할을 잘 수행하도록 교육·설득·강제 등의 방법이 사용되어야 한다. 경우에 따라서는 강제적인 방법이 동원되어야 한다는 점에서 공공서비스는 민간서비스와 다르다. 이 부분은 정책순응 혹은 규제순응과 관련된다.

5. 격차4(gap 4): 성과가 약속에 미치지 못함

격차4는 서비스 공급자가 PR 홍보 등 여러 커뮤니케이션 경로를 통해 고객들에게 전달하기로 약속한 서비스 수준과 고객이 경험한 서비스 실제 간에 나타난 차이이다. 공공서비스 조직은 홍보물, 관보, 뉴스 브리핑 등 여러 매체를 통하여 직접적 혹은 간접적으로 전달할 서비스 수준을 약속하게 되는데, 이것이 시민고객에게는 서비스 품질을 평가할 기준으로서 고객기대를 형성하게 된다. 시민이 실제 경험한 서비스가 기대수준과 큰 차이가 나게 되면 고객격차는 커지게 되는 것이다.

격차4가 커지는 이유는, 지키지 못할 과대한 약속을 한다든지, 서비스 전달 부서와 타부서 간에 조정이 잘 이루어지지 않는다든지, 서비스가 전달되는 여러 경로 간의 정책 및 절차에 차이가 난다든지 하는 것 등이다.

고객의 서비스 지각은 서비스를 보다 잘 활용할 수 있도록 고객을 교육시킴으로써 향상될 수 있다. 말하자면 대외 커뮤니케이션은 고객기대뿐만 아니라 서비스 지각에도 영향을 미치는 것이다. 격차4는 서비스를 전달하는 공무원과 서비스를 촉진하는 공무원 간에 조정이 제대로 이루어지지 않았음을 반영한다. 서비스를 촉진(promoting)하는 공무원이 서비스 제공의 실제를 완전히 이해하지 못할 때 그는 지키지 못할 약속을 하거나, 보다 나은 서비스에 대한 정보를 제대로 전할 수 없게 된다. 이러한 괴리는 결국 서비스 품질을 낮게 지각하도록 만든다. 이처럼 외부 커뮤니케이션과 실제 서비스 제공을 제대로 하는 것은 서비스 기대와 지각 모두를 위해서 매우 중요하다.

조직의 서비스 커뮤니케이션과 실제 서비스 제공 간의 일치는 필수적이다. 만약 조직이 지키지 못할 약속을 안 하고 또 커뮤니케이션을 정확하고 적절하게 한다면, 시민은 서비스 수준을 높게 지각할 것이다. 서비스 조직의 커뮤니케이션과 관련된 어려움 중 하나는 이에 여러 부서가 관련되어 있다는 점이다. 광고는 사람이 행하는 것(what people do)에 대한 약속이지만, 사람이 행하는 것은 기계를 다루듯 통제할 수 없는 것이 보통이다. 광고는 마케팅 부서 외의 여러 부서들과 관련된다. 특히 서비스 조직의 커뮤니케이션 책임은 마케팅 부서와 운영부서 양쪽에 있다. 마케팅 부서는 실제 서비스 전달과정에서 일어나는 일을 정확하게 반영해야 하고, 운영부서는 광고에서 약속한 바를 반드시 전달해야 한다. 만약 커뮤니케이션이 고객으로 하여금 비현실적인 기대를 갖게 만들면, 실제 서비스 전달은 고객을 실망시킬 것이다. 광고와 관련된 또 다른 부서는 인적자원관리부서이다. 일선공무원들이 탁월한 서비스를 제공할 수 있도록 조직은 선발, 교육, 동기부여, 보상, 인정 등을 통해 일선공무원을 지원해야 한다.

공공서비스는 대개 무형적이기 때문에 서비스 고객들은 서비스를 나타내 줄 수 있는 유형적인 증거를 서비스에 연결시키려 한다. 예를 들면 현대적인 빌딩, 사무실, 서비스 인력, 서비스 명세서, 인테리어 디자인 등과 같은 유형적 요소들이 서비스 전달에 중요한 역할을 하는 것이다.

결론적으로 대외적인 커뮤니케이션(광고, 유형성 등)은 서비스 전달과정에서 기대를 높임으로써 커다란 고객격차를 조성할 수도 있다. 그러므로 서비스 품질을 향상시키는 것과 더불어 과장된 약속으로 인한 높은 기대가 조성되지 않도록 대외적인 커뮤니케이션을 관리해야 한다.

6. 격차 메우기

서비스 공급자가 고객만족 전략을 추구하려면 네 가지 제공자격차를 해소하기 위하여, 고객에 초점을 맞추고 고객에 관한 지식을 활용할 필요가 있다. 고품질의 서비스를 창출하기 위해서는 네 가지 격차가 발생하는 요인을 중심으로 가능하면 이것이 발생하지 않도록 서비스 전달 시스템을 관리해야 한다. 네 가지 격차발생 요인을 요약하면 다음과 같다.

제공자 격차를 발생시키는 주요 요인
격차1:
마케팅 조사의 중요성에 대한 이해 부족
　　　・불충분한 마케팅 조사
　　　・서비스 품질에 초점을 맞추지 않은 조사
　　　・마케팅 조사결과의 부적절한 사용
상향 커뮤니케이션 부족
　　　・관리자와 고객 간 상호작용 부족
　　　・접점공무원과 관리자 간의 커뮤니케이션 부족
　　　・접점공무원과 최고경영자 간에 너무 많은 계층
관계에 초점을 맞추지 못함
　　　・시장세분화 부족
　　　・관계보다 거래에 초점
　　　・유지관리업무보다 신규사업에 초점

격차2:
고객 지향적 표준의 부재
　　　・고객 지향적 서비스 표준의 부재
　　　・고객에 초점을 맞춘 프로세스 관리의 부재
　　　・서비스품질 설정을 위한 공식과정의 부재
부적절한 서비스 리더십

· 서비스리더십이 불가능하다고 생각
· 부적절한 경영자 몰입

어설픈 서비스 설계
· 체계적이지 못한 서비스 개발과정
· 모호한 서비스 설계
· 서비스 설계를 서비스 포지셔닝에 연결시키지 못함

격차3:

인사정책에 결함
· 효과적이지 못한 채용
· 역할 모호성과 역할갈등
· 직원의 업무지식 부족
· 부적절한 평가 및 보상 시스템
· 권한위임, 지각된 통제 및 팀워크의 부재

공급과 수요를 일치시키는 데 실패
· 수요의 정점과 저점을 완만하게 하지 못함
· 조화롭지 못한 고객 믹스
· 수요를 평탄하게 할 전략의 부재

역할을 제대로 수행하지 못하는 고객
· 고객이 그들의 역할과 책임을 잘 모름
· 고객이 서로에게 부정적인 영향을 미침

격차4:

고객기대를 효과적으로 관리하지 못함
· 여러 커뮤니케이션 전략으로 고객기대를 관리하는 데 실패
· 고객 교육실패

과잉약속
· 광고로 과잉약속
· 개인적 연결망으로 과잉 약속
· 물리적 증거단서로 과잉 약속

수평적 커뮤니케이션의 불충분·부적절
· 실무부서와 타부서 간의 불충분한 커뮤니케이션

· 광고부서와 타부서 간의 불충분한 커뮤니케이션
· 서비스 창구 간의 절차나 정책 차이

Ⅲ. 평가적 의견

Zeithaml과 Bitner는 고객의 입장에서 발생하는 서비스 기대—지각 간의 격차를 서비스 공급자가 해결해야 하는 네 가지 제공자격차로 전환시켜서 설명하고 있다. 간단히 말하면 서비스 제공자의 임무는 네 가지 격차를 해소하는 것이나. 논리적으로 명쾌한 설명이다. 민간기업 서비스 전달과정에의 적용을 염두에 두고 개발된 네 가지 서비스 품질 격차모형을 공공서비스 전달과정에 도입 · 적용해보는 것이 의미가 있을 것으로 생각되어 소개하게 되었다. 번역 · 전달하는 과정에서 많은 부분을 의역하거나 혹은 공공서비스 용어로 바꾸어 기술하기도 하였다. 최근 한국에서의 지방자치제 실시로 사실상 많은 부분의 공공서비스가 이미 경쟁하고 있거나 혹은 앞으로 경쟁하지 않으면 안 되는 상황이 되었다. 따라서 Zeithaml & Bitner의 제공자 서비스 격차모형은 공공서비스에의 적용 가능성이 있는 것으로 보아야 할 것이다. 그러나 공공서비스의 모든 분야에 적용 가능하다거나 혹은 모형 그대로의 적용 가능성을 의미하는 것은 아니다. 상황에 따라 적용 가능성이 큰 분야와 작은 분야가 있고 또 모형의 상당 부분이 변형 · 적용되어야 하기도 할 것이다. 다만 공공서비스 수혜자는 고객이라는 표현보다 시민이라는 표현이 어울리는 경우가 많고 또 그렇게 되어야 한다. 특히 사회 안전, 식품 · 의약품 및 환경으로부터의 시민안전과 연결되는 서비스 분야에서는 서비스 수혜자인 시민의 자율성에 많은 제약이 수반되어야 하고, 경우에 따라서는 국가 공권력에 의한 강제가 수반되어야 할 것이다. 이 부분이 민간서비스와 공공서비스가 다른 점이다.

참고문헌

오세윤, "SERVQUAL척도를 활용한 행정서비스 만족도 평가," 「정책분석평가학회보」. 10(2): 2000, pp. 73-90.
전인수 역, 「서비스마케팅」. 서울: 도서출판 석정, 1999.

Cahill, Dennis J., Internal Marketing: Your Company's Next Stages of Growth, New York: The Haworth Press, 1996.

Zeithaml, Valarie A. and Mary Jo Bitner, *Service Marketing*, NY: McGraw-Hill Company, 1998.

Zeithaml, Valarie A., Parasuraman, A. and Berry, Leonard L., "A Conceptual Model of Service Quality and Its Implications for Future Research," *Journal of Marketing*, Fall, 1985, pp. 41-50.

_____, "SERVQUAL: A Multiple-Item Scale for Measuring Consumer Perceptions of Service Quality," *Journal of Marketing*, 64(1), 1988, pp. 12-40.

_____, "Reassessment of Expectations as a Comparison Standard in Measuring Service Quality: Implications for Further Research," *Journal of Marketing*, 58(January), 1994, pp. 111-124.

Icek Ajzen과 M. Fishbein의 합리적 행동이론(TRA)과 계획된 행태이론(TPB)*

Ⅰ. 서 론

개인의 행태에 대해서는 그 동안 많은 연구가 수행되어 왔다. 먼저, 개인의 행태를 설명하기 위한 초기 모형으로 삼분모델(tripartite model)은 태도의 구성요소들을 보다 명확히 함으로써 행동을 보다 정확히 설명·예측하는 데 초점을 두고 있다. 즉, 삼분모델에서는 태도란 인지적·감정적·행동적 요소 등으로 구성되어 있으며, 이들은 서로 조화를 이루려는 경향이 있다고 본다. 그러나 삼분모델은 태도의 개념이 보다 풍부하다는 장점에도 불구하고, 역동적인 심리구조의 파악이 어렵다는 문제점 때문에 비판을 받았다. 이러한 삼분모델을 비판하고, 이를 좀더 발전시킨 모형이 피시비안－에이젠(Fishbein-Ajzen)의 '합리적 행동모델(Theory of Reasoned Action: TRA모델)'이다(Fishbein & Ajzen, 1980). 이 모델은 삼분모델이 개인의 태도를 인지, 감정, 행동 등 세 가지의 요소로 이루어져 있다고 보는데 반해서, 인지적 요소는 태도의 바탕이 되고 감정적 요소가 바로 태도이며, 의지적 요소(행동적 요소)가 태도의 결과라고 보는 견해이다. 이 모델에 의하면 각각의 요소는 기존의 삼분모델과 유사하지만, 각 요소가 순차적인 연속성과, 연관관계 속에 있게 된다는 점에서 차이점을 가지고 있다. 즉, 삼분모델이 인지적 요소, 감정적 요소 및 의지적 요소를 모두 한꺼번에 태도로 보는 반면에, 합리적 행동모델은 위의 3요소 중에서 감정적 요소만을 태도로 분리하게 되었고 인지적 요소는 '신념', 의지적 요소(행동적 요소)는 행동의도라고 하여 태도에 의해 영향을 받는 것으로 하였다. 따라서 합리적 행동모형은 인과적이고 순차적인 태도－행동모형이다. 이러한 순차적인 모델을 기존

＊박희서: 조선대학교 행정복지학부 교수.

의 삼분모델과 구분하여 '일차원'모델이라고도 한다. 그러나 피시비안과 에이젠의 합리적 행동모델은 태도－행동의 불일치를 설명할 수 없는 약점 때문에 그동안 많은 학자들로부터 비판을 받았다. 이러한 문제점을 해결하기 위해 Ajzen이 기존의 TRA모델을 수정하여 제시한 이론이 '계획행태모델(Theory of Planned Behavior: TPB모델)'이다. 여기서는 Fishbein과 Ajzen의 합리적 행동이론과 계획된 행태이론에 관해 살펴보고자 한다.

II. 합리적 행동이론(TRA)과 계획된 행태이론(TPB)

1. 합리적 행동이론(the theory of reasoned action)

합리적 행동이론은 Fishbein과 Ajzen(1975)이 Fishbein의 모형을 수정하여 발전시킨 모델로 의도된 행태의 결정요인에 관한 것이다. 이 이론에서는 인간은 합리적이고 그들에게 가용한 정보를 체계적으로 사용한다고 가정하고 있다. 이 때문에 이 이론은 합리적 행동이론으로 불린다. 합리적 행동이론은 사실상 인간의 어떠한 행태도 설명하도록 설계되었으며, 이 이론의 궁극적인 목적은 개인의 행태를 예측하고 이해하는데 있다(Ajzen & Fishbein, 1980). 이 이론에서는 행태 (B)란 관찰 가능한 행태로 행태의도(BI)에 의하여 결정된다고 본다. 그리고 행태의도(BI)는 어떤 사람이 특정 행태를 수행할 의도의 크기로, [그림 3-4]에서처럼 개인의 태도(A)와 주관적 규범(SN)에 의하여 결정된다. 여기서 행태에 대한 개인의 태도(A)는 행태 수행의 결과에 대한 자신의 특별한 신념(b_i)에 그 결과들에 대한 평가(e_i)의 곱에 의해 결정된다고 본다. 그리고 주관적 규범은 공식적으로 정해져 있는 것이 아니어서 대부분 주관적 판단에 의거한다고 본다. 즉, 개인의 주관적 규범(SN)은 특별한 준거적 개인 혹은 집단으로부터 지각한 기대에 대한 규범적 신념(n_i)과 이러한 기대에 순응하려는 동기(m_i)의 곱 합수에 의하여 결정된다는 것이다(Fishbein & Ajzen, 1975; Fishbein & Ajzen, 1980). 태도적·규범적 요소들의 상대적 가중치(w_1과 w_2)는 행태의도를 예측하고 이해하는데 매우 중요하다. 합리적 행동이론에 따르면, 이러한 가중치들은 행태, 대상, 상황, 그리고 구성원들 사이의 개인차에 따라 달라진다(Fishbein & Ajzen, 1980: 58). 이상의 내용을 수식으로 나타내면 다음과 같다.

$$BI = A_{w1} + SN_{w2}$$
$$A = \sum b_i e_i$$
$$SN = \sum n_i m_i$$

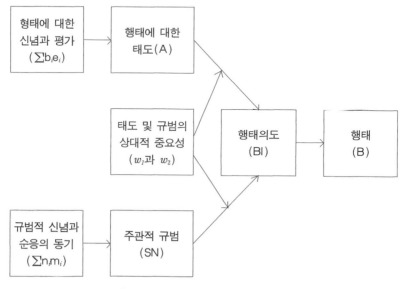

[그림 3-4] 합리적 행동이론 모형

이상과 같은 Fishbein과 Ajzen의 합리적 행동이론은 대체로 상당한 지지를 받고 있으나, 기본 조건들의 한정범위와 관련하여 아직도 해결되지 못한 부분들이 있다.

첫째, 합리적 행동이론은 행태의도와 행태 사이의 관계에 영향을 미치는 외적 요인들 즉, 의도와 행태의 특수성, 의도의 안정성 및 행태에 대한 자연발생적 통제력 등의 영향을 고려하지 않고 있다.

둘째, 합리적 행동이론에서는 가중치들이 상황에 따라 다르다는 문제가 있다. 어떤 의도들은 태도요소에 의해 결정되고, 어떤 의도는 규범적 요소에 의해 또 어떤 요소들은 태도, 규범적 요소 모두에 의해서 결정된다고 제안하고 있다. 그러나 가중치는 예언하는 행태, 그 사람이 행동해야 되는 조건들, 그리고 행위자의 개인적 특징에 따라 달라질 것으로 예상되지만 이 요인들의 특수한 영향들을 명확히 규정해 주지 못하고 있다.

셋째, 행태의도는 측정되었을 때 행태에 대한 태도와 그리 차이가 없어 별개의 요인으로 볼 수 있을 정도는 아니다. 또한 의지적 통제의 정의도 불분명하여 어떤 행동이 의지적인지의 여부를 결정하기가 어렵다. 뿐만 아니라, 이 모형의 지지자들은 제안된 이론모형이 지지되는 조건에만 초점을 두는 경향이 있고 다른 광범위한 조건들을 다루지 못한 한계가 있다.

2. 계획된 행태이론(the theory of planned behavior)

계획된 행태이론(TPB)은 Fishbein과 Ajzen의 합리적 행동이론(TRA)을 수정하여 제시한 이론으로 TRA가 태도와 행태가 일치하지 않고, 태도가 행태를 잘 예측하지 못한다는 문제점을 해결하기 위해 나온 이론이다. 이 모델을 구성한 Ajzen에 의하면 태도나 개인성향이 구체적인 상황 하에서 행태를 잘 예측하지 못하는 것은 그 개인의 일반적인 태도와 성향이외의 다른 상황적 요인들이 개입하기 때문이라고 한다. 중요한 것은 계획된 행태이론에서도 이러한 일차원 모델의 순차성을 그대로 유지하고 있다는 것과 위의 세 요소가 기본이 되고 있다는 것이다. 따라서 Ajzen의 모델은 태도-행동 불일치를 해소할 수 있는 방법으로 제시한 확장모델이라고 할 수 있다.

자료: Ajzen, I(1991). "The Theory of planned Behavior," *Organization and Human Decision Process*, Vol. 150, p. 182.

[그림 3-5] 계획된 행태이론

계획행태이론(Ajzen 1985, 1991)은 인간의 사회적 행태를 이해하고 예측하는데 관심이 있고 궁극적으로는 행태에 영향을 주고 바람직한 방향으로 변화시키려는데 목적을 두고 있다. 이 이론에서는 인간행태의 직접적인 결정요인을 행태

에 대한 의도와 행태통제인식의 두 가지 개념으로 설명하고 있다. 여기서 행태
의도란 '주어진 행태를 하고자 하는 의도'를 말하며, 행태통제인식은 흥미 있는
행태의 수행에 있어서 필요한 「필수적인 수단과 기회가 있느냐 없느냐」의 인식
에 관한 것이다. 계획행태이론에서는 행태의도와 행태통제인식이 행태를 예측하
는데 가장 중요한 요인이라고 본다. 또한 계획된 행태이론은 행태의도와 행태에
영향을 미치는 태도, 주관적 규범, 행태통제인식 등의 선행인자들을 다루고 있는
데 이들 사이의 구조적 관계는 [그림 3-5]와 같으며, 이들은 의도와 행태를 충
분히 설명하는 요인들로 가정한다. 그리고 이들 선행인자들은 행태와 관련된 두
드러진 정보(salient information), 혹은 신념(belief)의 함수라고 가정한다. 여
기서 신념은 어떤 행태에 대한 결과나 수반되는 속성에 대한 정보로 각 개인에
게 미리 형성되어 있는 것인데, 계획된 행태이론에서는 세 가지의 두드러진 신
념으로 구별하고 있다. 즉, 행태에 대한 태도에 영향을 미치는 행태적 신념(be-
havioral beliefs), 주관적 규범(subjective norms)의 밑바탕을 구성하는 규범적
신념(normative beliefs), 그리고 행태통제인식(perceived behavioral control)
의 기초를 제공하는 통제신념(control beliefs) 등이 그것이다. 계획된 행태이론
의 구성요소들을 살펴보면 다음과 같다.

(1) 행태에 대한 태도(attitude toward the behavior)

행태에 대한 태도란 개인이 어떠한 행태에 대해 좋은 것으로 생각하는지 아
니면 나쁜 것으로 생각하는지, 그리고 그 행태를 '좋아하는지', '싫어하는지'를
나타내는 판단을 의미한다. 만일 다른 모든 조건이 동일하다면 행태에 대한 태
도에 호감을 가지면 가질수록 그 행태를 하고자 하는 의도가 더 커질 것이다. 계
획행태이론에서 행동에 대한 태도는 어떤 행동의 수행이 특정한 결과를 가져올
가능성에 대한 믿음(b_i)과 그 특정한 결과의 바람직스러움에 대한 평가(e_i)의 곱
함수로 나타낼 수 있다고 본다. 이를 수식으로 나타내면 다음과 같다.

$$\text{태도(BA)} \propto \sum_{i=1}^{n} \text{행태신념}(b_i) \cdot \text{평가}(e_i)$$

(2) 주관적 규범(subjective norms)

주관적 규범은 다른 사람이 내가 어떻게 행동해야 한다고 기대하는 것으로
믿는 정도, 관련 준거집단 혹은 준거인이 자신의 행태를 어느 정도 지지 혹은 반
대할 것인가에 대한 생각의 정도를 말한다. 일반적으로 자신에게 중요한 준거인

들이 자신의 행태수행을 승인해 줄 것이라고 생각하는 사람들은 행태수행을 촉진시키는 주관적 규범을 지니게 되고, 반면, 대부분의 준거인들이 자신의 행태수행을 승인하지 않을 것으로 믿는 사람들은 그 행태의 수행을 회피하도록 하는 주관적 규범을 지니게 된다. 여기서 주관적 규범은 행태에 대한 사회적 환경의 영향력을 다루고 있는데, 이는 준거인이나 준거집단에 대하여 개인이 인지하는 예상과 이들 예상을 따르려는 개인의 동기에 의해서 결정된다고 본다. 즉, 계획된 행태이론에서는 주관적 규범은 누가 그 행태에 대한 관계자(referents)들로 인식되는가의 규범적 신념(nb_i)과 그들에게 전반적으로 따르려는 정도, 즉 순응동기(mc_i)와의 곱의 합에 직접 비례한다고 본다. 이를 수식으로 나타내면 다음과 같다.

$$주관적\ 규범(SN) \propto \sum_{i=1}^{n} 규범적\ 신념(nb_i) * 순응하려는\ 동기(mc_i)$$

(3) 행태통제인식(perceived behavioral control)

합리적 행동이론에서는 개인이 그 행태를 수행할 것인가 안 할 것인가를 자신의 의지로서 결정할 수 있다는 가정에 토대를 두고 있다. 그러나 많은 행태들이 행위자의 통제를 넘어선 요인들에 의존하는 경우가 있기 때문에 합리적 행동이론은 불완전한 행태를 설명하는 데 있어서는 한계가 있다. 이러한 한계를 극복하기 위해 Ajzen(1985)은 합리적 행동이론에 행태통제력에 관한 요소를 추가시킨 계획행태이론을 제안하게 되었다. 계획행태이론에서 중요한 역할을 하는 행태통제인식은 관심 있는 행태수행의 용이성 또는 곤란도에 관한 개인의 지각을 의미하며, 행태통제에 관한 간접적인 정보는 물론 과거의 경험도 반영한다. 이러한 행태통제인식은 행태수행과 관련된 수단과 기회에 관한 신념인 통제신념과 정보, 경험 등에 대한 인지력에 의해 결정된다. 이를 수식으로 나타내면 다음과 같다.

$$행태통제인식(PBC) \propto \sum_{i=1}^{n} 통제신념(cb_i) * 인지력(pf_i)$$

(4) 의도(intention)

행태의도란 '주어진 행태를 하고자 하는 의도'로, 태도, 주관적 규범, 행태통제인식의 강도에 따라 달라진다. 일반적으로, 행태의도가 클수록 실제로 그 행태를 수행할 가능성이 크다. 계획행태이론에서 태도, 주관적 규범, 행태통제인식의 상대적 기여도는 행태와 개인의 관심정도에 의존한다. 이러한 관계를 수식으로 나타내면 다음과 같다.

$$의도 \propto w_1(태도) + w_2(주관적\ 규범) + w_3(행태통제인식)$$

III. 평가적 의견

합리적 행동이론(TRA)에서는 인간은 활용할 수 있는 정보들을 합리적이고 체계적으로 사용하며, 인간의 사회적 행태는 의시적 통제(volitional control)하에 있다는 가정을 근거로 함으로써, 의지적 통제가 불가능한 행위들을 설명하는 데는 한계를 지니고 있다. 이에 Ajzen(1975)은 좀 더 다양한 인간의 행태를 설명하기 위해 합리적 행동이론에 행태통제인식의 개념을 추가하여 계획된 행태이론(TPB)으로 발전시켰다. 계획된 행태이론에서도 행태의 직접적인 결정인자로 의도를 제시하고 있으며, 의도의 요인으로 행태에 대한 태도 및 주관적 규범 외에 행태통제인식을 포함하고 있다. TRA는 인간의 목표 행태가 자기 자신의 완전한 통제에 의하여 의도를 가지기만 하면 행태를 수행한다고 보았으나, TPB는 행태 수행의 용이성과 난이성을 고려해서 결과적인 행태로 나타난다는 것이다. 즉, 계획된 행태이론은 인간의 행태에 대한 설명 영역을 의지적 통제하의 행태뿐만 아니라 의지적 통제 하에 있지 못한 행태영역, 동기적 요인뿐만 아니라 비동기적 요인도 고려한 이론이다. 따라서 계획된 행태이론은 합리적 행동이론 보다 확장 발전된 단계로 일반적인 인간의 행태에 관한 이론이라 할 수 있다. 이러한 계획된 행태이론은 행태의 주요 변수들 즉, 태도, 주관적 규범, 행태통제인식을 포함하고 있고, 실제 적용에 있어 주요 변수간의 상관관계의 유의성을 측정할 수 있으며, 다양한 연구를 통해 성공적인 검증결과를 보여주어 합리적 행동이론과 함께 많은 적용가능성을 보여준 이론이라 할 수 있다.

참고문헌

Ajzen, Icek, "From Intentions to Action: A Theory of Planned Behavior," in *Action control: From Cognition to Behavior*, J. Kuhl and Human Decision

Processes, 1985, p. 50.

_____, *Attitudes, Personality, and Behavior*, Chicago: Dorsey Press, 1988.

_____, "The Theory of Planned Behavior," *Organizational Behavior and Human Decision Processes* 1991, p. 50.

_____ and M. Fishbein, *Belief, Attitude, Intention, and Behavior: An Introduction to Theory and Research*, Reading, MA: Addison-Wesley, 1975.

_____ and M. Fishbein, Understanding *Attitudes and Predicting Social Behavior*. Englewood Cliffs, NJ: Prentice-Hall, Inc., 1980.

_____ and M. Fishbein, Attitudes and Voting Behavior: An Application of Theory of Reasoned Action. In G. M. Stephenson and J. M. Davis, *Progress in Applied Social Psychology* (Vol. 1). London: Wiley.

_____ and T. J. Madden, "Prediction of Goal-Directed Behavior: Attitudes Intentions, and Perceived Behavioral Control," *Journal of Experimental Social Psychology*, 1986, p. 22.

Arthur M. Okun의 형평성과 효율성: 권리의 영역과 시장의 영역*

I. 머리말

　행정학 또는 행정이 지향해야 하는 기본적인 가치와 관련하여 논의되고 있는 것을 통상적으로 행정이념이라고 한다. 이러한 행정이념은 행정조직의 운영원리와 관련된 조직내부의 이념과 행정서비스를 제공하고 제공받는 관계 측면에서 조직외부의 이념으로 구분될 수 있다. 예컨대, 효율성이란 조직의 운영원리 측면에서 낭비적 요소를 줄여야 한다는 측면에서 조직내부적 이념으로 이해할 수 있지만 동시에 계층간 지역간 형평성을 중시하여 행정서비스를 제공해야 한다는 주장과 상반된다는 측면에서 조직외부적 이념으로 이해할 수도 있다. 민주성, 형평성 등 다른 행정이념도 이와 같은 맥락에서 조직 내·외부적 이념으로 양분하여 이해할 수 있다.

　본 글은 정부기관이 추구하는 이념 중 효율성과 형평성에 대한 고찰을 조직외부적 이념이라는 측면에서 고찰하고 비교하고자 한다. 흔히 미국행정학의 출발을 1887년에 발표된 W. Wilson의 "The Study of Administration"에서 찾고 있다. 윌슨의 주장은 정부기관을 운영할 때, 낭비적 요인을 가급적 줄이고 조직을 효율적으로 운영해야 한다는 것이다. 정부기관을 효율적으로 운영하는데 관심을 갖는 학문으로 행정학을 이해하려 한 것으로 보인다. 당시에 행정학을 경영학과 동일시하는 풍토가 조성된 것도 이러한 맥락에서 이해된다. 이러한 입장을 소위 정치 행정 이원론이라고 하는데, 행정은 이미 결정된 정책을 효율적으로 집행하기만 하면 된다는 측면에서 기관운영의 효율성을 강조한 것으로 보인다. 그러나 대공황(The Great Depression) 이후 국가의 역할이 강조되면서 단

　＊ 김태영: 경희대학교 사회과학부(행정학 전공) 교수.

순히 효율적인 집행만을 중시해 온 행정의 역할에 변화가 일기 시작하였다. 행정은 그 자체로 정치의 일종이며, 양자를 구분하는 것이 비현실적이라는 정치행정 일원론이 등장한 것이다. 여기에서 한 가지 주목할만한 점은 행정학을 경영학과 동일시하거나 정치학과 동일시하거나 간에 조직내적 효율성을 중시해야 한다는 것은 공통적이라는 것이다. 그러나 조직외적 측면에서 보면 정치행정 일원론의 등장과 함께 행정서비스의 제공시 형평성을 중시하는 입장이 강조되었다고 볼 수 있다.

행정이념을 조직외적 측면에서 본다면 효율성(efficiency)이란 행정서비스의 제공으로 인하여 국가 전체의 복지가 최대수준으로 증진되는 것을 의미한다. 한편, 형평성(equality)이란 행정서비스의 제공으로 인하여 국민 누구나 기본적인 수준의 행복이 보장되고, 결과적으로 국민전체의 복지가 증진된다는 것이다. 효율성을 강조하든 형평성을 강조하든 양자 모두 국민 일반의 복지증진을 궁극적인 목표로 삼는다. 그러나 효율성은 주로 양적인 측면에서의 복지수준의 증진을 강조하며 형평성은 주로 질적인 측면에서의 복지수준의 제고를 강조한다는 측면에서 다르다고 하겠다.

공공기관에서 제공하는 서비스의 방식 및 내용에 따라 효율성이 강조되는지 또는 형평성이 강조되는지에 관한 질문은 행정학자들의 관심사라기 보다는 주로 경제학자들의 관심사였다고 볼 수도 있다. 정치학자 또는 행정학자들의 주된 관심은 절차적 민주성 내지는 기관운영의 효율성 등에 집중되었다. 정부가 소위 시장원리를 강조할 경우 효율성에 보다 관심이 있다고 판단되며, 반대로 일반국민들의 기본권을 보장하는데 관심이 있는 경우 형평성을 중시한다고 보는 시각이 주로 경제학자들에 의하여 제기되었다고 보여진다. 본 글을 통하여 소개하고자 하는 내용 역시 경제학자인 오쿤(Arthur M. Okun)이 평생을 두고 관심을 기울인 효율성과 형평성의 문제이다. 행정학을 공부하는 독자들에게 오쿤을 소개하고자 하는 이유는 그가 관심을 보인 효율성과 형평성의 문제가 막연한 차원의 논의가 아니고 정부운영의 원리와 관련하여 언급하고 있기 때문이다. 오쿤에게 있어서 정부는 효율성도 강조해야 하지만 형평성도 고려해야 하는 당위적 책무가 있으며 동시에 양자의 이념은 본질적으로 상충관계에 있기 때문에 적절한 조화가 필요하다는 것이다.

II. 형평성과 효율성

오쿤은 1949년 미국 콜럼비아대학에서 경제학 박사학위를 받은 경제학자이
다. 그는 박사학위 논문에서 실업과 물가상승에 놓인 중요한 상충관계에 관심을
가졌고, 이후 예일대학 교수를 거쳐 브루킹스 연구소에 근무하기까지 줄곧 이
문제에 몰두하였다. 경제학자로서 해당 분야의 주요 쟁점에 관하여 지속적인 관
심을 보인 것은 당연한 일이었지만, 이렇듯 인간사회에 내재되어 있는 주요한
상충관계(tradeoff)에 특별히 더 관심을 가진 것으로 보인다. 존슨 행정부 시절
1964년부터 약 6년에 걸친 자문위원 경험은 오쿤으로 하여금 국가의 다양한 역
할에 대하여 좀 더 깊은 생각을 갖게 한 것으로 판단된다. 경제정책이라는 것이
기본적으로 시장에 대한 국가의 개입 정도 내지는 국가의 역할 등으로 이해될
수 있다고 보고, 좀 더 거시적인 차원에서의 상충문제에 관심을 갖게 된 것으로
판단된다. 결국 시장(market)은 경쟁원리를 통하여 공동체의 효율성을 증진시
키고, 국가(state)는 시장에서 낙오된 자들을 보호함으로써 사회적 형평성
(equality)을 유지시킨다는 것이다. 그가 발견한 문제는 효율성의 증대는 불가피
하게 형평성의 감소를 수반한다는 것이고, 반대로 형평성의 보전은 효율성을 훼
손시킨다는 것이다. 그렇다면 동등하게 중요한 이 두 가지의 가치(values)를 온
전하게 지향하기 위하여 국가는 무엇을 해야 할 것인가? 상충관계라고 표현 되
는대로 상기의 두 이념은 본질적으로 공존하는 것이 불가능할지도 모른다. 그럼
에도 불구하고 오쿤은 양자의 이념이 모두 필요하며 국가의 적절한 역할을 통하
여 인류 공동체가 발전할 수 있을 것으로 전망하였다.

오쿤은 국가의 역할과 관련하여 명확한 논리와 지침을 제시함으로써 형평성
과 효율성이 행정학의 주요 이념임을 확인해 준 것으로 이해된다. 이는 정부조
직 내부의 운영원리와 관련된 이념이라기보다는 시민사회 또는 시장에 대한 정
부의 입장과 관련된 조직외적 이념이라는 측면에서 비교적 최근의 동향이라고
하겠다. 말하자면 정부의 개입이 최소화되고, 동시에 행정은 이미 결정된 정책들
을 집행하는 역할만을 수행한다면 이는 효율성을 염두에 두는 것이라고 할 수
있다. 반대로 행정은 정책을 단순히 집행하는 것만이 아니고, 국리민복에 도움이
되는 한에 있어서는 적극적인 의지를 가지고 정부의 입장을 반영하는 것일 뿐만
아니라 시장에 대한 적극적인 개입을 강조한다면 이는 형평성을 염두에 두는 것
이라고 할 수 있다. 이처럼 오쿤은 경제정책과 같은 사안별 상충관계보다는 거

시적인 입장에서 근본적인 상충관계에 관심을 가짐으로써 국가의 역할에 대한 거시적이면서도 동시에 실천지향적인 미시적인 처방까지 내놓게 되었다.

1. 권리영역(The Domain of Rights): 형평성이 중요한 이유

오쿤이 말하는 형평성의 개념을 이해하기 위해서는 인간사회에 존재하는 권리의 영역을 이해해야 한다. 권리의 영역은 시장의 영역과 대비되는 개념으로 재화나 서비스가 금전에 의하여 교환이 불가능하거나 허용되지 않은 영역을 의미한다. 권리란 어떤 국가에서 태어난 순간 법적보호를 받을 권리, 성년이 되면서 투표할 수 있는 권리, 자유롭게 배우자를 선택할 수 있는 권리, 공평한 재판을 받을 수 있는 권리, 굶주리지 않을 권리 등 인간으로서 누려야할 최소한의 기본권을 의미한다. 권리란 동시에 의무를 의미하기도 한다. 예컨대, 법을 준수해야할 의무, 병역의 의무, 조세의 의무 등이 여기에 해당되는데, 이것 역시 공동체를 유지하는데 필요한 최소한의 의무로서 권리의 다른 측면이다.

(1) 권리의 영역이란?

이러한 권리(rights)의 특징은 금전에 의하여 교환되지 않는다는 것이다. 말하자면 이러한 권리 또는 의무는 시장의 영역밖에 있는 재화 또는 서비스로서 인류사회에서 보편적으로 인정되고 있다는 것이다. 권리의 특징을 조목조목 정리하면 다음과 같다. 첫째, 이러한 권리는 금전적 가치에 의하여 대체되지 않기 때문에 권리의 사용에 있어서 절약하고자 하는 동기가 부족하다. 예컨대, 소방서가 소방서비스에 대하여 금전을 요구한다면 소방서에 알리기 전에 신중을 기함으로써 효율성을 증진시킬 것이다. 그러나 소방서비스에 대한 대가는 불특정 다수에 의하여 모금된 조세수입으로 충당하는 것이 일반적이기 때문에 본질적으로 낭비적 요소를 지니고 있다. 둘째, 권리 또는 의무는 누구에게나 보편적으로 주어지기 때문에 권리의 행사과정에서 비효율적인 측면이 나타나기도 한다. 예컨대, 징병제도는 군인으로서 소질이 있건 없건 상관없이 군대를 구성하기 때문에 경쟁력 있는 전력을 갖추기 쉽지 않다. 또한 투표권 역시 누구에게나 주어지기 때문에 투표와 전혀 상관없는 구성원의 의사도 반영되는데, 이 과정에서 비효율적인 정치시스템이 운영되기도 한다. 예컨대, Edmund Burke는 재산가에게만 투표권을 부여함으로써 정치행위를 시장의 영역에 편입시킬 것을 주장했는데, 이론적으로는 효율적인 정치과정을 구성하는데 도움을 줄 것으로 판단된다. 왜냐하면 유권자들이 똑같은 능력과 정보 등을 소유하는 것이 아니기 때문이다. 오쿤에 의하면 John Stuart Mill 역시 업적과 능력에 따라 차별적인 수준의 투표권을 부여하자고 제안하였는데, 이 역시 보편적으로 주어지는 투표권의 비효율성을 지적한 것이라고 할 수 있다. 셋째, 권리는 유인이나 보상, 또는 벌칙 등에 의하여 분배되는 것이 아니라는 것이다. 예컨대, 올림픽 금메달 수상자의 경우 병역의 의무가 면제되는 경우를 볼 수 있는데, 이는 특별한 경우에 해당되는 것으로서 공동체 구성원들의 합의에 의하여 가능한 것이다. 특히 Herbert Spencer의 경우 보편적으로 분배된 행정서비스에 대하여 강력히 반대하였는데, 그 이유는 비효율성을 야기할 수 있다는 것이다. 예컨대, 무료로 이용할 수 있는 공공도서관의 경우 특정인들의 실질 소득을 증진시켜줌으로써 자원배분의 비효율성을 유도한다고 하였다. 넷째, 권리는 시장에서의 재화처럼 매매되는 것이 불가능하다. 예컨대, 일부일처제를 채택하고 있는 나라에서 배우자 선택권을 각각 부여하고 교환을 허용한다면 훨씬 효율적인 자원의 분배가 있을 것이다. 또한 병역의 의무를 교환한다고 하면 기회비용이 큰 고소득자와 기회비용이 적은 저소득자가 병역의 의무를 금전에 의하여 교환함으로써 효율성이 제고될 것이다. 그러나 권리는 시장에서의 재화처럼 금전에 의하여 교환되는 것이 허용되지 않고 있다.

(2) 권리의 영역이 존재하는 이유

이처럼 비효율적인 권리는 왜 존재하는가? 오쿤은 미국사회에서 권리의 영역이 존재하는 이유를 자유주의, 다원주의, 인본주의 관점에서 설명하고 있다. 자유주의 논리에 의하면 개인은 누구도 침해할 수 없는 고유의 자유를 소유하고 있다는 것이며 이는 국가의 간섭으로부터 자유롭고자 했던 시대적 분위기를 반영하는 것이라고 하겠다. 다원주의 논리에 의하면 시장의 영역은 인간사회의 수많은 영역 중에 단지 하나의 영역에 불과하다는 것으로서 본질적으로 거래될 수 없는 재화나 서비스가 존재한다는 것이다. 인본주의 논리는 John Rawls가 말하는 원초적 상황에서 사람들이 선택하는 사회의 특성상 인간은 누구에게나 누려야 할 기본권이 평등하게 있다는 것이다. 상기의 논리에 의하면 인간사회에 분명히 권리의 영역(the domain of rights)이 시장의 영역(the domain of dollars)과 대비하여 존재한다는 것이다. 문제는 권리의 영역과 시장의 영역을 어떻게 구분하며, 보편타당한 구분의 원칙이 존재하는가이다.

시장주의자들은 가급적이면 세상의 모든 재화나 서비스를 금전적 가치로 전환하여 시장에서 거래가 이루어지도록 촉구한다. 예컨대, 소방서비스를 위한 재원마련을 세금에 의존하지 않고 서비스 제공에 대한 요금에 의존한다면 이는 전통적으로 권리의 영역에 속한 품목 한 개를 시장의 영역으로 편입시키는 것이다. 또한 교도소 업무를 민간위탁하여 운영한다면 이 또한 상당 부분 권리의 영역에 속하는 품목 하나를 시장의 영역으로 이전시키는 효과를 초래할 것이다. 반대로 미국에서의 노예해방은 시장의 영역에 속하는 품목 하나를 권리의 영역으로 이전시키는 것을 의미한다. 그러나 최근 환경오염배출권의 거래, 혼잡통행료 부과 등을 통하여 지속적으로 권리의 영역에 속한다고 판단되는 품목들을 시장의 영역으로 이전하려는 경향이 보이고 있다. 중요한 것은 권리의 영역에 속하는 품목이 무엇인지를 또는 시장의 영역에 속하는 품목이 무엇인지를 따지는 것이 아니라 권리의 영역이 현실적으로 존재한다는 것이며, 또한 당위적으로도 존재해야 한다는 것을 이해하는 일이다.

(3) 권리의 영역(The Domain of Rights)과 형평성(Equality)

전술된 바와 같이 권리의 영역이란 인간의 기본권이 보장되는 영역으로서 기본권은 의무와 마찬가지로 시장에서 금전에 의하여 거래될 수 없다. 이론적으로는 인간사회에서 향유되는 모든 재화나 서비스는 금전적 가치로 전환될 수 있다. 시장주의자들은 권리를 포함한 모든 재화나 서비스를 금전적 가치로 변환하여 시장의 영역으로 편입하고 싶어한다. 재화나 서비스는 시장에서 교환될 때 가치가 정당하게 평가되며, 공동체 전체의 효율성을 증대시킬 것이기 때문이다. 예컨대, 투표권(voting rights)이 오염배출권(pollution permits)처럼 시장에서 거래된다면 소득이 높고 정치적 이해관계에 의하여 영향을 많이 받는 사람일수록 투표권의 가치가 높기 때문에 높은 가격에 의하여 투표권을 매입하려 할 것이다. 그러나 소득이 낮고 정치적 결정에 의하여 상대적으로 영향을 적게 받는 사람들은 자신의 투표권을 매도하려 할 것이다. 말하자면 밀(Mill)이 주장하는 것처럼 인위적으로 업적과 소득에 따라 차등적인 투표권을 부여하지 않아도 사람들은 시장의 평가(market evaluation)에 의하여 자연스럽게 적정 수준(optimal level)의 투표권을 보유하게 될 것이다. 결과적으로 정치과정에 참여하는 사람들은 정치적 이해관계가 매우 높게 된다. 실제로 정치적 이해관계가 첨예한 구성원들이 주로 참여하는 정치과정은 경쟁을 통하여 효율성이 증진된다. 정치적 이해관계가 낮은 수준의 참여자들은 높은 수준의 경쟁에 도달하지 못하게 되며, 결과적으로 비효율적인 정치시스템을 유도하게 된다는 것이다.

인류 정치사에서 투표권의 거래가 논의된 적이 없진 않았지만 받아들여진 적은 한 번도 없었다. 투표권이 거래되어 금전적 수치로 전환될 수는 있지만 실제 투표권의 가치(value)는 시장에서 정해질 수 없다고 생각했기 때문이다. 그 보다는 인간의 내면에 시장의 논리에 의하여 설명될 수 없는 기본권의 평등한 배분에 대한 강한 열망이 존재하고 있기 때문이었을지도 모른다. 병역의 의무 역시 동일한 논리에 의하여 쉽게 시장에서 거래되기 어려운 품목 중 하나이다. 병역의 의무가 시장에서 거래될 경우 가장 효율적이고 경쟁력 있는 군대를 갖게 될 것이라고 경제학자들은 믿는다. 비교우위의 논리에 의하여 병영생활을 상대적으로 잘 해낼 수 있는 사람들이 보다 많이 입대할 것이기 때문이다.

이제 경제학자들에게 최대한 양보하여 시장의 영역으로 편입시킬 수 있는 모든 품목들을 선택해보자. 여전히 권리의 영역에 남게 되는 품목은 무엇인가? 권리의 영역에 최종적으로 남게 되는 품목은 단 하나도 없다고 믿는 극단적 시장주의자들도 있다. 그렇다면 국가의 역할은 무엇인가에 대하여 묻지 않을 수 없다. 인간은 공동체를 형성하여 살아가는 존재이며, 본능적인 측면도 있지만 현실적 필요에 의하여 국가 등과 같은 체계적인 공동체를 만들기도 한다. 이 때 공동체 유지를 위한 기본적인 몇 가지 규칙들이 있을 수 있다. 예컨대 공동체 수장을 선출하는 일, 공동체를 외적으로부터 지켜내는 일, 공동체 유지를 위한 경비조달의 문제 그리고 누구나 공동체 안에서 생명과 재산을 보호받을 수 있는 일 등이다. 만약 이러한 일들이 공동체 구성원 전체에게 보편적으로 배분되거나 부과되지 않고 시장의 힘에 의하여 거래를 허용한다면 공동체의 유지 자체가 불가능해질 상황에 직면하게 될지도 모른다. 시장이 충분히 역할을 수행하지 못했던 고대사회에서는 무력을 소유한 소수 일부의 의지(will)에 의하여 공동체가 운영되었다. 시장의 역할이 충분한 현대사회에서는 자본을 소유한 소수일부의 재력가들의 의지에 의하여 공동체의 운명이 결정될지도 모른다.

공동체의 유지를 위한 최소한의 기본권은 권리의 영역에 남아 있어야 한다고 보는 것이 현실적이며, John Rawls의 주장대로 인간의 내면에 이미 양보할 수 없는 기본권에 대한 추구가 있다는 점까지도 고려하면 인간사회에 권리의 영역 또는 의무의 영역이 존재한다는 것은 분명해 보인다. 예컨대, 생존권의 문제는 가장 대표적인 기본권이며 공동체 구성원 누구나 시장경쟁력이 있건 없건 간에 누려야 하는 기본 권리라고 보는 것이 합당할 것이다. 현대국가에서 관심을 갖고 있는 사회복지의 문제가 여기에 해당된다. 어쨌거나 국가의 중요한 역할 중의 하나는 권리의 영역을 보호하고 권리의 영역에 속하는 품목들을 공동체 구성원들에게 형평성있게 배분하고 관리하는 것이라는 점에서 권리의 영역과 형평성의 문제는 긴밀한 관계를 맺고 있다고 하겠다.

2. 시장영역(The Domain of Dollars)

⑴ 시장의 영역이란?

시장(market)이란 일반인들이 생각하는 것보다 훨씬 더 넓은 개념이다. 인간이 살아가면서 필요한 재화나 서비스를 상호존중하는 가격으로 제공하고, 제공받는 일체의 메카니즘을 의미하기 때문이다. 전술한 바와 같이 극단적 시장주의자들은 우리가 생각할 수 있는 모든 재화나 서비스를 시장메카니즘에 의하여 교환하는 것이 가능하다고 인식하고, 동시에 시장메카니즘에 의하여 교환하는 것이 공동체 전체의 효율성을 극대화한다고 주장한다. 이 때 시장의 영역이란 시장에서 거래되는 재화나 서비스의 범위를 의미한다. 어떤 나라의 시장의 영역이 크다라고 하는 것은 상대적으로 보다 많은 재화나 서비스가 시장에서 거래된다는 것을 의미하며, 그러한 나라를 시장주의 또는 자본주의 국가라고 한다. 예컨대, 자본주의 국가에서는 치약이나 아이스크림과 같은 기본적인 재화뿐만 아니라 주택이나 전기 등과 같은 중요한 재화나 서비스도 시장에서 공급되고 구입된다. 말하자면 경제적 능력이 부족할 경우 전기 서비스를 제공받지 못할 뿐만 아니라 노숙자의 처지도 감수해야 한다. 반대로 시장의 영역이 상대적으로 작은 나라를 사회주의(socialism)국가라고 부르는데, 이러한 국가에서는 주택, 의류, 식료 등 기본적인 재화뿐만 아니라 교통, 통신 등의 서비스까지도 국가에서 인위적으로 가격을 정하고 배분된다.

시장의 영역이 큰 국가가 바람직한가? 또는 시장의 영역이 제한되는 국가가 더 바람직한가? 라는 질문에 대한 궁극적 해답은 존재하지 않을 것으로 보인다. 소위 적정 수준의 시장규모는 특정 국가에 속하는 주민들의 관심사에 의하여 정해질 것이고, 주민들의 관심사는 역사적 사회 문화적 특성에 지배받기 때문이다. 다만, 특정 국가가 지향하는 국가목표가 분명하다면, 해당 목표에 견주어 적절한 수준의 시장규모를 정할 수는 있다. 예컨대, 국가경제의 성장(growth)이 최선의 국정과제라면 가급적 시장의 영역을 확대하면 될 것이다. 모든 경우에 해당되는 것은 아니지만 시장은 늘 효율을 수반하기 때문이다. 우체국을 민영화하여 우편서비스를 시장의 영역으로 편입한다면 당장에 적자를 면치 못하고 있는 오지 낙도에는 현재의 가격으로는 더 이상 우편서비스를 제공하지 않을 것이다.

반대로 단위비용이 적게 소요되는 인구밀집 지역에는 보다 낮은 가격으로 우편 서비스를 제공할 것이다. 또한 국정운영의 최우선이 분배(distribution)라고 한다면 가급적 시장의 영역을 축소하면 될 것이다. 예컨대, 지하철 요금의 경우 거리에 관계없이 매우 낮은 일정요금을 받든지 또는 주택의 경우도 공영주택 시스템을 도입하여 소득에 관계없이 입주자수에 따라 공급평형을 정해주든지 하면 될 것이다. 말하자면 시장의 영역이란 한 국가에서 시장이 차지하는 범위를 말하는 것으로서 규범적인 의미에서의 적정규모는 존재하지 않는다는 것이다.

(2) 시장의 영역과 효율성(Efficiency)

아담 스미스(A. Smith) 이래 시장이 자원을 효율적으로 분배한다는 것에 대한 논란은 없는 것으로 보인다. 다만, 공공재(public goods) 등의 존재로 인하여 시장이 실패할 경우가 있는데, 이 경우에는 정부가 일정 부분 시장에 개입하여 효율적인 자원배분을 돕는다는 주장(R. Musgrave)은 예외적으로 인정된다. 그럼에도 불구하고 재화나 서비스가 시장메카니즘에 의하여 거래될 때 효율성이 극대화된다는 원칙에는 큰 이견이 없다. 말하자면 재화나 서비스가 시장원리에 의하여 거래되도록 조치하는 목적은 공동체의 효율성을 증진하고자 한다는 것이다.

시장이 작동되도록 하기 위해서 취해야 할 중요한 과제는 개인의 사유재산권을 보호해야 하는 것이다. 국가에 의한 개인의 사유재산 보호는 시장에서의 승리에 대한 강한 욕구를 유발하고 결과적으로 개인간 재산의 규모에 차이가 발생하게된다. 이러한 차이는 승자에게 더욱 활력을 주고 패자에게는 분발심을 자극하여 시장의 힘을 더욱 강하게 하는 경향이 있다. 시장이 재화나 서비스를 효율적으로 분배하는 능력의 기초가 여기에 있는 것이다.

(3) 민주주의와 자본주의: 효율성은 침해되는 기본권을 능가할 수 있는가?

그러나 부의 격차는 능력의 격차로 발전되어 평등을 강조하는 민주주의의 기본원리와 일치하지 않게된다. 예컨대, 투표권(voting rights)을 시장에서 거래한다면 부유한 사람들의 의견이 공동체 운영의 원리에 반영될 것이다. 설령 투표권을 시장에서 공식적으로 거래하는 것을 허용하지 않는다고 하더라도 비공식적인 거래행위는 언제든지 가능할 것이다. 부유한 후보자는 미디어를 장악하고 유리한 선거운동을 하는 등 금력을 활용한 매수행위는 얼마든지 합법적으로 가능하다. 말하자면 시장주의 또는 자본주의는 기본권을 중시하는 민주주의와 원천적으로 양립하기 쉽지 않다는 것인데, 왜 미국은 민주주의와 자본주의를 동시에 고집하고 있는지에 대하여 묻지 않을 수 없다고 Okun은 기술하고 있다.

이론적으로 보면 민주주의와 자본주의는 양립하기 쉽지 않다고 슘페터도 기술한 바 있다. 상기의 논리와 동일한 맥락에서 가치의 평등한 분배를 강조하는 민주주의는 자유주의를 기초로 하는 시장주의와 배치될 수 있다. 이 시점에서 과연 효율성의 증대는 기본권을 침해해도 될 만큼 중요한 가치인가에 대하여 생각해 보아야 할 것이다. 이 질문은 과연 국가주의 또는 사회주의가 효율성은 낮지만 기본권을 충분히 보장해 줄것인가에 대한 질문과도 맥락을 함께 한다. 말하자면 재화나 서비스가 시장에서 거래되는 시장주의(자본주의)와 국가에서 관장하는 국가주의(사회주의) 중 어느쪽이 더 민주주의를 효과적으로 보호해주는지에 관하여 살펴봄으로써 효율성과 형평성의 가치에 대한 이해를 심화시켜 줄 것이다.

오쿤은 시장에 의한 기본권의 침해와 국가에 의한 기본권의 침해에 관하여 설명하면서 문제해결의 실마리를 제공하고 있다. 오쿤에 의하면 모든 재화나 서비스가 국가에 의하여 공급되는 나라에서 고용주는 국가가 유일하다고 주장한다. 완전히 공유화된 경제에서 정치권력은 매우 심각한 상태에 직면할 수 있다. 국가에 의한 비효율적인 자원의 배분 문제는 이 경우에는 오히려 사소한 문제가 될 수도 있다. 국가는 그 사회의 모든 생산, 소비 등의 문제에 있어서 일정한 지침을 갖고 지시 감독할 것이며, 국가의 의사에 반대하는 경우 순종을 강요하며 결국 민주주의를 묵살시킬 가능성이 크다는 것이다. 오쿤 자신도 닉슨 대통령 시절 정치적으로 반대한다는 이유로 요주의 인물에 오른 적이 있는데, 그는 당시에 자신의 고용주였던 국가의 횡포에 놀랐다고 술회하고 있다. 국가에 의한 기본권의 침해 가능성은 시장에 의한 기본권의 침해 가능성보다 훨씬 더 클지도 모른다. 하이에크(Hayek)가 소개하고 오쿤이 인용한 트로츠키(Leon Trotsky)의 말을 그대로 인용해 보면 다음과 같다. "In a country where the sole employer is the State, opposition means death by slow starvation. The old principle, who does not work shall not eat, has been replaced by a new one: who does not obey shall not eat." 요컨대, "일하지 않는자는 먹지 말지어다" 라고 하는 격언이 이제는 "복종하지 않는자는 먹지 말지어다"로 바뀌었고 어느 쪽이 더 견디기 어려운지에 대한 판단은 독자의 몫이라고 보여진다.

시장을 선택하든 국가를 선택하든 민주주의가 침해받을 가능성은 상존한다. 어느쪽이 더 가능성이 클 것인지에 대한 최종 결론을 유보하더라도 한 가지 분명한 것은 시장을 선택할 경우 자신의 권리가 침해받을 가능성에 대한 책임이

거의 자신에게 귀착되는 반면, 국가를 선택할 경우 자신의 권리가 침해받을 가능성이 자신의 능력밖에 있을 것이다. 서구의 많은 국가들이 시장을 선택한 이유 중의 하나도 자신의 운명을 시장에서 자신의 능력에 의하여 정하고 싶었던 것일지도 모른다. 이제 어느 한 쪽에 기초하여 다른 한 쪽을 보완해야 하는 상황에 직면하여 효율성과 형평성 중 어느쪽을 더 중시해야 할 것인가에 대한 희미한 방향타가 보이는 듯하다.

3. 국가의 역할: 어떻게 해야 할 것인가?

(1) 민주주의, 국가주의 그리고 시장주의

전지전능한 신이 통치하는 국가가 존재한다면 굳이 시장이 필요없을 것이다. 사적재(private goods)는 사적재대로 가격을 정하고 공공재(public goods)는 공공재대로 가격을 정하여 공급한다면 기본권과 시장의 효율을 동시에 달성할 수 있을 것으로 추정된다. 또한 소위 보이지 않는 손(invisible hand)이라고 하는 또 다른 신이 세상의 모든 재화나 서비스를 스미스가 말하는 것처럼 공급할 수만 있다면 이것 역시 인간의 기본권과 효율을 동시에 달성할 수 있을 것이다. 그러나 완전한 국가란 존재할 수 없고, 보이지 않는 손 역시 닿지 않는 부분이 있기 때문에 항상 보완이 필요하다.

민주주의라는 보편이념을 염두에 둔다면 영원히 과제로 남을지도 모르는 상기의 문제에 관하여 어떤 해답을 찾고자 한다면 한 차원 낮은 의미에서 문제를 다루어야 할 것으로 보인다. 전술된 바와 같이 국가주의는 기본권을 보장하기 위하여 등장하였지만 그 자체 독선의 위험으로부터 자유롭지 못하였고 결국 개인의 자유를 억압하는 결과를 낳게 되었다. 시장주의 역시 개인간 부의 불평등 소유로 인하여 금력에 의한 기본권 침해라는 문제를 유발하였다. 그럼에도 불구하고 서구의 많은 국가들이 시장주의를 택한 것은 자신의 운명을 자신이 택하고 싶었기 때문이라고 전술하였다. 여기에서 중요한 것은 바로 자유라는 것이다. 자유는 인간이라는 생명체가 특별히 소중하게 생각하는 가치이다. 20세기를 거치면서 시장을 선택한 국가들이 성공한 것처럼 보이는 것도 굳이 이유를 따지자면 자유(freedom)를 선택했기 때문인 것으로 이해된다.

(2) 효율성과 형평성의 문제

이제 기본권을 보전하는 데 어떤 체제가 더 우월하다는 등의 논쟁은 종식되었으면 하는 생각이다. 국가주의와 시장주의간의 논쟁보다는 국가와 시장을 하나의 스펙트럼에 두고 국가의 역할에 대하여 고민을 해야 할 것으로 보인다. 국가의 역할 내지는 국가의 규모에 대한 논의는 시장에 기초를 두는 것이 바람직하다고 보여진다. 역사적으로 어떤 나라는 모든 재화나 서비스를 국가(state)에서 공급해오다가 20세기에 접어들면서부터 품목들을 하나씩 시장(market)으로 넘겨주기 시작한 것으로 이해된다. 이와 같은 국가들에게 시장이 우선이고 그 다음에 국가의 역할에 관하여 생각해 보자고 하는 것이 쉽게 납득이 되지 않을 것으로 보인다. 미국의 경우 분명 시장이 먼저였던 것으로 알려지고 있다. 시간이 지나면서 기본권의 보전이라는 점이 강조되면서 시장에서 거래되던 품목들이 하나씩 국가로 넘겨져온 역사적 사실들이 있다. 예컨대, 노예제도가 대표적이다. 노예제도는 인간 그 자체도 시장에서 거래되게 함으로써 효율적인 인력시장을 유도하였던 것이 분명하다. 사람들은 보다 경쟁력있는 노예를 생산하기 위해서 건강하고 튼튼한 노예간에 혼인을 시켰고, 시장은 튼튼하고 건강한 노예들의 가격을 정당하게 평가하였다. 인간의 가치를 정확히 파악한다는 것이 얼마나 어려운것인가에 대한 회의, 인간의 가치를 시장에서 평가한다는 것에 대한 부정적 인식 등이 노예제도를 폐지하였는데, 이는 결국 시장에 존재하는 품목 하나를 국가로 넘겨주는 결과인 셈이다.

　시장이 먼저인가? 국가가 먼저인가? 라고 하는 질문은 이제 더 이상 중요하지 않다. 각 국가들마다 나름대로의 역사적 전통과 사회문화적 특성이 있으며, 따라서 시장에 기초하여 시장에 존재하는 품목들을 국가로 넘겨주든, 국가에 기초하여 국가에서 관리하는 품목들을 시장으로 넘겨주든, 중요한 것은 해당 재화나 서비스의 특성을 정확히 검토하고 충분한 논의를 거치는 과정을 통하여 국가와 시장간에 역할을 지속적으로 재조정하는 것이다.

　현재 시장주의를 택하고 있는 대표적인 국가인 미국의 경우를 살펴보자. 역사적으로 볼 때 시장이 지배하던 시기를 지나 20세기에 접어들면서 본격적으로 국가의 역할이 중요해지기 시작하였고, 행정학사로 따지면 대공황을 전환점이라고 보는 경향이 있다(G. Caiden). 시장에서 국가로 품목들을 하나씩 넘겨주면서 소위 행정국가(administrative state)시대를 맞이하였고 경제학자들은 이 시기를 북지국가(welfare state)시대로 부르기도 한다. 그러나 1980년대에 접어들면서 작은 정부에 대한 요구가 높았고 레이건 행정부는 이를 충실히 반영한 것으로 평가받고 있다. 정도상의 차이는 있지만 국가는 다시 시장으로 몇 가지 품목들을 반환하기 시작하였고 이는 작은정부를 지향하는 일부 미국민들의 환영

을 받았다. 정부내부적으로는 소위 정부간 분권운동(decentralization)이 일어났
고 정부외적으로는 민간위탁(privatization) 등 그동안 정부가 공급해오던 몇 가
지 공공서비스를 민간업체가 대행하여 제공하는 현상도 나타났다. 1990년대에
클린턴 행정부가 들어서면서 주춤하긴 하였지만 최근 진행되고 있는 각종 행정
개혁 프로그램을 살펴보면 아직 행정이념은 작은 정부를 지향하는 커다란 역사
적 패러다임에 갇혀있는 것을 발견할 수가 있다.

(3) 기회의 평등, 효율성에 기초한 형평성의 확보

지난 20여년간 소위 행정개혁 시대를 겪어왔는데, 이는 행정국가를 지양하고
시장주의로 돌아가자는 의미로 받아들여진다. 물론 한국의 경우 시장주의를 한
번도 제대로 구현해보지 못했기 때문에 돌아가자는 표현이 어색해 보인다. 경위
야 어찌됐건 지금은 국가보다는 시장이 중시되는 행정패러다임 한 가운데에 있
는 것으로 보인다. 백년전 시장을 선택했던 국가들의 승리로 20세기가 마감되고
그 기초위에 21세기를 맞이하고 있다. 시장메카니즘이 합리적으로 정착되지 못
한 나라들의 경우는 시장원리의 도입이 시급한 과제이며, 시장에서 국가로 돌아
섰던 나라들의 경우 국가주의의 문제가 무엇인지에 관하여 검토하고 반성해야
할 시기이며 아직도 국가주의에 몰입해 있는 나라들의 경우, 시급히 시장을 선
택해야 하는 역사적 기로에 서 있다고 보여진다.

이제 사회주의 혹은 국가주의 대 자본주의 혹은 시장주의 간의 경쟁이 아니
고 시장에 기초하여 국가의 개입을 어느 정도 수용할 것인가에 관한 과학적 해
답에 관심을 가질 때이다. 오쿤은 교육제도 등의 정비를 통하여 모든 사람들에
게 기회의 평등을 주어야 한다고 주장한다. 시장주의의 강점은 시장에 참여하는
사람들이 성공하든 실패하든 자신의 운명을 쉽게 받아들인다는 것인데, 만약 시
장이 공정하지 못하다고 생각한다면 참여자들의 승복이 쉽지 않게 될 것이고,
이는 결국 시장메카니즘의 붕괴로 이어진다는 것이다. 국가주의의 실패는 국가
의 결정에 대하여 구성원들의 반응이 정확히 반영되지 않은 데서 비롯되었다고
기술한 바 있다. 말하자면 구성원들의 반응은 국가에 의하여 묵살되었기 때문에
종국에는 국가주의가 궁극적으로 원하고자 했던 기본권 자체가 침해되는 오류를
범하게 되었다는 것이다. 시장에 참여하는 사람들이 공정한 방법으로 시장에서
낙오되었다면 결과적으로 기본권이 침해되었다고 하더라도 인내할 수 있을 것이
라고 기술한 바 있다. 그러나 공정하지 못한 방식으로 시장에서 낙오되었다고
생각한다면 이것 역시 국가주의의 실패와 동일한 전철을 밟게 될 것이다.

오쿤은 시장이 공정할 경우에만 시장주의가 성공한다고 진단하고 공정한 시장의 조성을 위한 조치로서 기회의 평등(equality of opportunity)을 강조한다. 기회의 평등이란 교육, 취업, 인종, 자본취득 다양한 측면에서 심도있게 논의되어야 한다고 주장한다. 또한 정부는 각종 소득이전(income transfer) 정책들을 충실히 실행해 나가야 한다고 주장한다. 그러나 실제로 평등한 사회와 효율적인 사회를 동시에 달성하기는 쉽지 않다고 토로하기도 한다. 양자간에는 본질적인 상충관계가 있기 때문이다. 시장주의를 택하고 있는 나라들에서 쉽게 간과될 수 있는 부분은 시장에서의 결론이 순전히 개인의 책임이라고 돌리려고 한다는데에 있다는 것이다. 그러나 현실적으로 시장에서의 책임의 상당부분은 원천적으로 불평등한 관계에서 출발한 측면이 없지 않기 때문에 국가는 이와 같은 불평등한 구조를 개선하여 시장에서 공정한 게임을 할 수 있는 조건을 만들어주어야 하는 것이다.

III. 평가적 의견

미국의 행정학사를 행정일원론 행정이원론이라는 틀에서 기술하는 경향이 있다. 행정이념을 중심으로 시기적으로 강조되는 이념에 따라서 분류하는 것이 특징인데, 이 글에서는 효율성과 형평성이라는 두 가지의 관점에서 살펴보았다. 물론 오쿤이라는 경제학자의 시각을 활용하여 행정이념을 소개하였는데, 필자가 효율성과 형평성을 중요한 행정이념으로 삼는 데는 이유가 있다. 첫째, 효율성과 형평성은 인류보편 이념인 자유와 평등의 하위 개념이라는 것이다. 둘째, 행정이라는 것은 결국 정부가 하는 일과 관련된 것인데 정부의 일하는 방식이 결국 국가운영과 관련되고 이는 국가운영의 기본이념인 자유와 평등의 문제와 일치하기 때문이다. 전술한바와 같이 효율성은 자유, 즉 보수주의 이데올로기이고 형평성은 평등, 즉 진보주의 이데올로기이다. 셋째, 행정조직 내부의 운영문제와 관련된 행정이념 문제는 더 이상 관심의 중심에 있지 않다고 판단하고 정부가 업무의 대상으로 심는 일반 주민들에게 공공서비스가 어떠한 영향을 미치는지에 초점을 맞추어 그것이 주민들의 기본권을 중시하는지, 아니면 시장의 원리를 중시하는지 살펴볼 필요가 있기 때문이다. 넷째, 최근 논의되고 있는 행정개혁의 실체가 무엇인지 또는 그러한 논의가 역사적으로 어떠한 시대적 배경을 하고 있는지 등에 관하여 종합적 아이디어를 제시하고 있기 때문이다.

이제 민주주의를 놓고 국가주의와 시장주의가 경쟁하는 시대는 지났다. 국가 운영의 원리와 관련하여 시장이 어느 정도 양보해야 할 것인지, 또는 시장이 공정성(fairness)을 확보하기 위해서 국가가 어떠한 역할을 수행해야 할 것인지 등에 관하여 과학적 관심을 가질 때라고 보여진다. 최근 논의되고 있는 행정개혁의 문제도 내부적으로는 조직운영의 효율성, 부패방지 등 전통적인 관심거리도 여전히 남아있지만, 시각을 더 확대하여 효율성과 형평성이라는 큰 틀에서 국가(state)와 시장(market)간에 업무조정에 관한 거시적이면서도 실천적인 논의가 있어야 할 것으로 보인다. 효율성과 형평성은 상호 상충되는 가치이지만 적절한 조정을 통하여 발전적으로 조화시켜 나갈 여지가 있는 것도 사실이다. 이것이 바로 21세기 각국가가 당면한 행정과제라고 보여진다.

참고문헌

Appleby, P. H., *Big Democracy*, New York: Alfred A. Knopf, 1945.

Aaron, Henry, *Why is Welfare So Hard to Reform?*, Brookings Institution, 1973.

Buchanan, James M., "What Kind of Redistribution Do We Want?," *Economica*, Vol. 35, 1968.

Caiden, Gerald E., *Public Administration*, Palisades Publishers, 1982.

Fridman, Milton, *Capitalism and Freedom, University of Chicago Press,* 1962.

Mosher, F. C., *American Public Administration: Past, Present, Future*, University, Ala.: The University of Alabama Press, 1975.

Okun, Arthur M., *Equality and Efficiency: The Big Tradeoff*, The Brookings Institution, 1975.

Pigou, A. C., *The Economics of Welfare*, Macmillian, 1920.

_____, *Socialism vs. Capitalism*, Macmillian, 1937.

Rawls, John, *A Theory of Justice*, Harvard University Press, 1971.

Simon, H. A., *Administrative Behavior*, New York: Crowell Collier & Macmillian, 1947.

Tawney, R. H., *Equality*, 5th edition., London: Allen & Unwin, 1964.

Wilson, W., "The Study of Administration," *Political Science Quarterly*, June 1887.

Jeffrey S. Luke의
촉매적 리더십*

Ⅰ. 머리말

1980년대 이후 정부개혁의 이론과 실천을 압도했던 주요가치기준 가운데 하나는 비계서제적인 협동이다. 그러한 가치기준에 부합하는 개혁처방을 하는 데 거버넌스, 네트워크, 경계타파, 파트너십 등의 개념들이 쓰여왔다. 여기서 소개할 촉매적 리더십도 다자간 협동을 강조하는 개념이다.

Jeffrey S. Luke는 그의 저서 「촉매적 리더십: 연결된 세계를 위한 전략」 (Catalytic Leadership: Strategies for an Interconnected World)에서 촉매적 리더십이라는 새로운 리더십 모형을 설명하고 있다. 그가 준거로 삼은 리더십은 기업이나 조직의 리더십이 아니라 공적 문제를 해결해야 하는 공공의 리더십이다. Luke는 오늘날 공공의 리더십이 직면한 세계는 광범하게 연결된 세계이며 거기에 적합한 리더십은 촉매적 리더십이라고 주장한다.

Luke는 먼저 오늘날 공공의 리더십이 처한 '연결된 세계'(interconnected world)의 상황적 조건에 대해 설명한다. 그리고 연결된 세계의 공적 문제들을 제대로 해결할 수 없는 통제지향적 리더십 모형들의 한계를 비판한다. 이러한 논의에 이어 촉매적 리더십 모형을 설명한다. 먼저 촉매적 리더십의 임무 내지 역할을 규정하고, 촉매적 리더들이 갖추어야 할 기술, 대인관계관리의 능력, 기타의 특성에 대해 설명한다.

Luke의 이론전개는 그가 미국의 각급 정부에서 자문활동을 하면서 겪은 경험과 사례연구들의 분석을 기반으로 하고 있다.

Luke의 논의를 요약하면 다음과 같다.

---

* 오석홍: 서울대학교 행정대학원 명예교수.

II. 촉매적 리더십

1. 새로운 도전

미국은 지속적으로 발전하고 있는 사회이다. 교육수준은 향상되고, 경제성장은 지속되고, 국제경쟁력에 있어서는 선두를 달리고 있다. 그러나 발전의 뒤편에는 많은 사회경제적 문제들이 양산되어 있다. 그 중 대부분은 공적문제(public problem)이다.

오늘날 공공의 문제들은 서로 연결되어 있다. 문제와 문제들이 연결되어 있고 문제마다에는 전통적으로 구분되던 관할, 조직, 기능 세대의 경계를 가로지르는 상호의존적 관계가 내포되어 있다. 그리고 공적 문제를 해결할 권한은 분산되어 있다. 어떤 개인, 기관, 또는 관할도 단독적 · 일방적으로 공공문제를 해결하는 데 충분한 권한을 갖지는 못한다.

공공문제에 대한 이해관계자집단과 전문가집단은 크게 늘어났으며 그 와중에서 전통적으로 공공문제 해결에서 중요한 역할을 하던 특수이익집단들의 영향력은 감퇴되었다. 정부에 대한 국민의 불신은 높아졌으며, 정부재정의 수입원은 줄어들고 있다.

공적문제의 무경계적 특성(boundaryless nature)과 권력의 분산 그리고 정부활동을 제약하는 요인들의 증대는 새로운 도전이다. 이러한 새로운 도전은 전통적인 기관 간 경계와 관할 간 경계를 가로지르는 새로운 형태의 집단적 행동을 요구한다.

공적문제를 해결하려면 다양하고 독자적인 이해관계자들이 공동이익의 추구를 위해 힘을 모으고 협동적 행동을 해야 한다. 공적 리더십은 이러한 협동적 문제 해결을 지지 · 촉진할 수 있어야 한다.

전통적 리더십 모형 또는 조직의 생산성이나 탁월성을 높이려는 변혁적 리더십(transformational leadership), 위광적 리더십(charismatic leadership), 비저너리 리더십(visionary leadership) 등 이른바 조직 상의 리더십 모형(organizational leadship models)은 '연결된 세계'의 새로운 도전에 대응할 수 없다.

지금까지 우리가 관심을 가져 온 조직 상의 모형들은 계서적 특성을 지녔으며 리더에 의한 일방적 영향력 행사를 전제한다. 조직 상의 모형에서 리더와 추종자들의 구별은 뚜렷하다. 리더가 문제해결의 책임을 지고, 조직을 장악하며,

추종자들이 일정한 방향으로 나아가게 하는 책임을 진다. 리더는 탁월한 능력을 가지고 옳은 해결책을 제시할 것이 기대된다. 리더는 자기가 선택한 해결책 또는 전략의 성패에 관심을 갖는다. 이러한 조직 상의 리더십으로는 '연결된 세계'에서 성공적으로 공공문제를 해결할 수 없다.

새로운 도전에 대응할 수 있는 리더십은 비계서적이어야 하며 조직 간 경계의 제약을 극복할 수 있어야 한다. 새로운 리더십은 관련자들의 협동적 행동을 이끌어내야 한다. 협동적 노력을 지지하는 데 있어서 리더의 역할은 촉진적인 것이라야 하며 그는 옳은 답을 제시하기보다 옳은 질문을 하는 역할을 수행해야 한다. 리더는 관련자들이 합의한 바가 성취되는 데 관심을 가져야 하지만 거기에 도달하는 방법에 관한 다양한 제안을 또한 장려해야 한다. 한 가지 방법에만 집착하면 안 된다.

2. 촉매적 리더십의 임무

'연결된 세계' '연결된 공공문제'에 적합한 촉매적 리더십(catalytic leadership)은 조직 또는 기업의 리더십이나 정부부문의 리더십이 아니라 공적 리더십(public leadership)이다. 공적 리더십은 사회적 문제해결을 위한 정치적·다조직연관적 활동에 관한 리더십이다. 공적 리더십의 과정에서 공적 문제의 해결에 간여하는 선출직 공무원, 관리층 공무원, 시민단체 대표, 자원봉사자 등은 모두 리더가 될 수 있다.

촉매적 리더십은 공적 문제에 주의를 집중하고 이를 해결하는 데 다양한 관련자들이 합의된 목표를 성취하기 위해 협력하도록 지원하는 역할을 수행한다. 촉매적 리더는 사람들이 행동하도록 자극할 뿐 그들을 지배하지는 않는다. 촉매적 리더의 역할은 지배적인 것이 아니라 협력적·전략적인 것이다. 촉매적 리더는 사람들 가운데 함께 있다. 사람들의 전면에 나서거나 정상에 올라가지 않는다.

오늘날의 '연결된 세계'에서 촉매적 리더십이 성공하려면 네 가지의 구체적이고 상호 연관된 임무(tasks)를 수행해야 한다. 네 가지의 임무란 i) 문제인지의 촉진(공적 문제화, 정책의제화를 통해 어떤 문제에 대한 사람들의 관심을 끌어모으는 것), ii) 문제해결집단의 형성(문제의 처리에 가담할 개인이나 조직들이 모여 문제 해결집단을 형성하게 하는 것), iii) 전략의 창출(문제해결 전략을 창출하는 것), 그리고 iv) 행동의 지속화(문제해결 전략을 집행하고 그 관성을 유지하는 것)를 말한다.

이러한 네 가지 임무는 기계적·순차적이기보다 유기적이다. 각 임무는 순차적으로 수행되는 단순한 단계가 아니다. 그 순서는 때에 따라 바뀔 수도 있고, 각 임무가 동시적으로 수행될 수도 있다. 촉매적 리더십의 각 임무별로 주도하는 사람이나 조직이 달라질 수 있다. 각 임무의 수행에서 문제의 구성이나 정의가 수정될 수도 있다. 개입방법이나 해결책에 대한 판단도 달라질 수 있다.

촉매적 리더십의 임무는 상황적응적으로 수행되어야 한다. 문화적 상황, 문제의 생애주기, 문제해결집단의 활성화수준 등이 다르면 임무수행의 내용과 방법도 달라져야 한다.

(1) 문제인지의 촉진

문제인지의 촉진(raising awareness)이란 해결해야 할 문제에 공공의 관심을 모으고 문제해결의 필요성을 각성시키는 것을 말한다. 촉매적 리더는 해결해야 할 문제를 집중 조명함으로써 관련자들의 관심을 거기에 모으는 임무를 수행한다.

촉매적 리더는 어떤 문제에 사람들의 관심을 모을 뿐만 아니라, 사람들이 그 문제를 긴급한 해결을 필요로 하는, 우선순위가 높은 문제로 인식하도록 자극한다.

촉매적 리더는 긴급한 문제에 대한 공공의 관심을 불러 일으켜 문제의 우선순위를 격상시킨다. 이러한 노력이 문제를 바로 해결해 주는 것은 아니지만 협동적 문제해결을 위한 촉매를 제공한다.

대중의 인지도가 높고, 대중매체에 쉽게 접근할 수 있는 높은 직위의 유력인사들은 어떤 문제에 대한 사람들의 관심을 끄는 데 유리한 위치에 있다고 할 수 있다. 그러나 이러한 유력인사만이 촉매적 리더십을 발휘할 수 있는 것은 아니다. 모든 생활영역의 시민들은 공적 리더십의 과정에 참여하여 긴급한 문제에 대한 관심을 환기함으로써 촉매적 역할을 수행할 수 있다.

공적 문제가 거치는 '인지사이클(issue attention cycle)'에는 잠재적 관심의 단계, 공적 의제화 단계, 그리고 정책의제화 단계가 내포되어 있다. 이러한 기본적 단계들이 차례로 진행되는 경우 공적 문제는 일정한 조건 또는 잠재적 관심사로부터 생겨나기 시작한다.

잠재적 관심사는 문제로서 공공의 관심을 끌게 되고 그것이 긴급한 문제로 인식되면 공적 의제화되고, 공적 관심이 지속되면 공적의제는 정책의제화된다.

그러나 문제상황의 실제에서 인지사이클이 선형적·순차적으로 진행되기만 하는 것은 아니다. 즉각적인 정책적 대응이 필요한 위기상황에서는 인지사이클의 단계를 건너뛸 수도 있다. 어떤 문제가 정책의제화된 뒤에도 그에 대한 사람들의 관심이 약화될 수 있으며 문제가 해결되지 않았더라도 다른 긴급한 문제에 밀려 공적문제로서 의미를 잃을 수도 있다. 촉매적 리더십은 그런 일이 벌어지지 않도록 특정문제에 대한 사람들의 지속적인 관심을 유지하려고 노력해야 한다. 그러므로 촉매적 리더는 관심대상인 문제가 인지사이클의 어떤 단계에 있으며 인지장애는 무엇인가에 대해 잘 파악해야 한다.

문제의 정책의제화에 복합적으로 작용하는 요인들은, 악화되고 있는 조건에 관한 지식, 악화되고 있는 조건에 대한 감성적 흥분, 문제가 긴급하다는 느낌, 문제를 해결할 수 있다는 신념 등이다. 이러한 요인들을 형성·유지하기 위해 촉매적 리더는 사건·사고·의도적으로 꾸민 행사 등 '관심촉발 요인(attentional triggers)'을 이용하고 대중매체를 전략적으로 활용해야 한다. 그리고 정책의제화에 유리하도록 문제를 구성 또는 재구성해야 한다.

(2) 문제해결집단의 형성

문제해결집단의 형성(forming working group)이란 문제의 처리를 위해 협동해야 할 사람들이 모이게 하는 것을 말한다.

오늘날 공적 리더들이 직면하는 문제들은 연결적이기 때문에 어느 한 개인이나 조직이 쉽게 해결할 수 없는 것들이다. 그러한 문제들의 해결에는 많은 개인, 이익집단, 정부기관, 정부관할 등의 집단적 노력이 필요하다. 촉매적 리더는 문제를 인지한 여러 행동 주체들이 모여 문제해결에 간여하도록 유도하는 임무를 수행해야 한다.

그러한 임무가 결코 간단한 것은 아니다. 한 집단과 갖는 한 차례의 회합만으로 충분한 경우는 거의 없다. 조찬모임, 야간회의, 주말 교외집회 등을 수년 동안 되풀이해야 하는 경우도 있다.

모임에 어떤 사람을 초청할 것인가를 결정하는 것도 어려운 과제다. 촉매적 리더는 가담해야 할 관련자들을 선정하고 그들이 문제해결집단에 참여하도록 유도하는 데 특정한 문제에 대한 지식, 관련자들의 이해관계에 대한 지식, 개인적 유대관계, 개인의 신용을 활용한다.

촉매적 리더는 모임을 개시할 때 여러 가지 요인을 심사숙고한다. 초기의 모임이 설정한 규범과 절차는 사람들이 긴급한 공공문제의 해결에 정력과 시간을 바칠 것인가를 결정하는 데 중요하고 오래가는 영향을 미치기 때문이다.

공적 문제의 관련자들을 모이게 하거나 규합하는 데는 두 가지 접근방법이 있다. 그 중 하나는 특정한 해결책을 중심으로 사람들을 규합하는 접근방법이다. 다른 하나는 문제를 중심으로 사람들이 모이게 하는 접근 방법이다. 전자는 어떤 정책주창자(policy entrepreneur)가 선호하는 해결책에 대한 지지를 동원하기 위해 연합형성, 정치적 협상, 타협 등의 방법을 쓰는 접근방법이다.

촉매적 리더가 채택하는 접근방법은 후자 즉 이미 결정된 해결책이 아니라 문제를 중심으로 사람들이 모이게 하는 문제지향적 접근방법이다. 촉매적 리더는 해결책을 판촉하는 것이 아니라 문제를 판촉한다. 촉매적 리더는 문제가 해결되게 하는 데 열정적이지만 특정한 정책대안이나 미리 정한 해결책에 집착하지 않는다. 그는 다양한 정책대안들의 고려를 권장한다. 특정한 문제에 대한 그의 관심은 확고하고 엄격하지만 대안탐색에 대해서는 느슨한 태도를 취한다.

문제중심의 협동적 노력을 위한 모임의 방식은 다양하다. 공식화수준이 높고 지속적인 것도 있고, 잠정적인 것도 있다. 모임의 방식은 문제상황의 특성과 그것을 둘러싼 보다 넓은 환경의 조건에 맞게 결정해야 한다. 그러한 결정은 가담자들의 합의를 거쳐야 한다.

문제해결집단의 구성원이 누구냐에 따라 문제해결의 방향이 좌우될 수 있다. 그러므로 누구를 가담시킬 것인가 하는 문제는 매우 중요하다. 대개의 경우 지속적으로 활동할 핵심집단(core working group)을 먼저 구성하고 필요할 때마다 다른 집단이나 토론회 등과 연계하여 활동하게 한다.

핵심집단의 구성원들을 선정할 때에는 네 가지 단계의 작업을 해야 한다. 첫째, 모든 이해관계자들의 명단을 작성해야 한다. 둘째, 문제해결과정에 기여할 수 있는 전문가(지식보유자: knowledge holders)를 확인해야 한다. 셋째, 보유자원, 관점, 권력 등의 기준을 고려하여 핵심집단의 구성원을 선정해야 한다. 넷째, 핵심집단이 모임을 갖고 거기서 기본적인 산출목표에 대해 합의한 다음 추가적인 참여자들을 선정하여 문제해결과정에 합류하게 해야 한다.

(3) 전략의 창출

전략의 창출(creating strategies)이란 리더의 촉매적 역할과 가담자들의 협력적 노력을 통해 문제해결책을 결정하는 것을 말한다. 촉매적 리더는 관련자들을 모이게 하고 문제에 대한 그들의 생각을 실현가능한 전략으로 전환할 수 있도록 조력한다.

문제해결을 위한 집단적 과정을 통제하거나 면밀히 관리할 수는 없다. 문제해결집단들은 각기 독특한 스타일, 리듬 그리고 행동준칙을 형성하기 마련이다.

그러나 촉매적 리더는 두 가지 방법으로 리더십을 발휘할 수 있다. 첫째, 촉매적 리더는 문제해결집단이 행동전략에 대해 합의할 가능성을 높여 줄 조건의 형성을 도울 수 있다. 둘째, 촉매적 리더는 문제해결집단이 처한 상황적 조건에 적합한 전략개발절차를 입안하는 데 도움을 줄 수 있다.

문제해결집단이 효율적으로 행동전략을 결정할 수 있으려면 네 가지의 조건이 구비되어야 한다.

첫째, 동기가 유발되어 헌신적으로 일할 핵심구성원이 있어야 한다. 그들은 전략개발과정에 기여할 수 있는 지식·기술을 구비해야 한다. 그들은 공동의 문제해결을 위해 모였지만 동기와 헌신의 수준을 계속 유지하려면 각자의 독자성과 자율성을 버리지 말아야 한다. 상호의존적인 해결책을 찾는 협력집단이라고 해서 구성원들이 독자적인 의사결정권을 포기하도록 요구해서는 안 된다.

둘째, 문제해결집단이 원하는 결과에 관한 통일적 목표를 합의에 의해 결정해야 한다. 명료한 목표의 결여는 문제해결실패의 중요원인이 된다.

셋째, 문제해결집단은 문제와 정책대안에 관해 함께 배울 수 있는 상호학습(mutual learning)의 과정을 발전시켜야 한다.

넷째, 믿을만한 전략개발과정을 수립해야 한다. 전략개발과정은 상황적 조건에 적합하도록 그리고 문제의 정의와 재정의에 충분한 시간을 할당할 수 있도록 설계해야 한다.

(4) 행동의 지속화

행동의 지속화(sustaining action)란 문제해결을 위한 전략을 집행하고 그 관성을 유지한다는 뜻이다.

관련자들이 모여 협동적으로 해결대안을 창출하는 것은 그 자체가 성공적인 집행의 기반을 형성한다. 그러나 문제해결을 위한 행동을 집행하고 이를 지속시키려면 충분한 에너지, 관심집중, 그리고 지지가 필요하다. 촉매적 리더십은 공동적 행동의 개시를 촉발하고 이를 지속시킬 에너지를 제공해야 한다.

문제해결전략의 집행과 관성의 유지에는 많은 걸림돌이 있다. 행동주체들의 할거주의적 행태, 의사전달의 장애, 규범적·구조적 장애, 한 사람에게 한정된 리더십, 즉각적 성과를 요구하는 과도한 압력 등이 걸림돌의 예이다. 촉매적 리더들은 이러한 장애들을 극복하는 데 기여해야 한다.

문제해결 전략의 성공적 집행을 말해주는 주요 지표는 네 가지이다. 네 가지 지표는 i) 문제해결집단에서 합의한 성과의 추구에 진척이 있는 것, ii) 주요 관련자들 사이의 관계가 유지·증진되는 것, iii) 정책학습이 촉진되는 것, 그리고 iv) 문제해결집단 구성원들의 개인적 목표가 달성되는 것이다.

촉매적 리더들이 많은 장애를 극복하고 성공적인 집행을 이루어 내려면 지지를 획득하고 협력을 제도화하기 위해 노력해야 하며 네트워크 형성을 촉진해야 한다.

가담과 지지를 확대하기 위해서는 문제해결을 위해 앞장 설 핵심적 추진자들을 찾아내고, 권력자들의 지지를 확보하고, 지지연대를 형성해야 하며, 필요한 자원을 동원하고 적절히 배분해야 한다.

협력의 제도화를 위해서는 지속적 협력을 가능하게 하는 조직 간의 장치와 행동수단들을 만들고, 자기조직화집단들이 성과달성을 위해 노력하는 것을 지원해야 하며, 성과지향적 관리체제를 발전시켜야 한다.

다자간 네트워크의 형성·발전을 촉진하기 위해서는 실현하려는 성과에 대한 집중적 관심을 유지하고, 신뢰에 바탕을 둔 관계를 발전시키고, 집행 상의 작은 성공들을 누적시켜 나가야 하며, 학습을 지속적으로 강조하고, 촉매적 리더십의 초기적 과제에 되돌아가 사람들의 적극적 가담을 지속적으로 확보해야 한다.

3. 촉매적 리더의 기본적 기술

촉매적 리더십은 일련의 분석적 기술과 대인관계적 능력을 필요로 한다. 그러한 능력과 기술의 범주는 i) 전략적으로 사고하고 행동하는 것, ii) 문제해결집단의 생산적 활동을 촉진하는 것, iii) 강한 개인적 특성에 의해 이끄는 것 등 세 가지로 나누어 볼 수 있다. 분석적 기술의 핵심은 전략적 사고이다. 대인관계에 관한 기술의 핵심은 문제해결 집단과 네트워크 내에서의 제 관계를 촉진하고 중개하는 능력이다. 강한 개인적 특성은 핵심기술들의 기반이 된다.

⑴ 전략적 사고와 행동

연결된 문제들을 다루려면 전략적 분석을 해야 한다. 전략적 분석은 문제에 대한 공공의 관심을 불러일으키기 위해, 이해관계자들이 갖는 공동의 또는 상충되는 이익을 확인하기 위해, 그리고 문제해결의 가능성이 큰 전략대안을 조명하기 위해 필요하다.

전략적 사고는 체계적 사고나 창의적 사고 이상의 것이다. 전략적 사고는 네 가지의 분석기술을 내포한다. 네 가지 기술이란 i) 문제와 그에 대한 전략적 대응을 구성하고 재구성하는 기술, ii) 목표로 삼을 성과 또는 바람직한 결과를 확인하고 정의하는 기술, iii) 공동이익 또는 상호보완적 이익을 발견하기 위해 이해관계자들의 이익을 평가하는 기술, 그리고 iv) 상호연관성과 연계를 노출시키는 체제적 사고의 기술을 말한다.

전략적 사고를 위해서는 사고의 지평을 넓혀야 하며, 가정(假定)과 신념을 수정할 수 있어야 하고, 전에 놓쳤던 연결성과 연계를 볼 수 있어야 한다.

(2) 생산적 활동의 촉진

촉매적 리더는 문제해결집단이 합의를 형성하기 위해 협동하는 과정을 촉진해야 한다. 그러기 위해서는 네 가지 과제를 수행해야 한다. 네 가지 과제란. i) 새로운 아이디어와 통찰력이 분출되게 하는 것, ii) 갈등을 극복하는 것, iii) 문제해결집단이 교착상태에서 빠져나와 활발한 토론을 할 수 있게 하는 것, 그리고 iv) 문제해결방안에 관한 합의를 이끌어 내는 것을 말한다.

촉매적 리더는 사람들 위에서 활동하는 것이 아니라 사람들 가운데서 일한다. 그러나 촉매적 리더의 역할이 수동적인 것은 아니다. 그는 협력적 과정에 적극적으로 개입하고 문제해결집단의 구성원들이 좋은 제안들을 하도록 촉구한다. 촉매적 리더는 참여자들의 제안을 받아들이기만 하는 것이 아니다. 다기한 이익과 파당적 관심사들을 조정하고 종합하여 중요한 관련자들의 필요와 이익에 부응할 수 있는 대안을 형성한다. 촉매적 리더는 이러한 촉매작용에 의해 문제해결집단이 힘을 합쳐 일하도록 한다. 싸우거나 회피적 행동만 하도록 하는 것이 아니다.

(3) 개인적 특성

촉매적 리더십은 강한 리더십이다. 다양한 집단들이 모여 공동의 문제해결 노력을 하도록 촉진하려면 리더의 강력한 추진력이 필요하다. 촉매적 리더의 기술과 전략은 그의 강력한 특성이 뒷받침해주어야 효용을 발휘할 수 있다.

여기서 사람의 특성(character)이란 정신과 의도에 나타나는 성향이다. 이것은 성격보다 더 깊은 그리고 보다 본질적인 인간내면의 속성이며 도덕적 의미를 함축한다.

인간행동의 이면에 있는 인간의 특성은 인간내면의 의지와 성향을 내포한다. 촉매적 리더는 세 가지 국면의 강한 특성을 지녀야 한다. 세 가지 국면이란 i) 결과성취를 향한 강한 열정, ii) 연결성·연계성에 대한 감수성, 그리고 iii) 정직성이다.

촉매적 리더는 장기적인 안목을 가지고 바라는 바 성과를 달성하려는 열정을 지속적으로 유지해야 한다. 바람직한 성과에 계속적으로 주의를 집중해야 하지만 상황변화에 열린 마음으로 대응해야 한다.

촉매적 리더는 얽히고 설킨 관계들의 네트워크 속에서 여러 조직으로부터 온 사람들과 함께 일해야 한다. 그러므로 연관성을 중시하고 가담자들의 상호신뢰·공동이익에 대한 인식·공동운명체에 대한 인식을 북돋워야 한다.

촉매적 리더는 정직성의 모범을 보여야 한다. 여기서 정직성이란 선언한 바 있는 원칙에 충실한 특성을 말한다. 정직성은 여러 유혹이나 장애에도 불구하고 자기의 신념과 자기가 선언한 원칙에 일관되게 행동하는 도덕적 특성이다. 리더의 정직성은 사람들과의 신뢰관계를 구축하는 데 필요한 가장 중요한 기초이다.

Ⅲ. 평가적 의견

우리는 격동성이 높은 세계에 산다. 삶의 복잡성이 계속하여 높아지는 시대에 산다. 복잡성의 핵심적 속성은 분화와 상호의존성의 심화이다. 복잡성의 시대에 우리가 직면하는 공공문제는 매우 복잡하다. 그런가 하면 문제해결구조의 계서적 지배력은 약화되고 있다. 다원화·분권화는 촉진되고 있다. 이러한 상황적 조건 하에서는 협동기제의 발전이 절실히 요망된다. Luke의 리더십이론은 이러한 필요에 부응하려는 노력의 일환이라고 할 수 있다.

Luke는 리더십의 협동촉진적 역할을 특히 강조한다. 그리고 계서적 지배에 의한 리더십이 아니라 촉매작용에 의한 리더십을 강조한다. 조직 상의 리더십과 구별되는 공적 리더십은 정부의 독점물이 아니라는 것도 강조한다. 이러한 아이디어들은 복잡성의 시대, 협동기제 강조의 시대에 적합한 것이라고 생각된다.

그러나 오늘날 대부분의 나라들에서 촉매적 리더십에 대한 처방을 실천하기는 대단히 어렵다. 촉매적 리더십에 대한 요청이 커지고 있는 것은 사실이지만 촉매적 리더십이 성공하는 데 필요한 조건들은 성숙되어 있지 않다. 인프라 구축의 부진은 오늘날 대부분의 '이상적' 개혁처방들이 겪는 좌절이다. 촉매적 리더십 모형도 예외가 아니다.

Luke의 논리는 미국이라는 문화권을 준거로 삼은 것이다. 다른 문화권에서는 촉매적 리더십이 더 많은 장애에 봉착할 수 있다. Luke의 이론은 미국적 편견을 반영하는 것이라는 비판을 받을 수도 있다.

참고문헌

Luke, Jeffrey S., *Catalytic Leadership: Strategies for an Interconnected World*, San Francisco: Jossey-Bass Publishers, 1998.

Marc Holzer의
생산성 향상과 공공 관리*

I. 머 리 말

근대사회의 시작과 함께 정부에 대한 끊임없는 도전은 공공조직의 생산성과 효율성에 대한 논란일 것이다. 사회의 복잡성이 증대됨에 따라 정부의 역할은 늘어나고, 한정된 재원과 과중한 업무부담 하에서 행정서비스에 대한 국민의 기대수준을 만족시키기란 쉽지 않은 과제이다.[1] 작은 정부, 기업가형 정부 등 신공공관리론의 대두와 함께 정부의 역할을 축소하고 기업가적 생산성을 요구하는 목소리가 커지고 있지만, 여전히 다양한 공공서비스의 공급주체로서 정부가 가장 적합한 조직임을 부정할 수 없는 사실일 것이다. 그렇다면 논의의 초점은 다시 급변하는 환경 속에서 정부의 효율성을 어떻게 제고할 것인가에 맞춰진다. 사실 공공조직은 비효율적일 것이라는 기존의 고정관념에도 불구하고 정부는 조직혁신을 통해 생산성을 높이려는 노력을 끊임없이 해왔다. Osborne과 Gabler의 정부재창조(*Reinventing Government*)에서도 정부의 비효율성을 극복하려는 부단한 노력들을 발견할 수 있다. 이 글에서는 현재 Rutgers대학 교수이자 National Center for Public Productivity의 소장을 맡고 있는 Marc Holzer의 정부의 생산성 향상과 관련된 논의를 중심으로 품질관리와 성과측정에 대해 검토해 보고자 한다.[2] Holzer는 효율성면에서 우수성을 인정받은 성공적인 프로젝트들을 자세히 관찰해보면 서비스생산의 전 과정에 걸쳐 품질관리를 위한 전략적인

---

* 박순애: 서울대학교 행정대학원 교수.

1) Siedman(1984)은 정부와 국민간의 애증관계는 행정서비스에 대한 요구가 증대되고 있지만 이에 필요한 인력과 절차, 비용에 대해서는 국민들의 신뢰를 얻지 못한데서 기인한다고 설명한다.

2) Rutgers대학에서는 National Center for Public Productivity의 지원으로 정부의 생산성, 창의성, 개혁성을 독려하기 위해 1989년부터 Exemplary State and Local Awards Program을 기획하였다. 현재까지 총 140여개의 프로젝트가 표창을 받았는데, 주로 비용 절감, 서비스의 품질과 생산성에 있어서 획기적인 개선을 이룬 프로그램이나 사업에 주어졌다.

고려가 있음을 주지시키고 있다. 규모축소, 경제성, 민영화, 기업가적 관리방식, 또는 더 열심히 일하기, 더 효과적으로 일하기와 같은 상식적이고 단편적인 기법들이 공공기관의 혁신을 성공적으로 이끈 요인이었다면 정부의 효율성 문제가 이렇게 오랜 논쟁거리가 되지는 않았을 것이다. Holzer는 이러한 대중요법들이 공공조직의 생산성 향상에 그다지 기여하지 못한 원인은 이러한 처방자체가 대중적 오해에 기반을 두고 있기 때문이라고 주장한다. 복잡하고 거대한 조직인 정부의 업무는 그 규모만큼이나 해답이 명확치 않은 무수한 난제들로 이루어져 있다. 따라서 이렇게 복잡한 구조의 문제를 단순한 기법이나 처방으로 해결하겠다는 의도자체가 과욕이라고 Holzer는 경고하고 있다.

이하에서는 Holzer가 제안하고 있는 조직의 생산성을 제고하기 위한 전 과정 중에서 품질관리와 성과측정 부분을 구체적으로 논의해보고자 한다.

II. 공공조직의 생산성향상을 위한 전략적 접근

위에서도 언급하였듯이 조직혁신에 성공한 기관들은 고객들이 만족할만한 서비스를 생산하기 위하여 품질관리원칙을 적용하고, 의사결정의 계량화를 도모하며, 인적 자원개발을 위해 조직학습에 투자하고, 신기술을 우선 채택하며, 사적 부분이나 비영리 조직 등 유관 기관과 협력관계를 구축하는 다단계 전략을 채택하고 있다. 아래 [그림 3-6]은 이러한 단계들이 서비스 생산 전과정에 걸쳐 어떻게 적용되는지를 개략적으로 보여주고 있는데, 각각의 단계는 조직의 내적 역량을 극대화하고, 최종 산출물을 통해 예측한 결과를 도출할 수 있도록 자원의 활용을 보다 효율적이고 효과적으로 개선하기 위한 전략으로 구성되어 있다.

Holzer는 성공적인 정부정책이나 사업의 상당수가 사기업에게 적용되는 경제적 효율성이라는 동일한 기제(비용절감, 서비스 생산량, 하자비율 등)로 측정 가능하지만 공공영역에는 국가관이나, 안전에 대한 인식, 개인의 행복, 문맹률, 예술과 문화 등 경제적 유형화가 곤란하지만 사회의 통합을 위해 필수적인 요소들이 있다고 한다. 즉 공공부문의 사업은 경제적 생산성과 삶의 질 향상이라는 유형·무형의 양 요소를 모두 만족시켜야 성공적인 사업으로 평가될 수 있을 것이다.

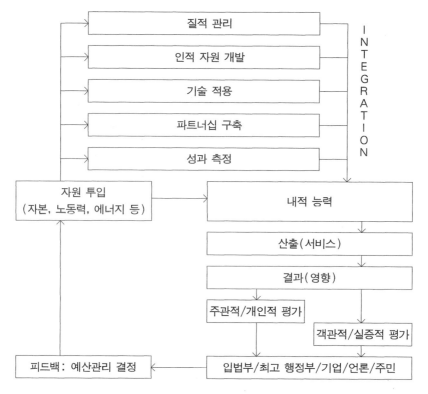

출처: Holzer and Callahan, Government at Work: Best Practice and Model Programs, Thousand
Oaks, CA: Sage, 1998.

[그림 3-6] 포괄적인 공공 부문의 생산성 향상

1. 품질관리(Management for Quality)

생산성 및 품질 개선이라는 과업은 증대되는 사회적 요구에 비해 한정된 자
원의 배분이라는 환경 속에서 정부가 해결해야만 하는 오랜 과제 중의 하나이
다. 최근 생산성에 대한 논의는 많은 경우 "품질 개선"이라는 명칭으로 대체되
고 있다. 이러한 품질에 대한 관심은 아마도 경제와 기술의 발전으로 인해 인간
의 기본적인 욕구가 충족되고 개인적 선호라든지 다양성을 반영할 수 있는 제품
이나 서비스에 대한 수요가 증가하면서 나타난 현상이라고 하겠다.[3]

-----

3) 예를 들어 지방정부 정보연계망(The Local Government Information Network, 1999)은
1980년 이후 품질개선 사례들을 650여 가지 이상 축적하였으며, West, Berman, Milakovich(1993)
의 연구에 따르면 "인구 25,000 이상의 도시들 중 25퍼센트가 적어도 한 가지 공공 기능 분야에서

비록 새로운 현상은 아닐지라도 품질 향상 운동은 정부 재창조 운동의 근간을 이루는 움직임이라고 할 수 있다. 마치 민간 부문이 전지구적으로 개방된 시장 속에서 경쟁력을 확보하기 위해 계층제적 조직에서부터 고객지향적이며 유동적인 조직으로 변모한 것과 마찬가지로, 정부 역시 민영화의 물결에 따른 도전을 극복하고, 스스로를 고객으로 자각하기 시작한 대중의 요구를 충족시키기 위해 정부가 생산하는 서비스의 품질에 대해 더욱 예민하게 대응하고 있다.

보다 진보된 수단에 대한 끊임없는 탐색 작업을 통해 공공조직은 이제 사적 영역에서 각광받는 주요 개념들을 적극적으로 이해하고, 받아들여 활용하고 있다. 사실 '품질'이라는 용어 자체도 과거에 사기업들이 주로 내세우던 홍보문구 중 하나였다고 볼 수 있으며 정부 영역에서의 품질 향상 운동이 산업품질 관리 운동에서 그 아이디어를 차용해 왔음은 부인할 수 없는 사실이다. Holzer는 후술하는 7가지 요소들을 정부 부문에서의 품질 향상 노력을 위한 전형적인 기본 틀로 제시하고 있다.

(1) 최고 관리자의 지지

최고 관리자가 품질 향상에 관해 인식하고 이를 수행하는 것은 품질 향상에 대한 가치를 조직 전반에 걸쳐 알리는 첫번째 단계에 해당한다. 조직의 최고 지도자는 피상적인 립 서비스나 상징적 의미에서가 아니라 품질개선이 조직의 운명을 결정한다는 인식을 조직내부에 확산시켜야 한다. 품질 지향으로의 변화는 조직문화 자체가 고품질을 지향한다는 근본적인 전제가 있어야 가능하며, 그러한 거대한 변화는 계층제 조직 전체에 영향을 미치는 모델로서 최고 지도자의 행태가 먼저 변화해야 가능한 것이다. 이를 위해 지도자는 그들의 통제 권한을 과감히 이양하고 변화의 주도자가 되어야 한다.

(2) 고객 지향성

전통적으로 공공 부문은 고정된 고객을 확보하고 있다. 교실 내에서의 학생이나 사회보장제도의 수혜자들이 과거에는 특별한 요구를 지닌 고객으로 대접받지 못하였지만 진보적인 공공 기관들은 이러한 고객 개념에 관한 인식의 부재를 품질 개선의 장애물로 파악하고 기존과는 다른 모델, 예컨대 고객으로서의 시민

총체적 품질 관리 기법(TQM)을 사용한 바가 있으며, 그 중에서도 가장 많이 적용된 분야가 경찰, 공원 및 레크리에이션 서비스, 인사관리, 예산 부문이다." 반면 뉴욕시 위생과의 운송 수단 개선의 사례처럼 효율성 증대가 현저한 경우들은 총체적 품질 관리 운동(TQM)보다는 "생산성"증대로 평가한다.

모델을 차용하였다. 즉 고객을 존중하며 고객의 요구에 즉각 대응해야 한다는 고객지향적인 가치관의 정립이다. Hunt(1993)가 주장하였듯이 성공적인 조직은 고객과 개방적이고 지속적인 쌍방향적 의사소통을 통해 고객의 불만사항을 점검하여 서비스 산출 그 자체와 과정을 개선하고 변화시킨다.

(3) 장기적 관점의 전략 수립

정부는 예산 감축, 조세수입의 감소, 선출직 관료들의 변화와 같은 정부를 둘러싸고 있는 환경 변화에 지속적으로 대응해야 한다. 이러한 정치적 환경은 모두 외부적 요소들로써 때로는 정부의 의도와는 무관하게 변화하고 정부정책에 영향을 미친다: 따라서 공공관리자들은 주어진 외부 환경변화에 균형을 잃지 않게끔 최선의 대처기법을 개발해야 한다. 즉 이러한 외부 조건의 변화에 따른 영향을 최소화하기 위해서는 환경변화를 미리 예측하고 전략적 접근을 하는 것이 필요할 것이다.

(4) 인적 자본의 개발과 교육

조직이 고품질의 서비스를 생산해낼 수 있는 가장 기본적인 전제 조건이자 가장 중요하고 값비싼 요소가 바로 인적 자원 부분이라고 할 수 있다. 만약 뛰어난 인적 자원을 보유하고 있다면 다음 단계는 서비스 수행이 높은 수준에서 이루어 질 수 있도록 교육 및 훈련을 시키는 것이다. 인적 자원의 능력향상을 위한 투자는 지속적인 품질향상을 위한 가장 핵심적인 요소의 하나라고 할 수 있다.

(5) 권한 위임과 팀별 과업 수행

고품질의 서비스는 한 개인의 노력보다는 팀워크에 의해 가능하기 때문에 팀은 과업을 수행해나가기 위한 자율재량권을 가져야 한다. 개인차원의 서비스 제공도 수많은 동료들의 지원이 있을 때 성공적으로 이루어지듯이 팀은 상호의존적이라는 현실을 명확하게 인식해야 한다. 예를 들어 병원 조직의 경우 의사, 간호사, 치료기술자 등의 의료진만이 환자의 진료를 위해 노력하고 있는 것이 아니라 자원봉사자는 물론이고, 접수 데스크 관리자, 급식 담당자, 병원 관리자 등 모든 병원 담당자들의 협력이 있어야만 환자의 치료가 가능한 것이다. 공공 기관에서 품질의 문제를 가장 잘 해결할 수 있는 주체는 직접적인 서비스 제공자와 간접적인 보조자 양자를 모두 포함한다.

(6) 과정과 산출에 대한 측정과 분석

품질을 향상시키고자 하는 공공 부문의 프로그램은 피드백을 중시한다. 이러한 조직은 정보수집체계를 구축하고 있으며 끊임없이 조직의 생산물 및 그 결과들을 측정하고 문제점을 찾아내기 위해 수집된 자료를 분석하며, 이러한 과정이 서비스 수행을 개선할 수 있는 기회라고 생각한다.

(7) 품질 보증

성과측정과 분석은 지속적인 개선과 과거의 성공적인 과업 수행에 대해 벤치마킹할 수 있는 좋은 기회가 된다. 또한 외부 조직이나 유사한 조직의 전문적 기준 및 성과기준을 비교·분석하는 것도 품질에 대한 상대적 평가를 할 수 있는 기회를 제공한다. 품질을 보증한다는 것은 이러한 객관적인 기준이 충족됨을 의미하는 것이다.

2. 성과 측정(Measurement for Performance)

공무원들은 필요한 공공 서비스를 스스로 생산함에도 불구하고, 모든 공공기관이 사업에 대한 투자 수요와 사업진행상황을 파악할 수 있는 측정 역량을 갖고 있는 것은 아니다. Ammons(1996)의 연구에 의하면 공공기관들은 경쟁에 대한 압력이나 최소한의 이익보장 또는 손실에 대한 의무감도 없이 사회적으로 긴급한 이슈를 내세우면서 성과측정을 경시하려는 경향이 있다고 한다. 그러나 최근 비용규제와 책임성, 정부규모 축소에 대한 논의가 증대되면서 공공부분의 성과측정은 중요한 이슈로 부각되었다. 성과측정은 정부의 다양한 부서들이 그들의 맡은 바 직무를 얼마나 잘 수행하고 있는지 실적을 점검할 수 있는 수단을 제공한다. Hatry(1978)는 정부의 생산성 향상을 위해서 이러한 실적기록이 필수적이라고 한다.[4]

그러나 성과 측정은 산출(output)과 결과(outcome)처럼 많은 부분 함축적인 측면을 내재하고 있다. 범죄율이 늘어났는지, 거리는 깨끗해졌는지, 대기 환경은 얼마나 개선되었는지, 자녀들은 학교에서 얼마나 잘 적응하고 있는지 등과 같은 질문은 사업이 애초에 기대했던 대로 결과를 생산하고 있는가의 문제로 귀

---

4) "만일 당신이 실적을 기록하지 않는다면 당신이 이룬 성과에 대해 알기 어렵게 된다. 이는 일반 구기경기, 카드 게임에도 적용되며 정부 생산성에도 마찬가지다..... 생산성 측정은 정부로 하여금 문제 영역을 확인하게 하고, 개선이 가능한 범위를 파악하여 문제를 해결하도록 한다"(Hatry, 1978).

착된다. 이에 대한 답변은 결국 환류를 통해 공공부문의 자원 분배와 재분배 결정에 영향을 미치게 되며 사업의 우선순위를 변화시킬 수 있기 때문에 중요한 의미를 가진다. 재원배분에 관한 결정은 공공관리자, 최고관리자, 입법가에 의해 내부적으로 결정되지만, 이러한 의사결정자들은 기본적으로 주민이나, 민간기업, 유권자, 미디어, 이익집단들에 의한 외부 영향을 무시할 수 없다. 이러한 영향력은 [그림 3-6]에서와 같이 주관적 평가와 객관적 평가로 구분할 수 있다.

[그림 3-6]에서 주관적 화살표가 의미하는 바는 공공 회소자원의 분배에 대한 의견들이 능률성과 효과성이라는 모호한 평가나 주관적이고 견고하지 못한 판단에 근거하고 있는 경우가 종종 있다는 것이다. 이들은 주로 우수사례와 실패사례를 통해 얻어진 교훈이며 때로는 소문에 근거한 평가이기도 하다. 즉 개인적인 경험에 바탕을 두고 있는 주관적 의견이라고 볼 수 있다.

반면 [그림 3-6]의 객관적 화살표가 의미하는 바는 성과측정을 위해 공공부분으로 하여금 명확한 자료를 제시할 수 있는 기회를 제공한다는 것이다. 성과측정은 의사결정의 기준을 개인의 경험으로부터 측정가능한 성과물로 전환할 수 있도록 한다. 산출물과 성과물의 현재 수준 및 추세에 대한 자료, 관련된 비용대편익 비율들은 사업을 확장할 것인지 축소할 것인지에 대한 계량적인 기준을 제공해준다. 측정은 조직이 본연의 업무를 수행하고 있는지, 부작용이나 외부효과는 없는지, 고객에게 대응성을 가지고 있는지, 공평한 정책인지, 특정한 집단에게 혜택을 주는 정책은 아닌지, 권한의 범위 내에서 업무를 수행하고 있는지 등 조직의 생산성에 대한 구체적인 질문들에 대해 객관적인 답변을 가능케 한다.

이러한 질문들에 대해 생산성이 높은 정부는 목표 설정과 결과의 측정, 필요한 자원의 예측과 정당화, 자원의 재배분, 조직발전 전략의 개발, 성과개선을 위한 근로자들의 동기부여 등을 강조한다.

Holzer가 제시하는 측정과정에서 필요한 절차는 다음 세 가지로 요약할 수 있다.

· 고객에 대한 외부 서비스를 효율적으로 제공하기 위해 공공조직은 유지관리, 교육훈련, 회계감사 등과 같은 산출물 생산의 전제조건이 되는 조직구조 전반을 먼저 점검해야 한다.

· 산출물은 서비스 수혜자, 제공된 서비스양 등 양적 기준과 서비스 제공 기준이나 하자발생율과 같은 질적 측면에서 모두 측정가능해야 한다.

· 그러나 산출물 자체는 성과평가의 한 단면일 뿐이다. 만약 관리자가 자원분배나 재분배에 대해 보다 진보적인 의사결정을 하고자 한다면 산출물 뿐만 아

니라 고객의 삶의 질과 고용 유지 능력의 향상과 같은 서비스 결과에 대해서도 측정할 필요가 있다.

즉 생산적인 조직이 되기 위해서는 내부 서비스, 외부 서비스, 그리고 서비스 산출물과 결과라는 네 단계에서 모두 생산성 향상을 도모하고 점검해야 하며, 이러한 측정치에 대해 고객과 분명하고 정직하게 의사소통을 해야 한다. 성과측정수단으로 아래 〈표 3-1〉과 같은 질문을 사용할 수 있다(Performance Measurement Traning Manual, 1996).

공공조직의 관리자와 정책결정자는 이하의 다양한 방식으로 성과를 개선할 수 있다.

〈표 3-1〉 성과 측정 지표

	질 문
사업성과	얼마나 많은 서비스가 제공되었는가? 얼마나 능률적으로 자원이 투입되었는가? 얼마나 효과적으로 서비스가 제공되었는가?
성과에 대한 효과성 지표	서비스제공의 공식적인 목표는 무엇인가? 서비스의 부수적인 효과는 무엇인가? 문제를 예방하는데 서비스가 얼마나 효과적인가? 서비스는 적절한가? 서비스는 이용하기 쉬운가? 고객들은 서비스에 만족하는가? 서비스가 공평하게 배분되었는가? 생산품은 영속성을 가지고 있는가? 서비스제공방식에 고객은 어느 정도 만족하는가?
바람직한 성과 측정의 특징	사회적으로 중요한 의미를 지니는 서비스인가? 문제해결에 적절한 서비스인가? 성과는 계량화가 가능한가? 서비스는 쉽게 이용가능한가? 서비스는 적시에 제공되었는가? 서비스는 명확하게 제공되었는가? 성과 측정은 타당한가? 측정방식은 수용할만한가? 성과는 완벽하게 측정가능한가? 측정이 정확한가? 측정을 신뢰할 수 있는가?

출처 : Government Accomplishment and Accountability Task Force, *Performance Measurement Training*, American Society for Public Administration. Washington, D.C, 1996.

(1) 목표설정과 결과 측정

사업에 대한 책임성을 묻는 것은 보편적인 정치적 처방이라고 할 수 있다. 그렇다면 성과측정에서 관심을 갖는 것은 무엇에 대한 책임성을 물어야 하는가이다. 목표가 모호할수록 고객은 사업수행에 대한 만족감이 떨어지고 사업자체에 관심도 없을 것이다. 가장 최선의 공공사업은 목표를 구체화하고, 계획된 대상으로 목표를 취급하며, 계획에 따라 결과를 성취해 나가는 것이다. 계획과 결과의 비교가 책임성을 제고하는 계기가 될 수 있다.

(2) 필요한 자원의 예측과 정당화

예산은 필요한 자원에 대한 추정치이다. 전통적으로 자원에 대한 수요는 과거의 지출에 근거를 두고 미래 수요를 추측하는 것이다. 재정계획은 보다 체계적이고 계량화 되어야 한다. 이는 지출이 정확하고 보다 객관적이며 사실에 근거할 때 지출에 대한 정당화의 가능성은 증대될 수 있기 때문이다.

(3) 자원 재배분

성과측정은 좀더 생산적인 자원 배분 결정에 기여한다. 사업에 대한 비용/편익분석을 통해 비용이 절감되는 대안들을 파악하여 전반적인 사업경비를 절감할 수 있다.

(4) 조직발전전략 개발

성과측정은 문제의 초점을 명확히 하는 데 유용하다. 일단 문제가 분명해지면 장애 극복방안, 대상 서비스, 예상되는 문제에 대한 계획 등 보다 체계적인 접근 방법으로 조직 발전전략을 수립할 수 있다.

(5) 성과 향상을 위한 근로자 동기부여

동기부여는 종종 성과개선의 중요한 기능을 담당한다. 합리적이고 측정가능한 목표의 설정은 목표의 달성 정도를 예측할 수 있게 한다. 목표성취도를 제시하거나 과거 성과에 비견되는 현재 성과를 측정하는 것은 구성원들로 하여금 업무에 대한 집중력을 높이고, 더 많은 산출, 고품질, 효과적인 결과와 같은 '올바른' 방향으로 가고 있다는 자부심을 갖게 하는 계기가 될 수 있다.

⑹ 성과향상을 위한 다양한 접근방법 채택

성과개선과 관련된 수범사례는 생산성 향상을 위해 다양한 접근방법을 시도한 기관들에서 발견된다. 공공영역 개선사업은 여러 가지 명칭으로 진행되고 있지만 명칭보다는 수요의 증대와 한정된 자원이라는 환경 하에서 종합적인 생산성 향상이라는 본질의 달성여부가 중요한 것이다. 체계적인 성과 개선은 진보적인 관리기법을 먼저 채택하고, 생산성 향상을 위한 조직구성원의 발의권이 제도화될 때 가속화 될 것이다.

3. 전략적 기획

Holzer는 공공부문의 생산성을 제고하기 위해 다음과 같은 다단계 전략을 제시하고 있다(Holzer, 1995).

⑴ 1단계 – 목표를 분명히 하고 지원을 구한다.

조직의 생산성을 향상시키기 위해서는 합리적인 목적과 목표에 대한 조직구성원의 동의 및 자발적 헌신 그리고 적절한 참모조직과 자원, 조직적인 비전이 함께 갖추어져야 한다. 최고관리자와 선출직 관료의 협조는 성공의 전제조건이라고 할 수 있다.

⑵ 2단계 – 모델 개발

생산성을 제고하기 위해 기존 사업으로부터 잠재적 위험을 회피할 수 있는 수단과 방법을 배울 수 있다. 모델은 컴퓨터 네트워크나 학술 논문, 또는 브레인스토밍회의 등을 통해 개발할 수 있다.

⑶ 3단계 – 개선 가능성이 있는 대상 영역 확인

생산성 향상을 위해서는 프로그램 단계에서 실수가 빈번히 발생하는 부분을 집중적으로 점검하여 개선방안을 발견할 수 있다. 보통 인력이 세출의 가장 큰 부분을 차지하기 때문에, 사기진작, 교육훈련, 노동조건 등의 개선을 통해 인력의 효율성을 도모하는 것도 조직생산성을 제고할 수 있는 한 방안이다. 신기술의 도입도 장래의 생산성 향상을 기대할 수 있는 방안이 될 수 있다.

(4) 4단계 – 팀 구성

장기적으로 보면 상향식 조직보다는 하향식 조직이 혁신에 성공할 가능성이 높다. 하향식 조직의 이상적인 팀 구성은 중간 관리자와 최고 관리자, 근로자, 노조연합 대표를 포함하고 있어야 한다. 그 외에도 자문위원, 고객, 이익집단의 대변인들도 팀구성원에 포함될 수 있다. 팀워크를 통해 근로자들은 사업의 장애물이 무엇인지, 어떻게 보다 능률적으로 업무를 수행할 수 있는지, 적정한 업무량이 어느 정도인지에 대한 실무차원의 유용한 정보를 제공할 수 있다.

(5) 5단계 – 사업계획

성공적인 사업수행을 위해서는 구체적인 사업의 범위, 목표, 책임, 사업기간에 대해 팀구성원들이 동의해야만 한다. 이러한 동의는 사업관리 계획으로서 구체화되어야 하고, 정기적인 점검결과에 따라 수정, 보완되어야 한다.

(6) 6단계 – 자료 수집

정확한 성과측정을 위해서는 체계적인 자료수집이 필수적이다. 필요한 정보의 범위는 현재 자료의 검토에서부터 인터뷰 기록, 예산, 전문가나 고객집단에 의한 연구 분석까지 포괄적으로 포함해야 한다. 이러한 자료들은 정기적으로 수집되어야 하고, 모든 자료는 분석을 위해 팀 구성원에게 제공해야 한다. 또한 수집된 정보의 타당성과 유용성은 지속적으로 검토되어야 한다.

(7) 7단계 – 사업계획 수정

사업이 진행되는 동안 정기적인 회의를 통해 사업의 문제점, 환경변화, 새로운 기회, 사업의 우선순위 등에 대해 지속적으로 논의하고 사업계획에 수정이 필요하다면 가능한 대안적 접근방법들을 모색해야 한다. 제시된 문제점들을 극복하기 위해 기술의 집약적 이용을 배가해야 하는지, 훈련을 강화해야 하는지, 근로자의 동기부여가 필요한지 등에 구체적인 의사결정 후 사업계획을 수정해야 한다.

(8) 8단계 – 문제 예측과 대응

사업에 대한 잠재적 오해나, 자원 부족, 고객이나 근로자의 저항 등에 대해 공개적으로 대응하고 논의한다면 사업의 성공가능성은 높아진다. 그러나 이러한 문제들에 대해 인식하지 못하거나 대응을 회피한다면 사업은 실패할 가능성이 높다.

(9) 9단계 - 점진적 개선

사업의 집행은 점진적, 단계적으로 진행될 때 성공의 가능성이 높다. 강한 유인은 가졌지만 무리한 사업진행으로 인해 실제 결과가 예상외로 성공적이지 못한 사업의 경우 최고 관리자나 정치적 지지자들은 당황하게 된다. 반면 비교적 대중의 관심이 적은 사업의 경우는 중간관리자나 근로자를 포함한 주요 인사들에게 조급증으로 인한 사업실패의 위협요소는 낮다고 할 수 있다.

(10) 10단계 - 평가와 결과의 공개

모호한 주장보다는 개선결과의 객관적 측정이 중요하다. 선출직 관료나 언론, 시민집단은 명확한 자료에 근거한 주장을 수용할 가능성이 높다. 이러한 주장은 자원배분과 같은 환류에 있어서도 설득력이 높다. 성과개선을 입증하는 증거의 핵심적 요소는 비용절감이나, 추가 서비스, 서비스수준에 대한 객관적 평가, 고객만족, 대기시간의 절감 등을 보여줄 수 있는 객관적인 자료들이다.

이상에서 제시한 다단계 전략은 집행시 특정한 조직 상황에 맞게 수정되어야 한다. 따라서 실제 사례는 Holzer가 제시한 모형과 조금씩 달라질 수 있다. 어떤 경우에는 한두 단계가 삭제될 수도 있고 통합될 수도 있다. 그럼에도 불구하고 이 모형은 실제 사업의 약점을 제거하고 장점을 강화하기 위한 기본적인 분석의 틀로 사용할 수 있다.

Ⅲ. 평가적 의견

이상에서 공공부분의 생산성 향상을 위한 품질관리와 성과측정을 Holzer의 논의를 중심으로 살펴보았다. Holzer는 공공조직의 생산성이나 성과측정은 기본적으로 사조직의 그것과는 다른 측면이 있음을 주지해야 한다고 주장한다. 현재 정부가 당면한 문제들은 환경자원 보호, 개방화된 산업구조에서 농업부문 축소 및 농민의 전업문제, 에이즈의 확산과 성매매특별단속에 이르기까지 다양하고 복잡한 정책이슈들을 포함하고 있다. 경제는 발전하고 있지만 한정된 재원을 가진 기존의 정부 역량으로는 경제성장 속도를 훨씬 앞서가고 있는 국민의 기대수준을 채우기에는 한계가 있다.

　이러한 상황에서 정부의 생산성 제고를 위한 논의가 전 세계적으로 활발해진 것은 당연한 현상이라고 볼 수 있다. 그러나 최근 기업의 경영전략을 무차별적으로 공공조직에 도입하려는 시도는 정부의 공공성을 망각한 조급증에 기인한다고 하겠다. 과거 공공조직의 비효율성과 공무원의 구태의연한 행태들에는 분명 개선되어야 할 점들이 있고, 최근 조직혁신과 성과관리제도의 도입을 통해 정부도 변화의 조짐을 보이고 있다. 그럼에도 불구하고 성과에 대한 무리한 집착은 엔론사와 같은 대기업이 분식회계라는 정당하지 못한 수단을 통해 기업의 성과를 부풀리려는 결과를 초래하였다. 몇몇 대기업의 도덕적 해이에 대한 사회의 비판적 시각이 팽배하자 기업은 오히려 정부에서 배워야 한다는 역설적인 주장이 제기되고 있다.

　이러한 사실을 통해 볼 때 공공조직의 생산성 제고를 위한 Holzer의 차별적인 전략적 접근은 보다 설득력을 가지게 된다. 물론 국가나 공공조직이 처한 상황에 따라 정책의 선호도가 다르고 자원의 배분에 대한 대중이나 고객의 지지도 달라질 수 있을 것이다. 그러나 Holzer가 주장하는 품질관리나 성과평가의 대원칙들은 어떤 조직에서나 보편적으로 적용될 수 있는 전략이라고 하겠다. 아직 품질관리나 성과평가 분야에서 질적 성과의 계량화 문제, 성과에 대한 보상의 문제와 형평성, 공공성에 대한 가치부여의 문제, 장기 사업에 대한 단년도 성과측정 등 미완의 과제들이 산적해 있다. 공공조직이 비생산적이라는 비판에 앞서 이러한 과제를 해결하기 위한 지혜를 모으고 정부의 노력에 신뢰를 보낼 때 정부의 생산성이 제고될 수 있으며, 공공조직 또한 변화하는 환경에 적응하지 못하면 도태될 수밖에 없다는 냉정한 생태계의 섭리를 명심하고 환골탈태의 노력을 경주할 때 미래의 생존을 보장받을 수 있을 것이다.

참고문헌

Ammons, David, *Municipal Benchmarks*: Assessing Local Performance and Establishing Community Standards, Sage Publications, Thousand Oaks, Calif, 1996.

Callahan, Kathe, and Marc Holzer, *Results-oriented government: Citizen involvement as a necessary part of performance measurement.* Submitted paper for the On-Line Conference, National Center for Public Productivity, NJ: Rutgers-Newark, 1998.

Government Accomplishment and Accountability Task Force, *Performance Measurement Training*. American Society for Public Administration. Washington, D.C, 1996.

Hatry, Harry, *The Status of productivity measurement in the public sector*. Public Administration Review, 1978, 38:28.

Holzer, Marc, and K. Callahan, Government at work: *Best Practices and Model Programs*. Thousand Oaks, CA: Sage, 1998.

_____, and Kathe Callahan, Productivity Improvement and Public Management. Chapter in *Public Management Practice and Reform*(Tom Liou, ed.). Marcel Dekker, New York, 2000.

_____, Building capacity for productivity improvement. In *Competent Government: Theory and Practice*(Arie Halaclirni and Marc Holzer, eds.). Chatelaine Press, Burke, Va, 1995.

_____, Productivity and Quality Management, In *Classics of Public Administration*(Jay M. Shafritz and Albert C. Hyde, eds.). Harcourt Brace Collage Publicers, 2003.

_____, and Lee, Seok-Hwan, Mastering Public Productivity and Performance Improvement form a Productive Management Perspective. In *Public Productivity Handbook*(Marc Holzer and Seok-Hwan Lee, eds.). Marcel Dekker, New York, 2004.

Hunt, David V., Quality Management for Government. ASQC Quality Press, Milwaukee, 1993.

Local Government Information Network (LOGIN)(database), William C. Norris Institute, St. Paul, Minnesota.

Osborne, David, and Ted Gaebler, *Reinventing Government*. Addison-Wesley, Readign, Mass, 1992.

Siedman, Elizabeth, "Of games and gains," *The Bureaucrat*. (Summer): 13, 1974, pp. 4-8.

West, Jonathan P., Evan M. Berman, Michael Milokovich, "Implementing TQM in local government," *Public Productivity and Management Review*, 17(2), 1993, pp. 175-189.

제4편
예산과정

Vladimer O. Key의
예산이론의 부재*

I. 머리말

Key교수의 논문 "The Lack of a Budgetary Theory"(1940)는 공공 예산문제를 다룬 몇 편 안 되는 고전적 논문들 중의 하나이다. 1940년 당시 Key는 Johns Hopkins 대학교 정치학과 교수로 있으면서, "어떤 근거에서 X달러의 지출이 B활동이 아니라 A활동에 배분되어야 하는가" 하는 지출배분결정에 관한 근본적 문제제기를 하면서 공공지출배분의 결정근거에 관한 기존연구가 없음을 개탄하였다.

Key의 이 논문은 1921년에 미국의 행정부제출예산제도가 법적으로 제도화되고, 1926년에 Leonard D. White가 최초의 행정학 교과서에서 예산조직과 절차의 문제들을 체계적으로 언급한 데에 이어서, 예산배분의 본질적 문제를 제기하고 있다는 점에서 행정학 논문으로서 시대적 의미를 가지고 있다. 특히 이 논문은 1930년대 미국의 행정국가화 과정을 목격하면서 수적으로 증가하는 정부사업과 양적으로 팽창하는 공공지출에 비추어 당시 예산연구들이 적합치 못하였음을 전제로 하고 있다.

주로 예산절차와 형식에 초점을 두고 정부지출의 책임성과 통제만을 강조하던 당시에 지출성과의 극대화를 기할 수 있는 지출배분 방법의 모색을 촉구하는 Key의 글은 신선한 충격이었음에 틀림없으며, 그가 제기한 문제는 지금까지도 유효하다. Key교수가 주장하는 바를 간략히 요약하면 다음과 같다.

* 유평준: 연세대학교 사회과학부(행정학 전공) 교수.

II. 예산이론의 부재

공공지출의 효과를 극대화하기 위하여 상이한 목적들간에 지출을 어떻게 배분할 것인가와 같은 중대한 문제가 예산관계 문헌에서 적절히 언급되고 있지 않다. 오히려 예산조직과 절차, 예산요구서의 양식, 예산서의 형태와 같은 문제들이 중시되고 있는데, 그 이유는 아직도 많은 행정단위에서 절차와 형식이 제대로 갖추어져 있지 않기 때문이다. 이러한 기계적 문제들에만 치중할 때, 결국 어떤 근거에서 X달러의 지출이 B활동이 아니라 A활동에 배분되어야 하는가 하는 중요한 문제를 간과하기 쉽다.

경제학적 관점과 사고는 공공지출분야의 연구와 실무에 매우 유익하다. 그 이유는 바로 공공지출결정이 충분치 못한 세입으로 사회효용을 극대화하기 위하여 희소한 자원을 배분하는 작업이기 때문이다. 그러나 예산이론가들은 공공지출의 순수경제적 측면에 대해 거의 언급하고 있지 않다. 중앙예산기관에서는 예산요구액을 사정할 때, 액수의 산정방법에만 초점을 두고 개개의 사업들이 과연 능률적으로 추진되고 있는가만을 검토한다. 이 때 표준화된 사정기준도 없이 즉흥적 판단이나 원가회계에 관한 기초지식 또는 서베이를 통해 얻은 사실들만을 의존해서 검토하고 있다. 물론 완벽한 기법들을 갖추고 예산요구를 평가한다는 것은 거의 불가능한 일이지만, 신규 공공사업에의 자본투자의 정당성을 평가하는 작업이나 목표달성을 위해 탐색된 여러 대안들을 비교평가하는 작업 정도는 어렵지 않은 실정이다. 따라서 보다 근본적인 문제는 재원의 능률적 사용여부의 판단보다는 기능 자체가 수행할 만한 가치가 있는 것인지 여부와 기능의 확대 또는 축소가 필요한 것인지 여부를 결정하고 적절히 자금을 이전시키는 일이다.

공공지출의 배분문제에 대한 재정학자들의 연구도 미흡하며 형식에 그치고 있다. 이들은 주로 세입부문에만 관심을 갖고 있으며, 부수적으로 공공지출의 분류와 지출팽창 그리고 지출의 최적규모결정의 문제들을 다루고 있다. 일반적으로 세입을 다양한 지출대상간에 배분하는 문제를 다루고 있지 않다. Pigou와 같은 학자는 정부도 개인처럼 상이한 지출간에 한계적 민족이 동일하도록 자원배분의 균형을 이룸으로써 만족을 극대화시킬 수 있다고 간단히 언급하고 있는데, 그 이상의 보다 구체적인 논의를 제시하고 있지는 못하다.

사회주의국가의 경제를 연구하는 학자들에 의해 저술된 문헌에서도 관련된 논의가 발견된다. 사회주의국가들은 고도로 발달된 기법과 적절한 행동유인 그리고 합리적인 국민통제수단을 통해 생산과정이나 생산방식들을 적절히 조정함으로써 효과를 높일 수 있는 데도 이를 실현시키지 못하고 있다. 이 문제의 해결은 사회주의국가가 임의대로 배분 가능한 국가자원을 어느 제품의 생산에 우선 투입할 것인가를 결정하는 방법을 발견할 수 있을 때 그 실마리를 찾을 수 있으며, 바로 이 방법은 자본주의국가에서의 예산결정의 문제에 응용될 수 있다. 그러나 사회주의경제를 연구하는 학자들은 국가가 개인에게 판매하는 제품의 가격결정에만 관심을 갖고 있지, 국가경제기관의 권위적 결정에 의해 무료로 공급되는 재화와 용역을 제외하고 있어서, 자원배분에 관한 이들의 논의가 한정적일 수밖에 없다.

공공사업의 경제성에 관한 연구들이 있는데, 이들은 공공지출의 배분과 관련된 주변적 문제들을 언급하고 있다. National Resources Planning Board와 그 전신(前身)기관의 후원하에 실시된 연구들은 주로 순환적 경기변동에 기인하는 충격을 가장 효과적으로 흡수하기 위해서 공공지출의 총체적 규모를 얼마로 유지해야 하는가의 문제를 다루고 있다. 이처럼 공공사업의 경비를 경제질서의 안정제로 취급하고 있는 연구들은 자본예산의 총액결정과 관련되는 요인들을 밝히려 하고 있을 뿐, 대체 가능한 여러 공공사업계획 중에서 하나를 선택하는 문제는 다루고 있지 않다.

기획기관이나 기획담당자들은 어느 누구보다도 공공경비의 상대적 효용을 알고자 한다. 이때 공공지출대상의 선택기준을 개발하는 것이 중요하다. 국민소득 중에서 공공목적에의 지출이 늘어날수록 자유선택적인 시장체제의 영역은 더욱 제한되는데, 이럴수록 최대효용을 가져오며 사회적 열망을 실현시킬 수 있는 공공지출대상의 선정방법을 개발하는 것이 더욱 시급하다. 결국 이것은 국가가 생산적이고자 할 때 생기는 문제이다. 기획부서에서 공공자금의 배분에 관해 현실적으로든 규범적으로든 납득할 만한 원칙들을 설정하기가 사실상 불가능하지만, 정부조직들을 설치해서 부분적이나마 지출대안들을 쉽게 비교할 수 있다. 예로 National Resources Planning Board 내에 Water Resources Committee와 이를 보조하는 여러 배수구역위원회들을 설치하여 의사결정을 하게 하고 대안적 지출대상의 상대가치를 비교할 수 있게 한다.

정부의 각 기능들이 원활히 수행되기 위해서는 매년 배정받는 자금의 수준이 안정적이어야 하고 기능들간의 자금이전이 없어야 한다는 생각이 일반적이다. 그러나 지난 몇 해 동안에 정부기능들간의 재정적 비중에 뚜렷한 변화가 있었다. 비록 사소한 변동일지라도 한계선상에서의 증감은 상당한 의미를 갖고 있으므로, 한계효용점에 접근할수록 지출대안의 상대적 효용을 측정하는 데 신중해야 한다. 특히 민간경제와는 달리 공공경제에서는 욕구변화에 민감하게 대응하다 보면 마찰이 생길 수 있고 이 때문에 자원배분이 방해를 받거나 지연될 가능성이 많다.

공공서비스의 상대가치의 평가를 무의미하게 만드는 요인 중의 하나는 자원배분결정에 대한 이익단체의 실력행사이다. 혹자는 예산기관과 의회 그리고 이익단체들이 상호작용하여 지출을 결정할 때, 서비스의 상대가치에 대한 사회적 합의가 형성될 것이고, 따라서 공공지출의 최대효과를 얻을 수 있다고 주장한다. 만일 이 주장이 타당하다면, 세출을 확보하기 위해 서로 경쟁하는 이익집단들의 정치적 힘을 정확히 측정함으로써 자원활용의 능률성을 제고시킬 수 있다. 그러나, 여러 집단들로부터의 다양한 요구 가운데에서 선택을 해야 하고, 이익집단의 정치적 영향력 이외의 다른 요소들도 지출결정에 영향을 줄 수 있고, 중앙예산기관은 개개 부서의 특정 요구보다도 전체의 일반복지를 우선 고려해야 하기 때문에, 위의 주장은 신비스럽게만 들린다.

예산담당자들이 어떤 원칙들을 미리 정해 놓고 이에 따라 자동적으로 재원을 배분한다고 단정하는 것은 옳지 않다. 재원배분에 대해 다방면에서 연구가 필요한데, 경제이론과 정치철학의 관점에서 연구의 진전이 있을 때 가치 있는 결과가 나올 것 같다. 시장경제를 분석하기 위한 한계효용의 법칙을 공공지출의 분석에 적용하는 것은 비현실적이다. 오히려 공공자금의 유용한 활용방법은 공통분모가 없는 목적들간의 가치선호에 의해 결정될 수 있는데, 이는 정치철학의 문제이다. 정부사업을 정치적 산물로 간주하고 예산과정을 신중히 포괄적으로 분석하는 것이 바람직하다. 구체적으로 볼 때, 어느 집단들이 국가예산의 결정과정에 관여하는가, 예산담당자의 결정에 영향을 주는 요인은 무엇인가, 입법부의 역할은 무엇인가 등의 질문이 제기될 수 있다. 연방정부의 경우, 연구대상이 되는 영역이 매우 넓어서 중앙예산기관뿐만 아니라 각 행정부처의 예산실까지도 포함되며, 의회의 세출과정에 대한 연구도 요구된다. 예산실무자에게는 대안별 예산요구액을 검토하는 능력이 필요하므로, 주로 회계와 재무절차를 교육받은 직원들에게만 의존하는 것은 현명하지 않다. 또한 최종정책결정자들은 의사결정의 수적 증가와 예산서류의 양적 방대함에 압도될 가능성이 많다. 따라서 예산이 진정으로 공익을 반영할 때까지 이들 예산관련 공무원들의 교육훈련과 업무태도도 계속 주의 깊게 주시되어야 한다.

Ⅲ. 평가적 의견

　　Key교수는 지금도 많은 사람으로부터 공감을 얻는 예산결정본질의 문제를 지적하고 있으며, 공공지출과 관련된 어느 연구분야에서도 다양한 요구들간에 지출을 배분하는 선택의 문제를 적절히 취급하고 있지 못함을 발견하고 있다. 결론에서 Key는 예산이론의 발전을 위해 필요한 연구영역과 연구시각을 예시함으로써 행정학 하위분야로서의 정부예산론의 기초를 놓는 데 기여하고 있다. 특히 경제학적 및 정치철학적 연구를 통해 자원배분방법에 관한 해답을 얻을 수 있을 것이라고 기대하고 있는데, 경제학적 접근의 강조는 결국 1952년에 Verne B. Lewis의 공공예산에 관한 경제학적 분석을 가져왔지만, 정치철학적 접근의 강조는 오히려 자원배분의 '최선'의 방법을 모색하는 노력 그 자체를 무의미하게 만들 가능성이 있다.

참고문헌

Key, Jr., V. O., "The Lack of a Budgetary Theory," *American Political Science Review,* 34, 6, 1940, pp. 1137-1144.

Straussman, Jeffrey D., "V. O. Key's 'The Lack of a Budgetary Theory: Where Are We Now," *International Journal of Public Administration,* 7, 4, 1985, pp. 345-374.

Verne B. Lewis의
예산이론*

Ⅰ. 머 리 말

Verne B. Lewis는 원자력에너지위원회 산하 한 운영국의 예산실장으로 근무하고 있던 연방정부의 예산실무자였다. 그는 "Toward a Theory of Budgeting"이라는 논문에서 12년 전에 Key교수가 공공지출배분의 결정근거에 관해 제기하였던 질문에 대응하여 자신의 해답을 제시하고 있다. Key교수가 문제제기와 더불어 예산문제에의 경제학적 접근의 필요성을 강조하였다면, Lewis는 한 걸음 더 나아가서 공공예산의 경제학적 분석을 위한 기본명제로서 상대가치, 점증분석, 그리고 상대적 효과성을 조사하고 이 세 가지 명제에 입각해서 대안적 예산제도를 제시하고 있다.

공공예산에의 경제학적 접근은 시도한 Lewis의 연구는 넓게는 행정의 합리화, 좁게는 예산결정과 운영의 합리화를 기하려는 일련의 노력과 맥을 같이하고 있다. Lewis의 논문과 비슷한 시기에 출현하였으며 Lewis에게도 영향을 준 성과주의 예산은 단위비용과 업무량의 측정을 통해 지출과 성과를 연계시킴으로써 예산편성의 합리화를 도모하려는 제도였다. 특히 Lewis의 예산이론의 기초를 이루고 있는 상대가치의 개념, 예산대안의 합리적 비교분석, 예산삭감의 방법 등은 1960년대의 계획예산(PPBS)이나 1970년대의 영기준예산(ZBB)과 같은 합리적 자원배분의 노력에 영향을 주고 있다.

Lewis의 예산이론을 크게 두 부분으로 집약하여, 공공예산의 경제학적 분석을 위한 기본명제와 대안적 예산제도의 내용 및 그 장점을 간략히 살펴보고자 한다.

---

* 유평준: 연세대학교 사회과학부(행정학 전공) 교수.

II. Lewis의 예산이론

1. 공공예산의 경제학적 분석

10여 년전에 V. O. Key는 어떤 근거에서 X달러의 지출이 B활동이 아니라 A활동에 배분되어야 하는가 하는 질문을 제기하면서, 이에 대답할 수 있는 예산이론이 없음을 지적하였다. Key의 주장에 의하면 예산결정은 경쟁적 요구들간에 희소한 자원을 배분하는 작업이기 때문에, 경제학적 관점에서 위의 질문에 대한 해답이 모색되어야 한다. 공공예산의 경제학적 분석은 상대가치, 점증분석, 그리고 상대적 효과성의 원칙들에 입각할 때 가능하다.

첫째, 예산결정은 상대가치(relative value)에 입각하고 있다. 자원의 희소성 문제는 예산과정의 모든 단계에서 발생하며, 어느 공공서비스를 제공하기 위해 일단 물자와 인력을 투입할 때 다른 공공서비스의 공급을 포기해야 하므로 선택이 불가피하다. 이때 선택의 기준으로 경제학자들은 한계효용의 원칙을 제시하고 있으며, 한계효용은 바로 상대가치에 입각한 개념이다. 예산분석의 근본목적은 대체적 자금사용의 결과들을 상대가치에 의해 측정 비교하는 것인데, 이러한 비교는 기회비용의 개념에 입각해야 한다.

둘째, 상대가치의 비교는 점증분석(incremental analysis)에 의한다. 한계효용의 개념에 입각해서 전에 비해 늘어난 증가분의 대체적 용도 중에서 최대보상을 보장해 주는 용도를 선택할 수 있다. 증가분에 초점을 두고 분석하는 이유는 사용단위가 증가함에 따라 추가 가치가 감소하는 효용체감의 현상 때문이다. 각각의 대안에 추가로 지출되는 최종 1달러가 균등한 보상을 가져다 줄 수 있도록 다양한 목적간에 지출을 배분한다면 최대의 보상을 얻게 될 것이다. 또한 점증분석은 서로 다른 기능들간의 가치비교도 가능하게 해 준다.

셋째, 모든 공공서비스는 궁극적으로 인간의 필요와 욕망을 충족시켜주는 데 목적이 있으므로 이런 목적의 달성에 기여하는 상대적 효과성(relative effectiveness)을 평가함으로써 상대가치를 비교할 수 있다. 민주국가에 있어서 공공서비스의 궁극적인 목적은 국민의 대표기관인 의회에서 결정되며, 의회의 결정은 법률 또는 세출법으로 구체화되고 행정부 예산작업의 기초를 이룬다.

상대가치, 점증분석, 그리고 상대적 효과성의 원칙들은 이론적으로 설득력을 갖고 있지만 실제로 예산분석에 적용하는 데는 한계가 있을 수 있다. 세 원칙들에 근거해서 어떤 재원배분의 공식을 만들었을 때, 공식 자체는 이론적으로 타당하지만 공식에 적용될 정확한 숫자의 확보가 곤란해서 공식의 유용성이 떨어질 수 있다. 정확한 숫자의 확보가 곤란한 영역 중의 하나는 미래수요의 예측분야인데, 예산결정은 바로 미래예측을 전제로 한다. 한편 정부활동은 그 성과를 측정하기가 대단히 어려운데, 예산결정에는 미래성과의 예측도 포함된다. 이와 같이 정확한 숫자의 확보가 곤란하기 때문에 Key는 한계효용이론을 공공예산에 적용하는 데는 문제가 있다고 지적하였다. 그러나, 정확한 숫자의 확보 여부에 상관없이, 위에서 언급한 세 가지 원칙들은 예산결정과정에서 적절한 판단을 하고 결론에 도달하는 일을 가능하게 해 준다.

　Ludwig von Mises은 공공부문에서는 시장가격과 같은 경제적 가치측정의 기준이 없음으로 해서 정부활동의 상대적 유용성을 측정하기가 어렵다고 주장한다. 그러나, 문제는 계산기준이 없는 데 있지 않고 정확한 숫자가 없는 데 있다. 세출을 결정하는 과정에서 국민의 대표들은 정부활동의 유용성에 대해 자기 나름대로의 판단기준을 갖고 있으며, 이에 입각해서 재화와 용역의 공급을 결정하기 때문에 분명히 계산의 기준은 존재한다. 시장가격은 보통 최저비용을 반영하는데, 이는 정부부문에서 유용하게 사용될 수 있다. 즉, 시장가격은 정부가 물자와 인력을 구매하고자 할 때, 경제적 계산의 기준이 되며 최소비용으로 구매가능한 물자, 인력, 기계의 배합을 산출할 수 있게 해 준다.

　최저비용이 확보된 후에 제기되는 문제는 과연 사업이 추진될 만한 가치가 있는 것인가 하는 점이다. Mises는 민간부문에서는 이윤만 있으면 어떤 사업이라도 추진할 만한 가치가 있다고 주장하지만, 사실 이윤의 존재여부를 미리 판단하기란 쉽지 않다. 더욱이 이윤의 극대화를 원한다면, 이윤의 존재여부를 파악하는 데 그치지 않고 선택가능한 대안 중에서 최대이윤을 보장하는 활동을 선택해야 한다. 이는 정부부문에서의 상대가치와 같은 문제이다. 또한 세출과정에서 정부서비스의 양, 질, 표준, 그리고 단위가격의 상한선을 명확히 규정할 수 있다면 이윤과 유사한 개념을 찾아내어 경제적 계산도 가능할 수 있다. 만약 의회에서 비용을 규정하였는데, 정부에서 이보다 더 저렴한 비용으로 공급하여 자금절약이 있었다면 이는 이윤에 비유될 수 있다. 그러나 의회에서 정부서비스의 비용을 정확히 규정하기란 사실상 불가능하다.

2. 대안적 예산제도

Key교수의 주장에 의하면 실질적 자원배분은 우선 정부조직을 설치하고, 설치된 조직을 통해 대안적인 지출대상과 지출결과들을 열거하고 상대가치를 비교함으로써 결정된다고 한다. 바로 이런 기능을 위해 설치된 조직이 연방예산기관이며, 이 기관은 대통령과 의회 그리고 일반행정부처에서 경쟁적으로 요구하는 사항들의 상대적 가치를 비교하는 업무를 담당한다.

그러나 일반행정부처에서 제출하는 예산요구액과 이를 정당화하는 설명들이 상대가치를 쉽게 비교할 수 있도록 준비되어 있지 않다. 따라서, 앞서 논의한 경제학적 관점에서 상대가치의 비교를 용이하게 할 수 있는 대안적 예산제도(an alternative budget system)를 제시하는 것은 의의가 있다. 이 대안적 제도에서 예산담당공무원은 기본예산요구액뿐만 아니라 이를 보완하는 대안적 예산요구액까지 준비하여야 하며, 상황에 따라 다소 상이하겠지만 적어도 3개의 대안 예산을 제시하여야 한다. 또한 대안 예산의 액수는 승인될 수 있는 최하액보다 약간 적은 액수와 추천된 액수보다 약간 많은 액수 사이에서 결정되어야 하며, 동시에 예산액은 대통령으로부터 각 행정부처와 하위부서로 내려오면서 각 단계의 지출규모에 맞게 적절히 책정되어야 한다. 대안적 예산제도에는 기본예산요구액이 승인될 경우 공급되는 서비스의 내용과 양과 질이 명시되어야 하며, 또한 대안적 예산요구액들이 주는 차별적 서비스의 내용과 이로 인한 득실을 표시해야 한다. 제안된 여러 대안적 예산들을 검토하고 납세자들에게 최대이익을 줄 수 있는 예산액이 선택된다.

현재 사용되는 예산방법 혹은 기법들이 대안적 예산제도와 어떻게 다른가를 비교해 봄으로써 후자의 장점을 살펴보고자 한다. 유의할 점은 현재 사용되는 예산방법과 기법들이 상호 배타적이지 않으며, 몇몇은 대안적 예산제도에 통합되고 있다는 것이다.

첫째, 현재 몇몇의 연방기관에서는 예산요구의 상한액도 지정해주지 않으면서 단 하나의 예산요구액만을 제출토록 하고 있어, 이를 보통 '열린 예산'이라고 부른다. 이 경우 예산요구액을 정당화하는 과정을 살펴보면, 특정 서비스의 공급이 바람직한데, 이를 위해 얼마의 비용이 소요되며, 만일 예산이 삭감되면 아주 귀중한 서비스를 국민들에게 공급할 수 없게 된다는 식이다. 이런 식으로 예산요구를 정당화하는 방법은 자원제약 때문에 어쩔 수 없이 예산삭감을 해야하는 상급자들에게 전혀 도움을 주지 못한다. 상관의 입장에서는 한 부하가 요구하는

1달러의 가치와 다른 부하가 요구하는 1달러의 가치를 비교할 수 있는 정보가 필요하다.

또한 '열린 예산'절차는 예산삭감의 결정에서 실무자의 판단을 적절히 반영하지 못하는 한계를 갖고 있다. 상급자들은 최종결정권을 갖고 있기는 하지만 구체적인 사항들에 대해 무지하다. 반면에 하급자들은 특정의 세부 분야에만 관심을 집중하고 있어서 자기 분야에서의 경쟁적 요구들간의 상대가치나 상대적 효과성을 비교할 수 있으며, 사업간의 자금배분을 결정하는 데 적절한 조언을 해줄 수 있는 입장에 있다. 그러므로, 대안적 예산제도에서는 상급자들이 하급 실무자들에 의해 비교분석된 내용들을 고려함으로써 최선의 선택을 내릴 수 있다.

둘째, '열린 예산'과는 대조적으로 예산요구액의 상한한도를 미리 설정하는 고정상한액 예산도 사용되고 있다. 이는 상한액을 미리 고정함으로써 상대가치를 비교하지 않을 수 없게 하는 장점을 갖고 있지만, 상한액이 명확한 근거도 없이 사전결정되는 위험을 안고 있다. 하위부서에서 먼저 예산을 요구하게 하는 근본동기도 상급자들이 예산계획을 직접 수립할 만한 정보, 시간, 기술이 부족하기 때문에, 만일 상급자들이 상한액을 미리 책정한다는 것은 문제가 없지 않다. 반면에, 대안적 예산제도는 모든 조직수준에서 예산의 상대가치를 고려하게 한다는 점에서는 현재의 제도와 다를 바가 없지만, 명확한 근거가 확보될 때까지 상급자에 의한 상한액의 책정을 유보한다는 점에서 차이가 있다.

셋째, 최근에 업무량의 측정과 단위비용의 계산이 강조되면서, 이러한 계수들이 예산요구에 유용하게 사용되고 있다. 계수들을 통해 경제적 계산이 가능하지만, 그렇다고 모든 예산문제에 계수를 적용할 수 있는 것은 아니다. 또한 계수들은 업무량과 단위비용의 현재수준과 액수만을 보여줄 뿐, 바람직한 수준과 액수를 나타내지는 못한다. 또한 업무량만으로 업무의 중요성과 가치를 판단할 수 있다. 반면에, 대안적 예산제도에서는 업무량과 단위비용의 계수들을 가능한 데까지 사용하여 계량적 자료의 이점을 최대화하고, 양적 자료만으로 해결되지 않는 문제들에 대해서는 부하들의 판단에 의존한다.

넷째, 현행 연방예산의 예산요구서에는 전년도에 비해 증감된 항목들을 명시하도록 되어 있는데, 특히 증액요구시 설명을 요하며, 예산심사는 증가분에 집중된다. 증가분만을 심사하는 이유는 해마다 구체적 사항들을 모두 심사하기는 예산심사의 업무부담이 너무 크기 때문이다. 그러나 작년의 세출액이 금년에도 적합하다는 보장은 없으며, 작년의 활동이 금년에 반드시 필요한 것도 아니다. 또한 증감만의 분석은 작년 예산과 금년 예산의 상대가치의 비교를 불필요하게 한다. 따라서, 대안적 예산제도에서는 기본액이든 증감액이든 제안된 모든 예산의 상대가치를 측정하게 되어 있으며, 예산증가분은 기본예산액의 구성항목들과 비교해서 그 중요성이 평가된다.

다섯째, 하위부서에서 예산요구서와 예산배정요구서를 제출할 때 항목들의 우선순위를 명시하도록 되어 있는데, 이는 낮은 순위의 사업들을 탈락시킴으로써 예산삭감을 용이하게 하는 방법이다. 이는 예산삭감의 한 방법에 불과하며, 이 밖에도 여러 가지 다른 방법들이 있다. 구체적으로 보면, 보다 저렴한 물자를 구매하는 방법, 시설의 규모·강도 및 내구성을 줄이는 방법 또는 일부의 특징을 없애거나 나중으로 연기하는 방법 등이 있는데. 이러한 기타 방법들은 대안적 예산제도에서 예산액을 산정하는 데 반영된다.

여섯째, 통상적인 예산통제방법은 지출항목별로 예산을 승인하는 것이다. 상급기관에 의한 예산승인절차를 갖는 이유는 불요불급한 지출을 억제하여 가능한 한 비용을 극소화하기 위해서이다. 그러나 항목별 예산통제방법을 통해서도 예산이 적절히 삭감되고 있다는 확신을 상급자들은 가질 수 없으며, 한편 부하들은 매 단계에서 예산 요구를 정당화해야 하기 때문에 시간낭비, 업무과중, 업무지연을 감수해야 한다. 예산이 항목별로 통제될 경우 지출의 정당화에만 급급하게 할 뿐 상대적으로 어느 지출이 더 바람직한가를 체계적으로 고려하지 못하게 한다. 반면에, 대안적 예산제도에서는 하급자뿐만 아니라 중간관리자들에게도 예산대안을 개발하고 대안들간의 장단점을 비교할 것을 요구하는데, 그 결과로 최고관리자들은 부하들의 대안과 판단을 바탕으로 부처 전체의 입장에서 의사결정을 할 수 있게 된다. 이는 항목별 예산통제의 방법처럼 시간낭비를 가져오지도 않으며, 부하들의 심리적 부담이나 업무지연을 해결해 주며, 동시에 상급자의 책임행사를 용이하게 해 준다.

그 밖에도 대안적 예산제도의 일반적인 장점이 몇 가지 더 있다. 우선, 예산을 기계적으로만 취급하던 공무원들에게 예산을 즐거운 작업으로 바꿔 줄 수 있다. 공무원들은 자신의 예산계획을 관철시키기 위해 매달리며 탄원하는 자로부터 여러 대안의 상대가치를 분석해 주는 전문자로 그 역할이 변화하였기 때문이다. 예산대안들의 상대가치를 비교 분석하여 상급자를 도와주는 일차적 업무 이외에도 새로운 대안들을 모색하는 업무도 수행하게 된다. 또한 대안적 예산제도에서는 제안되는 여러 예산안들이 최종적으로 확정된 예산이 아니기 때문에 예산절차를 덜 권위주의적으로 만드는 이점도 갖고 있다.

일반적으로 대안적 예산제도는 예산에서의 경제학적 사고를 강조하고 있다.

이는 상대가치의 개념에 입각한 예산요구의 점증분석과 여러 활동의 상대적 효과성의 평가를 근간으로 하고 있다. 또한 실무자들의 전문지식과 판단을 최대한으로 활용하도록 설계된 제도이다. 대안적 예산제도가 적절히 기능하기 위해서는 상급자와 하급자간의, 행정부와 입법부간의 관계가 중요하다. 만일 이들간에 긴장이 존재한다면, 예산요구자의 성실성과 판단이 오해를 받게 되고 정보교환이 원활하지 않아 예산심사자의 현명한 판단을 기대할 수 없게 됨에 따라 대안적 예산제도는 만족스럽게 운영될 수 없다. 대안적 예산결정은 비경제적 및 비합리적 요인들에 의해 좌우되기도 하며, 이러한 측면도 또한 연구되어야 한다.

Ⅲ. 평가적 의견

Lewis은 공공예산배분의 합리적 결정근거를 찾기 위한 연구에서, 예산대안의 비교분석 및 선택에 상대가치, 점증분석, 그리고 상대적 효과성과 같은 경제학적 명제들이 적용될 수 있음을 보여주고 있다. 이러한 논의는 더 나아가서 행정에서의 합리성 제고에 기여한 바가 크다. 그러나 Lewis 자신도 결론부분에서 비경제적 및 비합리적 요인들이 실제의 예산결정에 개입되고 있음을 인정함으로써 경제적 접근의 한계를 시인하고 있다.

참고문헌

Lewis, Verne B., "Toward a Theory of Budgeting," *Public Administration Review,* 12, 1, 1952, pp. 42-54.

Aaron Wildavsky의 비교예산이론*

I. 머리말

Wildavsky의 비교예산 이론은 그의 잘 알려진 예산정치과정론을 보다 확대하여 환경여건이 다른 여러 정부의 예산과정을 비교 연구한 것이다. Wildavsky는 예산을 '정치과정을 통해 재정적 자원을 배분하는 것'으로 규정하고 문화와 정치, 생활양식이 상이한 경우에 정부예산이 어떻게 결정되는가에 관심을 갖는다. 즉, 정부의 예산과정이 국민의 요구(demand)·필요(need)에 대응하여 사업과 지출을 결정하는 정치과정이라고 한다면, 상이한 생활환경 속에서 이루어지는 각 정부의 예산결정은 필연적으로 상이한 결과를 갖게 된다는 것이다.

특히 Wildavsky는 정부예산이 가능한 모든 대안에 대한 종합적인 수단—목적분석(comprehensive means—ends analysis)에 의거하기보다는 기존의 예산을 중심으로 예산과정 참여자들의 상호조정과 합의에 의해 이루어진다는 점증예산(incremental budgeting)에 바탕을 두고 있기 때문에, 정치행위에 영향을 주는 환경변수의 차이에 따라 예산형태의 차이가 생기는 것은 당연한 귀결이라 하겠다. 정치가 '누가 무엇을 갖는가'에 대한 결정이고 예산정치가 '정부가 제공해야 하는 재원을 누가 갖는가'(who gets what government has to give)를 결정하는 것이라면, 국민의 각기 다른 선호도에 따른 정치적 갈등의 표출형태는 예산연구의 중요한 측면이라고 할 수 있다.

Wildavsky는 예산결정의 중요한 환경변수로서 부(wealth), 재정자원의 예측성(predictability), 정치체제를 포함한 정치문화(political culture) 등을 들고 있다. Wildavsky는 이들 변수 중 부와 예측성이 예산형태(budget pattern)을 결정짓는 특히 중요한 변수이며, 한 국가 내의 정부간 예산형태의 차이(미국의

---

* 유병욱: 숭실대학교 행정학과 교수.

경우 연방정부, 주정부, 지방정부간 예산형태의 차이)나 각국간 예산형태의 차이를 가장 잘 설명해 주고 있다고 보고 있다.

II. 비교예산이론

1. 예산정치과정

예산정치과정이론의 핵심은 정부의 지출결정은 가능한 모든 대안들에 대한 종합직인 결과분석에 의거하여 이루어지기보다는 예산과정의 참여자들이 그들 나름대로의 경험과 과거 예산으로부터의 환류(feedback) 등에 기초하여 아주 작은 변화만을 정치과정 속에서 추구한다는 것이다. 예산 정치과정 속에서 나타나는 참여자들의 이러한 형태를 소위 점증적 계산(incremental calculation)이라고 하는데, 이는 인간의 제한된 계산능력을 전제로 하는 Simon의 제한된 합리성(bounded rationality)과 밀접한 관련이 있다. 즉, 지식, 시간, 돈 등에 한계가 있는 인간(예산담당자)은 제한된 합리성의 범위 내에서 행동하게 되므로 각 지출대안들의 결과를 정확히 평가·비교할 수 있는 합의된 방법은 있을 수 없으며, 특정한 연도의 예산결정은 극히 제한된 계산능력하에서 전년도 예산에 기초하여 좁은 범위 내에서 증액 또는 삭감을 하는 선에서 이루어진다는 것이다.

결국 정부의 예산결정은 소위 베이스(base)라고 하는 기존의 예산에 기초하게 되는데, 베이스란 예산의 배정이 기존의 지출수준에 매우 가깝게 결정될 것이라는 예산참여자들이 공통된 기대수준을 의미한다. 이 과정 속에서 각 예산참여자들은 각기 예산배정의 정당한 몫(fair share)에 대한 기대를 갖게 되는데, 이러한 정당한 몫에 대한 기대는 예산과정에 있어 강력한 안정성(stability)과 조정성(coordination)을 보장하게 된다.

예산정치과정은 국민의 필요에 대응하여 정부가 해야 할 일을 규명하고, 그것들을 인간의 제한된 합리성의 범위 내에서 다룰 수 있는 영역으로 나누어 이에 대해 예산참여자들이 각기 다른 역할과 전략으로 지출수준에 대한 합의에 이르는 과정을 의미한다. 역할(role)은 예산 참여자들의 위치에 따라 각기 다르게 기대되는 예산행태로서 예산결정에 있어 일종의 분업(division of labor)을 의미하며, 전략(strategy)은 예산참여자들이 각기 다른 역할에 따라 예산결정과정에 영향력을 행사하는 행태를 말하는 것이다. Wildavsky의 비교예산이론은 예산결정을 정치과정 속에서의 상호조정과 합의로 보는 예산정치과정론에 기초하여 각기 다른 환경변수－부, 예측성, 정치구조와 문화－에 따라 예산결정의 형태가 다르게 나타날 수 있다는 데 주목하고 있다. 특히, 가난한 나라나 예측성이 떨어지는 정부에 있어서는 미국적 점증예산의 형태가 나타나지 않고 있다는 그의 발견은 점증예산을 일관성 있게 주장해 온 그의 과거 입장에 비추어 매우 흥미롭다 하겠다.

2. 부(富)와 예측성과 정치문화

Wildavsky는 예산형태는 부의 정도와 재원의 예측성 정도에 따라 다르다고 보고 있다. 여기에서 부는 일인당 국민소득으로 측정되고 있는데 일인당 국민소득 2,000달러를 기준으로 부자(rich) 나라와 가난한(poor) 나라로 나누고 있다.[1] 재원의 예측성은 국민의 지출요구에 대해 정부가 얼마나 가용자원을 확실하게 가지고 있느냐의 정도를 보는 것으로 확실성(certainty)과 불확실성(uncertainty)으로 양분하고 있다. 가난한 경우에 나타나는 현상을 예산빈곤(budgetary poverty)이라고 하는데 이것은 정부가 가난하여 국민의 지출요구에 대응하는 충분한 재원을 확보할 수 없는 것을 말한다. 또한 예산불확실성(budgetary uncertainty)은 예산결정시점에서 바로 직전(immediate past)이나 가까운 미래(near future)에 대하여 정부가 세입과 세출의 흐름을 통제할 수 있는 능력이 없는 경우를 가리킨다. 예산과 관련하여 부유하다는 것과 확실성이 있다는 것은 바로 이와 정반대의 경우를 의미한다.

부와 예측성을 기준으로 Wildavsky는 정부 예산과정을 다섯 가지의 형태로 나누고 있다(〔그림 4-1〕 참조). 우선 부가 충분하고 재원의 예측성이 확실할 때에는 정부예산이 점증예산의 형태를 띤다는 것이다. 부와 재원의 예측성이 안정되어 있을 때는 예산의 결정이 전적으로 과거의 지출수준에 의거하여 매우 작은 변화만을 추구한다는 것이다. 이 경우 기존의 베이스가 예산결정의 가장 중요한 바탕이 됨은 두말할 나위가 없다. 미국의 연방정부나 서구 선진국의 예산형태가 바로 그와 같은 점증예산이다. Wildavsky나 Lindblom이 말하는 전형적인 점증적 예산결정의 형태는 미국 연방정부에서 나타나고 있으며 대부분의 서구 선진

---

1) 부의 정도는 상대적인 개념으로 per capita GNP 2,000불의 기준은 국가별 비교에 적용되고 한 국가 내의 정부간 비교에 있어서는 적용되지 않는다. 예를 들자면, Wildavsky는 미국 내의 각급간 정부의 부의 정도를 규정함에 있어 연방정부를 부유하다고 보고 지방정부는 가난하다고 규정하고 있다.

국에서는 점증예산에 기초하고 있으나 미국적 점증예산과는 조금 다른 형태를 띠고 있다. 이는 각국마다 예산 결정을 둘러싼 환경변수가 다르게 형성되어 있으며 역사적으로 서로 다른 예산결정의 관행을 발전시켜 왔기 때문이다.

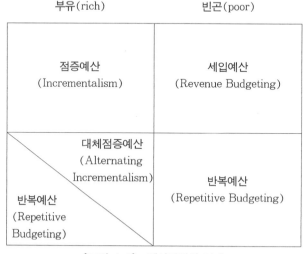

〔그림 4-1〕 예산과정의 형태

내각책임제의 정부형태를 취하고 있는 영국의 경우에는 예산과정 참여자들간의 상호신뢰(mutual trust)와 상식적 계산(common calculation), 그리고 독특한 정치적 분위기(political climate) 등이 예산결정 형태에 중요한 영향을 미치고 있다. 상호신뢰는 예산과정에의 참여자들이나 집단간의 상호조정과 합의를 도출하는 중요한 수단이 된다. 영국의 정치는 각료인 정치행정가(political administrator)들간이나 그들과 여타 정치기관들간의 개인적 관계나 신뢰를 중요시하는 전통 위에서 발전되어 왔기 때문에 이것은 예산결정에 있어서도 매우 중요한 구실을 하는 것이다. 특히 재무성(Treasury Department)과 예산을 요구하는 다른 부서(spending departments)간의 상호신뢰는 정부예산결정에 있어 예산베이스의 안정성을 유지하고 예산을 둘러싼 급격한 변화나 갈등을 피하게 한다. 이와 같은 예산형태는 미국적인 협상과정과는 조금 다른데, 이는 개인적 관계를 중요시 여기는 영국의 정치분위기와도 밀접한 관계가 있다. 영국의 정치행정가들은 기타 정치기관과 끊임없는 개인적 관계를 유지하면서 행정관료로 성장하며 그 과정 속에서 지출결정에 대한 감각을 익히게 되는 것이다. Wildavsky의 관찰에 의하면 이러한 정치분위기 속에서는 예산참여자들의 비공식적인 상호관계가 공식적인 커뮤니케이션보다 예산결정에 있어 상호 조정과 합의를 더욱 용이하게 한다는 것이다. 또한 이러한 개인적 신뢰의 바탕 위에서는 지출결정에 대한 정교한 계산은 불필요하며 일반적 상식(rules of thumb)에 기초한 계산(calculation)으로 충분하다는 것이다.

일본의 경우 예산결정에 있어 합의에 이르는 과정은 미국이나 영국과는 또 조금 다르다. 조직에 대한 충성심을 바탕으로 하고 있는 일본의 정치체제에 있어서는 화합(harmony)과 소위 '쇼지키'(Shojiki)라고 하는 믿음이 예산을 둘러싼 참여자들간의 갈등을 최소화하는 데 기여한다. 특히 예산국(Bureau of the Budget)과 일반부처간의 갈등은 그들의 전통적인 '사무라이 관료'(Samurai bureaucrats)정신에 입각하여 매우 상호우호적(friendly)이며 협조적(cooperative)이라고 Wildavsky는 관찰하고 있다. 또한 1960년대 이후에 일본 정부에서 추진해온 균형예산을 이루기 위한 예산증가의 상한선 제한정책은 예산의 급격한 증가나 예산을 둘러싼 참여자들간의 갈등을 감소시켰다. 결국 일본 정부의 예산은 이러한 독특한 정치문화 속에서 예산결정을 둘러싼 갈등을 최소화하고 각 참여집단간의 공평한 몫에 대한 합의를 최대화시키는 데 성공했다고 Wildavsky는 보고 있는 것이다.

미국과 같이 안정된 나라에서도 지방정부는 연방정부에 비해 상대적으로 가난하기 때문에 연방정부의 전형적인 점증예산의 형태를 취하지 못하고 있다. 즉 재원의 예측성은 확실하나 재산세에 의존하는 세입이 비탄력적이므로 통제에 치중하는 예산결정을 하게 된다는 것이다. 지방정부에 대해서는 법적으로도 균형예산이 요구되는데 지방정부의 예산은 세입능력을 초과할 수 없기 때문에 자연히 세입예산의 형태를 띠게 된다. 이 경우 예산의 주된 목적은 효율적인 자원의 배분보다는 제한된 세입의 범위 내에서 세출을 맞추는 것이다. 재원의 예측성은 뛰어나나 이것이 예산의 효율적 자원배분기능에는 긍정적으로 기여하지 못한다. 그 이유는 미국의 지방정부에 대하여 확실하게 예측되는 재정상황이 예산결정의 영역을 더욱 제한하는 쪽으로 작용하고 있기 때문이다. 예를 들면, 캘리포니아 13조(California Proposition 13)로 대표되는 지방정부 세입에 대한 제한, 지방채 발행의 법적 제한, 균형예산조항, 그리고 최근 들어 급격히 줄어든 상위정부로부터의 보조금 지급 등이 바로 그것이다.

재원에 대한 예측성은 확실하나 가난한 지방정부의 예산결정은 세입예산의 형태를 띠게 되는데, 이러한 예산결정과정에서는 지방정부 기관장이 가장 큰 영향력을 행사하는 것이 보통이다. 이것을 예산과정에서의 기관장 독점(executive dominance)이라고 하는데, 그 이유는 법적으로 요구되는 각종 제한사항들에 대해 기관장이 실제적인 책임자이고, 상대적으로 지방의회의 역할이 지방정부의 예산결정에 있어 미약하기 때문이다. 지방의회의 예산에 대한 전문성이 크게 떨어질 뿐만 아니라 시간, 정보, 기술, 인력 등 예산심의에 필요한 모든 조건들이 상대적으로 열악하다. 더욱이 중앙정부에 비해 지방정부의 기관장은 담당행정구역의 협소성, 업무의 단순성 등으로 지출사업의 내역을 보다 확실하게 파악할 수 있으며 예산결정에 커다란 영향력을 행사할 수 있는 것이다.

가난하고 재원의 예측성이 불확실한 대부분의 제3세계 국가들은 정부의 예산이 반복예산의 형태를 띠게 된다. 빈곤한 상황은 정부로 하여금 재원의 고갈을 방지하기 위해 예산의 급격한 변화를 추구하지 못하게 한다. 더욱이 재원확보에 대한 불확실성은 급격히 변화하는 국민의 요구에 부응하여 새로운 지출사업을 결정하기보다는 기존의 사업을 그대로 유지하는 예산결정을 하도록 유도하게 된다. 이러한 불확실성은 후진국에 있어서 개선될 여지가 적고 더 악화되는 상황이라는 것이 더욱 문제이다. 불확실성에 대한 개선능력은 후진국일수록 떨어지고 정치를 비롯한 사회 각 분야 전반에 걸친 불확실성이 예산결정을 위한 재정의 예측력을 더욱 떨어뜨린다는 것이다. 특히 문제가 되는 것은 인플레이션으로 인한 돈에 대한 예측력 감소와 군의 정치개입으로 인한 정치체제의 불안정성이 재정의 불확실성을 더욱 증대시킨다는 것이다.

빈곤과 재정예측력이 부족한 후진국의 경우 정부의 예산결정은 결국 매년 똑같은 지출결정을 반복하는 반복예산의 형태를 띠게 되는데 이러한 반복예산은 몇 가지 문제점을 내포하고 있다. 첫째, 정부의 예산이 변화된 국민의 요구나 필요에 즉각적으로 대응하지 못하고 지연된다는 것이다. 둘째, 빈곤과 재정예측력이 떨어지는 후진국의 경우 발전과 개발에 요구되는 지출은 대부분 외채에 의존하게 되는데 이 경우 많은 외채의 누적을 초래할 수 있다. 셋째, 정부지출사업의 결정이나 예산결정이 예산담당자의 전문적 분석에 의거하기보다는 대단히 정치적으로 이루어져 효율성이 크게 저해될 우려가 있다는 것이다. 넷째, 예산배정의 지연은 주요투자사업의 추진에 장애를 가져올 수 있다. 마지막으로, 예산담당자들이나 정부부처는 예산안 편성에 있어 성의를 다하지 않는다는 것이다.

Wildavsky는 이러한 반복예산의 전형적 형태를 지니고 있는 나라로서 케냐, 콜롬비아, 1960~1970년대의 한국 등을 예로 들고 있는데 이들 나라들은 또한 정부예산이 특정한 개인에 의해 크게 좌우되는 '개인화된 예산'(personalistic budget)의 형태를 띠고 있다고 보고 있다. 즉, 정부의 예산이 관료제 전체의 명확한 책임과 권한에 편성되고 정치과정 속에서 민주적으로 논의되어 결정되기보다는 특정한 개인(정치가)의 의도나 정책적 의지가 대부분 예산결정에 반영되며 예산의 합의과정 또한 개인의 영향력에 의해 좌우된다는 것이다.

부와 재정의 예측성을 기준으로 Wildavsky가 구분하고 있는 마지막 예산과정의 형태는 부유하나 재정의 예측성이 불확실한 경우에 나타난다. 이 경우 대체적으로 반복예산이 일반적이나, 점증예산과 반복 예산이 교체적으로 나타나는 경우도 있다. 운명주의(fatalism)나 고도의 집합주의(collectivism)를 기초로 한 전체주의적(totalitarianism) 정치문화가 지배하고 있을 때는 정부예산이 후진국에서 나타나는 반복예산의 형태를 띨 가능성이 많다. 그러나, 부유한 나라의 경우 재정의 불확실성이 본질적으로 내재되어 있기보다는 일시적인 정치적 불안정성에 의해 야기되었을 때는 점증적 예산을 유지할 가능성이 높다 하겠다. 만일 정치체제가 계속해서 불안정한 상태를 지속한다면 그에 따라 재정의 예측성이 계속해서 떨어지게 되는데 이 경우는 반복예산의 형태를 띠게 되는 것이다.

Ⅲ. 평가적 의견

Wildavsky의 비교예산이론은 오래전부터 주장되어 온 예산정치과정이론에 바탕을 두고 각기 다른 환경변수나 정치문화에 따른 예산과정의 형태를 비교하고 있다는 데 의의가 크다 하겠다. 예산결정이 필연적으로 정치과정 속에서 이루어지는 것이 주지의 사실이고, 정치과정 속에서 사회 각 집단의 다양한 정치적 이해에 맞물려 있는 예산 참여자들간의 갈등과 조정, 타협, 합의의 과정이 예산결정의 중요한 부분임은 말할 나위도 없다. 따라서, 이러한 정치과정에 영향을 주는 각기 다른 환경변수나 정치문화의 차이를 각국 정부의 예산비교에 도입한 것은 예산이론연구에 지대한 공헌이라고 할 수 있다.

그러나 Wildavsky의 비교예산이론은 각국의 예산비교를 통해 일반화된 예산이론의 확립에 기여한 바가 큰 반면, 다음 몇 가지의 비판을 받을 여지가 있다. 우선 그의 이론적 논의의 틀이 되는 점증주의적 예산이론인 예산정치과정론과 비교예산이론에서 제시하고 있는 각국의 예산과정형태가 일치하고 있지 않다는 것이다. Wildavsky의 각국 예산과정의 비교는 근본적으로 점증주의적 모형에 기초하고 있으며, 여러 환경변수에 따라 그러한 점증주의적 과정이 어떻게 차이를 보이는가를 보이려 하고 있다. 그러나, 결과적으로 세입예산이나 반복예산의

경우 예산의 결정과정은 물론 결정된 예산의 형태가 점증주의적 예산과는 근본
적으로 다르다는 것이다.

둘째, Wildavsky는 부의 정도나 재정의 예측성 정도를 예산형태를 결정짓는
변수로 보고 정치문화를 비롯한 그 밖의 환경변수를 부와 예측성에 영향을 주는
중간 또는 매개변수로 취급하고 있는데, 각국의 다양한 예산과정을 설명하기에
는 부와 예측성 정도라는 두 가지 변수로는 부족하다는 것이다. 특히 정치문화,
관료형태, 관행, 리더십, 기술과 전문성 등 예산과정에 직접적으로 영향을 주는
변수는 다양하다 하겠다.[2]

셋째, 일반화된 예산이론을 시도한 연구로 보기에는 Wildavsky가 다루고 있
는 사례가 너무 석다는 것이 문제이다. 특히 세입예산의 사례는 미국 지방정부
에 국한하여 설명하고 있으며, 반복예산의 형태를 보여주는 몇 가지 사례 중에
서는 케냐만을 집중적으로 설명하고 있다. 전자의 경우 극히 미국적이라는 비판
을 면하기 어려우며, 후자의 경우는 연구결과의 일반화에 문제가 있다고 볼 수
있다. 또한 점증주의적 예산형태를 설명하는 사례로는 미국의 연방정부와 영국,
프랑스, 일본만을 대상으로 하고 있는데 이것도 매우 제한적이라고 볼 수 있다.

마지막으로 후진국의 예산을 설명하는 반복예산의 타당성 문제이다. 대부분
의 후진국들이 빈곤하고 재정의 예측성이 불확실한 것은 사실이나, 개발과 성장
전략이 정부의 우선적인 과제라는 것을 감안할 때 예산의 형태가 반드시 반복예
산으로 나타난다고 볼 수 없는 것이다. 많은 후진국이나 개발도상국들이 급속한
성장을 이룩하기 위해 급격한 팽창예산을 경험하고 있는 것은 흔히 볼 수 있다.
정치의 불안정성이 오히려 정부예산의 반복적 형태보다는 급격한 변화를 유도할
수 있다는 것이다. 이러한 경우는 특히 비정상적으로 들어선 정권의 정통성 확
보과정에서 국민들에 대해 회유적 사업을 제공할 때 흔히 일어난다.

참고문헌

Wildavsky, Aaron, *Budgeting: A Comparative Theory of Budgetary Processes,* New
Brunswick: Transaction Books, 1986.

---

2) 이 문제는 Wildavsky도 인식하고 있는 듯하다. 그는 여러 기회에 걸쳐 부의 정도나 예측성의
정도와 관계없이 정치문화와 구조, 예산결정의 역사적 관행 등이 예산결정형태에 미치는 영향을 따로
논의하고 있다.

John J. Bailey와 Robert J. O'Connor의 점증주의의 조작화*

Ⅰ. 머 리 말

John Bailey와 Robert O'Connor는 점증주의 개념이 정책결정 및 예산에 관한 문헌에서 상당히 광범위하게 사용되고 있지만 개념의 조작화에 따른 어려움 때문에 분석적 측면에서 많은 문제를 내포하고 있다고 주장한다. 원래 다원주의 사회에서의 대표적 의사결정 양식으로 간주되어 온 점증주의는 의사결정과정에 주로 초점을 맞추었으며 따라서 산출물로서의 결과에는 별로 관심을 기울이지 않았다. Bailey와 O'Connor에 의하면, 점증주의자들은 의사결정과정이 점증적 (incremental)이면 그것으로부터 얻어지는 결과도 당연히 점증적인 것으로 간주했다.

이러한 점증주의이론은 예산결정과정을 설명하는 지배적 이론으로서 오랜 기간 동안 그 자리를 고수해 왔다. 일반적으로 다원주의 사회에서의 예산결정과정은 점증주의의 성립조건인 복잡성, 제한된 정보, 다수의 참여자간의 목표에 대한 불일치 등으로 특징지을 수 있다. 따라서 점증주의자들에게 있어 예산결정과정은 점증적이며 아울러 그로부터 나오는 산출물도 당연히 점증적일 수밖에 없는 것으로 결론지었다. 과정과 결과에 대한 이러한 가정은 예산결정과정의 연구에 있어서 두 가지 문제를 야기시켰다. 첫째, 논리적 측면에서 예산결정 과정과 결과를 분리해서 다루지 않고 하나의 인과론적 맥락에서 파악하고 있다. 둘째, 분석적 측면에서 예산결정과정에 초점을 두고 결과로서의 산출물에는 무관심했기 때문에 산출물에 있어 크기의 변화가 점증적인가 혹은 비점증적인가를 구별해 주는 기준이 연구자에 따라 임의적으로 변하는 경향을 보여주고 있다.

---

* 박광국: 가톨릭대학교 법경학부(행정학 전공) 교수.

Bailey와 O'Connor는 이러한 두 가지 문제점이 여러 대표적 학자들의 연구에서도 나타나고 있다고 지적하고 앞으로의 분석적 점증주의의 확립을 위해서 이러한 문제가 어떻게 다루어져야 하는지를 고찰하고 있다.

II. 점증주의의 조작화

1. 점증주의에 대한 여러 관점들의 비교

(1) Dahl과 Lindblom의 견해

Dahl과 Lindblom은 점증주의를 합리적 의사결정, 계산된 위험(calculated risks)과 더불어 문제해결의 한 방식으로 간주하면서 점증주의에 입각한 의사결정은 산출물에서의 소규모의 변화뿐만 아니라 대규모의 변화도 수반할 수 있다고 주장한다. 이 세 가지 문제해결방식 중에서 그들은 특히 총체적 합리주의 모형(rational comprehensive model)과 점증주의(incrementalism)를 대비시키는 데 관심을 갖는다. Lindblom에 따르면 정책결정자들은 문제의 복잡성과 분석에 들어가는 엄청난 비용 때문에 합리적이며 포괄적인 분석보다는 기존의 정책에 약간의 변화를 가한 소수의 정책만 고려한다. 이러한 점증주의 이론은 소위 Lindblom이 명명한 당파간 상호조정(partisan mutual adjustment)과정을 통해 미연방 예산결정과정에서 잘 구현되어지고 있다.

Lindblom이 기술하는 점증주의이론은 두 가지 특징을 보여주고 있는데 그 하나는 의사결정방식을 의미하고, 다른 하나는 그러한 의사결정방식의 산출물로서의 정책을 뜻한다. 이러한 Lindblom의 견해에 입각하여 일부 예산분야 이론가들은 개인적 수준에서의 의사결정, 파당간 상호조정, 특정 예산간의 관계를 규명하는 데 관심을 기울인다. Bailey와 O'Connor에 의하면, 이러한 기술적 개념으로서의 점증주의의 사용은 예산결정 이론가들로 하여금 점증주의 이론에 바탕을 둔 협상과정은 결국 기존의 바탕에다 조금의 변화를 가한 산출물만 만들어내는 것으로 믿게 하였다. 이보다 더 주목할 만한 사실은, 비록 협상을 통한 산출물에서의 변화의 폭이 상당히 클 경우에도 만약 예산과정의 참여자가 주어진 기저(base)에서 타협을 통해 이를 도출했다면 점증주의에 입각한 의사결정이 이루어진 것으로 간주한다는 것이다. 보다 엄밀히 말해, 점증주의를 신봉하는 예산결정 연구가들은 점증주의에 대한 조작적 정의를 회피함으로써 실제 예산과정을 통해 비점증적 결과가 나올 수 있는 가능성을 배제하였다. 그러한 근거로서 Bailey와 O'Connor는 Wildavsky, Fenno, Sharkansky, 그리고 Dye의 점증주의에 관한 견해를 소개하고 있다.

(2) Wildavsky의 견해

Aaron Wildavsky는 명시적으로 예산과정과 결과를 상호 연계시키고 있다. 그는 "예산과정은 포괄적인 것이 아니라 점증적인 것이다"라고 주장하고 그 증거로서 예산과정의 참여자들은 단지 제한된 숫자의 대안만 고려하며 따라서 그들이 선택하는 변화의 폭도 본래의 기저에서 크게 벗어나지 않는 것으로 간주한다. 그러나 Bailey와 O'Connor는 Wildavsky의 이론이 중대한 논리상의 오류를 범하고 있다고 주중한다. 그들에 의하면, 제한된 숫자의 대안만 고려한다 하더라도 그 안에서의 변화의 폭은 작을 수도 있고 클 수도 있다는 것이다.

이러한 Wildavsky의 논리상의 오류는 하원 지출위원회의 예산승인액에서의 연간 비율변화를 분석한 Fenno의 예산자료를 재분석하는 데에서 분명하게 드러난다. Fenno의 자료에서 Wildavsky는 거의 50퍼센트에 가까운 사례에서 연간 비율변화의 폭이 10퍼센트를 넘는 비점증적 변화 결과를 발견하였다. 그러나 Wildavsky는 예산과정에서의 단순화된 계산방식과 참여자간의 협상은 결국 점증적 결과를 가져오는 것으로 믿었기 대문에 점증적 변화와 비점증적 변화의 기준을 30퍼센트까지 상향 조정함으로써 의도적으로 비점증적 변화의 출현 가능성을 배제하였다.

(3) Fenno의 견해

Richard Fenno는 하원 지출위원회의 예산결정에 관한 연구에서 위에서 기술한 Lindblom이나 Wildavsky와 비슷한 견해를 보여주고 있다. Fenno는 그의 연구에서 ① 행정기관의 요구액과 의회의 승인액과의 관계, ② 특정 행정기관에 있어서의 전년도 승인액과 금년도 승인액의 변화율이라는 두 가지 척도를 사용하고 있다. 그에 의하면 어떤 척도를 사용하느냐에 따라 점증주의 이론에 대한 분석적 결과는 달라진다고 주장한다. 그러나 Bailey와 O'Connor는 Fenno의 연구는 예산과정과 결과를 따로 분리해서 생각하지 않았기 때문에 이런 상이한 두 가지의 척도를 같은 목적을 위해 동시에 사용하고 있다고 주장한다. 그들에 의하면, 첫번째 척도는 특정 행정기관과 의회 사이의 협상과정에 초점이 맞추어져 있는 반면에 두번째 척도는 산출물 그 자체의 분석에 관심이 있다. 따라서, 산출물의 변화가 점증적인가 아닌가를 분석하기 위해서는 의회 승인액의 연간변화에 초점을 맞추어야 한다고 Bailey와 O'Connor는 주장한다.

행정기관들의 연간 예산규모의 성장률을 조사하면서 Fenno는 분석대상인 총 사례 중에서 47퍼센트가 연간 성장률 10퍼센트를 초과함으로써 비점증적 변화 의 징후를 보인다는 사실을 발견하였다. 그러나 Fenno는 행정기관과 의회 사이 에서 이루어지는 협상과정은 반드시 점증적 산출물을 가져올 것이라는 기대 때 문에 비점증적 변화의 기준을 상향조정하여 이러한 문제를 해결할려고 시도하였 다. 따라서, Fenno는 그의 연구 말미에서 "어떤 척도를 사용하든 간에 하원 지 출위원회의 결정은 점증적이었다"라고 언급함으로써 비점증적 변화가 일이닐 수 있디는 사실을 부인하였다. Bailey와 O'Connor는 Fenno 역시 협상과정과 산출 물로서의 예산을 혼동함으로써 분석적 측면에서 점증주의 이론을 개발하는 데는 실패하였다고 주장한다.

(4) Sharkansky의 견해

Wildavsky의 점증주의이론을 지지하는 Sharkansky의 주 정부 예산과정에 관한 연구도 역시 예산과정과 결과에 대한 명확한 구분을 하지 못하고 있다. Sharkansky는 예산과정의 참여자가 예산결정시 예산 요구액의 총체적 크기에 관심을 갖는지 아니면 기저(base)로부터의 비율 변화의 크기에 관심을 갖는지 를 연구하였다.

그에 의하면, 주지사나 입법가들은 예산승인시 행정기관의 현재 지출경비 수 준보다 증액된 부분의 예산에 초점을 맞추며, 이러한 그들의 관행으로 인해 행 정기관의 급격한 예산증가는 일어날 수 없다고 주장한다. 그러나 Sharkansky는 그의 연구의 어느 곳에서도 점증적 변화의 구체적 크기에 대해서는 구체적으로 언급하지 않고 있다. 묵시적으로 Sharkansky는 과도하게 요구된 특정 행정기관 의 요구액이 주지사나 입법가들에 의해 일정 비율만큼 삭감된다면 이러한 예산 결정과정은 점증적인 것으로 보아야 한다고 주장한다. Bailey와 O'Connor에 의 하면, Sharkansky의 연구는 크게 두 가지의 문제점을 지니고 있다.

첫째, 그의 조사는 주로 행정기관의 요구액과 주지사의 삭감액에 초점을 맞 춘 반면 의회의 최종 승인액에는 관심을 기울이지 않았다. 다시 말해, 그의 연구 는 예산과정의 분석에 치중한 반면 예산과정의 결과로서의 산출물에 관한 분석 은 소홀히 한 점이 있다. 둘째, 그의 분석은 주 정부 내에 있는 전체 행정기관의 예산을 평균했기 때문에 주 정부 내의 개별 행정기관의 비점증적 산출물의 패턴을 파악하는 것을 어렵게 만든다.

그럼에도 불구하고 Sharkansky는 예산결정과정에서 비점증적 산출물이 나올 수 있는 가능성을 배제하지는 않는다. 그러한 근거로서, Sharkansky는 왜 일부 행정기관은 다른 행정기관에 비해서 더 많은 몫의 예산을 차지할 수 있는가에 관심을 가졌다. 그에 의하면, 보다 더 적극적인 행정기관이 소극적인 행정기관에 비해 장기적으로는 더 많은 몫의 예산을 차지할 수 있다고 본다. 그러나 Sharkansky도 앞에 언급한 학자들처럼 예산과정에서 참여자들간의 상호조정은 결국 점진적 산출물을 낳게 될 것이라는 믿음 때문에 점증주의를 분석적 차원에서 재검토해야 한다는 필요성을 인식하지 못했다.

(5) Dye의 견해

Thomas Dye의 점증주의에 대한 정의는 분석적 차원에서의 점증주의의 연구 가능성을 더욱 어렵게 만들었다. 왜냐하면, Dye는 한 행정 기관 내에서 기존기능의 수행을 위한 범주별 재원분포 상태가 시간적으로 크게 바뀌지 않을 때 그 행정기관의 예산은 점증적 변화를 겪고 있는 것으로 간주하기 때문이다. Bailey와 O'Connor는 둘 혹은 세 가지 범주의 정부기능이 연방예산의 대부분을 차지하고 있기 때문에 상대적 서열에 있어서 큰 변화를 기대하는 것은 상당히 어렵다고 주장한다. 결국 이러한 Dye의 정의는 예산결정에 있어서 비점증적 변화가 일어날 수 있는 가능성을 근원적으로 배제한다고 볼 수 있다.

2. 점증주의에 관한 Bailey와 O'Connor의 재고찰

Bailey와 O'Connor는 예산결정시 당사자들간에 상호조정과정을 거친다 하더라도 예산산출물에서 대폭적인 변화가 일어날 수 있다고 주장한다. 그들은 이러한 가설을 실제로 입증하기 위해 Wildavsky가 사용했던 자료를 그들이 설정한 기준에 맞추어 재구성하고 있다. Wildavsky가 예산에서의 변화를 5퍼센트 간격으로 구분하는 데 반하여 Bailey와 O'Connor는 세 가지 등급, 다시 말해 점증적(incremental), 중간적(intermediate), 비점증적(non-incremental)으로 구분한다. 그들에 의하면, 0에서 10퍼센트까지의 예산규모 증가는 점증적, 11에서 30퍼센트까지는 중간적, 31퍼센트 이상은 비점증적이라고 한다.

이러한 기준에 따라서 그들은 Wildavsky와 Fenno의 의회승인액, 1961년부터 1971년까지의 미연방지출액, 1961년부터 1971년까지의 콜럼비아 중앙정부의 지출액, 마지막으로 1967년부터 1970년까지의 버지니아 주정부지출액의 네 가지 사례를 다음 〈표 4-1〉에서 분석하고 있다.

〈표 4-1〉 각 범주별 예산산출물의 분포

	점증적 (0-10%)	중간적 (11-30%)	비점증적 (31%이상)
Wildavsky-Fenno	52.5	34.2	15.2
미연방 지출액	49.1	32.1	19.8
버지니아 주정부	34.7	52.1	13.1
콜럼비아	22.7	34.5	42.8
콜럼비아(인플레이션 고려)	43.9	25.9	30.2

Bailey와 O'Connor의 기준에 따른 분석결과를 보면, 첫째 Wildavsky와 Fenno 사례의 거의 절반이 점증적 변화의 범위를 벗어나고 있다. 둘째, 미연방 지출액 사례의 경우 거의 절반이 점증적 영역에 속하고 있지만 반면에 중간적 및 비점증적 영역에 분포되어 있는 사례도 점증적 영역과 비슷한 수준에 있다. 셋째, 버지니아 주정부 사례는 다른 분석집단에 비해 보다 더 점증주의에 가까운 양상을 보여준다. 그러나 한 가지 다른 사실은 중간적 영역에 속하는 사례가 점증적 영역에 속하는 사례보다 많다. 마지막으로, 콜럼비아의 경우를 보면 비점증적 사례가 가장 많고 반면에 점증적 사례는 가장 적은 양상을 보여주고 있다. Bailey와 O'Connor는 이러한 비점증적 패턴은 라틴아메리카에 만연해 있는 인플레이션에 기인한다고 설명한다. 따라서 이러한 인플레이션 효과를 고려했을 경우 콜럼비아 사례도 미연방지출액의 사례와 비슷한 점증주의의 양상을 보여준다. 결국 Bailey와 O'Connor의 연구는 모든 정부예산은 정도의 차이는 있지만 항상 비점증적 형태의 산출물을 가지고 있다는 것을 경험적으로 보여주고 있다.

Ⅲ. 평가적 의견

Bailey와 O'Connor의 연구는 크게 세 가지의 시사점을 던져주고 있다. 첫째, 점증주의자들은 과정이 점증적이면 그 결과도 점증적인 것으로 간주하고 있는데 이러한 가정은 근본적으로 재고되어져야 한다는 것이다. 즉 과정이 점증적

이더라도 비점증적 산출물이 나올 수 있다는 것이다. 둘째, 예산결과에 대한 분석을 하는 데 있어서 우리의 주된 관심은 행정기관의 요구액과 의회의 승인액 사이의 관계가 아니라 금년도의 의회의 승인액이 작년도의 승인액에 비해 얼마나 증감되었는가 하는 데 있다. 다시 말해 과정에 대한 분석과 결과에 대한 분석은 엄격히 구별되어져야 한다는 것을 의미한다. 셋째, 일반적으로 개발도상국의 경우 선진국과는 달리 비점증적 패턴을 보인다는 주장이 있지만 이는 개발도상국의 심각한 인플레이션 효과를 고려하지 않는 데서 연유할 수 있다. 따라서 국가간 예산비교연구를 위해서는 인플레이션 효과가 반드시 고려되어져야 한다.

분석적 점증주의의 확립을 위한 기여에도 불구하고 Bailey와 O'Connor의 연구는 몇 가지의 한계점을 가지고 있다. 첫째, 그들이 제시한 기준에 대한 논리적 근거가 명확하지 않다. 그들은 예산 산출물의 크기를 점증적, 중간적, 비점증적 영역으로 구분했지만 그들 논의의 대부분은 점증적 영역과 비점증적 영역의 비교에 초점이 맞추어져 있다. 다시 말해 어떤 사례가 중간적 영역에 위치할 때 다른 두 영역에 위치한 사례에 비해 어떤 특징을 가지고 있는지를 분명히 밝히지 않고 있다. 둘째, 그들이 제시한 일반적 기준은 정책유형에 따라 달라져야 한다고 본다. 왜냐하면 노동집약적 정책(즉, 규제정책)은 자본집약적 정책(즉, 분배정책)에 비해 소규모의 예산삭감에도 정책집행에 큰 타격을 입게 된다. 환언하면, 노동집약적 정책의 경우 예산에서의 소폭 변화도 비점증적인 것으로 간주해야 하는지도 모른다. 이러한 몇 가지의 약점에도 불구하고 Bailey와 O'Connor의 가장 두드러진 업적은 지금까지의 규범적, 기술적 점증주의를 분석적 점증주의로까지 발전시켰다는 데에서 찾아볼 수 있다.

참고문헌

Bailey, John J. & Robert J. O'Connor, "Operationalizing Incrementalism: Measuring Muddles," *Public Administration Review,* 35, 1, 1975, pp. 60-66.

Berry, William D., "The Confusing Case of Budgetary Incrementalism: Too Many Meanings for a Single Concept," *Journal of Politics,* 52, 1990, pp. 167-196.

Leloup, Lance T., "The Myth of Incrementalism: Analytic Choices in Budgetary Theory," *Polity,* 10, 1978, pp. 488-509.

Lindblom, Charles E., "Still Mudding, Not Yet Through," *Public Administration Re-*

view, 39, 6, 1979, pp. 517-526.

Park, Kwang Kook, *Modeling Budgetary Outcomes for Economic and Social Regulatory Agencies: A Pooled Time Series Approach,* Unpublished doctoral dissertation, University of Georgia, 1990.

Aaron Wildavsky의
점증주의 예산이론*

I. 머 리 말

계획예산제도(PPB)에 대한 가장 열성적인 지지자였던 Allen Schick은 예산제도에 관한 이론과 실제를 처음부터 끝까지 합리성을 추구하는 개혁의 시도로 파악하고 있다. 예산개혁의 여러 과정은 통제(control), 관리(management), 계획 또는 기획(planning)의 추구라는 세 단계를 거쳐 왔다. 그러나 이 중에서 가장 중시되어야 할 가치는 기획이고, 기획과 예산을 제도적으로 연결하는 계획예산제도(PPB)가 최선의 대안이라는 것이다.

Aaron Wildavsky는 Schick의 견해를 정면으로 부정하면서 모든 예산개혁의 의도와 성패의 원인을 각각의 제도가 지니는 정치적 의미에서 찾으려고 한다. 그러기 때문에 예산개혁에 관한 Wildavsky의 입장은 매우 분명하다. 정치학적 관점에서 예산이론을 재정립하여야 한다는 것이다. 정치성이 예산과정(public budgeting)에서 차지하는 비중은 압도적이어서 예산과정은 정치과정의 일부분에 불과하고, 예산에 관한 연구 역시 정치과정의 한 표현에 불과할 뿐이라는 것이다(the study for budgeting is just another expression for the study of politics). 근본적으로 정치적 과정인 예산과정을 경제적 합리성이 기초가 되는 정책분석과 일치시키려는 시도는 일견 합리적인 듯 보일지 모르나 매우 불합리한 것이며 실패할 수 밖에 없다는 입장이다. 특히 다원주의사회에서의 예산결정과정은 다른 의사결정과정과 마찬가지로 점증적 과정(incremental process)을 거쳐 점증적 결과(incremental outcome)로 나타나게 된다고 주장한다.

* 김종순: 건국대학교 행정학과 교수.

II. 점증주의예산이론

Wildavsky는 많은 행정학자들이 지지하고 있는 합리적 예산개혁이론을 근본적으로 부정한다. 점증주의적 예산이론이 V. O. Key가 제기한 '예산이론의 부재'에 대한 효과적인 해결책이 될 수 있다는 것이다. Wildavsky는 *The Politics of the Budgetary Process*에서 예산편성과정과 예산의 내용(결과)을 점증주의적 의사결정이론과 다원주의 사회의 특징과 결부하여 설명하고 있다.

물론 전혀 논란의 여지가 없는 것은 아니지만 대부분의 예산과정은 섬승적으로 이루어신다는 것이 Wildavsky의 분석이다. 예산편성시 매우 한정된 대안들만이 고려되고 있으며, 과년도(過年度)의 예산규모(existing base)를 기초로 하여 한계적인 소폭의 조정(marginal and small adjustments)이 이루어진다는 것이다. 예산과정에 실제적으로 참여하는 사람들을 대상으로 한 광범위한 면접과 설문조사에 기초하여 점증주의적 예산이론의 기술적(記述的) 정확성을 주장한다. 한편으로는 포괄적인 대안의 평가에 소요되는 계산능력의 부족을 해소하고, 다른 한편으로는 예산과정에서 광범위하게 수용되고 있는 교섭과 협상의 전략으로 예산편성자들은 상호조정(mutual adjustments)을 반복하게 된다는 것이다.

점증적 예산과정을 거쳐 편성된 예산은 점증적 내용을 담게 된다는 가설을 입증하기 위하여 Wildavsky는 Fenno의 자료를 이용하고 있다. Fenno의 자료는 예산요구액이 승인과정에서 증감되는 정도를 백분율로 나타내고 있다. 평가의 기준으로 30퍼센트 내의 증가나 감소를 점증적 예산편성으로 규정하고 있다. 그러나 이러한 기준은 너무 느슨하여 3년만에 예산이 두배로 대폭 증가되는 경우에도 점증적 예산편성으로 규정하게 되는 것이기 때문에 기준으로서의 효용성이 크게 의문시된다.

Wildavsky는 점증주의가 다원주의적 정치체제의 의사결정방법을 정확히 묘사하는 데 그치지 아니하고 규범적 타당성을 보유한다고 주장한다. 점증적 예산편성은 편성과정에서 야기되는 논쟁을 해소하고, 사업계획과 관련된 불명확성을 줄이고, 중요한 가치들이 무시되는 현상을 방지하며, 예산의 편성·승인과 관련된 정치적, 그리고 인지능력상의 부담을 덜어 주게 된다. 정치적 과정을 거쳐 만들어진 예산은 정치적 과정을 거쳤다는 그 사실 때문에 충분히 정당화될 수 있다. 여기에 점증주의적 예산편성의 규범적 당위성이 존재한다는 것이다.

1. PPB와 ZBB: 합리적 예산제도의 문제점

Wildavsky는 현대적 예산제도의 대표라고 할 수 있는 영기준예산제도와 PPB가 극단적인 포괄적 계산(comprehensive calculation)을 전제로 하는 비현실적 제도라고 주장한다. 사업간의 비교를 중시하는 PPB나 대안적(代案的) 예산수준간의 비교를 중시하는 영기준예산제도는 극히 정치적 성격을 가진 예산과정에 경제적 합리성을 주입하려 시도하였기 때문에 실패하였다는 것이다. 합리적 예산제도가 요구하고 있는 포괄적 합리성(comprehensive rationalty)은 다원주의 사회의 보편적 예산환경과 부합하지 못한다. 극히 중요한 정치적 가치들과 갈등을 유발하고 있기 때문이다.

조직론적 관점에서 볼 때 조직은 오류의 발견과 교정이 가능하도록 설계되어야 한다. 그런데 고도로 전문화되고 엄격히 체계화된(tightly lined system) PPB의 경우 조직상의 오류를 발견하고 교정하는 일을 어렵게 한다. PPB가 추구하는 정책합리성(policy rationality)이 조직적 불합리성(organizational irrationality)을 야기하고, 경제적 능률성의 이름 아래 조직적 유인(誘引)의 희생을 강요하고 있기 때문이다.

정책학적 관점에서 살펴보면, PPB의 설계에는 정책집행과정에 영향을 미치는 중요한 요인들이 반영되어 있지 않다. 예산의 경제적 기능만이 강조된 나머지 정치적 성격(political implications)이 충분히 고려되고 있지 않는 것이다. 그 결과 정책평가에 치중하는 PPB가 집행과정에서 실패하는 것은 필연적일 수밖에 없다고 Wildavsky는 지적하고 있다.

PPB는 정책분석기능을 조직적 권력(organizational power)으로부터 분리하려고 하였기 때문에 비이성적(unintelligent)이고 무력하게 되었다. 집행과정에 영향을 미칠 주요 요인들에 대한 충분한 고려가 이루어지지 않은 정책설계는 실패로 끝나기 마련이다.

Wildavsky의 비판에 따르면, PPB는 조직이나 조직구성원의 지적 한계(知的 限界)를 초월하는 계산과정(cognitive operations)을 전제하고 있고, ZBB는 과거의 예산기초(base)를 부정하고 영기준에서 출발할 것을 요구하고 있기 때문에 비역사적(ahistorical)인 제도이다. 비역사적이라는 말은 기존의 지식이나 중요한 정보의 활용을 거부한다는 의미이기 때문에 예산편성과정에서 오류를 범할 가능성을 증대시키며, 이의 발견과 수정을 더욱 어렵게 한다는 것을 뜻한다. 그러나 실제의 영기준예산제도는 영기준에서 출발하고 있지 않으며 이러한 비판은 명목적인 영기준예산제도에 대한 비판에 불과하다.

　Wildavsky 역시 이러한 명목과 실제 사이의 괴리현상을 인식하지 못한 바 아니다. 실제로 운영되고 있는 ZBB는 영기준이 아닌 과년도(過年度)의 일정비율(예: 80퍼센트)에서 출발하고 있기 때문에 조직에 갈등이나 위협을 야기할 가능성은 그리 크지 않다. 그러나 영기준을 이렇게 실제적 측면에서 파악한다면 영기준예산제도와 전통적 예산제도 사이에 어떠한 중요한 차이점도 발견할 수 없게 된다. 점증적 예산편성제도와 매우 유사한 하나의 변형에 불과하기 때문이다. 따라서 PPB와 ZBB 어느 것도 전통적 예산제도를 대치할 만한 효과적인 개혁대안이 될 수 없는 것이다.

2. 전통적 예산제도의 장점

　Wildavsky는 현재까지 어떠한 새로운 제도도 전통적 예산제도를 대체하지 못했다고 주장한다. 그 이유는 전통적 예산제도보다 나은 예산제도가 아직 발견되지 못했기 때문이다. 최근의 영기준예산이나 PPB와 같이 합리성을 추구하는 예산제도들은 특정제도의 설계상의 하자 때문이 아닌 예산개혁의 근본적인 개념상(방향성)의 오류 때문에 실패로 끝나게 되었다는 것이다.

　여기서 전통적 예산이라 함은 1년을 단위로 점증주의 원칙에 따라 편성되는 예산을 의미하는데 품목별 예산제도(line-item budgeting)가 대표적 형태이다. Wildavsky도 공공예산이 추구하여야 할 가장 주된 가치가 책임성(accountability)의 확보라는 Schick의 견해에 동의하고 있다. 예산은 능률성, 효과성, 관리와 기획을 위한 도구적 기능을 수행하여야만 한다. 모든 공공지출이 바람직한 방향으로, 예정된 한도 내에서 이루어져야 하기 때문이다.

　그렇다면 왜 전통적 예산제도가 계속될 수밖에 없는가? 이 질문에 대한 Wildavsky의 대답은 간단명료하다. 전통적 예산제도는 결함의 미덕(virtue of defect)을 가지고 있기 때문이다. 전통적 예산제도는 포괄적인 계산을 요구하지 않기 때문에 PPB나 ZBB와 같은 현대적 예산제도보다 간단 용이하고 융통성이 있으며 통제성의 확보에 유리하다는 것이다. 품목별예산제도에서 사용되고 있는 예산분류는 사업계획과 직접적으로 연관되어 있는 것이 아니기 때문에 조직에 아무런 위협도 가함이 없이 현실상황이나 사업계획의 변화에 적응할 수 있다. 예산이라는 것이 단순히 경제적 도구성뿐만 아니라 정치적 도구성의 기능을 수행한다는 사실을 고려한다면 예산제도는 간단할수록 좋다. 간편한 예산제도일수록 예산과정의 영향력 있는 참여자들(influential budgetary actors)이 매우 중요시하고 있는 두 가지 가치―책임성(accountability)과 통제성(control)―을 성취하는 데 효과적이기 때문이다. 전통적 예산제도는 이러한 장점을 지니고 있기 때문에 각국에서 가장 광범위하게 채택되고 있다는 것이 Wildavsky의 주장이다.

3. 점증주의 예산제도의 문제점: 점증주의에 대한 Schick의 비판

점증적 결정이 다원주의 사회에 유익한 결과를 가져온다는 주장에 대한 비판은 매우 다양한 각도에서 이루어지고 있지만, 이 글에서는 Wildavsky의 점증적 예산이론에 대한 Schick의 비판을 검토하는 데 한정하기로 한다. Schick은 그의 논문 "Systems Politics and Systems Budgeting"에서 점증적 예산과정을 통하여 산출되는 결과가 바람직하지 못하다고 판단한다. 따라서 현재와 같이 예산절차(budget process)에 집착하기보다는 예산체제를 중시하는 방향으로 개혁될 필요가 있다고 주장한다.

Schick은 점증주의적 예산이 만족스러운 결과를 산출하지 못하는 이유를 다음과 같이 설명한다. 사경제(私經濟)는 공공재(公共財)와 외부성을 가진 재화나 용역을 효과적으로 공급하지 못하기 때문에 가용자원을 효율적으로 배분하지 못한다. 시장경제 원리에 따른 자원배분의 결과는 자원의 비능률적 배분에 그치는 것이 아니라, 우리가 추구하여야 할 중요한 가치의 하나인 공평한 분배를 위한 개혁을 어렵게 한다. 경제적 불평등이 정치·사회적 불평등으로 확대되고, 정치적 불평등은 경제적 불평등을 지속 내지 심화시킨다. 시장경제가 실패하는 또 하나의 이유는 규모의 경제, 자원의 독점 등과 같은 경쟁의 불완전성에도 기인한다. 점증적 의사결정이 지배하는 사회에서는 다원주의의 명분 아래 소수의 엘리트 지배현상이 초래될 수 있다. 협상과 교섭에 의한 결정은 엘리트집단의 이익옹호의 수단이 될 수 있기 때문이다. 이러한 사실을 고려해 볼 때, 점증주의가 상정하고 있는 다원주의는 기술적(記述的) 이론이라기보다는 규범적 이론의 성격이 강하다.

Ⅲ. 평가적 의견

예산개혁에 관한 Wildavsky의 시각은 매우 정치적이어서 예산에 관한 연구는 정치현상에 관한 연구와 다를 바 없다고 주장하고 있다. 이러한 입장에서 보면, 최근의 예산개혁은 모두 비합리적이라고 볼 수밖에 없다. 반면에, Schick은 기존의 예산과정을 변경하는 데 따르는 어려움과 이로 인한 성과주의예산과 PPB의 실패에도 불구하고 예산개혁은 가능하고 계속 추진하여야 한다고 주장한다.

1. 예산과정의 합리성과 정치성

예산과정은 정치적 환경과 조화를 이루어야 한다는 Wildavsky의 주장은 타당성이 있다. 예산이란 정치적 과정과 정치적 선택원칙에 부합하여야 한다. 따라서 정치적 과정에 심각한 영향을 끼치지 않고 중요한 변화를 가져온다는 것은 불가능하다. 그렇다면 정치적 요인들로 인하여 예산개혁은 불가능한 과제에 불과한 것인가?

예산의 편성, 승인, 집행, 결산의 전 과정에 있어서 정치적 요인이 매우 중요한 영향을 미친다는 것은 분명한 사실이다. 그러나 비정치적 또는 덜 정치적인 요소 또한 존재한다. 예산의 제도나 형식은 항상 정치적으로 계산된 득실(得失)에만 바탕을 두고 있는 것이 아니다. 예산의 형식은 정치적 영향을 받기도 하지만, 관료제의 산물에 가깝다. 예를 들면 품목별 예산제도는 정치형태와 관계없이 대부분의 국가에서 채택되고 있는데, 이는 대부분의 국가에서 관료기구가 국가적 자원배분의 기능을 담당하고 있기 때문이다.

점증주의에 따르면 '정치'는 일어나고 있는 모든 현상의 구실이 된다. 존재하고 있는 모든 것은 정치적 시험을 통과하였기 때문이고, 현존하지 않는 모든 것은 정치적 현실에 저촉되기 때문이다. 그러나 이러한 주장은 정치현실과는 아무런 관계가 없고, 개혁의 잠재성보다 현실을 옹호하는 하나의 방편에 불과하다. Schick의 비판에서 잘 나타나는 바와 같이 예산을 정치현상의 완벽한 반영으로 이해하는 시각은 지나치게 냉소적인 견해이다.

2. 다원주의 사회와 합리적 예산제도

지금까지 논의한 바와 같이 점증주의는 기술적(記述的) 정확성에 기초하고 있으나 규범적 우월성도 함께 주장한다. 그러나 기술적 정확성이라는 측면에서 볼 때, Wildavsky는 '점증'의 범위를 지나치게 크게 설정하여 점증적 과정이 점증적 결과를 가져온다는 점증이론의 기본가정(proposition)에 대한 타당성을 의심케 하고 있다. 30퍼센트와 같은 대폭적 예산증가를 '점증'으로 규정하는 Wildavsky의 견해에 따르면, 대부분의 예산과정과 편성결과가 점증적이 될 수밖에 없다. Schick, Dror, Etzioni와 같은 학자들은 점증주의적 과정이 더 나은 결과를 가져온다는 규범적 주장에 대하여도 심각한 이의를 제기하고 있다.

만일 PPB나 영기준예산제도가 포괄적 합리성을 극단적으로 강조하고 있다면 Wildavsky가 주장하는 바대로 예산과정에 적용될 수 없을 것이다. 예산관료의 인지능력상의 한계(cognitive limit)와 다원주의적 갈등(pluralistic conflict)으로 인하여 불가능하기 때문이다. 그러나 포괄적 합리성은 합리적 예산제도의 필수적인 전제조건이 아니다. 합리적 예산제도에서의 '합리적'이라는 의미는 포괄적 합리성(synoptic)을 뜻하기보다는 제한된 합리성(bounded rationality)에 가까운 개념이다. Schick은 한걸음 더 나아가 PPB는 정치적이고 현실적인 제도라고까지 주장한다. PPB는 포괄적 분석보다는 한계적 분석에 가깝다는 것이다. 따라서, 합리적 예산개혁은 포괄성을 조작화하는 데 따르는 문제점(problems in operationalizing comprehensiveness)을 이유로 부정될 수는 없다는 것이다.

예산에 관한 연구는 정치과정 연구의 또 다른 표현에 불과하다는 Wildavsky의 주장이 예산과정에 함축된 정치적 의미를 강조하는 표현이라면 우리는 동의할 수 있다. 그러나 최근에 시도된 일련의 예산개혁이 모두 불합리하다는 주장은 다원주의 사회에서는 합리적 예산제도의 도입이 불가능하며 또한 바람직하지도 않다는 극단적 의미로 해석될 수도 있다. 예산과정의 변경에 따르는 제반 어려움과 최근의 실패에도 불구하고 예산개혁은 가능하고 또한 필히 달성하여야 할 과제라는 Schick의 주장이 더욱 설득력이 있고 시사하는 바가 크다고 하겠다.

참고문헌

Wildavsky, Aaron, "Political Implications of Budgetary Reform," *Public Administration Review,* 21, Autumn, 1961.

_____, "The Political Economy of Efficiency: Cost-Benefit Analysis and Programming Budgeting," *Public Administration Review,* 23, Dec., 1963.

_____, "Rescuing Policy Analysis from PPBS," *Public Administration Review,* 29, March/April, 1969.

_____, "A Budget for All Season: Why Traditional Budget Lasts?," *Public Administration Review,* 38, Nov./Dec., 1978.

_____, *The Politics of Budgetary Process,* Boston: Little, Brown & Company, 1979.

Allen Schick의
점감적 예산이론*

Ⅰ. 머 리 말

Allen Schick은 "경기침체와 점증주의"라는 논문에서 미국의 재정환경과 이에 대한 예산 행태의 변화를 1920년대~1940년대와 1950년대~1970년대 그리고 1980년대로 구분, 시대적으로 검토하여 점감주의(Decrementalism)를 도출해 낸다.[1] 그의 주장은 점증주의(Incrementalism)는 성장의 시대에 적합한 이론이며 점감주의는 경기침체시대에 적합한 이론이라는 것이다. 전체적으로 옳고 그름을 떠나서 그의 주장은 정부지출을 충당할 만한 충분한 재원이 없을 때, 혹은 예산환경이 불확실할 때, 예산운영의 방법과 형태에 대해서 우리에게 시사하는 바가 매우 크다. 그러나 그가 점증주의를 버리지도 못하고 그렇다고 총체주의(synopticism; rational model)를 더욱 발전시키지도 못한 상태에서 논의를 전개하고 있는 점, 그리고 소폭적 감소라는 것을 제외하고는 예산행태 면에서 점감주의를 점증주의와 명확히 구분하지 못한 점 등에서 논의의 여지가 보인다.

Ⅱ. 경기침체와 점감주의

점증주의가 가능하려면 예산과정을 통하여 전년도에 배분된 예산(기저: base)보다 더 증가시킬 수 있는 증가분, 즉 증분(increments)이 있어야 한다.[2]

---

* 신무섭：전북대학교 행정복지학부(행정학 전공) 교수.
  1) 이 논문의 원제목은 "점감시대에 있어서 점증주의"(Incrementalism Budgeting in a Decremental Age)이나 논문의 내용을 참작하여 경기침체와 점증주의로 의역하였다.
  2) 점증주의에서는 기저와 소폭적 증가 및 소폭적 감소라는 용어를 많이 사용한다. 부처는 전년도 예산수준을 다음 연도에도 그대로 확보할 수 있으리라는 기대를 갖고 있는데 이것을 기저(base)라고 한다. 또한 부처는 다음 연도에 예산총액이 증감 혹은 감소한다면 그 증감분이 부처예산에 반영될 것

그런데 이 증분(增分)은 공공부분의 상대적 규모가 확대됨으로써 혹은 경제가 지속적으로 성장함으로써 얻을 수 있는 것이다. 재정규모가 축소되어서 기존의 사업들을 재조정해야 할 때는 증분이라는 것이 존재하지 않는다.

최근 1980년대에 미국에서는 국방 등 예외가 있기는 하지만 대부분의 국내 사업예산들이 축소되었다. 예산상의 관심이 증분보다 기저에 집중되고 있다. 점증주의는 이렇게 변화된 상황을 설명하지 못한다. 점증주의는 왜 어떤 사업예산은 축소되는 데 반하여 어떤 사업예산은 증가하는지를 설명하지 못한다. 점증주의는 예산결정에 참여하는 행위자들이 사용하는 전술과 게임을 나열한 것이다. 그것은 이론이라고 할 수 없으며 그저 예산 증가추세를 묘사한 것이다. 점증주의는 계속적인 경제성장이 가능했던 시대의 예산행태에 지나지 않는다.

그 증거가 명백하다. 본래 1921년 예산회계법을 제정할 당시에 설계된 예산제도는 예산국[3]을 중심으로 중앙통제를 강화하며 이를 통하여 불필요한 지출을 억제하는 데 그 목표가 있었다. 대개 1940년대까지 그러한 분위기가 지속되는데 이 시기를 점증주의 이전단계(pre-incremental)라 할 수 있다. 그런데 이러한 분위기는 뉴딜정책과 제2차 세계대전을 경험하면서 혁명적으로 변한다. ① 2차 세계대전 이후 미국 경제가 성장하면서 국민의 추가적 조세부담 없이 정부는 각종 사업을 할 수 있게 된다. 경제가 점증적으로 성장함으로써 예산운영이 점증적으로 변한다. ② 예산에 대한 중앙통제가 약화되기 시작한다: ⅰ) 정부의 적극적 역할로 인하여, 정부는 재정지출을 확대하게 되며 기관장들은 원하기만 하면 예산을 획득할 수 있게 된다. ⅱ) 정부는 예산을 재정정책의 수단으로 이용한다. 공공지출을 통하여 고용을 증대시키고 경제성장을 추구한다. 이러한 경향은 정부지출이 곧 사업의 효과라는 착각을 불러일으킨다. 부처들은 사업의 결과를 분석하지 않고 서로 예산경쟁을 벌이게 된다. 이렇게 해서 점증주의가 나타난다. 따라서 점증주의는 성장시대의 예산운영의 한 형태라 할 수 있다. 점증주의는 1950년대부터 1970년대까지 지속되며 이 시기를 점증주의 시대라고 할 수 있다.

그러면 어떻게 예산운영이 성장시대에 적응해서 점증주의가 되었는가? 점증

이라는 기대를 한다. 이것을 공평한 몫(gair share)이라고 한다. 부처는 예산결정을 단순화하기 위하여 기저에 소폭적 증감분을 고려하여 예산을 결정한다. 의회도 마찬가지이다. 이 때 소폭적 증감에서 증가분을 증분(increments)이라고 한다. 통계적 분석에서는 기저가 전년도 예산액, 증분이 전년도와 당해 연도 예산과의 차액으로 이해되기도 한다.

3) 미국의 중앙예산기관은 1921년부터 예산국(BOB)이었으나 1920년부터는 관리예산처(OMB)로 개편되었다. 이 글에서는 예산국과 관리예산처라는 명칭이 모두 사용되고 있으므로 그 시기에 유의해야 한다.

주의 시대의 예산운영은 점증주의 이전시대와 어떤 차이가 있는가? ① 점증주의 시대의 예산국과 부처는 지출통제보다 경제성장을 위한 지출증대에 초점을 두었다. 계획예산제도(PPB)도 예산증가를 정당화하는 데 이용되었다. ② 과거에는 주로 예산국과 의회의 세출위원회에서 예산이 처리되어 그 과정이 폐쇄적이었다. 이에 대해서 점증주의 시대에는 사업 정보가 개방되고 이익집단이 참여하는 등 예산이 부처, 의회의 세출위원회와 각종 위원회, 이익집단 등의 관심사가 되었다. ③ 이전에는 부처 운영비가 예산의 대부분이었으나 점증주의 시대에는 부처 운영비 외에 사업비, 이전지출비 등이 증대되었다. ④ 각종 법정의무부담지출(entitlements expenditures)[4]과 신용보증, 이자지출, 조세감면, 공기업지원, 규제 정책을 통한 비용의 민간에의 이전 등 예산외지출(off-budget expenditures)[5]이 증가하였다. ⑤ 계획예산제도가 예산확대수단으로 전락하여 예산개혁이 실패했다. 줄여서 말하면 경기가 호황이어서, 부처들은 많은 사업을 하려 했고, 예산국도 의회의 세출위원회도 그것을 통제할 수 없었다.

그러나 1970년대부터 사정이 달라졌다. 미국은 오일쇼크와 경기 침체로 '고인플레이션, 고실업'을 경험하게 된다. 정부재원을 투자해도 인플레이션과 재정적자만 노정될 뿐이었다. 여기서 문제가 생겼다. 다시 점증주의 이전시대로 돌아가 국고(國庫)를 지키고 통제할 필요와 세율을 높여야 할 필요성이 생긴 것이다. 그 결과 연방정부 예산운영이 점감적이 되었다. 정부통계를 보면, 불변가격으로 볼 때 1978년~1981년 사이에 국방을 제외하고 주정부와 지방정부에 대한 연방보조금이 3%, 연방정부운영비가 6% 감소하였다. 이자율이 높아진 데 따라 국방비, 이전지출, 법정의무부담금 사업(entitlement program) 등은 증가했지만 그 외의 정부지출은 1972년도 불변가격으로 볼 때 1978회계연도의 630억 달러에서 1983회계연도에는 470억 달러로 감소되었다. 악화된 경제상황에 대한 적응이 불완전했지만 예산운영이 점감적이고 재분배적(redistributive)으로 변화하였다. 그것은 어떻게 가능하게 된 것인가? 거기에는 세 가지 이유가 있다. ① Reagan 행정부는 장기적 관점에서 감축에 노력하였고, 과거보다 예산을 적

---

4) 우리 나라의 국가유공자, 생활보호대상자 등에 대한 정부보조와 같은 것으로, 이와 같은 정부보조금은 각각 법률에 의해서 자격요건을 갖춘 수혜자에게 지급된다. 법률에 의거 지출액이 경직적으로 정해지므로 여기서는 법정의무부담지출이라고 번역하였다.

5) 예산외지출은 국가예산에 포함되지 않은 지출을 의미한다. 예를 들어서 우리 나라 정부투자기관의 예산은 정부예산에 포함되지 않는다. 이것은 법률의 규정에 따른 것인데, 이렇게 되면 정부투자기관의 재정활동은 정부예산지출이나 정부의 재정상태(흑자·적자)에 포함되지 않게 된다. 따라서 예산외지출이 증대되어도 정부예산은 증대되었는지 그 여부를 알 수 없는 까닭에 사실상 정부예산은 쉽게 증대될 수 있다는 것이다.

게 요구해야 한다는 기대(期待)를 조성했다. ② 대통령과 의회, 예산관리처와 부처와의 관계를 변화시켜 예산의 팽창보다 긴축에 주력했다. ③ 삭감하기 쉬운 것, 삭감으로 인한 갈등이 적은 사업을 중심으로 조금씩 지출을 삭감하였다. 즉 점감적 예산운영을 한 것이다.

한편 인플레이션에 대응해서 예산운영에 있어서 기저(base)와 불변가격에 초점을 집중시키게 되었다. 그 까닭은 다음과 같다. ① 예산삭감에 있어서 모든 사업과 부처의 예산이 획일적으로 삭감된다면 모두 삭감을 당하므로 모든 관계자들이 불평이 없을 것이다. 그러나 어떤 사업예산은 삭감을 당하고 어떤 사업예산은 증가된다면 사업부처들 사이에 불만이 많이 있을 것이다. 따라서 이런 경우에는 어떤 사업에 얼마나 예산을 허용할 것인가? 하는 것이 문제가 되어 기저(base)를 재정의하게 된다. ② 그리고 예산결정에서 불변가격이 중요하게 된 까닭은 예산액의 증가를 보다 명확히 파악하려 했기 대문이다. 인플레이션의 영향을 제거하고 불변가격으로 예산액의 증가를 산정하면 경상가격으로 산정한 것보다 그 증가율을 더 감소시킬 수 있었다. 그 결과 예산액은 증가하지만 경상가격으로 증가한 것보다는 그 증가폭이 크지 않았다. 이렇게 해서 예산운영이 점감적이 되었다.

그러면 점감주의(decrementalism)는 어떤 특성이 있는 것인가? 실제 점감주의는 점증주의와 그 방향만 반대이고 내용은 동일한 것이다.[6] 점증주의는 소폭적 증가에 초점을 두는 반면에 점감주의는 소폭적 감소에 초점을 둔다. 그러나 점증주의와 점감주의 모두 세출 예산의 대부분은 그대로 놓아두고 차이가 나타나는 부분에 대해서만 검토를 하는 한계적 결정(marginal choice)을 한다는 점에서는 동일하다. 그러나 점감주의는 점증주의와 비교할 때 다음과 같은 세 가지 측면에서 차이가 있다. ① 점증주의가 배분적이라면 점감주의는 재배분적이다. 경기(景氣)가 좋아 예산이 증가할 때는 '누가 무엇을 얻는가?'를 설명해야 하지만 경기가 악화되어 이제는 '누가 무엇을 잃는가?'를 설명해야 한다. 점증주의는 '갑'사업의 예산은 감소하고 '을'사업의 예산은 증가하는 재분배적 상황을 설명하지 못한다. 점감주의는 사업의 목표, 장기적 관점, 결과 등에 관심을 두며, 그래서 다른 사업의 예산은 감소되는 데도 불구하고 왜 어떤 사업의 예산은 감소되지 않는지를 설명한다. ② 점감주의에서는 예산결정의 기저 자체가 확실

---

6) In practice, decremental budgeting can be the mirror image of incremental budgeting. Instead of budgeting for small increases, government budgets for small decreases. In both cases, budgeting is a form of marginal choice in which the bulk of expenditures remains unexamined (원문 p. 21).

한 것이 아니므로, 즉 기저도 삭감될 수 있으므로 불안정이 가속된다. 재원이 여유가 있으면 예산의 증가가 가능하나 재원이 부족한 관계로 예산과 집행, 예측과 실제 사이에 격차가 생기고 예산을 매달 매분기 재조정해야 할 필요성이 생긴다. 그래서 점증주의보다 훨씬 불안정성이 많이 노정된다. ③ 점증주의에서는 모두에게 공평한 몫이 배분되나 점감주의에서는 그것이 보장되지 않는다. 점감주의에서는 재분배와 불안정으로 경쟁이 과열되고, 결정이 지연되는 등 갈등이 격화된다.

앞으로도 과거와 같이 예산운영의 의례적·상징적·정치적 제 관행이 지속될 것이다. 그러나 이미 예산주기가 더 이상 의미가 없을 정도로 그 주기의 폭이 축소되고 있고, 계획예산제도, 영기준예산제도(ZBB) 등 거대한 제도가 존재할 수 없을 정도로 불안정과 갈등이 소용돌이치는 상황하에서 경기(景氣)와 관계없이 예산과정이 보다 집권화(集權化)되는 그리고 한계적 분석(marginal analysis)이 중시되는 점감적 예산운영이 지배하게 될 것이다. 그렇지 않으면 예산운영 그 자체가 사라질지 모른다.

Ⅲ. 평가적 의견

경제가 악화되어 예산환경이 악화된 경우, 예산운영에 있어서 불확실성과 갈등이 높아져 예산운영이 재분배적 성격을 띠게 될 것이라는 Schick의 주장과 이에 대처하는 방법으로 점감적 예산운영을 제시한 것은 우리에게 시사하는 바가 많다고 생각된다. 이미 미국에서는 1970년대부터 정책종결, 감축관리, 영기준예산제도, 일몰법(sunset law) 등이 등장했고 우리 나라에서도 그러한 제도가 일부 도입되기도 하였다. 또한 예산을 삭감하기 위해서 한계적 분석에 강조점을 두어야 한다는 주장도 예산운영자들에게 시사하는 바가 크다.

그러나 Schick의 주장은 다음의 몇 가지 점에서 논란의 여지가 있다고 생각된다. ① 점증주의를 단지 전년도 예산액에 대한 소폭적인 증가로 이해하는 것은 점증주의를 너무나 단순화한 것이다. 점증주의는 예산의 소폭적 증가만을 뜻하는 것은 아니다. 본 평자(評者)의 생각으로는 적어도 점증주의를 논할 때는 예산결정에 참여하는 행위자의 역할과 예산액의 증감(增減)을 빠뜨려서는 안 된다고 생각한다. ② 점감주의는 새로운 것이 아니다. 그것은 점증주의와 동일한 것이다. Schick는 점감주의를 설명함에 있어서 시종 점증주의에 의존하였다. 그는 점감주의는 점증주의와 방향만 다를 뿐, 한계적 분석에 의존한다는 점에서 동일하다고 하였다. 점증주의가 소폭적 분석에 의존한다는 점에서 동일하다고 하였다. 점증주의가 소폭적 증가에, 점감주의가 소폭적 감소에 초점을 두는 것이 다르며, 대부분의 예산항목은 그대로 두고 한정된 부분에 대해서만 서로 다른 부분을 비교하는 한계적 결정을 한다는 점에서는 양자가 같다고 하였다. 그런데 이미 Aaron Wildavsky는 *The Politics of the Budgetary Process*(1964)에서 예산의 소폭적 증가와 소폭적 감소를 논하였다. 또한 Wildavsky는 점증주의가 존재할 수 있는 여건을 명백히 하였다. 그는 *Budgeting: A Comparative Theory of Budgetary Processes*(1975)에서 국가의 GNP가 높고, 세입예측력이 높은 예산환경에서 섬승주의는 가능하며 그렇지 않은 예산환경에서는 점증주의가 다른 형태로 변형된다고 이미 설명하였다. 다만 Schick가 지적한 것은 1980년대 미국은 예산삭감지향적이라는 것이다. 그러나 그 삭감이라는 것이 불변가격(constant price)으로 본 삭감이고 경상가격으로 보았을 때는 역시 증가추세를 보였다는 점이다. ③ Schick는 재분배 상황에는 점감주의가 적합하다고 하였다. 그러나 여기에도 논란의 여지가 있다. 점감주의가 자원의 재분배를 설명할 수 있다고 하였으나 그 방법이 제시되어 있지 않다. 한계적 분석으로 설명된다면 그것은 이미 점증주의에서도 지적한 바 있는 것이다. ④ Schick는 자신의 주장을 전개하면서, 계획예산제도가 1960년대 즉 성장의 시대에는 예산확대를 위한 도구로 이용되었으며, 1980년대 경기침체의 시대에는 계획예산제도와 같은 제도가 존재할 수 없게 되었다고 하였다. 그러면서도 점감주의는 사업의 목표와 결과를 장기적 관점에서 고려하여 예산을 삭감한다고 하였다. 이러한 진술은 스스로 논리전개의 모순을 보인 것이라고 생각된다. 따라서 그는 이제까지 점증주의를 비판하고 총체주의를 옹호해 온 그의 입장을 스스로 애매하게 만들어 버렸다. 그의 입장은 변한 듯 보이나 아직 확립되지는 않은 듯하다.

  "경기침체와 점증주의"에서 그가 보여준 것은 경제가 악화되었을 때 새로운 적응이 필요하며 이에 따라서 예산정치가 집권화되어야 한다는 것이다. 그것은 한 마디로 말하면, 경기침체에 대응하여 정부는 예산을 삭감해야 한다는 규범적 주장이다.

참고문헌

Schick, Allen, "Incremental Budgeting in a Decremental Age," *Policy Science,* 16, 1983, pp. 1–25.

Wildavsky, Aaron, *The Politics of the Budgetary Process,* Boston: Little, Brown, 1964.

_____, *Budgeting: A Comparative Theory of Budgetary Processes,* Boston: Little, Brown, 1975.

Allen Schick의
체제예산론*

I. 머리말

예산운영은 곧 정치다. 예산운영과 정치는 서로 깊은 관계가 있기 때문에 한정된 정부재원을 배분하는 예산운영의 절차와 제도 그리고 기법을 개선하고 변화시키는 것은 곧 누가 무엇을 어떻게 얻는가 하는 정치구조 및 과정을 개선하고 변화시키는 것과 동일하다. 따라서 새로운 예산제도의 도입 및 운영의 성공여부는 예산제도의 성격에 의해서만 좌우되는 것이 아니라 정치구조 및 정치과정의 속성에 의해서도 좌우되는 것이다. 이러한 까닭에 새로운 예산제도가 도입되어 제대로 운영되기 위해서는 정치・예산세계(politico-budgetary world)가 새롭게 형성되어야 할 것이라는 것을 우리는 알 수 있다.

Allen Schick의 "체제정치와 체제예산운영"(Systems Politics and Systems Budgeting)은 미연방정부에서 계획예산제도(PPB)를 도입한 지 일 년만에 쓰여진 것으로 체제론적 관점을 반영하고 있는 계획예산제도가 성공하기 위해서는 정치・예산세계가 체제론적 관점에서 새롭게 혁신되어야 한다는 것이 이 글의 요지이다. 이러한 그의 주장을 그는 논문의 제목에서 시사하고 있다. "체제정치와 체제예산운영"이라는 제목에서 '체제'라는 용어에 그의 의도가 숨겨져 있다. 여기서 '체제'라는 용어는 계획예산제도가 도입된 이후의 정치와 예산운영이 체제론적 관점에서 새롭게 개혁되어야 한다는 뜻에서 사용된 것이다. 이에 대해서 '과정'이라는 용어가 사용되는데 이것은 계획예산제도가 도입되기 이전의 정치와 예산운영이 구태의연한 과정을 중시한다는 뜻에서 사용된 것이다. 그러므로 '과정정치와 과정예산운영'은 기존의 미국 정치와 예산운영을 그리고 '체제정치와 체제예산운영'은 계획예산제도가 도입된 1965년 이후의 체제론적 관점에서 새

* 신무섭: 전북대학교 행정복지학부(행정학 전공) 교수.

롭게 나타나야 할 미국의 정치와 예산운영을 의미한다고 할 것이다. Schick은 본 논문에서 '과정'과 '체제'를 비교하면서 '체제'에 기초하여 계획예산제도가 도입·운영되어야 한다고 보고 있다. 그가 다룬 것은 ① '과정'과 '체제'의 특성 비교 ② 미국에서 '과정'의 지배와 '체제'의 등장 및 도전 ③ 미국 정치과정의 결점 등이다. 전체적으로 Schick는 이 논문에서 점증주의와 다원주의를 비판함으로써 과정정치 및 과정예산운영의 결점을 지적하고 그것을 극복해야 한다는 데 주안점을 두고 있다. 이러한 점에서 이 논문은 품목별예산제도, Aaron Wildavsky의 점증주의, 다원주의적 정치, 미국정치과정 등의 비판에 대한 좋은 시각을 제공하고 있다.

II. 체제정치와 체제예산운영

여기서는 논문의 내용을 먼저 설명한 후 이에 대한 평가를 정리하고자 한다. 먼저 '과정: 과정중심 정치·예산세계'와 '체제: 체제중심 정치·예산세계'를 비교하기로 한다.

'과정'을 대표하는 것은 Wildavsky의 점증주의이다. 과정예산운영은 점증주의 예산운영이다. 점증주의는 다음과 같은 특징을 가진다. 예산은 과거의 예산을 기초로 하여 결정된다. 예산결정에 많은 전략·전술이 사용된다. 전략·전술들은 예산결정에서 보다 많은 예산을 획득하려는 참여자들에 의해서 사용된다. 이들은 예산결정에 과학적이고 분석적인 방법을 적용하기보다 흥정을 이용한다. 이러한 흥정에도 규칙과 흥정자들의 역할이 있으며 이것들이 점증적 예산과정을 지배하고 있다. 또한 규칙과 전술들은 예산결정에서 비롯되는 복잡성과 갈등을 축소해 주고 보다 많은 예산을 획득하려는 부처들에게 기회를 제공해 준다. 과정정치도 마찬가지이다. 과정정치의 가장 두드러진 특징은 흥정과 협상이다. 게임의 규칙이며 재원을 서로 획득하려는 경쟁자들 사이의 전략이 주요 특징들이다. 그러나 '과정'은 과정만 좋으면 결과도 좋다는 식이다. '과정'에서는 목표와 정책과 대안을 심사숙고하지 않는다. 과정예산운영을 기술적(技術的)으로 대표하는 것이 품목별 예산제도이다. '체제'예산운영을 대표하는 제도는 계획예산제도이다. 물론 계획예산제도가 예산운영에서 '체제'의 속성을 모두 반영하는 것은 아니다. 체제예산운영은 공공의 목표와 그 달성을 위한 대안들, 대안들의 결과와 소요비용, 대안의 선택과 이에 따른 재원의 배분 등을 중시한다. 체제예산운영은 계획예산에서 사용되고 있는 사업요강(program memoranda), 사업 및 재정계획(program and financial plan), 사업구조(program structure) 등의 기법에 잘 반영되어 있다. 물론 체제예산운영에서의 체제개념은 계획예산제도에서 사용하고 있는 기법들 그 이상이다. 그러면 '과정'과 '체제'의 특징은 무엇인가? '과정'은 그 활동의 초점이 흥정과 게임에 있는 반면에 '체제'는 목표와 결과에 있다. '과정'은 협상과 타협을 통해서 결정하나 '체제'는 분석을 통해서 결정한다. '과정'은 과거지향적이나 '체제'는 미래지향적이다. '과정'의 전략은 관심과 재원을 동원하기 위한 것이나 '체제'의 전략은 가치와 재원의 배분에 있다. '과정'의 분석범위는 부분적·지엽적이나 '체제'의 분석범위는 총체적·포괄적이다.

그러면 왜 미국은 과정에 집착하고 과정의 결과에 대해서는 무관심했는가? 그 이유는 다원주의(多元主義)에 대한 과신에 있다. ① 다원주의자들은 수많은 집단들에 의해서 권력이 분점됨으로써 통치가 원만하게 될 것이고 사회후생(social welfare)은 자유경쟁시장에 의해서 극대화될 것이라고 믿었다. 이들은 헌법에 명시된 삼권분립의 원칙과 자유경쟁시장을 믿었다. 그러나 그들은 공식적 권력관계만을 보았을 뿐 그 내면의 흥정과 협상 그리고 편파적인 이익추구활동을 보지 못했다. ② 다원주의자들은 이익집단들의 장점만 보고 단점을 간과했다. ③ 다원주의자들은 정부가 특정이익집단의 이익을 옹호함으로써 사회후생의 극대화를 훼손할 수 있다는 것을 경시했다. ④ 이익집단들의 타협을 옳은 것으로 오해했다. ⑤ 다원주의자들은 골치 아픈 가치문제를 외면하여 결과적으로 현상유지에 만족했다. ⑥ 점증적 예산결정은 갈등을 완화하고 체제론적 관점에서 예산을 배분하면 갈등이 격화될 것으로 오해했다. ⑦ 다원주의자들은 급격한 사회변화와 재분배에 관심이 없었다. 그러나 계획예산제도를 도입하게 된 지금은 미국사회에서 '체제'에 대한 요청이 대두되었다. 그 이유는 ① '과정'에서 얻은 결과에 대한 불만이 고조되었고 ② 체제분석을 통하여 더 훌륭한 결과를 얻을 수 있다는 확신이 생겼기 때문이다. 이러한 사조의 변화로 보수주의자와 진보주의자 모두 계획예산제도에 관심을 보였다.

이제 시대가 변하여 체제정치가 등장하게 되었다. 그 까닭은 정치과정의 결점들이 드러나게 되었기 때문이다. 정치과정의 불완전성은 불만족스러운 결과를 가져온다. 그러나 정치과정이 결점이 있다고 해서 우리는 그것을 내버릴 수는 없는 일이다. 우리는 그 결점을 보완해야 한다. 경제학자들이 시장의 결점을 보완하듯이 말이다. 그러면 정치과정의 결점은 무엇인가? 한 마디로 말한다면 다원주의자들이 말하는 과정은 수많은 이익집단들 사이의 경쟁에 기초하고 있는

데, 이것은 경제학의 완전경쟁시장모형과 동일한 것이다. 그런데 시장의 불완전
성이 지적되고 있듯이 다원주의자가 주장하는 과정에는 많은 결점이 있다는 것
이다. 이에 대해서 설명하면 다음과 같다.

경제학의 시장개념에서 다원주의 정치과정을 유추할 때, 시장의 불완전성을
야기시키는 요인들이 그대로 정치과정의 결점들이 된다. 그 결점으로 Schick은
① 공공재(公共財: public goods), ② 외부경제효과(externalities), ③ 소득
재분배, ④ 불완전한 경쟁, ⑤ 이념, ⑥ 자원의 부동성(immobility of resourc-
es), ⑦ 대표성 등의 문제를 지적한다.

1) 공공재: 공공재는 비경합적 소비(non-rival consumption)와 소비의 비
배제성(non-exclusion)의 성질을 가지고 있어서 무임승차의 문제를 제기하고
바로 이 성질로 인하여 공공재는 시장에 의해서 수요공급이 효율적으로 조절되
지 않는다. 그래서 공공재는 비시장기구, 즉 정치기구에 의해서 제공된다. 그런
데 이 경우에는 공공재의 공급이 정치기구에 의해서 왜곡되기 쉬운데 그 왜곡
여부는 이익집단정치의 행태에 의해서 좌우된다. 이를 테면 힘이 센 강력한 이
익집단이 원하는 공공재는 많이 생산될 수 있고 반면에 사회적으로는 필요하지
만 힘이 없는 나약한 소수집단이 원하는 공공재는 적게 생산될 수 있다. 따라서
이익집단들의 경쟁을 통해서가 아니라, 공공이익의 관점, 체계적 기준을 통해서
공공재의 공급을 결정해야 한다.

2) 외부경제효과: 도시재개발을 시행하면 그 지역의 거주자는 물론 그 인
근지역에도 도움이 되는 경우가 많다. 이 경우 도시재개발은 외부경제효과가 있
다고 한다. 반대로 공장에서 폐수를 유출하면 인근 거주자에게 피해를 준다. 이
것을 외부불경제효과(external diseconomy)라고 한다. 위의 예에서 도시재개발
을 할 수 있는 능력이 없을 때 정부가 도와주어야 하고 반면에 공장폐수를 억제
하기 위해서 정부는 규제를 해야 한다. 그러나 경쟁에 맡길 때, 과정에 치중할
때, 정부는 재개발지역의 주민을 도와주기도 어렵고 그리고 공해공장에 대해서
과세(課稅) 등을 통한 규제를 하기도 어렵게 된다. 왜냐하면 모든 이익집단에
권력이 균등하게 분포되어 있지 않기 때문이다. 예를 들어 공해공장이 힘이 많
다면 폐수규제정책의 시행을 방해할 수 있을 것이다. 일반적으로 힘이 센 이익
집단들은 경쟁을 강조하여 기득권을 강화하려 한다.

3) 소득재분배: 다원주의 정치과정은 빈익빈 부익부를 초래할 수 있다. 자
본주의 정치체계하에서 우리는 부(富)를 죄악시하지 않는다. 그러나 우리는 가
난한 사람에 대해서도 관심을 가지고 있다. 그런데 가난한 사람은 경제적으로만

가난한 것이 아니라 사회적·정치적으로도 가난하다. 따라서 소득재분배는 정치 권력의 재분배가 동시적으로 이루어져야 가능하다. 이러한 까닭에 정치과정의 정당성과 정치과정을 뒷받침하고 있는 집단규범의 변화가 논의되어야 한다.

4) 불완전한 경쟁: 기존의 정치과정은 몇몇 정치지도자들에 의해서 그리고 거상(巨商)에 의해서 좌지우지되기 쉽다. 따라서 다원주의 정치과정에서는 사회 적으로 유의미한 사회적 이슈가 논의되기 힘들다.

5) 이념: 정치과정의 기능들 가운데 하나는 국민의 진정한 이익을 호도하 는 것이다. 시장(市場)은 이윤동기에 의해서 움직이고 가격이라는 분명한 지표 가 있기 때문에 경쟁자들의 이익을 왜곡하는 데 힘이 든다. 그러나 시장의 가격 과 같은 지표가 없는 정치과정은 이념을 이용하여 교묘히 진실을 왜곡하고 거짓 을 조작한다. 그래서 정치과정은 국민과 사회에 중요한 문제를 외면하고 엘리트, 강자, 조작전문가에게 유리한 정책을 편다.

6) 자원의 부동성: 시장에 의할 때 노동과 자원이 있어야 할 곳에 제대로 공급되지 못할 때가 종종 있다. 이러한 자원의 부동성으로 인하여 실업이 발생 할 수도 있다. 정치과정에서도 두 가지 이유에서 그러한 현상이 발생할 수 있다. 하나는 구조상의 문제로 선거제도, 위원회제도 등이 약자에게 불리하게 되어 있 어 이들의 이익과 힘이 반영되기 힘들다. 또 하나는 이념상의 문제로 점증적 결 정이 기존의 이익과 기득권을 보호하기 때문이다. 이러한 이유로 정치적 자원도 이동이 용이하지 않아 정부가 가난한 사람들에 대해서 보조금을 지급하기 힘들 고 또 각종 규제정책을 시행하기도 힘들다.

7) 대표성: 시장이 보이지 않는 손에 의해서 운영되듯이 정치는 여러 가지 대의기구를 통해서 운영된다. 그리고 대의기구는 대개 국민의 투표에 의해서 구 성된다. 그러나 대의기구가 선거 때를 제외하고는 국민의 의사를 반영하지도 않 고, 중요한 결정일수록 대의기구의 결정은 유권자의 의견과 상이한 경우가 많다.

위와 같은 정치과정의 결점들을 보완하는 데 체제적 접근방법이 도움이 된 다. 체계적 접근방법에 기초한 계획예산제도는 목표, 재원의 제약, 대안선정 등 을 고려하는 기법이다. 그러나 아직은 정부조직 내에 계획예산제도 운영에 필요 한 필수적 개념, 조직능력, 정치적 조건, 정보, 기술 등이 충분히 발전되어 있지 않다. 따라서 목표·수단분석을 중시하는 계획예산제도는 끊임없는 도전에 직면 할 것이다. 이에 대한 처방은 '과정'이 올바른 산출들(outcomes)을 생산할 수 있도록 수정을 가해야 한다는 것이다.

III. 평가적 의견

이제까지 Schick의 주장을 정리하여 보았다. 그는 "체제정치와 체제예산운영"에서 1960년대 중반의 미국 정치과정의 결점을 지적하고 이것을 보완하는데 계획예산제도가 도움이 된다고 주장하였다. 이러한 논의들에서 우리는 미국 다원주의 정치의 결점을 파악할 수 있었다. 그리고 그의 개혁적·진취적 경향을 알 수 있었다. 사회적·경제적 약자에 대한 배려, 재원의 합리적인 배분, 재원배분의 효과성 등에 대한 그의 관심을 읽을 수 있었다. 또한 우리는 점증주의와 다원주의의 한계도 쉽게 파악할 수 있었다. 특히 정치과정의 결점을 시장에 비유하여 분석한 내용은 공공선택론 또는 정치경제학적 입장으로서 논점들이 개념적으로 명백히 드러난다.

그러나 몇 가지 점에서 Schick은 한계를 보인다. ① 엘리트주의(elitism)에 대한 과신이다. 체제론적 관점에서 기관의 목표를 정하고 그것에 따라서 정책을 결정하는 체제론적 예산운영은 중앙집권성을 강조하게 되는 것이다. 이러한 관점에 따를 때 예산은 기관운영의 책임을 맡고 있는 몇몇 최고결정자들에 의해서 좌우될 것이다. 상식적으로 판단할 때 이들 최고결정자들—엘리트들이 공익에 충실하려는 도덕성과 철학이 있느냐 하는 것이다. 또한 Schick은 다원주의를 비판하면서 일반시민의 의사가 혹은 소수의 이해(利害)가 선거 등의 제도를 통하여 정치과정에 올바로 반영되지 못하고 이익집단도 소수에 의해서 장악되기 쉽다고 보았다. 즉 현재 미국의 정치과정이 현상유지적인 정치지도자에 의해서 장악되어 있다는 것이다. 그렇다면 대부분의 정치엘리트는 기득이익을 옹호할 가능성이 많은 것이지 Schick이 바라는 개혁성을 발휘하기는 어려운 것이 아닌가? ② 논문이 단원주의와 점증주의 비판에 치우치고, 체제론적 관점에서 정치과정과 예산운영을 어떻게 설계해야 되는지에 관해서는 언급이 없다. 목표·수단분석을 사용하면 자동적으로 정치과정과 예산과정에 능률성과 책임성이 보장된다는 것인가? '과정'에 의한 산출(outcomes)이 능률적인 것이 아닐 때 그 결과를 어떻게 과정에 환류시킬 수 있는가? 어떻게 과정을 재구성하고 어떤 새로운 기관(institutions of power and choice)을 설치함으로써 그것이 가능할 것인가? Schick은 이에 대해서 충분히 응답할 수 있을는지 모른다. 그러나 계획예산제도가 1971년 미연방정부에 의해서 폐기된 다음에 그가 '계획예산제도의 죽음'에서 계획예산제도의 실패원인을 나열했듯이 현실적으로 그의 제안을 제도화하

기는 힘든 것이 아닌가 한다. 이에 대해서는 두 가지 견해가 있다. 하나는 "계획
예산제도의 정신과 체제론적 접근법은 훌륭한 것이나 현실적으로 실현불가능한
것이다"라는 낙관론이다. Schick이 계획예산제도가 미국에서 실패한 이유를 설
명한 것도 이에 해당된다. 다른 또 하나는 "계획예산제도와 체제론적 접근법은
현실적으로 실현불가능한 것은 물론 개념적으로도 말이 안 된다"는 비관론이다.
③ Schick은 다원주의와 점증주의를 비판하는 데 있어서 공공선택론 또는 정치
경제학에 의존하였다. 그가 크게 의존했던 이론적 개념은 '시장의 실패'이었다.
그러나 시장실패에 대한 반론도 만만치 않다. 보이지 않는 손이 해야 할 일을 정
치기구와 관료제가 대신할 때 야기되는 권력남용, 부정부패, 형식주의, 경직성
등의 위험이 그것이다. 권력의 자의성과 관료제의 편의주의가 재원배분의 비능
률을 초래하고 사회적 형평을 왜곡시킬 수 있다는 것이다.

참고문헌

Schick, Allen, "Systems Politics and Systems Budgeting." *Public Administration
      Review, 29, 2, 1969, pp. 137-151.*

_____, "A Death in the Bureaucrcy: The Demise of Federal PPB." *Public
      Administration Review, 33, 2, 1973, pp. 146-156.*

Louis Fisher의 대통령의 지출권에 관한 이론*

I. 머리말

대부분의 예산이론들은 예산의 편성과 심의 등 예산의 결정과정에 초점을 두고 있는 반면, 예산결정 이후 실제로 예산이 어떻게 쓰여지는가에는 별로 관심을 두지 않고 있다. 그러나, 국민들로부터 거둬들인 돈으로 국민들을 위한 사업을 정부가 적절히 제공하고 있는가를 가늠하기 위해서는 예산이 어떻게 집행되고 있는가를 관찰하는 것은 매우 중요하다. 전통적인 예산이론에 의한다면 예산, 즉 정부지출의 목적, 한계, 사용 등은 반드시 법에 기초하여 입법부의 통제를 받게 되어 있다. 그러나, 실제 예산의 집행을 살펴보면 여러 가지 형태로 행정수반이나 정부 부서 등 집행기관의 자율성이 크게 행사되고 있는 것을 알 수 있다.

정책의 집행에 있어 행정부의 자율성과 통제의 문제는 많은 논란과 더불어 깊이있는 연구가 행해지고 있는 데 반해, 예산집행에 있어 집행기관 특히 대통령의 자율적 집행권한은 일반적 인식보다는 그 범위나 규모, 영향력에 있어 엄청나게 큰 것이 사실임에도 불구하고 이에 대한 연구가 부족했던 것 또한 사실이다. Fisher의 대통령의 지출권 이론은 이러한 점에 착안하여 예산이 결정된 이후 어떻게 돈이 실제로 쓰여지고 있는가에 초점을 맞추고 있다. 특히 대통령 중심제하에서의 중앙정부(연방정부)의 예산이 국회의 결정과정을 거친 이후 어떻게 국회의 동의나 허락 없이 대통령에 의해 다른 형태로 쓰여질 수 있는가에 관심을 갖고, 그 원인과 형태, 문제점과 아울러 몇 가지의 개선방안을 제시하고 있다.

사실 국가의 정책기능은 지속적 현상이고 여러 기관들의 상호유기적인 관계 속에서 일어나는 것이기 때문에 정책의 결정기능과 집행기능이 명확하게 구분되

* 유병욱: 숭실대학교 행정학과 교수.

기란 쉽지 않다. 특히 국회의 정책결정이 매우 광범위한 정책문제(broad policy question)에 관한 것이라면, 행정부의 집행기능은 매우 구체적이며 일상적인 결정을 포함하게 되므로 정책의 집행과정에서 집행기관이 상당한 자율성을 행사할 가능성이 큰 것이다. 조세나 정부지출의 법정주의라는 오래된 전통에 입각하여 본다면 예산의 집행은 국회를 통해 결정된 예산안에 의거하여야 하고, 행정부의 예산집행도 국회의 통제를 받아야 함은 당연하다. 그러나 많은 경우 예산집행에 대한 국회 통제기능이 체계적이거나 지속적이기보다는 일시적(ad hoc)이며 사후적으로 이루어지는 것이 보통이고, 예산집행의 구체적 사항에 대하여 국회의 많은 통제기능이 행정부에 위임(delegation)되는 것이 일반적이다.

Fisher는 이러한 예산집행에 있어 집행기관의 자율성 강화에 다른 예산집행의 형태를 분석하고 있다. 그의 연구대상은 대통령중심제를 취하고 있는 미국 연방정부의 예산집행에 있어 대통령의 지출권한과 그의 다른 지출형태로서 예산의 몰수(impoundment), 특정사업의 재구성(reprogramming), 사업간의 전용(transfer), 비자금 지출(covert financing) 등을 심도 있게 다루고 있다.

II. 대통령의 지출권

1. 대통령의 지출권 형성

미국의 경우 대통령의 지출권은 오랜 역사를 두고 지속적으로 강화되어 왔다고 Fisher는 보고 있다. 이러한 대통령의 자율적 지출권의 강화는 어떠한 하나의 사건이나 조치로 이루어진 것이 아니고, 예산과 회계에 관련된 여러 차례의 입법, 재정적 어려움, 전쟁, 국회의 예산통제권의 약화 등이 오랜 기간 누적되어 온 결과이다. 특히 2차대전 이후 사경제 부문으로부터의 절약과 능률(economy and efficiency)에 대한 끊임없는 요구는 대통령의 지출권 강화에 큰 기여를 했다고 볼 수 있다.

우선 1789년 재무성(Treasury Department)의 창설과 더불어 정부예산안의 편성권한이 국회에서 정부로 이양된 것을 시작으로 1921년에는 예산회계법(The Budget and Accounting Act)의 통과로 재무성 내에 예산국(Bureau of Budget)을 설치하게 되었다. 예산국은 정부 각 부서의 예산을 편성, 조정, 증액, 삭감 등을 하는 권한을 가지는데, 대통령이 예산국장을 직접 임명하게 되어 정부예산편성에 있어 대통령의 영향력이 지대하게 되는 초석이 되었다. 1921년의 예산회계법 이후 뒤따른 각종 행정규제조치들은 예산에 대한 대통령의 영향력을 더욱 증대시켰는데, 당시 예산국장이었던 듀이(Dowes)에 의해 제정된 정부예산에 대한 예산국의 '중앙검사절차'(central clearance procedure)는 대통령의 영향력이 예산의 편성뿐 아니라 지출수준의 통제로까지 행사되는 계기가 되었다.

그러나 예산국을 통한 대통령의 영향력 행사는 2차세계대전을 전후한 경제적 어려움을 계기로 극대화되기 시작했다. 이 시기에 있어 연방정부의 예산은 경제불황에 대처하는 재정정책의 중요한 도구로 인식되기 시작한 것이다. 정부예산의 재정적 기능을 뒷받침하는 입법으로는 1946년에 제정된 고용법(The Employment Act)을 들 수 있는데, 이 법에 의해 대통령은 연방정부의 투자와 지출계획을 총괄하게 되었고 고용과 생산, 구매력을 극대화시키기 위한 필요한 조치를 자율적으로 취할 수 있도록 허용되었다.

예산에 대한 대통령의 영향력은 1970년 대통령 직속의 OMB(The Office of Management and Budget)의 창출과 더불어 더욱 확고해졌다. OMB의 일차적 임무는 연방정부의 예산안을 준비하는 것인데 실제에 있어서는 각 부처의 예산편성을 검토하고 통제하는 기능을 포함하고 있다. OMB의 각 부처 예산편성에 대한 검토는 지속적 검토(continual review)와 주기적 검토(periodic review)로 나눠지는데 어떤 경우든 OMB는 각 부처의 사업이나 지출요구가 대통령의 정책 방향과 부합되는가를 검토하고 조정을 요구하는 권한을 가지고 있다. Fisher는 언급하고 있지 않지만, OMB는 Reagan시대에 이르러 각부처 예산편성안의 검토와 연방정부예산의 대통령 안(案)을 준비하는 것 이외에도 세 가지의 권한을 더 가지게 된다. 첫째는 과거 예산국에서 행사하던 각 부처의 예산안에 대한 중앙검사(central clearance)기능을 수행하게 되었는데, OMB의 중앙검사기능은 각 부처 예산안의 대통령의 정책 우선순위와의 부합 여부에 초점을 두었다. 둘째, OMB는 각 부처들이 규제조치(regulatory activities)를 남발하는 것을 통제하기 위해 규제조치에 대한 거부권한(regulatory veto)을 부여받았다. 셋째, OMB는 단순히 예산에 대한 권한뿐 아니라 정부의 효율적인 관리에도 관여하게 된 것이다.

어쨌든 이와 같은 일련의 법인들의 통과와 새로운 예산기관들의 설치, 그리고 경제안정을 요하는 각종 사건들의 발생이 누적되어 연방정부예산에 대한 대통령의 영향력은 지속적으로 증대되어 왔다. 이러한 예산에 대한 영향력의 증대는 정부지출에 대한 대통령의 영향력을 크게 한 것은 물론인데, 이는 예산에 대한 국회의 통제능력이 저하된 것과 무관하지 않다. 정부예산의 규모와 복잡성이 지속적으로 증대됨에 따라 전문성이 부족한 국회의 통제능력은 점차로 약화되고 OMB 등과 같은 대통령의 통제를 받은 전문예산기관의 권한과 역할이 커지게 된다.

2. 대통령의 지출권 형태

정부지출에 있어 대통령의 자율성이 크게 보장된 형태는 우선 '일괄지출예산' (lump-sum appropriation)을 들 수 있다. 전통적으로 연방주의자들(Federalists) 은 대통령의 자율성을 크게 보장하는 일괄지출예산을 지지해 왔고, 제퍼슨주의자 인 공화당(Jeffersonian Republican)은 예산지출에 대한 국회의 통제를 용이하 게 하는 '품목별예산'(line-item budgets)을 옹호해 왔다. 그러나 정부예산이 원 칙적으로는 품목별예산의 형태를 취하나 여러 가지 이유에서 일괄지출예산을 허 용하고 있다. 우선 전쟁이나 경제공황과 같은 위기적 상황에서는 불확실한 지출 필요성에 대응하고 대통령의 위기관리를 돕기 위해서 일괄지출예산을 허용하는 것이 보통이다. 둘째, 정부의 효율적 관리나 효과적인 정책목표의 달성을 위해서 정부예산의 많은 부분이 보다 넓은 범위로 종합적 지출을 허용하는 경우가 많다 는 것이다. 이러한 경우는 1955년 후버 위원회(Hoover Commission)가 성과예 산제도(performance budget system)를 도입한 이래 빈번해졌다. 셋째, 예측될 수 없는 미래의 불확실한 상황에 대처한 대통령의 상황적 지출(contingency funds)을 허용하기 위해 예산의 많은 부분을 지출의 구체적 항목을 정하지 않고 국회가 통과시킨다는 것이다.

이미 국회에서 통과된 예산을 집행과정에서 대통령이 변용(變用)하는 형태로 는 재구성(reprogramming), 전용(transfer), 몰수(impoundment) 등이 있다. 재구성은 국회에서 통과된 예산의 한 항목 안에서 돈을 세부 사업간에 옮겨 쓰 는 것을 말한다. 반면에 전용은 지출의 항목간 이동으로 재구성이 법률적 규정 을 요하지 않는 반면 전용은 법률적 규정에 의해서만 가능하게 되어 있다. 다시 말하면, 재구성은 지출의 항목 내 이동(shift of funds within an account)이고 전용은 지출의 항목간이동(shift of funds from one appropriation account to another)을 뜻한다.

정부예산의 대통령에 의한 집행과정에서의 재구성은 정부예산의 신축성과 국 민의 정책적 요구에 대한 보다 적절한 대응을 위해 광범위하게 허용되고 있는

데, 대부분의 예산재구성은 국회의 소관위원회나 소위원회의 참여하에 결정되는 것이 보통이다. 정부예산항목 중 재구성이 가장 빈번히 일어나는 것은 국방분야로서 그 규모나 중요성으로 보아 예산의 재구성 과정에 국회가 관여하게 된다. 우선, 국방비 각 항목에 있어서의 재구성은 국회 국방위원회가 정한 구체적 사유에 한하여 이루어져야 하며, 중요한 예산의 재구성은 반드시 국방위원회의 사전 승인을 받아야 하는 것이다. 그러나 재구성에 대한 국회의 통제는 실제에 있어 잘 행사되지 못하는 경우가 허다하다고 Fisher는 주장하고 있다. 그의 관찰에 의하면 위기적 상황이나 행정적인 미결정 상황에서의 예산의 재구성은 대부분 국회를 거치지 않고 이루어진다고 하는데, Fisher는 이를 'Bypassing the Congress' 또는 'Ace in the Hole'이라고 표현하고 있다. 또한 국회 자체가 재구성에 대한 통제기능을 소홀히 하는 경우가 있으며(undoing the work of Congress), 행정부서에서 사후의 국회에 의한 제재를 각오하고 국회의 승인 없이 예산의 재구성을 감행하는 경우(risk-taking)도 흔히 있다는 것이다.

예산의 전용은 그 규모나 예산에 대한 국회의 통제를 회피한다는 측면에서 재구성에 비해 문제가 더욱 심각하다. 미국의 경우 1932년의 경제법(The Economy Act)에 의해 대통령에 의한 예산전용의 길을 터주었는데, 이 법에 의하면 국회는 위기상황에서의 국가적 피해를 극소화시키기 위해 부처간 또는 사업간 예산전용의 권한을 대통령에게 위임하게 되었다. 특히 1970년의 미국의 캄보디아 파병에 관련하여 당시 Nixon대통령은 국회의 동의나 승인 없이 광범위한 예산전용을 감행하였고 이에 대하여 국회는 아무런 통제 없이 묵시적 승인을 하는 결과를 초래하였다. Fisher는 대통령의 예산전용권이 과거에 크게 남용되었다고 분석하고 있다. 대통령의 예산전용권 남용은 국회의 정부예산 통제에 대한 노력의 부족도 그 원인이 있겠으나 무엇보다도 대통령의 지속적인 전용시도가 국회의 통제력을 무력화시켰다고 Fisher는 보고 있다. 즉, 특정 예산항목의 전혀 다른 목적으로의 전용이 실패할 경우 또 다른 항목으로 부터의 예산전용을 시도하거나, 전혀 국회를 무시하고 독자적으로 예산전용권을 행사한다는 것이다. 이런 경우 대부분 사안의 중요성이나 위기대처라는 상황논리에 밀려 사후통제가 사실상 불가능하다는 것이다.

예산은 시간적 제약성(timing of obligation)을 갖는다. 즉, 국회에서 승인된 예산은 회계년도 내에 정해진 사업목적에 사용되어야 하는 것이다. 그러나 많은 경우 대통령의 권한으로 지출이 연기되거나 몰수되는 경우가 있는데 이를 예산의 몰수(impoundment)라고 한다. 예산이 회계년도 내에 사용되지 않는 이유로는 정부의 효율적 관리나 인플레이션 방지 등과 같은 경제적 이유, 특정한 입법으로 인하여 사업이 중지되는 경우―예를 들면, The Employment Act of 1946―경제안정 등에 관한 헌법에 명시된 대통령의 권한행사, 그리고 정부의 정책우선순위에 따른 예산전용의 필요성 등이 있다. 이 중 특별히 문제가 되는 것은 마지막 두 가지 이유라고 Fisher는 말하고 있다. 우선 경제안정에 관한 대통령의 헌법적 권한의 한계가 명확하지 않다는 것이다. 경제안정을 위한 대통령의 예산지출에 대한 판단과 자율성이 남용되어 승인된 예산이 성실히 집행되지 않거나 국회의 통제를 회피하는 결과를 초래하기 쉽다는 것이다. 또한 대통령의 자의적 판단에 의한 정책의 우선순위에 따른 예산의 몰수는 국민에게 필요한 사업의 중지라는 심각한 문제를 야기시킬 수 있다. 사용되지 않는 예산은 재무성에 보관되거나 국회의 재심의를 거쳐 결국 다른 목적으로 사용되게 되는데 이 경우 대통령 편견(prejudice)에 의한 정책결정에 영향을 받는다고 Fisher는 보고 있다. 특히 이러한 문제점은 Nixon 대통령 시절에 크게 노출되었는데, 예산의 몰수가 대통령의 올바른 판단과 예산집행에 대한 신축성을 강화시켜 공공사업을 통한 국민적 이익이 증대될 수도 있지만 많은 경우 예산몰수 권한의 남용으로 인한 국민적 손실을 가져온다고 볼 수 있다.

예산집행은 그 결과가 공개되고 필요한 절차에 따라 검사되어야 한다. 미국의 경우 1950년대의 예산회계절차법(The Budget and Accounting Procedures Act)에 의하면, 연방정부는 모든 예산집행의 결과를 공개하여야 한다고(full disclosure of the results of financial operations)되어 왔다. 그러나 대통령은 외교·안보·군사 분야의 예산 집행에 대한 공개의 의무를 이행하지 않는 관례가 빈번하다. 국회의 통제를 받지 않고 지출에 있어 대통령이 완전한 자율권을 행사하는 비자금 지출(covert financing)에는 두 가지가 있다. 첫째 국회의 승인은 거치되 집행결과를 공개하지 않은 경우이고(confidential funding), 둘째는 예산의 편성과 집행에 이르기까지 전과정을 비밀리에 할 수 있는 경우이다(secret funds). 어떠한 경우든 대통령의 비자금 지출권에 대한 정당성 논리는 항상 국가안보, 국방, 외교에 관련된 이익상 공개가 불가능하거나 바람직하지 않다는 것이다. 그러나 Fisher는 이러한 대통령의 비자금 지출권에 대해 몇 가지 비판을 가하고 있다. 첫째, 그 규모가 너무 크다는 것이다. 미국의 경우 1975년 무렵 대통령 비자금의 규모가 150억 달러에 이른 것으로 추산되고 있다. 둘째, 국민들의 국회를 통한 정부예산통제를 약화시킨다는 것이다. 예산집행의 결과가 공개되지 않고는 회계검사가 이루어지기 힘들고 그에 따라 국민들에 의한 행정부 정책의 책임성 확보가 불가능하다는 것이다. 셋째, 예산집행에 대한 국민적 인지와 공공 논의 없이 사용되는 예산이 과연 효율적일 수 있느냐는 것이다.

Ⅲ. 평가적 의견

Fisher의 대통령의 지출권이론은 지금까지 예산이론에서 크게 논의되지 않았던 예산집행의 이면을 예리하게 분석하고 있다. 특히 그는 심의과정을 거친 다음 국회의 통제에서 벗어난 대통령의 예산집행에 대한 영향력의 원인과 지출의 형태를 규명하고 그 문제점들을 신랄하게 비판하고 있다. 사실 미국의 경우 대통령의 지출권은 과거에 일반국민이나 학계의 관심을 크게 불러 일으키지 못했던 것이 사실이다. 그러나 Nixon 대통령 당시 대통령의 자의적 판단에 의한 거대한 규모의 예산몰수와 이에 따른 부작용은 예산집행에 대한 관심과 연구의 필요성을 크게 증대시키는 계기가 되었다. Fisher의 대통령의 지출권이론은 그 동안 밝혀지지 않았던 국가예산에 대한 대통령의 영향력과 그에 따른 지출이 굴절, 비효율성, 국회의 정부예산에 대한 통제의 무기력성 등에 커다란 경종을 울리게 하는 것이다.

그러나 Fisher는 대통령의 지출권에 대한 비판과 아울러 그 필요성도 크게 인식하고 있다. 그는 많은 역사적 증거와 더불어 대통령의 지출권을 심도있게 논의하고 다음과 같은 결론을 내리고 있다. 첫째, 대통령 지출권에 대한 논의는 역사적인 이해에서부터 출발해야 하고 시대적인 상황이나 환경에 따라 대통령의 자율적 지출권한은 예산의 신축적 운영이라는 측면에서 필요하다는 것이다. 둘째, 국회의 전문성, 지식, 기술의 부족 등으로 인하여 끊임없이 변하는 국가의 재정환경을 국회가 완전히 통제할 수는 없고, 예산집행에 있어 대통령을 비롯한 행정부의 자율성을 완전하게 배제할 수는 없으며 바람직하지도 않다. 셋째, 신축적 예산운영을 위한 대통령의 지출권한은 예산집행의 결과를 감추거나 무엇이든 할 수 있다는 권력남용의 수단이 되어서는 안된다. 넷째, 예산집행에 대한 국회통제의 전문성 향상이 요구된다. 사실 국회는 예산집행에 대한 정보의 수집과 분석능력에 있어 매우 떨어지고 있는 것이 사실이기 때문에 대통령의 지출권 남용을 방지하기 위한 전문적 기술의 확보가 중요하다.[1] 다섯째, 예산자료의 편찬,

---

1) 미국의 경우 예산심의와 회계검사에 대한 정보수집과 분석을 위한 국회기관으로 국회예산국 (CBO: Congressional Budget Office)이 1974년에 설치되었다.

배포, 분석 등의 중요한 사항에 대하여 선별적으로 집중적인 초점이 주어져야 한다. 여섯째, 대통령의 지출권 남용에 대한 확실한 제재조치수단이 국회차원에서 만들어져야 한다. 마지막으로, 대통령의 지출권 남용에 대한 통제의 일차적 담당기관인 국회의 자구적인 노력이 필요하다. 즉, 형식적 통제에서 벗어나, 대통령의 자의적 지출에 대한 형식(form), 범위(scope), 수준(level) 등의 기준을 명확히 설정하고 예산집행에 대한 전문적 분석능력을 고양해야 한다는 것이다.

참고문헌

Fisher, Louis, *Presidential Spending Power,* Princeton: University of Princeton Press, 1975.

Mark Pauly의
도덕적 위해의 경제분석*

Ⅰ. 머리말

　최근 경제위기의 시대에 도덕적 해이라는 용어가 자주 사용되고 있다. Moral Hazard를 도덕적 해이라고 번역해 사용하는 것에서도 알 수 있듯이 이 것을 다분히 인간의 도덕성 그리고 이것이 나약해진다는 규범적 내지는 윤리적 인 의미로 사용하고 있다. 그러나 도덕적 위해의 핵심은 경제적 유인구조의 변 화에 의사결정 주체들이 합리적으로 반응한 결과이지 인간의 도덕이나 윤리의식 이 해이해진 결과는 아니다. 이는 개인의 합리적 행동이 집단이나 사회적인 합 리성으로 이어지지 못하는 전형적인 예이다. 따라서 개인의 효용극대화가 사회 적 효용의 극대화에 부정적인 영향을 미친다는 의미에서 도덕적 위해라는 표현 이 더 적합할 것이다.

　나아가 도덕적 위해를 어떻게 보느냐는 단순히 용어를 정의하는 문제에서 그 치지 않는다. 실제로 도덕적 위해를 어떻게 정의하느냐에 따라 그러한 도덕적 위해로 인해 생기는 문제들을 어떻게 해결할 것인가가 달라질 것이다. 만일 도 덕적 위해가 도덕의 문제라면 이를 해결하기 위해서는 의사결정 주체들에게 윤 리교육을 강화시키는 것이 효과적인 방법일 것이다. 그러나 도덕적 위해가 경제 주체들이 주어진 유인구조에 합리적으로 반응한 결과라면 이를 해결하기 위해서 는 제도의 설계나 개선을 통해 유인구조를 바꾸어 줌으로써 가능한한 개인적 최 적성과 사회적 최적성 사이의 괴리를 좁히는 것이 바람직한 접근이 될 것이다. Pauly의 논문은 도덕적 위해가 인간의 개인적 합리성추구에 의한 현상이고 따 라서 이것의 해결 방법 역시 제도의 설계를 통한 경제적 유인구조의 조정이라는 핵심적 논리를 간략하면서도 명쾌하게 제시한 기념비적 논문이다.

＊ 권순만 : 서울대학교 보건대학원 교수.

예를 들어 경제위기를 야기한 기업과 금융의 취약성은 정부가 전근대적인 산업정책의 틀에서 벗어나지 못한 채 기업에 영향력을 행사하는 수단으로 금융부문을 이용한 나머지 금융과 기업 모두 심각한 도덕적 위해를 나타낸 데 기인한다. 즉 금융부문과 기업부문의 진입과 퇴출에 있어서 정부의 과도한 개입은 금융부문에게는 철저한 심사에 의한 대출 그리고 기업부문에게는 면밀한 경제성분석에 의한 사업 투자라는 기본적인 경제원칙을 준수할 유인을 잃게 한 도덕적 위해를 야기하였다. 따라서 이러한 도덕적 위해를 대폭 감소시키기 위한 경제질서와 제도의 확립을 통한 유인구조의 재설계만이 경제위기를 벗어나기 위한 근본적인 해결책이 될 것이다.

II. 이론소개

1. 도덕적 위해의 본질

일반적으로 도덕적 위해는 다수의 사람들이 위험부담과 관련된 거래에 참여할 때 거래의 전체적 성과에 부정적인 영향을 미치는 개별 의사결정주체의 행위(혹은 행위의 변화)를 의미한다. 이러한 행위는 행위 주체인 개인의 입장에서는 합리적인 의사결정에 의한 것이지만 그 결과로 거래의 성과가 감소하고 따라서 여기에 참여한 다른 사람들의 효용을 감소시키게 된다. 그러므로 도덕적 위해의 결과를 놓고 본다면 개인의 합리성과 집단의 합리성 사이의 괴리로 인하여 개인의 효용극대화가 사회의 후생을 감소시키는 부의 외부효과와 동일한 상황이 발생하는 것이다.

(1) 보 험

이러한 위험분산과 관련한 가장 전형적인 거래로는 보험을 들 수 있다. 보험이란 미래의 예측하기 어려운 사고의 발생으로 인한 재산상의 손실을 보전하기 위한 기전이다. 위험은 (통계적) 변이의 개념으로 이해될 수 있고 사람들은 일반적으로 변이가 적은 소득의 흐름을 선호하는데 [이른바 위험회피(risk averse)적 성향], 보험은 예측하기 어려운 사고의 발생 유무에 따라 경제적 상태가 변화하는 불확실성과 위험을 분산시켜 주는 것이다. 분산하는 방법은 사고의 발생 확률이 서로 독립적인 여러 사람들을 동시에 가입시킴으로써 통계적으로 [이른바 대수의 법칙(law of large numbers)에 의해] 집단 차원의 사고발생을 상대적으로 더 쉽게 예측하고 관리하는 것이다. 따라서 위험회피적인 성향을 가진 대부분의 사람들은 보험에 의해 더욱 안정적인 재정능력을 유지하게 되므로 효용을 극대화할 수 있다. 보험을 통하여 그 위험을 분산하고자 하는 대상으로는 사고(예: 자동차 사고), 질병, 노후, 실업 등을 들 수 있는데 이들은 모두 궁극적으로는 이러한 미래의 불확실한 재난으로 인한 경제적 손실의 위험을 분산하고자 한다.

그러나 보험이 미래의 불확실성과 위험을 분산시키는 효과적인 기전임에도 불구하고 사람들은 보험에 일단 가입하면 사고와 관련된 위험을 감소시키기 위한 조심이나 주의(precaution) 혹은 노력(effort)을 덜 하게 된다. 예를 들어 자동차보험에 가입하면 보험에 가입하지 않은 경우보다 운전시 조심을 덜 할 가능성이 높다. 의료보험에 가입하면 건강을 증진하기 위한 노력을 적게 하거나 혹은 질병에 걸렸을 때 의료기관의 방문 횟수를 늘리는 등 의료서비스를 더 많이 이용하게 된다. 나아가 연금에 가입하면 노후의 경제적 능력이 증대되므로 조기에 정년퇴직을 하는 경우가 증가하게 된다. 또 실업보험에 가입하면 실업에 따른 경제적 고통이 감소되므로 적극적인 구직 활동이 감소한다.

위와 같은 행위의 변화는 도덕적 위해의 전형적인 예인데 이는 보험이 제공하는 인센티브의 변화에 가입자가 합리적으로 반응한 결과이다. 보험에 가입하면 사고의 발생에 따른 경제적 손실을 보험에서 보상하여 주므로 가입 전과 비교할 때 조심 혹은 노력에 따른 한계편익이 감소하게 된다. 조심이나 노력에 따른 한계비용이 동일한 상태에서 한계편익의 감소는 개인이 합리적으로 선택하는 조심 혹은 노력의 정도를 감소시키므로 보험에 가입하면 덜 조심하고 덜 주의하는 것이다.

자동차보험의 경우 보험에 가입하면 사고의 발생시 손실을 보험에서 보상해 주므로 조심하여 운전함에 따른 한계 편익이 보험 가입 전보다 감소한다. 근로자상해보험이나 의료보험 역시 보험에 가입하면 아프거나 작업장에서 다치더라도 보험에서 치료비용을 보상해 주므로 건강을 유지하기 위한 노력(예: 운동, 금연 등)이나 작업 중 조심을 덜 하게 된다. 더 나아가 일단 아프거나 상해를 당해서 의료서비스를 이용할 경우 보험에 가입하지 않았을 때에 비해 의료서비스의 이용량이 증가하게 된다(예: 의료기관 방문 횟수의 증가, 고가 의료서비스의 이용 등), 실업보험의 경우에도 실업시 보험에서 경제적 지원을 해 주므로 구직 노력에 따른 한계편익, 즉 실업상태와 직업을 찾을 때의 경제적 능력의 차이가 보험이 없을 때보다 작아지게 되어 구직 노력을 덜 하게 된다. 연금보험에 가입했을 때에는 정년을 하더라도 경제적 능력이 보장되므로 정년 후와 노동을 계속할 경우의 경제력의 차이가 연금에 가입하기 이전보다 감소하게 되어 조기 정년이 증가하고 노동 참여가 감소한다.

즉 보험에서 보상하는 사고가 개인이 통제하기 어려운 불확실성에 의해서 좌우될 뿐 아니라 개인의 주의수준에 의해서도 영향을 받는데 보험에 가입하면 주의를 덜 하게 되어 사고의 확률이 증가하는 것이다. 나아가 사고가 발생한 상황에서도 가입자는 비용 절감의 유인이 감소하여 사회적인 비용이 증가하게 된다. 예를 들어 의료보험에서는 일단 아파서 의료서비스를 이용할 경우 보험에 의해 의료서비스의 이용 가격이 대폭 감소하므로 의료서비스의 이용이 증가하고 의료비용이 증가하는데, 이는 가격의 감소에 따른 수요의 증가라는 원리에 의해 당연한 결과이다.

만일 도덕적 위해의 결과로 전체적인 보험비용이 증가하여 자신이 주의를 덜한 결과로 인한 비용의 증가가 전적으로 다음 기간의 보험료의 인상으로 이어진다면 도덕적 위해는 발생하지 않는다. 그러나 사고는 개인의 주의수준과 함께 외부환경에 의해 영향을 받기 때문에 설사 모든 가입자가 주의수준을 똑같은 정도로 낮춘다 하더라도 모든 가입자들이 사고를 경험하는 것은 아니고 따라서 보험료가 그만큼 증가하지는 않을 것이다.[1] 따라서 다음 기의 보험료는 개인이 노력을 덜함에 따른 혹은 서비스 이용을 증가시킴에 따른 효용의 증가에 비해 덜 인상되므로 도덕적 위해가 발생한다. 도덕적 위해의 편익은 전적으로 본인이 향유하는 반면 도덕적 위해로 인한 비용은 다음 가입자들과 분담하므로 도덕적 위해를 유발하는 행동이 항상 선택되는 이른바 전형적인 죄수들의 딜레마(Prisoners' dilemma) 상황이 발생하는 것이다.

그러나 개인의 입장에서는 합리적인 행위인 도덕적 위해가 동일한 보험에 가입한 집단이나 사회의 효용을 감소시킨다는 데 그 비효율성이 있다. 즉 보험은 가입자들간의 (수평적인) 위험의 결합(risk pooling)을 통해 위험을 분산하므로 도덕적 위해에 의해 가입자 집단 전체의 비용이 증가하여 다음 기의 보험료가 인상된다. 만일 도덕적 위해의 정도가 개인에 따라 다르다면 도덕적 위해가 큰 사람에게서 그 정도가 적은 사람에게로 비용의 전가가 발생하여 후자가 전자를 교차보조(cross-subsidization)하는 상황이 발생할 것이다. 만일 도덕적 위해의

---

1) 만일 모든 사고가 개인의 주의수준에 의해 전적으로 좌우된다면 보험 사고는 훨씬 예측 가능해지고 따라서 보험의 필요성은 크게 줄어든다.

정도가 너무 심할 때에는 보험 상품이 시장에서 자발적으로 거래되지 않는, 즉
최악의 경우 보험 시장의 붕괴가 야기될 수도 있을 것이다.

의료서비스의 경우 의료서비스에 따른 한계(사회적)편익과 한계(사회적)비
용이 같은 수준에서 생산과 소비가 이루어질 때 사회적 후생이 극대화되지만 의
료보험으로 인하여 의료서비스의 이용 가격이 대폭 감소하므로 실제 이용량은
사회적으로 최적인 수준보다 훨씬 증가한다. 의료서비스의 한계비용이 한계편익
보다 큰 수준까지 소비가 발생하여 사회적 후생의 손실이 발생하는 것이다. 이
때 중요한 것은 수요곡선(한계편익곡선)의 탄력성이 클수록 사회적 후생의 손실
이 커진다는 점이다. 예를 들어 응급의 상황이나 입원의료서비스에 대한 수요곡
선의 탄력성은 경미한 질환이나 외래의료서비스에 대한 수요곡선의 탄력성보다
작기 때문에 도덕적 위해에 의한 사회적 후생의 손실도 더 적다.

(2) 계 약

위험분산과 관련된 거래의 상황은 보험 이외에도 여러 계약의 형태에서도 발
생한다(물론 넓은 의미의 계약은 보험도 포함한다). 도덕적 위해가 중요한 이슈
가 되는 계약의 대표적인 형태가 위임자(principal)와 대리인(agent) 사이의 관
계이다. 사회가 복잡해지고 업무의 분화와 전문화가 늘어갈수록 업무의 위임이
증가하게 된다. 이는 주주와 경영자, 의뢰인과 변호사, 환자와 의사, 직장의 상
급자와 하급자, 국민과 정치인, 규제자와 피규제 기업 등 이루 헤아릴 수 없을
만큼 많은 경우에 존재한다.

이러한 위임자-대리인의 관계의 핵심은 두 당사자 사이의 계약이고 그 계약
의 본질은 최종적인 성과를 위임자와 대리인 사이에 어떤 방식으로 분배하느냐
에 있다. 그런데 업무 수행의 성과는 위임자로부터 업무를 위임받아 수행하는
대리인의 노력뿐 아니라 대리인이나 위임자가 통제할 수 없는 불확실성에 의해
서도 좌우되므로 어떤 형태의 계약을 체결하느냐는 경제적 성과의 변이에 따른
위험을 위임자와 대리인 사이에 어떻게 분담하느냐의 문제로 귀착되는 것이다.
따라서 위험분산과 관련한 도덕적 위해가 발생하게 된다.[2]

여기에서도 위임자의 효용이 아닌 자신의 효용을 극대화하려는 대리인의 행
동은 도덕적 위해를 유발한다. 일반적으로 위임자는 업무의 최종적인 경제적 성
과에서 대리인에 대한 보상을 차감한 나머지를 소유하게 된다. 대리인은 본인의

---

2) 대리인이론, 그리고 위임자-대리인 관계에서의 도덕적 위해와 제도의 설계에 대한 자세한 논의
  는 Kwon and Tang (1998), Holmstrom (1979, 1982) 참조.

업무라면 업무의 성과를 전적으로 향유(손해의 경우 부담)하지만 위임자의 업무이기 때문에 위임자가 업무의 성과를 책임지는 것이다. 즉 대리인의 입장에서는 보험의 경우와 마찬가지로 본인이 열심히 노력함에 따른 한계편익이 본인의 업무를 직접 수행하는 경우에 비해 감소하는 것이다. 따라서 대리인은 본인의 업무에 비해 위임자의 업무를 수행하는 데 있어 업무의 성과를 높이기 위한 노력을 덜 하게 된다. 위임자는 대리인에 비해 정보나 지식이 부족하므로 대리인의 업무 수행을 일일이 감시하고 그 효과성을 평가하기가 어렵기 때문에 도덕적 위해의 가능성은 더욱 커진다.

2. 도덕적 위해 상황에서의 제도의 설계

위에서 본 것처럼 도덕적 위해의 본질은 위험분산 메커니즘과 관련한 경제적 유인구조에 보험가입자나 대리인이 합리적으로 반응한 결과이다. 따라서 이러한 의사결정 주체의 합리적인 행동을 전적으로 사회적 효용을 증대시키는 방향으로 변화시키는, 즉 도덕적 위해의 문제를 완전히 해결하는 최선의 해법(first-best solution)은 존재하지 않는다. 다만 보험가입자나 대리인의 본인의 효용을 극대화하기 위한 행동이 가능한 한 사회적 효용을 적게 감소시키는 따라서 도덕적 위해로 인한 문제를 경감시키는 유인구조를 설계하는 방법이 차선책 (second-best solution)으로 존재할 뿐이다. 이것이 이른바 제도 설계에 있어서의 유인의 조화성(incentive compatibility)으로서 행위 주체의 유인을 충분히 고려하여 그 유인구조에 합당한 제도를 설계해야 할 것이다.

도덕적 위해의 문제를 경감시키는 제도를 설계하는 데 있어서 핵심은 위험분산과 경제적 유인효과의 상충관계에 있다. 위험을 분산하기 위한 거래에서는 보험가입자나 대리인의 위험이 분산됨에 따라 그들의 행위가 변화되어 도덕적 위해가 부작용으로서 발생하는 것이다. 즉 사고 발생시 그 손실을 보험이 전적으로 보상해 주거나 혹은 업무의 성과에 관계없이 일정한 보수를 대리인이 받는다면 보험가입자나 대리인은 경제적인 위험(소득의 변이)에 전혀 노출되지 않기 때문에 노력하거나 주의할 유인이 사라진다.

이러한 부작용을 줄이기 위해서는 위험분산의 정도를 감소시킬 수 밖에 없다. 위험분산 효과가 충분하면 위험회피적인 선호를 가진 보험가입자나 대리인의 효용이 증대되지만 대신 그들이 노력 혹은 주의할 유인이 감소한다. 그러나 위험분산 효과를 지나치게 감소시키면 그들이 노력 혹은 주의할 유인은 증가하지만 그들이 위험에 너무 많이 노출됨에 따라 효용이 감소한다. 극단적으로 위험분산 효과를 감소시킨다면 보험이 없는 경우와 별로 다르지 않을 것이다. 따라서 제도 설계의 핵심은 위험분산과 유인효과 사이에 존재하는 상충관계 속에서 최적 균형점을 도출하는 것이다.

보험에 있어서 가입자를 위험에 노출시키는 방법으로는 가입자로 하여금 사고로 인한 비용의 일부를 부담하게 하는 것을 들 수 있다. 즉 보험에서 사고 비용을 전액 보상하여 주는 것이 아니므로 사고를 경험한 가입자 본인이 부담하는 비용만큼 경제적 위험에 노출되는 것이다. 비용의 일부 부담에는 정액부담과 정률부담이 있다. 정액부담은 주로 정해진 금액 이상의 비용만 보험에서 보상해주고 나머지 비용은 가입자가 직접 지출하여야 하는 것이다. 따라서 사고가 경미하여 사고비용이 정액부담액보다 적은 경우에는 가입자의 도덕적 위해를 없앨 수 있다. 정률부담은 총비용의 일정 비율을 가입자가 부담하는 것이다. 그러나 의료보험에서 정률부담을 도입하는 경우 만성질환자처럼 장기적인 치료를 필요로 하는 가입자의 경제적 부담이 지나치게 커질 수 있다. 따라서 가입자가 지출하는 총금액에 상한을 두어 가입자가 정률부담에 의해 실제 지출한 비용이 상한에 도달한 경우 그 이후의 지출에 대해서는 보험에서 전액 보상하는 것이 바람직할 것이다.

위에서 우리는 도덕적 위해로 인한 사회적 후생의 손실의 크기가 수요곡선의 탄력성의 크기와 비례함을 알았다. 따라서 사회적 후생의 손실을 최소화하기 위해서는 수요의 탄력성이 큰 사고의 경우에는 가입자 본인부담을 증가시키고 탄력성이 적은 사고의 경우에는 가입자 본인 부담을 감소시키는 것이 효율적이다. 예를 들어 입원의료서비스보다는 외래의료서비스의 수요가 더 탄력적이므로 입원의료서비스보다는 외래의료서비스의 환자 본인부담율이 더 높아야 한다.

도덕적 위해를 경감시키는 또 다른 방법은 위험비례 보험료를 도입하는 것이다. 즉 과거의 사고 경력을 보험료에 반영하여 가입자로 하여금 사고 발생을 감소시키려는 노력을 하도록 유인을 제공하는 것이다. 대표적인 것으로는 자동차보험의 경우 과거의 사고의 유무, 크기, 교통법규위반 등이 다음 기의 보험료에 반영되는 것이나 혹은 근로자상해보험의 경우 해당 작업장에서의 사고의 빈도나 크기를 사업장 단위의 보험료 책정에 반영하는 것 등이다. 그러나 사회적 형평과 연대감을 강조하는 사회보험의 경우 혹은 사고의 발생이 본인의 노력보다는 외부의 불확실성에 더 좌우되는 경우에는 위험비례 보험료를 도입하기 어렵다. 위 두 가지 경우가 다 해당되어 위험비례 보험료가 도입되지 않는 대표적인 예로서 의료보험을 들 수 있다.

　도덕적 위해를 경감시키는 또 다른 방법은 보험급여의 제한이다. 자동차보험의 경우 보험에서 보상해 주는 금액의 상한선을 정하거나 의료보험은 치료비용 혹은 치료일수의 상한을 정하는 경우도 있다. 실업보험의 경우 구직 노력의 인센티브를 주기 위해 실업급여의 기간에 상한을 두거나 적극적인 구직 노력과 연계시켜 실업급여를 제공하기도 한다. 노령연금의 경우 연금을 수혜할 수 있는 연령에 제한을 두어(예 : 65세) 그 이전에 연금의 수급을 원하는 경우 연금 수혜액을 감액하는 방법 등을 들 수 있다.

　도덕적 위해의 문제를 줄이기 위해 사후적으로 비용을 심사하는 경우도 많다. 그러나 이러한 사후적 이용도(비용) 심사는 많은 관리비용을 수반한다는 약점이 있다. 일단 사고가 발생한 이후에 생기는 도덕적 위해의 문제를 해결하기 위해서는 자동차를 수리하거나 질환을 치료하는 데 실제로 소요되는 비용을 보상해 주는 대신 보험에서 사고의 유형을 정하여 사고의 유형에 따라 보상 금액을 일률적으로 지불하는 것이 효율적이다. 그렇다면 사고가 발생한 가입자는 가장 최소의 비용으로 자동차를 수리하거나 질환을 치료하기 위하여 노력할 것이다.

Ⅲ. 평가적 의견

　도덕적 위해는 도덕이라는 단어가 의미하듯이 인간의 도덕이나 윤리의식의 해이와 관련된 문제가 아니라 합리성을 추구하는 행위 주체의 효용극대화의 산물이다. 위험분산을 위한 계약에 의해 개인이 주의(조심), 노력함에 따른 한계편익이 감소함에 따른 주의와 노력의 감소, 즉 인간의 합리적 의사결정의 결과로서 생긴 협상이다. 또 보험의 도입에 의해 가입자의 수요곡선이 우상향함에 따라 소비자의 최적 선택에 변화가 생겨 서비스 이용이 증가하는 것이다. 이 경우 개인의 합리성이 사회적 후생의 손실을 야기하므로 제도의 최적 설계를 통해 도덕적 위해의 문제를 경감하여야 한다. 따라서 정부 정책의 역할은 개별 행위 주체들의 유인 구조를 고려하여 효과적인 제도를 설계함으로써 개인의 이익 추구가 가급적 사회적 후생의 손실을 덜 야기하도록 하는 것이다.

　경쟁이 증가할수록 계약의 역할이 증가하고 동시에 보험의 역할이 중요해지고 따라서 이러한 계약과 보험과 관련한 도덕적 위해의 본질을 이해하고 문제를 경감시키기 위한 제도의 설계가 필요하다. 정부의 정책 역시 규범적인 평가보다는 실제로 개별 의사결정 주체들이 어떤 경제적 유인을 가지고 행동하는가에 대한 실증적 판단에 근거하여야 할 것이다. 주어진 정부의 정책이 개별 행위주체에게 주는 유인을 고려하여 사회 후생의 관점에서 개별 행위주체들의 가장 효율적인 결과를 도출할 수 있는 정책을 선택할 수 있어야 한다. 경제위기를 다시 경험하지 않기 위해서는 단기적인 거시경제정책보다는 우리 경제, 사회의 제반 제도를 장기적으로 효율화하여야 하고 이는 궁극적으로 개별 행위주체들에게 바람직한 유인구조를 제공함으로써만 가능하다.

참고문헌

Kwon, Soon man & Shui-Yan Tang, "Reinventing Government: A Critique from an Institutional Perspective," *Interational Journal of Public Administration,* 21, 10, 1998, pp. 1449-1471.

Holmstrom, Bengt, "Moral Hazard and Observability," *Bell Journal of Economics,* vol. 10, 1979, pp. 74-91.

_____, "Moral Hazard in Teams," *Bell Journal of Economics,* vol. 13, 1982, pp. 324-340.

Pauly, Mark, "The Economics of Moral Hazard: Comment," *American Economic Review,* 58:3, 1968, pp. 531-537.

_____, "Overinsurance and Public Provision and Insurance: The Role of Moral Hazard and Adverse Selection," *Quarterly Journal of Economics,* 88, 1, 1974, pp. 44-62.

_____, *Doctors and Their Workshops: Economic Models of Physician Behavior,* Chicago: University of Chicago, 1980.

_____, "Taxation, Health Insurance and Market Failure in the Medical Economy," *Journal of Economic Literature,* vol. 24, 1986, pp. 629-675.

A. Premchand의
정부예산과 생산성*

I. 머리말

A. Premchand는 국제통화기금(IMF)에서 근무한 정부예산회계전문가로 Jesse Burkhead와 함께 쓴 *Comparative International Budgeting and Finance* (1984), 단독 저서로는 *Effective Government Accounting*(1995), *Government Budgeting and Expenditure Control: Theory and Practice*(1984), *Government Financial Management: Issues and Country Studies*(1990), *Public Expenditure Management*(1993) 등이 있다. 그는 Key(1940), Lewis(1952), Schick (1966)에 이어 예산분석이론을 탐구하는 과정에서 예산과 정부생산성과의 관계에 대해 천착하여 왜 현실적으로 합리적인 예산이론이 적용되지 못하는가, 그리고 이를 개선하기 위해서 어떠한 전략적인 노력이 가능하고 이러한 노력이 예산과정에 어떻게 녹아들어갈 수 있는가 하는 것을 정부생산성과 연계하여 설명하고 있다.

바야흐로 최근은 감축관리의 시대, 정부생산성의 시대, 고객만족의 시대, 그리고 민영화·민간위탁의 시대로 접어들고 있다. 언제나 정부예산은 증대되기 마련이고 따라서 전년과 비교하여 작은 증분위주의 점증주의예산이 정치적으로 쉽게 수용되는 측면이 있었던 것이 사실이었다. 그러나 전년에 비해 예산이 대폭 줄고 또는 대규모의 집중적인 자본투자사업이 필요한 경우 이러한 점증주의 방식의 활용이 어려우며 시민들이 예산의 가치(value for money)에 민감할 경우 생산성의 측정이 자연스럽게 뒤따를 수밖에 없는 것이다.

A. Premchand는 "정부예산과 생산성"논문에서 먼저 정부생산성의 의의를 민간부문과의 동질성과 차별성의 파악을 통해 정리한 다음, 이를 예산과정과 연

---

* 박정수: 서울시립대학교 행정학과 교수.

계하여 고찰하고 왜 정부생산성에 대한 관심이 실제 행정현실에 접목되기가 어려운가 하는 원인을 규명하고 있다. 또한 이를 토대로 현실적인 접목방안, 즉 정부예산과정에 있어서의 성과 및 업무량의 측정 등을 활용하는 방법, 즉 사업평가 등 새롭게 대두되는 기법 등을 소개하며 보다 경쟁적이고, 보다 개방적인 정부생산성의 활용에 대해 긍정적인 향후 전망을 하고 있다. 본 고에서는 Premchand 논문의 주요 내용을 소개하고 이에 대한 시사점을 요약하고자 한다.

II. 정부예산과 생산성

1. 공공부문의 생산성

공공부문의 생산성과 관련하여 중요한 쟁점은 정부지출의 증대가 보다 많은 산출(outputs)을 위해 이루어진 것인가 하는 점이다. 다시 말해 최근 공공부문의 규모가 엄청나게 늘어나고 있는 현상이 생산성의 증대가 없었더라면 보다 더 큰 폭의 지출증대가 불가피하였는데 현재의 수준에 그친 것인지, 아니면 정부의 낮은 생산성으로 인하여 보다 생산적인 부문으로의 지출이 이루어지지 못하고 정부부문으로 초과자원이 동원되어 나타난 현상인지를 밝히는 것이 중요한 과제로 대두되고 있다. 공공부문에서 생산성을 강조하는 것은 민간부문에서와 마찬가지로 보다 나은 경제적인 이익을 국민들이 향유할 수 있도록 하기 위해서이다.

생산성에 관한 논쟁을 촉발한 보다 근본적인 요인은 시민과 납세자들이 지니는 "정부예산이 낭비되고 있다"는 막연한 느낌(perception)이다. 그들은 정부를 가느다란 소인국의 밧줄—개개의 밧줄은 약하지만 많은 밧줄들이 모여 재정적 거인(fiscal giant)을 꼼짝 못하게 하는—에 묶여 있는 걸리버와 같다고 생각한다. 이러한 인식은 부분적으로는 공공부문과 민간부분의 경계를 조정할 필요성을 강조하려는 이데올로기적 요인에서 비롯하기도 한다. 다시 말해서 민간부문이 보다 효율적이며 정부의 규모는 통제되어야 한다는 신자유주의적인 사고를 반영한다고 하겠다.

생산성을 강조하는 목적은 더 큰 경제적 편익을 창출하고 다양한 경제활동을 하는 데 있어 보다 더 나은 효과를 기하고자 하는 데 있다. 생산성은 산출에 필요한 모든 생산요소를 감안한 투입-산출 관계에 근거한다. 생산요소들을 어떻게 활용하는가 하는 효율성은 일반적으로 협의적 개념(narrow concept)과 광의의 개념(broader concept) 또는 경제적 개념으로 구분된다. 협의의 효율성은 같은 투입량을 가지고 더 많은 산출량을 얻거나 제한된 투입량을 가지고 동등한 산출량을 얻는 것을 의미한다. 이와 반대로 경제적 개념의 효율성은 적절히 배분된 효율성과 소비자 만족도의 향상 정도로 측정할 수 있으며 이는 효과성(effec-tiveness)이라고도 한다.

정부의 생산성은 복잡한 과정을 통하여 나타나게 되는 결과이며 생산성의 증대는 생산기술의 변화 또는 새로운 기술의 습득에 기인한다. 그러나 정부가 하는 사업 — 특히 교육, 보건, 국방과 같은 공공재 공급 — 은 노동집약적인 경우가 대부분이다. 하지만 생산성의 증가가 자본장비로 체화된 기술의 변화에서 대부분 초래되므로 노동집약적인 공공부분의 생산성은 낮아질 가능성이 많다. 실제로 전통적인 견해에서는 공무원의 생산성 향상에 대해 별로 기대하지 않으므로, 서비스의 질을 개선하는 방법은 인력을 늘림으로써 가능하다고 생각한다. 그러나 최근 실용주의 정책가들(pragmatic policymakers)은 일본과 스웨덴의 사례에서 볼 수 있듯이 민간부문에서와 마찬가지의 생산성 향상을 정부부분에서도 확보하려는 데에 예산정책의 초점을 두고 있다. 민간과의 경쟁과 성과주의의 도입, 그리고 인센티브체제의 정비를 통한 관리혁신을 통해 정부의 조직구조, 사업 수행방식도 개선이 가능하다고 보는 것이다.

정부부문의 생산성은 조직구조, 자원, 법률규정, 예산과 노동력, 그리고 프로그램과 같은 복잡한 요소들의 산물이다. 정부와 같이 고도로 다원화되고 이질적인 조직에서의 생산성은 한마디로 정의될 수는 없지만 정부활동이 보다 전문화되어 감에 따라 생산성 향상의 잠재성은 높아가고 있는 것이다. 이러한 전문화는 정부활동간의 상호 유기적인 연계와 통합, 그리고 합리적인 역할 조정 등을 내포하고 있다. 다세포 생물에게 있어서 개개의 세포들이 각자 특정한 역할을 수행하고 있는 것처럼 공공부문에서도 개개의 역할과 기능에 있어 광범위한 전문화가 가능하다. 정부생산성의 구성요소들 중 조직구조와 재원, 법규는 외부적으로 주어지게 되므로 적어도 이론상으로 유일하게 가변적인 변수(variable)가 될 수 있는 요소는 인적 자원인 셈이다.

인적 자원(human resources)의 생산성을 측정할 수 있는 하나의 측면은 정부조직 내 공무원의 행태분석을 통해서 가능하다. 공공선택 이론(public choice theory)을 지지하는 사람들은 정부관료들이 더 많은 예산을 통해 자신의 권력과 영향력을 확대하는 방법의 일환으로 자기 부서를 확장하려는 경향이 있다고 주장한다. 이는 정부사업의 단위비용이 민간부문보다 높다는 기존의 일반적인 믿음에 대해 논리적인 근거를 제공하여 준다. 민영화를 옹호하는 이유 중의 하나는 정부사업의 고비용과 그러한 비용이 민간부문에 의해 동일한 사업이 시행되어질 경우 낮아질 수 있다는 믿음 때문이다. 심지어 일부에서는 공공재에 대한 민간부문의 경쟁대상이 없는 경우, 정부는 경제성이나 생산성에 대한 필요를 중요하게 생각하지 않을 것이라고 본다. 하지만 이러한 주장이 전적으로 유효하지는 않으며 정부는 민간부문의 경쟁상대가 없을 때에도 조직의 효율성을 평가하는 나름의 적절한 기준을 가지고 있다.

정부의 생산성을 평가할 때는 민간부문의 경험을 기준으로 유사한 잣대를 활용할 수 있으나 동질성과 함께 차이점 또한 고려되어야 한다. 예를 들어 공공부문의 사업들은 대부분 서로 이질적이다. 민간부문의 경우 생산성을 정규적으로 모니터링할 수 있는 연동을 수반한 재정계획, 명료한 회계부서의 책임, 표준경비와 실제비용의 명확한 결정 등이 생산성을 측정하는 기준으로 활용되나 정부부문의 경우 이러한 영역에서 민간부문에 비해 뒤떨어져 있다는 것은 사실이다. 또한 정부에는 특유의 조직적 역동성이 있어 측정의 어려움을 더한다. 일반적으로 통제되고 폐쇄된 조직에서의 생산성 측정은 상대적으로 용이하다. 그러나 정부처럼 거대하고 복잡하고, 개방된 조직에서는 생산성 측정이 쉽지 않다고 할 수 있다.

2. 생산성과 예산

정부와 사기업의 현격한 차이점에도 불구하고 정부는 스스로 생산성 측정과 정부 예산을 연계하여 운영하려는 노력을 경주하여 왔다. 예를 들어, 생산성 측정이 예산담당자(budgeters)에게는 인적 자원(manpower), 물적 자원(materials), 자금(money)의 수요를 분석하는 데 매우 중요한 기준이 되며 특히 계획된 산출이 제대로 공급되고 있는가, 그리고 자원을 요구하는 실질적인 목적은 무엇인가 하는 것을 이해하는 데 크게 유용하다. 요컨대 생산성에 관한 자료는 예산의 적정배분을 위한 객관적 척도를 제공하는 것으로 기대되고 있으며 동일한 근거로 생산성 관련 지표는 중앙예산부서와 지출부서에서 필요한 자원의 수요를 추정할 수 있는 공통된 틀을 제공한다. 정부 생산성이 갖는 이러한 장점에도 불구하고, 1950년대 초까지만 해도 생산성 측정은 예산과정에서 그리 중요하게 여겨지지 않았다.

생산성이 예산과정에 통합되면서 예산사업이 효율성과 효과성에 대한 분석이 이어졌다. 이러한 혁신은 성과주의 예산(performance budgeting), 사업평가 (program evaluation), 그리고 점증주의(incrementalism)의 세 가지 측면으로 나타났다.

첫째, 1950년대에 연방정부에 의해 도입되었다가 그 후 이런저런 형태로 변형되어 활용되고 있는 성과주의 예산은 원가계산(cost measurement)의 필요성을 강조했으며 예산투입에 지나치게 집중된 현상을 예산산출에 대한 관심으로 돌리고자 했다. 성과주의는 정부가 집행하는 사업을 세분화하고, 정부사업이 완성되기 위한 비용을 산정하고 동 사업의 효과성과 효율성을 평가하는 데 중점을 두었다. 그러나 다양한 사업에 맞는 표준적인 생산성 기준을 마련하는 데 어려움 때문에 생산성을 직접적으로 측정하는 대신에 간접적으로 업무량(workload)을 측정하는 방법을 활용하였다. 실질적으로 높은 성과를 거두는 데 성공하지는 못했지만 성과주의의 가장 중요한 기여는 세부실천사업과 거기에 드는 소요비용, 그리고 그 방안의 효율성을 명시적으로 고려한 예산과정을 도입했다는 것이다. 성과주의는 투입과 산출의 균형, 재정적인 면과 사업내용적인 면의 균형을 추구했으며, 인력과 재화 그리고 다른 생산요소들간의 연관성을 구체화하여 업무량을 산정하고자 했다. 하지만 업무량을 측정하는 것이 곧 생산성을 측정하는 것은 아니다. 전자의 경우, 실제 산출량을 하나의 기준점에 맞추어 놓고, 주어진 기술력하에서 그 효율성의 변화를 반영하는 것이다. 하지만 생산성 측정은 기술의 변화뿐 아니라 노동효율의 변화까지도 반영하여야 한다. 하지만 최선의 대안이 가능하지 않을 경우 차선의 대안을 활용할 수밖에 없다. 업무량을 측정하는 것이 비록 하나의 생산성 대표지표로서는 불완전할지 모르지만, 우리에게 조직의 효율성에 대한 보다 폭넓은 이해를 시간과 공간을 넘어 제공하여 줄 수 있다. 생산성은 모든 자원의 투입과 산출간의 관계를 강조하기 때문에 주로 인적자원을 다루는 업무량 측정(work measures)은 투입-산출의 부분적인 관계만을 보여주는 것이며 업무량 측정은 산출량을 실제로 측정하려고 하지 않고 오히려 주어진 작업에 소요된 인력을 보여줄 따름이라는 한계를 안고 있다.

둘째, 성과주의 예산이 성공적이지 못하자 사업평가와 같은 수정된 기법들이 실험적으로 나타났다. 프로그램 예산, 계획 예산, 그리고 영기준 예산 등은 고도의 관리과학적 기술을 적용함으로써 보다 합리적인 자원배분을 도모하므로 당연히 정형화된 예산분석을 통해 정부사업의 생산성을 체계적으로 접근하는 데 중점을 둔다. 한편 사업평가(program evaluation)는 예산편성에 앞서 대안(alternatives)에 대한 분석적 검토를 강조하며, 사후 책임에 대한 방법으로는 비용절감을 강조한다.

　셋째, 점증주의(incrementalism)는 위의 두 접근법과는 반대로 근본적으로 예산에 대한 정치적 승인을 얻어내려는 일종의 전략적인 접근방법이다. 정부의 예산에 대한 접근방식이라는 관점에서 볼 때, 점증주의 예산은 금번 회계연도에서 다음 회계연도로 작은 변화만이 가능하다. 이러한 최소변화 전략은 그렇게 해야만 정치가와 지출기관, 그리고 중앙예산기구에 의해 예산을 승인받을 수 있다는 정치적인 의미를 함축하고 있다. 하나의 의사결정시스템으로 나타났을 뿐 아니라 특정한 행정적 행태를 대상으로 한 점증주의는 생산성의 향상은 고사하고 심지어 예산과정에 있어서 생산성을 고려하려고 하지도 않는다. 그런 의미에서 점증주의는 예산과정을 지나치게 단순화시키는 문제가 있다.

3. 생산성에 대한 고려와 실제 예산과정

　생산성에 대해 위와 같은 노력과 관심에도 불구하고 어떻게 해서 생산성이 정부부문에서 지속적인 운영목적(operational goal)이 되지 못했는가? 생산성과 관련하여 기대했던 것(what should have been expected)과 실제로 이루어진 것(what was)의 차이는 어떻게 해서 나타나게 되었는가> 이에 대한 원인분석은 경제환경적 측면과 행정관리적 측면으로 나누어 설명할 수 있다.

　먼저 환경적 측면에서 볼 때 정부 예산운영의 바탕이 되는 경제적 환경은 계속적으로 변화하고 있다. 변화 자체는 발전(evolution)의 자연스런 표현이지만, 변화속도(the rate of change)와 거기에서 비롯되는 불확실성(uncertainty)이 문제였다. 물가상승(inflation)과 지속적인 경기침체(stagflation), 엄청나게 늘어난 정부예산규모 및 재정적자 또한 중요한 문제가 되었다. 사회복지지출 등 경직적 경비의 증가는 정부 예산을 경기순환 대응정책의 도구로 사용하려는 거시적 재정정책 노력을 좌절시켰고 예산정책의 시기적인 지체효과 또는 예측 잘못에 비롯된 것도 있었다.

　이러한 환경적인 문제에 대항하기 위해 계획예산제도를 위시한 체제적 접근방법, 인력 상한제(manpower ceilings), 예산사후 평가(post-budget evaluation), 지출부서의 재정능력 강화(안정적 재원확보방안의 마련) 등의 방법이 도입되었으나 실제 세출 증가에는 큰 영향을 미치지 못했던 것으로 보인다. 결국 생산성의 향상은 정상적 예산과정 밖에서 그 방법을 찾아야 했으며 균형예산을 위한 헌법적 제한규정(constitutional limitations)을 두는 것 등은 이러한 노력의 일환이었다. 실상 예산과정에 있어서 생산성은 주된 관심사가 아니었으며 생산성을 중시했던 사람들조차도 정부부문의 생산성 향상을 단거리 선수보다는 장거리 선수에 걸맞는, 복잡하면서도 결코 쉽지 않은 작업이라는 인식을 공유하고 있었다.

행정관리적 측면에서도 공공부문의 생산성을 향상시키는 데 있어 장애가 되는 원인을 찾을 수 있다. 첫째 요인은 생산성 개념의 모호성으로 정부활동에 있어서 산출을 제대로 측정할 수 있는 방법을 찾아내는 것 자체가 문제였다. 이는 공공부문의 모든 활동에 대한 계량분석을 할 때마다 따라다니는 문제로 비용-편익 분석을 하는 데 있어서도 이 문제가 발목을 잡는다. 단일한 척도로는 다양한 업무를 평가할 수 없고, 또 여러 지표를 총괄한 시스템은 너무 기술적이고 형이상학적이라는 비판에서 자유롭지 못하다. 변화에 민감하고, 또한 산출형태가 다양한 조직의 생산성을 측정한다는 것은 매우 복잡한 일임에 틀림없다.

둘째로 생산성 측정 요소에 대한 잘못된 적용을 들 수 있다. 1972년 미국 인사위원회는 생산성에 관해 어떤 부문에서는 증가하는 업무량에도 불구하고 인력을 감축하려는 예산과정을 통해 생산성이 강요되었다고 지적했다. 이는 단기적으로 피상적인 생산성 향상으로 나타났으나 중장기적으로는 업무의 질에 영향을 미쳤을 뿐만 아니라, 더 중요하게는 사업부서(spending agencies)와의 불화로 이어졌다. 그러나 처방은 상호 협조적인 업무수행에 도움이 되기는커녕 오히려 소모적인 분쟁의 요소만 추가한 결과가 되었다.

생산성 향상을 저해하는 세번째 요인은 조직 내의 업무개선을 위해 긍정적이고 창의적인 행동을 유인하고 이의 보상과 통제관련 메커니즘의 부재였다. 각 정부조직의 목표는 너무 추상적이고, 구체적인 유인체제의 운영에 필요한 세부사항을 반영하지 못했다. 따라서 조직의 관리자는 생산성관리를 등한시하게 되고, 자원통제에 있어서도 분권적으로 관리하기보다는 중앙기관에 의존하게 마련이다.

넷째, 생산성이 예산과정과 별개로 분리되어 있었다. 성과주의를 바탕으로 출발한 대부분의 혁신적 방안들은 비록 사업의 비용측면, 비용 감축의 필요성, 자체 비용산정 등을 강조했음에도 불구하고 국방과 보건 분야를 제외하고는 그 성과가 미미했다. 생산성을 예산과정의 일부로 통합하고자 하는 시도가 실패하자 생산성 목표를 점검하는 일이 예산부서 업무의 본류를 벗어나게 되었다.

마지막으로 생산성을 측정하려는 지속적인 노력(follow-up)이 없었기 때문이다. 개념의 모호성, 관리자의 무관심, 그리고 보다 나은 인프라를 구축하기 위

해 새로운 평가시스템을 어떻게 적절히 운영할 것인가에 대한 확고한 지침서의
부재 등이 오늘날 생산성과 정부부문의 예산과정과의 괴리가 초래된 근본적인
이유인 것이다.

4. 향후 전망

생산성의 중요성과 크게 내세울 것은 없어도 꾸준히 나타나고 있는 상당수
국가들의 정부개혁 성과를 감안할 때, 정부생산성을 전략적으로 추구하는 노력
이 필요하다. 생산성은 지속적으로 추구되어져야 할 뿐 아니라 주도면밀한 노력
이 수반되어야 한다. 다시 말해, 정부생산성과 정부사업의 성과를 거두기 위해서
생산성은 예산과정 속으로 통합되어져야 하며, 그럼으로써 자원의 분배와 생산
성간의 연계를 정기적으로(on a regular basis) 모니터링할 수 있어야 한다.

정부사업에 생산성을 적절하게 적용하기 위해서는 측정 및 평가의 개선과 정
보 시스템, 자본과 노동의 구성비율 및 그것이 미치는 영향, 그리고 중앙집권적
정책결정과 분권적 집행을 강조하는 전략적 노력이 중요하다. 생산성 측정의 개
선은 지속적인 과업이며 결코 완벽할 수는 없다. 정부운영 환경은 급변하고 있
으며 이러한 변화로 생산성 측정지표의 수명도 짧아지고 있다. 생산성 측정에
대한 기본적인 개선작업은 업무(량)측정, 단위비용, 정부사업의 영향평가, 정보
시스템에 대한 자료를 개발하는 데서 시작된다. 이러한 요소들은 성과주의 예산
의 체계와 밀접히 관련되어 있는 것이다.

생산성 증대는 정부활동의 어느 부분에 신기술 도입이 가능하고 이러한 기술
과 노동의 투입과의 관련성은 어떠한가에 달려있다. 결과적으로 생산성 향상을
위한 방향과 유인메커니즘은 중앙에서 결정되어야 하지만 그 수행방법은 개별
부서에 의해 결정되는 것이 바람직하다. 만약 인력이나 다른 제약사항들로 인하
여 탄력적인 관리가 이루어지지 않는 경우 이를 회피하려는 부정적인 영향이 생
산성 증대보다 더 크게 나타날 수 있다. 위에 열거한 요소들은 개별적으로 추구
될 수 있는 영역이라기보다는 통합 프로그램의 일부로 보아야 하며 현재의 재정
적 상황은 국가가 생산성 향상을 위한 노력을 더 이상 유보할 수 없는 형편에
처하게끔 만들고 있다.

Ⅲ. 평가적 의견

정부활동의 목적은 궁극적으로 사회복지(social welfare)를 극대화하는 것이라 할 수 있지만 자원배분과 관련한 예산과정에 있어서 생산성 개념이 활용되기 위해서는 정부사업의 궁극적인 목적인 사회복지 증대에 기여하는 것으로 볼 수 있는 중간목표를 설정하는 것이 필요하다. 이러한 중간목표를 설정하는 데 중요한 기준으로는, 첫째 궁극적인 목적인 사회복지의 증진과 긴밀한 정(+)의 상관관계를 지녀야 하며, 둘째 중간목표는 그 달성도를 객관적인 방법으로 쉽게 측정할 수 있어야 하고, 셋째 이러한 중간 목표는 정부의 노력에 민감하게 반응하는 것이면 바람직한 것으로 볼 수 있다. 이러한 측면에서 Premchand가 생산성의 개념을 협의의 효율성에서 나아가 광의의 효과성까지 포괄하고 있는 것은 합리적인 것으로 보인다.

예산은 자원의 배분과 관련 있고 생산성은 자원을 어떻게 활용하는가 하는 효율성에 기준을 두므로 이론상으로는 서로 공생하는 관계이다. 그러나 Premchand는 이 두 개념이 실제 현실에서는 서로 조화되지 못하고 있음을 지적하고 그 원인을 정부생산성이라는 개념의 복잡성, 정부예산환경의 불확실성, 생산성을 측정하려는 꾸준한 정부노력의 결여 등에 있다고 갈파하고 있다. 따라서 노동집약적인 정부생산성의 증대를 위해서는 노동생산성을 제고하여야 하고 이를 위해서는 분권화 및 경쟁의 촉진과 유인메커니즘을 합리적으로 운영하는 조직관리의 중요성을 강조하고 있다.

주지하는 바와 같이 공공부문은 의사결정과정에 있어서 다수결이라는 정치적 수렴과정을 거친다는 점, 민간부문은 효율성만이 생산성의 기준이 되나 공공부문은 이 외에도 형평성을 동시에 고려하여 평가할 수밖에 없어 민간부문의 잣대로 공공부문의 생산성을 측정하려는 시도는 문제가 된다. 따라서 정부의 생산성 향상을 위해서는 경쟁촉진제도의 확립과 유인체계의 합리적인 관리가 중요하며 정부부문 내 노동시장의 경직성을 극복하도록 유도하는 것이 중요하다.

최근 우리 나라에서도 정부개혁의 일환으로 생산성을 제고하기 위한 경쟁제고 및 유인체계의 확립을 위한 노력이 경주되고 있다. 그러나 Premchand가 적절히 지적하고 있는 투입과 절차 중심의 관리에서 사업의 결과, 성과중심의 관리로 전환되기 위해서는 민영화와 규제개혁 등을 통한 시장원리의 적용범위를 확대하고 정보공개와 예산정책을 비롯한 정부정책결정과정의 개방 등을 통해 예산운용의 신축성을 확대하는 것이 중요하다. 아울러 과도한 정책결정의 중앙집권화로는 생산성 제고의 한계에 봉착할 수밖에 없으므로 기능과 조직의 하부이양 등이 이루어져야 한다는 시사점을 얻을 수 있으며 보다 전략적으로 정부생산성 측정을 위한 부문별 중간목표의 설정 및 지표개발을 위한 노력이 경주되어야 할 것이다.

우리 나라는 통제에 편리한 품목별 예산제도를 중심으로 예산을 운용하고 있지만 예산집행의 성과를 예산의 투입과 연계시키려는 노력은 매우 미흡하다. 예산당국의 주된 관심사가 예산의 집행결과 사업목적이 효과적으로 달성되고 비용에 상응한 사회적 가치가 창출되도록 하는 것이 아니라 예산이 규정에 맞게 집행되도록 하는 것이다. 규정의 준수 자체는 물론 나쁜 것이 아니다. 그러나 규정이 지나치게 자세하고 사업부서에 재량의 여지가 없는 경직적인 규정의 운용은 사회적 손실, 즉 생산성의 하락을 초래할 위험이 높은 것이다. 최근 기획예산처에서 도입을 추진하고 있는 성과관리제도는 바로 이러한 관점에서 매우 시의적절한 노력으로 평가된다.

참고문헌

Poister, T. H., "Monitoring Quality and Productivity in the Public Sector", in Marc Holzer et. al. ed. *Public Productivity Handbook*, Marcel Dekker, 2004, pp. 231 -245.

Premchand, A., "Government Budgeting and Productivity", *Public Productivity Review,* No. 41, 1987, pp. 9-19.

윤건영, "공공부문 생산성 제고를 위한 개념들과 현실적 과제," 「공공부문 생산성제고를 위한 연구」, 한국조세연구원, 1997.

James M. Higgins의 전략적 의사결정이론

Theodore Lowi의 정책유형론

Peter J. Katzenstein의 정치경제학적 비교공공정책이론

Paul Sabatier와 Daniel Mazmanian의 정책집행분석모형

Gary Becker의 이익집단이론

Amartya Sen의 사회적 배제론

Charles J. Fox와 Hugh T. Miller의 담론이론

제5편
정책이론

James M. Higgins의
전략적 의사결정이론*

I. 머리말

국제화 및 국가경쟁력 강화가 국가경영의 핵심적 주제로 등장하면서 행정학 및 조직론에 있어서의 전략적 사고 및 접근이 유난히 강조되고 있다. 행정의 국제화에 부응하여 행정현상은 살아있는 유기적인 개방체제(Living System)의 관점에서 파악되고 있으며, 행정조직은 급변하는 행정환경의 소용돌이 속에서 경쟁력을 가지기 위해 전략적인 의사결정을 할 필요성이 증대되고 있다. 이러한 맥락에서 여기에서는 조직에 있어서 전략적 의사결정모형을 명쾌히 제시하고 있는 James M. Higgins의 논문 "Strategic Decision Making: An Organization Behavioral Perspective"를 요약·소개하고자 한다.

Higgins는 합리적인 의사결정과정을 거치면서 이루어지는 정형적이고 일반적인 의사결정과 좀더 복잡하고 비정형적인 전략적 의사결정을 구분할 것을 제안하고 있다. 전통적인 의사결정모형은 현상에 대한 문제인식 → 문제의 확인 → 해결책의 모색 → 집행 → 통제 및 환류 등의 다섯 단계로 구성되어 있는 데 반해, 전략적 의사결정모형은 특히 처음의 3단계에 있어서 정형적인 모델과 다르다는 것을 주장하면서 주요 조직이론들을 인용하여 논거를 제시하고 있다.

II. 전략적 의사결정이론

1. 조직의 의사결정모형

고전적인 의사결정모형은 '합리적 인간모형'(Economic Man Model)에 기초

---

* 권기헌: 경희대학교 사회과학부(행정학 전공) 교수.

한 다음의 가정을 전제로 하고 있다.

① 조직목표는 알려져 있으며 목표들간에는 상호조화되어 있어 불일치란 없다.

② 조직의 의사결정자는 조직의 문제 및 기회에 대해 인식(recognize)하고 있을 뿐 아니라,

③ 그것에 대해 정확히 파악(identify)하고 있다.

④ 문제를 해결하거나 기회를 이용하기 위한 준비를 함에 있어, 조직의 의사결정자는 모든 가능한 대안들과 각 대안별 기대효과에 대해 잘 숙지하고 있으며,

⑤ 관련된 상황적 요인들에 대해서도 완전한 지식을 가지고 있다.

⑥ 따라서 의사결정자는 대안 중 '최적안'을 택하며(Maximizing Criteria),

⑦ 대안평가는 과학적이고 합리적이다.

많은 연구가 지적하고 있듯이 우리는 이러한 가정들 중 상당부분이 비현실적이며, 의사결정자의 성격, 조직이 처한 문제 및 기회의 성격, 조직이 처한 환경 등 의사결정과정에는 수많은 제약요인들이 작용하고 있다는 것을 알고 있다. 의사결정자 개인의 성격에 있어서도 개인적인 욕구, 가치관, 조직에 기대하는 열망의 정도, 위험부담에 대한 태도, 제한된 인식능력 및 지식 등에 따라 의사결정은 현격하게 달라질 수 있다. 조직이 처한 문제와 기회 자체의 성격에 따라서도 의사결정은 달라진다. 조직이 처한 문제에 대한 대응에 허용되는 시간이 많은 사안일수록 합리적인 의사결정과정을 거칠 가능성은 커질 것이다.

고전적인 의사결정모형의 가정들에 대한 이러한 문제점 인식은 '관리적 인간모형'(Administrative Man Model)으로의 수정을 가져왔다.

① 조직목표는 때로는 모호하며 상호갈등을 가지고 있다.

② 종종 조직의 의사결정자는 조직의 문제 및 기회에 대해 인식(recognize)하지 못하고 있을 뿐만 아니라,

③ 인식을 하고 있는 경우에도 많은 경우 잘못 파악(identify)하고 있다.

④ 의사결정은 모형에 기초하고 있으며, 따라서 의사결정의 '합리성'이란 인식되고 있는 조직의 가장 중요한 측면에 적용되는 경우가 대부분이고, 상당수의 경우에는 주요한 데이터나 변수가 포착되지 못하고 있다.

⑤ 따라서 의사결정자가 가지고 있는 상황에 대한 지식이란 제한적일 수밖에 없으며,

⑥ '최적안'을 택하는 것이 아니라 대안선택은 '만족할 만한 수준'에 그치게

된다(Satisficing Criteria).

⑦ 대안평가는 체계적으로 하는 것이 아니라 개략적인 수준(rules of thumb)에서 이루어지며, 의사결정자의 '합리성'이란 많은 제약요인에 의해 '제한된 합리성'(bounded rationality)이다.

2. 조직의 의사결정모형의 발전

이러한 '관리적 인간모형'은 조직 내 의사결정을 설명하는 데 비교적 설명력이 높은 것으로 평가되며, 그 후의 많은 조직결정이론이 개발되는 데 기본적인 가정으로 사용되어 왔다. Higgins는 먼저 Paul C. Nutt의 주장을 소개한 후 평가하고 있다. Nutt는 그의 글, "Models for Decision Making in Organizations"에서 이러한 조직이론의 발달사를 다음의 6가지 이론으로 정리하고 있으며, 이는 기본적으로 폐쇄체제모형으로부터 개방체제모형을 지향하고 있다.

① 관료제 모형(Bureaucratic Model): 고전주의적 과학적 이론에 기초하고 있다.

② 확률적 의사결정이론(Normative Decision Theory): 일련의 대안들에 대한 확률을 부여할 수 있으며, 여기에 기초하여 각 대안의 유용성을 평가하고 있다.

③ 행태주의적 의사결정이론(Behavioral Decision Theory): H. Simon의 만족모형 및 제한된 합리성이론에 기초하고 있다.

④ 그룹의사결정이론(Group Decision Making): 의사결정이 일어나는 조직 내 소그룹 간의 역학관계를 분석하고 있다.

⑤ 갈등균형이론(Conflict-Equilibrium): R. M. Cyert와 J. R. March의 기여가 큰 이론으로 조직 내 의사결정과정에 있어서 연합(Coalition)현상의 중요성을 강조하고 있으며 특히 조직 내 비공식그룹 지도자들이 의사결정에 미치는 영향을 분석하고 있다.

⑥ 개방체제모형(Open System Model): 개방체제하에서의 조직은 폐쇄체제와는 달리, 환경의 역동성을 고려한 전략적 의사결정을 내려야 하며 이러한 결정은 단일 건의 큰 결정보다는 일련의 작은 전략적 결정들로 구성되어야 한다는 점을 강조한다. 이러한 맥락에서 C. E. Lindblom류의 점증주의적 이론이라고 불리기도 한다.

Nutt는 대부분의 전략적 결정들은 환경과 교호관계를 가지는 '경계공유결정'

(boundary spanning decisions)들이기 때문에 5번 갈등균형이론과 6번 개방체
제모형의 연속선상에서 위치하고 있으며, 또한 그러한 성격을 갖는 것이 바람직
하다고 주장하고 있다. 즉, 조직환경과의 상호의존적인 관계에서 필연적으로 교
섭 및 협상이 일어날 수밖에 없으며, 고도의 불확실성을 전제로 상황변수와 요
인들이 명확히 파악되지 않는 개방체제하에서의 결정은 점증주의적이 될 수밖에
없다는 것이다.

Nutt의 주장은 설득력 있게 평가되고 있다. 다만, 이 연구는 전략적 의사결
정과정에 있어서 해결책의 모색단계에 초점이 맞춰져 있어, 문제의 인지 및 확
인단계에 관해서는 소홀히 취급되고 있다는 한계가 있다.

3. 전략적 의사결정과정

다음으로 Higgins는 Henry Mintzberg의 전략모형을 소개 · 평가하고 있다.
Mintzberg는 "Strategy Making in Three Models"에서 전략적 의사결정 기획
단계에서 합리성과 관련된 정보의 역할에 관해 주요한 논의를 함으로써, Nutt의
연구를 보완해 주고 있다. 전략적 의사결정의 3가지 유형은 창의형, 적응형, 그
리고 계획형으로서 다음과 같이 요약된다.

(1) 창의형(Entrepreneurial Model)
① 전략결정은 새로운 조직기회에 대한 공세적인 탐색으로부터 이루어진다.
② 의사결정권력은 조직의 지도자에 집중되어 있다.
③ 전략은 불확실성에 직면하여 결정적인 비약을 이루는 경우가 많다.
④ 뚜렷한 조직목표가 존재한다.

(2) 적응형(Adaptive Planning Model)
① 뚜렷한 조직목표는 존재하지 않으며, 전략은 조직 내에 복잡하게 형성되
   어 있는 연합그룹 내 구성원들간의 권력분점을 반영하는 것이다.
② 전략결정과정은 새로운 기회에 대한 적극적인 탐색보다는 존재하고 있는
   문제들에 대한 해결책 모색으로부터 이루어진다.
③ 적응형의 조직에서의 결정은 점증적으로 단계를 밟으면서 이루어진다.
④ 상호 분리된 의사결정들이 적응형조직의 특색이다.

(3) 계획형(Planning Model)

① 전략결정에 분석가들의 역할이 두드러진다.

② 계획형조직에서의 전략은 비용과 편익에 대한 평가 등을 포함, 체계적인 분석에 초점을 두고 있으며,

③ 무엇보다도 여러 결정들과 전략들이 연계적으로 이루어져 있다.

4. 전략적 의사결정모형

Higgins는 이상에서 제시한 모형들을 평가하면서, 조직의 전략적 의사결정은 복잡한 과정을 거치긴 하나 무작위적으로 이루어지는 것이 아니며 체계적으로 모형화할 수 있다고 주장한다.

① 먼저, 조직의 문제점이나 기회는 전략적 결정과정을 가동시키는 시발점이 된다.

② 인식은 조직목표, 과거의 조직성과 혹은 그 밖의 주요한 기준들을 준거로 하여 발생한다.

③ 인식(recognition)과 문제확인(identification)이 동시적으로 발생하는 경우에는 의사결정자가 문제인식에 대한 모형을 구성함이 없이 바로 대안에 대한 탐색으로 들어가게 된다. 만약 문제확인이 독립된 절차로 일어나는 경우에는 의사결정자가 존재하고 있는 조직의 문제점 및 기회에 관해 모형화과정을 거치게 된다.

④ 대안에 대한 탐생은 이미 알려진 대안의 경우에는 쉽게 이루어지나, 보통의 경우에는 상호 관련된 대안들간에 체계적인 절차와 구성을 필요로 한다.

⑤ 평가 및 선택은 조직의 최고의사결정자가 하는 경우가 많으나, 조직내 하위체계간 연합(coalition)세력에 의해 정해지는 경우도 적지 않다. 이때 의사결정그룹이 의사결정에 필요한 권위를 갖고 있지 못한 경우에는 이를 획득하기 위한 노력이 뒤따르게 되는데, 이러한 경우에 결정과정은 점증주의적인 형태로 나타나게 된다. 이는 결국 조직의 전략적 의사결정은 최고결정권 단계에 이르기까지 반복적이고도 점증적인 단계를 거치게 됨을 시사해 주고 있다.

전략적 의사결정과정은 많은 경우 조직 내 연합세력들간의 이해관계의 대립 및 협상과정을 포함하고 있으므로 조직 내 주요 그룹 및 구성원들간의 권력관계에 관한 이해는 필수적이다. 또한, 이러한 전략적 의사결정과정은 전통적인 의사

결정과정에 비해 훨씬 더 비합리적인 과정을 거치며, 심리적·사회적 변수들에 많은 영향을 받는다고 주장한다.

Ⅲ. 평가적 의견

전통적으로 의사 결정 및 정책결정분야는 조직이론 및 행정학에 있어서 핵심적인 연구영역으로 인식되어 왔고, 연구성격상 타분야에 비해 많은 과학적·체계적인 이론개발이 있었다. 그러나, 개방체제와 관련된 전략적 조직결정이론분야는 그 중요성에도 불구하고 아직도 비교적 취약한 분야로 남아 있다.

소개된 논문은 전략적 의사결정과정의 모형화를 시도하고 있으며, 이 분야의 연구에 많은 기여를 한 것으로 평가되고 있다. 불확실성하에서의 전략적 의사결정이 심리적이고 사회적인 변수에 많은 영향을 받고 있다는 점을 부각시킨 Higgins의 연구는 조직에 있어서 전략적 의사결정과정에 관해 많은 시사점을 제공해 주고 있다. 또한, 최근 들어 행정의 국제화 및 개방체제화가 강조되고 있는 시점에서 개방체제하에서의 전략적 의사결정에 관한 이해도를 제고시켜 주고 있다는 점에서도 이 논문은 의의를 찾을 수 있다.

다만, 제시된 모형은 아직 검증되지 않은 연역적인 제안이라는 점에서 이에 대한 실증적 연구가 필요하다고 본다. 특히 행정학·정책학 이론정립의 차원에서 전략적 정책결정경험 및 행정사례에 관한 많은 논의와 연구가 활발하게 이루어지는 것이 바람직하다고 할 것이다.

참고문헌

Higgins, James M., "Strategic Decision Making: An Orgainzation Behavioral Perspective," *Managerial Planning*, Vol. 12, March/April, 1978.

Mintzberg, Henry, "Strategy Making in Three Models," *California Management Review*, Winter, Vol. XVI, No. 2, 1973.

Nutt, Paul C., "Models for Decision Making in Organizations and Some Contextual Variables Which Stipulate Optimal Use," *Academy of Management Review* Vol. 1, No. 1, January 1976.

Theodore Lowi의
정책유형론*

I. 머리말

　다양한 정책의 유형화에 대한 본격적인 관심은 1964년에 발표된 Lowi의 서평논문에서 시작되었다. 이를 계기로 많은 연구자들은 각각의 목적과 용도에 따라 여러 가지 기준에 의거하여 다양한 정책유형을 제시한 바 있으며 그 대표적인 것으로는 Lowi 외에 Hayes, Ripley and Franklin, Salisbury, Spitzer의 유형론 등을 들 수 있다. 이 중에서도 Lowi의 정책유형론은 정책유형화에 대한 최초의 본격적인 연구라는 점 외에도, 정책은 정치과정의 산물이라는 종래의 통념에서 벗어나서 오히려 정책이 정치과정에 영향을 미친다는 명제를 제시하였다는 점에서 기념비적이다.

　Lowi(1964)가 제시한 바를 요약하면 아래와 같다.

II. 정책유형론

　정치적 관계는 관계되는 정책의 유형에 따라 결정되며 따라서 각 정책에 따라 독특한 유형의 정치적 관계가 형성된다. 그것은 정치참여자들간의 관계의 유형이 그들의 기대(expectation)에 의해 결정되며, 그 기대는 정부산출물로서의 정책(policy)에 의해 좌우되기 때문이다. 이때 정치적 관계는 권력관계 또는 장기적으로 보아 권력구조(power structure)로 볼 수 있다. 따라서 정치적 관계가 정책유형에 따라 결정된다는 명제는 권력구조가 정책유형에 따라 달라짐을 의미하는 것이다.

---

　* 이승종: 서울대학교 행정대학원 교수.

문제는 정책을 어떤 기준에 의하여 어떻게 유형화하느냐는 것이다. Lowi는 정책의 사회에 대한 효과 또는 영향을 기준으로 하여 정책을 분배정책, 규제정책, 재분배정책(1964) 및 구성정책(1972)으로 구분한다. 강조할 것은 Lowi에게 있어 어떤 정책의 장(arenas of policy)은 동시에 권력의 장(arenas of power)을 의미한다는 점이다. 이것은 정책이 정치적 관계를 결정한다는 그의 기본 명제를 고려하면 쉽게 이해가 간다. 즉, 각 정책유형에 따라 각각 독특한 정치구조, 정치과정, 엘리트 및 집단간의 상호작용 패턴이 발달하게 되는 것이다.

1. 분배정책

분배정책의 특징은 정책의 내용이 세부단위로 쉽게 구분되고 각 단위는 다른 단위나 일반원칙으로부터 독립적으로 처리될 수 있다는 데 있다. 분배정책은 사실상 정책이라기보다는 고도로 개별화된 결정이라 하겠으며 이같은 결정들이 모여서 비로소 정책이라 할 수 있는 것이 된다. 그 예로는 19C 미국의 국유지 불하정책, 하천·항만 사업, 군수물자 조달 및 연구개발 사업 등을 들 수 있다.

분배정책의 수행과정에서는 참여자간의 정면대립보다는 후원(patronage) 또는 갈라먹기(pork barrel)가 보편화된다. 요컨대 분배정책분야에서의 정치적 관계는 "상호불간섭(mutual non−interference)"으로 특정지워 지게 되는 것이다. 그것은 정책의 내용이 세부적으로 분할가능하므로 참여자들은 타인의 이익확보 노력에 상관없이 자신의 이익의 확보에만 주력하면 될 것이기 때문이다. 그리하여 분배정책과정은 갈등이나 타협보다는 상호불간섭(mutual non-interference) 내지는 상호수용(cooptation)으로 특징지어지게 된다.

2. 규제정책

규제정책은 개인에게 직접적으로 비용을 부담시키거나 개인의 권리를 제한 또는 확장시켜 주는 정책을 말한다. 그 예로는 품질규제법, 불공정거래정책 및 독점금지관계법령 등을 들 수 있다. 규제정책은 그 효과가 특징적이고 개별적이라는 점에서 분배정책과 유사하나 정책 내용에 대한 고도의 분할이 불가능한 데서 구분된다. 또한 규제정책은 단기적으로는 수혜자와 피해자(피규제자)를 명백히 구분한다는 점에서도 분배정책과 구별된다.

한편 규제정책의 집행은 개인 및 기업단위 또는 사례단위로 이루어지는 것이 일반적이지만 규제정책 자체는 개인 또는 개별기업의 수준까지 분할되기 어렵다. 그것은 개별적인 결정이 일반적인 원칙 및 법에서 정하고 있는 대강의 기준에 의거하여 이루어져야만 하기 때문이다. 그리하여 일반적으로 규제정책의 효과는 개별단위가 아닌 분야(sector)별로 나타나게 되는 것이다.

이와 같은 규제정책분야에서의 정치적 관계는 대체적으로 다원주의자(plural-ists)들의 주장에 부합되는 듯이 보인다. 그것은 규제정책이 서로의 이익이 상치하지 아니하는 복수집단의 참여하에 수행되는 것처럼 보이기 때문이다. 그러나 실상은 그러하지 아니하다. 즉, 수혜자와 피규제자간의 정면대결을 유발하게 되는 규제정책의 수행과정에서는 필연적으로 참여집단간의 이익의 상치(相馳)가 있게 되는 바, 이는 다원주의 모델이 상정하고 있는 참여집단간의 이익의 상호 무관성과는 거리가 있는 것이다. 이는 앞서 지적하였듯이 규제정책 내용의 분할은 사회의 어떤 분야의 수준까지는 분할이 가능하여도 분배정책에서와 같은 고도의 분할은 가능하지 않은 데서 기인하는 것이며, 그리하여 규제정책에서의 정치과정은 상호불간섭 또는 상호 수용으로 특징지어지는 분배정책과는 달리 갈등(conflict)과 타협(compromise)으로 특징지어지게 된다.

3. 재분배정책

재분배정책은 상호 연관을 가진 넓은 범위의 개인들의 관계에 관한 정책이라는 점에서 분배정책과 유사하다. 그러나 정책효과에 미치는 범위가 규제정책의 그것보다 훨씬 넓은 사회계급(social classes)이라는 점에서 확연히 구별된다. 즉, 재분배정책은 유산자와 무산자, 권력가와 소시민, 자본가와 노동자라는 대립관계에 있는 계급과 관련된 정책인 것이다. 이와 같은 재분배정책은 재산권의 행사가 아닌 재산권 자체, 평등한 대우가 아닌 평등한 소유를 정책 목표로 하여 그 예로는 사회보험, 금융정책, 소득세부과 등을 들 수 있다.

한편 재분배정책분야에서의 정치적 관계는 엘리트 이론이 상정하는 정치적 관계와 유사하다. 즉 정책의 주요 내용은 양분된 계층간의 갈등과 조정에 의하여 결정되는바, 이 때의 주도권은 정부의 고위관리자, 기업 및 노동조합의 지도자와 같은 엘리트 집단이 갖는다. 그리고 이와 같은 정치적 관계는 사회 내 계급관계의 안정성에 기인하여 매우 안정적으로 구조화된다.

지금까지 논의한 각 정책분야별 정치관계의 특징을 요약하면 다음 〈표 5-1〉

과 같다.

〈표 5-1〉 정책유형과 정치적 관계

정책유형	기본 정치단위	상호관계유형	권력구조	권력구조의 안정성
분배정책	개인, 기업	상호불간섭, 수용	비대립적인 엘리트 및 지지집단	안정성
규제정책	집단	연합(coalition) 협상(bargaining)	다원적 집단간의 균형	불안정적
재분배정책	제휴 (association)	정상간 제휴 (peak association)	대립적인 엘리트 (엘리트 및 대항 엘리트)	안정적

4. 구성정책

후에 Lowi(1972)는 처음에 제시한 위의 세 가지 정책유형에 부가하여 구성정책을 새로운 정책유형으로 제시하고 있다(다만 이 정책유형은 다른 정책유형에 비하여 별로 주목받고 있지 못하다). 구성정책은 본질적으로 게임의 규칙에 관한 정책으로서 정부기관의 기본적 성격을 결정하게 되며 그 예로는 선거법, 선거구 조정, 정부조직의 개편, 선전 등을 들 수 있다. 이와 같은 구성정책은 비교적 일반대중의 관심으로부터 벗어나 있으며 주로 고위 정치권의 관심대상이다. 그리고 구성정책은 종종 담합은 아니더라도 참여자간의 상호수용에 의하여 결정되어지는 경향이 있다.

Ⅲ. 평가적 의견

이상에서 소개한 Lowi의 정책유형론에 대하여 몇 가지 한계점을 지적하면 다음과 같다.

우선 지적할 것은 Lowi의 정책유형론은 정책유형화에 대하여 명확한 기준을 제시해 주는 근거이론이 취약한 데 기인하여 정책유형들의 범주가 사실상 상호 배타적(mutually exclusive)이지 못하다는 점이다. 예컨대 공원서비스에 관련된 정책은 분배정책 또는 규제정책으로 동시에 분류될 수 있으며 심지어는 사적 소유의 휴식공간을 갖지 못한 계층에 대한 휴식처의 제공이라는 측면에서 볼 때

재분배정책으로도 분류될 수 있는 것이다. 그러나 구분이 종종 모호한 경우가 있을지라도 기본적으로 정책유형에 따른 정치적 관계의 변화를 식별해 내는 한 Lowi의 유형론이 무용하지 않음은 물론이다.

둘째, Lowi의 정책유형론은 실증적으로 검증하기 매우 어렵다. 이는 그 기본 개념들에 대한 적절한 조작적 정의(operational definition)가 가능하지 않기 때문이다. 이들의 조직화를 위하여는 연구자들이 자의적으로 많은 추측 내지는 가정을 하지 않으면 안 된다. 이는 Hill과 Plumlee(1984)의 연구를 예외로 하고는 Lowi의 유형론과 관련한 실증적 연구가 없다는 사실에서도 입증된다. 사실상 Lowi가 제시한 주장에 대한 검증은 기껏해야 일화적(anecdotal)이었거나 단일 사례연구에 지나지 않았던 것이다.

셋째, Lowi가 제시한 정책유형 중 특히 규제정책의 범주(boundary)가 명확히 규정되고 있지 않아 문제시된다. 이는 예컨대 환경보호정책을 분배정책으로 분류해야 하는가 규제정책으로 분류해야 하는가의 문제를 생각해 보면 쉽게 이해가 간다. 이와 관련하여 Ripley와 Franklin(1980)은 규제정책을 경쟁적 규제정책(competitive regulatory policy)과 보호적 규제정책(protective regulatory policy)으로 세분하고 있으며, Spitzer(1987)는 이에 더 나아가서 규제정책을 그 성격에 따라 경쟁적 규제정책(competitive regulatory policy), 순수규제정책(pure regulatory policy), 혼합규제정책(mixed regulatory policy) 및 사회적 규제정책(social regulatory policy) 등으로 세분하고 있다.

한편 Lowi는 1972년의 논문에서 강제(coercion)의 측면을 그의 유형론의 기본기준으로 도입하고 있으나 이를 통해서도 위에서 지적한 문제점은 크게 해소되지 못하고 있다.

그럼에도 불구하고 정책이 정치과정에 미치는 영향에 대한 연구가 Lowi의 논문 이래로 활발해졌다는 사실과 아울러 후속 연구들이 제시하고 있는 여러 가지 정책유형론들이 기본적으로는 Lowi의 분류법을 전형(典型)으로 하고 있다는 데서 그의 정책유형론의 중요성은 강조해서 지나침이 없다 하겠다.

참고문헌

Hill, kim Q. & John P. Plumlee, "Policy Arenas and Budgetary Politics," *Western Political Quarterly*, 37, 1984, pp. 84-99.

Lowi, Theodore J., "American Business, Public Policy, Case Studies and Political Theory," World Politics, 16, 1964, pp. 677–719.

_____, "Four Systems of Policy, Politics, and Choice," *Public Administration Review*, 32, 1972, pp. 298–310.

Ripley, R. B. & G. A. Franklin, Congress, the *Bureaucracy and Public Policies*, 2nd ed., Chicago, IL: Dorsey, 1980.

Spitzer, Robert J., "Promoting Policy Theory: Revising the Arenas of Power," *Policy Studies Journal*, 15, 1987, pp. 675–689.

Peter J. Katzenstein의
정치경제학적 비교공공정책이론*

I. 머리말

Katzenstein의 비교공공정책이론은 선진공업 6개국(미국, 영국, 일본, 프랑스, 독일, 이탈리아)의 대외경제정책을 비교정치경제학적 관점에서 분석한 것이다. 여기서 한 가지 주의할 점은 Katzenstein의 정치경제학적 방법론은 흔히 이야기되는 Neo-Marxist의 입장과 상이하며 또한 공공선택이론(public choice theory)으로 대표되는 미국 내 신보수주의자들이 지칭하는 정치경제학과도 상이하다. 오히려 Katzenstein의 정치경제학적 접근은 이하의 논의에서 잘 밝혀진 바오 같이 Neo-Marxist들의 구조주의 논쟁틀 속에서 아이디어를 따와 Max Weber의 틀 속에서 재해석한 신베버주의자들의 입장을 잘 반영하고 있다 할 것이다.

이하에서 Katzenstein의 이론을 시대적 상황의 큰 틀 속에서 조감하고 이어서 이론적 측면과 사례연구를 중심으로 Katzenstein의 이론모형을 소개하며, Katzenstein이 공헌한 점 및 비판받을 점을 필자의 견해하에 개진한다. 마지막으로 그의 이론이 한국의 행정학계에서 어떤 유용성이 있을 것인가를 결론적으로 살펴본다.

＊강명구: 아주대학교 사회과학부(행정학 전공) 교수.
　이 글에서 다루고 있는 Katzenstein의 정치경제학적 비교공공정책 이론은 주로 1980년대를 염두에 두고 쓰여진 글이다. 비록 당시의 신보수주의적 정책기조가 오늘날까지 지속강화되는 연속성이 있지만 동시에 사회주의권 몰락 이후 더욱 강고해진 미국의 패권주의는 이 글이 상정하는 시대적 상황과 어느 정도 차별성이 있다. 이런 유사성과 차별성을 염두에 두고 이글을 읽는다면 2000년대의 정책학 흐름을 국제적이며 비교적 관점에서 이해하는 데 도움이 될 것이다.

II. 정치경제학적 비교정책론

1. 1970년대와 미국의 사회과학

제2차 세계대전이 끝난 후 미국 주도하의 범미주의(Pax-Americana)는 1950년대와 1960년대에 절정에 달하여 '미국의 꿈은 세계의 꿈'(American dream as world's dream)으로 표현되는 인류역사상 유례를 찾아보기 힘든 막강한 영향력을 행사하였다. 정치군사적으로는 동서 양진영의 대립에 근거를 둔 자유주의의 이데올로기와 NATO, SEATO, ANZUS, OAS, 미·일 방위조약 등의 사회주의국가 봉쇄정책을 근간으로 헤게모니를 장악하였고 경제적으로는 Bretton Woods System에 근거하여 Marshall Plan 및 미 달러화의 기축통화제 등으로 누구도 넘볼 수 없는 영향력을 행사하여 온 것은 이미 잘 알려진 진부한 이야기다. 또한 대내적으로는 Keynes식 경제정책에 힘입어 1930년대 경제공황을 노동과 자본의 대립이 아닌 협조로 풀어나가 Roosevelt 대통령 이래 Johnson 행정부까지 민주당의 New Deal이념하에 미국 내 정치를 묶어 둠으로써 번영 속의 안정기조를 구가할 수 있었다.

그러나 1960년대 미국이 월남전에 개입한 이후 범미주의의 기조는 대내외적으로 크게 흔들리기 시작했다. 먼저 대외적 측면에 있어 미국의 월남전 패배는 봉쇄정책(containment policy)에 큰 구멍을 뚫어 놓았고 Nixon의 금태환정지 명령에 따른 달러화의 기축통화자격 상실 및 일본, 독일 등의 경제부흥으로 인한 대외 경쟁력 약화로 이어졌으며 대내적 측면에 있어서도 흑인의 민권운동 및 Johnson행정부의 〈위대한 사회〉(Great Society)운동의 정치적·경제적 실패로 점차 어려움에 처하게 되었다. Theodore Lowi가 적절히 지적한 대로(*The End of Liberalism*, Norton, 1979) 자유주의의 이데올로기는 종언을 고하게 되었다. 이러한 상황에서 1973년 및 1979년 두 차례의 석유 위기는 미국의 대외경제정책에 많은 파장을 남기게 되었다.

미국의 범세계적 헤게모니 약화 및 대내적인 정치·경제적 갈등 현상의 증폭은 미국 사회과학의 조류에도 큰 발자취를 남겨 놓았다. 먼저 '과학성'에 더불어 학문의 '적실성'(relevancy)에도 큰 비중을 두게 된 후기 행태주의가 도래하였고 다원주의적 패러다임에 대한 자체 내 반성(즉 신다원주의의 등장) 및 종속이론과 생산양식설에 근거한 신좌파의 패러다임이 제3세계에 있어 근대화이론에 대한 반향으로 등장하였다. 행정학의 분야에 있어서도 비교행정학의 쇠퇴 및 신행정학의 등장과 '위대한 사회'운동의 실패를 분석하는 과정에서 정책학이 행정학의 주요분야로 등장하였다. 즉, 대내외적 정치・경제・군사면에 있어서의 급격한 변화는 이를 적절히 묘사하고 설명하기 위한 사회과학적 실험의 장을 제공하였던 것이다. 이러한 커다란 신조류의 수면하를 관통하는 새로운 논쟁의 장은 결국 80년대 들어 (한국) 학계를 풍미한 '국가'의 역할로 집약되게 되었다.

Katzenstein의 정치경제학적 입장에서 바라본 비교공공정책이론 틀은 이러한 미국 사회과학의 새로운 흐름을 일단 중간평가한 성격과 더불어 80년대의 새로운 조류를 제시하였다는 점에서 큰 의미가 있다 할 것이다. 즉 50년대와 60년대 David Easton의 체계이론이 구조기능주의의 이론틀하에서 '사회'중심의 설명을 제시한 데 반하여 '사회'에 대비되는 '국가'의 개념을 도입하여 사회부문과 국가부문간의 상호관계하에서 대외경제정책을 분석한 것이다. 이러한 새로운 개념틀의 도입은 50년대와 60년대 미국 중심의 이론을 미국의 지역에 적용시켜 설명하려고 시도하였던 노력들이 설명력을 상실케 되자 국가와 사회라는 대비되는 개념을 도입하여 비교적인 관점을 제시함으로써 풀어보려고 한다.

2. 이론적 배경

이와 같은 문제의식 하에서 Katzenstein은 매우 적절한 한 가지 질문을 제기하면서 새로운 설명을 시도한다. "왜 서구선진공업국 모두에게 공동의 도전이라고 간주될 수 있는 석유위기 같은 국제정치경제적 상황하에서 나라마다 상이한 반응이 도출될 수 있는가?" Katzenstein의 답은 명확하다. 각국의 상이한 국내정치 및 행정구조가 상이한 대외경제정책을 창출해 내는 주요 변수이다.

이러한 Katzenstein류의 명쾌한 답변에 대하여 현명한 독자는 다음과 같은 질문을 할 수 있다. "그렇다면 미국, 일본, 영국 등 서구 선진공업 6개국이 세계 정치경제 질서체계로부터 받는 영향력은 동일하다는 말인가? 상식적으로 생각해도 원자재의 공급(특히 석유의 경우)을 100% 외국에 의존하는 일본과 상당부분 자체충당이 가능한 미국과는 엄밀히 해외부분으로부터의 충격과 흡수력이 다르지 않는가?" 상당히 설득력 있는 반격이라 할 수 있다.

물론 Katzenstein은 이러한 반격에 대한 이론적 답변을 제시하고 있따. 그의 이론의 출발점은 국내정치와 국제정치 관계의 일방(一方)우월성이 아니라 상호의존성(interdependence)이다. 즉 대외경제 정책의 결정에 있어서 국내정세 또는 국제정세 그 어느 일방이 결정적인 것이 아니다. 오히려 양자의 상호작용 속에서 대외경제정책은 이루어진다. 문제는 결국 국내정세의 세력과 국제정세의 세력이 역사적 상황변화에 따라 대외 경제정책에 미치는 상대적 가중치(weight)의 측정에 있다.

Katzentein은 상대적 가중치의 산정에 있어 행태주의자들이 즐겨 사용하는 통계학적 방법론을 사용하는 대신 거시적인 역사적 추세의 관찰로부터 시작한다. 결론부터 이야기하자면 세계적 수준의 헤게모니 연합(hegemonic coalition)이 팽배해 있는 시기에는 공개적 국제정치경제가 주도적이고 이는 곧바로 국내정세의 변수가 대외경제정책에 미치는 영향력을 감소시킨다. 반대로 세계적 수준의 헤게모니 연합이 와해되는 시기에는 국가군들 사이의 경쟁심화로 국내정세적 변수가 대외경제정책에 미치는 영향력을 증가시킨다. 이미 전술한 바와 같이 1950년대와 1960년대는 미국 주도하의 서구제국(일본 포함) 헤게모니 연합이 팽배해 있었고 이는 곧 다국적기업을 중심으로 한 자유경쟁시장 이데올로기가 지배적이어서 국내와 국외정책 이익의 수렴(convergence)현상이 발생하였다. 반대로 1970년대 이후 미국을 중심으로 한 헤게모니 연합은 월남전 및 석유위기를 기점으로 와해되어 가기 시작하였고 국제적 세계질서의 요인보다 국내적 사회·정치·행정구조가 일국의 대외경제정책에 더 많은 힘을 발휘하게 되었다. 이 시점에서는 국가의 힘이 '보이기' 시작한다는 것이다. 따라서 Katzenstein이 던진 유인적 질문(왜 같은 석유위기를 맞는 각국의 대응은 서로 상이한가?)에 대한 그의 답변(국내정치·경제적 구조가 중요하다)은 일단 국제정치·경제적 수준에서 이론적 합리성을 세계 역사적 조류변화에서 조감함으로써 찾을 수 있다.

일단 이 수준까지 자기 이론의 합리성을 확보해 놓고 난 후라면 결국 Katzenstein의 이론적 핵심이라 할 수 있는 '국내구조'(domestic structure)의 각국별 상이성에 대한 설명의 단계로 넘어가지 않을 수 없다. 이 부분은 Katzenstein의 비교공공정책이론의 이해에 필수적 부문이다. 결론부터 말하자면 각국별 국내구조의 상이성은 '국가부문'과 '사회부문'간의 상대적 침투성의 성격과 구조에서 찾아낼 수 있다는 것이다. 이러한 결론을 상세히 설명하고 작업화하기 전에 Katzenstein은 먼저 대외경제정책결정의 기존이론을 크게 두 부류로 나누어 비판한다.

(1) 기존이론 비판

대외경제정책을 설명키 위한 기존의 이론들은 대략 두 가지 흐름이 있다. 첫

번째 흐름은 국제적 접근법(International Approach)이고 두번째 흐름은 관료
정치 접근법(Bureaucratic Politics)이다.

국제적 접근법은 정치 현실주의자, 좌파 및 자유주의의 세 갈래 전통하에서
이루어져 왔다. 즉, 정치현실주의자(Koehane, Nye, Gilpin 등 일련의 국제정치
학자)에 의하면 유럽 각국의 대외경제정책은 미국의 헤게모니적 지배라는 정치
적 현실틀 하에서 수행된다는 것이다. 반면 마르크스주의자들은 산업 및 금융자
본의 국제화가 주요 변수라고 주장하며, 또 한편 자유주의자들은 국제적 자본흐
름에 끼친 기술 변화에 주목하고 있다. 각각의 전통이 모두 국제정치의 간과할
수 없는 중요부분을 설명하고 있지만 Katzenstein에 따르면 이들 설명틀로는 서
구선진공업국가가 왜 동일한 국제정치경제적 조건하에서 상호간 상이한 정책을
추구하는가에 대한 설득력 있는 답변을 제시하지 못하는 맹점이 있다.

이와 반대로 관료정치 모델은 Weber의 이념형(Ideal-type)에 근거하여 관료
조직의 정책결정구조에서 대외경제정책의 근본원인을 찾고 있다. 권력의 중심이
현대 복지국가에 있어 의회로부터 행정부로 옮겨가는 행정국가화 현상이 일어나
관료계층의 정책결정에 있어 자율성이 증대되는 것에 이론적 주안점을 둔 이 모
델은 다분히 미국 내의 주정치(州政治)를 비교적 관점에서 바라본 것이 그 근간
을 이루고 있다. 이 모델은 정책결정과정을 상세히 서술하는 장점이 있는 반면
미국이라는 사회에 독특한 케이스(예를 들면 미국 관료구조의 내적 분열상으로
인한 위계질서의 약화 등)를 지나치게 일반화시키는 맹점이 있으며 주정치
(state politics)를 국가간의 관계에 그대로 적용시키는 데 무리가 따를 수 있다.

(2) Katzenstein의 대안적 이론틀과 사례분석

Katzenstein은 앞서 지적한 기존의 이론틀이 나름대로의 장점이 있음을 인정
하면서 양 이론간의 격차를 메우는 데 주력한다. 즉 국가, 사회, 대외경제정책 3
자간의 관계를 개념의 조작화를 통해서 풀어간다. Katzenstein에 있어 국가와
사회는 서로 동떨어진 개념이 아니라 '부분적으로 상호 의존적인 동시에 부분적
으로 자율적 행동의 범위를 향유하는'(state and society as partly interdepen-
dent and partly autonomous sphere of action) 것으로 이해된다. 이러한 의
미에 있어 기존의 국가/사회 이분법적 도식구조는 배격된다. 즉 영국과 미국에
있어서의 대외경제정책 결정은 '사회중심적' 해석이 가능하고 일본이나 유럽은
'국가중심적' 해석이 가능하다는 견해는 국가와 사회 양자간의 역동성을 상실한
것으로 비판될 수 있다.

그렇다면 Katzenstein에 있어 국가와 사회라는 양 개념은 구체적으로 어떻게 나타날 수 있는가? 이는 곧 양 개념의 조작화문제이다. Katzentein은 바로 이 문제에 있어서 Althusser나 Poutlanzas 등의 neo Marxist와 관점을 달리하고 있다. 국가론의 개척자라 할 수 있는 이들에게 있어서 국가와 사회의 작업화는 자본주의적 생산양식(capitalistic mode of production)을 매개로 설명되지만 Katzenstein에 있어 양 개념의 조작화는 각 부문(즉, 국가 및 사회부문)에 있어 영향을 미치는 행위자(actor)가 누구인가를 찾아내는 데 있다. 사회부문에서의 행위자는 산업, 금융, 상업, 노동 및 농업 부문으로 대표되는 이익집단에서 찾을 수 있다. 국가부문은 관료 및 정당에서 찾을 수 있다. 이 양 부문에서의 영향력 있는 행위자의 집합이 지배연합(governing coalition)이며 지배연합이 특정 정책수행에 있어 사용하는 제도적 틀이 정책조직망(policy network)이다. 즉 지배연합과 정책조직망의 양 개념이 대외경제정책을 결정짓는 국내구조를 구성하며 이는 결국 국가와 사회라는 양 개념틀로부터 도출된 조작화된 개념이다. 따라서 Katzenstein의 이론틀에 있어 상당한 분량이 지배연합을 구성하는 행위자의 분석에 할애될 수밖에 없다.

지배연합과 정책조직망이라는 두 조작화된 개념을 정책적 입장에서 바라보면 지배연합은 대외경제정책의 목표(policy objective)를 결정하고 정책조직망은 정책수단(policy instrument)을 결정한다. 그리고 정책목표와 정책수단을 결합하여 분석하면 대외경제정책의 국가군별전략(strategy) 유형이 도출될 수 있는 것이다.

이상의 논의에서 마지막 한 가지 남은 이론적 질문사항은 국가와 사회의 상호관계를 규정짓는 규칙적 메커니즘은 있느냐 하는 것이다. 즉 자유주의자나 Marxist들의 주장처럼 일관된 국가와 사회간의 사회과학적 법칙성을 찾을 수 있느냐의 문제이다. 이 질문에 대하여 Katzenstein의 답은 부정적이다. 필자도 Katzenstein과 더불어 공감하듯이 국가와 사회가 실제로 연결되는 구조는 선험적으로 결정되는 것이 아니고 역사적으로 조건지어지면(historically conditioned) 이러한 역사적 조건성이 현대 자본주의의 성격을 (예를 들면 경쟁적 자본주의냐, 국가주도형 자본주의냐 등) 규정한다.

이상과 같은 이론적 분석틀하에서 선진공업 6개국은 대외경제정책의 실시에 있어 3대별 국가군으로 분류된다. 이는 곧 뒤집어 말하면 지배연합과 정책조직망으로 대표되는 국내구조와 이로부터 유출되는 대외경제전략, 그리고 이런 것들을 규정짓는 역사적 상황변수가 각 국가군별 분석에 있어 일련의 1:1 대응관계를 통해 3가지의 ideal type적 유형이 나타난다는 것이다.

미국과 영국의 경우, 자유주의적 세계경제(liberal international economy)를 주요 정책목표로 설정하였던바, 앵글로 색슨 국가의 정책결정자들은 대체로 특정분야나 기업보다는 전체 경제에 영향을 미치는 제한된 숫자의 정책수단만이 이용 가능했다. 반면에 일본의 경우, 정책결정자들은 특정분야의 경제체제나 개인기업에 직접적으로 영향을 끼칠 수 있는 방대한 정책수단을 이용하여 중상주의적 정책목표를 수행할 수 있었다. 독일, 프랑스, 이탈리아는 일본과 미국의 중간적 위치를 점하게 되는데, 독일과 이탈리아는 그래도 앵글로 색슨계통을 유사한 반면 프랑스는 일본에 가까운 유형으로 분류될 수 있다.

수단과 목표에 있어서뿐 아니라 지배연합과 정책망으로 구성된 국내구조에 있어서도 3부류의 분류가 가능하다. 영국과 미국에 있어서 자본과 국가부문(특히 정당)으로 구성된 지배연합은 국가관료층과 대체로 비협조적 관계에 있으며 공공부문과 민간부문을 연결시켜 주는 정책망이 상당부분 통합되어 있지 못하다. 반면에 일본에서는 국가공무원은 사기업부문과의 관계에 있어 우위를 점해 왔으며 공사(公私) 양부문을 연결시켜 주는 정책망이 완벽하게 통합되어 있다. 한편 유럽대륙의 경우 독일은 영미형에 가까우며 프랑스는 일본형에 그리고 이탈리아는 독일과 프랑스의 중간적 위치를 점한다.

지면관계상 각국별 case study를 상세히 소개할 수는 없으나, 결국 전술한 바와 같은 상황에서 도출되는 3유형의 전략은 영미형의 세계무역의 자유개방을 통한 우위권 획득에 목표를 둔 자유주의적 세계 경제전략, 일본의 신중상주의적(neo-mercantilism) 전략, 그리고 중간적 위치를 점하는 유럽형이 있다. 비록 본 저서에서 유럽대륙국가의 대외경제 정책모델에 독자성을 부여하지 않고 일본과 영미형의 중간자적 입장을 취하는 것으로 분석되고 있으나 Katzenstein의 이후의 저작 특히 1985년에 발간된 *Small States in the World Market*(Cornell University Press)에서 잘 나타나듯이 유럽형 모델의 전략은 신중상주의 전략도, 자유주의 전략도 아닌 사회민주주의(social democracy) 모델이라고 할 수 있다. 즉 유럽에 있어 국가와 사회의 관계는 노동, 자본, 국가 3자간의 조합주의(corporatism)적 관점에서 분석한 민주적 조합주의(democratic corporatism)이고 이러한 모델의 수면하에서 사회민주주의라는 수정자본주의의 거대한 빙산이 도사리고 있다.

Ⅲ. 평가적 의견

Katzenstein의 이론이 가지는 학술사적 의미는 이미 앞부분에서 언급된 바 있다. 이 책의 주된 장점은 무엇보다도 정책의 문제를 다룸에 있어 미국중심의 편협된 시각을 벗어나 비교적인 관점에서 대외경제정책의 결정인자를 분석한 데 있다. 1950년대와 1960년대 각 주(州)간의 비교를 통한 주별(州別) 정책비교 는 미국 내에서는 어느 정도 설득력을 가질 수 있었지만 주정치(州政治 ; state politics)의 이론적 연장선상에서 대외경제정책을 분석하는 데는 많은 난점이 있 어 왔다. 또 다른 면에 있어서 Katzenstein의 이론은 190년대와 1970년대를 풍 미한 세계자본주의 체제론(Wallerstein의 World System Theory)이나 종속이 론적 시각의 외부변수 결정논리의 이론적 및 실제적 맹점을 노정시키는 데 강점 이 있다 할 것이다. 환언하면 구조주의적 결정론이 가지는 맹점을 비교역사적 접근법을 사용하여 해결하고 또한 정책문제에 적용시킨 선구적 이론틀 중의 하 나이다.

Katzenstein의 이론을 자세히 살펴본 사람이면 느낄 수 있듯이 분석의 수준 이 위로는 세계경제체제로부터 아래로는 각개 국가의 이익집단이나 관료제까지 내려가지만 분석 수준간의 전이문제가 이론적이나 실제적인 측면에 있어 무리없 이 잘 정리되어 있다. 이런 측면에 있어 Katzenstein의 비교공공정책이론틀은 각개 국가 수준에서의 정책대안과 세계경제체제가 각개 국가에 미치는 외재적 제약의 연계관계(linkage)를 잘 밝혀주고 있다.

하지만 그의 이론적 틀을 우리의 문제에 그대로 원용하기에는 아직도 무리가 많다. Katzenstein 자신이 밝혔듯이 그의 이론은 선진공업국가들의 사례를 분석 한 것이다. 한국을 비롯한 신흥공업국가군이나 제3세계국가들은 익히 알려진 바 와 같이 미국의 헤게모니적 위치가 약화되어가고 있는 상황하에서도 국내구조라 는 내재적 변수만으로 대외경제정책을 분석하기에는 무리가 많다. 일례로써 우 루과이라운드협상의 파장이 한국 농업정책에 미친 영향을 농업부분의 이익을 둘 러싼 각종 이익 단체나 국가기구가 감당하기에는 너무도 벅찬 것이다. 그러므로 세계경제체제 내에서의 국가의 자율성이라는 개념도 대외적 자율성과 대내적 자 율성의 개념적 구분이 아직도 필요한 것이다. 또한 그의 이론은 흔히 이야기되 는 포디즘(Fordism)적 미국식 대량생산체계가 지배적인 시대를 배경으로 분석 한 것이므로 탄력축적(Flexible Accumulation)이론이 제기한 바와 같은 선진국

내 산업구조의 재편이 활성화되어 있는 1990년대의 새로운 시대상황을 설명하기에는 이론적 무리가 따른다. 그러나 Katzenstein의 1978년 판 저서(*Between Power and Plenty*)가 한국적용시 이와 같은 문제점이 있다면 그의 1985년 저서(*Small States in the World Manket*)는 IMF 구제금융 위기를 겪은 한국의 경우에 시사하는 바가 적지 아니하다. 즉 발전주의국가 위기 후의 대안 모델을 추구함에 있어 아일랜드, 스페인 등이 채택하고 있는 '유연한 발전국가'(국가가 노동의 유연화와 동시에 고용안정을 보장) 모델은 바로 Katzenstein의 논의에 기초한 것이기도 하다.

그간 우리의 행정학계에도 정책학의 큰 조류가 형성되어 수많은 저서와 논문이 출판되었으나 비교적 관점의 글들은 극히 미미하거나 전무하였다고 해도 과언이 아니다. 더군다나 대부분의 정책학 교과서가 지나치게 기술적이고 정책의 과정(policy process)에만 초점을 맞추어 정책결정인자(policy determinants)의 설명에는 매우 인색하였다. 이런 면에 있어서 Katzenstein의 이론모형은 훌륭한 해독제적 구실을 할 것이다. 따라서 그의 이론틀은 비교공공정책과목의 준거적 이론틀로서 손색이 없을 것이다.

한 걸음 더 나아가 Katzenstein의 이론틀이 함축적으로 내포하고 있는 사회민주주의적 요소는 자본주의의 병폐현상을 긍정적 측면에서 변화시키려는 의도를 정책적 측면에서 현실적으로 개진해 보려는 많은 사람들에게도 시사하는 바가 적지 않을 것이다.

참고문헌

Katzenstein, Peter J., *Between Power & Plenty: Foreign Economic Policies of Advanced Countries*, Wisconsin Univ. Press, 1978.

_____, *Small States in the World Market*, Cornell University Press, 1985.

Lowi, Theodore, *The End of Liberalism*, Norton, 1979.

Paul Sabatier와 Daniel Mazmanian의 정책집행분석모형*

I. 머리말

Pressman과 Wildavsky가 그들의 저서 「집행」(1973)에서 Oakland Project의 집행상의 애로와 난관을 지적한 것을 계기로 1970년대 이래 정책집행에 관한 연구가 활발해졌다. 이와 같은 정책집행연구의 주관심은 성공적인 정책집행에 있다고 하겠는바, 이에 대하여 회의적이었던 대부분의 초기연구와는 달리 후속연구들은 보다 적극적으로 성공적 정책집행을 좌우하는 요인의 발견에 주력하게 되었다. 그런데 이같은 집행연구의 효율적 수행을 위하여는 집행과정 전반에 대한 체계적이고 포괄적인 이해를 돕기 위한 개념적 분석이 틀이 요청되었으며 여기에서 소개하는 Sabatier와 Mazmanian의 연구는 이러한 분석의 틀을 제시하기 위한 대표적 연구업적 중의 하나이다. 한편 Sabatier와 Mazmanian이 제시하고 있는 모형은 주로 규제정책(regulatory policies)의 집행에 초점을 두고 있다. 기본적으로는 이들의 주장과 같이 행태변화에 관련된 정책의 집행에는 대체적으로 적용가능한 것으로 생각된다. 이들의 주장을 간단히 요약하면 아래와 같다.

II. 정책집행분석 모형

1. 정책집행과정에 영향을 미치는 요인

정책집행이란 주로 법규(statute)의 형태로 만들어지는 정책결정을 수행하는

_____

* 이승종: 서울대학교 행정대학원 교수.

것이며, 정책집행과정은 ① 정책집행기관의 정책산출(policy outputs), ② 대상집단의 순응(compliance), ③ 정책산출의 실제적 영향(actual impacts), ④ 정책산출의 감지된 영향(perceived impacts) 및 ⑤ 환류(법규의 개정)라는 일련의 단계로 이루어진다. 한편 이와 같은 집행과정에 영향을 미치는 독립변수는 크게 보아 ① 문제의 성격, ② 법적 요인 및 ③ 정치적 요인 등 3가지 변수군으로 나누어 볼 수 있으며 각 변수군은 수 개의 하위변수로 이루어져 있는데 그 구체적 내용은 아래와 같다.

(1) 문제의 성격 : 문제처리의 용이성

집행은 처방하고자 하는 정책문제처리의 용이성(tractability) 여하에 따라 영향을 받는다. 그것은 어떤 문제는 다른 문제에 비하여 본래적으로 다루기 쉽기 때문이다. 예컨대 주거지역의 소음방지는 원자력발전의 안정성 확보보다 본질적으로 다루기 쉬운 문제인 것이다. 이 변수군의 하위변수로 다음의 4가지가 있다.

1) 인과관계모형 및 적절한 기술의 존재 : 정책이 성공적으로 집행되기 위하여는 정책처방을 통하여 추구하고자 하는 변화의 관계에 대한 적절한 이론적 설명 및 그같은 정책의 실시를 위해 필요한 적절한 기술이 확보되어야 한다. 예컨대 아황산가스 배출규제가 공기오염도를 완화시킬 것이라는 가정에 대한 이론적 설명 및 아황산가스배출을 효과적으로 감소시키고 측정할 수 있는 기술이 존재해야만 효과적인 집행이 가능한 것이다.

2) 대상집단 행태의 다양성 : 정책을 통하여 규제하고자 하는 대상집단의 행태가 다양하고 복잡할수록 정책집행은 어려워진다. 그같은 경우 모든 사례에 대하여 일일이 정책구제를 한다는 것은 사실상 불가능할 것이기 때문이다.

3) 대상집단의 규모 : 대상집단의 규모가 작고 구분이 명확할수록 정책에 대한 지지획득이 쉬워지므로 정책목표의 달성이 용이해진다.

4) 요구되는 행태변화의 정도 : 정책목표달성을 위해 대상집단에게 요구되는 행태변화의 크기가 클수록 성공적 정책집행은 어려워진다.

요컨대, 정책은 ① 정책과 행태변화에 대한 인과이론 및 기술이 존재하고, ② 대상집단 행태의 다양성이 크지 않고, ③ 대상집단의 규모가 작고, ④ 요구되는 대상집단의 행태변화의 정도가 크지 않을 때 성공적으로 집행될 수 있다.

(2) 법적요인: 집행에 대한 법규의 구조화능력

법규(statute)는 집행될 정책의 기본적 내용을 나타낸다. 법규는 정책대상이 되는 문제를 지정하고 정책목표를 규정해 주기 때문이다. 아울러 법규는 집행기관의 선정, 법적 근거 및 재원의 공급, 공무원의 행동정향의 변화 및 외부로부터의 참여 기회의 규제를 통하여 집행과정 전체를 구조화할 수 있는 능력(ability of statute to structure implementation)을 갖는다. 그렇기 때문에 법적 요인은 집행에 영향을 미치는 변수군 중 가장 중요하다고 하겠으며(Sabatier & Mazmanian, 1981, pp. 24), 이는 다음의 7가지 변수를 포함한다.

1) 인과모형의 타당성: 명시적이건 묵시적이건 법규가 근거하고 있는 인과모형의 타당성이 집행과정에 영향을 미친다. 이때 인과모형의 타당성은 '기술적 타당성' 및 '집행의 효과성'을 포함하는데, 전자는 대상집단의 행동과 법규상의 목표(즉, 정책목표)와의 관계를 가리키며 후자는 집행기관의 능력을 가리킨다.

2) 법규상 목표의 우선순위: 법규가 추구하는 목표들이 명확하게 규정되고 아울러 우선순위가 중요성에 따라 명백하게 정해져야 한다. 이는 사업평가의 용이성, 집행담당자에 대한 명확한 지시 및 정책지지자의 확보를 위하여 그러하다.

3) 재원: 최소한의 재원확보는 법규상 목표의 달성을 위하여 필수적이다. 아울러 그 같은 목표의 달성 가능성은 최소수준을 초과하는 재원의 크기와 비례한다.

4) 집행기관의 계층적 통합성(hierarchical integration): 집행기관 내의 또는 집행과정에 관련하고 있는 수많은 독립적 기관들간의 조정의 곤란은 성공적 집행에 대한 중요한 장애요소이다. 그렇기 때문에 집행기관의 계층적 통합성(hierarchical integration)을 여하히 구축해 내느냐가 중요하다. 이러한 통합성의 정도는 법규상 목표의 달성과정에서의 거부점(vetopoint)의 수 및 그같은 목표의 지지자들에 대한 잠재적 반대자들로부터의 용인(容認)을 확보하기에 충분한 제재 및 유인조치의 공급정도에 따라 결정된다.

5) 집행기관의 결정규칙: 집행기관의 결정규칙(decision rule)이 법규상의 목표에 부합하도록 정식화되는 정도는 집행과정에 중요한 영향을 미친다.

6) 집행담당공무원/집행기관: 성공적인 정책집행을 위하여는 집행을 책임지는 공무원 또는 집행기관이 중립적인 자세를 버리고 목표달성에 적극적 자세를 가질 것이 요구된다. 이를 위하여는 법규의 취지에 찬동하는 기관에 집행책임을 맡기거나, 고위 집행책임자를 목표를 지지하는 사회분야로부터 충원하는 방법이 있을 수 있다.

7) 국외자의 공식적 참여

법규가 대상집단의 잠재적 수혜집단에게도 집행과정에 대한 공식적 참여권(예: 소송상의 당사자적격)을 널리 인정하는 경우 법규목표달성은 쉬워지게 된다. 아울러 법규에 대한 국외자(예: 입법부)의 감독권이 집중화되어 있을수록 법규목표의 달성은 용이해진다.

요컨대 법규상 목표의 달성은 ① 법규와 행태변화에 대한 적절한 인과모형이 존재하고, ② 추구하는 목표 및 목표간의 우선순위가 명확히 규정되고, ③ 적정한 수준의 재원이 확보되고, ④ 집행과정상의 거부점이 최소화되는 한편 저항의 극복수단인 제재/유인책이 마련되고, ⑤ 집행기관의 결정규칙이 목표에 부합하고, ⑥ 집행책임이 목표달성에 적극적인 집행인 또는 집행기관에 부여되고, ⑦ 국외자(局外者)로부터의 공식적 참여권이 널리 인정되고 외부의 감독권이 집중화되는 경우에 용이하다.

(3) 정치적 요인

법규는 정책집행에 관한 기본적인 법칙 제도의 구조화를 통하여 집행에 영향을 미치는데 정책집행은 이 외에도 최소한 외부로부터의 지속적인 정치적 지지 및 사회·경제·기술적 조건의 변화에도 영향을 받는다. 즉, 집행기관의 정책산출은 법적구조(legal structure)와 정치적 과정(political process)의 상호작용과 밀접한 함수관계에 있는 것이다. 정치적 요인(political variables)에 포함되는 변수로는 6가지를 들 수 있다.

1) 사회·경제·기술적 상황: 사회·경제·기술적 상황의 변화는 기본적으로 이익집단이나 대중의 정책목표에 대한 정치적 지지도의 변화를 가져오거나 또는 집행기관과 관련되어 있는 입법 및 행정기관의 행태변화를 통하여 집행에 영향을 미친다. 아울러 집행공무원들은 특히 사회·경제·기술상황의 변화가 그들의 정책에 유리하다고 판단되는 경우 직접적으로 이에 대응할 것이다.

2) 대중매체의 관심: 정책집행에 대한 대중매체의 영향은 두 가지 점에서 중요하다. 첫째, 대중매체는 사회경제적 상황의 변화와 이에 대한 일반대중 및 정치엘리트의 인지 사이의 매개변수역할을 담당하기 때문이다. 둘째, 대중매체는 어떤 문제에 대하여 지속적인 관심을 가지기보다는 관심의 대상을 자주 바꿈으로써 정치적 지지도의 안정적 확보를 저해하기 때문이다.

3) 대중의 지지: 대중은 여론을 통하여 정치적 아젠다(agenda) 또는 의원, 집행인 및 집행기관의 행태의 영향력을 미친다. 그러나 특정한 정책문제에 대한

대중의 지지 또는 관심은 대중매체의 경우와 마찬가지로 안정적이지 못하기 때문에 집행에 미치는 영향력은 변화하게 된다.

4) 관련집단의 자원 및 태도: 특정한 정책에 대한 대중 및 대중매체의 관심은 시간의 경과에 따라 약화되는 것이 보통이므로 정책지지자에게 있어 이들로부터의 정치적 지지를 안정적으로 확보하는 일은 매우 중요하다. 따라서 정책지지자들은 회원의 확충, 단결력, 전문성을 갖춘 활성화된 조직을 구축하여 행정관료, 의회 및 행정수반에 의하여 인정을 받도록 도모할 필요가 있다.

5) 지배기관의 후원: 의회, 행정수반, 법원, 그리고 정부 관계에 있어서의 상위행정기관 등과 같은 지배기관(sovereigns)은 집행기관의 법적·재정적 자원을 장악함으로써 집행에 영향을 미친다.

6) 집행인의 적극성과 지도성: 집행인의 정책목표에 대한 적극성(commitemtet) 및 정책목표달성을 위하여 발휘할 수 있는 지도력(leadership)은 정책집행에 중요한 영향을 미친다. 이때 지도력이 결여된 적극성을 정책목표달성에 공헌하기 어렵다는 데서 적극성과 지도력의 관계를 알 수 있다.

지금까지 제시한 이들 변수군과 집행과정과의 관계를 간단히 도식화하면 다음과 같다.

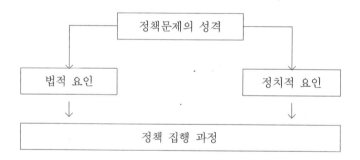

2. 정책집행의 동태적 변화

정책집행의 성과, 즉 정책목표의 달성도는 법적 요인과 정치적 요인의 상호작용에 따라 두 가지 시나리오(scenarios)가 있을 수 있다. 하나는 정책집행의 실패이며 다른 하나는 성공적인 정책집행이다. 동태적으로 볼 때 이같이 집행성과가 차이가 나는 이유는 정책집행성과가 단기적으로는 계층적 통합성, 집행인의 적극성, 정책입안자의 건재, 관련집단의 자원과 같은 법적 요인에 의하여 좌우되는 반면, 장기적으로는 사회·경제적 상황 및 정치적 지지도의 강도 및 안정성 등에 의하여 좌우되기 때문이다.

이때 성공적인 정책집행을 위한 최소한의 조건으로는 ① 명확한 정책목표 및 ② 타당한 인과모형의 존재, ③ 집행기관에 대한 충분한 집행권의 부여, ④ 집행기관의 장의 적극성 및 지도력, ⑤ 정책에 대한 정치적 지지, ⑥ 정책 우선순위의 안정성 확보 등을 들 수 있다.

Ⅲ. 평가적 의견

이상에서 소개한 바와 같은 Sabatier와 Mazmanian 정책집행에 대한 분석모형과 관련하여 몇 가지 문제점을 지적할 수 있다.

첫째, Sabatier와 Mazmanian은 과거의 집행연구가 법적 요인을 무시하는 경향이 있었음과 민주사회에서의 정책결정은 행정관료가 아닌 선거적 공무원에 의해 수행되는 것이 마땅할 것이라는 전제하에 특히 법적 요인을 강조하고 있으나(Sabatier & Mazmanian, 1981, p. 25) 왜 법적 요인이 정치적 요인과 같은 다른 독립변수들보다 중시되어야 하는지에 대하여는 설명을 제시하지 못하고 있다. 생각건대 대체적으로 이들이 갖고 있는 집행관은 하향적(top-down approach)인 것으로서 상향적 집행관(bottom-up-approach)에서 강조하는 일선관료(street-level bureaucracy)의 재량행위 및 관료와 관련집단간의 교호작용 가능성은 상대적으로 무시되고 있다.

둘째, Sabatier와 Mazmanian은 집행과정에 영향을 미치는 독립변수들을 비교적 체계적으로 제시하고 있으나 이들 변수들간의 인과관계에 대하여는 언급이 없어 '제2세대 집행연구'(Goggin, 1986)의 하나로서 한계를 보여주고 있다. 앞의 그림에서 보듯이 법적 요인과 정치적 요인 사이에 아무런 인과관계를 설정하지 않았음은 특히 문제시된다. 생각건대, 보다 일반적인 분석모형으로서의 발전을 위하여는 변수들간의 상대적 중요성에 대한 규명과 함께 Van Meter과 Van Horn(1975, p. 463)이 보여주는 것과 같은 제 변수간의 인과관계 설정을 위한 노력이 요구된다 하겠다.

이 외에도 이들의 분석모형이 주로 규제정책의 집행에 초점을 맞추고 있다는 한계를 지적할 수 있겠으나 그럼에도 불구하고 이들은 정책집행과정에 영향을 미치는 여러 가지 독립변수들을 망라하여 체계적으로 제시함으로써 정책집행에

대한 총체적 이해의 진전에 기여하였을 뿐 아니라 성공적인 정책집행을 위하여
는 어떠한 조치를 취해야 할 것인지에 대하여 방향을 제시해 줌으로써 집행연구
발전에 기여하였다고 하겠다.

참고문헌

Goggin, Malcolm L., "The too few Cases, too Many Variables Problem in Imple-
    mentation Research," *Western Political Quarterly*, 39/2, 1986, pp. 328–347.
Pressman, Jeffrey & Aaron Wildavsky, *Implementation*, Berkeley: Univ. of Cali-
    fornia, 1979.
Sabatier, Paul & Daniel Mazmanian, "The Implementation of Public Policy: a
    Framework of Analysis," *Policy Studies Journal*, 8/4, 1980, pp. 538–559.
_____, Effective Policy *Implementation*, Lexington, 1981.
Van Meter, Donald S. & Carl E. Van Horn, "The Policy Implementation Process:
    a Conceptual Framework," *Administration & Society*, 6, 1975, pp. 447–448.

Gary Becker의 이익집단이론*

I. 머 리 말

Gary Becker는 시카고대학의 경제학과 및 사회학과 교수로서, 결혼, 출산, 범죄, 차별, 교육 등 인간행위의 다양한 주제를 경제학적 관점에서 재해석했고, 이러한 공로로 1992년 노벨 경제학상을 수상하였다. 이익집단에 대한 Becker의 이론은 Becker 특유의 날카로운 직관과 논리적인 해석을 잘 보여주는 예로서, 정책결정의 역동적 과정을 이해하는 데 매우 유용한 분석틀을 제공한다.

20세기 초 정치학자 Bentley에 의해 시작된 이익집단에 대한 논의는, 1960년대 중반 이후 일군의 경제학자들이 참여하게 되면서부터 경제학적 분석틀을 적용하는 실증적인 연구로 바뀌어져 갔으며, 버지니아학파와 시카고학파로 분류되는 크게 두 가지 학문적 경향으로 발전해갔다. Olson, Buchanan, Tulloc, Tollison 등으로 대표되는 버지니아학파는 이익집단으로의 부의 재분배에 따른 세금과 보조금의 자중손실로 인해 이익집단의 이기적인 지대추구행위는 경제적 비효율성을 가져온다고 주장했다. 이에 반해 Stigler, Pelzman, Posner, Becker 등으로 대표되는 시카고학파는 이익집단간의 경쟁이 가지는 긍정적 역할을 강조했으며, 특히 Becker는 정치과정을 시장이론에 입각하여 해석하면서 이익집단간의 이기적인 경쟁이 오히려 경제적 효율성을 가져올 수 있다고 주장하여 이익집단 연구에서 상당한 논쟁을 불러일으켰다. 그는 이익집단에 대한 그간의 비판적인 시각들이 이익집단간의 경쟁이 가지는 부정적인 일면만을 강조한 과도한 비난이라고 주장했다. 왜냐하면, 만약 어떤 효율적인 정책이 상정될 경우 이익을 보고 손해를 보는 두 집단이 있을 때, 손해를 보는 집단이 이 정책을 반대하기 위해 로비를 하는 것보다 이익을 보는 집단이 이 정책을 채택하기 위해 더

---

* 조윤애: 상지대학교 행정학과 교수.

적극적으로 로비를 하려는 경향이 있으며, 따라서 이익집단간의 이기적인 경쟁을 통하여 생산물을 증가시키는 효율적인 정책이 정치과정에서 채택되는 긍정적인 면이 있다고 주장했다. 이 글은 1983년과 1985년에 발표된 Becker의 두 논문, "A Theory of Competition Among Pressure Groups for Political Influence"와 "Public Policies, Pressure Groups, and Dead Weight Costs"의 모형을 중심으로 Becker의 이익집단이론을 소개하고자 한다.

II. Becker의 이익집단이론

Becker가 그의 이익집단모형에서 설명하는 바를 요약하면 다음과 같다.

개인들은 자신의 이익을 대변하는 이익집단에 속하고, 이익집단은 조세와 보조금의 결정과정에서 구성원들의 복지를 증진시키기 위하여 정치적 영향력을 행사한다. 정치가나 정당은 이익집단의 압력을 중개하며 조세와 보조금은 이익집단간의 정치적 영향력의 균형상태에서 결정된다. 이익집단의 정치적 영향력은 정치과정에서 고정되어 있는 것이 아니라, 선거기부금이나 정치광고 등 정치적 압력을 행사할 수 있는 것들에 시간과 돈을 지출함으로써 확장될 수 있다. 모든 이익집단들이 자신들의 소득을 극대화시키기 위해 정치적 압력에 사용될 최적자원을 결정하는 과정에서 정치적 균형은 이루어진다. 조세와 보조금을 둘러싼 이익집단들의 정치적 경쟁은 예산과 지출이 일치해야 한다는 정부예산식(government budget equation)에 의하여 서로 연관되며 이를 통해 균형을 이루게 된다.

이익집단이 자신의 세금이나 보조금을 변화시키기 위해 영향력을 행사하면 이는 곧바로 다른 집단의 세금이나 보조금 그리고 영향력에 영향을 미치게 된다. 과도한 세금을 지불하는 집단들도 추가적인 압력생산을 통해 영향력을 증가시키고 세금을 줄일 수 있기 때문에 Becker의 모형에서는 어느 이익집단도 정치적 영향력을 위한 경쟁에서 완전히 이기고 지는 것이 없으며 이러한 특성은 정치행위에 대한 많은 정형모형(formal model)들에서 나타나는 all-or-nothing의 결과들과 대조된다. Becker의 이익집단모형에서 가장 중요한 역할을 하는 변수는 조세나 보조금으로 인한 왜곡, 흔히 자중손실이라 불리우는 비용이다. 자중손실은 조세와 보조금이 납세자나 수혜자의 노동시간과 여가 사이의 선택, 인적 또는 물적자본 에 대한 선택에 왜곡을 가져옴으로써 발생하는 비용이다. Becker의 이익집단모형은 이익집단의 이기적인 경쟁과 자중손실이라는 보이지 않는 손을 통해 효율적인 정책이 채택되는 과정을 설명한다. Becker의 이익집단이론을 이해하기 위해 먼저 간단한 이익집단모형을 살펴보고 그로부터 어떤 사회적 함의를 도출해낼 수 있는지 알아보자.

사회에는 동질적인 구성원을 가진 납세자집단(t)과 수혜자집단(s)이라는 두 개의 집단이 있으며, 각 집단은 구성원의 복지를 증대시키기 위해, 다시 말해 조세 부담을 낮추거나 또는 보조금 혜택을 높이기 위하여 정치적 영향력을 행사한다.[1] 각 집단의 정치적 영향력은 각 집단이 행사하는 압력의 크기에 의존하며, 정치적 영향력에 따라 세금과 보조금의 총량이 결정된다.

$$n_t F(R_t) = -I^t(p_s, p_t, x) \qquad\qquad (1)$$
$$n_s G(R_s) = I^s(p_s, p_t, x) \qquad\qquad (2)$$

위의 식(1)에서, n_t는 납세자집단에 속한 구성원의 수, R_t는 각 구성원에 의해 지불되는 세금이다. 함수 F는 세금 R_t로부터 거두어들인 정부의 조세수입이며, 이 과정에서 자중손실이 발생하므로 조세수입은 항상 지불되는 세금보다 작거나 같으며, $F(R_t) \leq R_t$이 성립한다. 세금에 따른 자중손실은 세금이 증가함에 따라 더 빠르게 증가하는 경향이 있으며, 따라서 $F' \leq 1$, $F'' \leq 0$이 성립한다. 한편 식(2)에서 n_s는 수혜자집단에 속한 구성원의 수, R_s는 각 구성원에게 주어지는 보조금이다. 함수 G는 보조금 R_s를 제공하는 비용이며, 보조금 역시 수혜자의 선택을 왜곡시키는 자중손실을 포함하므로 보조금을 지불하는 비용은 주어지는 보조금보다 항상 크거나 같으며, $G(R_s) \geq R_s$이 성립한다. 보조금으로 인한 자중손실은 보조금이 증가함에 따라 더 빠르게 증가하는 경향이 있으며, 따라서 $G' \geq 1$, $G'' \geq 0$이 성립한다.[2] 납세자에게 부과되는 세금의 총량과 수혜자에게 지급되는 보조금의 총량은 영향력함수(influence function, I)에 의하여 결정되어지며, 영향력함수는 납세자집단과 수혜자집단이 행사하는 압력, p_t와 p_s, 그리고 그 밖의 기타 요인들 (x)에 의존한다.

보조금은 조세수입으로부터 지불되어야 하므로, 식(1)과 식(2)에서의 정부의 조세수입과 보조금 제공비용 사이에는 언제나 등식이 성립되어야 한다.[3] 또

---

[1] 한 집단의 소득을 증가시키는 모든 정치적 활동들은 그 집단에는 보조금이며, 소득을 감소시키는 모든 활동은 세금으로 간주된다. 또한 한 개인이 받는 보조금이 조세부담보다 크면 수혜자로 정의되어진다.

[2] 왜곡을 수반하지 않는 lump-sum 세금이나 lump-sum 보조금이 사용된다면, $F(R_t)=R_t$, $F'=1$, $F''=0$, 그리고 $G(R_s)=R_s, G'=1$, $G''=0$이 된다.

[3] 납세자집단이 지불하는 실질 세금과 수혜자집단이 수령하는 실질 보조금 사이의 등식이 아님에

한 보조금은 반드시 세금에 의해서 재정지원되기 때문에 수혜자집단의 영향력 증가는 반드시 납세자집단의 영향력 감소를 통해서 이루어진다. 이를 식으로 표시하면 다음과 같다.

$$n_t F(R_t) = -I^t \equiv n_s G(R_s) = I_s \qquad (3)$$

식(3)은 정부의 조세수입과 보조금 제공비용이 같아야 한다는 정부예산식이며, 납세자집단과 수혜자집단의 정치적 영향력은 정부예산식을 통해서 서로 연관된다. 왜냐하면 $I^t + I^s \equiv 0$이 반드시 성립해야 하므로 만약 한 집단의 영향력이 증가할 경우 반드시 다른 한 집단의 영향력은 감소되어야 하며, 다시 말해 정치적 영향력의 측면에서 이 모형은 zero-sum의 균형을 가지게 된다. 그러나 세금과 보조금의 측면에서는 자중손실로 인해 negative-sum의 균형을 가진다.

만약 R_t와 R_t가 0보다 크다면 이 정치게임에서 납세자집단은 패자이며 수혜자집단은 승자라고 할 수 있을 것이다. 그러나 정치게임의 승패와 득실이 정치시스템이라는 외부적 요인에 의하여 모두 결정되는 것은 아니다. 납세자집단이 패자라고 해서 반드시 운명을 수동적으로 받아들일 필요는 없으며, 로비와 협박, 불복종과 이민 등 자신들의 정치적 영향력을 증가시킬 수 있도록 압력을 행사함으로써 자신의 손실과 승자의 이득을 줄일 수 있다. 더 큰 정치적 영향력을 가지기 위해 압력을 행사하려면 시간과 돈, 에너지 등의 정치적 비용 또는 지출이 필요하며, 각 집단들은 압력생산에 필요한 정치적 지출을 구성원들 사이에 나누어 부담하려 할 것이다. 식(4)는 각 집단의 압력생산함수(pressure production function)가 정치적 총지출(m)과 구성원의 수(n)에 의존함을 보여준다.

$$p = p(m, n), \quad \text{with} \quad m = an, \qquad (4)$$
$$\frac{\partial p}{\partial m} \geq 0 \text{ and } \frac{\partial p}{\partial n} \leq 0$$

식(4)의 m은 각 이익집단이 로비, 광고, 팜플렛 제작, 선거기부금, 투표자의 환심사기, 관료나 정치가와의 친분 등 정치적 압력을 생산하는 데 쓰는 돈, 시간, 노력의 총지출이며, a는 한 구성원이 부담하는 지출이다. 압력은 총지출(m)이 증가하면 증가하는 반면, 무임승차 때문에 구성원의 수(n)가 증가하면 감소한다. 무임승차는 이탈자에 대한 응징과 협박, 벌금 등의 방법이나, 또는 비용부담의 회피동기를 감소시키는 편익배분에 관한 내규들에 의하여 관리될 것이다.

유의할 것. 자중손실 때문에 $n_s R_s < n_t R_t$가 된다.

따라서 무임승차는 압력생산비용을 증가시키며, 압력생산에 지출되는 총지출은 직접적인 정치적 활동과 무임승차관리를 위한 지출을 더한 것이 된다. 만일 무임승차에 대한 동기가 구성원의 수와 함께 증가한다면, 주어진 총지출 하에서 생산되는 압력은 구성원의 수가 증가함에 따라 감소할 것이다.

이러한 제 가정들 하에서 각 집단은 구성원들의 소득을 극대화시키는 최적지출(a^*), 즉 최적압력(p^*)을 선택할 것이며, 이는 무임승차비용이 포함된 압력생산함수와 영향력함수 그리고 정부예산식에 의하여 제한되어진다. 각 집단 구성원의 소득은 $dR_s/da_s=1$, $dR_t/da_t=-1$을 만족할 때 극대화되며, 모든 집단들이 정치적 압력에 최적자원을 사용하여 자신들의 소득을 극대화시키는 과정에서 정치적 균형은 이루어진다. 정치적 균형은 압력생산에 있어서의 각 집단의 효율성, 추가적인 압력이 영향력에 미치는 효과, 집단의 크기, 그리고 자중손실 등에 의하여 결정지어 진다.

Becker는 이익집단 모형의 정치적 균형에 대한 정태균형분석을 통하여 다음과 같은 함의들을 도출해내고 있다.[4] 첫째, 정치적 압력을 보다 효율적으로 생산할 수 있게 된 집단은 자신의 세금을 줄이거나 보조금을 늘릴 수 있다. 만일 어떤 집단이 언론매체의 효과적인 사용이나 성공적인 무임승차 관리 등을 통해 압력을 보다 더 효율적으로 생산할 수 있게 되면, 이 집단의 최적압력은 다른 집단의 그 어떤 압력수준에 대해서도 증가하게 되며, 따라서 그 집단의 보조금은 늘어나고 세금은 줄어든다. 효율성은 또한 집단의 크기에도 의존한다. 예를 들어, 무임승차는 작은 집단에서 쉽게 관리되는 반면 집단이 작은 경우에는 압력생산에 있어서의 규모의 경제(economies of scale)를 누릴 수 없다. 따라서 아주 규모가 작은 집단은 어느 정도 집단의 크기를 늘리는 것이 유리한데, 왜냐하면 지출의 한계생산 증가로부터 오는 이득이 무임승차비용의 증가에 따른 비용을 능가할 것이기 때문이다. 그러나 집단의 규모가 너무 커지면 결국 무임승차비용의 증가에 따른 비용이 규모의 경제로부터 얻어지는 이득을 능가하게 된다.

둘째, 한 집단의 정치적 효율성은 자신의 절대적 효율성에 의해서가 아니라, 상대 집단의 효율성에 비교한 자신의 상대적 효율성에 의하여 결정된다. 만약 납세자집단과 수혜자집단 모두가 보다 더 효율적으로 압력을 생산하게 되면, 두 집단의 균형압력은 증가하겠지만 증가된 압력은 서로 상쇄되어 두 집단의 정치적 영향력과 세금이나 보조금은 크게 변하지 않을 것이다. 즉 중요한 것은 한 집

단의 절대적 효율성이 아니라 다른 집단에 대한 상대적인 효율성이다. 예를 들어, 비록 절대적인 수준에서는 무임승차의 문제가 심각하다고 하더라도 다른 집단보다 무임승차의 문제를 보다 잘 관리할 수 있다면, 그 집단은 더 많은 보조금을 얻을 수 있을 것이다. 이런 점에서 이익집단의 효율성에 대한 많은 연구들에서 무임승차 문제의 절대적인 측면만을 강조하는 것은 잘못된 것이라고 할 수 있다.

셋째, 자중손실의 증가는 균형보조금을 감소시킨다. 세금과 보조금은 자중손실을 수반하며 자중손실은 세금과 보조금이 증가함에 따라 더 빠르게 증가한다. 따라서 같은 수준의 세금과 보조금 하에서 자중손실이 증가하면, 납세자들의 조세부담은 커지고 수혜자들의 보조금혜택은 작아지기 때문에 납세자들은 압력을 증가시키고 수혜자들은 압력을 감소시켜, 결국 세금과 보조금이 감소되는 새로운 균형을 이루게 된다. 이런 점에서 자중손실이 증가하게 되면 납세자들은 수혜자들에 비해 정치적 영향력을 위한 경쟁에서 내재적으로 유리(intrinsically advantageous)하게 된다고 할 수 있다.

넷째, 일반적으로 사회적으로 보다 효율적인 정책이 채택될 확률이 더 크다. 만일 모든 집단에게 이득이 되는 정책이라면 이는 분명히 보다 효율적인 정책일 것이며 이 정책을 채택하는데 아무도 반대하지 않을 것이다. 비록 어떤 특정 집단, 예를 들어 납세자집단에게는 손실을 가져오는 정책일지라도 만약 수혜자집단의 총편익이 납세자집단의 총비용보다 크거나 $(n_s R_s > n_t R_t)$ 또는 한계적으로 더 큰$(n_s dR_s > n_t dR_t)$ 경우라면 자중손실의 증가보다 정책으로 인한 이득이 크므로 이 정책은 사회적으로 보다 효율적이라고 할 수 있다. 이 경우 수혜자집단은 납세자집단에 비해 정치적 영향력을 위한 경쟁에서 내재적으로 보다 유리해지게 되어 납세자집단보다 더 큰 압력을 행사하게 되고 그 결과 수혜자집단의 강력한 지지를 받는 효율적인 정책이 채택될 확률이 높아지게 된다.[5] 이것은 시장의 실패는 정부에 의해서 극복된다는 전통적인 설명과는 달리, 자기 구성원들의 복지증진만을 위하여 노력하는 이익집단들의 이기적인 경쟁에 의해서도 시장실패가 해결될 수 있음을 보여준다.

다섯째, 정치적으로 성공적인 수혜자집단은 그들의 보조금을 부담하는 납세자집단보다 상대적으로 작은 크기의 집단인 경향이 있다. 납세자의 수가 증가하면, 같은 조세수입을 위해 한 개인이 부담해야 하는 세금이 줄어들며 또한 세금 징수와 관련된 한계자중손실과 총 자중손실이 줄어들기 때문에 납세자들의 보조

---

5) $G' < F'$ 일때 수혜자집단은 내재적 유리함을 가진다.

금에 대한 저항 역시 감소하게 된다. 따라서 수혜자집단이 납세자집단에 비해 상대적으로 작을수록 수혜자집단은 보다 쉽게 보조금을 얻을 수 있다. 예를 들어, 미국, 일본, 이스라엘 등과 같이 농업이 산업의 작은 부분을 차지하고 있는 경우에는 농업에 많은 보조금이 주어지는 반면 폴란드, 중국, 태국, 나이지리아 등과 같이 농업이 산업의 큰 부분을 차지하고 있는 경우에는 농업에 오히려 큰 조세부담이 지워지고 있다.

이러한 증거는 집단의 규모가 작을 경우 투표자를 많이 얻을 수 없기 때문에 정치적으로 불리하다는 기존의 주장들에 대립된다. 작은 집단은 입법에 필요한 충분한 표를 얻을 수 없기 때문에 다른 집단들과 협력하려는 강한 동기를 가지게 된다는 가정은 투표거래(log-rolling)모형이나 중위투표자모형 등의 이론적 배경이 되었다. 이러한 모형들은 투표자들이 올바른 정보를 가지고 자신들의 이익에 준하는 투표를 할 것이라고 가정한다. 그러나 합리적인 투표자들은 투표에 필요한 정보를 얻기 위해 그리 많은 노력을 기울이지 않으며 때로는 자신들의 이익에 반하여 투표하라는 선동에 넘어가 버리기도 한다. 즉 투표자의 선호는 매우 쉽게 조작되기 때문에 투표자를 매수하는 비용이 집단 구성원들의 표를 구입하는 비용보다 싸다면 작은 집단들은 굳이 다수연합을 결성하기 위해 노력할 필요가 없을 것이다. 작은 집단들은 투표자를 설득함으로써 자신에게 필요한 충분한 정치적 지지를 얻어낼 수 있으며, 이런 점에서 작은 집단의 정치적 핸디캡에 대한 논의들은 과장된 면이 있다. 투표자들이 설득에 약하다면, 집단의 크기보다는 그 집단의 투표자 설득능력이 정치적 영향력에 있어서 더 중요한 요인일 것이다. 더구나 작은 집단은 구성원의 무임승차나 책임회피를 보다 쉽게 관리할 수 있을 뿐만 아니라, 위에서 언급한 바와 같이 납세자집단으로부터 훨씬 작은 저항을 직면하게 되기 때문에 보조금획득에 보다 쉽게 성공할 수 있다.

여섯째, 이익집단간의 경쟁은 효율적인 조세제도를 선호한다. 만약 영향력함수가 조세제도에 대하여 독립적이라면, 다시말해 납세자와 수혜자의 주어진 압력에 대하여 서로 다른 조세제도들이 똑같은 양의 조세수입을 가져온다면, 보다 더 효율적인 조세제도가 덜 효율적인 조세제도를 대체하는 경우 한계자중손실이 줄고 이에 따라 낮아진 조세부담은 납세자들의 최적압력을 줄이게 된다. 이러한 압력의 감소는 납세자의 순소득을 증가시킬 뿐 아니라 수혜자의 보조금도 증가시키기 때문에 효율적인 조세제도에 의하여 이득을 보는 두 집단 모두는 가장 효율적인 조세제도, 즉 자중손실이 가장 작은 조세제도를 위하여 정치적 압력이나 로비를 행사하게 될 것이다.

반면, 이익집단간의 경쟁은 효율적인 보조금제도를 언제나 뒷받침해주지는 못한다. 예를 들어, 모든 보조금제도가 서로 다른 정부의 예산으로부터 같은 크기의 보조금을 산출해낸다면, 더 효율적인 보조금제도로의 전환은 수혜자집단의 압력을 증가시키고 보조금 또한 증가할 것이다. 그러나 더 효율적인 보조금제도 하에서는 주어진 예산으로부터 더 많은 보조금이 산출될 수 있기 때문에 징수되는 세금의 양은 줄어들 수 있으며, 따라서 납세자의 복지도 증가할 수 있다. 이러한 경우에는 이익집단간의 경쟁이 효율적인 보조금제도를 가져오게 할 수 있다. 그러나 만일 모든 보조금제도가 같은 크기의 정부예산 하에서 서로 다른 보조금을 산출해낸다면, 더 효율적인 보조금제도로의 전환은 수혜자집단의 압력을 증가시키고 이에 따른 보조금의 증가는 납세자집단의 추가적인 조세부담을 의미하므로 이런 경우에는 효율적인 보조금제도가 납세자에 의하여 선호되지 않을 수 있다.

Ⅲ. 평가적 의견

Becker 스스로 밝혔듯이, 그의 이익집단이론은 이익집단의 행태에 주의를 집중하기 위해서 정치구조라는 "black box"를 고려하지 않았다. 정치가나 관료 등 이익집단이 활동하는 정치구조의 문제에 대한 충분한 고려가 없기 때문에 Becker의 이익집단모형은 왜 어떤 이익집단이 다른 집단들 보다 더 큰 정치적 영향력을 가지는지, 이익집단들이 생산해낸 영향력이 어떤 과정을 거쳐서 구체적인 정책결정으로 전환되는지를 설명하지 못하는 이론적 한계를 가진다. Becker의 모형에서는 정치가와 관료는 이익집단간의 경쟁에서 산출되는 결과를 단순히 실행하는 것으로 가정된다. 즉 정치가와 관료는 이익집단들의 집합적인 이익을 증가시키기 위해 고용되며 만약 그렇지 못할 경우 선거나 탄핵 등을 통해 이익집단들에 의해 해고되는 것으로 가정된다. 그러나 이익집단들이 이들을 쉽게 해고시킬 수 없을 때는 Niskanen의 관료제모형에서와 같이 정치가와 관료는 정책결정에 상당한 정치적 힘을 가질 것이며, 이 경우 Becker의 결론들은 보장되지 않을 수 있다. 따라서 Becker의 이익집단이론이 좀 더 현실적인 정치적 균형을 설명하기 위해서는 정치가와 관료 그리고 이익집단 간의 주인―대리인의 문제를 포함하는 모형이 되어야 할 것이다.

이러한 이론적 한계에도 불구하고, Becker의 이익집단이론은 이익집단의 행태를 정치적 균형이라는 총체적 관점에서 모형화함으로써 보다 일관되고 거시적인 시각으로 이익집단의 역동적인 관계를 설명할 수 있는 분석틀을 제공한다는 점에서 큰 의미를 가진다. Becker는 어떤 정치구조도 자신들의 이익을 강화시키려는 이익집단들의 압력에 종속된다는 인식 하에서 모든 정치구조에서 일관되게 성립되는 이익집단의 역할과 그와 관련된 법칙성을 설명하려고 했다. 모든 정치구조 하에서도 관철되는 법칙성을 요약하면, 한 사회의 정책과 부의 재분배는 사회복지함수나 사회적 공평성이라는 관념적인 척도에 의해서가 아니라, 보다 힘이 센, 다시 말해 자중손실과 관련하여 내재적으로 유리한 이익집단에 의해 결정되며, 따라서 이익집단의 이기적인 경쟁을 통해 사회 전체의 생산물을 증가시키는, 경제적으로 효율적인 정책이 채택된다는 것이다.

　Becker의 결론은 모든 이익집단들의 정치적 영향력 생산능력이 같다는 전제 하에서 가능하며 만약 이익집단들의 정치적 접근성이 같지 않다면 이익집단간의 경쟁을 통해 효율적인 정책이 채택되는 것을 보장하지 못한다. 예를 들어 전체주의와 같이 비민주주의적인 체제에서는 이익집단간의 정치적 접근성이 현격히 다르고 효율성을 증가시키는 이익집단들 간의 경쟁 또한 제한된다. 이 경우 정치과정에서 특별히 영향력을 더 행사할 수 있는 특정의 이익집단들은 손쉽게 자신들만의 복지를 증가시키는 정책이 채택되게 할 수 있을 것이다. 그러나 상대적으로 균등한 정치적 힘을 지닌 집단들이 경쟁하는 민주주의 체제에서는 한 집단이 보조금의 대부분을 장악할 경우 이 보조금을 재정지원하는 납세자들의 반대 압력이 증가하기 때문에 특정의 소수 이익집단에 의한 보조금 독식은 일어나기 힘들다. 한편 Becker는 지난 반세기에서 보여지는 정부기능의 팽창은 조세제도와 보조금제도가 보다 효율적으로 되었고 부의 재분배 기술이 향상된 데에 기인한 면이 있다고 보았다. 왜냐하면 이러한 효율적인 부의 재분배과정이 자중손실을 줄임으로써 납세자들의 저항을 줄이고 잠재적 수혜자들의 압력을 증가시켰기 때문이라는 것이다.

　이기적인 동기를 가진 이익집단간의 이기적인 경쟁이 자중손실이라는 보이지 않는 손을 통해 가장 효율적인 정책이 채택되는 균형을 가져온다는 Becker의 이익집단이론은 Adam Smith의 개인의 이기심에 의한 이익추구와 보이지 않는 손에 대한 논의와 맥을 같이 한다. 공공재의 최적생산이나 최적조세 또는 효율적인 공공정책을 자동적으로 선택해주는 정치과정이나 사회복지함수 또는 선의의 독재자는 존재하지 않는다. 이러한 상황 하에서 실제의 정책결정 과정은 이익집단간의 경쟁에 크게 의존하며 이익집단간의 경쟁은 생산물을 증가시키는 효율적인 정책만이 살아남도록 하는 데에 기여하므로 이익집단에 대한 일방적인 비난은 과도하다는 것이 Becker의 주장이다.[6] 물론 이러한 결론은 모든 이익집단들의 정치적 접근성이 같다는 것을 전제로 하고 있다. 정부가 지대추구행위에 편승하지 않고 Becker가 기대하는 대로 이익집단의 중립적인 중재자로서 역할한다면, 각 개인들이 자신의 이익을 공유하는 사람들과 집단을 형성하여 이익추구를 위한 압력을 행사하는 자연스러운 과정 중에서 경제적 효율성이 달성되고 사회적 생산물이 증가될 수 있다는 Becker의 직관은 깊이 음미해 볼 가치가 있다.

참고문헌

Becker, Gary, "A Theory of Competition Among Pressure Groups for Political Influence," *Quarterly Journal of Economics*, 98, 3, 1983, pp. 371-400.

_____, "Public Policies, Pressure Groups, and Dead Weight Costs," *Journal of Public Economics*, 28, 1985, pp. 329-347.

---

6) 물론, 이익집단에 대한 비난은 이익집단간의 정치적 영향력에 대한 접근이 상당히 불평등할 때에는 타당하다. 이 경우 정치적 힘을 지닌 집단들은 사회적 생산물은 줄이지만 자신들에게는 편익을 주는 정책을 실행할 수 있기 때문이다.

Amartya Sen의
사회적 배제론*

I. 머 리 말

Amartya Sen은 1998년 노벨경제학상을 수상한 학자로 우리에게 잘 알려져 있다. Sen은 기아와 빈곤문제를 사회적 선택의 문제와 관련시켜 연구함으로써 후생경제학에 기여한 공로로 노벨경제학상을 수상하였다. 스웨덴 왕립과학아카데미는 Sen을 노벨경제학상의 수상자로 선정하면서 그가 "중요한 경제적 문제들에 관한 논의에서 윤리적 차원을 복원시켰다"고 평가한 바 있다. 이와 같이 Sen은 경제학의 사회적 토대에 대하여 관심을 지녀온 학자이다. 여기에서 다루고자 하는 Sen의 논문인 "Social Exclusion: Concept, Application, and Scrutiny"는 2000년에 아시아개발은행의 환경사회개발처(Office of Environment and Social Development, Asian Development Bank)가 발간한 사회개발 연구 시리즈의 첫번째 연구논문으로 발표된 글이다. 이 논문에서 Sen은 사회적 배제(social exclusion) 개념을 도입하여 사회발전 과정에서 핵심적 사회문제로 다루어지는 빈곤에 관한 재해석과 탈 빈곤을 위한 정부정책의 재설계가 필요하다는 것을 주장한다.

그런데, 사회적 배제라는 용어는 Sen에 의하여 처음으로 사용된 것은 아니다. 사회경제적 문제들을 포괄하는 개념으로 사회적 배제라는 개념을 처음 사용한 학자는 프랑스의 Lenoir이었으며, 1980년대 프랑스의 사회당 정부에 의하여 처음으로 사회적 배제라는 용어가 주요 정책의제로 채택되었다. 당시 사회적 배제는 주로 사회보험체계의 보호로부터 배제된 집단을 일컫는 말로 사용되었다. 그러나 사회적 배제라는 개념이 1993년 마스트리히트 조약의 체결과 함께 출범한 유럽연합(European Union)에 의해 사용되면서, 사회적 배제는 유럽연합의

* 신동면: 경희대학교 사회과학부(행정학전공) 교수.

사회 통합을 실현하기 위하여 해결해야 할 회원국 간의 사회경제적 불균형의 문제, 즉 저개발지역의 문제로 이해되었다. 그리하여 사회적 배제는 유럽사회정책(European Social Policy)의 핵심적 아젠다로 자리를 잡았으며, 유럽연합 구조기금(European Structural Funds)은 이를 위한 구체적 정책수단이 되었다. 이에 더하여 2001년 유럽연합은 '고용 및 사회정책 이사회'에서 준비한 사회적 배제 극복전략을 채택하고 정기적으로 국가별 사회적 배제 극복의 성과 및 향후 계획을 발표하도록 함으로써, 개별 회원국 내에서 사회적 배제의 문제가 사회정책의 핵심적 문제가 되어야 한다는 것을 명시하고 있다.

또한, 국제노동기구(ILO)는 1993년 빈곤문제에 관한 한 심포지엄에서 빈곤문제를 이해하는 새로운 접근방식으로 사회적 배제 개념의 필요성을 강조하였다. 즉, 사회적 배제는 빈곤문제의 다차원성(a variety of dimensions)을 보여주는 분석적 개념으로 정책결정자들에게 수용 가능한 명확한 정책 대안을 제시할 수 있는 유용한 개념이라는 것이다(Rogers, Gore and Figueiredo, 1995). 그리하여, 오늘날 사회적 배제는 선진국의 모임이라고 할 수 있는 경제협력개발구기구(OECD)와 유럽연합뿐만 아니라 개발도상국을 위한 유엔개발계획(UNDP)에서도 중요한 정책의제로 간주되고 있다. 바야흐로, 사회적 배제는 빈곤을 포함한 다차원적 사회문제를 나타내는 개념으로 유럽뿐만 아니라 세계적으로 주목을 받는 개념이라고 할 수 있다.

그런데, 사회적 배제 개념을 논의하면서 흥미로운 것은 아직까지 사회적 배제에 관한 개념이 이론적으로 명확하게 정의되지 않고 있다는 것이다. 이는 사회적 배제를 경험하는 집단들이 국가별로 그리고 시간의 흐름에 따라 서로 다르며, 또한 상호 이질적 집단(실업자, 노숙자, 장애인 등)을 포괄하여 사회적 배제 집단으로 통칭하기 때문이라고 판단된다. 이러한 맥락에서 유럽연합의 한 보고서에 따르면, 사회적 배제는 경제적, 사회적, 정치적, 문화적 측면 등과 관련된 모호한 용어이기 때문에 사회적 배제를 특정한 개념으로 정의한다는 것은 매우 어려운 일이라고 밝히고 있다. 사회적 배제에 관한 이론적 토대의 취약함에도 불구하고, 사회적 배제는 이미 사회정책을 연구하는 학자들과 정책결정자들 사이에서 사회문제를 통칭하는 상위개념(an umbrella concept)으로 활용되고 있다는 것은 문제라고 하겠다.

사회적 배제와 관련된 연구들에 대한 비판적 성찰위에 Sen은 이 논문에서 사회적 배제의 성격, 타당성, 범위 등에 대하여 논의하고 있다. 특히, Sen은 기존의 사회정책에 관한 연구에서 핵심적 사회문제로 취급되었던 빈곤(poverty) 혹은 결핍(deprivation) 개념과의 비교를 통하여 사회적 배제 개념을 논의하고 있다. 보다 구체적으로, 이 논문에서는 사회적 배제 개념이 빈곤의 원인을 밝히는데 있어서 새롭게 제공하는 통찰은 무엇인지, 사회적 배제 개념이 빈곤문제를 해결하는 데 있어 정부 정책 혹은 사회적 대책과 관련하여 제공하는 시사점은 무엇인지 등을 밝히고 있다.

II. 사회적 배제

1. 빈곤과 사회배제

빈곤(poverty)은 한 사회에서 개인 혹은 집단의 소득 수준이 낮아서 경제적으로 열악한 처지에 놓여 있는 상황을 설명하기 위하여 가장 빈번하게 사용되는 개념이다. 그런데 빈곤 개념은 일반적으로 절대적 빈곤(absolute poverty)과 상대적 빈곤(relative poverty)으로 나뉘어 사용되고 있다. 절대적 빈곤 개념은 주지하는 바와 같이 최소한의 생계욕구(minimum needs of life)를 충족시키는데 필요한 소득이나 소비지출의 수준을 나타내는 빈곤선을 정한 후 소득수준이 빈곤선 이하인 가구를 절대적 빈곤 가구로 정의하는 방식으로 사용된다. 이때 최소한의 생계 욕구 수준은 생리학적 차원의 생존이나 기본적인 노동력의 보존을 위해서 필요한 정도의 의·식·주에 소요되는 비용을 의미하며, 전문가들에 의해 그 수준이 결정되기 때문에 "전문가 예산(expert budget)"이라고도 불리운다.

한편, 복지국가의 발전과 함께 빈곤에 대한 사회적 책임이 확대되면서 절대적 빈곤 개념이 비판을 받기 시작하고 상대적 빈곤에 대한 논의가 제기되었다. 절대적 빈곤보다는 상대적 빈곤에 관심을 기울여야 한다고 주장하는 학자들에 따르면, 실제로 사람들은 직업, 나이, 지역에 따라 필요로 하는 의·식·주의 종류가 다름에도 불구하고 절대적 빈곤선의 설정에서 보는 바와 같이 전문가가 빈곤선을 설정하여 자의적으로 최소한의 생계수준을 정하는 것은 빈곤의 현실을 제대로 포착할 수 없다고 본다. 다시 말해서, 인간은 사회적 존재이기 때문에 빈곤의 개념은 전문가의 계산에 따른 절대적 기준으로 정의될 수 없으며, 사회 문화적 차이에 따라 다르게 파악되는 주관적이며 상대적인 속성을 지닌다는 것이다. 상대적 빈곤을 주장하는 대표적 학자인 영국의 Townsend는 사회의 대표적 생활양식을 나타내는 60가지의 지표를 선정하여 이 중에서 어느 것이라도 결여되어 있다면 욕구를 충족시키지 못하는 "결핍"이 발생한다고 보아 결핍지수 (deprivation index score)를 계산하는 방법을 통하여 상대적 빈곤선을 도출하고자 하였다. 또한 다른 학자들은 사회 전체의 중위소득 혹은 평균소득과의 대비를 통하여 상대적 빈곤선을 설정하고 있다. 예를 들어, 중위소득 혹은 평균소득의 50% 미만을 상대적 빈곤선으로 설정하는 방식 등이 이에 해당한다.

그런데, 위에서 살펴 본 절대적 빈곤과 상대적 빈곤의 구분에도 불구하고 두 개념은 모두 소득의 불충분을 의미하는 경제적, 금전적 측면을 다룬다는 공통점이 있다. 적정한 소득의 확보는 인간다운 삶을 유지하는 데 있어 전제가 된다는 것을 고려한다면, 소득의 불충분은 빈곤의 개념을 이해하는 중요한 출발이 된다고 할 수 있다. 그러나, Sen은 빈곤의 개념을 단순하게 소득이 불충분한 상태로 보는 것이 아니라 최소한의 인간다운 생활을 영위할 수 있는 능력이 부족한 상태(the lack of the capability to live a minimally decent life)로 정의할 것을 주장한다. 이 경우에 최소한의 인간다운 생활을 누릴 수 있는 능력을 구성하는 요소는 다차원적 성격을 지니게 되며, 빈곤은 최소한의 인간다운 생활을 누리기 위하여 필요한 요소가 결여되어 있는 상황을 의미하게 된다. Sen은 이러한 상황을 사회적 배제(social exclusion)라는 개념을 통하여 정의한다. Sen에 따르면, 사회적 배제 개념은 다음과 같은 성격을 지닌다.

첫째, 최소한의 인간다운 생활은 사회적 관계(social relations)로부터 배제되어 있지 않은 상태에서 가능하다. 즉, 최소한의 인간다운 생활을 영위하기 위해서는 공동체 생활에 자유롭게 참여할 수 있어야 한다는 것이다. 이러한 맥락에서 일찍이 Adam Smith는 '공중 앞에 나서기에 부끄러운 상태(inability to appear in public without shame)'를 결핍으로 정의하며, 결핍에서 벗어나 자유롭게 다른 사람들과 교류하며 사회적 관계를 형성하기 위하여 요구되는 재화를 필수재(necessaries)로 정의하고 있다. 그러므로 사회적 배제는 최소한의 인간다운 삶을 영위하기 위하여 필요한 요소들이 결여됨에 따라 공동체 생활에 자유롭게 참여하여 사회적 관계를 맺지 못하는 상황을 말한다.

둘째, 공동체 생활에 자유롭게 참여하여 사회적 관계를 형성하기 어려운 배제 상태에 처해 있는 개인은 삶의 기회나 활동들에서 제약을 받아 다른 종류의 배제를 경험하며 빈곤에 빠질 수 있다. 예컨대, 고용기회나 대출을 받을 수 있는 기회로부터 배제된 사람은 인간다운 삶을 영위하는 데 필요한 다른 요소들도 결여될 수 있으며 이에 따라 빈곤한 생활을 할 수 있다. 이와 같이 특정 영역에서 경험하는 배제는 능력결핍(capability deprivation)의 일부분을 구성하며, 동시에 다른 영역에서의 능력실패(capability failure)를 초래하는 원인이 될 수 있다. 빈곤이라는 용어 대신에 '사회적 배제'라는 용어를 사용하는 경우에 빈곤의 관계적 성격에 명확히 보여준다는 장점이 있다. 결국, 사회적 배제의 관점에서 빈곤을 정의한다면, 사회적 관계에서 배제되어 삶의 기회나 활동에서 제약을 받게 됨에 따라 가치있는 일을 할 수 있는 자유가 결여된 상태라고 할 수 있다.

위의 두 가지의 성격을 고려하여, Sen은 '사회적 배제란 주류 사회적 관계로부터 소외되거나 편입되지 못하여 경제적, 사회적, 문화적 생활 등에 효과적으로 참여할 수 없는 상황'을 의미하는 것으로 개념화한다. 개인 혹은 가구에 초점을 두는 빈곤이나 실업 등의 문제와 달리, 사회적 배제는 개인과 사회와의 관계, 그리고 그 관계의 역동성 등에 관심을 기울인다. 따라서 빈곤의 개념이 정태적, 결과적, 일면적 성격을 지닌다면, 사회적 배제 개념은 동태적, 과정적, 다차원적 성격을 강조한다고 하겠다.

그러나 Sen은 빈곤과 사회적 배제 개념은 사회문제를 이해하는 데 있어서 상호보완적 성격을 지니는 것으로 이해되어야 한다고 본다. 왜냐하면 경제적 측면에 초점을 둔 빈곤은 사회적 배제 현상 중의 하나라고 볼 수 있기 때문이다. 즉, 빈곤이 경제적, 금전적 측면에서 이루어진 배제에 초점을 둔다면, 사회적 배제 개념은 경제적 금전적 측면을 포함한 다차원적 요소에서 이루어지는 배제에 초점을 두고 있기 때문이다. 또한 특정 국가에서 빈곤문제의 심각성을 총체적으로 이해하고 이에 대한 대책을 수립하기 위해서는 빈곤의 정태적, 결과적 현상뿐만 아니라 빈곤에 도달하는 동태적, 관계적 성격에 대한 통찰이 필요하기 때문이다.

2. 사회적 배제의 영역

사회적 배제는 다차원에 걸쳐 나타나는 현상으로서 상호 강화적 성격을 지닌다. 따라서 사회적 배제의 다차원적 성격을 밝히고 이를 해결하기 위한 효과적 정책을 개발하기 위해서는 사회적 배제의 영역을 분석할 수 있는 분석모형이 요구된다고 할 수 있다. Sen은 다차원적 성격을 갖는 사회적 배제 상황을 분석하기 위하여 사회적 배제의 유형을 본질적 배제(constitutive exclusion)와 도구적 배제(instrumental exclusion), 그리고 적극적 배제(active exclusion)와 소극적 배제(passive exclusion)로 구분하여 4가지의 차원으로 설명하고 있다.

본질적 배제란 무엇으로부터 배제되어 있는 것 자체가 능력결핍을 의미하는

경우를 말한다. 예컨대, 타인과 관계를 맺을 수 없거나 또는 공동체 생활에 참여
할 수 없는 배제 그 자체는 능력결핍을 구성하며 이로 인해 사람들의 삶이 궁핍
화된다. 한편, 도구적 배제란 무엇으로부터의 배제가 그 자체로서 능력결핍을 의
미하지는 않지만 다른 종류의 사회 경제적 기회를 박탈함으로써 배제된 사람들
의 능력실패로 이어져 궁핍화를 초래하는 경우를 말한다. 예컨대, 금융기관 이용
으로부터 배제가 그 자체로서 모든 사람들에게 심각한 결과를 초래하는 것은 아
닐지라도, 어떤 사람들에게는 사회 경제적 기회를 박탈함으로써 다른 종류의 결
핍을 초래하는 이유가 될 수 있다. 이와 같이 Sen은 사회적 배제의 유형을 본질
적 배제와 도구적 배제로 구분함으로써, 도구적 배제의 경우에서 확인되는 사회
적 배제의 인과적(causal) 성격을 강조하고 있다.

또한 Sen은 사회적 배제의 유형을 의도성을 중심으로 적극적 배제와 소극적
배제로 구분한다. 예를 들어 설명하면, 적극적 배제란 이민자들의 정치적 권리를
제한하는 것과 같이 의도적으로 특정 기회로부터 특정 집단을 배제하는 것을 말
한다면, 소극적 배제는 경제적 침체로 인하여 주로 청년층과 여성들을 위한 일
자리 기회가 제한되는 것과 같이 의도적인 것은 아니지만 그로 인하여 결과적으
로 결핍을 초래하게 되는 경우의 배제를 말한다. 사회적 배제의 유형이 적극적
인가 아니면 소극적인가에 따라 이를 해결하기 위한 정부의 정책적 대응이 다르
게 나타날 수 있다. 이와 같이 Sen은 사회적 배제의 유형을 의도성을 중심으로
적극적 배제와 소극적 배제로 구분함으로써, 사회적 배제를 야기하는 제도와 체
제의 역할을 밝히고자 하였으며, 동시에 차별과 권리부재에 따른 사회적 배제의
양산을 강조하고자 하였다.

사회적 배제의 유형을 위에서 살펴본 4가지의 차원으로 나누어 설명한 이후,
Sen은 사회, 경제, 정치 현상의 분석에서 사회적 배제의 관점을 적용할 수 있음
을 예시하고 있다. 예컨대, 장기 실업은 사회적 배제의 관점에서 볼 때, 실업자
들의 사회적 관계와 가족생활을 파괴하여 본질적 배제를 유발함과 동시에 경제
적 기회와 사회활동을 제한하여 다른 종류의 결핍을 야기하는 도구적 배제의 성
격을 지닌다. 또한, Sen이 한국에 대하여 지적하는 바와 같이, 1960년대 이후
급속한 경제개발 기간 동안 한국은 비교적 평등한 소득분포를 유지한 국가로 널
리 알려져 있으나, 1997년 경제위기 이후 사회안전망의 결여 및 사회보험으로부
터의 배제는 소득 불평등의 심화를 야기하였다. 예컨대, 소규모 영세업체에 근무
하는 저소득 근로자들은 1997년 경제위기의 발발 당시 사회보험에서 배제되어
경제위기에 따른 타격을 가장 크게 입은 사회집단으로 알려져 있다.

그러나 Sen은 사회적 배제의 관점을 사회, 경제, 정치 현상의 분석에 적용한 사례들을 열거하는데 그치고 있을 뿐이며, 사회적 배제의 다차원적 특성을 보여주는 분석모형과 사회적 배제의 정도를 경험적 수준에서 측정할 수 있는 지표의 개발을 시도하지 않았다. 사회적 배제의 다차원성과 상호 연관성을 고려할 때 사회적 배제에 관한 분석모형과 측정지표를 개발하는 것이 쉽지 않을 것이다. 그럼에도 불구하고 사회적 배제가 이루어지는 영역과 수준, 그리고 이를 경험적으로 측정할 수 있는 지표의 개발이 전제되어야만 사회정책결정 과정에서 사회적 배제 접근의 설득력을 높일 수 있을 것이다. 예를 들어, Hills et al.(1999)이 제시하는 것과 같이 사회적 배제의 영역을 소비활동, 저축활동, 생산활동, 정치활동, 사회활동으로 구분하고, 사회적 배제가 이루어지는 수준을 개인, 가족, 공동체, 지역, 국가, 세계 수준으로 나누어 설명할 수 있을 것이다. 또한, 각각의 사회적 배제 영역에서 사회적 배제의 정도를 경험적으로 측정할 수 있는 지표를 개발하는 경우에 시간의 흐름에 따라 변화하는 사회적 배제의 정도를 규명하고, 사회적 배제를 해결하기 위한 정책적 대응과정에서 근거자료로 유용하게 활용될 수 있을 것이다.

3. 사회적 배제와 정책이슈

사회정책결정 과정에서 주요 사회문제를 설명하는 용어로서 빈곤을 사용하는 경우와 사회적 배제를 사용하는 것은 정부의 정책 대응이라는 측면에서 볼 때 서로 어떠한 차이를 가져오는가? Sen에 따르면, 빈곤의 관점과 달리 사회적 배제에 관한 접근은 최소한의 인간다운 생활을 영위할 수 있는 능력이 부족한 상태를 빈곤 상황으로 이해하여 빈곤의 원인에 관한 다차원적 설명을 제공할 수 있다. 따라서 사회적 배제의 개념에 입각하여 탈 빈곤정책을 수립하는 경우에 정책 아젠다는 매우 다양한 영역에 걸쳐서 나타나게 된다. 예컨대, 기존의 빈곤 혹은 탈빈곤정책이 경제적 결핍에 초점을 두고 소득이전(income transfer) 위주의 소득보장정책을 중요하게 취급하였다면, 사회적 배제 접근에 따른 탈 빈곤정책은 경제적 결핍뿐만 아니라 사회적, 정치적 측면의 배제에도 관심을 가진다. 그리하여 빈곤의 원인과 빈곤 과정 등에 더 많은 관심을 기울이며, 소득보장정책과 함께 빈곤을 사전에 방지하기 위한 예방적이며 장기적인 정책을 다양한 영역에 걸쳐 포괄적으로 실시할 것을 요구한다.

이러한 차이는 앞서 논의한 바와 같이, 사회적 배제의 관점에 입각하여 빈곤

문제를 다루는 경우에 다음과 같은 몇 가지의 독특성을 지니기 때문이다. 첫째, 사회적 배제 접근은 능력결핍 요소들 간의 상호 강화작용에 대한 분석을 중시한다. 즉, 기존의 빈곤 개념에 의거한 분석은 경제적 측면의 결핍에 대한 정태적 분석을 특징으로 한다면, 사회적 배제 접근은 최소한의 인간다운 삶을 누릴 수 있는 능력을 유지하는 데 필요한 요소들의 결핍, 예를 들어 교육, 문화, 의료, 고용 등에서 발생하는 배제의 동태적 과정을 중시한다. 그리하여 사회적 배제의 과정에서 관찰되는 능력결핍 요소들 간의 상호 강화작용과 도구적 관계를 밝히는 데 관심을 둔다. 둘째, 사회적 배제 접근은 사회구성원간의 관계적 측면에 대한 분석에 관심을 둔다. 사회적 관계를 형성하기 어려운 배제 상황에 처해 있는 개인은 삶의 기회나 활동들에서 제약을 받기 때문에 사회적 연계 혹은 단절 등에 초점을 두고 배제된 자와 여타 사회 구성원간의 관계에 관심을 둔다. 셋째, 사회적 배제 접근은 개인의 생애사와 빈곤과정에 많은 관심을 기울인다. 사회적 배제 접근에서는 빈곤이라는 결과에 이르게 되는 진화적, 역동적 과정에 관심을 두고 빈곤의 원인을 밝히고자 한다.

요컨대, 사회정책 과정에서 사회적 배제 접근에 기초하여 정책 설계를 하는 경우, 빈곤을 사회생활에 자유롭게 참여할 수 있는 능력유지의 문제와 연결하여 이해하며, 빈곤의 경제적 측면과 정치사회적 측면을 연결하여 파악하고, 빈곤의 발생 과정에서 제도와 체제의 역할을 중요하게 다루게 된다. 그러므로, 사회적 배제의 관점에 기초하여 탈빈곤의 문제를 다루는 경우에 정부가 다루어야 할 정책 아젠다는 소득의 불평등과 상대적 빈곤의 문제뿐만 아니라 노동시장의 배제, 대출시장의 배제, 성적 배제와 불평등, 건강보호, 교육기회의 박탈, 정치적 배제 등의 다양한 문제를 포함하게 된다. 즉, 빈곤문제의 해결을 위해서는 정부의 다차원적 노력이 요구된다는 것이다.

Ⅲ. 평가적 의견

Sen은 빈곤의 개념을 단순히 소득이 불충분한 상태로 간주하는 것이 아니라 최소한의 인간다운 생활을 영위할 수 있는 능력이 결핍된 상태로 정의되어야 한다고 주장한다. 이는 사회적 배제 접근에 기초하여 빈곤문제를 이해한다는 것을 의미한다. Sen의 정의하는 바와 같이, '주류 사회적 관계로부터 소외되거나 편입되지 못하여 경제적, 사회적, 문화적 생활 등에 효과적으로 참여할 수 없는 상황'을 사회적 배제라고 보면, 사회적 배제 접근에 기초하여 빈곤문제를 다루는 것은 빈곤의 관계적이며 과정적 성격을 강조하는 것이다. 그리하여, 사회적 배제 접근에 기초하여 탈빈곤을 추진하는 정부정책은 소득이전 중심의 소득보장정책에서 그치는 것이 아니라 다양한 영역에 걸쳐 빈곤을 사전에 방지하기 위한 예방적이며 장기적인 정책을 포괄하게 된다. 일반적으로 정책결정과정에서 정책아이디어(policy idea)가 정부가 왜 특정 사회적 이슈를 정책의제로 선택하여 다루게 되는지를 설명하는 결정적 요소라고 알려져 있다. 따라서 사회정책결정과정에서 사회적 배제가 정책아이디어로 채택되는 경우에 탈빈곤을 위한 정부의 정책의제는 소득이전에 대한 강조의 수준을 넘어서 배제된 개인이 자유롭게 사회적 관계를 형성할 수 있는 능력을 지니도록 하기 위한 다양한 차원의 정책 아젠다가 설정될 수 있을 것이다.

그러나, 사회적 배제의 개념은 복지국가의 전통적 목표라고 할 수 있는 사회권(social rights)의 시각과 비교할 때 본질적 한계를 지닐 수 있다는 비판을 간과할 수 없다. 몇몇 학자들이 지적하는 바와 같이 사회적 배제 개념은 뒤르껭의 사회관을 견지하고 있다(Levitas, 1998; Bowring, 2000). 즉, 사회적 배제를 본질적으로 공정하고 조화로운 사회조직에서 벗어난 사회적 병리현상으로 간주하여, 사회조직의 질서에 순응하여 살아갈 때 사회적 통합(inclusion)이 달성된다고 본다. 그리하여, 사회적 배제의 개념에서는 현 사회체제의 지배적 문화와 규범에 대한 순응을 강조한다는 특성을 지니게 된다. 따라서 사회정책의 목표로서 사회적 배제를 극복한다는 것은 시장기제에 의존하지 않고 자신의 복지를 실현할 수 있는 상태, 즉 탈 상품화 상태를 구현하는 사회권(social rights)의 실현이라는 사회정책의 목표와 차이가 있다는 것이다.

이러한 비판에도 불구하고, 사회적 배제의 개념이 사회정책결정 과정에서 갖는 의의는 현실적으로 매우 크다. 왜냐하면, 사회정책결정 과정에서 사회적 배제 개념은 빈곤 개념을 보완하여, 소득보장정책과 함께 빈곤을 사전에 방지하기 위한 예방적이며 장기적인 정책을 다양한 영역에 걸쳐 포괄적으로 실시하기 위한 정책 아젠다를 선점해 갈 수 있기 때문이다. 물론, 이러한 과정에서 Sen의 사회적 배제에 관한 개념은 이론적 토대를 마련해 주고 있다고 평가할 수 있다.

참고문헌

Amartya Sen, "Social Exclusion: Concept, Application, and Scrutiny", Asian Development Bank, Social Development Papers No. 1, 2000.

Bowring, Finn, "Social Exclusion: Limitations of the debate", *Critical Social Policy*, Vol. 20, No. 3, 2000, pp. 307-329.

Rodgers, Gerry, Charles Gore, and Jose B. Figueiredo, *Social Exclusion: Rhetoric, Reality, Responses*, International Institute for Labour Studies, Geneva: IL O., 1995.

Hills, John, Jilian Le Grand, and David Piachaud eds., Understanding Social Exclusion, Oxford: Oxford University Press, 2002.

Levitas, R., *The Inclusive Society? Social Exclusion and New Labour*, London: Macmillan, 1998.

Charles J. Fox와
Hugh T. Miller의
담론이론*

I. 머리말

최근에 행정학의 정체성에 대한 논의가 종종 제기되었다. 특히 정부혁신의 구호가 행정의 핵심사안으로 떠오르면서 경영행정이나 구조조정 등 민간기업의 이론이 공공영역에 깊숙이 스며드는 추세이다. 행정학자들은 기존의 전통이론만 가지고는 급변하는 행정환경에 대처할 수 없다는 다소 무기력증에 빠지곤 한다. 정보화와 지식화의 사회변화 속에서 행정의 역할은 달라져야 할 것이고 또한 행정이론도 새롭게 진보되어야 할 것이다.

Fox와 Miller는 새로운 활로를 찾고자 하는 행정학도들에게 신선한 이론적 화두를 던져준다. 그들의 주장은 한마디로 '행정은 담론'(discourse)이어야 한다는 것이다. 행정을 전문성을 바탕으로 업무를 수행하는 개념으로 이론화하기보다는 정책결정 과정에서 시민들의 의견을 적극적으로 청취하여 시민들이 원하는 의도를 파악하는 담론적 행위로 보아야 한다고 주장한다. 담론을 통해서 정책을 형성하고 집행하는 모형이 곧 '담론이론'이다.

저자들은 포스트모던의 관점에서 공공정책과 공공행정에 대한 생각을 근본적으로 바꾸려는 시도를 한다. 통치 영역에 있어서 포스트모더니즘 상태는 '진정한 담론'을 통해서 개선될 수 있다. 이것은 점증적 개선이 아니다. 담론이론은 기존의 정책 및 행정 이론으로부터 과감한 탈피를 요구한다. 기존의 계층적 관료제에서 담론으로 옮기자는 것이다. 담론이야말로 국민의 총의를 민주적으로 형성할 수 있는 근본적인 대안이다.

Fox와 Miller는 담론이론을 전개하는 데 있어서 먼저 정통이론(orthodoxy)

---

* 조만형: 한남대학교 행정학과 교수.

을 비판한다. 정통이론의 대안으로서 헌정주의(constitutonalism)와 공동체주의 (communitarianism)를 소개하고 한계점을 지적한다. 마지막으로 정통이론에 대한 대안으로서 자기들의 모형인 담론이론을 제시한다.

II. 정통이론의 비판과 대안

1. 정통이론의 바판

Fox와 Miller는 현재 일반적으로 받아들여지고 있는 행정과정의 모형(정통이론)을 정면적으로 비판한다. 정통이론은 한마디로 환류적 대의민주주의 모형 (loop model of democracy)이라고 할 수 있다. 이 모형은 욕구표출 → 대표선출 → 국정반영 → 행정집행 → 선거평가 등의 절차에 따라 국민의 의사가 대표자들에 의해 행정에 반영된다는 것이다. 즉, 국민들은 개인적 욕구를 정치적 총의로 결집하고, 이를 대변할 수 있는 대표자를 선출하여 정치적 욕구를 충족시키는 정책을 만들게 하며, 행정기관은 이러한 정책을 집행하고, 그 결과는 국민들에 의해서 다음 선거에서 평가된다.

그러나 저자들은 환류적 민주주의 모형이 신빙성이 없고 현실과 동떨어진 모형이라고 주장한다. 대표민주주의는 국민을 대표하지 못할 뿐만 아니라 민주주의적이지도 못하고 국민들에게 책임을 지지 않는다는 것이다. 국민의 총의를 반영하지 못하는 하향적 관료제는 한낱 독재에 불과하다는 것이다. 그 이유는 다음과 같다.

먼저 국민의 뜻이 언론매체 등에 의해 조작된다는 것이다. 방송사나 신문사들은 광고주의 입맛에 맞게 기사를 취급하기 때문에 국민들의 총의를 형성하지 못한다. 공직에 출마하는 정치인들도 또한 정책대안을 가지고 경쟁하지 않는다. 정책보다는 지역감정이나 이미지를 가지고 선거를 치룬다. 국민들도 특정한 공공정책을 보고 후보자를 선택하지 않는다. 선거가 끝난 후에는 대표자들은 이익집단 등 소수의 지배집단의 의견만을 반영한다. 국민들은 심지어 대표자의 이름도 모르는 경우가 많고, 따라서 의원들은 의회에서 의정활동의 업적에 대해 신경을 쓰지 않는다.

이와 같이 환류적 민주주의 모형에서는 연결고리의 이음매가 끊어지기 때문에 선거정치는 정치현실로부터 분리된 상징에 불과하다. 그래서 행정과정에서 국민에 대한 민주적 책임성이 보장되지 않는다. 공공정책은 환류적 민주주의 모형에서 설명되는 것보다 훨씬 다양한 종류의 영향을 받는다. 정책적 요구가 국민으로부터 선출직 공무원을 통해 정부에 반영되지 않는다면 국민주권의 이름으로 행정에 가해지는 명령통제의 기제는 그 존재이유를 상실하게 된다.

2. 정통이론의 대안

환류적 대의민주주의 모형의 대안으로 헌정주의(constitutionalism)와 공동체주의가 있다. 여기에다 Fox와 Miller는 담론이론(discourse theory)을 추가한다. 헌정주의는 '무엇이 우리가 하는 것을 정당화하는가?'의 문제이고, 공동체주의는 '어떻게 우리가 하는 것을 정당화할 수 있는가?'의 문제이다. 담론이론은 '우리가 다음에 무엇을 해야 하는가?'의 문제를 다룬다. 헌정주의와 공동체주의는 현실성이 없는 이론이라고 비판하고 진정한 대안으로서 담론이론을 제시한다.

헌정주의는 비선출직 공무원들은 무엇보다도 먼저 헌법적 가치에 충성해야 한다는 주장이다. 그 다음에 선출직 공무원이나 그들에 의해서 임명된 정무직 공무원들에 충성해야 한다. 이러한 모형은 정통 환류모형의 대안이 되긴 하지만 행정의 새로운 대안이 되지 못한다. 왜냐하면 헌정주의는 너무 보수적이다. 헌법에 의해 행정국가를 방어하는 것은 앞으로 나가는 것이 아니라 뒤를 돌아보는 것이다. 결과적으로 전통적 행정의 관료적 병폐를 그대로 수용하는 이론이다.

공동체주의는 시민들의 직접적 참여를 통해 행정의 정당성을 확보하는 것이다. 공동체주의를 신봉하는 사람들에게 민주주의는 단지 분쟁해결을 위한 절차적 제도에 불과하다. 시민들은 공동체 생활에 중요한 영향을 미치기 때문에 정책결정에 참여해야 한다. 그러나 공동체주의는 실현되기에는 너무 동떨어진 이상이다. 시민참여는 시민들로부터 많은 시간과 노력을 투입해야 하는 어려움이 있다. 아울러 공동체 자체가 공공문제를 스스로 해결할 능력을 가질 수 없는 경우도 있다.

Fox와 Miller는 헌정주의와 공동체주의가 정통이론에 대한 대안으로서 한계가 있다고 주장하고 자기들의 대안인 담론이론을 제시했다. 다음은 담론이론에 대해서 자세하게 살펴본다.

Ⅲ. 담론이론의 내용

담론이론은 정책의 형성, 집행, 평가 등 모든 과정에 참여하는 사람들이 생산적 담론을 통해서 업무를 수행해야 한다는 이론이다. 앞에서도 어급되었지만 담론이론은 대의민주주의의 환류적 모형이 현실을 반영하지 못하기 때문에 이에 대한 대안으로 제시되었다. 담론이론에서는 공공부문이 '관료기구'(bureaucracy)에서 '에너지 영역'(energy field)으로 이미지가 대치되어야 한다고 주장된다. 에너지 영역에서는 '다음에 무엇을 해야 하는가?'의 문제를 중심으로 사람들의 의도가 서로 충돌한다. 따라서 정부는 에너지 영역에서 국민들과의 담론을 통해서 국민이 원하는 '의미'를 파악하여 정책에 반영해야 한다는 것이다. 즉, 에너지 영역에서 정책은 '합리적 분석'에 의해서가 아니라 '의미의 포착'에 의해서 형성된다. 에너지 영역에서 '자유로운 토론'이 가능하도록 환경을 조성하는 것이 행정의 핵심이 되어야 한다.

담론이론에서는 구성주의의 틀을 바탕으로 관료기구와 이를 구성하는 제도들을 해체한다. 즉 관료기구와 제도를 실재 존재하는 것이 아니라 단지 구상화된(reified) 것으로 이해한다. 그렇게 생각하면 행정기관, 제도, 관료기구들 사이의 두꺼운 경계가 무너지게 된다. 정책과정과 행정과정을 통치기구들 사이의 권력투쟁으로 보는 대신 '에너지 영역'이라는 새로운 개념화를 제시한다. 에너지 영역은 민주적으로 논증에 참여하는 다양한 사회적 구성(social formatins)으로 이루어진다. 예를 들면 정책 네트워크, 기관간 정책연합, 타협적 규제위원회 등이 담론에 적합한 사회적 구성이다. 사회적 구성은 민주적인 담론을 위해서 필요한 것이다.

1. 이론적 기초

담론이론의 이론적 기반은 구성주의(constructivism)이다. 구성주의 이론에 따라서 인간행위를 개연적인 관점에서 보고, 주어진 제도로 구상화된 관료제도를 해체한다. 대신 공공부문을 '에너지 영역'에 비유한다. 에너지 영역에서 정책결정은 합리적 분석이 아니라 의미포착의 과정이다.

실재(reality) 자체는 구체적이거나 객관적인 것이 아니라 사람들에 의해서 만들어진 것이다. 우리가 일상적인 담론에서 사용하는 카테고리(category)는 단지 구상화(reification), 즉 사회적으로 구성된 카테고리에 불과하다. 그러한 카테고리들은 객관적 실재의 세계에 존재하는 어떤 것으로 잘못 여겨지고 있다. 구상화된 카테고리들은 부적절하게 자동적인 효려을 갖게 되고 사람들의 상호작용이 독립적으로 존재하는 것처럼 여겨진다.

관료제도가 대표적인 경우이다. Giddens의 구조화이론에 의하면 관료제도는 반복적인 관행의 구조화이고, 관습의 집합체이며, 규칙적으로 반복되는 사회적 관행의 패턴이다. 즉, 관료제도는 단지 사회적 관습이나 사회적 구성에 불과하다. Giddens의 표현에 의하면 반복적인 관행이다.

Merleau-Ponty의 현상학(phenomenology)도 담론이론을 전개하는 데 이론적 기반이 되었다. 현상학에서 두 가지 중요한 개념은 상황(situation)과 의도(intention)이다. 우리가 주의를 기울일 때는 '어떤 것'에 대해 주의를 기울인다. 다시 말해서 우리들이 주의를 기울이는 대상인 어떤 '상황'이 항상 존재한다는 것이다. 가령 어떤 문제를 풀 때는 특정한 맥락에서 특정한 상황에 처한 특정한 문제를 푼다. 또한 우리가 어떤 상황에 직면했을 때 수동적으로 관찰하는 데 만족하지 않는다. 그런 상황에 대처하는 어떤 행동을 취하려는 의도를 가지고 관찰하게 된다. 공공정책을 논의하는 담론에서도 참여자들은 단지 상황을 이해하는 데 그치지 않고, 그와 관련된 행동을 취하려고 한다.

Fox와 Miller는 관료제도가 더 이상 행정학의 핵심 주제가 되어서는 안된다고 과감하게 주장하다. 대신 행정에 대한 새로운 시각을 찾아야 하는데, 그것은 공공부문을 '공공 에너지 영역'(public energy field)으로 보는 것이다. 여기서 저자들은 Lewin의 영역이론(field theory)을 인용한다. 영역은 상황과 관련된 현상들의 복합체이다. 영역의 구조는 고정된 공식을 따르지 않고, 실세계에서 일어나는 것에 따라 달라진다. 공적인 문제를 포함하고 에너지를 가진 영역만이 공공정책의 대상으로 분류된다. '에너지'라는 개념은 영역이 사람들의 관심을 불러일으킬 만큼 충분한 의미와 의도를 가졌다는 것을 말한다.

공공 에너지 영역은 사회적 담론을 가능케 하는 운동장이다. 여기에서 공공정책이 생산되고 재생산된다. 공공정책은 공적 담론의 에너지 영역에서 만들어지는 만큼, 공공 에너지 영역에서의 담론을 어떻게 민주화하는가가 앞으로 풀어야 할 중요한 행정의 과제이다.

2. 담론의 보증

Fox와 Miller는 Habermas의 진정한 의사소통이론과 Arendt의 논쟁적 긴장이론을 수용한다. Habermas의 진정한 의사소통이론은 발언자의 진지함, 표현의 명확성, 주장의 정확성, 토론상황에의 적합성을 가진 의사소통을 가정한다. 만약 이중에 하나라도 의심이 되면 발언자는 발언의 신빙성(authenticity)을 정당화할 수 있는 한 차원 높은 원리를 설명함으로써 논증적(discursively)으로 자기의 발언을 구제해야 한다. 그렇지 않으면 자기의 주장을 철회하거나 단지 농담이라고 인정해야 한다.

저자들은 또한 habermas의 모형에서 한 발 더 나아가 Arendt의 논쟁적 긴장(agnostic tension)이라는 개념을 수용한다. 담론에서는 의미에 대한 투쟁을 예상할 수 있다. 즉 참여자들이 '다음에 무엇을 할 것인가'의 문제를 해결하려고 하면서 조화로운 의견일치보다는 논쟁과 자기주장을 펼칠 것이다. 그러한 담론에서는 규율(discipline)이 있어야 한다. 저자들은 '담론의 진지함'(sincerity), '상황에 적합한 의도'(situation-regarding intentionality), '자발적인 관심' (willing attention), '실질적인 기여'(substantive contribution), 등을 제안한다. 이러한 지침들을 가리켜 '담론의 보증'(warrants for discourse)이라고 한다.

위에서 제시한 '담론의 보증'이 확보될 때만 진정한 담론이 가능하다. 정책결정이 이러한 지침에 따라 이루어진다면 논증적 민주주의를 통한 정당한 통치가 실현될 것이다. 그렇다면 담론의 보증에 대해서 자세하게 살펴보자.

담론의 진지함이란 공공포럼에서 제기되는 주장은 진지하고, 정직하고, 솔직해야 한다는 것을 의미한다. 진정한 담론은 참여자들 사이의 신뢰를 요구한다. 따라서 심각한 사안이나 공공문제에 관한 담론에서는 발언자들이 진지해지려고 노력해야 한다. 다음과 같은 경우는 진지하지 못한 주장(claims)이다: ① 참여자들의 신뢰를 배반하는 불성실한 주장; ② 불성실한 발언을 한 것에 대한 구차한 주장; ③ 치밀하게 계산되고 의도적으로 왜곡하는 주장.

상황에 적합한 의도를 담론이 특정한 상황과 관련된 활동에 관한 것이어야 한다. 상황에 적합한 의도를 가진 발언자는 문제의 상황, 영향을 받는 사람들의 생활 및 공익을 고려해야 한다. 상황에 적합한 의도는 구체적 상황을 정하지 않고 이야기하는 뜬구름 잡는 형태의 토론을 배제한다. 다시 말해서 토론문제의 정확성이 증가함에 따라 포스트모던적 초현실주의로 흘러가는 위험은 줄어든다. 참여자들의 주장을 문제사황과 연계시킴으로써 모든 사람들의 관심을 해결해야 할 공공정책에 집중시킬 수 있다. 상황에 적합한 의도는 개인적 관점에서보다 한 차원 높은 일반화의관점에서 문제를 논의할 수 있는 능력이다. 자기 자신만을 생각하는 의도를 초월함으로써 공익의 개념이 역할을 하게 된다.

자발적인 관심을 가진 담론의 참여자들은 담론이 발점함에 따라 대화에 주의를 기울이고 자발적으로 참여한다. 자발적 관심이란 한마디로 '듣지만 말고 말도 해야 한다'는 것이다. 참여자들은 적극적으로 토론에 가담하여 의견을 제시한다. 실수를 감수하고라도 논쟁적으로 참여애해 한다는 것이다. 여기서 '관심'이라는 것은 다른 사람들의 정당한 관점을 존경하면서 담론의 진행상태를 따라잡으려는 진지한 노력을 의미한다. 참여자들은 강제적으로 담론에 가담하거나 무관심해서는 안된다.

실질적인 기여는 담론과정에서 무임승차자들을 배제함으로써 참여자들이 담론에 실질적인 기여를 한다는 것을 의미한다. 참여자들은 자기의 견해, 특정한 전문지식, 일반적 지식이나 경험 등을 제공하뭉로써 담론에 기여할 수 있다. 예를 들면 담론에 새로 참여하는 사람들을 위해 지금까지 담론내용을 요약하든지 또는 토론의 방향을 바꾸는 데 새로운 틀을 제공하는 것 등이 실질적인 기여이다. 토론자들은 분석적 능력이나 종합적 능력 등을 제공하여 담론에 실질적으로 기여할 수 있다.

모든 사람들은 담론의 권리가 있다. 또한 담론의 모증도 누구나 이용할 수 있다. 그러나 사람들은 사회적 행동을 계획할 때 자체적인 규범(norm)을 정한다. 그래서 담론의 보증은 구조화의 규칙을 위반하는 사람들에 의해서 상실될 수도 있다. 그렇다고 해서 신뢰성 없이 발언하는 사람들의 자유로운 의사소통 권리를 빼앗자는 것은 아니다. 단지 그러한 주장들을 신뢰성 있는 발언처럼 심각하게 받아들이지 않을 뿐이다.

3. 담론의 형태

Fox와 Miller는 담론의 보증이 준수되는 정도에 따라서 담론의 형태를 분류했다. 첫번째 형태의 담론은 '엘리트 중심의 독단적 조작(elite-dominated monologic manipulation)'이다(소수 담론; few-talk). 그 반대의 경우로 '무질서한 토론(anarchistic expressionism)'이 있다(다수 담론; many-talk). 두 가지 모두 담론의 보증에 비추어 볼 때 만족할만한 담론이 되지 못한다. 그래서 저자들은 세번째 담론의 형태로 적정수(適定數)의 사람들이 참여하는 담론을 대안으로 제시한다(적정수 담론; some-talk).

소수 담론은 몇몇 엘리트나 소수의 사람들에 의해 담론이 지배되는 경우이다. 소수 담론의 예로서 설문조사, 시민패널이나 정책분석 등이 있다. 그런데 이러한 시민참여는 '담론의 보증'의 기준에 비추어 보았을 때 공공정책을 결정하는 메커니즘으로 적절하지 않다. 우선 익명성으로 인하여 참여자들의 진실성을 확인할 수 없다. 또한 참여자들 사이에 논쟁적 긴장이 없기 때문에 자기의 주장이 도전을 받거나 사회적 의미를 도출하기 힘들다. 참가자들은 자기의 개인적 이익만을 정책과정에 투입하려고 하기 때문에 '상황에 적합한 의도'의 기준을 충족시키지 못한다. 설문조사의 경우에 대부분 참여자들은 문제의 복잡한 상황을 제대로 이해하지 못하고 따라서 무관심하게 된다. 결과적으로 소수의 엘리트들이 정책의 목표와 방향을 결정하고, 시민들은 이것을 정당화시켜 주는 역할 밖에 못한다.

반대로 다수 담론은 초점이 없이 산만하게 많은 사람들이 참여하는 담론이다. 대표적인 예가 PC통신에서 대화방이나 게시판 등이다. 신문에서 독자의 의견도 다수 담론의 예가 될 수 있다. 다수 담론에서는 수많은 사람들이 대화에 참여하기 때문에 특정한 상황이나 대상이 정책의제로 설정되지 못한다. '담론의 보증' 기준에서 보면 우선 대화의 규범이 없기 때문에 진실성 있는 토론을 기대할 수 없다. 또한 참여하는 사람들의 의도를 파악하기 힘들다. 과연 상황에 적합한 판단을 하고 담론에 가담했는지의 여부를 알 수 없다. 많은 사람들이 자기의 개별적인 의견만 제시하기 때문에 담론을 위한 실질적인 기여를 했다고 보기 힘들다.

한편 적정수 담론은 다수 담론에서 문제가 되었던 산만한 토론들이 시간이 지나면서 몇 개의 정책과제로 응집되어 국조화가 된 상태를 말한다. 적정수 담론의 예로써 정책 네트워크(policy network)와 같은 새로운 구조화를 들 수 있다. 많은 정책 네트워크에서는 진정한 담론의 규칙이 분명하게 제시된다. 공무원, 이익단체, 국회의원 및 시민들은 문제의 상황을 함께 이해하려고 노력한다. 즉, 그들은 행동을 취하기 전에 상황을 고려한다. '다음에 무엇을 해야하는가?'에 대한 대답은 문제의 상황에 따라 결정된다. 정책 네트워크 외에 부처간 정책연합(consortia)이나 지역 테스크포스 등은 진정한 담론의 초기모형이라고 할 수 있다. 이러한 형태에서는 전문가, 정책분석가, 공무원, 시민 등 이해관계자들이 문제를 해결하려고 공동으로 노력하기 때문에 상황에 적합한 담론이 일어나는 경우가 있다.

Fox와 Miller는 담론이론의 지침을 따르면 민주적 담론에 요구되는 구조화와 응집력을 달성할 수 있다고 주장한다. 진정한 담론은 포스트모던 상황을 고려한 민주적 통치이론의 최선책이다. 담론이론은 행정현장에서 관찰될 수 있는 현상을 기술한다는 점에서 정확한 모형뿐만 아니라 진정한 담론을 평가할 수 있는 기준을 제공한다는 점에서 규범적 모형이다. 공동체주의(communitarianism)에 비교하면 담론이론은 '약한 민주주의' 형태이다. 그러나 공동체주의에서처럼 자신들의 이익을 위해서 주민들이 좋든 싫든 강제적으로 참여하게 하지는 않는다. 담론이론은 모든 사람들의 민주주의를 표방하지만, 단지 공적 문제에 관심을 가진 사람들만이 참여할 수 있다. 진정한 참여('담론의 보증'을 충족)의 책임을 수용할 수 있는 사람들이 그들의 참여를 통해서 민주주의를 강화시킬 수 있다.

마지막으로 행정인들은 시민들과 논쟁적 담론을 통해서 공적인 행동에 도달하는 적극적인 역할을 담당할 것을 권고한다. 즉, 토론에 의해 운영되는 정부가 담론이론에서 추구하는 행정의 모형이다. 시민들로부터의 의견청취는 담론이론이 제시하는 적극적 책임성이다. 의견청취를 소홀히 하는 행정인은 행정기관에만 충실하는 게으름뱅이다. 의견청취는 많은 노력을 수반한다. 동시에 진정한 담론을 할 의사가 있다는 표현이다.

공적인 토론이 강자들의 전유물이 아닌 어떤 것이 되려면 공통적으로 이해될 수 있는 규범이 있어야 한다. 동시에 각자의 견해가 서로 충돌할 수도 있는 의견교환의 장이 있어야 한다. 진정한 담론이 되기 위해서는 모든 사람들이 담론에 참여할 수 있는 장치를 만듦으로써 임의적으로 배제(가령 돈이 없어서 참여를 못하는 경우)되는 겨우를 방지해야 한다.

Ⅳ. 평가적 의견

Godsell은 이 책의 서문에서 박사과정 학생들이 필독해야 할 저서라고 추천했다. 그만큼 기존의 행정이론에서 벗어나 새로운 이론적 지평을 열고자 하는 도전이 밑바탕에 깔려있다. 정체성의 위기를 맞고 있는 행정학에 새로운 이론적 활력이 될 것으로 기대된다.

담론이론은 포스트모더니즘의 렌즈로 행정학을 접근하는 방향타를 제공한다. 사실 포스트모더니즘 자체도 매우 추상적이어서 이해하기 힘든데, 이를 행정학에 접목시키는 것은 더욱 어렵다. 그래서 지금까지 행정학자들은 행정학을 포스트모더니즘 관점에서 접근하는 작업을 별로 하지 않았다. Farmer의 저서(1995)와 함께 이 책이 앞으로 포스트모더니즘의 행정학 저서와 논문을 많이 양산하는 밑거름이 될 것이다.

　이론적으로 정치학이나 행정학의 정통이론을 벗어나 구성주의나 해석학 등의 이론을 행정학에 도입했다는 점에서 많은 학문적인 자극을 주는 이론이다. 과감하게 관료주의 이론의 틀에서 벗어나서 담론의 정부를 만들어야 한다는 주장은 매우 흥미로운 발상이다. 관료제의 틀에서 맴돌던 행정학 영역을 획기적으로 확장시킴으로써 행정에 대한 기존의 시각을 넘어서 새롭게 행정을 해석하는 이론적 바탕이 되었다.

　담론이론을 제시했지만 정확히 담론의 형태가 어떤 것이어야 하는가에 대한 명쾌한 대답이 없는 것이 이 책의 한계이자 다음 학자들의 과제이기도 하다. 정책 네트워크 등의 예를 들어서 진정한 담론의 형태들을 제시하기는 했으나 이론적인 토대가 분명하지 않다. 다만 앞으로 정보화 시대에 사이버 공간에서 적정 수의 사람들이 참여하는 많은 공공정책 담론이 가능할 것 같다. 사이버 정부와 담론이론이 조화된다면 Fox와 Miller가 제시한 담론모형이 현실적으로 가능하지 않을까 생각한다.

참고문헌

김종술, 포스트모더니즘을 통해서 본 행정학의 이해, 정부학연구, 5, 1, 1999, pp. 253-266.

Farmer, David John, *The Language of Public Administration: Bureaucracy, Modernity and Postmodernity*, Alabama: University of Alabama Press, 1995.

Fox, Charles J. & Hugh T. Miller, *Postmodern Public Administration: Toward Discourse*, CA: Sage, 1995.

McSwite, O. C., Postmodernism and Public Administration's Identity Crisis, *Public Administration Review*, 57, 2, 1997, pp. 174-181.

제6편

행정책임과 공직윤리

James P. Pfiffner의
관료제와 민주주의*

I. 머리말

미국의 인사행정은 100여 년을 한 기간으로 하여 크게 3기로 구분해 볼 수 있다. 제1기의 인사행정은 독립 후부터 100여 년이 지난 1883년의 펜들턴법 (Pendleton Act)이 제정되기 전까지, 즉 엽관주의적 인사행정이 행하여졌던 시기이며, 제2기는 1883년 Pendleton법이 통과되고 난 이후부터 거의 100년간 지속되어온 실적주의적 인사행정의 기간이며, 제3기는 1978년 공무원개혁법 (Civil Service Reform Act of 1978)이 통과된 이후의 시기이다.

Pendleton법 이전의 엽관주의적 인사행정시기는 정부관료제의 민주화를 위한 정당정치가 활성화된 시기였다면, Pendleton법 통과 이후부터 1978년의 공무원개혁법이 통과되기 전까지의 시기는 엽관주의적 인사행정의 폐해를 극복하고 행정의 능률성과 효과성을 제고하기 위한 시기라고 할 수 있다. 이 시기에는 행정의 민주화보다 행정의 전문화와 기술화를 통한 행정의 능률성이 중시되었고 실제로도 강화되었다. 그러나 그로 말미암아 정부의 대응성이 결여되었던 시기이기도 하다.

1940년대의 실적주의 전성기가 지나자 행정수반에게 인력관리부문의 관리수단을 제공하여 정부의 대응성을 높이고 대통령의 행정관료에 대한 통제권을 강화하기 위한, 소위 엽관제와 실적제의 조화를 위한 균형주의적 실적체계가 강조되기 시작하였다. 또한 고위경력직관료의 전문행정인 지향적인 공무원제도의 문제점을 극복하고 행정의 적극성과 대응성을 높이기 위하여 대통령의 정치적 임명권을 확대하고 고위경력직 공무원의 일반행정가로의 전환을 시도하게 되었다.

이러한 일련의 움직임에 따라 제정된 것이 1978년의 공무원개혁법이다. 이

---

* 강성철: 부산대학교 행정학과 교수.

법에 의하여 대통령의 정치적 임용권한이 강화되어 정치적 임용자의 숫자가 급
증하게 되었고, 종전의 인사위원회의 기능 중 준사법 기능을 제외한 대부분의
기능이 신설된 대통령 직속의 인사관리처(Office of Personnel Management)
로 이관되었으며, 고위공무원의 일반행정가로서의 관리능력을 향상시키기 위한
고위공무원단(Senior Executive Service)을 설치하게 되었다.

물론 1940년대 실적주의의 전성기 이후부터 대통령의 정치적 임명은 계속
증가되었지만 1970년대와 1980년대에 와서 이러한 현상은 더욱 두드러지게 나
타났다. 결국 1978년 이후의 제3기에 들어서 인사행정은 행정의 대응성을 증대
시켜 주고 대통령의 행정관료에 대한 통제권을 강화시켜 주었으나, 정치적 임용
이 지나치게 증가함으로써 오히려 행정의 능률성과 효과성이 저하되고 그로 인
해 행정의 대응성 또한 낮아질 것을 Pfiffner는 우려하고 있다. 특히, Pfiffner
는 현재 정치적 임용이 많아짐으로써 기회균등이라는 미국의 평등주의적 정치사
상이 허물어지고 있으며, 또한 행정관료들에 대한 정치적 임용권자의 지나친 통
제로 관료제의 고유한 특성인 능률주의적 행정수행이 어려워짐을 우려하고 있
다. 이러한 그의 우려는 "제3기 인사행정에 있어서의 민주주의와 관료제와의 연
계"라는 그의 논문제목에서도 시사되고 있다.

따라서 Pfiffner는 정치적 임용자가 대통령과 함께 행정부의 정책을 주도해
야 한다는 원칙을 인정하면서도 정치적 임용자가 지나치게 많다는 점을 지적하
고 있다. 따라서 Pfiffner는 관료제의 기능을 최대한으로 발휘케 하면서 정치적
대응성을 높여나가기 위해서는 과다한 정치적 임용자의 수를 줄여야 한다고 주
장하고 있다.

Pfiffner의 이 글은 대체로 크게 네 부문으로 구성되어 있는데, 정치적 임용
자의 증가 이유와 축소의 필요성, 그리고 고위경력직 공무원의 정치적 관리 및
정치적 임용자의 과다로 인한 폐해 등으로 나누어 볼 수 있다.

II. 제3기 인사행정에 있어서 민주주의와 관료제와의 연계

1. 정치적 임용자의 증가이유

Pfiffner는 최근 들어 정치적으로 임용되는 공무원의 수가 증가하는 이유를
대통령의 관료제 대한 불신과 통제권 강화에서 찾고 있다. 관료제에 대한 대통

령의 불신은 인사나 정책에 대한 백악관의 통제권을 강화하게 하였고, 이것을 통하여 대통령은 많은 사람들을 정치적으로 임용하였다.

예컨대 1933년에는 대통령이 임명할 수 있는 직위가 71개였는데 비해 1965년에는 152개, Johnson대통령 때에는 237개 그리고 1984년에는 523개로 증가하였다. 뿐만 아니라 대통령 이외에도 각 부나 처(Department and Agency)의 장들도 정치적으로 많은 사람들을 임명할 수 있다.

또한 행정부는 고위공무원단(Senior Executive Service)의 10％까지를 정치적으로 임용할 수 있다. 즉 고위공무원단의 7,000개 직위 중 700개의 직위를 정치적으로 임용할 수 있다. 고위공무원단의 규정상 고위공무원들은 정부기구의 어디에도 근무할 수 있기 때문에 대통령은 정치적으로 임명한 사람들을 통하여 일반경력직 공무원을 정치적으로 통제할 수 있게 되었다.

그리고 "Schedule C"(기밀 혹은 정책관련 직무수행의 GS−15등급 이하의 공무원) 직위들도 1950년 창설 이후 계속하여 증가하여 1976년의 911명에서 1985년에는 1,665명으로 늘어났다. 거기에다가 새로운 행정부가 들어섰을 때 정부이양을 지원하기 위하여 새로운 행정부는 120일 동안 "Schedule C"직위의 25％ 이상을 임명할 수 있도록 되어 있다.

지난 수십 년 동안 대통령이 정치적으로 임용할 수 있는 직위가 늘어난 것은 그러한 직위에 대한 대통령의 임용권한이 강화되었기 때문이다. 1950년 이전에는 대통령이 정치적으로 임용할 수 있는 권한을 각 부처의 장에게 위임하였으나 1950년 이후에는 이것이 바뀌어 정치적으로 임명할 수 있는 권한이 대통령에게 집중되었다.

이와 같이 대통령의 정치적 임용에 관한 권한을 강화한 것은 정부운영을 최종적으로 책임지는 대통령에게 인사관리수단을 제공함으로써 정부의 대응성을 높이고 관료주의화하기 쉬운 정부관료를 통제하기 위한 것이었다. 이와 같이 대통령에게 인사관리수단을 제공하게 됨에 따라 정치적 임용자의 숫자는 계속해서 늘어나고 있다. 여기에서 Pfiffner는 대통령이 정치적으로 임용하는 공무원의 숫자 그 자체가 중요한 것이 아니라 정치적으로 임용된 자의 숫자가 늘어나는 '경향'에 대하여 우려를 나타내고 있다. Pfiffner는 정치적 임용자가 지나치게 많으면 직업관료와 마찰을 일으키고 관료의 전문직업성을 떨어뜨려 오히려 정부의 대응성과 효과성을 저하시킨다고 주장한다. 이러한 측면에서 Pfiffner는 대통령에 의하여 임용되는 정치적 공무원의 증가경향은 감소되어야 한다고 주장한다.

2. 정치적 임용자의 축소 필요성

Pfiffner는 증가하는 정치적 임용자의 숫자를 줄여야 하는 논거를 행정의 지나친 정치화와 정치·행정이원론의 입장 및 정치적 임용자의 적응경로를 통하여 제시하고 있다.

(1) 행정의 정치화

Pfiffner는 고위경력직 공무원에 대한 적절한 통제의 필요성을 충분히 인정하지만 그로 인한 행정의 지나친 정치화에 대하여 우려하는 동시에 그것은 행정부의 기능수행에 비효과적이라고 주장한다. Pfiffner에 의하면 행정의 정치화란 직업관료는 새로운 행정부의 변화에 저항하므로 관료에 대한 정치적 통제력을 강화하고 대통령이나 정치적으로 임용된 공무원이 정책활동을 주도하는 데서 나타난다고 한다. 또한 행정의 정치화는 대통령이 한정된 자원으로 그의 정책을 우선적으로 수행하기 위하여 직업관료를 통제하려는 데서도 나타난다고 한다.

이와 같이 직업관료에 대한 통제력을 강화하거나 집권화하기 위하여 우선 대통령은 직업관료를 보다 용이하게 통제할 수 있는 정치적 임용자의 수를 늘리고, 늘어난 정치적 임용자는 정책목표의 설정과 의제형성에 깊이 관여하고 대통령이 선호하는 정책만을 추진하게 된다. 그렇게 되면 직업관료들은 정부의 운영에서 배제되어 행정부는 정치적 임명자의 독무대가 되어 행정부가 소위 정치의 장(場)이 될 가능성이 커지며 따라서 정부운영의 효과성은 낮아진다. Pfiffner는 행정이 정치화되면 그 과정을 역전시키는 것은 불가능하다고 주장한다. 예컨대 19세기에 있었던 엽관제를 통한 정치적 통제는 Pendleton법의 통과로 인하여 대규모의 개혁의 추진될 때까지 줄어들지 않고 계속되었다는 것이다.

Pfiffner는 행정을 정치화하는 정치적 임용자의 수는 줄어드어야 한다고 주장하면서, 그 이유를 다음과 같이 제시하고 있다.

첫째, 민주적 정부는 새로운 대통령과 의원들이 선출되었을 때 과거의 정책방향을 변화시킬 능력이 있어야 하며, 그 변화능력은 결국 제도적인 힘을 동원하지 않으면 안 되고 그것은 관료제를 무시하고는 불가능하다. 따라서 행정부가 바뀐다고 직업관료를 정부 밖으로 몰아내거나 관료를 통제하기 위하여 정치적 임용자를 증가시키면 변화를 가져오는 제도적 능력을 손상시키게 된다. 그러므로 정치적 임용자를 줄이는 대신 고위경력직 관료들이 정부의 고위직에서 큰 안목을 갖고 능력을 신장시킬 수 있도록 하여야 한다.

둘째, 대통령은 우선순위가 높은 행정부의 정책을 집행하기 위해 효율적인 정부기관을 필요로 한다. 정책집행은 관료기구가 움직일 채비가 되어 있을 때 가능한바, 정치적 임용자가 많을수록, 그들과 일할 수 있는 관계가 쉽게 형성되지 않을수록, 또 기관장과 고위경력직 관료간에 계층이 많을수록 정부기관의 효율성은 기대하기 어렵다.

셋째, 현재와 같이 대통령이 정치적 임용자를 많이 임용하게 되면 정치적 임용자간에 경쟁과 갈등이 유발되어 오히려 대통령의 선발능력을 제약한다. 대통령이나 백악관에서 모든 것을 다 하려는 것은 효과적이지 못할 뿐만 아니라 실제로도 불가능하다.

여기서 Pfiffner의 주장은 정치적 임용제도를 철폐하자는 것이 아니라 정치적 임용자의 수를 줄임으로써 대통령의 역량을 높이고 정치적 임용자의 증대로 인한 정부의 효과성 저하를 막자는 것이다.

(2) 정치·행정이원론의 입장

'정책과 행정은 서로 다르다'라고 간단히 정의할 수 있다. 즉 정치지도자들은 정책을 결정하고, 관료들은 정책을 집행하고 정치적 상관의 명령을 따르기만 하면 된다는 것이다. 이와 같은 주장은 Woodrow Wilson과 Max Weber에 근거를 두고 있다. Wilson은 정치는 행정의 영역 밖에 있다고 주장하여 행정적인 문제와 정치적인 문제를 구분하였으며, Weber는 행정인의 명예는 상급기관의 명령을 성실하게 집행하는 데 있고, 정치인의 본분은 어떠한 입장을 취하고 국민에 대해 책임을 지는 것이라 하여 정치가와 관료들의 역할을 대조적으로 특징화하였다.

그러나 현대국가, 즉 산업화되고 기술관료가 지배하는 국가에서는 그와 같은 단순한 구분은 붕괴되고 있다. 입법부는 복잡한 문제의 세부사항까지 규정할 수 있는 능력이 없고, 정치적 임용자들 역시 정책집행에 대하여 명확하고 완벽한 지시나 명령을 할 수 있는 시간적 여유나 전문성을 지니고 있지 않다. 그러나 경력직 공무원들은 정부 사업의 세부사항을 관리하면서 경력을 쌓아 왔고 결정과 판단을 내려야 할 분야에 대한 정보를 갖고 있으며, 특정 사업에 대한 규칙과 규정을 적용하는 전문가이기도 하다. 따라서 근래의 많은 사회과학자들은 정치·행정이원론을 학문적으로 매우 비현실적인 것으로 인식하고 있다.

그러나 Pfiffner는 오늘날 정치와 행정을 구분하는 것은 비현실적이라 하더라도 그 구분은 매우 중요한 규범적 의미를 지닌다고 한다. Pfiffner는 정치와 행정을 구분하는 현대적 의미를 Wilson의 경험적 주장보다는 Weber의 규범적 의미에서 찾아야 한다고 한다. Pfiffner는 정치와 행정을 구분하는 규범적 의미를, 관료들은 정책결정에 관여하고 있지만 정책결정의 정당한 당사자들은 대통령이 임용한 정치적 공무원이며 직업공무원들은 개인적인 선호와 관계없이 정당한 정책을 성실히 수행하는 것이 민주주의의 필수요건이라는 데서 찾고 있다.

이러한 규범적 구분 외에, Pfiffner는 현실적으로 출신 배경과 행동유형에 있어서도 정치적 공무원과 직업관료는 구분되며, 정책형성에 있어서의 담당 역할에 있어서도 그들은 다르다고 주장한다. 정치적 임용자들은 특정 대통령을 위해 정부에 채용되었다가 그 대통령의 임기 만료 전이나 만료 후에 그들의 본래 직업 혹은 다른 직업을 찾아가는 '들어왔다 나가는 사람들'(In-and-Outers)로서 그들의 재임기간은 한 직위에서 평균 2년 정도이다. 따라서 그들은 짧은 근무기간 동안 빨리 어떤 업적을 남기고 승진하거나 돈벌이를 위해 민간부문으로 돌아가려 한다. 반면에 고위경력직 공무원들은 좀더 장기적인 전망을 가지고 정객들이 바뀐 뒤에도 사업계획과 정부기관을 운영한다. 결과적으로 고위경력직 공무원들이 정부기구의 건전성과 법의 중립적 집행을 확보하게 해 준다. 직업관료들은 자신들이 관리하고 있는 기관의 정책뿐만 아니라 기관 자체도 생각하나, 정치인들은 기관(조직)을 자신들의 정책목표를 달성하기 위한 편리한 도구로만 생각하는 경향이 있다. 또한 정치적 임용자는 정책을 형성하는 데 있어서 국가목표를 확인하고 그것을 지원하는 역할을 주로 하지만, 직업관료는 그러한 목표를 집행하기 위한 사업계획을 구체적으로 설계하는 역할을 주로 담당하고 있다. 물론 이러한 차이는 대조되는 역할이며 제도화된 지위에 근거하는 것이기도 하다.

따라서 Pfiffner는 미국 정부에 깔려 있는 근본적 문제는 관료제가 대통령의 정책에 민감하게 대응하여야 하나, 그것보다는 직업관료들이 자신의 임무를 효과적이고 능률적으로 수행하기 위해서는 그들이 경력관리자(career managers)에게 필요한 전문직업성(professionalism)을 유지하는 것이라고 한다. 직업관료들의 전문성을 높이기 위해서는 정치적 임용자의 수를 줄임으로써 직업관료에 대한 정치적 임용자의 통제를 완화시켜 행정의 정치화를 방지해 주어야 한다. 왜냐하면 정치적 임용자를 통한 정부의 정치적 대응성을 높이는 것은 민주정부에서 매우 긴요한 것이긴 하지만 정치적 대응성 때문에 정부의 효과성이 저하되어서도 안되기 때문이다. 따라서 Pfiffner는 정부의 대응성과 효과성을 높이려면 정치적 임용제의 장점(정치적 대응성)과 직업관료들의 장점(전문직업인으로서의 능률성)이 적절하게 균형되도록 하여야 하며, 이를 위해서는 현재 지나치게 많은 정치적 임용자의 수를 줄여야 한다고 주장한다.

(3) 정치적 공무원의 적응경로

정치적 임용자들은 초기에 고위경력직 공무원들을 불신하지만 시간이 지나면 그들에 대한 신뢰를 점차 회복한다. 정치적 임용자들은 고위경력직 공무원들에 대하여 초기의 2~3년간은 불신과 적개심으로 일관하다가 그 후에는 그들과 함께 일하면서 그들의 기여를 인정하고 상호신뢰하며 존중한다. John Ehrlichman 은 초기 행정부에서의 정치적 임용자와 관료제와의 관계를 게릴라 전쟁으로까지 극단적으로 묘사했으나, 나중에 그는 Nixon 행정부가 고위경력직 공무원들을 정책 결정과정에서 제외하는 것을 '큰 실수'라고 했다. 그는 그 이유를 고위경력직 공무원은 전문성과 정부사업의 지원능력을 가지고 있기 때문이라고 하였다. 백악관의 다른 고위관리들도 고위경력직 공무원에 대해 비슷한 결론을 내리고 있다. 이러한 백안관 참모들의 태도는 근래 행정부에서 일했던 대다수 정치적 임용자들의 태도와는 일치된다. 대부분의 정치적 임용자들은 직업공무원들이 유능하며 대응성도 높다고 평가하고 있다.

이와 같이 고위경력직 공무원에 대한 정치적 임용자의 인식과 견해를 토대로 하여 Pfiffner는 정치적 임용자의 수를 줄여야 한다고 주장하고 있다. 즉 Pfiffner는 고위경력직 공무원들이 대응성이 있고 유능하기 때문에 고위경력직 공무원을 통제하거나 정부의 대응성을 높이기 위하여 정치적 임용자를 증가시킬 필요가 없다는 논리를 제시하고 있다.

3. 고위경력직 공무원의 정치적 관리

고위경력직 공무원들은 학벌이 높고 자신들의 일과 관련된 법과 규정에 정통하여 조직에 관한 기억의 창고이다. 그들은 누가 관련기관이나 의회의 도움을 용이하게 받을 수 있으며 과거의 동맹자나 적이 누구인가도 잘 알고 있다. 뿐만 아니라 정치적 임용자들은 직업관료와 의논하면 당해 사업과 유사한 사건의 과거경험, 그리고 당해 사업의 시행결과 등을 명료하게 알 수 있다. 따라서 정치적 임용자는 자신들의 업무를 수행하고 정부를 운영하는 데 고위경력직 공무원이 필수적인 기능을 해주기 때문에 그들은 직업관료의 전문지식과 조언에 귀를 기울이지 않으면 안 된다.

일반적으로 정치지도자들은 고위경력직 공무원들이 정치적으로 민감하면서도 불법적이거나 비도덕적인 정치적 요구에 대해서는 저항하기를 바란다. 상관의 명령에 항상 복종만 하는 태도는 부적절할 뿐만 아니라 위험스럽기도 하다. 이에 대한 예로, 새로 임용된 정치적 임용자의 무의식적 불법행위에 대해 고위직업관료가 불법행위를 막아 줌으로써 정치적 임용자의 자리를 지켜준 경우와 반대로 직업관료가 자신의 상급자의 명령을 그저 그대로 따른 결과 그 상급자는 결국 그 책임을 지고 물러나게 된 경우가 있다. 이와 같은 대조적인 예는 직업관료가 정치적 임용자의 운명을 결정할 만큼 중요한 기능과 역할을 수행할 수 있다는 것을 보여주는 것이다. 따라서 직업관료는 정치적으로 민감하게 활동해야 하지만 정치적 임용자인 상관의 지시나 명령에 무조건 복종해서는 안 되며, 관료장치를 움직이게 하는 지식과 기술, 그리고 조직에 대한 위험을 상관에게 직언할 수 있는 훌륭한 판단력과 용기를 지녀야 한다.

그러나 고위직업관료가 정치적으로 임용된 자와의 영역싸움과 노선차이로 대통령을 곤란하게 하기도 한다. 정치적 임용자는 대통령에 의해 임용된 사람들이기 때문에 영역싸움을 격화시키려 하지 않는다. 그러나 모든 행정부의 다툼이나 사건의 내막은 의회나 언론으로 흘러 들어가고 그것은 행정부에 대하여 대단한 저항을 불러일으킨다. 이런 경우 일반적으로 대통령을 비롯한 고위정치공무원들은 직업관료를 속죄양으로 몰아 붙인다. 그러나 행정부 내의 사건이나 다툼에 대하여 의회나 언론의 저항은 불가피한 것으로 그 저항의 원천은 의회, 이익단체, 행정부의 지도자들이라는 것을 잊어서는 안 된다. 직업관료들도 그 저항세력의 일부일 수 있으나 그들은 정치적 임용자의 동일한 편의 노선차이나 영역다툼이기 때문에 격렬하게 저항하거나 제일 강력한 저항자는 되지 않는다. 따라서 직업관료들을 대통령의 요구에 저항하는 사람으로 인식하고 그들을 속죄양으로 이용해서는 안 되며, 특히 고위경력직 관료의 조직과 업무에 관한 경험과 전문지식을 활용할 수 있도록 관리하는 것이 권력의 역학관계상 바람직하다.

4. 대응성과 효과성의 상충관계

현대 정부는 국민의 대한 대응성을 높이면서 행정업무를 효과적으로 수행하지 않으면 안 된다. 정치적 임용이 관료제를 통제함으로써 정부의 대응성을 높여준다는 차원에서 정당화되면, 직업관료는 정부의 정책을 능률적이고 효과적으로 수행하기 위한 정치라는 점에서 그 정당성을 찾을 수 있다. 그런데 문제는 대응성이나 효과성의 어느 하나가 희생되고 다른 하나만이 강조되어서는 안 된다는 데 있다. 관료제의 권한이 강해지면 정부의 대응성이 낮아지고, 정치적 임용자의 수나 권한이 지나치면 정부의 효과성은 저하되기 때문이다. 따라서 Pfiffner는 미국의 정부체제와 거기에 병존하고 있는 정치적 임용제의 장점, 그리고 그것이 지나침으로 인하여 오는 폐해를 다음과 같이 제시하고 있다.

미국 행정부는 많은 고위직을 대통령의 지지자로 충원하여 유권자에 대한 대응성을 극대화할 수 있도록 되어 있다. 그러나 대응성과 능률성 및 효과성간에는 상충관계가 존재한다. 권력체제의 분리가 정부의 능률성을 저하시키는 것처럼 정치적 임용제도 사람이 자주 바뀌고 정책방향도 바뀜으로써 결국 행정의 비능률을 초래한다. 한편 정치적 임용제는 유권자의 열망을 신속히 반영할 수 있는 능력을 가진 체제이다. 소위 '들어왔다 나가는 사람들'(In-and-Outers)로 구성되는 정치적 임용제의 장점은 관료제에 신선한 아이디어를 제공하고 또 탈진되지 않은 사람들과 첨단 경영관리기술을 지닌 사람들을 일정기간 관료제 속으로 끌어 들여 관료제에 새로운 활력소를 제공하는 데 있다. 그러나 문제는 정치적 임용자들의 수가 지나치게 많고 또 경력직이 차지하던 직위까지 그들이 차지해 버림으로써 정치적 임용제의 장점이 상쇄되는 정도에까지 이르렀다는 것이다. 미국은 1980년대에 정치적 임용자들의 직업관료에 대한 통제가 지나쳐서 대통령의 우선과제가 효과적으로 집행되지 못했다. 정치적 임용자의 숫자가 지나치게 많기 때문에 대통령의 정책이나 통제능력을 높이는 것이 아니라 오히려 대통령의 정치적 관리능력을 무력화시킨다고 주장하는 사람도 있다. Hugh Heclo는 관료에 대한 정치적 통제정도는 정치적 임용자의 숫자와 함수관계에 있는 것이 아니라 사실은 역함수관계에 있다고 한다.

Pfiffner는 정치적 임용자가 자나치게 많기 때문에 야기되는 폐해를 다음과 같이 제시하고 있다.

첫째, 대통령이 각료급보다는 낮은 고위 직위(sub-cabinet positions)에 능력 있는 정치적 임용자를 충원하기가 어렵다. 그리하여 여기에 젊고 경험 없는 사람을 충원하는 경향이 나타난다. 그리하여 이들은 행정부를 자신의 직장을 구하기 위한 경험을 쌓는 곳으로 이용하게 되어 정부의 대응성이나 능률성을 제고하지 못한다.

둘째, 정치적 임용자가 많으면 직업공무원들의 능력과 근무의욕을 저하시키게 된다. 많은 정치적 임용자가 직업관료들을 지나치게 통제하거나 직업관료들의 승진기회를 뺏게 되면 직업공무원들은 발전기회를 차단당하고 근무의욕을 상실하게 된다.

셋째, 정치적 임용자들의 재임기간이 짧기 때문에 그들이 직무에 익숙해져 무언가를 습득하기도 전에 행정부를 떠나므로 문제를 더 악화시킨다. 거대조직의 최고위 직위를 운영하는 경험과 기술은 많은 시간이 걸려야 습득된다. 정치적 임용자들은 평균 2년 정도의 짧은 기간 동안 행정부에서 일하기 때문에 그들은 정부라는 거대조직의 이익보다 자신들의 퇴직 후를 고민하고 정부의 장기적 정책목표보다 단기적 사업계획을 추구하게 된다.

마지막으로, 참모직에까지 정치적 임용자로 계층을 만들어 놓으면 정치권력을 분산시키게 되고 정치적 임용자와 경력직 정책집행자와의 관계를 모호하게 한다. Nixon대통령시절 백악관의 인사참모를 지낸 Fredric V. Malek의 주장은 시사하는 바가 크다. 그는 행정부의 변화에 대한 경직성과 저항을 줄이기 위해서는 차관 아래의 직위들은 경력직 공무원으로 임용되어야 한다고 주장한다. 이렇게 하면 해당기관의 효과성을 높이면서 정치적 임용자를 25% 가량 줄이는 결과를 가져온다고 한다. 이와 같은 주장은 대통령이 정치적 임용을 많이 할 수 있었던 1970년대보다 1980년대 후반에 더 적합하다.

정치적 임용제는 정부의 대응성을 높이고 관료제 내에 신선한 충격과 활력을 제공하는 것이 원래의 목적이지만, 정치적 임용자들이 지나치게 많으면 그 제도의 목적도 달성하지 못하고 직업관료들의 사기와 능력을 저해하여 정부의 효과성을 낮게 한다. 이와 같은 측면에서 Pfiffner는 정치적 임용자를 줄여 정부의 대응성과 효과성을 동시에 제고해야 한다고 주장한다. 왜냐하면 제3기의 인사행정은 정부의 대응성(민주성)과 효과성을 동시에 높여야 하는 시기이며, 그것이 현재 미국 정부가 해결해야 하는 과제이기 때문이다.

III. 평가적 의견

Pfiffner의 이 논문은 미국의 인사행정을 크게 3기로 나누고 각 시기에 강조되었던 행정이념을 준거기준으로 하여 제3기 인사행정이 추구해야 할 방향을 제시하여 주었다는 점에서 인사행정이론의 발전에 크게 기여하고 있다. 즉 제1기의 인사행정은 정부관료제의 민주화와 민주주의의 실현을 위한 엽관주의적 인사행정이 행해졌던 시기라면, 제2기의 인사행정은 엽관주의의 폐해를 극복하고 행정관료의 전문직업성을 높여 행정의 능률성과 효과성을 제고하였던 시기라고 할수 있다. 그런데 제2기 인사행정의 후기에는 엽관주의의 현대적 활용이라는 측면에서 소위 균형주의적 실적주의제도가 강조되고 따라서 대통령의 인사권이 강화되고 정치적 임용자의 수가 증가되기 시작하였다.

이런 과정에서 1978년 공무원개혁법이 제정·통과되고 연방중앙 인사기관인 인사관리처(Office of Personnel Management)가 대통령 직속의 기관으로 설치되었다. 공무원제도개혁법은 정부의 대응성을 제고하고 정부관료의 전문직업성을 높여 나가도록 하는 제도적 장치를 마련하였지만, 정치적 임용자가 계속 증가하여 정부의 효과성과 능률성 및 대응성을 저해하는 현상을 노정하고 있다. Pfiffner는 이러한 관점에서 지나치게 많은 정치적 임용자를 줄여 정부의 대응성과 효과성을 동시에 높여 나가는 것이 제3기 인사행정의 과제라고 주장한다.

그러나 대응성과 효과성이라는 준거가치와 더불어 경력직 공무원의 전문직업성과 관료의 책임성도 인사행정을 파악하는 데 필수적인 준거가치이다. 경력직 공무원이 전문직업성을 확보하지 못하면서 신분보장만 받게 되면 관료들에 대한 통제가 효율적이지 못하여 관료의 특수집단화 경향이 나타나게 된다. 한편 정치적 임용자들의 관료에 대한 통제뿐만 아니라 이들에 대한 정치인이나 시민의 통제도 강조되어야 한다. 왜냐하면 정치적 임용자에 대한 시민이나 정치인의 통제가 뒤따르지 않으면 행정의 민주성 확보에 문제가 있게 되며 정치적 공무원의 관료주의화가 제기되기 때문이다. 따라서 대응성과 효과성의 기준과 함께 관료의 전문직업성과 책임성 및 정치적 임용자에 대한 통제도 각 시기의 인사행정을 분석하는 준거가치로 다루었으면 하는 생각이 든다. 그리고 이 글은 정치적 임용자의 수가 지나치게 많다는 것만 강조하나 어떤 직위를 얼마나 또 어떻게 줄여야 하는지에 대한 필자 자신의 견해도 제시하였더라면 하는 생각이 든다.

참고문헌

Pfiffner, James P., "Political Appointees & Career Executives: The Democracy-Bureaucracy Nexus in the Third Century," *Public Administration Review*, 47, 1, 1987, pp. 57-65.

Rosen, Bernard, "Effective Continuity of U. S. Government Operations in Jeopardy," *Public Administration Review*, 43, 6, 1983, pp. 383-392.

Douglas Yates의
관료제적 민주주의*

I. 머 리 말

　　Douglas Yates의 논문 "Bureaucratic Democracy"는 정부 관료제가 민주주의라는 정치적 가치와 능률이라는 행정적 가치를 조화시킬 수 있는가에 대한 문제를 중심적으로 다루고 있다. 저자는 제도개혁(institutional reform)을 통해 정부 관료제의 통제전략을 잘 수립하기만 하면 관료제는 능률과 민주주의를 잘 조화시켜 나갈 수 있을 것으로 보고 있다. 이러한 결론을 도출하기 위해 이 책은 다원주의적 민주주의와 행정적 능률이라는 가치는 어떠한 것이며, 그것을 조화시키려는 학문적 시도의 성공과 한계는 무엇인가를 밝히고 있다. 또한 서로 상이한 관료제들 내외에서 일어나는 다양한 분할적 상호관계의 무방향성을 시정하기 위한 일련의 대안도 제시하고 있다. 집권적 통제와 장기 기획기능의 확립, 분권적 구조들의 경쟁적이며 개방적인 정책토론의 제도화, 그리고 자치정부의 서비스 제공의 합리화를 위한 제도의 설계 등이 바로 그것이다. 다음은 이 책의 내용에 관한 간단한 요약이다.

II. 관료제적 민주주의

　　미국 사회에서 민주주의는 주로 다원적 민주주의를 의미하는 것으로 이해되어 왔고, 능률은 정치의 간여 없이 행정부의 기술적·과학적 합리성을 증진시키는 것으로 인식되었다. 그러나 다원적 민주주의는 특정 이익집단의 이해관계만을 지나치게 대표하는 과오를 범하였고, 행정능률의 추구자들은 정치적 민주주

* 전영평: 대구대학교 도시행정학과 교수.

의 원칙을 준수해야 한다는 요구와 업무수행상의 능률향상이라는 요구를 함께 받아야 했다. 그렇다면 어떻게 관료제가 민주주의와 능률을 갈등 없이 함께 추구할 수 있는가? 이에 대한 답을 하기 전에 다원적 민주주의의 성격과 행정능률 모형의 논지를 고찰할 필요가 있다.

먼저 미국 사회의 전형적인 민주주의 모형인 다원적 민주주의는 다음과 같은 주요 명제에 기초해 왔다.

① 정부의 주요 권한은 전체 국가 내에 분산되어 있어야 하며 연방과 지방정 부간에도 분리되어 있어야만 한다. 즉 권력은 분산되고 권력 집중은 방지 되어야 한다.

② 정부는 집단이익의 대표성을 능동적으로 촉진시켜야 하며, 분산된 정부구 조에 대한 이익집단의 다변적인 접촉이 가능하도록 해야 한다.

③ 미국 정치는 경제적인 사회적 이해관계의 합성이다.

④ 미국 정부와 정치는 이익집단들간의 경쟁으로 이해되어야 한다.

⑤ 정부 기관과 사적 이익 집단간의 경쟁은 협상과 타협을 유발시키며 사회 내의 권력균형을 초래한다.

이러한 다원주의 체제 내에서 관료제는 다음과 같은 역할을 해야 할 것으로 기대된다.

① 권력집중을 방지하기 위해 다원적 권력들의 중심체의 역할을 해야 하며, ② 이익집단에게 다양한 접근을 시도할 수 있게 해야 하고, ③ 강력한 분권적 요소를 갖추며, ④ 내부적인 경쟁체제를 구비하고, ⑤ 개방적이고 참여적이어야 하며, ⑥ 다양한 협상을 유도해야 한다.

이러한 다원주의적 모형은 엄청나게 복잡하고 상호작용적인 정치체계를 요구 하고 있다. 권력의 다원적 분할이 어느 정도의 다원화를 의미하는지도 불분명하 며 권력의 분권화가 필수적으로 경쟁과 협상을 초래하게 된다는 것도 확신할 수 없다. 또한 의회와 관료제는 특정한 이익집단만을 옹호함으로써 다원주의를 악 용할 수도 있다. 계층적 구조를 가진 관료제는 다원주의 내의 협상자라기보다는 분권적 협상과정의 강력한 도전자로 보이기도 한다.

이러한 다원주의적 모형의 명백한 결함에 대한 반응으로서 행정능률모형 (administrative efficiency model)이 떠오르게 된다. 이 모델은 다원주의적 모 델과는 정반대의 가정에 입각한 것으로서, 비능률을 시정하려는 행정개혁자들에 의해 미국 정치체제에 적합한 정부모형으로 설계된 것이다. 이 모델에서 강조되 는 것들은 상부권력 집중을 통한 책임행정의 실현, 강력한 리더십을 기초로 한 행정능률의 추구, 당파적 이해가 배제된 실적제 임용, 능력과 자격에 입각한 전문성 있는 행정의 실현(전문직화), 탁월한 경제성, 조정능력, 분업화의 이점을 가진 관료제적 조직화의 시도, 관료제 주도의 기획기능의 강조와 중앙집권적 재정관리체제의 확립, 그리고 강력한 행정수반의 통솔 등이다. 그러나 무엇보다도 이 모형은 사기업의 경영이 갖는 효율성을 지나치게 추구한 나머지 민주주의적 가치를 희생시킬 수 있다. 따라서 다원주의적 모형과 행정능률모형간에는 갈등이 존재한다.

이러한 갈등은 다음과 같은 5가지로 요약된다.

① 다원모형은 권력의 분산 또는 정책결정의 분권화를 추구하고, 행정능률모형은 권력의 집중 또는 정책결정의 집권화를 추구한다.

② 다원모형은 집행부 권력을 경계하지만, 행정능률모형은 최고 집행자에게 권력을 집중시킨다.

③ 다원모형은 정치가, 이익집단, 시민들이 권력을 장악하도록 하지만 행정능률모형은 전문적인 관료들이 권력을 갖도록 한다.

④ 다원모형은 정치적 협상과 적응을 민주적 과정의 핵심이라고 보는 반면, 행정능률모형은 행정으로부터 정치를 배제시킬 것을 촉구한다.

⑤ 다원모형은 개인과 정치적 행위자 자신의 이익 및 효용의 결정을 강조하는 반면, 능률 모형에서는 기술적·과학적 합리성을 강조한다.

양 모형간의 높은 상충 가능성은 우리로 하여금 중요한 질문에 직면하게 한다. 그것은 다원적 민주주의의 특성과 행정적 효율의 특성을 결합시킨 정부설계는 과연 가능한 것인가 하는 질문이다.

지난 100여 년간에 걸쳐 이에 대한 해결책은 부정과 긍정 양면에서 모색되어 왔다. 먼저 양자간의 합성이 불가능하다는 입장은 정치와 행정의 분야를 완전히 분리시키자는 것으로서, 이것은 독립규제위원회와 공사, 그리고 공기업을 탄생시켰다. 이들 조직체들은 정치적 감독으로부터 벗어나 능률과 독립성을 추구하도록 분리되었다. 양 모형의 통합가능성을 제시한 입장은 둘로 나뉘는데, 그 첫째는 최고 집행자의 역할을 통해 다원적 민주주의의 단점을 보강한다는 것이다. 즉 의회와 이익집단들은 편협한 이해관계밖에 대표하지 못하기 때문에 국가 전체적 입장을 견지하는 최고 집행자가 광범한 이해관계를 대표할 수 있게 하자는 것이다.

두번째는 정치적 분야와 행정적 분야는 별개의 것으로 구분하여 정치는 행정을 위한 과제를 제공하는 반면, 행정은 능률적으로 이를 집행하는 방법이다. 이

러한 정치와 행정의 분업화는 정치는 민주주의를, 행정은 능률만을 추구하게 한
다는 마술적 해결방법이었다. 그러나 정치와 행정의 평등한 균형이란 규범적 기
대일 뿐, 국내외적 위기와 대통령의 역할에 대한 사회적 기대는 행정적 능률 모
형의 압도적 우세를(특히 New Deal 이후) 가능하게 하였다.

대통령 권한의 증가와 관료제의 확장은 관료제적 민주주의 모형을 탄생하게
하였다. 종래의 다원적 민주주의가 관료제를 제외한 정치제도간의 상호작용을
중시하는 반면, 관료제적 민주주의 모형은 의회에 대한 대통령의 상대적인 권한
과 책임의 강화는 물론 정책결정 주체로서 백악관과 관료제의 실체를 인정하고
있다.

다원적 민주주의가 행정적 능률 모형과 필연적으로 상충되는가에 대한 의문
에 대해 Lindblom과 Long은 관료제의 협상능력과 대표성의 양자를 조화시킬
수 있다고 답하고 있다. 즉, Lindblom은 관료제 내의 협상과 상호적응 과정이
다원적 민주주의와 능률적 의사결정에 기여한다고 보았으며, Long은 관료제가
광범위한 사회계층을 대변함으로써 내적 민주주의와 능률을 함께 실현시킬 수
있다고 한다. 그러나 저자는 Lindblom과 Long의 대안에 대해 비판적이다.

Yates는 Lindblom의 주장은 ① 협상과 상호적응의 범위를 확정시키지 못한
다는 점, ② 상호적응과 협상이 이익 당사자들에게 골고루 혜택을 주는 것이 아
니라는 점, ③ 상이한 관료제들의 협동을 요하는 에너지, 환경, 도시정책과 같은
정책분야에서는 다원적 갈등모형의 적용이 어렵다는 점을 지적하고 있다.

또한 Long의 견해는 ① 대표관료제(representative bureaucracy)가 민주주
의적 요소를 강하게 내포하는 것 같지만 사실은 다양한 이익들을 균형 있게 대
표하기 힘들다는 점, ② 관료제는 어떤 집단의 이익을 반영시킬 것인가를 결정
하는 기준을 조작할 수 있으므로 대표관료제의 기능을 심각하게 저해할 우려가
있다는 점, ③ 다양한 집단에서 고용된 공무원들이 관료제에서 일하다 보면 자
신이 속한 집단의 대표성을 망각하는 경우가 많다는 점에서 비판의 소지가 있다.

Lindblom과 Long이 제시한 관료제적 민주주의 대안이 가진 이러한 문제점
으로 인하여 관료제적 민주주의에 대한 새로운 대안의 탐색이 필요하게 된다.
저자는 이를 위해 정부 관료제의 특성과 관료제들간의 상이점을 구분하고 관료
제에 대한 통제력 상실의 원인을 분석하였다. 이러한 분석을 토대로 저자는 관
료제 내의 민주성과 능률성, 그리고 통제를 확립하기 위한 전략으로 제도 개혁
안을 제시한다. 저자는 공공관리자가 다원적 민주주의와 능률을 조화시킬 수 있
는 위치에 있긴 하지만, 관리자가 그것을 실현시키기에는 실제로 어려운 상황에

놓여 있기 때문에 제도적인 개혁이 추진돼야 한다고 믿고 있다. 저자는 민주주의가 노정하는 문제점의 개선과 능률추구시에 나타나는 문제점의 개선을 제도개혁전략을 통해 달성할 수 있다고 보면서 다음과 같은 제도개혁안을 제시한다.

먼저 행정부의 분산된 의사결정구조를 촉진시키는 세력에 맞서 최고 집행자의 조정권한을 증대시켜야 한다. 둘째, 분권화된 다원적 민주주의 협상체계의 약점을 극복할 수 있도록 정부의 기획능력을 향상시킴과 어울러 경쟁적이며 공개적인 예산과정을 수립함으로써 민주주의적 가치실현에도 공헌해야 한다. 셋째, 보다 집권화되고 경쟁적인 예산과정을 채택하고 분할된 관료제들간의 갈등문제를 해결하며, 일관성 있는 정책을 추진하기 위해 소각료회의(minicabinets)를 설치해야 한다. 넷째, 각부처 내에 장관이 주도하는 갈등조정장치를 설치해야 한다. 관료제 내부의 심각한 분파적 이해대립을 공개적이며 공식적인 의사토론 장치를 이용하여 각자의 입장을 공정하게 개진시킨 후 장관이 최종적으로 정책조정을 하도록 한다. 다섯째, 각 정부 부처에 대민서비스처(office of public service)를 설치하여 시민들에게 각 부처가 하고 있는 일을 알리고 관료제에 대한 불평이나 불만을 접수 해결하며 시민들의 이익을 대표하게 한다. 여섯째, 각 정부들 수준(연방, 주, 지역)에서 상호관련된 계획이나 정책수행을 매개로 하여 형성되는 정책연대성은 대중의 감시, 통제에서 벗어난다는 점에서 비민주적이며, 공무원들간의 이해 타협과정이라는 점에서 비능률적이다. 이를 극복하기 위해서는 중앙 정부의 통제력과 국가적 목표설정기능을 증진시켜야 함은 물론이고 하위정부의 장들에게 강력한 정책집행의 권한을 위임하는 분권화를 실시하여야 하나. 일곱째, 현장 공무원들이 구성원이 되는 지역서비스 각료회의(Service Cabinet)를 만드는 일이다. 지역서비스 각료회의는 지역에 관한 정책의 기능과 정책집행을 감시하고, 시민참여를 증진시킴으로써 행정의 효율성과 민주주의에 이바지 할 수 있다. 여덟째, 지역 서비스 센터의 건설이다. 이 기구는 서비스 제공의 문제점과 정책조정문제를 해결하기 위한 조직으로써 지역주민이 참여하며, 지역서비스 각료회의와 연합하여 지역문제를 효과적·민주적으로 해결할 수 있다고 본다.

Ⅲ. 평가적 의견

이상과 같은 Yates의 주장을 간단히 요약하면 다음과 같다.

① 관료제를 통해 민주주의와 능률을 조화시키려면 제도적 개혁에 의존해야

한다.

② 제도적 개혁의 우선적인 과제는 중앙집권인 통제와 장기적 기획 능력을 강화하는 일이다. 이는 관료제간의 분할성과 불합리한 당파적 협상을 배재하기 위해서이다.

③ 국가 전반적인 기획을 항상 고려하면서 관료제들간의 공개적이며, 공평한 경쟁을 보장하는 기구를 신설하며, 이해 당사자들의 요구에 대한 공개적인 논의와 공평한 판단을 활성화시키는 기구를 설치함으로써 협상의 결과가 국가 전반적인 목표달성에 도움이 되게 한다. 이러한 공개적이며 공평한 체제하에서의 이익의 조정은 기본적으로 관료제의 민주성과 능률성을 공히 보장하게 될 것이다.

④ 지역 수준에서도 지역정책 문제와 관련된 이익표출 및 갈등조정기구를 신설하며 시민감시 기구도 조직화하여 이를 민주적·능률적 문제해결의 도구로 삼는다. 이러한 지역수준의 이해관계 조정은 항상 상위정부의 목표 및 기획과 일치하는 범위 내에서 이루어져야 한다.

저자의 이러한 입장에 대한 가장 강력한 도전은 아마도 새로운 제도개혁의 실행가능성에 대한 의문에서 시작된다 할 수 있을 것이다. 이미 형성되어 있는 분할적인 관료제간의 상호작용 구조와 이익집단 개입 구조는 미국 사회의 정치적·사회적 진화모습과 필연적으로 연결되어 있는 것이 사실이다. 정당 리더십의 분할현상과 의회 위원회의 분립, 수없이 많은 이해관계의 도전 등은 제도개혁의 가능성을 위협할 것이 분명하다. 특히 의회는 대통령의 권한 강화를 용납하지 않을 것이며, 용납한다 해도 최소한의 범위로 한정하려 할 것이다. 또한 기존의 이익을 방어하려는 관료제의 반발과 이익집단의 저항도 극복하기 쉽지 않을 것이다. 대통령의 권한강화를 시도해 왔던 많은 행정부 노력의 실패를 보면 새로운 제도개혁안의 채택이 얼마나 어려운 일인가를 잘 알 수 있다. 따라서 이러한 제도개혁—민주주의와 행정적 능률을 동시에 추구하는—은 행정부의 제도개혁 요구만으로 될 일이 아니라 다양한 정치, 경제, 사회 각 부분들(즉, 제도개혁의 환경들)의 광범한 변화를 수반해야 한다. 이런 견지에서 보면 제도개혁의 사상은 이론적으로는 생각이 가능한 대안이기는 하지만 현실적으로 채택가능한 대안으로 보기 어렵다. 또한 저자는 이러한 제도개혁의 중요성과 이점만을 강조하였지 제도개혁의 앞에 놓인 장애물을 어떻게 극복할 것인가에 대해서는 언급하고 있지 않다. 하지만 분권적·분할적 자원배분 구조를 비민주적·비능률적 구조로—Lindblom이나 Long과는 달리—관찰하고 이러한 구조의 극복대안을 관료제의 개혁이라는 형식을 통해 제시하려 한 저자의 노력은 높이 평가할 만하다.

참고문헌

Yates, Douglas, *Bureaucratic Democracy: The Search for Democracy and Efficiency in American Government*, Cambridge, Mass.: Harvard University Press, 1982.

Herbert Kaufman의
관료제를 위한 변론*

I. 머 리 말

급격한 산업화와 더불어 한층 관료제적 성격을 띠게 된 현대의 정부조직은 실로 사회 각 분야에 걸쳐 막대한 영향력을 행사하고 있다. 그러나 정부관료제가 비대해짐에 따라 점차 비능률적이며 비민주적인 모습을 나타냈으며, 이에 대한 비난의 목소리 또한 거의 모든 국가에서 증폭되어 왔다. 이러한 반관료제적 정서(antibreaucratic sentiment)의 확대현상은 미국의 경우도 예외는 아니어서 본 논문의 저자인 Kaufman은 이를 '만연하고 있는 전염병'(raging pandemic)에 비유하고 있을 정도이다.

이처럼 학계, 언론 및 일반국민을 비롯한 대부분의 사회구성원들이 관료제를 하나의 거대하고도 자의적(恣意的)인 권력집단으로 인식하고 있는 데 대해서 Kaufman은 이의를 제기하고 있다. 즉 정부관료제는 고삐 풀린 말처럼 통제되지 않은 채 질주만을 거듭하고 있지는 않다고 주장한다. 이와 관련하여 저자는 본 논문에서 다음의 세 가지 사항을 강조하고 있다.

첫째, 관료제가 제대로 통제되지 않고 있다는 비판적 견해는 전체적인 현실적 상황을 기반으로 하기보다는 자신의 통제하에 있지 않다는 개인적 불만감에서 비롯된다는 점이다. 이러한 경우에는 관료제가 내가 아닌 다른 사람에 의해 통제되고 있을 가능성을 배제하기 때문에 반관료제적 목소리가 실제보다 과장되어진다는 것이다. 둘째, 앞의 경우와는 달리 관료제의 권력남용을 입증할 만한 구체적인 증거가 있는 것은 사실이나 이와 상반된 증거 역시 존재한다는 점이다. 그렇기 때문에 관료제가 통제되고 있다는 가설이나, 되고 있지 않다는 가설 모두가 검증불가능하다는 견해를 보이고 있다. 마지막으로 저자는 관료제에 대

---

* 박경효: 서울시립대학교 행정학과 교수.

한 두려움이 과대포장되어 만연하고 있는 것은 미국인들이 관료제는 인간의 창조물이므로 인간의 손에 의해 완벽하게 통제될 수 있다는 믿음을 가지고 있기 때문이라고 설명하고 있다. 아울러 인간의 의지와는 상관없이 관료제를 비롯한 사회체제를 이끌어나가는 역동성(dynamics) 내지는 사건들의 흐름(tide of events)이 있음을 인식해야 한다고 주장한다. 그러면 우선 저자가 제시한 내용들을 구체적으로 살펴보기로 하겠다. 또한 관료제를 바라보는 상반된 시각들을 재평가해 보고, 이러한 논의가 한국의 관료제 연구에 어떠한 시사점을 가지고 있는지 생각해 보기로 하자.

II. 관료제를 위한 변론

1. 관료제에 대한 과장된 두려움

관료제가 제대로 통제되지 못하고 있다는 점에 대해 대다수의 사람들이 공통된 인식을 가지고 있음은 앞에서 지적된 바 있다. 그러나 Kaufman은 이러한 비판적 견해들이 결코 같은 의미를 내포하는 것은 아니라고 지적하면서 다음의 몇 가지 예들을 들고 있다. 첫째, 사회 내의 다양한 집단들이 정부에 대해 자신들의 이익이나 요구를 반영해 주길 바라지만 실제 그러한 이익이나 요구는 서로 경쟁적이거나 상충되는 경우가 많기 때문에 정부가 모든 집단을 만족시킬 수 있는 정책을 입안하기란 사실상 어렵다는 점이다. 그럼에도 불구하고 각 집단은 자신의 개인적 이익이 충족되지 않았다는 의미에서 관료제를 비난하는 경우가 있다는 것이다.

둘째, 관료제가 상부로부터의 계층제적인 명령에 완전히 복종하지 않는다는 이유 때문에 비통제적(uncontrolled)이란 비난을 받기도 한다. 물론 행정기관이 필요상 그 독립성을 유지하기 위해서 또는 외부와의 정치적 이해관계로 인해 고위관리자의 리더십을 저해하는 경우가 있음은 저자도 인식하고 있다. 그러나 그는 계층제적 원리에서 불순응이 곧 관료제의 독단적인 권력행사를 뜻하는 것은 아니라고 지적한다. 최고관리자가 아닌 의회와 같은 다른 집단들에 의해서도 여전히 통제를 받고 있기 때문이다.

셋째, 의회의 행정부에 대한 영향력이 제대로 발휘되지 못하고 있다는 측면에서 관료제에 대한 우려가 제기되기도 한다. 그러나 저자는 의회의 철저한 감독만이 행정기관의 자의적 권력행사를 방지할 수 있는 수단은 아니라고 강조한다. 오히려 의회의 지나친 개입으로 인해 행정업무의 원활한 수행이 저해된다거나 일반정책 및 인사절차의 결정이 정지화되는 등의 부작용이 야기될 수도 있다는 것이다.

넷째, 행정기관의 의사결정에 대한 국민참여가 제한되어 있다는 측면에서 비판이 제기되기도 한다. 이 경우에는 특히 사회 내 하위계층의 행정으로부터의 소외 그리고 그 불균형의 시정이 강조되어진다. 그러나 저자는 관료제에 대한 어느 특정 집단의 영향력이 다른 집단에 비해 크다고 해서 통제가 제대로 안 되고 있고, 반면에 서로 다른 이익들이 골고루 반영된다고 해서 통제가 잘 되고 있는 것은 아니라고 지적한다.

마지막으로 관료제의 비통제적 측면은 공공기관이 행정절차상 요구 또는 규제하는 여러 사항들에 대한 불편함이나 비용과 관련되기도 한다. 시민의 입장에서 보면 위의 사항들이 불합리하거나 지나치게 형식적인 것으로 인식될지도 모른다. 그러나, Kaufman에 의하면, 관료들의 입장에서 볼 때 그들이 공식적인 행정절차를 제대로 수행해야만 책임성을 다하는 것이 되며, 만약 그렇지 못할 경우 비통제적이라는 비난을 면하기 힘들다는 것이다. 같은 맥락에서 관료제의 규모나 기능이 급격히 확대된 것도 국민들의 폭발적인 행정수요에 그 원인이 있는 만큼 이를 관료제 자체의 문제점으로 파악하는 것은 곤란하다고 지적한다.

이상에서 지적된 예들을 통해 저자는 관료제에 대한 불만이 사회의 일반적 이익보다는 특정 집단의 개인적 이익에 기초하고 있음을 보여주고 있다. 다시 말해서 자신의 이익이 반영되지 않았을 때 또는 자신의 영향력하에 있지 않을 때 관료제가 통제되지 않은 채 질주하고 있다고 비난한다는 것이다. 따라서 그들이 주장하는 바는 각자의 입장에 따라 서로 다른 의미를 지니고 있으며, 현실과도 부합되지 않는다고 한다. 요약하면 전염병처럼 퍼진 관료제에 대한 두려움은 다양한 실체를 가진 하나의 과장된 수사학적 표현에 지나지 않음을 저자는 강조하고 있다.

2. 검증불가능한 가설들

한편 정부관료제가 독자적 권력행사를 통해 정치체제 내에서 지배적 위치를 점하고 있다는 실제적 증거를 제시하는 비판가들도 있다. 앞에서와는 달리 이 경우에는 그들이 지적하는 바와 그 의미, 즉 관료제가 통제되지 않고 있다는 것이 일치한다고 하겠다. 그러나 Kaufman은 관료제의 부정적 측면을 입증할 만한 사례들이 있는 반면 그 반대의 경우를 보여주는 사례들 또한 고려되어야 한다고 주장한다. 아울러 그 논리적 근거로서 소위 '권력인식에 관한 법칙'(law of perceptions of power)을 제시하고 있다. 이 법칙에 따르면, 외부의 사람들이 인식하는 관료들의 권력은 실제보다 과장되어지며, 이와 반대로 관료들은 자신들의 권력행사가 상당히 제약받고 있는 것으로 느끼게 된다는 것이다. 그렇기 때문에 관료들의 시각에서 행정조직의 통제문제를 생각해 보면 기존의 비판적 입장과는 다른 여러 사례들을 발견할 수 있다고 한다. 저자는 실제 본 논문에서 다양한 사례들을 소개하고 있는데 설명의 편의상 상반된 양측 입장에 공통적으로 관련되는 것들만 살펴보면 다음과 같다.

첫째, Truman 이후 대부분의 대통령들은 자신들의 정책적 의지가 관료들의 무관심이나 불순응으로 인해 제대로 집행되지 않았다는 불만을 토로한 바 있다. 그러나 관료들의 입장에서 보면 대통령은 그가 하고자 하는 일을 관료제로 하여금 수행토록 만드는 강력한 권한을 가지고 있다. 실제 많은 주요 행정기관 심지어는 독립성이 상당히 부여된 규제위원회들마저도 대통령의 영향력하에 있으며, 관료들은 대통령과 협상테이블에 마주 앉을 수 있는 그런 존재가 아니라고 저자는 지적한다.

둘째, 의회가 지닌 기존의 통제수단이 미흡하기 때문에 새로운 제도나 절차를 도입하자는 반관료제적 견해가 제시되어 왔다. 이는 의회가 업무는 과중한데 비해 인력은 제한되어 있으므로 행정기관의 활동에 대한 실질적인 검토나 평가가 힘들다는 데 기인한다. 그러나 정부조직들이 자신들의 사업이나 재정 등을 관장하고 있는 의회의 확고한 의지에 대항하기란 사실상 어렵다. 그것은 의원들의 뜻에 잘 따를 때만이 관료들이 보다 순탄한 행정활동을 할 수 있다고 보여지기 때문이다. 또한 청문회나 조사활동 등을 통해서도 의회는 감시자 역할을 충실히 수행하고 있다.

셋째, 정부의 서비스공급 및 규제기능 등이 보다 전문화됨에 따라 비전문가인 정치인, 일반행정가 또는 국외자(outsider)들의 통제력 행사가 점점 힘들게 되었다는 비판도 있다. 그러나 Kaufman은 그들이 두려워할 만큼 정부관료제가 전문성을 독점하고 있는 것은 아니라고 지적한다. 저자에 의하면, 학계나 연구기관 같은 비정부단체들도 행정업무에 대한 많은 지식을 가지고 있으며, 나름대로의 꾸준한 분석활동을 통해 사회적 공신력을 확보하고 있다. 아울러 이들 단체들은 자신들의 견해를 대통령이나 의회에 전달하거나 또는 언론매체를 통해 여론화시킴으로써 막대한 영향력을 행사한다.

넷째, FBI나 과학분야의 행정기관들에게 보여지듯이 외부의 간섭에 구애받지 않고 자신들의 방식대로 임무를 수행해 나가는 관료제적 독자성이 문제시되기도 한다. 이는 특히 업무의 성격상 여러 가지 정치적 이유들로 인해 감독이 용이하지 않기 때문이다. 그러나 정보공개법이나 내부로부터의 자료유출 등에 의해 그들 활동의 실상이 조만간 외부에 알려진다는 점을 저자는 강조하고 있다. 또한 이해관계를 달리하는 타 행정부서들에 의해서도 견제되기 때문에 어느 한 기관이 독자적인 권력행사를 하기란 사실상 어렵다는 것이다.

위의 사례들을 종합해 볼 때, 관료제의 통제문제와 관련하여 어느 한쪽의 입장을 지지하기란 쉽지 않음을 알 수 있다. 따라서 관료제가 독단적인 권력행사를 하고 있다는 가설이나 그렇지 않다는 가설 모두 검증 불가능하다는 게 저자의 주장이다. 즉, 관료제에 대한 판단은 과학이나 논리의 문제라기보다는 오히려 개인의 가치나 경험에 의존한다는 것이다.

3. 사건들의 역동적 흐름

관료제를 두려워하는 입장이나 또는 이에 대해 만족해 하는 입장은 어느 것도 현실적으로 완전히 정당화되긴 힘들다. 그럼에도 불구하고 대부분의 사회구성원들이 반관료제적 감정과 심지어 무력감을 느끼는 이유는 무엇인가? 여기에 대한 설명으로서 Kaufman은 미국인들이 지닌 적극적이면서도 자기확신적인 사고관을 지적하고 있다. 즉 그들은 모든 사회적 조직들이 인간에 의해 만들어졌기 때문에 인간에 의해 조종되고 통제될 수 있다고 믿는 것이다. 만약에 그러한 조직들이 잘못된 방향으로 나가고 있다면 그 책임은 조직을 운영하는 사람들에게 있다고 생각하게 된다. 저자는 이러한 사고방식 때문에 오늘날 관료들이 사회적 문제에 대한 주범으로서 인식되고 있다고 설명한다.

한편 관료들이 가장 큰 비난의 대상이 될 수밖에 없었던 역사적 배경으로서 다음의 세 가지 사실을 들고 있다. 첫째, 관료제의 활동이 사회에 미치는 영향력이 급증함에 따라 이에 대한 국민적 관심이나 불만 또한 확대되었다는 점이다. 둘째, 기존의 복잡한 법규나 관행 때문에 새로운 절차나 업무를 충돌 없이 수행하기란 실로 어렵다는 것이다. 만약 이 경우 새로운 일을 강력하게 추진한다면 역시 독단적이라는 비난을 면하기 힘들게 된다. 셋째, 위에서 지적한 점들 때문에 관료들이 정치가들의 정책실패에 대한 희생양 또는 언론의 손쉬운 취재대상이 되었다는 것이다.

그러나 Kaufman은 사회적 병폐에 대한 책임을 어느 한 집단에 귀속시키려는 미국인들의 의식 때문에 그들의 의지와는 상관없이 사회체제를 이끌어가는 동적인 힘(dynamics)이 존재한다는 사실이 간과되고 있다고 주장한다. 즉 그는 인간의 통제가 미치지 못하는 사건들의 역동적 흐름이 사회체제를 지배한다고 보았다. 따라서 이러한 사회적 역동성을 단순히 신비주의적인 것으로 취급하기보다는 오히려 올바르게 이해함으로써 관료제가 단지 무능력하고 부패된 존재라는 편협된 인식을 벗어나 그것이 사회발전의 원동력이었음을 고려해야 한다는 것이다. 아울러 관료제의 부정적 측면만을 지나치게 강조하는 것은 바람직한 미래사회를 건설하려는 인간의 노력에도 별로 보탬이 되지 못한다고 지적한다. 끝으로 Darwin의 진화론적 입장에서 사회적 과정을 재조명해 봄으로써 사회과학에 대한 새로운 유용한 시각을 얻을 수 있을 것이라고 조언하고 있다.

Ⅲ. 평가적 의견

금세기 동안 미국에서도 행정국가화 현상이 가속되어 왔음은 널리 알려진 사실이다. David H. Rosenbloom(1983)은 이러한 현상이 건국초부터 채택되어 온 삼권분립제도의 부작용에 기인하고 있음을 지적한 바 있다. 즉 견제와 균형의 원리를 기반으로 한 권력분립은 정부활동에 있어서 세 권력주체들 사이의 합의와 협상을 중요시하기 때문에 급변하는 행정수요에 대한 능률적·신축적 대응을 어렵게 하였다. 그 결과 행정부가 입법부가 사법부의 기능마저도 부분적으로 흡수하는 행정국가화 현사이 촉진되었다는 것이다.

Rosenbloom의 견해는 관료제의 권한 확대가 관료들의 자기이익중심적 성향보다는 사회의 현실적 필요성에 의해 이루어져 왔음을 시사하고 있다. 동시에 이는 관료제가 실제 이상으로 비판되어 온 반면 그 공헌도는 간과되고 있다는 Kaufman의 지적에 대해 나름대로의 타당성을 부여하고 있다고 생각된다. 같은 맥락에서 최근 들어 기존의 반관료제적 입장에 대한 역작용으로서 관료제를 긍정적 측면에서 보다 객관적으로 이해하려는 노력들이 비록 소수이긴 하지만 있어 왔다. 예를 들면, Michael J. Wriston(1980)은 관료제의 실체를 보다 잘 이해하게 되면 일반적인 사회인식과는 달리 관료제가 민주적이고 능률적인 정책활동을 수행하고 있음을 알 수 있다고 주장하였다. H. Brinton Milward와 Hal G.

Rainey(1983)도 Wristion의 견해에 동조하면서 만약 관료제가 업무를 제대로 수행하지 못하였다면 그 원인이 관료들의 무능력이나 나태함보다는 외부적 요인에 있음을 강조하였다. 즉 현실적으로 어렵거나 실현불가능한 사회적 요구와 과중한 업무부담 등이 관료제의 성공적 정책수행을 저해한다는 것이다. Charles T. Goodsell(1983) 역시 여러 가지 경험적 분석결과들을 통해 위의 주장들을 뒷받침하면서 앞으로는 관료제를 적대적인 존재가 아닌 우리들의 이웃이라는 시각에서 접근할 것을 요구하였다.

물론 Kaufman을 비롯한 제 학자들의 견해는 관료제가 지닌 문제점들을 부인하거나 또는 그 장점만을 옹호하기 위한 것은 결코 아니다. 단지 관료제를 균형된 시각에서 파악함으로써 미래의 보다 바람직한 상태를 위한 구체적인 실현가능한 대안들을 탐색해 보고자 하는 노력인 것이다. 이러한 관료제를 위한 변론적 입장은 한국의 정부관료제 연구에 대해서도 유용한 시사점을 제공한다고 보여진다.

우리 나라에 있어서도 반관료제적 감정이 지배적인 사회여론으로 자리잡고 있으며, 언론매체를 통해 매일 등장하는 수많은 사례들이 이를 입증해 주고 있다. 그러나 이러한 모든 문제점들을 관료들의 탓으로만 돌릴 수는 없을 것이다. 실제 관료제를 감시ㆍ견제해야 할 정치인들이 사리사욕을 위해 오히려 관료들의 부정부패를 조장하는 한편 국민들 역시 이를 방조 내지는 직접적으로 개입한 측면이 없지 않다. 따라서 관료제의 비민주성과 비합리성을 지탄하기에 앞서 사회구성원 모두의 공유된 책임임을 느껴야 할 필요가 있다. 아울러 어려운 여건 속에서도 국가발전을 위해 애써 온 공무원들의 노고 또한 인정되어야 할 것이다. 이처럼 관료들이 처한 어려운 상황들을 이해할 때 우리는 보다 실질적인 개선방안을 제시할 수 있을 것이다. 예를 들어 과중한 업무와 낮은 처우 등을 그대로 둔 채 외부적 통제장치만을 강화하거나 관료들의 윤리의식만을 요구하는 것은 비현실적 접근이라고 볼 수 있다. 특히 많은 고학력의 젊은 공무원들이 탈관료주의적인 민주의식을 갖고 있음에도 불구하고(예: 전상호, 1990) 이것이 적극적으로 행동화되지 못하는 이유가 정치적 중립성의 보장이 취약하고 능력이나 성실도보다는 다른 비합리적 요인들이 중요하게 작용되는 관료사회의 구조적 모순과 깊은 관련이 있음을 유의해야 한다. 따라서 관료제에 대한 균형된 시각을 통해 정직하고 헌신적인 공무원들을 격려해 주는 동시에 이들이 공정하게 평가받을 수 있는 제도적 장치와 사회적 풍토를 마련해 주어야 할 것이다. 관료들의 잘못을 탓하기는 쉬우나 그것이 결코 미래의 발전을 위한 바람직한 방향만은 아님을 고려해야 한다.

관료제를 바라보는 Kaufman의 근본적 시각이 이론적으로나 실제적으로 많은 중요한 의미를 내포하고 있음은 부인하기 힘들다. 그럼에도 불구하고 본 논문이 갖는 몇 가지 제약점을 지적하지 않을 수 없다. 첫째, 관료들의 긍정적 측면을 부각시키려 한 나머지 그 논리적 근거가 과장된 측면이 없지 않다. 예를 들면 저자는 관료제가 어느 특정 이익에 의해 지배되었다고 해서 비통제적이라고 말하는 것은 사실과 다를지 모른다고 주장하였다. 물론 이 경우에도 관료제가 통제되고 있다고 애기할 수 있다. 그러나 엄격히 말하자면 우리가 관료제의 통제여부를 판단하는 기준은 그것이 누구가에 의해 통제되고 있다는 사실이 아니라 공익에 부합하는 올바른 통제가 이루어지고 있는가에 달려 있다고 하겠다. 따라서 사회 내의 기득권자들에 의한 통제는 진정한 의미에서의 통제라 볼 수 없을 것이다. 또한 저자는 사람들이 자신들의 이익과 관련이 없는 정부사업들에 대해서만 이의를 제기하고 그렇지 않은 경우에는 오히려 적극적으로 옹호한다고 지적하였다. 물론 개인적 입장이나 상황에 따라 정부사업에 대한 상반된 요구가 제시될 수 있으며, 이처럼 다양한 이익들을 골고루 충족시키기 위해 관료제가 팽창되어 왔음은 사실이다. 그러나 저자의 지적처럼 모두 사회구성원들이 항상 개인적 이익만을 고려하여 관료제를 비판하거나 옹호하는 것은 아니다. 최소한 학계나 일반연구기관에서 제시한 정책적 조언들은 공익이나 경제적 능률성 같은 나름대로의 일정한 기준에 의거하고 있다고 보여진다. 오히려 이러한 조언들이 정부에 의해 받아들여지지 않는 것은 그것을 둘러싼 정치적 이해관계 때문일 것이다.

둘째, 저자는 인간의 의지와는 상관없이 사회체제를 움직여 나가는 역동성이 있음을 강조하면서 이를 Darwin의 진화론적 관점에서 이해할 것을 요구하고 있다. 그러나 관료제와 관련하여 사회적 역동성과 진화론이 어떠한 맥락에서 이해되어야 하는지 또 양자가 어떻게 연결되는지에 대한 보다 구체적인 설명이 있었으면 하는 아쉬움이 남는다. 이러한 설명은 관료제의 미래나 개선방향에 관한 저자의 시각을 이해하는 데에도 도움이 되었을 것이다.

저자가 지적하고 있듯이 관료제의 통제여부에 대한 일반적 결론을 내릴 수 없음에도 불구하고 그 부정적 측면이 지나치게 과장되어 온 것만은 사실인 것 같다. 과장된 비판은 오히려 관료들의 사기를 저하시킬 뿐만 아니라 미래의 개선방향을 모색하는 데에도 별로 도움이 되질 못한다. 관료제의 성장과 관련된 사회적 과정을 이해하는 데에서부터 문제해결의 출발점을 찾아야 할 것이다.

이러한 관점에서 볼 때 한국의 정부관료제에 대한 분석도 보다 다각적인 차원에서 이루어져야 할 것이다. 우선 정부활동에 대한 체계적 평가를 통해 일반화된 반관료제적 입장이 갖는 타당성을 재검토해 볼 필요가 있다. 또한 관료제의 문제점이 관료들의 개인적 행태에서 비롯되는 것인지 아니면 사회구조적 모순에 기인하는지를 면밀히 분석한 다음, 이를 토대로 구체적인 개선방안을 제시해야 할 것이다. 물론 여기에 대한 분명한 해답을 짧은 시간 내에 얻을 수는 없겠지만, 계속적인 경험적 연구와 이론적 논의가 필요함은 재론의 여지가 없다고 하겠다.

참고문헌

전상호, 한국행정문화에 대한 실증적 연구, 한국외국어대학교 석사학위논문, 1990.

Goodsell, Charles T., *The Case for Bureaucracy: A Public Administration Polemic*, Chatham, New Jersey: Chatham House Publishers, Inc., 1983.

Kaufman, Herbert, "Fear of Bureaucracy: A Raging Pandemic," *Public Administration Review*, 41, 1, 1981, pp. 1-9.

Milward, H. Brinton & Hal G. Rainey, "Don't Blame the Bureaucracy," *Journal of Public Policy*, 3, 2, 1983, pp. 149-168.

Rosenbloom, David H., "Public Administrative Theory and the Separation of Powers," *Public Administration Review*, 43, 3, 1983, pp. 219-227.

Wriston, Michael J., "In Defense of Bureaucracy," *Pblic Administration Review*, 40, 2, 1980, pp. 179-183.

H. Brinton Milward와
Hal G. Rainey의
관료제를 위한 변명*

I. 머 리 말

많은 학자들이 관료제의 무능력과 병리를 지적하는 것과는 달리 H. Brinton Milward와 Hal G. Rainey는 "Don't Blame the Bureaucracy"에서 정부 관료제가 비능률적이거나 권력적인 것이 아니라 사기업에 못지않게, 아니 오히려 그보다 더 능률적이며 합리적으로 운영되고 있다고 주장하고 있다. 저자인 Milward와 Rainey는 관료제에 대한 기존의 부정적 인식은 매스컴에 떠오르는 소수 공직비리사건의 폭로에 의해 왜곡된 감이 있으나, 실제로 정부 관료제는 잘 운영되고 있다고 주장한다. 이들은 공공관료제가 민간기업과는 상당히 다른 상황─즉 능률에 대한 지나친 기대, 복잡한 가치문제로 인한 업무평가의 곤란, 높은 업무 성과기준의 제시, 이익집단의 개입, 의회의 무리한 요구, 과중한 업무부담, 거시경제적 요소의 방해, 관료제에 대한 편견─으로 인하여 사기업과는 비교할 수 없는 불리한 위치에 있다고 한다.

II. 관료제를 위한 변명

사람들은 흔히 정부가 국민의 돈을 낭비하고 사업을 비효율적으로 운영한다고 생각한다. 그리고 이를 시정하기 위해 정부를 민간기업같이 운영하고자 한다. 그러나 정부를 기업처럼 능률적으로 운영하고자 하는 요구는 정부의 역할, 목적 및 가치를 왜곡시키게 된다. 만일 능률만을 추구하기 위해 정부를 운영한다면

---

* 전영평: 대구대학교 도시행정학과 교수.

관료제는 집권화될 것이며, 이는 미국의 정치적 이상인 민주주의와 상충될 것이다. 정부 관료제의 이러한 성격은 정부사업 운영을 비효율적으로 보이게 할 것이다. 또한 정부를 기업처럼 운영하는 일은 비현실적이다. 왜냐하며 정부와 기업은 전혀 다른 구성원의 선출방식과 상이한 이해관계자 및 회계방식을 가지고 있기 때문이다. 기업과의 관계에 있어서도 정부는 사회간접투자자를 통해 기업의 지원자, 조정자로서의 역할을 하는 경향이 있다. 이에 대해 James O'Conner는 공공재정의 문제는 기업이 정부에게 막대한 비용을 지불하도록 하는 데 있다고 지적한다. 예를 들어, 자동차 회사는 고속도로 건설이나 보수에 들어가는 돈을 정부에게 부담하게 함으로써 정부가 비효율적인 것처럼 보이게 한다는 것이다. 또 다른 편견은 사람들은 흔히 기업의 능률을 과대평가한다는 것이다. 그러나 기업이 비능률적이고 낭비적이라는 증거는 수없이 존재하고 있다. 예를 들어 Ouchi (1981)나 Althos(1981)의 연구는 미국의 기업이 일본이나 독일의 그것에 비해 훨씬 비효율적임을 지적하고 있다. 따라서 미국의 정부와 기업의 효율성간의 우월여부를 비교하기란 쉽지 않다. 또 '정부를 기업같이 운영'한다는 말은 너무 간편한 말이다. '기업'같이 운영한다는 것은 일년에 5만 개씩 망해가는 기업처럼 운영하자는 것인지, 아니면 불경기에도 종업원을 감원시키지 않았던(비능률적인) IBM이나 Delta Airlines처럼 운영하자는 것인지도 불분명하다. 따라서 정부를 기업처럼 효율적으로 운영하자는 말은 쉽게 반박할 수 있는 얘기가 되고 만다.

둘째, 정부가 무능해 보이는 이유 중의 하나는 정부는 '능률'이라는 가치 이외에도 다양한 가치들을 만족시켜야 한다는 데 있다. Wilson과 Rachel(1977)은 능률을 추구하던 정부가 어떻게 여러 가지 다른 입법적 가치와 상충한 나머지 국민들의 눈에 비능률적인 것으로 비춰지는지를 잘 설명하고 있다. 의회와 주지사의 승인을 통해 두 도시간의 고속도로를 가장 싼 비용으로 건설할 것을 결정하고, 공사를 확정지었을 때 사람들은 그것이 순조롭게 잘 돼 나갈 것이라고 기대하였다. 그러나 소수인종 건설자들의 항의, 노조회비와 부과, 그리고 자연보호집단의 소송 등으로 인하여 도로건설 경비는 엄청나게 늘어나고 말았다. 이 사례는 정부에 있어서 능률은 중요한 가치이긴 하지만 형평, 반응성, 그리고 책임성같은 가치들은 능률과 상반되는 경우가 많다는 것을 보여준다. 특히 복지 (Welfare)지출의 경우 이러한 가치대립은 더욱 극명해진다. 많은 미국인이 복지지출을 정부의 낭비라고 생각하고 있음에도 불구하고, 사회복지는 사회를 유지시키는 주요 기능이기 때문에 행정부는 이 일을 해야만 한다. 결국 정부는 별로 필요 없는 일에 많은 돈을 쓰는 것처럼 보이게 된다. 기업은 고도의 기술을 가진 사람들만을 선호하고 비숙련공에 대해서는 관심을 보이지 않지만, 정부는 이들에게 직업을 제공함으로써 복지 수혜자를 줄여나가야 한다.

셋째, 사람들은 정부가 하는 일에 대해 사기업보다 높은 수준의 평가기준을 적용하는 경향이 있다. 정부의 소유자이며 권력의 경계자인 국민들은 정부가 공평하고, 개방적이며, 정직하고, 책임 있고, 일관적이며, 반응적이어야만 한다고 생각한다. 그들은 정부가 능률적이면서도 도덕적이어야 한다는 기대를 갖고 있기 때문에 정부는 사업을 수행하는 데 있어서 많은 곤란을 겪게 된다. 정부가 과제수행을 잘못한다는 증거가 많다고 해서 정부를 무시하는 일은 위험한 일이다. 왜냐하면 빈약한 과업수행의 근본 원인은 대개 외부에 있기 때문이다.

넷째, 자유민주주의 내에 존재하는 다양한 이익집단의 압력은 정부로 하여금 능률적인 일의 집행을 마비시키기도 한다(T. Lowi, 1969; John Gardner, 1979). 이익집단들은 법규나 규제원칙을 만드는 데 깊숙이 개입하여 정부 부처들로 하여금 일관성 있는 정책을 형성하지 못하게 한다. 예를 들어 보건교육복지성 (HEW)은 금연운동을 전개하는 데 반해, 농무성에서는 흡연경고를 안 넣어도 되도록 배려해 주고 있다. 이러한 예는 관료제의 무능력, 우둔함이 관료제 내부로부터 비롯된 것이 아니라 외부의 강력한 이익집단들과 의회의 위원회에 의해 초래된다는 것을 알려주고 있다.

다섯째, 의회는 이익집단의 압력에 못이겨 그 누구도 어떻게 할지 모른다는 일을 정부에 떠맡기는 경우가 있다. 예를 들어, 의회는 범죄인의 재활문제나, 일탈 행위자의 교화문제의 해결을 정부에게 해결토록 하는 법안을 제정해 버린 경우가 있다. 이때 정부는 엄청난 돈과 인력이 드는 이 일을 적은 예산으로는 엄두도 못내게 된다. 의회는 공공의 목적을 위해 법을 만들고 예산을 승인하면 그만이지만 정부는 그것을 집행가능한 사업으로 만들어야 하는데 그 사업에 대해 알려진 인과적 지식이 없는 한 정부는 또 다시 여론의 비난대상이 되기 십상이다. 해결책이 모호한 일—도덕적 타락 방지, 종전, 인종차별, 인구억제, 형평의 보장 및 범죄 박멸—을 정부에 맡기는 것은 정부를 희생양으로 만드는 것과 같은 일이 될 것이다.

여섯째, 모든 사회적 사안이 정치화되며, 특수한 이익집단들의 요구를 거부할 수 없는 상황 속에서 정부는 모든 일을 다 해야 할 것으로 기대된다. 그러나 정부의 능력에는 한계가 있고, 예산은 빈약하기 때문에 정부기관의 업무는 과중되기 마련이다. 이러한 과중한 업무부담은 정부로 하여금 무능과 낭비를 유발시키는 것처럼 보이게 한다는 것이다.

일곱째, 대통령과 의회의 관심은 인플레와 실업률 같은 거시경제적 지표에 집중되어 있다. 따라서 실업률이나 인플레율이 높으면, 예산과 유능한 인원의 삭감을 당하게 되는데 이로 인해 정부는 사업의 효과성을 희생하게 된다.

마지막으로 사람들은 일반적으로 공공관료제에 대한 불신감을 갖고 있다. Katz와 그의 동료들(1973)의 조사에 따르면, 약 30%의 응답자가 공공기관에 대해 낮은 평가를 하고 있다. 그러나 반수 정도의 사람들은 기업과 정부가 같은 정도의 업무수행능력을 가진 것으로 평가하고 있다. 사람들에게 그들이 특별히 접촉하는 정부기관에 대한 평가를 요구했을 때에는 정부 전체에 대한 평가 때와는 달리 그 공공기관의 서비스를 높이 평가하는 것으로 나타나고 있다. 이러한 역설적인 고정관념은 유능한 정부공무원들의 사기를 저하시키고 그들로 하여금 직장을 떠나게 하기도 한다.

이상과 같은 분석을 통하여 두 가지 간과할 수 없는 결론에 도달하게 된다. 하나는 미국의 공공관료제는 많은 사람들이 생각하는 것보다 훨씬 능률적으로 작동하고 있다는 것이고, 다른 하나는 공공관료제가 낮은 성과를 보일 때에는 그것이 내적인 태만, 무능력, 또는 관리의 실패에 있다기보다는 외부적 요인에 기인하는 경우가 많다는 것이다.

III. 평가적 의견

이 논문은 정부관료제가 처하고 있는 곤경을 잘 변호함으로써 관료제의 비능률과 부정적 인식을 타파하는 데 기여한 글이다. 그러나 글의 초점이 관료제의 비능률 문제만 변호하는 데 치우쳐 있기 때문에 그 밖의 다른 중요한 관료제의 문제점에 대해서는 효과적인 변명을 하지 못하고 있다. 즉 관료제의 자기방어적 성향, 권력성, 부정부패, 무반응성, 무도덕성, 지나친 서식주의, 관료적 무작위, 무사안일과 책임회피와 같은 문제점에 대한 실증적 증거를 풍부히 제시하지 못하는 것도 이 글의 한계이다. 저자는 관료제가 비능률적이 아니라는 반증으로서 몇 가지 사례를 들고 있으나, 실증적 연구결과로서 자신의 논거를 지지하지는 못하고 있다. 그리고 이 연구의 결과는 자칫 관료제의 무능과 비리를 변호하기 위한 수단으로 변질되기 쉽다. 관료제는 생존의 수단으로서 의회에 대한 로비나 이익집단과는 협상을 택하고 있는 경우가 많은데 이 과정에서 많은 특혜와 자원배분의 왜곡이 나타날 수 있다. 관료제는 적극적으로 불합리한 행동도 할 수 있는 것이다. 그런데 상황적 요인 때문에 관료제를 이해하려고만 든다면 관료들은 고칠 수 있는 잘못마저도 타성적으로 외부의 잘못 때문이라고 항변함으로써 자신의 오류를 수정하려 들지 않을지도 모른다. 마지막으로 이 글은 정책집행단계에서의 관료제의 비능률 문제를 주요 사안으로 다루고 있는데 이것은 정책형성단계에서의 비능률은 관료제보다는 정치에 책임이 있다는 식의 생각을 유도할 수 있다. 그러나 종종 고위관료들은 정책결정의 과정에서 정치적 의사나 자신의 의견을 적극적으로 반영시켜 정책을 실패로 이끄는 경우가 있다. 따라서 관료제의 능률성 문제는 하위 집행과정뿐만 아니라 정책형성과정에서도 고찰해야 할 문제인 것이다.

참고문헌

Milward, H. B. & H. G., Rainey, "Don't Blame the Bureaucracy," *Journal of Public Policy*, 3, 2, 1983, pp. 149-168.

Charles T. Goodsell의 관료제의 옹호*

Ⅰ. 머 리 말

오늘날 관료제만큼 사람들의 입에 많이 오르내리고 연구가 이루어진 주제도 아마 없을 것이다. 정부조직에 관한 것을 연구하는 행정학에서는 특히 그 비중이 높다. 그런데 무수히 많은 이들 연구 중 대부분은 관료제를 부정적으로 바라본다. 이에 반해 관료제를 긍정적으로 바라보는 연구는 상대적으로 적다. 이러한 현상은 관료제가 실제 궁극적인 면보다 부정적인 면을 많이 가지고 있기 때문에 나타난 것일 수도 있고, 실제는 그렇지 않은데 관료제에 대한 이해부족 때문에 나타난 것일 수도 있다. Goodsell는 후자의 입장에 서서 관료제에 대한 비판이 여러 가지로 잘못되어 있다고 비판한다. 그리고 상당한 설득력과 체계를 가지고 관료제를, 특히 미국 정부관료제를 적극 옹호하고 있다.

Ⅱ. 관료제의 옹호

Goodsell의 관료제 옹호는 다음 세 가지 순서에 의하여 이루어지고 있다. 먼저 관료제에 대한 지금까지의 각종 비판을 수집 정리하고, 다음 이들 각각에 대한 이론적·경험적 재비판을 하여 관료제의 긍정적인 면을 부가기키며, 마지막으로 그럼에도 불구하고 왜 관료제가 부정적으로 이해되는지를 설명하고 있다. 이 세 가지 부분을 '그의 입장에 서서' 보다 구체적으로 설명하고자 한다.

---
* 김병섭: 서울대학교 행정대학원 교수.

1. 관료제에 대한 비판

관료제에 대한 비판은 여러 부문에서 여러 가지 각도로 제기되고 있으나 크게 세 가지로－즉 낮은 성과, 권력지향성, 그리고 인간성 상실－정리할 수 있다.

(1) 낮은 성과

많은 사람들은 정부관료제의 성과가 형편없다고 비판한다. 이러한 비판은 크게 세 가지 측면에서 제기되고 있다.

첫째, 시장지향적인 경제학자들에 의한 비판이다. 이들은 경쟁적인 시장 및 이윤에 기초한 유인체제에 의해서만 경제적 능률을 확보할 수 있다고 생각한다. 그런데 정부관료제는 독점적인 지위를 누리며 다른 생산자와 경쟁을 하지 않기 때문에 굳이 비용을 절감해야 할 필요가 없다. 그리고 보이지 않는 손에 의해서 움직이는 시장과 달리 정부관료제는 다양한 요구를 가진 소비자의 수요에 적절히 반영하지 못하기 때문에 비능률적인 자원배분을 초래하게 된다.

다음은 기능주의 사회학자들의 비판이다. 이들은 관료제의 역기능 때문에 관료제는 당초에 그것이 의도했던 것과는 정반대로 부정적이고 병리적인 형태를 보이게 된다고 한다. 즉, 관료제가 고도화되면 수행해야 할 목표보다 법규가 더 우선되는 목표대치, 계층제적 통로 때문에 야기되는 의사전달의 장애 및 왜곡, 조직의 경직성 또는 변화에 대한 적응능력의 결여 등이 초래되고 이것들은 모두 성과를 떨어뜨린다고 비판한다.

마지막으로 정책분석들에 의한 비판이다. 이들은 정책이 실패하는 까닭은 관료들이 비합리적이기 때문이라고 생각한다. 즉, 의회에서 법안을 통과시키고 필요한 예산을 배정한다고 하더라도, 정작 어떤 정책을 집행하고 서비스를 제공하는 관료들이 제기능을 수행하지 않기 때문에 정책이 실패한다고 한다. 다시 말해서 관료들은 현존하는 정책에 익숙하여서 새로운 정책의 수행을 거부하거나 연기하려고 한다는 비판이다. 그리고 또 관료들이 목표를 정확하게 규정하지 못하며, 성과표준도 없고, 충분한 정보도 가지고 있지 못하며, 사업의 효과를 예측하지 못하여 정책이 실패한다고 비판한다.

(2) 권력지향성

많은 사람들은 관료들이 어떤 목적의 달성보다는 정치권력의 행사에 더 많은 관심을 가지고 있다고 비판한다.

첫째, 관료제가 지배계층 또는 기득권층의 이익을 위해서 존재한다는 비판이다. 보다 구체적으로 말해서 관료제의 특성상 하위관료들은 상위계층의 명령에 복종하도록 요구받게 되는데 이것은 결국 지배계층의 뜻에 의하여 관료제 전체가 움직이는 것을 의미한다. 그리고 관료제는 규정 등에 의해 안정을 유지하는 데 있어 탁월한 능력을 보이는데 이것은 곧 기존의 지배계층의 이익을 보호하고 현존하는 사회적 불평등을 영속화하는 것을 의미한다. 그리고 또 관료엘리트에 의한 지배는 개인주의에 기초하여 발달한 정치과정을 파괴하며 일반대중의 참여기회를 배제한다는 비판이 있다.

둘째, 관료제가 자기자신들의 이익을 위해 존재한다는 비판이다. 관료제는 기본적으로 조직의 성장 또는 생존에 관심을 가지는데, 그 까닭은 성장이 지도자의 권력이나 소득 또는 위신을 증대시켜 주는 동시에 관료들의 승진기회를 늘려주기 때문이다. 이렇게 되면 조직의 내부갈등이 줄어드는 대신 보다 훌륭한 인력을 확보할 수 있기 때문에 조직의 생존가능성이 증대된다. 따라서 관료제는 자꾸 기구를 확장하게 되는 것이다. 물론 복지수요와 관련된 외부적인 요인에 의해서도 관료제는 성장을 하지만 이 경우에도 앞의 이유 때문에 필요 이상으로 기구를 확장한다는 비판이다.

그런데 이렇게 관료제가 성장하게 되면 여러 가지 문제점이 발생한다고 한다. 즉 조직의 규모가 커지면 부서간 조정이 어렵게 되고, 또 업무의 통제가 잘 안 된다. 그래서 업무 자체보다는 다른 사람을 감독하는 등의 비생산적인 일에 노력을 소모하는 부서가 생기게 된다. 그런데 이들 부서도 또한 통제를 원활하게 하지 못하는 경우가 많으므로 이들을 통제하는 다른 통제기관이 필요하게 된다. 그래서 조직은 경직적이 되고 종국적으로 관료제는 일을 처리할 능력을 상실한 형해화된 조직이 되어 사라지게 된다는 것이다.

셋째, 이와 같은 관료제가 사회경제적으로 박탈당한 사람들을 포함한 일반국민들의 이익은 대변하지 않고 자기자신 또는 지배계층의 이익만을 추구하고 있음에도 불구하고 관료제가 본래의 기능을 수행하도록 통제하는 것이 쉽지 않다는 비판이다. 이것은 심지어 관료제를 옹호한 Weber까지 걱정한 문제로서, 관료제가 일단 성립하게 되면 그것을 깨뜨리기는 거의 불가능하다고 한다. 그리고 관료들보다 자본가들을 주요한 적으로 간주하는 Marxist들도 관료제가 독립적인 자생조직으로서 '기생충들의 왕국'이 될 것을 우려하고 있다. 이러한 우려는 Neo-Marxist들에게로 이어져 이들은 대규모 관료제를 통제불가능한 억압적 존재로 보고 있다.

(3) 인간성의 상실

관료제는 또 관료와 고객의 인간성을 상실하게 한다는 비판을 받는다.

첫째, Hummel을 포함한 많은 학자들은 관료들이 전문화, 계층제, 문서화의 원칙하에서 인간성을 상실하게 된다고 비판한다. 보다 구체적으로 말하면, 관료제에서 관료들은 심리적으로 미성숙한 상태에 있는 것으로 전제된다. 따라서 한 사람의 관료가 맡아서 수행해야 할 일의 범위를 넓게 할 수가 없다. 그래서 업무는 전문화 또는 세분화된다. 또 미성숙한 관료들은 계층제 상의 상관이 지시하는 일을 수동적으로 처리하도록 요구받는다. 따라서 실제로는 성숙한데도 불구하고 미성숙한 인간으로 행동하도록 강요당함으로써 관료들의 심리적 건강과 개인적 주체성은 파괴된다. 즉, 관료들이 조직의 규범에 자신들의 성격을 짜맞춤으로써 인격적 주체성을 상실하는 대신 관료적 성격(bureaucratic mentality)을 가지게 된다는 비판이다.

둘째 관료제의 고객도 또한 비인간적으로 취급된다는 비판이다. 그것은 먼저 조직으로부터 비인격적으로 대접받는 관료들이 자기들이 취급받는 그대로 고객을 비인격적으로 대하기 때문이다. 그리고 관료제는 모든 일을 법규에 의해서 처리하려는 특징을 가지는데, 이것은 결국 고객을 개개인마다 특수한 사정과 감정을 가진 하나의 인격체로 대접하기보다 법규가 정하는 바에 따라 사람들의 특정국면만을 주목함으로써 사람들을 비인격적 객체로 취급하기 때문이다. 따라서 고객은 자기들이 하나의 독립적이고 총체적인 인간으로 대해지지 않는 데 분개하면서 심한 소외감을 느끼게 된다는 것이다.

비판이론에 의하면 관료들과 시민들은 심지어 자기들이 이와 같이 억압받고 소외당하고 있는 사실조차 모르고 있어 비판을 통한 해방이 필요하다는 것이다.

2. 관료제의 비판에 대한 재비판

(1) 낮은 성과에 대한 재비판

정부 관료제는 과연 비생산적인가? 이 문제에 답하기 위해 먼저 지금까지 관료들의 서비스에 대한 국민들의 각종 여론 조사를 수집분석해 보았다. 분석결과 개별 시민들의 평가는 대중매체나 전문학술지에 그려진 관료제의 이미지와는 거의 정반대인 것이 발견되었다. 즉 수집된 각종 여론조사의 약 3분의 2에서 국민들이 관료들의 업적에 대해 긍정적인 태도를 가지는 것으로 나타났다. 거의 대부분의 고객들은 관료들과의 대면적 접촉에서 만족감을 표시하고 있었으며, 관료들을 공정하고 예의 바르며, 도움을 주는 그리고 능률적으로 일하는 사람들이라고 보고 있었다. 그리고 관료제의 실제 성과도 상당히 높게 평가하는 것으로 나타났다.

게다가 앞에서 제기된 관료제의 성과에 대한 세 가지 비판은 다음과 같은 비판을 받게 된다.

1) 경제학자들의 비판에 대하여

경제학자들은 경쟁적인 민간기업에 비해 독점적인 정부의 성과가 낮을 수밖에 없다고 하나 무엇보다도 먼저 그 비교자체가 적합하지 않다. 첫째, 정부와 민간의 구별이 언제나 분명한 것은 아니고, 둘째, 기업조직도 관료제적으로 조직화되어 있으며, 셋째, 독과점적인 산업의 경우와 같이 기업조직도 완전경쟁을 하지 않는 경우가 많은 반면 정부관료제는 예산확보 경쟁 등과 같이 경쟁적인 성격을 가지는 경우가 많기 때문이다. 따라서 민간기업과 정부간의 비교는 오렌지와 사과와 같이 비교되지 않는 것을 비교하는 셈이다.

그리고 직접적인 비교를 하는 경우에도 정부관료제가 비효율적이라는 근거가 없다. 즉 쓰레기, 병원, 교통, 전기 등의 서비스를 제공하는 데 있어서 민간업체가 정부관료제보다 더 능률적이라는 증거도 많이 있으나 그 반대의 경우에 대한 경험적 증거도 얼마든지 있다. 게다가 한 정부기관의 생산성 측정 결과에 의하면 1967년에서 1978년까지 민간부문의 생산성은 계속해서 감소되어 왔지만 정부관료제의 생산성은 꾸준히 상승되어 왔다.

이와 같이 정부관료제가 더 비능률적이라는 주장에 대해서 상반된 증거들이 동시에 존재하고 있음에도 불구하고 관료제를 무조건적으로 열등하다고 연역적으로 추리하여 비판하는 것은 물이 반쯤 차 있는 병을 물이 반밖에 남지 않았다고 말하는 것과 같다.

2) 사회학자들의 비판에 대하여

관료제가 역기능적이라고 하나 이것도 지나친 단순화의 오류를 범하고 있다. 먼저 비판론자들은 공공관료제가 상대적으로 상층부에 불필요한 인원을 더 많이 보유하고 있다고 하나 한 연구에 의하면 오히려 정부조직이 사기업조직보다 더 홀쭉한 모형을 보이고 있다. 다음 관료제가 일반적으로 변화에 둔감하고 덜 쇄신적이라고 하나 Peter Blau의 주장처럼 정부관료들은 직업에 대한 안전이 철저히 보장되기 때문에 자리가 불안정한 사기업체의 직원들보다 오히려 더 쇄신적이다.

그리고 관료제의 법규화가 목표대치를 초래할 수도 있지만, 법규가 없어 예측성, 안정성, 그리고 지속성의 기능이 제대로 수행되지 못할 경우 그 사회는 더욱 심각한 불균형과 혼란에 빠지게 될 것이다.

그리고 또 관료제가 쇄신에 필요한 까닭은 어떤 사회문제를 해결하는 데 필요한 자원을 일정기간 동안 안정적으로 공급해 주는 유일한 기관이기 때문이다. 이것이 바로 급진적인 사회운동이 일단 성공을 거두면 언제나 이러한 가치정향을 실현시키기 위하여 곧 제도화된 관료제를 채택하게 되는 까닭인 것이다. 그리고 제3세계에서 정부의 지도 및 감독하에 사회의 변화가 추구되어 왔다는 것도 쇄신에 긍정적인 영향을 미치는 단적인 예라고 하겠다.

3) 정책분석가의 비판에 대하여

성책의 실패는 관료제의 잘못이라기보다 기대가 너무 커 실패하기 마련인 정책을 추구하기 때문에 나타난 결과라고 볼 수 있다. 먼저 정부가 해결하기를 요구받는 문제 중에는 해답을 구하기가 어려운 것이 많다. 이들 문제들은 종종 사회의 다른 부문에서도 해결할 수 없었던 것인 경우가 많으며, 설사 가능하다고 하더라도 장기간, 가령 수백 년 또 그 이상의 기간을 경과해야만 해결이 된다. 또 사람의 형태변화와 같은 것은 관료제 외부환경의 변화가 수반되어야 하는데 이러한 환경은 잘 변화되지 않는다. 그럼에도 불구하고 정치가들과 여론은 문제를 끊임없이 만들어 이 문제에 대한 해답을 요구하고 그리고 해답이 제시되지 않으면, 관료제를 무능하고 비능률적이라고 비난하게 된다.

그리고 관료제는 또 그것이 추구하는 목표가 애매하거나 모순되기 때문에 실패하기 쉽다. 즉, 여러 가지 상충되는 이익을 충족시키기 위해 목표가 애매하고 불분명하게 표현되는 경우가 많은데, 이렇게 되면 성과 또는 목표의 달성 정도에 대한 평가가 어렵게 된다. 게다가 모순된 목표 때문에 어느 한 목표를 충족시키면 하나의 지지세력을 만족시킬 수는 있지만 다른 그룹의 세력에 대해서는 불만을 사게 된다. 그리고 불만세력은 이것을 정책의 실패로 평가하게 되며 따라서 정책은 어느 경우이건 실패하기 마련인 것이다.

(2) 권력지향성 비판에 대한 재비판

1) 기득권층을 위한다는 비판에 대하여

관료제가 기득권층의 이익을 위해서 존재한다고 하나, 관료제는 이들의 이익을 위해서 조직화된 것이 아니다. 먼저 관료제는 전체 국민을 잘 대표하고 있다. 즉, 관료들은 여러 가지 면에서, 가령 교육수준, 사회적 위치, 종교, 소득 및 지지 정당에 있어서 일반 국민들의 분포와 차이를 보이지 않고 있다. 또한 관료들은 정책지향에 있어서도 나머지 국민들과 차이를 보이지 않는다는 것이 각종 조사를 통해 밝혀지고 있다.

그리고 관료제는 기능적으로도 이들의 이익을 잘 대변하고 있다. 즉, 이들이 수행하는 업무의 범위가 대단히 넓기 때문에 거의 모든 이익들이 행정에서 상대역을 만들 수 있다. 게다가 관료제는 많은 정보와 책임을 가지고 이를 실현한다는 장점이 있다. 다시 말해서 선거에 의해 선출된 대표들은 대표성은 가지지만 전문지식이 결여되어 있는 반면, 사부문의 이익집단들은 지식과 정보를 보유하고 있지만 정당한 권의를 결여하고 있다. 이에 반해 공공관료제는 전문기술과 공식적인 법적 권한을 동시에 보유하고 사회의 여러 가지 이익을 실현하고 있다.

이렇게 볼 때 미국사회의 불평등은 존재해 왔고, 지금도 여전히 존재하고 있지만 이러한 불평등은 전체사회의 죄나 역사의 유산으로서 관료제만이 비난받아야 할 유일한 대상은 아니다. 오히려 시장경제에 맡겨둘 경우 발생하는 경제적 불평등을 해소하기 위해서 관료제가 조직화되었고 또 이를 위해 노력하고 있다는 표현이 더 적절하다.

2) 관료제의 성장에 대하여

관료제가 자신의 이익을 추구하기 위하여 조직규모를 확장하여 왔다는 비판은 잘못이 있다. 사실 정부에 종사하는 사람들의 숫자만을 가지고 이야기하면 약 1,800만 명의 공무원으로 구성되어 있으니까, 정부관료제의 규모는 대단히 크다. 하지만 개개의 행정단위는 대부분 조그마하다. 연방정부의 행정단위기관 중 85%, 그리고 지방정부의 72%가 25명 이하의 인원으로 구성되어 있다. 물론 규모가 큰 기관도 또한 많이 있지만 이들 조직은 보통 분화되어 있다. 따라서 대규모 관료제의 이미지는 잘못된 것이다. 그리고 또 경험적 연구들을 조사해 본 결과 정부관료제가 끊임없이 확장되고 있다는 가설은 입증되지 않았다.

그리고 큰 규모의 관료제가 작은 규모의 관료제보다 업무를 언제나 비능률적으로 수행하지도 않았다. 그리고 또 기존의 연구들은 오래된 관료제가 역사가 짧은 관료제보다 더 형해화되지 않았다는 점을 보여 주고 있다. 따라서 조직의 확장을 거듭하다가 종국적으로는 관료제가 소멸될 것이라는 주장은 경험적 지지를 받지 못하고 있다고 하겠다.

3) 관료권의 통제

사람들은 관료제가 지나치게 많은 권력을 보유하고 있으며 통제가 불가능하다고 하나 실상은 그렇지 않다. 먼저 관료제는 무수히 많은 외부기관으로부터 통제를 받는다. 최고 관리자, 성문헌법 및 법령, 예산과정, 인사통제, 외부감사,

옴부즈만, 사법부의 심판, 입법부의 감독 및 거부권 등 통제요인은 헤아릴 수 없이 많다.

그리고 정부 내부의 관료조직간의 갈등으로 특정 관료제가 권력을 많이 행사할 수 없다. 소위 관료정치(bureaucratic politics)이론에 의하면, 기관과 기관 또는 기관 내의 각 과는 때때로 연합하기도 하지만, 상호경쟁하고 영역분쟁을 일으키기도 한다. 그런데 이러한 상호간의 경쟁은 관료권을 현저하게 제약한다. 그리고 또 관료제는 내부적 규범에 의해서도 관료권 행사의 제약을 받는다. 즉, 관료들이 자기 자신을 스스로 규제하고 통제하는 내부장치(inner check)가 있는 셈이다.

결론적으로 볼 때, 정부관료제는 권력을 많이 가지고 있지 않으며 여러 곳으로부터 통제를 받는다고 할 수 있다. 특히 정보공개법의 제정, 공익집단의 활동 강화, 행정소송의 용이, 내부고발자(whistle-blower)의 장려, 고객지향의 내부 구조화, 의사결정에 대한 시민들의 제도화된 참여등에 의해서 관료권은 더욱 제약되고 있다.

(3) 인간성 상실 비판에 대한 재비판

1) 관료의 비인간화

관료적 성격이 있다고 하나 조사의 의하면 관료들이 일반시민들과 전혀 다른 성격을 가지는 것은 아니다. 가령 경험적 연구들에 의하면 공·사조직의 근로자들의 동기유발요인이나 권력지향은 차이가 없다. 또 관료들은 법규나 지시에 따르기보다 자신이 능동적으로 일을 처리하려 하며 변화에 적극적이라고 한다. 또 최근의 한 조사에 의하면 소외감과 공식화는 오히려 역상관관계를 가지는 것으로 나타났다. 즉, 공식화는 역할 모호성을 줄여주고 외부의 규범을 강화시켜 주기 때문에 오히려 소외감을 해소시켜 준다.

2) 고객의 비인간화

관료들이 고객들을 거만하고 비인격적으로, 그리고 규칙대로만 대한다는 비판이 있으나, 조사에 따르면 많은 시민들은 관료들이 자기들을 그렇게 대하고 있다고 생각하지 않는다. 오히려 관료들이 친절하고 자기들의 문제에 적극적인 관심을 가지고 돌보아 준다고 생각하는 시민들이 더 많은 것으로 나타났다. 그리고 관료들 스스로도 고객에 대한 책임이 소속 조직에 대한 책임보다 더 중요하다고 생각하는 것으로 조사에서 밝혀졌다. 따라서, 경험적 자료들은 기존의 논리적 추론을 지지하기보다는 오히려 이를 뒤엎고 있다고 할 수 있다.

그리고 또 규칙에 지나치게 얽매여 고객의 개인적인 사정을 전혀 고려하지 않는다는 비판이 있으나 만약 개인별로 고객을 달리 대할 경우 이것은 고객을 차별적으로 대한다는 보다 큰 비판을 면치 못할 것이다.

3. 관료제의 신화

이상에서 살펴본 바와 같이 정부관료제가 실제로 만족스러운데도 불구하고 왜 관료제는 일반적으로 아주 부정적인 것으로 이해되는가? 왜 실제와 추상적 이미지 간에 간격이 생기는 것일까?

이러한 간격은 일종의 신화에서 발생되었다고 할 수 있다. 먼저, 미국사회는 오랫동안 모든 문제를 해결해 온 신화가 있었다. 그리고 해결할 수 있다는 낙관적 믿음을 계속해서 가지고 있다. 이러한 분위기에서 설정한 목표가 달성되지 않으면 무엇인가 잘못되었다고 생각한다. 그리고 그 잘못을 관료제에서 찾는다.

다음, '나쁜 관료제'의 신화는 정부관료제와의 접촉에서 개인적 목표를 성취하지 못한 사람들에게 변명과 한풀이를 할 꺼리를 제공한다. 인허가를 받지 못한 사람, 각종 복지혜택을 받지 못한 사람, 승진 대열에서 탈락한 사람들은 모두 자기들의 결격 사유보다 관료제에 더 많은 문제점이 있다고 주장하여 한풀이를 하고 있다.

또한 이 신화는 여러 가지 업무나 직업을 정당화시켜 준다. 관료제가 낭비적이라는 비난은 일군의 감시감독관, 예산심의관, 그리고 경영상담가들에게 할 일을 제공한다. 또한 관료제가 지나치게 많은 권력을 행사한다는 것은 최고 관리자의 참모, 감시위원회 참모들에게 자기들의 일의 중요성을 부각시켜 준다. 또 현직에 있는 고위 관리들은 무능한 관료제를 자신이 추구한 정책이 의도한 효과를 제대로 가져오지 못한 이유로 제시한다. 반면 정권에 도전하는 후보들은 이러한 관료제의 개혁을 출마의 변으로 삼는다. 보수파들은 규제를 줄이고, 복지사업을 감축하며, 또 지출과 세금을 줄이기 위한 근거로 이 신화를 이용하고, 또 자유주의파들은 규제와 복지사업을 늘리기 위한 수단으로 이를 사용한다.

이러한 정부관료제에 대한 비판은 각종 정부개혁으로 이어진다. Reagan 대통령에서 Clinton 대통령으로 이어지는 각종 개혁조치 현상에 대한 비판을 토대로 정부를 재건축(rebuilding) 또는 재창조(reinventing)하는 것이다.

그야말로 관료제는 모든 부문으로부터 공격대상이 되고 있다. 그러나 이러한 공격은 정당한 근거보다 일종의 신화에 의존하고 있는 것이다. 따라서 이제까지 정부관료제에 대한 비판은 균형감각을 상실하여 왔다고 할 수 있다. 따라서 정부관료제를 보다 정확하게 이해하고 이를 적극적으로 옹호하는 학문세계의 활동이 필요하다 하겠다. 그러므로 행정학 교육이나 훈련 그리고 상담에 있어서도 부정적인 측면만 부각시키기보다 행정 실무를 개선하는 데 도움이 되는 내용을 담는 데 주력해야 할 것이다. 그리고 정부관료제도 상호간에 간격이 생기지 않도록 사회의 다른 부분과의 직접적인 접촉의 영역을 증가해야 한다. 아울러 보다 균형잡힌 언론보도가 중요하다고 생각된다.

III. 평가적 의견

Goodsell의 관료제 옹호론이 문제가 전혀 없는 것은 아니다. 몇 가지 문제점을 생각해 보면, 첫째 행정부에 대한 옹호가 관료제에 대한 옹호로 바로 연결될 수 있는가 하는 문제와 둘째 관료제 옹호를 지지하는 경험적 연구도 많지만 그 반대의 결론을 내는 경험적 연구가 더 많다는 문제점이 있다. 그리고 Goodsell 본인도 지적하였듯이 끊임없는 변화와 개혁이 이루어져야 보다 나은 상태로 발전되는 점도 주목할 필요가 있다.

하지만 부정적인 시각 일변도로 기울어진 사회에 신선한 충격을 주면서 관료제에 대한 균형감각을 갖게 해주었다는 데 이 책의 의의가 있다. 사실 Wriston (1980)이나 Kaufman(1981) 등과 같은 학자가 없는 것은 아니지만 거의 대부분의 행정학도들은 나쁜 관료제에 대한 이야기를 수용하고 따랐다. 그리고 이러한 신화를 보다 세련되게 하는 데 몰두했던 것이다. 따라서 Goodsell은 이러한 학계의 지배적 담론을 보다 균형되게 하는 데 기여했다고 볼 수 있다.

그런데 이런 균형된 감각이 중요한 것은 관료들에게 쏟아진 비난으로 관료들의 근로의욕이 현저히 떨어지고 (김병섭, 1994) 또 재능 있는 사람들이 행정관료가 되려고 하지 않기 때문이다. 이렇게 되면 우리는 점점 더 만족스럽지 못한 행정서비스를 제공받게 된다. 따라서 Adams(1984)가 주장하는 바와 같이, 보다 훌륭하고 높은 품질의 행정서비스를 향유하기 위해서는 뛰어난 사람들의 행정관료화와 이들의 근로의욕을 높이는 일이 필요하다. 즉, 초우량기업은 그들의 고용원을 존중하고, 영예롭게 생각하였기 때문에 가능하였다는 Peters와 Waterman(1982)의 발견에 주목할 필요가 있다. 따라서 우리가 좋은 서비스를 향유하려면 관료들을 존중하고 칭찬해야 하는데, Goodsell은 이러한 작업의 기초를 튼튼하게 밝혀 준 것이다.

참고문헌

김병섭, 공무원의 복지부동과 직무몰입도－스트레스 이론과 동기이론을 중심으로, 한
　　국행정학보, 28, 4, 1994, pp. 127-1299.

Adams, B., "The Frustrations of Government Service," *Public Administration Re-
　　view*, 44, 1,1984. pp. 5-13.

Goodsell, C., *The Case for Bureaucracy: A Public Administration Polemic* 2nd ed.,
　　Chatham, NJ: Chatham House Publishers, 1985.

Kaufman, H., "Fear of Bureaucracy: A Raging Pandemic: *Public Administration
　　Review*, 41, 1981, pp. 1-9.

Richard C. Kearney와 Chandan Sinha의 전문직업주의와 관료제적 대응성*

I. 머 리 말

행정의 전문화는 복지사회를 지향하는 현대정부에 있어서 나타나는 필연적이고도 보편화된 현상이라 하겠다. 일반적으로 볼 때 관료들의 전문성을 조직목표의 효율적인 달성을 위한 수단이 될 뿐만 아니라 정치적으로 중립적인 업무수행을 가능케 한다는 면에서 그 긍정적 효과를 찾아 볼 수 있다. 그러나 이와 같은 장점에도 불구하고 Frederick C. Mosher(1982)를 비롯한 많은 학자들은 전문가 집단의 자기이익중심적인 성향 때문에 행정전문화가 민주주의를 저해할지도 모른다는 우려를 표명해 왔다. 다시 말해서 전문관료들은 정책결정시에 비전문가인 정치인이나 일반국민들보다 훨씬 큰 영향력을 행사함으로써 공공이익보다는 그들의 개인이익을 우선적으로 반영할 가능성이 있다는 것이다.

이처럼 행정전문화와 민주주의를 상호갈등적 관계로 파악했던 기존의 견해에 대해 본 논문의 저자인 Kearney와 Sinha는 오히려 양자가 조화될 수 있다고 주장함으로써 이를 비판하고 있다. 그 구체적 내용은 크게 두 부분으로 요약될 수 있는데, 하나는 Don K. Price(1965)의 네 가지 집단모형(model of the four estates)에 대한 평가와 이를 통한 행정전문화 개념의 재구성이다. 다른 하나는 행정의 전문화가 갖는 관료제적 대응성에 대한 긍정적 측면들의 제시이다. 그러면 우선 위의 내용들을 구체적으로 살펴본 다음, 저자들의 견해를 비판적 관점에서 재검토해 보기로 하자. 우리 나라에서도 행정이 점차 전문화되어가는 추세에 있으나 여기에 관한 체계적인 논의는 별로 없었음을 감안할 때 본 작업이 앞으로의 연구방향에 유용한 지침을 제공할 수 있으리라 기대된다.

＊박경효: 서울시립대학교 행정학과 교수.

II. 전문직업주의에 대한 관료제적 대응

1. Price의 모형에 대한 재평가

Price는 일찌기 미국 사회의 주요 구성원인 네 집단, 즉 과학자, 전문가, 행정인 및 정치가들의 역할에 대해 분석한 바 있다. 그에 의하면, 과학자는 지식의 발견에 종사하는 한편 전문가는 과학적 지식을 응용하는 역할을 담당한다. 또한 정치가는 추구해야 할 목표나 가치를 선택하는 일을 하며 행정인은 정치영역에서 결정된 목표나 가치를 실제적 행동으로 전환시키는 작업을 맡고 있다. 이런 네 집단들은 아래의 그림에서 보여지듯이 순수과학에 의해 지배되는 진리(truth)의 순수정치의 영역인 권력(power) 사이의 연속선상에 위치하게 된다.

[그림 6-1] Price의 네 가지 집단 모형

그러나 Kearney와 Sinha는 20여 년 전에 만들어진 Price의 모형이 현재의 상황과 부합되지 않는다고 지적하면서 그 문제점들로서 다음의 세 가지를 들고 있다. 첫째, 위의 네 집단들 사이의 경계가 불명확하다는 점이다. 예를 들면, 오늘날에 있어선 엄격한 의미의 순수과학이란 존재하지 않으며 과학의 가치중립적 성격에 대해서도 회의적이라는 것이다. 아울러 정치가치들의 고유영역이라고 생각되었던 정책형성에 다른 집단들도 직·간접적으로 참여하고 있으며, 정치가들 역시 과학적 또는 전문적 지식에 의존하려는 경향을 보이고 있다. 두번째의 문제점은 집단들 사이의 단일방향적 이동성과 관련된다. Price에 따르면, 위의 그림의 좌측에 위치한 집단들은 전문화된 연구분야에서의 오랜 훈련을 통한 지식 축적을 필요로 하기 때문에 이들이 오른쪽으로 옮겨 가기는 쉬운 반면 그 반대의 경우는 아주 어렵다고 한다. 예를 들면, 과학자가 정치가로 변신하기는 용이하지만 정치인이 과학자가 되기란 거의 불가능하다는 것이다. 그러나 Kearney와 Sinha는 이러한 집단간의 단일방향적 이동에 대해 부정적 견해를 피력하고 있다. 그들은 실적제를 기반으로 하였던 미국의 정부관료제가 정치적 공무원들의 유입 및 관련 인사정책의 변화 등으로 인해 점차 정치화되고 있음을 예로 들면서 우(정치)에서 좌(행정)로의 이동이 실제 이루어져 왔다고 주장한다.

같은 맥락에서 저자들을 행정의 전문화란 개념도 단일방향적이 아닌 상호교환적 입장에서 새롭게 파악되어야 한다고 강조한다. Price(1965), Mosher(1982), Schott(1976) 등은 행정의 전문화를 과학적 지식을 가진 전문가들이 정부조직에 들어와서 행정활동을 직접 담당하게 되는 현상으로서 이해하였다. 이처럼 전문화를 행정적 전문가들(administrative professionals)의 확대로만 인식하는 것은 그것이 갖는 또 하나의 의미, 즉 우(행정)에서 좌(전문직업)로 이동한 전문적 행정인들(professional administrators)의 대두를 간과하고 있다고 하겠다. 따라서 저자들은 전문화를 위의 양자를 모두 포함하는 폭넓은 현상으로 해석하고 있으며, 특히 후자의 중요성을 강조하고 있다.

이와 관련하여 세번째로 Kearney와 Sinha는 행정의 전문직업적 성격에 대해 회의적이었던 Price의 입장을 비판하고 있다. Price는 과학과 정치를 연결하는 매개체로서 전문직업의 중요성을 부각시킨 반면 행정에 대해선 별다른 관심을 보이지 않았다. 그 주된 이유는 일반적이고 광범위한 지식을 강조하는 행정이 결코 전문직업과 같은 역할을 수행하기는 힘들다고 여겼기 때문이다. 여기에 대해 저자들은 전문직업이란 용어가 절대적이 아닌 상대적 개념임을 지적하면서, 최근에 나타난 여러 징후들을 감안할 때 행정도 하나의 새로이 대두되고 있는 전문직업(emerging profession)이라고 강조한다. 그 구체적 근거로서 도시관리를 포함한 여러 분야에서의 행정학 석사학위에 대한 요구, 관리를 위한 과학적 지식의 활용 증대, 구심점 있는 지식체계의 개발 및 인사나 재무와 같은 하위 전문분야의 발달 등을 들고 있다.

위에서 설명한 저자들의 견해를 간략히 종합해 보면, Price가 제시한 네 집단들 사이에는 그 경계가 불분명해지는 동시에 끊임없는 상호교류가 일어나고 있다는 것이다. 그 결과 과학과 정치의 양극단이 전문화의 길을 걸음으로써 더욱 가까워졌으며, 미국 사회에서 전문직업분야가 차지하는 비중도 확대되었다고 한다. 특히 과학적 지식, 관료제적 기술 및 정치적 의식 등을 함께 소유한 전문적 행정가들이 과학과 정치를 연결하는 직접적인 역할을 담당하게 되었음을 강조한다. 그렇다면 과연 전문화현상이 행정의 궁극적 목표인 민주주의 실현에 어떠한 영향을 미칠 것인가라는 중요한 이슈가 제기되는데, 이에 관한 저자들의 생각을 살펴보기로 하자.

2. 행정의 전문화와 관료제적 대응성

행정의 전문화가 관료제의 공익에 대한 대응성을 저해할지도 모른다는 우려는 전문가집단이 경험, 교육 및 사회화과정 등을 통해 나름대로의 독자적인 가치체계를 형성한다는 데 기인한다. 즉 전문가들은 정책활동을 수행하는 데 있어서 자신들의 시간이나 이해관계를 중시하는 반면 일반국민의 이익이나 요구는 소홀히 취급한다는 것이다. 이러한 우려에 대해 Kearney와 Sinha는 다음의 몇 가지 이유를 들어 오히려 전문화가 가지는 긍정적 측면을 부각시키고 있다.

(1) 행정의 준직업주의적 성격

행정이 엄격한 의미의 전문직업에 속하기는 어려우나 어느 정도 그와 유사한 속성을 가지고 있음은 앞에서 설명된 바 있다. 그런데 역설적이긴 하지만 행정의 바로 이런 준전문직업적 성격 때문에 오히려 관료제적 대응성이 확보될 수 있다고 저자들은 주장한다. 다시 말해서 행정가들은 다른 전문직업들에 비해 독자성이나 자기규제 성향, 또는 집단적 규범 등이 약하기 때문에 조직이나 상급자의 뜻에 잘 따르며, 자신들이 속한 조직의 상황에 대해서도 폭넓게 이해하고 있다는 것이다. 따라서 이들이 전문가집단의 특정한 가치를 추구하기보다는 공익이라는 조직의 목표달성에 헌신하는 태도를 보인다고 한다.

(2) 전문가적 책임성

책임성이란 용어는 다양한 의미를 띠고 있지만 일반적으로 볼 때 Mosher가 지적한 바처럼 두 가지 유형으로 나눠볼 수 있다. 하나는 객관적 책임성이며, 다른 하나는 주관적 책임성이다. 전자는 어떤 사람이나 조직이 자신들의 밖에 있는 다른 사람이나 조직에게 가지는 공식적 책임을 뜻하며, 책무성(accountability)의 개념과 유사하다. 한편 후자는 어떤 사람으로 하여금 책임감 있게 행동하도록 유인하는 개인의 윤리의식이나 가치체계, 또는 소속집단의 규범 등과 관련된다. 이처럼 관료의 책임성 확보를 위한 서로 다른 접근방법은 Carl Friedrich와 Herman Finer 사이의 논쟁 이래 행정학에 있어서 중요한 이슈가 되어 왔다. (Denhardt, 1984, pp. 123-129).

Kearney와 Sinha는 주관적 책임성과 객관적 책임성 사이에 존재하는 갈등관계에 유의하면서 양자를 조화시킬 수 있는 제3의 유형으로서 전문가적 책임성(professional responsibility)을 제시하고 있다. 이 개념은 두 가지 의미를 동시에 내포하고 있는데, 하나는 전문가가 지닌 자신의 지식이나 지술에 대한 믿음이며, 다른 하나는 그러한 지식과 기술을 전문직업의 집단규범이나 기준의 틀 안에서 활용하는 것이다. 저자들에 의하면, 전문가집단의 규범은 자칫 전문적 지식에만 의존하기 쉬운 관료들로 하여금 공익에 부합되는 행동을 하도록 유도하는 역할을 하게 된다고 한다.

(3) 전문가집단의 비동질성

조직의 가치나 규범이 전문직업의 집단적 가치나 규범에 의해 대체됨으로써 관료제가 공익에 반하는 행동을 한다는 기준의 비판에 대해 Kearney와 Sinha는 전문가집단 내 구성원들의 비동질성을 들어 이를 반박하고 있다. 그들은 의사결정 기준으로서의 집단규범이나 가치에 대한 해석이 전문가 각자에 따라 서로 다를 수 있으며, 경우에 따라선 개인적 성향이나 조직 내의 위치와 같은 비전문적 요인들도 의사결정에 영향을 미친다고 보았다. 뿐만 아니라 전문가집단이 과거와는 달리 출신배경이 다른 여러 사회계층의 사람들로 구성되어 있기 때문에 그 대표성이 높다는 것이다. 따라서 집단규범의 해석이나 출신배경에서의 비동질성으로 인해 전문가들은 의사결정에 있어서 다양한 사회적 가치나 이익들을 골고루 반영하게 된다고 주장한다.

(4) 전문가 집단에 대한 통제

저자들은 정부 내의 전문가집단들이 여러 경로를 통해 견제와 감시를 받고 있다고 지적한다. 예를 들면, 하나의 전문가집단은 같은 정부조직 내의 다른 전문가 집단이나 또는 정부 밖에 있는 전문가집단들과 서로 경쟁관계에 있다는 것이다. 아울러 전문관료들의 재량권 남용을 방지하기 위한 다양한 정치적·행정적 통제장치도 마련되어 있다고 한다. 그 결과 전문가집단이 자신의 특정 지식을 기반으로 이기적인 정책활동을 한다는 것은 사실상 어렵다고 파악하였다.

끝으로 Kearney와 Sinha는 행정의 전문화가 보다 긍정적인 방향으로 진행되기 위해서는 Mosher가 제시한 것처럼 전문가들에 대한 대학에서의 교육이나 훈련이 중요하다고 지적한다. 이를 통해 전문적 행정가들은 업무수행에 필요한 지식을 체계적으로 배울 수 있게 되며, 행정적 전문가들 또한 자신들의 한정된 지식에서 벗어나 사회가치들의 갈등적 구조나 정치적 과정을 이해하게 된다는 것이다. 결국 양집단이 전문적 지식과 더불어 일반국민의 다원화된 목소리를 잘 조정할 수 있는 폭넓은 가치체계를 동시에 소유함으로써 관료제적 대응성을 높일 수 있다는 게 저자들의 주장이다.

III. 평가적 의견

행정의 전문화가 민주주의 실현에 어떠한 영향을 미칠 것인가 하는 것은 현대행정학의 주요 연구과제라 하겠다. 본 주제를 다룸에 있어서 저자들은 기존 학자들의 견해에 대한 재조명을 통해 많은 유용한 시사점들을 제공하고 있다. 특히 행정전문화를 과거처럼 행정적 전문가에 국한시키는 것이 아니라 전문적 행정가도 포함하는 폭넓은 개념으로 사용하고 있음을 유의해 볼 필요가 있다. 물론 행정의 전문직업적 성격에 대해선 여러 학자들 사이에 많은 논란이 있어 왔으나, 저자들이 제시한 몇 가지 요인들을 감안할 때 미국행정이 어느 정도 그러한 성격을 지니고 있다고 보여진다. 따라서 행정전문화에 대한 개념적 재구성은 이것과 민주주의 사이의 관계를 논의하는 데 있어서 새로운 시각을 요구하고 있다고 생각된다. 다시 말해서 과거의 견해들이 자기이익중심적인 행정적 전문가들을 대상으로 전개되었던 데 비해 저자들은 주로 전문적 행정가들의 등장에 초점을 두면서 그 긍정적 측면을 강조하고 있는 것이다.

그럼에도 불구하고 우리는 Kearney와 Sinha의 견해에 대해 몇 가지 의문점을 제기하지 않을 수 없다. 첫번째 것은 저자들이 제시한 전문가적 책임성이란 용어와 관련이 있다. 일찍이 Friedrich는 관료들의 책임성 확보를 수단으로서 제도적인 외부통제보다는 그들의 전문적 지식과 국민여론에 대한 이해가 중요함을 지적한 바 있다. 이러한 견해는 저자들의 것과 실제 큰 차이가 없으며, 따라서 전문가적 책임성이 제3유형의 새로운 개념이라기보다는 넓은 의미의 주관적 책임성에 포함될 수 있을 것이다.

그리고 만약에 이 개념의 독자성이나 유용성을 인정한다 치더라도 여전히 문제의 소지는 있다. 예를 들면, 저자들은 전문가 개인의 행동이 집단규범에 의해 제약됨으로써 관료제적 대응성이 향상될 것이라고 주장하였다. 이러한 주장은 두 가지 이유에서 문제가 있다고 보여지는데, 하나는 과연 전문가집단이 구성원들에게 공익과 부합된 규범만을 따르도록 요구하는가라는 점이다. 특히 전문가 집단의 이해관계가 얽힌 문제가 대두되었을 때 형식적인 규범보다는 집단의 실제적 이익이 오히려 강조될 수도 있을 것이다. 다른 하나는 위의 주장이 집단규범의 해석에 있어서 구성원들 사이의 비동질성을 지적한 부분과 상충된다는 사실이다. 집단규범에 의해 전문가 개인의 행동이 제약된다지만 만약 그 해석에 있어서 개인마다 서로 다른 입장을 취한다면 결국 집단규범의 유용성은 감소될 것이다.

둘째, 전문가집단의 높은 대표성이 관료제적 대응성의 확보에 기여한다는 주장도 재검토되어야 한다. 미국의 정부관료제가 상당히 다양한 계층의 사람들로 구성되어 있다는 저자들의 지적은 어느 정도 설득력이 있다. 그러나 이와 같은 소극적(passive) 대표성도 기술직이나 서기직을 제외한 행정적 및 전문직만을 대상으로 해서 볼 때 여전히 소수인종이나 여성들은 상대적으로 적은 비중을 차지하고 있다. 뿐만 아니라 이들은 승진이나 재직훈련과 같은 인사절차에 있어서도 불이익을 당하고 있음이 관련연구들에 의해 입증된 바 있다(Lewis & Park, 1989).

저자들은 또한 미국관료제가 다양한 계층의 사람들로 구성되어 있기 때문에 의사결정에 있어서도 특정이익이 아닌 일반이익이 반영된다고 보았다. 이는 소극적 대표성이 적극적(active) 대표성으로 자연스럽게 전환된다는 논리로서, 예를 들면 흑인 출신의 관료는 의사결정에 있어서 흑인집단의 이익을 우선한다는 것이다. 그러나 이러한 가정이 항상 성립되는 것은 아니다. 다시 말해서 사회적 출신배경과 조직 내의 개인적 행태 사이에 뚜렷한 상관관계가 있는 것은 아니며, 그 이유는 직책의 성격, 조직 내의 사회화과정과 같은 매개변수들이 작용하기 때문이다(Mosher, 1982, p. 16).

셋째, 저자들의 지적처럼 전문관료들의 재량권 남용을 견제하는 공식적 장치가 있음은 사실이나 과연 이런 통제시스템이 제대로 운영되고 있는지에 대해서는 의문스럽다. 예를 들어 전문성이나 인력의 부족, 정보의 제한 등으로 인해 의회가 행정부를 통제하는 데 한계가 있음은 널리 알려진 사실이다. 또한 외부전문가들의 정책평가 연구보고서가 사업관리자들에 의해 제대로 활용되지 못하고 있는 점도 관료제의 외부통제에 대한 저항으로 인식될 수 있다.

마지막으로 전문관료들의 책임성 확보를 위해 교육의 중요성을 강조한 저자들의 견해도 그 기본적 방향에선 바람직하다고 생각되나 실천적 측면에선 어려움이 있다고 하겠다. 즉, 교육을 통해 기술적 전문성과 폭넓은 사회적 안목을 동시에 제공할 수 있다는 저자들의 기대는 현실적으로 쉽지 않다는 것이다. 예를 들면, 전문적 지식을 중시하는 반면 정부 내의 정치적 형태에 대해 비판적인 대학교수들이 과연 그러한 역할을 담당할 수 있을지 의문스럽다. 또한 행정적 전문가들의 경우 그들의 직업적 가치나 태도가 교육에 의해 쉽게 바뀐다고 보기도 어렵다.

이상에서 우리는 행정전문화와 관료제적 대응성 사이의 긍정적 관계를 강조한 Kearney와 Sinha의 견해를 살펴보고, 또한 이를 비판적으로 검토해 보았다. 행정전문화에 대한 상반된 양 입장들은 나름대로의 장·단점을 동시에 가지고 있다고 하겠다. 미국의 경우 현재까지 본 주제에 관한 경험적 연구가 별로 없었음을 감안할 때 가설적 성격을 띠고 있는 위의 상반된 입장들은 앞으로의 실제적 연구들에 의해 검증되고 수정·보완되어야 할 것이다.

우리 나라에서도 행정의 전문화는 부정적 측면과 긍정적 측면을 함께 가지고 있다고 생각된다. 기존의 주요 정책들이 관료들의 전문적 지식에 의존하기보다는 정치적 영향력에 의해 결정되어 왔음을 부인하기 어렵다. 따라서 행정전문화가 보다 객관적이고 중립적인 정책활동을 가능케 한다는 점에서 그 긍정적 효과가 기대된다. 반면에 기술관료들의 자의적 의사결정과 정보독점으로 인한 국민의사의 소외라는 부정적 측면 또한 이에 못지 않다. 결국 행정의 전문화가 관료제적 대응성에 어떠한 영향을 미칠 것인가 하는 문제는 전문관료들의 가치체계나 행태에 달려 있다고 보여진다. 앞으로 본 주제에 관한 이론적 논의나 경험적 연구들이 활발히 전개되어야 할 필요성이 있으며, 또 그렇게 되길 기대해 본다.

참고문헌

Denhardt, Robert B., *Theories of Public Organization*, Monterey, California : Books/Cole Publishing Company, 1984.

Kearney, Richard C. & Chandan Sinha, "Professionalism and Bureaucratic Responsiveness : Conflict or Compatibility," *Public Administration Review*, 48, 1, 1988, pp. 571-579.

Lewis, Gregory B. & Park, Kyunghyo, "Turnover Rates in Federal White-Collar Employment," *American Review of Public Administration*, 19, 1, 1989, pp. 13-28.

Mosher, Frederick C., *Democracy and the Public Service*, 2nd ed., New York : Oxford University Press, 1982.

Price, Don K., *The Scientific Estate*, Cambridge, Mass : Harvard University Press, 1965.

Schott, Richard D., "Public Administration as a Profession: Problems and Prospects," *Public Administration Review*, 36, 3, 1976, pp. 253-259.

Harold F. Gortner의
가치와 윤리*

I. 머 리 말

　Harold F. Gortner는 가치문제를 이해해야 행정윤리를 이해할 수 있고 또 윤리 상의 문제를 해결할 수 있다고 주장한다. 그는 인간을 도덕적 동물이며 가치지향적인 존재라고 규정하고 가치가 윤리적 사고의 기초가 된다고 하였다.

　Gortner에 의하면 윤리와 가치는 불가분의 관계에 있으며 가치는 윤리적 선택의 핵심에 있다고 한다. 윤리적 선택에서 가치가 어떤 역할을 하는가를 이해하면 공직윤리 상의 많은 문제들을 명료화할 수 있다고 한다.

　특히 윤리적 딜레마가 있을 때 그 이면에 있는 가치의 이해는 문제해결에 필수적이라고 한다. 공무원이 경쟁적이고 배타적인 가치들 가운데서 어떤 것을 선택하지 않을 수 없을 때 윤리적 딜레마를 경험하게 된다. 공무원들은 무엇이 옳고 무엇이 그른가에 대해 분명한 합의가 없는 가운데 일을 해나가고, 의사결정을 하고, 명령을 해야 하며, 정치인·동료·고객·이익집단·일반시민 등으로부터 제기되는 다양하고 흔히 상반되는 반응과 요구의 불협화음에 직면하게 되는 경우가 많다. 심지어 공무원 자신도 구체적인 사안에 대한 최선의 의사결정과 행동이 무엇인가에 대한 내재적 합의를 이루지 못할 경우가 흔히 있다. 이러한 조건들이 윤리적 딜레마를 만들어 낸다. 행정 상의 윤리적 딜레마를 이해하고 해결하려면 가치의 역할과 가치갈등의 문제를 만드시 분석해야 한다.

　Gortner는 "Values and Ethics"라는 논문에서 위와 같은 전제를 설정하고 두 가지 문제 즉 "가치란 무엇이며 그것은 어디서 나오는가?" "공무원이 윤리와 윤리적 딜레마를 다룰 때 가치를 어떻게 이해하고 활용하는가?"라고 하는 문제에 대한 해답을 탐색하였다. 그는 심리학, 사회학, 철학의 가치문제연구를 살펴

＊오석홍: 서울대학교 행정대학원 명예교수.

보고 행정에 영향을 미치는 정치·경제·사회적·관료제적·직업적 가치들을 검토했으며, 가치들이 행정학자와 행정가들에게 어떤 영향을 미치는가를 논의하였다. 위 논문의 논지를 다음에 요약한다.

II. 가치와 윤리

1. 가치의 의미

공무원들은 사실(facts)과 가치(values)로 구성된 세계에서 일한다. 사실과 가치를 잇는 다리는 없으며, 양자는 의사결정에서 본질적으로 다른 역할을 한다.

사실은 의사결정의 지식적 기초가 되는 생자료(生資料: raw data)이다. 무엇이 사실이며 사실이 어떻게 활용될 수 있는가에 대해 많은 논란이 있을 수 있다. 그러나 사실이 사실로서 인정된 뒤에는 그에 대한 갈등은 없다. 사실은 그저 존재할 뿐이다. 사실의 문제는 '이다'(is)와 '아니다'(is not)의 문제인 것이다.

그러나 가치는 개인 또는 집단 사이의 갈등문제를 수반한다. 가치는 '해야 하는 것'(oughts)과 '해서는 안 되는 것'(ought not)의 문제이다. 철학자 William Frankena는 "좁은 의미로 쓸 때 가치라는 말은 '좋다' '바람직하다' '중요하다'고 생각되는 것을 지칭하며, 넓은 의미로 쓸 때에는 모든 종류의 올바름, 의무, 미덕, 아름다움, 진실, 성스러움을 지칭한다"고 하였다. 인류학자 Clyde Kluckhohn은 "가치란 행동에서 채택할 수 있는 양식, 수단, 목표 가운데서 선택을 하는 데 영향을 미치는 '바람직한 것'에 관한 개인 또는 집단의 성격에 따라 다른 명시적 또는 묵시적 관념이다."라고 하였다.

개인 또는 집단은 다양한 인간, 물건, 아이디어와 행동에 관련된 일련의 가치들을 가치고 있다. 가치는 현재의 상태 또는 지각에 대해서 뿐만 아니라 장래의 상태와 사건에도 부여된다. 이러한 가치들은 상황이 어떻게 지각되고 판단되는가, 무슨 결정이 내려지는가, 그리고 무슨 행동이 취해지는가를 좌우한다. 개인들 그리고 집단들이 가진 가치는 다양하기 때문에 사회적 갈등이 생긴다. 정치라고 알려진 어느 정도 제어된 갈등 상황에서 공무원들은 일한다.

가치문제를 이해하려면 어떤 학문분야의 연구결과를 받아들여야 한다. 특히, 심리학, 사회학, 그리고 철학에서의 가치 문제 연구는 가치가 무엇이며, 그것은 어디서 오고, 공무원들은 가치를 어떻게 이해하며 활용하는가에 대한 해답을 탐색하는 데 많은 도움을 줄 수 있다.

⑴ 심리학에서의 가치연구

인간의 정신적 과정과 행태를 연구하는 심리학에서는 개인의 자기이해와 동기 그리고 외부세계에 대한 지각에 관련시켜 가치문제를 논한다. 그리고 발달심리학(Developmental Psychology)은 인간발달단계에 관련시켜 가치문제를 연구한다.

사람들의 자신에 대한 이해는 타인의 자아를 이해하는 데도 영향을 미친다고 한다. 사람들의 자기이해는 스스로의 가치, 그리고 타인에 대한 태도와 행동을 결정한다. 예컨대 사람들이 자기 생애에 대한 통제력의 위치(locus of control)를 어떻게 이해하느냐 하는 것은 인간행동과 경험을 관념화하고 설명하는 데서 중요한 역할을 한다. 개인이 자기 생활을 스스로 통제한다면 그는 좋은 것과 나쁜 것을 구별하여 선택할 수 있는 진정한 도덕적 존재인 것이다. 자기 생활을 외부의 타인이 통제한다면 그의 태도와 행동에 대해 책임을 물을 수 없다.

급진적 행태주의자들은 외재적 통제에 관한 이론을 제시한다. 그러나 인간은 도덕적 선택을 해야 한다고 믿는 사람들은 그러한 이론을 받아들이지 않는다. 그리고 자아(self)가 심리적 과정을 거쳐 개인의 행동을 통제한다고 본다.

그러한 심리적 과정(chain of events or occurrence)은 가치와 신념이라는 두 가지 요인으로부터 시작된다. 가치와 신념은 동기와 태도에 의해 창출되기도 하고 활력을 부여받기도 한다. 이 과정은 사회적 상황에서의 행동으로 끝난다.

발달심리학자 Erik Erikson은 사람들이 발달 또는 사회화의 여덟 단계를 통해 성장해 간다고 하였다. 인간이 발달단계에 따라 성장할수록 자신을 보다 확실히 이해하고 자기의 가치와 분석기술을 보다 잘 알게 되기 때문에 윤리적 딜레마를 둘러싼 복잡한 문제들을 보다 잘 다룰 수 있게 된다고 한다. 모든 사람들이 그렇게 될 수는 없지만 완전한 자기개발은 민주적 상황에서 성공적으로 일하는 데 매우 중요하다. 왜냐하면 민주적 상황 하에서는 사고와 행동에 대한 절대주의적 지시가 없기 때문이다.

Lawrence Kohlberg도 도덕적 성숙의 발전과정을 여섯 단계로 구분한 바 있다. 이 단계를 따라 진전할수록 윤리적 문제를 이해하고 다루는 데 세련되어 간다고 한다. 가장 미성숙한 사람은 근본적으로 도덕과는 무관한 사람으로서 발각되어 처벌될 것만을 걱정한다고 한다. 그보다는 도덕적 성숙성이 향상되면 자신의 가치와 도덕적 결정을 주위의 다른 사람들에게 의존하는 단계를 거친다고 한

다. 가장 성숙한 사람은 스스로 선택한 가치와 원칙에 입각하여 개인적인 도덕
적 기준을 개발한다고 한다.

인간발달에 관한 Erikson과 Kohlberg의 모형은 사람들이 어떻게 가치를 발
전시키며 그것을 윤리문제의 해결에 어떻게 활용하는가를 이해하는 데 도움을
준다.

가치의 발전과 더불어 성장하는 것은 세상과 그에 대한 개인의 적용에 관련
된 일련의 신념이다. 가치와 신념의 조합으로부터 세상에 대한 일반적 관념 즉,
무엇을 할 수 있고 무엇이 할 만한 가치가 있는가에 대한 관념이 형성된다.

가치와 윤리의 교호작용을 생각할 때에는 동기유발의 문제를 또한 검토해야
한다. 윤리적 실책을 따질 때는 무엇이 그런 일을 하도록 동기를 유발했는가를
묻는다. 동기와 행동(action)이 결합된 것이 행태(behavior)이다. 의식적인 사
고에 기초한 행태는 목적지향적이다. 특정한 목적의 의식적 수단인 행태는 행위
(conduct)라고도 한다. 이와는 달리 무의식적 충동이 빚어내는 행태도 있다. 그
결과로 나온 행동에 대해서는 도덕적 의미를 부여하기 어렵다.

반의식적(半意識的) 내지 무의식적 충동 즉, 식역하(識閾下: subliminal)의
충동은 개인이 통제할 수 없는 것이므로 그에 대한 인식을 강화하고 가능한 한
의식적인 영역을 넓혀야 한다.

Abraham Maslow의 욕구단계이론은 논란의 대상이기는 하지만 동기·행태·
윤리의 상호관계를 이해하는 데 유용한 것이다. 생리적 및 안전추구적 수준의 동
기는 내재적으로 발원되지만 외재적 조종의 대상이 된다. 애정과 긍지를 추구하
는 수준에서는 외적·사회적 요인이 가치에 가장 많은 영향을 미친다. 자기실현
추구 수준에서는 가치가 주로 내재적으로 형성된다. Maslow의 이론은 앞서 본
도덕적 성숙단계에 관한 이론과 일맥상통하는 성격을 가지고 있다.

심리학에서는 가치에 대한 이해는 자기이해와 타인에 대한 이해에 달려 있으
며 개개인은 서로 다른 수준의 이해 위에서 일하기 때문에 윤리적 딜레마에 대
한 다기한 접근이 불가피하다고 본다. 해당 상황에서 다양한 성숙수준·발전수
준에 대해 이해하는 사람이 없으면 윤리적 딜레마는 처리될 수 없다고 한다.

가치문제에 대한 심리학의 답은 필요하지만 충분하지는 않다. 심리학자들이
윤리문제를 논의하면서 부모, 동료, 중요한 타인이 개인에게 미치는 영향에 대해
언급하고 있다. 이에 대해서는 사회학의 지식을 빌릴 필요가 있다.

(2) 사회학에서의 가치연구

사회학자들은 가치가 개인적인 것만은 아니며, 공동체적 성격을 가진다고 말한다. 가치는 사회화과정을 통해 학습되는 측면을 가지고 있다는 것이다.

가치는 선 또는 악, 미 또는 추, 유쾌함 또는 불쾌함 등으로 표현되는 '바람직함의 기준'(standards of desirability)이며, 그것은 최소한 부분적으로라도 사회화과정에서 형성된다. 생존에 관한 기본적 가치의 수준을 넘어서는 사람들은 사회적 경험을 통해 바람직함의 기준을 형성한다.

궁극적으로는 개인이 그 자신의 가치를 내재적으로 형성하게 될 수도 있으나 거기에 이르기 전에 이미 사회적 경험에 의한 영향은 항구화된다. 사회화과정의 분석에서는 습득되는 가치, 사회화과정의 참여자, 과정진행의 방법과 기술을 고려해야 한다.

사회화과정은 가치에 영향을 미치고 가치는 행태에 영향을 미치기 때문에 일정한 행태적 징상의 관찰에 의해 가치발달수준을 객관적으로 측정할 수 있다. Robin Williams는 네 가지 행태에 대한 관찰로써 가치 발달을 측정할 수 있다고 하였다. 네 가지 행태유형이란 선택, 관심의 방향, 언어적 표현, 그리고 집단 또는 사회에 의한 사회적 제재이다.

행태를 측정하고 그로부터 사회 내에서 개인이 갖는 가치를 추론해 내는 데는 문화적 감수성이 절대로 필요하다. 문화에 대한 이해가 중요한 까닭은 개인들이 지닌 가치들이 사회의 문화를 구성하는 한 부분이기 때문이다.

사회학은 심리학이 개척한 가치의 개인적 측면에 제2의 국면 즉, 집단적 국면을 첨가함으로써 가치문제의 명료화에 기여하고 있다.

(3) 철학에서의 가치연구

가치에 관한 논의는 결국 기술적(記述的)인 것에서 규범적인 것으로 이행해 가지 않을 수 없다. 규범적·처방적 논의에 철학이 기여를 한다.

우리는 사람들이 어떤 가치를 가졌으며 그것은 어떻게 형성되었는가를 묻는 질문에서 나아가 사람들이 어떤 가치를 가져야 하는지를 묻지 않을 수 없다.

철학은 사람들이 어떤 가치를 가져야 하는가를 연구하고 윤리적 원칙의 명료성과 일관성을 분석한다.

철학은 인간의 자유의지에 관한 논란을 벌여 왔다. 자유의지의 제약을 말하는 사람들도 많다. 그러나 인간의 의지가 자유롭다는 기본적인 도덕적 원리를 받아들이지 않으면 도덕적 질서의 형성이 불가능할 것이다. 도덕에 관한 논의

자체가 쓸모없는 것으로 될 것이다.

인간의 자유의지를 인정할 때는 의지가 얼마나 자유로우냐에 대한 질문도 함께 해야 한다. 그리고 자유의지에 가해지는 외재적 한계를 인정해야 한다.

자유의지에 관한 논의만큼 중요한 것은 '옳은 것' '좋은 것'에 대한 규정이 상대적인가 아니면 절대적인가에 관한 논의이다. 목적론자들(Teleologists 또는 Naturalists)은 상대론적이다. 즉 행동이나 규칙을 관찰가능한 현상과 비교함으로써 그 옳고 그름을 결정해야 한다고 주장한다. 행동이 욕망을 만족시키는가(쾌락주의), 가장 많은 사람들에게 즐거움을 주는가(공리주의), 또는 역사적 진보를 촉진하는가(마르크스주의)를 물어 행동의 옳고 그름을 판단한다. 목적론자들은 윤리적 행동의 기초를 인간의 본성과 생리적 및 사회적 욕구충족에서 찾는다. 그리고 행동 또는 규칙이 바람직한 결과를 가져오는 경향이 있으면 옳은 것으로 받아들인다. 이러한 접근방법은 사람에 따라 그리고 사회에 따라 기대와 가치가 달라지는 상대성에 관한 논의를 촉발한다.

의무론자들(Deontologists 또는 Absolutists)은 관찰 가능한 현상을 옳고 그름을 평가하는 타당한 기준으로 받아들이지 않는다. 옳고 그른 것은 선험적인 법칙과 이성에 의해 결정되어야 한다고 본다. 이 접근방법에 따르는 경우 제기되는 가장 큰 문제는 옳고 그름에 대한 판단을 받아들이게 하는 권위가 무엇이냐 하는 것이다. 단일한 문화 또는 단일한 종교에 관련하여 권위의 소재에 대한 합의를 보는 것은 별로 어렵지 않다. 그러나 우리는 다수문화, 다수종교의 세계에 살고 있기 때문에 권위의 소재에 대한 합의가 어렵다. 단일종교권 내에서도 구체적인 윤리문제에 대해 의견이 갈릴 수 있다.

의무론자들은 우리가 내리는 판단이 우리의 지식과 우리가 처한 상황에 따라 달라질 수 있음을 시인한다. 그러나 어떤 행동을 좋은 행동으로 만드는 어떤 절대적 기준이 있을 가능성을 부인할 수는 없다고 한다. 우리는 당면한 상황을 넘어서 행동판단에 관한 보다 근본적인 요인에 관심을 돌려야 한다고 말한다. 이 말은 우리의 가치는 궁극적으로 옳고 그름을 결정하는 절대적인 것에 기초해야 한다는 뜻이다.

목적론이나 의무론은 각기 문제를 안고 있다. 의무론의 절대주의는 너무 많은 요구와 제약을 가하는 것이며 사람에 따른 기질, 능력, 출신배경 등의 차이를 용납하지 않는다. 절대주의는 초자연적으로 노정되는 신성한 법칙을 받아들이도록 요구하는 것이거나 인간의 이성이 도덕성의 보편적·자연적 법칙을 이해할 만큼 강력하다는 신념을 받아들이도록 요구하는 것이다. 반면 상대주의는 사람들이 아무런 궁극적 가이드라인도 가지고 있지 않다는 것을 의미할 수도 있다. 그렇다면 사람이 무엇을 하던 저지를 수 있는 유일한 도덕적 과오는 그 자신의 감정에 충분한 주의를 기울이지 않았다는 것이라고 말하는 셈이 된다.

철학도 윤리적 행위에 관한 지식을 보태고 있다. 그러나 철학은 가치의 중요성(worth of values)에 관한 가장 근본적인 질문에 답하는 바가 없으며 옳고 그름에 관한 정의의 궁극적인 타당성을 증명하지도 않는다.

정치적 환경에서 작동하는 윤리적 행정에 대한 가치의 중요성을 이해하려면 위 세 가지 학문분야에서 가치에 관련하여 제기한 문제들을 잘 검토해야 한다.

공무원들이 갖는 가치들은 자아, 사회, 그리고 상황의 교호작용과 조합을 통해 형성된다. 공무원들이 공익을 위해 일하게 하려면 그러한 가치들을 주기적으로 그리고 사려깊게 확인·검토하고 비판해야 한다.

2. 행정에 관련된 가치

민주주의이론은 공무원들이 사회전반의 가치를 공유하고 대의적 정부의 개념에 부합되는 가치를 형성해야 한다고 처방한다. 여기서 행정의 가치에 관한 논의는 그러한 이론을 바탕으로, 그리고 미국의 정치적 가치를 준거로 진행하려 한다.

허다한 가치들은 대게 세 가지 기본적 기능을 수행한다.

첫째, 자극이 지각될 가능성을 증가 또는 감소시킴으로써 지각의 선택성을 좌우한다.

둘째, 반응의 결과에 대한 해석에 영향을 미친다.

셋째, 목표선택에 대한 일반적 가이드라인을 제공한다.

공공정책의 수립과 집행에서 지각·해석·행동의 문제는 핵심적 중요성을 가진다. 행정에서 가치와 윤리가 교호작용하는 것을 보다 잘 이해하려면 정치적 가치, 경제적 가치, 사회적 가치, 그리고 전문직업상의 가치라고 하는 네 가지 가치집합들을 검토해야 한다. 이들 가치집합들은 개인으로서 그리고 집단으로서 공익을 추구하려는 공무원들에게 지대한 영향을 미친다.

개인주의(Individualism)는 미국 정치사상의 한 기초이다. 사람은 자율적인 개인이며 모든 개인은 본래적인 중요성을 가지고 있다는 관념으로부터 여러 가지 정치적 가치도 도출된다. 개인들의 중요성은 동등하다는 관념은 권리와 자유의 평등을 보장하고 소수의 정치적 의견을 보호하는 정치체제, 즉 민주적 정부

형태를 요구한다. 권력분립, 정당한 절차(due process)의 준수 등을 통해 정부 권력을 제한하도록 요구한다.

개인주의에 대칭적으로 존재하는 공동체주의적 가치들도 중요하다. 공동체주의적 가치는 타인에 대한 배려를 요구하고 공동생활의 인간다움을 유지하기 위한 개인적 자유의 한정을 요구한다. 개인의 자유에는 개인행동에 한계를 설정하는 책임이 수반되어야 하는 것으로 본다. 그러한 한계는 대개 공동체주의적 성격을 가진다.

Robin Williams에 의하면 미국의 핵심적인 사회적 가치는 성취와 성공, 노동의 중요성, 인도주의, 능률과 실용성, 진보, 물질생활의 안락함, 평등, 그리고 자유라고 한다. 이러한 가치들은 상호지원적이기도 하지만 상충되는 경우도 흔히 있다. 그리고 사람에 따라 어떤 가치를 어느 정도나 중요시하느냐 하는 데는 차이가 있다. 가치다원주의를 인정하지 않을 수 없다. 그러나 공동의 이념과 정서에 의해 대체적인 통합을 이룩하는 것이 또한 가능하다. 미국에서는 개인주의를 바탕으로 하고 자유와 평등을 중심으로 그러한 통합을 형성하고 있다.

많은 미국인들이 경제질서에 관해 갖고 있는 가치는 방임적 · 자본주의적 경제체제를 유지해야 한다는 것이다. 여기에 정부가 어떤 제한을 가해야 한다는 가치도 대칭적으로 존재한다. 경제적 자유방임과 정부의 간여에 대한 요청을 어떻게 조화시키느냐 하는 문제의 해결에는 다른 여러 가지 기본적 가치들이 영향을 미친다.

공무원들의 지각과 행동은 직업 상의 가치라고 하는 일련의 집단적 가치에 의해서도 영향을 받는다. 직업이 요구하는 지식 · 기술에 관한 전문성을 가질 것, 의사결정과 행동에서 자율성을 가질 것, 같은 직업인끼리 일체감을 가질 것, 해당분야의 전 생애에 걸친 노력에 헌신할것, 사심 없이 중립적인 봉사를 해야 한다는 의무감을 가질 것, 직업구성원들의 자율규제에 대한 신뢰를 가질 것 등을 직업 상의 가치에 포함되는 신념의 예로 생각할 수 있다.

3. 가치 · 이론 · 행동

공무원의 기능은 정책결정과 정책집행으로 크게 나누어 볼 수 있다. 가치가 정책결정을 인도하는 것은 분명하다. 정책결정과정에서는 가치에 관련된 문제들이 제기된다. 사람들이 서로 다른 이해관계와 가치들을 가지고 있기 때문에 정책문제에 결부된 가치는 여러 가지이며, 그러한 가치들은 또한 불안정하고 유동적이다. 그리고 정책결정과정에서는 가치들끼리, 가치집합들끼리 갈등을 일으키기 마련이다.

정책집행에도 가치가 개입된다. 공무원들의 정책집행활동은 사회·조직·개인의 가치에 근거하고 또 그에 의하여 제약된다. 현대행정에서 공무원들에 의한 재량의 영역은 넓으며, 그들의 재량행위에는 가치가 개입된다.

행정은 집단적·체계적 활동이기 때문에 행정 상의 가치문제는 집단적·체제적 성격을 갖는다. 그러나 의사결정과정의 집단적·체제적 특성이 공무원 개개인의 책임을 면해주는 것은 아니다. 오히려 한 단계 더 높은 윤리적 감수성을 요구한다. 개인적 행동이나 조직 상의 행동은 인과관계의 가정, 즉 이론에 기초하는 것이며 이론은 가치에 기초하는 것이다.

그러므로 윤리적으로 행동하려면 자료의 이면을 천착하여 개입되어 있는 가치를 찾아내야 한다. 윤리적으로 행동하려는 공무원은 중요정책문제에 포함된 가치들을 명료화하고 분석하여 관련자들이 그러한 가치들에 민감해지도록 노력해야 한다. 공무원들이 이런 일을 하기 위해서는 가치들을 분석하고 명료화하는 사회과학자와 같은 임무를 수행해야 한다.

가치명료화는 국민에 대한 행정책임확보에 기여하며 공무원들의 윤리적 성장에도 기여한다. 가치의 확인과 그에 대한 비판은 가치의 개선을 유도하며 새로운 아이디어에 대한 개방적 태도를 양성한다.

Ⅲ. 평가적 의견

가치와 윤리에 관한 Gortner의 논문은 초심자들에게 권할 만한 비교적 친절한 글이다. 가치의 개념정의문제를 심도 있게 다루었으며 미국의 행정에 관련된 가치들을 포괄적으로 열거해 보려고 노력하였다. 그리고 윤리적 행정을 위한 가치명료화의 필요성에도 언급하였다.

그러나 이 논문의 독창성은 떨어지는 편이다. 다른 학자들의 연구를 많이 인용하면서 이를 종합하는 노력은 미진하다. 공무원들이 가치를 어떻게 이용하고 활용하는가에 대한 논의는 기술적인 것이 아니라 규범적·처방적인 것이다.

이 논문의 준거는 미국 사회이기 때문에 우리 나라 행정의 가치문제를 설명하는 데 적용하려면 그 적실성을 검증해 보아야 한다.

참고문헌

Gortner, Harold F., "Values and Ethics," in Terry L. Cooper, ed., *Handbook of Administrative Ethics*, Marcel Dekker, 1944, pp. 373-390.

Richard A. Chapman의
공직윤리론*

Ⅰ. 머 리 말

　Richard A. Chapman은 영국, 미국 등 선진민주사회를 준거로 공직의 윤리 (ethics in public service)를 논하면서 공무원들이 행사하는 제량권에 초점을 맞추었다. 그는 현대사회의 공직윤리문제는 공무원들의 재량권행사에 관련된 것이 주종을 이룬다고 보았다.

　과거 심각한 윤리문제로 되었던 이익충돌(conflict of interests), 즉 직위를 이용해 물질적 이득을 챙기는 행위에 관한 논쟁은 어느 정도 갈피를 잡아 정리되었다고 한다. 이익충돌에 적용할 원칙과 규칙에 대한 합의가 형성되었고 그 집행의 믿을 만한 진척이 있어 왔기 때문이라고 한다. 마찬가지로 정치적 중립에 관련된 논란도 해소되었다고 한다. 관료들의 정파적 내지 이념적 편견에 의한 정책간여행위에 대해서 무엇이 용인되며 무엇이 용인되지 않는가를 합의해 놓고 있기 때문이라고 한다.

　아직도 남아 있는 문제는 공무원들이 재량권행사에서 직면하게 되는 윤리적 딜레마라고 한다. 현대민주정부에서 공무원들의 재량범위는 넓다고 한다. 공무원들은 선거에 의해 선출된 대표들에게 책임을 져야 한다는 원리의 적용을 받는다. 그러나 정부운영의 실제를 보면 입법기능과 행정기능의 구분이 명료하지 않다고 한다. 정치인들은 정책의 입안에 많은 시간을 할애할 수 없으며 정보와 자원의 제약도 받고 있다. 입법이 미진하기 때문에 공무원들은 정책의 상세한 사항을 결정하고 때에 따라서는 기본적인 정책방향까지 결정하게 된다.

　잘된 입법 하에서도 공무원들의 재량여지는 넓다고 한다. 입법부와 행정부가 협력해 잘 입안한 법률도 상상할 수 있는 모든 상황을 규정할 수는 없다. 법률은

───────────
＊오석홍: 서울대학교 행정대학원 명예교수.

구체적인 상황에 적응할 수 있도록 질적인 또는 추상적인 표현을 쓸 때가 많다고 한다.

현대의 선진민주사회에서 공무원들의 재량범위는 넓으며 공직윤리의 핵심적 문제들은 주로 재량권행사에 관련된 것이라고 보는 Chapman의 공직윤리이론을 다음에 소개하려 한다. 논의의 전거는 1993년에 출간된 Chapman의 논문 "Ethics in Public Administration"이다. 이 논문에서 Chapman은 공무원이 재량권을 행사할 때 윤리적 딜레마를 야기하는 사회적 가치의 충돌, 사회적 가치를 반영하는 헌법의 영향, 인사행정의 영향 등을 논의하고 있다.

II. 공직윤리론의 내용

공직윤리를 좌우하는 가장 중요한 요소는 공무원 개인의 가치관이다. 여기에 영향을 미치는 요인으로는 가족적 배경과 어린 시절의 사회화과정, 직업선택과 임용후 교육훈련, 사회의 변천하는 가치, 정치적 환경으로부터의 영향, 헌법과 법령이 지지하는 가치 등을 생각할 수 있다.

공직윤리의 두번째 요인은 정치체제 내에서 공무원이 지는 책임에 관련된 것이다. 정치체제의 성격은 나라마다 다르며 그것이 다름에 따라 공무원들의 의무와 책임 그리고 권리도 달라진다. 그러나 정치체제의 성격에도 불구하고 행정이 헌법규범에 기초를 두어야 한다는 점은 공통적이다. 헌법규범은 공직윤리의 내용을 규정하는 데 중요한 구실을 한다. 그러나 헌법규범이 모든 윤리문제를 해결해 주지는 못하기 때문에 헌법규범 하에서는 양심의 위기와 윤리적 딜레마가 발생하기 마련이다.

공직윤리의 논의에서 고려해야 할 세번째 요인은 사회의 기대이다. 사회의 기대와 일반적 가치는 윤리적 행동에 심대한 영향을 미친다. 그것은 행동의 윤리성을 규정하기도 하고 윤리적 딜레마를 야기하기도 한다. 사회적 기대와 가치는 불안정하고 변덕스러운 것일 수 있다. 그러므로 헌법과 법령의 규정에 의하여 공직자와 시민을 그러한 변덕스러움으로부터 보호하는 조치를 취하기도 한다.

공직윤리에 영향을 미치는 여러 요인 가운데서 사회적 가치, 헌법규범, 그리고 인사행정에 대해서만 설명하려 한다.

1. 공무원의 재량행위와 사회적 가치

현대민주국가의 행정공무원들은 광범하고 다양한 재량권을 행사한다. 공무원들의 재량행위를 인도하고 구체적인 의사결정에 영향을 미치는 아주 중요한 요인 가운데 하나가 사회적 가치이다. 공무원들은 사회적 내지 국민적 가치에 부응하는 행동을 할 윤리적 책임을 진다고 말할 수도 있다.

공직의 윤리문제를 제기한 근래의 사례 가운데 광범한 국민적 관심을 모은 것들은 대개 가치문제의 딜레마를 내포하는 것들이었다. 그리하여 가치 간의 갈등에 관련하여 광범한 논란을 불러 일으켰다. 가치 간 갈등에 관한 논란을 야기한 대표적인 명제는 '공익을 위한 거짓말' '정부활동의 기밀보호' 그리고 '행정의 공개성 확보'이다. 상호연관된 이들 세 가지 명제 내지 요청은 현대민주사회에서 널리 지지되고 있는 가치를 반영하거나 또는 그에 결부된 것들이다.

(1) 공익을 위한 거짓말

공공선(公共善) 또는 공익을 위한 거짓말이 정당시될 수 있는가에 대한 논의의 역사는 아주 오래이다. Plato의 "The Republic" 그리고 Machiavelli의 "The Prince"에서도 이 주제에 대한 논의를 찾아 볼 수 있다.

현대에 들어서 이 주제를 구체적으로 다룬 대표적 인물로는 Sissela Bok을 지목할 수 있다. *Lying: Moral Choice in Public and Private Life*(1978)라는 저서에서 그녀는 거짓말이 용납되는 세 가지 상황을 설명하였다. 세 가지 면책상황은, 첫째 거짓말을 하지 않으면 엄청난 재난을 막을 수 없는 위기의 상황, 둘째 거짓말인지의 여부를 따지는 것이 어리석을 정도로 무해하고 사소한 거짓말, 셋째 특정인의 비밀을 지켜주어야 할 의무가 있는 경우이다.

공무원들은 그들이 가진 공익관념의 상충적 국면 때문에 윤리적 딜레마에 빠지는 경우가 많다. 경쟁적 요청이 갈등을 일으키는 상황 하에서 공익에 대한 결정을 내포하는 선택을 피할 수 없는 경우가 많다. 진실을 말하는 것과 거짓말을 하는 것 가운데 어느 것이 공익을 위한 일인가를 판단할 때 준거를 제공하는 것은 사회적 가치이다.

현대민주사회의 지배적인 가치는 개인생활에서나 행정에서나 진실을 말할 것을 원칙적으로 기대한다. 공무원들은 일반적으로 그러한 원칙적 가치에 부응해야 한다. 그러나 사회적 가치에 결부된 다른 원리들과 마찬가지로 진실을 말해야 한다는 원리도 절대적인 것은 아니다. Bok이 말한 면책상황의 경우 거짓말이 용납되는 가능성은 높아질 수 있다. 다만 민주사회에서는 미리 공개적으로 토론하고 합의한 기준의 범위 내에서만 거짓말이 정당화될 수 있다고 보아야 한다.

(2) 기밀보호

행정 상의 기밀보호는 진실공표를 제약하는 요인이다. 기밀유지는 거짓말과 다르다. 거짓말 자체는 자명하게 나쁜 것이라고 규정될 수 있지만 비밀유지는 그렇지 않다. 비밀을 유지해야 할 바람직한 이유는 많다. 협상의 과정에서, 정책 개발과정에서, 그리고 개인의 프라이버시를 보호하기 위해서 기밀유지가 필요하고 또 정당화될 수 있는 경우가 많다.

그러나 공무원들이 구체적으로 행정 상의 기밀을 보호하는 결정을 하려 할 때에는 가치충돌로 인한 윤리적 딜레마에 직면할 수 있다. 사회적 가치는 무엇을 비밀로 해야 할 것인지에 대한 일반적 원칙을 개발하고 이를 개별사례에 적용하는 데 많은 영향을 미친다. 정부는 국민적 가치에 부응하도록 그러한 원칙과 기준을 설정하여 공무원들을 인도해야 한다.

(3) 공개성 확보

민주국가에서는 가능한 한 모든 일을 공개리에 해야 한다는 믿음이 일반화되어 있다. 민주주의의 성공은 치자와 피치자 사이의 쌍방적 의사전달에 달려 있다. 비밀주의는 부패를 조장한다. 이 밖에도 공개행정을 지지하는 이유는 허다히 제시되어 왔다. 과잉적인 비밀규정과 정보독점이 민주주의에 해독을 끼친다는 점에 대해서는 대체적인 합의가 있는 것으로 보인다. 그러나 공개성이 일반선(一般善)이라고 간주되는 경우에도 이를 실천해 가는 데는 어려움이 따른다.

구체적인 공개의 범위, 그 스타일, 공개가 실천되고 지지되는 수준 등은 사회의 가치를 반영한다. 그러한 가치는 헌법과 하위법령, 관행, 그리고 사람들의 태도에 반영된다.

2. 헌법과 공직윤리

사회의 가치들은 통치체제에 반영된다. 그리고 통치체제의 핵심은 헌법규범에 규정된다.

헌법규범의 구성은 일반이 생각하는 것보다 훨씬 복잡하다. 성문헌법(成文憲

法)이 있는 나라에서는 성문헌법이 사회의 가치를 반영하며 정부에 대한 기대를 표현한다. 그러나 성문헌법 이외에도 다른 많은 요소들이 넓은 의미의 헌법규범을 구성한다. 그러한 요소로는 법적 선례 또는 사례법, 법령, 관습, 유권해석 등이다. 성문헌법이 없는 곳에서는 이들 요소들만이 통치체제를 규정한다. 영향력 있는 공직자의 헌법해석은 행정에 지대한 영향을 미친다. 하급공무원들도 헌법적 의미를 지닌 결정들을 일상적으로 하고 있다.

공직윤리를 이해하는 데 헌법규범이 중요한 이유는 세 가지이다.

첫째, 헌법은 공무원들이 따라야 할 규범을 설정하기 때문이다. 헌법규범은 공무원들이 의사결정에서 고려해야 할 가치와 제약조건들을 설정하고 공무원들이 무엇을 어떻게 해야 할 것인지에 관한 길잡이를 제공한다.

둘째, 헌법규범은 공무원들에게 기대된 무엇인가를 명시하고 공표하기 때문에 시민들은 헌법규범을 통해 행정부의 임무와 책임이 무엇인지를 알게 된다. 정부임무의 공표와 그에 대한 시민의 이해는 민주주의의 불가결한 요소이다.

셋째, 정무업무의 운영에 관해 가장 잘 아는 공무원들은 헌법규범의 형성과 해석에 참여한다. 공무원들은 법률제정과 개정을 구상하는 장관들에게 제안·권고·자문하거나 법률제정·개정을 주도적으로 제안함으로써 헌법적 기능을 수행한다.

헌법도 변동하는 것이지만 그보다 불안정한 사회적 기대를 완충하는 구실을 한다. 사회적 가치를 반영하는 헌법규범은 사회적 가치에 비해 안정적인 준거를 제공할 수 있기 때문이다.

민주국가에서 공직의 높은 윤리수준을 달성하려면 헌법적 규범에 대한 국민의 관심을 존중하고, 시민들이 통치체제의 기본적인 사항을 이해할 수 있도록 적절한 조치를 취해야 하며, 국민이 민주시민의 의무를 적극적으로 이행하도록 촉진해야 한다.

3. 인사행정과 공직윤리

공무원들의 직무인식에 헌법규범이 영향을 미치는 것이 확실하지만 보다 실천적인 차원에서는 일상적인 인사행정이 또한 중요한 영향을 미친다. 공무원들이 경험하는 윤리적 딜레마 가운데 상당수는 인사행정체제의 변동에 의해 쉽게 해소할 수 있는 것들이다. 내부고발(whistleblowing)의 문제를 예로 들어 그러한 이치를 설명할 수 있다. 내부고발자를 보호하는 인사행정 상의 조치를 취하거나, 내부고발의 문제가 발생하지 않도록 관리를 개선하면 내부고발을 둘러싼 양심의 위기를 해소할 수 있다. 양심의 위기를 느끼고 내부고발을 기도하는 사람을 공직에서 배제함으로써 문제를 해결하는 방식은 당사자나 공직 모두에게 해로운 것이다.

양심의 위기를 느끼는 공무원에게 약간의 도움만 주어도 스스로 어려움을 극복하고 공직생활을 계속하게 할 수 있다. 무지와 오해 때문에 양심의 위기를 경험하는 공무원의 경우 공식적 계선(系線) 밖의 사람과 상의하면 오해를 풀고 문제를 쉽게 해결할 수도 있다. 양심의 위기를 느낀 공무원이 취하려는 행동의 득실을 비교할 때도 독립적인 상담자는 많은 조력을 할 수 있다. 그러나 인사행정은 공무원들이 양심의 위기를 느끼는 초기단계에 민감하지도 않고 대응태세를 갖추지도 못하는 경우가 많다. 공무원들의 윤리교육을 강화하는 것도 인사행정의 책무인데, 예산절감의 필요가 생긴 때에 가장 먼저 삭감되는 것은 교육훈련 예산이다. 인사상담예산도 삭감되기 쉬운 것은 마찬가지이다. 교육훈련예산 가운데서도 성과의 측정이 어려운 훈련에 대한 예산이 우선적인 삭감의 대상이 된다. 윤리적 감수성을 높이고 직무에 관한 시야를 넓히기 위한 훈련이 성과측정이 어려운 훈련에 해당한다. 공직윤리에 관한 강좌가 날로 감축되고 있는 것은 심각한 문제이다.

Ⅲ. 평가적 의견

위에서 살펴 본 Chapaman의 글은 공직윤리에 관한 영·미학계의 연구동향을 이해하는 데 좋은 길잡이를 제공한다. 그의 글은 전통적 공직윤리연구에서 주요쟁점이 되었던 사익추구와 부패, 엽관적·파당적 행동 등이 뒷전으로 밀려나고 가치갈등에서 비롯되는 윤리적 딜레마가 공직윤리연구의 핵심주제가 되고 있음을 말해 준다. 그는 가치갈등이 공익을 위한 거짓말, 기밀보호, 공개성의 보장이라는 상호연계된 사회적 가치를 둘러싸고 일어난다는 점을 구체적으로 논의하였다. 윤리적 행동에 영향을 미치는 사회적 가치와 이를 매개하는 헌법적 규범의 관계, 그리고 윤리적 행동에 미치는 인사행정의 영향에 대한 Chapaman의 논의도 참고할 만하다.

그러나 공직윤리연구의 초점에 관한 Chapaman의 선택이 적정한가에 대해서는 의문이 있다. 그는 행정학의 정치·행정일원론과 언론에서 집중적으로 보도

한 근래의 공직윤리문제 사례에만 집착한 것으로 보인다. 많이 보도되고 국민여
론이 들끓었던 가치갈등문제만을 공직윤리연구의 핵심과제로 규정한 데는 문제
가 있다. 설령 그러한 관찰이 몇몇 선진민주국가에서 적절한 것이었더라도 그
적합성의 범위는 아주 좁을 수밖에 없다. 특히 공직부패가 만연된 발전도상국의
형편에는 적합하지 않다.

참고문헌

Chapaman, Richard A., "Ethics in Public Administration" in Chapaman, ed., *Ethics in Public Service*, Garleton University Press, 1993, pp. 155-171.

James G. March와
Johan P. Olsen의
민주적 관리론*

I. 머리말

March와 Olsen은 지난 30여 년을 조직과 의사결정, 조직학습과 여기서 확장된 조직의 역사로 점차 범위를 넓히며 연구를 해왔다. 이들의 연구는 1989년에 출간된 *Rediscovering Institutions*를 통해 고유의 제도론을 표방하게 되었고, *Democratic Governance*에 이르러서는 *Rediscovering Institutions*에서부터 주장해온 이들의 제도론과 민주적 관리론을 결합하게 되었다. 저자들이 제시하고 있는 제도에 대한 이해와 제도론은 정치학, 행정학계에서 알려져 있는 다른 제도론들과 유사성과 차이성을 갖는데, 이들은 이 책을 통해 어떻게 하면 민주주의와 민주적 관리가 실천될 수 있는가를 묻고 있다.

흔히 제도론의 범주에 세 가지의 제도론을 포함하고 있다. 이들은 역사제도론, 합리적 선택제도론, 그리고 March/Olsen류의 제도론인데, 이들 제도론간에는 공통점들이 존재하고 있다. 첫번째 공통점은 '제도'가 갖는 효용성에 있다. 즉, 제도(institutions)가 전략이나 정치적, 정책적 결과(outcomes)에 영향을 미친다는 점에서는 대부분 동의를 한다. 두번째는 '제도'의 개념에 관련된 것으로 대부분의 제도론자들은 제도란 공식적인 것뿐만 아니라 비공식적인 것도 포함하는 것으로 이해하고 있다. 따라서 제도론자들간의 차이는 보다 근본적으로 인간에 대한 가정, 방법론상의 가정에서 연유한다.

역사제도론은 어느 한 사회에서의 정책결정과정에서의 연합세력형성(coalition formation)을 통한 결정과정을 추적(process tarcing)하는 데 주안점을 두고 있는데, 이 이론에서 여러 행위자들의 선호는 미리 주어진 것이 아니라 '과

---

*김준모: 건국대학교 행정학과 교수.

정' 가운데서 역사적으로 규정(define)된다는 것이다. 국가나 정부의 개입도 개입 시기에 따라 행위자(actor)들의 선호의 내용이 달라질 수 있다고 주장한다. 이에 비하여 합리적 선택 제도론에서는 인간의 합리성을 가정하고 선호가 외재적으로 주어져 있다고 본다. 이러한 선호에 대한 인식하에서 제도란 행위자의 행동을 제약하는 전략적 맥락(strategic contexts)으로 이해된다. 가장 보편적으로 이해될 수 있는 예가 바로 게임이론의 기초적 예인 죄수의 딜레마 사황이다. 이렇게 작은 단위에서 시작되는 합리적 선택제도론은 Douglas North 등의 저자에 이르면 미시적 가정에서 출발한 거시분석을 제시하는 세련된 역사관을 제시하고 있다.

  March와 Olsen의 제도론은 그들의 조직론을 승계한 연유로 위의 두 제도론과 이론구성에 있어 차이를 갖는다. March와 Olsen의 제도론은 합리적 선택의 인간관과 세계관이 메우지 못하는 공백을 지적하고 있다. 이 두 저자들은 먼저 제도를 염두에 두지 않은 상태(Institution-Free World)에 대해 언급하고 있다. 이 상태에서 정책의 산물을 이해하는 첫번째 견해는 합리적 경쟁(rational competition)으로 보는 것이다. 그러나, 정책 결정의 상황은 합리성에 입각한 행위자들의 합리적 행동으로만 채워지고 설명되지 않음이 많은 이론서들과 사례들을 통해 지적되어 왔다(Pressman & Wildavsky).

  정책결정과 정치적 산물을 제도의 틀 없이 보는 두번째의 유형은 March와 Olsen이 temporal sorting이라 부르는 유형이다. 이 유형은 두 저자들도 조직의 활동중 나타나는 현상을 묘사한 완충(buffering)과 쓰레기통 모형(garbage can model)을 통해 설명하였다. John Kingdon의 정책결정모형도 같은 맥락의 이론으로 볼 수 있는 것이다.

  합리적 경쟁과 temporal sorting 모델을 통해 현실을 바라볼 때 어떠한 조직형태가 나타날 것인가에 대해 March, Olsen, Cyert, Simon 등의 이론들은 일맥 상통하는 면을 가지고 있다. 위의 두 가지 결정 양태의 상황에서 환경변화에 대한 조직의 반응성은 그 조직이 갖는 여유자원량(slack)의 함수였고, 조직이나 체제는 문제의 해결이 아닌 전략적으로 관심(attention)이라는 자원을 배분하여 갈등해소와 임시적 문제해결에 노력하였다. 따라서 학습은 피상적인 단계에 머물게 되었다. 이러한 기존의 정책결정 상황에 대해 March와 Olsen은 '제도'라는 틀을 도입함으로써 일관성과 자율성을 얻는다고 주장한다. 즉, 제도를 도입함으로써, March와 Olsen은 제도들이 민주적 시스템에서 진화 발전하고 개인과 그룹이 갖는 태도를 결정하는 데 제약요인으로 작용한다고 보았다. 즉, 제도의 개념을 도입하여 안정성과 미래적 창의성(inventiveness for the future)이 모두 갖추어질 수 있음을 보이려 한 것이다. 이 책의 맥락에서 보면 민주적 관리가 배양되는 제도의 유형에 대한 서술과 처방을 통해 민주적 관리를 통해 안정성과 미래가 보장되는 제도형을 보이고 있는 것이다.

흥미로운 것은 March와 Olsen의 제도론이 이들의 견해와 같은 선상에 위치한 Cyert, Simon 등의 조직론의 연장선상에 있다는 것이다. 조직의 목표를 제약요인으로 이해하는 것으로부터 제도 또한 제약요인(constraints)으로 이해하며, 조직의 학습보다 더 항구적인 제도의 학습과 진화를 주목하고 있는 것이다.

II. 민주적 관리론의 내용

March와 Olsen이 이책에서 묻고 있는 근본적인 질문은 어떻게 하면 '민주주의'와 '민주적 관리'가 제도화되고 실천될 수 있을 것인가? 하는 것이었다. 이를 다시 상세해 보면, 첫째, 어떠한 종류의 시민상과 제도의 형태가 '민주적 사회'를 구성하는 요소인가를 찾는 데 있고, 둘째는 민주적 관리(Democratic Governance)를 정착시키는데 도움이 되는 시민상과 제도의 형태가 있다면, 이런 요소들을 배양하기 위해 어떠한 배려가 있어야 하는가를 묻고, 이에 대한 해답을 제시하고 있다.

1. 민주적 관리의 개념과 이해

민주적 관리의 개념은 오랜 역사적 연원을 가지고 있고, 근세에 있어서도 역사성을 가지고 있는데, 오늘날 다시 민주적 관리가 중요성을 갖는 이유는 크게 두 가지로 지목할 수 있다. 첫째로 고대 그리스의 플라톤, 아리스토텔레스 시대의 민주적 관리에 대한 가정들이 오늘날의 상황에서 적용되기 위해선 변화가 필요하다는 것이고, 둘째 이유는 보다 현실적인 것으로 1960년대 이후 시민들이 정치제도와 정책의 효용성에 대한 비판과 실망이 커졌다는 것이다. 이 문제점을 극복하는 방안으로서 저자들은 민주적 관리론을 제시하고 있는 것이다. 이제, 민주적 관리론이 제기되게 되는 저자들의 문제인식의 출발점인 기존의 '교환적 관점'을 고찰해 본다.

2. 교환적 관점

현대의 민주주의에서 '민주적 관리'는 개인주의(individualism)와 사익(private interests)을 두 근간으로 하는 것을 의미한다. 이는 시장의 비유를 정치와 행정의 세계에 도입한 것을 말한다. 즉 기존의 패러다임에서 민주적 관리란 교환의 비유와 집합행동문제(collective action problem)의 해결로 집약될 수 있는 것이다. 저자들은 개인주의와 교환의 메타포어로는 민주적 관리의 오직 일부분만을 달성할 수 있을 뿐이라는 견해를 밝히고 있다.

그렇다면, 교환적 관점하에서 정치와 정책결정은 어떻게 이해되는가? 이는 승리하는 연합세력과 정책을 만들어 가는 것이라 보고 있다(the crafting of winning coalitions and policies). 이런 시각에서의 민주적 관리는 시민들간에 파레토 효율이 증진되는 방향으로 교환이 이루어지도록 연합세력이 형성되어 집합체 문제를 해결하는 것으로 정의된다. 이때 민주적 관리는 외생적인 3가지의 요소에 의존하게 되는데, 그 첫째는 정책 결정과정이 발생하는 '권리와 규칙의 구조'이다. 둘째는 정치적 행위자들간의 선호와 이해관계의 배분상황이고, 셋째는 이들간의 자원배분상황이다. 한마디로 민주적 관리는 정치적 교환의 운영(management)인 것이다.

따라서 기존 패러다임에서 민주적 관리를 연구해온 학자들은 연합세력과 정책들의 대안적 유형을 개발하여 유형의 메뉴(또는 inventory)를 구성하는 지식을 개발하는 데 노력하여 왔고, 킹던(Kingdon, 1984)의 모형은 교환 모형 또는 temporal sorting 모형에서 세련화된 모델에 속한다. 그러나 이러한 노력들은 결국 정부의 기존 정책과 구조에 유리한 결과를 낳는다는 난점을 가지고 있다. 왜냐하면, 기존의 정책결정 및 정책내용과 연합세력구성은 기존의 법규, 계약 등을 통해 미래적 변화와 결정을 제약한다는 것이다. 즉, 합리적 선택에 입각하거나, temporal sorting에 바탕한 이론에선 자연스럽게 경로의존적 역사(path-dependent history)로 귀결될 가능성이 많은데, 이는 기존의 의사결정구조 등이 활용 가능한 많은 정책대안들을 미리 봉쇄하기 때문이다.

3. 교환적 관점의 한계

저자들은 교환적 관점에 대한 비판점들을 제시한다. 첫째, 교환적 관점은 초

기의 자원배분상태를 당연시한다는 점이다. 즉, 현상유지를 지지하는 편견이 있
어 혁신과 개선을 막을 가능성이 있다. 둘째, 자발적 교환의 가정은 현실성 면에
서 부족함이 있다는 것이다. 셋째, 교환적 관점에선 도덕에 대한 고려가 없다는
점이다. 넷째, 사익, 유인, 힘의 균형에 바탕한 관리는 임시적, 유동적이고 힘의
균형의 변화에 따라 붕괴될 수 있다는 것이다. 저자들은 이제껏 살펴본 교환적
관점에서의 민주적 관리에 대비하여 제도론적 관점의 민주적 관리를 제시한다.

4. 제도론적 관점의 민주적 관리

저자들은 자신들의 견해를 파격함에 있어서 자신들의 제도론적 입장을 통해
교환적 시각에 바탕한 정책결정을 보완하고자 함을 밝히고 있는데, 이들이 제시
한 민주적 관리개념에서의 정치에 대한 제도론적 요소는 다음의 내용을 기초로
한다.

첫째, 인간의 행동은 '규칙의 구조와 자아상에 반영된 논리'보다는 '불확실한
선호와 귀결에 대한 기대'에 의해 덜 움직여진다. 둘째, 기존의 교환적 관점에서
고착적인 균형을 수용하는 것에 비하여 제도론적 관점을 수용할 때는 변화와 역
사에 대한 인식에 있어서 복수의 경로의존적인(path-dependent) 균형점들이 존
재할 수 있으며, 정책결정 등의 상황에서 의도된 노력을 통해 역사의 흐름이 변
화되고, 제도적인 적응성이 향상될 수 있다고 보는 것이다.

둘째, 민주적 관리에 대한 이해도 주어진 권리, 규칙, 선호, 자원의 제약하에
연합세력간 협상수준을 넘는 개념으로 이해한다는 것이다. 즉, 민주적 관리란 구
체적으로 연합세력형성에 기초가 되는 권리와 규칙에 대한 문화를 형성하는 것
을 포함하는 것이다. 즉, 시민을 포함하여 행정 등의 행위자들의 자아정체성과
선호를 확립하고, 의미체계와 역사관을 확립하는 것마저도 민주적 관리의 넓은
의미로 이해되는 것이다.

5. 민주적 관리의 기술

March와 Olsen에 의하면 민주적 관리의 기술(craft)은 다음 4가지를 중심
으로 구성된다.

(1) 자아정체성

민주적 관리란 정치적 환경 속에 있는 시민들과 그룹의 자아정체성(identities)을 개발해 주는 것이다. 교환적 관점에서와 달리 선호, 기대, 믿음, 이해는 역사로부터 외생적으로 주어지는 것이 아니라 역사 안에서 생성되고 변화되는 것이다. 행위자들의 행위는 정치체에서 형성되는 그들의 자아상과 큰 관련을 갖는다. 따라서 민주적 자아상이 정립되도록 하는 것이 민주적 정부의 역할이라고 저자들은 보고 있다.

그렇다면, 자아정체성을 배양시켜주는 기제는 무엇인가? 저자들은 교육과 시민참여가 매우 중요한 기제임을 지적하고 있다. 그러나 이들이 주장하고 있는 보다 특색 있는 점은 두 가지인데, 첫째는 시민 개개인들이 자신들의 참여가 가져온 긍정적 귀결에 대한 경험을 갖는 것이 자아정체성을 불러일으키는 중요한 경로임을 강조하고 있다. 한 개인에 있어서도 자신의 행동에 효능감을 느낀 부분은 곧 바로 시민으로서의 정체성을 형성, 다른 시민들에게 확대하는 데 활용될 수 있다고 보았다. 이점으로부터의 시사점은 민주적 관리의 영역은 시민들의 긍정적 경험이 형성 확대될 수 있도록 조성, 격려하는 것은 포함한다는 점이다.

두번째, 민주적 관리가 자아정체성 형성에 기여하는 경로는 갈등의 관리와 관련된다. 갈등관리의 방법으로 두 저자들은 ① 완충기계(buffering mechanism)의 활용, ② 대화 방식의 모색, ③ 수용이 어려운 선호와 자아정체성에 대한 대처방안의 마련을 들고 있는데, 이 레퍼토리는 두 저자들이 과거부터 쌓아온 조직론에서의 갈등해소의 주요 처방이기도 한 것이다.

(2) 능력의 배양

민주적 관리는 적절한 정치적 행동을 할 수 있는 능력을 배양하는 것을 포함한다. 정치적 능력의 배양에 대하여 저자들은 정체성 개발과의 관계를 언급하고 있다. 이 관계는 양자가 서로를 생성시켜 주는 관계로 보고 있다. 저자들은 그들의 논의에 있어 초지일관 대비해온 교환적 관점이 왜 현실적으로 괴리를 갖고 있는가를 밝히고 있다. 자발적 교환의 세계에서 정치와 정책의 목적은 파레토 최적에 접근하는 것인데, 이러한 정치 시스템과 정책결정이 계속되려면 자발적 교환이 참여자들의 선호나 정체성의 실현을 증진시킨다는 확신이 있어야 한다. 이런 상황에서 교환의 이점은 다음 두 요인에서 발생된다.

첫째는 타인에게 도움이 되는 능력의 소유이고, 둘째는 타인이 원하지 않는 것을 얻고자 하는 열망이다. 이러한 세계관에서는 정치적 평등은 상호간의 무경합성(indiffernce)에서 유래한다. 즉, 내가 원하는 것이 특별히 경합 관계에 있지 않으므로 소유에 별 문제가 없다는 것이다. 이러한 무경합성을 보장해주는 '사회적 완충' 기제에는 ① 충분한 자원, ② 기회에 대한 무지, ③ 이질적인 문화적 배경, ④ 물리적, 사회적 거리의 존재, ⑤ 협력과 소속이라는 이념상의 공유 등이 있는데, '현대'라는 특성이 이 5가지를 모두 심각히 잠식한 상황을 초래했다는 것이다.

즉, 시장의 원리에 입각한 파레토 효율의 실천으로 여유자원이 고갈되었는데, 이는 이 개념 자체가 사회적으로 효율적인 방향으로 자원이 사용되도록 하는 것이기 때문이다. 또한 과학기술의 발달로 인한 거리감의 감소, 문화적 획일성의 증대, 문화적 변화로 인한 협력의 붕괴와 기회에 대한 인식의 승가가 더 이상 교환이 정치와 정책의 근간으로 작동하지 못하게 하였다고 보고 있다. 즉, 경제적 성공이 정치적 무겨합성의 토대를 저상시켜 온 것이다.

이에 대한 대안적 제시로서 저자들이 제안하고 있는 것은 집합체 수준의 결정에 대한 사람들의 열망을 풀(pool)로 공유하여 권력이 두루 분배되도록 하는 것을 말한다. 보다 구체적으로 개인들의 선호와 정체성이 배양될 수 있는 서식처(ecology)를 만들어 정치적 경쟁과 연합세력의 형성이 되도록 하여 어떠한 연합세력도 영원히 유리한 입장에만 있지 않도록 하는 것이다.

(3) 정치적 책임

민주적 관리는 정치적 책임을 갖는 것을 포함한다. 민주주의 사회에서 통상적으로 이루어지는 정치적 책임의 규명은 주기적이고 사후적으로 이루어져 왔다는데, 선거 등의 제도가 책임을 묻는 기회가 되어온 것이다. 이 논의의 핵심은 간격이 길면 사실상 정치체와 정책 결정자의 능력(capability)를 신장시켜 보다 장기적 비전을 가진 정책을 펼 수 있다는 장점이 있는 반면, 이렇게 장기적인 주기로 평가가 이루어지면, 오류의 교정이 지연된다는 문제점이 있다고 저자들은 보았다.

현대에 들어와서 증대된 복잡성은 정치적 책임을 주기적이 아닌 계속적으로, 선행적으로 점검하게 되었다는 점이다. 이 변화는 기술의 발달과 문화적 전제들의 변화에 따라 정치 과정에 대한 계속적 감독이 가능해졌기 때문이다. 이런 양상은 한 정치체계 내에서 단기적인 토제가 강화되는 것을 의미하며, 동시에 장기적인 관점에서 정책을 수행하고 실험적 도전을 할 기회를 감소시키는 것을 의미한다.

세번째로 저자들이 언급하고 있는 책임에 관한 현대적 특징이자 저자들의 관심을 끄는 점은 과거에는 공유된 원리와 절차에 더 집중하였으나, 현대에 이르러 공유된 목표들에 대한 인식을 강조하게 되었다는 점이다. 공유된 목표에 대한 강조는 바로 행정의 성과(performance)에 대한 인식이 증대했음을 말하는데, 책임성을 논할 때 개입되는 애매성의 요인들, 즉 ① 정책결정 및 정치에 참여하는 행위자들의 숫자가 복수라는 점, ② 인과관계 설정의 복잡성, ③ 평가기준의 애매성으로 인해 잘된 정책도 실패한 정책도 명확한 인과관계를 분석하는 것이 쉽지 않은 작업으로 남게 된다. 결국 민주적 관리의 범주에는 시민들이 책임성에 대한 개념과 이해를 형성하도록 돕는 것이 포함됨을 밝히고 있다.

(4) 적응성

민주적 관리는 적응성을 키우는 것을 요소로 포함한다. 이 부분에서 자기들의 중요한 과제는 제도의 점진적인 진화(punctuated evolution)와 새로운 제도의 가능성을 조화시켜서 앞서 언급한 정체성과 책임성, 능력이 증진되는 민주적 관리를 성취하는 것이다. 일반적으로 조직의 경험을 통한 학습은 용이한 것이 아니라는 인식이 널리 퍼져있다. March와 Olsen은 구미 8개국의 경우에서도 행정개혁을 통해 성과가 개선되지도 않았다는 점을 지적하였다. 일반화를 해보면, 제도나 조직이 겪는 경험의 애매성, 여러 이해관계의 충돌, 경쟁, 협력, 집행의 어려움 등이 총제적으로 경험으로부터의 학습을 용이하지 않게 한다는 것이다.

저자들의 관심은 결국 적응성을 극대화시키는 것인데, 이를 위해 다음의 사항들을 제시하고 있다. 첫째는 실험의 가속화이다. 민주주의 제도에서 나타나는 맹점 중 하나는, 저자들의 견해에 따르면, 실험의 과소 시행에서 연유한다. 이는 민주주의하에서는 가용할 만한 대안의 수가 별로 많지 않다는 것을 의미한다. 이러한 상황에서 성공적인 제도들과 학습을 신속히 수행해버린 기관들은 미래에 대한 적응성보다 현재에서의 효율성을 우선시하게 된다는 것이다. 이것이 심화되면, 성공의 덫(competence trap)에 제도가 빠지게 되는 것이며, 이는 March와 Olsen이 *Rediscovering Institutions* 이래로 줄곧 주장해 온 바이다. 이들의 견해는 결국 실험과 효율성 증대간의 조화로운 적용을 의미하는 것으로 볼 수 있다.

둘째, 저자들은 지식이용의 활성화가 적응성을 향상시킨다고 보고 있다. 정책과 정치적 결정의 귀결은 파악하기 어려운 면을 갖는데, 처음에는 그 귀결이 나타나기까지 소요되는 시간적 기다림 때문에 알 수 없는 경우가 있고, 막상 결과가 완료되면, 어느 귀결이 정확히 정책의 영향으로 나타난 것인지를 구분하기 어려울 만큼 많은 요소들이 섞여 있는 것이 현실이다. 두 저자들은 책임에 대한 사고의 변화, 제도 차원에서의 기억(memory)의 활용개선, 타제도들의 경험으로부터의 학습 등의 개선안들을 제시하고 있다.

6. 민주적 관리의 Agenda

이 책의 마지막 부분에 이르러 March와 Olsen은 이론적 정리를 위해 최소주의, 배분적 의제, 개발 의제(또는 커뮤니테리안 의제), 구조주의적 의제의 4가지의 어젠다를 제시하고, 자시들이 주장하는 민주적 관리의 내용은 위의 4가지 의제들을 통합하는 것이라고 밝히고 있다. 즉, 교환, 재분배, 정치 문화의 형성, 시민 문화의 형성 등의 중요성을 모두 인식하여 앞에서 서술한 정체성, 책임성, 적응성이 갖추어지는 민주적 관리의 유형을 개발하고자 하는 것이다. 민주적 관리란 그 사회의 규범, 이해관계, 배경 등을 반영하지만, 동시에 민주적 관리가 조망하고 있는 그 사회를 조형하는 상호성을 갖고 있다는 것이다.

Ⅲ. 평가적 의견

이글을 통해 March와 Olsen의 *Democratic Governance*의 내용을 살펴 보았다. 이 책에 대하여는 다음의 평가를 제시할 수 있다. 첫째, 저자들이 역사제도론과 합리적 선택 제도론 등 여러 이론들의 내용들을 취사 선택하여 이론을 구성한 것은 장점이 될 수 있으나, 너무 많은 이론들로부터 시사점들을 수용하여 초점이 흐려지는 면을 비판점으로 제기할 수 있다. 둘째, 이들의 견해가 너무나 실용적이지 않느냐는 비판을 받을 수 있다. 그러나, 행정학적 시사점만을 고려한다면, 이들의 실용적 논점은 높이 평가받을 수도 있다고 보아진다. 또한 저자들은 이 책을 통해 그들이 지난 수십 년간 쌓아온 조직론 이론들의 완성을 그들 나름의 제도론을 통해 완성한 것으로 볼 수 있다.

셋째, 이들이 제기하는 근본적인 문제, 즉 민주적 관리와 이를 위한 토양이 배양될 수 있을 것인가? 라는 근본적인 문제에 대해 정치학이나 행정학자들간에도 이점에 대하여 상이한 견해를 가질 수 있다고 본다. 넷째이자 마지막 고려점은 우리 사회에 대한 적용가능성이다. 우리 사회도 급격한 근대화를 통해 저자들이 비교의 대상으로 삼은 교환적 관점이 적용될 영역이 실로 엄청나게 확대되어 왔다. 동시에 전통적인 가치관도 큰 변화를 겪고 있으며, 서구에서 나타난 교환적 관점의 난점들도 재현되는 면도 있다. 이런 맥락에서 March와 Olsen의 이론은 적용가능성면에서도 높은 평가를 받을 만하다고 보아진다.

참고문헌

Bohman, James, "International Regimes and Democratic Governance," *International Affairs*, Vol. 75, Issue 3, July 1999.

Cohen, Joshua & Joel Rogers, "Secondary Associations and Democratic Governance. *Politics & Society*, Vol. 20, No. 4, December 1992.

Kingdon, John W., *Agendas, Alternatives, and Public Policies*, Little Brown, 1984.

March, James G. & Johan P. Olsen, *Rediscovering Institutions: The Organizational Basis of Politics*, New York: The Free Press, 1989.

March, J. G., *A Primer on Decision Making: How Decision Happen*, New York: The Free Press, 1994.

_____ & Herbert Simon, *Organizations*, New York: Wiley, 1958.

Nalbanian, John, "Facilitating Community, Enabling Democracy: New Roles for Local Government Managers," *Public Administration Review*, Vol.59, Issue 3, May 1999.

North, Douglas C., *Institutions, Intitutional Change and Economic Performance*, Cambridge: Cambridge University Pressm, 1990.

Pressman, Jeffrey L. & Aaron Wildavsky, *Implementation*, Berkeley: University of California Press, 1973.

Steinmo, Sven, K. Thelen & F. Longstreth, eds., *Structuring Politics*, Cambridge: Cambridge University Press, 1992.

Terry, Larry D., "From Greek Mythology to the Real World of the New Public Management and Democratic Governance," *Public Administration Review*, Vol. 59, Issue 3, May 1999.

Robert D. Putnam의
사회자본과 시민공동체론*

Ⅰ. 머 리 말

민주주의를 가능하게 하는 조건은 무엇인가? 왜 어떤 정부는 성공하고 어떤 정부는 실패하는가? Putnam과 동료들은 민주주의의 조건, 그리고 국가 또는 지방정부의 제도적 성과를 결정하는 주요 변수로 사회자본(social capital) 또는 시민공동체(civic community) 이론을 제시하고 있다. Putnam은 그 이론을 이 탈리아 지방정부의 제도적 성과의 차이를 설명하는 데 적용하여 1993년 발간된 *Making Democracy Work*라는 저서에 소개하였다.[1] 그는 후속연구에서 지난 30년 동안 미국의 사회자본 또는 시민공동체의 쇠퇴경향을 밝히고, 그 이유의 해명을 시도하고 있다.[2] 여기에서는 사회자본 또는 시민공동체의 이론과 이러한 이론을 이탈리아와 미국에 적용한 연구결과를 살펴보기로 하겠다.

Ⅱ. 사회자본 또는 시민공동체 이론

1. 사회자본의 개념

Putnam은 사회자본의 개념과 시민공동체의 개념을 구분하지 않고 교환적으

---

* 남궁 근: 서울산업대학교 행정학과 교수.

1) Robert D. Putnam with R. Leonardi and R. Y. Nanetti, *Making Democracy Work: Civic Traditions in Modern Italy*, Princeton, NJ: Princeton University Press, 1993. 이에 관한 간략한 소개는 남궁근, 비교정책연구, 법문사, 1998, pp. 226-232 참조.

2) Robert D. Putnam, "Bowling Alone: America's Declining Social Capital," *Journal of Democracy*, vol. 6, no.1, 1995, pp. 465-78.; 그리고 Robert D. Putnam, "Turing in Turning out: The Strange Disappearence of Social Capital in America," *PS: Polititcal Science & Politics*, vol. 28, December 1995, pp. 371-389.

로 쓰고 있다. 사회자본은 개인의 생산성 향상에 관련된 물적 자본과 인적 자본의 개념을 유추한 것으로, 사회생활 또는 사회 조직의 특징을 말한다.[3] 사회자본은 조정과 협력을 촉진하는 네트워크, 참여적 규범, 사회적 신뢰 등 참여자들이 공동의 목적을 추구하기 위해서 효율적으로 함께 일할 수 있도록 하는 조건을 의미한다.[4] 이 이론에 따르면 다른 사람과 연계될수록, 더욱 그들을 신뢰하게 되며, 그 역도 또한 같다.

여러 가지 이유 때문에 사회자본의 축적이 많은 지역사회에서의 생활은 훨씬 생산적이고 풍요롭다. 시민관여(civic engagement)의 네트워크는 호혜(reciprocity)의 규범을 촉진시키며, 사회적 신뢰의 형성을 용이하게 한다. 이러한 네트워크는 협력과 의사소통을 촉진시키며, 좋은 평판을 확산시키며, 따라서 집단행동의 딜레마를 해결할 수 있도록 한다. 동시에 시민관여의 네트워크 속에는 과거에 협력을 통하여 성공했던 경험이 포함되어 있으며, 이는 장래의 협력을 가능하게 하는 문화적 주형(cultural template)이 된다. 마지막으로 밀도가 높은 상호작용의 네트워크는 참여자의 의식을 '나'로부터 '우리'로 변화시키고, 참여자의 집단적 혜택의 경험을 확대시키게 된다.

2. 시민공동체의 이론적 고찰

Putnam은 이탈리아 지방정부의 성과를 설명하면서 사회자본보다는 시민공동체라는 용어를 사용하는데, 이를 간략하게 요약하면 다음과 같다.[5] Putnam은 공화주의를 계승한 "시민공동체가 명확하게 무엇을 의미하는가?"에 관한 이론적 고찰에서 시작한다. Machiavelli와 동시대인들은 자유제도의 성공과 실패는 시민의 특성 또는 '시민적 덕성'(civic virtue)에 달려 있다는 결론을 내렸다. 이러한 '공화주의' 학파는 영미의 Hobbes와 Locke, 그리고 그들을 계승한 자유주의자들 때문에 오랫동안 빛을 보지 못하였다. 공화주의자들이 공동체와 시민의 책임을 강조한 반면 자유주의자들은 개인주의와 개인의 권리를 강조했다. 시민공동체론은 공화주의를 계승한 신공화주의 사조를 반영한 것으로 다음과 같은 요소를 포함한다.

---

3) Putnam, Bowling Alone, p. 67.
4) Putnam, Turning In, Turning Out, pp. 371-372.
5) Putnam, *Making Democracy Work*, pp. 86-91.

(1) 시민관여(civic engagement)

시민공동체에 있어서 시민권(citizenship)은 무엇보다도 공적 활동에 대한 능동적 참여를 통하여 표현된다. 공공 이슈에 대한 관심 및 공익의 인식과 추구는 시민적 덕성의 핵심을 구성한다.

(2) **정치적 평등**(political equality)

시민공동체에 있어서 시민권은 무엇보다도 동등한 권리와 책임을 수반한다. 그러한 공동사회는 권위와 종속성의 수직적 관계에 의해서가 아니라 상호관계와 수평적 관계에 의해 책임을 함께 나눈다. 시민과 지도자의 관계는 후원자와 고객이나 통치자와 청원자의 관계가 아닌 동등한 관계이다.

(3) **단결, 신뢰와 관용**(solidarity, trust and tolerance)

시민공동체의 시민은 그들이 문제의 본질에 대한 견해를 달리할 경우에도 서로 도움을 주고, 존경하며, 신뢰한다. 시민공동체의 시민들은 공적 이슈에 자신의 견해를 가지고 있으면서도 상대방에게 관대하다.

(4) **결사: 협력의 사회적 구조**(associations: social structures of cooperation)

시민공동체의 규범과 가치들은 뚜렷한 사회적 구조와 관행에서 구체적으로 표현되고 강화된다. 이와 가장 관계되는 사회이론가는 Alexis de Tocqueville이다. Tocqueville은 미국에서 민주주의가 유지되기 위한 사회적 조건을 고찰하면서 시민조직과 정치조직을 형성하는 미국인의 경향을 대단히 중요하다고 생각했다. 시민의 결사체(civic associations)는 민주정부의 효과성과 안정성에 기여하는 데, 그 이유는 구성원 개인에 대한 '내적' 효과와 보다 폭넓은 정치체에 대한 '외적' 효과 때문이다. 내적인 측면에서 결사체는 구성원들이 협력, 단결 그리고 공공의식의 습관을 갖도록 한다. 외적인 측면에서는 2차적 결사체들이 밀집된 네트워크에서 오늘날 정치학자들이 '이익표출'과 '이익결집'이라 부르는 기능이 강화된다.

Ⅲ. 이탈리아 지방정부 제도적 성과의 설명

1. 지방정부 제도적 성과의 수준

Putnam과 동료들은 먼저 이탈리아의 20개 지방정부에서 제도적 성과(institutional performance)의 수준을 측정하였다.[6] 각 지방정부의 제도적 성과로서 평가하고자 한 것은 (1) 정책과정, (2) 정책선언, (3) 그리고 정책집행이었다. 그들이 제도적 성과를 평가하기 위해서 선정한 12개의 변수는 ① 개혁입법, 1978-1984, ② 탁아센터, 1983, ③ 주택 및 도시개발, 1979-1987, ④ 통계 및 정보서비스, 1981, ⑤ 입법의 혁신, 1978-1984, ⑥ 내각안정성, 1975-1985, ⑦ 가족진료소, 1978, ⑧ 관료제의 대응성, 1983, ⑨ 산업정책수단, 1984, ⑩ 예산의 신속성, 1979-1985, ⑪ 지방 보건단위의 지출, 1983, ⑫ 농업분야지출 능력, 1978-1980이었다. 이들 변수들을 적용하여 이탈리아 지방정부의 제도적 성과의 수준을 측정한 결과 대체로 북부지방의 정부들이 남부지방의 정부들보다 성공적인 것으로 나타났다.

2. 제도적 성과를 설명하는 이론

이들이 연구하고자 하였던 문제는 단순히 제도적 성과를 기술하고, 이해하는 것이 아니라 "남부의 성공하지 못한 지역과 북부의 성공적인 지역의 차이점, 그리고 각 지역 내에서도 덜 성공적인 지역과 더 많이 성공한 지역의 차이점은 무엇인가?"를 밝히는 것이었다. 이들은 사회자본 또는 시민공동체라는 설명변수 이외에도 사회경제적 근대성 등과 같은 경쟁적 설명이론들을 동시에 검증하려고 시도하였다.

(1) 사회경제적 근대성에 의한 설명

지난 몇 세기 동안 세계에서 가장 중요한 사회경제적 발전은 산업혁명과 그 영향이었다. 이탈리아에서도 산업화가 이루어졌지만 산업화의 시기 및 정도는 다르며, 북부는 남부보다 더 발전되었다. 남부지역에 비해 더 풍요롭게 근대화된 북부지역은 물적, 인적 자원의 측면에서 유리한 조건을 가지고 있다. 따라서 남

---

6) *Ibid*, 제3장 참조.

부와 북부 지방정부들의 성과 수준에서의 뚜렷한 차이는 이러한 사회경제적 수
준이 영향을 미치지 않았다고 볼 수는 없다. 실제로 경제적 근대성과 제도적 성
과의 수준을 비교해 보면 경제적 근대화의 수준과 북부-남부 지방정부 성과수준
의 불균형과는 관계가 있다(단순상관계수 r=0.77). 그러나 북부 또는 남부지역
내에서 지방정부의 성과의 차이와는 관련성이 적다. 그리고 상관관계의 단순분
석에 의하여 근대성이 성과의 원인(아마도 몇몇 중에서 하나)인지, 성과가 근대
성의 원인인지, 둘 모두가 제3의 요인에 의해 영향을 받는지, 또는 근대성과 성
과사이의 고리가 복잡한지 아닌지를 알 수 없다.

(2) 시민공동체에 의한 설명

1) 시민공동체의 측정지표

위에서 살펴 본 시민공동체에 대한 이론적 고찰을 토대로 지역사회의 "시민
성"을 측정하기 위한 4가지 지표를 사용하였다. 이들은 ① 지역사회에서 결사체
의 수, ② 신문구독률, ③ 주민투표의 투표율(referendum turnout), ④ 선택투
표(preferece voting)등이었다. 앞의 두 가지는 시민성의 지표이며, 나머지 두
가지는 정치생활의 참여에 관한 것이다.

첫째, 지역사회에서 결사체의 수를 살펴보면 노동조합을 제외할 때 스포츠클
럽이 이탈리아인들 사이에 제2위를 차지하는 가장 일반적인 형태이며 문화활동
과 레저활동 등 다른 유형들도 나타난다.

둘째, 지방신문의 구독률을 측정지표로 사용하였는데, 이는 지역사회 관심사
들에 대한 시민의 관심을 표현하는 지표이다.

셋째, 정치참여를 측정하는 기준으로 주민투표(referendum)의 투표율을 사
용하였다.[7]

넷째, 선택투표(preference voting)를 또 다른 측정지표로 사용하였다.[8] 이
탈리아 정치학자들은 선택투표를 파벌주의 그리고 후원-고객 정치에 대한 신뢰
성이 높은 지표로써 오랫동안 간주하여 왔다. 선택투표는 시민공동체에서는 존
재하지 않는다.

---

7) 총선거의 투표율은 이탈리아의 특수상황을 나타내는 몇 가지 이유 때문에 측정지표로서 의미가
떨어진다고 보고 있다.

8) 전국적 선거에서 투표자는 하나의 정당명부를 선택해야 하고, 의석은 비례대표제에 의해 각 정
당에 할당된다. 만약 투표자가 원하면 투표자는 자신이 선택한 정당명부에서 한 후보를 선택할 수 있
다. 전국적으로 보면, 단지 소수의 투표자만이 '선택투표'를 행사한다. 그러나 정당이 단순히 후원자-
고객 네트워크를 감추는 구실밖에 하지 못하는 지역에서는 경쟁적인 파벌들이 선택투표를 원하게 된
다. 그러한 지역에서 선택투표는 후원자-고객 교환 관계에서 필수적인 요소가 된다.

2) 시민공동체에 의한 제도적 성과의 설명

시민공동체의 측정지표를 적용하여 시민성이 높은 지역과 낮은 지역을 비교할 때 시민의 사회 및 정치생활은 여러 가지로 차이가 나고 있다. 그리고 통계분석 결과 복합적 측정지표로 구성한 시민공동체의 측정지표와 제도적 성과수준과의 상관계수는 0.92로서 사회경제적 근대성과 제도적 성과수준과의 상관관계 0.78보다 훨씬 크다. 그리고 사회경제적 근대성과 제도적 성과수준과의 관계는 시민공동체의 측정지표로 통제할 때에는 통계적 유의성이 사라졌다.[9) 따라서 시민공동체 의식이 지방정부의 제도적 성과의 차이를 보다 잘 설명한다고 주장한다.

Ⅳ. 미국에서 사회자본의 감소와 원인

1. 사회자본의 감소경향

이탈리아 지방정부에 관한 연구에 이어 Putnam은 미국에서 지난 한 세대동안 사회자본의 추세를 검토한 후 사회자본의 심각한 감소경향을 지적하고 있다.[10) Putnam에 따르면 모든 측정기준에서 볼 때, 미국인의 정치와 정부에 대한 직접 관여는 지난 한 세대 동안 꾸준히 그리고 급격하게 하락하였다.[11) 지난 10~20년간 수백만의 국민들이 지역사회의 문제에 관심을 갖지 않게 되었고, 연방정부를 불신하는 사람의 비율은 1966년 30%에서 1992년 75%로 증가하였다.[12) 가장 주목하여야 할 것은 결사체 회원가입자의 추세인데 지난 한 세대 동안 회원수가 크게 감소하였다. 미국인이 가장 많이 참여하는 단체는 교회관련단체, 노동조합, 사친회 등 학교서비스 단체, 시민단체와 친교단체 등의 순서이다.[13) 그런데 1960년대 이후 종교단체 가입자와 주일예배 참석자가 꾸준히 감소

---

9) 구체적 내용은 *Ibid*, 제4장 pp. 97-98 및 각주 46 참조.

10) Putnam, Bowling Alone과 Turning In, Turning Out 참조.

11) Putnam, Bowling Alone, p. 68.

12) *Ibid*, p. 68. 한편 보통 미국인들의 일상생활의 활동에 소비하는 시간에 관한 1965, 1975, 1985년의 서베이에 따르면, 비공식적 사교 및 방문활동에 보내는 시간은 1965년 이래 약 1/4 정도 감소하였고, 같은 기간 동안 클럽 및 단체활동에 보내는 시간은 대략 절반 정도로 줄었다. 미국인의 정치에 대한 관심은 지난 30년 동안 안정적이었고, 청원 서명, 수표 발행 등 펜을 사용하는 활동은 크게 증가하였지만, 집회 또는 강연 참가(1976년과 1993년 사이 36% 감소), 마을 및 학교문제 회의 참여(39% 감소), 정당을 위한 활동(56% 감소) 등을 포함한 집단적 참여는 크게 줄어들었다. Putnam, Turning In, Turning Out, p. 666 참조.

13) 결사체의 회원가입 경향은 남녀별로 차이가 있다. 여성의 경우 교회관련단체, 사친회를 포함한

하였다. 노동조합 조합원수도 꾸준히 감소하였는데, 특히 1975년부터 1985년 사이에 감소경향이 더욱 두드러졌다. 노동조합 조합원수가 정점에 달하였던 1950년대 중반 이후 비농업부문의 노동조합 조합원의 비중은 1953년 32.5%에서 1992년 15.8%로 반 이상으로 감소하였고, 노조의 연대의식은 이제 노년기 남성의 희미한 기억이 되었다. 미국인에게 있어서 사친회(PTA)는 매우 중요한 형태의 시민관여의 유형인데, 그 이유는 부모가 교육과정에 참여하는 것은 특별히 생산적인 사회자본의 유형을 대변하기 때문이다. 그러므로 지난 세대 동안 사친회 단체의 참여자가 1964년 1200만 명에서 1982년 겨우 400만으로 감소하였고, 오늘날 약 700만 명으로 회복되었다는 점은 매우 놀라운 일이다. 다음으로 시민단체와 친교단체에 대한 참여자도 감소하였다. 시민단체인 보이 스카웃, 적십자자 등의 참여자가 감소하였고, 자원봉사자 수도 감소하였다. 그리고 친교단체인 라이온스, 엘크스, 샤리너스, 제이시, 메존스 등 가입자수도 감소하였다.

Putnam은 오늘날 미국인이 사회적 관여로부터 이탈(disengagement)하는 현상을 나타내는 상징적 증거로 볼링인구의 추세를 들고 있다.[14] 지난 10~20년 동안 볼링인구는 꾸준히 증가하였으나 조직화된 연맹에서의 볼링인구는 오히려 크게 감소하였다. 즉 1980년에서 1993년까지 미국의 볼링인구수는 약 10% 증가하였으나, 연맹볼링(league bowling)은 약 40% 감소하였다. 미국에서는 약 8천만 명이 매년 적어도 한 번 이상 볼링장에 가는데, 이는 1994년 대통령선거에서 투표에 참여한 사람보다 1/3정도 많은 수치이며, 정기적으로 교회에 가는 것으로 등록된 사람과 같은 숫자이다. 연맹볼링의 감소와 단독볼링의 증가가 갖는 사회적 의미는 다음과 같다. 즉 연맹볼링에서는 볼링장에서 맥주와 피자를 즐기면서 사회적 상호작용과 시민적 관심사에 대한 대화가 가능하지만 단독 볼링에서는 불가능하다는 것이다. 그러므로 전체 볼링인구의 증가추세에도 불구하고 볼링 팀이 줄어드는 경향은 사회자본의 감소추세를 상징적으로 보여준다는 것이다.

학교서비스단체, 스포츠 단체, 그리고 전문직업적 단체 등에 많이 참여한다. 남성의 경우 스포츠 클럽, 노동조합, 전문직업적 단체, 사교단체(fraternal groups)가 비교적 인기가 있다.

14) Putnam, Bowling Alone, p. 70.

2. 사회자본 감소의 이유

그러면 왜 미국에서 사회자본의 감소경향이 1960년대에 시작되어 1970년대와 1980년대 가속화되었는가? 또는 왜 더욱 많은 미국 시민들이 혼자 볼링을 치게 되었는가?

Putnam은 이러한 수수께끼를 풀 수 있는 잠정적인 해답으로 ① 일과 시간의 압박, ② 경제적인 어려움 또는 그 반대로 물질적 풍요, ③ 주민의 이동성과 교외지역으로의 이주, ④ 여성의 유급노동력화와 맞벌이 가족의 스트레스, ⑤ 결혼 및 가족적 유대의 붕괴, ⑥ 체인점, 지점, 그리고 서비스 섹터와 같은 미국 경제구조의 변화, ⑦ 1960년대(그리고 1970년대)의 사건들인 베트남전, 워터게이트와 공공생활에 대한 환멸, 섹스, 마약 등등 권위에 대한 문화적 혁명, ⑧ 복지국가의 성장, ⑨ 시민권 혁명, ⑩ 텔레비젼, 전자혁명, 그리고 기타 기술적 변화 등을 고려하고 있다.[15]

그러나 Putnam은 사회자본의 감소는 1차적으로 세대차이 때문이라는 증거를 제시하고 있다.[16] 즉 1910~1940년 출생자와 1945년 이후 출생자 사이에 사회적 관여 경향에 뚜렷한 차이가 있다는 것이다. 그러므로 사회적 자본의 감소는 1차적으로 세대효과(generation effect)때문인 것으로 본다. 그러므로 Putnam은 1910년~1940년 출생자를 장기간의 시민적 세대(long civic generation)라고 부르며 1945년 이후 출생자를 탈시민적 세대(post-civic generation)라고 부른다. 그러면 시민적 세대와 탈시민적 세대의 차이를 나타나게 만든 진정한 원인은 무엇인가? Putnam은 TV의 도입을 지적하고 있다. 즉 1950년대에 도입된 TV의 시청이 시민적 세대와 탈시민적 세대를 구분하는 기준이라는 것이다. Putnam의 분석에 따르면 가입한 결사체의 숫자는 교육수준에 따라서 차이가 있으며, 또한 교육수준을 통제한 후에도 장시간 TV 시청자는 가입한 결사체의 수가 적은 반면, 장시간 신문구독자는 가입한 결사체의 수가 많다. 그러므로 TV의 도입과 그 시청시간의 증가가 미국에서의 사회자본의 감소에 결정적인 영향을 미쳤다고 본다.[17]

---

15) Putnam, Turning In, Turning Out, pp. 666-674 참조.

16) *Ibid*, pp. 674-680 참조.

17) 한편 Nelson W. Polsby는 본인과의 대화에서 TV뿐 아니라 컴퓨터의 등장으로 사회자본의 감소가 더욱 심화되었다고 지적하고 있다.

V. 평가적 의견

사회자본과 시민공동체론을 소개한 그의 저서 *Making Democracy Work*는 1993년 미국 National Academy of Public Administration의 1993년 Louis Brownlow 저술상을 수상하였고, 1994년 미국정치학회 비교정치분과의 Gregory Luebert Award를 수상하였다. 한편 미국에서 사회자본의 감소경향과 원인을 설명한 "Turning In, Turning Out"이라는 논문은 1994년 APSA 평의회의 The Ithiel de Sola Pool Award 수상 기념강연의 내용이다. Putnam과 동료들의 사회자본과 시민공동체 이론은 민주주의와 정부의 성공요인을 연구하는 학자들에 의하여 오랫동안 소홀하게 여겨졌던 시민사회의 특징이라는 점을 학계에서 널리 인정받았다고 볼 수 있다.

국가중심적 설명과 사회중심적 설명을 구분할 때 시민공동체라는 특성은 국가의 특성이라기보다는 사회의 특성으로서 공공정책에 관한 사회중심적 설명에 속한다. 그러나 Putnam도 지적한 바와 같이 사회경제적 근대성과 같은 경제적 특징과도 분명히 구분된다. 그리고 정치적 차원에서도 이익집단이나 정당과 같이 조직화된 세력의 특징이 아닌 시민사회의 특징을 포착한다는 점에서 계급이론, 엘리트이론, 다원주의이론, 조합주의 이론 등과 구별되는 이론이다.

Putnam과 동료들의 연구에서는 사회자본과 시민공동체 이론을 이탈리아의 지방정부와 미국에 적용한 바 있다. 앞으로 이러한 개념을 적용하여 우리나라와 다른 국가에서의 지방정부간 차이의 연구는 물론 국가간 비교연구에도 적용하여 그 타당성을 검증해 볼 수 있을 것이다.

참고문헌

Robert D. Putnam with R. Leonardi & R. Y. Nanetti, *Making Democracy Work: Civic Traditions is Modern Italy*, Princeton, NJ: Princeton University Press, 1993.

Robert D. Putnam, "Bowling Alone: America's Declining Social Capital," *Journal of Democracy*, vol. 6, no. 1, 1995, pp. 65-78.

_____, "Turning in Turning out: The Strange Disappearence of Social

Capital in America," *PS: Political Science & Politics*, vol. 28, December 1995, pp. 371-389.

남궁 근, 비교정책연구: 방법, 이론, 적용, 법문사, 1998, pp. 226-232.

Ralph C. Chandler의
시민대표적 관료론*

I. 머리말

민주국가체제가 등장한 이래 시민들은 점점 더 많은 의사결정권을 입법부에 위임해 왔으며, 오늘날 입법부는 다시 더욱 많은 권한을 행정부에 위임하고 있다. 이른바 시민대표적 기능을 수행하는 입법부가 행정부에 종속되어 가는 가장 중요한 이유는 행정부의 전문적 우위성에 기인한다. 특히 20세기에 들어오면서 더욱 현저해진 고도의 산업화 현상과 급격한 도시화과정은 기술적으로 복잡한 문제들을 야기시켰고, 이의 해결을 떠맡은 행정을 전문화시킬 필요성이 증대되었다. 행정와 업무내용이 복잡하고 다양할 뿐 아니라 전문성과 기술성의 요청이 심화되어감에 따라 행정을 규제해야 할 입법의 내용마저 전문적・기술적 사항을 포함하게 되어 행정에 관한 구체적이고도 세부적인 사항까지 하나하나 규정한다는 것은 입법부의 기술적 한계 때문에 거의 불가능한 일이 되었다.

행정부의 우위현상은 행정권 행사의 정통성에 있어서 새로운 문제를 제기하게 되었다. 즉 시민에 의하여 선출되는 과정을 거치지 않은 직업적인 행정인의 경우, 주권자인 시민에 대한 의무와 대표성이 문제시되었다. 이러한 문제를 중시하는 사람들은 행정에 대한 민주적 통제를 강조하기 시작했다. 그리고 시민들이 직업적인 행정인들을 통제할 수 있는 가장 기본적인 방법은 실질적인 시민참여의 길이라고 주장하였다. 그러나 정부관료제가 민주주의의 과정을 수용하는 데 있어서 부닥치는 근본적인 한계는 모든 시민을 참여하게 할 수 없다는 점이다. 더구나 오늘날 시민참여를 촉진하기 위해서 행정의 전문화를 거스를 명분도 없다. 바로 여기에 오늘의 행정학이 직면하고 있는 지적 딜레마가 가로 놓여 있는 것이다. 그리하여 현대 행정학자들은 서로 모순되는 두 가지 현상, 즉 행정의 전

---

* 이창기: 대전대학교 행정학부 교수.

문직업화 경향과 실질적인 시민참여의 요구증대를 변증법적으로 해결하기 위하여 관료들에게 대표성(representativeness)을 부여하고 그 의미를 확인시켜 주려는 노력을 경주하고 있다. 정부관료제는 마땅히 그 존재를 있게 한 국민의 대표자가 되어야 한다는 것이다. 특히 대의정치의 기능저하는 정부관료제의 시민대표적 성격에 큰 의미를 부여하는 계기가 되었다.

그러나 정부관료제의 대표성 논의를 대표적 관료제(representative bureaucracy)의 논의와 연결지으려는 것은 무리이다. 왜냐하면 대표적 관료제는 공직에의 임용이 충분히 개방되어 모든 수준의 공직이 사회의 여러 인구집단들을 공평하게 반영할 수 있도록 해야 한다는 공직임용의 접근규칙이기 때문이다. 그러므로 정부관료제의 대표성은 사회의 공익과 일반시킨들의 이익을 대표할 관료집단의 책임감을 강조하는 의미로 파악해야 한다. 그런 의미에서 대표성은 행정의 수혜자지향성을 실현하려는 책임성, 공익성, 민주성과 그 궤를 같이 하고 있다. 그런데 이러한 민주적 가치들은 고도로 관념적이며 추상적이다. 그에 비하면 대응성(responsiveness)은 훨씬 실질적 개념이라고 평가할 수 있다. 다시 말해서 정책과 사업의 영향이라는 차원에서 시민의 욕구와 요구에 부응하고 욕구나 요구를 만족시키는 일을 대응성이라는 실질적 가치로 실현시킬 수 있다는 뜻이다.

사실 정부관료제의 수혜자지향성은 다가오는 사회에서 거스를 수 없는 대명제이다. 이 명제를 구현할 수 있는 길은 행정의 대응성을 통해 넓어지리라고 믿어 의심치 않는다. 왜냐하면 대응성은 행정권의 확대를 정당화시켜 줄 수 있는 실질적 근거이며, 시민의 관심과 욕구에 대응하는 길만이 정부에 대한 시민들의 지지와 정당성을 회복할 수 있는 길이기 때문이다.

행정체제의 대응성은 관료의 전문직업성과 시민성, 그리고 일반시민들의 시민성이 동시에 높은 수준을 유지할 때만 높아질 수 있는 것이다. 바로 여기에 '행정학에서의 시민주의의 회복'을 부르짖는 논리적 근거가 버티고 있다.

이에 다음에서 Ralph C. Chandler의 시민대표적 관료론을 요약·소개하려 한다.

II. Chandler의 시민대표적 관료론

관료는 국가활동의 주역이다. 이 주역에 대한 평가는 역사적으로 성격을 크게 달리해 왔다. 한 때는 지배자로 군림하여 착취의 대명사였는가 하면, 어떤 때는 식민통치와 독재의 하수인으로 전락하여 민생을 외면하기도 했고, 언제부터인가는 발전의 역군으로서 나라의 살림꾼임을 자랑하기도 했다. 이처럼 극단의 경계를 넘나들던 관료들에게 오늘의 시민은 무엇을 기대하고 있을까?

오늘의 시민은 관료가 오로지 시민을 위해 존재해주기를(牧爲民有世) 기대한다. 더구나 대의정치에 대한 실망감과 행정업무의 전문성이 더욱 커짐에 따라 시민은 관료가 시민의 대표로서 역할해주기를 바란다. 이러한 역할기대는 사회의 공익과 일반시민들의 이익을 대표할 관료집단의 책임감을 강조하는 셈이다.

관료는 '최대의 시민'이라는 표현이 있다. 관료는 동료시민들을 대표하여 시민의 업무를 수행하도록 동료시민들에 의해 고용된 시민이기 때문이다. 그러므로 관료는 시민들 위에 '군림하는 권리'(power over)이 아니라 시민과 '더불어 갖는 권력'(power with)을 추구해야 한다. 이 때 관료의 윤리적 의무는 자기 동료인 시민들과 수평적인 권한관계를 확립하고 유지하려는 일종의 시민성(citizenship)이다.

모든 사람은 하나의 헌법에 복종하기 때문에 모두가 동료시민인 것이다. 이와 같은 생각에 동의하는 관료는 시민을 동료로 여기며, 행정권력은 모든 시민과의 공유권력이라고 여긴다. 시민을 업신여기고 깔보며 적대세력으로 규정짓는 관료는 시민성이 결여된 '최하의 시민'이다. 모든 시민을, 민원인을 따뜻하게 맞이하고, 그들의 고충을 진지하게 들어주며 더불어 해결책을 모색하는 관료의 모습이 바람직한 관료상(官僚像)인 것이다.

관료에게 있어서 시민성의 소생을 염원하는 것은 그들의 역할에 대한 기대 때문이다. 사실 관료는 행정국가에서 중요한 대리인으로서 결정적인 역할을 수행한다. 그들은 민주정부를 적극적이고도 의도적으로 지지할 수도 있고, 그와 반대로 민주정부를 파괴할 수도 있다. 관료는 바로 민주적 실험의 중추에 자리잡고 있고 그 실험을 통제하고 있기 때문이다. 따라서 관료의 시민성은 정부의 민주적 기능을 수행하는 데 있어서 절대 불가결한 요소이다.

Ralph C. Chandler는 새로운 세기를 맞는 관료의 새 역할로서 시민의 대표가 되어야 한다고 제언한다. 그는 '대표적 시민'과 '시민의 대표'를 구분하여 대표적 시민은 철인왕(哲人王)의 전통에 연관된 개념으로서 관료는 공공선(公共善)의 수탁자이며 그 사회의 선량이라는 관료적 우월의식에 사로잡히게 된다고 보았다. 그에 반해 시민의 대표는 근본적인 평등주의에 입각하여 관료적 업무를 부여받는 것으로 여겨 우월의식이 없고 건방지지 않은 관료로서 대표적 시민보다 더 민주적인 수탁자라는 것이다. 사실 오늘날에 있어서 대의정치의 부분적

실패와 행정업무의 전문성이라는 문제를 고려하여 관료들에게 대표성을 부여하고 그 의미를 확인시켜 주는 일은 행정학자들의 의무인 것이다. 시민성의 회복을 위해 시민과 관료의 관계를 재조명하고 있는 행정학의 노력은 바로 그러한 요청을 반영하는 것이다. 관료의 시민성을 강조하는 행정학도들은 관료들에게 시민의 대표로서 자부심과 긍지를 가지고 시민을 동료로 대해 주기를 기대한다.

한편 관료는 전문직업적 시민이자 시민성에 입각한 시민이기도 하다. 이러한 관료의 양면적 속성은 자칫 긴장을 조성할 수도 있다. 왜냐하면 시민성에 입각한 공무수행이 전문직업적 판단에 의해 좌절되거나 갈등을 빚지 않을까 하는 우려를 하지 않을 수 없기 때문이다. 사실 현대 행정학에서 고도의 기술적 전문성과 그와 같은 전문영역에서의 능력발휘, 그리고 가장 유용한 과학적 방법을 채택하는 능력은 오늘날의 관료에게 요청되고 있는 주요 자질임에 틀림없다. 이 시대적 요청에 부응하기 위해서는 전문직업적 기준을 강화함과 동시에 관료들에게 동료시민을 대표하여 그들의 전문성을 행사한다는 인식과 그들 또한 그 지역 공동체의 한 시민이라는 느낌을 일깨워 주어야 한다. 따라서 높은 수준의 행정이 이루어지기 위해서는 관료가 전문직업적 시민이 되어야 한다. 즉 높은 수준의 행정과 높은 수준의 시민성이 결합되어 가장 바람직한 정치행정체제의 창출을 가져오게 된다.

이와 같은 맥락에서 Chandler는 시민성의 높낮이와 행정수준의 높낮이를 조합시켜 보았을 뿐 아니라 시민성의 높낮이와 전문직업성의 높낮이를 결합시켜 보고 있다. 시민성의 높낮이와 행정수준의 높낮이를 조합했을 때 가능한 유형은 다음 그림과 같다.

높은 행정

	II 고대 이집트	I 고대 로마
	III 현대 미국	IV 고대 아테네

낮은 시민성　　　　　　　　　　　　　　높은 시민성

낮은 행정

[그림 6-2] 시민성과 행정의 조합

Chandler는 가장 열악한 조건인 유형 III을 현대 미국이라고 꼬집으면서 Andrew Jackson 시대에 공직의 민주화는 전문직업성을 떨어뜨렸고 그렇다고 높은 시민성을 유지한 것도 아니었다고 평가한다. 물론 1883년부터 1906년 사이에 인사행정개혁가들은 공직의 전문직업성을 제고하기 위해서 Pendleton법 제정 등의 노력을 기울였으나 개혁운동을 통해 뚜렷하게 나아진 것이 없다는 것이다.

유형 IV는 고대 아테네의 경우에서 발견할 수 있다. B.C 5세기의 아테네 시민의회는 도시국가의 모든 시민을 포함하고 있었다. 고대 아테네는 직접민주주의의 원리가 가능할 수 있는 작은 규모의 동질적인 구성원으로 이루어졌으며, 구태여 효율적인 행정이 필요 없었다. 사실 아테네에는 감독해야 할 공공용지도 없었고, 규제해야 할 농토의 집중도 없었으며, 심지어 관리해야 할 사회복지제도도 없었다. 정부의 역할은 오직 방어적인 군사역할에 한정되어 있었다. 그리고 질서유지를 위한 최소한의 치안기능을 수행하고 있을 뿐이었다. 그러므로 아테네에 있어서 시민의 역할은 행정의 역할을 훨씬 능가했다. 그러나 다가올 미래의 변화를 직시해 보건대 오늘의 사회에서 고대 아테네에서와 같은 시민모형을 기대할 수는 없을 것 같다. 우선 희소한 자원의 배분과 보호를 위해서도 높은 행정을 인정하지 않을 수 없기 때문이다.

유형 II는 고대 이집트를 하나의 전형으로 볼 수 있는데 이집트의 행정관료는 왕(pharaoh)과 백성 사이에 위치하면서 세계의 7대 불가사의(不可思議)에 해당하는 피라밋과 나일강 토목공사를 수행해 낸 장본인들이었다. 그들에 대한 교육프로그램은 미래 관료의 육성과 지적 개발을 위해 철저하게 구상되어 있었다. 이런 상황에서 시민은 하나의 종으로 전락되어 착취와 동원의 대상이었던 것이다.

유형 I은 고대 로마의 경우에서 발견이 가능하다. 시민성이 높을 뿐 아니라 행정의 수준도 높다. 관료가 시민의 대표로서 역할을 수행한 전형적 모형이라고 한다. 따라서 로마의 관료는 국가업무를 관리하기 위한 전문직업단체이고, 로마 시민의 지위는 문명세계가 모두 선망하는 대상이었다. 그들은 모두 동일한 헌법에 복종을 하면서 서로를 동료로 여기고, 행정권력은 그들의 공유권력이라는 뚜렷한 인식을 가지고 있었다.

따라서 Chandler는 유형 III(현대미국)이 유형 I(고대 로마)과 유형 IV(고대 아테네)로 옮겨가기 위한 노력을 경주해야 한다고 지적하면서 유형 IV로의 이동은 시민참여의 촉진을 통해서 가능하다고 보았다. 또한 유형 II로의 이동은 관료의 전문직업성을 높이는 방향으로 나아갈 때 가능하다고 말한다.

또한 Chandler는 시민성의 높낮이와 전문직업성의 높낮이를 조합하기 위해 먼저 네 가지 개념에 대한 정의를 내리고 있다. 시민성이 높은 경우, 다른 사람과의 상호작용이나 그 결과에 대해 민감하게 반응하는 시민의 협력이 중요시될 테고, 시민성이 낮은 경우, 이기심과 경쟁적 개인주의로 특징지을 수 있는 기업가 정신이 넘쳐날 것이다. 그리고 전문직업성이 높은 경우, 공공이나 공동체기준을 뛰어넘는 전문직업적 기준에 민감하게 작용하는 수탁자정신을 발휘할 것이며, 전문직업성이 낮은 경우, 전문직업성 기준에 덜 관심을 보이는 기술관료제적 성격을 띠게 될 것이다.

이상의 개념을 전제로 시민성의 높낮이와 전문직업성의 높낮이를 조합하면 다음 그림과 같다.

높은 시민성

낮은 전문직업성	II 시민의 협력 기술관료제	I 시민의 협력 수탁자정신	높은 전문직업성
	III 기술관료제 기업가정신	IV 수탁자정신 기업가정신	

낮은 시민성

[그림 6-3] 시민성과 전문직업성의 조합

유형 I 은 시민의 협력과 수탁자정신이 고도로 발휘되는 체제이고, 유형 II 는 시민의 협력은 이루어지고 있으나 기술관료제적 성격이 동시에 존재하는 행정체제이다. 유형 III 은 기술관료제와 기업가정신이 결합되어 있고, 유형 IV 는 수탁자정신과 기업가정신이 동시에 존재하는 행정체계라고 규정지을 수 있다는 것이다. 물론 Chandler는 유형 I 이 가장 바람직한 행정체제라고 설정하고 이의 달성을 위해 시민참여의 높은 깃발 아래 관료의 전문직업성을 높이는 방향으로 나아가야 한다고 주장한다. 그러한 관료를 그는 시민의 대표라고 불렀다. 이 때 시민의 대표는 관료적 자기이익중심성을 탈피하여 시민에게 봉사하는 자세를 견지할 것으로 보았다.

3. 행정에서의 시민성회복

Chandler의 시민대표적 관료론에서 논의된 것처럼 오늘의 행정이 공익의 증진이라는 본래의 역할을 수행할 수 있으려면 시민과 시민성, 그리고 통치의 기술에 대한 본래의 개념이 소생되어야 한다. 그렇게 되어야만 민관(民官)의 관계가 올바로 서게 될 것이다. 사실 국가가 출현한 이래 시민(civic: citizen), 시민성(civitas: citizenship), 통치의 기술(civilitas: the art of government)에 대한 개념들이 발전된 것은 그리스, 로마시대였던 것 같다. 그러다가 중세가 끝나고 1600년경에 민족국가체제의 등장과 더불어 그러한 개념들은 퇴락하고 통치의 기교(the craft of gevernment)가 널리 퍼지기 시작했다. 즉 민족국가의 출현은 시민과 시민성의 개념을 절대적인 법적 질서의 영역 안에 가두어 버렸고, 국가이성과 통치의 기교가 민족국가의 토대를 다져 주었다. 이와 같은 결과는 시민들에 의해 수행되던 통치의 기술이 전문가들에 의해 수행되어지는 통치의 기교로 미묘한 개념상의 변화를 가져왔고, 시민성의 주체로서 규정되던 시민에 대한 계속적인 개념의 변화와 통치의 기술에 기능적이었던 시민성의 변화를 초래하였다.

그러나 오늘날 행정업무의 다양성과 복잡성은 시민의 시민성 향상 못지 않게 관료의 전문직업성이 크게 요구되어지고 있다. 관료들의 전문직업적 자질은 관료의 대응성에 영향을 미치는 중요한 결정요인의 하나가 될 수 있다.

그런가하면 최근에 관료의 시민성을 높여야 한다는 주장도 설득력을 얻고 있다. 관료의 시민성은 전문직업성에서 야기될지도 모를 편견과 독선을 예방하기 위해서라도 요청이 되는 자질이라는 것이다. 그리고 일반시민의 시민성은 올바른 업무수행을 감시하고 그에 조력하기 위해 시민이 지녀야 할 자질이라는 것이다. 이처럼 Robert T. Golembiewski가 제시하는 내부시민성과 외부시민성의 논의는 Chandler의 시민대표적 관료론의 지평을 훨씬 넓혀주고 있다. Golembiewski는 시민성과 행정의 관계를 역사적인 변천에 따라 세 가지 모형으로 구분하여 설명하고 있는데 이를 그림으로 나타내면 다음과 같다.

  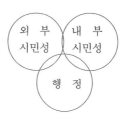

모형Ⅰ: 통합모형　　　　모형Ⅱ: 분리모형　　　　모형Ⅲ: 상호작용모형
자료: Robert T. Golembiewski, 1989, p. 202.

[그림 6-4]　시민성과 행정의 세 모형

　모형Ⅰ은 고대 희랍에서 볼 수 있었던 바와 같은 시민과 행정의 동등한 위치를 반영한다. 이것은 높은 시민성이 행정을 포괄해버리는 직접적인 통합모형이었다. 모형Ⅱ는 외부시민성(일반시민의 시민성)과 분리되는 관료제의 중립적 상태를 보여준다. 이 모형에서 관료제는 과학적 원리를 적용하면서 시민성을 쓸모없게 하거나 차별적으로 적용한다. 모형Ⅲ은 내부시민성(관료의 시민성)과 외부시민성이 동시에 발로되어 상호작용하는 모형인데 여기에서는 시민성을 조직내부의 시민성과 외부의 시민성이라는 두 가지 범주로 구분하여 제시하고 있다.

　모형Ⅰ은 역할의 전문화를 부정하고, 모형Ⅱ는 역할의 전문화를 강조하는 것이며, 모형Ⅲ은 Ⅰ과 Ⅱ를 균형 있게 통합하려는 시도이다.

　시민성은 관료제 내부와 외부에서 동시에 상호작용되어야만 행정체제의 대응성이 높아질 수 있다. 사실 민주주의는 시민의 미덕에 크게 의존하면서 동시에 존경을 받을 만한 관료를 필요로 한다. 그래서 David K. Hart는 인본주의에 입각한 관료의 의무를 네 가지로 요약하여 제시하고 있다.

　첫째는 시민의 자율성을 신장하는 데 기여하는 의무이다. 일정한 생활의 태두리 안에서 어떤 형태의 강제가 존재한다는 것은 시민들 사이의 미덕을 감소시킨다. 미덕 있는 생활의 보장을 위해서 자율성은 필요한 것이다. 시민의 자율성은 관료들의 도덕적 판단과 통찰력에 의해 제고되어야 한다.

　둘째는 설득에 의한 통치이다. 강요에 의한 통치보다는 동의에 의한 통치가 시민의 협력을 기대할 수 있는 것이다. 그러나 시민을 속이기 위해 사용되는 관료의 설득력은 시민에 대한 죄악이요, 정당성의 상실을 스스로 자초하는 길이다.

　셋째는 권력의 부패를 방지하는 것이다. 관료도 보통 사람과 마찬가지이므로 부패할 가능성은 있게 마련인데 이를 관료의 명예심으로 극복해야 하는 것이다.

　넷째는 시민의 모범이 되는 것이다. 과거보다 오늘날 시민의 모범이 절실하게 요청되는 이유는 관료들의 막강한 권력이 시민들의 접근을 불가능하게 만들었고, 위화감을 조성할 여지가 많기 때문이다. 관료와 시민은 서로에게 모범이 되어야 한다.

이처럼 존경받을 만한 관료와 마찬가지로 미덕이 넘치는 시민정신이 뒷받침되어야 건강한 정치행정체제를 갖출 수 있다. 어떤 정치체제의 수준은 그 사회의 시민능력에 달려 있다고 말하는 사람들이 있다. 어떤 사회가 잔인한 독재자의 수중에 장악되어 있는 것은 그 사회에 살고 있는 시민의 책임이라는 것이다. 독재체제는 낮은 시민수준에 걸맞는 정치체제라고 하지 않을 수 없다는 것이다. 마찬가지의 논리로 수준이 낮은 시민에게는 행정에 의한 서비스의 수준도 낮게 마련이다. 따라서 대중적 자치정부는 오직 시민들이 그들의 시민성에 관해 참다운 고뇌를 할 때만이 존재 가능하다.

4. 평가적 의견

1984년에 개최된 미국행정학회의 특별주제세미나에 참석한 학자들은 한결같이 오늘날 시민들의 무관심과 정책과정에 대한 이해의 결여를 비판하고, 관료들이 시민성을 소생시키는 데 앞장서야 한다고 주장하였다. 이에 대해 관료들은 옛날 도시국가(polis)에서와 같은 적극적 시민성이 필요하다는 데 인식을 같이하였다. 일찍이 Aristotle은 적극적 시민이란 공익의 결정에 있어서 실제적인 지혜를 제공하고, 통치의 어떤 측면에 관한 중대한 결정을 내리는 데 있어 공동으로 참여하는 사람이라고 규정하고 있다. 따라서 오늘의 상황이 비록 도시국가에서와 같은 아주 높은 시민성의 발로를 기대할 수 없을 지라도 우리의 민주주의를 성공시키려면 여전히 높은 시민성이 필요하다. 그와 같은 높은 시민성은 민주정부의 권한행사에 정당성을 부여해주고 정부로 하여금 더욱 개방적이고 대응적이게 만들 것이다. 그러나 오늘날 행정국가에서의 적극적 시민성에 대한 기대는 전통적인 시민성의 주요 특징을 보존하면서 행정의 준거 틀과 조화를 이루어낼 때에만 달성 가능하다.

끝으로 Chandler의 시민대표적 관료론을 요약·정리해 보면 시민의 행복과 불행을 좌우할 수 있는 오늘의 관료들에게 시민대표로서의 권한을 부여함으로써 책임 있는 정책의 결정과 집행을 기대할 수 있다는 논의이다. 따라서 이 논의는 오늘날 행정학이 직면하고 있는 지적 딜레마, 즉 행정의 전문직업화경향과 실질적인 시민참여의 요구 증대를 변증법적으로 해결하기 위하여 관료들에게 대표성을 부여하고 그 의미를 확인시켜 준 셈이다.

참고문헌

Chandler, Ralph Clark, "The Public Administration as Representative Citizen: A New Role for the New Century," *Public Administration Review*, Vol. 44, Special Issue, 1984, pp. 196-206.

Gawthrop, Louis C., "Civis, Civitas, Civilitas: A New Focus for the Year 2000," *Public Administration Review*, Vol. 44, Special Issue, 1984, pp. 101 -106.

Golembiewski, Robert T., "Toward a Positive and Practical Public Management: Organizational Research Supporing a Fourth Critical Citizenship," *Administration & Society*, Vol. 21, No. 2, 1989, pp. 201-205.

Hart, David K., "The Virtuous Citizen, the Honorable Bureaucrat, and Public Administration," *Public Administration Review*, Vol. 44, Special Issue, 1984, pp. 111-119.

Herbert Kaufman의
행정가치 간의 갈등*

I. 머리말

Woodrow Wilson 이래로 미국행정학자들의 변함없는 질문은 민주주와의 관료제간의 관계이다. 민주주의를 위해서 관료제, 즉 행정은 어떠한 역할을 해야 하며, 어떠한 모습을 추구해야 하느냐는 질문이다. 이는 결국 바람직한 행정가치에 관한 질문이며, 답은 시대에 따라, 또 문제를 보는 관점에 따라 다르다. 미국 행정학이 추구하는 행정가치는 무엇일까? 왜 그러한 가치들이 주장되었는가? 또 이들 가치간의 관계는 어떠한가? 이에 대한 대답은 미국 행정학의 본질을 설명해 주는 핵심이 될 것이다. Herbert Kaufman의 논문 "Emerging Conflicts in the Doctrines of Public Administration"은 이 문제를 가장 명확히 다룬 논문 중의 하나이다. 특히 이 논문은 미국 행정학의 고민과 행정의 발달과정을 역사적으로 잘 논의하고 있어 우리에게 미국 행정을 이해하는 데, 커다란 도움을 준다. 따라서 보다 자세한 내용 소개가 유익할 것으로 생각된다.

II. 세 가지 가치 사이의 갈등과 연합

Kaufman은 미국 행정 및 행정학 발달의 지배적인 행정가치를 크게 대표성, 정치적 중립성, 행정적 지도력 등의 세 가지로 정리하고 있다.[1] 이 세 가지 가치는 역사적으로 시대적 요구에 의해 제기되어졌으며, 각기 대표되는 시대의 미국

---

* 정성호: 경기대학교 사회과학부(행정학 전공) 교수.
  1) 세 가지 가치에 대한 용어상의 의미를 더 명확히 하자면, 대표성(representativeness)은 국민에 대한 대표성을 의미하며, 중립적 능력성(neutral competence)은 정치적 중립성과 행정적 능력성을 의미하며, 행정직 지도력(executive leadership)은 행정부의 수반, 즉 대통령, 주지사의 행정지도력을 의미한다.

— 724 —

행정체계의 모습을 결정하는 지침으로서 역할을 했던 것이다. 또 지금까지 이 가치들은 행정의 바람직한 모습에 관한 논의 속에서 다시 제기되고, 서로 갈등 관계를 이루며, 때로는 서로 연합하여 미국 행정의 개혁 방향과 학문적 논의를 이끌어 가고 있다. 미국 행정학의 초기 연구들은 시대적 가치가 대표성에서 정치중립적 능력성으로 넘어가는 전환기에 이루어졌다. 제1차 세계대전 이후 쏟아져 나온 많은 연구들은 행정의 중립적 능력성과 행정적 지도력의 두 가지를 함께 다루고 있으며, 1950년대 중반에 와서는 이 두 가지 가치가 서로 갈등적 관계를 갖는다는 사실이 더욱 명확히 나타났다.

Kaufman의 주장을 좀더 자세히 살펴보면 다음과 같다. 미국 행정에서 계속적으로 제기되고 논의되는 행정가치들은 각기 역사적 근원을 갖고 있다. 역사적으로 대표성, 중립적 능력성, 그리고 행정적 지도력의 손으로 가치적 개념이 발달되었다. 첫번째는 대표성 가치의 시대이다. 대표성에 대한 요구는 그 기원을 독립전 영국의 식민통치시대에서 찾을 수 있다. 당시 의회는 미국 주민에 의해 구성되었지만, 행정부의 운영은 영국에서 북미해 온 주지사에 의해 이루어졌고 행정부와 입법부 사이에는 근본적인 마찰이 항상 존재했고, 미국인들의 가장 큰 불만을 주민인 자신들의 의사가 식민 행정부의 정책결정과 집행과정에서 대표되지 않는다는 사실이었다. 여기서 대표성에 대한 요구는 독립후 미국 정치행정에서 하나의 절대적인 가치로 형성된 것이다.

독립 이후 정치제도의 변화를 보면, 주로 대표성을 높이는 방향으로 치우쳐 이루어졌다. 주정부의 경우 행정부와 의회의 관계에 있어서 대부분 주들이 주지사의 권력은 축소시켜 거의 명목적인 자리로 만드는 한편 의회의 권한과 역할을 절대적으로 증대시켰다. 지방정부에서도 비슷한 현상이 일어났다. 연방정부의 헌법에서 대통령에 대한 권한을 유래 없이 많이 부여한 것은 분명 이러한 반행정부적 기운에 대한 결과였다. 왜냐하면 당시의 지배적인 가치는 행정부의 권한을 축소시키는 것이었다. 실제적으로도 대통령은 의회와 비교해 훨씬 약한 권한행사를 했다.

당시 대표성의 요구가 지배적인 가치였음을 보여주는 또 하나의 사실은 선거 만능주의적 신념이었다. 남성에 대한 보통선거권 실시로부터 시작된 이 기운은 투표에 의해 선출하는 공직의 수를 점점 증가시켰다. Jackson시대를 거쳐 19세기 중순경에 그 수가 급격히 늘어 '대통령으로부터 개잡는 사람'에 이르기까지 대부분의 공직자가 선출되었다. 이 분위기 속에서 정당의 영향력이 높아지고, 일반 공무원도 선거의 결과에 따라 전면 교체되는 엽관제(獵官制)가 실시되었다.

행정의 정치중립적 능력성에 하나의 지배적 가치로 등장한 시대는 19세기 중반 이후에 대표성 중심의 정치발전이 가져온 폐단이 사회 문제화되면서부터였다. 대표성의 증대를 위해 그동안 발달된 정치제도들, 즉 의회 우월주의, 선거의 확대보급 및 엽관제 등이 실질적인 대표성을 향상시키지 못하고 오히려 방해하고 있다는 것이다. 우선 일반 유권자와 이익집단과의 관계가 혼동되고, 이 와중에 정치보스가 등장하여 국민의 이익과는 반하여 자신들의 개인적 혹은 조직적 이익만을 증가시켰다. 또한 급격한 산업화 속에서 의회 의원들이나 공무원은 기술적으로 무능하고 부패되는 양식을 보였다.

이같은 문제의 해결책으로 당시 개혁주의자들은 입법주의 활동을 제약하면서, 대신 정부의 책임성을 높이는 제도적 개혁을 모색하였다. 여기서 공무원의 정치중립적 능력성이 하나의 가치로 등장하게 된 것이다. 행정은 정치로부터 분리되어야 하고, 전문화된 기준에 의거해 집행되어야 한다는 것이다. 구체적인 제도적 장치로는 독립위원회의 설치와 실적제의 도입이었다. 남북전쟁 이후 중립적 능력성의 가치에 입각한 개혁이 급속히 진행되었다. 지방, 주 및 연방수준에서 각종 독립위원회가 수립되어, 위원들은 초당적으로 그 분야에서 명망이 있는 사람들로서 서로 임기가 겹치게 임명되었다. 또 정치적 압력으로부터의 신분보장과 폭넓은 재량권을 부여했다. 결국 정치가로부터 전문행정가들에게로 정책적 권한이 대폭 위임되었다.

정치중립적 능력성의 가치관에 입각한 또 다른 개혁은 1883년 공무원법의 제정이었다. 공무원의 정치적 중립성과 전문성에 입각한 능력성을 확보하는 방안으로 공무원위원회가 수립되어 공무원 채용시험을 비롯한 각종 인사제도를 관리함으로써 정치가와 행정인 사이에 방탄벽의 역할을 하게 되었다. 그 후 공무원제도는 더 전문적으로 발전하게 되었고, 인사행정조사위원회(The Commission of Inquiry on Public Service Personnel)와 제2차 후버위원회의 인사행정 전담반의 보고서 등을 통해 공무원의 정치중립적 능력향상을 위한 지속적 개혁이 요구되었다.

대표성에 대한 지나친 추구가 빚은 문제를 해결하기 위해 정치중립적 행정능력위주의 개혁이 추구되었지만, 이 역시 미국 민주주의사에 많은 문제를 야기시켰다. 정부가 부처별로 전문성을 중심으로 분산되어 서로간의 연계에 의한 정책결정과 집행이 불가능해졌다. 또 공무원은 의회의 관련 상임위원회와 관련 이익집단들과 연합하여 일종의 하부정부체제를 구축하여 정부수반인 대통령의 통제로부터 사실상 벗어나게 되었다. 분산된 정부의 정책결정구조와 무책임한 정책적 결과에 대한 문제를 해결하기 위하여 이번에는 많은 학자들이 대통령을 비롯한 행정부 수반의 역할에 기대를 걸게 되었다. 즉 통합된 정부운영을 위한 행정수반의 행정적 지도력 향상이 새로운 가치로 등장하게 된 것이다.

실제로 20세기에 들어와 행정수반의 행정지도력 향상을 위한 연구보고서와 행정개혁들이 활발하게 이루어졌다. 행정적 변화로서 우선 정부만 해도 부처별로 의회에서 예산승인을 받아 왔으며, 대통령은 행정부의 예산에 대한 종합적인 계획 및 통제권이 전혀 없었다. 그러나 행정부 예산편성에 대한 대통령의 총괄통합권을 부여함에 따라 분산된 행정부를 대통령을 중심으로 통합하는 효과를 가져왔으며, 행정부 속에서 대통령의 실질적인 지도력을 향상시켰다. 이와 같은 내용의 행정개혁은 대표적으로 1912년의 'the Taft Commission on Efficiency and Economy'의 연구보고서에서 주장되었다. 연방정부뿐만 아니라 주 및 지방정부에서도 주지사나 시장 등에게 예산편성권을 부여하는 행정개혁이 1930년까지 진행되었다.

행정부 수반의 행정지도력 향상을 위한 또 다른 움직임은 행정의 조직개편운동을 통하여 일어났다. 주정부에서는 주지사를 정점으로 조직이 개편되고, 주지사의 행정력 행사에 있어 외풍의 최소화하는 개혁운동이 전개되었다. 연방정부 차원에서도 1차대전과 경제공황기를 이은 뉴딜시대를 통하여 대통령의 효율적인 행정지도력을 높이는 방안이 제기되었다. 예컨대 'the Report of the President's Committee on Administrative Management'에서는 독립규제기관들의 행정적 기능이 대통령의 통제하에 있어야 하고, 백악관의 인력이 보강되어야 한다는 등의 내용이 제안되었다. 1939년의 'the Reorganization Act'를 통하여 정부조직 개편의 실질적인 지도력이 대통령에게 위임되고 반면 의회는 제안된 개편안에 대한 거부권만 갖게 되었다. 또한 대통령을 보좌할 백악관의 요원을 대폭 증가시킴으로써 대통령의 행정지도력이 실질적으로 행사될 수 있는 제도적 바탕도 구축되었다.

요컨대 1910년에서 1950년 사이의 미국 행정학과 실제 행정적 변화를 지배한 가치는 대통령의 행정지도력 증대에 대한 요구였다. 대통령의 행정지도력에 대한 가치로 인해 행정학에서도 정치·행정 이원론의 논의가 자연스럽게 일원론으로 변화되었다.

이상에서 살펴본 세 가지의 지배적인 행정가치는 그 강조된 시대가 틀릴 뿐이지 항상 동시에 요구되어졌다고 보아야 할 것이다. 또 역사적으로 상충된 의미를 지닌 각 가치들은 시대적으로 서로 연합하여 행정적 변화를 가져오게 하였다. 예컨대 실적제(實績制)의 성립은 행정의 정치적 중립론자들과 행정지도력 주장자들의 연합적 산물로 볼 수 있다. 이 두 가지 가치는 분명 상충되는 의미를 지녔음에도 불구하고, 각기 추구하는 바의 이해관계에 따라 연합이 가능했다. 행정의 중립론자들은 엽관제를 타파하기 위한 목적으로 실적제를 주장했고, 대통령의 행정지도력 향상 주장자들은 기존의 엽관제가 의회를 중심으로 이루어져 대통령 지도력의 걸림돌 역할을 했던 만큼 실적제 수립으로 의회의 영향력 감소 효과와 대통령의 지도력 향상의 계기가 이루어질 것을 기대했던 것이다. 미국의 실적제가 이러한 두 가치들간의 연합으로 이루어진 까닭에 실적제의 운영을 담당하고 있는 공무위원회는 항상 이 두개의 상충된 가치의 요구를 동시에 충족시켜야 하는 부담을 갖고 있다.

그러나 1930년대 이후 미국의 정부규모가 급격히 팽창됨에 따라 이상에서 논한 세 가지 가치들이 서로 갈등을 이루며 동시에 논의되고 있다. 우선 행정의 중립적 능력성의 가치하에 대규모화된 관료제가 정치적으로 의회 및 관련 이익집단과 연계하여 정치적인 독자성을 확보함에 따라 대통령의 지도력 문제가 다시 대두되었다. 예컨대 제2차 후버위원회가 제안한 '고급공무원단'(Senior Civil Service)의 설립도 이 문제를 해결하기 위한 방안으로 제시된 것이다. 다른 한편에서는 일부 개혁론자들은 정부활동의 증가로 대표성의 상징인 의회의 행정에 대한 역할도 어느 때보다 중요하다고 강조하고 있다. 또 다른 한편에서는 현대사회에서 일반 정치가들의 역할에 회의적인 시점에서 더욱 전문성과 효율성에 입각한 관료제의 수립이 더 바람직하다는 주장을 하고 있다. 결국 오늘날은 이 세 가지 가치들이 첨예하게 대립된 상황에서 행정에 대한 논의를 하고 있다. 또한 각 입장은 "무엇이 최선의 행정조직인가?"하는 질문에 대한 과학적인 답이라기보다는 대통령, 의회, 관료제의 세 기관 중 어느 것이 미국 민주주의를 위한 더 핵심적인 역할을 해야하느냐 하는 문제에 대한 자신들의 선호를 반영한 것이다.

결론적으로 Kaufman은 미국에서 민주주의를 위한 행정의 모습에 대한 논의가, 첫째 국민의 행정적 대표성의 증진, 둘째 행정의 정치 중립적 능력성의 향상, 셋째 행정부 수반의 행정적 지도력의 향상이라는 세 가지 방향에서 이루어졌다고 요약하고 있다. 이 세 가지 가치는 역사적 상황의 산물이며, 그 관계는 서로 갈등과 연합을 이루면서 미국의 행정과 행정학의 발달을 이끌어 왔다는 것이다. Kaufman의 이상의 주장은 미국 행정과 행정학의 발달을 잘 설명해 주고 있다는 점에서 의미가 있다고 본다.

Ⅲ. 평가적 의견

그러나 Kaufman의 논의가 거시적인 흐름에 대한 설명에 초점을 맞추고 있는 만큼, 행정이론의 더 구체적인 논점에 대한 정리는 못하고 있다. 또한 행정가치에 대해서도 중립적 능력성이라든지 실적제(實績制)와 같이 개념상의 논란의 여지가 있는 포괄적이고 통상적인 개념을 자세한 설명 없이 사용함으로써 더 많은 행정이론들을 논의의 대상에서 배제시키는 결과를 가져왔다고 보여진다. 그럼에도 Kaufman의 논문이 우리에게 주는 의미는 행정이론은 정치와 행정간의 관계에 대한 논의이며, 한 나라의 행정이론의 줄기는 그 나라의 특정시대의 정치적 환경의 요구에 의해서 만들어진다는 사실이다.

참고문헌

Kaufman, Herbert, "Emerging Conflicts in Doctrines of Public Administration," *in American Political Science Review*, Vol. 50, No. 4, 1956, pp. 1057-1073.

제 **7** 편

행정개혁이론

Richard Zeckhauser의
현상유지편향과 행정개혁의 애로*

I. 머 리 말

아무 조치도 취하지 않거나 현재상태 혹은 이전에 선택한 바를 유지하는 것은 결정상황에서 채택 가능한 대안 중의 하나이다. 실제로 많은 경우 의사결정 과정에서 현상유지대안이 선택되는데, 이러한 경향을 현상유지편향(Status Quo Bias)이라고 부른다.

· 독일 정부가 광산개발을 위해 개발구역 내에 위치한 조그만 마을의 이주 계획을 제시하였을 때 마을 주민들은 몇 가지 대안 중에서 그들의 옛 마을과 흡사한 형태의 마을 구조를 선택하였다. 그런데 그 마을은 현대적 도시계획의 관점에서는 전혀 적합지 않은 곡선형 자연부락이었다.

· 코카콜라회사가 약간 더 달콤한 맛이 도는 새 코카콜라를 개발한 뒤 소비자에게 새 코카콜라와 기존의 코카콜라의 맛을 비교하는 대중시험(Blind test)을 하자 대다수의 코카콜라 애호가들은 새 코카콜라를 더 높게 평가했다. 시험결과에 의해 옛 코카콜라가 새 코카콜라로 대체되자, 의외로 소비자들은 옛 코카콜라를 계속 생산할 것을 요구했다. 클래식 코카콜라로 이름 붙여져서 팔리고 있는 옛 코카콜라는 새 코카콜라에 비해 훨씬 더 많은 판매량을 보였는데, 이는 대중시험 결과를 근거로 결정을 내린 회사측의 기대와는 전혀 다른 것이었다.

이러한 현상고수의 예들은 단순한 '합리성' 외에 다른 요소와 상황들이 선택과 결정행태에 영향을 미치는 것을 보여준다. 주로 개개인의 의사결정에 대한 일련의 실험과 조사를 바탕으로 한 Richard Zeckhauser 교수의 현상유지편향(Status Quo Bias)에 관한 논의는 최초 선택이 강제된 것이거나 무작위적인 것

---

* 송하중: 경희대학교 사회과학부(행정학 전공) 교수.

이나를 불문하고 그 후의 선택에서는 원래의 선택이 적절한 것으로 간주되는 현상을 지적한다.

우리는 사회운용의 기본틀이 급격하게 바뀌는 상황을 경험하고 있다. 정보지식사회로의 진입은 불가피한 것으로 여겨지며, 그에 따라 사회 모든 부문에 걸친 탈바꿈이 일어나고 있다. 변화는 조직구조, 경영방식같이 외형적인 것은 물론 우리의 사고 방식과 생활패턴 등에도 크게 영향을 미친다. 여기에서 현재의 상태를 버리고 새로운 환경에 적응하는 과정의 갈등은 자칫 변화 자체에 대한 거부 형태로 나타나기도 한다. 그러나 이러한 현상을 단순히 비판적인 시각에서만 볼 수는 없다. 우리의 사고와 선택 양상에는 익숙한 것들에서 안정을 찾고 그에 집착하려는 성향이 있기 때문이다. 이 점에서 Zeckhauser 교수가 분석한 현상유지편향은 변화 과정의 저항을 이해하고 그에 대처하는 방안을 모색하는 데 매우 유용한 개념이다. 아래에서 Zeckhauser 교수가 설명하는 현상유지편향의 요인과 의의를 논의한다.

II. 현상유지 편향

1. 현상유지 편향의 요인

(1) 합리적 결정

몇 가지 상황에서 현상상태에 대한 애착은 합리적 의사결정의 한 형태일 수 있다. 만일 두 번째의 결정이 첫번째 결정을 내릴 때와 거의 흡사한 조건하에서 이루어진다면 동일한 대안의 선택은 '합리적 의사결정'이라는 관점에서 지극히 당연한 것이다.

또 두번째 결정을 내릴 때 나은 대안으로 제시된 것이 상당한 전환비용(transition cost)을 수반할 때에도 현상유지편향이 나타나는 것은 '합리적'일 수 있다. 전환비용이 너무 크기 때문에 변화가 어려운 예는 아주 많다. 변화에 따르는 막대한 비용 때문에 비생산적인 사회적 관습들이 유지되고 있는 것은 그러한 예들이다. 야드-파운드법은 미터법에 비해 명백한 결점들을 지니고 있음에도 불구하고 영미제국에서 계속 사용되고 있다. 또한 이론상으로는 만국공통어(예 : Esperanto)의 사용이 수백 개의 다른 언어들보다 훨씬 효율적일 수 있으나, 현실적으로 이의 실현은 거의 불가능한 것으로 여겨지고 있다.

(2) 인식적 오류

의사결정형태에서 손실이 소득보다 더 크게 평가되는 경향(loss aversion)은 Kahneman과 Tversky에 의해 여러 모로 논의되었다. 그러나 현재의 상태가 준거점(reference point)으로 여겨짐으로써 생기는 인식적 오류는 loss aversion 만으로 설명될 수 없는 현상유지편향을 초래한다. 효용이론(utility theory)에서 논의되는 바와 같이, 대안들이 다차원적인 효용측면을 가질 때가 그 경우이다. 두 가지 대안이 주어지고 그 대안들이 두 효용차원에서 평가되는 경우를 생각해 보자. 한 대안이 한 효용측면에서 낫고 다른 효용측면에서 못하다면 그 대안을 현상상태로 가진 의사 결정자들은 그 대안을 고수하는 뚜렷한 경향을 보인다. 그 반대로 또 다른 대안을 현상상태로 가진 사람들은 역시 그 대안을 고수하려고 한다. 이것은 단순히 손실을 두려워하는 경향이라기보다 선택의 준거기준이 어디에 있는가가 문제라는 것을 보여준다.

두번째의 기본적인 인식적 오류는 걸림(anchoring)이다. 이것은 최초의 결정치를 시작점으로 하여 변화하는 환경에 적응하는 연속적 결정과정에서 흔히 나타난다. 비록 적응이 옳은 방향으로 진행된다고 하더라도 그 정도는 대부분의 경우 불충분하다. 만일 처음에 주가가 오를 확률이 20%로 판단되었다면, 그 후 주가 상승이 80%까지 가능할 정도로 급격히 변화된 상황하에서도 사람들은 거기에 맞춰 선택하거나 행동하지 못하는 것이다. 즉 최초의 20%가 걸림요인이 되어 그 확률을 바꾸는 데 여러 단계의 적응과정을 필요로 한다. 이것은 현상상태 대안들이 의사결정상황에서 준거기준으로 차지하는 비대칭적인 위치가 다음의 결정에 영향을 미친 결과인 것이다.

(3) 심리적 관여

경제학적인 합리성만이 판단기준이라면 매몰비용(sunk cost)은 의사결정과정에서 고려되지 않아야 한다. 즉 이미 쓰여지고 회복될 수 없는 재화는 다음 단계의 결정에 영향을 미치지 않아야 하는 것이다. 그러나 많은 사람들은 이전에 했던 행동을 정당화하기 위해 다음 단계에서도 같은 방향으로 행동하는 경향이 있다. 테니스장에 월회비를 납부한 뒤, 테니스 엘보우(tennis elbow)가 생겼더라도 계속해서 테니스를 치는 사람이 그 경우이다. 고물자동차의 트랜스밋숀을 수리한 직후 엔진에 문제가 생기면 엔진까지 수리하게 되는 경우가 많다. 이러한 매몰비용이라는 심리적 관여는 정책결정에서도 그 예를 찾을 수 있다. 수많은 인명과 재산이 이미 투입되었다는 사실이 베트남전을 더욱 확대시킨 이유라고 지적하는 사가들이 많다. 엄청난 개발비용을 투입한 원자폭탄 제조계획 (Manhattan Project)이 완결단계로 접어들 때 미국의 정책결정자들은 원자폭 탄이 실제로 투하될 것이라는 것을 의심치 않았다. 이러한 예들은 매몰비용이 클수록 현상상태를 유지하려는 경향이 강하다는 것을 보여준다.

심리적 관여의 또 다른 요소로는 후회기피(regret avoidance)가 있다. 새로 운 대안을 선택해서 그결과가 나쁘게 나왔을 때, 사람들은 현상유지의 결과로 생길 수 있는 비슷한 나쁜 결과보다 더 강한 후회감을 느끼게 된다. 이러한 후회 기피는 창조나 변혁보다는 기존의 정책, 표준운영절차(standard operating pro-cedure) 및 사회규범에 부응하려는 태도로 나타난다. 어떤 집단이나 조직 내에 서 구성원들의 이해가 일치되지 않을 때, 결정권자가 이전의 결정에 집착하는 것은 결정권자로서의 권위 손상 혹은 이전의 결정이 잘못되었다는 평판이 두려 워서일 수 있다.

심리학, 사회학, 정치학 및 조직행태론에서 쓰이는 인식불협화이론(cognitive dissonance theory)도 심리학적 관여를 설명하는 데 유용하다. 이 이론은 사람 들이 두 가지 대치되는 상태나 아이디어를 동시에 유지하기 어려우며 '인식일치 (cognitive consistency)를 위해' 현재의 정보나 새로운 정보원(information source)의 채택이 인식불협화를 최소화하는 방향으로 진행되게 한다는 것이다. 따라서 과거의 선택을 합리화하며 과거의 결정이 잘못되었다고 보이게 하는 정 보를 버리거나 그것들을 인식되지 않게 억누르게 된다는 것이다.

2. 현상유지편향을 고려한 문제접근

현상유지편향이 준(準)최적대안을 선택하는 경향을 설명해 주는 것이라고 한 다면, 거기에는 Herbert Simon의 만족모형(Satisficing Model)과 일맥상통하 는 바가 있다. 그러나 Simon의 만족모형은 언제, 어느 정도의 수준에서 만족하 는가를 예측하는 데 충분한 설명을 제시하지 못한다. 반면에 현상유지편향은 준 (準)최적대안을 선택하는 상황과 그러한 행동을 취하게 되는 범위를 추적할 수 있게 한다. 다음의 몇 가지 경우에서 현상유지편향이 개인의 의사결정, 정책결정 및 지식의 진보에 미치는 영향을 고려해 보자.

(1) 부드러운 판매방법
현상유지편향은 여러가지 '온건한' 또는 '부드러운' 판매기법(soft-sell tech-

niques)들에서 활용되고 있다. 소비자들이 상품을 시험적으로 사되(trial pur-
chase) 일정한 기간 내에 조건 없이 반환할 수 있다고 한다면 이것은 '손해볼
것이 없는' 거래라고 생각될 것이다. 그러나 소비자들은 그 기간 동안에 다른
대안을 모색(search)하지 않게 되며 그 구매에 대한 심리적 투자는 커져간다.
소비자들은 이미 그 구매를 시험적인 것이 아니라 사려 깊은 구매라고 스스로
생각하게 될 가능성이 높아지게 되는 것이다.

(2) 공공정책

현상유지효과는 공사조직을 막론하고 정책결정에 영향을 미친다. 어떤 정책
이 한번 수립되면 그것은 의사결정관행, 방침 혹은 표준운영절차(standard
operating procedure) 등으로 굳어지게 된다. 공공정책(public policy)에 있어
서는 그 진행 및 결과에 대한 평가가 어떠냐에 따라 현상유지편향의 효과는 다
르게 나타날 수 있다. 미국의 경우 공공프로그램자금의 1% 미만이 그 프로그램
의 성과검토나 평가에 쓰인다고 알려져 있다. 여러 경험적 연구는 수많은 대규
모 정책들이 소요된 비용에 부합되는 효과를 가져왔는지 의문시된다는 평가를
내리고 있다. 그럼에도 불구하고 정책결정자들은 그 프로그램들이 성공적인 것
이었다고 주장한다. 따라서 새로운 비용효과분석을 거친다면 유지될 수 없는 프
로그램들이 이미 고정화된 예산항목으로 잡혀있기 때문에 상당 기간 동안 살아
남게 되는 것이다.

다수의 이익집단이 개입된 정책은 현저한 현상유지효과의 영향하에 놓이게
된다. 이론상, 전환비용 없이 정책변환이 가능할 때에는 당사자간의 협상에 의한
상황개선(Pareto improvement)이 이루어질 수 있다. 그러나 현상유지효과는
이러한 변화에 장애요인으로 작용하는 것이다. 예컨대 공해처리시설의 위치를
선정할 때 지방정부간의 이해는 현상상태의 여하에 따라 다르게 판단되는 것을
볼 수 있다. 공해처리시설을 옮기려고 하는 지역이 부담하고자 하는 비용은 그
시설을 옮겨 받을 지역에서 요구하는 비용에 훨씬 못 미치게 되는 경우가 많다.
이와 같이 비용산출의 차이가 나는 까닭은 옮겨 받을 측이 그 현상상태의 변화
를 꺼려하는 데에 따른 비용을 과대하게 평가하기 때문이다.

(3) 과학의 진보

과학의 진보는 새로운 발견들이 기존의 지식에 더해지면서 이뤄지는 지속적
이고 점진적인 과정이라고 흔히들 생각한다. 그러나 Thomas Kuhn이 지적했듯

이 축적된 지식들을 대체하는 일련의 혁명적 사건들이 과학의 발전을 주도해 왔다. 어떤 전기에 의하여 새로운 패러다임 혹은 이론이 받아들여질 때까지 옛 이론과 신념들은 커다란 장애요인으로 작용하는 것이다. 지구가 움직일 수 없다고 믿던 학자들에게는 Copernicus가 주장하는 지구공전의 데이터와 이론을 수용하는 것보다 그가 미쳤다고 생각하는 것이 훨씬 손쉬운 것이었다.

Ⅲ. 평가적 의견

개인의 의사결정을 비롯하여 다양한 사회 구성난위의 결정과정과 결정에 영향을 미치는 요소, 결정의 대상 및 결과 등은 모든 사회과학의 주요 관심사이다. 각 학문분야별로 이에 대한 접근방법과 시각에 차이를 보이고 있으며, 이에 따라 그 학문들이 독자성을 유지하고 있는 것은 결정형태의 복잡성과 다양성의 반증이라고 할 수 있다.

지금과 같은 시대적 전환기에는 개별 결정 단위의 변화와 관련된 선택과 행동이 더욱 주목을 받는다. 정부 개혁은 사회 전체적 변화에 결정적 요소로 작용하는데, 많은 경우 정부 개혁 시도는 조직과 제도 변화에 치중되어 있다. 그러나 그와 같은 외형적 개혁은 정부 기능의 엄청난 폭과 깊이에 파묻혀서 대부분 실패하고 만다. 정부 변화의 성패는 궁극적으로 정부 내의 인력이 상황에 맞게 적응하였느냐에 달려있다. 개개인이 변화를 받아들일 능력이 없거나 수용을 거부하게 되면 외형적 개혁은 단기적 효과로 그치게 되기 때문이다. 변화에 대한 개인적 반응 양상을 이해하고 이들의 변화가 정착되도록 치밀한 장치가 마련되어야 한다.

Zeckhauser 교수가 설명한 현상유지편향은 실제 우리 행동의 현실적 단면을 보여준다. 물론 현상유지편향이론이 인간의 복잡한 내면세계를 완벽하게 분석하지는 못한다. 그러나 '합리적'이지 않은 것으로 보이는 우리의 행동, 관료의 행동을 인지하는데는 상당한 도움이 된다. 따라서, 현재 상태를 유지하고자 하는 인간의 본성을 감안하여 정부 조직과 제도 개혁을 추진하는 것이 관료들의 '전환' 비용을 최소화하면서 바람직한 변화를 유도해 낼 수 있다는 점에서 이 개념의 가치를 숙고할 만하다.

참고문헌

Zeckhauser, R., "Comments: Behavioral vs. Rational Economics: "What You See is What You Conquer," *The Journal of Business*, vol. 59, no. 4, part2, Oct. 1986, pp. S435-S449.

_____ & W. Samuelson, "Status Quo Bias in Decision Making," *Journal of Risk & Uncertainty*, vol. 1, 1988, pp. 7-59.

_____ & K. Viscusi, "Risk Within Reason," *Science*, vol. 248, May 4, 1990, pp. 559-564.

Owen E. Hughes의
새로운 공공관리학*

I. 머리말

  김대중 정부는 정부기능의 민간이양과 팀제의 도입, 인사 및 조직운영에서 경쟁체제의 도입 등 시장중심 및 민간기업의 경영기법을 중심으로 한 행정개혁 프로그램을 추진하고 있다. 각종 정부산하단체에 대한 구조조정과 함께 성과 중심적인 운영시스템의 정립을 위해 기관장 공개채용 및 계약제 임용, 인사권과 예산권에 대한 포괄적 재량권, 성과에 따른 연봉제 도입 등 기업식 경영혁신전략을 도입하고 있다. '시장원리의 마인드'와 '기업경영절차'를 공공행정부문에 도입하려는 기업식 경영혁신전략은 행정학자들에게 '행정과 경영'이라는 고전적 쟁점을 다시 한 번 부각시켜주고 있다. 기업식 경영전략이 공공부문에서 갖는 생래적 한계와 부작용에 대한 우려가 있는가 하면, 행정학의 입지와 정체성에 대한 자기 비판적 성찰의 목소리도 많이 제기되고 있다.

  행정의 개념이 외부인들에게 구태의연하게 보였다면 그 이유는 무엇일까? 21세기 지식정보사회에서 요구되는 행정인의 모습과 자세는 무엇이며, 이념적 지향점은 어떠해야 하는가? 그리고 행정은 대내외적으로 부닥치는 여러 가지 심각한 도전과 난관을 극복하기 위해서 어떠한 전략적 변신을 도모해야 하는가?

  이러한 의미에서 행정학자인 Owen E. Hugher가 1994년에 저술한 책 *Public Management and Administration*은 우리에게 많은 의미를 주고 있다. 지금까지 전통적 행정의 모습을 반성해 보고, 앞으로의 행정이 추구해야 할 혁신의 지향점을 생각해 보는 데 매우 귀중한 이론과 개념틀을 제공해 주고 있다. 이러한 맥락에서 다음에서는 새로운 공공관리학 패러다임에 대한 Hughes의 이론과 논지에 대해서 소개하고자 한다.

＊ 권기헌: 경희대학교 사회과학부(행정학 전공) 교수.

II. 새로운 관리학의 이념적 기초

Huges는 새로운 공공관리학의 대두 배경 및 이념적 기초를 행정경험과 경제이론의 관점에서 파악하고 있다.

1. 전통적 행정에 대한 비판

전 세계적으로 1980년대와 1990년대는 공공부문 운영의 비효율성에 대한 비판이 매우 거세게 일어났다. 1980년 미국 Reagan 대통령과 1979년 영국 Thatcher 수상의 집권 이후 여러 형태의 행정개혁이 시도되었는데, 이는 단순한 형태의 개혁이라기보다는 사회에서 차지하는 행정과 공공부문의 역할을 전반적으로 재검토해보는 기회였다고 볼 수 있다. 이러한 노력은 다음의 세 가지 차원에서 전개되었다. 첫째는 정부의 규모(size)에 대한 재검토가 있었으며, 둘째는 정부의 활동범위(scope)에 대한 비판이 있었다. 즉, 정부가 너무나 많은 일에 관여하고 있지 않는가 하는 지적이 있었다. 공공서비스가 꼭 정부를 통해서 제공되어야만 하는가에 대한 비판이 일면서 공기업, 민영화, 외부발주(outsourcing), 독립기관화(agency)의 형태가 고려되었다. 마지막으로, 공적 서비스 제공의 방법(method)이 꼭 계층제적 형태의 관료조직이어야 하는지에 대해서 비판이 있었다. 이러한 비판들은 명령과 계층을 근간으로 하는 행정은 줄이고, 시장에 기반을 둔 관리의 개념을 확대하는 노력으로 이어졌다.

2. 새로운 경제이론

1970년대에 들어 신고전학파 경제이론이나 공공선택이론은 정부가 성장이나 자유를 제약하는 주요 걸림돌이 된다는 주장을 강화하기 시작했다. 이들은 경제이론과 연구모형을 통해서 "사회전체의 효율성과 후생 증진을 위해서 정부는 작을수록 좋다"라든지, "정부가 관료제라는 속박을 통해 시민들을 강제하는 것 보다, 시장의 자유나 선택에 맡기는 것이 더 낫다"는 경험적 연구결과를 집중적으로 발표하였다.

(1) 공공선택이론

공공선택이론은 '합리성'과 '시장'을 염두에 둔 경제철학을 공공영역에 적용한 이론이다. 공공선택이론은 '개인행동의 합리성'을 기본전제로 하고 있는데, 이 이론에 따르면, 관료들의 행동동인 역시도 공공이익이라기보다는 개인적 이해관계로 보아야 한다고 주장한다. 정부관료들의 행동패턴도 일정한 전제조건하에 모형화할 수 있으며, 이러한 모형을 통해 예측이 가능하다고 주장한다.

이러한 이론의 관점에 따르면, 자신의 효용함수를 극대화하고자 하는 개인 관료들이 열심히 일하지 않는 것은 자연스러운 현상이다. 물론 이타적인 행동이나 공공이익을 추구하는 경우가 없는 것은 아니지만, 대부분 관료들의 평균적인 행동은 예산이나 정치적 제약하에서 자신의 목표함수를 추구하는 것이라는 것이다. 공공기관 전체의 입장에서 예산이나 인력의 증대, 혹은 활동영역의 확장을 위해 노력하는 것도 같은 맥락에서 분석될 수 있다고 본다. 따라서, 이러한 관점에서 최선의 대안은 정부의 역할을 최소화하고 시장기능을 확대하는 것이며, 공공활동의 범위를 가급적 줄이고 시장가능에 맡겨 경쟁과 선택을 촉진하는 것이 최상책이라고 주장한다.

(2) 주인−대리인 이론

주인−대리인 이론은 시장상황에서 주인(회사의 소유자 혹은 주주)과 대리인(회사의 경영인)의 목표가 통상적으로 상이하다는 점과 그들 사이에 제공된 정보가 비대칭적이라는 점에 착안하고 있다. 회사의 소유자들은 최대의 이윤창출이 목표인 데 반해, 회사의 전문경영인들은 보다 장기적인 성장을 추구하거나 자신들의 더 높은 봉급을 추구하게 된다. 또한 회사의 전문경영인들은 소유자 혹은 주식보유자들보다 더 많은 정보를 보유하고 있으며, 소유자나 주식보유자들은 전문경영인들의 일상적인 의사결정을 감시하기가 곤란한 상황에 처해 있다.

행정관료에게 있어서 이러한 대리인 문제점은 더욱더 심각해진다. 우선, 주인이 누구인지, 그들이 진정으로 원하는 바가 무엇인지 명확하지 않은 경우가 많다. 실제 행정수행과정에서 주인이 임명권자인 정부(대통령)인지 국민인지 애매모호한 경우가 많으며, 국민이라 하더라도 그들이 구체적으로 무엇을 원하는지도 불분명한 경우가 대부분이다. 회사이윤 창출이라는 가시적 목표가 있는 것도 아니고, 시장점유율이 있는 것도 아니고, 그렇다고 부도가 나는 것도 아니다. 주인이 대리인들에게 그들의 집합적인 희망을 이행토록 강제할 수단이나 감시할 방법이 있는 것도 아니다. 이런 상황에서 주인−대리인의 간격은 더욱더 벌어질 수밖에 없다.

주인-대리인 이론은 이러한 문제점을 극복하기 위해서 정부규모를 최소화하고 외부발주를 늘려야 된다고 주장한다. 외부발주(contracting-out)를 통해서 대리인을 명확하게 확인할 수 있고, 그들의 성과를 감시·측정할 수 있기 때문이다. 또한 관료들에 대한 성과지표를 개발하고, 이러한 지표들을 기초로 동기부여(incentive)에 차등을 주는 방법을 강구할 것을 제안하고 있다. 조직 차원에서도 성과측정의 방법을 개발하고 이를 예산·인력과 연계시키는 방안을 제시하고 있다.

(3) 요약 및 결론

공공선택이론이나 주인-대리인 이론은 새로운 관리학의 이론적 기초가 되고 있는데, 이 두 이론은 모두 종전의 정부규모를 줄이고 기존의 행정조직을 관리라는 새로운 개념으로 리스트럭처링할 것을 주문하고 있다. 이러한 경제이론이나 관리이론들은 행정학의 '관료제 이론'이 과연 이론이라고 할 수 있는가 하는 비판을 제기하면서, 전통적 행정이론의 관점에서 당연시해 왔던 종신고용제나 연공서열제, 전통적인 행정책임의 소재와 범위, 공무원 임용의 조건과 방법, 경직된 예산편성 등이 조직의 성과측정과 효과성 제고라는 측면에서 적절한 인센티브 기능을 하고 있는지 반문하고 있다.

Ⅲ. 새로운 관리학의 패러다임

1. 전통적 행정학과 새로운 관리학

(1) 집행 대 관리

전통적 행정학이 내적 문제의 집행에 주안점을 두었는 데 반해, 새로운 관리학에서는 외부환경에 대한 전략적 고려가 강조된다. 효과적인 관리자는 단순히 공적 서비스를 제공하는 데 그치는 것이 아니라, 외부환경을 공적 목표 수행에 적극적으로 활용(co-opt)해야 하며, 따라서 외부 고객을 전략적으로 관리하고, 지역주민들을 설득하고 필요하다면 교섭하는 역량을 갖추어야 한다고 주장한다.

(2) 능률성 대 효과성

전통적 행정학이 법 집행 절차와 능률의 문제에 주안점을 두었다면, 새로운 관리학에서는 좀더 넓은 의미에서의 미션(mission)과 목표달성도를 강조한다. 전통적 의미의 행정이나 행정가는 관료제 내부의 법이나 절차, 혹은 만들어진 정책을 집행하는 데 의미가 부여되어 있다면, 관리나 관리자는 주어진 법 집행 이상의 의미를 지닌다고 본다. 절차보다는 성과(performance)를 중시하며, 목표달성에 있어서 공공책임성(public accountability) 확보가 중점적 고려사항이다.

(3) 과정 대 결과

과정보다는 결과를 중시하며, 상부기관이나 외부환경으로부터 제기된 미션을 수행하기 위해 관리자는 기업가 정신을 가진 정책혁신가(policy entrepreneur)가 되어야 하며, 그 결과에 대해서 자발적으로 책임을 져야 한다는 점을 강조한다.

이러한 논의를 기조로 새로운 관리학에서 제시하는 정부모형의 이념형은 다음과 같은 특색을 지니고 있다.

① 정부는 기업가적 사고를 가져야 하며, 서비스 제공자들간의 경쟁(competition)을 장려한다.
② 규칙이나 절차에 대한 집행적 측면보다 결과에 대한 책임(accountablity)에 촛점을 둔다.
③ 시민이나 주민을 고객(customers)으로 규정하며 그들에게 가능한 한 많은 선택(choices)의 기회를 부여하도록 노력한다.
④ 공공서비스를 단순히 제공하는 데 그치지 않고, 공적목표의 달성을 위해 공공조직뿐만 아니라 기업, 비영리단체 등을 적극적으로 동원·촉진(catalyze)하는 기능을 한다.
⑤ 주어진 예산을 집행한다는 측면에서만 문제를 보지 않고, 가능한 영역에서 채산성과 수익을 추구(earning money)하는 데에도 소홀히 하지 않는다.

2. 새로운 관리학의 주요 주장

(1) 성과에 대한 강조

새로운 관리학은 조직이론에 있어서 투입보다는 산출에 대해서 강조한다. 정부가 단순히 공공서비스를 제공하기 위해 존재한다는 차원이 아니라, 정부가 무엇을 위해 존재하고 어떤 일을, 얼마나 잘 수행하고, 누가 결과에 대해서 책임을 지는지 명확히 할 수 있어야 한다. 새로운 관리학에서는 '목표에 대한 성취'를 특히 강조하는데, 이를 위해 다섯 단계의 전략적 절차를 제시한다.

첫째, 조직은 먼저 조직 전반적인 전략(strategy)을 설정한다. 전략이 없는 조직은 방향타를 잃은 배와 마찬가지이다.

둘째, 조직 전체의 전략에서 제시된 목표(objective)를 수행하기 위한 프로그램을 개발한다. 프로그램이란 목표를 성취하기 위한 단계별 과정이라고 할 수 있다. 전통적 행정이론에서는 이러한 형태의 프로그램이 명시적으로 제시된 바가 없었다.

셋째, 조직의 구조와 예산은 가능한 한 프로그램 단위로 구성한다. 조직의 과업은 가급적 프로그램(programmes)과 세부 프로그램(sub-programmes), 그리고 활동(activities)으로 구성하며, 이러한 구성을 토대로 예산과 인력을 배분한다. 전통적 행정이론에서는 품목별(line-item)로 예산배분이 이루어졌으므로, 프로그램별 성과예산이 구성되지 못했다.

넷째, 전략－목표－프로그램 단위의 조직구성은 성과측정을 가능하게 한다. 또한 직원 개개인에 대한 성과도 측정되며, 이에 따라서 상벌이 부여된다. 바로 이러한 점들이 전통적 행정이론과 다른 점들이다. 전통적 모형에서는 행정에 있어서 전반적인 성과측정은 그 특성상 매우 곤란한 것으로 주장되었으며, 아주 예외적으로 일선 사업 부서에서나 가능한 것으로 간주되었다. 새로운 모형에서는 성과측정을 원칙적인 과제로 보며, 이러한 측정자료는 최고 정책결정자의 조직운영에 있어 귀중한 정보로서 이용된다.

마지막으로, 조직목표 달성에 대한 평가를 한다. 프로그램들을 평가하는 과정에서 조직 전반적인 목표가 효과적으로 달성되었는지, 조직 전체 차원에서 자원의 분배와 이용은 효율적으로 이루어졌는지에 대해서 평가를 한다. 전통적 행정이론에서는 조직 전체차원의 목표에 대한 평가가 이루어지지 않았거나 매우 불충분하게 이루어졌으며, 그 결과 조직 전체의 목표와 관계없는 프로그램이 수년째 존치되는 경우가 적지 않았다.

(2) 투입요소의 변화

산출물에 대한 강조와 함께 투입요소에 대한 변화도 함께 제시되고 있다. 행정모형에 있어서 투입요소로서는 인력, 예산, 기술 등을 들 수 있다. 주요 강조점들을 보면 조직에 있어서의 성과지표의 도입 및 이와 연계된 성과급과 연봉제의 도입, 관리자들에게 예산과 인력운용에 있어서 신축성과 함께 책임 부과, 계약제 공무원 및 개방형 임용 방식의 확대 등을 들 수 있다. 이러한 정책변화들은 경제학적 이론과 가정의 뒷받침되어 있는데, 그것은 "조직이나 개인이 최대한의 능력을 발휘하기 위해서는 인센티브 체제가 잘 구축되어 있어야 한다"는 것이다.

(3) 정부기능 재조정

새로운 관리학은 "정부가 기존에 해오던 활동을 모두 유지해야 하는가?" 하는 근본적인 질문을 제기하면서, 정부 활동범위가 너무 방대하게 늘어났다는 비판을 하고 있다. 이러한 관점에서 정부의 활동을 몇 가지 리트머스 시험지에 넣어 전면적인 기능재조정을 해야 한다고 주장한다. 먼저, 정부의 활동을 과 단위와 같은 기초단위에서 기능과 활동에 대해 정밀분식을 하고, 이러한 활동을 ① 시장에 맡길 때, ② 지방자치단체로 권한 이양을 했을 때, 혹은 ③ 규제완화 및 규제철폐를 했을 때 어느 쪽이 더 비용 효과적인지를 판단해야 하며, 시장에 맡기는 경우에도 ① 민간위탁이나 외부발주가 좋은지, ② 민영화가 좋은지, 혹은 ③ 독립기관화의 형태가 좋은지의 여부를 판단할 필요가 있다는 것이다. 새로운 관리학은 이러한 판단과 평가를 기초로 정부기능 재조정이 이루어져야 하며, 이를 토대로 다시 조직 재설계와 인력 조정이 이루어져야 한다고 주장한다.

(4) 정치인·고객과의 관계

전통적 행정모형은 정치-행정 이원론의 관점에서 정치와 행정의 관계를 하나의 절연된 관계로 보고, 정치는 '명령하는 것', 행정은 '집행하는 것'으로 파악하였다. 그러나 새로운 관리학은 이러한 이분법은 적절하지 못하며, 행정과 정치는 유기적으로 상호 긴밀히 연계되어 있다고 주장한다.

물론 행정의 성격에 따라서 정치적인 색채가 거의 배제된 기술적인 영역도 존재하겠지만 본질적으로 행정이란 정치과정의 연장선에서 파악되어야 한다고 주장한다. 정부행위란 근본적으로 정치적 성격을 포함하고 있으며, 정치인들과 상호작용의 환경 속에서 효과적인 공공관리자는 정치적 행위자로서의 역할도 훌륭히 소화해 낼 수 있어야 한다는 것이다. 따라서 최종적인 결정은 정치영역에서 이루어지겠지만, 행정과 정책결정 과정에서 정치를 인위적으로 걷어내는 것은 이론적으로나 실천적으로 문제가 있다는 주장을 한다. 또한 이러한 주장의 연장선상에서 효과적인 공공관리자는 고객들에게 직접 책임을 진다는 인식을 가져야 한다는 점을 강조하고 있다.

Ⅳ. 평가적 의견

이상에서 Owen E. Hughes의 새로운 관리학 패러다임에 대해 간략하게 고찰해 보았다. 여기에서 주장되고 있는 내용들에 대해서는 몇 가지 비판이 제기될 수 있다.

첫째, 경제학적 가정에 대한 비판이다. 예컨대, 현실세계에서 모든 개인들이 합리적으로 행동하는 것은 아니며, 모든 행정관료들이 자신의 개인적 이익 극대화를 목표함수로 삼지는 않을 것이다.

둘째로, 경제학적 모형을 공공영역에 적용하는 데서 오는 한계이다. 경제학 자체도 결함을 지닌 사회과학인데, 시장을 토대로 개발된 이론을 정치행위가 내재된 공공부문에 적용하는 것은 접근자체가 잘못된 시도라는 주장이다.

완벽한 이론이나 패러다임은 없을 것이다. 여러 가지 비판이나 한계에도 불구하고 새로운 관리학에서 제시된 패러다임은 현시대의 상황에 많은 적실성을 가지고 있는 것으로 평가된다.

우선, 이론적인 관점에서 보더라도, 경제학적인 모형이나 기법의 적용이 가능한 정부의 기능과 정책 영역은 많다는 점이다. 예컨대, 만약 정부가 유가정책을 시행함에 있어 휘발유 간접세의 상승은 소비억제 효과를 가져온다. 산업에 대한 보조금 강화는 생산활동을 제고시키며, 혼잡통행료는 자동차 운전 억제효과를 가져온다.

그러나, 무엇보다도 우리가 새로운 관리학에 관심을 갖는 이유는 기존의 행정패러다임에 대한 성찰과 반성에서 기인한다. 정부만이 국가발전을 주도할 수 있는 존재이며, 공익을 위해서는 민간의 활동에 간섭하고 규제하는 것을 당연시하던 정부의 무사 안일한 태도와 권위주의적 형태가 더 이상 통용될 수 없는 시점에 이르게 되었다. 그동안 관료조직은 자신들만이 보유하고 있는 전문성과 공공정보의 기밀성을 바탕으로 사회체제 내에서 그들의 우월적 지위를 확보하는 데 큰 어려움이 없었지만, 이제 정부독점의 시대는 지났다. 정부는 공공기관이 아닌 민간으로부터 재화와 서비스를 공급받는 경우도 빈번해졌으며, 민간부문과의 계약을 통화 외주(outsourcing)나 민간위탁·민영화의 형태를 통한 공공서비스 제공이 급증하고 있다. 또한, 공공기능을 수행하는 정부와 유사한 형태의 '대리정부'들이 많아지면서, 행정부는 더 이상 공공재를 공급하는 시장의 독점자적 위치를 누릴 수 없게 되었다.

마지막으로, 규칙과 권위 그리고 기술 합리성에 기반을 둔 관료제적 패러다임이 더 이상 효율성을 담보해 주지 못하고 있다는 점을 인식할 필요가 있다. 한때 전문성과 권위에 바탕을 둔 계층제적 관료제가 공공문제를 모두 해결해 줄 것 같은 시대가 있었다. 1960년대와 70년대만 해도 우리 나라 경제부처는 경제예측에 대해 가장 권위 있는 독보적 존재로 군림할 수 있었다. 1980년대와 90년대에 들어선 지금은 정부보다도 훨씬 더 뛰어난 기술과 정보력을 보유한 민간회사나 신용기관들이 속속 등장하고 있다.

정보와 지식에 대한 접근경로가 다양화되면서 정치권력도 분권화되고 있으며, 정부관료제의 전통적인 계층제 구조도 흔들리고 있다. 이러한 시대상황에서 정부의 역할에 대한 근본적 질문이 제기되는 것은 자연스러운 일이다. 정부가 할 수 있는 일은 무엇이고, 할 수 없는 일은 무엇인가? 정부가 잘 할 수 있는 기능은 무엇이고, 해서 안 되는 기능은 무엇인가? 정부관료들은 어떻게 변해야 하고, 시민사회와의 관계정립은 어떻게 해야 할 것인가?

과거에는 계층제적 정부관료제가 이 모든 문제에 대한 분명한 해답이었다. 전문가적인 식견을 가진 관료들이 명확하게 부여된 기능을 수행하고, 상부에서 제시된 명령체계를 따라 시민들에게 공공서비스를 제공하기만 하면 되었다. 시민들도 정부의 권위를 믿고 따랐으며, 정부의 전문성과 효율성에 대한 신뢰와 지지를 가지고 있었다. 이제 이러한 기본적인 도식으로는 사회운영이 어렵게 되었다. 정보와 지식의 패턴도 다양하게 되었으며, 기술과 불확실성의 수준도 고차원이 되었으며, 시민들의 기대수준도 달라지게 되었다. .

21세기는 지식과 문화가 중요한 시민사회로의 진입을 예고하고 있다. 과거의 같은 발상의 능률성 위주의 관료행정과 상의하향식 국가발전전략이 더 이상 시민들에게 '주입'될 수 있을 것이라는 발상은 시대착오적이며, 정부는 정책의 투명성과 선택가능성을 높이고 고객에게 효과적으로 봉사하는 열린 정부가 되어야 한다.

여기에서 소개된 Owen E. Hughes의 새로운 관리학 패러다임은 ① 기업가적 정부를 토대로 성과(performance)와 책임(accountability)을 강조하고, ② 서비스 제공자들간의 경쟁(competition)을 장려하고, ③ 고객으로서의 시민들에게 가능한 한 많은 선택(choices)의 기회를 제공한다는 점에서, 우리 나라의 행정관료나 행정학자들에게 많은 것을 시사해 줄 것으로 보인다.

참고문헌

Hughes, Owen E., *Pubilc Management and Administration*, St. Martin's Press, 1994.

Kettl, Donald F., "Managing on the Frontiers of Knowledge: The Learning Organization," in P. W. Ingraham and B. S. Romzek, eds., *New Paradigms for Government*, San Francisco: Jossey-Bass Publisher, 1994

David Osborne과
Peter Plastrik의
정부개혁의 5가지 전략*

I. 머리말

「정부개혁의 5가지 전략」(*Banishing Bureaucracy: The Five Strategies for Reinrenting Government*)의 공저자 중 한 명인 David Osborne은 1992년 Ted Gaebler와 공저한 「정부혁신의 길」(*Reinrenting Government*) 이 출간된 이후로 미국의 국가성과보고서(National Performance Review)작성에 자문을 해주고, 1993년 국가성과보고서를 집필하는 등 AI Gore부통령의 수석 자문위원으로 활동하고 있으며, 문자 그대로 학교에서부터 백악관까지 거의 모든 정부업무에 관하여 미국 공공부문 관리자들에게 자문을 해주고 있다. 또한 영국을 위시하여 브라질 등에 이르기까지 전세계의 지도자들에게 상담을 해주고 있다. 또한 명의 공자자인 Peter Plastrik는 1980년대에 미시간주 상무성 수석 부차관을 역임했으며, Jim Blanchard 주지사 시절 미시간주 전략기금 사장을 지냈다. 그는 지금 수많은 공공조직과 재단의 컨설턴트로 일하고 있다.

이책은 미국과 전세계의 풍부한 사례연구를 기반으로 중앙정부에서부터 지방정부까지, 또한 국방행정분야에서부터 탁아행정에 이르기까지 정부의 모든 영역에 걸쳐서 전세계에 입증되고 국가 경쟁력 향상이라는 전쟁에서 실효를 거둔 전략적 사고와 사례를 제시해 주고 있다.

이책의 공저자 중 한 명인 Osborne이 1992년 출간한 「정부혁신의 길」은 어떻게 정부혁신을 진행해야 하는지를 알 수 있도록 만들어진 책은 아니다. 이 책은 기업가적 정부(entrepreneurial government)가 어떻게 해야 하고 무엇을 해야 하는지, 즉 기업가적 정부의 특징만을 기술한 것이지 어떻게 기업가적 정부

* 최창현: 관동대학교 행정학과 교수.

를 만들어야 하는지는 제시하지 않았다. 관료제적 체제와 조직을 기업가적 체제와 조직으로 변환시키는 구체적인 전략을 제시하지는 않았다.

그러나 「정부혁신의 5가지 전략」에서 David Osborne과 Peter Plastrik는 공공조직을 성공으로 혁신하기 위한 소위 5가지 C를 제시하지 있다.

① Core Strategy: 목표의 명확성을 확립하기 위한 핵심전략

② Consequences Strategy: 성과에 대한 결과를 도입하는 성과전략

③ Customer Strategy: 고객에 대한 책임성을 확립하는 고객전략

④ Control Strategy: 공공조직과 공무원들이 혁신할 수 있도록 권한을 이양해 주는 통제전략

⑤ Culture Strategy: 공무원의 습관, 마음가짐, 정신 등을 변화시켜주는 조직문화전략

또한 이 책은 구체적인 전략과 사례를 설명하고 있다. 고객 지향적 정부(customer-driven government) 등과 같은 「정부혁신의 길」의 몇 가지 원칙은 변화를 조정하기 위해 활용할 수 있는 핵심적인 전략을 규정하고 있지만, 모든 원칙이 그러한 것은 아니다. 「정부혁신의 길」이 다분히 기술적이라면, 반면에 이 책은 처방적이라 할 수 있다. 이 책은 독자들이 정치가이건, 공무원이건, 시민이건 간에 실제 적용할 수 있는 실질적인 방법과 노하우(know-how)를 제시해 주고 있다.

미국에서 현재 진행되고 있는 행정개혁은 부통령인 AI Gore가 약 200명의 연구진들을 데리고 만든 행정개혁안(Creating A Government that Works Better and Costs Less: Report of the National Performance Review: September 7, 1993)을 기본 지침으로 하여 진행되고 있다. 이 개혁의 기본 방향은 정부를 기업과 같은 방법으로 경영하고, 공무원들을 종래의 권위주의적인 관료형에서 고객만족을 중시하는 혁신적인 기업가형으로 바꾸어 나가겠다는 것이다. 정부의 기업경영화(enterprising government)를 시도하겠다는 것이다. 지금까지 정부가 행정적 비효과성, 그리고 경직성의 대명사였으나 공공부문이 반드시 비효율적이고 불공정하고 경직적이어야 할 구조적 필연성이 없다고 본다. 새로운 조직화원칙을 세우고 새로운 조직문화를 만들고 새로운 법적 제도를 도입함으로써 얼마든지 공공부문을 활성화시킬 수 있고, 새로운 유인제도를 도입함으로써 공공부문을 효율적이고 공정한 조직으로 환골탈태시킬 수 있다는 것이다.

관료제를 대치할 만한 마땅한 대안이 없다는 사실이 관료제에 맹목적으로 매

달려야 한다는 이유를 정당화해 줄 수는 없다. 국제화, 개방화, 무한 경쟁시대로 특징지어지는 이 시대에 국가경쟁력을 확보하기 위해 모든 국가들이 앞다투어 정부혁신에 혈안이다. 정부혁신은 이제는 좋든 싫든 피할 수 없는 절대적인 지상명제이다.

우리의 경우 관료제는 고시출신을 위시한 고급 인력도 많고, 땀흘려 노력하는 말없는 하위 공무원들도 많다. 그런데 왜 국가경쟁력에서 뒤쳐지는가? Peter Drucker는 사부문에서 높은 성과를 올리던 우수한 인재라 할지라도 공공 부문으로 자리를 옮기면 6개월 이내에 관료제적 체제에 물들어 버리고 만다고 지적한 바 있다.

이 책의 저자들이 주장하는 바와 같이 뉴욕시보다 인력 자원의 질이 떨어지는 햄프턴시의 공무원들이 더 높은 성과를 내고 있다는 사실은 정부 관료제를, 즉 공공 조직의 체제(system)를 혁신하는 것이 얼마나 중차대한 일인가를 극명하게 보여주는 사례이다.

관료제의 온갖 문제점들을 보는 시각이 각양각색이다. 말단 공무원은 윗사람의 눈치를 살피고, 고위 공무원은 정치인들의 눈치를 살핀다. 결국 서로 책임전가에 바쁘다. 무책임의 체제화, 혹은 제도화된 무책임이라고나 할까? 이 책은 관료제적 행정 조직의 제도화되고 체계화된 무책임을 혁신하고, 자기혁신적 정부를 만들기 위한 5가지 정부 혁신 전략과 전세계의 구체적인 정부혁신 사례를 통해 대외적으로는 국가 경쟁력을 확보하고, 대내적으로는 지방정부간의 경쟁력을 확보하게 해주는 방법을 제시해 주고 있다.

II. 정부개혁의 5C 이론 소개

정부혁신이란 공공조직의 효과성, 능률성, 적응성, 혁신성을 극적으로 증대시키는 공공체제나 조직의 근본적인 변화를 의미한다. 이러한 변화는 공공조직의 목적, 유인체제, 책임으로서의 권력구조 및 조직문화를 변화시켜야만 달성될 수 있다. 이는 기구개편이나 새 정책의 시행 등과 같은 행정적 혁신, 전산망 구축과 같은 신기술을 도입하는 기술적 혁신 그리고 휴일민원처리제 등의 새로운 서비스를 도입하는 서비스혁신을 포괄하는 개념이다.

정부를 혁신하려면 5가지 전략과 이들 전략을 집행하기 위한 접근방법, 그리고 구체적인 정책도구들의 유기적인 조합이 필요하다. 정부 관료제 내의 DNA

를 변화시키지 않으면, 변화를 기대할 수 없다. 최근 복잡성 이론 (complexity theory)에서 주장하는 자기혁신체제(self-renewing system), 즉 체제내적인 자기진화적 특성을 갖는 조직을 창조해야 한다는 논의가 대두되고 있다(최창현, 1998; 최창현, 1995). 조직 혹은 공공체제를 유기체(organism)로 생각해 보자. 즉 시간이 흐름에 따라 생성되고, 성장하고, 변화하고, 마침내 소멸되는 복잡적응 체제(complex adaptive system)로 생각해 보자. 유기체는 디옥시리보핵산, 즉 DNA에 의해 형성된다. DNA란 생물의 본질을 결정하는 유전자 부호 명령이다. 이는 한 생명체의 능력과 행태를 발전시켜주는 가장 기본적이고도 강력한 지시사항을 제공해 준다. 유기체의 DNA를 변화시켜주면 새로운 능력과 행태가 발현된다. 충분한 양의 DNA를 변화시켜주면 다른 종의 유기체가 진화한다. 보통 유기체는 매우 서서히 변화한다. 왜냐하면 DNA는 좀처럼 돌연변이를 일으키지 않고 돌연변이체의 일부는 유기체가 환경에 성공적으로 적응하도록 만들어 주기 때문이다. 공공체제의 경우에도 마찬가지이다. 보통 공공체제도 매우 천천히 진화한다. 관료제적 공공체제는 안정적 환경을 염두에 두고 설계된 것이다. 그러나 우리는 안정성이 비생산적인 것이 되어 버린 역사의 시점에 도달했다. 오늘날 같이 환경이 급변하고 국제적 경쟁이 치열한 정보사회에 있어 변화할 수 없는 체제는 실패할 운명에 처해 있다. 이러한 체제는 환경이 변했을 때 생존을 유지할 만큼 신속하게 진화하지 못했던 공룡과도 같은 존재이다.

1. 정부개혁의 5가지 전략(5C)

정부개혁의 5가지 전략에서 Osborne과 Plastrik(1997)는 정부를 혁신하려면 5가지 전략과 이들 전략을 수행하기 위한 접근방법, 그리고 각 접근법을 달성하기 위해서는 구체적인 정책도구들의 유기적인 조합이 필요하다고 주장한다(〈표 7-1〉 참조).

⑴ 명확한 목표를 설정하라: 핵심전략

첫번째 핵심적인 DNA요소는 공공조직의 목적을 규정한다. 만일 조직의 목적이 명확하지 않거나 여러 가지 상충적인 목적을 갖는 경우 높은 성과를 가질 수 없다. 당신이 어디로 가고 있는지 모른다면 어떤 길을 택하든 다른 어떤 장소로 인도할 것이다.

목표를 명확히 하는 전략을 핵심전략(core strategy)이라고 부른다. 그 이유

〈표 7-1〉 정부개혁의 5가지 전략, 접근법 및 정책도구

전략	접근방법	정 책 도 구
핵심	목적의 명확성	성과 혹은 프로그램 심사제, 우선순위 심사제, 일몰제, 자산매각, 준민영화 방법, 권한이양
	역할의 명확성	유연성과 기본틀, 경쟁적 공개입찰
	방향의 명확성	정책조정조직, 전략개발, 성과예산, 장기적 예산, 발생주의회계
성과	경쟁관리	경쟁입찰제, 경쟁적 벤치마킹
	기업관리	공사화, 기업기금, 사용자비용, 내부기업관리
	성과관리	성과보상제, 심리적 임금, 보니스, 이윤 공유제, 공유예산절감제, 성과지급, 성과계약 및 협의, 능률성 배당금, 성과예산
고객	고객의 선택	공공선택제, 고객정보체제
	경쟁적 선택	경쟁적 공공선택제, 증서 및 변제프로그램
	고객품질 확보	고객서비스기준, 고객보상제, 품질보증제, 품질민원모니터제, 고객불만처리제, 옴부즈만제도
통제	조직권한 이양 공무원	행정통제의 분권화, 조직규제완화, 일선관리, 외부위탁 또는 특허, 정부개혁실험실, 면제정책, 베타현장, 규칙일몰제, 정부간 규제완화
	권한이양	관리계층축소, 조직분권화, 기능적 조직의 해체, 업무팀, 자기관리적 업무팀, 노사동반 협조체제, 공무원제안 프로그램
	지역사회 권한이양	지역사회통치기국, 협조기획, 지역사회투자기금, 지역사회관리조직, 지역사회－정부 동반협조체제, 지역사회기반 규제 순응
문화	관습타파	고객과의 만남, 고객체험, 직무순환, 내부 및 외부수련제, BPR
	감동정신	성공축하제, 관용심사제, 새로운 상징, 이야기, 의식, 공무원 및 사무실 투자
	승리정신	관료제 과정의 표면화, 성과 벤치마킹, 현장방문제, 학습진단, 공유된 비전 구축

* 5가지 전략을 구현하기 위한 구체적인 정책도구에 대한 상세한 설명을 최창현(1998) 참조.

는 이것이 정부의 핵심기능, 즉 정책수립 혹은 정책조정(steering) 기능을 다루기 때문이다. 다른 4개의 전략이 정책집행과 행정서비스의 향상에 초점을 맞추고 있는 반면, 핵심전략은 주로 정책수립 기능의 향상에 관한 것이다. 공공성을 상실한 정부기능이나 개인기업 혹은 중앙정부 이외의 지방정부에서 더 잘할 수 있는 기능을 선정한다. 정책수립과 집행을 분리하여 각 조직이 한가지 목적에 몰두할 수 있도록 해준다. 또한 이는 목표와 전략을 규정하는 새로운 기구를 만

들어 정부의 정책수립 및 조정능력을 향상시킨다.

예를 들어 영국의 경우 Thatcger총리가 처음 실시한 효과적인 전략은 개인기업에서 더 잘 할 수 있는 정부기능의 민영화였다. '다음 단계 정책'(The Next Steps Policy)은 정책수립과 집행을 분리시켜 정부부처가 정책수립과 방향설정에 몰두하고 집행기관은 행정서비스 전달에 몰두하도록 한 것이다.

(2) 직무성과의 결과를 확립하라: 성과 전략(consequenies stratategy)

두번째 핵심적인 DNA 요소는 공공체제에 유인체제를 결정하는 것이다. 관료제적 DNA는 공무원에게 규칙을 따르는 강력한 유인을 제공해 준다. 혁신은 단지 문제만을 야기할 뿐이며 현상유지만이 꾸준한 보상을 가져다 준다. 공무원은 업무성과와는 무관하게 동일한 급료를 받는다. 거의 모든 공공조직은 실패와는 상관없이 독점체제이거나 거의 독점에 가깝다. 개인기업과는 달리 경쟁사가 더 일을 잘 해도 수입이 줄거나 파산하지 않는다.

정부혁신가들은 정부성과를 측정할 수 있는 척도를 개발하여 이러한 모순된 유인체제를 바꾸기 위해 유전자 부호를 다시 쓴다. 필요하다면 공공조직을 시장체제로 내몰고 조직의 수입을 고객에 의존하도록 한다. 이러한 조치가 부적절할 경우에는 공공조직과 개인기업(혹은 공공조직 대 공공조직) 간의 경쟁을 조장시키기 위해 외부계약제를 활용한다. 영국의 경우도 이미 실험적 시장, 경쟁체제 등을 통하여 이러한 정책을 실시한 바 있다. 이 두 가지 경우가 모두 부적절할 경우 영국의 다음 단계 정책에 의한 집행기관처럼 행정성과를 측정토록 한다. 시장과 경쟁체제의 도입은 훨씬 더 강력한 유인체제를 창조해 내며, 따라서 더 큰 정부성과의 향상을 가져오지만 모든 정부활동이 경쟁적 시장이나 경쟁적 공개입찰에 붙여질 수 있는 것은 아니다.

(3) 고객을 최우선시하라: 고객전략

세번째 중요한 체제 DNA요소는 조직이 누구에게 책임을 져야 하느냐 하는 책임성에 관한 것이다. 고객전략(customer strategy)은 조직이 고객에게 책임을 지도록 함으로서 책임성 문제를 가장 강력하게 다루고 있다.

대부분의 공공기관은 이를 설립하고, 그 기능을 규정하고, 예산을 지원해 주는 선거에 의해 당선된 선거직 관리들에게 책임성을 진다. 이러한 관리들은 이익집단의 요구에 지속적으로 대응해야 하는 압력을 받고 있기 때문에 예산사용의 결과보다는 어디에 예산이 쓰여졌는지에 대해 더 관심을 갖는다.

정치가에 의한 남용을 방지하기 위해 관료제개혁가들은 오래 전부터 행정부처의 관리를 정치적 영향력에서 차단하기 위해 전문 공무원제를 확립했다. 관리자나 공무원은 공무원 규칙을 준수하는 데 점차적으로 책임성을 갖게 되었고, 따라서 관리자들은 이러한 관료제적 규칙을 준수할 책임성을 지게 되며, 또한 선거로 당선된 관리들에 의해 할당된 예산을 집행하는 책임을 지게 된다. 그러나 성과에 대한 책임성을 지는 경우는 거의 없다.

고객전략은 이러한 책임성의 일부를 고객에 대한 책임성으로 전환시킴으로써 이러한 패턴을 혁파하고자 하는 것이다. 이 전략은 소비자들에게 서비스전달 조직을 선택하도록 하고 그러한 서비스 전달조직이 충족해야할 고객서비스 기준을 설정해 준다. 영국의 경우 Major 총리의 시민헌장이 바로 고객전략을 실행에 옮긴 예이다.

⑷ 권한을 이양하라 : 통제전략

네번째 DNA의 중요한 요소는 의사 결정권의 소재가 어디에 있느냐를 규정하는 것이다. 관료체제에 있어 대부분의 의사결정권은 계층제 상층부에 있다. 민주주의에 있어 권력은 우선 국민으로부터 선거에 의해 당선된 관리로 그리고 다시 선거에 의해 당선된 관리로부터 예산 및 인사 등과 같은 중앙 참모 기관으로 그리고 마지막으로 중앙통제기관으로부터 계선 행정기관의 관리자로 이동한다. 보통 선거에 의해 당선된 관리들은 가능한 한 많은 권력을 유지하려 하며 중앙통제기관도 마찬가지이다. 계선 관리자들은 구체적으로 명시된 예산 집행내역과 인사 규칙, 행정구매 조달체제, 감사실태 등등에 의해 융통성이 제한된다. 또한 공무원들은 의사 결정권이 거의 없다. 그 결과 정부조직은 상황을 변화시키거나 고객의 욕구에 신경 쓰기보다는 새로운 명령을 쫓기에 급급할 뿐이다.

통제전략(control strategy)은 상당한 의사 결정권을 관료제적 계층제의 하층부로 이양해 주며 때로는 지역사회로 넘겨준다. 이 전략은 구체적인 규칙 및 계층제적 명령으로부터 정부성과에 대한 책임성을 확보하게 해 주는 공유된 임무 및 체제로 통제유형을 전환시켜준다. 마치 영국의 재무성이 다음 단계 정책에 의해 설립된 집행기관의 성공에 고무되어 중앙통제기관의 고삐를 늦춘 것처럼 조직 권한을 이양해 준다. 또한 이는 일부 집행기관의 사례에서처럼 공무원이 고객에 대한 민감성(responsiveness)을 높이고, 일선 행정에서의 지식을 활용하여 문제를 해결할 수 있도록 일선 공무원의 의사결정권을 확보해 준다. 일부 정부 혁신가들은 통제전략의 세번째 접근방법인 지역사회에 대한 권한이양을 활용한다. 이는 공공조직으로부터 지역사회로 통제를 전환시키는 것이다. 즉 지역사회구성원 및 지역사회조직으로 하여금 그들 자신의 문제를 해결하게 하고 그들 자신의 기관을 운영하도록 권한을 이양해 주는 것이다. 그 예로 Thatcher 총리는 125만 채의 공공주택단지들을 입주자에게 매각했으며, 학교에 대한 통제권을 지역사회단체에 위임했다.

(5) 기업가적 문화를 창조하라: 문화전략(cultre strategy)

DNA의 마지막 핵심요소는 가치, 태도, 규범, 정신 등과 같은 조직문화이다. 관료제는 규칙, 규정의 문서화를 통해 공무원의 형태를 표준화하기 때문에, 창의성을 바람직하지 못한 것으로 간주하는 경향이 있다. 관료제적 DNA는 방어적 조직문화를 조장한다.

이러한 방어적 문화를 타파하려면 다음과 같은 3가지 접근법을 활용할 수 있다. 첫째, 고객과의 만남, 고객체험, 직무순환, 내부 및 외부수련제, BPR 등의 제도를 도입, 활용하는 관습타파적 접근법, 둘째 성공축하제, 관용심사제, 새로운 상징, 이야기, 의식, 공무원 및 사무실 투자 등의 정책도구를 활용하는 감동정신 접근법, 그리고 마지막으로 관료제 과정의 표면화, 성과 벤치마킹, 현장방문제, 학습집단, 공유된 비전의 구축 등을 통한 승리정신 접근법 등의 3가지 접근방법을 활용하는 것이 필요하다.

2. 5가지 전략의 시너지 효과 극대화를 위한 방법

우리가 주장한 바와 같이 공공조직을 변화시키려면 조직 지도자들은 이제까지 설명한 5가지 전략을 모두 활용해야 한다. 공군 전투 사령부, 피닉스시, 햄프턴시, 영국 및 뉴질랜드의 정부개혁가들은 다섯 가지 전략을 모두 활용하였지만 서니베일시, 인디애나폴리스시, 호주의 정부개혁가들은 이중 서너 가지만을 사용했을 뿐이다. 또한 이들 정부개혁가들이 배운 교훈은 여러 가지 정부개혁 전략이 상충적인 것이 되어서는 안 되며, 서로 상승효과를 내도록 주의해야 한다는 것이다.

정부개혁을 위한 전략에서 그 근본적인 진실에 대해 요약해 보자면 다음과 같다.

그 전략이 귀중하게 여기는 것들을 포기해야 할 필요가 있다. 정부개혁은 지식이나 기술기법보다 더 많은 것을 필요로 한다. 정부개혁에는 용기가 필요하다.

대부분의 정부개혁을 위해 시장과 공무원들은 그들에게 필요한 전략과 도구를 발견하는 데 많은 시간과 자원을 투자하지만 이보다 더욱 중요한 것은 이를 사용할 수 있는 용기이다. 정치가 장난이 아니고 개혁이 차나 마시는 파티가 아니라면 정부개혁은 단지 달콤한 이성의 문제라고 할 수 없는 것이다. 정부개혁가들의 성공적인 정부혁신을 위해서 지켜야 할 철칙들이 있다.

첫째, 중요한 것을 포기하도록 요구하는 대신, 그에 상응하거나 더 가치가 있는 것을 반대급부로 제공해 주는 것이다. 사람들은 단지 올바른 일이라고 해서 권력을 포기하지는 않는다. 우리가 국민을 위해 더 좋은 정부를 만들려고 한다고 해서 이기심이 사라지는 것이 아니다. 다시 말해 정부개혁의 핵심에는 여러 가지 일련의 거래가 있다는 것이다. 신분보장을 포기하도록 하는 것은 어려운 일이다. 용기가 필요하고 결과에 대한 신념이 필요하다. 인디애나폴리스시, 영국, 뉴질랜드의 경우 공무원들에 대한 신분보장을 포기하는 대신 그 대가로 관료제적 번문욕례부터의 해방, 더 많은 직무풍요, 특히 인디애나폴리스시의 경우 이윤공유제에 의한 보너스를 향유하게 되었다. 공무원은 성과배당금, 근무환경을 스스로 통제할 수 있는 기회, 그리고 기술을 향상시킬 수 있다는 매력 때문에 정년이 보장된 종신 공무원제도의 철폐를 받아들인다. 관리자는 정책조정 기능을 보좌하고, 변화를 이끌고, 성과를 측정하고, 지역사회에 도움을 주는 등의 다른 역할을 얻는 대신 행정 서비스의 전달에 대한 책임을 포기한다. 국민과 국회의원은 더 적은 비용으로 더 높은 성과를 내는 공공조직의 대가로 그들이 가장 좋아하는 희생양인 관료제를 자유롭게 해 줄 것이다. 요약하면 정부개혁이란 협상의 기술이다. 즉 사람들로 하여금 포기하도록 하려면 그 대신 다른 것을 주어야 한다.

둘째, 이해집단의 반발에도 굴복하지 말아야 한다. 정부가 경쟁을 도입하거나, 자산을 민영화하거나 혹은 프로그램을 폐지할 때마다 이러한 변화로 이해관계가 위협을 받는 사람들의 거센 반발에 부닥치게 된다. 이러한 현상은 모든 개혁 과정에 있어 전형적으로 나타나는 어려움 중의 하나이다. 이익집단의 이해관계를 극복하기 위한 가장 효과적인 방법은 기득권 세력을 무력화하고 신속하게 처리하고, 기득권을 가지고 있는 이익집단들에 대항하여 일반적인 이해관계를 갖는 사람들을 부각시키기 위해 토론의 장을 마련하는 것이다. 또 일반국민을 대상으로 한 여론조사를 활용하는 것도 좋은 방법이다.

셋째, 기업가적 공무원을 보호해 주어야 한다. 위험부담이 따르는 개혁적인 업무를 추진하는 공무원들을 음해하는 세력으로부터 이들을 보호해야 한다. 어떤 개혁이라도 실패하면 곧 정치인, 언론, 감사원의 표적이 되기 때문에 정부에 있어서 지배적인 조직문화는 위험회피적이라 할 수 있다. 이러한 행태는 결코 변하지 않을 수도 있기에 개혁하고자 하는 지도자는 기업가적 정신을 가진 공무원을 보호하려는 용기를 가져야 한다. 또 조직 지도자는 또한 기업가적 공무원을 명예와 포상을 통해 공격으로부터 보호해야 한다. Gore 부통령은 정부개혁 실험실과 망치상(Hammer Reward)이라는 제도를 통해 매우 효과적으로 그렇게 하고 있다. 게다가 포드재단, 뉴욕시 기금, 보스턴 관리컨소시엄(150개의 보스턴 지역 기업으로 구성된 컨소시엄) 등과 같은 수많은 이해당사자 조직들이 탁월한 성과나 개혁적인 성과를 보인 공무원이나 공공조직에 상을 수여하기도 한다.

넷째, 대인은 조금씩 점진적으로 신뢰를 구축해야 한다. 대부분의 공공조직은 정치라는 바다에서 수영하고 있으며, 신뢰라는 것은 정치에서 찾아보기 힘들다. 많은 정치인들은 공무원들은 해고당할 염려가 없기 때문에 국민이나 의회가 원하는 것과는 담을 쌓고, 자기만 아는 관료라고 본다. 또한 공무원은 관리자를 불신하고 관리자는 공무원을 불신한다. 또한 국민, 기업인, 개인기업의 노조, 지역사회 집단 및 언론 등과 같은 이해당사자들은 이들 전체를 불신한다. 그러므로 정부를 개혁하고자 하더라도, 명령을 내릴 수 있는 엄청난 권한을 갖고 있지 않다면 이러한 불신환경에서 정부를 개혁할 수 없다. 신뢰를 구축하기 위해서는 당신 자신의 입장을 위약하게 만들어야만 한다. 또 다른 하나의 열쇠는 고백의 힘이다. 실수를 기꺼이 인정하고, 사과하고, 비난을 감수하고자 한다면 놀라운 결과를 얻을 수 있을 것이다. 항상 정직한 공무원을 보게 되면 국민들은 이들에게 신뢰감을 느끼게 될 것이다.

다섯째, 변화에 투자하라는 것이다. 정부개혁은 공짜로 얻어지는 것이 아니다. 돈과 시간과 정치적 자산이 필요하다. 기꺼이 투자하려는 용의가 없다면 굳이 시작할 생각도 하지 말라.

여섯째, 일관성 있는 정부개혁 노선을 유지해야 한다는 것이다. 정부개혁이란 오랫동안 꾸준히 노력해야 하는 작업이다. 최소한 5년에서 10년이 소요된다. 이렇게 오랜 기간에 걸쳐 성공적인 개혁과업을 달성하려면 목적의 영구 불변성(constancy of purpose)을 가질 필요가 있다. 인내성을 가지고 꾸준히 추진할 필요가 있다. 계속해서 문을 두드려야 한다. 만약 문을 열 수 없다면 창문을 통해서라도 들어가려는 자세를 가져야 한다.

III. 평가적 의견

1992년 출간된 「정부 혁신의 길」은 전 세계 정부의 새로운 세계에 대한 대략적인 지도를 그려준 바 있다. 그러나 1997년 출간된 「정부개혁의 5가지 전략」은 정부혁신가들이 선구자의 뒤를 좇아 쉽게 정부혁신을 할 수 있도록 대략적인 지도에 상세한 길을 표시해 놓았다. 이 책에서 여러분들은 미국뿐만 아니라 캐나다, 영국, 호주, 뉴질랜드 등과 같은 정부혁신의 선구자적인 국가들의 정부개혁 전략을 배우게 된다. 그들이 만들어낸 극적인 성과뿐만 아니라, 어떻게 그러한 성과를 이루어 냈는지, 그리고 그러한 괄목할만한 성과를 이루는 과정에서 그들이 체득한 교훈을 배우는 좋은 교훈과 지침을 얻을 수 있을 것이다.

Juliani 뉴욕시장은 이 책을 다음과 같이 평가하고 있다.

"뉴욕시의 시장으로서 나는 뉴욕시 지방정부를 더 잘 그리고 더 현명하게 운영하기 위하여 「정부혁신의 길」에서 얻은 많은 교훈을 활용했다. 정부혁신의 전략과 사례는 정부 관리자들과 선거직 관리들이 한단계 더 나아갈 수 있도록 도와줄 것이다. David Osborne과 Peter Plastrik가 이 책에서 설명하고 있는 전략들은 중앙정부에서부터 지방정부에 이르기까지 모든 정부에서의 근본적인 변화를 창조하기 위한 유용한 방법론을 제시해 주고 있다."

정부혁신의 전략과 사례는 미국의 납세자들에서부터 대통령에 이르기까지 공공서비스의 질에 관심을 갖고 있는 누구에게나 신선한 공기와도 같은 것이다. Osborne과 Plastrik는 고객중심적 정부가 환상이나 모순어법이 아니라 실질적으로 가능한 것이라는 점을 보여주고 있다. 독자들이 쉽게 읽을 수 있고 이 책에서 제시된 정부혁신의 전략과 사계를 직접 적용해 볼 수 있는 탁월한 아이디어와 사례연구는 과거의 관료제 운영방식이 방해가 되지 않도록 하는 용기있는 지도자들에게 시사하는 바가 많은 모델을 제공해 줄 것이다. Wilson의 행정학 연구에서 시작하여, 고전론, 신고전론, 행태론, 생태론, 신행정학, 현상학적 접근법을 거쳐 1980년대부터 주목받기 시작한 정부개혁이 국가 경쟁력과 맞물려 중요한 행정학의 연구영역으로 자리매김하고 있고, 앞으로도 정보화 시대를 맞아, 전자정부 및 지식국가 개념 등을 결합한다면 더 발전된 정부개혁 이론이 개발될 것이다.

요즈음 인구에 회자되고 있는 유행어 중의 하나가 행정의 경영 마인드화라는 말이다. 또한 이러한 현상을 비판하는 사람들도 있다. 이 책에 나오는 미 공군 전투 사령부(Air Combat Command: ACC)에 대한 구체적인 사례에 잘 설명되어 있듯이 미국의 경우 오히려 개인 기업에서 엄연히 관료제인 공군 부대의 조직 관리술을 벤치마킹(benchmarking)하고 있다. 사실 행정과 경영은 관리의 대상이 공공 조직이냐 개인 조직이냐의 차이만 있을 뿐 본질적으로 관리 (management)라는 점에서는 큰 차이가 없다. 정부 관료제도 공공 관리(public management)만 잘 한다면 경영의 행정 마인드화라는 말이 나오게 할 수도 있다.

물론 공공 조직과 사조직간에는 분명히 차이가 존재한다. 예를 들어 행정이념과 경영이념에는 공통 분모와 차이점이 존재할 뿐만 아니라 양자간의 구분이 애매한 영역도 존재한다. 그러나 이러한 차이가 있다는 사실이 곧 공공조직에 사조직의 관리원리나 기법을 받아들일 수 없다는 주장을 정당화할 수는 없는 것이다. 이와 관련하여 또 한가지 짚고 넘어가야 할 점은 사조직의 관리기법은 정책수립 및 정책조정기능보다는 주로 정책집행기능에 도입, 적용되어야 한다는 것이다. 이러한 점을 간과하고 정부 관료제에 사부문의 관리기법을 도입하는 것은 문제라고 행정/경영 이원론을 고집하는 사람들은 의식적이든 무의식적이든 관료제의 기득권을 옹호하는 사람들이란 비판을 면하기 어려울 것이다.

참고문헌

최창현 옮김, 정부개혁의 5가지 전략, 삼성경제 연구소, 1998.

Brazelay, Michael & Babak Armajani, *Breaking Through Bureaucracy: A New Vision for Managing in Government*, Berkeley: University of California Press, 1992.

Creech, Bill, *The Five Pillars of TQM: How to Make Total Quality Management Work for You*, New York: Truman Talley Books/Dutton, 1994.

Gore, Al, The National Performance Review Annual Reports: From Red Tape to Results; Creating a Government that Works Better and Cost Less; Status Report; Common Sense in Government: Works Better and Costs Less; and The Best Kept Secrets in Government Washington, D.C.: *National Performance Review*, 1993, 1994, 1995, 1996,

Jensen, Ron, Managed Competition: A Tool for Achieving Excellence in Government, Entry in Alliance for Redesigning Government's Public Innovator Learning Nework, an on-line database available on the World Wide

Web at http://www.clearlake.ibm.com/Alliance/

Osborne, David & Peter Plastrik, *Banishing Bureacracy: The Five Strategies for Reinventing Government*, Addison Wesley, 1997.

Michel Foucault의
'감시와 처벌'과 국가행정*

I. 머리말

　'감사하기'와 '처벌하기'(*Surveiller et Punir*, Paris: Gallimard, 1975)라는 제목의 이 책은 부제인 '감옥의 탄생'(Naissance de la prison)이 의미하듯이 언뜻 보기에 서구사회에서 감옥의 역사를 기술한 역사책으로 생각하기 쉽다. 그러나 자세히 읽어보면 그 주제가 '공권력의 행사양상과 국가사회운용'이라는 점을 알 수 있게 되고 이는 곧 자칫 효율성 위주의 지엽적인 행정기술과 기법에 몰두하기 쉬운 한국의 행정학도들에게 새로운 지평을 열어주는 책이라는 것을 알 수 있다.

　Michel Foucault는 1926년 프랑스의 서남부 도시인 쁘와띠에(Poitier)에서 태어나 소르본느에서 수학한 후, Freud의 심리분석에 심취하여 스웨덴 웁살라(Uppsala)대학에서 강의하면서 구조주의 언어이론에도 관심을 가졌다. 1970년부터 1984년 사망할 때까지 프랑스에서 가장 영예로운 교수자리인 꼴레쥬 드 프랑스(Collége de France)의 교수로 있으면서 프랑스뿐만 아니라 세계적인 석학으로 그 명성을 쌓았었다.「감사하기와 처벌하기」이전에는「고전주의 시대에서 광기(狂氣)의 역사」(1961),「병원의 탄생」(1963),「말과 사물」(1966),「지식의 고고학」(1969), 등의 저서를 집필했고, 그 이후 유작으로서「성의 역사」라는 저서를, 제1권「앎의 의지」(1976), 제2권「쾌락의 활용」(1984), 제3권「자기에의 배려」(1984) 등의 저서를 남겼다.

　Foucault의 지적 근원을 보면 K. Marx, J, Freud, E. Durkheim, Saussure 등의 영향을 받은 것으로 분석되고 있으며, Lévi Strauss, Lacan, Althusser 등과 함께 구조주의자라고 분류한다. 또한 포스트모더니즘적 사고에

＊임도빈: 서울대학교 행정대학원 교수.

커다란 공헌을 하였다. Foucault의 연구는 서구사회에서 병원, 감옥 등 이성과 계몽사상의 필연적인 산물로 보아온 제도들에 대하여 회의를 품고 그 속에 내재해 있는 '권력'을 비판적으로 해부하는 것을 주제로 하고 있기 때문에 합리주의적 학문전통에 반기를 들었다는 중요한 의미를 가지고 있다.

II. 감옥의 탄생과 국가행정

1. 고고학적 방법과 계보학적 연구방법

Foucault는「감사하기와 처벌하기」이전의 저서들을 고고학적 연구(Archaeological Method)라고 칭하고, 그 이후를 계보학적 연구(Genealogical Method)라고 칭하고 있다. 후술하는 바와 같이 양자의 차이는 존재하나 모두 적어도 몇 세기에 걸친 장기간을 연구대상으로 하여, 인쇄된 자료, 사진, 지도, 설계도 등 각종 문헌을 치밀하게 분석하며, 단순히 역사적 사실의 확인에 그치지 않고 특정제도의 발생연원과 형식변화의 논리를 끄집어낸다는 점에서 공통점이 있다.

인문과학의 발생을 탐구한「말과 사물」, 한 시대 지식의 토대와 구조를 분석한「지식의 고고학」, 등 종전의 저서들은 지적담론의 체계를 밝혀 내기 위한 고고학적 연구였다면, Nietzsche의「도덕의 계보학」에서 시사 받은「감사하기와 처벌하기」는 다른 차원의 방법론을 개척한 것이다. 계보학은 역사적 사실들에서 찾아볼 수 있는 의미, 가치, 선 등을 그대로 받아들이지 않을 뿐만 아니라 과거의 사건과 현재의 사건간의 인과관계를 설정하는 역사적 방법과는 대조적으로, 이 속에 감추어진 권력의 전략, 지배와 복종의 관계를 파헤치는 것이다, Foucault는 이러한 방법론을 개발하여 사례연구를 출판하면서 이것이 단발성으로 끝나는 것이 아니고 누구든지 이를 활용하도록 하는 학문적 도구(tool)로 사용되기를 원했다.

2. 감옥의 역사

저자는 이 책을 우리 나라 조선시대의 능지처참 이상으로 끔찍한 죄수처형장면을 생생히 묘사하면서 시작한다. 그리고 감옥이 등장하고 감옥 내에서 훈련과 교화과정이 점점 세련되고 인간적으로 변화되는 것을 자세히 묘사한다. 이를 통하여 Foucault가 주장하고자 한 것은 감옥이란 한 제도가 어떻게 변모해 왔는가를 알게 하는 것보다는 역사적으로 볼 때 왕(혹은 권력자)들이 인간으로서 국민의 신체에 대하여 어떠한 통치기술을 발휘하여 왔는가를 보여주는 것이다. 즉, 외형적으로 감옥이 현대화되고, 형벌이 완화되었다고 해서, 국민주권사상의 실현으로 권력의 자의성이 통제되는 정도가 증가하였고 죄수라도 인간적 처벌을 받게 되었다고 해석해서는 안 된다는 것이다. 이러한 변화가 있기에는 그 시대의 사회경제적 변화가 있었고 권력은 보이는 현상면에서만 변화가 있었을 뿐 그 근본원리에는 변함이 없다는 것이다.

(1) 신체형과 지식인(사회개량주위자) 업적의 의미

책의 모두에 묘사된 대로 1757년 루이 15세를 시해하려다 실패한 죄인 Damiens을 고문하는 장면을 절대군주의 위엄을 과시하기 위한 정치적인 의식(儀式)이었다. 형벌은 최대한 잔혹했음에도 불구하고, 죄수의 입에서는 한 마디의 저주나 반항의 말이 나오지 않았다. 모든 종류의 위법행위에 대하여 신체적 고통을 주는 처형이 가해졌으며, 이는 어떠한 경우라도 위법행위에 대한 보복이 있다는 것을 구경꾼들에게 심어주는 것이었기 때문이다. 이러한 공개처형을 통하여, 첫째 죄인은 자신의 유죄를 스스로 알리는 역할을 하며, 둘째 자백을 공개 석상에서 한 번 더 하도록 하였으며, 셋째 범죄현장에서 처형하는 등 구경꾼들의 인식 속에서 처벌과 범죄와의 명백한 관련을 맺도록 하고, 넷째 절규와 고통 등 처형행사의 완급을 조절하여 군중들이 일종의 광란의 상태에서 처벌을 끝내는 의식을 수행하였다.

그러나 18세기 인구증가와 산업화를 통하여 사유권과 사유재산에 관한 개념이 발달하고, 폭력의 범죄보다는 경제사범의 급증하였다. 즉, 17세기의 범죄는 배고픈 자들의 소행이라고 한다면 18세기의 범죄는 계산적이고 교활한 자들의 소행이었다. 따라서 이 시기에 흉악범은 그에 상응하는 신체형을, 나태한 자는 강제노동을, 타인에게 경제적 손실을 입힌 자는 변상을, 살인자는 사형을 받는 등으로 형벌이 세분화되고 '완화'(?)된다.

이것은 마치 18세기 후반 범법자에 대한 공개적인 처형을 비인간적인 것이라고 비판하고 사법제도의 개혁을 주장한 개량주의자들의 주장에 따라 사회가 합리화된 것처럼 보이나, 실제로는 사회경제적 변화에 따른 부르주아 계급들의 이익을 지키기 위한 수단에 불과하다는 것을 의미한다. 즉, 형벌집행을 통한 절대군주의 포악성과 이에 반항하는 민중들 사이에서 형벌개혁을 추진한 이들 개량주의자들은 형벌의 완화, 명확한 법조문의 작성, 처벌하는 권력에 대한 이론의 여지없는 합의 등을 달성하도록 하였으나, 실제로는 권력을 더 든든히 무장시키는 역할을 한 것이다. 중요한 것은 이 과정에서 개량주의자들은 좀더 합리적인 처벌규정을 만들기 위하여 범법자의 유형과 범죄의 유형에 대하여 철저한 조사연구를 진행하는데, 이것이 인간성의 향상에 기여하기보다는 오히려 개인을 고립화하는 동시에 권력을 강화하는 결과를 초래했다는 점이다.

어떻든, 범죄를 방지한다는 취지에서 형벌의 논리를 체계화하는 이러한 노력들의 결과들은 다음 여섯 가지 법칙으로 요약된다.

① 형량최소화의 법칙: 개인이 범죄로 얻을 수 있는 이익의 양보다 형벌로 얻는 손해의 양이 능가하는 정도로 형량을 최소화한다.

② 관념성 충족의 법칙: 범죄의 동기는 형벌로 인한 괴로움의 생각(관념)에 의해 억제되므로 형벌의 실제내용보다는 형벌에 대한 표상과 인식을 극대화해야 한다.

③ 측면효과의 법칙: 형벌의 목적은 다른 사람들의 범죄를 예방하는 데 있으므로 범인에게는 가능한 최소가 되게 하고 그것을 상상하는 다른 사람에게는 최대의 양이 되도록 한다.

④ 완벽한 확실성의 법칙: 범죄와 징벌간에는 명확한 관계가 있도록 보여야 한다는 것으로 이를 위해 형벌의 명문와, 처벌예외의 배제, 모든 기록의 공개 등이 필요하다.

⑤ 공평한 진실의 법칙: 만민에 공통되는 기준에 의하여 범행을 밝히고 명료하게 증명해야 한다.

⑥ 최적의 구체화 법칙: 형벌에 모든 종류의 범죄가 분류되고 포함되도록 하고 법이 침묵하는 부분이 없도록 구체화해야 한다.

(2) 규율의 주입과 국가의 개인제조

이제 잔학한 신체형에 비하여 행형은 좀더 부드러워졌다. 공개형보다는 죄인을 대중으로부터 격리시키고 공개하지 않으며, 신체에 대한 제재보다는 정신에 대한 제재로 이동한 것이다. 1810년의 형법전에 사형과 벌금형의 중간에 해당하는 각종 감옥에의 수감이 공통적인 형벌의 형태로 나타나는 것이 그 예이다. 또한 중앙, 광역행정구역, 기초행정구역 등 각 행정계층구역별로 그에 상응하는 교도소, 중앙감옥, 유치장 등이 체계적으로 조직화된다. 과거에는 범죄자의 신체가 처형의식에 의하여 군주의 권력 앞에 노출되어 있었는데, 이제는 폐쇄적이고, 복잡하며, 계서적으로 조직된 체제가 국가기구에 통합되어 있는 형태로 전혀 다르게 나타난 것이다. 오늘날 볼 수 있는, 대통령을 정점으로 국민 각 개인에게까지 계서적으로 연결되어 있는 행정체계도 이러한 맥락에서 이해할 수 있을 것이다.

감옥은 수형자의 일상생활을 규제하여 악을 멀리하고 선으로 이끌리도록 하는 기능을 수행한다. 특히 구걸하는 자 등 사회규율을 따르지 않는 사람들을 경제적 인간으로 교화시키는 것은 강(Gand) 감옥의 예에서 찾아볼 수 있다. 감옥이란 죄인을 개인화하고 하나의 사물처럼 취급하여 자세한 일과표에 따라 움직이도록 하는 곳이다.

18세기 말에는 신체형, 표상(représentation)에 의하여 조작되는 영혼, 규율을 훈육 받는 신체 등의 세 가지 계열의 처벌이 혼존하고 있었다. 이 중에서 세 번째의 것이 점차 주도적인 것으로 부각된다. 강제권, 독방, 비밀 등을 중심으로 한 처벌권력이 표상, 공개적, 그리고 집단적인 것으로 바뀌게 된다. 즉, 신체적 처벌제도가, 감옥제도의 지지 속에 상징적 처벌을 중심으로 한 사회적 게임 혹은 떠들썩한 축제와 같은 것으로 변하게 된 것이다. 이것은 감옥에서 죄수를 다루는 기술과 원리가 병영, 병원, 공장, 학교에도 응용되어 확산되는 것으로 설명할 수 있다. 그 핵심은 개인을 타인과 분리하여 공동체 연대의식을 파괴하면서 개인이란 주체를 권력의 개체화하는 과정으로 다음과 같이 설명된다.

우선, 죄악을 독방에 넣듯이 각 개인들을 공간적으로 분리하여 각 단위별로 책임자들이 잘 감독할 수 있도록 한다.

둘째, 죄인이나 군인들의 행동이 자세한 일과표대로 일일이 통제되듯이 개인들은 기계나 로봇같이 되어야 한다. 즉, 시간사용(l'emploi du temps)을 통제하는 것이다.

셋째, 개인들의 신체를 그 발전단계에 맞게 훈련시킴으로써 최대한 효과적으로 만들어야 한다. 군대의 제식훈련에서 각종 행진을 반복훈련시키듯이 죄수 개인들의 행동을 극도로 세분된 시간적으로 맞추고(l'élaboration temporelle de l'acte), 이들이 효율적으로 이뤄지도록 하기 위하여 각 동작이 몸 전체와의 관계를 규정한다(la mise en corrélation du corps et du geste.)

넷째, 각 개인들의 힘과 능력이 제각기 발휘되기보다는 권력의 목표에 부합되도록 일사불란하게 지휘되어야 한다. 즉, 훈련은 육체를 조직의 대상 혹은 객체(l'articulation corps-objet)화하는 것이며, 훈련의 목적은 각 개인들의 효율적인 시간의 착취적 활용(l'utilisation exhaustive)인 것이다.

근대적 감옥은 가운데 감시탑을 중심으로 원형(panopticon)으로 죄수들의 방을 배치하여 간수는 죄수들을 한눈에 감시할 수 있으나 죄수들은 간수를 보지 못하도록 만들어졌다. 병원에서, 나아가서 국가사회전체도 국민을 감시하고 훈련 시키기 위하여 이렇게 조직화되어 있는 것이다. 이와 같이 권력은 자기의 횡포 와 전제성을 내보이지 않고 개인들을 효과적으로 감시하고 통제하려 하는 것이 다. 과거의 신체형에 의한 통제방법은 규율을 확립하여 개인의 육체를 길들이는 방법으로 대체되었을 뿐 그 근본의 속성은 변하지 않는 것이다.

규율의 주입을 통한 훈련은 '독방'(즉 격리), '자리', 그리고 '서열화'를 통하 여 복잡한 공간을 만들어 내는 것이다. 즉, 독방으로 개인을 서로 분리하여, 행 동의 규범화를 통화여 기능적으로 만들며, 시간과의 결합을 통하여 생성적이며, 이러한 여러 가지 힘을 결합하여 성과를 극대화하려는 것이다. 이렇게 하여 국 가는 간단한 용수철과 같이 큰 효과를 낼 수 있는 거대한 기계와 같은 것이 될 것이고 견고하고 통치하기 쉬운 행정기구를 갖게 되는 것이다.

(3) 「광기의 역사」와의 관계

「감시하기와 처벌하기」의 분석내용은 Foucault의 다른 저서에서도 일관되게 찾아 볼 수 있다. 「광기의 역사」에서는 정확히 정상인과 정신병자의 경계선을 규정할 수 없음에도 불구하고 고전주의 시대 미친 사람들을 규정하는 데에서부 터 권력의 자의성이 드러난다. 17세기에는 파리시 인구의 1% 이상이나 비정상 인으로 분류되어 감금되었으며 거기서 가혹한 대우를 받았다.

산업화를 통하여 노동력이 부족하게 되자 대규모 감금의 역사는 완화되고, 점차 정신질환자의 취급도 인간화되어간 것으로 보인다. 그러나 정신병자수용소 에서 환자와 의사와의 관계는 여전히 보이지 않는 폭력행사의 현장이고, 일탈행 위에 대하여 의사의 침묵이나 창피주기 등 부르주아 질서를 주입하여 개인을 통 제하기 위한 길들이기 규율과정에 불과한 것이다. 여기서 의사는 권력자이고 환 자는 국민으로 대체해서 정치행정권력현상으로 설명할 수 있다. 이는 상술한 감 옥의 역사와 일맥상통한다.

「지식의 고고학」에서 분석한 바와 마찬가지의 논리로 「광기의 역사」에서도 과학적 지식(즉, 정신병리학)은 객관적인 것이 아니고 권력의 산물임을 주장한 다. 다시 말하면 사회인의 내면적 자율성보다는 그 시대와 공권력이 인간을 통 제하기 용이하도록 구속한다고 본다는 점에서 Freud의 심리학이나 미국식 행태 주의와는 근본적으로 차이를 보이고 있다.

Ⅲ. 평가적 의견

정신병자수용소, 감옥 등 서구사회의 발달을 상징하는 제도를 해부하면서 Foucault가 우리에게 보여주고자 하는 것은 인간이성의 발현이라는 표면적 현상 속에 숨겨진 진실을 철저히 해부하는 것이다. 그것은 항상 권력의 문제로 환원되었고, 권력(특히 공권력)이 '무엇'이고 '왜' 그러한가라는 측면보다는 개인들의 효과적인 통제라는 전략, 즉, '어떻게' 작동하는가를 보여주고 있다. 특히 이러한 권력작용의 다른 한 축으로는 항상 그 시대의 지식(인)이 융합되어 있으며, 그 양상의 변화에는 그 시대의 사회경제적 구조변화가 전제되었다.

미국의 행태주의적 사고가 지배하는 한국의 행정학계에 Foucault의 연구가 주는 메시지는 강렬하고 참신한 것이 사실이다. 이를 방법론과 한국에의 적용이라는 차원에서 다음과 같이 요약할 수 있다.

첫째, 상술한 대로 계보학적(넓게 말하면 역사적 연구방법) 연구방법의 의미이다. Foucault가 분석한 감옥이라는 똑같은 주제를 통상적인 행태론적 접근을 하였다고 가정하여 보자. 시대별로 각종 통계자료를 수집하여 범죄발생률의 차이를 조사하고 행형방법의 차이 등을 독립변수로 하여 그 인과관계를 규명하려고 하고, 효율적인 교도소 운영체제를 고안하는 데 급급하지 않았을까? 그러나 이러한 종류의 가상적인 연구결과들을 Foucault가 주장하려는 내용을 간과할 것이다. 신공공관리론과 같은 효율성의 증대에만 급급하여 각종 정책대한 만들기에 몰두하는 행정학자들이 받을 수 있는 메시지가 무엇인지 생각하게 한다. Foucault의 주장내용에 동의를 하든 말든 적어도 Foucault류의 연구시각과 방법론에 관심을 갖는다는 것은 사회과학의 다른 차원이 있다는 것을 알게 하는 데 기여할 것이다.

둘째, Foucault가 주장하는 내용이 프랑스 사회만의 독특한 것이냐 아니면 한국의 경우에도 적용되는 것이냐의 문제이다. 물론 한국의 경우를 분석하는 연구가 진행되어야 하겠지만, 한국의 정치행정사를 거슬러 올라가면 Foucault와 아주 유사한 해석이 가능할 것이다. 나아가서 최근 민주화 투쟁에 일생을 바쳤다는 인물들이 정권을 잡은 후 검찰이나 언론의 관계를 왜 획기적으로 바꾸지 못하는가에 대해서도 충분한 설명을 할 수 있다고 본다. 국가행정의 실체를 이렇게 파악하면 어떻게 이를 개선할 것인가라는 문제도 최근의 효율성 위주의 개혁보다는 다른 시각으로 접근할 수도 있을 것이다. 이는 George Orwell이 주장한 통제의 사회를 전제하지 않더라도 세련되고 은밀한 방식의 권력행사를 짐작할 수 있게 한다. 이러한 논리에 의하면 행정학자들이 해야 할 일은 권력의 은밀한 행사방식을 파헤쳐서 감소시킴으로써 국민의 인간성 향유를 증진시키는 것이 되어야 한다. 1970년이후 Foucault가 수형자들의 권익보호운동을 전개한 것도 이러한 방향에서 실천성을 겸비하려고 노력한 흔적이다.

참고문헌

Best, Steven & D. Keller, *The Postmodern Turn*, New York: The Guilford Press, 1997.

Foucault, Michel, *Surveiller et Punir*, Paris: Gallimard, 1975, 오생근 역, 감시와 처벌, 서울: 나남출판, 1994.

_____, *Histoire de la Folie l'Age Classique*, Paris: Gallimard, 1961, 김부용 역, 광기의 역사, 서울: 인간사랑, 1991.

Lyotard, J. P., *The Postmodern Condition: A Report on Knowledge*, Minneapolis: University of Minnesota Press, 1991.

James G. March와
Johan P. Olsen의
신제도이론*

I. 머리말

정치, 경제, 사회현상을 설명하는 데 있어서 '제도'를 중심개념으로 설정하는 최근의 학문분파를 일컬어 포괄적으로 신제도주의(new institutionalism)라고 표현하고 있는데, 이러한 신제도주의의 이론적 기초를 제공해 주고 있는 것이 바로 March와 Olsen의 *Rediscovering Institutions*라고 할 수 있다. 정치적 결과(political outcomes)를 설명하는 데 있어서 제도가 어떤 역할도 담당하지 못한다고 보는 행태주의나 합리적 선택이론과는 달리 신제도주의는 정치적 결과를 '설명'하는 데 있어 '제도'를 핵심개념으로 설정하는 데 그 특징이 있다. 그렇지만 제도에 대한 강조라는 공통점에도 불구하고 신제도주의는 제도를 정치적 결과를 '설명'하기 위한 핵심변수로서 설정한다는 점에서, 국가기관의 공식적 법적 측면만을 단순히 기술(describe)하는 차원에 머물러 있었던 행태주의 이전의 구제도주의(old institutionalism)와는 구별된다. 따라서 정치현상과 정치적 결과를 설명함에 있어 제도를 중심개념으로 설정한다는 점에서, 신제도주의는 March와 Olsen이 표현하고 있는 바와 같이 구제도주의적 요소를 최근의 비제도주의적 이론체계의 설명방식에 결합한 것이라고 할 수 있다.

*Rediscovering Institutions*뿐만 아니라 March와 Olsen의 다른 저작들을 관통하고 있는 공통적인 주제는 정치현상에 대한 경제학적 접근법이라 할 수 있는 이른바 합리적 선택이론(rational choice theory)에 대한 비판이다. 다시 말해서, 공리주의 시각, 계약론적 시각, 신고전파 경제이론, 그리고 인간행위에 대한 미시적 분석에 기초해서 정치현상을 교환관계로 파악하고자 하는 일련의 이론체

---

* 하연섭: 연세대학교 행정학과 교수.

계, 즉 형태주의, 다원주의, 합리적 선택이론 등에 대한 비판과 그 대안의 탐색
이 March와 Olsen의 연구를 관통하는 연구주제라고 할 수 있다.

II. 신제도주의의 주요 내용

1. 지배적 사회과학 이론에 대한 비판

행태주의, 다원주의, 합리적 선택이론 등으로 대표될 수 있는 1950년대 이래
의 지배적인 사회이론들은 다양한 명칭만큼이나 구체적인 이론적 내용들이 다르
지만, 이들을 관통하는 공통된 시각(perspectives)이 존재한다고 할 수 있다. 이
이론들에 있어서 집합적인 정치적・경제적 행위는 개인적 선택의 집합적 결과에
불과하며, 개인의 선택은 개인의 주관적 선호로부터 파생되는 것이고, 정치의 목
적은 개개인의 현시된 선호를 만족시키는 데 있을 뿐이며, 개개인의 선호는 사
회적 맥락과는 무관하게 독립적으로 주어질 뿐이다. 즉, 이 이론들은 집합적 행
위의 결과를 설명하기 위해 개인의 주관적인 선호를 분석의 기초로 삼고 개인의
특성, 태도 및 행위에 초점을 맞출 뿐만 아니라 정치현상을 교환관계로 파악함
으로서 시장의 논리에 의해 정치현상을 설명하고자 하는 공통점을 지니고 있다
고 할 것이다.

March와 Olsen은 1950년대 이래의 이들 지배적 사회이론들이 공유하고 있
는 시각을 맥락적(contextual), 환원론적(reductionist), 공리주의적(utilitar-
ian), 기능주의적(functionalist), 그리고 도구주의적(instrumentalist)이라고 정
리하고 있다.

첫째, March와 Olsen에 의하면 이들 이론들은 정치를 사회의 한 부분으로서
만 파악할 뿐 정치적 영역의 자율성을 전혀 인정하지 않는다라는 점에서 맥락적
시각을 공유하고 있다는 것이다. 즉, 이들 이론에서는 정치가 단순히 그 맥락을
반영할 뿐이며(politics mirrors its context), 정치적 영역이 사회에 대해 독자
적인 영향력을 행사할 수 있는 가능성은 아예 무시되고 있다는 것이다. 둘째, 이
들 이론들은 모두 정치현상을 개인 행위의 집합적 결과로서 해석한다. 즉, 개인
의 선호는 외부적으로 주어진 것(exogenously given)이고, 이러한 외부적으로
주어진 선호를 지닌 개인들간의 상호작용에 의해 집합적 수준에서의 결과가 결
정된다고 보는 점에서 환원론적 시각을 지니고 있다는 것이다. 셋째, 이들 이론

에 의하면 개인의 행위가 분석의 기초단위이고, 개인의 행위는 계산된 자기 이익(calculated self-interest)이 표출된 결과로서 개인이 지니고 있는 선호를 반영한다는 것이다. 이런 점에서 March와 Olsen은 이들 이론들이 공리주의적 시각을 공유하고 있다고 지적하고 있다. 넷째, 이들 이론들은 역사를 특정한 균형에 이르게 하는 효율적인 과정으로 파악한다는 측면에서 기능주의적 시각을 지니고 있다. 다섯째, 이들 이론들은 의사결정과 자원배분을 정치의 중심적인 과정으로 파악한다는 점에서 도구주의적이라는 것이다.

이와는 달리 March와 Olsen이 주장하는 신제도주의에서는 첫째, 정치적 영역을 사회의 다른 영역과는 독립된, 그리고 자율성을 지닌 영역으로서 파악한다. 즉, 사회의 다른 영역에 대한 정치적 영역의 의존성이 아니라 정치적 영역의 자율성을 강조하는 동시에 상대적으로 자율적인 정치적 제도와 사회적 제도간의 상호의존성을 강조한다. 둘째, 정치의 결과를 조직구조와 적절한 행위의 규칙(rules of appropriate behavior)의 산물로서 개념화한다. 셋째, 정치적 행위를 계산된 자기이익이 표출된 것으로서가 아니라 책무와 의무(obligations and duties)에 대한 반응으로서 파악한다. 넷째, 역사적 발전과정의 부적응성(maladaptation)과 비효율성을 강조한다. 다섯째, 선택과 자원배분을 정치의 핵심으로서 파악하는 것이 아니라 행위에 있어서 적절성의 논리, 의미(meaning), 그리고 상징(symbols)의 중요성을 강조한다.

2. 제도의 인과적 중요성

신제도주의는 행위를 분석의 기초단위로 설정하고, 개인 행위가 계산된 자기이익의 표출된 결과로서 개인의 선호를 반영한다고 보는 행태주의와 합리적 선택이론의 기본 가정에 대한 비판으로부터 출발한다. 이들 이론에서 상정하고 있는 개인간의 관계는 아무런 제약 없이 대등한 위치에서 자유롭게 계약하고 거래할 수 있는 원자화된 개인들간의 관계일 뿐이다. 즉, 이들 공리주의적 시각에서는 개인의 행위와 선택을 설명하는 데 있어 사회구조와 사회관계의 영향력을 철저하게 부정하고 있다는 점에서 원자화된(atomized) 개인, 과소사회화된(under-socialized) 개인을 상정하고 있다고 할 수 있다. 또한 이들 이론에서는 집합적인 정치적·경제적 행위를 개인적 선택의 집합적 결과로서 해석해 버리기 때문에, 개인이 맺고 있는 사회적 관계, 즉 사회적 맥락과 제도가 개인의 선택과 행위를 제약할 수 있는 가능성은 아예 무시되게 된다.

이와는 달리 제도주의적 시각은 무엇보다도 개인행위를 제약하는 공식적 · 비공식적 제도의 영향력을 강조한다. 이러한 제도는 개인보다는 지속성을 지니며, 개인의 선호를 직접적으로 반영하지도 않는다. 신제도주의자들은 사회적 관계가 원자화된(atomized) 혹은 과소사회화된(undersocialized) 개인으로 환원될 수 없다고 본다. 즉, 구조화된 행위자들간의 관계, 즉 제도가 인간행위를 지속적으로 제약하기 때문에 개인의 합리적 선택이 행위를 설명할 수 없다는 것이다. 이들에 의하면 인간의 행위는 제도적 맥락 속에서 형성될 뿐만 아니라 개인의 의지와 계산의 자유로운 발현을 심각하게 제약하는 규칙, 규범, 기대, 전통 등의 제도적 구조에 깊숙이 침윤(embedded)되어 있다는 것이다. 이에 따라 신제도주의에서는 합리적 극대화(rational maximization)로서 행위를 해석하지 않는다. 물론 신제도주의에서도 개인이 자신의 효용을 계산한다는 점을 인정하지만, 행위의 결과는 인간의 계산이나 통제의 범위를 넘어서는 구조적 제도적 요인에 의해 형성됨을 강조한다.

March와 Olsen도 정치를 둘러싼 사회적 맥락과 개별 행위자의 동기를 부정하지는 않지만, 이보다는 정치적 제도의 독립적 · 자율적 역할을 강조한다. 국가는 사회로부터 영향을 받을 뿐만 아니라 사회에 대해서 부단한 영향력을 행사한다는 것이다. 즉, 제도 그 자체가 응집성(coherence)과 자율성을 지닌 정치적 행위자로서 개념화될 수 있다는 것이다. 이에 따라 신제도주의적 시각에서는 제도란 사회적 영향을 단순히 반영하는 것이 아니며, 제도에 내재하는 특성과 과정이 사회에 대해 중요한 영향을 미치게 됨을 강조한다.

1950년대 이래의 지배적인 이론에서는 정치적 결과가 정치적 행위자들간의 선호의 분배(distribution of preferences), 자원의 분배(distribution of resources), 그리고 게임의 규칙에 의해 부과된 제약요인이라는 세 가지 요인에 의해 형성된다고 본다. 나아가 이러한 세 가지 요인이 정치적 영역에서 내부적으로 형성되는 것이 아니라 외부적으로 주어진다고 보는 데 그 특징이 있다. 이와는 달리 신제도주의에서는 선호가 교육과 교화(indoctrination), 그리고 경험을 통해 정치적인 영역에서 형성 발전됨을 강조한다. 이렇게 정치적 선호가 외생적인 것이 아니라 정치적 경험과 제도를 통해 내재적으로 형성된다면 정치가 사회에 의존한다는 주장을 펼 수가 없게 된다. 다시 말해서, 선호가 구조의 내재적 산물(endogenous product of an institutional structure)이라면 정치적 영역을 그 자체가 독립성과 자율성을 지닌 것으로 해석할 수밖에 없다는 것이다. 신제도주의에서는 정치적 자원의 배분도 외부적으로 결정되는 것이 아니라 제도에 의해 영향을 받는다고 본다. 제도가 자원의 배분에 영향을 미치게 되면 이는 곧 행위자들간의 권력배분에 영향을 미친다는 것을 의미하며, 이는 나아가 제도가 행위의 결과를 형성하는 중요 요인임을 의미하는 것이다. 이와 함께 신제도주의에서는 헌법, 법률, 계약 등을 포함하는 게임의 규칙도 외부적으로 주어진 것이 아니라 제도적 맥락에서 형성 변화됨을 강조한다.

3. 적절성의 논리

March와 Olsen은 제도를 행위 규칙, 관례(routines), 공식적·비공식적 절차로서 정의한다. 이러한 제도는 역할과 상황의 관계에 따라 적절한 행위를 규정하는 역할을 담당한다. 다시 말해서, March와 Olsen은 자기이익의 극대화를 위한 계산에 기초해서 개인이 행위를 하는 것이 아니라, 그들 행위의 적절성을 정의해 주는 일련의 규칙과 절차에 따라 행위가 이루어진다고 주장한다. 신제도주의에서는 행위를 개인의 가치나 기대에 기반한 선택의 결과로 개념화하는 것이 아니라 의무와 책무를 수행하는 것이라고 해석한다.

이를 March와 Olsen은 결과중심적 논리(logic of consequentiality)에 대비해서 적절성의 논리(logic of appropriateness)라고 부르고 있다. 결과중심적 논리에 의해 행위를 할 경우, 행위자는 ① 나의 대안은 무엇인가? ② 나의 가치는 무엇인가? ③ 나의 가치에 대한 각 대안의 결과는 무엇인가? 라는 질문을 제기하며 최선의 결과를 낳을 수 있는 대안을 선택한다는 것이다. 이와는 달리 적절성의 논리에 의해 행위를 할 경우, 행위자는 ① 이 상황이 어떤 상황인가? ② 나는 누구인가? ③ 이 상황에서 각 행위는 얼마나 적절한가?라는 질문을 제기하며, 결국 가장 적절한 행위를 하게 된다는 것이다. 다시 말해서, 개인이 의사결정을 하거나 혹은 행위를 할 때 "이 상황에서 어떻게 나의 이익을 극대화시킬 것인가?"라는 질문을 제기하고 그에 대한 해답을 구하는 것이 아니라 "주어진 나의 지위와 책임하에서 이 상황에 대한 적절한 반응은 무엇인가?"라는 질문을 제기한다는 것이다. 그런데 March와 Olsen에 의하면, 특정한 상황에서 특정한 개인에게 적절한 행위가 무엇인가 하는 것은 정치적·사회적 제도에 의해 정의되며, 이 같은 정의는 사회화를 통해 전수된다는 것이다. 결국 적절한 행위규범은 규칙과 관례를 통해 제도화되며, 이러한 규칙은 역사적 경험을 반영할 수밖에 없다는 것이다.

나아가 신제도주의에서는 기존의 지배적인 이론들이 정치를 도구주의적인 시각에서 해석하고 있다고 비판한다. 이러한 도구주의적 시각에서는 개인행위의 의도는 그 결과에서 발견할 수 있으며 정치의 조직원리는 이해관계의 갈등하에서 희소한 자원을 배분하는 것이라고 본다. 따라서 행위란 선택이며, 선택은 결과에 대한 기대에 기반해서 이루어진다는 것이다. 이러한 정치에 대한 결과지향적 해석에 반해 신제도주의에서는 정치에 대한 과정중심적 해석을 강조한다. 즉, March와 Olsen에 의하면 정치란 적절한 행위규범을 시민들에게 교육시키는 과정이며, 정치를 통해 공동체의 구성원들은 삶의 의미를 발견한다는 것이다. 그리하여 정치를 통해 개인은 그 자신의 정체성을 발견할 뿐만 아니라 공동체와 공동선(public good)을 발견하고 발전시킨다는 것이다. 결국 March와 Olsen에 의하면, 행위자의 개성과 의사보다는 규칙을 통해 축적되어온 역사적 전통이 더욱 중요하고, 미래에 대한 기대보다는 역사적으로 축적되어온 관례와 규칙을 통한 학습이 보다 중요하며, 비용과 편익의 계산보다는 정체성과 적절성에 대한 해석이 보다 중요하다는 것이다.

4. 선호 형성의 내재성

다원주의, 행태주의, 합리적 선택이론에서는 개인의 선택은 일관되고 안정된 개인의 선호로부터 파생되는 것이고, 이로부터 행위가 이루어진다고 가정하지만, 정작 개인의 선호가 어떻게 형성되는지는 설명하지 않는다. 단지 이들 이론에서는 행위자들의 선호(preferences)가 외부적으로 주어진 것으로 가정될 뿐이다. 즉, 이들 이론에서는 모든 행위자들이 효용 극대화를 추구한다고 가정하지만, 왜 그리고 어떻게 행위자들이 그들이 극대화하고자 하는 구체적인 이해(interests)와 선호구조(preference structures)를 가지게 되었느냐는 설명하지 못한다.

이와는 달리 신제도주의에 있어서 선호란 설명되어야 할 대상이지 논의의 출발점일 수는 없다고 본다. 신제도주의에서는 개인의 행위가 개인의 선호를 직접적으로 반영하지 않을 뿐만 아니라 행위를 합리적 선택의 결과로서 파악할 수도 없다고 본다. 보다 중요하게는 개인의 가치와 선호가 외부적으로 주어지는 것이 아니라 제도적 맥락 속에서 형성됨을 강조한다. 다시 말해서, 개인이 지니는 선호와 이익(preferences and interests)은 제도의 산물(artifact)이라는 것이며, 제도적 규칙과 과정이 가치와 선호를 다양하게 형성시키고 변화시킬 수 있음을 강조한다.

5. 역사발전의 비효율성과 경로의존성

신제도주의는 기능주의적 시각에 대해서도 동의하지 않는다. 기능주의적 시각에서는 구조가 특정한 기능을 수행하기 위해 존재하는 것으로 해석한다. 따라서 제도의 환경이 변화하게 되면 이러한 환경변화에 적절히 적응하기 위해 제도가 변화한다고 본다. 이와는 달리 신제도주의에서는 역사적 발전과정의 복잡성과 비효율성을 강조한다. 그리하여 특정한 시기에 특정한 목적을 달성하기 위한 합리적인 수단으로서 제도가 형성되었을지라도 일단 형성된 제도는 환경의 변화에도 불구하고 그 자체가 지속되는 경향을 지니며, 그 결과 시간의 흐름에 따라 제도가 환경으로부터의 새로운 요구에 적절히 대응하지 못할 뿐만 아니라 제도가 원래의 의도와는 다른 결과를 낳을 수도 있다는 것이다. 이러한 이유로 March와 Olsen은 환경변화와 제도변화의 괴리, 최적의 결과와 실제 결과와의 괴리를 강조한다. 이에 더하여 March와 Olsen은 제도변화의 기초가 되는 의도(intention) 또한 고정되고 안정되어 있는 것이 아니라 그 자체가 제도의 변화에 따라 재해석되고 재형성되는 가변적인 특성을 지니고 있음을 주장한다.

이와 함께 신제도주의에서는 현재의 제도적 구조를 과거의 산물로서 파악하고 과거의 선택이 역사발전의 경로를 제약한다는 경로의존성(path dependence)을 강조한다. 현재의 제도적 구조는 현재의 요인에 의해서 결정되는 것이 아니라 역사적 요인의 산물이며, 나아가 역사적 선택이 이루어질 경우 이는 미래의 선택을 특정한 경로로 제약한다는 것이다. 따라서 신제도주의는 구조가 특정한 기능을 수행하기 위해 존재한다는 기능주의적 설명 방식을 비판하고 제도에 내재하는 갈등과 균열에 초점을 맞춘다. 구조는 그것이 특정한 기능을 수행하기 때문에 존재하는 것이 아니며, 또한 기능이 항상 그것에 일치하는 구조를 낳지도 않는다는 것이다.

Ⅲ. 평가적 의견

신제도주의에 대한 관심은 다원주의, 행태주의, 합리적 선택이론에 대한 비판과 함께 그 대안을 모색하는 가운데 발전해 왔다고 할 수 있다. 이들 이론에서는 제도가 결코 논의의 중심 과제가 아니다. 제도란 개인이나 집단이익을 반영하는 부수적인 현상(epiphenomena)일 뿐이다. 그러나 행태주의나 합리적 선택이론이 암묵적으로 가정하고 있는 바와 달리 미시적 수준의 행위가 거시적 수준의 행위, 즉 집합적 행위(collective behavior)를 설명하는 것이 아니라 거시적 변수가 미시적 행위에 지대한 영향을 미칠 수밖에 없음을 인식한다면, 개인의 선호가 집합적 행위를 설명해 줄 수 있다는 이들 이론들의 기본 가정은 심각한 도전에 직면할 수밖에 없을 것이다. March와 Olsen은 정치적 영역의 독립성과 상대적 자율성, 선호형성의 내재성, 적절한 행위규범과 규칙, 역사적 발전과정의 복잡성, 비효율성, 경로의존성, 그리고 선택보다는 의미와 상징의 중요성을 강조함으로써 1950년대 이래의 지배적인 사회이론에 대항할 수 있는 신제도주의적 시각의 이론적 기초를 제공해주고 있다고 평가할 수 있을 것이다.

그러나 March와 Olsen의 논의는 전체적으로 추상성에 기반해서 이루어지고 있기 때문에 그 구체적인 의미를 파악하기가 결코 쉽지 않다. 이와 함께 그들이 재발견한 '제도'가 과연 무엇인가 하는 문제가 제기될 수 있다. 이는 March와 Olsen이 정의하는 제도의 개념이 지나치게 포괄적이라는 의미이다. 예를 들면, March와 Olsen은 개인보다 지속성을 지니며 개개인의 특정한 선호와 기대와는 독립적으로 지속되는 정치적 구조(political structure)의 영향력을 강조하고 있는데, 이 때 그 예로서 제도, 행위규칙, 규범, 역할뿐만 아니라 물리적 배열(physical arrangement), 건물, 기록보관소 등을 들고 있다. 이렇게 되면 제도라는 개념은 인간행위에 영향을 미치는 외적인 제약요인을 거의 모두 포함하게 된다. 물론 제도라는 개념이 포괄적이면 포괄적일수록 '제도는 중요하다'(institutions matter)고 할 수 있다. 하지만 문제는 어떻게 제도가 중요한지, 어떻게 제도가 문제가 되는지를 구체적으로 설명할 수 없는 문제가 발생하게 되는 것이다.

이와 함께 March와 Olsen은 제도의 중요성을 강조하고 있지만 이를 주장하는 과정에서 과잉사회화된(oversocialized) 개인을 상정하는 문제를 야기하고 있다. 즉, 개인이 스스로의 동기와 욕구 그리고 열망을 지닌 주체적인 행위자로서 개념화되고 있지 못하다는 것이다. March와 Olsen에게 있어서 개인은 능력과 지식을 갖춘 행위자(capable and knowledgeable agent)로서 주체적으로 자신의 환경에 대응할 뿐만 아니라 역사의 전개과정을 변화시킬 수 있는 가능성이 과소 평가되고 있다고 할 것이다.

이러한 비판에도 불구하고, March와 Olsen의 저작은 합리적 선택이론에 대한 비판과 함께 그 대안으로서 신제도주의, 특히 사회학적 제도주의와 역사적 제도주의의 이론적 기초를 제공한 기념비적인 작품이라고 평가할 수 있을 것이다.

참고문헌

March, James G. & Johan P. Olsen, "The New Institutionalism: Organizational Factors in Political Life." *American Political Science Review* 78, 1984, pp. 734-749.

_____, *Rediscovering Institutions: The Organizational Basis of Politics*. New York: The Free Press, 1989.

_____, *Democratic Governance*, New York: The Free Press, 1995.

_____, "Institutional Perspectives on Political Institutions," *Governance* 9, 3, 196, pp. 247-264.

Mouritsen, Jan, "Rationality, Institutions and Decision Making: Reflections on March and Olsen's Rediscovering Institutions." *Accounting, Organizations and Society* 19, 2, 1994, pp. 193-211.

Sjöblom, Gunnar, "Some Critical Remarks on March and Olsen's Rediscovering Institutions." *Journal of Theoretical Politics* 5, 3, 1993, pp. 397-407.

Hindy L. Schachter의
시민재창조론*

Ⅰ. 머 리 말

Schachter(1997)의 저서 *Reinventing Government or Reinventing Our-selves*는 정부개혁을 효과적으로 달성하는 데 있어 정부재창조 운동(Reinvent-ing-Government Movement)만이 마치 가장 중요한 해결 방안인 것처럼 인정받는 현재의 분위기를 비판하면서 정부재창조 운동의 문제점을 지적, 결국 정부개혁의 새로운 시각을 제시하고 있다. Schachter는 정부재창조 운동이 시민을 정부의 고객(customers)으로 본다는 것의 문제점을 지적하면서 정부기관의 성과를 효과적으로 제고하기 위해서는 시민들의 능동적 참여(active citizenship)가 필요하다는 것을 강조한다. 즉, 저자는 정부재창조 운동처럼 시민을 정부의 고객으로 보아서는 안되고, 시민을 정부의 소유주(owners)로 간주해야 한다는 것이다. 20세기 초 미국 도시개혁에서의 실례(實例)가 제시하는 '시민과 정부와의 관계'를 분석함으로써, 저자는 시민의 능동적 참여가 정부기관이 효율성과 대응성(responsiveness) 제고에 필수적이라고 주장한다. 여기서 '시민의 능동적 참여'란 시민들이 적어도 부분적으로는 공익의 제고라는 관심에 고무되어 공공부문의 정책결정에 영향력을 신중하게 행사하는 것을 말한다. 즉, 능동적인 시민들은 정치적 의제(political agenda)를 앉아서 기다리는 것이 아니라 스스로 만들고자 노력하고, 공공부문의 정책이 얼마나 제대로 수행되고 있는지 평가만 하는 것이 아니라 정부가 추구해야 하는 정책목표가 무엇이 되어야 하는지 심사숙고한다는 것이다.

우리는 요즘 우리 나라 정부기관의 경쟁력이 형편없다는 이야기를 자주 듣는다. 또한 공공기관의 서비스 제고를 요구하는 것도 전 세계적인 현상이다. 공공

＊이창원: 한성대학교 행정학과 교수.

기관의 서비스 제고는 절실히 필요한 것이지만, 문제의 핵심은, 저자가 지적하고 있는 바와 같이, 실무 공무원들이나 학자들 거의 모두 정부개혁이라고 하면 '정부재창조'만을 떠올린다는 것이다. 여기서 그들이 정부재창조라는 용어를 정부개혁과 바로 연결시키는 이유를 살펴보면 '일은 더 잘하면서도 비용은 덜 드는 정부'(government that works better and costs less)는 정부구조 및 업무절차를 개편(즉, 재창조)하는 것을 통해 이루어진다고 믿기 때문이다. 이러한 정부재창조식의 개혁은 '정부가 무엇을 해야 하는가'보다는 '정부가 어떻게 일을 해야 하는가'를 중시한다. 따라서 그러한 방식의 정부개혁은 거의 자동적으로 정부부처의 간소화(축소), 민영화, 규제완화 등을 포함하게 된다. 정부재창조의 논리는 아무리 정부가 기능과 업무를 재조정하고 규칙 및 업무절차를 변경하더라도, 일반시민들이 정부의 주인이라는 주인의식을 고양해서 공공부문의 의사결정에 참여하고자 하지 않으면 정부기관의 효율성과 대응성이 제고될 수 없다는 것을 인정하지 않는다. 즉, 정부재창조를 신봉하는 사람들은 평균적 일반시민들이 공공부문의 의제를 설정하는 데 참여하여야 한다는 방향으로 시민의식이 재창조되는 것이 정부개혁에 필수적인 요소라는 것을 인정하지 않는다.

저자는 초기 행정학이 오히려 요즘 유행인 정부재창조론보다 정부개혁에 필요한 요소들에 관해 보다 개방적인 입장을 취했다는 점을 강조한다. 적어도 초기 행정학의 일부 저서를 보면 정부개혁의 성공여부가 정부기관 내부의 구조변화 및 절차개선뿐 아니라 시민의식 재창조에 의해 영향을 받는다는 것이 제시되어 있다는 것이다. 결국 정부재창조론은 진정한 의미의 정부개혁을 달성하는 데 있어 필요한 것임에 틀림없지만 그것만으로 충분한 것은 아니라는 것이다. 정부가 효과적으로 변화되기 위해서는 시민들을 재창조하는 것, 특히 공공부문에 대한 그들의 의식을 재창조하는 것이 필요하다. 즉, 시민들이 지역사회에 보다 많은 관심을 갖고 공공부문의 성과를 감시 및 점검(monitoring)함으로써 정부개혁이 보다 효과적으로 달성된다는 것이다. 이 글은 이러한 논의를 바탕으로 Schachter가 어떻게 정부재창조론(즉, 정부구조 및 업무절차의 개선을 통한 정부개혁)과 시민재창조론(즉, 시민의식 재창조를 통한 정부개혁)을 비교하고 있는가를 제시하고, 정부개혁에 있어 이러한 두 가지 접근법을 평가함으로써 정부개혁에 관한 이해의 폭을 넓히는데 그 목적이 있다.

Ⅱ. 정부개혁의 두 가지 접근법: 정부재창조론과 시민재창조론

〈표 7-2〉에서 제시하고 있는 바와 같이, 정부재창조론은 기본적으로 '고객으로서의 시민'(citizen-as-customer) 모형을 기반으로 하고, 시민재창조론의 기반은 '소유주로서의 시민'(citizen-as-owner) 모형이다. 정부와 시민의 관계를 소유주나 고객의 비유로 완벽하게 설명할 수는 없지만, 어떠한 모형에 의존하느냐에 따라 정부개혁을 위해 필요한 변화의 방향과 내용이 달라지기 때문에 두 가지 모형을 비교하는 것은 충분한 의미가 있다고 본다.

〈표 7-2〉 정부재창조론과 시민재창조론의 비교

접근법 비교내용	정부재창조론	시민재창조론
기본 모형	'고객으로서의 시민' 모형	'소유주로서의 시민' 모형
주요 목표	'정부가 어떻게 일을 해야 하는가?'의 규명	'정부가 무엇을 해야 하는가?'의 규명
주요 방안	정부구조,· 업무절차 및 관료제 문화의 재창조	시민의식의 재창조 (공공부문 의제 설정에 시민들의 능동적 참여)

1. 정부재창조론

정부재창조론에서 제시하는 '고객으로서의 시민' 모형은 Gore(1993)와 Osborne과 Gabler(1992) 등이 주장하는 고객지향적(customer-driven) 정부조직을 지향하는데, 이러한 정부조직은 ① 고객을 최상위에 두고, ② 레드테이프(red-tape)를 제거하며, ③ 결과를 달성하기 위해 공무원에게 권한을 부여하고, ④ 적은 돈으로 보다 많은 것을 생산하도록 불필요한 것을 감축한다고 한다. 또한 이러한 정부조직은 기업가형 정부(entrepreneurial government)라고도 할 수 있는데, ① 서비스의 공급자간에 경쟁을 진작시키고, 시민을 고객으로 재규정하여 정부의 사업 사이에서 선택할 여지를 주는 정부, ② 통제권을 관료제에서 지역공동체로 이양함으로써 시민들에게 권한을 위임하고, 권한을 분산시켜 참여행정을 지향하는 정부, ③ 투입이 아니라 결과에 초점을 두어 정부기관의 성과를 측정하며, 규칙과 규정에 의해서 보다는 사명감과 목적의식에 의해서 움직이는 정부, ④ 사후에 서비스를 제공하기보다는 문제가 나타나기 전에 예방하는 정부, ⑤ 관료제적 메커니즘보다 시장메커니즘을 선호하며, 단지 돈을 쓰는 데 집중하지 않고 돈을 버는 데 노력을 기울이는 정부, ⑥ 사후에 공공서비스를 제공하는 데에만 초점을 두지 않고 문제가 발생하기 전에 미리 예방하고, 공공부문과 민간부문, 비영리부문 등 사회의 모든 부문이 공동체의 문제를 해결하기 위해서 행동하도록 촉매역할을 하는 데에 초점을 두는 정부로 규정된다고 한다.

정부재창조론에서 제시하는 '고객으로서의 시민' 모형은 어떻게 행정이 고객을 만족시킬 수 있는가에 중점을 둔다. 행정가들은 민간기업의 소유주들이 하는 방식으로 고객의 인식과 태도에 대해서 설문조사하고, 서비스를 편리하게 개선하며, 하급자들에게 권한을 위임하고, 어떤 사업을 외부와 계약할 것인가 혹은 권한을 분산할 것인가를 결정한다. '고객으로서의 시민' 모형이 제시하는 정부개혁은 행정일상업무와 절차, 그리고 관료제의 문화를 바꾸어서 정부기관들이 기업가형 행정가를 양성하는 일을 포함한다. 즉, '고객으로서의 시민' 모형은 정부기관의 구조와 문화를 바꾸면 보다 더 민감하고 대응적인 공공서비스가 창출된다는 것을 그 기본 가정으로 한다.

2. 시민재창조론

반면에 시민재창조론에서 제시하는 '소유주로서의 시민' 모형은 정부개혁에 있어 시민의 역할을 중시한다. 시민은 그들의 정부를 소유하며 소유주로서 시정에 참여할 의무가 있다는 효율적 시민역할(efficient citizenship)에 관한 개념은 이미 1900년대 초 New York Bureau of Municipal Research가 수행할 일련의 연구와 저술에 등장하고 있다. 이 모형은 시민들이 정부기관을 감시하고 자신들의 의사(선호)를 정부에 알려야 한다는 것을 강조하는데, 이 모형에서의 개혁은 시민교육과 지속적인 정보의 교환을 통해서 대중에게 권한을 이양할 것을 요구한다. 즉, 이 모형은 정부재창조론이 중시하는 정부구조의 변화가 정부개혁에 있어 중요하지만, 시민들이 공공문제의 영역에 관여하지 않는 한 진정한 의미의 정부개혁은 달성될 수 없다는 것으로, 시민들의 능동적 참여가 공공기관의 성과향상에 선행조건임을 강조한다(Schachter, 1995).

3. 비　교

Frederickson(1994)은 '고객으로서의 시민' 모형을 비판하면서 시민은 정부의 고객이 아니라 자신들의 이해를 대변하도록 지도자를 선출하는 정부의 소유주라고 주장한다. '고객으로서의 시민' 모형은 시민들에게 정부의 서비스를 선호하거나 비선호하고 많은 시민(고객)이 반대하면 행정가들이 공공서비스를 개선해 주기를 바라는 데 그치는 수동적이고 반응적인(reactive) 시민의 역할을 가정한다. 반면에 '소유주로서의 시민' 모형은 능동적이고 전향적인(proactive) 시민의 역할을 가정한다. 즉 시민이 정부의 의제(agenda)를 결정하는 것이다.

'고객으로서의 시민' 모형과 '소유주로서의 시민' 모형을 비교하는 것은, 전술한 바와 같이, 정부혁신과 공공서비스의 개선을 위한 올바른 방향설정에 필요하다. 시민의 역할을 어떻게 보느냐에 따라 정부개혁의 어떠한 측면을 더욱 강조할 것인가의 문제에 대한 해답은 달리 나올 수 있기 때문이다. '고객으로서의 시민' 모형을 토대로 하고 있는 요즘의 개혁처방들은 '소유주로서의 시민' 모형을 무시하는 경향이 있다. 즉, '소유주로서의 시민' 모형은 정부개혁에 필요한 요소들에 관해 보다 포괄적인 입장을 취하면서 능동적인 시민의 역할을 인정하는 반면, 시민을 고객으로 간주하는 '고객으로서의 시민' 모형은 정부혁신이 관료제의 구조와 문화를 변화시킴으로써 달성된다고 본다. 또한 '소유주로서의 시민' 모형은 정부개혁을 위해서는 시민교육과 정보의 교환을 통해서 시민들 자신이 능동적 시민으로 재창조되어야 할 필요성을 강조한다.

III. 평가적 의견

'고객으로서의 시민' 모형과 '소유주로서의 시민' 모형 모두 민간기업에서 중시하는 효율성이 공공부문에서도 중요하다는 가정하에 민간기업 부문의 효율성 개념을 사용하고 있다는 점이 공통적이다. 그러나 이러한 논리는 기업과 정부 사이에는 엄청난 차이가 있다는 사실을 도외시하고 있다는 비판을 받는다.[1]

---

1) 김병섭(1996)에 의하면 정부가 추구해야 할 가치는 능률성만 있는 것이 아니고, 사회적 형평, 신뢰성 등의 가치 또한 중요하다. 예를 들어, 행정의 신뢰성 제고를 위해 가외적인 조직을 둘 수 있다는 것이다. '가외적 기능의 원칙(principle of redundant functions)'은 한 기능이 여러 기관에 혼합된 중첩성(overlapping)과 동일기능이 여러 기관에서 독립적으로 수행되는 중복성(duplication) 등을 포괄하는 개념이다(백완기, 1988). Landau(1969)는 가외적 기능을 갖는 조직이 조직의 신뢰

'고객으로서의 시민' 모형의 문제점(Schachter, 1995)은 첫째, 규제기관의 경우 피규제 기업들이나 죄수들과 같이 행정기관의 서비스를 원하지 않는 이른바 비자발적인 고객들(involuntary customers)을 고객의 범주에 포함시킬 수 있는가 하는 것이고, 규제대상인 특정 사회집단과 규제의 수혜자인 불특정 다수 중 어느 쪽이 행정기관의 진정한 고객인지 불분명하다는 것이다. 박천오(1997)에 의하면, 규제행정의 경우 당해 행정기관이 고객의 범위를 어떻게 받아들이느냐에 따라서 그 방향과 내용은 상당히 달라질 수 있다는 것인데, 예를 들어, 행정기관이 피규제집단과 피보호집단 양측 모두를 고객으로 인정하면 규제에 있어서 되도록 양측의 이해관계를 조정하고자 힘쓸 것이지만, 만약 피규제집단을 주된 고객으로 받아들인다면 행정기관은 피규제집단의 활동에 가급적 지장을 주지 않으려고 노력할 것이고, 이 과정에서 피규제집단의 포로로 전락될 위험성이 있다는 것이다. 이와 반대로 행정기관이 피보호집단을 주된 고객으로 받아들인다면 행정기관은 피규제집단에 대한 규제를 한층 강화하게 될 것이다(Epstein, 1992, p. 170; Lowi, 1969).

둘째, 특정 정부기관과 관련된 시민들 사이에 존재하는 심각한 이해갈등관계는 대부분의 정부기관들이 자신들의 고객을 식별하고 고객의 요구를 만족시키기 위한 방안을 모색하는 데에 있어 커다란 장애가 된다. 예를 들어, 어느 정부기관이 식품검사를 주요 업무로 하고 있다면, 음식점 주인과 음식점에서 음식을 사 먹는 손님 중 누가 이 기관의 고객인가 하는 것이다. 이것이 중요한 이유는 음식점 주인과 음식점 손님은 이 정부기관에 대해서 기대하는 행정서비스가 서로 다르기 때문이다. 동일한 행정기관과 연관된 사회세력들이 상호 대립하는 경우, 어느 집단의 선호와 선택에 비중을 둘 것인가 하는 것은 결정하기 어렵다(Jenkins & Grey, 1992, p. 296). 만약 '고객으로서의 시민' 모형이 일반국민의 행정서비스에 대한 관심정도나 인식여부와 무관하게 그들의 추상적인 선호를 존중하거나 다양한 이해관계자들의 이해를 조정하는 것이라면(이종범, 1996), 공익이란 말과

성을 증진시킬 수 있다고 본다. 예를 들어, 두 개의 브레이크가 설치된 자동차의 경우 고장확률이 각각 1/10이면 두 브레이크가 동시에 고장날 확률은 1/100(1/10×1/10)에 지나지 않는다(Bendor, 1985). 따라서, 국가의 존망과 안위에 결정적인 영향을 미치는 기능과 국가경쟁력 제고에 필수적인 기능(예: 첨단과학분야 연구 기능) 등은 도리어 중복되게 정부조직을 설계하는 것이 필요하다. 이러한 경우 능률성은 낮아지겠지만 정부조직 전체로서의 신뢰성은 높아지는 것이다. 또한, 민간기업은 수익이 남지 않으면 그 분야에서 이탈하는 것이 자유롭지만, 정부기관은 그렇지 못하고(예: 경찰기능과 고지대 쓰레기 청소처리 등의 경우 수익이 남지 않는다고 정부기관이 그러한 일을 이탈할 수는 없다), 지나친 능률성 추구의 예라고 할 수 있는 지방자치단체간 수익사업 과당경쟁은 정부조직의 책임성을 극도로 훼손시킨다(김병섭, 1996).

별도로 굳이 '고객'이란 용어를 사용할 필요성이 없을 것이고(박천오, 1997), 이러한 경우 '고객으로서의 시민' 모형은 그 존립 자체가 어렵다고 본다.

'고객으로서의 시민' 모형에 대한 보다 본질적인 비판은 다음과 같은 내용을 중심으로 하고 있다(김흥률, 1996). 첫째, 정부는 선출된 대표를 통해서 국민이 책임지고 있는 것이지 기업가 정신을 가진 관료가 책임지는 것은 아니라는 점이다. 정부는 행정관료가 규정하는 정부기관의 사명에 의해서가 아니라 국가의 헌법과 법률에 따라서 운영되어야 한다. 즉, 기업가형 정부 패러다임이 제시하는 정부관리의 방식은 대의민주제의 원리에 위배된다는 것이다. 왜냐하면, 기업가형 정부 패러다임에서는 행정의 과정을 강력한 대통령에 의해서 지배되고 국민으로부터 격리된 전문적 관료에게 맡기는 것이 되기 때문이다. 둘째, 정부혁신은 고객지향적인 정부와 기업가정신을 발휘하는 행정관료에 의해서만 성취되는 것은 아니라는 것이다. 시민들의 참여는 성과를 지향하는 '정부재창조'에 필수적인 것으로, 이를 위해서는 시민교육과 지속적 정보제공을 통한 '시민의 재창조'가 필요하다. 셋째, 정부는 공익에 봉사하기 위해 존재하는 것이지 자금의 보유고를 높이거나 기업가적인 모험심을 만족시키기 위해서 존재하는 것은 아니라는 점이다. 전술한 바와 같이, 기업가형 정부패러다임은 정부와 기업의 본질적인 차이를 간과하고 있다. 정부의 사명은 정부기관에 의해서 결정되는 것이 아니라 국민들이 선출한 대표를 통해서 국민이 결정하는 것이다. 정부는 이윤이 남지 않으면 어떤 활동의 수행을 중지해 버리는 것과 같은 기업부문의 경영자에게나 가능한 그런 선택의 여지를 갖고 있지 않다(Moe, 1994). 넷째, 정부에 대해서 성과를 요구해야만 할 것이나 행정을 담당하는 관료에 대한 존중 또한 요구되어야 한다. 공공부문 인력에 대한 배려를 상실한 정부개혁은 심각한 외부불경제를 야기시킬 수 있다. Caiden(1994)은 누군가가 흡수해야 하는 외부불경제를 창출해내는 정부개혁은 대단히 잘못된 것이라고 주장한다. 정부가 공공부문의 인력을 감축하면서도, 공무원들이 헌신하도록 동기를 부여하기에 적정한 인센티브를 제공하기 위한 투자를 하지 않는다면 공공부문에서의 절약은 가능할 수 있을 것이다. 그러나, 이러한 경우 공무원들은 상응하는 보상 없이 적은 인원으로 더욱 열심히, 그리고 더욱 오래 일해야만 한다. 정부성과가 개선되면 될수록 일반 시민들은 더욱 많은 것을 기대하게 되고 공무원들은 기대의 상승이라는 악순환에 빠지게 되어 결국 새로운 성과의 수준은 다음 번에 수용할 수 있는 최저선이 된다. 결국 누군가가 개혁의 외부경제를 흡수해야 하는 것이다. 결론적으로 공공부문에 대해서 성과를 내라고 요구해야 하지만 공공부문의 인력에 대한 투자와 신분보장에 대한 요구 역시 무시되어서는 안된다는 것이다.

지금까지는 '고객으로서의 시민' 모형의 문제점을 살펴보았지만, '소유주로서의 시민' 모형 역시 보완할 것이 있다. 즉, 회사의 주인이라고 할 수 있는 일반 주주들은 대부분 그들이 투자한 회사의 지배권 문제에는 큰 관심이 없다는 것이다. 또한 그들은 회사의 의사결정에 참여할 시간도 별로 없고, 의사결정에 필요한 정보나 전문성도 거의 없다. 그런데, 소유주로서의 일반 시민들 역시 그러한 일반 주주와 거의 같은 상황이다. 즉, 정부의 정책결정에 영향력을 행사할 시간도 없고(시간을 할애할 인센티브도 없어 시간을 할애하고 싶지도 않고), 그러한 정책결정에 필요한 정보나 전문성도 거의 없는 것이 사실이다. 또한 다른 소유주들 즉, 다른 시민들을 제대로 파악하기도 힘들고, 설사 파악을 한다고 해도 그들과 의견조정을 한다는 것은 더욱 어렵다. 따라서, '소유주로서의 시민' 모형은 시민들이 공공부문의 정책결정에 영향력을 신중하게 행사해야 한다는 것을 강조하기보다는 도리어 수동적이고 소극적인 일반 시민들의 초라한 모습을 보이는 데 효과적일 수 있다. 이러한 문제는 전술한 바와 같은 시민교육과 정보의 지속적 교환을 통해 일반시민을 능동적 시민으로 재창조함으로써 해결 할 수 있다. Schachter는 능동적 시민을 만드는 데 있어 학생들로 하여금 학교 내 과외활동, 지역 공공사업, 봉사활동 등에 활동을 하게 하는 것의 중요성을 강조한다. 즉, 학생들이 어려서부터 그러한 활동을 함으로써 공공의 이익이 무엇인가를 파악해야 한다는 것이다. 또한, 공공부문에 관한 성과를 포함한 모든 정보는 공공부문의 소유자, 즉 시민들에게 그들이 쉽게 이해할 수 있도록 만들어져 지속적으로 제공되어야 한다. 특히 공공기관은 빈민층에게 더욱 신경을 많이 써야 하는데, 그 이유는 중산층보다 빈민층은 먹고사는 것이 힘들어 정부의 정책에 관심도 없고(관심을 기울일 시간이 없을 뿐만 아니라 시간도 할애하고 싶지 않고), 그러한 정책을 이해하는 데 필요한 정보나 전문성도 거의 없기 때문이다.

지금까지의 논의를 요약하면, '고객으로서의 시민' 모형과 '소유주로서의 시민' 모형은 정부개혁을 효과적으로 달성하는 데 있어 상호보완 관계에 있다는 것을 알 수 있다. 왜냐하면, 정부개혁은 정부기관 내부의 구조변화 및 절차개선 뿐 아니라 시민의식 재창조에 의해 영향을 크게 받기 때문이다. '고객으로서의 시민' 모형을 기반으로 하는 정부재창조론은 진정한 의미의 정부개혁을 달성하는데 있어 필요한 것임에 틀림없지만, 정부가 효과적으로 변화되기 위해서는 시민들을 재창조하는 것, 즉 시민들이 공공부문의 정책결정에 영향력을 신중하게 행사하고, 정치적 의제를 앉아서 기다리는 것이 아니라 스스로 만들고자 노력하며, 공공부문의 정책이 얼마나 제대로 수행되고 있는지 평가만 하는 것이 아니라 정부가 추구해야 하는 정책목표가 무엇이 되어야 하는지 심사숙고하는 것이 필요하다.

결국, 21세기형 정부조직은 미숙한 민간을 계도하고 이끌어야 한다는 관주도적, 행정우위적 사고방식을 철저히 버리면서, 민간의 자율적 역량을 믿고 그것을 신장하고 지원하는 조력자·봉사자로서의 역할을 수행해야 하며(이종수, 1996), 지속적으로 주주총회를 갖는 주식회사와 같은 형태가 되어야 한다. 따라서 중앙정부조직과 모든 지방자치단체는 이제는 능동적 주주로 재창조된 능동적 시민들에게 내보일 경영성과를 위해 정부개혁을 이룩해야 하는 것이다.

참고문헌

김병섭, 기업가적 정부혁신의 길: 그 의미의 한계, 한국정책학회보, 5, 2, 1996, pp. 11-30.

김흥률, 기업가형 정부패러다임에 대한 비판적 고찰, 한국행정논집, 9, 4, 1996, pp. 795-812.

박천오, 고객지향적 행정: 실천상의 의문점과 한국관료의 시각에 관한 탐색적 연구, 한국행정학보, 31, 2, 1997, pp. 1-19.

백완기, 행정학, 서울: 박영사, 1988.

이종범, 고객지향적 정부의 이념과 가치, 고객지향적 정부국축을 위한 민관합동 대토론회, 국민고충처리위원회 주최, 1996.

이종수, 행정개혁안의 집행실태조사, 서울: 한국행정연구원, 1996.

Bendor, J., *Parallel Systems: Redundancy in Government*, University of California Press, 1985.

Gaiden, Gerald E., "Administrative Reform: American Style," *Public Administration Review*, 54, 2, pp. 1994, pp. 123-128.

Epstein, Paul D., "Measuring the Performance of Public Service," in Marc Holzer ed., *Public Productivity Handbook*, 161-193, New York: Marcel Dekker, Inc., 1992.

Frederickson, George H., "The Seven Principles of Total Quality Politics," *Public Administration Times*, 17, 1, 1994, p. 9

Gore, Al, Jr., *Creating a Government that Works Better & Costs Less.* Washington, D.C: U.S. Government Printing Office, 1993.

Jenkins, Bill & Andrew Grey, "Evaluation and the Consumer: The UK Experience," in J. Mayne et al, eds., *Advancing Public Policy Evaluation: Learning from International Experiences,* Elsevier Science Publishers 1992, pp. 285-299.

Landau, M., "Redundancy, Rationality, and the Problem of Duplication and Overlap," *Public Administration Review,* 29, 4, 1969, pp. 346-358.

Lowi, Theodore, *The End of Liberalism,* New York: Norton, 1969.

Moe, Ronald, "The 'Reinventing Government' Exercise: Misinterpreting the Problem, Misjudging the Consequences," *Public Administration Review,* 54, 2, 1994, pp. 111-122.

Osborne, D. & T. Gaebler, *Reinventing Government,* Reading, MA: Addison-Wesley, 1992.

Schachter, Hindy Lauer, "Reinventing Government of Reinventing Ourselves: Two Models for Improving Government Performance," *Public Administration Review.* 55, 6, 1995, pp. 530-537.

_____, *Reinventing Government or Reinventing Ourselves: The Role of Citizen Owners in Making a Better Government,* Albany, New York: State University of New York Press, 1997.

Murray J. Horn의
공공부문의 제도적 선택이론*

I. 서 론

정치학과 경제학, 정책학 등에서 제도(制度)의 역할에 대한 인식이 증대되고 있다. 행정기구의 주요한 제도적 특성을 이론적 견연성을 유지하는 가운데 설명할 수 있는 관점이 필요한 시점에, Horn은 방법론적 개인주의와 거래비용이론 (transaction cost theory) 등에 뿌리를 둔 새로운 관점을 제시하고 있다. 즉 조직 내에 존재하는 제도적인 규칙성(institutional regularities)을 파악하고 이를 설명할 수 있는 개념적 틀을 제시하는 것이 이 책의 근본의도이다.

본서의 초점은 입법부가 행정부의 성격을 결정하는 제도의 설계(institutional design)를 기획함에 있어 자신의 정책선호를 어떤 내용과 방식으로 반영하는가에 있다. Horn에 따르면 입법부는 불확실성의 비용, 대리인비용, 공약비용, 의사결정비용의 합을 최소화하는 결정을 내린다는 것이다. 그 결과 결정된 행정기관의 제도는 ① 조직의 유형/형태, ② 권한위임 정도, ③ 재원조달원 및 노동계약 등의 차원에서 제각기 독특한 형태의 조합으로 구성되게 된다는 것이다.

II. 제도적 선택이론

1. 이론의 가정

(1) 의사결정의 속성

먼저 일반적인 의사결정의 속성으로 사적 이익추구(self-interest)와 합리성

---

* 김태윤: 한양대학교 행정학과 교수.

(rationality)을 들었다. 개인들이 자신의 이익을 추구한다는 것은 남들을 전혀 고려하지 않는다는 의미가 아니라 다른 사람들과 이해관계가 충돌할 경우에 본인의 이익을 앞세운다는 것이다. 그러므로 개인의 이익을 보다 큰 목적과 조화시키기 위해서는 인간의 선량함에 호소할 것이 아니라 다른 사람의 이익을 고려하도록 하는 유인을 설계해야 한다. 예를 들어 국민에 봉사하기 위한 열망으로 많은 젊은이들이 공무원이 되었다 하더라도 승진의 기회를 늘림으로써 이들로부터 더욱 많은 헌신적 노력을 이끌어 낼 수 있을 것이다.

사람들은 정보획득 비용의 제약하에서 자신들의 목표를 효율적으로 추구하기 때문에 합리성은 도구적 행위(instrumental behavior)를 의미한다. 그러나 정보를 획득하는 데 드는 비용 때문에 완전한 정보를 확보하기는 어려우며, 의사결정은 어느 정도의 불확실성 하에서 이루어지게 된다. 불확실성이라는 제약 하에서는 선택적인 관심, 순차적인 탐색, 만족할 만한 수준의 대안 추구 등 제한된 합리성에 따른 행동도 자신의 이익을 추구하는 최적 행동이 된다. 또한 합리성은 개인들이 이지적으로 앞날을 내다볼 수 있는 능력을 행사한다고 가정한다. 이는 매우 강력한 가정인데, 예를 들어 어떤 법의 제정으로 혜택을 받게 되는 사람들은 미래의 혜택의 영속성과 이러한 이득을 고수하기 위해 드는 비용에 관심을 가지게 된다.

(2) 입법자의 역할과 동기

법률은 법제정을 위한 의원들(legislators)의 연대에 의해 만들어질 수 있는데, 입법연합(enacting coalition)이란 그 법안을 통과시키는 데 충분한 수의 의원들로 이루어진 집단이다. 입법연합은 과거의 법률들을 수정하거나 실질적으로 폐지할 수 있다는 점에서 막강한 권능, 즉 최고성(sovereignty)을 지닌다고 볼 수 있다.

의회에서 만들어진 법률은 행정부 수준에서 보완이 되기도 하는데, 여전히 의회는 행정부에의 위임 정도, 행정대리인이 직면하는 절차 및 행정적 제약, 대리인의 선발과 보상문제, 일을 처리하는 데 쓸 수 있는 자원 등을 결정함으로써 제도에 지속적인 영향력을 행사할 수 있다.

각 나라의 헌법은 입법자들이 당면하는 문제와 이에 대한 행정적 해법의 선택에 있어서 차이가 있다. 뉴질랜드와 같은 의원내각제의 경우 집권당의 의원 모두가 입법연합이 되며, 집권당의 고참의원들이 내각장관을 역임하게 된다. 이들은 입법연합을 지배하여, 행정부 대리인(공무원)들의 업무수행에 대해 의회에 책임을 지도록 되어 있으므로 의회가 효과적으로 행정부를 통제하고 있다고 말할 수 있다. 미국과 같은 대통령제 국가에서는 입법과 행정기능이 의회와 대통령에 의해 중복적으로 공유되고 있다. 즉 행정부의 행위에 대한 감독, 대통령의 관료임명에 대한 거부권 행사, 정부사업 자금의 삭감 등이 의회의 행정적 역할이라고 볼 수 있고, 의회가 의결한 입법안에 대한 거부권이 대통령의 입법적 역할이라고 할 것이다. 기능의 중복적 공유 때문에 입법연합이 법률안을 세밀하게 준비하는 과정에서 합의에 도달하기 어려우며 행정부의 대리인들에 대한 감독도 의원내각제보다는 덜 효과적으로 이루어질 가능성이 있다. 결국 대통령제하에서의 입법연합은 법안을 통과시키기에 충분한 정도의 의회연합과 대통령간의 모종의 결합이 되는 것이다.

의원들은 정기적인 선거경쟁에 직면하기 때문에 생존을 위해서 사진에 대한 지지를 향상시킬 수 있는 법 제정에 관심을 갖는다. 즉 법 제정으로 인해 부담을 지는 사람들로부터의 지지감소와 혜택을 입는 사람들로부터의 지지증가를 고려하여 순지지도(net electoral support)를 극대화함으로써 자신의 당선을 도모한다는 것이다. 정기적인 당선경쟁의 존재로 인해 현재의 입법연합은 결국은 다른 이해관계와 정책선호를 가진 입법연합에 의해 대체된다. 따라서 장래에 새로운 의원들이 기존의 법률을 수정하거나 폐지함으로써 그 법으로부터 나오는 혜택의 지속성을 위협할 수 있다. 법을 제정할 때 이러한 행동을 방지하기 위한 조처를 취한다 해도 '정기적인 선거/입법부의 최고성/행정적 재량'때문에 이러한 위험을 완전히 제거할 수는 없다.

(3) 행정가의 역할과 동기

행정가(administators)들은 주로 임명되며, 입법부의 행정대리인이라고 볼 수 있다. 행정가들에게는 이들이 자신의 평생수입과 여가간의 조합을 극대화하려고 한다는 가정이 적용된다. 즉 직무를 수행하는 데 있어 행정가들 자신은 어떠한 정책선호도 가지지 않는다는 것을 의미한다. 이는 매우 단순화된 가정인데 이러한 단순화된 가정은 분석을 단순화시켜주고, 행정가들에게 제공되는 유인구조의 효과를 파악하는 데 도움을 주며, 정치권으로부터 임용을 받아야 하는 상급 공무원들이 자신의 정책선호를 추구할 수는 없으리라는 근거에도 기인한다. 한편 행정가들이 자신의 정책선호를 그대로 유지하려 한다 해도 선발과 유인체계는 그들의 행태에 강력한 영향을 미친다. 행정가들이 결정적인 영향을 받는 정부제도의 구성이 공공부문에 진출하려는 사람의 유형에 체계적인 영향을 미치기 때문이다.

행정가들의 범주에는 판사들도 포함될 수 있는데, 이들에게 중요한 가치는 사법부의 독립이다. 따라서 법원은 법을 제정하는 입법부의 의도에 충실하게 법을 적용한다. 왜냐하면 기존의 법률에 충실할수록 사법부의 독립성이 보다 강화될 수 있게 되기 때문이다.

(4) 유권자의 역할과 동기

유권자(선거구민)들은 입법으로부터 오는 혜택을 향유하거나 비용을 부담하며, 입법자들에게 지지나 반대를 보내고, 궁극적으로는 입법자들을 당선시키는 사람들이다. 유권자들은 합리적이며, 개인의 이익이 증진될 수 있을 때에만 정치활동에 참여한다고 가정한다. 즉, 참여에 드는 시간과 기울이는 관심 정도가 그로부터 얻는 혜택에 의해 상쇄되고도 남을 때 유권자들은 직접적으로 관여한다. 결과적으로 대부분의 사람들은 정책과정에서 무슨 일이 벌어지고 있는지 모르지만 참여의 비용을 고려한다면 무지도 합리적인 행동(rational ignorance)이라고 할 수 있다. 물론 이타적인 동기로 참여하는 경우도 있지만 이러한 동기는 참가비용이 증가할수록 약해진다. Horn은 유권자들이 행정부 수준의 정책결정과정에 집단적으로 영향력을 행사하는 방식에 초점을 두고 있는데, 단체행동을 조직화하고 유지하는 데는 비용이 소요된다는 사실을 매우 중요하게 다루고 있다. 이러한 조직비용은 집단의 크기가 커지는 속도보다 더 빠르게 증가하는 경향이 있다. 따라서 많은 구성원으로 이루어질수록, 그리고 특정 입법에서 발생하는 이익이 넓게 퍼져 있어서 각자에게 돌아가는 몫이 적을수록, 특정한 집단이 정치과정에 지속적으로 참여하기는 어려워진다.

2. 거래비용접근법의 적용

입법자들은 선거에서의 지지를 원하고, 유권자들은 입법을 통해 개인적 편익을 누리거나 비용을 줄이려 하므로 이들은 서로 교환관계를 맺고 있다. 따라서 입법자들이 받는 순지지는 법안에 의해 발생되는 편익과 비용의 흐름에 달려있다. 유권자 개인들은 앞날을 내다보고 집행에 관한 결정이 자신의 사적인 이해관계에 어떤 영향을 미칠것인가를 예측하므로, 입법화된 내용의 집행은 이러한 계산과 관련이 있다. 그렇기 때문에 입법을 통해 '누가' 궁극적으로 '무엇'을 얻는가에 영향을 주는 요소들에 관한 결정을 둘러싸고 열띤 논쟁이 발생하게 된다. 이때 법안이 장기적으로 미칠 영향까지도 지지자와 반대자들에게 현재의 가치로 환산되어 인식되므로, 입법연합은 자신들의 정치생명을 넘어선 법안의 장기적 영향에 대해 관심을 기울이게 된다.

모든 입법에는 다음과 같은 항목들로 구성된 거래비용(transaction cost)이 발생한다. 계속적으로 권력을 보유하게 될 가능성이 높은 사람들은 이러한 거래비용을 성공적으로 극복할 수 있는 입법자들이다.

(1) 시간과 노력

법안형성 과정에서 합의에 도달하는 데는 입법자들의 시간과 노력이 든다. 시간이 많이 소모될수록 또 다른 입법의 추진이나 기존 법률의 집행에 영향을 미칠 시간이 줄어들게 되는 것이다. 만약 법률이 모호하게 제정될 때에는 수혜자들이 자신의 이익을 보호하기 위해서는 후속적인 집행과정에 참여해야 하기 때문에 수혜자에게는 그 법률의 가치가 과소평가될 것이다.

(2) 공약의 문제

입법자들은 법률을 수정 또는 폐지하거나, 집행과정에 영향력을 행사하거나, 필요한 자금의 투입을 삭감할 수 있는 능력을 소유하고 있으므로, 선거구민의 입장에서는 법제정으로부터 얻는 편익의 내구성이 입법 이후에도 위협받을 수 있다. 즉 각각의 입법연합은 최고성을 가지고 있기 때문에 현재의 입법연합은 스스로의 자유나 차기 연합의 자유를 제한할 수 없다. 따라서 모든 입법은 사후에 그 효력을 선거인들에게 어떻게 보장할 것인가 하는 공약(commitment)의 문제에 직면하게 되며, 입법연합은 공약을 확보하기 위해 희생을 치루게 되는데 이를 공약을 위한 비용이라 한다.

그러나 입법자들과 유권자들간의 교환이 동시에 발생하는 것은 아니라는 사실에 유념할 필요가 있다. 즉 입법자들이 받는 지지는 유권자들에게 돌아가는 편익의 흐름보다 즉각적인 경우가 많다. 유권자들은 현재의 혹은 차기의 입법연합이 법률에 보장된 편익을 손상시킬 수 있기 때문에 위험에 직면하고 있다. 유권자들은 앞날을 내다보기 때문에 편익과 비용이 장래에도 안정적으로 지속될 것인가를 평가하여 얼마만큼의 지지를 보낼 것인지를 결정하는 데 반영한다. 따라서 유권자의 입장에서는 공약의 문제는 입법부와 관련된 거래(deal)에 있어서 매우 심각한 사안이다. 왜냐하면 사적인 계약은 법에 의해 강제가능하나, 법을 제정하는 입법부는 스스로 이를 개정하거나 폐지할 수 있는 최고의 권력을 소유하고 있기 때문이다. 즉 상이하거나 반대의 이익을 가진 정치행위자들이 권력을 얻게 되면 전임자들이 세워 놓은 정책과 구조에 대해서도 정당한 통제권을 행사할 수 있기 때문에 지극히 합법적으로, 또한 아무런 반대급부도 없이 기존의 공약을 뒤엎을 수 있다는 것이다. 정치적 불확실성 때문에 입법연합이 유권자들에게 공고한 편익을 제공해 줄 수 없다는 사실은 입법연합에게 상당히 비싼 비용을 초래한다. 결국 입법연합은 자신이 제정한 그 법의 편익을 향후 수정하거나 손상시키려 하는 후속 입법연합이 부담해야 하는 비용을 증가시키는 방법을 택할 수밖에 없다. 그러나 폐지, 수정비용이 높을 경우 발생하는 실제 위협은 미래의 입법자가 법률이 집행되고 강화되는 방식을 변경함으로써 법률의 가치를 손상시킬 수 있다는 것이기 때문에, 후속 입법연합의 입법비용을 의도적으로 증가시키는 것만으로는 현재의 법제정의 편익의 영속성을 확보하는 데 충분치 못하다. 그러므로 집행과정에 부여되는 행정가에 대한 권한의 위임범위를 줄이고 입법부로부터 상대적으로 독립적인 법원과 같은 대리인에게 권한을 위임하는 것이 본래의 입법적 거래(original deal)의 내구성을 확보하는 길이다.

(3) 대리비용

법을 집행해야 하는 관료나 규제자, 판사, 그리고 공기업의 관리자들의 이해와 관심이 부족해서 입법연합이 의도한 수준으로 편익이 발생하지 않거나, 예상보다 비용의 부담이 더 늘어날 수 있다. 이러한 추가적인 비용을 대리비용(agency costs)이라 한다.

대리인 문제는 특히 행정부처가 위임자인 입법연합의 본래 의도대로 법을 집행하는 것이 확실하지 않기 때문에 발생한다. 대리인 비용에는 대리인을 선발하고, 모니터링하고, 사후적 교정장치(보상/처벌/입법지도 등)를 사용하는 데 드는 비용이 포함된다. 아울러 대리인들이 잘 순응하지 않아서 본래의 정책과 실제집행간에 괴리가 발생한 경우 이에 따른 잔여(residual)비용 등도 고려된다. 유권자들은 행정대리인들이 법을 제대로 집행하지 않을 것이라고 생각하면 입법자에게 지지를 덜 보내기 때문에 위임자인 입법연합은 대리인 비용을 최소화하려는 유인을 가진다.

대리인 문제에 대처하는 방법에는 여러 가지가 있다. 예를 들면 사후적 보상과 처벌이 동기유인책으로서 효과적으로 작동될 때에는 감시가 느슨한 가운데에서도 같은 정도의 순응을 확보할 수 있다. 반면에 입법부와 목적을 공유하는 대리인을 임명할 수 있다면 감시나 유인의 제공이 별로 중요하게 고려되지 않을 수도 있다. 입법연합은 대리인 문제를 가장 낮은 비용으로 해결하기 위하여 임명, 감시, 사후유인 등의 방법을 혼합해서 사용하는 것을 선호하게 된다.

결국 대리인 문제의 존재가 행정조직에 가지는 함의를 도출해 보면, 입법연합이 행정가들에게 권한을 위임하기가 상당히 조심스럽다는 것을 알 수 있다. 만약 유권자들이 집행단계에서 의사결정에 직접적으로 참여할 유인과 정보를 가지고 있다면, 행정가들에게 권한을 위임한 후에도 절차적 통제를 통해 그들의 재량을 감소시키는 방안을 강구할 수 있다. 임명과 해고과정은 대리인들로 인해 발생하는 손실을 통제할 수 있는 유용한 도구가 될 수 있다. 그러나 입법부는 통상 행정가의 임명에 대한 자신의 영향력을 제한하고 있다. 행정조직들은 일반적으로 사법부, 규제위원회, 공기업 순으로 인사문제에 있어서 입법부로부터의 독립성을 확보하고 있다고 볼 수 있다. 입법부의 감독(legislative oversight)은 모니터링에 있어 중요한 요소이지만 미국에서조차도 간헐적이고 피상적으로 이루어지고 있다. McCubbins와 Schwartz(1984)는 유권자들에게 감독업무의 많은 부분을 넘겨주면 입법부가 감시비용을 줄일 수 있을 것이라고 제안하였다. 즉 의회가 문제를 찾기 위해 '순찰'을 하기보다는 불만족스러운 유권자들에 의해 제기된 '경보'에만 대응하면 된다는 것이다. 즉 입법부는 유권자들로 하여금 감시 역할을 맡게 하고 대신에 사후적 교정 및 유인장치를 적극적으로 활용함으로써 보다 낮은 비용으로 대리인 문제를 해결할 수 있다는 것이다.

행정가들에 대한 유인체계에 영향을 미치는 제도설계 문제도 관심의 대상이 된다. 기존의 연구들은 '예산과정의 구조'에 주된 관심을 보였으나 Horn은 유인체계에 직접적인 영향을 미치는 행정가들의 '고용조건'과 노동시장의 역할에 초점을 두고 있다.

⑷ 위험과 불확실성

유권자들은 입법과 관련된 개인적인 손익이 불확실하다고 느낄지도 모른다. 위험회피적인 유권자들은 위험(risk)이 커질수록 지지를 감소시키거나 더 심하게 반대하게 될 것이다. 따라서 어느 정도의 불확실성(uncertainty)이 불가피하다 해도 위험을 통제하거나, 위험을 회피하는 방안을 이미 강구한 집단에게 위험을 감수하도록 하는 것이 순지지를 높일 수 있는 방법이다.

불확실성은 위험회피적인 사람들에게는 상대적으로 큰 비용으로 인식되어, 그들이 입법에 부여하는 가치에 영향을 미친다. 예를 들어, 회사들의 입장에서는 공해배출 기준에 순응하는 데 드는 비용을 입법 당시에는 정확하게 예측할 수 없기 때문에, 예상보다 더 많은 비용이 실제로 미래에 발생할지 모른다는 위험에 직면하게 된다. 이 경우 피규제 회사가 규제의 집행방식에 영향을 미치기 어려울수록, 즉 규제기준이 변경될 수 없는 경우일수록 회사는 더 큰 위험을 감수해야 한다. 반대로 규제기준이 변화 가능하다면 기업들은 규제기준을 변화시킴으로써 순응비용을 줄일 수 있을 것이다.

위험이 할당되는 방식은 불확실성으로 인한 총비용과, 입법연합이 선거에서 기대할 수 있는 순지지에 영향을 주므로 매우 중요하다. 법 제정 당시에 이해관계가 반영된 사람들 사이에서 위험에 영향을 미치거나 이를 감수할 수 있는 능력에서 차이가 난다면, 기대손실보다 적은 지출에 의해 피할 수 있는 성격의 위험은 적어도 그것을 최소 비용으로 통제할 수 있는 집단에게 할당하고, 회피할 수 없는 위험은 가장 적은 비용으로 위험에 대한 보험을 확보할 수 있는 집단에게 할당하는 것이 불확실성의 비용을 줄이는 일반적인 방법이다. 예를 들어 피규제 회사와 수혜자 집단이 있을 때, 전자가 후자보다 낮은 비용으로 위험에 대처할 수 있다면, 회사를 위험에 노출시킴으로써 발생하는 입법안에 대한 '반대의 증가'가 만일 그 부담이 역전되었을 경우 수혜자 집단으로부터의 '지지의 감소' 보다 작게 된다. 이런 경우 위험을 전자, 즉 피규제회사에 전가시키는 것이 입법연합의 입장에서 효율적인 방법이 된다.

(5) 대안적 이론의 틀: 위임자-대리인 모델

입법부가 행정대리인을 통제하는 선택의 결과를 통해 공공부문 조직의 특징을 설명하려는 것이 위임자-대리인 모델(principal-agent model)이다. 입법자들이 자신과 자신의 선거구민들의 이익을 모두 보호하려 한다면 반드시 대리인 비용을 낮게 유지하려는 노력을 기울여야만 한다. 하지만 이러한 대리인 비용은 입법자가 고려해야 하는 많은 거래비용 중의 하나라는 것을 간과해서는 안된다.

3. 제도선택의 요소

입법자들의 제도선택에 영향을 미치는 요소를 Horn은 외생적 변수와 선택변수로 구분하고 있다. 역사적 제도환경, 입법비용과 편익의 분산, 입법목적 구체화의 어려움 등과 같은 특정한 상황이 외생적 변수이다. 이에 반해 거래비용을 최소화하기 위해 입법자들이 활용가능한 제도적 속성 중에서 선택할 수 있는 제도적 속성을 선택변수라 한다.

(1) 선택변수 : 유용한 제도적 도구

행정수준에서의 제도선택은 첫째 행정가들에게 주어지는 결정권의 범위, 둘째 고위간부의 충원방식, 독립성과 같은 행정기구의 지배구조, 셋째 행정부 의사결정과 능력에 대한 입법적 감시의 정도와 성격에 관한 것이다. 결국 입법자들은 조직형태와 제도적 대안의 형태를 결정한다. 그들은 또한 법률을 얼마나 모호하게 만들 것인가를 결정하여 각 단체들의 참여와 결정권을 정한다. 그 밖에 고용기간과 고용조건과 같은 유인체계도 결정하여 조직구성원들이 재량을 어떻게 활용할지에도 영향을 미친다.

(2) 외생변수

외생변수는 입법의사결정이 이루어지는 상황에 맥락을 규정한다.

첫째, 역사적이고 광범위한 제도적 환경이 입법의사결정에 영향을 미칠 수 있다. 입법적 결정과 위임에 대한 상대적 중요성은 정치적 환경의 안정성에 의해 결정된다는 것이 그 예가 될 것이다. 둘째, 입법에 영향을 받는 이익의 분산 정도가 입법비용과 편익의 분배에 결정적인 영향을 미친다. 관련집단이 기꺼이 감수하려는 참가비용과 갈등의 정도에는 직접적인 관계가 있다. 이해가 집중된 소규모집단은 조직비용이 낮기 때문에, 입법자와 행정가를 감시하고 행정부 의사결정과정에 직접적으로 참여하려는 유인이 이해가 분산된 대규모집단보다 더 강하다. 또한 정보가 많이 알려져 있을수록 참여비용은 감소한다. 한편 비용과 편익의 분산은 갈등의 정도에도 큰 영향을 미친다. 갈등은 수혜집단과 반대집단이 하나의 산출물에 대해 각기 정치적 행동을 하고 있을 때 커지기 쉽다. 갈등은 입법자들이 잘 정리된 법안에 합의하는 것을 힘들게 만들고 장래 입법가들이 입법에 변화를 가져올 위험을 늘린다.

셋째, 결과물을 측정하고 입법목적을 정의하는 과정에서의 어려움이 거래문제의 성격에 많은 영향을 미친다. 목표의 정의가 곤란하고, 목표를 어떻게 달성할지에 대해서 알려진 것이 거의 없으며, 이러한 목적이 가능한 것인지를 파악하기가 힘들 때 유권자들이 행정가들을 감시하는 것이 훨씬 힘들다. 이런 경우 대리인 문제가 발생하기 때문에 입법가들이 위임 문제를 해결하는 것을 어렵게 만든다. 넷째, 정보, 유인체계, 민간시장의 상황도 중요하다. 예를 들자면 세금이 아닌 다른 기업과의 경쟁판매에 의해 수익이 발생하는 국영기업체의 경우 유권자들과 입법가들은 정책집행을 감시하기가 더 쉽다. 행정가의 정책집행의 질이 민간 노동시장에서 판단된다면 대리인 문제도 감소할지 모른다.

(3) 기능적 필요에 따라 조직 형태가 설계된다(Form Follows Function)

Horn은 공공부분의 행정 활동을 '규제', '세금에 기초한 생산'(tax-financed production), '판매에 기초한 생산'(sales-financed production)의 세 가지 유형으로 분류한다. 이러한 각각의 기능에 따라 차별화된 제도적 배열이 존재하는데 규제업무는 일반적으로 독립규제위원회의 조직 형태에 맡겨지는 반면 세금에 기초한 생산(tax-financed production)은 관청(bureaus), 판매에 기초한 생산(sales-financed production)은 공기업에 의해서 집행된다. 이처럼 불완전하긴 해도 본질적으로 공공부문의 기능과 형태 사이에는 보편적인 일정한 관계가 존재하는 것을 알 수 있다.

거래문제와 제도적 해결책을 결정하는 외생적 영향은 공공부분의 세 가지 기능에 따라 변하기 쉽다. 첫째, 비용분산, 참여비용, 갈등 정도는 세 개의 기능에 따라 달라진다. 규제의 경우 규제대상 기업은 개인납세자보다 정부의 의사결정에 대해 더 많이 알고 있고 의사결정에 관심을 갖는다. 따라서 그들은 입법기관에 대항하거나 하부기관의 의사결정에 참여하려는 경향이 높다. 그 결과 입법자들은 이들에게 규제기관의 의사결정에 참여할 수 있는 권한을 부여한다. 그러나 일반시민에게는 관청에서 공공재를 생산하는 기능에 대하여 이러한 권리가 거의 존재하지 않는다. 혹시 그런 경우가 있다고 하더라도 그것은 기본적으로 규제와 관련이 있을 때뿐이다. 둘째, 입법자들이 행정부의 행위를 제한하기 위해 경쟁에 의존하는 정도는 세 가지 기능에 따라 달라진다. 공기업의 경우에는 그 생산물이 판매되기 때문에 공기업 경영에 있어서의 유인은 경쟁에 의존하게 된다. 규제기관의 경우 전문적 서비스시장의 존재는 행정기관의 관료인 전문가들에게 강한 동기를 제공한다. 예를 들어 높은 보수를 받는 민간부분의 직장에 관심이 있는 공공부문 변호사는 장래 고용주가 될지 모르는 사람에게 좋은 인상을 남기려고 애를 쓸 가능성이 있다. 이러한 경우에는 다른 어떤 제도나 규정보다는 공무원끼리의 경쟁이 훨씬 중요한 역할을 한다.

Ⅲ. 평가적 의견

Horn의 이론은 미국의 정치학, 행정학, 정책학분야에서 활발한 논의의 대상이 되고 있는 조직경제학(Moe, 1984)에 뿌리를 두고 있다. 조직경제학적 접근방법은 R. Coase(1937)류의 관점, 즉 개개의 시장이 아니라 위계적인 조직이 자원분배결정을 수행하는 현상을 설명하는 데 관심을 갖고 있다. 따라서 Tullock, Downs, Niskanen류의 공공관료제에 대한 경제학적 접근방법과는 연구의 초점과 방법론상에 있어 근본적인 상이함이 있다. Horn의 시각은 거래비용의 이론적 틀에서 조직의 형태를 포함한 계약의 내용과 조건을 규명하려는 Williamson (1975)이나 Alchian과 Demsetz(1972)의 전통에 입각한 동시에, 위임자-대리인 모델의 이론적 틀도 적극적으로 수용하고 있다. Horn의 이론이 입법부의 결정에 초점을 맞추고 있다는 차원에서는 소위 '의회의 우월성'(Congressional dominance)관점의 전통을 받아들이고 있다.

그러나 Horn이 행정조직 내부의 조직, 고용계약의 형태, 외부 민간노동시장과의 관계 등을 통합적으로 고려하여 구성원의 동기유인체계를 주요 변수로 파악하고 자신의 모델에 적극적으로 도입하고 있다는 점에서 Horn의 연구는 기존의 연구와 상당한 차별성을 드러내고 있다. 즉 행정가, 선거구민, 입법부, 사법부 등 정부조직 주요 구성원의 동기유인을 종합적으로 고려하는 가운데서 입법부의 제도선택 행태를 파악하려고 시도했다는 점에서 Horn의 이론의 체계성과 종합성이 돋보인다고 할 수 있다. 또한 기존의 연구가 미국의 규제기관을 주 연구대상으로 삼았고, 따라서 이론의 실증성이 비교적 한정되어 있었던 한계를 안고 있었는 데 반하여, Horn의 이론은 거의 대부분의 행정부기관, 독립규제위원회, 일반관청, 공기업 등을 통합적으로 설명할 수 있는 틀을 제시하고 있다는 포괄성을 지니고 있다. 독자에 따라서는 전술한 Horn의 이론이 너무나 당연한 현상과 논리를 평범한 경제학 용어로 재기술 내지는 재묘사한 것에 불과하지 않느냐라는 비판을 제기할 수도 있을 것이다. 그러나 단순하고 일관성이 있는 논리구조로서 대다수의 행정조직의 주요 변수를 비교적 성공적으로 설명하고 있다는 점에서 Horn이론의 보편성은 대단히 높으며, 유행은 되고 있으나 그 누구도 수미일관된 논의를 구축하지 못하고 있었던 거래비용접근법의 새로운 차원을 열었다고 평가할 수 있다. 또한 행위자들의 선호를 지나치게 고정된 것으로 파악해 그 변화의 가능성을 고려하지 못했다는 비판도 있을 수 있으나, 국회의원의 목적함수가 재당선가능성의 극대화라는 것은 너무도 당연한 이론적 단순화로 받아들여지고 있다는 점을 지적하고자 한다. 유권자나 행정가의 경우에도 Horn이 채택한 선호체계는 가장 일반성이 높은 형태이기 때문에 이론의 보편성을 오히려 제고시키고 있다고 필자는 보고 있다. 우리 나라의 경우 의회의 권능과 전문성 및 역량 등이 미국의 경우와는 상이함을 들어 Horn이론의 현실적합성을 문제삼을 수도 있으나, 필자 나름대로는 우리 나라의 국회가 그러한 상황을 창출

내지는 방치하는 일정한 경향을 보이는 것도 우리 나라 특유의 정치 및 행정 환경에서 국회 나름대로 선택한 이기적인 최적대안으로 파악할 수 있다고 본다. 따라서 국회의 입법과정에서의 무책임성, 비전문성 등을 외생변수로 볼 것이 아니라 국회의 선택의 결과로 보고 그러한 선택의 원인과 배경을 파악하는 Horn 류의 접근방법이 앞으로의 우리 나라의 정치경제학 연구에 필수불가결한 관심이라고 판단되는 것이다.

참고문헌

Alchian, A. & H. Demsetz, "Production, Information Costs and Economic Organization," *American Economic Review*, 62, 1972, pp. 777-795.

Coase, R. H. "The Nature of the Firm," *Economic* 4, November 1937, pp. 386-405.

McCubbins, M. D. & T. Schwartz, "Congressional Oversight Overlooked: Police Patrols versus Fire Alarms," *American Journal of Political Science*, 28, February 1984, pp. 165-179.

Moe, T. "The New Economics of Organization," *American Journal of Political Science*, 28, February 1984, pp. 739-777.

Willamson, O. E., *Markets and Hierarchies: Analysis and Antitrust Implications*, New York: Free Press, 1975.

Christopher Hood의
신공공관리론*

I. 머 리 말

Christopher Hood는 행정이론, 정부조직 분야에 일련의 독창적인 역저를 산출하고 있는 학자로 현재 영국 런던정치경제대학의 정부학과 교수로 활동하고 있다.[1] 1980년대 이후 추진된 OECD국가의 정부개혁에 관한 여러 유익한 논의를 제공하고 있다.

신공공관리론은 1980년대 이후 여러 나라에서 추진된 정부개혁을 포괄하여 이론화한 틀이다. 따라서 각국의 여러 가지 정부개혁의 내용을 포괄함에 따라 개혁간의 이론적 내적 갈등도 지적되는(Peters, 1996) 등 이를 이론적으로 체계화하는 작업이 요구되었다. 이러한 연구필요성을 메운 학자가 Hood이다.

Hood이 신공공관리론(New Public Management)은 이론적, 실무적인 면에서 그 의의를 찾을 수 있다. 이론적으로 신공공관리론은 새로운 행정학의 패러다임으로 우리 나라 행정학계뿐만 아니라 영국과 미국을 비롯한 외국의 행정학자들간에도 논쟁이 진행되고 있다. 따라서 이에 대한 학문적 위치와 의의를 검토할 필요가 있다. 그리고 실무적으로도 김대중정부의 정부개혁의 이론적 토대는 신자유주의적 개혁의 한 부분인 신공공관리론에 거초하고 있다. 이러한 논의를 통해 한국 행정학계와 실무계에 있어 신공공관리론에 대한 보다 비판적 수용을 가능케 할 것이다.

---

* 김근세: 성균관대학교 사회과학부(행정학전공) 교수.

1) 참고로 그의 대표적인 저작을 제시하면, *The Limits of Administration*(1976), *Bureaumetrics* (1981, with A. Dunsire), *Administrative Analysis*(1986), *Cutback Management in Public Bureaucracies*(1989, with A. Dunsire), *Administrative Argument*(1991, with M. Jackson), *Explaining Economic Policy Reversals*(1994), The Art of the State(1998) 등이 있다.

II. 신공공관리론

1. 신공공관리론의 대두 배경

1980년대 서구자본주의 사회는 신보수주의 국정관리패러다임의 시대였다. 케인지안 경제정책, 복지국가, 공기업의 국유화, 고전적인 경제규제, 누진적인 소득세, 전통적 행정학을 포함하는 구(舊)패러다임에서 통화주의, 복지국가 감축, 민영화, 규제완화, 균일조세, 신공공관리론의 신(新)패러다임으로 전환하였다 (Hood, 1994). 이 신보수주의 정권들이 공통적으로 추진한 변화는 이른바 '작지만 강한 정부'를 지향하는 행정개혁의 시도였다. 신보수주의 행정개혁은 두 가지 특징을 지닌다(Gamble, 1994). 보다 자유롭고, 개방적이고, 경쟁적인 시장경제를 활성화하기 위하여, 복지부문의 감축과 민영화정책에서 보듯이 작은 정부를 추구하였다. 다른 한편, 자유시장경제를 유지하기 위해 국가의 권위를 복원하려는 강한 정부를 실현하고자 하였다. 이와 관련된 주된 제도적 변화는 정치집행부의 정책조정능력을 강화하려는 관리적 대통령(managerial presidency), 제도적 대통령(institutional presidency) 이론과 정부행정에 관리주의(managerialism)의 도입이었다(Kim, 1995).

정부관리의 측면에서, 공공 및 민간 경제의 국제화와 병행해 공공관리의 국제화(internationalization of public management)가 진행되었다(Aucoin, 1990). 1980년을 전후로 관리주의와 경제적 합리주의의 사상을 공공관리에 적용하려는 시도가 OECD국가에서 확산되어 왔다. 영국의 재무관리개선사업(Financial Manangement Initiatives)과 Next Steps사업, 캐나다의 Public Service 2000, 프랑스의 Projet de Service, 미국의 Gore Commission이 그 예이다. 이러한 일련의 행정개혁 운동을 신관리주의(new managerialism) 또는 신공공관리론(New Public Management)으로 규정하는데(Aucoin, 1990; Hood, 1989 & 1991; Pollitt, 1993), Osborne와 Gaebler(1992)는 이를 지구촌 패러다임(global paradigm)으로 해석하였다.

구체적으로, Hood(1994)는 신공공관리론의 등장과 확산의 배경을 다음과 같이 들고 있다. 첫째. 신공공관리론은 신제도주의경제학(new institutional economics)과 경영혁신 전략의 유행에 큰 영향을 받았다. 철학적으로는 Jeremy Bentham의 공리주의(utilitarianism) 행정관에 바탕을 두어, 독점보다는 경쟁성, 공급자 중심주의보다는 소비자의 선택권을 강조한다. 신제도주의경제학 또는 조직경제학자에 의해 제시된 거래비용이론(transaction cost theory)과 이의 연장선에 있는 대리이론(agency theory)은 관리주의를 사회과학적인 분석틀로 무장하게 해 주었다. 이들의 행정관은 공직, 공무원에 대한 특수성을 무시하고, 경제적인 개념들, 즉 고객, 서비스, 계약이라는 개념으로 정부관리의 대안적인 시각을 제시하였다.

둘째, 민영화 산업부문, 경영자문가, 회계사, 정보기술자를 중심으로 경제관료(econocrat)라는 새로운 관리계급이 등장하였다. 이들 경제관료는 공공부문개혁을 새로운 시장으로 발견하였다. 이들은 Dunleavy(1991)의 관료형성모형(bureau shaping model)에서 제시하는 고급관료처럼 관리회피(management avoidance) 성향을 보이고, 일선 관리감독 기능보다는 정책/기획 기능을 선호한다.

셋째, 신공공관리론은 베버 관료제의 새로운 주거지로 해석하기도 한다. 신공공관리론은 초기 산업화시대의 관료제(Fordist metaphor)에서 정보화시대의 관료제(electronic metaphor of nodes in network)로의 변화에 조응하는 관리철학이다. 즉 행정의 정보화(informatization)로 계산, 측정, 규칙 준수를 용이하게 해주었고, 비인간적이고 규칙에 따른 행정 처리를 더욱 가능하게 하였다. 따라서 신공공관리론의 측정과 계산의 강조(accountingization)는 관료제에서 가정하는 합리성의 연장선에서 해석될 수 있다. 또한, 신공공관리론의 공식적 계약의 강조(contractorization)는 베버 관료제 모형에서의 공식적 규칙의 명세화의 연장선에서 이해할 수 있다.

2. 신공공관리론의 논점

Hood(1994, p. 129)는 여러 학자의 주장에서 발견되는 공통적 요소로 신공공관리론의 핵심적 내용을 고위 행정가의 정책결정 기능보다는 관리기술을 중시, 과정 중심에서 산출 중심으로, 공공서비스 공급에 있어 계층적 내부생산에서 계약적 경쟁체제로, 고정 임금에서 변동 임금으로의 행정개념의 변화로 요약한다.

신공공관리론의 이론적 핵심을 Hood는 19세기 말에서 20세기 초의 혁신시대에 형성된 정통행정이론(progressive public administration)과 크게 두 가지 측면에서 대조한다. 공사구분과 규정강조의 측면에서 양자를 강조하던 전통행정이론에서 탈피하려는 흐름이 신공공관리론이다. 즉 신공공관리론은 전통행정이론의 두 기본적인 가정인 공공조직의 특수성과 절차 및 규칙의 중요성[2] 대신에 공사 조직의 유사성과 관리자율성 및 결과중심의 관리를 강조한다.

이러한 신공공관리론은 관리주의와 계약주의의 결합으로 이해할 수 있다 (Hood, 1991). 관리주의(managerialism)는[3] 관리자에게 관리재량권을 주자는 입장이다. 조직성과를 제고하기 위해서는 전문적 관리지식이 필수적이고, 성과달성을 위해서는 상당한 자유재량권한이 요구된다. 반면에 계약주의(contractualism)는 관리자가 관리하게 만든다는 보다 적극적인 입장이다. 신제도주의경제학, 공공선택이론, 거래비용이론, 대리이론에 기반하여 공무원에 대한 막연한 신뢰감 대신에 분명한 성과계약관계를 강조한다. 경쟁가능성, 소비자 선택권, 투명성, 유인장치에 대한 개혁에 이론적 기초를 제공한다.

구체적으로, Hood(1991 & 1995)는 신공공관리론의 주요 이론적인 요소를 〈표 7-2〉와 같이 7가지로 정리한다. 앞의 네 가지 요소는 공공관리의 특수성을 부정하는 일반론적 관점이고, 뒤의 세 가지는 관리자의 자유재량권을 강조하는 관리전략이다.

첫째, 대규모 통일적 행정조직을 탈피하여 공공조직을 산출물 단위로 분화 (disaggregating)시킨다. 각 조직은 산출물을 중심으로 자체적으로 관리되는 기업화된 단위로 각자의 로고, 주체성, 예산, 임무규정, 사업계획, 관리의 자율성을 갖는다. 이를 통해 보다 관리 가능한 조직규모를 가질 수 있고, 공급과 생산 이해간의 포획가능성을 배제할 수 있다.

둘째, 공공조직간 또는 공사조직간의 경쟁(competition)을 강조한다. 특히 계약을 통한 민간주체의 공공서비스 공동생산 참여 폭을 넓힌다. 이를 통해 비용절감과 서비스질의 향상을 기대한다.

셋째, 입증된 민간관리기법(private-sector style of management practices)의 공공조직에의 적용을 강조한다. 전통의 군대식 공직윤리를 탈피하고,

---

2) 전통행정이론은 19세기 후반 서구 산업자본주의의 산물이다. 산업자본가들은 정치적 대표성의 엽관제보다는 실적제의 효율적인 정부관료제를 요구하였다. 이에 엽관제의 부패를 추방한다는 혁신이념과 결합하여 정치행정이원론을 강조하고, 관료의 중립전문성(neutral competence)이 지배적 행정가치를 차지하였다. 이 결과 전통행정이론은 민간부문과 다른 공공부문의 윤리와 정서를 강조하였다. 그리고 정치적, 관리적 자유재량의 부패 가능성을 줄이기 위해 절차규정을 강조하였다.

3) 관리주의의 핵심은 일반적이고 도구적인 활동인 관리(management)는 공사 조직에 모두 적용될 수 있다는 가정하에서, 사회경제적인 많은 문제를 관리의 개선으로 치유할 수 있다는 주장이다 (Painter, 1988). 나아가 Pollitt(1993)는 관리주의를 보다 넓게 해석해 하나의 이념(ideoligy)으로 간주한다. 즉 훌륭한 관리기법을 적용해 이 세상에 목표를 분명하게 규정하고, 구성원은 이를 달성하기 위해 높게 동기부여되며, 비용에 깊은 관심이 주어지고, 관료제와 번문욕례(red-tape)는 제거되어져야 한다.

〈표 7-3〉 신공공관리론의 이론적 구성요소

		이념	정당화 논리	전통이론의 대체	행정운영의 의미
공공부분의 독특성					
1		산출물에 기초한 조직분화	관리가능한 단위, 공급-생산 이해 분리, 책임소재 집중, 계약 및 분사에 따른 능률성	책임성의 중첩을 피하기 위한 통일적이고 내포적 조직	단일 공직체계의 약화, 독립적 조직간 관계, 예산의 위임, 보다 많은 비용단위
2		경쟁 도입	경쟁에 따른 비용절감과 서비스질 향상, 계약에 따른 성과기준의 명시화	모호한 고용계약, 무제한적 공급, 공급-생산의 연계	일차적-이차적 공무원 인력의 구별, 비용구조에 대한 파악, 협력적 형태의 어려움
3		민간관리기법 수용	입증된 민간관리기법의 도입 필요성	공직윤리 강조, 고정급, 공식적 채용규정, 모범적 고용주, 집권적 인사구조, 종신고용	공무원 봉급의 이중적 불균형, 종신고용, 비금전적 보상, 공정한 절차의 피고용-자권한에서 탈피
4		자원이용의 규율과 절약	공공부문 자원수요의 견제 필요성, 적은 비용으로 많은 성과	안정적 예산토대와 제도화, 최소한의 서비스기준, 노조의 거부권	직업안정성 약화, 생산자 우호적인 방식 약화, 순수입 강조
규정 대 재량					
1		관리자율성	책임성에 따른 권한부여, 권력의 분산 방지	적극적 관리보다는 정책기술과 규정에의 강조	재량권한에 따른 권리 자율성, 내부규제완화
2		공식적 성과기준	책임성을 위한 분명한 목표설정, 능률성을 위한 목표의 객관화	정성적이고, 묵시적인 성과기준 및 규범	전문가의 자율관리 약화, 성과지표와 감사
3		산출통제	절차보다는 결과 강조의 필요성	절차의 통제 강조	성과기준의 예산, 성과급, 포괄적 예산편성과 회계

자료: Hodd, 1991, 1994, 1995.

채용과 보상에 있어 신축성 도입하고, 홍보기법을 공조직에 확대한다.

넷째, 자원이용에 있어 규율과 절약(discipline and parsimony)을 강조한다. 그리고 안정적인 공공서비스의 유지와 기관의 지속성을 강조하기보다는 서비스 전달의 보다 경제적인 방법을 적극적으로 탐색한다.

다섯째, 재량적 전문관리를 강조하여, 최고관리자에게 자유재량권을 통한 관리의 자유(freedom to manage)를 부여한다.

여섯째, 분명하고 측정가능한(적어도 확인가능한) 업무성과기준(explicit and measurable performance standard)을 강조한다. 대리이론에 따라, 행정 책임성을 확보하기 위하여, 신뢰할 수 없는 대리인을 통제하기 위하여 목표를 최대한 세밀하게 규정·계약하고, 주인의 의도대로 대리인의 행동을 유도하기 위한 감시와 유인체제를 마련한다.

일곱째, 미리 설정한 산출 측정(output measures)을 통한 공공조직의 통제를 강조한다. 절차보다는 결과에 대해 강조하고, 이에 근거한 예산제도와 보상제도를 도입한다.

이상의 7가지 신공공관리론의 요소는 OECD국가의 행정개혁 사례들에서 발견되는 것이다. 그러나 이 모든 요소가 각국에 공통적으로 적용된 것은 아니고, 국가별 차별성을 보이고 있다.

3. 신공공관리론의 비교론적 분석

Hood(1994)는 1980년대 OECD국가간에 신공공관리론 행정개혁의 상이한 정도를[4] 어떻게 설명할 수 있는가 하는 문제에 대해 기존에 많이 제시되었던 변수들 — 영어권 문화(Englishness), 집권당의 정파, 경제상황, 정부규모 — 의 설명력의 한계를 지적하면서 다음과 같은 가설적인 모형을 제시한다. 즉 각국의 신공공관리론의 다양한 길은 각국의 정부제도적 출발점에 제약된다는 것이다.

〈표 7-3〉에서 보여 주듯이, Hood는 기본적으로 상이한 신공공관리론 개혁 정도를 각 나라마다 상이한 정부제도적인 배경과 출발점에서 찾고 있다. 관료제가 공공행정에서 차지하는 역할과 그 내적 통합(integration)의 정도와, 행정서비스 제공에 있어 개인주의(individualism) 대 집산주의(collectivism)의 강조의 여부에 따라, 다음과 같은 네 가지 집단으로 나눌 수 있다. 첫째, 스웨덴식은 관료제의 통합과 집산주의가 모두 높은 경우, 둘째 일본식은 관료제의 통합은 높지만 집산주의는 낮은 경우, 셋째 미국식은 관료제의 통합과 집산주의 모두

---

4) Hood의 분류에 따르면, 신공공관리론 행정개혁을 높이 추진한 국가군에 스웨덴, 호주, 뉴질랜드, 영국, 캐나다가, 중간수준의 국가군에 프랑스, 오스트리아, 덴마크, 핀란드, 이탈리아, 네덜란드, 포르투갈, 미국이, 낮은 수준의 국가군에 그리스, 스페인, 독일, 스위스, 일본, 터키가 포함된다.

〈표 7-4〉 신공공관리론의 다양한 길

	높은 행정 집산주의	낮은 행정 집산주의
관료제의 높은 통합	스웨덴식 (동기: 高, 기회: 高)	일본식 (동기: 低, 기회: 高)
관료제의 낮은 통합	독일식 (동기: 高, 기회: 低)	미국식 (동기: 低, 기회: 低)

자료: Hood, 1995.

낮은 경우, 넷째 독일식은 관료제의 통합은 낮으나 집산주의는 높은 경우이다.

Hood는 신공공관리론 개혁이 추진되기 위해서는 집권 십행부가 이 방향으로 지향할 동기와 기회의 제도적 특성이 있어야 한다고 주장한다. 여기서 동기(motive)란 신공공관리론 개혁을 취함으로써 상당한 자원의 절약을 가져올 수 있다는 희망을 뜻한다. 정부의 규모가 큰, 즉 개혁의 토대가 큰, 집산주의 전통이 강한 사회에서 이러한 동기는 상대적으로 높다. 기회(opportunity)란 공공영역 전반에 걸친 영향력을 행사할 수 있는 중심점의 여부에 의존하는데, 관료제의 통합이 강한 사회에서 정부개혁의 기회가 높다. 따라서 스웨덴식 집단은 신공공관리론 행정개혁의 동기와 기회가 모두 높다. 반대로 미국식 집단은 신공공관리론 행정개혁의 동기와 기회 모두 낮다. 일본식의 집단은 신공공관리론 행정개혁의 기회는 높으나 동기가 낮은 반면, 독일식 집단은 그 기회는 낮으나 동기는 높다.

4. 신공공관리론의 비판과 미래

Hood는 문화이론(culture theory)에 기초하여 신공공관리론에 대한 비판적 논의를 정리하고, 그 대응책을 제시하고 있다(Dunleavy & Hood, 1994). 신공공관리론에 대한 비판은 〈표 7-4〉와 같은 4가지 문화유형에 따라 상이한 주장이 개진되고 있다.

첫째, 운명주의자(fatalist)는 기본적으로 자연 및 인간사에 있어 통제가능성에 대해 불신한다. 이러한 관점에서 공무원의 오류, 행정체계의 실패, 부패, 정책표류 등과 같은 행정의 기본적 문제점들은 해결하기 어렵다고 본다. 따라서 신공공관리론도 이러한 문제점을 해결하지 못한다고 비판한다. 특히 운명주의자들은 새로운 개혁운동에도 불구하고 실제적인 행정변화는 적다는 증거에 포착해서 새로운 이론의 실패를 주장하는 경향이 있다. 따라서 운명주의자의 비판에 대한 처방책은 찾기 힘들다. 다만 신공공관리론의 지나친 광고나 판매는 이러한

〈표 7-5〉 신공공관리론에 대한 비판

운명주의적 비판 신공공관리론은 행정의 기본모순을 해결할 수 없다.	계층주의적 비판 신공공관리론은 공공부문의 응집성을 침해하고, 혼란에 빠뜨린다.
처방책 : 없음. 그러나 과잉판매는 이러한 비판에 약함	처방책 : 중앙조정능력을 강화하고, 계약사항에 대한 사전적인 협의를 의무화한다.
개인주의적 비판 신공공관리론은 완전히 개별화된 계약권한의 빈약한 대체에 불과하다.	평등주의적 비판 신공공관리론은 부패를 초래할 수 있고, 고위 공무원의 이해와 일치하고, 행정책임성을 약화시킨다.
처방책 : 기업화보다는 민영화를 통한 보다 실질적인 계약	처방책 : 시민권한 강화, 반부패장치, 모범고용주 역할 확산, 예약부정자 제재 강화

자료 : Dunleavy & Hood, 1994.

비판의 대상이 되기 쉽다는 점에 유의하여야 한다.

둘째, 개인주의자(individualist)는 인간과 자연간의 관계에 대해 매우 낙관적인 견해를 가지고 있다. 사회발전에 있어 시장신호에 대응한 혁신가적인 활동에 대한 강한 믿음을 갖는다. 이러한 개인주의 관점에서 신공공관리론은 불충분한 개혁으로 비판된다. 특히 신공공관리론의 관리주의적 처방을 비판하고, 이를 보다 더 개인의 법적 권한과 계약관계에 의한 개혁을 주장한다. 따라서 처방책으로 준계약관계를 법적 계약관계로 전환, 뉴질랜드의 경우처럼 구매자-생산자 계약관계, 공기업화를 넘어 민영화로, 성과급의 전면적 도입, 직업정년의 철폐를 제시한다.

셋째, 계층주의자(hierarchist)는 중앙관리, 기획체제, 기술관료제적 관점을 대표하는데, 자연을 관리할 수 있는 개인의 능력에 대한 믿음을 가지고 있다. 단 관리체계는 엄격하게 규정되어져야 한다. 계층주의자들은 신공공관리론의 개혁이 초래할 수 있는 불안정성을 두려워 하고, 개혁과정에서 무질서와 혼란을 방지하기 위해 조심스럽게 유도되어야 한다고 주장한다. 신공공관리론의 효율성 이점은 중앙관리기관의 장기적인 기획능력의 약화와 좁은 성과지표에의 관심으로 인한 보다 큰 정책혼돈의 비용에 의해 상쇄된다고 비판한다. 특히 조직의 계약관계에 의한 분화와 직업공무원제 폐지에 따른 전통적인 공직윤리의 훼손 위험을 크게 우려한다. 이에 대한 처방으로 중앙관리기관의 조정능력의 필요성을 주장한다. 이를 통해 분화된 공공조직을 규제하고, 정책에 대한 협의 의무를 계약에 첨부할 수 있다. 나아가 정부조직 전체의 막대한 거래비용을 줄이기 위해 저신뢰의 독자적 계약관계에서 고신뢰의 의무적 계약관계의 발전을 제안한다.

넷째, 평등주의자(egalitarian)는 인간과 자연간의 관계에 가장 비관적 입장을 가지고 있다. 엘리트주의적 의사결정과 권한집중에 따른 대규모 오류가능성을 비판한다. 사회불평등구조에서 신공공관리론의 분권화와 시장화전략은 고위 공무원의 개인적 이해를 대변할 수 있고, 부패가능성의 위험을 주장한다. 또한 신공공관리론의 조직분화는 행정책임성의 약화, 정책과정의 복잡성을 가져와 시민의 정책능력을 약화시키고, 사회변혁의 도구로서 정부관료제의 기능을 기대하기 어려워진다. 이러한 신공공관리론이 갖은 절차통제의 미비에 대한 처방책으로 정밀한 회계제도, 계약불량자의 관리, 부패방지기구 등이 제시된다.

비록 상호 갈등적이지만, 이상의 여러 가지 비판점을 인식함으로써 신공공관리론의 약점을 분명히 파악할 수 있고, 따라서 이에 대한 처방책을 탐색하고, 비판점에 적응함으로써 신공공관리론을 더욱 발전시킬 수 있다고 Hood는 제안한다.

마지막으로, Hood는 미래의 행정의 모형으로 〈표 7-5〉와 같은 4가지 가능성을 정리하였다.

앞에서 검토한 전통행정이론에 근거하여 행정의 독특성과 규정을 강조하는 행정모형인 공공관료제국가(public bureaucracy state)와 신공공관리론에 기초한 최소구매국가(minimal purchasing state) 이외에는 중간유형으로서 정체모형과 혼돈모형의 가능성이 있다. Hood는 모든 정부기능을 신공공관리론에 근거한 최소구매국가모형을 제안하는 것은 아니다. 오히려 국가의 핵심적 정책능력은 전통적인 공공관료제국가모형으로 존속해야 한다고 주장한다. 다만 양자 이외에도 정체(gridlock)모형과 혼돈(headless chicken)모형의 위험을 지적하고 있다. 정체모형은 민간과의 행정서비스 공동생산에도 불구하고 규정을 강조할 때, 그리고 혼돈모형은 공공조직에 의해 수행되면서도 일관된 규정이 결여될 때 발생할 수 있는 모형이다. 물론 정체모형과 혼돈모형은 각각 장점도 있지만 그 문제점이 더 클 것이다. 따라서 Hood는 미래의 행정모형으로서 정부기능에 따른 상황적합적인 대안을 제시하고 있다.

〈표 7-6〉 행정의 대안적 미래

		공사구분 정도	
		낮음	높음
일반화된 규정	높음	정체모형 민간공급자, 철저한 규정집, 정치적 조정 없음 (예) 1980년대 미국 의료서비스	공공관료국가 독특한 공조직에 의한 광범위한 공적 공급 (예) 전통적 독일행정
	낮음	최소구매국가 최대의 기업존재, 국가는 현명한 소비자 (예) 로스엔젤레스 시정부	혼돈모형 독특한 그러나 혼란한 공공부문, 관리책임의 복잡 (예) 영국 고등교육행정

자료: Dunleavy & Hood, 1994.

III. 평가적 의견

이상에서 간략히 검토한 바와 같이 Hood는 객관적인 비평가의 입장에서 새로운 행정학의 패러다임으로 성장하고 있는 신공공관리론을 이론적으로 정리하고, 이에 대한 비교론적 특성을 제시하였고, 나아가 한계점과 앞으로의 연구과제를 제시하고 있다.

현재 1980년대 실험된 신공공관리론에 대한 평가와 논쟁이 한창 진행중이고,[5] 추진세력들의 긍정적인 평가에 대해 행정학자들의 비판도 만만치 않다. 따라서 신공공관리론에 대한 단정적 평가를 내리기에는 아직 이르다. 다만 여러 나라에서 공통적으로 지적하는 점은 적어도 다시 전통적 행정체제로의 복귀는 안 한다는 것이 기본입장이다.

이러한 Hood의 신공공관리론의 검토를 통해 얻게 되는 과제는 공공행정의 핵심적 특수성을 손상시키지 않는 범위 내에서 어떤 정부기능, 기구, 과정이 신공공관리론 개혁의 성공적인 대상이 될 것인가, 그리고 이를 위한 제도적인 전제조건은 무엇일까 하는 점이다. 궁극적으로 우리나라는 후발국으로서의 이점을 살려 신공공관리론의 장점을 전략적으로 선택해야 할 것이다.

그런데 신공공관리론의 수용에 있어 다음과 같은 한계점도 고려하여야 한다

---

5) 미국 행정학계의 경우 Terry와 Frant의 신공공관리론에 대한 논쟁을 참고(Terry, 1998 & 1999; Frank, 1999).

(김근세, 1996).

첫째, 정부조직의 기능적 분화에 따라 정책과정의 복잡성이 더욱 증가됨으로써 이에 대한 국가행정기구의 정책 조정 및 통합이 어려워진다. 나아가 일반 시민의 국정과정 참여라는 행정민주성을 위협할 수도 있다. 그리고 지나친 정부조직의 민간화는 핵심적인 국가의 정책능력을 훼손할 수 있는 위험도 있다.

둘째, 신공공관리론은 좁은 의미의 행정책임성을 강조하게 될 위험이 있다. 대리이론에 기초하여, 정치집행부의 정책의도대로 일선 행정기관은 측정 가능한 업무를 수행하고 평가받는, 즉 상관과 부하간의 관료적 책임성을 강조한다. 그런데 행정업무의 수행에 있어 법적 책임성, 관료의 전문가적 책임성은 어떠한지, 나아가 정부의 기능수행이 갖는 헌법성과 사회계층과 관련된 정치적 책임성의 문제에 대해서는 취약하다.

셋째, 신공공관리론에서 주장하는 공공재의 상품화, 시민의 소비자화, 민영화는 국가의 시장화(marketization of state) 전략으로 시민의 정치적 성격을 훼손시킨다. 시민권은 개인과 정치공동체간의 관계에 있어 중요한 의미를 함축하고 있는데, 신공공관리론에서는 이를 간과하는 경향이 있다. 특히 행정에 소비자의 개념의 적용은 개인간의 불평등을 합리화시켜 주는데, 이는 시민권과 관련된 동등하고 보편적인 권리와 의무의 개념과 배치된다.

넷째, 신공공관리론은 성과보너스 등과 같은 공무원의 외재적 동기부여 요인에 치중하고 있다. 그런데 지나친 외재적 동기부여의 강조는 이것으로 공무원의 내재적 동기부여를 대체할 위험이 있다. 그리고 예산감축 시대에 금전적 보너스의 활용 폭은 그다지 크지 않다는 것을 고려할 때 이 점을 유의할 필요가 있다.

마지막으로, OECD국가들의 신공공관리론 개혁에 비추어 볼 때 한국 행정의 수용가능성은 어떨까? 행정관리의 개혁이 성공적으로 수행되기 위해서는 행정제도와 사회경제적 조건, 그리고 문제의 본질이 조응될 때 높은 기회를 갖게 된다(Weaver & Rockman, 1993). 따라서 신공공관리론 개혁이 한국 사회에서 성공적인 적용가능성을 확보하기 위해서는 한국 사회경제적 조건과 정치행정 제도적인 조건이 개혁관리의 성격과 조응되어야 한다.

기본적으로, 관료주의의 극대화, 발전국가식 자본주의의, 민주주의의 저발전이라는 제도적 유산을 가진 한국 행정에 있어(정용덕, 1997), 신공공관리론은 한국 사회경제의 민주화에 따른 기존의 권위주의적 국정관리체계를 보다 민주적이고, 시장적인 국정관리로 전환하는 데 기능성이 있을 것이다. 그리고 우리 나라의 단방제, 단원제 의회, 강한 정당내 규율, 그리고 대통령중심의 핵심집행부와 엘리트주의적 국정관리방식은 보다 급진적인 정부개혁이 가능한 정치제도적 특성을 가지고 있다고 볼 수 있다.

그런데 한국 사회에서 정부가 차지하는 규모가 복지국가를 경험한 서구 자본주의사회처럼 크지는 않다. 그리고 한국의 관료제는 경제개발시대를 거치면서 그 역할이 팽창되었으나 그 개입의 양식에서 직접적인 생산보다는 간접적인 규제 방식에 크게 의존했다. 따라서 신공공관리론 개혁의 실험대상이 될 행정서비스 영역은 그다지 큰 편은 아니어서 동기는 높지 않다. 반면에 강한 집권적 관료제의 존재는 신공공관리론 개혁의 기회를 높여 준다. 즉 〈표 7-3〉에 따르면, 일본과 스웨덴형의 중간적 유형에 해당될 것으로 판단된다.

그리고 신공공관리론 개혁이 가능하기 위한 제도적 조건이 전제되어 있어야 하는데 한국 행정은 아직 그 제도적 기반이 허약하다. 따라서 신공공관리론이 실행되기 위해서 이론적, 기술적으로 기반조건이 선행되어야 한다. 영국의 경우 MINIS(Management Information Systems for Managers), FMI의 도입으로 정보체계 및 예산에 대한 정보가 집행기관을 통제하는 기관에게 마련되었다. 따라서 신공공관리론의 주장대로, 행정분권화와 더불어 행정의 정치적 책임성을 확보하기 위해서는 보고된 업무성과에 대한 신뢰가 전제되어야 한다. 즉 대리인의 행동을 충분히 모니터할 수 있는 관리기법의 발달이 전제되어야 한다. 한국 정부에서 중앙관리기관이 일선 행정기관의 행정서비스 생산비용에 대한 신뢰할 만한 정보관리와 관리제도의 개혁은 아직 준비되지 않았다. 행정서비스의 단위비용, 업무성과 평가기준, 일선 행정기관의 보고체계의 제도적 준비가 충분하지 않은 상태에서 신공공관리론으로의 급진적인 개혁은 또 하나의 형식주의(formalism)를 가중시킬 뿐이다.

마지막으로, 이러한 제약점의 핵심은 계층주의와 개인주의간의 문화적 갈등으로 요약할 수 있다. 우리 나라의 전통적인 계층주의 사회문화는 신공공관리론에서 처방하는 관리권한의 위임과 성과계약의 개혁을 어렵게 만드는 근원적 배경이 될 것이다. 그러나 한 사회의 문화는 고정된 것이 아니라 제도적 환경과 상호작용을 하면서 변하고 있다. 따라서 정부개혁에 있어 이러한 문화변화와 개혁의 가능성에 주목할 필요가 있다.

위와 같은 사실에 비추어 볼 때, 신공공관리론 행정개혁의 도입은 요란한 상징정치성에도 불구하고 그 추진에 있어 전략적으로 그리고 상황적합적으로 접근해야 할 것이다.[6] 따라서 신공공관리론의 성공적 수용을 위해서는 이의 적합한

---

6) 예를 들어, 공공서비스 전달체계의 수준에 따라 신공공관리론의 적합성은 다르다. 정책개발의 수

상황조건을 분명히 할 필요가 있다. 그렇지 않고 공공성이 강한 정부기능 분야에 이 모형을 적용할 때 발생할 수 있는 혼돈의 위험성과 민간성이 강한 정부기능 분야에 전통적 행정모형을 적용할 때 발생할 수 있는 정체의 위험성을 최소화하면서 정부개혁을 성공적으로 추진할 수 있을 것이다. 또한 신공공관리론을 만병통치약으로 과대포장하지 않는 것이 많은 저항세력의 비판을 완화하는 데 도움이 될 것이다.

참고문헌

김근세, "Sayre 법칙의 종말?: 영국 신관리주의의 본질과 한계," 한국행정연구, 5, 2, 1996.

_____, 정부조직의 기능적 다원화를 위한 직제분석, 한국행정연구원 연구보고서 97-8, 1998.

정용덕, "한국행정기구 개혁의 역사적 전개," 한국공공정책학회 학술대회 논문집, 10월 17일, 서울대학고, 1997.

Aucoin, P., Administrative Reform in Public Management: Paradigms, Principles, Paradoxes and Pendulums, *Governance*, 3, 2, 1990, pp. 115-137.

Dunleavy, P., *Democracy, Bureaucracy and Public Choice*, NY: Harvester Wheatsheaf, 1991.

_____ & C. Hood, "From Old Public Administration to New Public Management," *Public Money and Management*, 14, 3, 1994.

Frant, H. "Danger, Chemeras Ahead: Comment on Terry," *PAR*, May/June, 1989.

Hood, C. "Public Administration and Public Policy: Intellectual Challenges for the 1990s," *Australian Journal of Public Administration*, 48, 4, 1989.

_____, "A Public Management for All Seasons?," *Public Administration*, 69, Spring, 1991.

_____, "Economic Rationalism in Public Management: from Progressive Public Administration to New Public Management" in *Explaining Economic Policy Reversals*, Buckingham: Open University Press, 1994.

_____, "The New Public Management in the 1980s: Variations on a

_____

준보다는 사업설계 수준과 특히, 서비스전달 수준에서 신공공관리론의 적용가능성이 클 것이다(김근세, 1998).

Theme," *Accounting, Organizations and Society*, 20, 2/3, 1995.

_____, 'Deprivileging' the UK Civil Service in the 1980s: Dream or Reality?, in Jon Pirre, ed., *Bureaucracy in Modern State*, Hants: Edward Elger, 1995, pp. 92-117.

Kim, Keunsei, *Reshaping Government Bureaucracy*, unpublished doctoral dissertation, Syracuse University, 1995.

Pierre, Jon, "The Marketization of the State: Citizens, Consumers and The Emergence of the Public Market, Paper presented at the "Governance in a Changing Environment," Conference, Canadian Centre for Management Development, Ottawa, Canada, April 13-16, 1994.

Pollitt, Christopher, *Managerialism and the Pubilc Services*, 2nd. ed., Oxford: Blackwell, 1993.

Terry, L., "Administrative Leadership, Neo-managerialism, and the Public Management Movement," *PAR*, May/June, 1998.

_____, "From Greek Mythology to the Real World of the New Public Management and Democratic Governance(Terry Responds)," *PAR*, May/June, 1999.

Weaver, R. & B. Rockman, *Do Institutions Matter?*, Washington, DC: Bookings Institution, 1993.

Janet V. Denhardt와 Robert B. Denhardt의 신공공서비스론*

I. 머 리 말

Janet V. Denhardt와 Robert B. Denhardt는 공공조직과 비영리조직을 대상으로 조직관리론, 조직행태론, 리더쉽 등에 관한 많은 연구를 진행해 왔다. 특히 미국행정학회(ASPA)회장을 역임한 Robert B. Denhardt는 미국행정학회 내의 공공서비스운동(ASPA's National Campaign for Public Service)의 초대 회장을 맡아 행정서비스의 증진을 위한 많은 이론적·실증적 연구를 진행해 온 학자이다.

행정학이 고전적인 정치·행정이원론에서부터 출발하여 최근 10여년 동안 행정분야에 광범위하게 뿌리내린 신공공관리론(new public management)에 이르기까지 행정서비스에 대한 논의는 지속적으로 확산되어 왔다. 특히, 1990년대의 신자유주의와 신공공관리론에 기초한 행정개혁사례들은 이전의 전통적 관료체제의 비능률성·경직성에 대한 비판과 함께, 행정환경변화에 대한 효율성·대응성을 제고하고 공공부문에서의 시장경쟁원리의 적용, 사업가적 리더쉽 발휘, 성과중심·고객중심의 행정 등을 통한 행정서비스의 증진을 강조해 왔다. 그러나, 이들 이론들은 완전한 자유경쟁시장시스템과는 많은 점에서 일치하지 않는 공공부문의 행정서비스가 갖는 고유의 가치들이 충실히 고려되지 못했다는 비판과 함께 이론적·실천적 적실성에 대한 많은 이의가 제기되어 왔다.

Janet V. Denhardt와 Robert B. Denhardt는 행정서비스의 위상과 가치를 제고하기 위해서는 정부가 신공공관리론(new public management)이 강조하는 '경영의 방식'으로 운영되어서는 안 되며, 공공관료와 시민들의 참여와 민주

---

* 권용수: 건국대학교 행정학과 교수.

적인 방식에 의해 운영되어야 함을 강조하고 있다. 어느 정부에서든 공공관료들은 민주적 원칙에 입각해서 공공서비스를 제공해야 할 뿐만 아니라 공익, 거버넌스과정, 민주적 시민의식의 확대 등과 같은 민주적 이상실현을 위해 많은 관심을 기울여야한다는 것이다. 이를 위해서는 공공관료들은 새로운 시대적 도전들의 복잡성을 인식하면서 동료 관료들과 시민들을 존중하면서 정책개발과 집행에 관련한 새로운 기술을 배워야 하며, 국민에 대해 '말하기'보다는 '듣기', '조정'하기보다는 '봉사'한다는 점이 강조되고 있다. 또한, 일반국민들이 거버넌스과정에 적극적으로 참여함으로써 공공관료와 국민들간의 상호 협력과 호혜적인 방향으로 공공문제를 정의하고 찾아내는 데 공동의 노력을 기울여야 한다.

Janet V. Denhardt와 Robert B. Denhardt는 행정에 있어서 중요한 정신은 행정이 공익을 증진시키고 시민에게 봉사한다는 것이며, 행정이 "얼마나 효율적으로 기능을 수행하느냐"가 아니라 "어떻게 시민의 삶의 질 향상에 기여하느냐"가 더욱 중요하다는 견해를 갖는다. 본 저서에서는 전통적 행정뿐만 아니라 신공공관리론(new publid management)에 대한 비판적 고찰과 함께 민주적 이상실현을 위한 규범적 행정가치를 적용한 '신공공서비스'(new public service)의 개념과 원리들을 제시하고 있다. 이들은 '신공공서비스'의 원리들이 행정에 있어서 이러한 민주적 방식을 비롯한 규범적 가치들이 기존의 신공공관리론의 주장들과 어떻게 구별 또는 보완되어 적용되어야 하는지를 구체적으로 설명하고 있다.

II. 신공공서비스론(New Public Service)의 원류와 주요 원리

1. 신공공서비스론의 원류

신공공서비스론(new public service)은 다양한 이론적·실천적 원류들을 근거로 한 규범적 모델로서 제시되고 있다. 특히 1) 민주적 시민의식에 관한 이론(theories of democratic citizenship), 2) 공동체 및 시민사회모델(models of community and civil society), 3) 조직인본주의(organizational humanism)와 신행정학(new public administration), 4) 포스트모던 행정학(postmodern public administration) 등에 그 뿌리를 두고 있다.

첫째, 시민의식의 개념은 다양한 차원에서 정의될 수 있는바, 법적 시스템차원에서 볼 때는 시민의 권리와 의무에 초점을 두고 있으며, 정치적 시스템차원에서 볼 때는 정치적 공동체에 영향을 미칠 수 있는 개인의 역량에 초점을 두고 있다. 또한, 공공선택론의 입장에서 보면 개인적 이익을 추구하는 시민이 자신의 이익극대화를 위해 선택하는 행위수준에 초점을 두고 있다. 그러나, 신공공서비스론의 원류가 되는 민주적 시민의식은 시민이 개인이익보다는 광범위한 공익에 관심을 갖고 정부활동에 적극적인 참여와 책임을 부담하려는 의식수준으로 정의될 수 있다.

둘째, 공동체 및 시민사회모델은 시민들의 지역공동체에 대한 관심이 증대되면서 대두되었다. 공동체주의는 단순히 특정 분쟁을 해결하기 위한 민주주의가 아닌, 시민들의 삶에 영향을 미치는 중대한 의사결정과정으로서의 민주주의를 형성해야 한다는 것이고, 이를 위한 조정·중재·협력·협의의 과정에 시민들이 적극적으로 참여해야 한다는 점을 강조한다. 또한, 공동체 및 시민사회의 형성을 위한 정부의 역할도 강조되는바, 정부는 다양한 행정과정에서 시민과 지역사회간의 유기적 관계를 형성·촉진·지원하는 역할을 담당해야 한다.

셋째, 신공공서비스론은 조직인본주의에 뿌리를 두고 있다. Chris Argyris와 Robert Golembiewski 등의 학자들은 전통적 조직이론들이 간과하는 인간적 가치를 반영한 조직관리를 강조하였다. 조직인본주의는 전통적 조직이론이 주로 상의하달식 계층제적 관료제조직을 통해 조직구성원의 객관화·비인간화 및 통제중심의 조직운영을 강조한 반면, 인간행태에 대해서는 제한된 견해를 가졌다는 비판에 전제하고 있다. Argyris는 조직성과의 증진과 조직구성원의 개인적 성장을 위해서는 조직관리자들이 조직구성원들의 자가진단과 창의성 개발 등을 지원하는 기술을 개발·활용하여야 한다고 주장하였다. 이는 조직구성원의 개인적 도덕성과 진실성·자발성은 조직의 인간적 측면에 관련된 것이라는 견해이다. 아울러, Golembiewski는 조직발전론(organizational development)에서 전통적 조직이론은 인간의 도덕적 측면을 간과하고 있음을 지적하면서 조직구성원의 자유를 증진하는 한편 개인과 조직단위간의 상호 협력을 극대화하는 것이 바람직하다고 주장하였다. 특히, 조직관리자들은 조직구성원간의 자율통제와 자율감독을 촉진시킴으로써 집단내에서의 갈등을 적절하게 관리하는 등 집단적 과정을 통해 조직성과를 증진시키는데 관심을 기울여야 한다는 것이다. 아울러, 행정학발전과정에 있어서는 신행정학(new public administration)이 행정의 사회적 평등성·대응성을 강조하면서 공공관료들은 공공서비스가 사회적 평등성과 시민의 안녕에 미치는 영향을 파악할 수 있는 기준과 측정수단을 개발해야 한다고 주장하고 있다. 이러한 이론적 배경들은 공공서비스가 객관적인 효율성에 의해서만 평가될 수는 없는 것이며, 공공관료의 도덕적·자율적 판단에 따른 사회적 형평성·대응성의 상호작용이 커다란 의미를 가짐을 제시한다.

끝으로, 포스트모던 행정(postmodern public administration)은 1960년대 후반과 1970년대 초반에 들면서 논리실증주의에 뿌리를 둔 합리적 모델(rational model)에 대한 비판으로 등장하였다. 포스트모던 행정이론가들은 합리적 모델이 행정분야에서 극히 제한된 사고범위를 제공할 뿐이며 사실(fact)에 초점을 둠으로써 인간의 객관화·비인간화를 초래했다는 비판과 함께 다양한 가치(value)의 중요성을 강조하였다. 특히, 인간행동의 의미와 가치를 이해하는 것이 얼마나 중요한가를 간과했다는 것이다. 포스트모던 행정은 공공문제해결에 있어서 객관적·합리적인 분석보다는 행정가와 시민들간의 상호연계와 참여를 통한 '대화'의 중요성을 강조하였다. 이는 협상 및 합의의 도출에 있어서 다양한 참여자들의 대화를 통한 상호작용에 초점을 두는 것이다.

2. 신공공서비스론의 주요 원리

신공공서비스론은 위에 제시된 다양한 원류들에 기초하여 전통적인 정치행정이원론이나 신공공관리론과는 구별되는 이론으로 제시되었다. 신공공서비스론은 다음과 같은 상호보완적인 7가지의 핵심적 내용으로 구성되어 있다.

(1) 고객이 아닌 시민에 봉사

공익은 개인적인 이익의 집합체라기보다는 공유된 가치들에 대한 대화의 결과이다. 따라서 공공관료들은 단지 고객의 요구에 대응하는 것이 아니라 시민들과의 신뢰와 협력의 관계를 확립하는 데 초점을 맞춰야 한다. 신공공관리론(new public management)은 많은 민간기업의 경영경험 및 경제이론들의 접목을 통해 시민을 경제적 차원에서 바라보면서 하나의 자율적인 소비자 또는 고객으로 이해하였다. 특히, Osborne과 Gaebler는 고객지향적 정부는 고객에 대해 더 높은 수준의 책임성과 쇄신성, 더 많은 서비스선택권, 그리고 더 작은 낭비를 가져온다는 점에서 관료적 정부보다 우위에 있음을 강조하였다.

그러나, 정부서비스의 품질을 증진한다는 점에서는 논란의 여지가 없으나, '고객서비스'의 차원에서 정부서비스를 이해하는 것은 몇 가지 이론적·실제적 제약이 있다. 첫째, 시장시스템에서 고객이라는 경제적 개념은 고객의 선택을 전제로 하고 있으나, 공공성을 갖는 정부서비스에 있어서는 선택의 여지가 없는 경우가 많으며, 어떤 경우에는 많은 시민들이 원하지 않는 경우도 있다는 점이다. 둘째, 정부에 있어서 시민은 단지 고객이 아니라 정부의 주인이라는 점이다. George Fredrickson(1992)은 "고객은 시장에 나온 상품들 중에서 선택을 하지만, 시민은 정부가 시민의 비용부담으로 어떤 중요한 일을 해야 하는지를 결정한다"고 언급하고 있다. 이러한 점에서 정부는 단지 개인고객들의 이익보다는 더 큰 공익에 대해 대응해야 한다. 민주적 정부의 기본은 이익이나 고객만족이 아니라 공익에 대한 대응성·책임성이다.

신공공서비스론(new public service)은 정부와 상호작용을 갖는 것은 고객이 아니라 시민이라는 점을 강조한다. 시민은 커다란 공동체사회에서 권리와 의무를 갖는 주체이다. 따라서 시민들은 공동체사회에 대해 관심을 기울이고, 단기적인 개인이익을 초월하는 공공문제에 관여해야 하며, 공동체사회에서 일어나는 일들에 대해 책임을 나누려는 의지를 가져야 한다. 한편, 정부는 시민의 필요와 이익에 대해 귀를 기울이고 대응하면서 시민의 책임이 성실히 수행될 수 있도록 지원하는 역할을 담당해야 한다.

(2) 공익의 추구

신공공서비스론에서는 정부서비스에 있어서 '공익'이 핵심적인 개념으로 강조되고 있다. 신공공서비스론은 사회의 'VISION'형성과정이 단순히 정치인이나 행정가에 의해서만이 아니라 폭넓은 대중의 대화와 토론을 통해서 이루어져야 한다고 주장한다. 정부는 시민들이 대화를 통해 공유가치를 설정하고, 공익에 대한 합의를 도출할 수 있는 무대를 제공하는 중요한 역할을 한다. 공공관료들은 단순히 타협을 통해 서로 다른 견해들에 반응하기보다는 시민들이 서로를 이해하고 장기적이며 넓은 의미의 사회적 이익을 고려하도록 공간을 마련하는 역할을 수행하는 것이어야 한다. 이것은 거버넌스과정에서 민주적 가치들을 실현하는 중요한 역할이다.

그렇다면 공익이란 무엇인가? 공익의 개념은 다양하게 정의될 수 있다. Clarke Cochran은 그동안 등장한 공익개념에 대한 학자들의 논의를 크게 (1) 규범적(normative), (2) 폐지론적(abolitionist), (3) 정치과정지향적(political process oriented), (4) 공유가치에 근거한(based on shared values) 공익개념으로 구분하고 있다. 첫째, 공익의 규범적인 모형은 사회과학자들에 의해 어떠한 현상을 설명하기 보다는 당위적인 것을 설명하는 데 사용된다. 즉, 공익은 어떤 공공정책이나 정치적 목표를 평가하는 데 있어서 윤리적인 기준이 되는 것이다. 초기 행정가인 Pendleton Herring(1936)은 행정가는 다양한 갈등들을 해결하는데 있어서 공익에 기초하여 윤리적 및 법적 의무를 다해야 한다고 언급한 바 있다. 둘째, 공익폐지론자들은 공익의 개념은 의미도 없고, 중요하지도 않다고 주장한다. 폐지론자들은 공익을 측정하거나 직접 관찰할 수 없기 때문에 유효하지 않으며, 개인의 선택이 정책과정이나 정책결정을 이해하는 가장 좋은 방법이기 때문에 공익이나 집합적 의지는 필요하지 않다고 주장하고 있다. 셋째, 정치과정지향적 공익개념은 정책이 만들어지는 정치적 과정에 초점을 둔 개념으로서, 공익은 이익들이 모이고, 균형 잡히고, 조화되게 하는 과정을 통해 실현된다는 것이다. 결국, 이것은 시민들이 이익단체나 정당에 의해 적절하게 대표될 것이며, 정책과정에서 계획하는 것들 중에 하나를 사람들의 주요한 의견으로 내놓으면, 그것이 공익에 접근할 것이라는 것이다. 넷째, 공유가치에 근거한 공익개념은 Paul Appleby와 Deborah Stone의 견해에 기초하고 있는바, 공동의 가치에 대한 적극적이며 신중한 추구에 바탕을 두는 반면, 개인이익의 집합이라는 견해와는 다른 것이다. Deborah Stone에 따르면, 공익은 시민들의 대중적 의식에 의해 추구되는 것이며, 공동체사회에 바람직한 것으로 합의가 이루어진 목표라고 할 수 있다. 따라서, 공유가치에 근거한 공익개념은 특정이익을 초월하여 민주적 공유가치를 도출하는 과정을 강조한다.

신공공관리론(new public management)은 시장시스템에 근거하여 개인고객이 자신의 이익에 근거하여 결정을 내린다고 전제한다. 이러한 관점에서 볼 때는 공익폐지론자의 입장에서 공익을 이해하고 있다고 볼 수 있다. 반면에, 신공공서비스론(new public service)에서는 공익과 공유가치간의 관계를 강조하고 있다. 신공공서비스론에 따르면, 행정가의 역할은 시민들의 참여와 대화를 촉진시켜 시민들이 공유된 가치에 근거하여 공익을 정의내리고 추구할 수 있도록 적극적으로 조장하는 것이라고 제시하고 있다. 또한, 행정가는 시민들이 공동체사회에 대한 자발적 관심을 갖도록 하고 이를 적극적으로 표출할 수 있도록 조장해야 한다.

(3) 시민의식의 강조

신공공서비스론은 마치 공적자금이 자신의 소유인 것처럼 활동하는 기업가적 관리자보다는 사회에 의미있는 기여를 창출하는 데 참여하는 공공관료들과 시민들에 의해서 공익이 더욱 증진된다고 제시하고 있다. 기존에는 정부가 신공공관

리론에 근거하여 '방향잡기'와 '기업가적 관리자'의 역할을 강조하였지만, 현대
적 삶의 복잡성은 그러한 역할을 부적당하고 불가능하게 하였으며, 실제로 공공
정책은 다양한 견해와 이해가 혼재된 집단간의 상호작용의 결과라고 볼 수 있다.

신공공서비스론에 따르면, 정부의 주된 역할은 각종 규제를 통해 대중의 행
위들을 감독하거나 특정한 방향으로 대중을 유도하기 위한 규칙과 인센티브를
설정하는 것이 아니라고 지적한다. 반면에, 정부는 정책과정에 대한 적극적인 시
민참여의식을 촉진시키는 역할을 담당해야 한다고 제시한다. 특히, 정부에 대한
시민참여는 민주적 거버넌스의 필수적인 요건으로 인식된다. 정책과정에서의 시
민참여는 정부가 정책결정에 있어서 시민들의 기대에 부응하도록 하는 데 기여
하며, 다양한 정보, 창의적 아이디어, 해결책 등을 제시함으로써 정책의 질을 증
진시키며, 시민들의 이해를 토대로 원활한 정책집행을 추진할 수 있으며, 정부의
투명성과 책임성을 제고하는 등의 효과를 기대할 수 있다. 따라서, 정부는 기업
가적 정신의 발휘에 초점을 두기 보다는 거버넌스사회에서의 시민참여의식증진
을 위한 적극적인 역할을 담당하는 것이 바람직하다.

(4) 전략적인 사고와 민주적인 행동

대중수요를 충족시키는 정책은 행정가와 시민들의 집합적 노력과 협력 과정
을 통해 가장 효과적이고 책임감있게 달성될 수 있다. 신공공서비스론은 사회의
비전이나 정책이 형성된 후 단순히 정부관료들에게 그 집행을 위임하는 것은 바
람직하지 않으며, 공공정책이 바람직한 방향으로 설계되고 집행되도록 모든 이
해당사자가 참여해야 한다고 제시하고 있다. 이러한 점에서 볼 때, 시민참여는
정책결정단계에서 뿐만 아니라 정책집행단계에서 중요한 영향을 미치는 것이다.
기존의 신공공관리론에서 가장 크게 언급된 두 가지 대표적인 정책집행방식은
민영화(privatization)와 협업(coproduction)으로서, 이들은 기본적으로 정책집
행기능을 공공관료가 아닌 민간시장부문으로 이전하는 것이었다. 즉, 신공공관리
론은 가능한 많은 정책집행기능을 공공관료로부터 폐지하는 반면, 민영화 등을
통해 정책들이 효율적으로 집행될 수 있도록 경영차원의 인센티브를 적용하고자
하였다.

그러나, 신공공서비스론은 정책집행과정에서의 시민참여와 공동체사회구축에
초점을 두고 있다. 예를 들어, 협업(coproduction)의 경우에 있어서도, 신공공
관리론에 초점을 둔 시장개념이 아니라 공동체사회의 개념에서 접근하고 있다.
공동체사회에서는 공공관료와 시민 모두 상호간의 신뢰와 협력을 토대로 신공공

문제를 파악하고 해결책을 집행하는 데 공동의 책임감을 갖는다. 이 과정에서 시민들은 정부에 대해 더 많이 알게 되고, 정부는 시민들에 대해 더 많이 알 수 있게 된다.

따라서, 정부는 공공정책의 집행에 있어서 공동체사회에 대한 전략적 사고와 민주적 행동을 도모해야 한다. 정부는 항상 공동체사회에서 개방성·접근성이 보장되어야 한다는 점에서 공동체사회 내의 다양한 이해당사자 또는 참여자들의 정책네트워크에 대한 전략적 사고가 이루어져야 하며, 모든 정책과정단계에서의 시민참여의 기회가 제공되어 민주적인 정책추진을 도모해야 한다.

⑸ 책임성이 단순하지 않음을 인식

공공관료들은 민간부문에 비해 책임성에 대한 더 많은 관심을 기울여야 한다. 이는 공공관료들은 법령과 헌법, 공동체사회의 가치, 정치적 규범, 전문적인 기준, 시민의 이익 등에도 관심을 기울여야 하기 때문이다. 행정가들은 공익, 법령과 헌법, 다른 부처, 여러 수준의 정부, 언론, 직무 규정, 공동체의 가치와 준거, 상황적 요인, 민주주의 형태, 그리고 시민을 포함한 제도와 규정의 복합체에 대하여 책임성을 가지고 있다. 실제로 행정가들은 우리의 복잡한 정부시스템에서의 모든 경쟁적인 규정들, 가치 그리고 선호에 대하여 책임성이 요구되어 진다. 이러한 다양한 변수들은 중첩되거나 모순기도 하며 책임성의 변화를 가져온다. 이로 인해, 기대의 설정, 성과의 검증, 행정기관의 책임성 유지, 비난의 측정, 책임의 분류, 누가 결정주체이며 다양한 책임시스템의 조건하에서의 책임자인가를 결정하는 등의 심각한 문제들이 발생한다.

신공공서비스론은 민주적 거버넌스에서의 책임성의 중요성과 행정책임의 현실을 모두 고려하고 있다. 신공공서비스론은 효율성이나 시장시스템에 근거한 기준의 측정수단이 책임있는 행동을 측정하거나 촉진시킬 수 있다는 신공공관리론의 견해를 부정한다. 반면에, 신공공서비스론은 공공부문에서의 책임성은 행정가들이 공익차원에서 시민들에게 봉사해야 한다는 점에 근거를 두고 있다. 신공공서비스론에서의 책임성은 전문적·법적·정치적·민주적 책임을 포함하는 광범위한 개념으로 이해되어진다. 그러나, 민주적 정책과정에서의 궁극적인 책임성 시스템이 갖는 목적은 시민의 선호와 필요에 대해 정부의 대응성을 보장하는 것이다. 공공관료들은 복잡한 거버넌스시스템에서 책임있고 민주적인 방식으로 다양한 기준들의 균형을 맞추기 위해서는 시민참여, 권한위임, 대화 등이 적극적으로 활용되어야 한다. 이를 통해 공공관료들은 시민들과 상호작용하고 시민들에게 귀를 기울임으로써 책임성에 대한 공동의 인식을 도모할 수 있다.

(6) 방향잡기보다는 봉사

신공공서비스론은 정부가 사회를 통제하거나 새로운 방향으로 조종하기보다는 시민들이 공유된 이익을 도출하고 실현하도록 돕는 리더십을 발휘해야 한다고 제시한다. 공공정책에 있어 다양한 집단과 이해관계는 상호적으로 만족적인 목적달성에 있어 협력적인 방식을 가져오기 위해서는 상의하달식 · 통제중심의 전통적 리더십에서의 탈피가 필요하다. 신공공서비스론에서는 행정가가 공공기관과 사업을 운영하는 주인이 아니라는 점을 강조한다. 행정가들은 공공자원의 관리자, 공공조직의 보호자, 시민의식과 민주적 담론의 중재자, 공동체사회와의 유기적 관계를 위한 촉매자로서 시민들에게 봉사하는 책임성을 발휘해야 한다. 이것은 신공공관리론이 강조하는 성과와 능률에 초점을 둔 경영자의 역할과는 매우 다른 관점인 것이다.

신공공서비스론에서 제안하는 행정가들은 권력의 공유, 사람을 통한 작업, 문제해결의 중재자로서의 역할을 해야 하는 것뿐만 아니라 거버넌스 과정에서 시민들의 역할을 재개념화해야 한다. 즉, 신공공서비스론에서는 특정 정책문제와 관련된 모든 사람들을 참여시키고, 대화를 통해 그들간의 견해차이를 해결하거나 완화하고, 공유가치에 근거한 해결책을 도출하는 공유리더십(shared leadership)을 강조한다. 행정가의 공유리더십은 공동체사회와 시민들이 그들의 행정수요와 잠재력을 이해하도록 돕고, 공동체사회와 특정분야의 다양한 조직들의 비전을 통합하고, 이를 실현하기 위한 구체적인 행동을 촉발하는 역할을 담당한다. 따라서, 시민에게 봉사하기 위해서는, 행정가들은 단지 자신들이 사용할 수 있는 자원을 파악하고 관리하는 것뿐만 아니라 공동체사회와 시민과의 연계를 통해 외부로부터의 가능한 자원을 파악하고 유기적인 지원관계를 확립해야 한다.

(7) 생산성보다는 사람에게 가치부여

신공공서비스론은 공공조직 및 관련 네트워크가 모든 사람에 대한 존중에 기초한 협력(collaboration)과 공유리더십(shared leadership)의 과정을 통해 작동될 때 장기적으로 성공할 것이다. 즉, 생산성증대, 업무과정의 개선, 성과측정 등을 위한 시스템은 인간행태를 통제하는 조직관리시스템으로서의 중요한 기능을 수행하지만, 장기적으로 볼 때 조직구성원과 시민의 인간가치에 대한 관심이 부족한 경우에는 제기능을 발휘하지 못하게 된다.

생산성 증대를 위한 전통적 조직관리이론은 Max Weber, Frederick Tay-
lor, Douglas McGregor 등의 연구에서 찾아볼 수 있다. Weber는 조직인간행
태에 대한 관리와 통제의 구조적 접근을 시도했다. Weber가 묘사하는 관료제적
조직구조는 권위적인 계층제, 표준화된 규칙, 공식화된 지위에 의해서 특징지어
지며, 인간통제 수행에 가장 합리적으로 알려진 수단이다. 이러한 주장을 바탕으
로 관료제내의 계층제를 주장하면서 인간적인 요인을 무시하였으며, 이후 Tay-
lor의 과학적 관리론에서도 '시간, 동작연구'에서 작업의 능률성만을 강조하여
인간적인 요인을 무시하고 있다. 인간적인 요인에 대한 것은 McGregor(1957)
의 X·Y이론에 잘 나타나 있다. 전통적 행정학에서 능률성을 달성하기 위해 통
제의 기법을 사용한 것이나, 신공공관리에서 생산성의 달성을 위해 인센티브를
사용한 것은 인간의 X이론에 근거한 제도의 사용에 가까운 것이었다.

그러나 신공공서비스론에서는 신공공관리론의 지나친 생산성의 중시를 비판
하면서 공공서비스의 이상을 인간에게 가장 높은 가치와 초점을 부여하는 것으
로 설정함으로써 기본적으로 조직은 인간을 존경하는 가운데 협동 과정과 공유
된 리더십을 통해 운영될 때만이 성공할 수 있다고 주장한다. 따라서, 즉, 정부
조직에서 공공관료들이 시민들을 존중하게 하려면 먼저 정부조직의 관리자들이
조직내부의 하위관료들을 통제관계가 아니라 서로 가치를 공유하고 존중해야 한
다. 오늘날의 공공관료들은 전통적인 행정에서 강조하듯이 공공조직의 안정성만
을 중요시하는 것도 아니고, 신공공관리론이 언급하듯이 시장시스템에의 적극적
인 참여자도 아니다. 오히려 공공관료들은 안정된 직장과 봉급이외의 것들인 동
기부여나 사회적 보상같은 심리적인 요소들을 중요시 여긴다는 점에서 다른 분
야의 종사자들과 구별되기를 원한다. 이러한 점에서 신공공서비스론은 공공관료
와 시민과의 관계에서 상호 존중·수용·지원을 통해 정부의 책임성을 실현하
기 위해서는 공공관료의 가치를 인식하고 지원·보상하는 동기체제를 갖추어야
함을 강조한다.

Ⅲ. 평가적 의견

오늘날 정부는 국민에게 보다 좋은 행정서비스를 제공하는데 진력을 기울이
고 있다. 그러나, 좋은 행정서비스라는 것이 무엇인지에 대해서는 시대적·사회
적 환경에 따라 다양한 견해가 혼재될 수 있다. 지난 10여년간 행정분야에 광범

위하게 적용되어 온 신공공관리론은 시장시스템과 경영방식에 기초하여 행정의 효율성과 행정서비스에 대한 고객의 선택과 만족, 성과에 기초한 보상 등을 강조한 반면, 행정에서의 공익성·규범성에 대해서는 상대적으로 소홀하였다. 이에 신공공서비스론은 공익에 대한 지난 인식, 시민참여를 통한 민주적 행정, 고객이 아닌 시민에 대한 봉사, 공동체거버넌스과정을 통한 시민의식의 증진과 공익의 실현 등을 강조함으로써 행정의 규범성을 강조하고 있다. 즉, 공공부문에서 개인의 이익과 경쟁에 초점을 둔 경제이론을 적용하는 데는 한계가 있다는 점에서 공공서비스론은 정부의 책임성, 공공관료의 봉사정신, 시민의식과 참여, 민주적 거버넌스를 강조하고 있다.

오늘날 시민참여의 확대, 공익의 다원성에 대한 논의, 민주적 거버넌스가 활발하게 논의되고 있는 상황에서 신공공서비스론은 행정의 역할을 규범적으로 제시하고 있다. 특히, 공공관료는 민주행정의 가치와 의미를 간직하고 단기적인 성과뿐만 아니라 장기적인 민주주의 실현에 기여하는 역할자임을 강조한다. 아울러, 공공관료의 역할뿐만 아니라 시민들의 참여와 시민의식의 발휘가 공동체사회의 발전과 공공정책의 결정·집행에 있어서 핵심적인 성패요인으로 작용하고 있음을 명확히 한다. 이러한 점에서, 신공공서비스론은 참여행정·민주행정의 실현에 의미있는 기여를 할 것으로 판단된다.

그러나, 신공공서비스론은 행정의 규범적 특성과 가치를 강조한 나머지 행정에서 요구되는 전문성·효율성 등의 실천적 또는 수단적 가치의 유지를 위한 상호관계의 재정립에 대해서는 논의가 부족한 것으로 평가된다. 오늘날 우리 사회가 지식기반사회·정보화사회·무한경쟁시대를 맞이하고 있는 시점에서 행정은 국민의 의사에 기초한 공익을 실현하는 과정인 동시에 다양한 정보, 시민참여, 다방향성의 의사전달체계를 적극적으로 활용하여 공익을 보다 효율적·효과적으로 실현하는 전문성도 동시에 요구되는 것이다.

〈표 7-7〉 전통적 정치행정이원론 · 신공공관리론 · 신공공서비스론의 비교

유 파 관 점	전통적 정치행정이원론	신공공관리론	신공공서비스론
이론과 인식의 토대	정치학 및 초기의 사회과학	경제이론. 실증적 사회과학	민주주의 이론. 실증주의 · 해석학 · 비 판이론 · 포스트모더니 즘을 포괄하는 다양한 접근
합리성 모형	개괄적 합리성	기술적 · 경제적 합리성	전략적 합리성. 정치적 · 경제적 · 조직 적 합리성에 대한 다원 적 검증
공익에 대한 입장	법률 및 정치적 결정	개인들의 총이익	공유가치에 대한 담론
대응 대상	의뢰인과 유권자	고객	시민
정부의 역할	노젓기	방향잡기	봉사
정책목표의 달성기제	기존의 정부기구를 통한 프로그램	민간 및 비영리기구의 활용	공공기관, 비영리기관, 개인들의 네트워크 구축
책임에 대한 접근양식	민주적으로 선출된 정치 지도자에 반응	시민 또는 고객집단에게 바람직한 결과 창출	다면적 책임성
행정재량의 수준	관료에게 제한된 재량	관료에게 폭넓은 재량허용	재량이 필요하지만 제약 과 책임이 수반
조직구조	관료제조직을 통한 규제와 통제	기본적 통제만을 전제로 한 분권화된 공조직	조직내외적으로 공유된 리더십을 갖는 협력적 구조
관료의 동기 유발기제	임금과 편익 공무원 신분보장	기업가 정신 작은 정부론	공익의 실현 및 사회에 기여하려는 욕구

참고문헌

Argyris, Chris, *Personality and Organization*, NY: Harper and Row, 1957.

Denhardt, Janet V. & Robert B. Denhartdt, *The New Public Service: Serving, not Steering*, NY: M. E. Sharpe, 2003.

Frederickson, H. George, *New Public Administration,* Tuscaloosa: University of Alabama Press.

Golembiewski, Robert T., "A Critique of 'Democratic Administration' and Its Supporting Ideation," American Political Science Review 71(December), 1977, pp. 1488–1507.

James R. Thompson의 국가업무평가사업에 대한 평가*

Ⅰ. 머 리 말

1990년대 미국의 Bill Clinton 정부에서 시행된 국가업무평가사업(National Performance Review)은 "일은 잘하고 비용은 덜 드는 정부"를 구현하려는 미국식 정부재창조운동이다. 일은 잘하고 비용은 덜 드는 정부라는 정부개혁 모형은 Clinton 대통령이 Al Gore 부통령을 책임자로 위촉하여 수행하게 한 국가업무 평가사업의 보고서 "일은 잘 하고 비용은 덜 드는 정부의 창출"(Creating a Government that Works Better & Cost Less)에서 제안한 것이다.

Clinton 대통령은 1993년 3월3일 Gore 부통령을 시행책임자로 하는 국가업무평가사업을 출범시키고 6개월간 연방정부조직의 행정을 평가하게 하였다. 사업개시 6개월만에 제출한 보고서는 행정현실의 비판과 상당히 급진적인 개혁처방을 담고 있었다. 이후 미국 연방정부는 개혁처방의 시행에 나섰다.

국가업무평가사업을 기점으로 한 정부재창조운동은 그 내용과 강조점이 조금씩 달라지면서 Clinton 대통령 재임 중 계속 추진되었다. 1998년에는 국가업무평가사업의 명칭을 정부재창조를 위한 국가적 파트너십(National Partnership for Reinventing Government)이라 고쳤다.

국가업무평가사업이 미국 정부에 적지 않은 충격을 주고 상당한 변화를 야기하기도 하였다. 이 사업이 처방한 개혁모형은 영연방제국에서 시작된 신공공관리운동과 더불어 한 시대를 풍미하였다.

미국식 정부재창조운동의 세계적인 파급력이 컸던 만큼 그에 대한 비판도 많았고 새로운 대안적 모형의 탐색을 위한 노력도 활발했다.

James R. Thompson의 글은 국가업무평가사업에 대한 비판적 평가의 좋은

---

* 오석홍: 서울대학교 행정대학원 명예교수.

예를 보여주고 있다. 그는 "개혁으로서의 재창조: 국가업무평가사업의 평가" (Reinvention as Reform: Assessing the National Performance Review)라는 논문에서 국가업무평가사업이 추구한 목표, 시행성과, 만족스러운 성공을 좌절시킨 실책과 영향요인 등에 대해 설명하고 있다. 개혁사업 성공에 필요한 핵심적 요인 내지 추진력에 대해서도 언급하고 있다.

Thompson의 연구목적은 국가업무평가사업이 연방정부 행정개혁에 적합한 것이었는가? 천명한 목표는 성취되었는가? 국가업무평가사업이 성공하지 못한 국면이 있다면, 그 까닭이 사업의 기초가 된 이론 또는 아이디어 때문인가 아니면 그러한 아이디어의 집행방법 때문인가? 등의 질문에 해답을 구해보려는 것이었다. 이러한 목적을 위해 국가업무평가사업 추진조직, 실적보호위원회, 인사관리처, 회계검사국 등에서 전정부적으로 실시한 국가업무평가사업성과조사의 보고서 그리고 시회보장청에서 실시한 사례연구의 자료들을 분석하였다. 국가업무평가사업의 이론과 원리를 파악하는 데 주된 전거로 삼은 것은 "일은 잘하고 비용은 덜 드는 정부의 창출"이라는 1993년의 보고서이다.

앞서 말한 바와 같이 Clinton 대통령 재임 8년 동안 국가업무평가사업은 약간씩의 변동을 겪었고 사업의 명칭이 달라지기도 했다. 그러나 Thompson은 이를 모두 포괄하여 '국가업무평가사업'(NPR)이라는 이름으로 부르고 있다. Thompson이 그의 논문에서 논의한 내용을 다음에 요약하려 한다. 국가업무평가사업은 NPR이라 약칭하기로 한다.

II. 국가업무평가사업의 평가

1. 국가업무평가사업의 목표

NPR의 개혁처방은 여러 목표의 성취를 위한 다양한 개입조치들을 포함한다.

NPR의 목표체계는 세 가지 계층(three-tier hierarchy)으로 나누어 볼 수 있다. 이 계층에서 1차적 목표(first order objectives)는 2차적 목표(second order objectives)의 수단이며, 2차적 목표는 3차적 목표(third order objectives)의 수단이다.

1차적 목표는 연방정부 인력의 감축, 행정경비의 감축, 인사·예산·조달제도의 개혁 등이다. 2차적 목표는 기관 내에서의 분권화, 일선직원에 대한 힘실어주기, 연방관료제의 문화변동 등이다. 3차적 목표는 행정서비스의 품질개선과 업무수행의 능률 향상이다. NPR의 궁극적인 목표는 연방정부에 대한 국민의 신뢰수준을 높이는 것이다.

2. 국가업무평가사업의 목표성취 수준

위의 목표체계에 비추어 NPR의 성과를 전반적 · 일반적으로 평가한다면 단지 부분적인 성공이었다고 밖에 말할 수 없다.

하위목표인 일차적 목표의 달성에는 어느 정도 성공했지만 보다 중요한 상위목표인 2차 · 3차 목표의 성취에는 아주 한정된 진척밖에 없었다. 감원과 비용감축목표의 성취수준은 비교적 높았다. 파트너십 구축조치도 약간의 성공을 거두었다.

그러나 조직문화나 서비스 품질에 전반적으로 현저한 개선이 있었다는 증거는 없다. 능률개선이 포착된 경우에도 그 원인을 단정하기 어려웠다. 능률향상이 NPR에서 권고한 업무과정 재설계 때문인지 아니면 열심히 일한 직원들의 노력 때문인지를 확인할 수 없었다.

사회보장청(Social Security Administration: SSA)의 사례분석에서도 NPR의 목표성취는 부분적 성공이었음이 밝혀졌다.

일차적 목표인 감독계층인력의 감축은 높은 성취율을 보였다. 감독직 41%를 감축하여 감독자－직원비율 1:7.4를 1:12까지 낮추었다. 감독직을 대체하는 직위들을 새로 설치하여 감독직 감축효과를 약화시키기도 했지만 전반적으로 관리 · 감독직이 감소된 것만은 사실이다.

그러나 감독계층 감축의 목표설정 근거가 자의적이었다. 조직마다의 고유한 여건의 고려를 허용하지 않았다. 감독계층 감축의 발상은 작업집단들이 자율관리팀임을 전제한 것으로 보인다. 작업집단은 관리자 · 감독자들이 이끌고 통제해 온 조직단위라는 사실을 간과한 것 같다. 일선 감독자들의 감소는 업무수행의 과오를 늘리고 서비스의 품질을 떨어뜨렸다.

2차적 목표에 관해서는 엇갈리는 성과를 거두었다.

일선의 현장종사자들에게 힘을 실어주는 데서는 상당한 성공을 거둔 것으로 평가할 수 있다. 일선직원과 관리층의 파트너십 형성에 의해 노사관계의 적대적 분위기를 완화하였다. 고충제기, 중재요청, 불공정노동행위 고발 등이 많이 줄어들었다. 그러나 관리 · 감독자들은 파트너십 강조로 인해 권한이 축소되었다고 불만을 토로한다. 그리고 힘실어주기에 의한 자율관리팀 발전에는 실패하였다.

분권화는 현저한 진척을 보지 못했다. 인사·예산·조달 등의 분야에서 어느 정도의 자율성·융통성이 부여되었다. 그러나 인사 상 또는 예산 상의 전통적 제약들 때문에 그러한 자율성·재량성은 한정적인 것일 수밖에 없었다. 인사· 예산 상의 제약 가운데 일부(예산감축목표·감원목표 등)는 NPR이 설정한 것 이기도 하다.

사회보장청 내에서 조직문화의 변동은 거의 없었다. NPR 시행의 책임을 진 사람들은 조직문화의 변동이 일어났다고 주장하지만 일선 현장 종사자들의 의견 은 다르다.

3차적 목표인 서비스 개선의 성공사례가 몇 가지 발견되었다. 사회보장급여 결정에서 고객의 입장을 반영한 조치라든지 장애급여 신청의 신속한 처리라든지 하는 것을 그 예로 들 수 있다. 일부 서비스에 대한 고객평가도 양호하였다. 그 러나 성공사례는 한정적이었다.

3차적 목표의 하나인 작업능률 향상을 위한 급진적 리엔지니어링에는 실패하 였다. 능률향상을 위한 기술 변동은 점진적으로 진행되고 있을 뿐이다.

3. 국가업무 평가사업의 약점: 실패요인

(1) 관리이론의 타당성 결여

NPR의 기초가 되는 관리이론은 민간부문관리의 아이디어들이 공공부문에도 적실하다고 보는 것이다. NPR의 이론적 기초에서 민간지향성 내지 시장지향성 을 분명히 확인해 볼 수 있다. 고객중심주의적 서비스, 서비스 조직의 경쟁, 시 장적 역동성의 창출과 같은 처방에 NPR의 시장지향성은 분명히 나타나 있다.

이론적 기초의 민간지향성 때문에 NPR은 정부부문과 민간부문의 차이를 무 시했다는 비판을 받는다. 기업가적 패러다임의 강조는 정부운영에서 법률의 중 요성을 잘못 이해한 데서 비롯된 것이라고 한다. 기업가적 패러다임은 행정에 관한 전통적 책임규범에 위협이 된다고 한다.

기업가적 패러다임을 정부 전체에 걸쳐 거시적·미시적 차원에서 획일적으로 적용할 수 있는 것처럼 생각한 것은 확실히 오류이다.

미시적인 차원에서는 조직 내의 형편에 따라 공통적인 관리의 아이디어나 기 술들이 정부와 민간부문에서 다같이 적실할 수도 있다. 이 점을 유념하여 민간 의 관리기술을 상황적응적으로 적용하는 데 더 많은 관심을 기울였더라면 NPR

의 성공도는 더 높아졌을 수도 있었을 것이다. 그러나 NPR 추진자들은 상황적 요인을 충분히 고려한 집행전략을 세우지 못했다.

(2) 설계의 결함
1) 감축의 문제

NPR은 "정부의 일을 가장 잘 알고, 무엇은 성공하고 무엇은 실패하는지를 알고, 어떻게 변동을 야기할 것인지를 아는 사람들이 개혁을 이끌어야 한다"는 전제를 설정하고 공무원들의 적극적 가담과 솔선수범을 촉구하였다. 그러나 정부감축의 목표는 연방정부공무원들의 협력을 유도하는 목표와 상충된다. NPR이 감원을 하려 한다고 공무원들이 인식하는 한 공무원들의 적극적 가담은 기대하기는 어렵다.

2) 모순된 요소의 내포

NPR 설계에는 서로 모순되고 충돌되는 요소들이 포함되어 있으며, 그것은 개혁사업의 효율적 집행을 방해하였다.

상충적 요소의 예로 고객과 공무원의 필요를 동시에 최우선시하기로 한 것, 중간관리자들을 분권화의 수혜자로 규정하면서 그들을 감원대상으로 삼은 것, 서비스 개선에는 추가비용이 든다는 사실을 무시하고 서비스의 개선과 비용감축을 동시에 강조한 것 등을 들 수 있다.

이 밖에도 하나의 개혁처방이 다른 개혁처방의 실현을 방해하거나 그 효과를 감퇴시키는 상충관계들이 적지 않다. 정부감축은 쇄신에 지장을 준다. 정부 감축은 공무원들의 개혁가담을 방해한다. 공무원 정원의 상한 설정은 분권화에 지장을 준다. 예산삭감은 분권화의 효과를 약화시킨다. 조직 내 파트너십의 강조는 관리자들의 재량권 행사를 제약한다.

상충적 관계들 가운데 몇 가지는 중·하위권 계선관리자들에 관련된 것이다. NPR보고서는 그들이 개혁의 중요 수혜자라고 규정하였지만 그들은 감원대상이 되고 업무 개선을 해야 한다는 큰 압력을 받았다. 그들의 환멸과 불만은 컸다.

(3) 시행 상의 실책
1) 집행통제의 실패

NPR 추진기구는 NPR의 개혁처방시행을 면밀히 추적·통제하지 못했다. 개혁안 집행은 대부분 정부 각 부처에 맡겨졌다. NPR 추진기구는 부처 간 태스크 포스로써 여러 기관에서 파견된 직원으로 구성되었다. NPR 추진기구는

1993년의 보고서 제출 후 해체할 것을 예정했었으나 정부기관들의 호응이 낮자 중앙 추진기구에 직원들을 남겨 두었다. 그렇지만 개혁사업의 규모에 비해 직원 수가 너무 적었기 때문에 시행과정을 면밀히 감독하지 못했다. 많은 집행재량이 각 부처에 맡겨질 수밖에 없었다.

그 결과 NPR 권고의 수용도는 기관별로 큰 차이가 있었다. NPR의 권고 내용에 따라 그리고 각 기관의 사업우선순위에 따라 개혁권고에 대한 반응은 현저히 달랐다. 개혁권고가 자기 기관의 정책목표에 부합되지 않는다고 생각한 계선관리자들은 이를 무시하였다.

이러한 시행 상의 문제는 NPR의 전정부적인 추진력을 크게 약화시켰다.

2) 인사제도 개혁의 실패

NPR의 보고서는 연방정부 인사제도의 융통성을 높이고 계선관리자들에게 인사문제에 관한 재량권을 더 많이 부여하도록 권고하였다. 행정부는 NPR 보고서가 나온 후 의회, 대규모 공무원노조 등과 인사제도 개혁을 논의하기 시작하였다.

그리고 1995년에는 인사제도 개혁을 위한 법률안을 만들었다. 이 법률안은 NPR의 권고에 일관되게 직위분류, 보수결정 등 인사문제에 관한 계선관리자들의 재량범위를 크게 넓히도록 규정하였다. 관리자들의 재량권 강화에 대한 노조의 반대를 무마하기 위한 조항들도 포함시켰다. 노사협상의 대상인 직장문제의 범위를 넓힌 것, 업무수행방법 결정에 관한 노조의 발언권을 강화한 것, 연방정부 기관들의 공무원정원결정에 관한 노조의 발언권을 강화한 것 등이 그 예이다.

그러나 개정법률안이 관리자들에게 주는 재량권에 비해 노조측의 위상강화는 미흡하다고 생각한 노조의 리더십은 개정법률안을 반대하였다. 개정법률안의 채택을 위한 노력은 행정부·공무원노조·의회 다수당 사이의 이견조정 실패로 인해 좌절되었다.

3) 예산전용 상의 실책

행정역량 향상을 위해 써야 할 예산을 다른 곳에 전용한 것도 실책이었다.

NPR 보고서는 정부감축으로 생기는 예산절감분을 기술개선과 교육훈련에 사용하도록 권고하였다. 그러나 정부감축 기타의 개혁조치로 절약된 자금을 그러한 목적에 배정하지 않았다. 정치적 고려 때문에 경찰인력 증원 등에 자금을 돌려 썼다.

4) 전략 수정으로 인한 신뢰 상실

NPR의 원래 개혁원리는 정부가 무엇을 해야 하느냐에 보다는 정부가 어떻게 일해야 하느냐에 초점을 맞추는 것이었다. 그러나 개혁사업 추진과정에서 정부 각 부처는 자기 조직의 모든 활동을 심사하여 민간화할 수 있는 것, 주나 지방정부에 이양할 수 있는 것, 그리고 폐지할 수 있는 것을 선별해 내도록 지시하였다. 이러한 전략 전환은 NPR과 그 추진자들의 신뢰를 떨어뜨렸다.

1998년 NPR의 명칭과 추진 책임자를 바꾸면서 또 한 차례 전략을 수정하였다. 국민에게 가시도가 높은 사업들에 더 많은 역점을 두게 된 것이다. 이러한 전략 수정은 Gore 부통령의 대통령 후보 출마를 돕기 위한 것이라는 비판을 받았다.

위에서 NPR의 결함과 실책을 주로 이야기 했지만 성공사례들도 많다는 사실을 간과해서는 안 된다. 기관별·개혁사업별 성공 또는 실패는 조직마다의 상황적 조건에 의해 좌우되었다고 생각한다.

그러한 상황적 조건 가운데 핵심이 되는 것은 리더십이었다. 관리층과 노조의 파트너십 구축에서 리더십의 역할은 특히 두드러졌다.

III. 평가적 의견

Thompson은 비교적 많은 경험적 자료에 입각하여 NPR을 평가하였다. 그는 NPR의 원리에 대해서도 언급하였지만 그의 주된 관심은 NPR의 실제 성과와 실책의 논의에 있었다. 다수의 평가자들이 관념적인 문제의 논의에 그친 것과 비교하면 Thompson의 논의는 진일보한 연구라 할 수 있다. 그의 연구를 통해 독자들은 NPR의 실상을 더 잘 이해할 수 있을 것이다.

그러나 NPR이라는 거대사업을 한꺼번에 명확하고 정확하게 평가하려한 것은 과욕이 아니었나 생각한다. NPR의 사업범위는 대단히 광범위하고 그 기초가 된 이론은 분명치 않다. 개혁 처방들의 목표는 광범하고 모호하다. 이러한 요인들이 NPR의 평가를 어렵게 한다. 그리고 경험적 자료도 충분한 것이 아니었다. 다른 사람들의 조사연구와 의견 등 간접자료에 너무 의존한 것도 문제이다. Thompson의 글을 읽는 사람들은 그러한 약점들을 감안하여야 한다.

참고문헌

Thompson, James R., "Reinvention As Reform: Assessing the National Performance Review," *Public Administration Review*, Vol. 60, No. 6 November/December 2000, pp. 508–521.

Michael Barzelay의
관료제 개혁론*

Ⅰ. 머 리 말

　오늘날 행정개혁의 이념과 방향은 크게 바뀌고 있다. 행정개혁이라는 말 대
신에 굳이 정부혁신(government innovation)이라는 새로운 용어를 사용하고
있는 것도 오늘날 정부역할과 기능과 대한 국민들의 기대와 평가, 그리고 정부
에 대한 관념 그 자체가 근본적으로 변화하고 있음을 반영하는 것이라 볼 수 있
을 것이다.

　종래 정부는 국가의 공권력을 사용하여 국방과 치안, 공공투자, 경제사회질서
의 형성과 유지 등의 역할과 기능을 수행하고, 각종의 정책목적 달성을 위하여
국민생활과 기업 활동에 간섭하고 규제하는 존재로 여겨져 왔다. 그러나 오늘날
정부는 더 이상 공권력에 기초하여 국민생활과 기업활동을 지배하고 통제하는
위압적인 존재로만 남아 있기 어렵게 되었다. 이제 정부에 대한 국민들의 기대
와 평가가 전혀 달라지고 있다. 국민들은 이제 정부가 하고 있는 일의 가치를 따
지고, 정부가 왜 그런 일을 해야 하고, 도대체 누구를 위해 그런 일을 하고 있는
가를 묻는다. 한마디로 말하여 국민들의 관심이 정부활동의 성과와 가치로 옮겨
가고 있고, 정부를 공공서비스의 공급자 이상으로 평가하지 않으려는 경향이 강
하게 나타나고 있는 것이다.

　이와 같은 변화가 나타나게 된 배경과 원인은 크게 다음의 두 가지 측면에서
파악해 볼 수 있다. 우선 냉전체제의 종식으로 전쟁위협이 급속히 감소함에 따
라 더 이상 국가가 국민들에게 위압적인 혹은 경외적인 존재로 남아 있기 어렵
게 되었다는 것이다. 이것은 국가의 위광이 사라진 것을 의미함과 동시에 이제
국가의 주된 기능이 공권력 사용으로부터 국리민복을 위한 공공서비스의 제공으

＊ 최병선: 서울대학교 행정대학원 교수.

로 크게 바뀌어 가고 있음을 시사하는 것이다. 다음으로 전후 수십 년 동안 계속
되어 온 정부의 비대화, 과도한 정부개입과 규제, 조세부담의 증가 등에 따라 국
민들이 거대한 정부, 국민의 요구에 둔감한 정부, 변화를 거부하는 정부에 대하
여 강한 거부감과 혐오감을 갖게 되었다는 점을 들 수 있다. 더 나아가서 그동안
정부를 압도할 정도로 민간부문이 급성장함에 따라 정부의 상대적 비효율성과
비효과성이 점차 두드러져 보이게 되었다는 점도 빼놓을 수 없다.

　　오늘날 정부혁신의 모토로서 주창되는 것들은 기업가적 정부, 고객(국민과
기업)을 위한 행정, 행정서비스 질의 향상, 국민이 인정하고 평가하는 실질적 가
치의 생산과 전달 등이다. 행정에도 경쟁원리가 도입되어야 한다든지, 획일적이
고 비효율적인 명령과 지시를 대신하여 시장기능과 각종 유인제도가 보다 적극
적으로 활용되어야 한다든지, 행정의 경직성의 주범인 지금까지의 행정규칙 · 절
차 · 관행을 과감하게 내던져야 한다든지, 일선행정기관과 관료의 재량적 행정권
한을 대폭적으로 확대해야 한다든지, 문책보다는 행정관료 스스로가 자부심과
긍지를 갖고 자발적으로 행정책임을 다할 수 있도록 해야 한다든지 하는 등의
주문이 잇따르고 있다. 한마디로 말하여 그동안 반성 없이 계속되어 온 "행정을
위한 행정"에서 벗어나 국민에게 실질적으로 도움을 주는 행정, 국민의 요구에
민감하게 반응하고 봉사하는 행정, 국민들이 그것의 가치를 인정하고 평가할 수
있는 결과지향적인 행정으로 변화하기를 요구받고 있는 것이다.

II. 기존의 관료제 패러다임과 새로운 패러다임

　　Harvard Kennedy School의 Michael Barzelay교수는 그의 최근 저서
*Breaking through Bureaucracy*에서 정부혁신이라는 이름으로 제기되고 있는 이
러한 요구들을 기존의 관료주의적 행정과 또는 관료주의적 행정 패러다임(bu-
reaucratic paradigm)에 대한 도전으로 파악하면서 앞으로는 이러한 아이디어
들을 반영하는 새로운 관료제 패러다임(post-bureaucratic paradigm)이 행정을
지배하게 될 것이라고 주장한다. 그의 두 가지 행정 패러다임을 간략하게 비교
해 보이고 있는 것이 바로 다음 〈표 7-8〉이다.

〈표 7-8〉 행정 패러다임의 비교

관료주의적 행정패러다임	새로운 행정패러다임
공익지향적	국민이 가치를 인정하는 결과지향적
효율성의 중시	질과 가치의 중시
행정이라는 개념에 입각	생산이라는 개념에 입각
통제중심적	규범의 자발적 준수 확보
기능, 권한, 조직구조의 설정	사명, 서비스, 고객, 결과의 파악
비용의 정당화에 관심	가치의 전달에 관심
행정책임의 강제	자발적인 행정책임 풍토의 조성 다각적인 업무관계의 강화
규칙과 절차의 준수	규범의 이해와 적용 문제의 파악과 해결 행정과정의 지속적 개선
행정체제의 운용	서비스와 통제의 분리 규범에 대한 지지의 확보 고객의 선택범위 확대 집단적 노력의 장려 유인의 제공 결과의 계측 및 분석 환류의 강화

1. 국민이 가치를 인정하는 결과의 산출

종래의 행정개혁의 목표는 공익에 좀더 잘 봉사할 수 있는 정부를 만드는 것
이었다. 따라서 정부의 정직성·효율성의 증진, 즉 부정부패와 거리가 먼 정부,
사회간접자본 시설의 개선, 교육·공중보건의 향상 등 다양하고 복잡한 업무를
효율적으로 담당할 수 있는 정부를 만드는 일에 행정개혁의 주안점을 두었다.
또한 정부가 공익에 잘 봉사하도록 하기 위해서는 각 분야에 전문가를 채용하여
야 한다고 생각하였고, 이들의 전문성은(선거를 통해 선출되지 않는) 행정관료
의 행동이 공익에 부합되도록 만들 수 있는 요체라고 생각하였다. 이러한 생각
의 당연한 결과로서 행정관료들은 각자의 업무영역에서 자신이 지닌 전문적 지
식과 판단기준을 적용하기만 하고 공익은 당연히 확보될 수 있는 것으로 생각하

였다.

그러나 이러한 행정개혁의 전제는 이제 더 이상 통용되지 않게 되었다. 왜냐하면 정부가 국민들의 입장과 시각에서 바람직한 결과를 생각해 내지 못하는 일이 빈번하게 발생하고 있기 때문이다. 정부혁신적 관점에서 이제 더 이상 정부가 하는 일 모두가 당연히 공익에 부합되는 것으로 보지 않는다. 공익이라는 표현 대신에 국민들이 인정하고 평가하는 가치 있는 결과를 생산해 내도록 하는 것이 바로 정부혁신의 목표가 되어야 한다는 생각한다. 이것은 정부조직이 고객중심적으로 변화될 것을 요구하고, 투입이나 과정 또는 절차보다는 결과, 그것도 국민들이 그것의 가치를 인정하고 평가하는 결과를 강조하는 방향으로 행정이 혁신되기를 요구하는 것이다.

2. 질과 가치의 중시

종래의 행정개혁에서 가장 중요한 가치는 효율성이었다. 종래의 행정개혁론자들이 효율성을 말할 때 그것은 민간기업이 분업과 전문화를 통하여 생산의 효율성을 향상시킬 수 있듯이, 정부도 유능한 관료를 채용하고 업무의 전문화를 꾀한다면 효율성을 향상시킬 수 있다고 가정하였다. 그러나 여기에서 이들은 민간기업이 생산하는 것과 정부가 생산하는 것의 속성의 차이점을 간과하였다. 기업의 경우에는 소비자로부터 높은 평가를 받을 수 있는 상품과 서비스의 생산을 위하여 전문적 기능영역들이 자연스럽게 상호통합되도록 되어 있다. 그러나 정부의 경우에는 전문화를 위하여 행정업무와 기능을 분화시키고, 일정한 절차에 따라 권한과 책임을 배분함으로써 전문성을 강화하고 행정의 효율성을 증진하려고 하지만 이러한 노력들이 궁극적으로 국민들이 인정하고 평가하는 가치를 효율적으로 생산해내는 일에 기능적으로 통합되지 못하고 있다는 것이다.

따라서 이제 행정에 있어서 효율성이라는 용어는 사라져야 한다는 것이 정부혁신론자들의 주장이다. 이제 행정관료들은 정부활동의 가치와 성질을 논할 때 효율성이 아니라 상품 또는 서비스, 질, 가치 등과 같은 개념을 도입해야 할 필요성이 있고, 정부활동을 평가하고 이에 대한 개선책을 모색함에 있어서도 바로 이러한 개념에 입각해야 한다는 것이다. 여기에서 상품 또는 서비스, 질, 가치라는 개념은 모두 당연히 국민(고객)의 입장과 시각에서 행정의 내용이 결정되어야 한다는 뜻을 내포하고 있다. 우선 행정을 하나의 상품 또는 서비스로 보아야 한다는 것은 두말할 것도 없이 모든 행정의 결과가 국민으로부터 가치를 인정받을 수 있는 것이어야 한다는 뜻이다. 다음으로 질은 행정의 내용이 행정의 고객인 국민이 원하는 것과 얼마나 잘 부합하느냐를 표현해 주는 개념이다. 끝으로 여기에서 가치라는 개념은 순가치(net value)를 의미하는바, 어떤 행정활동의 비용(단순한 금전적 비용만이 아니라 국민들이 부담해야 하는 비금전적 비용을 포함)은 그로 인해 기대되는 가치와 비교되어야 한다는 것이다. 이것은 기존의 정부회계 제도가 오늘날 정부활동의 가치를 평가하는 제도로서 대단히 부적절하고 불충분한 것임을 보여주는 것이기도 하다.

3. 생산개념의 도입

종래 행정이라는 개념은 의회에 의해 정해진 법을 효율적으로 집행하는 것으로 인식되어 왔다. 이를 위해 행정관료들에게 적절한 지위를 부여하고 각자에게 권한을 책임을 배분하였다. 그러나 그것을 통해 궁극적으로 달성하고자 하는 목적은 분명하지 않았다. 정부혁신론자들은 이제 행정은 과정과 결과를 중시하는 생산이라는 개념으로 대치되어야 한다고 주장한다. 다시 말하면 행정은 결과적으로 보면 서비스를 전달(service delivery)하는 것으로서, 서비스가 질 높고 가치 있는 것이 되기 위해서는 오늘날 유행하고 있는 총체적 질의 관리(total quality management: TQM)와 같은 방식을 도모함으로써 행정이 이루어지는 전 과정과 흐름에 대한 분석(process flow analysis)을 통하여 행정관료들이 행정의 결과와 과정 사이의 긴밀하고 복잡한 관계를 잘 이해하고 각자가 행정의 종합적 결과에 대한 책임의식과 참여의식을 갖도록 할 필요가 있다는 것이다. 이 과정에서 생산, 전달, 소비가 거의 동시적으로 이루어지는 행정서비스의 속성을 잘 이해해야 할 필요가 있음은 두말할 필요가 없다.

4. 규범의 자발적 준수 확보

지금까지 통제는 효율적 행정의 생명선으로 여겨져 왔다. 예산회계제도, 조직개편, 보고통제 등 수많은 제도들이 행정관료의 재량권 축소에 초점을 맞추었다. 이것은 합리적·법적 관료제의 구축이라는 사고에 영향을 받아 행정이 확보해야 할 질서, 합리성, 비개인성, 효율성, 정치적 책임성(accountability) 등의 목적을 추구하기 위해서는 중앙집권적으로 통제된 규칙체계가 수립되어야만 한다는 생각 때문이었다. 그러나 규칙, 집권, 강제적 집행(enforcement)의 확보에 초점을 맞춘 행정 속에서 국민들이 가치를 인정하는 행정의 결과를 산출하기 위한 혁신적인 사고가 발붙이기 어렵다는 것이 판명되었다. 오히려 이제는 위임, 분권, 정비(streamlining), 시장유인적 규제, 자발적 순응 등 새로운 용어가 규칙, 집권, 강행적 집행이라는 용어를 대체해 나가고 있다. 또한 행정관료가 지켜야 할 규범이 행정규칙과 절차의 제정 그리고 그것의 엄격한 집행을 통해서가 아니라, 자연적으로 체질화되고 확산될 수 있게 하는 다른 어떤 원리 수단을 찾아야만 한다는 주장이 전개되고 있다. 더 나아가서 이를 위해 행정기관이 봉착하게 되는 상황의 복잡성과 애매모호성을 충분히 인식하고, 행정기관이 좋은 의사결정에 도달할 수 있도록 하기 위해서 행정기관과 통제기관 사이의 적대적인 관계를 적극적으로 협력적인 관계로 전환시킴과 동시에 처벌보다는 보상에 보다 많은 관심을 집중시켜야만 한다는 점이 강조되고 있다.

물론 규칙의 자발적 준수가 보다 효과적이라고 하여 강행적 집행을 완전하게 배제해야 된다는 말은 아니다. 이것은 여전히 중요하고 불가결하다. 다만 여기에서 강조하고자 하는 것은 개인과 조직이 규범에 자발적으로 순응하려는 의도와 능력을 중요시해야 한다는 점이다. 예를 들면 대단히 복잡하고 다양한 조세행정에 있어서 조세공무원이 징세업무를 정직하고 확실하게 수행하도록 하기 위해서는 이들에 대한 감독과 통제를 강화하는 것만이 능사가 아니고, 이들이 조세행정과 관련된 중요한 규범을 잘 이해하고, 이 규범을 자발적으로 지켜 나갈 수 있도록 유도하는 방법이 훨씬 효과적이라는 것이다.

5. 조직의 목적지향성 회복

종래 행정이론에서 조직은 기능의 분담, 권한의 위임, 위계적인 공식적 구조를 대변하는 것으로 정의해 왔다. 그러나 기능에 초점을 맞춘 결과 조직은 조직 구성원이 목적달성에 몰입하는 하나의 기관으로서보다는 기계적인 도구로 전락하였다. 권한에 초점을 맞춘 결과 설득이나 교환(exchange)과 같은 보다 간접적인 사회적 통제수단에 대한 고려는 외면되었다. 공식적 구조에 대한 관심은 조직의 수단이 조직목적과 전략에 우선하게 만드는 어리석은 결과를 초래하였다. 정부혁신적 시각에서는 조직을 인간의 에너지를 사회적으로 유용한 일을 생각하고 이루어내는 일에 연결시키는 것에 관심을 두고 있다. 행정관료들이 이러한 일을 위해 일하도록 하기 위해서는 기능, 권한, 구조 대신에 이들이 자신의 목적을 구체화하고 이것의 달성을 위해 자신의 일을 어떻게 적응시켜 나갈 것인지를 생각하게 만드는 데 도움을 주는 사명, 서비스, 고객, 결과 등의 개념이 중요하다는 것이다. 다시 말하면 행정관료들로 하여금 무슨 일을 어떻게 해야 국민들에게 만족할 만한 결과를 가져다 줄 수 있겠는가를 스스로 생각하고 이를 위해 노력하도록 유도하여야 한다는 것이다.

6. 자발적인 행정책임 풍토의 조성

종래의 행정조직에서는 기관장이 부하들에게 행정책임을 부과하였다. 그러나 이와 같이 공식적이고, 위계적이며, 교정적인 방식으로 이루어지는 행정권한과 책임의 체계는 그리 효과적이지 못하였다. 공식주의는 행정관료들의 정서, 봉사정신, 동료들과의 유대관계 등에서 비롯되는 내적인 동기유발을 가로막았고, 위계질서는 부하들의 횡적 유대관계와 상호의존성을 약화시켰다. 또한 책임의 강제는 행정관료의 자발적인 책임의식을 과거지향적이고 잘못을 찾아내 처벌하는 것으로 전락시키고 말았다. 정부혁신적 시각에서 볼 때 행정관료가 자발적으로 책임을 지도록 만드는 가장 효과적인 방법은 스스로 책임을 느끼게 만드는 것이다. 이것은 관료라면 누구나 스스로 책임을 지기를 원하고 이 길만이 스스로가 중요해질 수 있는 유일한 길이라는 점을 잘 인식하고 있다는 측면에서도 매력적인 접근방법이 아닐 수 없다. 따라서 기관장이 해야 할 일은 부하들이 바람직한 결과를 이룩해내는 데 있어서 자발적으로 책임의식을 느끼도록 하는 상황을 조성하는 일이다. 이를 위해서는 행정기관 및 관료와 국민 개개인, 집단, 다른 행정기관 사이의 관계, 국회 및 법원과의 관계, 행정관료 및 관료집단 내부의 상호관계 등 다양한 업무관계를 올바르게 유도할 필요가 있다.

7. 가치의 전달에 관심

종래 예산과정에서 예산 및 회계담당기관이 관심을 두었던 사항은 예산이 비용항목별로 적정수준으로 책정되었는가? 과다 책정된 부분은 없는가? 또한 실제 지출이 예산과 차질 없이 이루어졌는가? 하는 것들이었다. 그 결과 집행기관에서는 예산을 최대한 확보하기 위하여 무리한 예산을 요구하는가 하면, 주어진 예산을 소진하기 위하여 무리하게 예산을 집행하는 사례들이 적지 않았다. 이에 비하여 정부혁신론에서는 예산의 책정 및 사용과 관련하여 국민들이 관심을 갖는 것은 비용 그 자체라기보다는 예산의 사용을 통하여 얻어지는 결과의 가치라는 점에 착안한다. 따라서 예산기간은 예산의 편성 및 심의과정에서 비용의 최소화보다는 예산의 사용을 통해 얻어지는 공공서비스의 질과 가치를 실제적으로 증진시킬 수 있도록 하는 방향으로 예산을 편성하고 심의해야 한다고 주장한다.

8. 문제해결 중심

종래의 행정개혁이론에서는 정해진 규칙과 절차에 따라 행정이 이루어지기만 한다면 행정이 의도한 결과는 당연히 확보될 수 있는 것으로 전제하였다. 그러나 정부혁신론에서는 이 점에 대하여 많은 회의를 품고 있다. 이런 면에서 이들은 규칙의 뒤에 숨어 있는 의도, 상황의 복잡성과 모호성, 규칙집행자의 지지를 확보할 수 있는 능력 등을 감안하여 행정개혁의 문제가 정의되어야 한다고 주장한다. 또한 단순히 관료적 절차와 관행을 추종하기보다는 문제해결이 중심개념이 되어야 하고, 행정과정의 개선에 있어서도 그것이 과연 행정서비스의 질과 가치를 증진시키는 것인가에 초점이 맞추어져야 한다고 생각한다.

9. 막료조직 및 기관의 기능전환

종래 집권화된 막료조직(staff organizations)은 계선기관 및 조직의 효율성, 관리, 통제 등의 개념을 실천으로 옮기는 역할을 담당하였다. 이러한 역할과 사명으로 인하여 이들은 효율성과 통제 위주의 행정문화와 관행을 체질화하게 되었고 이들이 작성하는 지침과 규정들은 일선기관의 운영이 국민들이 가치를 인정하는 결과를 산출하고 전달하는 것을 가로막는 중대한 장애물로 작용하였다. 따라서 정부혁신론에서는 이러한 막료조직과 기관도 이제는 혁신의 대상이 되어야 한다고 본다. 다시 말하면 일선기관이 국민들이 바라는 행정 서비스를 제공할 수 있도록 하기 위해서는 막료기관도 기관의 사명, 서비스, 고객, 질, 가치, 생산, 규범의 자발적 준수와 자발적인 책임풍토, 다양한 업무관계 등의 개념을 도입해야 할 뿐만 아니라, 이러한 개념들이 일선기관을 통하여 실천될 수 있도록 막료조직과 기관의 대대적인 기능전환이 선행되어야 한다고 주장한다.

Ⅲ. 평가적 의견

이상에서 Barzelay 교수의 새로운 관료제 패러다임론에 대하여 간략하게 고찰하여 보았다. 여기서 주장되고 있는 내용은 종래 정부만이 공익을 판단하고 실현하고 담보할 수 있는 존재이며, 국가발전을 주도적으로 이끌어 가야 하는 존재이고, 국가발전과 공익의 확보를 위해서 민간의 활동에 간섭하고 지시하고 명령하는 것을 당연한 정부의 임무와 책임으로 인식해 온 우리나라의 행정관료나 학자들로서는 몹시 생소하고 따라서 선뜻 받아들이기 거북한 것들임에 틀림없다. 그러나 정부의 경쟁력 순위가 매겨지고 있는 이 시대에 우리 정부와 행정이 이러한 낡은 관료주의적 행정패러다임을 과감하게 벗어던지지 못한다면 낙후를 면치 못하게 될 것이다.

새로운 행정 패러다임이 요구하는 것은 정부의 권위적 지배가 아니라 탈정부지배(degovernmentalization)이다. 이제 일방적으로 행정기관이 부여하는 규칙에 따라 사회가 조직되고 운영되어 나가는 것이 아니라, 사회의 모든 참여자들이 상호협의에 따라 규칙을 제정하고 이들이 합의한 규칙에 따라 사회가 이끌어져 나가는 시대를 맞이하고 있는 것이다. 이런 면에서 이제 행정은 이러한 규칙의 형성에 보조적이고 유도적이며 중개적인 역할을 수행해야 한다. 경제사회가 자율적으로 작동할 수 있도록 유도하는 일이 바로 행정의 가장 주된 역할과 기능이 되어야 한다.

이런 면에서 볼 때 우리 나라의 행정관료들이 하루 속히 버려야만 할 의식과 사고방식은 행정만능주의와 편의주의이다. 민간의 자율능력을 불신하면서 정부가 모든 일에 나서고 모든 일을 떠맡지 않으면 안 된다고 생각하는 데서 이제 벗어나야 한다. 그것이 결과적으로 민간의 끝없는 정부 의존성을 초래하고 민간 자율성의 성장을 가로막음으로써 행정규제와 간섭 → 민간자율성 약화 및 부재 → 또 다른 또는 보다 강화된 행정규제와 간섭이라는 악순환을 만들어 내고 있는 현실을 명확히 인식할 수 있어야 한다. 또한 너나 할 것 없이 우리 나라의 공무원 모두는 민간을 지배하고 통제하는 데 익숙해진 나머지 행정편의적 사고와 관행에 알게 모르게 젖어 있다는 사실을 반성해야 한다.

끝으로 행정관료를 대상으로 하는 행정규칙과 제도의 혁신 없이는 이러한 공무원의 의식과 자세의 전환이 불가능하다는 사실도 지적하지 않을 수 없다. 우리 나라의 거의 모든 법과 제도는 국민에 대한 불신에 기초하여 그리고 악의적인 소수의 범법자를 염두에 두고 만들어짐으로써 대다수의 국민과 기업에게 공연한 불편과 부담을 안겨주고 있다. 마찬가지로 우리 나라 공무원들에게 적용되는 대부분의 인사규칙이나 업무규칙 및 절차 역시 공무원에 대한 불신에 기초하여 만들어져 있고, 그 규칙과 절차의 합리성 여부에 관계없이 그것의 준수만을 요구받고 있기 때문에 공무원들이 지나칠 정도로 행정책임의 압박감에 시달리고 있다.

이러한 상태가 지속되는 한 공무원이 자신에게 허용되어 있는 약간의 재량권마저 국민의 편익을 위하여 행사하기 어렵고 그 결과 국민들이 불편과 불이익을 겪어야만 한다는 것은 당연한 귀결이다. 대단히 복잡하고 다양하며 끊임없이 변화하는 행정환경 속에서 획일적이고 경직적인 행정규칙과 절차가 공무원을 지배하고 있을 때 공무원들이 행정 편의적인 의식과 관행에서 빠져나와 적극적이고 고객지향적인 행정을 강조하고 있는 새로운 행정 패러다임에서 정부혁신전략의 핵심적 내용으로서 공무원이 적극적인 행정활동을 얽어매고 있는 각종의 행정내부적인 제도와 규칙의 혁신에 우선적인 관심을 기울이는 이유가 바로 여기에 있다.

참고문헌

Barzelay, Michael, *Breaking Through Bureaucracy: A New Vision for Managing in Government*, Berkeley: University of California Press, 1992.

Belloubet-Frier, Nicole & Gerald Timsit, "Adminstration Transfigured: A New Administrative Paradigm?" in *International Review of Administrative Sciences*, Vol. 59, 1993, pp. 531-68.

Gore Al, "Creating a Government that Works Better and Gosts Less: From Red Tape to Results," *The Report of the National Performance Review(NPR)*, 1993.

Clinton, Bill & Al Gore, Putting Customers First: Standards for Serving the American People, *The Report of the National Performance Review(NPR)*, September 1994.

Osborne, David & Ted Gaebler, *Reinventing Government: How the Enterpreneurial Spirit is Transforming the Public Sector*, Reading, Mass.: Addison-Wesley

Publishing Co., 1992.

김영평, "행정의 경쟁력, 맥락, 그리고 새로운 패러다임", 노화준·송희준 공편, 세계
　　화와 국가경쟁력, 서울: 나남출판, 1994.

최병선, "세계화와 정부역할의 재조정: 정부패러다임의 전환을 중심으로," 정진영 편,
　　세계화시대의 국가발전, 서울: 세종연구소, 1995.

집필자 약력

강명구(姜明求)
한국외국어대학교 영어과(문학사)
서강대학교 대학원(정치학 석사)
미국 University of Texas, Austin
　(정치학 박사)
현, 아주대학교 사회과학부 교수

강성철(姜成哲)
부산대학교 행정학과(행정학사)
부산대학교 대학원(행정학 석사)
부산대학교 대학원(행정학 박사)
현, 부산대학교 행정학과 교수

권기헌(權祈憲)
한국외국어대학교 행정학과(행정학사)
서울대학교 행정대학원(행정학 석사)
미국 Harvard University(정책학 석사)
미국 Harvard University(정책학 박사)
현, 경희대학교 사회과학부 교수

권순만(權純晩)
서울대학교 경영학과(경영학사)
서울대학교 보건대학원(보건정책학 석사)
미국 University of Pennsylvania
　(경영과학 및 응용경제학 석사, 박사)
현, 서울대학교 보건대학원 교수

권용수(權龍洙)
한국외국어대학교 행정학과(행정학사)
미국 Syracuse University(행정학 석사)
미국 State University of New York,
　Albany(행정학 박사)
현, 건국대학교 행정학과 교수

김근세(金根世)
성균관대학교 행정학과(행정학사)
성균관대학교 대학원(행정학 석사)
미국 Syracuse University(행정학 박사)
현, 성균관대학교 사회과학부 교수

김병섭(金秉燮)
서울대학교 농업경제학과(경제학사)

서울대학교 행정대학원(행정학 석사)
미국 University of Georgia(행정학 박사)
현, 서울대학교 행정대학원 교수

김석태(金錫泰)
경북대학교 행정학과(행정학사)
미국 Syracuse University(행정학 석사)
미국 Syracuse University(행정학 박사)
현, 경북대학교 행정학과 교수

김성태(金成泰)
서울대학교 영어과(문학사)
미국 Univ. of Wisconsin(정치학 석사)
미국 University of Georgia(행정학 박사)
현, 성균관대학교 사회과학부 교수

김영평(金榮枰)
고려대학교 법학과(법학사)
서울대학교 행정대학원(행정학 석사)
미국 Indiana University(정치학 박사)
현, 고려대학교 행정학과 교수

김익식(金益植)
서울대학교 조경학과(농학사)
서울대학교 행정대학원(행정학 석사)
미국 Univ. of Delaware(도시정책학 박사)
현, 경기대학교 사회과학부 교수

김인철(金仁喆)
한국외국어대학교 행정학과(행정학사)
한국외국어대학교 대학원(행정학 석사)
미국 Univ. of Delaware(정치학 박사)
현, 한국외국어대학교 행정학과 교수

김종순(金鍾淳)
건국대학교 행정학과(행정학사)
미국 University of Georgia(행정학 석사)
미국 University of Georgia(행정학 박사)
현, 건국대학교 행정학과 교수

김준모(金峻模)
고려대학교 행정학과(행정학사)

고려대학교 행정학과(행정학 석사)
미국 MIT 정치학과(정치학 석사)
미국 University of Texas(정책학 박사)
현, 건국대학교 행정학과 교수

김태영(金泰瑛)
경희대학교 정치학과(정치학사)
서울대학교 행정대학원(행정학 석사)
미국 Cornell University(도시행정학 박사)
현, 경희대학교 사회과학부 교수

김태윤(金泰潤)
서울대학교 경영학과(경영학사)
미국 Harvard University(정책학 석사)
미국 Harvard University(정책학 박사)
현, 한양대학교 행정학과 교수

김현성(金鉉城)
연세대학교 행정학과(행정학사)
연세대학교 대학원(행정학 석사)
미국 University of Southern California
  (행정학 박사)
현, 서울시립대학교 행정학과 교수

남궁 근(南宮 槿)
서울대학교 정치학과(정치학사)
서울대학교 행정대학원(행정학 석사).
미국 Univ. of Pittsburgh(행정학 박사)
현, 서울산업대학교 행정학과 교수, IT정책
  대학원장

박경효(朴慶孝)
한국외국어대학교 행정학과(행정학사)
한국외국어대학교 대학원(행정학 석사)
미국 University of Georgia(행정학 박사)
현, 서울시립대학교 행정학과 교수

박광국(朴光國)
서울대학교 영어과(문학사)
서울대학교 행정대학원(행정학 석사)
미국 University of Georgia(행정학 박사)
현, 가톨릭대학교 법경학부 교수

박순애(朴順愛)
연세대학교 행정학과(행정학사)
연세대학교 행정대학원(행정학 석사)
미국 University of Michigan(행정학 박사)
현, 서울대학교 행정대학원 교수

박정수(朴釘洙)
서울대학교 경제학과(경제학사)
서울대학교 행정대학원(정책학 석사)
미국 Univ. of Pittsburgh(정책학 박사)
현, 서울시립대학교 행정학과 교수

박정택(朴正澤)
성균관대학교 행정학과(행정학사)
서울대학교 행정대학원(행정학 석사)
성균관대학교 대학원(행정학 박사)
현, 대전대학교 행정학부 교수

박천오(朴天悟)
건국대학교 법학과(법학사)
미국 Ohio University(정치학 석사)
미국 Washington State Univ.(정치학 박사)
현, 명지대학교 행정학과 교수

박희서(朴喜緒)
전남대학교 수학교육학과(이학사)
서울대학교 행정대학원(행정학 석사)
서울대학교 행정대학원(행정학 박사)
현, 조선대학교 행정복지학부 교수

송하중(宋河重)
서울대학교 금속공학과(공학사)
서울대학교 행정대학원(행정학 석사)
미국 Harvard University(정책학 박사)
현, 경희대학교 사회과학부 교수

송희준(宋熙俊)
서울대학교 국사학과(문학사)
서울대학교 행정대학원(행정학 석사)
미국 Univ. of Pennsylvania(정책학 박사)
현, 이화여자대학교 사회과학부 교수

신동면(申東勉)
연세대학교 행정학과(행정학사)

연세대학교 대학원(행정학 석사)
영국 The Univ. of Bath(사회정책학 박사)
현, 경희대학교 사회과학부 교수

신무섭(申武燮)
연세대학교 수학과(이학사)
서울대학교 행정대학원(행정학 석사)
서울대학교 행정대학원(행정학 박사)
현, 전북대학교 행정복지학부 교수

여윤환(呂潤換)
경희대학교 행정학과(행정학사)
서울대학교 행정대학원(행정학 석사)
경희대학교 대학원(행정학 박사)
현, 선문대학교 행정학과 교수

오석홍(吳錫泓)
서울대학교 법학과(법학사)
서울대학교 행정대학원(행정학 석사)
미국 Univ. of Pittsburgh(행정학 박사)
현, 서울대학교 행정대학원 명예교수

오세윤(吳世胤)
전북대학교 정치외교학과(정치학사)
서울대학교 행정대학원(행정학 석사)
전남대학교 대학원(행정학 박사)
현, 호남대학교 공무원학부 교수

유병욱(劉炳彧)
연세대학교 행정학과(행정학사, 석사)
미국 Ohio State University(행정학 석사)
미국 University of Georgia(행정학 박사)
현, 숭실대학교 행정학과 교수

유평준(兪平濬)
연세대학교 행정학과(행정학사)
서울대학교 행정대학원(행정학 석사)
미국 University of Florida(행정학 박사)
현, 연세대학교 사회과학부 교수

윤영진(尹榮鎭)
서울대학교 경제학과(경제학사)
서울대학교 행정대학원(행정학 석사)
서울대학교 대학원(행정학 박사)

현, 계명대학교 행정학과 교수

이달곤(李達坤)
서울대학교 전자과(공학사)
서울대학교 행정대학원(행정학 석사)
미국 Harvard University(정책학 박사)
현, 서울대학교 행정대학원 교수

이승종(李勝鍾)
서울대학교 사회교육과(문학사)
서울대학교 행정대학원(행정학 석사)
미국 Northwestern Univ.(정치학 박사)
현, 서울대학교 행정대학원 교수

이준형(李埈炯)
서울대학교 농업교육과(농학사)
서울대학교 행정대학원(행정학 석사)
미국 Univ. of Pennsylvania(행정학 박사)
현, 인하대학교 사회과학부 교수

이창기(李昶基)
전북대학교 정치외교학과(정치학사)
서울대학교 행정대학원(행정학 석사)
서울대학교 대학원(행정학 박사)
현, 대전대학교 행정학부 교수

이창원(李昌遠)
한국외국어대학교 서반아어과(문학사)
연세대학교 대학원(경영학 석사)
미국 State University of New York
　(조직학 박사)
현, 한성대학교 행정학과 교수

임도빈(任道彬)
서울대학교 사회교육과(문학사)
서울대학교 행정대학원(행정학 석사)
프랑스 Paris 정치대학(행정학 박사)
현, 서울대학교 행정대학원 교수

전상경(全相京)
부산대학교 전자공학과(공학사)
서울대학교 행정대학원(행정학 석사)
미국 Univ. of Pennsylvania(정책학 박사)
현, 동아대학교 정치행정학부 교수

전영평(全永評)
고려대학교 행정학과(행정학사)
고려대학교 대학원(행정학 석사)
미국 University of Georgia(행정학 박사)
현, 대구대학교 도시행정학과 교수

정성호(鄭成鎬)
한국외국어대학교 영어과(문학사)
한국외국어대학교 대학원(정치학 석사)
미국 Univ. of Delaware(정치학 박사)
현, 경기대학교 사회과학부 교수

조경호(趙慶鎬)
고려대학교 영어영문학과(문학사)
미국 University of New York, Albany
　(행정학 석사)
미국 University of Georgia(행정학 박사)
현, 국민대학교 사회과학부 교수

조만형(趙萬衡)
전남대학교 영어영문학과(문학사)
미국 Iowa State University(행정학 석사)
미국 Syracuse University(행정학 박사)
현, 한남대학교 행정학과 교수

조윤애(曺尹愛)
미국 Univ. of Wisconsin at Madison(경
　제학사)
미국 Univ. of Chicago(공공정책학 석사)
미국 Univ. of Chicago(공공정책학 박사)
현, 상지대학교 행정학과 교수

조일홍(曺一弘)
한국외국어대학교(문학사)
미국 University of Akron(행정학 석사)
미국 Harvard University(정책학 박사)
전, 중앙대학교 행정학과 교수

주재현(朱宰賢)
연세대학교 행정학과(행정학사)
연세대학교 대학원(행정학 석사)
영국 London School of Economics & Po-
　litical Science(행정학 박사)
현, 명지대학교 행정학과 교수

최병선(崔炳善)
서울대학교 경영학과(경영학사)
서울대학교 행정대학원(행정학 석사)
미국 Harvard University(정책학 박사)
현, 서울대학교 행정대학원 교수

최창현(崔昌鉉)
성균관대학교 행정학과(행정학사)
미국 State University of New York
　(행정학 박사)
RPI 테크노경영대학원 초빙교수 역임
현, 관동대학교 행정학과 교수

표시열(表時烈)
고려대학교 행정학과(행정학사)
서울대학교 행정대학원(행정학 석사)
미국 University of Iowa(행정학 박사)
현, 고려대학교 공공행정학부 교수

하미승(河美勝)
건국대학교 행정학과(행정학사)
서울대학교 행정대학원(행정학 석사)
미국 University of Georgia(행정학 박사)
현, 건국대학교 행정학과 교수

하연섭(河連燮)
연세대학교 행정학과(행정학사)
미국 Indiana University(행정학 석사)
미국 Indiana University(정책학 박사)
현, 연세대학교 행정학과 교수

하태권(河泰權)
서울대학교 정치학과(정치학사)
서울대학교 행정대학원(행정학 석사)
미국 University of Georgia(행정학 박사)
현, 서울산업대학교 행정학과 교수

홍준형(洪準亨)
서울대학교 법과대학 졸업(법학사)
서울대학교 대학원 법학과(법학 석사)
독일 Universität Göttingen(법학 박사)
현, 서울대학교 행정대학원 교수

[편저자 약력]

법학사, 서울대학교 법과대학
행정학 석사, 서울대학교 행정대학원
행정학 박사, 미국 University of Pittsburgh
서울대학교 행정대학원 교수
서울대학교 행정대학원 원장
한국행정학회 회장 · 고문
한국인사행정학회 고문
조직학연구회고문
한국조직학회 고문
한국 거버넌스학회 고문
현재 서울대학교 행정대학원 명예교수

[저　서]

인사행정론, 조직이론, 행정개혁론, 한국의 행정,
행정학, 전환시대의 한국행정, 행정학의 주요이론(편저),
조직학의 주요이론(편저), 정책학의 주요이론(편저),
발전행정론(공저), 국가발전론(공저), 한국행정사(공저),
조직행태론(공저) 등

행정학의 주요이론 [제3판]

2000년　3월 13일　제2판 발행
2017년　2월 28일　제3판 5쇄발행

저　자　오　석　홍　외

발행인　배　효　선

발행처　도서출판　法 文 社

10881　경기도 파주시 회동길 37-29
등　록　1957년 12월 12일/제2-76호(윤)
전　화　(031)955-6500~6　FAX (031)955-6525
E-mail　(영업) bms@bobmunsa.co.kr
　　　　(편집) edit66@bobmunsa.co.kr
홈페이지　http://www.bobmunsa.co.kr
조　판　㈜성 지 이 디 피

정가 37,000원　　ISBN 978-89-18-02308-3